Herrn Zaczyk
mit den besten Wünschen
und herzlichen Grüßen
Ihr
Dieter Söllig

Reihe Alternativkommentare
Kommentar zur Strafprozeßordnung

Reihe Alternativkommentare
Gesamtherausgeber Dr. h. c. Rudolf Wassermann
Präsident des Oberlandesgerichts

Kommentar zur Strafprozeßordnung
in drei Bänden

Die Autoren:

Prof. Dr. Hans Achenbach, Universität Osnabrück
Prof. Dr. Knut Amelung, Universität Trier
Prof. Dr. Peter Bringewat, Hochschule Lüneburg
Ltd. Ministerialrat Dr. Christian Dästner, Saarbrücken
Rechtsanwalt Rüdiger Deckers, Bochum
Prof. Dr. Dieter Dölling, Universität Heidelberg
Prof. Dr. Hans-Ludwig Günther, Universität Tübingen
Staatsanwalt Dr. Rainer Gundlach, Hannover
Privatdozent Dr. Rainer Keller, Universität Hannover
Ministerialrat Lothar Kirchner, Hannover
Senatsrat Dr. Dietmar Krause, Berlin
Abteilungspräsident im BKA Prof. Dr. Edwin Kube, Wiesbaden
Prof. Dr. Dr. Kristian Kühl, Universität Gießen
Prof. Dr. Hans-Heiner Kühne, Universität Trier
Dr. Michael Lemke, Justizministerium Brandenburg, Potsdam
Prof. Dr. Fritz Loos, Universität Göttingen
Prof. Dr. Manfred Maiwald, Universität Göttingen
Prof. Dr. Bernd-Dieter Meier, Universität Hannover
Vors. Richter am OLG Helmut Moschüring, Celle
Prof. Dr. Dieter Rössner, Hochschule Lüneburg
Prof. Dr. Hinrich Rüping, Universität Augsburg
Rechtsanwalt Dr. Reinhold Schlothauer, Bremen
Prof. Dr. Heinz Schöch, Universität Göttingen
Prof. Dr. Hans-Ludwig Schreiber, Universität Göttingen
Rechtsanwalt Dr. Steffen Stern, Göttingen
VRiOLG Dr. Bernd Volckert, Celle
Präsident des OLG Dr. h. c. Rudolf Wassermann, Braunschweig

Kommentar
zur Strafprozeßordnung

Band 2 Teilband 2
§§ 213–275

Bearbeitet von:

Ltd. Ministerialrat Dr. Christian Dästner, Saarbrücken
Prof. Dr. Dieter Dölling, Universität Heidelberg
Prof. Dr. Rainer Keller, Universität Hamburg
Dr. Michael Lemke, Justizministerium Brandenburg, Potsdam
Prof. Dr. Fritz Loos, Universität Göttingen
Prof. Dr. Manfred Maiwald, Universität Göttingen
Prof. Dr. Bernd-Dieter Meier, Universität Hannover
Vors. Richter am OLG Helmut Moschüring, Celle
Prof. Dr. Hinrich Rüping, Universität Hannover
Rechtsanwalt Dr. Reinhold Schlothauer, Bremen
Prof. Dr. Heinz Schöch, Universität Göttingen
Präsident des OLG Dr. h. c. Rudolf Wassermann, Braunschweig

StPO in der Fassung der Bekanntmachung
vom 7. April 1987,
BGBl. I, 1074, 1319

Luchterhand
1993

Die Deutsche Bibliothek – CIP-Einheitsaufnahme

Kommentar zur Strafprozeßordnung : in 3 Bänden /
die Autoren: Hans Achenbach . . . –
Neuwied : Luchterhand.
(Reihe Alternativkommentare)
ISBN 3-472-07049-8
NE: Achenbach, Hans

Bd. 2 Teilbd. 2 §§ 213–275 : StPO in der Fassung
der Bekanntmachung vom 7. April 1987,
BGBl. I, 1074, 1319
bearb. von Dr. Reinhold Schlothauer . . . – 1993
ISBN 3-472-07004-8

Vorwort

Die Rechtsanschauungen der Gegenwart sind nicht nur durch Pluralität, sondern auch durch die Konkurrenz unterschiedlicher Leitbilder gekennzeichnet. Stärker noch als im materiellen Recht macht sich diese Erscheinung im Strafverfahrensrecht bemerkbar, das man zu Recht als Seismographen der Verfassungswirklichkeit bezeichnet. Nicht nur die wiederholten und von unterschiedlichen Zielsetzungen getragenen Änderungen, die die Strafprozeßordnung im letzten Vierteljahrhundert erfahren hat, machen den Strafjuristen zu schaffen. Kaum weniger stark als durch den politischen Gesetzgeber wird die Wirklichkeit des Strafprozesses von den Veränderungen beeinflußt, denen das Verständnis der Verfahrensrollen im gesellschaftlichen Wandel unterliegt.

Den Autoren des Alternativkommentars zur Strafprozeßordnung stellt sich in dieser Situation eine reizvolle Aufgabe. Allen Autoren gemeinsam ist das Bestreben, nicht nur über den Stand von Rechtsprechung und Wissenschaft zu informieren, sondern überall, wo es not tut, der traditionellen Meinung eine moderne, letztlich am Grundgesetz und seinen Werten orientierte Norminterpretation gegenüberzustellen und Fehlentwicklungen zu korrigieren. Auf diese Weise soll ein Beitrag zu einer zeitgemäßen Kultur des Strafverfahrens geleistet werden.

Der Kommentar zur Strafprozeßordnung fügt sich damit der Zielsetzung der Reihe Alternativkommentare ein. Jeder Autor ist jedoch darin frei, wie er die gemeinsame Aufgabe löst. Im Vorwort des Alternativkommentars zum Grundgesetz ist darauf hingewiesen worden, daß die Kommentare einem freiheitlichen Pluralismus verpflichtet sind. Das gilt auch und besonders für diesen Kommentar, dessen erster Band nunmehr vorgelegt wird. Der wechselseitige Respekt vor den eigenständigen Meinungen der Mitarbeiter ist ebenso selbstverständlich wie die Bereitschaft zum Dialog, der Wissenschaft und Praxis in ihrem gegenseitigen Lernen voranbringen soll.

Gesamtherausgeber und Verlag

Inhaltsverzeichnis

Bearbeiterverzeichnis

Abkürzungsverzeichnis und Verzeichnis
abgekürzt zitierter allgemeiner Literatur

a.	anders; auch
a. A.	anderer Ansicht
a. a. O.	am angegebenen Ort
ABl.	Amtsblatt
abl.	ablehnend
abw.	abweichend
AcP	Archiv für die civilistische Praxis
AE	Alternativentwurf
a. F.	alte Fassung; alte Folge
AfP	Archiv für Presserecht
AG	Amtsgericht; Arbeitsgemeinschaft
AK-BGB	*Brüggemeier u. a.* Kommentar zum Bürgerlichen Gesetzbuch, 6 Bände, Reihe Alternativkommentare, 1979ff.
AK-GG	*Azzola u. a.* Kommentar zum Grundgesetz, Reihe Alternativkommentare, 1984
AK-JGG	*Ostendorf* Kommentar zum Jugendgerichtsgesetz, Reihe Alternativkommentare, 1987
AK-PolG	*Wagner* Kommentar zum Polizeigesetz von Nordrhein-Westfalen, Reihe Alternativkommentare, 1987
AK-ZPO	*Ankermann u. a.* Kommentar zur Zivilprozeßordnung, Reihe Alternativkommentare, 1987
AktG	Aktiengesetz
allg. M.	allgemeine Ansicht
ALR	Allgemeines Landrecht für die preußischen Staaten, 1794
Alsberg	Die strafprozessualen Entscheidungen der Oberlandesgerichte, 1927/28
ANM	*Alsberg/Nüse/Meyer* Der Beweisantrag im Strafprozeß, 5. Aufl., 1983
Alt.	Alternative
a. M.	anderer Meinung
Anh.	Anhang
Anm.	Anmerkung
AnwBl.	Anwaltsblatt
AO	Abgabenordnung v. 16. 3. 1976, BGBl. I, 613
AöR	Archiv des öffentlichen Rechts
AP	Arbeitsrechtliche Praxis
ArbG	Arbeitsgericht
Arch. f. Krim.	Archiv für Kriminologie
ArchPF	Archiv für das Post- und Fernmeldewesen
arg.	Argument (aus)
Art.	Artikel
AT	Allgemeiner Teil
AV	Allgemeinverfügung, Ausführungsverordnung

Abkürzungs- und Literaturverzeichnis

Az.	Aktenzeichen
BA	Blutalkohol
BAG	Bundesarbeitsgericht
BÄrzteO	Bundesärzteordnung i. d. F. v. 14. 10. 1977, BGBl. I, 1885
BAT	Bundesangestelltentarif v. 23. 2. 1961
BayBS	Bereinigte Sammlung des bayerischen Landesrechts
BayJMBl.	Bayerisches Justizministerialblatt
BayObLG	Bayerisches Oberstes Landesgericht
BayObLGSt	Entscheidungen des Bayerischen Obersten Landesgerichts in Strafsachen, Neue Folge (seit 1950)
BayVBl.	Bayerische Verwaltungsblätter
BayVerf	Verfassung des Freistaates Bayern v. 2. 12. 1964
BBahnG	Bundesbahngesetz v. 13. 12. 1951, BGBl. I, 955
BBG	Bundesbeamtengesetz i. d. F. vom 27. 2. 1985, BGBl. I, 479
Begr.	Begründung
BeitrGerMed	Beiträge zur Gerichtsmedizin
BGB	Bürgerliches Gesetzbuch vom 18. 8. 1896, RGBl., 195
BGBl.	Bundesgesetzblatt
BGH	Bundesgerichtshof
BGHSt	Entscheidungen des Bundesgerichtshofs in Strafsachen
BGHZ	Entscheidungen des Bundesgerichtshofs in Zivilsachen
BKA	Bundeskriminalamt
BK-GG	Kommentar zum Bonner Grundgesetz (Bonner Kommentar), Stand: Nov. 1988
BMJ	Bundesminister(ium) der Justiz
BR	Bundesrat
BRAGO	Bundesgebührenordnung für Rechtsanwälte v. 26. 7. 1957, BGBl. I, 861, 907
BRAO	Bundesrechtsanwaltsordnung v. 1. 8. 1959, BGBl. I, 565
BReg	Bundesregierung
BRRG	Rahmengesetz zur Vereinheitlichung des Beamtenrechts (Beamtenrechtsrahmengesetz) i. d. F. vom 3. 1. 1977, BGBl. I, 21
BT	Besonderer Teil
BtMG	Gesetz über den Verkehr mit Betäubungsmitteln (Betäubungsmittelgesetz) v. 28. 7. 1981, BGBl. I, 681
BVerfG	Bundesverfassungsgericht
BVerfGE	Entscheidungen des Bundesverfassungsgerichts
BVerfGG	Gesetz über das Bundesverfassungsgericht i. d. F. vom 3. 2. 1971, BGBl. I, 105
BVerwG	Bundesverwaltungsgericht
BVerwGE	Entscheidungen des Bundesverwaltungsgerichts
CCC	Constitutio Criminalis Carolina, 1532
CR	Computer und Recht
DÄBl.	Deutsches Ärzteblatt
Dahs	Handbuch des Strafverteidigers, 5. Aufl. 1983

DAR	Deutsches Amtsrecht; Deutsches Autorecht
DAV	Deutscher Anwaltverein
DB	Der Betrieb
Diss.	Dissertation
DJ	Deutsche Justiz
DJT	Deutscher Juristentag
DJZ	Deutsche Juristenzeitung
DÖV	Die Öffentliche Verwaltung
DR	Deutsches Recht
DRB	Deutscher Richterbund
D/T; Dreher/ Tröndle	Strafgesetzbuch und Nebengesetze, 42. Aufl., 1985
DRiG	Deutsches Richtergesetz i. d. F. vom 19. 4. 1972, BGBl. I, 713
DRiZ	Deutsche Richterzeitung
Drs., Drucks.	Drucksache
DStr., DStR	Deutsches Strafrecht
DStrZ, DStZ	Deutsche Strafrechtszeitung
DuR	Demokratie und Recht
DVBl.	Deutsches Verwaltungsblatt
DVR	Datenverarbeitung im Recht
E	Entwurf
EGGVG	Einführungsgesetz zum Gerichtsverfassungsgesetz vom 27. 1. 1877, RGBl. 77
EGOWiG	Einführungsgesetz zum Gesetz über Ordnungswidrigkeiten v. 24. 5. 1968, BGBl. I, 503
EGStGB	Einführungsgesetz zum Strafgesetzbuch vom 2. 3. 1974, BGBl. I, 469
einh. M.	einhellige Meinung
EMRK	(Europäische) Konvention zum Schutz der Menschenrechte und Grundfreiheiten vom 4. 11. 1950 (Gesetz v. 7. 8. 1952, BGBl. II, 685)
EntschHOLG	Entscheidungen des Hanseatischen Oberlandesgerichts in Strafsachen
Entw.	Entwurf
EuGRZ	Europäische Grundrechte-Zeitschrift
EzSt	Entscheidungssammlung zum Straf- und Ordnungswidrig-keitenrecht, Loseblattwerk, 1982 ff.
FamrTab	*Lemke/Glockner* Tabellen zum Familienrecht, Loseblatt-werk, 1986 ff.
FamRZ	Zeitschrift für das gesamte Familienrecht
Fezer I/II	*Fezer* Juristischer Studienkurs Strafprozeßrecht I/II, 1986
Fg.	Festgabe
FlaggenrechtsG	Gesetz über das Flaggenrecht der Seeschiffe und die Flag-genführung der Binnenschiffe (Flaggenrechtsgesetz) v. 8. 2. 1951, BGBl. I, 79; II, 6
Fn.	Fußnote

Fs., Fschr.   Festschrift

GA   Archiv für Strafrecht und Strafprozeß, begründet von *Th. Goltdammer* (Band u. Seite): Goltdammers Archiv für Strafrecht, ab 1953 (Jahr u. Seite)

GdP   Gewerkschaft der Polizei

GebrMG   Gebrauchsmustergesetz i.d.F. v. 2. 1. 1968, BGBl. I, 1

Geiger   Gesetz über das BVerfG, Kommentar, 1952

GenStA   Generalstaatsanwalt

GewO   Gewerbeordnung i.d.F. vom 1. 1. 1978, BGBl. I, 97

GG   Grundgesetz für die Bundesrepublik Deutschland v. 23. 5. 1949, BGBl. 1949, 1

GKG   Gerichtskostengesetz i.d.F. v. 15. 12. 1975, BGBl. I, 3047

GMBl.   Gemeinsames Ministerialblatt

Gössel   Strafverfahrensrecht, 1977

GrR II/III 2   *Bettermann/Nipperdey/Scheuner* (Hrsg.). Die Grundrechte, Handbuch der Theorie und Praxis der Grundrechte, Bd. II, 1967; Bd. III/2, 1972

GS   Großer Senat; Der Gerichtssaal

GVBl.   Gesetz- und Verordnungsblatt

GVG   Gerichtsverfassungsgesetz i.d.F. v. 9. 5. 1975, BGBl. I, 1077

H   Heft

Hahn   *Hahn* Die gesamten Materialien zur Strafprozeßordnung,

Materialien I/II   Erste und Zweite Abteilung, Berlin 1880/1881

HebG   Hebammengesetz v. 21. 12. 1938, RGBl. I, 1893

Henkel   Strafverfahrensrecht, 2. Aufl., 1968

HESt, HeSt   Höchstrichterliche Entscheidungen, Sammlung von Entscheidungen der Oberlandesgerichte und der Obersten Gerichte in Strafsachen

HGB   Handelsgesetzbuch v. 10. 5. 1897, RGBl. 219

h. M.   herrschende Meinung

HRR   Höchstrichterliche Rechtsprechung

HV   Hauptverhandlung

HWB, Hwb.   Handwörterbuch

HWiStR   *Krekeler/Tiedemann/Ulsenheimer/Weinmann* (Hrsg.), Handwörterbuch des Wirtschafts- und Steuerstrafrechts (Loseblatt) seit 1985

i. d. F.   in der Fassung

IPBR   Internationaler Pakt über bürgerliche und politische Rechte (UNO-Menschenrechtspakt) vom 19. 12. 1966 (BGBl. 1973 II, 1534)

i. R.   im Rahmen

JA   Juristische Arbeitsblätter

Jakobs AT   Strafrecht, Allgemeiner Teil, 1983

Jb.   Jahrbuch

JBl.   Justizblatt; Juristische Blätter

JGG	Jugendgerichtsgesetz i. d. F. vom 11. 12. 1974, BGBl. I, 3427
JK	Jura-Rechtsprechungskartei
JMBl.	Justizministerialblatt
JMBlNRW	Justizministerialblatt für das Land Nordrhein-Westfalen
JR	Juristische Rundschau
Jung	Straffreiheit für den Kronzeugen?, 1974
JurA	Juristische Analysen
Jura	Juristische Ausbildung
JuS	Juristische Schulung
JVA	Justizvollzugsanstalt
JW	Juristische Wochenschrift
JZ	Juristenzeitung
KFG	Gesetz über den Verkehr von Kraftfahrzeugen vom 3. 5. 1909, RGBl. 437
KG	Kammergericht; Kommanditgesellschaft
KJ	Kritische Justiz
KK	Karlsruher Kommentar zur Strafprozeßordnung und zum Gerichtsverfassungsgesetz, Hg. v. *Pfeiffer*, 1982 (2. Aufl. 1987)
K/M oder *Kl/M*	*Kleinknecht/Meyer* Strafprozeßordnung, Gerichtsverfassungsgesetz, Nebengesetze und ergänzende Bestimmungen, 39. Aufl. 1989
Kleinknecht	*Kleinknecht* StPO etc., 35. Aufl. 1981
KMR	Loseblattkommentar zur Strafprozeßordnung, begr. v. *Kleinknecht/Müller/Reitberger*, hrsg. v. *Müller/Sax/Paulus*, 7. Aufl. 1979 ff.
KO	Konkursordnung i. d. F. vom 20. 5. 1898, RGBl., 612
KR	Kriminalistik
Kramer Grundbegriffe	*Kramer* Grundbegriffe des Strafverfahrensrechts, 1984
Krause/Nehring	Strafverfahrensrecht in der Polizeipraxis. 1978, Nachtrag 1981
Krey-1	*Krey* Strafverfahrensrecht, Bd. 1, 1988
KRG	Kontrollratsgesetz
Kriminal.	Kriminalistik
kriminalist	Der Kriminalist
KrimJ	Kriminologisches Journal
KritJ	Kritische Justiz
KritV	Kritische Vierteljahresschrift für Gesetzgebung und Rechtswissenschaft
KSSVO	Kriegssonderstrafverordnung
Kube/Leineweber	Polizeibeamte als Zeugen und Sachverständige, 2. Aufl., 1980
Kühne (1978)	Strafverfahrensrecht als Kommunikationsproblem, 1978
Kühne (1982)	Strafprozeßlehre, 2. Aufl., 1982
Kühne	Strafprozeßlehre, 3. Aufl., 1988
Lackner StGB	*Lackner* StGB mit Erläuterungen, 18. Aufl., 1989

Abkürzungs- und Literaturverzeichnis

LAG	Landesarbeitsgericht
LB	Lehrbuch
Leibholz/Rinck/ *Hesselberger*	*Leibholz/Rinck/Hesselberger* Grundgesetz. Kommentar an Hand der Rechtsprechung des Bundesverfassungsgerichts, 6. Aufl., Stand: April 1990
LG	Landgericht
LH, Lh.	Lehrheft
lit.	Buchstabe
LK	Strafgesetzbuch, Leipziger Kommentar, 9. Aufl., 1970–74, 10. Aufl. ab 1978
LM	Nachschlagewerk des Bundesgerichtshofs, hrsg. v. *Lindenmaier/Möhring*
LR/	*Löwe/Rosenberg* Die Strafprozeßordnung und das Gerichtsverfassungsgesetz (23. Auflage 1976); 24. Auflage 1984 ff.
LS	Leitsatz
LZ	Leipziger Zeitschrift für Deutsches Recht
Mat.	Materialien zur Strafrechtsreform
Maunz/Dürig	Grundgesetz, Kommentar, Loseblattwerk, 5. Aufl. 1979 ff.
MDR	Monatsschrift für deutsches Recht
MedR	Medizinrecht
MedSachV	Der medizinische Sachverständige
MEPolG	Musterentwurf eines einheitlichen Polizeigesetzes
MK	Münchener Kommentar zum Bürgerlichen Gesetzbuch, 2. Aufl. 1984 ff.
Mot.	Motive
MSchrKrim.	Monatsschrift für Kriminologie und Strafrechtsreform
Müller	Der Sachverständige im gerichtlichen Verfahren, Handbuch des Sachverständigenbeweises, 2. Aufl., 1978
m. w. N.	mit weiteren Nachweisen
Nachw.	Nachweis
NdsRpfl.	Niedersächsische Rechtspflege
n. F.	neue Fassung
NJW	Neue Juristische Wochenschrift
NotVO	Notverordnung
NStZ	Neue Zeitschrift für Strafrecht
NZV	Neue Zeitschrift für Verkehrsrecht
NZWehrR	Neue Zeitschrift für Wehrrecht
OGHSt	Entscheidungen des Obersten Gerichtshofes für die Britische Zone in Strafsachen
OLG	Oberlandesgericht; Die Rechtsprechung der Oberlandesgerichte
OLGSt	Entscheidungen der Oberlandesgerichte zum Straf- und Strafverfahrensrecht
OWiG	Gesetz über Ordnungswidrigkeiten i. d. F. v. 2. 1. 1975, BGBl. I, 80, ber. 520

ParteienG, PartG	Parteiengesetz i. d. F. vom 15. 2. 1984, BGBl. I, 242
PatAnwO	Patentanwaltsordnung v. 7. 9. 1966, BGBl. I, 557
PatG	Patentgesetz i. d. F. v. 16. 12. 1980, BGBl. 1981 I, 1
PDV	Polizeidienstvorschrift
Peters	*Peters* Strafprozeß, 4. Aufl. 1985
PflVG	Gesetz zur Änderung von Vorschriften über die Pflichtversicherung für Kraftfahrzeughalter v. 5. 4. 1965, BGBl. I, 1, 213
PolG	Polizeigesetz (Landesrecht)
Pr.	Preußen, preußisch
Prot.	Protokolle über die Sitzungen des Sonderausschusses für die Strafrechtsreform
PsychKG	Gesetz über Hilfen und Schutzmaßnahmen bei psychischen Krankheiten (Landesrecht)
RA	Rechtsanwalt
RBerG	Rechtsberatungsgesetz v. 13. 12. 1935, RGBl. I, 1478
RdK	Das Recht des Kraftfahrers, unabhängige Monatsschrift des Kraftverkehrsrechts
RegE	Regierungsentwurf
RG	Reichsgericht
RGBl.	Reichsgesetzblatt
RGRspr.	Rechtsprechung des Deutschen Reichsgerichts in Strafsachen
RGSt	Rechtsprechung des Reichsgerichts in Strafsachen (1879–1888)
RiStBV	Richtlinien für das Strafverfahren und das Bußgeldverfahren i. d. F. v. 1. 4. 1984
RiVASt	Richtlinien für den Verkehr mit dem Ausland in strafrechtlichen Angelegenheiten v. 15. 9. 1959
Rn.	Randnummer
Roxin	Strafverfahrensrecht. Ein Studienbuch, 19. Aufl., 1985
Rpfleger	Der Deutsche Rechtspfleger
RPflG	Rechtspflegergesetz v. 5. 11. 1969, BGBl. I, 2065
Rspr.	Rechtsprechung
RStrGB	Reichsstrafgesetzbuch
RuP	Recht und Politik
Rüping	Das Strafverfahren, 2. Aufl., 1983
S.	Seite; Satz
SchlHA	Schleswig-Holsteinische Anzeigen
Schlüchter	Das Strafverfahren, 2. Aufl., 1983
Eb. Schmidt I	*Eberhard Schmidt* Lehrkommentar zur StPO und zum GVG, Teil I, 2. Aufl., 1964
Eb. Schmidt II	*Eberhard Schmidt* Lehrkommentar zur StPO und zum GVG, Nachträge und Ergänzungen zu Teil II, 1967
Eb. Schmidt Nachtr. I	*Eberhard Schmidt* Lehrkommentar zur StPO und zum GVG, Nachträge und Ergänzungen zu Teil II, 1967
Eb. Schmidt Nachtr. II	*Eberhard Schmidt* Lehrkommentar zur StPO und zum GVG, Nachträge und Ergänzungen zu Teil II, Nachtragsband II, 1969

Schönke/	
Schröder	Strafgesetzbuch, Kommentar, 23. Aufl. 1988
Schulz/Händel	*Schulz/Händel* StPO mit Erläuterungen für Polizeibeamte im Ermittlungsdienst, 7. Aufl., Loseblatt, seit 1985
SchwJZ	Schweizerische Juristenzeitung
SchweizZSt	Schweizerische Zeitschrift für Strafrecht
SGB	Sozialgesetzbuch v. 11. 12. 1975, BGBl. I, 3015
SJZ	Süddeutsche Juristenzeitung
SK oder SKStGB	*Rudolphi/Horn/Samson* Systematischer Kommentar zum Strafgesetzbuch, Bd. 1, 5. Aufl. Stand: Juni 1989; Band 2, 4. Aufl. Stand: Oktober 1989
SKStPO oder SK	*Rudolphi/Frisch/Rogall/Schlüchter/Wolter* Systematischer Kommentar zur StPO und zum GVG, Stand 1988
SoldG	Gesetz über die Rechtsstellung der Soldaten i. d. F. v. 19. 8. 1975, BGBl. I, 2273
SondA	Sonderausschuß des Bundestages für die Strafrechtsreform (Wahlperiode u. Sitzung)
StA	Staatsanwalt, -schaft
StÄG	Strafrechtsänderungsgesetz
StBerG	Steuerberatungsgesetz i. d. F. v. 4. 11. 1975, BGBl. I, 2735
StGB	Strafgesetzbuch i. d. F. vom 2. 1. 1975, BGBl. I, 1
StJ/	Stein-Jonas Kommentar zur Zivilprozeßordnung, bearb. v. Grunsky u. a., 20. Aufl., 1977 ff.
StPÄG 1964	Gesetz zur Änderung der Strafprozeßordnung und des Gerichtsverfassungsgesetzes vom 19. 12. 1964, BGBl. I, 1067
StPO	Strafprozeßordnung i. d. F. vom 7. 1. 1975, BGBl. I, 129
StrAbh.	Strafrechtliche Abhandlungen
StV oder StrafVert. oder Strafvert.	Strafverteidiger
StRÄndG	Strafrechtsänderungsgesetz
Stratenwerth	Strafrecht, Allgemeiner Teil, 3. Aufl., 1981
StrEG	Gesetz über die Entschädigung für Strafverfolgungsmaßnahmen v. 8. 3. 1971, BGBl. I, 157
StrRG	Gesetz zur Reform des Strafrechts
StVÄG 1979	Strafverfahrensänderungsgesetz 1979 v. 5. 10. 1978, BGBl. I, 1645
StVÄG 1987	Strafverfahrensänderungsgesetz 1987 vom 27. 1. 1987, BGBl. I, 475
StVG	Straßenverkehrsgesetz i. d. F. v. 19. 12. 1952, BGBl. I, 837
StVO	Straßenverkehrs-Ordnung v. 16. 11. 1970, BGBl. I, 1565
StVollzG	Strafvollzugsgesetz v. 16. 3. 1976, BGBl. I, 581
1. StVRG	Erstes Gesetz zur Reform des Strafverfahrensrechts vom 9. 12. 1974, BGBl. I, 3392, 3533
StVZO	Straßenverkehrszulassungs-Ordnung i. d. F. v. 15. 11. 1974, BGBl. I, 3193, 1975 I, 848
UA	Akten des Untergerichts

UZwG	Gesetz über den unmittelbaren Zwang bei Ausübung öffentlicher Gewalt durch Vollzugsbeamte des Bundes vom 10. 3. 1961, BGBl. I, 165
VBIBW	Verwaltungsblätter für Baden-Württemberg
VD	Verkehrsdienst
VDB	Vergleichende Darstellung des deutschen und ausländischen Strafrechts, Bes. Teil
VereinsG	Gesetz zur Regelung des öffentlichen Vereinsrechts (Vereinsgesetz) v. 5. 8. 1964, BGBl. I, 593
VerkMitt.	Verkehrsrechtliche Mitteilungen
VersammlG	Gesetz über Versammlungen und Aufzüge i. d. F. v. 15. 11. 1978, BGBl. I, 1790
VersR	Versicherungsrecht, Juristische Rundschau für die Individualversicherung
VersRdSch.	Die Versicherungsrundschau
VG	Verwaltungsgericht
VGH	Verwaltungsgerichtshof
VMBl.	Ministerialblatt des Bundesministers der Verteidigung
VOR	Zeitschrift für Verkehrs- und Ordnungswidrigkeitenrecht
VP	Die Versicherungspraxis
VRS	Verkehrsrechts-Sammlung, Entscheidungen aus allen Gebieten des Verkehrsrechts
VwGO	Verwaltungsgerichtsordnung v. 21. 1. 1960, BGBl. I, 17
VwVfG	Verwaltungsverfahrensgesetz v. 25. 5. 1976, BGBl. I, 1253
Warneyer	Sammlung zivilrechtlicher Entscheidungen des Reichsgerichts
WehrpflG	Wehrpflichtgesetz i. d. F. v. 6. 5. 1983, BGBl. I, 529
WehrStG	Wehrstrafgesetzbuch
WirtschPrüfO	Wirtschaftsprüferordnung i. d. F. v. 5. 11. 1975, BGBl. I, 2803
WiStra oder wistra	Zeitschrift für Wirtschaft, Steuer, Strafrecht
WRV	Verfassung des Deutschen Reichs (Weimarer Reichsverfassung) v. 11. 8. 1919, RGBl. 1383
WzG	Warenzeichengesetz i. d. F. v. 2. 1. 1968, BGBl. I, 1
ZfZ	Zeitschrift für Zölle und Verbrauchssteuern
ZG	Zeitschrift für Gesetzgebung
ZPO	Zivilprozeßordnung v. 30. 1. 1877, RGBl. 83
ZRP	Zeitschrift für Rechtspolitik
ZSEG	Gesetz über die Entschädigung von Zeugen und Sachverständigen i. d. F. v. 1. 10. 1969, BGBl. I, 1756
zust.	zustimmend
ZSW	Zeitschrift für das gesamte Sachverständigenwesen
ZStW	Zeitschrift für die gesamte Strafrechtswissenschaft
ZVS	Zeitschrift der Verkehrssicherheit
ZZP	Zeitschrift für Zivilprozeß

Fünfter Abschnitt
Vorbereitung der Hauptverhandlung

Vorbereitung der Verteidigung auf die Hauptverhandlung

Literatur

Amelung Fragerecht, insbesondere der Vorhalt, AG Strafrecht des DAV (Hrsg.) Die Verteidigung in der Hauptverhandlung vor dem Landgericht mit Blick auf die Revision, 1988, S. 54.

Ders. Die Einlassung des Mandanten im Strafprozeß, in: Strafverteidigung und Strafprozeß – Festgabe für Ludwig Koch, 1989, 145.

Arntzen Vernehmungspsychologie, 2. Aufl., 1989.

Bärlein, Danckert Besetzungsfragen, in: Beck'sches Formularbuch für den Strafverteidiger, 1988, S. 245.

Bandilla/Hassemer Zur Abhängigkeit strafrichterlicher Beweiswürdigung vom Zeitpunkt der Zeugenvernehmung im Hauptverfahren, StV 1989, 551.

Bandisch Die zukünftige Praxis der Strafverteidigung im reformierten Ermittlungsverfahren AnwBl 1986, 69.

Banscherus Polizeiliche Vernehmung: Formen, Verhalten, Protokollierung, 1977.

Barbey Die forensisch-psychiatrische Untersuchung, in: Venzlaff (Hrsg.) Psychiatrische Begutachtung, 1986.

Barton Sachverständiger und Verteidiger, StV 1983, 73.

Ders. Strafverteidigung und Kriminaltechnik, StV 1988, 124.

Ders. Zur Effizienz der Strafverteidigung, MSchKrim 1988, 93.

Ders. Ist unzureichende Strafverteidigung revisibel? in: Sicherheitsstaat und Strafverteidigung, 13. Strafverteidigertag 1989, 187.

Bender/Röder/Nack Tatsachenfeststellung vor Gericht, 1981.

Beulke Der Verteidiger im Strafverfahren, 1980.

Ders. Die Strafbarkeit des Verteidigers, 1989.

Ders. Die Vernehmung des Beschuldigten – einige Anmerkungen aus der Sicht der Prozeßrechtswissenschaft, StV 1990, 180.

Blankenburg/Sessar/Steffen Die Staatsanwaltschaft im Prozeß strafrechtlicher Sozialkontrolle, 1978.

Bottke Wahrheitspflicht des Verteidigers, ZStW 1984, 726.

Bringewat Der »Verdächtige« als schweigeberechtigte Auskunftsperson? JZ 1981, 289.

Bruns Das Recht der Strafzumessung, 2. Aufl., 1985.

Dahs/Dahs Handbuch des Strafverteidigers, 5. Aufl., 1983.

Ders. Zur Verteidigung im Ermittlungsverfahren, NJW 1985, 1113.

Ders. Absprachen im Strafprozeß, NStZ 1988, 153.

Deal Der strafprozessuale Vergleich, StV 1982, 545.

Deckers Die Notwendigkeit der Verteidigung im Ermittlungsverfahren, AnwBl 1986, 60.

Dielmann »Guilty Plea« und »Plea Bargaining« im amerikanischen Strafverfahren – Möglichkeiten für den deutschen Strafprozeß? GA 1981, 558.

Dürkop Was sind Mandanteninteressen? in: Holtfort (Hrsg.) Strafverteidiger als Interessenvertreter, 1979, S. 152.

Ernesti Grenzen anwaltlicher Interessenvertretung im Ermittlungsverfahren, JR 1982, 221.

Eser »Scheinwaffe« und »Schwerer Raub«, JZ 1981, 821.

Fetzer Einsichtsrecht des Strafverteidigers in gerichtliche Dateien, StV 1991, 142.

Gatzweiler Möglichkeiten und Risiken einer effizienten Strafverteidigung, StV 1985, 248.

Geppert Notwendigkeit und rechtliche Grenzen der »informatorischen Befragung« im Strafverfahren, in: Festschrift für Dietrich Oehler, 1985, S. 323.

Gerold/Schmidt/v. Eicken/Madert Bundesgebührenordnung für Rechtsanwälte, 9. Aufl., 1987.

Glatzel Zur Vernehmungsfähigkeit beschuldigter Drogenabhängiger, StV 1981, 191.

Ders. Die Ermittlungsvernehmung aus psychologisch-psychopathologischer Sicht, StV 1982, 283.

Großberger Psychologie des Strafverfahrens, 2. Aufl., 1968.

Hamm Entwicklungstendenzen der Strafverteidigung, in: Festschrift für Werner Sarstedt, 1981, S. 49.

Ders. Wert und Möglichkeiten der »Früherkennung« richterlicher Beweiswürdigung durch den Strafverteidiger, in: Festgabe für Karl Peters, 1984, S. 169.

Ders. Die Verteidigungsschrift im Verfahren bis zur Hauptverhandlung, StV 1982, 490.

Ders. Rechtsbehelfe im Ermittlungsverfahren, AnwBl 1986, 66.

Hanack Vereinbarungen im Strafprozeß, Ein besseres Mittel zur Bewältigung von Großverfahren? StV 1987, 500.

Hartmann/Rubach Verteidiger und Sachverständiger, StV 1990, 425.

Hassemer/Hippler Informelle Absprachen in der Praxis des deutschen Strafverfahrens, StV 1986, 360.

Hassemer, W. Informelle Programme im Strafprozeß – zu Strategien der Strafverteidigung, StV 1982, 377.

Heinz Fehlerquellen forensisch-psychiatrischer Gutachten, 1982.

Ders. Fehlerquellen und Irrtümer in psychiatrischen Gutachten, in: Venzlaff (Hrsg.) Psychiatrische Begutachtung, 1988, S. 141.

Horn Systematischer Leitsatz-Kommentar zum Sanktionenrecht, 1983 ff.

Jungfer Eigene Ermittlungstätigkeit des Verteidigers – strafprozessuale und standesrechtliche Möglichkeiten und Grenzen, StV 1981, 100.

Kaiser Strategien und Prozesse strafrechtlicher Sozialkontrolle, 1972.

Kempf Möglichkeiten der Festschreibung des Sachverhalts in der Hauptverhandlung, in: AG Strafrecht des DAV, Die Verteidigung in der Hauptverhandlung vor dem Landgericht mit Blick auf die Revision, 1988, S. 63.

Krehl Die Ermittlung der Tatsachengrundlage zur Bemessung der Tagessatzhöhe bei der Geldstrafe, 1987.

Krekeler Probleme der Verteidigung in Wirtschaftsstrafsachen aus der Sicht der Verteidigung, wistra 1983, 43.

Ders. Das Zwischenverfahren in Wirtschaftsstrafsachen, wistra 1985, 54.

Ders. Strafrechtliche Grenzen der Verteidigung, NStZ 1989, 146.

Kühne Strafverfahrensrecht als Kommunikationsproblem, 1978.

Ders. Strafprozeßlehre, 3. Aufl., 1988.

Küpper Die Hinweispflicht nach § 265 StPO bei verschiedenen Begehungsformen desselben Strafgesetzes, NStZ 1986, 249.

Lange Fehlerquellen im Ermittlungsverfahren, 1980.

Lempp Gerichtliche Kinder- und Jugendpsychiatrie, 1983.

Liemersdorf Grenzziehung zwischen zulässigem und unzulässigem Verhalten eines Strafverteidigers im Umgang mit seinem Mandanten, MDR 1989, 204.

Lüderssen Aus der grauen Zone zwischen staatlichen und individuellen Interessen. – Zur Funktion der Strafverteidigung in einer freien Gesellschaft, in: Festschrift für Werner Sarstedt, 1981, S. 145.

Ders. Wie abhängig ist der Strafverteidiger von seinem Auftraggeber, wie unabhängig kann und soll er sein? in Festschrift für Hanns Dünnebier, 1982, S. 263.

Ders. Die Verständigung im Strafprozeß, StV 1990, 415.

Maisch Vorurteilsbildungen in der richterlichen Tätigkeit aus sozialpsychologischer und forensisch-psychologischer Sicht, NJW 1975, 566.

Ders. Fehlerquellen psychologisch-psychiatrischer Begutachtung im Strafprozeß, StV 1985, 517.

Marxen Der prozessuale Tatbegriff in der neueren Rechtsprechung, StV 1985, 472.

Meyer-Goßner Typische materiell-rechtliche Fehler in Strafurteilen aus revisionsrechtlicher Sicht, NStZ 1986, 49.

Mikinovic/Stangl Strafprozeß und Herrschaft, 1978.

Müller, E. Bemerkungen zu den Grundlagen der Reform des Ermittlungsverfahrens, AnwBl 1986, 50.

Müller, F. Juristische Methodik, 2. Aufl., 1971.

Niemöller Die Hinweispflicht des Strafrichters, 1988.

Ders. Absprachen im Strafprozeß, StV 1990, 34.

Ostendorf Strafvereitelung durch Strafverteidigung, NJW 1978, 1345.

Otto Strafvereitelung durch Strafverteidigerhandeln, Jura 1987, 329.

Peters Fehlerquellen im Strafprozeß 2. Bd. 1972.

Pfäfflin Vorurteilsstruktur und Ideologie psychiatrischer Gutachten über Sexualstraftäter, 1978.

Pfeiffer Zulässiges und unzulässiges Verteidigerhandeln, DRiZ 1984, 341.

Prüfer Aussagebewertung in Strafsachen, 1986.

Rasch Forensische Psychiatrie, 1986.

Rasch/Hinz Für den Tatbestand ermitteln ... Kriminalistik 1988, 377.

Rechtsprechung zum Strafverfahrensrecht Bremer, Schlothauer, Taschke, Weider (Hrsg.) 1984 ff. (StrVerfR).

Rauchfleisch Testpsychologie, 1980.

Richter II Grenzen anwaltlicher Interessenvertretung im Ermittlungsverfahren, NJW 1981, 1820.

Ders. Zum Bedeutungswandel des Ermittlungsverfahrens – Bestandsaufnahme und Reformtendenzen, StV 1985, 382.

Rieß Über Aufhebungsgründe in Revisionsentscheidungen des BGH, NStZ 1982, 48.

Ders. Amtlich verwahrte Beweisstücke (§ 147 StPO), in: Festgabe für Karl Peters, 1984, S. 113.

Römer-Hahn Die Zeugenvernehmung – Möglichkeiten des Festschreibens von Aussageinhalt und konkreter Aussagesituation, in: AG Strafrecht des DAV

(Hrsg.) Die Verteidigung in der Hauptverhandlung vor dem Landgericht mit Blick auf die Revision, 1988, S. 25.

Rogall Der Beschuldigte als Beweismittel gegen sich selbst, 1977.

Rückel Die Notwendigkeit eigener Ermittlungen des Strafverteidigers, in: Festgabe für Karl Peters, 1984, S. 265.

Ders. Verteidigertaktik bei Verständigungen und Vereinbarungen im Strafverfahren, NStZ 1987, 297.

Ders. Strafverteidigung und Zeugenbeweis, 1988.

Sarstedt Auswahl und Leitung des Sachverständigen im Strafprozeß, NJW 1968, S. 177.

Schäfer Praxis der Strafzumessung, 1990.

Scheff Negotiating Reality, in: Social Problems, Vol. 16, 1968.

Schlag Die Vorbereitung der Verteidigung für die Hauptverhandlung – Bestimmung der Prozeßziele der Verteidigung – Prozeßtaktische Anschlußüberlegungen, AG Strafrecht des DAV (Hrsg.) Die Verteidigung in der Hauptverhandlung vor dem Landgericht mit Blick auf die Revision, 1988, S. 9.

Dies. Beweisstücke – unnutzbares oder ungenutztes Verteidigungspotential? in: Strafverteidigung und Strafprozeß – Festgabe für Ludwig Koch, 1989, S. 229.

Schlothauer Das falsche Geständnis – ein Prozeßbericht, StV 1981, 39.

Ders. Die Auswahl des Pflichtverteidigers, StV 1981, 443.

Ders. Ein Fall für den Schriftsachverständigen, StV 1981, 580.

Ders. Die Einstellung des Verfahrens gem. §§ 153, 153 a StPO nach Eröffnung des Hauptverfahrens, StV 1982, 449.

Ders. Gerichtliche Hinweispflichten in der Hauptverhandlung, StV 1986, 213.

Ders. Vorbereitung der Hauptverhandlung durch den Verteidiger, 1988.

Ders. Zeugnisverweigerungsrechte, Auskunftsverweigerungsrecht und Rechtskreistheorie, in: AG Strafrecht des DAV (Hrsg.) Wahrheitsfindung und ihre Schranken, 1989, S. 80.

Ders. Unvollständige und unzutreffende tatrichterliche Urteilsfeststellungen, StV 1992, 134.

Schlüchter Mittlerfunktion der Präjudizien, Eine rechtsvergleichende Studie, 1986.

Schmidt, Eb. Lehrkommentar zur StPO, Teil II, 1957.

Schünemann Kognition, Einstellung und Vorurteil bei der Rechtsfindung, ARSP, Beiheft 22, 1985, S. 68.

Ders. Reflexionen über die Zukunft des deutschen Strafverfahrens, in: Festschrift für Gerd Pfeiffer, 1988, S. 461.

Ders. Absprachen im Strafverfahren? Gutachten für den 58. Deutschen Juristentag, 1990.

Sessar Wege zu einer Neugestaltung der Hauptverhandlung, ZStW 1980, 689.

Ders. Rechtliche und soziale Prozesse einer Definition der Tötungskriminalität, 1981.

Seyler Das Behördengutachten im Strafprozeß, GA 1989, S. 546.

Stern Der Geständniswiderruf als forensisches Erkenntnisproblem, StV 1990, 563.

Strate Der Verzicht auf die Vereidigung – eine schädliche Unsitte! StV 1984, 42.

Ders. Vereidigung und Entlassung von Zeugen und Sachverständigen – Gefahren des generellen Verzichts auf die Vereidigung, in: AG Strafrecht des DAV (Hrsg.), Die Verteidigung in der Hauptverhandlung vor dem Landgericht mit Blick auf die Revision, 1988, S. 34.

Streck Der Beschluß des Bundesverfassungsgerichts zum strafrechtlichen Verwertungsverbot bei Aussagen des Gemeinschuldners und seine Auswirkungen im Steuerstrafrecht, StV 1981, 362.

Strcyz Die Abgrenzung von Strafverteidigung und Strafvereitelung, 1983.

Täschner Forensisch-psychiatrische Probleme bei der Beurteilung von Drogenkonsumenten, NJW 1984, 638.

ter Veen Die Zulässigkeit der informatorischen Befragung, StV 1983, 293.

Thomas Erweiterte Teilhaberechte der Verteidigung im reformierten Ermittlungsverfahren, AnwBl 1986, 56.

Tondorf Vorbereitung der Hauptverhandlung, in: Beck'sches Formularbuch für den Strafverteidiger, 1988, S. 171.

Traver Anatomie eines Mordes, 1962.

Wassmann Strafverteidigung und Strafvereitelung, 1982.

Weihrauch Verteidigung im Ermittlungsverfahren, 3. Aufl., 1991.

Welp Probleme des Akteneinsichtsrechts, in: Festgabe für Karl Peters, 1984, S. 309.

Widmaier Zur Rechtsstellung des nach §§ 220, 38 StPO vom Verteidiger geladenen Sachverständigen, StV 1985, 526.

Ders. Der strafprozessuale Vergleich, StV 1986, 357.

Wulf Strafprozessuale und kriminalpraktische Fragen der polizeilichen Beschuldigtenvernehmung auf der Grundlage empirischer Untersuchungen, 1984.

Schlothauer

I. Einleitung

Die der Vorbereitung der Hauptverhandlung gewidmeten §§ 213 ff. richten sich **1** in erster Linie an das Gericht und dessen Vorsitzenden. Auch wenn bei diesen Vorschriften organisatorische Aufgaben im Vordergrund stehen wie die Terminierung der Hauptverhandlung, die Ladung des Angeklagten und seines Verteidigers, die Ladung der erforderlichen Zeugen und Sachverständigen, so liegt der eigentliche Schwerpunkt der Vorbereitung doch in der inhaltlichen Befassung mit dem angeklagten Sachverhalt, in die bei Kollegialgerichten neben dem Vorsitzenden die Beisitzer, insbesondere der Berichterstatter, einbezogen sind.

Während sich die gerichtliche Vorbereitung der tatsächlichen und rechtlichen **2** Aspekte des Falles an den Strafakten orientiert, muß die Vorbereitung des Verteidigers umfassender sein. Zwar nimmt auch sie ihren Ausgang bei den Akten und den sich daraus ergebenden Möglichkeiten und Problemen. Darüber hinaus muß der Verteidiger aber den Mandanten auf die Hauptverhandlung und insbesondere eine etwaige Einlassung sowie auf die Befragung durch Gericht und Staatsanwaltschaft vorbereiten. Weiterhin ist spätestens jetzt zu klären, ob die Verteidigung in der Lage ist, dem Gericht in der Hauptverhandlung neue, noch nicht aus den Akten ersichtliche Sachverhalte zu unterbreiten, um damit zugunsten des Mandanten auf den Schuld- oder Strafausspruch Einfluß zu nehmen.

Jedoch dürfen die damit angedeuteten Verteidigungsmöglichkeiten nicht über- **3** schätzt werden. Denn Verlauf und Ergebnis der Hauptverhandlung sind zu diesem Zeitpunkt durch den bisherigen Verfahrensgang schon in erheblichem Maße geprägt:

Bereits im Ermittlungsverfahren ist ein komplexer sozialer Sachverhalt zu einem rechtlich und prozessual handhabbaren Tatbestand formatiert worden, Beweisergebnisse sind in vielfacher Form festgeschrieben und Weichenstellungen in der strafrechtlichen Zuordnung erfolgt, die nicht nur die Schuldfrage betreffen, sondern auch Art und Ausmaß der Rechtsfolgen bestimmen (vgl. zu den verschiedenen Aspekten *Blankenburg, Sessar, Steffen*, 1978, S. 89 ff.; *Peters*, 1972, S. 195 ff.; *Sessar*, 1981; *Kaiser*, 1972, insbes. S. 78 ff.). Nur selten gelingt es der Verteidigung, im Ermittlungsverfahren auf Verfahrensablauf und -inhalt im Hinblick auf die spätere Hauptverhandlung nachhaltig und prägend Einfluß zu nehmen. Das liegt nicht nur daran, daß viele Beschuldigte erst die Zustellung der Anklageschrift zum Anlaß nehmen, einen Verteidiger zu beauftragen. Selbst wenn die Verteidigung das Ermittlungsverfahren von Anfang an begleitet, so sind doch die tatsächlichen und rechtlichen Teilhabe- und Mitwirkungsmöglichkeiten in diesem Verfahrensabschnitt so marginal, daß die Sicherung zugunsten des Beschuldigten sprechender Beweise nicht durchgesetzt werden kann und seine Position kaum angemessen in der Akte zum Ausdruck kommt (zur Bestandsaufnahme und zu Reformvorschlägen s. ausführlich *Richter II*, StV 1985, 382; *E. Müller*, AnwBl. 1986, 50; *Thomas*, AnwBl. 1986, 56; *Deckers*, AnwBl. 1986, 60; *Krekeler*, AnwBl. 1986, 62; *Hamm*, AnwBl. 1986, 66 u. *Bandisch*, AnwBl. 1986, 69).

Die Prämisse des im 19. Jahrhundert konzipierten Prozeßmodells des reformier- **4** ten Inquisitionsprozesses, wonach die Defizite der Interessenvertretung des Beschuldigten im Ermittlungsverfahren durch die prozessualen Handlungsmöglichkeiten und Verfahrensrechte der Verteidigung in der Hauptverhandlung ausgeglichen würden (zu diesem Gesichtspunkt »verfahrensvertikaler Waffengleichheit« *Ernesti*, JR 1982, 221/222), erweist sich angesichts der neueren sozialwissenschaftlichen Erkenntnisse über die Möglichkeiten richterlicher Informationsaufnahme und -verarbeitung als Illusion:

Danach nehmen die Möglichkeiten, auf das Verfahren Einfluß zu nehmen, um so mehr ab, je stärker sich die Räume für alternative Beurteilungen des Sachverhalts und der Rechtslage verengen (*Sessar*, ZStW 92 [1980] S. 689/710 f.). Das ist aber gerade für den Verfahrensabschnitt der Hauptverhandlung der Fall:

5 Mit der Eröffnung des Hauptverfahrens durch das erkennende Gericht entsteht das Problem der »Urteils-Perseveranz«, das darin besteht, daß die Entscheidungsträger in einem außerordentlich großen Ausmaß an einer einmal getroffenen Vor-Entscheidung festhalten und nur unter erheblichen Schwierigkeiten zur Änderung des einmal von ihnen eingenommenen Standpunkts bewegt werden können (*Schünemann*, 1988, S. 461/477). Dies betrifft vorrangig die Beurteilung des Tatverdachts, aber auch die rechtliche Einordnung des gegen den Angeklagten erhobenen Vorwurfs.

Des weiteren muß die Tatsache zur Kenntnis genommen werden, daß in dem der StPO zugrundeliegenden inquisitorischen Prozeßmodell die Berufsrichter nicht in der Lage sind, die ihnen im Verlauf der Hauptverhandlung zugänglich gemachten Informationen unverzerrt zur Kenntnis zu nehmen und zu verwerten. Aufgrund der Aktenkenntnis der Berufsrichter tritt der Effekt ein, daß die »nach dem Eröffnungsbeschluß erhobenen neuen Fakten systematisch überschätzt werden, wenn sie zu dessen Maxime konsonant (d. h. also belastend) sind, während sich die dazu dissonanten (d. h. entlastenden) Fakten eine systematische Abwertung gefallen lassen müssen« (*Schünemann*, 1988, S. 461/477).

Dies gilt insbesondere für die Präsentation neuer, wichtiger Beweismittel in der Hauptverhandlung, mit deren Hilfe die Verteidigung zugunsten des Angeklagten auf den Schuld- oder Strafausspruch Einfluß zu nehmen versucht: Untersuchungen sprechen dafür, daß Richter auf die erstmalige Einführung von Entlastungszeugen in der Hauptverhandlung durch die Verteidigung nicht nur mit verringerter Aufmerksamkeit, sondern auch in der Weise reagieren, daß sie die für sie überraschenden Aussagen solcher Zeugen für nicht sachdienlich oder unglaubhaft erachten (vgl. *Bandilla/Hassemer*, StV 1989, 551 ff.).

6 Dies hat für die Verteidigung die Konsequenz, daß die Aussichten auf eine inhaltlich/argumentative Einflußnahme auf die richterliche Überzeugungsbildung durch Einbringung von neuem Entlastungsmaterial in die Hauptverhandlung eher skeptisch zu veranschlagen sind. Um so mehr ist es deshalb Aufgabe der Verteidigung, darauf zu achten, daß das Gericht auf dem vorstrukturierten Weg vom Vor-Urteil zum Urteil innerhalb der von der StPO gezogenen prozessualen Grenzen verbleibt. Ihre Rechtsstellung kann es sogar gebieten, »zwecks Wahrung und Sicherung der Justizförmlichkeit der Urteilsgewinnung ein der Wahrheit und materiellen Gerechtigkeit entsprechendes Urteil (zu) verhindern« (*Eb. Schmidt*, LK II, vor § 137 Rn. 8).

Allerdings kann ein solches Vorgehen leicht mit den zeitlichen, personellen und organisatorischen Möglichkeiten der Strafjustiz kollidieren, die schnell an ihre Grenzen geraten, solange an dem Verfahrensziel der Erforschung der materiellen Wahrheit auf prozeßordnungsgemäße Weise festgehalten wird. Gerade weil die »schützenden Formen« des Prozeßrechts deshalb häufig als lästige Fesseln empfunden werden, derer sich die Strafjustiz immer wieder unter dem Vorwand der effektiven Verbrechensbekämpfung de lege lata und de lege ferenda zu entledigen versucht, muß sich die Verteidigung allen formlosen und willkürlichen Verfahrensweisen widersetzen. Dies setzt allerdings voraus, daß sie sich der im konkreten Fall in der Hauptverhandlung ergebenden rechtlichen und tatsächlichen Möglichkeiten und Probleme bewußt ist und alle prozessualen und organisatorischen Vorkehrungen für erforderliche Aktionen und Reaktionen getroffen hat. Nur so können die Voraussetzungen für eine auch in der Sache erfolgreiche Wahrnehmung der Interessen des Angeklagten in der Hauptverhandlung durch den Verteidiger geschaffen werden (zu diesem Zusammenhang *Barton*, MSchKrim 1988, 93 ff.).

II. Hauptverhandlung und Verteidigungsstrategie

1. Zur Bedeutung strategischer Überlegungen in der Hauptverhandlung

Die Verfahrensbeteiligten des Strafprozesses verfolgen nicht identische Interes- **7** sen. Diese bestehen – um nur die wichtigsten zu nennen – in der Suche nach der materiellen Wahrheit, in dem Finden eines gerechten Urteils, in der Überführung bzw. der Nichtverurteilung des Angeklagten oder der Beeinflussung von Art und Höhe seiner Bestrafung. Die unterschiedlichen Interessen der einzelnen Verfahrensbeteiligten werden häufig miteinander kollidieren und lassen sich dann nur auf Kosten der jeweils anderen durchsetzen (vgl. *Kühne*, 1978, S. 196).
Diese Situation prägt das Verhalten der Verfahrensbeteiligten insbesondere in der Hauptverhandlung. Alle Äußerungen und Handlungen stehen unter der Maxime, negative Konsequenzen für die eigenen Interessen zu vermeiden oder zumindest zu mindern und ihnen gegenüber divergierenden Interessen zum Erfolg zu verhelfen. Damit erhalten die Verhaltensweisen aller Verfahrensbeteiligten auch eine strategische Dimension. Angesichts des repressiven Charakters des Strafprozesses gilt dies insbesondere für den Angeklagten, da gegen ihn autoritativ und wegen der Beschränktheit der Rechtsmittel letztlich verbindlich auf die Verhängung von existenziell belastenden Rechtsfolgen erkannt werden kann. Insofern kann die Strafverhandlung nie diskursiv sein (*Kühne*, 1978, S. 196).
Will der Angeklagte selbst aktiv auf den Verfahrensausgang Einfluß nehmen und **8** nicht nur als Objekt den Aktionen der anderen Verfahrensbeteiligten ausgeliefert sein, muß er den ihm von der Strafprozeßordnung eingeräumten beschränkten Handlungsspielraum optimal ausnutzen. Dies setzt eine bewußte Verteidigungsstrategie voraus, die nicht nur die eigenen Prozeßmöglichkeiten und -risiken, sondern auch die gegnerischen Verfahrensaussichten und Verfahrenszüge einbezieht. Angesichts begrenzter Prognosemöglichkeiten und des dynamischen Charakters einer jeden Hauptverhandlung wird dies immer nur zu Gleichungen mit vielen Unbekannten führen. Gleichwohl ist die Entwicklung eines Verteidigungskonzepts ein unverzichtbarer Bestandteil der Vorbereitung einer jeden Hauptverhandlung, ohne die Angeklagter und Verteidiger dazu verurteilt wären, allenfalls noch auf das Vorgehen der mit stärkeren prozessualen Rechten und Möglichkeiten ausgestatteten anderen Verfahrensbeteiligten zu reagieren.

2. Entwicklung von Verteidigungsstrategien in der Hauptverhandlung

a) Verteidigungsstrategie und Verteidigungsziel

Unter einer Strategie wird der Weg verstanden, auf dem man auf bestmögliche **9** Weise ein bestimmtes Ziel zu erreichen hofft. Für die Entwicklung einer Verteidigungsstrategie für die Hauptverhandlung bedeutet dies, daß man sich logischerweise zunächst über das dort angestrebte Verfahrensergebnis Klarheit verschaffen muß.

10 Abstrakt betrachtet, kann dies in einer Nichtverurteilung (Freispruch oder Einstellung) oder in einer für den Angeklagten möglichst milden Bestrafung liegen. In letzterem Fall muß das Verteidigungsziel, um es mit Hilfe einer Strategie operationalisieren zu können, noch weiter differenziert werden. Um auf das Strafmaß in der für den Angeklagten günstigsten Weise Einfluß zu nehmen, kommen verschiedene Möglichkeiten in Betracht. Bei dem Vorwurf mehrerer Straftaten kann eine positive Einwirkung auf das Verfahrensergebnis darin resultieren, daß es bezüglich einzelner Anklagevorwürfe zu einem Freispruch oder zumindest einer Verfahrenseinstellung (§ 154) kommt. Bei nur einem Tatvorwurf kommt bei mehreren Gesetzesverletzungen oder bei Dauer- und Fortsetzungstraftaten eine Beschränkung der Strafverfolgung gem. § 154a in Betracht. Eine weitere maßgebliche Einwirkungsmöglichkeit auf die zu verhängende Strafe liegt in dem Versuch, einen angeklagten schweren Straftatbestand auf einen weniger schwerwiegenden Tatbestand »herunterzudefinieren« (dazu unten Rn. 120f.). Weiterhin kann eine Strafmaßverteidigung in geeigneten Fällen auf eine Strafrahmenverschiebung abzielen, sei es, daß der vorgeworfene Straftatbestand mehrere Strafrahmen für besonders schwere und/oder minderschwere Fälle vorsieht, sei es, daß eine Strafrahmenänderung gem. § 49 StGB erfolgen kann. Schließlich kann auf den Strafausspruch in dem von den allgemeinen Sanktionsvorschriften vorgegebenen Rahmen (insbesondere §§ 46 u. 56 StGB) Einfluß zu nehmen versucht werden.

11 Angesichts dieser Palette ganz unterschiedlicher Verfahrensergebnisse wird bereits deutlich, daß das in der Hauptverhandlung angestrebte Verteidigungsziel nicht abstrakt festgelegt oder schlicht an dem verständlichen Wunsch des Angeklagten festgemacht werden kann, nach Möglichkeit überhaupt nicht verurteilt zu werden. Vielmehr muß sich eine Verteidigungsstrategie, die selbst verfahrensprägende Kraft entfalten soll, bei der Zielbestimmung an den konkreten Möglichkeiten für die Verteidigung unter den gegebenen Umständen des jeweiligen Verfahrens orientieren. Ähnlich einem hermeneutischen Zirkel sind deshalb Verteidigungsziel und Verteidigungsstrategie eng aufeinander bezogen und wechselseitig immer mehr zu konkretisieren. Nur so kann die Verteidigung den konkreten Bedingungen der bevorstehenden Hauptverhandlung gerecht werden und ein Ergebnis anpeilen, das – idealiter – auf der Schnittstelle zwischen den dem Gericht (noch) möglichen Entscheidungsalternativen und dem Bedürfnis des Angeklagten nach geringstmöglicher Interessenbeeinträchtigung durch das Strafverfahren liegt.

12 Verfehlt der Verteidiger diesen Punkt, wird dies häufig zu Lasten seines Mandanten gehen. Schraubt er seine Forderungen gegenüber dem Gericht zu hoch und zielt er auf eine Entscheidung ab, die nach der Sach- und Rechtslage ernsthaft nicht von dem Gericht getroffen werden kann, riskiert er, mit seinen Argumenten nur noch pro forma angehört und möglicherweise auch bezüglich seiner durchaus vertretbaren Verteidigungsausführungen nicht mehr ernstgenommen zu werden. Beibt der Verteidiger andererseits mit seinem Verteidigungsziel hinter den sich im Verfahren tatsächlich bietenden Möglichkeiten zurück, ist zu befürchten, daß er dadurch ein erreichbares besseres Verfahrensergebnis zum Nachteil seines Mandanten vergibt. Selten kommen Gerichte von sich aus ohne entsprechende Anstöße durch die Verteidigung zu dem Idealpunkt des für den Angeklagten optimalen und mit den Verfahrensgegebenheiten gerade noch zu vereinbarenden Ergebnisses.

b) Verteidigungsstrategie und Sachverhalt
Welches Verfahrensziel seitens der Verteidigung unter diesen Gesichtspunkten **13**
anvisiert werden kann und sollte, hängt zunächst maßgeblich davon ab, von welchem Sachverhalt als voraussichtlichem Ergebnis der Beweisaufnahme auszugehen ist.
Da sich die Gerichte bei der Strukturierung des Ablaufs der Hauptverhandlung **14**
maßgeblich an den aus den Akten ersichtlichen Ermittlungsergebnissen orientieren und sich die Hauptverhandlung häufig genug auf einen bloßen Nachvollzug
des Akteninhalts beschränkt, kann und muß die Verteidigung ebenfalls zunächst
an den Erkenntnissen ansetzen, die sich aus den Ermittlungsakten gewinnen lassen. Das gilt besonders dann, wenn augenscheinlich das Verfahren von den Ermittlungsbehörden weitgehend ausermittelt worden ist, insbesondere durch Vernehmung aller in Betracht kommenden Zeugen, so daß »Überraschungen« insoweit nicht mehr zu erwarten sind. Für die Bewertung der aus den Akten ersichtlichen Ermittlungsergebnisse im Hinblick auf ihre spätere Reproduktion in der
Hauptverhandlung ist von Bedeutung, ob Korrektur- und Ergänzungsmöglichkei-
ten oder zumindest Interpretationsspielräume – zum Vor- oder Nachteil des Angeklagten – bestehen. Auch die Qualität einzelner Beweismittel muß im Hinblick auf
das zu prognostizierende Ergebnis der Beweisaufnahme mit ins Kalkül gezogen
werden. Dies betrifft vorrangig die Glaubwürdigkeit von Zeugen.
Auf dieser Stufe hat die Verteidigung dieselben Erkenntnismöglichkeiten über das **15**
in der Hauptverhandlung zu erwartende Ergebnis der Beweisaufnahme wie Gericht und Staatsanwaltschaft. Das gilt jedenfalls dann, wenn die Akten die Ergebnisse des bisherigen Verfahrens zutreffend und vollständig wiedergeben. Das ist in
der Praxis allerdings nicht immer der Fall. Gegen den Grundsatz der »Aktenwahr-
heit und Aktenklarheit« (*LG Berlin* StV 1986, 96; ferner AK-StPO-*Stern* § 147
Rn. 2) wird immer wieder verstoßen. Dies gilt insbesondere in den Fällen, in denen die Strafverfolgungsbehörden bestimmte Informationsquellen (z. B. V-Leute)
oder den Gang der Ermittlungen aus vorgeblichen Gründen effektiver Verbrechensbekämpfung meinen verschleiern zu müssen (zur Frage der Zulässigkeit dieses Vorgehens vgl. LR-*Lüderssen* § 147 Rn. 50 ff. m. w. N.). Der Verteidiger muß·
auch mit der Möglichkeit rechnen, daß nach Abschluß der Ermittlungen gewonnene Erkenntnisse nicht zu den Akten gelangen (zur Unzulässigkeit eines solchen
Vorgehens s. *BGHSt* 36, 305 = StV 1990, 49 = NStZ 1990, 193). Derartige Erfahrungen müssen Verteidiger zu Vorsicht und Wachsamkeit bei der Aktenlektüre
veranlassen.
Im Gegensatz zu Gericht und Staatsanwaltschaft kann der Verteidiger bei der **16**
Vorbereitung der Hauptverhandlung auf seinen Mandanten als weitere Informationsquelle zurückgreifen. Dies ist in vielen Fällen ein unüberschätzbarer Vorteil,
vorausgesetzt es gelingt dem Verteidiger, den Mandanten zu einer ungeschmink-
ten und vollständigen Darstellung des maßgeblichen Sachverhalts zu veranlassen.
Das setzt nicht nur ein funktionierendes Vertrauensverhältnis zwischen Verteidiger und Mandant voraus, sondern auch die Fähigkeit des Verteidigers, bewußte
und unbewußte Wahrnehmungsverzerrungen und Sperren bei der Wahrneh-
mungswiedergabe auf Seiten des Mandanten zu erkennen und idealiter zu über-
winden. Eine gewisse Skepsis wird der Verteidiger gegenüber Mandanteninformationen deshalb immer behalten (müssen).
Gleichwohl weiß der Mandant häufig am besten, was sich im Zusammenhang mit
dem vorgeworfenen Sachverhalt tatsächlich zugetragen hat. Er kann beurteilen,

Schlothauer   11 was bei schriftlichen Zeugenaussagen zutrifft, falsch ist oder fehlt und was von bestimmten Zeugen zu halten ist, gleichgültig ob es ihre allgemeine Glaubwürdigkeit betrifft oder die Art und Weise ihres zu erwartenden Auftretens vor Gericht. Es ist deshalb vielfach sinnvoll, dem Mandanten den Aktenauszug des Verteidigers zur gründlichen Lektüre und kritischen Kommentierung zu überlassen (zur Zulässigkeit *OLG Hamburg* BRAK-Mitt. 1987, 163 m. Anm. *Dahs; OLG Hamburg* StV 1991, 551).

17 Mit Hilfe dieser Informationen kann der Verteidiger beurteilen, ob in der Beweisaufnahme eine Bestätigung des Akteninhalts zu erwarten ist oder ob Möglichkeiten für eine Veränderung der Tatsachengrundlage bestehen. Letzteres gilt besonders dann, wenn es dem Verteidiger aufgrund der Mandanteninformationen gelingt, zugunsten des Angeklagten sprechende Tatsachen und Beweismittel in die Hauptverhandlung einzuführen, von denen die anderen Verfahrensbeteiligten bislang keine Kenntnis hatten (zur Problematik von »Überraschungsstrategien« in der Hauptverhandlung im Hinblick auf die Beeinflussung richterlicher Überzeugungsbildung s. o. Rn. 5).

Auf die Mandanteninformation kann und sollte der Verteidiger unabhängig davon zurückgreifen, ob sich der Angeklagte in der Hauptverhandlung zur Sache äußern soll oder nicht und ob er den Anklagevorwurf einräumt oder (teilweise) bestreitet. Denn nur wenn der Verteidiger möglichst genau weiß, was sich im Zusammenhang mit dem vorgeworfenen Sachverhalt tatsächlich ereignet hat, kann er überhaupt eine wirkungsvolle Verteidigungsstrategie entwickeln und den Mandanten realistisch im Hinblick auf sein Einlassungsverhalten beraten (dazu unten Rn. 80). Auch die Informationen des in der Hauptverhandlung schweigenden Angeklagten kann der Verteidiger bei der Befragung von Zeugen oder zur Behauptung von Beweistatsachen verwerten, ohne daß sich dies zum Nachteil des Angeklagten bei Beweiswürdigung oder Strafmessung auswirken darf (vgl. *BGH* StV 1990, 394 = NStZ 1990, 447).

18 Bei der Prognose des sich in der Beweisaufnahme herausstellenden Sachverhalts ist dem Umstand Rechnung zu tragen, daß in der Hauptverhandlung nur die nach Maßgabe des Verfahrensrechts erhobenen Tatsachen verwertet werden dürfen (vgl. Rn. 90). Können tatsächliche Feststellungen nicht prozeßordnungsgemäß getroffen werden, beispielsweise weil Beweiserhebungs- oder -verwertungsverbote bestehen (z. B. §§ 136a, 52 ff., 252, 97) oder weil Zeugen nicht erreichbar sind und frühere Angaben auch nicht mit Hilfe von Beweissurrogaten (z. B. § 251) oder der Vernehmung von Verhörspersonen einzuführen sind, müssen sie bei der Ermittlung des für die Verteidigungskonzeption maßgeblichen Sachverhalts unberücksichtigt bleiben. Das gilt gleichermaßen für Sachverhalte, die zur Entlastung des Beschuldigten in Form von Beweisanträgen auf Vernehmung bislang nicht gehörter Zeugen in die Hauptverhandlung eingebracht werden sollten, wenn diese Zeugen nicht mehr namhaft oder ausfindig gemacht werden können oder die maßgeblichen Vorgänge in Vergessenheit geraten sind.

19 Bei der Sachverhaltsermittlung ist schließlich zu bedenken, daß Gegenstand der gerichtlichen Kognitionspflicht die von der zur Hauptverhandlung zugelassenen Anklage bezeichnete Tat im prozessualen Sinn ist (§ 264 Abs. 1). Dies bedeutet, daß das gesamte sich nach natürlicher Auffassung als einheitlicher geschichtlicher Lebensvorgang darstellende Tatgeschehen Gegenstand der gerichtlichen Untersuchung sein muß, auch wenn dies in seiner vollen Tragweite erst in der Hauptverhandlung erkennbar wird (zum prozessualen Tatbegriff in der neueren Rechtsprechung vgl. *Marxen*, StV 1985, 472; ferner AK-StPO-*Loos* Anhang zu § 264 Rn. 26). Der Verteidiger muß deshalb von vornherein darauf achten, daß er seine Aufmerksamkeit bei der Hauptverhandlungsvorbereitung nicht auf die Sachverhaltssegmente beschränkt, die nach dem bisherigen Akteninhalt im Vordergrund des Interesses der Strafverfolgungsbehörden standen. Besonders bei dem Vorwurf fortgesetzter Handlungen und von Dauerstraftaten muß damit gerechnet werden, daß es nach einem entsprechenden Hinweis des Gerichts (vgl. *BGH* StV 1985, 134; *BGHSt* 8, 92; *Schlothauer* StV 1986, 225) zu einer Erweiterung des Schuldumfangs kommen kann, sei es, daß weitere Einzelakte der fortgesetzten Handlung hinzukommen, sei es, daß sich der Tatzeitraum vergrößert (zum Problem sonstiger Abweichungen des in der Hauptverhandlung ermittelten Sachverhalts vom Tatbild der Anklage vgl. *Niemöller*, 1988, S. 15 ff. u. *Schlothauer* StV 1986, 214 f.).

Ohne Mitwirkung des Angeklagten ist eine Ausweitung des in der Hauptverhand- **20** lung verhandelten Sachverhalts erst dann nicht mehr zulässig, wenn eine andere oder weitere Tat im prozessualen Sinne zum Gegenstand der Hauptverhandlung gemacht werden soll, da dies nur in Form einer Nachtragsanklage mit Zustimmung des Angeklagten geschehen darf (§ 266 Abs. 1 u. 2). Anders ist es, wenn in die Hauptverhandlung abtrennbare Teile einer Tat wieder einbezogen werden sollen (§ 154 a Abs. 3) oder bei Beweiswürdigung oder Strafzumessung ein Tatgeschehen Berücksichtigung finden soll, bezüglich dessen das Verfahren gem. § 154 eingestellt oder die Strafverfolgung gem. § 154 a beschränkt worden war. Hier bedarf es nur eines (förmlichen) Hinweises des Gerichts (vgl. zu Einzelheiten der neueren Rechtsprechung des BGH *Schlothauer*, StV 1986, 226), um diesen Verfahrensstoff zum zulässigen Gegenstand der Hauptverhandlung zu machen. Auch eine derartige Entwicklung muß der Verteidiger bei der Prognose der bevorstehenden Hauptverhandlung im Hinblick auf den zu erwartenden Sachverhalt im Auge haben.

c) Verteidigungsstrategie und Rechtslage

Vor dem Hintergrund dieser Sachverhaltsanalyse ist zunächst unabhängig von der **21** zugelassenen Anklage zu klären, wie sich die rechtliche Problematik des Falles darstellt. Würde sich der Blickwinkel sofort auf die Anklageschrift verengen, ließe sich solchen Änderungen nicht ausreichend Rechnung tragen, die in der Hauptverhandlung noch in rechtlicher Hinsicht eintreten können.

Das Gericht ist nämlich weder bei der Eröffnung des Hauptverfahrens (§ 206) noch bei der Urteilsfindung (§ 264 Abs. 2) an die rechtliche Beurteilung der Staatsanwaltschaft oder eigene frühere rechtliche Würdigungen gebunden. Vielmehr muß das Gericht, wenn von der Möglichkeit des § 154 a kein Gebrauch gemacht wird, den Unrechtsgehalt der Tat ausschöpfen, soweit dem keine rechtlichen Gründe entgegenstehen (*Kleinknecht/Meyer* § 264 Rn. 10). Bei einer Veränderung der Rechtslage im Hinblick auf die zugelassene Anklage ist der Angeklagte lediglich auf die Veränderung des rechtlichen Gesichtspunktes förmlich hinzuweisen (§ 265 Abs. 1 u. Abs. 2) (zu Einzelheiten s. *Schlothauer* StV 1986, 216 ff.; *Küpper*, NStZ 1986, 249). Deshalb müssen die Verteidigungsüberlegungen von vornherein auch derartigen Möglichkeiten unabhängig davon Rechnung tragen, ob im Verhältnis zur zugelassenen Anklage eine Verbesserung oder eine Verschlechterung der rechtlichen Beurteilung der dem Angeklagten vorgeworfenen Straftat in Betracht kommt, da dies zumindest für das evtl. Strafmaß von erheblicher Bedeutung ist.

22 Lassen sich keine zuverlässigen Angaben über die Wahrscheinlichkeit einer bestimmten Sachverhaltsfeststellung in der Hauptverhandlung machen, sind alternativ die materiell-rechtlichen Auswirkungen unterschiedlicher Tatsachenfeststellungen zu untersuchen. Das gilt besonders in den Fällen, in denen geringfügige Differenzen im Tatsächlichen weitreichende Änderungen in der rechtlichen Beurteilung zur Folge haben. Hier ergeben sich aus der Untersuchung der materiellen Rechtslage Konsequenzen für die Verteidigungsstrategie in dem Sinne, daß der Verteidiger in der Hauptverhandlung versuchen muß, durch entsprechende Zeugenbefragung oder durch Beweisanträge auf die Feststellung der für den Beschuldigten günstigsten Fallgestaltung hinzuarbeiten.
Angesichts der zunehmenden Ausdifferenzierungen in der Strafrechtsdogmatik, mit deren Hilfe Rechtsprechung und Wissenschaft jeder Sachverhaltsverästelung und jedem Randproblem Herr zu werden versuchen, eröffnet gerade das materielle Recht Möglichkeiten für die Entwicklung einer Verteidigungsstrategie, mit deren Hilfe in der Hauptverhandlung vor dem Hintergrund des jeweils günstigsten rechtlichen Lösungsweges die dafür erforderlichen tatsächlichen Eigenheiten des Falles herausgearbeitet werden können. Dies gilt sowohl für den Schuld- als auch für den Strafausspruch.

d) Verteidigungsstrategie und Gericht

23 Weitere Gesichtspunkte, die für die Entwicklung des Verteidigungskonzepts von Bedeutung sind, ergeben sich daraus, vor welchem Gericht und vor welchem Richter die Hauptverhandlung stattfindet. Handelt es sich um ein erstinstanzliches Verfahren vor dem Landgericht oder Oberlandesgericht oder um ein Berufungsverfahren, steht als Rechtsmittel nur noch die Revision zur Verfügung. Dementsprechend muß die Verteidigung in diesem Verfahren *auch* unter dem Gesichtspunkt eines möglichen Revisionsverfahrens konzipiert werden, weshalb prozessuale Fragen, aber auch Probleme der Sachverhaltsfestschreibung eine größere Rolle spielen als im Verfahren vor dem Amtsgericht (vgl. hierzu insbesondere die Beiträge von *Römer-Hahn, Strate, Amelung* und *Kempf* in: Arbeitsgemeinschaft Strafrecht (Hrsg.), Die Verteidigung in der Hauptverhandlung vor dem Landgericht mit Blick auf die Revision, 1988).

24 Darüber hinaus muß sich der Verteidiger Informationen über Verhandlungsführung, Spruchpraxis und Persönlichkeit der Richter verschaffen, mit denen das Gericht in seinem Verfahren besetzt ist. Eine Verteidigungsstrategie kann sehr unterschiedlich ausfallen, je nachdem, ob es sich um Richter handelt, die einen offenen Verhandlungsstil praktizieren, wodurch zwischen den Verfahrensbeteiligten Gespräche über die Sach- und Rechtslage möglich sind, oder ob das Gericht bis zum Ende der Verhandlung seine Einschätzungen und Absichten zu verbergen sucht. Im letzteren Fall muß der Verteidiger über prozessuale Möglichkeiten nachdenken, mit deren Hilfe er zu einer »Früherkennung« der richterlichen Beweiswürdigung kommen kann, um noch rechtzeitig mit weiteren Verteidigungsmaßnahmen reagieren zu können (vgl. *Hamm*, 1984, S. 169).

25 Auf ähnlicher Ebene liegt das Problem, ob ein Gericht bis zum Abschluß der Beweisaufnahme bereit ist, alle in Betracht kommenden Sachverhaltsmöglichkeiten zu bedenken, oder ob es von vornherein dem Angeklagten und seiner Verteidigung Skepsis entgegenbringt und zu einer voreiligen Festlegung in der Beweiswürdigung und der Strafzumessung neigt. Eine solche Festlegung führt erfahrungsgemäß dazu, daß später erhobene Beweistatsachen, die das Vor-Urteil bestätigen, überbewertet, widersprechende Tatsachen dagegen neutralisiert oder gar abgewertet werden (*Schünemann*, 1985, S. 81). Solche Vorentscheidungen mit sachlichen Argumenten zu revidieren, ist für den Verteidiger nur in Ausnahmefällen möglich. Denn im Gegensatz zum Staatsanwalt, dem der Richter gleiche Ziele attribuiert und mit dem es häufig zum »Schulterschluß« kommt, akzeptiert er den Verteidiger regelmäßig nicht als relevante Vergleichsperson (*Schünemann*, 1985, S. 83 f.). Gelingt es dem Verteidiger deshalb nicht, durch frühzeitige Verteidigungsaktivitäten das Entstehen richterlicher Vorentscheidungen zu vermeiden oder in seinem Sinne darauf Einfluß zu nehmen, verbleibt nur noch die Möglichkeit, das Gericht mit den ihm zur Verfügung stehenden prozessualen Mitteln (Beweisantragsrecht, Wahrnehmung von Erklärungsrechten, Befangenheitsrecht) zu zwingen, trotz Voreingenommenheit auf den Wegen der Justizförmigkeit zu bleiben und auch das zur Kenntnis zu nehmen, was nicht in sein Vorurteil paßt. Erfolge der Verteidigung entspringen in solchen Fällen dann seltener besserer Einsicht des Gerichts als vielmehr der Erkenntnis prozessualer Unabänderlichkeit.

Eine Chance für Verteidiger, auch inhaltlich von Richtern als gleichrangige Gesprächspartner anerkannt zu werden, besteht dann, wenn sie inhaltlich in vom Richter akzeptierten Denkmustern zu überzeugen wissen. Der Verteidiger findet inhaltlich aber nur dann Gehör, wenn er umgekehrt in der Lage ist, auch begründete Argumente des Gerichts zu akzeptieren und nicht unsinnig etwas zu bestreiten, nur weil evtl. der Mandant es zunächst so will. Ein Verteidiger, der im Gerichtssaal sachlich nicht mehr nachvollziehbar argumentiert und evtl. außerhalb dem Richter zu erkennen gibt, daß er selbst von seinen Ausführungen nicht überzeugt ist, sondern diese nur seinem Mandanten zuliebe gemacht hat, erfüllt seine Aufgabe dem Mandanten gegenüber nicht (*Barton*, MschKrim 1988, 105). **26**

Bei der Entwicklung der Verteidigungsstrategie ist auch zu überlegen, ob der Verteidiger alle tatsächlichen und (verfahrens- und materiell-)rechtlichen Argumente, die für den Angeklagten und eine für ihn günstige Verfahrenssituation sprechen, vortragen sollte oder nicht. Natürlich liegt die Aufgabe des Verteidigers gerade darin, all das zu Gehör zu bringen, was zugunsten des Angeklagten spricht, und es sollte so sein, daß das Gericht diese Gesichtspunkte ernsthaft in seine Erwägungen zum Schuld- und Strafausspruch einbezieht. Gelegentlich entsteht aber auch der Eindruck, das Gericht sei nur deshalb dankbar für das Vorbringen von Verteidigungsargumenten, um sie um so besser in den schriftlichen Urteilsgründen widerlegen zu können und um nichts zu übersehen. Gleichwohl ist gegenüber einem Verteidigungskonzept Vorsicht geboten, das darauf abzielt, erst im Revisionsverfahren auf Probleme der Sach- und Rechtslage und entsprechende Fehler und Lücken in den Urteilsgründen hinzuweisen. Die Erfolgsaussichten eines solchen Vorgehens sind kaum kalkulierbar und Fehleinschätzungen auf dieser Stufe des Verfahrens fast immer irreparabel. Auf der anderen Seite muß sich der Verteidiger der möglichen Folgen bewußt sein, die durch eine zu starke Betonung der tatsächlichen oder materiell-rechtlichen Problematik des Falles und ggf. ihrer Umsetzung in prozessuale Maßnahmen entstehen können. Gerichte, die sich vor einer inhaltlichen Auseinandersetzung hiermit scheuen, können versucht sein, den Schwierigkeiten dadurch zu entgehen, daß sie – was seltener der Fall ist – von der für den Angeklagten jeweils günstigsten Lösung ausgehen, oder daß zu seinen Ungunsten eine Beweiswürdigung erfolgt, die eine Antwort auf die von der Verteidigung aufgeworfenen Fragen entbehrlich macht (*Schünemann*, 1985, S. 68). **27**

Von Bedeutung für die Entwicklung eines Verteidigungskonzepts ist schließlich, **28** ob der Verteidiger einem Gericht gegenübersteht, das auf einen einvernehmlichen Ablauf der Hauptverhandlung Wert legt oder sogar dazu neigt, zu einverständlichen Verfahrensergebnissen zu kommen und das deshalb schon vor Beginn der Hauptverhandlung für Gespräche mit allen Verfahrensbeteiligten offensteht. Derartige Kontakte können sich für den Angeklagten nicht nur in verfahrensmäßiger Hinsicht, (Verhandlungsdauer, Kosten etc.), sondern auch im Ergebnis (von der Teileinstellung des Verfahrens bis zur Strafzumessung) günstig auswirken (zu Möglichkeiten, Risiken und Grenzen der Verständigung im Strafverfahren s. ausführlich unten Rn. 144f.).

e) Verteidigungsstrategie und die Dynamik der Hauptverhandlung

29   Die vielfältigen und völlig unterschiedlichen Faktoren, die bei der Entwicklung der Verteidigungsstrategie zum Tragen kommen können, fordern von dem Verteidiger ein erhebliches Maß an Flexibilität. Die als Gegensatz immer wieder diskutierten Konzepte einer Kooperations- und einer Konfliktverteidigung verstellen den Blick auf die Notwendigkeit, daß der Verteidiger die gesamte Bandbreite der Verteidigungsmöglichkeiten beherrschen und sich jeweils für die seinem speziellen Fall, seinem Mandanten und dem zuständigen Gericht angemessene Verteidigungsform entscheiden muß. Umgekehrt darf der Verteidiger nicht zwanghaft an einem einmal eingeschlagenen Verteidigungskonzept festhalten, wenn er im Verlauf der Hauptverhandlung feststellt, daß aufgrund neuer Sachverhalte oder nicht vorhergesehener prozessualer Entwicklungen das ursprünglich ins Auge gefaßte Vorgehen den Verteidigungsinteressen seines Mandanten nicht mehr gerecht wird. Die Verteidigungsstrategie kann ohnehin nie mehr als eine Annäherung an den vermuteten Ablauf der Hauptverhandlung sein; sie wird in größerem oder geringerem Maße immer durch die Hauptverhandlung modifiziert werden müssen. Es ist deshalb nach Möglichkeit sinnvoll, bei der Vorbereitung der Hauptverhandlung vorsorglich Alternativen und Ersatzstrategien zu dem Verteidigungsplan zu entwickeln, für den man sich letztlich entscheidet. Ggf. muß dann in der Hauptverhandlung von einem Konzept auf das andere umgeschaltet werden.

30   Der Verteidiger ist ohnehin gezwungen, in Alternativen zu denken, wenn er über eine Mehrzahl von zugunsten des Beschuldigten einsetzbaren Argumentationslinien und prozessualen Handlungssequenzen verfügt, die auf unterschiedlichen rechtlichen und prozessualen Ebenen liegen. Gemeint sind beispielsweise Sachverhalte, bei denen zunächst offen ist, ob in der Beweisaufnahme überhaupt ein Schuldnachweis geführt werden kann, in denen sich für den Fall der Überführung des Angeklagten die Frage des Strafklageverbrauchs stellt, wenn sich der angeklagte Vorgang als Akt einer bereits anderweitig rechtskräftig abgeurteilten Fortsetzungstat darstellt und schließlich für die Strafzumessung die Frage der Schuldfähigkeit zu diskutieren wäre. In solchen Fällen werden die unterschiedlichen Verteidigungsmöglichkeiten in ein Verhältnis zueinander gebracht werden müssen, das sich als gestaffelte Verteidigungsstrategie darstellt: Die Verteidigung orientiert sich dann an der weitestgehenden, d. h. für den Mandanten optimalen Verteidigungslinie (Freispruch), geht, wenn diese nicht zu halten ist, auf die nächstbeste »Auffangstellung« zurück (Verfahrenseinstellung) und ist im denkbar ungünstigsten Verlauf der Hauptverhandlung auch schon auf die Probleme der Strafzumessung vorbereitet. Der Vorteil eines solchen Vorgehens liegt darin, daß die Verteidigung ein gleichzeitiges, in sich widersprüchliches Verhalten vermeidet.

31   Die in diesem Zusammenhang angesprochene notwendige Flexibilität des Vertei-

digungsvorgehens darf nicht gleichgesetzt werden mit einem schädlichen und unter allen Umständen zu vermeidenden widersprüchlichen Verhalten des Angeklagten in der Hauptverhandlung. Ein Angeklagter, der seine Stellungnahme zu dem ihm gemachten Vorwurf wechselt und insbesondere seine Einlassung den jeweiligen Veränderungen der Beweisaufnahme anpaßt, verliert den letzten Rest an Glaubwürdigkeit, der überhaupt einem Angeklagten entgegengebracht wird und schafft oft genug ein Klima, das sich bei Beweiswürdigung und Strafzumessung zu seinen Ungunsten auswirkt. Selbst die Änderung einer bestreitenden Sacheinlassung in ein Geständnis kann häufig nicht die Wirkung für das Prozeßklima und die Strafzumessung haben, die ansonsten einem Geständnis zukommt. Ggf. läßt sich bei nicht klar vorhersehbarem Verlauf der Beweisaufnahme ein widersprüchliches Aussageverhalten nur so vermeiden, daß der Angeklagte sich nicht vor, sondern erst im Verlauf oder zum Ende der Beweisaufnahme zur Sache einläßt. Auch ein solches Aussageverhalten löst aber bei manchen Richtern Skepsis und Vorbehalte aus.

f) Verteidigungsstrategie und Angeklagter
Eine erfolgversprechende Verteidigungsstrategie kann der Verteidiger nur ge- **32** meinsam mit seinem Mandanten entwickeln. Dabei müssen zunächst die Mandanteninteressen festgestellt werden (vgl. hierzu *Dürkop*, 1979, 152). Diese sind häufig diffus oder sogar widersprüchlich. Abgesehen von dem vorrangigen Interesse, gar nicht oder so wenig belastend wie möglich verurteilt und bestraft zu werden, spielen auch andere für den Mandanten wichtige Aspekte eine Rolle, die bei der Entwicklung und Umsetzung einer Verteidigungsstrategie Berücksichtigung finden müssen (vgl. *Barton*, MSchKrim 1988, 97): So können mit einem Strafverfahren auch arbeitsrechtliche, berufsrechtliche oder beamtenrechtliche Auswirkungen verbunden sein, die für den Mandanten angesichts ihrer Langzeitwirkung von existentieller Bedeutung sein können (Kündigung, Beendigung des Beamtenverhältnisses, Untersagung der Berufsausübung). Ebenso kann das Strafverfahren zivilrechtliche, steuerrechtliche, versicherungsrechtliche und arbeitsrechtliche Konsequenzen haben, die aus der Sicht des Mandanten ggf. von übergeordneter Bedeutung im Verhältnis zu den eigentlichen strafrechtlichen Folgen sind (vgl. *Schlag*, 1988, S. 10). Es gibt auch Fälle, in denen der Beschuldigte sogar zugunsten anderer Interessen einen aus seiner Sicht nachteiligen Ausgang des Strafverfahrens in Kauf nimmt, obwohl er sich aus tatsächlichen oder rechtlichen Gründen nicht schuldig fühlt. Hierher gehören beispielsweise die Fälle, in denen ein Strafbefehlsverfahren oder eine Einstellung gegen Auflagen nur deshalb akzeptiert werden, weil nur so eine dem Ansehen nachteilige, öffentliche Aufmerksamkeit erregende Hauptverhandlung vermieden werden kann.
Zu respektieren sind auch die Wünsche von Beschuldigten, die aufgrund ihres **33** Selbstverständnisses oder aus Gründen der Wahrung ihrer Identität (*Lüderssen*, 1981, 162) bewußt und in Kenntnis der Konsequenzen ein strafminderndes Geständnis oder eine psychiatrisch/psychologische Begutachtung der Schuldfähigkeit ablehnen oder gezielt die Konfrontation mit dem Gericht suchen.
Aufgabe des Verteidigers ist es, den Mandanten die im Rahmen des konkreten **34** Falles in Betracht kommenden Möglichkeiten und Alternativen und ihre jeweiligen Konsequenzen darzustellen und aufgrund seiner Kenntnisse und Erfahrungen Empfehlungen zu geben. Die letztendliche Entscheidung über die einzuschlagende Verteidigungsstrategie muß jedoch der Mandant treffen. Dies gilt nicht nur

deshalb, weil letztlich der Mandant mit den Ergebnissen des Strafverfahrens leben muß, sondern auch deshalb, weil Verteidigungsstrategien in aller Regel nur dann Erfolg haben, wenn sie aktiv von dem Angeklagten mitgetragen werden. Das ist besonders dann der Fall, wenn Teil der Verteidigungskonzeption eine Einlassung des Mandanten ist, hinter der dieser auch stehen muß, wenn sie Überzeugungskraft haben soll. Auch gegenüber seinem Verteidiger ist der Mandant Verfahrenssubjekt und darf nicht zum Objekt angeblich oder tatsächlich überlegener Kenntnisse des Verteidigers degradiert werden (AK-StPO-*Stern*, vor § 137 Rn. 18 f.; LR-*Lüderssen*, vor § 137 Rn. 33). Allerdings kann auch umgekehrt der Verteidiger glaubhaft kein Verteidigungskonzept vertreten, von dem er nicht überzeugt ist. Nur in Ausnahmefällen und mit Billigung des Mandanten wird es dazu kommen, daß Mandant und Verteidiger unterschiedliche Verteidigungskonzeptionen vertreten (zum Verteidiger-Mandanten-Verhältnis vgl. *Lüderssen*, 1982, S. 263). Es ist mitunter eine langwierige und schwierige Aufgabe, einen Mandanten von der Richtigkeit eines bestimmten Verteidigungskonzepts zu überzeugen. Die Einsicht, daß beispielsweise nur durch ein Geständnis eine mehrjährige Freiheitsstrafe vermieden werden kann, läßt sich oft nur in einer Vielzahl von Gesprächen vermitteln, gerade bei Mandanten, die befürchten, bei einem Schuldeingeständnis in der Öffentlichkeit ihr Gesicht zu verlieren.

35   Da es immer wieder Fälle gibt, in denen eine Verständigung über die Verteidigungskonzeption zwischen Verteidiger und Mandant nicht gelingt, muß der Verteidiger sich rechtzeitig für eine derartige Situation absichern (ausführlich LR-*Lüderssen*, vor § 137 Rn. 44 ff.). Im Extremfall muß das Verteidigungsverhältnis beendet werden (LR-*Lüderssen*, vor § 137 Rn. 52 ff.).

36   Der Verteidiger muß aber nicht nur seine Strategie mit dem Mandanten besprechen, sondern auch, wie sich deren Umsetzung in der Hauptverhandlung darstellt. Daß bestimmte Vorgehensweisen eine Verlängerung der Verfahrensdauer und ggf. eine Erhöhung der Verfahrens- und insbesondere Verteidigungskosten mit sich bringen, muß der Mandant ebenso wissen und akzeptieren, wie den Umstand, daß mit der Benennung von Zeugen bestimmte, dem Angeklagten unangenehme, wenn auch strafrechtlich unbedenkliche Sachverhalte zur Sprache kommen können, was den Mandanten veranlassen kann, auf deren Vernehmung zu verzichten. Auch sein Auftreten vor Gericht sollte der Verteidiger erläutern, um Enttäuschungen oder Unverständnisreaktionen und Belastungen des Vertrauensverhältnisses zu vermeiden. Es gibt Mandanten, für die die Effektivität der Verteidigung mit der Phonstärke steigt, mit der sich der Verteidiger äußert, und die wissen müssen, daß auch im Kammerton vorgetragene Argumente Wirkung zeigen, wenn sie gedanklich zwingend sind. Umgekehrt können Mandanten erschrocken und verunsichert auf eine notwendige prozessuale Auseinandersetzung zwischen Verteidiger und Gericht reagieren, weil sie meinen, ein freundliches Verhandlungsklima stehe im proportionalen Verhältnis zu einem für sie günstigen Verhandlungsausgang. Manchen Mandanten ist subjektiv schon damit geholfen, daß – ggf. mit den Mitteln des »Theaterdonners« – auch einmal ihr Standpunkt in der Hauptverhandlung deutlich zu Gehör gebracht wird, mag dies auch auf den Verfahrensausgang selbst keinen großen Einfluß haben. Welches Verhalten der jeweilige Verteidiger vorzieht, ist weitgehend auch eine Frage des persönlichen Stils. Entscheidend ist, daß über solche Dinge vor der Hauptverhandlung Klarheit erzielt wird und nicht erst in der Hauptverhandlung auch noch zwischen Verteidiger und Mandant Kontroversen entstehen. Nicht aufgearbeitete Differenzen im Verteidi-

gungsinnenverhältnis beeinträchtigen eine erfolgreiche Urteilsbeeinflussung (*Barton*, MSchKrim 1988, 104).

Negativ für die Entwicklung einer Verteidigungsstrategie und die Chancen ihrer 37 Umsetzung kann sich auch der Umstand auswirken, daß sich das Verfahren gegen mehrere Angeklagte richtet. Das gilt insbesondere dann, wenn die verschiedenen Mitangeklagten unterschiedliche Interessen verfolgen. Aber auch ansonsten kann es zumindest zu Reibungsverlusten kommen, die einer effektiven Verteidigung aller Angeklagten zuwiderlaufen. Soweit dies möglich und zulässig ist, kommt eine möglichst weitgehende Verfahrenskooperation allen Mitangeklagten zugute; ansonsten muß sich der Verteidiger auf zusätzliche Komplikationen einrichten, die darauf beruhen, daß jeder Angeklagte seine Interessen notfalls auch auf Kosten der Mitangeklagten durchzusetzen versuchen wird (hierzu näher *Schlothauer*, 1988, Rn. 27 ff.).

III. Informationsbeschaffung durch den Verteidiger

Die effektive Wahrnehmung aller Verfahrensrechte und die Ausnutzung aller sich 38 in der Hauptverhandlung bietenden Möglichkeiten setzt voraus, daß der Verteidiger über die Sachverhalte, die in der Hauptverhandlung zur Sprache kommen oder von ihm zur Sprache gebracht werden sollen, optimal informiert ist. Informationsdefizite führen zu Unsicherheit oder sogar zu prozessualen Fehlhandlungen mit möglicherweise fatalen Folgen für den Mandanten. Umgekehrt gilt, daß ein Verteidiger um so größere Möglichkeiten zur Beeinflussung des Verfahrensganges und des Verfahrensergebnisses hat, je größer sein Informationsstand ist.

1. Akteneinsicht

In umfangreichen oder schwierigen Verfahren wird der Verteidiger zur Vorberei- 39 tung der Hauptverhandlung mehrfach Akteneinsicht benötigen. Sie ist nicht nur für die rechtzeitige Entwicklung der Verteidigungskonzeption von Bedeutung, sondern mindestens auch noch einmal unmittelbar vor Beginn der Hauptverhandlung zum Zweck aktueller Informationserlangung.

Mit dem Abschluß der Ermittlungen durch die Staatsanwaltschaft (§ 169a) steht **40** der Verteidigung ein uneingeschränktes Akteneinsichtsrecht zu (§ 147 Abs. 1, 2 u. 6). Zuständig für die Gewährung von Akteneinsicht ist ab Anklageerhebung der Vorsitzende des mit der Sache befaßten Gerichts (§ 147 Abs. 5). Wird ein Antrag auf Akteneinsicht von dem Vorsitzenden in diesem Verfahrensstadium abgelehnt oder überhaupt nicht beschieden, hat der Verteidiger die Möglichkeit der Beschwerde (§ 304 Abs. 1). Diese ist nach einhelliger Meinung bis zum Beginn der Hauptverhandlung nicht nach § 305 S. 1 ausgeschlossen (vgl. AK-StPO-*Stern*, § 147 Rn. 68; LR-*Lüderssen*, § 147 Rn. 165 jeweils m. w. N.). Demgegenüber verbleibt es auch jetzt bei der Nichtanfechtbarkeit der die Art und Weise der Akteneinsicht betreffenden Entscheidungen (§ 147 Abs. 4 S. 2). Verweigert der Vorsitzende die Überlassung der Akte zur Mitnahme durch oder die Übersendung an den (auswärtigen) Verteidiger, weil die Hauptverhandlung bevorsteht, und verweist er ihn auf eine Akteneinsichtsnahme auf der Geschäftsstelle des Gerichts, so ist dies, sofern der Verteidiger das Recht auf Akteneinsicht schon einmal wahrnehmen konnte, zulässig (LR-*Lüderssen*, § 147 Rn. 146 u. *BGH* DRiZ 1990, 455) und jedenfalls nicht mit der Beschwerde anfechtbar.

Kommt es bis zum Beginn der Hauptverhandlung nicht mehr zu der beantragten **41** Akteneinsicht, sind die überlassenen Akten unvollständig oder fühlt sich der Verteidiger dadurch in der Verteidigung beschränkt, daß er auf eine Einsichtnahme auf der Geschäftsstelle verwiesen wurde, muß er einen – sinnvollerweise zu Beginn der Hauptverhandlung zu stellenden – Aussetzungs- oder Unterbrechungsantrag vorbereiten. Diese Möglichkeit besteht unabhängig von dem Beschwerderecht nach § 304 Abs. 1. Gesetzliche Grundlagen eines solchen Antrages sind § 228 Abs. 1 i. V. m. § 265 Abs. 4 (vgl. *KG* StV 1989, 9 m. Anm. *Danckert*).

In dem Antrag sollte die stattgefundene Auseinandersetzung um die Akteneinsichtsgewährung ausführlich dokumentiert und dargelegt werden, inwiefern die Verteidigung durch das beanstandete Verfahren beeinträchtigt wurde. Zwar entscheidet über diesen Antrag zunächst wieder der Vorsitzende (§ 238 Abs. 1). Der Verteidiger hat nunmehr aber die Möglichkeit, gegen dessen negative Entscheidung durch Anrufung des Gerichts gem. § 238 Abs. 2 einen Gerichtsbeschluß herbeizuführen, und er sollte hiervon auch Gebrauch machen, sei es, weil er sich bei einem Kollegialgericht eine andere Entscheidung erhofft, sei es, daß ggf. mit dem Rechtsmittel der Revision die unzulässige Beschränkung der Verteidigung gem. §§ 338 Nr. 8, 147 Abs. 1 gerügt werden soll (hierzu *BGH* StV 1985, 4 = NStZ 1985, 87; *BGH* StV 1988, 193; *KG* StV 1982, 10; zum praktischen Vorgehen der Verteidigung *Danckert* StV 1989, 10).

42 Eine umfassende Information ist nur bei vollständiger Akteneinsicht möglich. Der Verteidiger muß deshalb darauf bestehen, daß ihm *alle* dem Gericht vorliegenden oder von der Staatsanwaltschaft dem Gericht vorzulegenden (§ 199 Abs. 2) Akten zur Einsichtnahme zugänglich gemacht werden. Hierzu gehören außer den Hauptakten alle Beiakten, Sonderakten, Spurenakten, beigezogene Akten anderer Behörden und Vorstrafakten (ausführlich LR-*Lüderssen*, § 147 Rn. 22 ff. u. LR-*Rieß*, § 199 Rn. 7 ff.). Letztere sind nicht nur für die Strafzumessung im engeren Sinn, die Frage einer Bewährungsaussetzung sowie für die Prüfung der Möglichkeit einer Gesamtstrafenbildung von Bedeutung, sondern ggf. auch für die Beweiswürdigung, wenn das Gericht beispielsweise aus Übereinstimmungen in der Tatausführung zwischen früherer und angeklagter Tat Rückschlüsse auf eine von dem Angeklagten bestrittene Täterschaft in der anhängigen Sache ziehen könnte. Auch diese Akten müssen deshalb in die vorbereitenden Gespräche mit dem Mandanten einbezogen werden.

43 Wurde ein zunächst gegen mehrere Beschuldigte geführtes Verfahren getrennt und gesondert gegen die einzelnen Beschuldigten fortgeführt, erstreckt sich das Akteneinsichtsrecht des Verteidigers auch auf das Ursprungsverfahren (AK-StPO-*Stern*, § 147 Rn. 15; *OLG Karlsruhe* AnwBl. 1981, 18).

Das Gericht darf keine Aktenbestandteile zurückhalten (auch nicht den Strafregisterauszug: *BVerfGE* 63, 45 = StV 1983, 137). Geheimhaltungswünsche der Staatsanwaltschaft oder anderer Behörden dürfen nicht zu einer Einschränkung der Einsichtnahme in die dem Gericht vorliegenden Akten führen (LR-*Lüderssen*, § 147 Rn. 50 ff.). Verheimlicht das Gericht die Existenz bestimmter Aktenteile, begründet dies die Besorgnis der Befangenheit (*LG Köln* StV 1987, 381), die auch schon vor der Hauptverhandlung geltend gemacht werden kann (§ 25 Abs. 1). Das Gericht ist sogar verpflichtet, den Angeklagten auf nachträglich neu zur Akte gelangte Erkenntnisse hinzuweisen, damit erneut Akteneinsicht beantragt werden kann (*BGHSt* 36, 305 = StV 1990, 49 = NStZ 1990, 193).

44 Bei der Akteneinsichtnahme zum jetzigen Zeitpunkt ist für den Verteidiger, wenn er nicht erstmalig Akteneinsicht beantragt, besonders die Abschlußverfügung der Staatsanwaltschaft (§ 169 a) von Interesse. Häufig werden hier Verfahrenseinstellungen und Verfahrensbeschränkungen (§§ 154, 154a) vorgenommen. Gelegentlich enthält sie auch Erwägungen zu Fragen der Beweiswürdigung oder zur rechtlichen Beurteilung des Falles. Manchmal kann ihr auch entnommen werden, warum in einem Fall mit beweglicher Zuständigkeit (§ 24 Abs. 1 Nr. 3 GVG) oder bei einem normativen Zuständigkeitsmerkmal wie § 74c Abs. 1 Nr. 6 GVG Anklage zu einem bestimmten Gericht oder einem bestimmten Spruchkörper erhoben worden ist.

Aufmerksamkeit sollten auch die aus der Akte ersichtlichen verhandlungsvorbe- **45** reitenden Verfügungen und Vermerke des Vorsitzenden erwecken. Aus der Liste der geladenen Zeugen und Sachverständigen und der beabsichtigten Reihenfolge ihrer Vernehmung können gelegentlich Schlußfolgerungen auch über die Beurteilung der Sache selbst durch den Vorsitzenden gezogen werden. Die Entscheidung, ob zunächst unmittelbare Tatzeugen oder die ermittelnden Kriminalbeamten vernommen werden sollen, vermittelt nicht nur Einsichten in die richterlichen Überlegungen, sondern gibt ggf. auch Anlaß für eine Kontaktaufnahme zwischen Verteidiger und Vorsitzendem vor Beginn der Hauptverhandlung.

Der Akteneinsichtsantrag sollte auch noch einmal unmittelbar vor der Hauptver- **46** handlung wiederholt werden. Der Verteidiger kann dann feststellen, ob Zeugen geladen werden konnten und ob mit ihrem Erscheinen zu rechnen ist. Auch die Bitten von Zeugen, vom Erscheinen in der Hauptverhandlung entbunden zu werden, können aufschlußreich sein, wenn sie Angaben über die Sache oder Einschätzungen von der Bedeutung ihrer Aussage enthalten. Für diesen Zweck reicht allerdings in aller Regel die Einsichtnahme auf der Geschäftsstelle des Gerichts aus.

Der Verteidiger muß den Akteninhalt vollständig beherrschen (*Schlag*, 1988, **47** S. 10) und während der Vorbereitung und der Hauptverhandlung so präsent haben, daß er jederzeit in der Lage ist, die einschlägigen Aktenstellen sofort aufzufinden. Nur so kann er in der Hauptverhandlung selbst präzise Fragen stellen und Vorhalte machen bzw. bei Fragen, Vorhalten und sonstigen Ausführungen anderer Prozeßbeteiligter, die auf die Akten Bezug nehmen, sofort korrigierend intervenieren, wenn sie sich als falsch oder unvollständig darstellen. Die Beherrschung des Verfahrensstoffes macht einen wesentlichen Teil der Sachkompetenz des Verteidigers aus und wirkt sich – verfahrenspsychologisch gesehen – maßgeblich auf die Machtverteilung zwischen den Verfahrensbeteiligten in der Hauptverhandlung aus (hierzu – allerdings aus Richtersicht – *Graßberger*, 1968, S. 332ff.). Wer von dem Verteidiger bei Fragen oder Vorhalten korrigiert werden mußte, weil sie auf ungenügender Aktenkenntnis beruhten, wird schnell verunsichert und im weiteren Verfahrensverlauf eher zurückhaltend agieren, um weitere Blößen zu vermeiden. Der Verteidiger kann sich bei umfangreicheren Akten die Arbeit dadurch erleichtern, daß er nach Themen getrennt verschiedene Bögen anlegt, auf denen die wesentlichen Informationen und die Fundstellen in den Akten notiert werden. Als Themen kommen in Betracht die Verfahrensdaten (Anklage, Eröffnungsbeschluß, Haftbefehl), Falldaten (Tatzeit, Tatort, Geschädigte, Verletzungen, Schaden, Schadensreduzierung), Strafzumessungsdaten (Alter, Lebenslauf, Beruf, wirtschaftliche und familiäre Verhältnisse, Gesundheitszustand, Vorstrafen), die Aussagen von (Mit-)Angeklagten und Zeugen (s. u. Rn. 106), Indizien, geplante Verteidigungsaktivitäten und Vorüberlegungen zum Plädoyer (weitere praktische Hinweise bei *Dahs*, 1983, Rn. 363ff. u. *Weihrauch*, 1991, Rn. 90).

2. Beweismittel

48 Neben den Akten sind die Beweismittel die zweite wesentliche Informationsquelle des Verteidigers, die er sich zur Vorbereitung der Hauptverhandlung nutzbar machen muß. Das ist in der Regel etwas beschwerlich, weil Beweismittel dem Verteidiger nicht mitgegeben werden, sondern auf der Geschäftsstelle oder in den Asservatenräumen der Polizei, Staatsanwaltschaft oder des Gerichts zu besichtigen sind (§ 147 Abs. 4). Ggf. kommt bei auswärtigen Verteidigern zumindest eine Übersendung der Beweismittel an das für den Kanzleisitz zuständige Gericht in Betracht, damit sie dort besichtigt werden können (*LG Heilbronn*, StV 1988, 293).

49 Bestehen die Beweismittel aus Urkundensammlungen, hat der Verteidiger Anspruch darauf, daß ihm amtlich angefertigte Fotokopien überlassen werden (*Rieß*, 1984, 128; *Krekeler*, wistra 1983, 47; LR-*Lüderssen*, § 147, Rn. 117). Aus Gründen der Verfahrensvereinfachung fertigen manche Vorsitzende von umfangreichen Urkundensammlungen Duplikatakten an, die dem Verteidiger dann zur Einsicht überlassen werden.

Bei sonstigen Beweisstücken umfaßt das Besichtigungsrecht des Verteidigers die Befugnis, Fotoaufnahmen zu machen oder den Mandanten oder einen Sachverständigen der Verteidigung bei der Besichtigung hinzuzuziehen (LR-*Lüderssen*, § 147 Rn. 113). Besteht die Notwendigkeit, Untersuchungen – mit Hilfe eines Sachverständigen – an dem Beweisstück durchzuführen, müssen auch hierfür – sofern technisch und ohne Veränderung oder Vernichtung des Beweisstücks möglich – die erforderlichen Voraussetzungen geschaffen werden (*Schlag*, 1989, S. 234 ff.). Tonband-, Video- oder Filmaufnahmen (hierzu *BayObLG* StV 1991, 200) sowie Computerprogramme (hierzu *Fetzer* StV 1991, 142) müssen dem Verteidiger vorgespielt und ihm ggf. Kopien überlassen werden.

50 Auch bei den Beweismitteln ist auf vollständige Vorlage zu achten. Es gelten dieselben Beschwerde- und Rechtsschutzmöglichkeiten wie bei der Akteneinsicht (o. Rn. 40 f.; zur Aussetzung der Hauptverhandlung wegen verspäteter Vorlage von Beweismitteln s. *BayObLGSt* 1981, 14 = StV 1981, 225; *KG* StV 1989, 8; *LG Duisburg* StV 1984, 19).

Angesichts der Vielfalt von technischen Möglichkeiten zur Aus- und Bewertung tatrelevanter Beweisstücke, die die heutige kriminalistische Wissenschaft den Ermittlungsbehörden zur Seite stellt (*Schlag*, 1989, S. 239), wird den sachlichen Beweismitteln zukünftig eine zunehmend größere Bedeutung zukommen, der sich auch die Verteidigung nicht entziehen darf.

3. Eigene Ermittlungen der Verteidigung

51 Nach Möglichkeit muß sich der Verteidiger gegenüber den anderen Verfahrensbeteiligten einen Informationsvorsprung verschaffen. Dieser kann sich auf den dem Vorwurf zugrundeliegenden Sachverhalt, auf Indiztatsachen (z. B. die Glaubwürdigkeit von Zeugen betreffend) oder Strafzumessungsgesichtspunkte beziehen. Kenntnisse über entsprechende Tatsachen sind nicht nur für die Hauptverhandlung selbst (z. B. für Vorhalte gegenüber Zeugen), sondern auch im Vorfeld für die Entscheidung wichtig, ob beispielsweise bestimmte Beweisanträge gestellt werden sollen, bei denen die Befürchtung besteht, daß sie sich auch zu Ungunsten des Mandanten auswirken können (hierzu *Jungfer*, StV 1981, 100, 102 f.; *Richter II*, NJW 1981, 1820, 1823; *Dahs*, NJW 1985, 5. 1113, 1116).

52 Von den dem Verteidiger für eigene Ermittlungen im weitesten Sinne zur Verfügung stehenden Erkenntnisquellen seien folgende hervorgehoben: Informationen können sich aus verfahrensfremden Akten ergeben, die den Beschuldigten oder Dritte (Zeugen oder Mitbeschuldigte) betreffen. Hierzu gehören nach höchstrichterlicher Rechtsprechung auch Spurenakten, die im Zusammenhang mit der dem Beschuldigten vorgeworfenen Tat entstanden, aber nicht zum Bestandteil des Strafverfahrens gemacht worden sind (vgl. *BGHSt* 30, 131 = StV 1981, 500 m. Anm. *Dünnebier*; LR-*Lüderssen*, § 147 Rn. 31 ff.). Adressat von Einsichtsgesuchen bezüglich solcher »verfahrensfremder« Akten ist die aktenverwahrende Stelle, also Staatsanwaltschaft oder Gericht. Ist der Verteidiger in dem betreffenden Verfahren nicht Verfahrensbeteiligter, ist Voraussetzung für die Gewährung von Akteneinsicht die Darlegung eines berechtigten Interesses (Nr. 185 Abs. 3 RiStBV), das im Hinblick auf Datenschutz und informationelles Selbstbestimmungsrecht so weit wie möglich zu konkretisieren ist (vgl. *OLG Hamm*, StV 1984, 373; *OLG Hamm*, NStZ 1986, 236). Lehnt die aktenverwahrende Stelle Akteneinsicht ab, stehen als Rechtsschutzmöglichkeiten gegen gerichtliche Entscheidungen die Beschwerde (§ 304; *OLG Karlsruhe*, Die Justiz 1984, 108; KK-*Laufhütte* § 147 Rn. 21), gegen Entscheidungen der Staatsanwaltschaft der Rechtsweg nach §§ 23 ff. EGGVG zur Verfügung. Die von der Rechtsprechung entwickelten Grundsätze zur Spurenaktenproblematik gelten hier entsprechend (vgl. *OLG Hamm*, StV 1984, 194 u. 373; *BVerfGE* 63, 45 = StV 1983, 177 m. Anm. *Amelung*; *Welp*, 1984, 328 ff.).

Eine informelle Möglichkeit, sich Kenntnisse aus anderen Verfahrensakten zu verschaffen, besteht darin, mit den jeweiligen Verteidigern Kontakt aufzunehmen, die sich allerdings insoweit von ihren Mandanten von der Schweigepflicht entbinden lassen müssen (zur Zulässigkeit des Informationsaustausches zwischen Verteidigern vgl. *OLG Frankfurt/M.*, StV 1981, 28 = NStZ 1981, 144). Ggf. muß vor oder in der Hauptverhandlung beantragt werden, das Gericht möge die benötigte Akte als Beiakte beiziehen.

Weitere Informationsmöglichkeiten hat der Verteidiger durch die Befragung von **53** Zeugen und Sachverständigen (zur Zulässigkeit und zur praktischen Handhabung der Zeugenbefragung vgl. *Jungfer*, StV 1981, 100; *Weihrauch*, 1991, Rn. 92; zum Sachverständigen vgl. *Rückel*, 1984, 277 ff.). Tatortbesichtigung und Augenscheinseinnahme dienen in diesem Verfahrensstadium vorrangig dem Ziel, den Verteidiger mit den Örtlichkeiten und Gegenständen vertraut zu machen, die in der Hauptverhandlung eine Rolle spielen werden. Dies kann insbesondere für die Vernehmung von Zeugen durch den Verteidiger hilfreich sein. Ferner kann sich aus einer Ortsbesichtigung die Notwendigkeit ergeben, vor oder in der Hauptverhandlung einen Beweisantrag auf Durchführung einer Augenscheinseinnahme zu stellen. Hilfreich kann auch die Anfertigung von Fotoaufnahmen sein, um damit einen solchen Antrag zu untermauern oder um Zeugen damit in der Hauptverhandlung Vorhalte machen zu können.

Von dem Verteidiger beschaffte Urkunden und sonstige Schriftstücke können so- **54** wohl der unmittelbaren Verwertung in der Hauptverhandlung (§ 249) als auch mittelbar zum Zwecke von Vorhalten gegenüber Zeugen dienen. Ärztliche Atteste können ggf. verlesen werden (§ 256) oder Anknüpfungspunkt für Beweisanträge sein. Das gilt insbesondere, wenn sich daraus Anhaltspunkte für die Beurteilung der Schuldfähigkeit des Angeklagten oder der Vernehmungsfähigkeit und Glaubwürdigkeit von Zeugen ergeben. Schließlich können Schriftstücke für verfahrensrechtliche Fragen Bedeutung erlangen und in diesem Zusammenhang in der Hauptverhandlung verlesen werden (§ 251 Abs. 3). Dies gilt beispielsweise für die Feststellung der Erreichbarkeit von Zeugen oder deren Absicht von einem ihnen zustehenden Zeugnis- oder Auskunftsverweigerungsrecht Gebrauch zu machen (vgl. hierzu *Rückel*, 1984, S. 281).

IV. Einlassung oder Schweigen des Angeklagten in der Hauptverhandlung

55   Die Möglichkeit des Angeklagten, sich in der Hauptverhandlung zur Sache zu äußern (§ 243 Abs. 4), folgt unmittelbar aus seinem Anspruch auf rechtliches Gehör (Art. 103 Abs. 1 GG). Er erhält damit Gelegenheit, zu der gegen ihn erhobenen Beschuldigung Stellung zu nehmen. Allerdings ist er nicht verpflichtet, von seinem Äußerungsrecht Gebrauch zu machen, worüber er von dem Gericht zu Beginn der Hauptverhandlung zu belehren ist (§ 243 Abs. 4 S. 1).

1. Die Interessenlage des Angeklagten

56   In der Regel drängen Angeklagte darauf, in der Hauptverhandlung zur Sache auszusagen. Dagegen ist aus Verteidigersicht in den Fällen nichts einzuwenden, in denen der Schuldvorwurf eingeräumt wird und es das Anliegen des Mandanten ist, zu erklären und verständlich zu machen, wie und warum es zu seinem strafbaren Verhalten gekommen ist. Ganz unabhängig von der strafmildernden Wirkung eines Geständnisses ist eine Verteidigung in diesen Fällen unter Strafmaß- und Prognosegesichtspunkten sogar dringend auf eine Einlassung des Angeklagten in der Hauptverhandlung angewiesen.

57   Eine Einlassung ist ferner dann unumgänglich, wenn nur so der subjektive Tatbestand der vorgeworfenen Straftat in Abrede gestellt werden kann. Damit befindet man sich aber bereits in dem unkalkulierbaren Bereich der freien richterlichen Beweiswürdigung. Ähnlich verhält es sich, wenn die Verteidigung Rechtfertigungs- oder Entschuldigungsgründe dem Anklagevorwurf entgegensetzen will. Hier ist in der Regel eine diesbezügliche Einlassung zur Verwirklichung des Verteidigungskonzepts erforderlich, durch die der Angeklagte aber den objektiven Sachverhalt des gegen ihn erhobenen Vorwurfs einräumen muß. Demgegenüber wird eine Einlassung nicht immer benötigt, wenn bei dem Vorwurf einer versuchten Straftat die Möglichkeit eines strafbefreienden Rücktritts in Betracht kommt. Auch wenn eine Einlassung hilfreich sein kann, gibt es eine Vielzahl von Fällen, in denen zugunsten eines, insbesondere den subjektiven Tatbestand bestreitenden Angeklagten nicht ausgeschlossen werden kann, daß er vom unbeendeten Versuch freiwillig zurückgetreten ist. Allerdings stellt ein derartiges Verteidigungsverhalten eine nicht ungefährliche Gratwanderung dar.

58   Noch problematischer gestaltet sich die Beratung des Mandanten im Hinblick auf eine Einlassung dann, wenn der äußere Tatbestand des erhobenen Vorwurfs ganz oder zumindest in dieser Form bestritten werden soll und der Angeklagte dies mit der Vorstellung verbindet, allein mit seinen Erklärungen die gegen ihn erhobenen strafrechtlichen Vorwürfe entkräften, Mißverständnisse aufklären und falsche Tatsachen richtigstellen zu können. Gerade Beschuldigte, die von ihrer Unschuld überzeugt sind, meinen, auf diesem Weg am schnellsten zu einem Freispruch zu kommen. Dabei besteht in den meisten Fällen ein völlig unrealistisches Bild von dem Beweiswert einer Beschuldigtenaussage. Häufig kommt es auch deshalb zu Fehleinschätzungen, weil die Angeklagten nicht wissen, auf welche Tatsachen es bei ihrer Verteidigung ankommt und sie sich gegen unrichtige Behauptungen meinen erfolgreich zur Wehr setzen zu können, denen keine oder allenfalls eine ne-

bensächliche Bedeutung im Zusammenhang mit dem strafrechtlichen Vorwurf zukommt.

2. Nachteilige Folgen einer Einlassung in der Hauptverhandlung

Vor einer Entscheidung, ob der Angeklagte sich zur Sache äußern soll oder nicht, **59** müssen deshalb auch die negativen und schädlichen Auswirkungen einer Einlassung mit dem Mandanten eingehend erörtert werden.

Läßt sich der Angeklagte in der Hauptverhandlung zur Sache ein, hat dies zur Konsequenz, daß er sich selbst zum Beweismittel macht und der freien richterlichen Beweiswürdigung (§ 261) unterwirft (hierzu *Rogall*, 1977, S. 31 ff.). Im Vergleich zu den Äußerungen von Zeugen haben die Angaben des Angeklagten einen besonderen Stellenwert, der sich aus seiner Verfahrensrolle ergibt. Einem Angeklagten werden nämlich von vornherein bei der Bewertung seiner Aussage Nützlichkeitsgesichtspunkte unterstellt. Aufgrund seines Interesses, sich (weitgehend) zu entlasten, spreche eine Vermutung für eine selektive oder sogar verfälschende Darstellung des in Rede stehenden Sachverhalts. Diese Einschätzung wird zusätzlich damit gestützt, daß ein Angeklagter sich ohnehin nicht an die Wahrheit zu halten brauche, da unrichtige Angaben in der Regel strafrechtlich nicht sanktioniert werden können (zur Problematik der falschen Anschuldigung im Rahmen einer Angeklagteneinlassung vgl. *BayObLG* StV 1985, 370 = JR 1986, 28 m. Anm. *Keller*). Man muß daher als Verteidiger in Rechnung stellen, daß der Einlassung des Mandanten mit mehr oder weniger offener Skepsis begegnet wird. Bei ihrer gerichtlichen Bewertung wird die Vokabel »unglaubwürdige Schutzbehauptung« ungleich häufiger verwendet als die Formulierung »nicht widerlegbare Einlassung«. Glaube wird ihr in der Regel erst dann geschenkt, wenn sie zumindest in wesentlichen Teilen durch andere Beweismittel bestätigt wird.

Daß ein Angeklagter durch seine besondere Verfahrensrolle an der Entstehung **60** richterlicher (Vor-) Urteile aktiv mitwirkt, wenn er sich zur Äußerung entschließt, ist mittlerweile gesichertes Ergebnis sozialwissenschaftlicher Forschung. Der Richter hat als Vertreter einer Instanz sozialer Kontrolle über Handlungen fremder Personen zu entscheiden, deren Zeuge er nicht war (hierzu und zum folgenden *Mikinovic/Stangl*, 1978, S. 49). Die (mit sprachlichen, kognitiven und emotionalen Mitteln betriebene) Entscheidungsfindung vollzieht sich als Interaktion, in die sozial, institutionell und biographisch bedingte differente Beurteilungen und Bedeutungen eingebracht werden. Diese Interaktion findet nicht auf gleichberechtigter Ebene statt. Es ist der Angeklagte, der als Person in Frage gestellt wird und dessen Verhalten an (insbesondere informellen) Maßstäben gemessen wird, die nicht er setzt und die im Verfahren kaum diskutierbar sind. Wenn die Plausibilität der Ausführungen eines Angeklagten unter Hinweis auf widersprechende »allgemeine Lebenserfahrungen« in Frage gestellt wird, ist ein Angeklagter zumal in der belastenden Situation der Hauptverhandlung, kaum in der Lage, die Fragwürdigkeit dieses Maßstabes zu problematisieren (vgl. *Kühne*, 1978, S. 192).

In der Praxis tritt häufig die Situation ein, daß ein Angeklagter zum (entscheiden- **61** den) Beweismittel gegen sich selbst wird. Allein aus einer bestreitenden Einlassung können Schlußfolgerungen gegen den Angeklagten gezogen werden (*BGHSt* 20, 298, 300). Es kann sogar dazu kommen, daß ein Schuldnachweis allein durch die »Widerlegung« der Einlassung des Angeklagten »geführt« wird, obwohl darüberhinaus keine Beweise zu seiner Überführung erhoben worden sind (vgl. das Beispiel in der vom *OLG Köln* StV 1989, 156 entschiedenen Sache). Die Einlassung des Angeklagten bewirkt dann eine informelle Umkehr der Beweislast: Nicht ob die Beweisaufnahme eine sichere Überzeugung des Richters von der Schuld des Angeklagten zuläßt, sondern ob sich dessen bestreitende Einlassung bestätigt, wird zum entscheidenden Maßstab der Beweiswürdigung.

62   Entscheidet sich der Angeklagte dafür, sich zur Sache zu äußern, muß mit Vorhalten seitens des Gerichts und der Staatsanwaltschaft gerechnet werden, wenn seine Einlassung im Widerspruch zu bestimmten sich aus den Akten ergebenden Ermittlungsergebnissen steht. Häufig kann ein Angeklagter keinen Grund dafür benennen, warum Zeugen angeblich bestimmte Wahrnehmungen gemacht haben, wenn der Angeklagte mangels eigener Kenntnis weder etwas zu den Zeugen noch zu den von ihnen behaupteten Vorgängen sagen kann. Verfahrenspsychologisch gerät der Angeklagte damit schon zu Beginn der Hauptverhandlung in die Defensive. Diese Gefahr besteht besonders leicht für solche Angeklagte, die sich nur schlecht artikulieren können und auch ihren geistigen Fähigkeiten nach einer Auseinandersetzung mit Gericht und Staatsanwaltschaft nicht gewachsen sind.

3. Psychologische und rechtliche Konsequenzen der Aussageverweigerung

63   Ganz unabhängig davon, ob es sich um einen schuldigen oder einen nicht schuldigen Angeklagten handelt, ist deshalb als ernsthafte Verteidigungsmöglichkeit zu erwägen, ob der Angeklagte nicht besser beraten ist, zur Sache zu schweigen, vorausgesetzt daß im Mittelpunkt der Verteidigung der Schuldspruch steht und dieser auch ohne eine Einlassung des Angeklagten in Frage gestellt werden kann. Demgegenüber warnen Stimmen in der Literatur davor, dem Angeklagten zu raten, von seinem Schweigerecht Gebrauch zu machen, weil dies meist wie ein Schuldbekenntnis wirke, es Ausdruck eines schlechten Gewissens sein könne und nach richterlichen Erfahrungen nur schuldige Angeklagte von ihrem Recht zum Schweigen Gebrauch machten (vgl. *Dahs*, 1983, Rn. 401). Es ist aber zweifelhaft, ob diese Annahme heute noch zutrifft. Schweigende Angeklagte sind schon lange keine Ausnahmeerscheinung mehr und gehören zumindest vor größeren Gerichten ebenso zum typischen Erscheinungsbild wie sich zur Sache äußernde Angeklagte. Gleichwohl wird der Verteidiger diesen Gesichtspunkt bei der Abwägung von Vor- und Nachteilen einer Einlassung mitberücksichtigen müssen. Wo die Möglichkeit besteht, sollte der Verteidiger jedenfalls das Schweigen seines Mandanten erläutern, beispielsweise durch Hinweise auf besondere geschäftliche oder familiäre Rücksichtnahmen, die einer Aussage entgegenstünden. Bei Hauptverhandlungen vor Gerichten mit Laienrichtern empfiehlt es sich, ggf. darauf hinzuweisen, daß der Angeklagte mit seiner Aussageverweigerung von einem fundamentalen Recht Gebrauch macht und dies auf den Rat der Verteidigung hin geschieht (*Tondorf*, Formularbuch, 1988, S. 185). Auf jeden Fall sollte der Verteidiger das Gericht schon vor Beginn der Hauptverhandlung auf das beabsichtigte Schweigen des Angeklagten hinweisen, damit dies bei der Terminierung der Hauptverhandlung berücksichtigt werden kann.

64   Das Schweigen des Angeklagten zu dem gegen ihn erhobenen Tatvorwurf darf bei der Beweiswürdigung nicht gegen ihn verwertet werden (*BGHSt* 20, 281 u. 298; weitere Nachweise bei LR-*Gollwitzer* § 261 Rn. 74ff.). Das gilt nach h.M. allerdings nur insoweit, als der Angeklagte vollständig zu dem Vorwurf schweigt. Eine nur teilweise Aussageverweigerung soll bei der Beweiswürdigung verwertet werden dürfen (vgl. *BGHSt* 20, 298). Ein Teilschweigen in diesem Sinne wird angenommen, wenn der Angeklagte im Prinzip zwar an der Aufklärung des Sachver-

halts mitwirkt, zu bestimmten Punkten aber schweigt oder auf einzelne Fragen die Antwort verweigert (vgl. *Rogall*, 1977, S. 250 mit ausführlicher Kritik an dieser Auffassung; einschränkend auch *BGH* StV 1981, 276). Von einem Teilschweigen kann allerdings dann nicht mehr gesprochen werden, wenn dem Angeklagten mehrere im prozessualen Sinne selbständige Tatvorwürfe (§ 264) gemacht werden. Hier kann er, ohne Nachteile bei der Beweiswürdigung befürchten zu müssen, zu einem Vorwurf schweigen und zu anderen sich äußern (*BGHSt* 32, 140 = StV 1984, 54 = NStZ 1984, 377 m. Anm. *Volk* = JR 1985, 70 m. Anm. *Pelchen*). Ebensowenig stellt es ein Teilschweigen dar, wenn der Angeklagte im Vorverfahren Angaben gemacht hat, in der Hauptverhandlung aber nicht zur Sache aussagt (*OLG Zweibrücken*, StV 1986, 290).

4. Verwertung früherer Angaben des Angeklagten in der Hauptverhandlung

Will man einem Angeklagten, der sich bereits im Ermittlungs- bzw. Vorverfahren **65** oder anderweitigen Verfahren als Beschuldigter oder Zeuge zum Anklagevorwurf geäußert hat, raten, in der Hauptverhandlung zu schweigen, muß in die Überlegungen die Frage einbezogen werden, ob und mit welchen Konsequenzen die frühere Aussage in die Hauptverhandlung einbezogen werden kann.

Richterliche Vernehmungsniederschriften können nach Maßgabe von § 254 in der Hauptverhandlung verlesen weren. Nichtrichterliche Vernehmungsniederschriften sind demgegenüber unter keinen Umständen verlesbar (*OLG Köln* StV 1983, 97). Von der h. M. wird allerdings die Vernehmung der Verhörsperson für zulässig gehalten (*BGHSt* 1, 337, 339; *BGHSt* 3, 149; *BGHSt* 14, 310). Trotz der berechtigten Kritik in der Literatur an dieser Auffassung, die auf Wertungswidersprüche zu den §§ 254, 252 und die Gefahr der Aushöhlung der Schweigebefugnis des Angeklagten hinweist (vgl. *Rogall*, 1977, S. 239 m. w. N.), muß der Verteidiger davon ausgehen, daß das Gericht bei dieser Fallkonstellation die Verhörsperson als Zeuge in der Hauptverhandlung vernehmen wird.

Der Verteidiger, der eine Verwertung der früheren Angaben seines Mandanten in **66** der Hauptverhandlung vermeiden möchte, muß in diesem Fall das Bestehen evtl. Beweisverbote prüfen (vgl. allgemein hierzu *Beulke*, StV 1990, 180). Anknüpfungspunkt kann die mittlerweile auch empirisch belegte Tatsache sein, daß bei polizeilichen Beschuldigtenvernehmungen Belehrungen i. S. d. §§ 136 Abs. 1 S. 2, 163 a Abs. 4 S. 2 in einer Vielzahl von Fällen nicht, unrichtig oder unvollständig erfolgen (vgl. *Wulf*, 1984, S. 186 ff.) oder bei erfolgter Aussageverweigerung versucht wird, den Beschuldigten mit unzulässigen Mitteln doch noch zu einer Aussage zu bewegen (*Wulf*, 1984, S. 196 ff.). Allerdings fällt der Nachweis solcher Verstöße schwer. Auf entsprechende Vorhalte räumen Polizeibeamte jedoch gelegentlich ein, daß der förmlichen Vernehmung Vorgespräche vorausgegangen sind und die heute üblicherweise benutzte formularmäßige Belehrung erst zu Beginn der schriftlichen Aussageprotokollierung verlesen und von dem Beschuldigten unterschrieben wurde (vgl. die empirischen Untersuchungsergebnisse bei *Wulf*, 1984, S. 251 ff.; ferner *Banscherus*, 1977, S. 207 ff.).

Nach heute h. M. begründet ein Verstoß gegen die Pflicht zur Belehrung des Be- **67** schuldigten über sein Schweigerecht ein Verbot, seine Aussage gegen seinen Willen zu verwerten. Dies gilt auch für die nach förmlich erfolgter Belehrung gemachten Angaben, sofern der Beschuldigte nicht darauf hingewiesen worden ist, daß im Falle seines nunmehrigen Schweigens auch seine vor der Belehrung gemachten – informellen – Angaben nicht verwertet werden dürfen (zur Begründung und

Reichweite des Beweisverwertungsverbotes vgl. SK-StPO-*Rogall* vor § 133
Rn. 180ff.; LR-*Hanack*, § 136 Rn. 54 u. *Rogall*, 1977, S. 213). Auch der *BGH* hat
die Auffassung, wonach die unterlassene Belehrung über die Aussagefreiheit kein
Beweisverwertungsverbot begründe, solange der Beschuldigte nicht gezielt zu
einer Selbstbelastung ohne zuvorige Belehrung verleitet werde (*BGH* StV 1990,
194 m. Anm. *Fezer*), weil § 136 Abs. 1 S. 2 im Gegensatz zu § 243 Abs. 4 S. 1 lediglich eine Ordnungsvorschrift darstelle (vgl. zuletzt *BGHSt* 31, 395 m. w. N. m. abl.
Anm. *Grünwald*, JZ 1983, 716, *Fezer*, JR 1984, 340 u. *K. Meyer*, NStZ 1983, 565),
aufgegeben (*BGH* StV 1992, 212). Nur wer bei Beginn der Vernehmung auch
ohne Belehrung gewußt habe, daß er nicht auszusagen brauche, könne sich später
nicht auf ein Verwertungsverbot berufen.

68 Besondere Probleme wirft die polizeiliche Praxis informatorischer Befragungen
von Beschuldigten bzw. noch nicht Beschuldigten auf, die in aller Regel ohne jede
Belehrung erfolgen (zur Problematik der Verfahrensrolle des »Verdächtigen« vgl.
Bringewat, JZ 1981, 289). Der *BGH* (StV 1983, 265) will Verwertungsverbote hier
auf Fälle beschränken, in denen diese besondere Vernehmungsform mißbräuchlich zur Umgehung von Belehrungspflichten eingesetzt wird, was selten nachweis-
bar ist (s. den Ausnahmefall *AG Hameln*, StV 1988, 382). Richtigerweise ist darauf abzustellen, ob sich die informatorische Befragung faktisch als Beschuldigtenvernehmung darstellt, was Belehrungspflichten begründet, deren Mißachtung wiederum zu einem Beweisverwertungsverbot führen muß (vgl. *Geppert*, 1985,
S. 223, 237; zu Verwertungsfragen im Gefolge informatorischer Befragungen vgl.
ter Veen, StV 1983, 293; *AG Tiergarten*, StV 1983, 277, *AG München* StV 1990,
104; *AG Gelnhausen* StV 1991, 206 u. *AG Delmenhorst* StV 1991, 254).

69 Ein weiterer Einwand gegen die Verwertung früherer Beschuldigtenvernehmungen kann sich aus § 136a ergeben. Dabei ist zum einen an die Vernehmungsfähigkeit des Beschuldigten zu denken, die – wenn sie soweit eingeschränkt ist, daß der
Beschuldigte zu freien Entschließungen nicht mehr fähig erscheint – die Durchführung der Vernehmung verbietet (Nachweise bei SK-StPO-*Rogall*, § 136a Rn. 33,
sowie LR-*Hanack*, § 136a Rn. 19ff.). Zu recht weist *Glatzel* (StV 1982, 283) aus
psychiatrischer Sicht auf die Orientierungsunsicherheit von Beschuldigten bei
überraschenden polizeilichen Erstvernehmungen, insbesondere unmittelbar nach
einer Festnahme hin, die einen Grad erreichen kann, der eine freie Willensent-
schließung und -betätigung ausschließe. In der Praxis stellt sich das Problem der
Vernehmungsfähigkeit ferner in den Fällen der Vernehmung alkohol-, tabletten-
oder rauschmittelabhängiger Beschuldigter (hierzu *Glatzel*, StV 1981, 191;
Täschner, NJW 1984, 641; *BGH* StV 1984, 61 m. Anm. *Glatzel*; *LG Münster*, StV
1981, 613; *AG Verden*, StV 1987, 527; *OLG Köln*, StV 1989, 520; zur praktischen
Relevanz *Wulf*, 1984, S. 434). Auch hier stellt sich in der Praxis allerdings das
Problem der Rekonstruktion der Vernehmungssituation in der Hauptverhand-
lung.

70 Von praktischer Bedeutung unter den verbotenen Vernehmungsmethoden ist zum
anderen das Versprechen unzulässiger Vorteile, insbesondere im Zusammenhang
mit der Frage der Inhaftierung und dem Ausgang des Strafverfahrens (vgl. hierzu
beispielsweise *OLG Hamm*, StV 1984, 456; *AG Hannover*, StV 1986, 523), sowie
die Täuschung des Beschuldigten insbesondere über die Verdachts- und Beweislage (vgl. *BGHSt* 35, 28 = StV 1988, 468 = NStZ 1989, 35). Ein Verstoß gegen
§ 136a begründet ein umfassendes Verwertungsverbot (hierzu LR-*Hanack*, § 136a
Rn. 63ff.).

Weitere Beweisverwertungsverbote können aus Zusammenhängen entstehen, in denen andere Verfahrensordnungen Äußerungspflichten begründen, die zu einem strafrechtlichen Selbstbelastungszwang führen (vgl. zum Konkursverfahren *BVerfGE* 56, 37 = StV 1981, 213 und *Streck* StV 1981, 362; zum Steuer(straf)verfahren § 393 AO).

Läßt sich die Einführung früherer Beschuldigtenäußerungen in die Hauptverhand- **71** lung nicht unter formellen strafprozessualen Gesichtspunkten verhindern, wird sich der Verteidiger zumindest mit dem Beweiswert insbesondere schriftlicher Beschuldigtenvernehmungen kritisch auseinandersetzen müssen, die mit Hilfe des Vernehmungsbeamten häufig nach entsprechendem Vorhalt (vgl. allerdings einschränkend *BGHSt* 14, 310) zum Gegenstand der Verhandlung gemacht werden. Nach dem Ergebnis empirischer Untersuchungen stellen Protokolle infolge von Mißverständnissen, falschen Paraphrasierungen und Auslassungen häufig nur ein Zerrbild der tatsächlichen Vernehmung dar (*Banscherus*, 1977, S. 68). Besonders kraß, aber existent sind Fälle, in denen sich der Vernehmungsbeamte weigert, von der Aussageperson gewünschte Angaben oder Korrekturen zu Protokoll zu nehmen und er gleichwohl auf Unterschriftsleistung des Vernommenen insistiert (*Banscherus*, 1977, S. 68; *Wulf*, 1984, S. 466 ff.). So kann die Situation entstehen, »daß das Protokoll zwar an einigen Punkten weder den Aussagen des zu Vernehmenden noch dem Interaktionsverlauf entspricht, daß diese Passagen aber trotzdem durch Unterschrift ratifiziert werden« (*Banscherus*, 1977, S. 273). Der Verteidiger kann nur versuchen, durch ständigen Hinweis auf die Unzulänglichkeiten polizeilicher Vernehmungspraxis die in der Hauptverhandlung immer noch anzutreffende Gläubigkeit an die materielle Wahrheit des Inhalts polizeilicher Vernehmungsprotokolle in Zweifel zu ziehen. Solche Zweifel sind zusätzlich bei der Bewertung der Formulierungen weniger ausdrucksgewandter Menschen angebracht. Besonders bei der Klärung des Tatmotivs sind solche Menschen behindert, weil es ihnen schwer fällt, Gefühle und Gedanken zu erinnern und sprachlich präzise zu formulieren (*Lempp*, 1983, S. 301). Für einzelne Deliktsgruppen läßt sich behaupten, daß die Ermittlungsbehörden diese eingeschränkte soziale Handlungskompetenz in der Weise ausnutzen, daß subjektive Tatbestandsmerkmale in den Beschuldigten »hineinvernommen« werden (vgl. *Rasch/Hinz*, Kriminalistik 1980, 377 am Beispiel der Vernehmung in Mordsachen). Andererseits weisen polizeiliche Vernehmunsprotokolle, gerade was die subjektive Seite angeht, noch die größten Lücken auf. Diese eröffnen ihrerseits für die Verteidigung günstige Interpretationsspielräume, wenn für das objektive Geschehen auch strafrechtlich unverfängliche, subjektive Erklärungsmöglichkeiten in Betracht kommen.

Die Strategie, den Angeklagten in der Hauptverhandlung schweigen zu lassen, **72** kann umgekehrt durchaus mit der Absicht einhergehen, Äußerungen des Beschuldigten *außerhalb* der Hauptverhandlung in diese einzuführen, ohne das Risiko eingehen zu müssen, diese Angaben einer kritischen Befragung des Angeklagten in der Hauptverhandlung auszusetzen. Prozessuale Umsetzungsmöglichkeiten ergeben sich für eine solche Strategie in der Weise, daß der Angeklagte *vor* der Hauptverhandlung schriftlich Äußerungen zur Sache macht, die in der Hauptverhandlung durch Verlesung (§ 249) eingeführt werden können (zur revisionsrechtlichen Bedeutung eines solchen Vorgehens siehe *Schlothauer*, StV 1992, 134). Derartige Stellungnahmen dürfen dann aber nicht Teil eines Schriftsatzes des Verteidigers sein (*OLG Celle* StV 1988, 425 = NStZ 1988, 426), sondern müssen unmittelbar von dem Angeklagten selbst stammen. Auch ein solches prozessuales Verhalten stellt sich nicht als »Teilschweigen« dar, weshalb Schlußfolgerungen zu Lasten des Angeklagten aus dieser Strategie nicht gezogen werde dürfen (vgl. *OLG Zweibrücken*, StV 1986, 290).

V. Die Einlassung des Angeklagten in der Hauptverhandlung

1. Die Vorbereitung des Angeklagten auf die Einlassung

73 Gleichgültig ob der Mandant den Anklagevorwurf bestreitet oder ihn eingesteht, es also um den Schuld- oder Strafausspruch geht, bedarf die Einlassung in der Hauptverhandlung sorgfältiger Vorbereitung.

Dem Mandanten muß zunächst die Bedeutung aller Einzelheiten seiner Aussage für die strafrechtliche Beurteilung seines Falles bzw. für die Strafzumessung deutlich gemacht werden. Nur so läßt sich verhindern, daß der Mandant bei seiner Stellungnahme zu dem strafrechtlichen Vorwurf wesentliche Teile ausläßt oder zu unwesentlichen Punkten langatmige Ausführungen macht. Nur so kann der Mandant auch vor der Versuchung geschützt werden, auch solche Fragen im Sinne des Fragenden zu beantworten, die dem Fall eine ganz andere Richtung geben könnten. In dem verständlichen Bestreben, ein harmonisches Verhandlungsklima herzustellen, orientieren Angeklagte ihre Anworten nämlich leicht daran, was der fragende Richter oder Staatsanwalt nach ihrer Meinung hören möchte, selbst wenn dies nicht dem tatsächlichen Sachverhalt entspricht, sie aber aus Unkenntnis diesem Punkt keine besondere Bedeutung beimessen.

74 Die Vorbereitung der Einlassung darf sich nicht nur auf deren Inhalt beschränken. Auch die Art und Weise, in der die Einlassung vorgetragen werden soll, muß angesprochen werden. Dazu gehört die Frage, welche Argumente zugunsten des Angeklagten von diesem selbst und welche – zu geeigneter Zeit – von dem Verteidiger vorgebracht werden sollen. Vom Grundsatz her sollte sich der Angeklagte auf tatsächliche Angaben zum Sachverhalt beschränken und Wertungen jeder Art vermeiden (*Dahs*, 1983, Rn. 400). Das gilt sowohl für die Würdigung der eigenen Persönlichkeit oder gar der eigenen Einlassung, als auch für die Beurteilung anderer Personen, insbesondere von Zeugen. Positive Persönlichkeitseigenschaften des Mandanten, die natürlich auch in die richterliche Beurteilung des Falles einfließen sollen, sind eher durch entsprechende Fragen des Verteidigers anzusprechen, als daß der Angeklagte sich unaufgefordert herausstreicht, was häufig einen Stich ins Peinliche bekommt.

Es verstärkt die Überzeugungskraft der Einlassung, wenn das Wesentliche im Vordergrund steht und die Argumentationslinie auch für den erstmals mit der Sache befaßten Zuhörer, insbesondere die Laienrichter, stets erkennbar und nachvollziehbar ist. Ergänzende Ausführungen und Erläuterungen zu einzelnen Punkten können der späteren Befragung vorbehalten bleiben. Es gibt auch Mandanten, die der Verteidiger geradezu ermuntern muß, all das zu sagen, was für ihre Einlassung erforderlich ist. Gerade da, wo sich die Überzeugungskraft der Einlassung erst aus dem persönlichen Eindruck des Angeklagten ergibt, muß der Verteidiger darauf achten, daß der Angeklagte das dazu Erforderliche auch ausführt. Das bedeutet nicht, daß der Verteidiger den Mandanten zur Schauspielerei animieren soll. Eigenheiten des Mandanten wie Gehemmtheit oder Spontanität dürfen nicht durch eine eingeübte Einlassung verschüttet werden. Wesensverändernde Regieeingriffe verfehlen in der Regel ihr Ziel (*Amelung*, 1989, S. 150).

75 Zur Vorbereitung der Einlassung gehört auch die Erörterung von in der Hauptverhandlung zu erwartenden Fragen und Vorhalten seitens des Gerichts oder der Staatsanwaltschaft. Besonders Vorhalte können umso eher vermieden oder zumindest reduziert werden, je weniger die Einlassung des Angeklagten im Widerspruch zum Akteninhalt steht. Der Mandant muß wissen, welche Bedeutung Fragen und Vorhalte haben und worauf sie möglicherweise abzielen. Manche Mandanten reagieren auf Vorhalte emotional, weil sie den Eindruck haben, der Fragende wolle ihnen nicht glauben und sei bereits vom Gegenteil überzeugt. Der Verteidiger muß den Mandanten psychologisch soweit vorbereitet haben, daß er dennoch sachlich auf den angesprochenen Punkt erwidern kann. Unwesentliche Widersprüche zwischen den Angaben des Mandanten und dem Akteninhalt sollten tunlichst nicht Anlaß unnötiger und evtl. schädlicher Kontroversen in der Hauptverhandlung werden. Dies kann insbesondere dadurch vermieden werden, daß in solchen Punkten die Einlassung dem Akteninhalt angepaßt wird.

Es empfiehlt sich, es nicht nur bei der Erörterung der Einlassung bewenden zu lassen; vielmehr sollte der Mandant das, was er in der Hauptverhandlung auszuführen beabsichtigt, auch schon einmal gegenüber dem Verteidiger in Form einer »Generalprobe« vortragen. Erst wenn der Mandant nämlich nunmehr in freier Rede seine Stellungnahme formuliert, kann der Verteidiger kontrollieren, ob der Mandant auch wirklich das praktisch umsetzen kann, was Gegenstand der bisherigen Vorbereitungsgespräche war (zu weiteren taktischen Fragen des Einlassungsverhaltens s. *Schlag*, 1988, 22).

2. Problemfälle der Einlassungsberatung

Häufig stellt sich dem Verteidiger das Problem, daß der Mandant richtige und **76** unrichtige Angaben im Rahmen seiner beabsichtigten Einlassung vermischt. »Umstände, die der Betroffene für günstig hält, stellt er in den Vordergrund, andere Einzelheiten, von denen er meint, sie seien nachteilig, drängt er zurück oder erwähnt sie überhaupt nicht« (*Dahs*, 1983, Rn. 397). Aus dem Gespräch mit dem Mandanten können sich auch Umstände ergeben, die ihn belasten würden, wenn sie in der Hauptverhandlung zur Sprache kämen. In derartigen Fällen ist der Verteidiger nicht verpflichtet, dem Mandanten zu raten, solche Umstände wahrheitsgemäß in der Hauptverhandlung zu offenbaren (*Dahs*, 1983, Rn. 397). Vielmehr muß er den Mandanten sogar auf die Konsequenzen einer solchen belastenden Einlassung hinweisen, wobei er dabei auch die Beweislage im übrigen, wie sie sich ohne die entsprechenden Angaben des Mandanten darstellen würde, in die Beratung mit einbeziehen muß (so für den geständnisbereiten Mandanten *Pfeiffer*, DRiZ 1984, 345). Dies wird in aller Regel zur Folge haben, daß der Mandant seine Einlassung ensprechend der ihm erteilten Aufklärung abändert und nunmehr Halb- oder teilweise Unwahrheiten vorträgt. Dieses Risiko muß und darf der Verteidiger bei seiner Beratungstätigkeit allerdings eingehen. Dies entspricht, solange er nicht bewußt dem Mandanten falsche Einlassungen in den Mund legt, auch der Auffassung derjenigen, die die Grenzen zulässigen Verteidigerhandelns unter dem Gesichtspunkt der Wahrheitspflicht des Verteidigers eher enger ziehen (vgl. *Pfeiffer*, DRiZ 1984, 345; *Beulke*, 1980, S. 154; *Dahs*, 1983, Rn. 47 ff.; *Bottke*, ZStW 96, 1984, 756).

Eine ganz andere Frage ist es, ob es dem Verteidiger gestattet ist, für seinen Man- **77** danten Lügen zu erfinden und ihn bei erkennbar falschen Einlassungen zu beraten. Die Diskussion dieser Frage nimmt in der Literatur breiten Raum ein. Die unterschiedlichen Standpunkte werden auf hohem abstrakten und damit wenig praxisgerechtem Niveau (AK-StPO-*Stern* vor § 137 Rn. 69: »konturlose Floskeln«) und sehr apodiktisch vertreten (vgl. *Pfeiffer*, DRiZ 1984, 345; *Beulke*, 1980, 151, 154; *Beulke*, 1989, Rn. 29; *Bottke*, ZStW 96, 1984, 757; *Liemersdorf*, MDR 1989, 206f. einerseits und *Strzyz*, 1983, S. 260f., 267f.; *Wassmann*, 1982, S. 133ff.; *Gatzweiler*, StV 1985, 250 andererseits; differenzierend *Ostendorf*, NJW 1978, 1345; *Kühne*, 1988, S. 58 Rn. 91.1). Einen dogmatisch klaren Ansatz zur Abgrenzung zwischen strafbarem und straflosem Verteidigungsverhalten vertritt *Lüderssen* im Zusammenhang mit der Möglichkeit der Ausschließung des Verteidigers von der Mitwirkung im Verfahren gem. § 138a (LR-*Lüderssen*, § 138a Rn. 37ff. u. vor § 137 Rn. 99ff.), der auch für das Problem der Einlassungsberatung zu eindeutigen und zutreffenden Ergebnissen führt. Da § 258 StGB den Beschuldigten nicht betrifft, nimmt auch der Gehilfe an dem Privileg der straflosen Selbstbegünstigung teil. Strafbar ist nur, wer als Täter für einen anderen die Bestrafung oder Unterwerfung unter eine Maßnahme verhindert. Daraus folgt, daß der Verteidiger auch bei der Einlassungsberatung straffrei bleibt, solange seine Tätigkeit innerhalb der Grenzen der Teilnahme (Beihilfe oder Anstiftung) verbleibt (LR-*Lüderssen* vor § 137 Rn. 103f.; § 138a Rn. 45). Ausgehend von einem Verständnis der Rechtsstellung des Verteidigers, wonach dieser nicht ein gegenüber dem Mandanten unabhängiges Organ der Rechtspflege ist, sondern – von dem Mandanten beauftragt – zu diesem in einem Vertragsverhältnis steht, ist dies der Normalfall. Erst wenn im Rahmen dieses Verhältnisses die Dominanz von dem Beschuldigten auf den Verteidiger übergeht, der Verteidiger aus seiner Beistandsfunktion heraustritt und anstelle oder neben dem Angeklagten in die Rolle des aktiven Gestalters der Verteidigung schlüpft, wird er zum (strafbaren) Täter einer Strafvereitelung. Insofern diese Lösung auf die dogmatisch gesicherte Abgrenzung zwischen Täterschaft und Teilnahme rekurriert, vermag sie nicht nur aus dogmatischen, sondern auch aus Gründen größerer Rechtssicherheit zu überzeugen. Ob es dadurch bei der Lösung auch kritischer Grenzfälle zu wesentlich anderen Ergebnissen kommt, als die von anderen Ansätzen ausgehenden Meinungen, mag dahingestellt bleiben (vgl. die Auffassungen von *Otto* Jura 1987, 330; *Bottke*, ZStW 96, 1984, 756; *Beulke*, 1989, Rn. 31; *Krekeler*, NStZ 1989, 147f. u. AK-StPO-*Stern*, vor § 137 Rn. 66ff., die alle – mehr oder weniger deutlich – auf die Anwendung der Kriterien der Abgrenzung von Täterschaft und Teilnahme hinauslaufen).

78 Unabhängig von allen straf- und standesrechtlichen Erwägungen sollte jedoch aus der Sicht der Verteidigung bei der Einlassungsberatung folgendes bedacht werden: Es geht bei diesem Komplex nicht nur um die Zulässigkeit, sondern auch um die Effektivität des Verteidigungsverhaltens. Diese muß der Verteidiger über den konkreten Fall hinaus auch für zukünftige Verteidigungsmandate im Blick behalten. Wenn die Hypothese zutrifft, daß die Effizienz der Verteidigung im Sinne einer Beeinflussung von richterlichen Entscheidungen um so höher liegt, je weniger der Verteidiger dem Gericht als »trickreicher« Gegenspieler erscheint (*Barton*, MSchKrim 1988, 105), kann nur dringend vor einem Verhalten gewarnt werden, durch das der Verteidiger in den Augen der Gerichte zu einer vom Angeklagten zum »Märchenerzähler« instrumentalisierten Figur wird. Ist er einmal in einen entsprechenden Ruf gekommen, würde er der Justiz gegenüber nicht nur seine Glaubwürdigkeit und damit eine entscheidende Grundlage seiner Überzeugungsfähigkeit verlieren (*Bottke*, ZStW 96, 1984, 751), sondern auch seinem Mandanten gegenüber die anwaltliche Unabhängigkeit verlieren und leicht erpreßbar werden

(AK-StPO-*Stern*, vor § 137 Rn. 60). Im Gegenteil dazu zeichnet sich der sog. »neue Typ des Strafverteidigers« u. a. gerade dadurch aus, daß er engagiert, kompetent, aber aus der Sicht der Justiz seriös die Interessen seines Mandanten unabhängig davon vertritt, ob er ihn für schuldig hält oder nicht (*Hanack*, StV 1987, 501), weshalb er von den Gerichten eher akzeptiert, respektiert oder gar gefürchtet wird als der Verteidiger, der als Komplize des Beschuldigten von vornherein abqualifiziert und im Zusammenhang mit der Entscheidungsfindung ignoriert wird.

Das zugestandenermaßen schwierige Problem der Einlassungsberatung und der **79** Abgrenzung zwischen zulässigem und unzulässigem Verteidigerverhalten entschärft sich in der Praxis allerdings schon dadurch, daß viele Rechtsfragen – insbesondere soweit sie den subjektiven Bereich betreffen – auf einem Abstraktionsniveau entschieden werden, das in der realen Vorstellungswelt der meisten Beschuldigten kaum nachvollziehbar ist, geschweige denn vor bzw. bei dem fraglichen Geschehen gedanklich antizipiert wurde (vgl. *Rasch*, 1986, S. 154). Häufig sind es nur Sachverhaltensnuancen, von denen die Weichenstellung zwischen rechtlichen Alternativen mit weitreichenden Konsequenzen abhängt. In solchen Fällen wird in der Hauptverhandlung kein Lebenssachverhalt rekonstruiert, sondern erst konstituiert (vgl. *Schünemann*, 1985, S. 71). Ob sich beispielsweise das Zufahren mit einem Pkw auf eine Polizeisperre im Bewußtsein des Täters als bewußte Fahrlässigkeit oder als bedingter Tötungs- oder Verletzungsvorsatz dargestellt hat, entzieht sich vielfach seiner Vorstellung. Seine nachträgliche Äußerung hierzu ist dann im wesentlichen davon abhängig, wie er gefragt wird (vgl. *Schünemann*, 1985, S. 82; *Rasch/Hinz*, Kriminalistik 1980, 377 mit anschaulichen Beispielen von Beschuldigtenaussagen zu subjektiven Mordmerkmalen). Beschuldigte äußern sich zu solchen Fragen häufig eher beliebig, nach Gefühl und nach individueller Ausdrucksfähigkeit, ohne sich der Tragweite ihrer Angaben auch nur annähernd bewußt zu sein (vgl. *Lempp*, 1983, S. 301). Im Bereich solcher Wirklichkeits-(re)konstruktion ist der Verteidiger befugt, mit dem Mandanten die verschiedenen Sachverhaltsalternativen und ihre jeweiligen Auswirkungen zu erörtern.

Wird jenseits dieses Bereichs dem Verteidiger seitens des Mandanten eine bewußt **80** unwahre Einlassung vorgetragen, ist er verpflichtet, den Mandanten auf die Risiken einer solchen Einlassung hinzuweisen. Das gilt sowohl für die Schlüssigkeit der Einlassung in sich als auch für ihre Vereinbarkeit mit dem in der Hauptverhandlung zu erwartenden Ergebnis der Beweisaufnahme. Zu diesem Zweck muß der Verteidiger in die Rolle des Staatsanwalts oder Richters schlüpfen und in einem »Befragungsspiel« den Mandanten auf Lücken und Ungereimtheiten seiner Einlassung hinweisen (*Amelung*, 1989, 150). Denn daß der Angeklagte erst in der Hauptverhandlung unter entsprechenden Fragen und Vorhalten seine Einlassung ändert und als jemand dasteht, »der schuldig ist und auch noch durch fadenscheinige Schutzbehauptungen der Strafe zu entgehen versucht hat«, »ist eine der peinlichsten Niederlagen für den Verteidiger« (*Hamm*, 1981, S. 58). Geht der Verteidiger nur scharf genug mit seinem Mandanten »ins Gericht«, wird sich schnell zeigen, daß er in aller Regel nicht in der Lage ist, seine falsche Einlassung folgerichtig durchzuhalten. Der Verteidiger wird dann auch für den Mandanten einsehbar in ein Beratungsgespräch darüber eintreten können, ob sich in der Hauptverhandlung nicht die völlige Verweigerung der Aussage oder aber ein Geständnis empfiehlt. Natürlich kann auch diese Form der Beratung dazu führen, daß der Mandant die Fragen und Vorhalte als Hinweise aufgreift, mit deren Hilfe er nunmehr seine Einlassung gegenüber den zu erwartenden Einwendungen in der Hauptverhandlung »abzuschotten« versucht. Trotz dieser Gefahr, daß der Verteidiger dadurch objektiv in die Rolle des »Einpaukers« einer unzutreffenden Einlassung gerät (im amerikanischen Strafverfahren wird dies bildhaft als »coaching the client« bezeichnet), ist er bei einer sachgerechten Vorbereitung des Mandanten verpflichtet, diesen heiklen Weg zu beschreiten (so auch *Beulke*, 1989, Rn. 31). Er bleibt bei diesem Vorgehen eindeutig auf der Seite des Teilnehmers einer, für den Mandanten straflosen, Strafvereitelung. Ob er die Verteidigung auch dann fortführt, wenn der Mandant bei seiner falschen Einlassung bleibt, ist eine persönliche, aber keine rechtliche Frage, die jeder Verteidiger nach seinem Gewissen entscheiden muß (§ 68 Abs. 2 der früheren Grundsätze des anwaltlichen Standesrechts). Hier, wie bei anderen prozessualen Fragen gilt, daß der Verteidiger nicht immer und alles das machen muß, was prozessual (noch) zulässig ist.

81 Es gibt schließlich eine dritte unbedenkliche Form der Einlassungsberatung, die im amerikanischen Strafverfahren unter dem Stichwort »lecture« praktiziert wird. Sie setzt zu einem Zeitpunkt in dem Gespräch zwischen Verteidiger und Mandant über den Sachverhalt ein, wo der Verteidiger befürchtet, daß eine weitere Befragung des Mandanten an einen Punkt führt, ab dem der Verteidiger »bösgläubig« wird. Der Verteidiger unterbricht nun den Mandanten, erläutert die Rechtslage und diskutiert vor dem Hintergrund der bislang bekannten Informationen, insbesondere aus der Ermittlungsakte, welche Sachverhalte welche rechtlichen und verfahrensmäßigen Konsequenzen hätten (vgl. die anschauliche Schilderung in dem Roman von *Traver*, 1962, S. 40 u. 44ff., die laut *Scheff*, 1968, S. 10 der Realität amerikanischer Strafverfahren entspricht). Da der Verteidiger den tatsächlichen Sachverhalt nicht kennt, kann er die einzelnen Alternativen mit entsprechenden Fragen an den Mandanten verbinden (Beispiel für ein solches Vorgehen auch bei *Dahs*, 1983, Rn. 49). Dieses Vorgehen ist unter dem Gesichtspunkt der Erläuterung der Rechtslage unbestritten zulässig, da diese mehr als abstrakte Rechtsbelehrung umfaßt. Sie muß nämlich, um verständlich zu sein, in Korrelation zu den zu subsumierenden Lebenssachverhalten gebracht werden (vgl. *Beulke*, 1980, S. 154; *Bottke*, ZStW 96, 1984, 756). Erklärt der Mandant nach einer entsprechenden Beratung, welche der Alternativen in seinem Fall vorliegt, kann sich der Verteidiger auf den Standpunkt stellen, nicht zu wissen, ob es sich hierbei um die Wahrheit oder um eine taktische Einlassung handelt. Der Verteidiger geht hier allerdings das Risiko ein, daß er in Unkenntnis des tatsächlichen Sachverhalts auch zu einem Verteidigungsverhalten rät oder in der Hauptverhandlung Verteidigungsaktivitäten entwickelt, von denen er bei vollständiger Kenntnis des Sachverhalts abgesehen hätte und die sich nunmehr möglicherweise sogar als schädlich für den Mandanten erweisen.

82 Im Zusammenhang mit einer aus Sicht des Verteidigers unzutreffenden Mandanteneinlassung stellt sich als weiteres Problem die Frage, wie sich der Verteidiger zu einer solchen Einlassung in der Hauptverhandlung verhalten soll. Hierzu wird in der Literatur die Meinung vertreten, der Verteidiger dürfe sich die unwahren Behauptungen seines Mandanten nicht zu eigen machen, sondern müsse kühle Distanz wahren (*Pfeiffer*, DRiZ 1984, 344). Ein derartiges Schweigen des Verteidigers zu der Einlassung seines Mandanten kann aber sehr leicht zu einem »beredten Schweigen« werden (*Ostendorf*, NJW 1978, 1349). Der Verteidiger muß zumindest insoweit auf die Einlassung Bezug nehmen können, daß er die sonstigen Ergebnisse der Beweisaufnahme unter dem Gesichtspunkt würdigen darf, ob dadurch die Einlassung des Angeklagten widerlegt wird oder nicht. Auch muß er zu den Einwendungen gegen die Schlüssigkeit der Einlassung Stellung nehmen dürfen. Insoweit kann mit *Ostendorf* davon gesprochen werden, daß Angeklagter und Verteidiger »im selben Boot« sitzen und einheitlich argumentieren müssen. Dem Verteidiger kann es auch nicht verwehrt werden, aufbauend auf einem von ihm als unrichtig erkannten Beweisergebnis die Erhebung weiterer, dazu stimmiger Entlastungsbeweise zu beantragen (AK-StPO-*Stern*, vor § 137 Rn. 80 m. w. N.). Eine ganz andere Frage ist es, ob der Verteidiger auch seine persönliche Überzeugung – möglicherweise sogar gegen bessere Einsicht – in die Waagschale des Mandanten werfen soll. Unabhängig davon, ob damit die Strafbarkeitsgrenze überschritten wäre (*Beulke*, 1989, Rn. 33), sollte man bedenken, daß es nach dem Grundsatz der Unschuldsvermutung nicht darauf ankommt, ob der Angeklagte tatsächlich unschuldig und der Verteidiger davon persönlich auch überzeugt ist, zumal er sich auch bei bestem Glauben in seinen Mandanten irren kann. Ein Verteidiger wird auch schwerlich für jeden seiner Mandanten die Hand ins Feuer legen wollen, was leicht zu einem gerichtlichen Umkehrschluß in den Fällen führen kann, in denen der Verteidiger nicht auf seine persönliche Überzeugung pocht.

3. Verteidiger und Geständnis

Will der Mandant zu den ihm gemachten Vorwürfen ein Geständnis ablegen, soll **83** der Verteidiger ihn davon nicht abhalten. Problematisch wäre es auch, wenn der Verteidiger seinem Mandanten raten würde, ein wahres Geständnis zu widerrufen (zur Frage einer Strafbarkeit des Verteidigers wegen Strafvereitelung vgl. *Pfeiffer*, DRiZ 1984, 345; *Beulke*, 1989, Rn. 34; *Krekeler*, NStZ 1989, 148). Wenn der Mandant mit sich durch ein Geständnis ins Reine kommen will, darf sich der Verteidiger dem nicht entgegenstellen, weil der Mandant über den Prozeß hinaus mit seiner Straftat leben muß. Aufgrund seiner Beistandspflicht muß der Verteidiger das Verhalten seines Mandanten respektieren. Allerdings ist der Verteidiger auch hier verpflichtet, den Mandanten über die Rechtsfolgen einer durch ein Geständnis vorprogrammierten Verurteilung zu unterrichten. Es gibt Fälle, in denen der Angeklagte über die Auswirkungen eines Geständnisses völlig unrealistische Vorstellungen hat, er beispielsweise irrigerweise von der Möglichkeit einer Verfahrenseinstellung ausgeht. Deshalb darf und muß der Verteidiger auch den Mandanten beraten, der von sich aus ein wahres Geständnis widerrufen will. Die Erfahrung geht allerdings dahin, daß ein solcher Widerruf wirkungslos ist und ein solches Prozeßverhalten häufig zu einer höheren Bestrafung führt.

Unabhängig von diesen Erwägungen muß der Verteidiger jedem Geständnis inso- **84** weit kritisch gegenüberstehen, als die Möglichkeit eines falschen Geständnisses zu bedenken ist. Falsche Geständnisse sind wohl häufiger, als man auf den ersten Blick vermutet (vgl. *Lange*, 1980, S. 90ff. zu Häufigkeit und Ursachen von falschen Geständnissen). Der Verteidiger muß deshalb bei einem Geständnis auf Symptome achten, die dafür sprechen, daß es sich um ein Falsch-Geständnis handelt (hierzu *Schlothauer*, StV 1981, 39; *Stern*, StV 1990, 563).

In umgekehrter Richtung gibt es eine Vielzahl von Fällen, in denen der Verteidi- **85** ger einem zunächst bestreitenden Angeklagten zu einem Geständnis raten muß. Es sind dies die Fälle, in denen die Einlassung des Mandanten bereits widerlegt ist oder in der Hauptverhandlung mit hoher Wahrscheinlichkeit widerlegt werden wird (*Dahs*, 1983, Rn. 397), oder der bislang schweigende Angeklagte durch die Beweisaufnahme überführt werden wird. Hier liegen die Verteidigungsmöglichkeiten ausschließlich auf dem Gebiet der Strafzumessung, die sich erfahrungsgemäß drastisch verschlechtern, wenn sich der Angeklagte durch eine in diesen Fällen kaum noch ernst zu nehmende Einlassung als uneinsichtig darstellt. Der Verteidiger muß in diesen Fällen geduldige Überzeugungsarbeit leisten und sein Vorgehen in einer Weise der Persönlichkeit des Mandanten anpassen, daß das Vertrauensverhältnis nicht zerstört wird.

VI. Vorbereitung auf die Rechtsprobleme des Falles

1. Sachkompetenz als Verfahrensmacht

86 Der Verteidiger muß sich rechtzeitig mit allen materiell-rechtlichen und prozessualen Fragen befassen, die in der Hauptverhandlung eine Rolle spielen können. Es zeichnet eine gute Vorbereitung aus, wenn der Verteidiger in der Hauptverhandlung auch zu solchen Problemen sachkundig Stellung nehmen kann, deren Bedeutung für den Prozeß nicht unmittelbar auf der Hand lag. Sachkompetenz dieser Art wirkt sich unmittelbar auf die Machtverteilung in der Hauptverhandlung aus. Der Verteidiger muß sich bemühen, in der Hauptverhandlung – dem Schachspiel ähnlich – solche Positionen zu besetzen, von denen maximale Wirkung auf Verfahrensablauf und Verfahrensergebnis ausgeht. Eine alle Eventualitäten einbeziehende Vorbereitung setzt auch voraus, daß er möglichst weitgehend die einzelnen Züge der anderen Verfahrensbeteiligten und mögliche Alternativen vorausdenkt, die sich während der Hauptverhandlung aus bestimmten Prozeßsituationen entwickeln können. Nur so ist er in der Lage, die für die Verteidigungseffizienz notwendige »ideale« Konfliktbereitschaft und Aktivitätsrate zu zeigen (*Barton*, MSchKrim 1988, 105).

87 Die souveräne Beherrschung der Rechtsmaterie gehört zu den wichtigsten Voraussetzungen. Dies gilt für das materielle Recht ebenso wie für das Verfahrensrecht. Es muß allerdings der konkreten Hauptverhandlungssituation überlassen bleiben, ob der Verteidiger – ohne belehrend zu wirken – seine Sachkunde offen ausspielt, um groben Rechtsverstößen entgegenzutreten oder auch nur als kompetenter Verfahrensbeteiligter anerkannt zu werden, ob er sie nur kurz »aufblitzen« läßt, um den anderen Verfahrensbeteiligten eine Meinungskorrektur ohne Gesichtsverlust zu ermöglichen, oder ob er sie auch einmal völlig unterschlägt, wenn das Verfahren ohnehin in eine Richtung tendiert, die mit den Verteidigungsvorstellungen konform geht (hierzu *Barton*, MSchKrim 1988, 103f.). Auch hier gilt, daß der Verteidiger nicht alles vortragen, beanstanden oder kommentieren muß, was sich nach seiner Überzeugung als rechtlich unzutreffend oder zweifelhaft darstellt.

2. Materielle Rechtsfragen

88 Das rechtliche Durchdenken des Anklagevorwurfs eröffnet häufig effektivere Verteidigungsmöglichkeiten als viele Bemühungen, im tatsächlichen Bereich, insbesondere durch Zeugenbefragungen oder durch Beweisanträge zu einem den strafrechtlichen Vorwurf abwehrenden oder abmildernden Ergebnis zu kommen. Damit sind nicht nur die Fälle gemeint, in denen Rechtsfragen eine Rolle spielen, zu denen in Rechtsprechung und Literatur unterschiedliche, für den Angeklagten mehr oder weniger günstige Auffassungen vertreten werden. Von besonderer Bedeutung sind vielmehr die Fälle, in denen die Subsumtion des ermittelten Sachverhalts unter die angeklagte Strafvorschrift Lücken aufweist. Solche Lücken finden

sich beispielsweise erstaunlich häufig im subjektiven Bereich, aber auch dort, wo zivilrechtliche Fragen in die strafrechtliche Beurteilung hineinspielen. So wird beispielsweise bei Straftatbeständen, die Bereicherungsabsicht oder Zueignungsabsicht voraussetzen (§§ 242, 246, 249, 253, 255, 263 StGB), häufig die Voraussetzung der Rechtswidrigkeit des angestrebten Ziels angesichts der offensichtlichen Rechtswidrigkeit der eingesetzten Mittel übersehen (vgl. *BGH* StV 1982, 469; *BGH* StV 1983, 329; *BGH* StV 1984, 422; *BGH* StV 1990, 205), von den Möglichkeiten des Irrtums ganz zu schweigen (vgl. *BGH* StV 1990, 407). Symptomatisch sind auch die Fälle, in denen der strafbare Erfolg der Handlungen des Angeklagten so deutlich vor Augen steht, daß nicht mehr daran gedacht wird, ob und bei welcher Handlung er von dem Vorsatz des Angeklagten umfaßt war (vgl. für §§ 249 ff. StGB *BGH* StV 1982, 420; *BGH* StV 1983, 329; *BGH* StV 1984, 74; *BGH* StV 1990, 205, 206 u. 408; für § 212 StGB *BGH* StV 1984, 186; für §§ 25, 27 StGB *BGH* StV 1985, 145). Die höchstrichterliche Rechtsprechung hat auch immer wieder Anlaß zur Klage, daß im Bereich der Versuchsstrafbarkeit nicht an die Möglichkeit des Rücktritts gedacht wird (vgl. *Meyer-Goßner*, NStZ 1986, 49 f.). Ebenso verhält es sich mit Fällen, in denen Rechtfertigungsmöglichkeiten oder Schuldausschließungsgründe (Notwehr, rechtfertigender oder entschuldigender Notstand) übersehen werden.

Der Einsatz des materiellen Rechts im Rahmen der Strategie des Verteidigers **89** sollte sich allerdings nicht auf Fragen deduktiver, subsumierender Rechtsanwendung beschränken. Dies gilt trotz der Tatsache, daß das deutsche Strafrecht aufgrund seiner Legalstruktur die Norm zum Ausgangspunkt der Rechtsanwendung macht. In der Rechtswirklichkeit entfaltet das materielle Recht häufig in ganz anderer Weise seine Wirkung. Nicht ob ein Sachverhalt abstrakt unter eine Strafvorschrift subsumierbar ist oder nicht steht im Vordergrund, sondern ob der Fall in seiner konkreten Ausgestaltung einem höchstrichterlich entschiedenen Fall entspricht oder ihm nahekommt. Die Rechtsanwendungspraxis kommt damit dem anglo-amerikanischen case-law oder Präjudizienrecht sehr nahe (vgl. *Schlüchter*, 1986, S. 47 ff., nach deren Auffassung allerdings deduktives Vorgehen in der Rechtsanwendungspraxis nach wie vor überwiegt). Für die Praxis der Strafverteidigung bedeutet diese Einsicht zweierlei: Vor dem Hintergrund des eigenen Falles muß der Verteidiger ein gerichtliches Präjudiz suchen, das einen weitgehend gleichgelagerten Sachverhalt zum Gegenstand hat und diesen in einer dem Angeklagten günstigen Weise rechtlich beurteilt. Unter Hinweis auf den Gleichheitsgrundsatz kann daran die Forderung geknüpft werden, im vorliegenden Fall die gleichen Maßstäbe anzulegen (vgl. *Schlüchter*, 1986, S. 49 und 116). Des weiteren erschließen sich aus einer Untersuchung der jeweils günstigsten Präjudizien die maßgeblichen Gesichtspunkte, die der Verteidiger auch in seinem Fall in der Hauptverhandlung herauszuarbeiten und herauszustellen hat. Fall und Norm werden somit vermittelt durch die Präjudizien wechselseitig aufeinander bezogen und »auf Gegenseitigkeit« konkretisiert (*Müller*, 1971, S. 119 f.). Damit liefert insbesondere die Rechtsprechung selbst das Material für eine effektive Verteidigungsstrategie, vorausgesetzt, daß den Entscheidungen über allgemeine Rechtsanwendungssätze hinaus genügend Angaben über den konkret entschiedenen Sachverhalt entnommen werden können.

3. Prozessuale Rechtsfragen

90 Bei der Vorbereitung der Verteidigung im Hinblick auf (möglicherweise) in der
Hauptverhandlung auftauchende verfahrensrechtliche Probleme steht zunächst
die Beantwortung der Frage im Vordergrund, inwieweit der Umfang der in der
Beweisaufnahme zu erarbeitenden Tatsachengrundlage durch prozessuale Vorschriften beeinflußt wird. Aus der Sicht des Angeklagten kann ein Interesse an
dieser Frage sowohl in der Richtung bestehen, mit verfahrensrechtlichen Mitteln
die Einführung bestimmter ihn belastender Sachverhalte in die Hauptverhandlung zu verhindern (zu prozessualen Grenzen der Sachverhaltsermittlung s.
Schlothauer, 1988, Rn. 81 u. *Tondorf*, Formularbuch, 1988, S. 186 ff.), als auch in
der, die Beweisaufnahme auf zu seinen Gunsten sprechende Tatsachen zu erstrekken (z. B. durch Beweisanträge). Je nachdem hat der Verteidiger zu entscheiden,
ob er beispielsweise nachdrücklich auf einer ordnungsgemäßen Belehrung von
Zeugen über Zeugnis- oder Auskunftsverweigerungsrechte besteht oder nicht,
oder ob eine Entbindung von der Schweigepflicht von Berufsgeheimnisträgern
(§§ 53, 53 a) erfolgen soll. Dasselbe gilt für die Entscheidung, ob von Beweissurrogaten (§§ 251 ff.) Gebrauch gemacht werden soll, oder ob er dies verhindern kann
und soll.

91 Besteht nach Einschätzung des Verteidigers die Möglichkeit, daß dem Gericht bei
der Behandlung von Verfahrensfragen, die auf den Umfang der Beweisaufnahme
Einfluß haben, Rechtsfehler unterlaufen könnten, muß er sich ferner rechtzeitig
darüber klar werden, ob er das Gericht darauf aufmerksam machen will oder
nicht. Bei dieser Entscheidung sind die Bedeutung der Beweistatsache für die
Überzeugungsbildung des Tatgerichts einerseits und die Schwere des Rechtsfeh-
lers im Hinblick auf eine eventuelle Anfechtbarkeit des Urteils mit der Revision
andererseits zu berücksichtigen. Je erheblicher be- oder entlastende Beweise für
die Beweiswürdigung durch ein noch nicht festgelegtes Gericht sein können, um
so nachdrücklicher muß der Verteidiger Wert auf Korrektur prozessualer Fehlent-
scheidungen legen; je aussichtsreicher mit Verfahrensfehlern ein für den Angeklagten nicht akzeptables Urteil mit dem Rechtsmittel der Revision angegriffen
werden kann, desto eher *kann* der Verteidiger die Beanstandung von Verfahrensfehlern unterlassen. Allerdings gibt es Verfahrensfehler, die der Verteidiger beanstanden *muß*, wenn er darauf später die Revision stützen will (vgl. für die Verwertung einer richterlichen Vernehmung, die unter Verletzung der Pflicht zur Benachrichtigung des Verteidigers zustande gekommen ist, *BGSt* 31, 140 = StV
1983, 51 m. Anm. *Temming*; zur Klarstellung von Mißverständnissen bei abgelehnten Beweisanträgen *BGH* StV 1989, 465 m. Anm. *Schlothauer*). Es gibt ferner
Verfahrensfehler des Vorsitzenden, die von dem Verteidiger nur dann zum Gegenstand einer Revision gemacht werden können, wenn er zunächst einen Gerichtsbeschluß (§ 238 Abs. 2) herbeigeführt hat. Dies ist natürlich mit dem Risiko,
aber auch der Chance verbunden, daß das Gericht auf den Fehler noch aufmerksam wird und ihn korrigiert bzw. heilt.

92 Ein weiterer Schwerpunkt, der für die Vorbereitung der Hauptverhandlung in
verfahrensrechtlicher Hinsicht von Bedeutung ist, betrifft die Möglichkeiten des
Angeklagten, als gleichberechtigtes Verfahrenssubjekt seine prozessualen Rechte
gegenüber einem unbefangenen Gericht wahrzunehmen. Der Verteidiger muß
sich deshalb aller Erklärungs- und Interventionsrechte ebenso bewußt sein, wie
der Tatsache, daß das Verpassen prozessualer Gelegenheiten in der Hauptverhandlung irreparabel sein kann (vgl. z. B. §§ 25, 26a Abs. 1 S. 1 für das verspätete

Stellen eines Befangenheitsantrags). Die Frage, ob der Verteidiger von seinen verfahrensrechtlichen Interventionsmöglichkeiten Gebrauch machen soll, hängt vom Einzelfall und taktischen Gesichtspunkten ab. Bedenkt man, daß das Prozeßrecht u. a. der Kontrolle der gerichtlichen Tätigkeit auf dem Weg zum Urteil dienen soll, werden sich Verteidigeraktivitäten mit Hilfe verfahrensrechtlicher Möglichkeiten um so mehr empfehlen, je weniger ein Gericht für den Verteidiger kalkulierbar und je offener das Ergebnis der Verhandlung ist (zur Wahrnehmung von in die Hauptverhandlung hineinwirkenden prozessualen Möglichkeiten durch Anträge vor Beginn der Hauptverhandlung s. u. Rn. 137).

4. Prozeßvoraussetzungen und Verfahrenshindernisse

Routinemäßig muß vor Beginn der Hauptverhandlung auch noch einmal geprüft **93** werden, ob Prozeßvoraussetzungen fehlen oder Verfahrenshindernisse vorliegen, die zur vorläufigen (§ 206 a) oder endgültigen (§ 260 Abs. 3) Verfahrenseinstellung führen müssen.

a) Anklage und Eröffnungsbeschluß

Fehlt eine dieser beiden Verfahrensvoraussetzungen, besteht ein absolutes Ver- **94** fahrenshindernis. Allerdings kann ein fehlender Eröffnungsbeschluß noch in der erstinstanzlichen Hauptverhandlung nachgeholt werden (*BGHSt* 33, 167 = StV 1985, 354 = NStZ 1985, 324), weshalb es sich aus Verteidigersicht empfehlen wird, bei dem Hinweis auf diesen Fehler Zurückhaltung zu üben, um davon erforderlichenfalls in der Berufungs- oder Revisionsinstanz Gebrauch zu machen. Dasselbe gilt für formelle oder sachliche Mängel der Anklageschrift, insbesondere wenn sie nicht den Anforderungen des § 200 Abs. 1 entspricht, oder des Eröffnungsbeschlusses, da diese Mängel ebenfalls noch in der erstinstanzlichen Hauptverhandlung behoben werden können (vgl. für Mängel der Anklageschrift *BGH* StV 1984, 63 = NStZ 1984, 133 u. für den Eröffnungsbeschluß *BGH* GA 1980, 108).

b) Strafklageverbrauch und anderweitige Rechtshängigkeit

Von erheblicher praktischer Bedeutung sind auch die Verfahrenshindernisse der **95** anderweitigen Rechtshängigkeit und des Strafklageverbrauchs. Sie sind besonders bei dem Vorwurf von Dauerstraftaten und fortgesetzten Handlungen sorgfältig zu prüfen, aber auch dann, wenn ein Tatgeschehen unter ganz unterschiedliche realkonkurrierende Straftatbestände subsumiert werden kann.

c) Weitere Verfahrenshindernisse

Als weitere Verfahrenshindernisse seien beispielhaft die Verjährung (§§ 78 ff. **96** StGB), das Fehlen eines erforderlichen Strafantrags bei Verneinung des öffentlichen Interesses an der Strafverfolgung, die Verhandlungsunfähigkeit des Angeklagten und der Spezialitätsgrundsatz bei beschränkter Auslieferung genannt.

VII. Vorbereitung auf die Zeugenvernehmung

1. Verteidigung und Zeugenbeweis

In der gerichtlichen Alltagspraxis ist der Zeugenbeweis immer noch das absolut im **97** Vordergrund stehende Beweismittel. Daran hat sich trotz der vielfach auch wissenschaftlich untermauerten Bedenken gegen die Zuverlässigkeit dieses Beweismittels nichts geändert (vgl. Nachweise bei AK-StPO-*Kühne*, vor § 48 Rn. 46). Gerade deshalb muß die Verteidigung der Vorbereitung der Zeugenvernehmung besondere Aufmerksamkeit widmen.

98 Durch die Ladungsmitteilung des Gerichts (§ 222 Abs. 1) erfährt der Verteidiger rechtzeitig, welche Zeugenvernehmungen in der Hauptverhandlung beabsichtigt sind. Ggf. muß er die Namhaftmachung der geladenen Zeugen anmahnen oder sich durch nochmalige Akteneinsicht vergewissern, mit welchen Zeugen in der Hauptverhandlung zu rechnen ist.

99 Der Verteidiger steht den Zeugen und ihren Bekundungen nie neutral oder gar indifferent gegenüber. Vielmehr bewertet er sie danach, welchen Einfluß sie auf das Verfahrensergebnis haben. Dies muß sich auch auf die Vorbereitung der Zeugenvernehmung auswirken. Bei jedem Zeugen muß sich der Verteidiger die Frage stellen, ob seine zu erwartenden Bekundungen für den Angeklagten positive oder negative Auswirkungen haben werden. Davon hängt nicht nur die Vorbereitung der Zeugenbefragung durch den Verteidiger selbst ab; vielmehr ergibt sich daraus auch, ob und in welcher Richtung auf die Zeugenvernehmung durch die übrigen Verfahrensbeteiligten seitens des Verteidigers Einfluß genommen werden soll.

In aller Regel sind die zur Hauptverhandlung geladenen Zeugen bereits im Ermittlungsverfahren vernommen worden. Ihre Aussagen befinden sich bei der Akte. Häufig ergibt sich schon daraus, mit welchen Bekundungen in der Hauptverhandlung zu rechnen ist und welche Bedeutung sie vor dem Hintergrund der Verteidigungsstrategie und des angestrebten Verfahrensziels haben. Auch der Mandant wird vielfach die Zeugen kennen und dem Verteidiger sagen können, wie sie persönlich zu ihm und zu dem Aussagegegenstand stehen.

2. Einflußmöglichkeiten des Verteidigers auf die Zeugenvernehmungen

100 Bei solchen Zeugen, von denen der Verteidiger in der Hauptverhandlung für den Angeklagten negative Äußerungen erwartet, ist zunächst zu überlegen, ob eine Aussage völlig vermieden werden kann. Stehen diesen Zeugen beispielsweise Zeugnis- oder Auskunftsverweigerungsrechte (§§ 52 ff.) zu, liegt es im Interesse der Verteidigung, daß die Zeugen hiervon auch Gebrauch machen.

Zu diesem Zweck kann – wo dies in Betracht kommt – schon vor Beginn der Hauptverhandlung eine Kontaktaufnahme zwischen Verteidiger und Zeugen erfolgen. Es unterliegt keinen Bedenken, wenn der Verteidiger Zeugen darum bittet oder ihnen nahelegt, von einem Zeugnis- oder Auskunftsverweigerungsrecht Gebrauch zu machen, solange er sich dabei keiner unerlaubten Mittel (Zwang, Drohung, Täuschung) bedient (*Beulke*, 1989, Rn. 57 ff. m. w. N.). Besteht die Möglichkeit, daß die Interessen des Angeklagten und des Zeugen kollidieren, beispielsweise weil der Zeuge selbst als Täter, Mittäter oder Teilnehmer der angeklagten Tat in Betracht kommt, ist allerdings Vorsicht geboten. Wird der Zeuge bereits durch einen Anwalt vertreten, sollte ohnehin Kontakt nur zu diesem aufgenommen werden; anderenfalls kann der Zeuge möglicherweise veranlaßt werden, sich in dieser Situation selbst um anwaltlichen Beistand zu bemühen. Besonders sensibel muß der Verteidiger vorgehen, wenn damit zu rechnen ist, daß der auskunfts- oder zeugnisverweigerungsberechtigte Zeuge dem Angeklagten ablehnend oder gar feindlich gegenübersteht. Ein solcher Zeuge und seine Aussage erfahren nämlich in der Hauptverhandlung eine erhebliche Aufwertung, wenn der Zeuge bekundet, der Verteidiger habe ihn – erfolglos – um Ausübung seines Zeugnis- oder Auskunftsverweigerungsrechts ersucht.

In den Fällen, in denen eine Kontaktaufnahme vor der Haupverhandlung aus- **101** scheidet, wird der Verteidiger in der Hauptverhandlung in der Regel zumindest darauf hinwirken müssen, daß der Zeuge sich seines Zeugnis- oder Auskunftsverweigerungsrechts bewußt ist und das Gericht seinen Belehrungspflichten (§§ 52 Abs. 3, 55 Abs. 2) nachkommt (aus revisionsrechtlichen Gründen kann es allerdings auch angezeigt sein, eine unterbliebene Belehrung nach § 52 Abs. 3 unkommentiert zu lassen). Dafür ist Voraussetzung, daß vor der Hauptverhandlung anhand der Akten, sonstiger Informationen und der Rechtsprechung Voraussetzungen und Umfang etwaiger Verweigerungsrechte ermittelt worden sind (vgl. hierzu *Schlothauer*, 1989, 80 ff.).

Keiner weiteren Erläuterung bedarf die Empfehlung, seitens der Verteidigung auf **102** die Vernehmung von für den Angeklagten ungünstigen Zeugen zu verzichten, wenn ihrem Erscheinen in der Hauptverhandlung (vorübergehende) Hindernisse entgegenstehen oder ein Vernehmungsverzicht noch in der Hauptverhandlung vom Gericht angeregt wird.

Bei der Vernehmung durch das Gericht oder die Staatsanwaltschaft ist von der **103** Verteidigung darauf zu achten, daß sich die Aussagen des für den Angeklagten negativen Zeugen auf das prozessual zulässige Minimum beschränken. Fragen nach Werturteilen, wie sie gerne an ermittelnde Polizeibeamte gestellt werden, muß ebenso entgegengetreten werden wie unzulässigen oder unpräzisen Vorhalten, durch die ein Zeuge in eine bestimmte Aussagerichtung gedrängt werden soll. Auch der Grenzen der Verwertung von Vorhalten aus früheren Vernehmungsniederschriften des in der Haupverhandlung befragten Zeugen muß sich der Verteidiger bewußt sein, weil es hierüber immer wieder zu Kontroversen kommt. Erfolgt lediglich ein sog. einfacher Vorhalt und wird von der Möglichkeit des § 253 kein Gebrauch gemacht, darf nur das für die Urteilsfindung verwertet werden, was der Zeuge auf den Vorhalt hin aussagt (vgl. *BGHSt* 14, 310). Ebenso wird die Vernehmungsniederschrift eines Zeugen nicht dadurch ordnungsgemäß in die Hauptverhandlung eingeführt, daß sie dort dem vernehmenden Polizeibeamten vorgehalten wird, dieser aber mangels Erinnerung nur darauf verweisen kann, er protokolliere nur das, was ausgesagt werde und deshalb müsse der Zeuge sich seinerzeit so geäußert haben. Auch § 253 Abs. 1 ist in dieser Situation nicht anwendbar (vgl. *BGH* StV 1983, 232 = NStZ 1983, 369). Beanstandet der Verteidiger die Zulässigkeit von Fragen und Vorhalten anderer Verfahrensbeteiligter, entscheidet darüber das Gericht (§ 242).

3. Vorbereitung der Glaubwürdigkeitsüberprüfung

Schon bei der Vorbereitung auf die Hauptverhandlung muß sich der Verteidiger **104** zumindest ein vorläufiges Bild von der Glaubwürdigkeit eines Zeugen und der Glaubhaftigkeit seiner bislang vorliegenden, insbesondere für den Angeklagten nachteiligen Aussagen machen. Dies dient nicht nur der Vorbereitung der eigenen Befragung dieses Zeugen, sondern auch der Vorbereitung etwaiger Beweisanträge, insbesondere auf sachverständige Glaubwürdigkeitsbegutachtung (vgl. *Rückel*, 1988, Rn. 12 f., 115) und der Vorbereitung auf die Auseinandersetzung mit Aussagen und Zeugen im Rahmen des Plädoyers. Eine solche Glaubwürdigkeits- und Aussagebewertung kann nämlich anhand der bei den Akten befindlichen Äußerungen wesentlich gründlicher und präziser erfolgen, als dies später bei den in der Hauptverhandlung erfolgenden Aussagen möglich ist. Zumindest ist es hilfreich, wenn dort auf gründliche Vorarbeiten zurückgegriffen werden kann.

Es empfiehlt sich deshalb, mit Hilfe der neueren Literatur zur Glaubwürdigkeits-
lehre die vorhandenen Informationen im Hinblick auf Aussage und Person des
Zeugen zu analysieren (stellvertretend sei hier auf *Bender/Röder/Nack*, 1981;
Prüfer, 1986 u. *Arntzen*, 1989, verwiesen jeweils m.N. auf die weiterführende Li-
teratur. Zu praktischen Hilfestellungen bei dieser Aufgabe s. *Schlothauer*, 1988,
Rn. 84).

4. Vorbereitung auf die Zeugenvernehmung durch den Verteidiger

105 Im Vordergrund der Vorbereitung auf die Zeugenvernehmung durch den Verteidiger selbst muß die Frage stehen, was der Verteidiger mit seiner Befragung erreichen will und kann. Auch dies hängt maßgeblich davon ab, welche Auswirkungen die Aussage auf das Verfahrensergebnis hat und welche Bedeutung dem
Zeugen nach dem Verteidigungskonzept beigemessen wird. Besonders problematisch sind auch hier Zeugen und Aussagen, von denen negative Auswirkungen
für den Angeklagten zu erwarten oder zu befürchten sind.
Hier darf die Befragung durch den Verteidiger nicht dazu führen, daß die Beweisaufnahme zu neuen oder sich verstärkenden Belastungen des Angeklagten
führt. Zeugen, die sich bereits eindeutig in ihrer Aussage festgelegt haben, werden durch eine attackierende Befragung der Verteidigung dazu provoziert, durch
Nachschieben weiterer Einzelheiten ihre belastenden Angaben nur noch stärker
zu untermauern. Verbleiben bei Zeugenaussagen aus der Sicht der Verteidigung
noch positive Interpretationsspielräume, ist sorgfältig zu überlegen, ob durch
eine konkrete Nachfrage das Risiko eingegangen werden soll, daß der Zeuge
einer günstigen Deutung seiner Aussage nunmehr den Boden entzieht. Unsinnig
kann es auch sein, um Teile einer Zeugenaussage eine Auseinandersetzung zu
beginnen, die nach dem Verteidigungskonzept völlig unerheblich sind. Auch dies
muß mit dem Mandanten vorbesprochen werden, der in Unkenntnis der Problematik meint, aus seiner Sicht unzutreffende Sachverhalte unbedingt richtigstellen
zu müssen. Andererseits kann die Eröffnung von »Nebenkriegsschauplätzen«
aber auch durchaus in das Kalkül der Verteidigung passen, wenn damit die Hoffnung verbunden wird, von anderen, dem Mandanten ungünstigen Aussagekom-
plexen ablenken zu können. Die Fragetaktik der Verteidigung ist also von der
jeweiligen prozessualen Situation und den konkreten Bedingungen des Einzelfalles abhängig, was aber nicht dazu verführen darf, konzeptlos mit der Befragung
zu beginnen.

106 Ist der Verteidiger der Überzeugung, die Glaubwürdigkeit von Belastungszeugen
durch geschickte Befragung, Vorhalt von Widersprüchen, Konfrontation mit anderen Beweismitteln (insbesondere Urkunden) erschüttern zu können, ist es
auch insoweit sinnvoll, schon vor der Hauptverhandlung ein schriftliches Frage-
konzept zu entwickeln. Darauf sollten auch die vorzuhaltenden Aktenteile oder
Urkunden genau vermerkt sein, damit der Verteidiger in der Lage ist, seine Vernehmung ohne Stockungen durchzuführen und dadurch dem Zeugen gar nicht
erst Gelegenheit für Ausflüchte oder Ausreden zu geben (zu weiteren taktischen
Fragen der Zeugenvernehmung durch den Verteidiger vgl. *Schlothauer*, 1988,
Rn. 85ff.).

107 Auf Intervention anderer Verfahrensbeteiligter muß der Verteidiger sofort reagieren können. Häufig ist es störend, wenn er bei einem geschlossenen Befra-
gungskonzept unterbrochen wird. Zwischenfragen können unter Hinweis darauf
unterbunden werden, daß der Verteidiger in die Vernehmung der anderen Ver-

fahrensbeteiligten auch nicht eingegriffen habe. Ansonsten muß, wie auch bei der Zurückweisung von Fragen durch den Vorsitzenden, ein Gerichtsbeschluß herbeigeführt (§ 238 Abs. 2) und der Vorgang präzise protokolliert (§ 273 Abs. 3) werden.

Zur Vorbereitung der Vernehmung gehört auch die Überlegung, wie es der Verteidiger mit der Vereidigung der Zeugen halten soll (§§ 59 ff.). Daß gerichtliche Entscheidungen über die Vereidigung eine der wenigen Möglichkeiten der »Früherkennung« richterlicher Beweiswürdigung darstellen, weshalb in vielen Fällen der Verzicht auf die Vereidigung (§ 61 Nr. 5) aus der Sicht des Angeklagten schädlich oder zumindest unsinnig ist, ist ebenso wiederholt betont worden, (*Hamm*, 1984, S. 171; *Strate*, StV 1984, 42; *Strate*, 1988, 34) wie die Tatsache, daß sich in diesem Zusammenhang Möglichkeiten für ein späteres Revisionsverfahren eröffnen können (*Strate*, 1988, 38; zur statistischen Häufigkeit erfolgreicher Revisionsrügen *Rieß*, NStZ 1982, 49). **108**

VIII. Vorbereitung auf die Sachverständigenvernehmung

Probleme des Sachverständigenbeweises spielen bei der Vorbereitung der Hauptverhandlung dann eine Rolle, wenn bereits ein Sachverständiger durch Staatsanwaltschaft oder Gericht mit der Erstattung eines Gutachtens beauftragt worden ist und dieses in der Hauptverhandlung mündlich erstattet oder verlesen (§ 256) (hierzu ausführlich *Seyler*, GA 1989, 546) werden soll, oder wenn der Verteidiger aus seiner Sicht Anlaß hat, Fragen in der Hauptverhandlung sachverständig klären zu lassen, die bisher aus der Sicht der anderen Verfahrensbeteiligten noch nicht zur Beauftragung eines Sachverständigen geführt haben. **109**

1. Auseinandersetzung mit einem bereits bei der Akte befindlichen Gutachten

Im ersteren Fall bezieht sich die Vorbereitung des Verteidigers auf die Überprüfung der Stichhaltigkeit des in der Hauptverhandlung zu erwartenden Gutachtens. Dies setzt voraus, daß er sich mit einem bereits bei der Akte befindlichen (vorläufigen) Gutachten, der Person des Sachverständigen, insbesondere im Hinblick auf dessen Sachkunde und der einschlägigen Materie, um deren sachverständige Klärung es geht, ausführlich befaßt. Kommt das Gutachten zu Ergebnissen, die für den Angeklagten vorteilhaft sind, kann der Verteidiger seine Vorbereitung darauf beschränken, etwaigen Einwendungen anderer Verfahrensbeteiligter entgegentreten zu können. Schwieriger ist es, wenn für den Angeklagten negative Ergebnisse eines Sachverständigengutachtens zu erwarten sind. Kommt das bei der Akte befindliche Gutachten nach Auffassung des Verteidigers zu unzutreffenden Ergebnissen oder sind andere, dem Angeklagten günstigere Ergebnisse ebenso vertretbar, muß der Verteidiger darauf hinarbeiten, daß der Sachverständige in der Hauptverhandlung seine Beurteilung korrigiert oder ergänzt, bzw. daß das Gericht in einem Maße gegenüber dem Gutachten kritisch wird, daß es ihm bei seiner Urteilsfindung nicht mehr folgt bzw. die Einholung eines weiteren Gutachtens für erforderlich hält. **110**

Die Erwartungen des Verteidigers sollten in dieser Hinsicht jedoch nicht zu hoch angesetzt werden. Die Neigung der Gerichte, Sachverständigen zu folgen, ist insbesondere bei solchen Gutachtern groß, die immer wieder mit der Erstattung von Gutachten beauftragt werden (vgl. *Rasch*, 1986, S. 20). Hätte das Gericht Anlaß, ein Gutachten eines solchen Sachverständigen in einem wesentlichen Punkt in Zweifel zu ziehen, müßte es auch in zukünftigen Fällen seiner Sachkunde derart **111** kritisch gegenüberstehen, daß zeitliche und arbeitsmäßige Reibungsverluste erheblicher Art entstehen würden. Das affirmative Verhalten der Gerichte gegenüber den regelmäßig von ihm beauftragten Sachverständigen, die ihrerseits natürlich den Erwartungshorizont ihrer Auftraggeber kennen, ist zu großen Teilen auf die Entlastungsfunktion von Sachverständigengutachten zurückzuführen, die darin besteht, Verantwortung für bestimmte Beweisergebnisse delegieren zu können (*Rasch*, 1986, S. 20).

112 Die Möglichkeiten des Verteidigers sind unter diesen Umständen begrenzt. Er kann insbesondere versuchen, die Tatsachengrundlage für das Sachverständigengutachten in einer Weise zu erweitern, die es dem Sachverständigen ermöglicht, noch zu anderen Ergebnissen oder zumindest zu anderen Interpretationsmöglichkeiten seiner Begutachtung zu kommen. Das gilt insbesondere für Gutachten auf psycho-wissenschaftlichem Gebiet, aber auch für andere Sachverständigenbereiche, in denen erhebliche Interpretationsspielräume bestehen (vgl. für das Beispiel der Schriftsachverständigengutachten *Schlothauer*, StV 1981, 580). Im Bereich der naturwissenschaftlichen und kriminalistischen Begutachtung muß demgegenüber das Bemühen des Verteidigers im Vordergrund stehen, die Aussagekraft des Gutachtens durch Aufzeigen kontroverser methodischer Ansätze und überlegener Forschumgsmittel auf dem betreffenden Gebiet zu relativieren (s. hierzu die Literaturübersicht bei LR-*Dahs*, vor § 72 – Kriminaltechnischer Sachbeweis; ferner *Barton*, StV 1988, 124).

113 Es kann in diesem Zusammenhang durchaus sachdienlich sein, zu dem Sachverständigen schon vor der Hauptverhandlung in Kontakt zu treten. Viele Sachverständige sehen es als hilfreich an, wenn der Verteidiger ihnen zu Informationen verhilft, über die möglicherweise nur er (z. B. aufgrund seines Kontaktes zu dem Angeklagten oder dessen Angehörigen) verfügt. Ein nützlicher Nebeneffekt solcher Kontakte zwischen Verteidiger und Sachverständigen ist die Erkenntnis bei letzterem, daß ihm in der Person des Verteidigers ein aufmerksamer und zumindest begrenzt kompetenter Verfahrensbeteiligter gegenübersteht, der es mit seiner Aufgabe, auch Sachverständigengutachten zu kontrollieren, ernst nimmt. Der Verteidiger kann sich sicherlich nicht zum Experten auf allen einschlägigen Gebieten entwickeln, um damit gegenüber dem Sachverständigen ein ebenbürtiger Diskussionspartner zu sein; er kann sich aber durch Lektüre von Fachliteratur und Einschaltung eines »Sachkundigen« seines Vertrauens, der das schriftliche Gutachten des Gerichtssachverständigen auf Schwachstellen abklopft, ein »Rezept- und Verweisungswissen« (*Barton*, StV 1983, 79 f.) erwerben, das zumindest für Plausibilitätsprüfungen ausreichend ist.

114 Auf dem besonders kontroversen Gebiet der Schuldfähigkeitsbegutachtung sollte sich die Kontrolle des schriftlichen psychologisch/psychiatrischen Gutachtens zumindest auf folgende Gesichtspunkte erstrecken (weiterführend *Pfäfflin*, 1978, 27 ff.; *Heinz*, 1982, 29 ff.; *Barton* StV 1983, 73; *Heinz*, 1986, 141).

a) Vollständigkeit der Befunderhebung
aa) Untersuchung des Mandanten
– Exploration (zum notwendigen Inhalt eines forensisch-psychiatrischen Interviews siehe die Checkliste bei *Barbey*, 1986, S. 99);
– körperliche Untersuchung (dazu *Barbey*, 1986, S. 104) einschließlich laborklinischer und apparativer (EEG, CTG) Untersuchungen (dazu *Ritter*, 1986, S. 115);

- testpsychologische (dazu *Rauchfleisch*, Testpsychologie, 1980) und standardisierte psychiatrische Untersuchungsverfahren (dazu *Barbey*, 1986, S. 101);
- Dauer der Untersuchungen (zu ermitteln anhand Mandanteninformation, Liquidation, Verhältnis zwischen Aktenwiedergabe und Darstellung und Diskussion des erhobenen Befundes im schriftlichen Gutachten). Eine Explorationsdauer von unter 6 bis 8 Stunden stellt bei Tötungs- und gravierenden Sexualdelikten einen erheblichen Untersuchungsmangel dar (*Maisch* StV 1985, 520).

bb) Befundsicherung
- Beiziehung von Krankenunterlagen und von Vorgutachten, Vernehmung von Zeugen gem. § 80 (insbesondere von Angehörigen, Ärzten und anderen Personen, die häufig Kontakt zu dem Angeklagten haben).

b) Befunddiskussion
- entsprechend den anerkannten Grundsätzen des Faches (z. B. *BGH* StV 1989, 335 m. Anm. *Schlothauer*: Affekt; *BGH* StV 1988, 384 u. *BGH* JR 1990, 119 m. Anm. *Blau*: Schwere andere seelische Abartigkeit);
- Vollständigkeit (hierzu *Heinz*, 1982, S. 36 ff.);
- Keine Übernahme von Sachverhaltshypothesen aus der Ermittlungsakte ohne Alternativdiskussion.

c) Verhältnis des Sachverständigen zum Mandanten und Rollenverständnis
- Abwehrhaltung, Gegenübertragung, Diffamierung, »Verdammungsurteil« (hierzu *Heinz*, 1982, S. 42 ff.);
- Rollenwechsel (Überführung des Angeklagten, Beweiswürdigung, rechtliche Bewertungen), hierzu *Heinz*, 1982, S. 55 ff.; *Heinz*, 1986, S. 146 f.

d) Diagnose
- Zirkelschluß-Diagnosen, partiell unterlassene Diagnosen, empirische Begründungsmängel (hierzu *Maisch*, StV 1985, 521);
- Bildung einer festen Überzeugung bereits im schriftlichen Vorgutachten (*BGH* JR 1962, 111 f.).

2. Prozessuale Handlungsmöglichkeiten des Verteidigers vor der Hauptverhandlung bei unzulänglichen Gutachten
Kommt der Verteidiger zu dem begründeten Ergebnis, daß ein Gutachten sachliche Unzulänglichkeiten aufweist oder dem Sachverständigen mangelnde Sachkunde vorzuwerfen ist, sollte er dies schon vor der Hauptverhandlung gegenüber dem Gericht in einer ausführlichen Auseinandersetzung mit dem Gutachten zum Ausdruck bringen (zu der Bedeutung der Verteidigungsschrift in diesem Zusammenhang vgl. unten Rn. 136). Fotokopien aus der Fachliteratur, auf die der Verteidiger seine Kritik stützt, sollten beigefügt werden. Angesichts der geringen formellen Interventionsmöglichkeiten des Verteidigers auf dem Gebiet des Sachverständigenbeweises (vgl. *Sarstedt*, NJW 1968, 177; *Hartmann, Rubach*, StV 1990, 425) besteht zu diesem Zeitpunkt noch am ehesten Gelegenheit, das Gericht von der Notwendigkeit der Bestellung eines anderen oder eines zusätzlichen Sachverständigen inhaltlich zu überzeugen. Der Antrag auf Beauftragung eines zweiten Sachverständigen gem. § 244 Abs. 4 sollte formal bereits jetzt gestellt werden (zu den seltenen Fällen einer verfahrensrechtlich fehlerhaften Ablehnung eines solchen Antrages s. *BGH* StV 1989, 335 m. Anm. *Schlothauer*).

115

116 Ergeben sich aufgrund des Verhältnisses des Sachverständigen zu dem Mandanten oder aufgrund seines Rollenverständnisses Anhaltspunkte für eine Besorgnis der Befangenheit, ist zu erwägen, einen diesbezüglichen Antrag bereits jetzt zu stellen (vgl. *BGH* StV 1981, 55; *OLG Hamburg*, StV 1987, 142; Beispiel bei *Schlothauer*, 1988, Rn. 103).

117 Eine – allerdings in der Alltagspraxis stumpfe – Waffe verbleibt mit der Möglichkeit der Selbstladung eines Sachverständigen (vgl. unten Rn. 161), die von den finanziellen Fähigkeiten des Mandanten sowie davon abhängig ist, daß sich überhaupt ein Sachverständiger findet, der bereit ist, trotz des Anscheins eines »Gehilfen der Verteidigung« in der Hauptverhandlung zu erscheinen (vgl. zur Problematik von Privatgutachten *Cabanis* StV 1986, 451; zur Rechtsstellung eines selbst geladenen Sachverstädigen vgl. *Widmaier*, StV 1985, 526).

3. Beweisantrag auf Vernehmung eines Sachverständigen

118 Ist die Notwendigkeit der sachverständigen Klärung bestimmter Beweisfragen bislang von keinem anderen Verfahrensbeteiligten gesehen worden, muß sich der Verteidiger überlegen, ob er diese Frage erst in der Hauptverhandlung thematisieren oder schon jetzt einen Antrag auf Einholung eines Sachverständigengutachtens stellen soll, der mit konkreten Anknüpfungstatsachen begründet werden sollte. Hängt die beweiserhebliche Frage von der vorrangigen Klärung bestimmter Sachverhalte ab, die erst in der Beweisaufnahme erfolgen kann, muß er zunächst die entsprechende Entwicklung der Hauptverhandlung abwarten. In anderen Fällen wird zu bedenken sein, daß der Verteidiger vor der Hauptverhandlung günstigere Möglichkeiten hat, das Gericht von der Notwendigkeit eines Sachverständigengutachtens zu überzeugen (allgemein hierzu *Bandilla/Hassemer*, StV 1989, 551) und auf die Sachverständigenauswahl informell Einfluß zu nehmen. Hat er nämlich durch entsprechende Vorgespräche mit einem bestimmten Sachverständigen abgeklärt, daß dieser zeitlich und sachlich zur Übernahme eines Gutachtenauftrags in der Lage ist, wird sich das Gericht in aller Regel dem Vorschlag des Verteidigers nicht verschließen (vgl. *Barton*, StV 1983, 78). Eine einvernehmliche Sachverständigenbeauftragung ist bei Schuldfähigkeitsgutachten von besonderer Bedeutung, weil hier der Mandant gegenüber dem Sachverständigen möglichst ein Vertrauensverhältnis entwickeln soll, auf dessen Grundlage erst eine ergiebige Exploration möglich ist. Der Verteidiger muß dann den Mandanten umfassend auf die Begutachtungssituation vorbereiten, ihm aber auch die Funktion des Sachverständigen im Strafprozeß erläutern. Nur so lassen sich optimale Ergebnisse erzielen, aber auch Fehleinschätzungen der Sachverständigentätigkeit durch den Mandanten vermeiden.

IX. Vorbereitung auf die Strafzumessung und sonstige Rechtsfolgeentscheidungen

119 In der ganz überwiegenden Zahl von Hauptverhandlungen geht es aus der Sicht der Verteidigung nicht um einen Freispruch, sondern um Art und Höhe einer Bestrafung. Wenn insoweit von Strafmaßverteidigung gesprochen wird, dann ist dies allerdings in einem weiteren Sinne zu verstehen als eine sich nur auf den Strafausspruch beziehende Verteidigung. Vielmehr muß sich die Verteidigung häufig auch gegen den Schuldspruch richten, wenn das Ziel der geringstmöglichen Bestrafung erreicht werden soll.

Das gilt natürlich immer dann, wenn dem Mandanten mehrere Straftaten vorgeworfen werden, bei denen nach Einschätzung der Verteidigung teilweise eine Verurteilung sicher zu erwarten, teilweise eine Verurteilung aber problematisch ist. Hier sind die Verteidigungsbemühungen sowohl auf einen Teilfreispruch oder eine Teileinstellung als auch auf die Strafzumessung gerichtet.

1. Materiell-rechtliche Fragen

Um den Schuldspruch geht es aber auch in den vielen Fällen, in denen um die   **120** rechtliche Einordnung des vorgeworfenen Verhaltens gestritten wird, weil dies wegen unterschiedlicher Strafrahmen Einfluß auf die Strafzumessung hat (man denke allein an die vielen Qualifikations- und Privilegierungstatbestände). Dabei beschränkt sich die Auseinandersetzung nicht auf Fragen der rechtlichen Subsumtion und dogmatisch korrekten Lösung materiell-rechtlicher Probleme. Im Gegenteil: Überwiegend geht es um Sachverhaltsfeststellungen, deren Bedeutung und Notwendigkeit sich allerdings erst vor dem Hintergrund sachlich-rechtlicher Fragestellungen erschließt. Art und Umfang der Beweisaufnahme unterscheiden sich hier qualitativ nicht von derjenigen, die aus Sicht der Verteidigung einen Freispruch erbringen soll, obwohl es »nur« um die Strafzumessung geht.

Nicht viel anders verhält es sich dann, wenn die Verteidigung zwar nicht ein »Her-   **121** unterdefinieren« des vorgeworfenen Tatbestandes und damit einen i. S. d. Strafzumessung möglichst günstigen Schuldspruch, sondern die Anwendung eines niedrigeren Strafrahmens anstrebt, sei es in Form der Verneinung eines besonders schweren Falles, sei es in Form einer Strafrahmenänderung gem. § 49 StGB. Überall dort, wo die Anwendung eines Strafrahmens vom Vorliegen bestimmter Tatsachen abhängt (wie bei benannten besonders schweren oder minder schweren Fällen oder bei Strafzumessungsregeln des Besonderen oder des Allgemeinen Teils), geht es (auch) um Tatsachenfeststellungen, auf die die Verteidigung in der Hauptverhandlung Einfluß zu nehmen versuchen muß.

Schließlich sind auch die sog. unbenannten besonders schweren und minder schweren Fälle trotz der für ihre Anwendung erforderlichen Wertungen auf ein Tat- und Persönlichkeitsbild und damit Sachverhalte bezogen, die in der Beweisaufnahme festgestellt werden müssen. Hier wie dann aber auch bei der Strafzumessung im engeren Sinne (§ 46 StGB) wird deutlich, daß das Strafzumessungsrecht nur in geringem Umfang gesetzlich durchstrukturiert ist. Im Zuge der zunehmenden Verrechtlichung der Strafzumessung als Folge verstärkter revisionsrechtlicher Kontrolle der tatrichterlichen Strafzumessungsentscheidungen, haben sich allerdings in der Rechtsprechung Strafzumessungsregeln herausgebildet, die für die Vorbereitung des Verteidigers im Hinblick auf den Rechtsfolgenausspruch von Wichtigkeit sind.

In der Rechtsprechung sind Ansätze zur Ausbildung eines allgemeinen und eines   **122** besonderen Teils des Strafzumessungsrechts erkennbar (*Bruns*, 1985, S. 6), die – wenn man die systematisierenden Rechtsprechungsübersichten in den juristischen Fachzeitschriften betrachtet – teilweise schon weit fortgeschritten sind. Für eine Reihe von Straftatbeständen des Besonderen Teils gibt es quasi schon »Checklisten« von strafschärfenden bzw. strafmildernden Strafzumessungsgründen, die typischerweise immer wieder eine Rolle spielen und die der Verteidiger auf der Suche nach geeigneten Strafzumessungsgesichtspunkten auf seinen Fall anwenden kann (vgl. z. B. den Zumessungskatalog für einen minder schweren Fall des besonders schweren Raubes bei *Eser*, JZ 1981, 822 ff.; ferner den Überblick bei *Schäfer*, 1990, Rn. 242 ff. über deliktspezifische Strafzumessungsumstände). Diese Übersichten stellen allerdings nur eine erste Orientierungshilfe dar und ersetzen nicht die Suche nach sachverhaltsmäßig einschlägigen, möglichst höchstrichterlichen Vergleichsfällen. Denn gerade das Strafzumessungsrecht ist in der Praxis Präjudizienrecht (vgl. den wie eine Präjudiziensammlung anglo-amerikanischer Provenienz aufgebauten Systematischen Leitsatzkommentar zum Sanktionenrecht von *Horn*, 1983 ff.).

123 Neben der Strafzumessung im engeren Sinn müssen auch etwaige weitere Rechtsfolgeentscheidungen mit in die Vorbereitung einbezogen werden. Nebenstrafen, Maßregelanordnungen, Anrechnungsfragen, Gesamtstrafenbildung, Bewährungsaussetzung etc. sind für den Angeklagten ebenfalls von erheblicher Bedeutung und in hohem Maße durch Verteidigerhandeln beeinflußbar.

2. Sachverhaltsermittlung und Verteidigungsüberlegungen bei der Strafzumessung

124 Zwar gilt auch bezüglich der Ermittlung der Strafzumessungstatsachen das Amtsaufklärungsprinzip. In der Praxis werden Strafzumessungsfragen aber nur selten zum Gegenstand einer ausführlichen Beweisaufnahme gemacht. Vielmehr entspricht es verbreiteter Übung, das Strafzumessungsmaterial aus dem »Abfall« der Schuldfragebeurteilung zu gewinnen (*Bruns*, 1985, S. 279). Es bleibt daher weitgehend der Initiative des Verteidigers überlassen, den Umfang der Beweisaufnahme über Strafzumessungstatsachen zu bestimmen. Angesichts der geringen Neigung der Tatgerichte, die Beweisaufnahme auf die Strafzumessung zu erstrecken, empfiehlt es sich, soweit wie möglich schriftliche Beweismittel vor der Hauptverhandlung zu beschaffen, damit diese dann in der Hauptverhandlung präsentiert werden können. Vielfach gewinnt die Einlassung des Angeklagten erst dadurch an Überzeugungskraft, daß wichtige Details, die nie zum Gegenstand einer selbständigen Beweiserhebung gemacht worden wären, durch entsprechende schriftliche Unterlagen belegt werden können.

125 Ein wesentlicher Bereich für ein solches Vorgehen der Verteidigung sind die Gründe und Ziele für die Tat aus der Sicht des Angeklagten (§ 46 Abs. 2 StGB). Hier spielen häufig die persönlichen und wirtschaftlichen Verhältnisse des Angeklagten zur Tatzeit eine Rolle, die in unterschiedlichsten Zusammenhängen dokumentiert sein können (z.B. Bankunterlagen, Zivilrechts- oder Zwangsvollstreckungsunterlagen zum Nachweis der finanziellen Lage des Angeklagten, Schriftstücke aus familienrechtlichen Auseinandersetzungen zur Beurteilung der persönlichen Situation oder ärztliche Zeugnisse und amtsärztliche Papiere zum gesundheitlichen Zustand des Angeklagten). Beweismäßig sichern lassen sich auch Umstände, aus denen sich die möglichen außerstrafrechtlichen Auswirkungen der Straftat auf den Angeklagten ergeben (Verlust des Berufs, Folgen für Gesundheit, familiäre und soziale Situation, finanzielle Belastungen durch die Tat aufgrund zivilrechtlicher Inanspruchnahme wegen Schadensersatz und Schmerzensgeld etc.). In gleicher Weise läßt sich die jetzige Lebenssituation des Angeklagten dokumentieren, was für die Prognosebeurteilung von Bedeutung ist.
Ein weiterer Bereich, der vor der Hauptverhandlung geklärt werden kann, betrifft Fragen der Schadenswiedergutmachung und auch das sonstige Verhältnis des Angeklagten zu einem Geschädigten. Der Nachweis einer erfolgten Wiedergutmachung oder auch nur darauf abzielender Vereinbarungen sowie sonstige Formen der Versöhnung mit dem Opfer (z.B. eine von diesem akzeptierte Entschuldigung) hinterlassen in der Hauptverhandlung einen nachhaltigeren Eindruck als

lediglich eine schlichte Behauptung des Angeklagten, die wie fast alles, was der Angeklagte sagt, nur mit Abstrichen zur Kenntnis genommen wird.

Soweit anhand der Vorbereitung der Hauptverhandlung durch den Vorsitzenden **126** abzusehen ist, daß wesentliche Strafzumessungstatsachen dort nicht zur Sprache kommen werden und diese sich auch nicht durch von dem Verteidiger in der Hauptverhandlung gem. § 245 Abs. 2 vorzulegende schriftliche Unterlagen einführen lassen, sollte verstärkt auf dem Gebiet der Strafzumessung seitens der Verteidigung von dem Recht des Beweisantrages Gebrauch gemacht werden. Die Weite der gesetzlichen Strafrahmen und die Weitmaschigkeit der revisionsrechtlichen Kontrolle der Strafzumessung erfordern eine Verteidigung, die über das Vorbringen guter, aber für den Tatrichter unverbindlicher Strafzumessungsargumente hinaus prozessual verbindlichere Vorgaben macht.

Wichtiges Tatsachenmaterial für die Strafzumessung enthalten auch Vorstrafak- **127** ten, auf deren Einsicht der Verteidiger nicht verzichten darf, wenn das Gericht sie beigezogen hat. Es gibt immer wieder Fälle, in denen sich daraus ein ganz anderes Bild dem Angeklagten ergibt, als es durch den »nackten« Strafregisterauszug vermittelt wird. Dies gilt allerdings in negativer wie in positiver Richtung, weshalb der Verteidiger sich mit der Vorstrafakte vertraut gemacht haben sollte, bevor er in der Hauptverhandlung auf Erörterung der Akte besteht.

Schließlich muß der Verteidiger vor der Hauptverhandlung Strafzumessungsmate- **128** rial zusammenstellen, das für die Bemessung der Höhe des Tagessatzes bei der Verhängung von Geldstrafe von Bedeutung ist. Hier kann der Mandant durch in aller Regel schriftlich zu führende Nachweise über alle relevanten Positionen viel Geld einsparen (zur Berechnung der Tagessatzhöhe vgl. ausführlich *Krehl*, 1987).

Ein praktisches Problem kann vor der Hauptverhandlung noch bei einer möglicherweise in Betracht kommenden Gesamtstrafenbildung aus einer rechtskräftigen Verurteilung zu Geldstrafe mit einer Freiheitsstrafe im anhängigen Verfahren auftauchen. Es sind insbesondere Fälle, in denen durch die Einbeziehung der Geldstrafe in eine Gesamtfreiheitsstrafe die für die Bewährungsaussetzung maßgeblichen Grenzen von einem bzw. zwei Jahren überschritten werden könnten. Hier muß der Verteidiger seinem Mandanten dringend die Bezahlung der Geldstrafe vor der Hauptverhandlung empfehlen, wodurch eine Gesamtstrafenbildung gem. § 55 Abs. 1 StGB entfällt.

Bei alledem darf die Vorbereitung des Mandanten selbst im Hinblick auf die Straf- **129** zumessung nicht aus dem Blick geraten. Nicht nur was er in der Hauptverhandlung sagt, sondern auch wie er es sagt, welchen Eindruck er bei Gericht hinterläßt, ob er die emotionalen Saiten eines Gerichts zum Schwingen bringen kann, ist für die »Psychologie der Strafzumessung« von entscheidender Bedeutung. Die Strafzumessung beeinflussende richterliche Vorurteile müssen, wenn sie schon nicht beseitigt werden können, bei der taktischen Einstellung des Mandanten berücksichtigt und – wo möglich – auch positiv genutzt werden (zum Einfluß richterlicher »Alltagstheorien« auf die Entwicklung negativer Stereotypen vgl. *Maisch*, NJW 1975, 566). Maßgebliche äußere Bedingungen wie Arbeitshaltung und Arbeitsverhältnisse, Familien- und Wohnsituation sowie Persönlichkeitseindruck und Verhalten des Angeklagten vor Gericht können vor der Hauptverhandlung noch positiv verändert werden, wenn ihre Bedeutung rechtzeitig erkannt wird.

X. Die Verteidigungsschrift zur Vorbereitung der Hauptverhandlung

1. Zweckbestimmung der Verteidigungsschrift

130 Mit Hilfe einer Verteidigungsschrift können die Ergebnisse der bisherigen Vorbe-
reitungstätigkeit schon *vor* Beginn der Hauptverhandlung gegenüber dem Gericht
fruchtbar gemacht werden (zum Begriff der Verteidigungsschrift und taktischen
Einzelheiten vgl. *Hamm* StV 1982, 490). Dies bedeutet, daß ein die Hauptverhandlung vorbereitender Schriftsatz erst nach Abschluß der inhaltlichen Vorbereitung der Hauptverhandlung durch den Verteidiger abgegeben werden sollte. Von
anderen Verteidigungsschriften im Ermittlungs- und Zwischenverfahren unterscheidet sich der die Hauptverhandlung vorbereitende Schriftsatz dadurch, daß er
nicht auf eine Verfahrensbeendigung (Verfahrenseinstellung oder Nichteröffnung
des Hauptverfahrens) abzielt, sondern daß er eine Stellungnahme zu Ablauf und
Inhalt der bevorstehenden Hauptverhandlung darstellt und darauf einzuwirken
versucht. Daraus ergibt sich bereits, daß er je nach Fall und Verteidigungsstrategie
verschiedenen Zwecken dienen und damit ganz unterschiedlich ausfallen kann.
Die Bandbreite reicht von einer Beweisanregung über eine Auseinandersetzung
mit rechtlichen oder tatsächlichen Einzelfragen bis hin zur umfassenden Stellungnahme zum Anklagevorwurf einschließlich einer Darstellung der Einlassung des
Angeklagten.

2. Darstellung der Einlassung des Angeklagten

131 Hat sich der Angeklagte im bisherigen Verfahren noch nicht geäußert und ist beabsichtigt, daß er in der Hauptverhandlung eine Einlassung zur Sache abgibt oder
sogar ein Geständnis ablegt, ist es in der Regel empfehlenswert, die Sachdarstel-
lung des Angeklagten bereits vor Beginn der Hauptverhandlung dem Gericht zumindest in groben Zügen mitzuteilen. Dies kann dazu führen, daß das Tatgericht
auf die Vernehmung bestimmter Zeugen (z. B. des Tatopfers) verzichtet, wodurch
sich Hauptverhandlungsablauf und -klima (was für die Strafzumessung wichtig ist)
erheblich ändern können. Die Mitteilung der Einlassung des Angeklagten vor Beginn der Hauptverhandlung ist besonders in solchen Fällen geboten, in denen sich
ihr Sinn nicht von vornherein dem nicht informierten Zuhörer erschließt. Ver-
ständnisfragen oder ungehaltene Reaktionen des Gerichts auf Ausführungen, deren Bedeutung nicht auf den ersten Blick ersichtlich ist, können in der Hauptverhandlung eine Verunsicherung des Angeklagten bewirken und ihn besonders bei
der Darstellung komplizierter Sachverhalte vollends aus dem Konzept bringen.
Weiß das Gericht jedoch bereits, worauf es dem Angeklagten ankommt und was
er sagen will, gestaltet sich seine Vernehmung erfahrungsgemäß wesentlich unpro-
blematischer.

132 Die Darstellung der beabsichtigten Einlassung kann der Verteidiger mit einer
Würdigung der ihr nach dem Ergebnis der Ermittlungen entgegenstehenden Beweise verbinden. Bei einem Geständnis kann er schon jetzt auf wesentliche Strafzumessungsargumente hinweisen.

3. Darlegung der wesentlichen Verteidigungsargumente

133 Unabhängig von der Frage, ob sich der Angeklagte zur Sache äußert oder nicht,
kann sich die Verteidigungsschrift rechtlich und/oder tatsächlich mit dem Anklagevorwurf auseinandersetzen und insbesondere das geplante Verteidigungskonzept in der Form darlegen, daß das Gericht erkennt, wo in der Hauptverhandlung

die Schwerpunkte aus der Sicht der Verteidigung zu setzen sind. Der hiergegen in der Literatur gemachte Vorbehalt, der Verteidiger dürfe vor der Hauptverhandlung nicht »sein ganzes Pulver verschießen« und den Überraschungseffekt seiner Argumente verschenken (vgl. *Dahs*, 1983, Rn. 355 ff. u. *Krekeler*, wistra 1985, 54 f.), ist in aller Regel unbegründet. Es zeugt von einer schwachen Verteidigungsposition, wenn die Überzeugungskraft ihrer Argumente darauf baut, daß Gericht oder Staatsanwaltschaft ihnen mangels Vorbereitung nichts entgegenzusetzen hätten (vgl. *Hamm* StV 1982, 491). Im Gegenteil muß vor solchen Verteidigungsargumenten geradezu gewarnt werden, von denen der Verteidiger selbst nicht überzeugt ist. Denn die psychologischen Auswirkungen der begründeten Widerlegung eines schwachen Verteidigungsarguments können zu einer generalisierenden Abwertung des Verteidigungsvorbringens insgesamt führen.

Der Wert der Verteidigungsschrift liegt demgegenüber darin, zu einem Zeitpunkt, **134** zu dem es erfahrungsgemäß noch nicht zu einer völligen Festlegung des Richters gekommen ist, der Sicht der Ermittlungsbehörden, wie sie sich aus den Ermittlungsakten ergibt, den Standpunkt der Verteidigung entgegenzusetzen. So kann der Verteidiger zur Vermeidung von dem Angeklagten nachteiligen Vorurteilen beitragen. Der Verteidiger kann nur dann auf das Verfahren Einfluß nehmen, wenn er von seinen Einflußmöglichkeiten auch Gebrauch macht. Behütet er seine Argumente sorgsam bis zur Hauptverhandlung oder – was insbesondere rechtliche Fragen betrifft – möglicherweise noch bis zum Plädoyer, ist die Meinungsbildung der anderen Verfahrensbeteiligten häufig schon längst abgeschlossen. Auch was die Hauptverhandlung angeht, liegt deshalb in der Vorverlagerung von Verteidigungsaktivitäten eine wesentliche Möglichkeit zur Stärkung ihrer Effektivität (zur Bedeutung richterlicher Vor-Entscheidungen und den Schwierigkeiten, Richter zu einer Standpunktänderung zu bewegen, vgl. *Schünemann*, 1985, S. 81).

4. Erörterung von Sach- und Rechtsfragen

Besonders bei komplizierten Rechts- und Sachverhaltsfragen ist es untunlich, sie **135** erstmalig in der Hauptverhandlung anzusprechen. Die oftmals unruhige oder gespannte Atmosphäre einer Hauptverhandlung eignet sich nicht, schwierige Gedankengänge zu entwickeln und bei den Ansprechpartnern die erforderliche Aufmerksamkeit und Aufnahmebereitschaft zu finden. Das gilt besonders für solche Themen, mit denen Gericht oder Staatsanwaltschaft nicht ständig befaßt sind. Medizinische, technische oder wirtschaftliche Sachverhalte, auf die es in der Hauptverhandlung ankommt, eignen sich deshalb besonders als Gegenstand eines vorbereitenden Schriftsatzes. Dasselbe gilt für schwierige rechtliche Fragen, insbesondere wenn sie aus dem engeren strafrechtlichen Bereich herausfallen oder sich mit Sachverhaltsproblemen überschneiden. Hier kann es sich empfehlen, dem Schriftsatz Fotokopien von Entscheidungen und Schrifttum beizufügen, anstelle nur auf Fundstellen hinzuweisen.

Ebenfalls sollte die kritische Auseinandersetzung mit einem schon bei den Akten **136** befindlichen Sachverständigengutachten nicht allein der Hauptverhandlung vorbehalten bleiben. Hat der Verteidiger Bedenken gegen die Vorgehensweise eines Sachverständigen, sollte er diese schon vor der Hauptverhandlung formulieren und insbesondere durch einschlägige Zitate aus dem jeweiligen Fachschrifttum belegen (s. o. Rn. 115). Erst dies ermöglicht es dem Gericht, eine Kontroverse zwischen Verteidiger und Sachverständigen in der Hauptverhandlung nachvollziehen und sich selbst darin einschalten zu können.

5. Verfahrensanträge

137 Die Verteidigungsschrift eignet sich schließlich dazu, die Hauptverhandlung vorbereitende Verfahrensanträge zu stellen (Einzelheiten bei *Schlothauer*, 1988, Rn. 123 ff.).

138 Die größte Bedeutung haben dabei diejenigen Anträge, durch die das Gericht veranlaßt werden soll, Beweismittel herbeizuschaffen, deren Ladung oder Herbeischaffung der Vorsitzende nicht von sich aus angeordnet hat (§ 214). Erfahrungsgemäß haben Beweisbegehren zu diesem Zeitpunkt größeren Erfolg als förmliche Beweisanträge in der Hauptverhandlung (*Hamm* StV 1982, 491). Das gilt insbesondere für Beweisanträge auf Einholung von Sachverständigengutachten. Wenn entsprechende Anträge nicht von erst in der Hauptverhandlung zu erwartenden Beweisergebnissen oder einem bestimmten Verfahrensablauf abhängig sind, sollten sie spätestens jetzt gestellt werden. Später führt die Notwendigkeit, die Hauptverhandlung möglicherweise zwecks Gutachtenerstattung unterbrechen zu müssen, häufig dazu, solchen Anträgen nur dann nachzugehen, wenn es absolut unvermeidbar ist. Die Gerichte sind in der Beurteilung dieser Frage *vor* der Hauptverhandlung demgegenüber wesentlich großzügiger. Beweisbegehren sollten in der Regel in Form von förmlichen Beweisanträgen gestellt werden. Nur dann hat der Verteidiger einen Anspruch darauf, daß ihm die hierauf ergehenden Verfügungen des Vorsitzenden bekannt gemacht werden (§ 219 Abs. 1). Dadurch erhält er noch rechtzeitig Gelegenheit, ggf. von der Möglichkeit der Selbstladung von Zeugen oder Sachverständigen (§ 220 Abs. 1) Gebrauch zu machen (dazu unten Rn. 161).

139 Weiterhin können schon in einem die Hauptverhandlung vorbereitenden Schriftsatz Befangenheitsanträge (§ 25 Abs. 1) und Zuständigkeit oder Besetzung des Gerichts betreffende Einwände (§§ 6a, 16, 222b Abs. 1 S. 4) vorgebracht werden. Dies ist in den Fällen sinnvoll, in denen dem Verteidiger an einer Vorabklärung dieser Fragen und daran gelegen ist, die Hauptverhandlung nicht schon zu Beginn mit prozessualen Problemen und sich daraus evtl. ergebenden Spannungen zu belasten. Aus dem gleichen Grunde können jetzt auch schon Anträge auf Aussetzung der Hauptverhandlung (beispielsweise gem. § 396 AO oder im Hinblick auf einen zu konkretisierenden Anklagesatz gem. §§ 200, 265), auf Überprüfung der Verhandlungsfähigkeit des Angeklagten, auf Verfahrenseinstellung wegen eines zwischenzeitlich eingetretenen Verfahrenshindernisses (Verjährung, Rücknahme des Strafantrages) oder auf Ausschluß der Öffentlichkeit während eines bestimmten Verfahrensabschnittes gestellt werden. Der Verteidiger muß dabei immer die Vor- und Nachteile abwägen, die eine Auslagerung der betreffenden Fragen aus der Hauptverhandlung für sein Verteidigungskonzept mit sich bringt. Bleibt seinen Anträgen der angestrebte Erfolg versagt, weil sie noch vor Beginn der Hauptverhandlung vom Vorsitzenden abgelehnt oder übergangen werden, muß der Verteidiger sie in der Hauptverhandlung erneut stellen.

140 Schließlich kann eine Verteidigungsschrift die Hauptverhandlung in organisatorischer Hinsicht vorbereitende Anträge zum Gegenstand haben, wie Anträge auf Terminverlegung, Pflichtverteidigerbeiordnung oder Beiordnung eines Dolmetschers (hierzu unten Rn. 152, 154 u. 159).

XI. Vorprozessuale Kontakte zwischen den Verfahrensbeteiligten

Nicht jeder Richter und nicht jeder Staatsanwalt ist bereit, mit der Verteidigung **141** vor der Hauptverhandlung Gespräche zu führen. Das gilt sowohl prinzipiell als auch für bestimmte Themen. Insbesondere Richter können sehr allergisch reagieren, wenn sie den Eindruck haben, der Verteidiger wolle sie über ihre »Zielvorstellungen« aushorchen oder sie schon vor Beginn der Hauptverhandlung auf ein bestimmtes Verfahrensergebnis festlegen. Es ist deshalb auf Seiten der Verteidigung viel Fingerspitzengefühl und ein hohes Maß an Einfühlungsvermögen in die Person des jeweiligen Gesprächspartners erforderlich, um zu erkennen, wie weit man gehen kann, ohne für den Mandanten negative Reaktionen zu provozieren.

1. Absprachen über Verfahrensablauf, Verfahrenseinstellung und Verfahrensbeschränkung

Am unproblematischsten sind noch die vergleichsweise unverfänglichen Gesprä- **142** che über den technischen und organisatorischen Ablauf der Hauptverhandlung, obwohl auch hier mannigfaltige Berührungspunkte mit den Verfahrensinhalten bestehen. Der Verteidiger muß darauf gefaßt sein, daß solche Gespräche auch von der Gegenseite benutzt werden können, um etwas über die Verteidigungsstrategie zu erfahren. Der Verteidiger muß sich deshalb vor einem Gesprächskontakt klar werden, ob er »mit offenen Karten spielen« will und für die Hauptverhandlung beabsichtigte Beweis- und sonstige Verfahrensanträge schon jetzt preisgibt.

Läßt der Anklagevorwurf nach Einschätzung der Verteidigung in der Hauptver- **143** handlung eine Verfahrensbeschränkung gem. § 154a, eine Teileinstellung nach § 154 oder eine Einstellung nach §§ 153, 153a zu, empfiehlt es sich, über diese Fragen zunächst das Gespräch mit der Staatsanwaltschaft zu suchen. Die Staatsanwaltschaft muß an einer Verfahrenserledigung nach diesen Vorschriften ohnehin mitwirken und viele Richter wollen sich erst dann zu dem Thema äußern, wenn die Staatsanwaltschaft ihre Zustimmung zu einer Verfahrenseinstellung oder Verfahrensbeschränkung signalisiert hat.

Die Kontaktaufnahme mit der Staatsanwaltschaft vor der Hauptverhandlung ist in derartigen Fällen insbesondere dann geboten, wenn die Anklage in der Hauptverhandlung nicht von dem Sachbearbeiter vertreten wird und Komplikationen dadurch vermieden werden können, daß der zuständige Staatsanwalt in den Handakten vermerkt, ob und unter welchen Bedingungen eine Einstellung in Betracht kommt (hierzu *Schlothauer* StV 1982, 449).

Vorgespräche mit der Staatsanwaltschaft und dem Gericht über dieses Thema müssen nicht zu einem sofortigen einvernehmlichen Ergebnis führen. Gelegentlich wird eine Verfahrenserledigung ohne Urteil vom Verlauf der Hauptverhandlung abhängig gemacht. So kann eine Verfahrenseinstellung mit der Maßgabe seitens des Gerichts und der Staatsanwaltschaft in Aussicht gestellt werden, daß die Beweisaufnahme die Tat in einem weniger schwerwiegenden Licht erscheinen läßt oder die Auswirkungen der Tat nicht so gravierend sind, wie dies nach Aktenlage zunächst zu befürchten ist. Letzterer Gesichtspunkt kann für die Verteidigung Anlaß sein, noch rechtzeitig vor der Hauptverhandlung mit dem Mandanten über eine Schadenswiedergutmachung oder einen sonstigen Täter-Opfer-Ausgleich zu reden. Ebenso müssen für den Fall einer Verfahrenseinstellung nach § 153a die Möglichkeiten des Angeklagten zur Zahlung einer Geldbuße mit diesem besprochen werden.

2. Absprachen über konkrete Verfahrensergebnisse

144 Vorprozessuale Absprachen über bestimmte Urteilsergebnisse sind aus der Sicht der Verteidigung hoch problematisch (allgemein zum Diskussionsstand s. *Lüderssen* StV 1990, 415 u. *Niemöller* StV 1990, 34 m. ausführlichen Literatur- und Rechtsprechungsnachweisen sowie die Verhandlungen der Strafrechtlichen Abteilung des *58. Deutschen Juristentages* 1990 und die dort erstatteten Gutachten und Referate). Bedenken resultieren nicht so sehr aus den insbesondere von Richterseite vorgetragenen Argumenten, Wahrheit und Gerechtigkeit seien keine Tausch- oder Handelsobjekte und erst nach Erfüllung der richterlichen Aufklärungspflicht, also nach Durchführung der Beweisaufnahme, sei dem Gericht eine Beurteilung der Schuld und insbesondere des Schuldumfangs möglich. So sehr diese Argumente ihre theoretische Berechtigung haben, so relativieren sie sich doch angesichts einer Rechtswirklichkeit, in der – nicht nur nach Auffassung der Verteidigung – das Urteil vielfach ohnehin schon vor der Hauptverhandlung festzustehen scheint, in der die Suche nach materieller Wahrheit aus vielfältigen Gründen ein nie einlösbarer Anspruch ist und für das Verfahrensergebnis ganz andere Maßstäbe bestimmend sind als der einer wie auch immer zu definierenden Gerechtigkeit.

145 Die Bedenken der Verteidigung müssen in erster Linie aus Gründen formuliert werden, die jenseits des konkreten Verteidigungsmandats liegen, nämlich in den allgemeinen negativen Auswirkungen von inhaltlichen Verfahrensabsprachen auf das bestehende Verfahrensmodell der Strafprozeßordnung mit seinen – ohnehin nur (noch) schwach ausgeprägten – den Angeklagten »schützenden Formen«. »Vergleichsstrafrecht beruht auf der Ersetzung der Unschuldsvermutung durch die Verdachtsstrafe« (*13. Strafverteidigertag* 1989, StV 1989, 276). Es führt zu einem schleichenden Verfall elementarer prozessualer Handlungsmöglichkeiten der Verteidigung und der Grundsätze eines fairen Verfahrens. Zu befürchten ist: Je mehr sich die Praxis strafprozessualen Vergleichens durchsetzt, desto stärker wird der Druck auf diejenigen Angeklagten, die auf die Einhaltung der »traditionellen« Prinzipien des Strafverfahrensrechts bestehen, desto größer wird die Gefahr, ihr Prozeßverhalten bei Beweiswürdigung und Strafzumessung zu ihrem Nachteil zu verwerten und desto lauter wird der rechtspolitische Ruf nach Beseitigung »antiquierter« justizhemmender Prozeßrechte. Aber auch die verbreitete Behauptung, je reibungsloser das Verfahren durch Geständnis und Verzicht auf Wahrnehmung prozessualer Rechte durch den Angeklagten gestaltet werde, desto größeres Entgegenkommen könne er bei der Strafzumessung erwarten, ist problematisch. Sie wird nämlich nicht nur durch die Ergebnisse eines Simulationsexperiments in Zweifel gezogen, wonach bei kontradiktorisch durchgeführten Strafverfahren für den Angeklagten im Falle seiner Verurteilung günstigere Strafzumessungsentscheidungen zu erwarten sind als bei einer »vergleichsweisen« Verfahrenserledigung (*Schünemann*, 1990, B 39 f.). Vielmehr ist auch zu befürchten, daß es im Falle der allgemeinen Durchsetzung eines Vergleichsstrafrechts nur eine Frage der Zeit ist, bis durch eine allgemeine Anhebung des Strafmaßniveaus wieder die gleichen Strafen wie früher verhängt werden (zu den sich bereits jetzt abzeichnenden Strafmaßstrategien der Strafverfolgungsbehörden s. Ergebnisse des *13. Strafverteidigertages* 1989, StV 1989, 276).

146 Auch wenn unter diesen prinzipiellen Gesichtspunkten der strafrechtlichen Vergleichspraxis seitens der Verteidiger eine Absage erteilt werden müßte, stellt sich gleichwohl das Problem, daß der Verteidiger ja nicht nur idealer Sachwalter allgemeiner Angeklageninteressen ist, sondern in erster Linie Beistand seines Mandanten im konkreten Verfahren. Der Mandant kann aber aus seiner Sicht aus vielerlei Gründen ein Interesse an einem komplikationslosen Verfahren mit der Gewähr eines bestimmten, für ihn (noch) akzeptablen Verfahrensergebnisses haben. Der Verteidiger ist verpflichtet, eine derartige Interessenlage seines Mandanten zu respektieren. Wird er deshalb von Seiten des Gerichts oder der Staatsanwaltschaft auf die Möglichkeit einer vergleichsweisen Verfahrenserledigung angesprochen, muß er dies unter Beachtung der gebotenen Sorgfalt mit dem Mandanten besprechen. Darüber hinaus muß er auch von sich aus initiativ werden, wenn sich die Möglichkeit einer für den Mandanten günstigen Verfahrensbeendigung auf diesem Weg eröffnet und der Mandant diesen Weg beschreiten will.

Die Hoffnung auf Vorteile eines strafprozessualen Vergleichs und die Versuchung, auf ein verbindliches Strafmaßangebot einzugehen, werden bestehen bleiben, solange eine nur partiell domestizierbare freie tatrichterliche Beweiswürdigung, eine kompensatorische Strafzumessungspraxis infolge immer konturloser werdender Straftatbestände und immer weitere Strafrahmen dem Tatrichter Urteilsspielräume eröffnen, die der Verteidigung kaum noch die Möglichkeit lassen, gegenüber dem Mandanten auch nur halbwegs verläßliche Prognosen über den Verfahrensausgang und ein mögliches Strafmaß aufzustellen.

Ob ein Verfahren überhaupt Vergleichsmöglichkeiten eröffnet, hängt von subjek- **147** tiven und objektiven Faktoren des Falles ab. Auf seiten des Gerichts und der Staatsanwaltschaft entspringt die Bereitschaft zu einverständlichen Verfahrenserledigungen allgemeinen Wertvorstellungen und fallbezogenen Gesichtspunkten. Im Vordergrund der Erwägungen stehen Ergebnis- und Gerechtigkeitsüberlegungen, also die Frage, wozu man ein langes Verfahren durchführen müsse, wenn man auch durch informelle Absprachen zu einem »vernünftigen« Ergebnis kommen könne, Aspekte des Opferschutzes (Vermeiden von Zeugenvernehmungen, Schadenswiedergutmachung) und arbeitsökonomische Gründe (Dauer und Schwierigkeit des Verfahrens) (vgl. R. *Hassemer/Hippler* StV 1986, 360). Auf der Seite des Verteidigers muß nach gewissenhafter Einschätzung der Beweislage die Gewißheit bestehen, daß ein Freispruch nicht erreicht werden kann. Allerdings darf der »strafprozessuale Vergleich« nicht als Allheilmittel für alle nicht zum Freispruch führende Verfahren angesehen werden (*Widmaier* StV 1986, 357). Der Verteidiger muß entweder schon im Ermittlungsverfahren oder spätestens vor der Hauptverhandlung, beispielsweise durch eine Verteidigungsschrift, Positionen bezogen haben, die dem Gericht seine (inhaltlich begründbare) Kampfbereitschaft und Kampffähigkeit signalisieren. Nur aus der Position der Stärke heraus können Verhandlungen dieser Art zu akzeptablen Ergebnissen für den Angeklagten führen.

Bei den Gesprächen, in denen das Verfahrensergebnis ausgehandelt werden soll **148** (hierzu *Deal* StV 1982, 545; *Widmaier* StV 1986, 357; *Rückel* NStZ 1987, 297; *Dahs* NStZ 1988, 153), muß der Verteidiger in Rechnung stellen, daß sie auch scheitern können. Er darf sich deshalb bei der Preisgabe von Mandanteninformationen nicht zu weit vorwagen, sondern immer nur mit Erklärungen aus der Sicht der Verteidigung argumentieren. Leistungen, die seitens des Angeklagten als »Verhandlungsmasse« in die Vergleichsgespräche eingebracht werden können, bestehen im Ablegen eines Geständnisses, in einer Schadenswiedergutmachung und der Abkürzung des Verfahrens durch Verzicht auf Beweiserhebungen und Rechtsmittelverzicht. Der Verteidiger muß als Gegenleistung auf einer verbindlichen Strafmaßzusage – notfalls in Form eines bestimmten Strafrahmens – seitens des Gerichts bestehen. Anderenfalls wird er seinem Mandanten ernsthaft nicht empfehlen können, einer vergleichsweisen Verfahrensbeendigung zuzustimmen. Die Gespräche sollten deshalb sowohl mit dem Gericht (und zwar nach Möglichkeit mit allen Berufsrichtern) als auch mit der Staatsanwaltschaft geführt werden (die Nichtbeteiligung einzelner Verfahrensbeteiligter an derartigen Gesprächen kann zur Unzulässigkeit des ausgehandelten Ergebnisses oder zu Befangenheitsanträgen führen: *BGH* StV 1992, 50 u. *BGH* StV 1991, 194 m. Anm. *Weider* StV 1991, 241). Der Verteidiger muß die Gewißheit haben, daß einmal getroffene Abreden auch eingehalten werden. Ist ein Gericht in dieser Beziehung als unzuverlässig bekannt, kommen Gespräche aus Verteidigersicht nicht in Betracht. Umgekehrt wird auch von dem Verteidiger »Fairneß« seitens des Gerichts bzw. der Staatsanwaltschaft erwartet. So geht es beispielsweise nicht an, daß der Verteidiger bei gescheiterten Verhandlungen die Tatsache der geführten Gespräche in der späteren Hauptverhandlung als Argument einsetzt, um damit die »Schwäche« der Anklageposition zu dokumentieren. Es werden deshalb nur solche Verteidiger die Möglichkeit für informelle Verfahrensabsprachen erhalten, die aus der Sicht von Gericht und Staatsanwaltschaft in dieser Beziehung als vertrauenswürdig gelten (vgl. *Dielmann*, GA 1981, 570 f.).

149 Der Verteidiger muß schließlich das Resultat der Verhandlungen ausführlich mit seinem Mandanten besprechen und das Einverständnis des Mandanten zu der Verfahrensvereinbarung einholen. Dabei sollten wegen der notwendigen Diskretion derartiger Gespräche nur deren Ergebnisse mitgeteilt werden. Der Verteidiger wird dem Mandanten noch einmal die Verfahrenschancen und seine Bewertung des erzielten Verhandlungsergebnisses im Verhältnis zu vergleichbaren Fällen darlegen. Die Entscheidung muß aber unter allen Umständen bei dem Mandanten bleiben, und der Verteidiger darf ihn nicht zu einer bestimmten Entscheidung drängen. Insbesondere muß ein falsches, nur auf taktischen Überlegungen beruhendes Geständnis verhindert werden. Für den Verteidiger kann sich daraus ein Dilemma ergeben, daß der Angeklagte ihm gegenüber so tut, als gebe er nur unter dem Zwang der Verhältnisse zu Unrecht etwas zu, um so gegenüber dem Verteidiger das Gesicht wahren zu können, dem gegenüber er bislang seine Unschuld oder eine geringere Schuld beteuert hat. Der Verteidiger muß in einer solchen Situation auf klaren Verhältnissen bestehen. Ansonsten kann er später mit dem Vorwurf konfrontiert werden, er habe ein falsches Geständnis toleriert oder gar dazu geraten. Verlauf und Ergebnisse seiner Gespräche mit dem Mandanten sollte er deshalb in Form eines Aktenvermerks oder eines Schriftwechsels dokumentieren. Stimmt der Mandant dem Vergleich zu, muß sich der Verteidiger der Tatsache bewußt sein, daß er gegenüber dem Gericht die Verantwortung dafür übernimmt, daß sich sein Mandant auch an die Absprache hält (z. B. tatsächlich auf Rechtsmittel verzichtet). Deshalb muß der Verteidiger sicherstellen, daß der Mandant inhaltlich von der abgesprochenen Vorgehensweise vollkommen überzeugt ist.

150 Kommt ein Vergleich nicht zustande, muß der Verteidiger auf der Linie des ursprünglichen Verteidigungskonzepts konsequent und kompromißlos in der Hauptverhandlung die Verteidigung führen. Dies wird ihm dann leichter fallen, wenn er die gescheiterten Verhandlungen aus einer Position heraus geführt hat, die mehr auf dem aus den Akten ersichtlichen, in der Hauptverhandlung zu erwartenden Beweisergebnis als auf Informationen des Mandanten zum tatsächlichen Sachverhalt beruhte.

**XII. Organisatorische und praktische Fragen der Hauptverhandlungs-
vorbereitung**

1. Terminierung der Hauptverhandlung

Der Verteidiger sollte sich rechtzeitig mit dem Gericht in Verbindung setzen, um **151**
die Terminierung der Hauptverhandlung abzusprechen. Dabei geht es einmal um
die Berücksichtigung der Terminwünsche des Mandanten, der an einem möglichst
frühzeitigen Hauptverhandlungstermin (insbesondere bei Untersuchungshaft)
oder daran interessiert sein kann, daß auf berufliche oder private Terminverpflich-
tungen Rücksicht genommen wird. Aber auch der Verteidiger muß an einer Ter-
minabsprache mit dem Gericht interessiert sein, um Kollisionen mit anderweitigen
Terminen zu vermeiden (vgl. hierzu *Dahs*, 1983, Rn. 370). Es empfiehlt sich deshalb, schon bei Zustellung der Anklageschrift das Gericht schriftlich, mündlich
oder telefonisch darum zu bitten, daß im Falle der Eröffnung der Hauptverhandlung der Hauptverhandlungstermin nur nach Rücksprache mit dem Verteidiger
festgesetzt werden möge. Der Verteidiger sollte auch später noch einmal den Vorsitzenden telefonisch oder mündlich von sich aus ansprechen, um den Hauptverhandlungstermin abzustimmen.

Die Möglichkeiten, mit Rechtsbehelfen gegen eine aus Verteidigersicht ungün- **152**
stige Terminierung erfolgreich vorzugehen, sind nämlich äußerst begrenzt. Ob die
Terminbestimmung des Vorsitzenden überhaupt mit der Beschwerde (§ 304
Abs. 1) anfechtbar ist, ist bereits umstritten (vgl. *OLG Karlsruhe*, StV 1982, 560
m. Anm. *Moos*, *OLG Karlsruhe* StV 1991, 509 u. *OLG Celle* NStZ 1984, 282
einerseits; *LG Hamburg* StV 1988, 195 u. 1989, 340, *LG Oldenburg* StV 1990, 299
andererseits). Soweit die Zulässigkeit dieses Rechtsmittels bejaht wird, beschränkt sich die Prüfung auf Ermessensfehler (vgl. *OLG Hamm* MDR 1975, 245;
KK-Treier § 213 Rn. 1 u. 6). Eine Verhinderung des Verteidigers allein gibt nämlich dem Angeklagten gem. § 228 Abs. 2 nicht das Recht, die Aussetzung der
Hauptverhandlung zu verlangen. Ein Ermessensfehler wird beispielsweise erst
dann angenommen, wenn der Vorsitzende einen leicht realisierbaren Antrag auf
Terminverlegung um wenige Tage unberücksichtigt läßt und dadurch das Recht
des Angeklagten, sich des Verteidigers seines Vertrauens zu bedienen, unnötig
beeinträchtigt wird (vgl. *OLG Oldenburg* StV 1991, 152; *Kleinknecht/Meyer*,
38. Aufl. § 213 Rn. 7; zu den formellen Anträgen auf Aussetzung der Hauptverhandlung oder Terminverschiebung s. *Schlothauer*, 1988, Rn. 184 ff.; *Tondorf*,
Formularbuch, 1988, S. 201 ff.).

Auch in Fällen notwendiger Verteidigung kann es passieren, daß bei Verhinde- **153**
rung des bisherigen Wahl- oder Pflichtverteidigers unter Berufung auf § 145 Abs. 1
ein (anderer) Pflichtverteidiger noch kurz vor der Hauptverhandlung bestellt
wird. Daß bei einer solchen Verfahrensweise bei fehlendem Vertrauensverhältnis
zwischen Angeklagtem und einem aufgedrängten Verteidiger und bei nicht ausreichender Vorbereitungsmöglichkeit durch den neuen Verteidiger keine effektive
Verteidigung gewährleistet sein kann (zum Anspruch auf eine »konkrete und
wirkliche Verteidigung« vgl. *EGMR* StV 1985, 441), wird von vielen Gerichten
immer noch ignoriert (s. aber *BGH* StV 1992, 53 u. *OLG Celle* StV 1988, 100).
Solange seitens der obergerichtlichen Rechtsprechung in der Weigerung, einen
Termin zu verlegen, noch keine unzulässige Beschränkung der Verteidigung gesehen wird (vgl. insoweit aber *BayObLG* StV 1984, 13, *OLG Celle* StV 1984, 503 u.
BGH StV 1992, 53), bleibt nur die Möglichkeit, alle informellen Mittel auszu-

schöpfen, um Terminkollisionen von vornherein zu vermeiden oder einvernehmlich mit dem Vorsitzenden zu lösen.

2. Pflichtverteidigerbestellung

154 Beabsichtigt der bisher als Wahlverteidiger tätige Anwalt, sich für die Hauptverhandlung als Pflichtverteidiger beiordnen zu lassen, sollte in der Regel der schriftliche Antrag schon vor Beginn der Hauptverhandlung gestellt werden. Gerade in den Fällen, in denen die notwendige Verteidigung mit der Schwierigkeit der Sach- oder Rechtslage oder der Schwere der Tat (§ 140 Abs. 2) begründet werden soll, sollte das Gericht nicht erst in der Hauptverhandlung mit der Notwendigkeit konfrontiert werden, die entsprechenden Voraussetzungen zu prüfen. Vielmehr empfiehlt es sich dann, schon vor der Hauptverhandlung unter Hinweis auf die umfangreiche Kasuistik, möglichst unter Berücksichtigung der örtlichen Rechtsprechung, die Besonderheiten des jeweiligen Falles herauszustellen, die eine Pflichtverteidigerbestellung erforderlich machen (vgl. die vollständig seit 1980 dokumentierte Rechtsprechung in *StrVerfR* § 140 Rn. 1–9 sowie AK-StPO-*Stern* § 140 Rn. 24 ff.).

155 Die vor Beginn der Hauptverhandlung herbeigeführte Entscheidung des Gerichts über die Voraussetzungen einer notwendigen Verteidigung eröffnet dem Verteidiger nach h. M. auch noch die Möglichkeit, Beschwerde (§ 304 Abs. 1) gegen einen die Pflichtverteidigerbestellung ablehnenden Beschluß einzulegen, was für entsprechende Entscheidungen *in* der Hauptverhandlung umstritten ist (vgl. zum Meinungsstand die Rechtsprechungsnachweise in *StrVerfR* § 141 Rn. 8 sowie AK-StPO-*Stern* vor § 140 Rn. 59 ff.). Auch wenn der Vorsitzende trotz eines Antrags auf Pflichtverteidigerbeiordnung untätig bleibt, besteht vor der Hauptverhandlung noch die Möglichkeit, durch eine Beschwerde eine Entscheidung über den Antrag herbeizuführen.

156 Daß sich in den Fällen, in denen der bisherige Wahlverteidiger seine Beiordnung zum Pflichtverteidiger betreibt, das Auswahlermessen des Vorsitzenden (§ 142 Abs. 1) auf jenen reduziert, ist zumindest seit dem Strafverfahrensänderungsgesetz 1987 herrschende Praxis. Hiervon abweichende Entscheidungen, die ohne sachlichen Grund das Vertrauensverhältnis zwischen Mandant und bisherigem Verteidiger unberücksichtigt lassen, begründen ggf. die Besorgnis der Befangenheit (*AG Offenbach* StV 1986, 14; *BGH* StV 1988, 417 = NStZ 1988, 510; *BGH* StV 1990, 241).

Probleme bereitet die Beiordnung des bisherigen Wahlverteidigers in den Fällen, in denen dieser nicht in dem Bezirk des Gerichts zugelassen ist, vor dem die Hauptverhandlung stattfinden soll. Insbesondere aus Kostengründen und Gesichtspunkten eines reibungslosen Verfahrensablaufs wollen viele Vorsitzende nur solche Rechtsanwälte beiordnen, die in ihrem Gerichtsbezirk zugelassen sind. Der Gesetzestext weist allerdings bereits darauf hin, daß diesem Gesichtspunkt bei der Pflichtverteidigerauswahl nur »möglichst« Rechnung zu tragen ist (§ 142 Abs. 1 S. 1) und der Gesichtspunkt der Gerichtsnähe zurückzutreten hat, wenn die dafür maßgeblichen Gründe entfallen oder ihnen höherwertige Interessen gegenüberstehen. Letzteres ist beispielsweise der Fall, wenn der Verteidiger seine Kanzlei in der Nähe des Wohnorts des Angeklagten oder in der Nähe der JVA hat, in der der Angeklagte bis zum Hauptverhandlungstermin einsitzt (vgl. *SchlHOLG* StV 1987, 478; *OLG München* StV 1984, 67; *LG Bielefeld* StV 1987, 193; *OLG Hamm* StV 1990, 395). Ein maßgeblicher Grund, von dem Gesichtspunkt der Beiordnung eines gerichtsnahen Rechtsanwalts abzusehen, kann insbesondere darin liegen, daß zwischen dem Angeklagten und seinem bisherigen Wahlverteidiger ein besonderes Vertrauensverhältnis besteht, es sich um einen schwerwiegenden Vorwurf handelt oder der auswärtige Verteidiger über Spezialkenntnisse in der einschlägigen Materie verfügt. In diesen Fällen ist eine Abwägung der verschiedenen Interessen vorzunehmen. Je intensiver das Vertrauensverhältnis zwischen dem Beschuldigten und dem auswärtigen Rechtsanwalt ist und je schwerwiegender der gegen den Angeklagten erhobene Tatvorwurf ist, desto stärker haben insbesondere Kostengesichtspunkte zurückzutreten. Der Verteidiger muß deshalb substantiiert die Gründe für das bestehende Vertrauensverhältnis darlegen. Je nachdem können demgegenüber auch Entfernungen von mehr als 100 km zwischen dem Sitz des Gerichts und dem Kanzleiort des Verteidigers nur noch von nachgeordneter Bedeutung sein (vgl. zum Meinungsstand in Rspr. u. Lit. *StrVerfR* § 142 Rn. 4; LR-*Lüderssen* § 142 Rn. 5 ff.; AK-StPO-*Stern* § 142 Rn. 7 ff.; *Schlothauer* StV 1981, 443).

Die Herbeiführung einer Pflichtverteidigerbestellung vor Beginn der Hauptver-   **157** handlung kann schließlich auch aus Gebührengründen geboten sein. Nach einer umstrittenen, aber von einigen Oberlandesgerichten vertretenen Auffassung werden dem auswärtigen Verteidiger gem. § 97 BRAGO nur die Reisekosten erstattet, die *nach* der Pflichtverteidigerbestellung entstanden sind (vgl. *OLG Celle* NdsRpfl 1986, 19; weitere Nachweise bei Gerold/Schmidt-*Madert*, § 97 Rn. 20), was für die Anreisekosten zur Hauptverhandlung von Bedeutung ist. War der Verteidiger im Vorverfahren noch nicht als Wahlverteidiger tätig, sind nach Auffassung einiger Oberlandesgerichte auch die Fotokopiekosten nur dann erstattbar, wenn der Verteidiger zum Zeitpunkt ihrer Entstehung bereits zum Pflichtverteidiger bestellt war. Der Verteidiger sollte deshalb sicherheitshalber zumindest (fern-)mündlich mit dem Vorsitzenden Einverständnis über die Pflichtverteidigerbestellung herbeigeführt haben, bevor er die für seinen Aktenauszug erforderlichen Fotokopien herstellt (vgl. *OLG Celle* NdsRpfl 1986, 18).

3. Die Verteidigung von der deutschen Sprache nicht mächtigen Angeklagten

Besondere Probleme wirft die Verteidigung ausländischer Angeklagter auf, die die   **158** deutsche Sprache nicht oder nur ungenügend beherrschen. Abgesehen von den inhaltlichen Schwierigkeiten der Verteidigungsvorbereitung, die daraus resultieren können, daß die Anschauungen und Vorstellungen häufig ganz unterschiedlicher Kulturkreise und Rechtssysteme aufeinandertreffen, bereitet schon die sprachliche Verständigung mit dem Mandanten, mit Familienangehörigen und ggf. ausländischen Zeugen Probleme.

Im Gegensatz zur gerichtlichen Verhandlung, in der der ausländische Angeklagte –   **159** auch im Falle seiner Verurteilung – einen Anspruch auf unentgeltliche Beiziehung eines Dolmetschers hat (vgl. *EGMR* StV 1984, 273; *OLG Düsseldorf*, MDR 1981, 74), wird die Frage der Kostentragung für Dolmetschertätigkeit im Rahmen von Gesprächen zwischen Verteidiger und Mandant unterschiedlich beantwortet. Dolmetscherkosten, die für die Übersetzung von Gesprächen zwischen einem Pflichtverteidiger und seinem Mandanten anfallen, werden immer – auch im Falle der Verurteilung des Angeklagten – endgültig aus der Staatskasse erstattet (vgl. *OLG München* StV 1982, 363; *LG München* AnwBl 1982, 495). Der Pflichtverteidiger sollte allerdings vorsichtshalber die Notwendigkeit der Hinzuziehung eines Dolmetschers zunächst gem. §§ 126 Abs. 2, 97 Abs. 2 BRAGO gerichtlich feststellen lassen.

Schlothauer

Handelt es sich um Dolmetschertätigkeit für Gespräche zwischen einem Wahlverteidiger und seinem ausländischen Mandanten, ist die Behandlung dieser Kosten durch die Gerichte uneinheitlich. Es wird hier sowohl die Auffassung vertreten, daß entsprechende Kosten nur dann erstattungsfähig seien, wenn die notwendigen Auslagen der Staatskasse auferlegt würden (vgl. *OLG Frankfurt/M.* NJW 1981, 533; *OLG Düsseldorf* StV 1986, 491 = MDR 1986, 343), wie auch die, daß in jedem Falle der Dolmetscher aus der Staatskasse zu entschädigen sei (vgl. *LG Düsseldorf* StV 1984, 12). Eine Mittelmeinung geht dahin, daß eine Erstattungsfähigkeit der Dolmetscherkosten auch bei Wahlverteidigung zumindest dann bestehe, wenn der Angeklagte nicht auch zusätzlich zu den Wahlverteidigergebühren die Kosten eines Dolmetschers aufbringen könne (vgl. *AG Bremen* StV 1984, 113) oder der Wahlverteidiger beim Gericht einen Antrag auf Beiordnung eines Dolmetschers gestellt habe, der dann als beauftragter Dolmetscher aus der Staatskasse zu entschädigen sei (*OLG Stuttgart* StV 1986, 491; *LG Bremen* StV 1987, 193; *KG* StV 1990, 171). Andere Gerichte (vgl. *LG Hamburg* StV 1990, 16) gewähren dem Wahlverteidiger einen direkten Kostenerstattungsanspruch für aufgewendete Dolmetscherkosten. Weiterhin ist strittig, ob ein Beiordnungsanspruch oder ein Kostenerstattungsanspruch nur beim Vorliegen der Voraussetzungen einer notwendigen Verteidigung besteht (so *OLG Düsseldorf*, NJW 1989, 677; *LG Hamburg* StV 1990, 16; offen gelassen von *KG* StV 1990, 172; für generellen Beiordnungsanspruch *OLG Frankfurt/M.* StV 1991, 457). Diese Kontroverse ist allerdings dann folgenlos, wenn man der Auffassung folgt, daß unabhängig von der Schwere des strafrechtlichen Vorwurfs immer dann die Voraussetzungen einer notwendigen Verteidigung vorliegen, wenn der Angeklagte der deutschen Sprache nicht mächtig ist, so daß Dolmetscherkosten grundsätzlich immer zu erstatten sind (zutreffend *OLG Zweibrücken* StV 1988, 379). Schließlich wird in der Rechtsprechung auch noch die Auffassung vertreten, daß der Wahlverteidiger zunächst seine Bestellung zum Pflichtverteidiger beantragen müsse, wenn deren Voraussetzungen vorlägen, und ihm dann auf Kosten der Staatskasse ein Dolmetscher beigeordnet werden könne (*KG* StV 1985, 184).

160 Ist für die sachgerechte Wahrnehmung der Interessen des Angeklagten die Befragung von der deutschen Sprache nicht mächtigen Zeugen erforderlich, hat ein Pflichtverteidiger Anspruch auf Erstattung der Kosten eines Dolmetschers (*OLG Düsseldorf* StV 1986, 492).

4. Selbstladung von Zeugen und Sachverständigen

161 Will der Verteidiger in der Hauptverhandlung Zeugen oder Sachverständige als präsente Beweismittel i. S. d. § 245 Abs. 2 vernehmen lassen, beispielsweise weil das Gericht es abgelehnt hat, sie auf entsprechenden Antrag des Verteidigers selbst zu laden (§ 219) oder weil der Verteidiger einen Überraschungseffekt in der Hauptverhandlung erzielen will, muß er rechtzeitig die Ladung gem. §§ 220 Abs. 1 u. 2, 38 veranlassen. Das an den Zeugen bzw. Sachverständigen gerichtete Ladungsschreiben (hierzu *Schlothauer*, 1988, Rn. 219) muß diesem nämlich durch einen (in der Regel dem für den Wohnort des Zeugen oder Sachverständigen zuständigen) Gerichtsvollzieher zugestellt werden. Der Verteidiger muß auch noch bis zur Hauptverhandlung die Ladungsbestätigung von dem Gerichtsvollzieher zurückerhalten haben, um die förmliche Ladung in der Hauptverhandlung nachweisen zu können. In allen Fällen kann dieses Verfahren – wenn Zeugen oder Sachverständige ohnehin bereit sind, zur Hauptverhandlung zu erscheinen – dadurch abgekürzt werden, daß der für den Gerichtsort zuständige Gerichtsvollzieher gebeten wird, dem Zeugen oder Sachverständigen am Hauptverhandlungstag vor dem Sitzungssaal die Ladung zuzustellen.

Eine wirksame Selbstladung i. S. d. §§ 245 Abs. 2, 220 Abs. 2, 38 liegt nur vor, **162** wenn in ihr auch die Zeugen- oder Sachverständigenentschädigung geregelt ist. Bei zum Erscheinen bereiten Zeugen oder Sachverständigen reicht der Hinweis auf der Ladung aus, daß sie auf Entschädigung verzichtet haben oder daß der Angeklagte sie zu zahlen bereit ist. Ansonsten sind Zeugen oder Sachverständige zum Erscheinen nur verpflichtet, wenn ihnen die gesetzliche Entschädigung für Versäumnis und Reisekosten bar vom Gerichtsvollzieher dargeboten oder auf der Ladung ihre Hinterlegung bei der Geschäftsstelle nachgewiesen wird (§ 220 Abs. 2). Dies verkompliziert diesen Ladungsweg nicht nur deshalb, weil der Verteidiger zunächst nach dem ZuSEG die entsprechenden Berechnungen vornehmen muß, sondern er sich auf dem Ladungsformular noch den Hinterlegungsnachweis beschaffen muß, bevor er es an den Gerichtsvollzieher absendet.

5. Überprüfung der Zuständigkeit und Besetzung des Gerichts und Vorbereitung eines Zuständigkeits- und Besetzungseinwandes

In erstinstanzlichen Verhandlungen vor dem Landgericht (die nachfolgenden Aus- **163** führungen gelten entsprechend für Hauptverhandlungen, die im ersten Rechtszug vor dem OLG stattfinden) hat der Vorsitzende die Möglichkeit (§ 222a Abs. 1 S. 2), die Gerichtsbesetzung und zwar mindestens eine Woche vor Beginn der Hauptverhandlung, wenn er Unterbrechungsanträge vermeiden will (§ 222a Abs. 2), dem Verteidiger mitzuteilen, damit er die ordnungsgemäße Besetzung der Richterbank überprüfen und bei vorschriftswidriger Besetzung spätestens in der Hauptverhandlung und zwar bis zu Beginn der Vernehmung des ersten Angeklagten zur Sache einen Besetzungseinwand erheben kann (§ 222b Abs. 1). Ebenso sind Einwendungen bezüglich der Zuständigkeit besonderer Strafkammern (§ 6a) bzw. der örtlichen Zuständigkeit des Gerichts (§ 16) in der Hauptverhandlung spätestens bis zum Beginn der Vernehmung des Angeklagten zur Sache (§ 243 Abs. 4 S. 2) geltend zu machen. Nachdem der Gesetzgeber mit der Einführung der §§ 222a und b dem Verteidiger die Kontrolle darüber übertragen hat, ob der Angeklagte auch vor seinem gesetzlichen Richter steht (Art. 101 Abs. 1 S. 2 GG) und spätere Einwände hiergegen nach § 338 Nr. 1 präkludiert sind, besteht eine Verpflichtung zur Überprüfung der Gerichtsbesetzung nach einer Besetzungsmitteilung es sei denn, der Angeklagte verzichte ausdrücklich darauf, wie er natürlich ebenso darauf verzichten kann, einen gefundenen Fehler zu rügen, wenn er mit dem unzuständigen oder dem vorschriftswidrig besetzten Gericht einverstanden ist.

Die für die Zuständigkeits- und Besetzungsüberprüfung notwendigen Feststellun- **164** gen ergeben sich aus verschiedenen Unterlagen, die in aller Regel an unterschiedlichen Stellen geführt werden. Die Zuständigkeit des Spruchkörpers, seine vorschriftsgemäße Errichtung (z. B. Hilfsstrafkammer), seine ordnungsgemäße berufsrichterliche Besetzung und seine ordentlichen Sitzungstage sowie die Bestimmung von Ergänzungsrichtern sind dem (vom Präsidium des Gerichts) beschlossenen Geschäftsverteilungsplan einschließlich der im Laufe des Geschäftsjahres getroffenen Änderungen und den Protokollen der Präsidiumssitzungen zu entnehmen. Diese Unterlagen können bei der Geschäftsstelle der Präsidialabteilung eingesehen werden. Die spruchkörperinterne Geschäftsverteilung in Fällen sog.

Überbesetzung des Spruchkörpers mit Berufsrichtern muß bei dem jeweiligen Vorsitzenden erfragt werden (vgl. § 21 g GVG). Die vorübergehende Verhinderung eines Berufsrichters hat der Spruchkörpervorsitzende bzw. der Gerichtspräsident festzustellen, je nachdem, ob sie sich auch auf andere Spruchkörper auswirkt, tatsächlicher Art ist oder auf Rechtsprechungsaufgaben des Spruchkörpers beruht.

Im Hinblick auf die Verteilung der für die Strafkammer erforderlichen Hauptschöffen auf die zum Landgerichtsbezirk gehörenden Amtsgerichtsbezirke (§ 77 Abs. 2 S. 1 GVG) befinden sich die Schöffenwahlvorgänge bei den jeweiligen Amtsgerichten. Dort können insbesondere die Unterlagen über das Verfahren bei der Aufstellung der Vorschlagsliste durch die Gemeinde und die Besetzung des Schöffenwahlausschusses sowie die Schöffenwahlprotokolle eingesehen werden. Dasselbe gilt für die Hilfsschöffenunterlagen, die bei dem Amtsgericht einzusehen sind, in dessen Bezirk das LG seinen Sitz hat (§ 77 Abs. 2 S. 2 GVG).

Die Vorgänge, die die Auslosung der Reihenfolge der Teilnahme der Hauptschöffen an den einzelnen ordentlichen Sitzungstagen der Strafkammern, der Reihenfolge der Hilfsschöffenliste, sowie die Schöffenauslosung für nachträglich gebildete ordentliche Spruchkörper betreffen, befinden sich wiederum in der Regel bei der Geschäftsstelle der Präsidialabteilung des LG, weil es sich hier um Aufgaben des Landgerichtspräsidenten handelt (§ 77 Abs. 3 S. 1 GVG). Die Schöffenlisten selbst werden bei der Schöffengeschäftsstelle (§§ 77 Abs. 1, 45 Abs. 4 S. 1 GVG) geführt. Dort befinden sich auch die Vorgänge im Zusammenhang mit der Streichung von Schöffen von der Schöffenliste sowie der Entbindung von Schöffen von der Dienstpflicht, was in den Aufgabenbereich der damit betrauten Strafkammern bzw. der einzelnen Strafkammervorsitzenden fällt (vgl. § 77 Abs. 3 S. 2 u. 3 GVG). Dort sind auch die Unterlagen über die Schöffenberufung für Hilfsstrafkammersitzungen bzw. für den Einsatz von Ergänzungsschöffen einzusehen.

165 Bezüglich der mit der vorschriftsgemäßen Zuständigkeit und Besetzung des Gerichts inhaltlich verbundenen Fragen und Probleme muß auf das einschlägige Schrifttum verwiesen werden (zum praktischen Vorgehen und zu den wichtigsten Überprüfungskriterien vgl. *Schlothauer*, 1988, Rn. 224 ff.; *Tondorf*, Formularbuch, 1988, S. 198 ff.; *Bärlein/Danckert*, Formularbuch, 1988, 245 ff.). Für die Form eines Besetzungseinwandes ist von Bedeutung, daß er ähnlich den Formerfordernissen einer revisionsrechtlichen Verfahrensrüge (§ 344 Abs. 2 S. 2) sämtliche die vorschriftswidrige Besetzung begründenden Tatsachen enthalten (§ 222 b Abs. 1 S. 2) und nach Möglichkeit den Richter benennen muß, der bei Einhaltung der gesetzlichen Regelung der gesetzliche Richter wäre. Ein »Nachschieben« von Sachverhaltsumständen nach dem durch § 222 b Abs. 1 S. 1 bestimmten Zeitpunkt ist unzulässig. Ebenso müssen alle Beanstandungen, auch hinsichtlich etwaiger Ergänzungsrichter und Ergänzungsschöffen, auf einmal spätestens bis zu diesem Zeitpunkt vorgebracht werden (§ 222 b Abs. 1 S. 3).

XIII. Nachbemerkung

166 Die vorstehenden Ausführungen machen deutlich, wie stark die Tätigkeit des Verteidigers durch informelle Programme geprägt ist, womit ungeschriebene Regeln darüber gemeint sind, was unter welchen Ausgangsbedingungen richtigerweise bedacht und getan werden muß (vgl. hierzu *Hassemer* StV 1982, 381 f. sowie AK-StPO-*Wassermann*, Einleitung II Rn. 4). Da solche Regeln näherer Präzisierung wesentlich weniger zugänglich sind als formelle Normprogramme und sie insbesondere auf Situationen bezogen sind, die durch eine Vielzahl von Faktoren, nicht zuletzt durch die formellen und informellen Programme der anderen Verfahrensbeteiligten, beeinflußt werden, muß man sich immer der Möglichkeit von Ausnahmen von diesen Regeln bewußt sein. Überspitzt gesagt könnte man sogar formulieren, daß das informelle Programm der Strafverteidigung eher ein System der Ausnahmen als der Regeln darstellt.

Da informelle Programme wesentlich weniger Verbindlichkeit als formelle Norm- **167** programme besitzen, gibt es zu einer Vielzahl der vorstehend angeschnittenen Probleme unterschiedliche Vorstellungen darüber, wie sich ein Verteidiger in der angesprochenen Situation verhalten sollte. Einer der Gründe hierfür ist, daß ein einheitliches Bild der Strafverteidigung nicht existiert. Über die Funktion von Strafverteidigung bestehen die unterschiedlichsten Auffassungen (vgl. den Überblick bei *Beulke*, 1980, S. 37 ff. u. 50 ff.; LR-*Lüderssen* vor § 137 Rn. 75 ff.). Hinzu kommt, daß Strafverteidigung eine stark persönlichkeitsbezogene Tätigkeit ist und persönliche Eigenschaften in hohem Maße stilbildend sind. Die Bandbreite des Verteidiger-Mandanten-Verhältnisses kann von Identifizierung bis zu kühler Distanz reichen. Das Verhältnis des Verteidigers zur Justiz kann über die Wahrung der Justizförmigkeit des Strafverfahrens hinaus von gesellschaftspolitischen Auffassungen geprägt sein. Diese Vielfalt ist durchaus positiv zu bewerten. Nur so läßt sich nämlich der Verwirklichung des rechtsstaatlichen Anspruchs näher kommen, daß sich idealtypisch für jeden Angeklagten und jeden Fall ein Verteidiger finden läßt, der unter den gegebenen Umständen in der Hauptverhandlung die bestmögliche Verteidigungstätigkeit entfaltet, wobei jenseits gewisser Mindeststandards der Strafverteidigung (hierzu *Barton*, 1989, 188) in einer pluralistischen Gesellschaft gerade nicht verbindlich entschieden werden kann, was darunter zu verstehen ist.

§ 213 (Terminsbestimmung)
Der Termin zur Hauptverhandlung wird von dem Vorsitzenden des Gerichts anberaumt.

1. Termin
Der Termin der Hauptverhandlung wird bestimmt durch Fixierung von Ort und **1** Zeit derselben.

2. Zuständigkeit, Ermessen
Wie der **Vorsitzende** bei der Festsetzung die dabei relevanten Zwecke – alsbaldige **2** und konzentrierte Durchführung der Verhandlung, Möglichkeit aller Verfahrensbeteiligten, ihre Rechte zu wahren, Zugang für die Öffentlichkeit, Minimierung der faktischen Belastung der Beteiligten, ökonomischer Umgang mit staatlichen Mitteln – im Einzelfall verwirklicht, steht in seinem Ermessen. Läßt er einen legitimen Zweck grundlos außer acht oder verfolgt er sachfremde Zwecke, liegt ein Ermessensfehler vor. Es gibt **keine unbegrenzte Terminhoheit** (*OLG Frankfurt* StV 1989, 384 f.; *LG Hildesheim* NStZ 1988, 569 f.).

3. Ort

3 Ort der Verhandlung ist regelmäßig das (öffentlich bekannte) Gerichtsgebäude. Der Verhandlungsort kann ausnahmsweise außerhalb desselben, nach h. M. auch außerhalb des Gerichtsbezirks liegen (*BGH*St 22, 250 [253 f.]), wenn dies wichtigen Zwecken (z. B. Verhandlung am Krankenbett des Angeklagten) dient und § 166 GVG sowie das Gebot der Öffentlichkeit nicht entgegenstehen. Im Hinblick auf dieses Gebot ist auch die Verhandlung in einer Justizvollzugsanstalt nur ausnahmsweise zulässig (*OLG Hamm* NJW 1974, 1780).

4. Zeit

4 Bei der Zeitbestimmung haben Haftsachen Vorrang (*OLG Karlsruhe*, Die Justiz 1975, 193; s. a. *BVerfGE* 36, 264 [272]). Eine ständige Überlastung des Gerichts rechtfertigt nicht die völlige Terminsverweigerung (*OLG Hamm* DRiZ 1974, 28). Andererseits darf nicht so kurz terminiert werden, daß keine Zeit für eine sinnvolle Stellungnahme bleibt (insofern müssen u. U. auch kultische Feiertage berücksichtigt werden, *BGH*St 13, 123 [125]) oder die freie Willensentscheidung des Betroffenen beeinträchtigt wird (zu einem Termin zur Nacht vgl. *BGH*St 12, 332 f.; zur psychischen Erschöpfung *BVerwGE* 44, 307 [312]). Der Vorsitzende darf nicht bewußt so terminieren, daß er durch zeitliche Kollisionen Verhinderungsgründe schafft und dadurch den gesetzlichen Richter entzieht (*BGH*St 15, 390 [392 f.]).

5. Verlegung

5 Praktisch häufig streitig sind Terminverlegungen wegen **Verhinderung des Verteidigers**. Nach *LG Oldenburg* darf bei Anklage einer Tat, die im Mindestmaß mit einem Jahr Freiheitsstrafe bedroht ist, der Antrag auf Terminverlegung wegen Urlaubs des Verteidigers nicht mit der Begründung abgelehnt werden, der Verteidiger habe für eine Urlaubsvertretung zu sorgen; andernfalls werde das Recht auf freie Verteidigerwahl beeinträchtigt (StV 1990, 299; im Grundsatz ebenso *LG Hamburg* StV 1988, 195 [196]; StV 1989, 340). Daraus ist zwar nicht zu schließen, daß der Vorsitzende in allen Fällen auf derart begründete Verlegungsanträge eingehen müßte; im Rahmen seines Ermessens kann er legitimen anderen Interessen den Vorzug geben. Wohl aber muß er, wie auch im Fall des § 228 Abs. 2 (vgl. dort Rz. 7; *OLG Hamm* StV 1989, 100 f.), von dem gemäß § 137 Abs. 1 S. 1 geltenden Grundsatz der freien Verteidigerwahl ausgehen; dessen Einschränkung bedarf der Begründung (zur Begründungspflicht vgl. auch *LG Hamburg* a. a. O.; *OLG Frankfurt* GA 1973, 51 [52]; *LG Karlsruhe*, Beschl. v. 22. 4. 1982 – 4 WS 52/82 zit. bei *Moos* StV 1982, 561).
Allerdings geht die zu § 228 Abs. 2 h. M. dahin, daß grundsätzlich der Angeklagte das Risiko zu tragen habe, ob der gewählte Verteidiger faktisch verfügbar ist (vgl. KK-*Treier* § 228 Rz. 10). Auch wenn man – entgegen den diesbezüglich vorgebrachten Einwänden (vgl. § 228 Rz. 6 f.) – dieser h. M. folgt, ist aber zu beachten, daß bei Anträgen, die **vor** Beginn der Hauptverhandlung begehren, deren Termin zu verlegen, anders als in der Situation des § 228 Abs. 2, das Interesse an Ökonomie und Konzentration des Verfahrens der Verlegung kaum entgegensteht, die Begründetheitsschwelle von Verlegungsanträgen vor Beginn der Hauptverhandlung also niedriger ist als die von Aussetzungsanträgen während derselben.

6. Rechtsbehelfe

Die Terminierung gehört nicht zur Sachleitung, ermöglicht also **nicht** die Anwen-　6
dung des § **238 Abs. 2**.

Die **Beschwerde** gegen Terminsbestimmungen ist meist gemäß § 305 S. 1 unzuläs-　7
sig, weil nach h. M. die Zweckmäßigkeitserwägungen des Vorsitzenden als dem
Urteil i. S. des § 305 S. 1 vorausgehend, die Grenzen der Ermessenskontrolle also
schon als Zulässigkeitsschranken behandelt werden (*OLG Hamm* MDR 1975,
245; LR-*Gollwitzer* Rz. 16; KK-*Treier* Rz. 6; anders *OLG Frankfurt* StV 1990, 201
[202]). Wenn jedoch ein **Ermessensfehler**, also Rechtswidrigkeit der Terminsbe-
stimmung geltend gemacht wird, schließt § 305 S. 1 die Beschwerde nicht immer
aus (LR-*Gollwitzer* Rz. 16; KMR-*Paulus* Rz. 17 ff.; *OLG Hamm* a. a. O.; *LG
Hamburg* StV 1988, 195; StV 1989, 340; *LG Oldenburg* StV 1990, 299; *OLG Oldenburg* StV 1991, 152). Die meisten Entscheidungen lassen dementsprechend,
mit Differenzen im einzelnen, eine Rechtswidrigkeitskontrolle zu (z. B. *OLG
Stuttgart* NJW 1976, 1647; NJW 1973, 2309 [2310]; *OLG Frankfurt* StV 1990, 201
[202]; *LG Hildesheim* NStZ 1988, 569; *OLG Hamm* NStZ 1989, 133; anders *K/M*
Rz. 8). Relevant sind die Umstände des Einzelfalles.

Die Aufhebung und das Hinausschieben eines Termins durch das Gericht sind　8
beschwerdefähig, wenn sie eine grundlose Verzögerung, also nicht i. S. des § 305
S. 1 auf Verfahrensförderung gerichtet sind. Die Verzögerung wird dann zugleich
i. S. des § 305 S. 1 als **selbständige Beschwer** des Antragstellers bewertet (vgl.
OLG Frankfurt StV 1990, 201; *LG Hildesheim* a. a. O.). Wenn hingegen ein **Gericht ablehnt, einen Termin zeitlich hinauszuschieben**, so ist dies zwar meist auf
Verfahrensförderung gerichtet, dennoch kann die Ablehnung, sofern ein Ermessensfehler in Frage kommt, nicht als dem Urteil vorausgehend behandelt werden,
wenn sie eine selbständige Beschwer enthält. Die Ablehnung einer Terminverlegung **vor** der Hauptverhandlung kann nicht mit der Revision gerügt werden (*LG
Hamburg* StV 1988, 196; *LG Oldenburg* StV 1990, 299; *LG Hildesheim*, a. a. O.;
KMR-*Paulus* Rz. 27 vor § 213, § 213 Rz. 21), ist insofern selbständig.

Weiter gehört zur selbständigen Beschwer, daß die Belastung über das mit Haupt-　9
verhandlungen generell zugemutete Belastungsrisiko hinausgeht. Insofern ist das
Kriterium selbständiger Beschwer nicht trennscharf (wie z. B. auch die Rechtsprechung zur Verteidigerbeiordnung zeigt: *OLG Hamm* NStZ 1985, 518; *OLG Celle*
ebd. S. 519 m. abl. Anm. *Paulus*; *OLG Hamburg* JR 1986, 257 m. abl. Anm.
Wagner). Jede Variation der Verfahrensgestaltung kann für einzelne Beteiligte
faktische Belastungen bringen. Ob sie als »selbständig« berücksichtigt werden,
hängt davon ab, wieviel Belastung dem Beteiligten zugunsten der Verfahrensökonomie zugemutet wird. Es ist angemessen, die Beschwerde zuzulassen, wenn die
Belastung des einzelnen **außer Verhältnis** stünde zu dem Interesse am festgesetzten Termin, insbesondere wenn die Beeinträchtigung des Rechts des Angeklagten
auf einen Verteidiger seiner Wahl ohne erhebliche Schwierigkeit vermieden werden kann (KMR-*Paulus* § 213 Rz. 19; ähnlich *OLG Oldenburg* StV 1991, 152).

Der Verweis auf einen Aussetzungsantrag in der Hauptverhandlung gemäß § 228
Abs. 2, dessen Ablehnung dann revisibel wäre (*OLG Stuttgart* NJW 1976, 1647;
OLG Hamm NStZ 1989, 133; *OLG Karlsruhe* StV 1982, 560 m. abl. Anm. *Moos*),
macht die Beschwerdemöglichkeit gegen Verlegungsablehnungen vor der Haupt-
verhandlung nicht obsolet (vgl. *LG Hildesheim* a. a. O.), denn ein Anspruch auf
Aussetzung einer begonnenen Hauptverhandlung steht aus prozeßökonomischen
Gründen unter strengeren Voraussetzungen als der Anspruch auf Verlegung vor

der Hauptverhandlung (*LG Hamburg* StV 1988, 196). Im übrigen ist hinsichtlich des § 305 S. 1 zu beachten, daß die genannte Verlegung verfahrensökonomischer wäre als die Aussetzung einer begonnenen Hauptverhandlung. Verfahrensökonomie aber ist der den § 305 S. 1 leitende Gesichtspunkt. – Daß innerhalb und außerhalb der Hauptverhandlung ergangene Entscheidungen in unterschiedlichem Maße der Anfechtung gemäß § 304 unterliegen, wird auch hinsichtlich der Ablehnung von Verteidigerbestellungen angenommen (vgl. *OLG Hamburg* NStZ 1985, 518 m. zust. Anm. *Paulus*, S. 519 f., m. w. Nachw.).

§ 214 (Ladungen)

(1) Die zur Hauptverhandlung erforderlichen Ladungen ordnet der Vorsitzende an. Die Geschäftsstelle sorgt dafür, daß die Ladungen bewirkt werden.
(2) Ist anzunehmen, daß sich die Hauptverhandlung auf längere Zeit erstreckt, so kann der Vorsitzende die Ladung sämtlicher oder einzelner Zeugen und Sachverständigen zu einem späteren Zeitpunkt als dem Beginn der Hauptverhandlung anordnen.
(3) Der Staatsanwaltschaft steht das Recht der unmittelbaren Ladung weiterer Personen zu.
(4) Die Staatsanwaltschaft bewirkt die Herbeischaffung der als Beweismittel dienenden Gegenstände. Diese kann auch vom Gericht bewirkt werden.

1. Ladung

a) Bedeutung

1 Die Ladung **begründet die Pflicht** des Geladenen, an dem gemäß § 213 festgelegten Termin zur Hauptverhandlung **zu erscheinen**. Einzelheiten zu Ladung und Anwesenheitspflicht des Angeklagten: § 216 Rz. 1, § 230 Rz. 15 f.
Indem sie den Angeklagten auf die frühestens nach einer Woche stattfindende Hauptverhandlung hinweist, dient sie zugleich dessen **rechtlichem Gehör** (vgl. *BVerfGE* 36, 85 [88]; *BayObLGSt* 1966, 121 [122]; 1969; 104 [105]).

b) Form

2 Die Ladung wird vom Vorsitzenden angeordnet (Abs. 1 S. 1) und von der Geschäftsstelle ausgeführt (Abs. 1 S. 2). Die Kompetenz bleibt beim Vorsitzenden (nicht beim Berichterstatter oder dem Kollegium), wenn er vorher Rücksprache nimmt; doch macht ein Beschluß des Gerichts die Ladung nicht unwirksam.
3 Mit der Ladung können Zusätze verbunden werden: für den Angeklagten § 216 Abs. 1, § 232 Abs. 1 S. 1, für Zeugen § 48 Abs. 1, entsprechend über § 72 für Sachverständige, für Einziehungsbeteiligte § 435 Abs. 3, entsprechend § 442, für juristische Personen und Personenvereinigungen § 444 Abs. 2 S. 2. Eine förmliche Zustellung empfiehlt sich aus Beweisgründen (RiStBV Nr. 117 Abs. 1; zur Ladung eines Zeugen im Ausland vgl. *BGH* StV 1990, 484). Ehegatten, gesetzliche Vertreter (§ 149 Abs. 1, 2), bei Jugendlichen die Erziehungsberechtigten und die Jugendgerichtshilfe (§ 50 Abs. 2 S. 1, Abs. 3 JGG) werden vom Termin benachrichtigt. Das Gericht, im Fall des Abs. 3 die Staatsanwaltschaft, hat die Geladenen gemäß § 222 Abs. 1 anderen Beteiligten mitzuteilen.

c) Schranken
Eine Ladung ist rechtlich ausgeschlossen für den Bundespräsidenten (§ 49 S. 2),   4
für Abgeordnete und Minister gemäß § 50 Abs. 4 S. 1, für Exterritoriale nach
§§ 18–20 GVG. Aussageverweigerungsrechte für Beweispersonen befreien nicht
von der Pflicht, zu erscheinen. Etwas anderes gilt für fehlerhafte Ladungen, z. B.
ohne Anordnung des Vorsitzenden (Abs. 1) oder der Staatsanwaltschaft (Abs. 3),
doch berechtigt ein Erscheinen zur Entschädigung nach dem ZSEG.

d) Ladungsplan
Der Ladungsplan gemäß Abs. 2 soll eine sinnvolle Reihenfolge einzelner Verneh-   5
mungen ermöglichen; zu Einzelheiten RiStBV Nr. 116 Abs. 3, 4.

2. Beweismittel
Abs. 2 u. 3 betreffen persönliche Beweismittel, Abs. 4 sachliche. Bestandteile der   6
Akten und amtlich verwahrte Gegenstände sind bereits herbeigeschafft und müs-
sen nur noch in der Hauptverhandlung präsent sein (Einzelheiten zur Präsenz bei
BGH NStZ 1991, 48 f.). Abs. 4 bezieht sich auf weitere sachliche Beweismittel, die
im Wege der Amtshilfe (bei amtlichem Besitz) oder der Beschlagnahme (bei pri-
vatem Besitz) herbeigeschafft werden.
Die Staatsanwaltschaft handelt gemäß ihrer grundsätzlichen Kompetenz bei   7
Abs. 4 S. 1 in eigenem Namen, das Gericht im Fall des S. 2 durch den Vorsitzenden (LR-*Gollwitzer* Rz. 22). Zur Zurückhaltung von Beweismitteln gemäß § 96
vgl. § 221 Rz. 3.

3. Rechtsbehelfe
Der Beschuldigte und die Staatsanwaltschaft können die Ablehnung einer Ladung   8
grundsätzlich nicht mit der Beschwerde angreifen (LR-*Gollwitzer* Rz. 23; K/M
Rz. 15), weil sie die Beweispersonen selbst laden können (§§ 220 Abs. 1, 214
Abs. 3). Anders, wenn dieser Ersatz aus besonderen Gründen entfällt. Der Geladene selbst hat kein Beschwerderecht, auch nicht, wenn er sich auf ein Zeugnisverweigerungsrecht beruft (*OLG Hamm* MDR 1978, 690 Nr. 104); er kann jedoch
die Verweigerung eines Reisekostenvorschusses (mit der Beschwerde, nicht nach
§ 23 EGGVG) angehen (*OLG Bremen* NJW 1965, 1617).

§ **215 (Zustellung des Eröffnungsbeschlusses)**
Der Beschluß über die Eröffnung des Hauptverfahrens ist dem Angeklagten
spätestens mit der Ladung zuzustellen. Entsprechendes gilt in den Fällen des § 207
Abs. 3 für die nachgereichte Angklageschrift.

Gemäß S. 1 ist der Eröffnungsbeschluß (§ 207), gemäß S. 2 entsprechend eine   1
nachgereichte Anklageschrift (§ 207 Abs. 3) spätestens mit der Ladung zuzustellen
(dazu §§ 37 Abs. 1 S. 1 StPO, 166 ff. ZPO).
Der Erlaß des Eröffnungsbeschlusses, nicht seine Zustellung ist Prozeßvorausset-   2
zung. Der Angeklagte kann auf die Zustellung verzichten. Beanstandet er die
Verlesung des mit dem Eröffnungsbeschluß zugelassenen Anklagesatzes nicht in
der Hauptverhandlung, liegt darin ein Verzicht, falls er sich der Tragweite seines
Verhaltens bewußt ist (mit Recht einschränkend LR-*Gollwitzer* Rz. 7).
Die fehlende Zustellung berechtigt im Grundsatz nur zur Aussetzung der Ver-
handlung (*OLG Karlsruhe* MDR 1970, 438) entsprechend § 217 Abs. 2 (LR-*Goll-*

witzer Rz. 8, der auf §§ 228 Abs. 1, 265 Abs. 4 verweist). Die Revision ist nur
gegeben, wenn der Verfahrensfehler fortwirkt (anders z. B. wenn der Angeklagte
die Beschuldigung kennt) oder in der Hauptverhandlung neu hinzutritt (das Gericht lehnt zu Unrecht einen Aussetzungsantrag ab).

§ 216 (Ladung des Angeklagten)

**(1) Die Ladung eines auf freiem Fuß befindlichen Angeklagten geschieht schrift-
lich unter der Warnung, daß im Falle seines unentschuldigten Ausbleibens seine
Verhaftung oder Vorführung erfolgen werde. Die Warnung kann in den Fällen
des § 232 unterbleiben.**
**(2) Der nicht auf freiem Fuß befindliche Angeklagte wird durch Bekanntmachung
des Termins zur Hauptverhandlung gemäß § 35 geladen. Dabei ist der Angeklagte
zu befragen, ob und welche Anträge er zu seiner Verteidigung für die Hauptverhandlung zu stellen habe.**

1. Bedeutung und Form

1 Die Vorschrift konkretisiert § 214 Abs. 1 S. 1 für den Angeklagten. Die Schriftform soll ihm die Ladung verdeutlichen, denn mit dieser **beginnt die Pflicht** des
Angeklagten, seine **Anwesenheit in dem vom Gericht festgelegten Hauptverhandlungstermin zu gewährleisten** (vgl. § 230 Rz. 15 ff.). Die Pflicht, in der Hauptverhandlung anwesend zu **bleiben**, ergibt sich aus § 231 Abs. 1 S. 1. Daß diese Pflicht
auch in **Fortsetzungsterminen andauert**, deutet § 231 Abs. 1 S. 2 Hs. 2 an. Es wird
bestätigt durch den systematischen Zusammenhang des § 216 mit §§ 215, 217, die
nicht für die Ladung zu Fortsetzungsterminen gelten; demnach dürfte auch § 216
nur für die Ladung zum ersten Termin gelten. Dafür spricht auch § 35 Abs. 2 S. 2
(*Hilger* NStZ 1984, 42). D. h.: Weil die Pflicht, auch in Fortsetzungsterminen anwesend zu bleiben, schon in § 231 Abs. 1 begründet ist, ist insofern eine förmliche
Ladung nicht erforderlich. Es genügt die mündliche Verkündung des Fortset-
zungstermins im vorangegangenen Termin (*K/M* § 229 Rz. 12). Ist diese unterblieben, oder hat sie den Angeklagten wegen Abwesenheit nicht erreicht, so genügt
eine **formlose Ladung zum Fortsetzungstermin** (*Hilger* a. a. O.; KK-*Treier* Rz. 9;
K/M § 229 Rz. 11 f.; *BGH* NStZ 1988, 421 m. Anm. *Meurer*; *OLG Karlsruhe* JR
1985, 31 m. Anm. *K. Meyer*; *OLG Köln* NStZ 1991, 92 f. [zu § 46 OWiG]; Nr. 137
RiStBV; anders *BGH* NStZ 1984, 41 m. krit. Anm. *Hilger*; KMR-*Paulus* Rz. 3),
die aber hinsichtlich der Anwesenheitspflicht keine konstitutive Bedeutung hat.

a) Der Angeklagte in Freiheit

2 Das Gesetz unterscheidet bei der Ladung zwischen dem Angeklagten in Freiheit
(Abs. 1) und in Haft (Abs. 2). Der Angeklagte »auf freiem Fuß« muß schriftlich
geladen werden, d. h. wegen der Bedeutung durch Aushändigung der Mitteilung,
nicht durch ihr bloßes Vorlesen und Vorzeigen (*BayObLG*St 1962, 99 [101]).
Förmliche Zustellung gemäß § 35 Abs. 2 S. 1 ist mit Rücksicht auf die Frist des
§ 217 Abs. 1 nötig. Die Ladung warnt den Angeklagten gleichzeitig vor den Folgen
unentschuldigten Fernbleibens (vgl. § 230 Abs. 2); der Hinweis kann gemäß
Abs. 1 S. 2 im Fall des § 232 entfallen. Die Ladung wird bei entsprechender Vollmacht an den Verteidiger zugestellt (§ 145 a Abs. 3 S. 1), dieser selbst nach § 218
geladen.

b) Der Angeklagte in Haft
Der verhaftete Angeklagte wird durch Zustellung gemäß § 35 geladen, wobei die **3**
Ersatzzustellung an seine Wohnung (§§ 37 Abs. 1 S. 1 StPO, 181 ZPO) nicht genügt (*BGH* NJW 1951, 931; *OLG Saarbrücken* VRS 43, 39). Er muß gleichzeitig
nach Anträgen zu seiner Verteidigung befragt werden (Abs. 2 S. 2); zur Entgegennahme können nach Landesrecht Vollzugsbeamte ermächtigt sein. Eine Warnung
gemäß Abs. 1 S. 1 entfällt, muß aber nachgeholt werden, wenn der Angeklagte
noch vor dem Termin frei wird.

2. Verzicht und Rüge
Der Angeklagte kann auf die Zustellung einer ordnungsgemäßen Ladung (sie **4**
fehlt z. B. bei falscher Angabe des Sitzungssaals; *BayObLG*St 1969, 104 [105])
verzichten (*RG* RGRspr 5, 629 [631], JW 1921, 1323 [1324]). Die rügelose Einlassung (dazu *RG*St 48, 386) und das Unterbleiben eines Aussetzungsantrags genügen, wenn dem Angeklagten die rechtliche Tragweite bewußt ist. Im übrigen begründen Mängel die Revision. Doch fehlt die nötige Kausalität z. B., wenn der
Angeklagte auch bei einwandfreier Ladung nicht erschienen wäre (*KG* GA 1975,
148 [149]).

§ 217 (Ladungsfrist)
**(1) Zwischen der Zustellung der Ladung (§ 216) und dem Tag der Hauptverhand-
lung muß eine Frist von mindestens einer Woche liegen.**
**(2) Ist die Frist nicht eingehalten worden, so kann der Angeklagte bis zum Beginn
seiner Vernehmung zur Sache die Aussetzung der Verhandlung verlangen.**
(3) Der Angeklagte kann auf die Einhaltung der Frist verzichten.

Literatur:
Bohnert Die Behandlung des Verzichts im Strafprozeß, NStZ 1983, 344 ff.

1. Zweck und Anwendungsbereich
Nach Art. 6 Abs. 3 b MRK muß dem Angeklagten »ausreichende Zeit und Gele- **1**
genheit zur Vorbereitung seiner Verteidigung«, die Ausübung des **Rechts auf Gehör** ist (*Rüping* BK-GG Art. 103 I Rz. 37), gewährt werden. Daher ist die in § 217
Abs. 1 gewährte Ladungsfrist von einer Woche – die Tage der Zustellung und des
Termins nicht mitgerechnet – eine Mindestfrist. Reicht sie im Einzelfall zur Vorbereitung der Verteidigung nicht aus, kann der Angeklagte eine Fristverlängerung
durch Vertagung fordern (*Rüping* ZStW 91 (1979), 355; *BGH*St 8, 92 [96], *BGH*St
13, 123 [125]; *BayObLG*St 1971, 91 [92]). Bei sehr langer Ladungsfrist muß der
Angeklagte an den Termin nochmals erinnert werden (*OLG Saarbrücken* NStZ
1991, 147 f.).
§ 217 gilt nur für die Ladung des Angeklagten und (gemäß § 218 S. 2) des Verteidi- **2**
gers. Er gilt auch bei Vorverlegung eines Termins, nicht bei Verlegung auf einen
späteren Zeitpunkt, wenn die Frist für den früheren gewahrt war. Er ist im Berufungsverfahren zu beachten (§ 323 Abs. 1 S. 1, nicht im Revisionsverfahren). Er
gilt grundsätzlich nicht vor fortgesetzten Hauptverhandlungen, auch nicht vor er-
neuerten, wenn zu der früheren fristgemäß geladen worden war (*K/M* Rz. 4;
OLG Köln NStZ 1991, 92 f. [zu § 46 OWiG]). Jedoch ist aus Art. 6 Abs. 3 b MRK
zu entnehmen, daß vor derartigen Hauptverhandlungen die Frist des § 217 Abs. 1
oder nötigenfalls eine längere zu wahren ist, wenn sich die Verfahrenslage so ver-

ändert hat, daß eine neue Vorbereitung der Verteidigung erforderlich ist (KMR-*Paulus* Rz. 6; vgl. auch *BGH*St 24, 143 [145]; weitergehend *BayObLG*St 1987, 98 [101]).

2. Fristverstoß und Aussetzung

3 Ist die gesetzliche Frist (und gemäß dem in Rz. 1 Dargestellten die allgemein angemessene Frist) nicht gewahrt, kann der Angeklagte gemäß Abs. 2 bis zum Beginn seiner Vernehmung zur Sache (§ 243 Abs. 4 S. 2) Aussetzung gemäß § 228 Abs. 1 S. 1 beantragen. Die einschlägige Belehrung über die Aussetzung durch den Vorsitzenden ist gemäß § 228 Abs. 3 nur eine Sollvorschrift, kann jedoch gerade unter dem Gesichtspunkt ausreichender Verteidigung zwingend werden (*Rüping* in BK-GG Art. 103 I Rz. 20). Der Antrag hat Bedeutung, wenn der Angeklagte erscheint, nicht, wenn ohne ihn verhandelt werden kann.

3. Verzicht

4 Der Angeklagte kann gemäß Abs. 3 (unwiderruflich) auf die Frist verzichten. Entsprechend § 297 geht sein Wille auch vor, wenn der Verteidiger widerspricht (KMR-*Paulus* Rz. 14; a. A. *Rieß* NJW 1977, 881 [883]).

5 Stellt der Angeklagte keinen Aussetzungsantrag, verzichtet er damit **schlüssig** auf die Frist nur, **wenn er sein Recht kennt** (LR-*Gollwitzer* Rz. 11; KMR-*Paulus* Rz. 15; *OLG Hamburg* JR 1967, 193 m. Anm. *Koffka*; *Eb. Schmidt* Nachtr. I Rz. 11; *Peters* § 59 I 1 b) aa); *Bohnert* NStZ 1983, 344 ff.). Freilich ist denkbar, im Interesse der Sicherheit des prozessualen Verkehrs die Annahme der Kenntnis des Rechts auf Aussetzung an standardisierte Kriterien zu binden: vorangegangene Belehrung gemäß § 228 Abs. 3 oder das Verteidigtsein des sich rügelos verhaltenden Angeklagten. Würde aber ohne solche Vorgaben der Verzicht allein bei **rügelosem Verhalten** eines unverteidigten und nicht belehrten Angeklagten unterstellt, wie *BGH*St 24, 143 (145 ff.) annimmt (einschränkend *BGH* v. 29. 4. 1976, 4 StR 117/76 zit. bei KK-*Treier* Rz. 8), so würde die Last prozessualer Rechtswahrung grundlos auf den Angeklagten verlagert. Anderes ergibt sich auch nicht aus § 217 Abs. 2. Daß hier der Angeklagte durch bloße Untätigkeit sein Recht auf Aussetzung verliert, auch wenn er es nicht kennt, hat prozeßökonomische Gründe. Es ist schwer nachzuvollziehen, warum solcher Rechtsverlust, der in Abs. 2 auf den Beginn der Vernehmung zur Sache fixiert ist, im Rahmen von Abs. 3 ohne weiteres vorverlagert werden soll. Die von *BGH*St 24, 143 (145 f.) vertretene Deutung des rügelosen Verhaltens als Verwirkung kann nicht dazu führen, die gesetzliche Differenzierung zwischen rügelosem Verhalten nach Abs. 2 und Verzicht – einer Willenserklärung – nach Abs. 3 zu nivellieren.

4. Fristverstoß als Ladungsmangel

6 Nach h. M. (KK-*Treier* Rz. 9; *K/M* Rz. 11; *BGH*St 24, 143 [149 ff.]; zweifelnd LR-*Gollwitzer* Rz. 13) folgt aus der Nichteinhaltung der Ladungsfrist nur, daß der Angeklagte den **Antrag nach § 217 Abs. 2** stellen kann. Die Ordnungsmäßigkeit der Ladung werde durch den Fristverstoß nicht ausgeschlossen, so daß der Angeklagte zum Erscheinen verpflichtet bleibe, gemäß § 230 Abs. 2 zwangsweise vorgeführt und verhaftet werden könne (insofern einschränkend *Treier* a. a. O.) und ohne ihn gemäß § 232 verhandelt werden könne. Indessen folgt aus der Befugnis des Angeklagten, sein Recht in der Hauptverhandlung durchzusetzen (Abs. 2), nicht, daß das Gericht zuvor seinen Verstoß gegen das Recht zwangsweise realisie-

ren dürfe. Das rechtliche Gehör hat nicht weniger Gewicht als die Effekte der Schriftform. Beides dient der Vorbereitung des Angeklagten auf die Hauptverhandlung. Deshalb gehört zur ordnungsmäßigen Ladung auch die Frist des § 217 Abs. 1 (*Eb. Schmidt* Nachtr. I Rz. 2; *Roxin* § 41 A; *OLG Hamburg* JR 1967, 192 m. zust. Anm. *Koffka*; *Koeniger* S. 178; *Cramer* JR 1972, 164; *Schlüchter* Rz. 427.2 Fn. 24).

5. Revision

Die Revision des Fristverstoßes ist nach h. M. (vgl. *BGH*St 24, 143 [145 f.];   **7** *Bohnert* NStZ 1983, 344 [346]; *Roxin* § 41 A; LR-*Gollwitzer* Rz. 16; *Fezer* II 11/2; anders *OLG Hamburg* JR 1967, 193 m. zust. Anm. *Koffka; OLG Hamm* NJW 1954, 1856; *Eb. Schmidt* Nachtr. I Rz. 13; *Peters* § 59 I 1 a)) ausgeschlossen. § 217 Abs. 2 habe mit der zeitlich begrenzten Möglichkeit des Aussetzungsantrages eine abschließende, andere Rechtsbehelfe präkludierende Regelung getroffen. Indessen ist in § 217 Abs. 2, im Unterschied z. B. zu § 222 b, vom Ausschluß anderer Rechtsbehelfe keine Rede. Andererseits verlöre, wenn die nicht ordnungsmäßige Ladung stets revisibel wäre, § 217 Abs. 2 annähernd jede eigenständige Bedeutung. Im Hinblick darauf ist die Annahme einer **begrenzten Präklusion** angemessen und die Revision **gemäß § 338 Nr. 8** zuzulassen für den Fall, daß die Verteidigung effektiv beschränkt wurde (so KMR-*Paulus* Rz. 21), was aber nur gegeben sein dürfte, wenn der Angeklagte nicht verteidigt war und sein Antragsrecht mangels Belehrung nicht kannte (*Koffka* a. a. O.).

Bei rechtswidriger Ablehnung des Aussetzungsantrages ist die Revision gemäß   **8** § 338 Nr. 8 zulässig (*BayObLG* NStZ 1982, 172; *BGH* NStZ 1985, 222; dazu *Sieg* StV 1986, 3).

§ 218 (Ladung des Verteidigers)

Neben dem Angeklagten ist der bestellte Verteidiger stets, der gewählte Verteidiger dann zu laden, wenn die Wahl dem Gericht angezeigt worden ist. § 217 gilt entsprechend.

Literatur:
Werner Schmid Die »Verwirkung« von Verfahrensrügen im Strafprozeß, Frankfurt 1967

1. Ladung des gewählten Verteidigers

Das Gesetz verpflichtet, neben dem Beschuldigten, gesondert den Verteidiger zu   **1** laden, und sichert damit sowohl das Interesse des Betroffenen an einer wirksamen Verteidigung als auch ein originäres Mitwirkungsrecht des Verteidigers.

Im Gegensatz zum bestellten Verteidiger (§§ 140 ff.) ist der gewählte (§§ 137, 138) – auch neben einem bestellten – nur nach entsprechender Anzeige zu laden (S. 1). Auf die Vorlage der Vollmacht kommt es nicht an; es genügt die Mitteilung der Verteidigerwahl (*BGH* NStZ 1990, 44). § 218 gilt entsprechend für den Beistand oder Verteidiger des Privatklägers und des Nebenklägers (§ 378 S. 1, § 397 Abs. 1), den Vertreter des Einziehungsbeteiligten (§ 434 Abs. 1 S. 2, Abs. 2, entsprechend § 442 Abs. 1).

Die Anzeige ist bereits im Ermittlungsverfahren (an die Staatsanwaltschaft) mög-   **2** lich (*OLG Hamm* VRS 41, 133) und kann sich konkludent aus dem Verhalten im Prozeß ergeben (*RG*St 25, 152 [153]). Eine verspätete Anzeige kann die nach S. 2

geltende Frist des § 217 vereiteln, verpflichtet aber zur Ladung (*OLG Karlsruhe* GA 1979, 347). Sie muß den Verteidiger bis zum Beginn der Hauptverhandlung erreicht haben (*BGH* bei *Dallinger* MDR 1975, 369).

3 Bei einer Sozietät sind primär der Unterzeichner, im Zweifel alle zu laden (*BGH* bei *Dallinger* MDR 1956, 11; *Eb. Schmidt* Nachtr. I Rz. 3; mit Recht differenzierend *RGSt* 48, 377 [378]; vgl. auch *BVerfGE* 43, 79 [94]). Dabei kann sich ein Hinweis auf § 137 Abs. 1 S. 2 empfehlen. Ein nach dieser Vorschrift, entsprechend nach § 138a Abs. 4 S. 1 und § 146, bestehendes Verteidigungsverbot schließt den Verteidiger nicht kraft Gesetzes aus, sondern wird erst mit Zurückweisung durch das Gericht wirksam (vgl. *BGHSt* 27, 124 [130]). Bis dahin behält der Verteidiger seine Mitwirkungsrechte, auch das Recht auf Ladung (*BayObLGSt* 1976, 42 [43]).

2. Antrag und Verzicht auf Aussetzung

4 Gemäß S. 2 kann der Verteidiger bei Verstößen gegen die Ladungsfrist bis zum Beginn der Vernehmung des Angeklagten zur Sache (§ 243 Abs. 4 S. 2) die Aussetzung der Verhandlung beantragen (§ 217 Abs. 2). Das Recht entfällt, wenn der Verstoß auf einer verspäteten Anzeige beruht (*OLG Hamm* MDR 1971, 320) oder der Verteidiger auf die Ladung bzw. Frist verzichtet.

5 Vor der Hauptverhandlung kann nur der Verteidiger selbst auf seine originären Rechte verzichten, u. U. auch schlüssig, z. B. durch einen Vertagungsantrag (*BGHSt* 28, 396 [397]). Eine aus den Akten ersichtliche Kenntnis des Verteidigers macht eine förmliche Ladung noch nicht entbehrlich (LR-*Gollwitzer* Rz. 14; KMR-*Paulus* Rz. 7; *Sieg* StV 1986, 3; *BayObLG* StV 1985, 140; *K/M* Rz. 8; anders *OLG Hamm* NJW 1969, 705; *OLG Celle* NJW 1974, 1258 [1259]; *BGH* NStZ 1985, 229; NStZ 1990, 44).

6 Entsprechend kann in der Hauptverhandlung nur der Verteidiger auf die Frist (und die Aussetzung) verzichten, nicht der Angeklagte (anders *OLG Hamm* NJW 1954, 1856; *OLG Zweibrücken* StV 1988, 425f.; *Eb. Schmidt* Nachtr. I Rz. 7; *Hanack* JZ 1971, 218 [220]). Wohl kann der Angeklagte nachträglich auf die Ladung des (nicht erschienenen) Verteidigers verzichten und, eventuell nach entsprechender Belehrung, die Aussetzung beantragen (*OLG Celle* NJW 1974, 1258 [1259]); eine rügelose Einlassung genügt nicht ohne weiteres (*BayObLGSt* 1958, 6 [7]; *OLG Schleswig* SchlHA 1969, 151 Nr. 48; *OLG Köln* MDR 1973, 70; *OLG Karlsruhe* GA 1979, 347; *Schmid* S. 225f.; vgl. auch *OLG Zweibrücken* a. a. O. zur Fürsorgepflicht).

3. Revision

Dazu gilt das zu § 217 Rz. 7f. Ausgeführte. Die Revision ist auch möglich, wenn die Ladung unterblieben ist.

§ 219 (Beweisanträge des Angeklagten)

(1) Verlangt der Angeklagte die Ladung von Zeugen oder Sachverständigen oder die Herbeischaffung anderer Beweismittel zur Hauptverhandlung, so hat er unter Angabe der Tatsachen, über die der Beweis erhoben werden soll, seine Anträge bei dem Vorsitzenden des Gerichts zu stellen. Die hierauf ergehende Verfügung ist ihm bekanntzumachen.

(2) Beweisanträge des Angeklagten sind, soweit ihnen stattgegeben ist, der Staatsanwaltschaft mitzuteilen.

Literatur:
Oske Die Bescheidung von Beweisanträgen vor der Hauptverhandlung (§ 219 StPO) MDR 1971, 797 ff.

1. Beweisanträge des Angeklagten

Die Möglichkeit zu Beweisanträgen in diesem Stadium soll dem Angeklagten 1 rechtzeitig ermöglichen, die Beweislage zu beeinflussen, und ihm gleichzeitig zeigen, welche Beweismittel in der Hauptverhandlung präsent sind.

Das Gesetz verpflichtet zur Angabe der Tatsachen, über die durch persönliche 2 oder sachliche Beweismittel Beweis erhoben werden soll (Abs. 1 S. 1); zu den Anforderungen an einen Beweisantrag im übrigen vgl. die Kommentierung des § 244. Das frühe Stadium und die mit jeder Prognose notwendig verbundene Unsicherheit beschränken die Anforderungen an die Konkretisierung. Ergänzend gebietet die Fürsorgepflicht dem Vorsitzenden, unvollkommene Äußerungen zu ergänzen und zu verdeutlichen (*RG*St 51, 42). Dabei darf jedoch nicht ein korrekter Beweisantrag in einen Beweisermittlungsantrag umgedeutet und dann abgelehnt werden (*BGH* bei *Pfeiffer* NStZ 1982, 189).

2. Entscheidung des Vorsitzenden

Gemäß Abs. 1 entscheidet der Vorsitzende. Er kann mit Mitgliedern des Gerichts 3 Rücksprache nehmen, ohne seine Kompetenz zu delegieren. Doch macht ein förmlicher Gerichtsbeschluß eine Entscheidung nicht fehlerhaft (*Oske* S. 797; anders *OLG Köln* MDR 1953, 376). Vorweggenommene Beweisaufnahmen, wie nach § 223 Abs. 1 und § 225, obliegen dagegen nur dem Gericht.

Die ablehnende Entscheidung ist gemäß § 34 zu begründen und dem Angeklagten 4 stets (formlos gemäß § 35 Abs. 2 S. 2) mitzuteilen (§ 219 Abs. 1 S. 2), der Staatsanwaltschaft nur, wenn der Vorsitzende Anträgen stattgibt (Abs. 2). Die Begründung muß erkennbar machen, daß die ablehnende Entscheidung vorläufig bleibt und dem Angeklagten unbenommen läßt, in der Hauptverhandlung eine Entscheidung des Gerichts (nach § 244 Abs. 4) zu erreichen bzw. Zeugen und Sachverständige gemäß § 220 Abs. 1 S. 1 selbst zu laden. Die Ablehnung orientiert sich an den in § 244 Abs. 3, 4 genannten Gründen. Doch kann der Vorsitzende dem vorläufigen Charakter der Verfügung entsprechend nicht eine behauptete Tatsache als wahr unterstellen (*RG*St 75, 165 [167]; *BGH*St 1, 51 [53 f.]; *Schmid* S. 209); diese Möglichkeit besteht nur für das erkennende Gericht.

Der Vorsitzende **muß** andererseits **den Antrag behandeln** und darf die Entschei- 5 dung nicht dem erkennenden Gericht vorbehalten (*KG* StV 1990, 255). Verfährt er anders, hat das Gericht den Angeklagten bzw. seinen Verteidiger in der Hauptverhandlung zu fragen, ob sie den Antrag aufrechterhalten (*RG*St 61, 376 [377], *BGH*St 1, 286 [287]; *BayObLG*St 1964, 25 [26]; *OLG Köln* JMBl NW 1963, 11 [12]). Ein Verzicht, der als Erklärung des Verteidigers für den Angeklagten gilt (*Schmid* S. 128), kann umsoweniger angenommen werden, als er an einen Verfahrensfehler des Gerichts anknüpft (vgl. *Eb. Schmidt* Nachtr. I Rz. 2; *Oske* S. 799; LR-*Gollwitzer* Rz. 29).

3. Rechtsbehelfe

6 Der Angeklagte kann weder das Gericht gemäß § 238 Abs. 2 anrufen noch Beschwerde einlegen, dagegen Zeugen und Sachverständige selbst laden (§ 220 Abs. 1 S. 1) und den Antrag in der Hauptverhandlung wiederholen (§ 246 Abs. 1). Die **Revision** muß sich auf konkrete Tatsachen stützen (dazu *BayObLG*St 1964, 25 [26]) und ist begründet, wenn der Vorsitzende den Antrag gesetzwidrig nicht behandelt und daran **in der Hauptverhandlung** festhält (*KG* StV 1990, 255 [256]; *OLG Düsseldorf* JMBlNRW 1987, 101 [103]), ferner, wenn er den Antrag unzulässig wegen Wahrunterstellung ablehnt (*RG*St 75, 165 [166]) oder die Zusage der Wahrunterstellung im Urteil nicht einhält (*BGH*St 1, 51; i. E. ebenso mit anderer Begründung *BGH*St 32, 44 [47]).

§ 220 (Ladung durch den Angeklagten)

(1) Lehnt der Vorsitzende den Antrag auf Ladung einer Person ab, so kann der Angeklagte sie unmittelbar laden lassen. Hierzu ist er auch ohne vorgängigen Antrag befugt.

(2) Eine unmittelbar geladene Person ist nur dann zum Erscheinen verpflichtet, wenn ihr bei der Ladung die gesetzliche Entschädigung für Reisekosten und Versäumnis bar dargeboten oder deren Hinterlegung bei der Geschäftsstelle nachgewiesen wird.

(3) Ergibt sich in der Hauptverhandlung, daß die Vernehmung einer unmittelbar geladenen Person zur Aufklärung der Sache dienlich war, so hat das Gericht auf Antrag anzuordnen, daß ihr die gesetzliche Entschädigung aus der Staatskasse zu gewähren ist.

Literatur:
Jessnitzer Reformbedürftigkeit des § 220 Abs. 2 StPO, NJW 1974, 1311 f.
Herbert Schmidt Die Entschädigung der unmittelbar geladenen Zeugen und Sachverständigen, MDR 1967, 966 f.

1. Voraussetzungen der unmittelbaren Ladung

1 Der Angeklagte kann gemäß Abs. 1 S. 1 Zeugen und Sachverständige unmittelbar laden, auch wenn er vorher keinen Antrag nach § 219 gestellt hat (Abs. 1 S. 2). Die Ladung geschieht gemäß § 38 durch den Gerichtsvollzieher; sie braucht das Beweisthema nicht zu enthalten. Daneben kann der Angeklagte Zeugen und Sachverständige zur Sitzung mitbringen; dies ist, da selbstverständlich, nicht vom Gesetz erwähnt. Sachliche Beweismittel kann er nur auf diese Weise vorführen, nicht nach § 220 herbeischaffen lassen.

2 Der Geladene muß erscheinen, wenn
(a) auch eine **amtliche Ladung** ihn zum Erscheinen verpflichtete: zu rechtlichen Schranken für Zeugen §§ 49, 50, für Sachverständige §§ 75, 76.
(b) der Angeklagte gemäß Abs. 2 die **gesetzliche Entschädigung** leistet.

3 Als weitere Voraussetzung wird z. T. angegeben, daß die Ladung nicht wegen Verfolgung verfahrensfremder Zwecke **mißbräuchlich** ist (*KG* JR 1971, 338 [339] m. zust. Anm. *Peters*; *Rüping/Dornseifer* JZ 1977, 417 [418]; KMR-*Paulus* § 220 Rz. 4; *Roxin* § 41 B II; *Granderath* MDR 1983, 799; *Schlüchter* Rz. 431 Fn. 50; krit. *Wagner* JuS 1972, 315). Daß es ein Bedürfnis nach solcher Restriktion geben kann, ist nachvollziehbar. Andererseits würde damit das Recht auf autonome Beweisführung, das die Beweisführung des Gerichts korrigieren können soll (vgl.

Abs. 1 S. 1), wiederum unter gerichtliche Kontrolle gestellt, und zwar eine weitgehend spekulative Kontrolle, weil der Angeklagte bei seinem Ladungsantrag nicht angeben muß, wozu er dienen soll. Im Hinblick darauf wäre die Mißbrauchskontrolle allenfalls dort zu akzeptieren, wo das Gesetz keine adäquaten Mittel bereithält. Das ist jedoch mit § 245 Abs. 2 in der seit 1979 geltenden Fassung der Fall (LR-*Gollwitzer* Rz. 11; KK-*Treier* Rz. 7; *K/M* Rz. 3).

2. Entschädigung des Geladenen durch den Angeklagten

Die gesetzliche Entschädigung muß gemäß Abs. 2 zusammen mit der Ladung bar **4** angeboten oder bei der Geschäftsstelle (§ 153 GVG), eventuell bei der Gerichtskasse hinterlegt sein. Die Entschädigung für Reisekosten und Versäumnis bestimmt sich für Zeugen unmittelbar nach §§ 9, 10 ZSEG. Sie erfaßt für Sachverständige auch den Stundensatz gemäß § 3 ZSEG (LR-*Gollwitzer* Rz. 20). Diese Folge ergibt sich nicht zwingend aus dem Gesetz (für eine Klarstellung *Jessnitzer* S. 1312), liegt jedoch nahe, wenn der Angeklagte den Sachverständigen zu einer Tätigkeit veranlassen will.

Weist die Beweisperson das Angebot zurück oder verzichtet sie, kann sie sich **5** dadurch nicht ihrer Pflicht zum Erscheinen entziehen. Anders, wenn der Betrag erheblich unter dem voraussichtlich später festgesetzten liegt. Der Angeklagte trägt insoweit das Risiko einer falschen Prognose, da andererseits auch eine überschießende Entschädigung nicht aus der Staatskasse ersetzt wird (*KG* bei *Alsberg*, Die strafprozessualen Entscheidungen der OLGe Bd. 2, 103).

Die unbefriedigenden finanziellen Folgen der gesetzlichen Regelung reichen nicht **6** aus, um eine willkürliche Benachteiligung des Angeklagten in der Ladung seiner Zeugen und damit einen Verstoß gegen **Art. 6 Abs. 3d MRK** anzunehmen (*Dürig* Maunz/Dürig/Herzog/Scholz Art. 1 GG Anm. 72; vgl. für Abs. 3 auch *BGH* bei *Holtz* MDR 1976, 814 f.; anders *Guradze* MRK 1968, Art. 6 Anm. 36). Doch zeigen sie die **Reformbedürftigkeit**: de lege ferenda ist unter den Kautelen der Prozeßkostenhilfe an eine Ladung von Amts wegen zu denken, sofern die Beweiserhebung nicht unzulässig oder mißbräuchlich erscheint (*Müller* und *Fleck* ZRP 1969, 174 [175]).

3. Entschädigung des Geladenen aus der Staatskasse

Abs. 3 berührt nicht das Verhältnis des Angeklagten zur Staatskasse, sondern ge- **7** währt dem Geladenen einen Anspruch, damit er sich auch ohne Kostenvorschuß, demnach ohne Rücksicht auf die wirtschaftlichen Verhältnisse des Angeklagten zum Erscheinen bereit findet.

Der Anspruch setzt voraus:

(a) einen Antrag der Beweisperson, des Angeklagten oder der Staatsanwaltschaft, auch noch nach der Hauptverhandlung (*Eb. Schmidt* Nachtr. I Rz. 7).

(b) Sachdienlichkeit der Vernehmung. Darüber entscheidet nicht ex post die Erheblichkeit für die spätere Entscheidung, sondern ex ante die Bedeutung für die Förderung der Sache im Zeitpunkt der Vernehmung (*OLG Hamburg* MDR 1978, 952 [953]); wird das Urteil auf die Vernehmung gestützt, liegt Sachdienlichkeit vor (*LG München* StV 1988, 350 f.).

(c) bei Zeugen ein Antrag innerhalb von drei Monaten (§ 15 Abs. 2 ZSEG).

Wenn der Angeklagte den Zeugen oder Sachverständigen entschädigt hat, ist der **8** diesbezügliche Anspruch erloschen und die Entschädigung aus der Staatskasse gemäß § 220 Abs. 3 ausgeschlossen, anders wenn der Zeuge oder Sachverständige die dargebotene Entschädigung nicht angenommen oder der Angeklagte sie hinterlegt hat (so *K/M* Rz. 12; *Eb. Schmidt* II Rz. 6; *H. Schmidt* MDR 1967, 966; KK-*Treier* Rz. 15; z. T. anders LR-*Gollwitzer* Rz. 32 f.; *Widmaier* StV 1985, 528). Den Anspruch nach § 220 Abs. 3 auch in diesen Fällen auszuschließen (so KMR-*Paulus* Rz. 14), ist nach dem Wortlaut nicht notwendig und führt zu Ungleichheiten, wie *Gollwitzer* (a. a. O.) gezeigt hat.

9   Abs. 3 gilt entsprechend für Beweispersonen, die der Angeklagte gemäß § 222 Abs. 2 unmittelbar stellt (*OLG Celle* JW 1927, 1658; LR-*Gollwitzer* Rz. 26; KMR-*Paulus* Rz. 10).

4. Rechtsbehelfe

10   Soweit der Angeklagte, die Staatsanwaltschaft oder die Beweisperson beschwert ist, steht die Beschwerde offen.

§ 221 (Herbeischaffung von Amts wegen)
Der Vorsitzende des Gerichts kann auch von Amts wegen die Herbeischaffung weiterer als Beweismittel dienender Gegenstände anordnen.

1. Anwendungsbereich

1   Die Vorschrift ergänzt § 214 Abs. 4 S. 2 und weist die dort vorgesehene Befugnis des Gerichts dem Vorsitzenden zu. Während der Hauptverhandlung gehört die Befugnis zur Sachleitung.

2. Ausführung

2   Die Ausführung obliegt der **Geschäftsstelle**. Ein Ersuchen an die **Staatsanwaltschaft** ist rechtlich zulässig, da sie gemäß § 214 Abs. 4 S. 1 für sachliche Beweismittel primär kompetent bleibt, und kann zweckmäßig sein (*LG Münster* JR 1979, 40 f.). Sie **prüft nur die Zulässigkeit**, nicht die Zweckmäßigkeit des Ersuchens (*OLG Hamm* DJZ 1911, Sp. 1432 [1433]; *OLG Frankfurt* NJW 1982, 1408; *OLG Stuttgart* Die Justiz 1982, 406; *K/M* Rz. 2; KK-*Treier* Rz. 3; anders *KG* JR 1966, 231 m. krit. Anm. *Kleinknecht*. Die Unzulässigkeit kann sich u. a. aus §§ 96, 110 b Abs. 3, 110 d Abs. 2 ergeben; dazu § 223 Rz. 9 ff. Zu Spurenakten vgl. *K/M* § 199 Rz. 2 m. w. N.).

3   §§ 222, 246 Abs. 2 gelten nicht (LR-*Gollwitzer* Rz. 7; anders KK-*Treier* Rz. 4; KMR-*Paulus* Rz. 3), doch kann die Fürsorgepflicht dem Gericht u. U. ein entsprechendes Verhalten gebieten. U. U. ist § 265 Abs. 4 anwendbar.

4   Eine Anordnung durch den Vorsitzenden nach § 221 erscheint sinnvoll, wenn die Beweismittel sonst für die Hauptverhandlung gefährdet sind, nachträglich erst entstehen oder in ihrer Bedeutung erkannt werden. Zu beachten ist jedoch, daß derartige Beweismaßnahmen leicht den Eindruck der Befangenheit erwecken können (*RG*St 65, 322 [329]; *K/M* 38. Aufl., Rz. 2).

§ 222 (Namhaftmachung der Zeugen)
(1) Das Gericht hat die geladenen Zeugen und Sachverständigen der Staatsanwaltschaft und dem Angeklagten rechtzeitig namhaft zu machen und ihren Wohn- oder Aufenthaltsort anzugeben. Macht die Staatsanwaltschaft von ihrem Recht nach § 214 Abs. 3 Gebrauch, so hat sie die geladenen Zeugen und Sachverständigen dem Gericht und dem Angeklagten rechtzeitig namhaft zu machen und deren Wohn- oder Aufenthaltsort anzugeben. § 200 Abs. 1 Satz 3 und 4 gilt sinngemäß.
(2) Der Angeklagte hat die von ihm unmittelbar geladenen oder zur Hauptver-

handlung zu stellenden Zeugen und Sachverständigen rechtzeitig dem Gericht und der Staatsanwaltschaft namhaft zu machen und ihren Wohn- oder Aufenthaltsort anzugeben.

1. Regelungsgegenstand und Zweck

§ 222 ordnet die zeitliche Vorverlegung von Informationen über Zeugen und Sach- **1** verständige bzw. über deren Geheimhaltung an. Er dient der Stärkung der Rechte der Verfahrensbeteiligten und der **Beschleunigung**, denn es wird ermöglicht, z. B. Erkundigungen einzuziehen, Gegenzeugen zu benennen. Würde dies erst in der Hauptverhandlung ermöglicht, würden Unterbrechungen oder Aussetzungen nötig (§ 246).

2. Informationspflichten im einzelnen

Das Gericht hat alle Zeugen und Sachverständigen, auch die in der Anklageschrift **2** bezeichneten, dem Angeklagten und der Staatsanwaltschaft namhaft zu machen (Abs. 1 S. 1), die Staatsanwaltschaft dem Gericht und dem Angeklagten die gemäß § 214 Abs. 3 unmittelbar geladenen (Abs. 1 S. 2), der Angeklagte dem Gericht und der Staatsanwaltschaft die unmittelbar geladenen und die von ihm gestellten (Abs. 2). Abs. 2 gilt entsprechend für Einziehungsbeteiligte (§ 433 Abs. 1), für Verfallsbeteiligte (§ 442 Abs. 1, 2 S. 1), für juristische Personen und Personenvereinigungen (§ 444 Abs. 1, 2).

Die vom Gesetz übereinstimmend in Abs. 1 S. 1, 2 und Abs. 2 des § 222 geforder- **3** ten Daten zur Person und zum Wohn- oder Aufenthaltsort müssen so **frühzeitig** und **präzise** angegeben werden, daß im allgemeinen eine Identifizierung und damit Erkundigungen möglich sind; ein Deckname genügt also nicht (*BGH*St 23, 244 [245]; vgl. aber Rz. 6 ff.).

Die in § 222 statuierte Informationspflicht muß eingehalten werden unabhängig **4** davon, daß bei verspäteter Information nach h. M. (s. u. Rz. 4) nur nach Ermessen die Aussetzung angeordnet wird, denn dies ist eine Rechtsfolgeregelung. Das wird in *BGH* StV 1990, 196 f. sowie *BGH* NStZ 1990, 352 nicht immer deutlich (dazu *Odenthal* ebd. S. 199).

3. Weitergehende Fürsorgepflichten

Orientiert am Zweck der Vorschrift (Rz. 1, 2, 4) kann die Fürsorgepflicht das **5** Gericht zu Mitteilungen veranlassen, die über das gesetzliche Minimum hinausgehen: sie können die Wohnanschrift des Zeugen betreffen (*BGH* StV 1990, 197 [198]), sachliche Beweismittel (§ 221 Rz. 4), das (vom Gesetz nicht geforderte: *RG*St 67, 180 [182]) Beweisthema, die Abladung von Beweispersonen oder auch an den Verteidiger und Mitangeklagte gerichtet werden.

4. Geheimhaltung und Zeugenschutz (Abs. 1 S. 3)

Die 1992 eingefügte Geheimhaltungsmöglichkeit ergänzt entsprechende Möglich- **6** keiten in Zwischenverfahren und Hauptverhandlung (§ 200 Abs. 1 S. 3, 4; § 68). Sie dient dem Schutz von Zeugen, insb. ihrer Aussagebereitschaft bei der Bekämpfung organisierter Kriminalität, mittelbar also der Strafverfolgung, kann aber auch Wahrheitserforschung und Verteidigung erheblich einschränken (BT-Drs. 12/939 S. 33 ff., 44; 12/2720 S. 43; *Miebach* ZRP 1984, 84 ff.; *Rebmann/ Schnarr* NJW 1989, 1185 ff.; *Krey* GedSchr K. H. Meyer, S. 239 ff.; *ders.* JR 1992, 309 ff.; *Hilger* NStZ 1992, 458 f.). Im einzelnen:

7 a) Soll ein Zeuge über eigene amtliche Wahrnehmung aussagen, kann statt des **Wohnorts** der Dienstort angegeben werden. Gefährdung ist nicht erforderlich. Bezweckt ist der Schutz der Privatsphäre.

8 b) Der **Wohnort** eines Zeugen kann durch eine ladungsfähige Anschrift ersetzt werden, wenn andernfalls (wie gem. § 68 S. 2 a. F.) ein Individualrechtsgut des Zeugen oder anderer Personen erheblich gefährdet würde.

9 c) Die **(gegenwärtige, nötigenfalls auch frühere) Identität** eines Zeugen kann ganz oder teilweise geheimgehalten werden (§ 68 Abs. 3 S. 1), wenn andernfalls er oder eine andere Person an Leben, Leib oder Fortbewegungsfreiheit gefährdet würde. Die Gefährdung der allgemeinen Handlungsfreiheit genügt nicht; andernfalls wäre die Unterscheidung vom Fall des § 68 Abs. 2 unmöglich, weil jede Beeinträchtigung eines Individualrechtsguts die allgemeine Handlungsfreiheit tangiert; vgl. *Hruschka* NJW 1980, 23. War der Zeuge als V-Person tätig, wird gem. § 110 b Abs. 3 geheimgehalten.

10 Die **Gefährdung** muß stets objektiviert („Anlaß"), d. h. auf konkrete Tatsachen oder kriminalistische Erfahrungssätze begründet sein (KMR-*Paulus* § 68 Rz. 14). Die jeweilige Geheimhaltungsmaßnahme muß erforderlich sein. Wo Maßnahmen nach Abs. 1 S. 3 genügen, scheiden die nach § 96 aus.

11 Die Entscheidung über die Geheimhaltung setzt im Rahmen des Ermessens eine **Abwägung** zwischen dem Schutzinteresse des Zeugen einerseits, der Wahrheitserforschung sowie dem Verteidigungsinteresse andererseits voraus. Letzteres kann sachlich weiter reichen als das an Wahrheitserforschung (*Odenthal* a. a. O., S. 198 f.). Die Erforderlichkeit des Zeugenschutzes ist gemindert, wenn die geheimzuhaltenden Tatsachen voraussichtlich von anderen Zeugen erfragt werden können (*Paulus* a. a. O. Rz. 18). Die **Geheimhaltung**, auch die gem. § 96, muß bei der Namhaftmachung **angegeben** werden (§ 200 Abs. 1 S. 4).

5. Folgen verspäteter oder unterbliebener Information

a) Verspätung

12 Erfolgte die Information verspätet, kann gemäß § 246 Abs. 2, 3 **Aussetzung** beantragt werden. Darüber entscheidet das Gericht nach **Ermessen** (§ 246 Abs. 4). Es hat das Interesse an Durchführung des Verfahrens mit dem Interesse des Antragstellers an Erkundigung über den Zeugen in der konkreten Verfahrenslage abzuwägen; das Interesse an bloß formal korrekter Information genügt nicht (*BGH* StV 1990, 196 f. und 197 f.).

13 Mit der **Revision** kann die falsche Behandlung des Aussetzungsantrages, nach h. M. aber **nicht der Verstoß gegen** § 222 gerügt werden, weil § 246 Abs. 2, 3 eine abschließende Regelung enthalte (*BGH*St 1, 284 [285]; *BGH* StV 1982, 457; StV 1990, 196 [197] m. krit. Anm. *Odenthal*; K/M Rz. 10; LR-*Gollwitzer* Rz. 22). Das ist aus den zu § 217 (dort Rz. 7) dargestellten Gründen mit der Einschränkung akzeptabel, daß die Revision **wegen Beschränkung der Verteidigung** gemäß § 338 Nr. 8 zulässig bleibt (so *Schmid*, Verwirkung, S. 231 f.; KMR-*Paulus* Rz. 14). Praktisch wird die Verteidigung nur selten derart beschränkt sein, daß das Urteil darauf beruht. Dies wird oft auszuschließen sein, wenn der Angeklagte verteidigt war oder selbst die Möglichkeit des Aussetzungsantrages kannte. Im Ergebnis tendiert auch die h. M. in diese Richtung (vgl. *Schmid* a. a. O.), indem sie die Revision zuläßt, wenn in befugter Abwesenheit verhandelt wurde (*OLG Koblenz* VRS 46, 447 [448]) oder wenn ein Verzicht angenommen wurde, obwohl der rechtsunkundige Angeklagte nicht belehrt worden war (*OLG Hamm* MDR 1971, 1029).

b) Unterbleiben der Information
Sind Wohnort und evtl. auch Identität eines Zeugen auch in der Hauptverhand- **14** lung nicht angegeben worden, so sollte nach bisher h. M. (*BGH* StV 1990, 196f. und 197f.; NStZ 1990, 352) wie bei Verspätung nur ein Aussetzungsantrag, nicht Revision zulässig sein. Die dagegen von Odenthal (a. a. O.) vorgebrachte Kritik ist plausibel und wurde durch die gesetzgeberischen Intentionen zu Abs. 1 S. 3 bestätigt (BT-Drs. 12/989, S. 44). Daher ist bei gänzlich unterbliebener Information § 246 nicht einschlägig und schließt die Revision nicht aus, die aber bzgl. des § 222 nicht weiterreichen kann als bezüglich des nun parallel gestalteten § 68. Gerügt werden kann nach h. M. also nicht die Verletzung des § 222 als solche, wohl aber die Verletzung der Aufklärungspflicht und die Beschränkung der Verteidigung (dazu AK-StPO-*Lemke* § 68 Rz. 13f. m. w. Nachw.; weitergehend: *Odenthal* a. a. O.; *Frenzel* NStZ 1984, 39; *Miebach* a. a. O.; *Paulus* a. a. O., Rz. 23). Freilich tritt bei gänzlich unterbliebener Information die auf § 222 bezogene Rüge nunmehr praktisch hinter der auf § 68 n. F. bezogenen zurück.

§ 222a (Mitteilung der Gerichtsbesetzung)
(1) Findet die Hauptverhandlung im ersten Rechtszug vor dem Landgericht oder dem Oberlandesgericht statt, so ist spätestens zu Beginn der Hauptverhandlung die Besetzung des Gerichts unter Hervorhebung des Vorsitzenden und hinzugezogener Ergänzungsrichter und Ergänzungsschöffen mitzuteilen. Die Besetzung kann auf Anordnung des Vorsitzenden schon vor der Hauptverhandlung mitgeteilt werden; für den Angeklagten ist die Mitteilung an seinen Verteidiger zu richten. Ändert sich die mitgeteilte Besetzung, so ist dies spätestens zu Beginn der Hauptverhandlung mitzuteilen.
(2) Ist die Mitteilung der Besetzung oder einer Besetzungsänderung später als eine Woche vor Beginn der Hauptverhandlung zugegangen, so kann das Gericht auf Antrag des Angeklagten, des Verteidigers oder der Staatsanwaltschaft die Hauptverhandlung zur Prüfung der Besetzung unterbrechen, wenn dies spätestens bis zu Beginn der Vernehmung des ersten Angeklagten zur Sache verlangt wird.
(3) In die für die Besetzung maßgebenden Unterlagen kann für den Angeklagten nur sein Verteidiger oder ein Rechtsanwalt, für den Nebenkläger nur ein Rechtsanwalt Einsicht nehmen.

Literatur:
Bohnert Beschränkung der strafprozessualen Revision durch Zwischenverfahren, 1983.
Brauns Die Besetzungsrüge und ihre Präklusion, Diss. Köln 1983.
Hamm Die Besetzungsrüge nach dem Strafverfahrensänderungsgesetz 1979, NJW 1979, 135ff.
Katholnigg Die gerichtsverfassungsrechtlichen Änderungen durch das Strafverfahrensänderungsgesetz 1979, NJW 1978, 2375ff.

Kießling Verzögerung statt Beschleunigung?, DRiZ 1977, 326ff.
Ranft Die Präklusion der Besetzungsrüge gemäß der Strafprozeßnovelle 1979 und das Recht auf den gesetzlichen Richter, NJW 1981, 1473ff.
Rieß Das Strafverfahrensänderungsgesetz 1979, NJW 1978, 2265ff.
Schroeder Kritische Bemerkungen zum Strafverfahrensänderungsgesetz 1979, NJW 1979, 1527ff.

1. Zweck der §§ 222a, 222b

1 Die i.V.m. der Novellierung des § 338 Nr. 1 durch das StVÄG 1979 eingeführten Vorschriften sollen bei den umfangreichen Verfahren vor LG und OLG die Aufhebungen von Urteilen aufgrund von Besetzungsrügen und die entsprechende Belastung des BGH vermindern. Deshalb wird die frühzeitige Mitteilung der Gerichtsbesetzung vorgeschrieben (§ 222a), der Einwand der fehlerhaften Besetzung weitgehend auf diesen Zeitpunkt beschränkt (§ 222b) und die Revisionsrüge fehlerhafter Besetzung i.d.R. an die Voraussetzung geknüpft, daß der Einwand gemäß § 222b erfolglos erhoben wurde (§ 338 Nr. 1). Die Nebenfolgen sind: 1. Belastung der erkennenden Gerichte mit der Mitteilung der Besetzung, 2. faktische Minderung der prozessualen Einflußchancen von Staatsanwaltschaft und Verteidigung, denn diese können die Besetzungsrüge nicht mehr instrumentalisieren, um ein aus anderen Gründen mißliebiges Urteil aufheben zu lassen. Verfassungsrechtlich (Art. 101 Abs. 1 S. 2 GG) ist die Regelung nach *BVerfG* NStZ 1984, 370; *BGH*St 33, 126 (129) nicht zu beanstanden.

2. Anwendungsbereich des § 222a

2 Die beteiligten Richter werden, wie § 24 Abs. 3 S. 2 zeigt, grundsätzlich auf Antrag mitgeteilt. § 222a Abs. 1 S. 1 verpflichtet zur Mitteilung von Amts wegen, wenn das Verfahren vor dem LG oder OLG beginnt; ausgenommen sind damit insbesondere Verfahren vor dem AG und Berufungsverfahren vor dem LG (anders, wenn das Berufungsgericht als erstinstanzliches gemäß § 328 Abs. 2 entscheidet). Auch im Bußgeldverfahren gilt § 222a nicht (*BGH* StV 1986, 518). Mängel, die sich aus der Person eines Richters ergeben (z.B. Blindheit, *BGH* NStZ 1988, 374ff. m. Anm. *Fezer*) werden von § 222a nicht erfaßt.

3. Information über die Besetzung

a) Zuständigkeit und Zeit

3 Dem Vorsitzenden obliegt die Mitteilung. Sie erfolgt spätestens zu Beginn der Hauptverhandlung, eventuell zusammen mit der Ladung, möglichst nicht später als eine Woche vor Beginn der Hauptverhandlung, um einen Aussetzungsantrag gemäß Abs. 2 zu vermeiden. Jeder Neubeginn der Hauptverhandlung, z.B. nach einer Aussetzung, fordert eine neue Mitteilung. Jedoch genügt der Hinweis auf die Identität der Besetzung (Begr. in BT-Drs. 8/976 S. 46), ebenso wie nachträgliche Änderungen (Abs. 1 S. 3) ausschließlich zur Mitteilung der Änderungen (nicht ihrer Gründe) verpflichten.

b) Inhalt und Form

4 Der Vorsitzende teilt die Namen der Richter, ihre Funktion (als Berufsrichter, Schöffen, Ergänzungsrichter, Ergänzungsschöffen) und den Vorsitzenden mit (Abs. 1 S. 1). Dies geschieht vor der Hauptverhandlung schriftlich gemäß § 35

Abs. 2 (*OLG Celle* NStZ 1991, 553 f.), in der Hauptverhandlung mündlich und ist als wesentliche Förmlichkeit nach § 273 Abs. 1 zu protokollieren.

c) Adressat

Die Mitteilung richtet sich an jeden, der von der Entscheidung materiell betroffen **5** ist und einen Verstoß gegen die Garantie des gesetzlichen Richters (Art. 101 Abs. 1 S. 2 GG, § 16 GVG) rügen kann: den Angeklagten, die Staatsanwaltschaft, den Privatkläger und Nebenkläger (§§ 385 Abs. 1, 397 Abs. 1), den Einziehungsbeteiligten (§§ 433 Abs. 1, 440 Abs. 3), nicht dagegen an Zeugen und Sachverständige als Beweispersonen.

Eine Mitteilung vor der Hauptverhandlung richtet sich gemäß Abs. 1 S. 2 statt an **6** den Angeklagten an seinen Verteidiger; er ist in den einschlägigen Verfahren nach §§ 140 Abs. 1, 141 Abs. 1 bestellt. Nur der Verteidiger bzw. ein Rechtsanwalt (als Vertreter des Nebenklägers) kann gemäß Abs. 3 einschlägige Unterlagen (den Geschäftsverteilungs- und Besetzungsplan) einsehen. Der Angeklagte selbst hat weder einen Anspruch auf Überlassung des Geschäftsverteilungsplans (*BGH*St 29, 283; *OLG Düsseldorf* JNBlNRW 1979, 227) noch auf Auskunft gemäß §§ 23 ff. EGGVG (*OLG Hamm* NJW 1980, 1009 Nr. 16).

4. Ermessensentscheidung und Unterbrechung

Liegt zwischen dem Zugang der Mitteilung und der Hauptverhandlung weniger als **7** eine Woche, ermöglicht Abs. 2 eine Unterbrechung: Der Beteiligte soll prüfen können, ob er den Besetzungseinwand gemäß § 222b erhebt. Der Beschluß über die Unterbrechung setzt einen Antrag der Staatsanwaltschaft, des Verteidigers oder, unabhängig von ihm, des Angeklagten voraus (Abs. 2). Letzter Zeitpunkt ist der Beginn der Vernehmung des (ersten) Angeklagten zur Sache, nicht bereits die vorherige Belehrung gemäß § 243 Abs. 4 S. 1.

Mit der Einwochenfrist vermutet das Gesetz die nötige Zeit für eine Prüfung der **8** ordnungsgemäßen Besetzung. Doch können besondere Umstände eine längere Dauer erforderlich machen (LR-*Gollwitzer* Rz. 20; anders *Bohnert*, S. 59), so daß in diesen Fällen ein Antrag trotz Wahrung der Regelfrist möglich bleibt.

Ist der Antrag zulässig, kann das Gericht (nicht der Vorsitzende: KMR-*Paulus* **9** Rz. 36; *K/M* Rz. 20; anders *Rieß*, S. 2269) gemäß Abs. 2 die Verhandlung unterbrechen. Da es sich um eine Ermessensentscheidung handelt, hat es schutzwürdige öffentliche und Individualinteressen abzuwägen und Verzögerungstaktik zurückzuweisen. Es kann selbst einen zulässigen und begründeten Unterbrechungsantrag ablehnen, z. B. wenn ein Besetzungsfehler ausgeschlossen erscheint (*OLG Bremen* StV 1986, 540).

Wird die Unterbrechung angeordnet, so soll sie nach *BGH*St 29, 283 (285) i. d. R. **10** eine Woche dauern. Entscheidend sind jedoch die Umstände des Einzelfalles, die eine kürzere oder längere Unterbrechung gebieten können (LR-*Gollwitzer* Rz. 25). Eine umfassende Besetzungsprüfung darf keinesfalls versagt werden (*BGH* NStZ 1988, 36 f.). Eine zu kurz bemessene Unterbrechung gilt als Ablehnung des Antrags und ermöglicht die Revision.

5. Rechtsbehelfe

Anordnungen des Vorsitzenden, Beschlüsse des Gerichts über die Unterbrechung **11** sowie die Ablehnung solcher Entscheidungen sind gemäß § 305 S. 1 der Beschwerde entzogen.

12 Die Revision ist nach der Neufassung des § 338 Nr. 1 nur möglich, wenn die Vorschriften über die Mitteilung verletzt sind (Nr. 1 a), entsprechend, wenn Unterlagen entgegen Abs. 3 nicht eingesehen werden konnten oder die Hauptverhandlung nicht oder unzureichend nach Abs. 2 unterbrochen ist (Nr. 1 c).

§ 222b (Besetzungseinwand)

(1) Ist die Besetzung des Gerichts nach § 222a mitgeteilt worden, so kann der Einwand, daß das Gericht vorschriftswidrig besetzt sei, nur bis zum Beginn der Vernehmung des ersten Angeklagten zur Sache in der Hauptverhandlung geltend gemacht werden. Die Tatsachen, aus denen sich die vorschriftswidrige Besetzung ergeben soll, sind dabei anzugeben. Alle Beanstandungen sind gleichzeitig vorzubringen. Außerhalb der Hauptverhandlung ist der Einwand schriftlich geltend zu machen; § 345 Abs. 2 und für den Nebenkläger § 390 Abs. 2 gelten entsprechend.

(2) Über den Einwand entscheidet das Gericht in der für Entscheidungen außerhalb der Hauptverhandlung vorgeschriebenen Besetzung. Hält es den Einwand für begründet, so stellt es fest, daß es nicht vorschriftsmäßig besetzt ist. Führt ein Einwand zu einer Änderung der Besetzung, so ist auf die neue Besetzung § 222a nicht anzuwenden.

Literatur s. zu § 222 a

1. Einwand und Prüfung von Amts wegen

1 Zum Zweck der Vorschrift vgl. § 222 a Rz. 1. Sie regelt als Voraussetzung der revisionsrechtlichen Besetzungsrüge ein Zwischenverfahren, in welchem der Einwand fehlerhafter Besetzung des erkennenden Gerichts geprüft wird. Erhebt der i. S. des § 222 a Berechtigte den Einwand nicht fristgemäß, ist die entsprechende Revisionsrüge weitgehend **präkludiert**. Die Präklusion setzt eine ordnungsgemäße Mitteilung der Besetzung i. S. des § 222 a voraus. Mängel, die sich aus der Person eines Richters ergeben (z. B. Blindheit, *BGH* NStZ 1988, 374 m. Anm. *Fezer*) werden von § 222 b nicht erfaßt.

2 Durch das Zwischenverfahren wird nicht ausgeschlossen, daß das erkennende Gericht **von Amts wegen** seine Besetzung zu prüfen hat (*K/M* Rz. 1; KK-*Treier* Rz. 1, 15; KMR-*Paulus* Rz. 2; *KG* MDR 1980, 688; anders LR-*Gollwitzer* Rz. 37 f.; *Roxin* § 43 C). Beschränkt werden sollen durch §§ 222 a, 222 b Revisionen, nicht die Verantwortlichkeit der erkennenden Gerichte für ihre korrekte Besetzung.

2. Inhalt, Form und Frist des Einwands

3 Die **Zulässigkeitsvoraussetzungen** folgen weitgehend den für die **Revision** geltenden Grundsätzen. Der Berechtigte muß gemäß Abs. 1 S. 2 die Tatsachen angeben, aus denen die vorschriftswidrige Besetzung folgt. Dazu zählen nach der zu § 344 Abs. 2 S. 2 entwickelten Rechtsprechung hier die Mitteilung der betroffenen Richter und die Gründe für ihren Ausschluß (*KG* MDR 1980, 688; *BGH* GA 1981, 382; *BGH* GA 1983, 180 m. Anm. *Katholnigg*; *BayObLG* StV 1984, 414; *OLG Koblenz* VRS 56, 38). Die allgemeine Behauptung, der Geschäftsverteilungsplan sei gesetzwidrig, genügt nicht (*BGH*St 12, 243 [244]; *BGH* bei *Dallinger* MDR 1969, 904). Nicht angegebene Tatsachen werden präkludiert. Die Konzentration aller Beanstandungen gemäß Abs. 1 S. 3 (entspr. § 25 Abs. 1 S. 2) soll das Nachschieben einzelner Gründe verhindern und führt in dieser Hinsicht ebenfalls zu einer Präklusion, sofern die Gründe nicht erst später eingetreten sind. Ob die Gründe im Zeitpunkt des Abs. 1 S. 1 bekannt oder erkennbar gewesen sein müssen, ist umstritten. Wie der Vergleich mit § 25 Abs. 2 Nr. 1 zeigt, kann es bei § 222b nicht auf positive Kenntnis ankommen. Das Risiko der Kenntnis des Fehlergrundes darf aber auch nicht völlig dem Beanstandenden auferlegt werden; das zeigt § 222a, der dieses Risiko durch die Pflicht vermindert, dem Beteiligten die Besetzung mitzuteilen, und sein Recht, die entsprechenden Unterlagen einzusehen. Demnach können nur diejenigen **Fehlergründe präkludiert** werden, die aus der Mitteilung oder den Unterlagen **bei sorgfältiger Prüfung zu erkennen** waren (*BVerfG* NStZ 1984, 370 [371]; KMR-*Paulus* § 222a Rz. 8; *Ranft* NJW 1981, 1473 [1476]; *Hamm* NJW 1979, 135 [137]; *Brauns*, S. 172; *Vogel/Kurth* NJW 1985, 105; wohl auch LR-*Gollwitzer* Rz. 18; anders KK-*Treier* Rz. 7; *K/M* Rz. 7). Der Einwand ist nach Abs. 1 S. 4 wie bei der Revisionsrüge (§§ 345 Abs. 2, 390 Abs. 2) außerhalb der Hauptverhandlung schriftlich zu erheben, in der Hauptverhandlung mündlich.

Die **Ausschlußfrist** ist wie in § 222a Abs. 1 S. 1 durch den Beginn der Vernehmung 4 des (ersten) Angeklagten zur Sache gekennzeichnet. Der Ausschluß wirkt für alle Beteiligten, auch einen abwesenden Angeklagten. Wiedereinsetzung wie bei der Revisionsbegründungsfrist des § 345 scheidet nach dem Sinn des § 222b Abs. 1 S. 1 – Einwände sollen am Anfang der Hauptverhandlung geltend gemacht werden – aus (LR-*Gollwitzer* Rz. 15; *Schroeder* NJW 1979, 1527 [1529]; anders *Hamm*, S. 137). Dem Zweck der Besetzungsprüfung entsprechend hängt der Ausschluß des Einwands in der Hauptverhandlung auch nicht von einer ordnungsgemäßen Mitteilung nach § 222a ab (Rz. 1 sowie LR-*Gollwitzer* Rz. 6), um so weniger, als dem Betroffenen in diesem Fall gemäß § 338 Nr. 1a die Revision bleibt.

3. Die Entscheidung des Gerichts

a) Besetzung und Zeit

Im Interesse der Beschleunigung nimmt das Gesetz die Selbstprüfung durch das 5 betroffene Gericht in Kauf, auch unter Mitwirkung eines Berufsrichters, gegen den sich möglicherweise ein Einwand richtet (vgl. auch *BGH* NStZ 1989, 32f.). Das LG entscheidet gemäß Abs. 2 S. 1 in der Besetzung ohne Laienrichter, das OLG mit drei Berufsrichtern; § 122 Abs. 2 S. 2 GVG ist nicht anwendbar, da es nicht um eine Einstellung geht (LR-*Gollwitzer* Rz. 23; KK-*Treier* Rz. 14; anders *K/M* Rz. 9).

Dem Zweck der Regelung entspricht es, daß das Gericht vor Vernehmung des 6 ersten Angeklagten zur Sache entscheidet. Ausnahmsweise kann die Entscheidung in Anlehnung an § 29 Abs. 2 hinausgeschoben werden (*K/M* Rz. 10; KMR-*Paulus* Rz. 21).

b) Verfahren und Inhalt

Die Entscheidung, vor der Gehör gewährt werden muß (§ 33), ist zu begründen 7 (§ 34). Der Einwand wird zurückgewiesen, wenn eine Zulässigkeitsvoraussetzung fehlt, verworfen, wenn das Gericht sich für ordnungsmäßig besetzt hält. Hält das Gericht den Einwand für begründet, entscheidet es verbindlich nur über den konkreten Grund, verbraucht jedoch den auf dieselben Tatsachen gestützten Einwand anderer Beteiligter (LR-*Gollwitzer* Rz. 30). Die sachlichen Voraussetzungen werden im Freibeweisverfahren ermittelt.

8 Das Gericht stellt gemäß Abs. 2 S. 2 die vorschriftswidrige Besetzung nur fest. Die Konsequenzen bleiben Sache des Präsidiums, des Präsidenten bzw. des Vorsitzenden (§§ 21e, 21i Abs. 2, 21g Abs. 2 GVG). Die Hauptverhandlung wird ausgesetzt und alsbald neu begonnen. Die Fortsetzung in neuer Besetzung ist gemäß § 226 unzulässig. Das mit dem Einwand gerügte Fehlen der Feststellung der Verhinderung eines Richters, der durch einen Vertreter ersetzt worden war, kann allerdings vor der Entscheidung über den Einwand geheilt werden, indem die Feststellung nachgeholt wird; denn maßgebend für die Entscheidung ist die Sach- und Rechtslage zur Zeit derselben (*BGH* NStZ 1982, 295 m. Anm. *Rieß*; *BGHSt* 33, 234 [237]). Das erkennende Gericht in der Hauptverhandlung ist an die Entscheidung im Zwischenverfahren gebunden (LR-*Gollwitzer* Rz. 37; *K/M* Rz. 12; *Bohnert* S. 61; anders KMR-*Paulus* Rz. 29). Zu Beginn der neuen Hauptverhandlung braucht die Besetzung gemäß Abs. 2 S. 3 nicht mitgeteilt zu werden.

4. Rechtsbehelfe

9 Die **Beschwerde** gegen den den Einwand verwerfenden Beschluß ist nach § 305 S. 1 ausgeschlossen. Wird dem Einwand stattgegeben, kann die Hauptverhandlung nicht fortgesetzt werden, sodaß § 305 S. 1 die Beschwerde nicht ausschließt (*OLG Celle* NStZ 1991, 553). Eine ordnungsgemäße Mitteilung gemäß § 222a präkludiert grundsätzlich die **Revisionsrüge** mit den in § 338 Nr. 1b–d genannten Ausnahmen. Die Revision ist in diesen Fällen begründet, wenn das Gericht tatsächlich falsch besetzt war; Verfahrensfehler bei § 222a machen die Besetzungsrüge zulässig, ohne sie damit bereits zu begründen. Die Revision ist ferner im Fall des § 222b Abs. 2 S. 3 nicht präkludiert; da hier die Mitteilung der Besetzung als Bedingung der Präklusion entfällt, gilt auch § 338 Nr. 1 Hs. 2 nicht (vgl. Begr. S. 48).

10 Eine wirksame Präklusion steht schließlich einer Verfassungsbeschwerde nach § 90 Abs. 1 BVerfGG i. V. m. Art. 101 Abs. 1 S. 2 GG entgegen, da erst eine ordnungsgemäße Erhebung der Rüge den Rechtsweg nach § 90 Abs. 2 S. 1 BVerfGG erschöpft.

§ 223 (Kommissarische Zeugenvernehmung)

(1) Wenn dem Erscheinen eines Zeugen oder Sachverständigen in der Hauptverhandlung für eine längere oder ungewisse Zeit Krankheit oder Gebrechlichkeit oder andere nicht zu beseitigende Hindernisse entgegenstehen, so kann das Gericht seine Vernehmung durch einen beauftragten oder ersuchten Richter anordnen.

(2) Dasselbe gilt, wenn einem Zeugen oder Sachverständigen das Erscheinen wegen großer Entfernung nicht zugemutet werden kann.

(3) Die Vernehmung von Zeugen hat eidlich zu erfolgen, soweit nicht Ausnahmen vorgeschrieben oder zugelassen sind.

Literatur:
Fezer Anmerkung zu BGHSt 32, 115, JZ 1974, 433 ff.
Grünwald Der Niedergang des Prinzips der unmittelbaren Zeugenvernehmung, FS für Dünnebier, 1982, S. 347 ff.
Keller Polizeiliche Observation und strafprozessuale Wahrheitserforschung, StV 1984, 521 ff.
Lüderssen Zur »Unerreichbarkeit« des V-Mannes, Fs. für Klug, 1983, S. 527 ff.

Rebmann Der Einsatz verdeckt ermittelnder Polizeibeamter im Bereich der Strafverfolgung, NJW 1985, 1 ff.

Seelmann Der anonyme Zeuge – ein erstrebenswertes Ziel der Gesetzgebung?, StV 1984, 477 ff.

Taschke Die behördliche Zurückhaltung von Beweismitteln im Strafprozeß, 1989.

v. Weber Internationale Rechtshilfe zur Beweisaufnahme im Strafverfahren, FS für Hellmuth Mayer, 1966, S. 517 ff.

Thien Zeugenvernehmung im Ausland, Diss. Köln 1979.

1. Bedeutung der kommissarischen Vernehmung

Wenn der **unmittelbaren Vernehmung** von Zeugen oder Sachverständigen **in der** 1 **Hauptverhandlung** Hindernisse entgegenstehen (zum Unmittelbarkeitsgrundsatz Rz. 16, 35 vor § 226), ermöglicht es § 251, Protokolle über deren Vernehmung außerhalb der Hauptverhandlung in derselben in Form des Urkundenbeweises zu verwerten. Gemäß § 223 wird dieser Beweis mit dem qualifizierten Thema einer richterlichen Aussage gesichert. Insofern ist die verbreitete Annahme, § 223 regle einen vorgezogenen Teil der Hauptverhandlung (*BGH*St 9, 24 [27]), ungenau (KMR-*Paulus* Rz. 2; *Gössel* § 17 A III a). Durch kommissarische Vernehmungen wird ein Teil der Hauptverhandlung, eventuell während derselben (*BGH*St 31, 236), vorbereitet. Ob die dabei gewonnenen Protokolle verwertet werden, wird erst in der Hauptverhandlung entschieden. Die kommissarische Vernehmung findet (frühestens im Eröffnungsverfahren) statt, wenn vorausgesehen werden kann, daß die Verwertung der Protokolle gemäß § 251 nötig werden wird.

Um die **Unmittelbarkeit des Beweisverfahrens** und die Teilnahmechancen der 2 Prozeßbeteiligten, die bei der kommissarischen Vernehmung rechtlich oder faktisch beschränkt sein können, optimal zu wahren, muß das Gericht möglichst die Zeugen und Sachverständigen in der Hauptverhandlung vernehmen; wann dies im Einzelfall nötig ist, ist gemäß § 251 und entsprechend gemäß § 223 durch Abwägung der relevanten Belange zu entscheiden (*BGH*St 32, 72). Das Gericht hat ggf. anstelle kommissarischer Vernehmung selbst am Aufenthaltsort des Zeugen zu tagen (dazu *BGH*St 22, 311 [313]) oder die Verhandlung zu unterbrechen oder auszusetzen (*BGH* NStZ 1982, 341; StV 1983, 444).

2. Voraussetzungen

Grundsätzlich ist der Vorsitzende für die Vorbereitung der Hauptverhandlung zu- 3 ständig, für eine kommissarische Vernehmung dagegen das Gericht (Abs. 1). – Die Unmöglichkeit, in der Hauptverhandlung zu erscheinen, kann beruhen auf:

(a) **Krankheit**, dazu gehören auch Schwangerschaft und Verschlimmerung eines 4 pathologischen Zustandes (*BGH*St 9, 297 [300]);

(b) **Gebrechlichkeit**, d.h. körperlich oder geistig reduzierte Widerstandskraft ge- 5 genüber den Belastungen der Verhandlung;

(c) **anderen nicht zu beseitigenden Hindernissen**; insofern genügen nicht allge- 6 meine Gründe wie Beruf oder Urlaub, wohl aber spezielle wie ständiger Aufenthalt im Ausland, Gefährdung des Zeugen durch Repressalien nach Rückkehr (*BGH*St 17, 337 [349]) oder Erziehungs- und Entwicklungsschäden für jugendliche Zeugen (*OLG Saarbrücken* NJW 1974, 1959 [1960]); ggf. sind aber andere Möglichkeiten der Gefahrabwendung (z. B. Verlegung, § 172 Nr. 4 GVG), die die Vernehmung in der Hauptverhandlung zulassen, wahrzunehmen. Auch rechtliche Beschränkungen können Hindernisse i.S. des § 223 Abs. 1 sein; Einzelheiten dazu

s. u. Rz. 9 ff. Das Gericht muß sich um die Beseitigung eines bestehenden Hindernisses bemühen. Der pflichtgemäße Aufwand bestimmt sich in Abwägung mit der Bedeutung des Beweismittels. Daß dabei das Verbot der Beweisantizipation relativiert wird (dageg. *Engels* GA 1981, 27; dazu krit. *Keller* ZStW 101, 386 ff.), ist nicht zu vermeiden, weil gegenwärtig mit irgendeinem Aufwand fast jedes Hindernis zu beseitigen, das Kriterium „nicht zu beseitigen" also relativ ist. In die Abwägung ist auch das Verteidigungsinteresse einzubeziehen (*Herdegen* NStZ 1984, 338), denn auch dieses hat keinen allen anderen sozialen Belangen inkommensurablen Stellenwert (*Keller* StV 1984, 526).

7 (d) **Unzumutbarkeit**; sie kann relevant werden, soweit sie auf großer Entfernung beruht. Der Vorrang individueller Interessen vor denen der Strafverfolgung bestimmt sich nach den geographischen, verkehrstechnischen und persönlichen Verhältnissen, nach der Bedeutung und Dauer der Vernehmung sowie der Wichtigkeit der Sache (*BGH*St 9, 230 [232]; *BGH* VRS 41, 203 [206]; vgl. auch *BGH* NJW 1986, 1999 [2000]). Ggf. ist die Anreise des Zeugen aus den USA zumutbar (*BGH* NStZ 1981, 271).

8 (e) lange oder ungewisse **Dauer des Hindernisses**; diese Voraussetzung gilt für Abs. 1 und sinngemäß für Abs. 2. Zur einschlägigen Rechtsprechung vgl. *RG*Rspr 2, 602 (604 f.); 5, 737 (738). Bei der Bestimmung der Dauer hat das Gericht die Relevanz des Verfahrens und des Zeugen mit dem Bedürfnis nach Beschleunigung und der Belastung des Zeugen abzuwägen (LR-*Gollwitzer* Rz. 15; *BGH* NStZ 1982, 341; *OLG Schleswig* StV 1982, 11).

3. Insbesondere behördliche Verweigerung der Aussagegenehmigung und der Auskunft als Hindernis

9 Nach h. M. sind als Hindernis i. S. der §§ 223, 251 auch behördliche Verweigerungen und Beschränkungen der Aussagegenehmigung gemäß § 54 anzusehen – praktisch insbes. beim Einsatz von V-Leuten und Verdeckten Ermittlern, deren Identität jedoch gemäß § 96 geheimgehalten wird (§ 110b Abs. 3); vgl. *BGH*St 32, 115 (126); 36, 159 ff.; *BVerfGE* 57, 250 (285 ff.); z. T. anders: *Lüderssen* S. 527 ff.; *Grünwald* S. 364 ff.; *Fezer* JZ 1984, 434; *Seelmann* StV 1984, 477; AK-StPO-*Amelung* § 96 Rz. 10 f. Allerdings verlangt die Rechtsprechung, daß das Gericht die Entscheidung der obersten Dienstbehörde herbeiführt, evtl. Gegenvorstellungen erhebt und sich bemüht, die Genehmigung evtl. beschränkt zu erwirken.

Die h. M. bedarf der Präzisierung. Grundsätzlich haben die Polizei der StA und diese dem Gericht die das **laufende Verfahren** betreffenden Informationen voll zugänglich zu machen (§§ 163 Abs. 2, 199 Abs. 2). Geheim gehalten werden können, wenn dies überwiegend wichtig erscheint, Informationen, die andere, auch künftige Strafverfahren oder andere Kompetenzen der Behörde, insbes. Gefahrenabwehr, betreffen – insoweit handelt es sich um Grenzen der **Amtshilfe** (vgl. *Keller* StV 1984, 524 f.; *Taschke*; differenzierend: *Amelung* a. a. O. Rz. 6 f., 16 ff.; *BGH* NStZ 1992, 394 f.) – sowie Informationen, deren Offenbarung Leben, Leid oder Fortbewegungsfreiheit (dazu § 222 Rz. 9) des Verdeckten Ermittlers oder anderer Personen gefährden würde (§ 110b Abs. 3 S. 3). Bei Überschneidung mit zu offenbarenden Informationen ist eine Abwägung nötig.

10 Ob demnach ein Zeuge zu Recht gesperrt wird, hat das Strafgericht zu **prüfen**, bzgl. der Prognose von Gefährdungen des Zeugen und seiner künftigen Verwendung als V-Person jedoch – wegen der Geheimhaltung der zugrundeliegenden

Tatsachen und Pläne – nur auf **offensichtliche Fehler** und **Willkür** (BT-Drs. 12/989 S. 43). Hält das Gericht solche Mängel für gegeben, hat es nach Gegenvorstellung sich zu bemühen, das Hindernis, soweit zulässig, durch **Zwangsmittel** zu beseitigen; die Spezifik der Amtshilfe wird insofern durch die §§ 94 ff. überlagert (*BGH* NStZ 1992, 394 f.). Die Auskunft über die grob fehlerhaft geheim gehaltene Identität einer V-Person ist gemäß § 95 Abs. 2 zu erzwingen (*Amelung* a. a. O. Rz. 18; *Taschke* S. 289; vgl. auch KK-*Laufhütte* § 96 Rz. 5). An die Verweigerung der Aussagegenehmigung gemäß § 54 durch die oberste Dienstbehörde ist das Gericht nach h. M. (KK-*Pelchen* § 54 Rz. 20 m. w. Nachweis) gebunden, was jedoch ebenso zu relativieren sein dürfte wie bei § 96.

Wenn das vom Gericht als willkürlich oder offensichtlich fehlerhaft erkannte Hin- **11** dernis nicht zu beseitigen ist, darf, um die Gefahr der Außensteuerung des Verfahrens auszuschließen, nicht auf angebotene **Surrogate**, wie Vernehmung gemäß § 223, zugegriffen werden. Die Verwendung von Surrogaten weitergehend auszuschließen, also immer wenn das Gericht die Informationssperre für rechtswidrig hält (so *BGHSt* 31, 148 [154]; anders *BGHSt* 36, 159 [162 f.]; BT-Drs. a. a. O.), ist nicht mehr zu vertreten, da die neuen §§ 110 b/d davon ausgehen, daß die für den Einsatz von V-Personen und Verdeckten Ermittlern zuständigen Behörden für deren Geheimhaltung selbständig verantwortlich sind, wodurch dem Gericht Verantwortung teilweise abgenommen wird.

4. Durchführung

a) Form

Der Beschluß des Gerichts wird vor der Hauptverhandlung gemäß § 35 Abs. 2 **12** zugestellt und vom Vorsitzenden weitergeleitet, nicht von der Staatsanwaltschaft (§ 36 Abs. 2) vollstreckt. Die Entscheidung muß die sachlichen Voraussetzungen des § 223 darlegen und die Durchführung unmißverständlich ermöglichen. In umfangreichen Sachen empfehlen sich die Kennzeichnung wesentlicher Aktenstellen (RiStBV Nr. 121 Abs. 3) und Fragenkataloge als Anlage; zu den sonst möglichen Fehlerquellen vgl. *Peters*, Fehlerquellen im Strafprozeß, Bd. 2 1972, S. 223. Auch der Verteidiger darf schriftliche Fragen einreichen (*BGH* bei *Holtz* MDR 1978, 468; MDR 1983, 796; MDR 1985, 448), ohne sie in die Hauptverhandlung einzuführen (*BGH* NStZ 1983, 421).

b) Beauftragter und ersuchter Richter

Beauftragte Richter gemäß Abs. 1 können der Berichterstatter, theoretisch auch **13** alle Berufsrichter sein (*BGH* NJW 1956, 600 Nr. 18; *BGH* NStZ 1983, 182 u. 421), was jedoch den Anschein der Umgehung der Schöffen hervorrufen kann (krit. *K/M* Rz. 15). Das Gericht in der Besetzung der Hauptverhandlung kann nicht beauftragt sein (*BGH* JR 1983, 474 m. Anm. *J. Meyer*). Führt es in dieser Besetzung eine Beweisaufnahme durch, gilt sie als Teil der Hauptverhandlung (*BGH* StV 1989, 187). Die kommissarischen Richter brauchen nicht notwendig in der späteren Hauptverhandlung mitzuwirken (*BGHSt* 2, 1 [2 f.]).

Der ersuchte Richter gemäß Abs. 1 (zu dessen Zuständigkeit § 157 GVG) kann **14** das Ersuchen nach den allgemeinen Grundsätzen des § 158 GVG nicht bei Unzweckmäßigkeit, wohl aber bei Unzulässigkeit ablehnen (*BGH* JZ 1953, 230 [231]; *OLG Hamburg* MDR 1973, 953; *OLG Frankfurt* NJW 1974, 430; *OLG Düsseldorf* NStZ 1989, 39) und vorbehaltlich späterer Genehmigung durch das Gericht vom Beschluß abweichen, soweit der Untersuchungszweck sonst vereitelt würde (*RG*St 58, 100 [101]).

c) Verfahren

15 Der beauftragte und der ersuchte Richter verfahren nach §§ 52 ff., 74 ff. und entscheiden über die Vereidigung (dazu §§ 66 b Abs. 2, 64). Sie ist gemäß Abs. 3 grundsätzlich obligatorisch, zu den Grenzen §§ 60 ff., 79 Abs. 1. § 68 ist anwendbar, auch dessen Abs. 2 S. 2, wie aus § 168 a zu schließen ist (*Hilger* NStZ 1992, 459).

16 Zur **Anwesenheit** sind Staatsanwalt, Verteidiger und Beschuldigter berechtigt. Letzterer kann in analoger Anwendung des § 247 ausgeschlossen werden (*BGH* StV 1985, 3), nicht in analoger Anwendung des weiterreichenden § 168 c Abs. 3 (so aber *BGH* GA 1967, 371; *BGH* NStZ 1982, 42; dagegen *Welp* JZ 1980, 134 ff.; KMR-*Paulus* § 224 Rz. 9), denn die kommissarische Vernehmung bereitet die Hauptverhandlung vor; dafür ist § 247 sachnäher als § 168 c, der für das Ermittlungsverfahren gilt, welches die Frage beantworten soll, ob Anklage zu erheben ist. Der Verteidiger darf nicht ausgeschlossen werden, auch wenn er gemäß § 224 nicht benachrichtigt wurde (*BGH*St 31, 148 [153]; 32, 115 [129]; anders noch *BGH*St 29, 109). Auch die Gefährdung des Zeugen berechtigt nicht zum Verteidigerausschluß. Die Vernehmung unter optischer und akustischer Abschirmung sowie der Verzicht auf die Angabe der Personalien des Zeugen sind unzulässig (*BGH*St 32, 115). Auflagen einer Behörde, die die Aussagegenehmigung für den zu Vernehmenden von den genannten unzulässigen Beschränkungen abhängig macht, sind, wenn rechtswidrig und unverbindlich (s. o. Rz. 11), nicht zu berücksichtigen; in den übrigen Fällen schließen sie die Vernehmung insgesamt aus.

17 Die anwesenden Prozeßbeteiligten haben das Fragerecht gemäß §§ 240 Abs. 2, 241 Abs. 2. Das Verfahren ist gemäß §§ 168, 168 a zu protokollieren. Im **Protokoll** können auch **Beobachtungen von Tatsachen**, z. B. die stockende Äußerung des Zeugen, festgehalten werden (*RG*St 37, 212; *BGH*St 2, 1 [3]; *BGH* NStZ 1989, 382; NStZ 1983, 182), **nicht** jedoch deren **beweismäßige Würdigung**, die dem Gericht vorbehalten ist (KMR-*Paulus* Rz. 37; *Peters* § 59 II 2; anders LR-*Gollwitzer* Rz. 34, 42; KK-*Treier* Rz. 22; *RG* HRR 1936 Nr. 316; *OLG Stuttgart* MDR 1980, 692). Zwar kann der kommissarische Richter in der Hauptverhandlung als Zeuge vernommen werden und dabei seine Eindrücke wiedergeben (*BGH* bei *Holtz* MDR 1977, 108; *BGH* NStZ 1983, 182); dann scheidet er jedoch um der distanzierten Beweiswürdigung willen aus (§ 22 Nr. 5). Diese Objektivitätsgarantie würde durch die Protokollierung und Verlesung der Beweiswürdigung gemäß § 251 umgangen, sofern der kommissarische Richter zum Gericht der Hauptverhandlung gehört. Der kommissarische Richter darf auch nicht seine Beweiswürdigung dem erkennenden Gericht in der Beratung bekanntgeben (*BGH* NStZ 1983, 182; NStZ 1989, 382; *OLG Koblenz* MDR 1980, 689). Auch **Gerichtskundigkeit** hilft **nicht** weiter (so aber *Foth* MDR 1983, 716 (718); *Itzel* NStZ 1989, 383), denn erstens ist diese nur für Hintergrundtatsachen relevant, zweitens keinesfalls für Beweisergebnisse des laufenden Verfahrens (*BGH*St 6, 292 [295]; ANM S. 550 f.; zur allgemeinen Problematik der Gerichtskundigkeit *Keller* ZStW 101 [1989], 405 ff.). Daß durch diese Beschränkung u. U. eine Erkenntnisquelle verlorengeht (LR-*Gollwitzer* a. a. O.), ist kein Grund, die Beweiswürdigung von der Hauptverhandlung auf das Verfahren nach § 223 zu verschieben (dazu *Peters* a. a. O.).

d) Vernehmungen im Ausland
Im Ausland werden deutsche Konsularbeamte tätig (§ 15 Abs. 1 KonsG) oder aus-   **18**
ländische Behörden. Konsularbeamte verfahren entsprechend deutschem Recht,
besitzen jedoch keine Zwangsmittel (§ 15 Abs. 3 S. 1, 4 KonsG) und können nicht
wegen Befangenheit abgelehnt werden (*OLG Karlsruhe* GA 1975, 218f.); ihre
Protokolle stehen inländischen gleich (§ 15 Abs. 4 KonsG). Ausländische Behörden verfahren nach ihrem nationalen Recht (vgl. *RG*St 46, 50 [53]; *BGH*St 26, 140
[142]; *BGH* bei *Holtz* MDR 1984, 444). Doch muß sich das deutsche Gericht
bemühen, den Beteiligten nach deutschem Recht eröffnete Teilnahmerechte (vgl.
§ 224) zu wahren (*BayObLG*St 1949/51, 113 [116]; *BGH* DAR 1977, 170), soweit
nach Rechtshilfeabkommen möglich durch einen diesbezüglichen Antrag (*BGH*St
35, 83 [84]).
Deutsche Richter können – z.B. um sachgerechte Fragen und umfassende Wahr-   **19**
heitserforschung zu fördern (*v. Weber* S. 523ff.; *Linke* NStZ 1983, 418) – an der
Vernehmung im Ausland teilnehmen, soweit das nach fremdem Recht möglich ist
und die für auswärtige Beziehungen zuständige Bundesregierung (Art. 32 Abs. 1
GG) zustimmt (vgl. *v. Weber* S. 525). Außenpolitische Rücksichten unterliegen
dabei nur einer Willkürkontrolle (*BGH*Z 71, 9 [13]; *BGH* NJW 1986, 664; *OLG
Hamm* NStZ 1982, 215).
Ein im Ausland aufgenommenes Protokoll bleibt in einem Verfahren nach   **20**
deutschem Recht unverwertbar, wenn es grundlegenden Prinzipien i.S. des
deutschen ordre public zuwiderläuft, z.B. bei Verstößen gegen § 69 Abs. 3
i.V.m. § 136a Abs. 3 S. 2 (KMR-*Paulus* Rz. 52; *Thien* S. 38, 93, weitergehend
auch für Verstöße gegen Zeugnisverweigerungsrechte und Vereidigungsverbote
S. 42, 51).

5. Rechtsbehelfe
Die Anordnung einer Vernehmung ist nicht mit der Beschwerde anfechtbar   **21**
(§ 305 S. 1), die Ablehnung grundsätzlich ebenfalls nicht. Nach *Paulus* (KMR
Rz. 73; ebenso *LG Düsseldorf* NStZ 1983, 42) soll die Ablehnung beschwerdefähig sein, wenn Beweismittelverlust droht, weil dieser nicht mehr mit dem Urteil korrigiert werden kann. Indessen ist das Risiko des Beweisverlustes mit
jedem geordneten Verfahren verbunden und in Kauf zu nehmen. Beschwerdefähig (vgl. § 213 Rz. 7ff.) kann die Ablehnung daher nur sein, wenn die Gefahr
des unabwendbaren Verlustes konkret und das Beweismittel von besonderer
Bedeutung ist.
Die **Revision** kann auf einen Verstoß gegen § 251 gestützt werden, der damit
eine vorangegangene Verletzung des § 223 überholt.

§ 224 (Benachrichtigung der Beteiligten)
**(1) Von den zum Zweck dieser Vernehmung anberaumten Terminen sind die
Staatsanwaltschaft, der Angeklagte und der Verteidiger vorher zu benachrichtigen; ihrer Anwesenheit bei der Vernehmung bedarf es nicht. Die Benachrichtigung unterbleibt, wenn sie den Untersuchungserfolg gefährden würde. Das aufgenommene Protokoll ist der Staatsanwaltschaft und dem Verteidiger vorzulegen.
(2) Hat ein nicht in Freiheit befindlicher Angeklagter einen Verteidiger, so steht**

ihm ein Anspruch auf Anwesenheit nur bei solchen Terminen zu, die an der Gerichtsstelle des Ortes abgehalten werden, wo er in Haft ist.

Literatur:

v. Ungern-Sternberg Zur Frage des Anwesenheitsrechts des Beschuldigten und des Verteidigers bei Zeugenvernehmungen durch ausländische Gerichte vor der Hauptverhandlung, ZStW 87 (1975), 925 ff.

Zaczyk Das Anwesenheitsrecht des Verteidigers bei richterlicher Vernehmung im Ermittlungsverfahren (§ 168 c StPO), NStZ 1987, 535 ff.

Weitere Hinweise bei § 223.

1. Anwesenheitsrecht

1 Die Benachrichtigung erleichtert den Prozeßbeteiligten die Anwesenheit bei der Sicherung eines qualifizierten Beweismittels. Sie ermöglicht ein mittelbares rechtliches Gehör. Das Anwesenheitsrecht der Beteiligten (Einzelheiten dazu § 223 Rz. 16) wird von § 224 vorausgesetzt. Es besteht unabhängig von der Benachrichtigung. Ein Anspruch auf die faktische Möglichkeit der Anwesenheit besteht nicht; das Gericht hat aber, soweit möglich, auf Verhinderungsgründe Rücksicht zu nehmen. Das Anwesenheitsrecht des amtlich Verwahrten ist gemäß Abs. 2 eingeschränkt; auch er ist jedoch gemäß Abs. 1 zu benachrichtigen, damit er einen Verteidiger beauftragen kann.

2. Benachrichtigung und Protokollvorlegung

2 Zu benachrichtigen sind die Staatsanwaltschaft, der Angeklagte und selbständig (*RG*St 47, 303 [304]) der Verteidiger (Abs. 1, 2) sowie die derselben Tat Mitangeklagten (*BGH* NJW 1986, 1999 f.; dazu *Fezer* StV 1986, 372). Entsprechendes gilt für den Privat- und den Nebenkläger (§ 385 Abs. 1 S. 1, § 397 Abs. 1) sowie den Einziehungsbeteiligten (§ 433 Abs. 1 S. 1). Auf die Benachrichtigung können die Berechtigten verzichten (*RG*St 58, 100 [101]), ebenso auf die in § 224 Abs. 1 S. 3 vorgeschriebene Vorlegung des Vernehmungsprotokolls (*BGH*St 25, 357).

3 Die **Benachrichtigungspflicht** entfällt nach § 224 Abs. 1 S. 2, wenn die Gefahr besteht, daß das Beweismittel durch die mit der Benachrichtigung verbundene Verzögerung verlorengeht oder in seinem Beweiswert gemindert wird (*BGH*St 29, 1). Nach der Rechtsprechung (*BGH* NJW 1980, 2088; *BGH*St 29, 1 [3]; 32, 115 [122, 128 f.]) liegt eine Gefahr für den Untersuchungserfolg auch vor, wenn die Gefahr besteht, daß Angeklagter oder Verteidiger die erlangten Kenntnisse zur Verdunkelung nutzen oder der Zeuge unter dem Druck des Angeklagten nicht die Wahrheit sagt (ebenso LR-*Gollwitzer* § 224 Rz. 19; KK-*Treier* § 224 Rz. 9; *Schlüchter* Rz. 75.3, 111; KMR-*R. Müller* § 168 c Rz. 17; einschränkend *K/M* § 224 Rz. 8: nur bei Verdunkelungsgefahr. Anders: *Welp* JZ 1980, 134; *Zaczyk* NStZ 1987, 535; KMR-*Paulus* § 224 Rz. 20; *Roxin* § 37 C II 2 a); *Nelles* StV 1986, 75; *Grünwald*, Fs. für *Dünnebier*, S. 347 [361]). Bei dieser Auslegung ist jedoch nicht verständlich, warum nicht das Anwesenheitsrecht, sondern nur die Benachrichtigungspflicht ausgeschlossen wurde (*Zaczyk*, a. a. O.; *Roxin*, a. a. O.), denn zu den Gefährdungen seitens des Angeklagten und des Verteidigers kann es immer kommen, wenn das Anwesenheitsrecht besteht. Nichtbenachrichtigung schafft nur ein unberechenbar wirkendes Hindernis.

4 Daß und warum die Benachrichtigung unterbleibt, sollte im Hinblick auf die Verlesbarkeit der Aussage aktenkundig gemacht werden (*BGH*St 31, 140 [142 f.]); die

Gründe der Nichtbenachrichtigung werden im Freibeweisverfahren festgestellt (*BGH*St 29, 1).

3. Vernehmung im Ausland

§ 224 gilt bei konsularischen Vernehmungen im Ausland entsprechend. Bei Ver- **5** nehmungen durch ersuchte ausländische Stellen ist deren nationales Recht maßgebend sowie ggf. Rechtshilfeabkommen (vgl. *BGH* MDR 1968, 157f.; *BayObLG* JR 1985, 477). Das deutsche Gericht hat darauf hinzuwirken, daß die mit § 224 gegebenen Rechte bei der Vernehmung gewährt werden (*BGH* StV 1988, 5). Wenn jedoch nach ausländischem Recht die Anwesenheit gemäß § 224 Abs. 1 ausgeschlossen war, liegt nach *OLG Hamm* JMBlNRW 1962, 223 keine Rechtsverletzung vor.

4. Revision

Verstöße gegen § 224 werden nur im Rahmen der Prüfung des § 251 berücksich- **6** tigt. Sie sind aber geheilt, wenn der Rügeberechtigte der Verlesung des Protokolls in der Hauptverhandlung gemäß § 251 Abs. 1 Nr. 4 zugestimmt hat (*BGH* NJW 1986, 1999f.; *OLG Bremen* StV 1992, 59f.). Widerspricht der Berechtigte der Verlesung nicht, so kann auch dies als Zustimmung gelten (*BGH*St 9, 24 [28]; *BGH* NJW 1952, 1426).

§ 225 (Kommissarischer Augenschein)
Ist zur Vorbereitung der Hauptverhandlung noch ein richterlicher Augenschein einzunehmen, so sind die Vorschriften des § 224 anzuwenden.

1. Anwendungsbereich

Die Einnahme des Augenscheins durch ersuchte oder beauftragte Richter kommt **1** bei drohendem Beweisverlust in Frage. Andererseits hat das Gericht zu berücksichtigen, daß ein Augenscheinsprotokoll nur ein schwaches Surrogat eigener sinnlicher Wahrnehmung ist (*Peters* § 59 II 3).

2. Durchführung

Zur Anordnung ist das Gericht befugt. Seine Ermessensentscheidung ist nicht wie **2** im Rahmen des § 223 begrenzt. (Auch bei Augenscheinseinnahme in der Hauptverhandlung ist das Gericht weniger gebunden: § 244 Abs. 5, § 250 gelten nicht.) Anwesenheitsrecht, Benachrichtigungspflicht und Protokollvorlegung sind gemäß § 224 zu bestimmen. Die Augenscheinseinnahme in der Wohnung eines Prozeßbeteiligten kann nicht erzwungen werden (*OLG Hamburg* JR 1987, 78 m. Anm. *Foth*). Wird ein beauftragter Richter außerhalb des Gerichtsbezirks tätig, hat er § 166 GVG zu berücksichtigen. Private Ortsbesichtigungen durch Mitglieder des erkennenden Gerichts dürfen ebensowenig wie anderes privates Wissen unmittelbar als Urteilsgrundlage dienen (*RG*St 26, 272 [273], *BGH* bei *Dallinger* MDR 1966, 383; *OLG Hamburg* NJW 1952, 1271; *OLG Celle* GA 1954, 316 [317]). Sie können aber zum besseren Verständnis der Beweisaufnahme dienen.

§ 225a (Zuständigkeitsänderung vor der Hauptverhandlung)

(1) Hält ein Gericht vor Beginn einer Hauptverhandlung die sachliche Zuständigkeit eines Gerichts höherer Ordnung für begründet, so legt es die Akten durch Vermittlung der Staatsanwaltschaft diesem vor; § 209a Nr. 2 Buchstabe a gilt entsprechend. Das Gericht, dem die Sache vorgelegt worden ist, entscheidet durch Beschluß darüber, ob es die Sache übernimmt.

(2) Werden die Akten von einem Strafrichter oder einem Schöffengericht einem Gericht höherer Ordnung vorgelegt, so kann der Angeklagte innerhalb einer bei der Vorlage zu bestimmenden Frist die Vornahme einzelner Beweiserhebungen beantragen. Über den Antrag entscheidet der Vorsitzende des Gerichts, dem die Sache vorgelegt worden ist.

(3) In dem Übernahmebeschluß sind der Angeklagte und das Gericht, vor dem die Hauptverhandlung stattfinden soll, zu bezeichnen. § 207 Abs. 2 Nr. 2 bis 4, Abs. 3 und 4 gilt entsprechend. Die Anfechtbarkeit des Beschlusses bestimmt sich nach § 210.

(4) Nach den Absätzen 1 bis 3 ist auch zu verfahren, wenn das Gericht vor Beginn der Hauptverhandlung einen Einwand des Angeklagten nach § 6a für begründet hält und eine besondere Strafkammer zuständig wäre, der nach § 74e des Gerichtsverfassungsgesetzes der Vorrang zukommt. Kommt dem Gericht, das die Zuständigkeit einer anderen Strafkammer für begründet hält, vor dieser nach § 74e des Gerichtsverfassungsgesetzes der Vorrang zu, so verweist es die Sache an diese mit bindender Wirkung; die Anfechtbarkeit des Verweisungsbeschlusses bestimmt sich nach § 210.

1. Anwendungsbereich

1 Die Vorschrift betrifft die sachliche, nicht die örtliche Zuständigkeit. Sie wurde mit dem StVÄG 1979 eingeführt und bestätigt die vorangegangene Rechtsprechung (*BGH*St 18, 290 (293 f.); 25, 309 (311 f.); BT-Drs. 8/976 S. 48), wonach die Abgabe von Verfahren an das zuständige Gericht höherer Ordnung nicht nur gemäß § 209 im Eröffnungsverfahren und gemäß § 270 in der Haupverhandlung, sondern auch vor einer solchen im Hauptverfahren möglich ist. Im Fall des Abs. 4 S. 2 ist auch die Abgabe an ein Gericht niedrigerer Ordnung möglich. Insgesamt vermeidet § 225a, daß Hauptverhandlungen nur zwecks Verweisung durchgeführt werden müssen.

2 § 225a gilt vor jeder Hauptverhandlung im ersten Rechtszug, also auch nach Aussetzung und Zurückverweisung. Im Berufungsverfahren ist die Vorschrift ebenfalls anzuwenden (*OLG Stuttgart* MDR 1982, 252; *OLG Düsseldorf* JR 1982, 514 m. Anm. *Rieß; Rieß* JR 1980, 79 [81]; *Meyer-Goßner* NStZ 1981, 168 [172]; KMR-*Paulus* Rz. 1; LR-*Gollwitzer* Rz. 6; KK-*Treier* Rz. 4; anders *OLG München* JR 1980, 77 m. abl. Anm. *Rieß*). Sie ist zwar in § 323 Abs. 1 S. 2 nicht erwähnt, die analoge Anwendung ist jedoch sachgemäß.

2. Abgabe nach Abs. 1 S. 1

3 Die Abgabe erfolgt von Amts wegen, wenn das bisher mit der Sache befaßte Gericht für wahrscheinlich hält, daß die Voraussetzungen der Zuständigkeit eines höheren Gerichts erfüllt sind, und dieses keine besondere Strafkammer i.S. des § 6a ist (dann ist nach Abs. 3 zu verfahren). Eine gegenüber dem Eröffnungsbeschluß veränderte Beurteilung der normativen Zuständigkeitskriterien (Straferwartung, besondere oder mindere Bedeutung der Sache) bewirkt keine Kompetenzveränderung (*BayObLG* NStZ 1985, 470 m. Anm. *Achenbach*). Ob das Verfahren von dem Gericht höherer Ordnung übernommen und damit die Abgabe verbindlich wird, entscheidet dieses. Jugendgerichte gelten hinsichtlich der Entscheidung, ob Verfahren nach § 33 Abs. 1, § 103 Abs. 2 S. 1, § 107 JGG vor die Jugendgerichte gehören, als übergeordnete Gerichte gegenüber ansonsten gleichgeordneten allgemeinen Strafgerichten. Wegen der besonderen Aufgaben der Jugendgerichte bleiben diese auch zuständig, wenn Jugendsachen mit Erwachsenensachen verbunden werden, es sei denn, die Zuständigkeit einer Wirtschafts- oder Staatsschutzkammer ist tangiert. Gem. § 47a JGG endet die Zuständigkeit der Jugendgerichte auch nicht, wenn die verbundenen Sachen wieder getrennt werden (*BGH*St 30, 260; *BayObLG* NJW 1980, 290). Bezüglich der Jugendschutzsachen enthält § 225a keinen Bezug auf § 209a, so daß insofern Jugend- und Erwachsenengerichte als gleichgeordnet gelten und eine entsprechende Verweisung nicht möglich ist (*Schlüchter* JR 1982, 513, KMR-*Paulus* Rz. 10).

Über die Vorlage entscheidet das Gericht durch Beschluß. Die Akten werden **4** über die Staatsanwaltschaft vorgelegt, so daß diese Stellung nehmen kann. Ansonsten muß rechtliches Gehör erst gewährt werden, wenn das Gericht, dem vorgelegt worden ist, über die Übernahme entscheidet, denn die Vorlage hat noch keine bindende Wirkung.

3. Abgabe nach Abs. 4

Daß an seiner Stelle eine besondere Strafkammer zuständig ist, darf das Gericht **5** nach der Eröffnung nur noch auf Einwand des Angeklagten (§ 6a) berücksichtigen. Ist die danach für zuständig erachtete besondere Strafkammer ein übergeordnetes oder ein Gericht, dem gemäß § 74e Vorang zukommt, so richtet sich gemäß § 225a Abs. 4 S. 1 das weitere Verfahren nach Abs. 1 bis Abs. 3. Wenn das für zuständig erachtete Gericht ein nachrangiges ist, beschließt das abgebende Gericht eine verbindliche Verweisung nach Abs. 4 S. 2, denn als übergeordnetes hat es die Kompetenzkompetenz. Zuvor ist rechtliches Gehör zu gewähren, soweit es gemäß § 33 Abs. 2, 3 notwendig ist. Der Verweisungsbeschluß muß die Anforderungen an einen Übernahmebeschluß (Abs. 3) erfüllen.

4. Übernahme nach Abs. 1 S. 2, Abs. 4 S. 1, Abs. 3

Im Zeitpunkt der Übernahmeentscheidung liegt die Eröffnung des Hauptverfah- **6** rens bereits vor. Deshalb ist hinreichender Tatverdacht nur noch bezüglich der die neue Zuständigkeit begründenden Umstände zu prüfen (*BGH*St 29, 341 [348]). Auch ersetzt der Übernahmebeschluß nicht einen fehlenden Eröffnungsbeschluß (*BGH* NStZ 1984, 520).

Umstritten ist, ob das über die Übernahme entscheidende Gericht deren Gegen- **7** stand verändern darf, indem es die Verfolgung nach § 154a beschränkt, um dann seine Zuständigkeit zu verneinen (bejahend *BGH*St 29, 341; KK-*Treier* Rz. 11; LR-*Gollwitzer* Rz. 56; a. A. *K/M* Rz. 20; KMR-*Paulus* Rz. 23). Eine derart unvermittelte Verknüpfung der Ermessensentscheidung über die Verfolgung mit der Entscheidung über die Zuständigkeit bedürfte der gesetzlichen Begründung, die fehlt. Der Verweis des § 225a Abs. 3 S. 2 auf § 207 Abs. 2 Nr. 2, 4, § 154a gilt nur für den Beschluß der Übernahme, nicht für deren Ablehnung. – Vor der Übernahmeentscheidung, die durch Beschluß ergeht, ist Gehör zu gewähren (§ 33).

Bei Ablehnung der Übernahme darf die Sache nicht an ein anderes als das vorle- **8** gende Gericht verwiesen werden. Allerdings ist in der Begründung ein entsprechender Hinweis angebracht. Der Beschluß der Übernahme muß den Formerfordernissen des § 225a Abs. 3 S. 1, 2 entsprechen. Eine vom Eröffnungsbeschluß abweichende rechtliche Würdigung der Tat ist gemäß § 207 Abs. 2 Nr. 3 im Übernahmebeschluß aufzuführen. Mit der Übernahme sind die in § 154a Abs. 2, 3 vorgesehenen Korrekturen der Verfolgung möglich.

5. Beweiserhebungen nach Abs. 2

9   Durch § 225a Abs. 2 soll dem Angeklagten ermöglicht werden, seine Verteidigung auf die mit der Vorlage mögliche Veränderung der Situation in der Hauptverhandlung einzustellen. Außerdem soll er die Übernahmeentscheidung beeinflussen können (KMR-*Paulus* Rz. 18; KK-*Treier* Rz. 20; a. A. *K/M* Rz. 9; *ANM* Beweisantrag, S. 366; zweifelnd LR-*Gollwitzer* Rz. 34, 44). Nur mit der zweiten Zweckbestimmung ist zu erklären, daß in § 225a Abs. 2 die Antragsbefugnis im Unterschied zu § 270 Abs. 4 **vor** der verbindlichen Zuständigkeitsentscheidung gegeben ist. Die Antragsbefugnis ist in Abs. 2 für die Abgabe vom Amtsgericht zu einem höheren Gericht gegeben, weil hier die Umstände, die die neue Zuständigkeitsentscheidung begründen, häufig zusätzlicher Aufklärung bedürfen. Die Befugnis ist aber gemäß der zweiten genannten Zweckbestimmung auch bei anderen Vorlegungen nach § 225a gegeben (KK-*Treier* Rz. 20). Sofern ein Amtsgericht vorlegt, ist der Angeklagte auf seine Befugnis hinzuweisen, wenn er keinen Verteidiger hat.

10   Die Antrags**frist** muß der Vorsitzende des vorlegenden Gerichts bestimmen (*BGH* NStZ 1981, 151 m. Anm. *Dünnebier*). Da der Antrag auch auf die Übernahmeentscheidung bezogen sein kann, darf diese nicht vor Fristablauf ergehen (anders LR-*Gollwitzer* Rz. 41); es wäre widersprüchlich, dem Angeklagten ausdrücklich ein Teilnahmerecht zuzuweisen und dann dessen Ausübung unmöglich zu machen. Über den Beweisantrag entscheidet nach Ermessen der Vorsitzende des Gerichts (in Fällen der §§ 223, 225 das Gericht), dem vorgelegt wurde. Ist der Antrag verspätet, aber noch auf die Hauptverhandlung bezogen, kann er u. U. in einen Antrag nach § 219 umgedeutet werden (LR-*Gollwitzer* Rz. 45). Der Antrag wird gegenstandslos, wenn das Gericht die Übernahme ablehnt.

6. Rechtsbehelfe

11   Der Vorlagebeschluß (Abs. 1 S. 1) verändert die Rechtslage der Beteiligten nicht, ist also unanfechtbar. Die Entscheidung über Beweiserhebungen (Abs. 2 S. 2) ist wie auch sonst Entscheidungen über Beweisanträge gemäß § 305 unanfechtbar. Die Entscheidungen über die Übernahme (Abs. 1 S. 2, Abs. 4 S. 1) und die Verweisung (Abs. 4 S. 1) sind nur anfechtbar, soweit es gemäß § 210 zulässig ist (Abs. 3 S. 2, Abs. 4 S. 2), der dem § 304 vorgeht. Demnach hat der Angeklagte keinen Rechtsbehelf gegen die Übernahme; deren Ablehnung beschwert ihn nicht. Die Staatsanwaltschaft hat gegen den Übernahmebeschluß die sofortige Beschwerde nur, wenn sie die Übernahme durch ein höherrangiges Gericht als das übernehmende Gericht beantragt hatte. In entsprechender Anwendung des § 210 Abs. 2 steht ihr auch gegen die Ablehnung der Übernahme die sofortige Beschwerde zu, wenn sie die Übernahme gefordert hatte (KK-*Treier* Rz. 29; LR-*Gollwitzer* Rz. 64). Widersprach der Verweisungsbeschluß (Abs. 4 S. 2) ihrem Antrag, so hat sie ebenfalls die sofortige Beschwerde.

Sechster Abschnitt
Hauptverhandlung

Vorbemerkung

Literatur

Bockelmann Strafrichter und psychologischer Sachverständiger, GA 1955, 321 ff.

Dencker/Hamm Der Vergleich im Strafprozeß, 1988.

Edelman Politik als Ritual, 1976.

Fezer Die Funktion der mündlichen Verhandlung im Zivil- und im Strafprozeß, 1970.

Keller Offenkundigkeit und Beweisbedürftigkeit im Strafprozeß, ZStW 101 (1989), 381 ff.

Koeniger Die Hauptverhandlung in Strafsachen, 1966.

Krauß Das Prinzip der materiellen Wahrheit im Strafprozeß, Fs. Schaffstein, 1975, S. 411 ff.

Kühl Prozeßgegenstand und Beweisthema, 1987.

Luhmann Legitimation durch Verfahren, 1969.

Preuß Justizielle und polizeiliche Wahrheit im Strafverfahren, KJ 1981, 109 ff.

Reichertz (Hg.) Sozialwissenschaftliche Analysen jugendgerichtlicher Interaktion, 1984.

Rüping Das Strafverfahren als Sensation, in: Fs. Dünnebier, 1982, S. 391 ff.

Schild Der Strafrichter in der Hauptverhandlung, 1983.

Schumann Der Handel mit der Gerechtigkeit, 1977.

Stein Die Anwesenheitspflicht des Angeklagten in der Hauptverhandlung, ZStW 97 (1985), 303 ff.

I. Die Hauptverhandlung im empirischen Zusammenhang ihrer Alternativen

1. Kernstück und Prozeduralisierung

1   Auf die Hauptverhandlung ist die juristische Aufmerksamkeit im Strafverfahren konzentriert. Sie wird als »Kernstück«, »Höhepunkt« des Verfahrens bewertet (*K/M* Rz. 1 vor § 226; Roxin § 42 A I). Das ist insofern angemessen, als in der Hauptverhandlung ausführlicher als im Ermittlungsverfahren über die Schuld des Angeklagten und Sanktionen verhandelt und zumeist rechtskräftig entschieden wird. Sofern mit der These vom Kernstück jedoch gemeint ist, das Strafverfahren habe in der Hauptverhandlung einen rechtlich bestimmten Orientierungs- und Schwerpunkt, auf den es regelmäßig nach einem Konditionalprogramm – konditioniert durch hinreichenden Tatverdacht und Verfahrensvoraussetzungen – zulaufe, entspricht dies nicht der Realität.

2   1989 erledigten die Staatsanwaltschaften der alten Bundesländer (ohne Hessen und Schleswig-Holstein) über 2,4 Millionen Strafverfahren. In 15,2 % davon wurde Anklage erhoben, worauf dann meist eine Hauptverhandlung folgte. 19,6 % der Verfahren wurden nach §§ 153, 153a StPO, § 45 JGG eingestellt; in 16,9 % wurde Strafbefehl beantragt (Stat. Jahrbuch 1991). Die Verfahren nach §§ 153, 153a StPO, § 45 JGG und das Strafbefehlsverfahren fungieren als Alternative der Hauptverhandlung, denn sie haben einen ähnlichen Bezugsrahmen: aufgrund hinreichenden Tatverdachts bzw. Überzeugung von der Schuld wird über Sanktionen entschieden (bei §§ 153, 153a allerdings nicht rechtskräftig). Das bedeutet, daß die Staatsanwaltschaft in 36,5 % der Verfahren statt der Hauptverhandlung eine einfachere und weniger stigmatisierende Alternative wählte und nur in 15,2 % die Hauptverhandlung. In dieser Sicht erscheint die Hauptverhandlung nun weniger als Kernstück des Strafverfahrens, denn als eine **letzte Station**, in die jener Rest von Fällen gerät, der anders nicht zu erledigen ist. Diese Betrachtungsweise liegt auch den Bemühungen um Diversion und Täter/Opfer-Ausgleich vor der Hauptverhandlung zugrunde (dazu *Heinz* ZRP 1990, 7ff.; *Schöch* NStZ 1984, 385ff.; *ders.* Fs. *Maihofer* 1988, 385ff.). Ob es zu den Alternativen kommt, hängt wesentlich von den kriminalpolitischen Strategien der Staatsanwaltschaft und – qua Richtlinien – der Justizministerien ab.

3   Eine zentrale Position scheint die Hauptverhandlung zu behalten bei mittlerer und schwerer Kriminalität. Indessen wird auch bei ersterer ihre Bedeutung geschwächt durch die wachsende Neigung zu **informalen Absprachen** (s. u. Rz. 28). Bei diesen wird disponibel, was nach dem rechtlichen Programm der Hauptverhandlung indisponibel ist: u. a. das Legalitätsprinzip, der Ermittlungsgrundsatz, die Bindung der Sanktionen gemäß § 46 StGB. Die Absprachen führen zu einer weiteren Alternative der gesetzlich geregelten Hauptverhandlung. Diese wird tendenziell also auch bei mittlerer Kriminalität zu jener letzten Station für Fälle, die nicht einfacher und weniger stigmatisierend zu erledigen sind.

4   Theoretisch ist die Veränderung des Stellenwerts der Hauptverhandlung als **Prozeduralisierung** zu bestimmen (nicht zu rechtfertigen; vgl. *Lüderssen* StV 1990, 415 (419); ausführlich zur Prozeduralisierung *Teubner* Verrechtlichung, in: *Kübler* (Hrsg.) Verrechtlichung von Arbeit, Wirtschaft und sozialer Sicherheit, 1984, S. 289 (334ff.); *Arthur Kaufmann* Prozedurale Theorien der Gerechtigkeit, 1989). Durch die zahlreichen verschiedenen Möglichkeiten, über Schuld und Sanktionen zu entscheiden, wird die nach dem rechtlichen Programm der Hauptverhandlung feststehende Orientierung des Verfahrens zu dessen disponiblem Gegenstand.

Dazu trägt auch bei, daß der **Tatverdacht**, der das Voranschreiten des Verfahrens 5 begründet, keine je gegebene Größe, sondern wiederum **prozedurales Konstrukt** ist, wie vom labeling approach seit langem betont wird. Die Regelmäßigkeiten der Anzeigebereitschaft, die Wahrnehmungs- und Bewertungsschemata der Polizei und der anderen Verfolgungsinstanzen, die Verteilung der polizeilichen Verfolgungskapazität nach Delikten, sozialen und geografischen Sektoren bestimmen, ob ein zur Hauptverhandlung führender Verdacht entsteht. Im Extremfall besteht die Gefahr, daß die Hauptverhandlung zum Funktionselement polizeilicher Strategie wird (s. u. Rz. 39).

2. Eingebundenheit

Die Situation der Hauptverhandlung ist hinsichtlich ihres **Ergebnisses weniger of-** 6 **fen**, als der Angeklagte sich vorstellen mag. Ist er in diese Station geraten, beträgt die Verurteilungswahrscheinlichkeit etwa 78 %, weil die Staatsanwaltschaft vorher gefiltert hat. Die Chance eines Erwachsenen auf Freispruch betrug 1987 in der Hauptverhandlung 3,85 %, auf eine Einstellung ohne Auflage 12,2 % (Strafverfolgungsstatistik 1987).

Staatsanwaltschaft, Polizei und soziales Umfeld bestimmen zudem Gegenstand und Verkehrsformen der Hauptverhandlung sowie die Gerechtigkeit des Urteils mehr, als es dem rechtlichen Programm, wonach der Richter im Zentrum der Verhandlung steht, entspricht. Je mehr die Staatsanwaltschaft, meist ohne richterliche Kontrolle, Verfahren von geringer Bedeutung einstellt, desto mehr geht es in der Hauptverhandlung um schwerere Kriminalität. Je mehr Verfahren durch Täter/Opfer-Ausgleich o. ä. beendet werden, desto geringer ist die Chance solcher Kooperation in der Hauptverhandlung.

II. Gang, Beteiligte, Leitung

Der Gang der Hauptverhandlung ist in den Grundzügen in §§ 243 ff. geregelt. Der 7 Vorsitzende des Gerichts stellt nach Aufruf der Sache fest, ob die Geladenen (§ 214) erschienen und die sonstigen Beweismittel herbeigeschafft sind, belehrt die Zeugen über ihre Pflichten und vernimmt den Angeklagten zur Person. Der Staatsanwalt verliest den Anklagesatz. Der Angeklagte wird, wenn er zur Aussage bereit ist, zur Sache vernommen. Es folgt die Beweisaufnahme, die Plädoyers des Staatsanwalts und des Verteidigers, das letzte Wort des Angeklagten, gerichtliche Beratung und Abstimmung über das Urteil, schließlich dessen Verkündung mit Rechtsmittelbelehrung.

Die erwähnten **Beteiligten** der Verhandlung müssen grundsätzlich während ihrer 8 gesamten Dauer **anwesend** sein (§§ 226, 230), der Verteidiger jedoch nur, wenn er notwendig gemäß § 140 ist; auf die Anwesenheit des Angeklagten kann ausnahmsweise verzichtet werden (Überblick bei § 230 Rz. 4).

Geleitet wird die Verhandlung formal und sachlich vom Vorsitzenden des Ge- 9 richts. Er vernimmt den Angeklagten, führt die Beweisaufnahme von Amts wegen durch und wahrt die thematische Begrenzung der Verhandlung auf den Prozeßgegenstand. Zu diesem Zweck kann er nötigenfalls Fragen zurückweisen, Erklärungen der Beteiligten unterbrechen, das Wort entziehen.

III. Grundsätze und ihre Funktion

10 Rechtlich wird die Hauptverhandlung nicht nur von den einschlägigen Gesetzen bestimmt, sondern auch von Grundsätzen, deren Bestand und Reichweite allerdings z. T. umstritten sind:

11 1. **Ermittlungs- oder Inquisitionsgrundsatz** (§§ 155 Abs. 2, 244 Abs. 2). Er stammt aus dem Inquisitionsprozeß und verpflichtet das Gericht, selbständig den Sachverhalt zu erforschen. Weil diese Tätigkeit nicht auf Vorbringen und Anträge der anderen Beteiligten angewiesen ist, wird sie auch als **Erforschung der materiellen Wahrheit** bezeichnet. Zugleich erhält der Richter damit die zentrale, latent monologische Rolle in der Verhandlung.

12 Der Inquisitionsgrundsatz ist ambivalent. Einerseits entzieht er die Beweiserhebung dem Ermessen des Gerichts; insofern gehört er zur **formalen Rechtsstaatlichkeit**. Andererseits ist er positiv darauf gerichtet, **objektive Gerechtigkeit** i. S. des materiellen Strafrechts durchzusetzen. Unter diesem Aspekt ist der Angeklagte Beweismittel. Subjektive Rechte sind in dieser Sicht funktional für die Erforschung der materiellen Wahrheit. Sofern sie aber dem einzelnen um seiner selbst willen zustehen sollen und zu zufälligen Freisprüchen führen können, sind sie in dieser Sicht nicht nötig. Z. T. wurde vorgeschlagen, sie unter den Vorbehalt der **Verwirkung** zu stellen (vgl. *Rebmann* DRiZ 1979, 369; NStZ 1984, 241).

13 In den Zusammenhang der Durchsetzung der objektiven Gerechtigkeit gehört auch das Streben nach **Effizienz**, was sich in den Grundsätzen der **Beschleunigung** (dazu Rz. 19) und der **Funktionstüchtigkeit der Strafrechtspflege** äußert und zur Anwendung des **Verhältnismäßigkeitsprinzips** führt, das im Einzelfall Gerechtigkeit wahren soll. Der Zusammenhang zeigt sich, wenn z. B. die Rechtsprechung bei der Vernehmung von V-Leuten das formale Unmittelbarkeitsprinzip lockert zwecks Erforschung materieller Wahrheit und funktionstüchtiger Strafrechtspflege, soweit dies wegen der Bedeutung der Sache und des Beweisthemas verhältnismäßig ist (*BVerfGE* 57, 250 [289]; zur *BGH*-Rechtsprechung zusammenfassend *Herdegen* NStZ 1984, 97 [101 f.]; einschränkend *BGH*St 32, 115 ff.). Hier ist der Zusammenhang der Orientierung auf materielle Wahrheit mit Effizienz und Verhältnismäßigkeit deutlich.

Das formale und das materiale Element des Inquisitionsgrundsatzes treten auseinander in der Praxis der Absprachen, wenn die gebotene umfassende Sachverhaltserforschung aufgegeben wird zugunsten einer bei Berücksichtigung aller (auch Effizienz- und Ökonomie-)Faktoren mehr oder weniger verhältnismäßigen Entscheidung.

14 2. Der Grundsatz des **rechtlichen Gehörs** ist in Art. 103 Abs. 1 GG festgelegt und gewährt dem Angeklagten ein **subjektives Recht**. Es ist in mehreren Vorschriften der StPO (§§ 33, 240 Abs. 2, 243 Abs. 4 S. 2, 257 Abs. 1, 258, 265 Abs. 1) ausgeformt und enthält die wichtigste Einschränkung der inquisitorischen Wahrheitserforschung durch das Gericht, weil es dem Angeklagten ermöglicht, die Rolle des Beweismittels, das er für die inquisitorische Wahrheitserforschung ist, zu überschreiten und sich als **Subjekt** des Verfahrens zu verhalten. Ob er damit der Wahrheit und Gerechtigkeit dient, ist, da es sich um ein subjektives Recht handelt, offen.

15 Zusätzlich gesichert ist der Anspruch auf rechtliches Gehör durch das Recht des Angeklagten auf **Anwesenheit** in der Hauptverhandlung (Einzelheiten bei § 230 Rz. 1 ff.). Ergänzt wird das Recht auf Gehör durch das **Beweisantragsrecht** (§ 244 Abs. 3), und durch das Recht, sich jederzeit eines **Verteidigers** zu bedienen (§ 137 Abs. 1, Art. 6 III c MRK).

3. Nach dem Grundsatz der **Unmittelbarkeit** soll ein Beweismittel in der Haupt- **16**
verhandlung von den Beteiligten wahrgenommen werden können. I. d. R. soll also
weder die Wahrnehmung an Personen außerhalb der Hauptverhandlung delegiert,
noch das Beweismittel durch Surrogate, z. B. Vernehmungsprotokolle ersetzt werden. – Der Grundsatz ist nur fragmentarisch in §§ 250, 261 positiviert und hinsichtlich seiner Reichweite umstritten. Er stammt aus der den Inquisitionsprozeß zu-
rückdrängenden Gesetzgebung. Insofern er die Erforschung objektiver Wahrheit
verbessern sollte, kann er heute als veraltet angesehen werden (dazu Rz. 35, 37 f.).
Aktuell ist er, insofern er **intersubjektive** Wahrheitserforschung ermöglicht, die
der **Anwesenheit** der Beteiligten in der Verhandlung einen Sinn gibt. In dieser
Sicht fungiert er, wie ursprünglich, als Beschränkung der monologischen inquisitorischen Wahrheitserforschung durch das Gericht.

4. Der Grundsatz der **Mündlichkeit** gebietet, den Prozeßstoff mündlich in der **17**
Verhandlung aufzubereiten und dient damit demselben Ziel wie die Unmittelbarkeit: Ermöglichung von intersubjektiver Wahrheitserforschung.

5. Der Grundsatz der **Öffentlichkeit** stammt ebenfalls aus den Reformgesetzen **18**
des 19. Jahrhunderts und wurde damals gegen das arcanum imperii gewendet. Er
sollte Wahrheit und Gerechtigkeit fördern. Inzwischen hat sich die Bedeutung der
Öffentlichkeit bekanntlich gewandelt. Im schlechten Fall fungiert das öffentliche
Verfahren als die Zuschauer involvierendes Ritual (dazu *Edelman*, Politik als Ritual, sowie u. Rz. 31), das zu Lasten des Angeklagten vollzogen wird (zu den
Rechtsproblemen vgl. *Rüping* Fs. *Dünnebier* 1982, S. 391 ff.). Dementsprechend
ist die Öffentlichkeit in Jugendsachen und zum Schutz anderer Individualinteressen ausgeschlossen. Im übrigen hat die Öffentlichkeit des Verfahrens Bedeutung
für die Möglichkeit der Bürger, auf die Justiz zu vertrauen und – partiell noch
immer – als Grundlage demokratischer Teilhabe. Insofern ist der Öffentlichkeits-
grundsatz bezogen auf die Grundsätze der **Unmittelbarkeit** und der **Mündlichkeit**,
denn diese sollen gewährleisten, daß Beweise und Prozeßstoff in der Hauptverhandlung zugänglich werden.

6. Der Grundsatz der **Beschleunigung** ist, soweit er mehr verlangen soll als Ein- **19**
zelvorschriften (z. B. Rechtsmittelfristen), hinsichtlich Begründung und Reichweite unklar. Man kann ihn als Konkretisierung des Verhältnismäßigkeitsprinzips
verstehen, so daß überlange Verhandlungsdauer u. U. als Prozeßhindernis oder
bei der Strafzumessung berücksichtigt werden müßte (dazu *Hillenkamp* NJW
1989, 2841 ff.).

7. Der Grundsatz des **fair trial** ist von der Rechtsprechung (*BVerfGE* 26, 66 [71]; **20**
57, 250 [274 ff.]) zwar anerkannt, hinsichtlich seiner Bedeutung aber wenig geklärt. Er soll einmal **Fürsorgepflichten** umfassen (*Rüping* S. 114), zum anderen
Waffengleichheit gebieten (vgl. *Roxin* § 11 V 1 a)), die jedoch wegen der inquisitorischen Elemente des deutschen Strafverfahrens nur sehr vermittelt realisierbar
ist. Im Zusammenhang der Absprachen dürfte sie bedeutsam werden (s. u.
Rz. 28 f.).

8. Die Geltung der zuvor dargestellten Grundsätze ist umstritten. Sie sind, auch **21**
wo sie aufs Gesetz gestützt werden, nicht mit diesem identisch, sondern Präferenz-
regeln für dessen Auslegung (zur Gesetzesauslegung im Verfahrensrecht AK-
StPO-*Loos* Einl. III). Insofern sind sie in einem Mindestmaß ebenso notwendig
wie die Dogmatik des materiellen Rechts. Der Eindruck jedoch, daß die Grundsätze als **Bindung** des Richters fungieren, trifft nur teilweise zu. Sie gewähren der
Rechtsprechung u. U. **Flexibilität** gegenüber dem Gesetz. So wurde die Lockerung

der Grenzen des § 251 u. a. damit legitimiert, daß weitgehende Beschränkungen der Verteidigung durch den fair trial-Grundsatz verhindert würden (*BVerfGE* 57, 250 [274 ff.]). Eine im Hinblick auf § 231 a problematische Durchführung von Abwesenheitsverhandlungen (s. u. § 231 a Rz. 6) wurde auf die Grundsätze der Beschleunigung und der Funktionstüchtigkeit der Rechtspflege gestützt (*BGH* JZ 1976, 763 [764]; *BVerfG* ebd. S. 767 m. Anm. *Grünwald*). Die Durchbrechung diverser Vorschriften durch Absprachen soll durch den Fairneßgrundsatz aufgefangen werden (*BVerfG* NStZ 1987, 419 m. Anm. *Gallandi*; weitere Nachw. Rz. 4, 28).

IV. Strukturen der Hauptverhandlung

1. Objektiv- und subjektivrechtliche Struktur

22 Wie die Darstellung der Grundsätze zeigt, ist das deutsche Strafverfahren von unterschiedlichen Strukturen geprägt, die sich anhand der von *Max Weber* entwickelten soziologischen Unterscheidungen von **objektivrechtlichen** und **subjektivrechtlichen Ordnungen** (Wirtschaft und Gesellschaft, 5. Aufl., 1976, S. 387 ff., 396 ff., 441 ff., 469, 485 ff., 505 f.) verdeutlichen lassen:

23 Einerseits das vom Ermittlungsgrundsatz und der zentralen Rolle des inquirierenden Richters bestimmte Streben nach materieller Wahrheit und **objektiver Gerechtigkeit**. Es sucht die Partikularität subjektiver Rechte zurückzudrängen, gewährt dem Angeklagten Fürsorge, tendiert zu Effizienz, gerechten kasuistischen Verhältnismäßigkeitsrelationen und betont die Funktionstüchtigkeit der Strafrechtspflege.

24 Andererseits die auf den **Konflikt** zwischen Anklage und **subjektiv berechtigter** Verteidigung bezogene **formale Verfahrensordnung**, in der die Förmlichkeit den Konflikt vermittelt, Berechenbarkeit und Distanz wahrt (und im alten Prozeß magische Wirkung entfalten konnte). Im gegenwärtigen Beweisrecht realisiert sie sich z. B. in Form und Verbindlichkeit des Beweisantrags und der sinnlichen Unmittelbarkeit des Beweismittels. Sie kennt nicht die Verwirkung subjektiver Rechte, in der Gerechtigkeit oder Effizienz zur Geltung kommt.

25 In den Regelungen der StPO sind Elemente beider Strukturen enthalten. Welche Vorrang gewinnt, hängt nicht zuletzt von Kompetenz und Verhalten der Beteiligten ab. Die Annahme, die subjektivrechtliche Struktur sei angeklagtenfreundlicher und demokratischer als die objektivrechtliche, ist ungenau. Die subjektivrechtliche Struktur läßt dem unverteidigten rechtsunkundigen Angeklagten wenig Chancen. Sie enthält ihrer Herkunft nach ein ständisches Element und bietet zunächst einmal Verteidigern und Staatsanwälten, also der Profession der am **Formalrecht** geschulten Juristen, mehr Betätigung und Bestätigung als die objektivrechtliche. Diese, weniger formalistisch, läßt den Richtern mehr Raum für die **informale Ausgestaltung** der Verhandlung, z. B. für kompensatorische Verhandlungsführung (AK-StPO-*Wassermann* Einl. II Rz. 26 ff.). *Krauß* (S. 414 f.) hat gezeigt, daß dem Angeklagten eingeräumte subjektivrechtlichen Positionen oft dessen empirische Fähigkeiten (restringierter Sprachcode, beschränkte Handlungskomptenz) verfehlen; sozialwissenschaftliche Kritik des gesetzeskonformen Richterverhaltens (*Opp* KJ 1970, 383 [392]) fordert implizit eine objektivrechtliche Struktur.

26 Soweit allerdings die Anwälte ihre ständische Einbindung verlassen und sich als

Vertreter der **Interessen einzelner** definieren, können sie die Eigenständigkeit des Angeklagten gegenüber dem Gericht wohl besser wahren. Freilich wirken sich dabei auch die eigenen (z. B. finanziellen) Interessen der Anwälte aus (zum Zivilverfahren *R. Schröder* KJ 1986, 140 ff.). Daß diese per se altruistischer wären als andere Selbständige, ist nicht belegt.

Gegenwärtig dürfte in durchschnittlichen Verhandlungen die objektivrechtliche **27** Struktur überwiegen. Im Verhältnis eines nicht oder nicht engagiert verteidigten Angeklagten zum Richter kommt dessen vom Recht ermöglichte zentrale Rolle, wie sozialwissenschaftliche Untersuchungen seit langem bestätigen, voll zum Tragen (vgl. *Muth* in *Reichertz*, S. 75 ff.; *Winter/Schumann* Sozialisation und Legitimierung des Rechts im Strafverfahren, in: *Rehbinder/Schelsky* Zur Effektivität des Rechts, Jahrbuch für Rechtssoziologie und Rechtstheorie, Bd. 3, 1972, S. 529 ff.); freilich wird sie im einzelnen unterschiedlich ausgestaltet. Der liberale Verhandlungsstil vermeidet Verhaltenskritik, Abfragen, Unterbrechen, suggestive Fragen, sucht die Kompetenznachteile des Angeklagten zu kompensieren, strebt nach Sachlichkeit. Der autoritäre Stil äußert sich vor allem im Abfragen (eindrucksvoll *Muth* a. a. O.), im rigiden Begrenzen des Themas. Kritik am Richter ist dann allenfalls indirekt möglich. Unabhängig von den Verhandlungsstilen ist die Subjektstellung des Angeklagten empirisch dadurch belastet, daß bei seinen Stellungnahmen er, nicht der Richter, ständig auf seine Glaubwürdigkeit überprüft wird. Er kann auch nicht ernsthaft die ihm entgegengehaltene Norm in Frage stellen.

2. Prozeduralisierung, Implementationsprobleme

Seit mehreren Jahren werden die herkömmlichen objektiv- und subjektivrechtli- **28** chen Strukturen überlagert von der erwähnten (Rz. 4) Prozeduralisierung, die im Streben nach **Wiedergutmachung** (Täter/Opfer-Ausgleich), **Diversion** und am deutlichsten in der Praxis der **Absprachen** zum Ausdruck kommt. Diese wurden seit langem thematisiert von der sozialwissenschaftlichen Implementationsforschung (z. B. *Treiber* Kriminalsoziologische Bibliographie 1983, 28 ff.). Danach bedarf jede formale Norm zu ihrer Umsetzung in die Realität eines meist verdeckten **informalen Unterbaus** (u. a. Absprachen der Beteiligten), und zwar besonders wenn die Norm auf Steuerung gerichtet ist. Dementsprechend ist die Neigung zu Absprachen wohl am stärksten bei Wirtschaftsstrafverfahren. Im übrigen zeigt die Implementationsforschung, daß Absprachen in einem **Minimum für die Durchsetzung der Normen notwendig** sind. Juristisch wird die Zulässigkeit von Absprachen auch nirgends mehr gänzlich bestritten. Für die formalen Normen werden sie problematisch, wenn sie ihre diesen dienende Funktion überschreiten und ein **alternatives Verfahren** bilden, was gegenwärtig der Fall sein dürfte. Die Problematik wurde inzwischen breit diskutiert. Darauf kann hier verwiesen werden (vgl. *Dencker/Hamm*; *Schünemann* Absprachen im Strafverfahren? Grundlagen, Gegenstände, Grenzen, München 1990; *Kaiser/Meinberg* NStZ 1984, 343 ff.; *Schumann*; *Widmaier* StV 1986, 357; *BVerfG* NStZ 1987, 419 m. Anm. *Gallandi*; *BGH* StV 1989, 336 ff.). Eine bündige Darstellung der de lege lata engen Grenzen von Absprachen findet sich bei *Dencker* (a. a. O., S. 50 ff.).

Die Praxis der Absprachen, die formalrechtlich fixierte Gebote des Legalitätsprin- **29** zips, der vollständigen Sachverhaltsermittlung und der Bindung der Sanktionen prozeduralisiert, ähnelt der subjektivrechtlichen Struktur, insofern sie Anklage und Verteidigung faktisch zu Parteien aufwertet. Sie überschreitet die subjektiv-

rechtliche Struktur, weil sie informal arbeitet; die Förmlichkeit des Beweisverfahrens z. B., ein zentrales Element der subjektivrechtlichen Struktur, wird unterlaufen. Auch behält im deutschen Strafverfahren, anders als im amerikanischen, der
Richter bei den Verhandlungen die Inquisitionsmaxime. Mit der materiellen Version der objektivrechtlichen Ordnung (s. o. Rz. 12 f.) könnte die Absprachepraxis
insofern zu vereinbaren sein, als prozeßökonomisch verfahren und ein im weiteren
Sinn verhältnismäßiges Ergebnis erzielt wird. Sie widerspricht aber der formal
rechtsstaatlichen Version der objektivrechtlichen Ordnung, weil danach der Er-
mittlungsumfang dem Gericht nicht verfügbar ist. Besonders problematisch wird
die Absprachepraxis beim Umweltschutz; hier steht das Strafverfahren oft vor der
Alternative, zum Instrument **»kooperativen« effizienten Verwaltungshandelns** zu
werden oder dieses durch Störung der Kooperation mit dem Beschuldigten zu
konterkarieren (dazu *Treiber* RuP 1986, 20 ff.).
Zu dem Vorschlag, die Struktur der Hauptverhandlung durch ein **Interlokut** zu
modifizieren, und zur Bedeutung des **Opferschutzes** vgl. AK-StPO-*Schreiber*
Einl. I Rz. 18, 26; *Wassermann* ebd. Einl. II Rz. 20 f. jeweils m. w. Nachw.

V. Funktionen der Hauptverhandlung

30 Da die Menge der im Dunkelfeld verbleibenden, nicht registrierten Kriminalität
die der einer Hauptverhandlung unterzogenen oft um ein Vielfaches übersteigt,
Gerechtigkeit i. S. von Gleichheit in der Hauptverhandlung also nur sehr begrenzt
verwirklicht wird, liegt die Vermutung nahe, daß es bei dem erheblichen finanziellen und rituellen Aufwand der Hauptverhandlung auch um anderes geht als die
proklamierten Ziele (*Eisenberg* Kriminologie, 3. Aufl., S. 368).

31 *Edelman* (Politik als Ritual) zeigt, daß von politischen (inklusive rechtsförmigen)
öffentlichen Aktionen stets **zwei Botschaften** ausgehen: einmal die explizite –
z. B.: Ist A schuldig? – zum anderen die implizite, an die öffentliche ritualisierte
Inszenierung der Aktion gebundene Botschaft – z. B.: Das Gericht ringt um ein
gewichtiges Gerechtigkeitsproblem –, die die Aufmerksamkeit der Leute überhaupt erst binde, sie täusche über die tatsächlich minimale Relevanz der öffentlich
betriebenen Aktion (i. S. *Edelmans*: weil die meisten Schuldigen nicht belangt
werden und das Bestrafen nichts hilft) und von der Erkenntnis ihrer »wirklichen«
Probleme abhalte. Als derartige Inszenierung kann auch eine stark kontradiktori-
sche Hauptverhandlung interpretiert werden. Allerdings läßt *Edelman* offen, wie
»wirkliche« Probleme und Täuschung zu unterscheiden seien.

32 Das ist nicht relevant für *Luhmanns* (Legitimation durch Verfahren) berühmte
These, es solle durch – u. a. gerichtliche – Verfahren das **Akzeptieren von** – vorab
unbestimmten – **Entscheidungen sozial gelernt** und Protest dagegen so isoliert
werden, daß er sozial irrelevant bleibt. Damit wird nicht das Streben der Akteure
des Verfahrens nach Gerechtigkeit, Freiheit etc. für verfehlt erklärt. Es kann
durchaus die soziale Akzeptanz fördern. Nur hängt die Stabilisierung der sozialen
Ordnung nicht davon ab, ob Gerechtigkeit, so sie in diesem Kontext nicht ohnehin
eine Illusion ist, sich durchsetzt. – Die ihm von *Luhmann* zugesprochene Funktion
kann das Verfahren allerdings nur in dem Maß erfüllen, in dem sein Ergebnis ex
ante offen ist (*Schumann* Justizforschung, in: *Kaiser/Kerner/Sack/Schellhoss*
Kleines kriminologisches Wörterbuch, 2. Aufl., 1985, S. 179).

33 In neuen Theorien der Hauptverhandlung werden einzelne funktionalistische Erklärungen herangezogen, um die **präventive** Wirkung der Hauptverhandlung zu
bestimmen (vgl. *Schild*, S. 93 ff.). Es liegt nahe, daß mit der aufwendig förmlichen

Hauptverhandlung die staatliche Bemühung um Gerechtigkeit demonstriert wird. Auch mag z. B. die gebotene Anwesenheit (§§ 226, 230) die Involvierung der Beteiligten, das Akzeptieren des Angeklagten als Subjekt durch den Richter und dessen Entscheidung durch den Angeklagten fördern (vgl. *Stein* ZStW 97 [1985]. 325).

VI. Probleme der Wahrheitserforschung

1. Wissenschaftliche und intersubjektive Wahrheitserforschung
Materielle Wahrheit als Ziel richterlicher Tätigkeit läßt sich näher bestimmen. **34** Aussagen können als wahr gelten, einerseits weil sie durch methodisches wissenschaftliches Verfahren (z. B. Experiment, Test) von Experten gewonnen wurden, andererseits weil sie durch sinnliche Wahrnehmung nicht spezialisierter Subjekte gewonnen und in deren Verkehr bestätigt wurden (ähnliche Unterscheidung bei *Krauß* Fs. *Schaffstein*, S. 412, 417 f.; *Schild* S. 73; *Keller* ZStW 101 [1989], 406, 410 ff.

Das Unmittelbarkeitsprinzip, das die Möglichkeit der sinnlichen Wahrnehmung **35** von Beweismitteln durch die in der Hauptverhandlung anwesenden Nichtexperten fordert, ebenso das Öffentlichkeitsgebot, bezieht sich auf intersubjektive Wahrheitserforschung. Wissenschaftliche Wahrheit wäre oft besser außerhalb einer öffentlichen Hauptverhandlung mit ihren unberechenbaren subjektiven Interventionen der Beteiligten zu gewinnen, z. B. in Experimenten oder Tests. Auch § 136 a und die verschiedenen, Subjektivität wahrenden, Vorschriften über die Vernehmung begrenzen wissenschaftliche Wahrheitserforschung.

Auf intersubjektive Wahrheitserforschung ist auch das Prinzip **freier richterlicher** **36** **Beweiswürdigung** (§§ 261, 264) bezogen (*Krauß* S. 416; *Keller* a. a. O.). Es verlangt, daß der Richter sich als praktisch urteilendes Subjekt einbringt. Er darf nicht willkürlich verfahren, muß Denkgesetze und Erfahrungssätze anwenden. Darin geht seine Beweiswürdigung aber nicht auf. Denn der Unmittelbarkeitsgrundsatz ist darauf gerichtet, sinnliche Wirklichkeit zum Gegenstand der Hauptverhandlung zu machen, d. h. eine mit wissenschaftlicher Rationalität nicht integrierbare Vielfalt von Informationen, die allenfalls ganzheitlich, persönlich, vernünftig zu verarbeiten ist (*Jeronschek* GA 1992). Zwar bildet aufgrund dessen der Richter letztlich allein die entscheidende Überzeugung; er muß sie aber in den Urteilsgründen den anderen Beteiligten nachvollziehbar darstellen (dazu *Rieß* GA 1978, 257 [272, 276]; *P.-A. Albrecht* NStZ 1983, 486 [493]). – Gegenwärtig wird die intersubjektive Wahrheitserforschung in mehreren Hinsichten in Frage gestellt.

2. Verwissenschaftlichung
Zunehmend werden wissenschaftliche und technische **Sachverständige** herangezo- **37** gen, deren Produktion von Wissen die in der Hauptverhandlung Beteiligten oft nicht kontrollieren können. Diese Entwicklung wird seit langem hinsichtlich der zur Schuldfähigkeitsbegutachtung eingesetzten Sachverständigen diskutiert (dazu ausführlich AK-StPO-*Schreiber* Rz. 8 ff. vor § 72; *Krauß* ZStW 85 [1973], 320 ff.; *Loos* Gedächtnisschrift für *Hilde Kaufmann* 1986, 961 ff.; *Bockelmann* GA 1955, 321 ff.; *Barton* Der psychowissenschaftliche Sachverständige im Strafverfahren, 1983). Aber auch außerhalb dieses Bereichs wird die Entwicklung sich verstärken, weil zunehmend technische Beweismittel zur Verfügung stehen, die nur von Ex-

perten eingesetzt werden können und dem Ermittlungsgrundsatz gemäß genutzt werden müssen. Eine zentrale Stellung erhalten die Sachverständigen schließlich, wo schon das materielle Strafrecht, etwa im Bereich Umweltschutz, Arzneimittelsicherheit, sich auf Kausalitäten und Erfolge bezieht, die grundsätzlich sinnlicher Wahrnehmung entzogen sind.

38 Im Strafprozeßrecht sieht man – von der Schuldfähigkeitsbegutachtung abgesehen – im Einsatz naturwissenschaftlicher und technischer Sachverständiger bisher wenig Probleme. In der Tat gewährleisten sie im Einzelfall mehr Sicherheit als etwa Zeugenaussagen. Jedoch wird sich im weiteren Verlauf der gezeigten Entwicklung die Hauptverhandlung auf ein **nicht entziehbares Vertrauen zur Wissenschaft** stützen müssen. Zwar ist Vertrauen – z. B. auf eigene Wahrnehmung eines Beweismittels, auf Zeugen – seit jeher Thema der Hauptverhandlung. Dem gewöhnlichen Zeugen jedoch steht der Richter als prinzipiell gleich kompetent gegenüber und kann intersubjektiv dessen Vertrauenswürdigkeit prüfen. Sie ist zunächst offen. Thema der Hauptverhandlung ist, ob das intersubjektive Vertrauen hergestellt werden kann. Es wird nicht vorausgesetzt. Gegenüber dem wissenschaftlichen Gutachter hingegen sind die Beteiligten der Hauptverhandlung hinsichtlich Wahrnehmungskompetenz prinzipiell unterlegen. Sie können einen wissenschaftlichen Gegengutachter einsetzen. Aber sie **müssen der Wissenschaft vertrauen**. Ob derart erzwungenes Vertrauen als Legitimation von Strafen hinreicht, hängt davon ab, wie weit solches Vertrauen auch Teil der alltäglichen Praxis der Bürger ist. Jedenfalls steckt darin ein erheblicher **Kompetenzverlust** der Praxis der Hauptverhandlung.

Der Kompetenzverlust geht noch weiter, wenn die Sachverständigen auch die **Konkretisierung der Normen** übernehmen. Das ist nicht nur, wie bekannt, bei §§ 20, 21 StGB der Fall, sondern zunehmend auch in anderen Bereichen, z. B. im Umweltstrafrecht bei der Bestimmung der Nachteiligkeit i. S. des § 324 StGB und im BtM-Strafrecht (dazu *Haffke* MedR 1990, 243 ff.).

3. Einfluß der Exekutive
39 Bei der Bekämpfung der organisierten Kriminalität ist die **Polizei** zu verdeckter Dauerkontrolle von gefährlichen Szenen übergegangen. Um dies zu ermöglichen, macht sie die Produktion ihres Wissens der Hauptverhandlung nur punktuell zugänglich. Damit entsteht die Gefahr, daß die Hauptverhandlung zum funktionalen Element polizeilicher Strategie wird (dazu einerseits *Schäfer* Die Prädominanz der Prävention, GA 1980, 49 ff.; andererseits *Taschke*, Die behördliche Zurückhaltung von Beweismitteln, 1989; s. a. § 223 Rz. 9 ff.). Die Annahme, dies könne bei der Beweisführung verhindert werden (KK-*Mayr* § 251 Rz. 27), ist ähnlich problematisch wie die, der Richter könne ein Sachverständigengutachten selbständig überprüfen (dazu *Schreiber* a. a. O.).

4. Sozialwissenschaft und Beweiswürdigung
40 Hinsichtlich der **Legitimität** der intersubjektiven Wahrheitserforschung wird von sozialwissenschaftlichen Kritikern darauf hingewiesen, daß Wahrnehmung von Schemata geleitet ist, die dazu führen können, daß Stigmata der angeklagten Person die Zurechnung der Tat beeinflussen (*Sack* Neue Perspektiven der Kriminologie, in *Sack/König* [Hg.] Kriminalsoziologie, 1974). Auch leide die Intersubjektivität, wenn dem Richter ein Angeklagter mit restringiertem Kommunikationscode gegenüberstehe.

Ob die institutionellen Eingangsvoraussetzungen und die Absicherungen des **41**
Richteramtes gegen Beeinflussung die Mängel an Objektivität effektiv begrenzen, wird bezweifelt. Zwar zeigen Untersuchungen des Verhaltens von Laienrichtern im Vergleich zu dem von Berufsrichtern, daß bei diesen mehr rechtsstaatliche Orientierung herrscht (Laienrichter tendieren bei Ersttätern eher zu
Zweifeln an der Beweislage und zu Milderung, bei Wiederholungstätern eher
zum Übergehen von Beweismängeln und Strafverschärfungen; vgl. *Casper/Zei-
sel* Laienrichter im Strafprozeß, 1979). Andererseits fördert gerade die Einbindung in die Gerichtsorganisation u. U. problematische Verhaltensmuster. So
wird angenommen, daß nach 1975 die Zunahme der gerichtlichen Einstellungen
nach § 153a auf Kosten der folgenlosen Einstellung nach § 153 ging (*Heinz*
ZStW 94, 1982, 664; differenzierend *Rieß* ZRP 1983, 97); auch wird geltend gemacht, § 153a werde zur Vermeidung von Freisprüchen eingesetzt. Insgesamt
fungiere die Freiheit der richterlichen Beweiswürdigung u. a. als Absicherung ir-
rationaler Einflüsse (*Peters* S. 281; *Eisenberg* a. a. O. [Rz 30], S. 377). Sollte sie
deshalb beseitigt werden, so läge die Frage nahe, warum an anderen vorwissen-
schaftlichen Einrichtungen wie dem Unmittelbarkeitsgrundsatz festgehalten
werden soll.

§ 226 (Ununterbrochene Gegenwart)
**Die Hauptverhandlung erfolgt in ununterbrochener Gegenwart der zur Urteils-
findung berufenen Personen sowie der Staatsanwaltschaft und eines Urkundsbeamten der Geschäftsstelle.**

1. Zweck
Die strafprozessuale Wahrheitsermittlung soll in der Hauptverhandlung in einer **1**
spezifischen Form stattfinden: **unmittelbar** zwischen Personen in einem für
diese und die Öffentlichkeit jederzeit überschaubaren Rahmen, also **mündlich**
(vgl. auch Rz. 16 f., 34 ff. vor § 226). Deshalb ist in § 226 und ergänzend in
§§ 140, 230 f. die Anwesenheit der Beteiligten geboten.

2. Gegenwart in der Hauptverhandlung
§ 226 verlangt mit dem Terminus Gegenwart körperliche und geistige Anwesen- **2**
heit und volle Aufnahmefähigkeit. Dem § 226 ist daher nicht genügt, wenn ein
Richter blind ist (*Rüping* S. 111; vgl. auch *BGH* NStZ 1988, 374 m. Anm.
Fezer). Ein Verstoß gegen § 226 liegt allerdings nicht schon bei, z. B. durch Un-
aufmerksamkeit oder Schlaf bedingten, kurzen geistigen Absenzen vor, denn
solche sind nie völlig auszuschließen (*Peters* S. 524; *BGH* MDR 1971, 364 [bei
Dallinger]). Damit ist jedoch nicht die Rechtsprechung legitimiert, wonach zwischen wesentlichen und unwesentlichen Teilen der Hauptverhandlung zu unterscheiden ist (*RGSt* 60, 63 [64]; *BGHSt* 2, 14 [15 f.]; *BGHSt* 15, 306 [307]).
Diese Differenzierung widerspricht § 226 (*Eb. Schmidt*, Nachtr. I § 140 Rz. 5,
§ 226 Rz. 10; *Rüping* S. 111; krit. auch *Roxin* § 42 F II 3 a)). Sie mag bei § 338
berücksichtigt werden. – Das Anwesenheitsgebot gilt für die gesamte Hauptverhandlung. Kann es allerdings, etwa aus Raumgründen, bei der Augenscheinseinnahme auch nicht sukzessive für alle Beteiligten gewahrt werden, muß das
dabei Verhandelte in der Fortsetzung mit den abwesend Gewesenen erörtert
werden (KK-*Treier* Rz. 2; KMR-*Paulus* Rz. 4). Von solchen technisch bedingten
Ausnahmen abgesehen genügt die spätere Bekanntgabe des in partieller Abwe-

senheit Verhandelten durch den Vorsitzenden nicht (*BGH* JR 1982, 33 m. Anm. *Maiwald*). Vielmehr muß der fehlerhafte Teil der Hauptverhandlung wiederholt werden.

3. Zur Anwesenheit Verpflichtete

3 Die zur Urteilsfindung berufenen Richter müssen als Personen in der Hauptverhandlung ununterbrochen anwesend sein, was nötigenfalls durch Zuziehung von Ergänzungsrichtern zu gewährleisten ist (§ 192 Abs. 2, 3 GVG). Die Staatsanwaltschaft muß als Institution ununterbrochen anwesend sein, kann also durch wechselnde Personen vertreten werden; nach *BGH* JR 1967, 228 m. Anm. *Hanack* soll aber darauf hingewirkt werden, daß der mit den Ermittlungen betraute Staatsanwalt auch Sitzungsvertreter ist. Zu den Amtsanwälten und Rechtsreferendaren vgl. §§ 142 Abs. 1 Nr. 3, Abs. 3 GVG. Zur Vernehmung des Staatsanwalts als **Zeugen** vgl. AK-StPO-*Kühne* Rz. 15 vor § 48.
Die Aufgabe des Urkundsbeamten kann ebenfalls von während der Verhandlung wechselnden Personen wahrgenommen werden. Die Anwendung des § 168 S. 2 Hs. 2 ist in der Hauptverhandlung ausgeschlossen (*BGH* NStZ 1981, 31). Der Urkundsbeamte muß nicht dem erkennenden Gericht angehören (*BGH* NStZ 1983, 213).
Die Anwesenheitspflicht des Angeklagten ist in §§ 230 f., die des Verteidigers in §§ 140, 231 a Abs. 4 geregelt. Ob und wann ein Sachverständiger in der Hauptverhandlung anwesend sein muß, entscheidet gemäß § 238 Abs. 1 der Vorsitzende. Die ununterbrochene Gegenwart für eine psychiatrische Begutachtung des Angeklagten wird nur in Ausnahmefällen angebracht sein, weil sie die Ausübung der subjektiven Rechte des Angeklagten belasten kann (vgl. *Loos* Gedächtnisschrift für *H. Kaufmann*, 1986, S. 961 ff.). U. U. muß der Sachverständige über die für ihn relevanten Teile der Verhandlung unterrichtet werden (*BGH*St 2, 25 [28]; DAR 1985, 195).
Nicht zur Anwesenheit verpflichtet, wohl aber berechtigt, sind Nebenkläger (§ 397) und Privatkläger (§ 385).

4. Rechtsbehelfe

4 Die Verletzung des § 226 ist revisibel gemäß § 338 Nr. 5 (u. U. auch gemäß Nr. 1).

§ 227 (Mehrere Staatsanwälte und Verteidiger)
Es können mehrere Beamte der Staatsanwaltschaft und mehrere Verteidiger in der Hauptverhandlung mitwirken und ihre Verrichtungen unter sich teilen.

1 **1.** Da weder Staatsanwalt noch Verteidiger nach § 226 während der Hauptverhandlung personal identisch bleiben müssen, können gemäß § 227 mehrere Staatsanwälte und Verteidiger jeweils sowohl nach- als auch nebeneinander tätig werden. Sie können die Verrichtungen untereinander aufteilen. Es muß jedoch nicht stets der für den jeweiligen Verhandlungteil gemäß der Aufteilung zuständige Staatsanwalt bzw. Verteidiger anwesend sein; es genügt, wenn ein Staatsanwalt und ein Verteidiger anwesend ist. Hinsichtlich der Staatsanwaltschaft folgt dies daraus, daß sie nur als Institution, nicht in Gestalt einer bestimmten Person anwesend sein muß. Hinsichtlich der Verteidiger gilt, daß jeder die ganze Verteidigung selbständig führt, so daß auch die Anwesenheit eines Verteidigers genügt (*BGH* bei *Holtz* MDR 1981, 457). Die Aufgabenteilung hat insofern nur interne Bedeutung.

2. Die gemäß § 227 zugelassene Arbeitsteilung der Staatsanwaltschaft hat das Ge-   2
richt allerdings insofern zu beachten, als es beim Ausfallen eines für einen Verhandlungteil zuständigen Staatsanwalts dem neu Eintretenden Zeit zur Vorbereitung ggf. durch Unterbrechung der Hauptverhandlung gewähren muß, auch wenn
eine dem § 145 Abs. 3 entsprechende Regelung fehlt. Auch eine Aussetzung nach
§ 265 Abs. 4 kann notwendig sein. Hinsichtlich des neu eintretenden Verteidigers
gilt entsprechendes.

3. Die mehreren Staatsanwälte dürfen, weil sie eine institutionelle Einheit vertre-   3
ten, keine widersprüchlichen Erklärungen abgeben. Tun sie es doch, hat das Gericht die Entscheidung des Vorgesetzten der dissentierenden herbeizuführen
(KMR-*Paulus* Rz. 2). Von mehreren Verteidigern nimmt rechtlich jeder die ganze
Verteidigung selbständig wahr. Deshalb sind die widersprüchlichen Erklärungen
rechtlich zulässig. Das Gericht hat die dem Angeklagten günstigste zu berücksichtigen (vgl. KK-*Treier* Rz. 3; LR-*Gollwitzer* Rz. 11).

§ 228 (Aussetzung und Unterbrechung)
**(1) Über die Aussetzung einer Hauptverhandlung oder deren Unterbrechung
nach § 229 Abs. 2 entscheidet das Gericht. Kürzere Unterbrechungen ordnet der
Vorsitzende an.**
**(2) Eine Verhinderung des Verteidigers gibt, unbeschadet der Vorschrift des
§ 145, dem Angeklagten kein Recht, die Aussetzung der Verhandlung zu verlangen.**
**(3) Ist die Frist des § 217 Abs. 1 nicht eingehalten worden, so soll der Vorsitzende
den Angeklagten mit der Befugnis, Aussetzung der Verhandlung zu verlangen,
bekannt machen.**

1. Aussetzung und Unterbrechung, Zuständigkeit
In § 228 Abs. 1 i. V. m. § 229 Abs. 1, 2, 4 werden Aussetzung und Unterbrechung   1
unterschieden: Eine verhandlungsfreie Zeit von bis zu zehn Tagen sowie, im Fall
des § 229 Abs. 2, bis zu 30 Tagen gilt als Unterbrechung (Folge: die begonnene
Verhandlung kann fortgesetzt werden), längere verhandlungsfreie Zeiten als Aussetzung (Folge: die Verhandlung muß danach neu begonnen werden). Die gerichtliche Bezeichnung der verhandlungsfreien Zeit ist irrelevant.
In § 228 Abs. 1 wird weiter die Zuständigkeit geregelt: Soll mehr als zehn Tage   2
nicht verhandelt werden, entscheidet das Gericht, ansonsten der Vorsitzende.
Praktisch ist die Unterbrechung meist ein Element der Verhandlungsleitung des
Vorsitzenden.

2. Gründe
Gründe für Aussetzung und Unterbrechung sind z. B. in § 138c Abs. 4, § 145   3
Abs. 1–3, § 217 Abs. 2, § 231a Abs. 3, § 246 Abs. 2, § 262 Abs. 2, § 265 Abs. 3, 4
StPO sowie § 34 Abs. 3 Nr. 6 EGGVG geregelt. Im Rahmen des § 228 Abs. 1 kann
aber auch aus anderen Gründen Aussetzung oder Unterbrechung angeordnet werden. Leitend dafür sind Prozeßökonomie, Konzentration und Beschleunigung des
Verfahrens, Sachaufklärung sowie Rücksichtnahme auf legitime Belange der Ver-
fahrensbeteiligung und faires Verfahren. Wie weit diese Ziele im einzelnen berücksichtigt werden, entscheidet das Gericht, sofern nicht eine gesetzliche Entscheidung eingreift (z. B. § 231a Abs. 3, § 265 Abs. 3), nach **Ermessen**. Das Interesse an weiteren Beweismitteln, an Vorbereitungsmöglichkeit für den Verteidiger

(*KG* StV 1982, 10; *OLG Karlsruhe* Justiz 1980, 417), an Anwesenheit des Angeklagten oder Verteidigers (*OLG Koblenz* MDR 1982, 72; *OLG Stuttgart* JR 1979,
170 m. Anm. *Pelchen; OLG Hamm* NJW 1972, 1063 [1064]) kann eine Aussetzung nötig machen. Weil sie i. d. R. Prozeßökonomie, Beschleunigung und Verfahrensbeteiligte belastet, ist eine Aussetzung nur angemessen, wenn eine Unterbrechung nicht angemessen ist. Anstelle der Aussetzung des gesamten Verfahrens
kann auch die Abtrennung eines auszusetzenden Teils angemessen sein.

3. Verfahren

4   Über Aussetzung und Unterbrechung entscheidet das Gericht durch Beschluß,
der Vorsitzende durch Anordnung. Die Entscheidung kann auf Antrag oder von
Amts wegen ergehen. Über Aussetzungsanträge, sofern sie nicht Hilfsanträge
sind, muß in der Hauptverhandlung vor der Urteilsverkündung entschieden werden; anders im Fall des § 329 Abs. 1. Die Ablehnung eines Antrags ist zu begründen (§ 34).

5   Unterbrechungen können in und außerhalb der Hauptverhandlung angeordnet
werden; im letzteren Fall müssen sie den Beteiligten gemäß § 35 Abs. 2 bekannt
gemacht werden (*BGH* NStZ 1987, 35). War eine Unterbrechung gemäß § 229
Abs. 1 angeordnet, kann auch noch nach Ablauf dieser Frist eine Unterbrechung
nach § 229 Abs. 2 beschlossen werden, sofern die 30-Tagefrist noch nicht abgelaufen ist (*BGH* JR 1988, 36 m. Anm. *Böttcher*).

4. Verhinderung und Verspätung des Verteidigers (Abs. 2)

6   Ist ein notwendiger Verteidiger **verhindert**, so ist § 145 anzuwenden. § 228 Abs. 2
betrifft nur den **nicht notwendigen Verteidiger**. Nach verbreiteter Meinung (LR-
Gollwitzer Rz. 19; KK-*Treier* Rz. 11; *BGH* NJW 1973, 1985 [1986]; *OLG Stuttgart*
NJW 1967, 944 [945]; *BayObLG* GA 1984, 126) ist aus § 228 Abs. 2 zu schließen,
daß die Verhinderung des nicht notwendigen Verteidigers grundsätzlich zu Lasten
des Angeklagten geht; nur ausnahmsweise sei das Gericht verpflichtet, auf die
Verhinderung durch Unterbrechung oder Aussetzung Rücksicht zu nehmen. Umgekehrt meint *Paulus* (KMR Rz. 12), aus § 137 Abs. 1 S. 1 sei der Grundsatz zu
entnehmen, daß das Gericht auf die Verhinderung des Verteidigers Rücksicht zu
nehmen habe; nur wenn es ausnahmsweise dem Angeklagten zumutbar sei, sich
auch ohne Anwalt zu verteidigen, könne die Aussetzung gemäß § 228 Abs. 2 versagt werden.

7   Beide Auslegungen des § 228 Abs. 2 befriedigen nicht. Die erste übersieht, daß
aus der Versagung des Rechts auf Aussetzung bei Verhinderung nicht geschlossen
werden kann, daß die Aussetzung i. d. R. nicht stattzufinden habe; aus der Versagung des Rechts des Angeklagten ergibt sich nur, daß das Gericht bei Verhinderung des Verteidigers wie auch sonst (s. o. Rz. 3) über die Aussetzung nach Ermessen zu entscheiden hat und dabei alle relevanten Belange zu berücksichtigen hat.
Der andererseits von *Paulus* hervorgehobene § 137 Abs. 1 S. 1 ändert daran
nichts, denn mit der Garantie der freien Verteidigerwahl ist, wie auch sonst mit
der Anerkennung eines Freiheitsrechts, nicht notwendig verbunden, daß das Gericht auch die tatsächlichen Bedingungen der Ausübung dieser Freiheit gewährleisten müsse. Sollte ernsthaft das staatliche Gericht i. d. R. verpflichtet sein, diese
tatsächlichen Bedingungen zu gewährleisten, so müßte wohl die Verteidigung
staatlich organisiert werden. Nach dem Gesetz (§ 140 StPO, Art. 6 Abs. 3 c) Nr. 2
MRK) sind aber nur im Fall der Pflichtverteidigung die tatsächlichen Bedingungen

der Verteidigung staatlich zu gewährleisten. Es ist also nach § 137 Abs. 1 S. 1, § 228 Abs. 2 bei Verhinderung des gewählten Verteidigers weder regelmäßig die Aussetzung zu versagen, noch regelmäßig zu gewähren; vielmehr hat das Gericht, wie auch gemäß § 228 Abs. 1, im Rahmen seines **Ermessens** unter Berücksichtigung aller legitimen Belange über Aussetzung und Unterbrechung zu entscheiden (so i. E. wohl auch *K/M* Rz. 8; *BVerfG* NJW 1984, 862 f.; *OLG Hamm* StV 1989, 100 f.; *BayObLG* StV 1989, 94 f.; *OLG Oldenburg* StV 1991, 152).

Im allgemeinen (vgl. KMR-*Paulus* Rz. 14; KK-*Treier* Rz. 10) wird von der Verhin- **8** derung die **Verspätung des Verteidigers** unterschieden, die das Gericht verpflichte, mit der Verhandlung eine vertretbare Zeit zu warten – i. d. R. 15 Minuten, bei auswärtigem Verteidiger oder Ankündigung der Verspätung auch länger (*BayObLG* StV 1985, 6; *BayObLG* (bei *Göhler*) NStZ 1988, 66; *OLG Celle* StV 1989, 8; *OLG Frankfurt* AnwBl. 1984, 108; *OLG Köln* StV 1984, 174; vgl. auch *OLG Köln* StV 1990, 257). Genaugenommen ist dies jedoch nur ein Unterfall der Ermessensentscheidung bei Verhinderung: Bei Verspätungen der genannten Dauer werden durch gerichtliches Abwarten die Prozeßökonomie, die Verfahrenskonzentration und die Interessen der anderen Beteiligten so wenig belastet, daß das Ermessen auf Null schrumpft und eine der Verspätung entsprechende Unterbrechung geboten ist.

5. Belehrung des Angeklagten

Nach § 228 Abs. 3 soll der Angeklagte über sein Recht auf Aussetzung gemäß **9** § 217 Abs. 2 belehrt werden. Dies ist überflüssig, wenn der Angeklagte gemäß § 217 Abs. 3 auf das Recht verzichtet hat (*K/M* Rz. 13; KK-*Treier* Rz. 12). Praktisch wird allerdings oft die Belehrung Voraussetzung der Annahme eines wirksamen Verzichts sein (vgl. § 217 Rz. 5).

6. Rechtsbehelfe

Entscheidungen des Vorsitzenden über kürzere Unterbrechungen (§ 228 Abs. 1 **10** S. 2) gehören i. d. R. zur formellen Verhandlungsleitung, so daß die **Anrufung des Gerichts** (§ 238 Abs. 2) ausgeschlossen ist; anders, wenn die Ablehnung der Unterbrechung die berechtigte Teilnahme am sachlichen Verhandlungsgang betrifft, z. B. die Willensfreiheit des Angeklagten beeinträchtigt.

Die Ablehnung der Aussetzung oder Unterbrechung gemäß § 228 Abs. 1 S. 1 ist **11** gemäß § 305 S. 1 nicht mit der **Beschwerde** anfechtbar, wohl aber u. U. mit der **Revision** nach § 338 Nr. 8; auch wenn ein Aussetzungsantrag übergangen wurde (*OLG Hamburg* MDR 1967, 608; *OLG Celle* StV 1984, 503). Das Urteil wird, wenn die Ablehnung fehlerhaft war, meist auf einer Beschränkung der Verteidigung beruhen, da sonst mögliche Erklärungen der Beteiligten die Entscheidung in aller Regel hätten beeinflussen können (*OLG Schleswig* SchlHA 1956, 298 [299]). Zur Aufklärungsrüge bei Ablehnung eines Unterbrechungsantrages vgl. *OLG Zweibrücken* StV 1990, 57 f.

Wurde Aussetzung oder Unterbrechung gemäß § 228 Abs. 1 S. 1 beschlossen, **12** kommt dagegen die **Beschwerde** in Betracht, wenn die Entscheidung nicht sachlich motiviert ist und zu bloßer Rechtsverweigerung tendiert (vgl. *OLG Frankfurt* NJW 1954, 1012; *OLG Karlsruhe* GA 1974, 285; *OLG Braunschweig* NJW 1955, 565 u. StV 1987, 332; *KG* JR 1959, 350; *OLG Frankfurt* MDR 1983, 253 u. StV 1988, 105; *OLG Karlsruhe* NStZ 1985, 227 *OLG Köln* StV 1991, 551 f.).

Hat anstelle des zuständigen Gerichts der Vorsitzende entschieden, ist die Revi- **13** sion gegeben, wenn infolgedessen Verteidigungsrechte beeinträchtigt sein können (*BGH*St 33, 217).

14 Das Fehlen der nicht zwingend vorgeschriebenen Belehrung gemäß § 228 Abs. 3 kann mittelbar revisibel werden, weil dadurch die Annahme eines wirksamen Verzichts gemäß § 217 Abs. 3 oft ausgeschlossen ist (vgl. 217 Rz. 5), so daß § 217 Abs. 2 verletzt sein kann.

§ 229 (Höchstdauer der Unterbrechung)

(1) Eine Hauptverhandlung darf bis zu zehn Tagen unterbrochen werden.

(2) Hat die Hauptverhandlung bereits an mindestens zehn Tagen stattgefunden, so darf sie unbeschadet der Vorschrift des Absatzes 1 einmal auch bis zu dreißig Tagen unterbrochen werden. Ist die Hauptverhandlung sodann an mindestens zehn Tagen fortgesetzt worden, so darf sie ein zweites Mal nach Satz 1 unterbrochen werden. Zusätzlich zu den Unterbrechungen nach Absatz 1 und Absatz 2 Satz 1 und 2 kann eine Hauptverhandlung nach Ablauf von zwölf Monaten seit ihrem Beginn jeweils einmal innerhalb eines Zeitraumes von zwölf Monaten bis zu zehn Tagen unterbrochen werden, wenn sie davor an mindestens zehn Tagen stattgefunden hat.

(3) Kann ein Angeklagter zu einer Hauptverhandlung, die bereits an mindestens zehn Tagen stattgefunden hat, wegen Krankheit nicht erscheinen, so ist der Lauf der in den Absätzen 1 und 2 genannten Fristen während der Dauer der Verhinderung, längstens jedoch für sechs Wochen, gehemmt; diese Fristen enden frühestens zehn Tage nach Ablauf der Hemmung. Beginn und Ende der Hemmung stellt das Gericht durch unanfechtbaren Beschluß fest.

(4) Wird die Hauptverhandlung nicht spätestens am Tage nach Ablauf der in den vorstehenden Absätzen bezeichneten Frist fortgesetzt, so ist mit ihr von neuem zu beginnen. Ist der Tag nach Ablauf der Frist ein Sonntag, ein allgemeiner Feiertag oder ein Sonnabend, so kann die Hauptverhandlung am nächsten Werktag fortgesetzt werden.

1. Zweck

1 Die Vorschrift hat das gleiche Ziel wie § 226 (s. dort Rz. 1): Die Hauptverhandlung soll zwischen Personen ohne schriftliche Vermittlung in einem überschaubaren Rahmen stattfinden. In § 229 werden die zeitlichen Bedingungen der Überschaubarkeit geregelt, was als Ausdruck des **Konzentrationsgrundsatzes** angesehen wird (*Roxin* § 11 II). Die möglichen Unterbrechungen, die die Erinnerung schwächen und zum Rückgriff auf Protokolle verleiten, werden begrenzt. Ursprünglich war in § 229 nur eine Unterbrechung von vier Tagen zugelassen. Die Zunahme der Großverfahren, die wachsende Komplexität der sozialen Verhältnisse und die Steigerungen der Beweisanforderungen haben inzwischen dazu geführt, daß eine enge Begrenzung der Unterbrechung sich gegen ihre Intention wendet und zu Verlängerungen oder Aussetzungen der Verfahren führt, weil die Leistungsfähigkeit der Beteiligten und die sachliche Vorbereitung der einzelnen Termine nicht hinreichend gewährleistet sind. Deshalb wurde die Möglichkeit der Unterbrechung immer weiter ausgedehnt, zuletzt 1987 durch Einfügung des Abs. 2 S. 3 und des Abs. 3 in § 229 (vgl. *BGH* NJW 1987, 965 [966]; krit. zu dieser Entwicklung *Kempf* StV 1987, 215 [220 f.]). Diese Regelungen sollen vor allem in Großverfahren auf das Bedürfnis nach Urlaub und auf Erkrankungen der Beteiligten Rücksicht nehmen, ohne eine Aussetzung nötig zu machen.

2. Unterbrechung

Zu Begriff und Gründen der Unterbrechung vgl. § 228 Rz. 1, 3. Die Zehntagefrist **2** des Abs. 1 wird in Abs. 2 S. 1, 2 für Großverfahren ergänzt durch die Möglichkeit von zwei 30-Tagefristen und in Abs. 2 S. 3 durch weitere 30-Tagefristen. Werden die Unterbrechungen nach Abs. 1 und 2 ohne dazwischen stattfindende Sachverhandlungen verbunden, so beginnt die 30-Tagefrist bereits am Beginn der Unterbrechung nach Abs. 1 (*K/M* Rz. 3). Vor der Unterbrechung nach Abs. 2 S. 3 muß eine Hauptverhandlung von 12 Monaten liegen und an mindestens zehn Tagen verhandelt worden sein, wobei Unterbrechungen nach Abs. 1 unschädlich sind (*Rieß/Hilger* NStZ 1987, 149; KK-*Treier* Rz. 4; KMR-*Paulus* Rz. 9; LR-*Gollwitzer*, ErgBd. Rz. 4; anders *K/M* Rz. 4). § 268 Abs. 3 S. 2, nicht § 229 Abs. 1, 2, ist anzuwenden bezüglich der Frist zur Urteilsverkündung (*BGH* StV 1982, 4 m. Anm. *Peters*).

Beendet wird die Unterbrechung durch Fortsetzung der Sachverhandlung (BGH **3** a. a. O.), die auf Förderung des Verfahrens gerichtet sein muß, wenn auch nur hinsichtlich eines Mitangeklagten (*BGH* bei *Dallinger* MDR 1975, 23). Die bloße Erörterung weiterer Fortsetzung oder die Entgegennahme eines Antrages genügen nicht (*BGH* NJW 1952, 1149; *BGH* NStZ 1986, 182).

3. Hemmung der Unterbrechungsfrist (Abs. 3)

Wenn der Angeklagte erkrankt ist und zur Hauptverhandlung aus medizinischer **4** Sicht nicht erscheinen kann (vgl. BT-Drs. 10/1313, S. 26), wird die Unterbrechungsfrist für höchstens sechs Wochen gehemmt, sofern vorher an mindestens zehn Tagen verhandelt worden ist. Die Hemmung setzt nicht nur ein, wenn zuvor eine Unterbrechung angeordnet bzw. beschlossen worden war, sondern auch, wenn dies erst während der Verhinderung geschah. Die noch offene Frist läuft nach der Verhinderung weiter, dauert aber mindestens noch zehn Tage, um genügend Zeit für die Vorbereitung der Fortsetzung der Verhandlung zu gewähren. Diese Wirkungen treten – von Gesetzes wegen – ein, auch wenn die Verhinderung nur bei einem von mehreren Mitangeklagten vorliegt. Die Möglichkeit der Verhandlung am Krankenbett schließt die Voraussetzungen der Hemmung nicht aus. Die Berechnung der Hemmungsfrist richtet sich nach § 205 BGB (KK-*Treier* Rz. 12).

Beginn und Ende der Hemmung werden durch Gerichtsbeschlüsse festgestellt. Ist **5** das Ende schon bei Beginn abzusehen, können beide Zeitpunkte in einem Beschluß festgestellt werden. Die Voraussetzungen sind in Freibeweisverfahren, i. d. R. aufgrund ärztlicher Gutachten zu klären.

4. Aussetzung

Wird, gewollt (zu den Gründen § 228 Rz. 3) oder ungewollt, länger als für Unter- **6** brechungen zugelassen, nicht verhandelt, so liegt eine Aussetzung vor mit der Folge, daß mit der Verhandlung von neuem zu beginnen ist. Die Beteiligten müssen erneut geladen werden. Ob die Ladungsfrist des § 217 einzuhalten ist, hängt vom Einzelfall ab (s. o. § 217 Rz. 2).

5. Rechtsbehelfe

7 Zur **Anrufung des Gerichts** nach § 238 Abs. 2 und zur **Beschwerde** s. § 228 Rz. 10 ff. **Revision** ist möglich, wenn die in § 229 Abs. 1, 2, 3 zugelassenen Unterbrechungsfristen ohne Erneuerung der Hauptverhandlung überschritten wurden; daß das Urteil darauf beruht, wird selten auszuschließen sein (vgl. *BGH* StV 1990, 52); die Einschätzung des Tatrichters ist insoweit irrelevant (*BGH* StV 1986, 369). Die Beschlüsse gemäß § 229 Abs. 3 S. 2 sind als solche nicht revisibel (§ 336 S. 2).

§ 230 (Ausbleiben des Angeklagten)

(1) Gegen einen ausgebliebenen Angeklagten findet eine Hauptverhandung nicht statt.

(2) Ist das Ausbleiben des Angeklagten nicht genügend entschuldigt, so ist die Vorführung anzuordnen oder ein Haftbefehl zu erlassen.

Literatur

Baumann Strafprozeßreform in Raten, ZRP 1975, 38 ff.

Dünnebier Das Kontumazialverfahren ist abgeschafft, Fs. Heinitz, 1972, 669 ff.

Gollwitzer Die Befugnisse des Mitangeklagten in der Hauptverhandlung, Fs. Sarstedt, 1981, 15 ff.

Grünwald Anmerkung zu BGHSt 26, 228 und BVerfGE 41, 246, in: JZ 1976, 767 ff.

Hilger Anmerkung zu BGH NStZ 1984, 41.

Küper Zum Begriff des »eigenmächtigen« Ausbleibens in § 231 Abs. 2 StPO, NJW 1974, 2318 ff.

Ders. Zwangsvorführung eines inhaftierten Angeklagten, NJW 1978, 251 f.

Lemke Rechtmäßigkeitserfordernisse des strafrechtlichen Vorführungsbefehls, NJW 1980, 1494 ff.

Paeffgen Vorüberlegungen zu einer Dogmatik des Untersuchungshaft-Rechts, 1986.

Prittwitz Der Mitbeschuldigte im Strafprozeß, 1984.

Rieß Die Durchführung der Hauptverhandlung ohne den Angeklagten, JZ 1975, 265 ff.

ders. Die Hauptverhandlung in Abwesenheit des Angeklagten in der Bundesrepublik Deutschland, in: Deutsche strafrechtliche Landesreferate zum 10. Internationalen Kongreß für Rechtsvergleichung, 1978, 175 ff.

Röhmel Die Hauptverhandlung ohne den Angeklagten, JA 1976, 587 ff.

Rüping Der Grundsatz des rechtlichen Gehörs und seine Bedeutung im Strafverfahren, 1976.

Stein Die Anwesenheitspflicht des Angeklagten in der Hauptverhandlung, ZStW 97 (1985), 303 ff.

Warda Hauptverhandlung mit dem verhandlungsunfähigen, aber verhandlungswilligen Angeklagten?, Fs. Bruns, 1978, S. 415 ff.

Weetzen Zur Verhandlungs(un)fähigkeit, DRiZ 1974, 259 f.

I. Bedeutung der Anwesenheit des Angeklagten

1. Subjektives Recht auf Anwesenheit

a) Aus § 230 Abs. 1 ist zu schließen, daß der Angeklagte grundsätzlich in der **1** Hauptverhandlung **anwesend sein darf** (vgl. Art. 14 Abs. 3 des Int. Paktes über bürgerliche u. polit. Rechte). Dadurch wird seine Möglichkeit, sein **subjektives Recht auf Gehör** (Art. 103 Abs. 1 GG; dazu Rz. 14 f. vor § 226) auszuüben, verbessert. Zu den **empirischen** Bedingungen der Wahrnehmung rechtlichen Gehörs vgl. Rz. 22 ff., 25 ff. vor § 226; zur Geschichte: BK-GG-*Rüping* Art. 103 I S. 5 ff. Die Befugnis, anwesend zu sein, verliert der Angeklagte nur in den Fällen des § 231 b bei zu befürchtender Störung, des § 247 bei Entgegenstehen bestimmter Interessen, des § 350 Abs. 2 bei Untersuchungshaft während des Revisionsverfahrens.

b) Aus § 230 ist weiter zu schließen, daß der Angeklagte über die Anwesenheits- **2** befugnis hinaus ein Recht darauf hat, **daß ohne seine Anwesenheit eine Hauptverhandlung grundsätzlich nicht stattfindet**. Dieses Recht ist allerdings erheblich eingeschränkt durch die Möglichkeit von Abwesenheitsverfahren nach §§ 231 Abs. 2, 231 a, 231 b, 232, 247, 350 Abs. 2 S. 2, 387 Abs. 1, 411 Abs. 2. (In §§ 276 ff. ist nur ein Beweissicherungsverfahren geregelt; der in § 276 definierte Begriff der Abwesenheit gilt nicht für §§ 230 ff.)

c) Im übrigen ist das subjektive Recht auf Anwesenheit auch insofern einge- **3** schränkt, als der Angeklagte rechtlich **nur ausnahmsweise** über die Anwesenheit **disponieren** kann: Im allgemeinen ist er zugleich zu ihr verpflichtet (s. u. Rz. 4). Nur in den Fällen der §§ 231 c, 233, 350 Abs. 2 S. 1 ist ihm die Anwesenheit freigestellt. Faktisch kann der Angeklagte allerdings über seine Anwesenheit auch disponieren in den erwähnten Abwesenheitsverfahren (Rz. 2), denn dabei verzichtet das Gericht darauf, die Anwesenheit zu erzwingen bzw. auf die Erzwingungsmöglichkeit zu warten.

2. Verpflichtung zur Anwesenheit

Der Angeklagte ist zur Anwesenheit auch verpflichtet. Das ergibt sich aus § 230 **4** Abs. 2 (die Entschuldigung setzt eine Pflicht voraus) sowie hinsichtlich des Erscheinens aus der **Ladung**, was auch § 163 a Abs. 3 zeigt, hinsichtlich des Bleibens aus **§ 231 Abs. 1 S. 1** (vgl. § 216 Rz. 1; § 230 Rz. 15 ff.).
Es ist nicht angemessen, diese Pflicht etwa in Anlehnung an *Goldschmidt* (Prozeß als Rechtslage, S. 335 ff.; ähnlich *Eb. Schmidt* I Rz. 64 ff.) als **prozessuale Last** zu

interpretieren. *Goldschmidt* hat dies bezüglich der Anwesenheitspflicht abgelehnt (a. a. O. S. 116 f.; ebenso *Eb. Schmidt* I Rz. 72; *Paeffgen*, S. 83 ff.), weil der objektivrechtlichen Verpflichtung des Gerichts zur Erforschung der Wahrheit eine Verpflichtung des Angeklagten zur Anwesenheit entspreche. Das ist in der Tat ein materialer Grund der Anwesenheitspflicht (Rz. 5).

Von der Anwesenheitspflicht **entbunden** ist der Angeklagte nur in den Fällen der §§ 231 b, 231 c, 233, 247, 350 Abs. 2 S. 1, 2. In den Abwesenheitsverfahren nach §§ 231 Abs. 2, 231 a, 232, 329 Abs. 2, 387 Abs. 1, 411 Abs. 2 bleibt der Angeklagte zur Anwesenheit, soweit sie möglich ist, verpflichtet; das Gericht kann die Durchsetzung der Pflicht, falls möglich und nötig, nach §§ 230 Abs. 2, 236 erzwingen. Auch wenn der Angeklagte von der Anwesenheitspflicht entbunden ist, kann das Gericht nach § 236 sein Erscheinen anordnen.

3. Zwecke der Anwesenheitspflicht

a) Wahrheitserforschung und Mitwirkungspflicht

5   Durch die pflichtgemäße Anwesenheit des Angeklagten und der anderen Beteiligten (§ 226) wird nach allgemeiner Ansicht der **Wahrheitserforschung** gedient, die das Gericht von Amts wegen zu betreiben hat (z. B. *BGH* NStZ 1991, 246). Freilich könnte die objektive Wahrheit, insbesondere mit den Mitteln der modernen Wissenschaft, zuweilen auch ohne die Anwesenheit des Angeklagten erforscht werden. Es geht also um eine bestimmte Art, um **intersubjektive** Wahrheitserforschung und Wahrheit (Rz. 34 ff. vor § 226).

6   Daß der Angeklagte zur Anwesenheit dabei auch dann verpflichtet ist, wenn es um seine Belastung geht, verstößt (entgegen *Stein* S. 324 f.) nicht gegen den Grundsatz, daß **niemand verpflichtet werden darf, an der eigenen Überführung willentlich mitzuwirken**; denn zur Mitwirkung durch Anwesenheit wird der Angeklagte (von den Zwangsmaßnahmen der §§ 230 Abs. 2, 231 Abs. 1, die den Grundsatz ohnehin nicht tangieren, abgesehen) nur mit solchen Sanktionen genötigt (und zwar in den Fällen der §§ 231 Abs. 2, 231 a, 232), die die Anwesenheit und damit die Mitwirkung an der Überführung einschränken (i. E. ebenso *Paeffgen*, Dogmatik, S. 87 ff.). Deshalb wäre auch, entgegen *BGH* GA 1969, 281, die Verpflichtung des Angeklagten, das Gericht auf eine andere Terminverpflichtung hinzuweisen, nicht als Verstoß gegen den genannten Grundsatz zu bewerten.

7   Daß der Angeklagte auf die Anwesenheit i. d. R. auch nicht verzichten kann, wenn sie zu seiner **Entlastung** dient, bedeutet, daß der Staat dem Angeklagten Gerechtigkeit auch dann angedeihen lassen will, wenn dieser darauf keinen Wert legt. Dann handelt es sich um eine rein objektive Gerechtigkeit, was der eigenständigen Wahrheitserforschung durch das Gericht entspricht. Dieses Element tritt im Rahmen der §§ 231 Abs. 2, 231 a, 232 so sehr hervor, daß nicht nur auf das Interesse des Angeklagten an der Anwesenheit, sondern auch auf seine Anwesenheit verzichtet wird, soweit dies im Rahmen der Verhältnismäßigkeit, die zu der auf objektive Gerechtigkeit gerichteten eigenständigen, gerichtlichen Wahrheitserforschung gehört (Rz. 12 f. vor § 226; § 231 Rz. 3), legitim ist.

b) Fürsorge zugunsten des rechtlichen Gehörs

Nach den *Motiven* (S. 185) dient die Pflicht des Angeklagten zur Anwesenheit **8** auch dessen eigenem Schutz, ist dem Angeklagten aufgenötigte Fürsorge zugunsten seines rechtlichen Gehörs (so z. B. LR-*Gollwitzer* Rz. 1; *Fezer* II 11/89; *Rieß* JZ 1975, 267). Ohne die Annahme dieses Zweckes ist z. B. kaum zu erklären, warum der Angeklagte bei einer unterhalb der Schwelle des § 232 liegenden Straferwartung nach § 230 Abs. 2 gegen seinen Willen vorgeführt werden kann, sofern das Gericht keinen Hinweis nach § 232 Abs. 1 gegeben hat und die Voraussetzungen des § 233 (insbes. Anhörung) nicht vorliegen. Der Wahrheitserforschung kann der Anwesenheitszwang hier nicht dienen, denn auf Sicherung der Wahrheitserforschung durch Anwesenheit des Angeklagten könnte das Gericht im Rahmen des § 232 verzichten.

Stein (ZStW 97 [1985], 303 [314 ff.]) meint, das Aufnötigen von Fürsorge durch **9** Anwesenheitspflicht verstoße gegen Art. 1 i. V. m. Art. 2 Abs. 1 GG. Danach darf der Einzelne nicht als **bloßes** Objekt staatlichen Handelns ohne ein **Minimum** an eigenen Entscheidungsbefugnissen behandelt werden. Daß dies durch die Anwesenheitspflicht geschieht, ist jedoch nicht einzusehen. Im übrigen ist die aufgedrängte Fürsorge nicht wesentlich unterschieden von der dem Angeklagten aufgedrängten staatlichen Wahrheitserforschung mittels Anwesenheit (vgl. *Grünwald* JZ 1976, 771), die *Stein* für akzeptabel hält. Allerdings wird auch die Aufnötigung von Fürsorge bei den Abwesenheitsverfahren relativiert, indem auf die Anwesenheit verzichtet wird zugunsten eigenständiger gerichtlicher Wahrheitserforschung im Rahmen der Verhältnismäßigkeit.

II. Anwesenheit in der Hauptverhandlung

Zur Anwesenheit gehört physische und psychische Präsenz sowie Verhandlungsfä- **10** higkeit (*Rüping* S. 111; *BGH* NStZ 1984, 520; vgl. aber *Baumann* ZRP 1975, 38 [43]). Anwesenheit ist während der **gesamten Hauptverhandlung** erforderlich; zu technisch bedingten Einschränkungen bei der Einnahme des Augenscheins vgl. § 226 Rz. 2. Wird aufgrund einer Täuschung gegen eine *andere Person* als die in Anklageschrift und Eröffnungsbeschluß gemeinte verhandelt, ist das darauf ergangene Urteil nach verbreiteter Ansicht nichtig (LR-*Gollwitzer* Rz. 11; KMR-*Paulus* Rz. 9; KK-*Treier* Rz. 7; *Eb.* Schmidt II § 230 Rz. 7; *Roxin* § 50 C II; anders *LG Lüneburg* MDR 1949, 768 m. abl. Anm. *Grobler*). *Grünwald* (ZStW 76 [1964], 250; vgl. auch *Sarstedt* JR 1956, 351) hat jedoch gezeigt, daß dadurch die Bindung an die StPO in problematischer Weise gelockert wird.

Wird gegen **mehrere Angeklagte** verhandelt, so sind sie alle zur Anwesenheit ver- **11** pflichtet (*BGH* StV 1987, 189), wenn nicht einzelnen gemäß § 231 c gestattet wurde, sich zu entfernen. Die vorübergehende **Abtrennung** des Verfahrens gegen einzelne Angeklagte mit der Folge, daß gegen sie in Abwesenheit der anderen verhandelt wird, ist nicht zulässig, wenn sie dazu dient, das Anwesenheitsgebot zu umgehen (LR-*Gollwitzer* Rz. 15; *BGH* NStZ 1991, 228 bei *Miebach/Kusch*). Von der Rechtsprechung wird die vorübergehende Abtrennung zugelassen, wenn Gegenstand der abgetrennten Verhandlung Vorgänge sind, die mit dem Gegenstand der fortgesetzten Verhandlung nicht zusammenhängen (*BGHSt* 24, 259; 30, 74; 32, 100; 32, 270, 273; 33, 119; StV 1982, 252; StV 1986, 465).

Dästner (AK-StPO § 2 Rz. 10) meint, auch mit dieser Einschränkung sei die vor- **12** übergehende Abtrennung noch unzulässig, weil sie eine Umgehung des speziell dafür vorgesehenen § 231 c und des dort vorausgesetzten Antrags des Mitange-

klagten impliziere. Indessen dient die Entbindung von der Anwesenheitspflicht
nach § 231c der Entlastung des Mitangeklagten und der Prozeßökonomie. Die
vorübergehende Abtrennung aber kann darauf gerichtet sein, einen Mitangeklagten als Zeugen über Vorgänge zu vernehmen, die ihn **nicht** als Angeklagten betreffen. Dann liegt keine Umgehung des § 231c vor (zum Verbot der Umgehung
des § 231c vgl. *BGHSt* 30, 74; 32, 270 [272]; *Rogall* StV 1985, 355). Unzulässig
wäre die Abtrennung gleichwohl, wenn der Begriff des Beschuldigten materiell
bestimmt würde (so *Prittwitz* NStZ 1981, 463; *ders.* NStZ 1984, 464; AK-StPO-
Kühne Rz. 13 vor § 48; *Roxin* § 26 A III 1b), was jedoch mit § 60 Nr. 2 kaum zu
vereinbaren wäre (*Grünwald*, Festschrift für *Klug* 1983, 493).

III. Pflicht zur Gewährleistung der Anwesenheit

13   Die Pflicht zur Anwesenheit wird erfüllt durch Handlungen und Unterlassungen,
die die Präsenz in der Hauptverhandlung bewirken bzw. ermöglichen, z.B. Nutzen von Transportmitteln, Vernachlässigen anderer Verbindlichkeiten. Pflicht zur
Anwesenheit heißt: **Der Angeklagte ist verpflichtet, zu tun, was seine Anwesenheit in dem vom Gericht bestimmten Hauptverhandlungstermin bewirkt, und zu
unterlassen, was sie hindert** – beides jedoch nur in näher zu bestimmenden **Leistungsgrenzen.** Daß diese die Abwesenheit berechtigen können, ist gesetzlich
nicht explizit vorgesehen. Unter »genügend entschuldigt« gemäß §§ 230 Abs. 2,
§ 329 Abs. 2 werden jedoch nicht nur Entschuldigungsgründe, sondern alle Umstände gefaßt, die das Ausbleiben akzeptabel machen (vgl. LR-*Gollwitzer* Rz. 23),
also auch solche, die es nach allgemein im Zivil-, Straf- und Öffentlichen Recht
geltenden Regeln berechtigen. Diese sind auch dort zu beachten, wo nicht explizit
auf genügende Entschuldigung abgestellt wird: Bei §§ 231 Abs. 2, 232 im Rahmen
der »Eigenmächtigkeit« (*BGH* NStZ 1984, 41; *OLG Karlsruhe* NStZ 1990, 305f.;
BGH NStZ 1991, 246), bei § 231a, weil berechtigtes Verhalten nicht »schuldhaft«
sein kann und bei § 231 Abs. 1 (s. dort Rz. 1). Folgende Leistungsgrenzen bestehen bezüglich der Anwesenheitspflicht:

1. Unmöglichkeit der Erfüllung

14   Ist dem Angeklagten die Erfüllung der Pflicht völlig unmöglich, z.B. weil er in
Haft ist (*BGHSt* 3, 185 [190]; 25, 317 [319]), so ist seine Abwesenheit nicht pflichtwidrig. Völlige Unmöglichkeit liegt allerdings selten vor. Gesundheitliche Hindernisse z.B. können oft durch eine dem Termin weit vorausgehende Therapie oder
durch Verhandlung am Krankenbett überwunden werden. Dann kommt es auf die
Grenzen der Leistungspflicht bezüglich Anwesenheit an.

2. Entstehungszeit und Ende der Pflicht

15   Daß die Pflicht zur Gewährleistung der Anwesenheit in einem bestimmten Zeitpunkt beginnen und damit begrenzt sein könnte, wurde bisher kaum beachtet.
Das Problem entsteht, wenn der Beschuldigte in einem frühen Stadium des Verfahrens, evtl. schon vor diesem (z.B. durch Selbstschädigung) eine Bedingung
setzt für seine spätere Abwesenheit (z.B. wegen Verhandlungsunfähigkeit) in der
Hauptverhandlung. Für *BGHSt* 26, 228ff. scheint die Pflicht, für die spätere Anwesenheit zu sorgen, jederzeit nach der Tat zu bestehen (skeptisch dazu *Grünwald*
JZ 1976, 767ff.); die Anwesenheitspflicht scheint demnach Folge der Tat zu sein,
und der Beschuldigte hätte sich jederzeit entsprechend bereitzuhalten. *BGH* NStZ
1984, 41 allerdings will dem Angeklagten eine Anwesenheitspflicht nur auferle-

gen, wenn eine wirksame Ladung vorliegt; demnach **begründet die Ladung die Anwesenheitspflicht** (vgl. auch § 163 a Abs. 3). Das ist in der Tat anzunehmen. Vor der Ladung ist dem Angeklagten verboten, seine Anwesenheit für jeden möglichen Termin, also auf unabsehbare Zeit, unmöglich zu machen (dazu Rz. 17 f.). Er ist aber vor der Ladung nicht verpflichtet zu gewährleisten, daß er in jedem Termin, den das Gericht bestimmen könnte, anwesend sein kann. Dies ist auch nicht aus dem Genügen der Terminsmitteilung gemäß § 216 Abs. 2 zu entnehmen; damit wird nur berücksichtigt, daß Gefangene sich nicht selbst zum Termin begeben können. Die Pflicht, **im** Termin und bezüglichen Fortsetzungsterminen die Anwesenheit zu gewährleisten, ergibt sich aus § 231 Abs. 1 (Einzelheiten zur Bedeutung der Ladung, § 216 Rz. 1).

Mit der Fixierung des Beginns der Anwesenheitsgewährleistungspflicht auf die **16** Ladung wird, wie auch beim erlaubten Risiko (s. Rz. 21) und vor allem bei den Garanten- und Sorgfaltspflichten des Zivil- und Strafrechts (ebenso zu § 44 AK-StPO-*Lemke* Rz. 19 ff.), eine **Aufteilung von Verantwortungsbereichen** vollzogen: Es ist Sache des Gerichts, die Anwesenheitspflicht zu bestimmen, an der sich der Angeklagte orientieren soll. Wenn nach der Logik des § 231 a das Gericht mit der Verhandlung nicht warten muß, bis der Angeklagte »geruht«, von seinem Anwesenheitsrecht Gebrauch zu machen (*Baumann* ZRP 1975, 38 [43]), so muß auch der Angeklagte sich nicht für die Verhandlung bereit halten, solange das Gericht nicht erklärt, ob und wann sie mit ihm stattfinden soll. Über diese Grenze führt auch die Haftung für actio libera in causa nicht heraus, denn sie setzt voraus, daß zur Zeit der libera causa die Pflicht, einen bestimmten Erfolg nicht zu bewirken, schon besteht.

Gemäß der Aufteilung von Verantwortungsbereichen kann allerdings schon **vor 17 der Ladung** vom Beschuldigten eine **allgemeine Bereitschaft** zu künftiger Anwesenheit verlangt werden. Durch Vernehmungen und Mitteilungen vor der Ladung (§§ 163 a, 201, 215) erfährt er, daß sich ein Verfahren gegen ihn entwickelt. Zugleich werden an den Status des Beschuldigten diverse Lasten geknüpft, die anderen Bürgern nicht auferlegt werden (vgl. §§ 81, 81 a, 81 c, 102 f.), insbesondere die Regelung der Untersuchungshaft, wonach der Beschuldigte – nicht der Zeuge, dem gegenüber dies auch zweckmäßig sein könnte – es hinnnehmen muß, daß seine Fluchtvorbereitungen verhindert werden. Daraus ist nicht auf den Bestand einer vollen Pflicht zur Gewährleistung der Anwesenheit zu schließen (vgl. aber *Paeffgen*, Dogmatik, S. 80 ff.; KMR-*Sax* Einl. IV Rz. 55). Diese entsteht erst unter zusätzlichen Bedingungen mit dem Haftbefehl. Wohl aber zeigt sich hier ein Näheverhältnis zu den Strafverfolgungsbehörden, dessen Grund die Latenz der Anwesenheitspflicht ist. Daraus dürfte zu entnehmen sein, daß mit dem Beschuldigtenstatus verknüpft ist:

a) das **Verbot, die Anwesenheit** für alle möglichen Hauptverhandlungstermine **18** auf **unabsehbare Zeit unmöglich** zu machen;

b) das **Verbot, absichtlich** die Anwesenheit für in absehbarer Zeit mögliche **19** Hauptverhandlungstermine (z.B. für die zwei folgenden Monate) **unmöglich** zu machen, um dadurch die ordnungsgemäße Durchführung des Verfahrens zu verhindern, denn mit dem absichtlichen Verhalten antizipiert der Beschuldigte seinerseits die Anwesenheitspflicht, so daß die Prämisse für die ansonsten geltende Aufteilung der Verantwortung (Rz. 16) entfallen ist.

Von der allgemeinen Bereitschaft gemäß a) und b) abgesehen, verstoßen vor der **20** Ladung gesetzte Bedingungen für die Abwesenheit, z.B. ein Suizidversuch mit folgender Verhandlungsunfähigkeit (dazu § 231 Rz. 10), nicht gegen die Anwesenheitpflicht. Ein Verstoß liegt jedoch vor, wenn der Angeklagte nach der Ladung zumutbare (dazu Rz. 21 f.) Maßnahmen unterläßt, die die drohende Abwesenheit verhindern würden. Damit wird die praktische Problematik der Ladungsgrenze entschärft.

Die Pflicht zur Gewährleistung der Anwesenheit **endet** mit der Hauptverhandlung, d. h. nicht mit Unterbrechung, wohl aber mit Urteil und Aussetzung. Nach dieser bleibt die Pflicht zu allgemeiner Bereitschaft für die Anwesenheit.

3. Erlaubtes Risiko

21 Der Angeklagte muß, wenn die Anwesenheitspflicht entstanden ist, zu deren Erfüllung nicht das erlaubte Risiko (dazu *Jakobs*, Strafrecht AT 7/35 ff.) vermeiden. Auch hier geht es um die Abgrenzung der Verantwortungsbereiche von Gericht und Angeklagtem. Wenn z. B. der Vorsitzende dem Angeklagten signalisiert, sein Erscheinen sei trotz Ladung nicht nötig, handelt dieser nicht sorgfaltspflichtwidrig, wenn er ausbleibt (*BGH* NStZ 1989, 283 [284]; *RGSt* 58, 149 [153 f.]; *BGH* NStZ 1991, 246). Wenn er nicht das sicherste Verkehrsmittel (die Bahn), sondern das weniger sichere, aber als Transportmittel auch noch akzeptierte Kraftfahrzeug benutzt und infolge eines Unfalls im Termin ausbleibt, handelt er pflichtgemäß (vgl. *OLG Oldenburg* StV 1981, 331); anders wenn er es nach dem Unfall unterlassen hatte, mit einem öffentlichen Verkehrsmittel die Hauptverhandlung anzustreben (vgl. *BGH* NStE Nr. 2 zu § 231 StPO). Die Weigerung des Angeklagten, die Hauptverhandlung am Krankenbett zu dulden, dürfte nach sozialer Bewertung ebenfalls noch vom erlaubten Risiko gedeckt sein (so i. E. *Schreiner*, NJW 1977, 2303; LR-*Gollwitzer* § 231 Rz. 19; KMR-*Paulus* § 231 Rz. 21; offengelassen in *BGH* NStZ 1988, 421 [422]).

22 Wieviel **Sorge für Leben und Gesundheit** zwecks Gewährleistung der Anwesenheit erbracht werden muß, ist in Rechtsprechung und Literatur z. T. umstritten. Nach *BGHSt* 26, 228 [234] ist der Angeklagte nicht verpflichtet, sich ärztlich behandeln zu lassen, um seine Verhandlungsfähigkeit wiederherzustellen (so auch *Paeffgen*, Dogmatik, S. 100; anders *BVerfGE* 51, 324 [344]; *OLG Hamm* NJW 1977, 1793). Insofern behält die Freiheit der Verfügung über den eigenen Körper Vorrang vor dem Interesse am Verfahren. Andererseits hält der *BGH* (a. a. O.) den Hungerstreik, der die Verhandlungsfähigkeit beeinträchtigt, wohl für rechtfertigungsbedürftig, im allgemeinen also für pflichtwidrig. Auch wird dem Angeklagten nicht gestattet, sich vor dem Termin so zu betrinken, daß er absehbar verhandlungsunfähig wird (*Roxin* § 52 F II 4 a; LR-*Gollwitzer* § 329 Rz. 7). Auch Selbstbeschädigungen, Medikamenten- und Rauschgiftmißbrauch mit folgender Verhandlungsunfähigkeit werden als pflichtwidrig bewertet (*BGH* NStZ 1986, 372; *BVerfGE* 51, 324 [344]). – Die Annahme, die Ablehnung von ärztlicher Versorgung liege noch innerhalb des erlaubten Risikos, die Verweigerung der Nahrungsaufnahme, das sich Betrinken u. ä. nicht mehr, ist plausibel, denn die Pflicht zur Inanspruchnahme ärztlicher Behandlung würde vom Angeklagten über die sonstigen Beschränkungen seiner Verfügung über den eigenen Körper und über § 81 a hinaus verlangen, die Steuerung seines körperlichen Lebens willentlich, oft über längere Zeit, einem Dritten zu überlassen. Auch wenn die diesbezügliche Ablehnung nicht als erlaubtes Risiko akzeptiert wird, kann der zugrundeliegende Konflikt noch zur Rechtfertigung oder Entschuldigung führen. – Zur Verantwortlichkeit für eine durch ernsthaften Suizidversuch eintretende Verhandlungsunfähigkeit vgl. § 231 Rz. 10.

4. Fahrlässigkeit und Vorsatz

Die Verantwortlichkeit des Beschuldigten bzw. Angeklagten für seine Anwesen- **23** heit ist weiter begrenzt durch das Kriterium der Fahrlässigkeit, die mindestens gegeben sein muß, wenn die Rechtsfolgen der §§ 230 ff. eintreten sollen. Nach §§ 231 Abs. 2, 231 a ist direkter Vorsatz bezüglich der Verhinderung der Hauptverhandlung in Anwesenheit des Angeklagten erforderlich.

5. Rechtfertigung und Entschuldigung

Als **Rechtfertigungsgrund** (zu Rechtfertigungs- und Entschuldigungsgründen vgl. **24** *BGH* NStZ 1991, 246) für Verletzungen der Anwesenheitspflicht kommt vor allem Notstand in Betracht. Da indessen die Anwesenheitspflichtverletzungen weit weniger soziale Bedeutung haben als Straftaten, vielmehr primär in der Relation zum Gericht relevant sind, muß der Notstand hier nicht so strikt gefaßt werden wie § 34 StGB. Der Übergang zum erlaubten Risiko ist fließend. Rechtfertigung kann z. B. gegeben sein bei Gefährdung des Arbeitsplatzes (vgl. *BGH* NJW 1980, 950; *BGH* NStZ 1985, 13; *OLG Frankfurt* NJW 1974, 2065), Pflegebedürftigkeit von Angehörigen, schweren Zahnschmerzen, die bei Anwesenheit längere Zeit auszuhalten wären (vgl. *BGH* NStZ 1988, 421 m. Anm. *Meurer*); auch Hungerstreik kann durch Notstand gerechtfertigt sein (vgl. *BGHSt* 26, 228 ff.).

Auch beim **Schuldausschluß** dienen die Enschuldigungsgründe des materiellen **25** Rechts nur als Richtpunkt. Es kommt darauf an, ob der der Verletzung der Anwesenheitspflicht zugrunde liegende Konflikt eher Zuwendung als Zurechnung verdient und ob der Verzicht auf Zurechnung möglich ist, ohne daß das Gericht den Anspruch auf prinzipielle Anerkennung der Anwesenheitspflicht aufgibt. Darauf stellt auch die Rechtsprechung ab, wenn sie die Abwesenheitsverhandlung nur zuläßt, wenn der Angeklagte »dem **Gang der Rechtspflege entgegentritt**« (z. B. *BGHSt* 16, 178 [183]; 25, 317 [319]; *BGH* NStZ 1991, 28 bei Miebach/Kusch). Damit wird **nicht Absicht** der Vereitelung verlangt (s. u. § 231 Rz. 9), sondern Negation des Anspruchs auf Anerkennung der Anwesenheitspflicht; diese Negation kann z. B. auch bei Verhandlungsunfähigkeit durch Trunkenheit vorliegen (vgl. *BGH* NStZ 1986, 372).

Im übrigen ist die je relevante Schuld differenziert im Hinblick auf die jeweiligen **26** Rechtsfolgen zu bestimmen, so daß sie im Einzelfall noch hinreichender Anlaß sein kann für Zwangsanwendung (§ 230 Abs. 2), nicht aber für eine Abwesenheitsverhandlung (§ 231 Abs. 2). Nach OLG Karlsruhe (NStZ 1990, 505 f.) ist das für § 232 relevante Verschulden gemäß § 44 zu bestimmen.

IV. Zwangsweise Durchsetzung gemäß § 230 Abs. 2

Die Anwendung von Zwang ist an zwei Kriterien gebunden: (1) Vorwerfbares **27** Nichterscheinen des Angeklagten als Anlaß (nicht Begründung) der Zwangsanwendung; (2) Bedürfnis nach präventiver Sicherstellung künftiger Anwesenheit des Angeklagten.

1. Vorwerfbares Anlaßverhalten

Mit diesem Kriterium wird auf Zukunftsprognosen gestützten Zwangsmaßnah- **28** men eine in der Gegenwart erkennbare Schwelle gesetzt. Vorausgesetzt ist, daß der Angeklagte nicht erscheint, obwohl er ordnungsgemäß i. S. des § 216 mit der dort vorgeschriebenen Warnung geladen war. Die Nichteinhaltung der Ladungsfrist schließt nach h. M. (*BGHSt* 24, 143 [149]) die Ordnungsmäßigkeit der La-

dung nicht aus; dem stehen die oben (§ 217 Rz. 6) dargestellten Einwände entgegen.
Ein vorwerfbares Anlaßverhalten setzt weiter voraus, daß die Abwesenheit nicht genügend entschuldigt ist. Hier werden die zu Rz. 13 ff. dargestellten Grundsätze relevant.

2. Prävention

29   Die Zwangsanwendung muß weiter in angemessenem Verhältnis stehen zu ihrem Zweck, der Sicherung künftiger Anwesenheit des Angeklagten. Daran fehlt es, wenn der Zweck verzichtbar ist, weil das Verhandeln ohne den Angeklagten gemäß §§ 231c–233, 329 Abs. 1, 350 Abs. 2, 387 Abs. 1 angemessen ist. Die Anwendbarkeit der §§ 231 Abs. 2, 231a macht die Zwangsanwendung nur ausnahmsweise obsolet (§ 231 Rz. 12; vgl. auch *BGH* NStZ 1990, 295 f.). Die Verhältnismäßigkeit fehlt auch, wenn nicht prognostiziert werden kann, daß der Angeklagte künftig ohne Zwang nicht erscheinen wird; das bisherige Nichterscheinen allein rechtfertigt den Zwang nicht, ist nur Anlaß. – Ein milderes Zwangsmittel als die Haft ist die Vorführung, noch milder z. B. die Aussetzung. Haft ist auch zulässig, um zu verhindern, daß sich der Angeklagte im Fortsetzungstermin wieder verhandlungsunfähig macht (*BGH* NStZ 1990, 295 f.). Wenn der Angeklagte zur Hauptverhandlung bzw. zum Fortsetzungstermin erschienen ist, sind weitere Zwangsmaßnahmen nur gemäß § 231 zulässig; der zuvor gemäß § 230 Abs. 2 erlassene Haftbefehl wirkt allerdings weiter, gegebenenfalls bis zum Ende der Hauptverhandlung (*OLG Saarbrücken* NJW 1975, 791; *OLG Karlsruhe* MDR 1980, 886). Im Interesse der Verhältnismäßigkeit darf die Zeit zwischen Festnahme und Hauptverhandlung nicht unangemessen lang sein (*OLG Hamburg* MDR 1987, 78; zur Verhältnismäßigkeit der Haft vgl. auch *BVerfGE* 32, 87 [93 f.]; *LG Dortmund* StV 1987, 335).

30   Verfahrensmäßig bestimmt sich der Vorführungsbefehl nach § 134 Abs. 2, wird von der Staatsanwaltschaft mit Hilfe der Polizei vollstreckt (§ 36 Abs. 2 S. 1) und bedarf grundsätzlich der Schriftform. Der Haftbefehl erfaßt auch Fälle des in § 230 Abs. 2 nicht erwähnten § 126a (*OLG Hamm* NJW 1958, 2125). Für den Erlaß gelten die §§ 114 ff. entsprechend.

V. Rechtsbehelfe

31   Für die Beschwerde gegen Vorführungs- und Haftbefehl gelten die §§ 304, 305, 310. Verstöße gegen § 230 Abs. 1 sind als Verfahrensmängel (§ 344 Abs. 2; dazu *BGHSt* 26, 84 [91]; *BGH* StV 1983, 3) gemäß § 338 Nr. 5 revisibel. Die Rüge nach § 338 Nr. 5 wird u. U. auch zugelassen, wenn bei vorübergehender Abtrennung des Verfahrens gegen einen Mitangeklagten die von der Rechtsprechung gesetzten Grenzen überschritten werden (*BGHSt* 24, 259; *BGHSt* 32, 270; *BGH* StV 1984, 186).

§ 231 (Anwesenheitspflicht des Angeklagten)

(1) Der erschienene Angeklagte darf sich aus der Verhandlung nicht entfernen. Der Vorsitzende kann die geeigneten Maßregeln treffen, um die Entfernung zu verhindern; auch kann er den Angeklagten während einer Unterbrechung der Verhandlung in Gewahrsam halten lassen.

(2) Entfernt der Angeklagte sich dennoch oder bleibt er bei der Fortsetzung einer unterbrochenen Hauptverhandlung aus, so kann diese in seiner Abwesenheit zu

Ende geführt werden, wenn er über die Anklage schon vernommen war und das Gericht seine fernere Anwesenheit nicht für erforderlich erachtet.

Literatur s. § 230

I. Verbot, sich zu entfernen (Abs. 1)

Indem gemäß § 231 Abs. 1 S. 1 der zur Hauptverhandlung erschienene Angeklagte **1** verpflichtet wird, dort anwesend zu bleiben, wird das durch die Ladung statuierte Gebot zu erscheinen erweitert (zur Bedeutung der Anwesenheit s. § 230 Rz. 5ff.). Die **zwangsweise Durchsetzung** gemäß § 231 Abs. 1 S. 2 ist eine Maßnahme der formellen Verhandlungsleitung durch den Vorsitzenden. Als sitzungspolizeiliche Befugnis ist sie (§ 176 GVG) auch gegenüber **schuldlos** (*K/M* § 177 GVG Rz. 8), nicht aber gegenüber berechtigt sich entfernenden Angeklagten zulässig. Insofern gelten die oben § 230 Rz. 13ff. dargestellten Regeln. In Abs. 1 S. 2 Hs. 1 sind die zulässigen Mittel nur dem Zweck nach bestimmt. Sie müssen verhältnismäßig sein. In Frage kommt z. B. Bewachung durch einen Beamten. Die Fesselung dürfte nur bei exorbitanter Fluchtgefahr und besonderer Deliktsschwere zulässig sein (ganz ablehnend *Eb. Schmidt* II Rz. 4). Das In-Gewahrsam-Halten gemäß Abs. 1 S. 2 Hs. 2 ist nur bei einer kurzen Unterbrechung angemessen. Dauert diese länger, ist entweder die Vorführung zum Fortsetzungstermin das mildere Mittel oder es kommt ein Haftbefehl nach § 112ff. in Betracht.

II. Verhandlung ohne den Angeklagten (Abs. 2)

1. Bedeutung der Regelung

Wegen der Bedeutung der Anwesenheit des Angeklagten wird die in § 231 Abs. 2 **2** gegebene Befugnis, ohne ihn zu verhandeln, dem Gericht nur zugestanden, wenn der Angeklagte sich eigenmächtig, d. h. zumindest mit direktem Vorsatz (zur Absicht s. u. Rz 9) und schuldhaft, entfernt und den Fortgang der Verhandlung mit ihm verhindert. Der auch bei § 231 a vorgesehene Zusammenhang von schuldhafter Abwesenheit des Angeklagten und Verlust seines Rechts, daß nicht ohne ihn verhandelt werde, wird als **Verwirkung** qualifiziert (LR-*Gollwitzer* Rz. 29; KK-*Treier* Rz. 9; *K/M* Rz. 21; *Rüping* S. 112; KMR-*Paulus* § 231 a Rz. 3), was jedoch mit der Anwesenheitspflicht nicht zu vereinbaren ist, denn verwirken kann man nur disponible Rechte (*Stein* S. 309f.).

Dem § 231 Abs. 2 liegt vielmehr **Effizienzstreben** zugrunde: Das Verfahren soll in **3** dem verletzbaren Bereich der Anwesenheit nicht Hindernissen ausgeliefert werden, die im Verantwortungsbereich des Angeklagten liegen (vgl. Motive S. 187; ähnlich *Rieß* JZ 1975, 265 ff.). Legitimiert wird dies durch das Streben nach objektiver Gerechtigkeit, das **Verhältnismäßigkeitsentscheidungen** zuläßt (vgl. Rz. 12 f. vor § 226) und es gestattet, im Notfall auf die wahrheitssichernde Anwesenheit und die Sorge für das rechtliche Gehör zu verzichten, soweit es nötig ist. Verzichtet wird daher nur auf die erhebliche Unterbrechungen erfordernde Wahrung der Anwesenheit durch das Gericht, nicht auf die Wahrung der Anwesenheit durch den Angeklagten; er bleibt zur Anwesenheit verpflichtet. Das Gericht darf auch nicht auf den vorhergehenden Versuch der Erzwingung der Anwesenheit verzichten, soweit er aussichtsreich erscheint (s. u. Rz. 12). Auch muß der Angeklagte, sobald er wieder erscheint, wieder einbezogen werden (*BGH* NStZ 1986, 372).

4   Begrenzt ist das Effizienzstreben durch die Aufteilung von **Verantwortungsbereichen**. Der Verzicht auf die Anwesenheit des Angeklagten ist nicht zulässig, wenn der Grund seiner Abwesenheit außerhalb seines Verantwortungsbereichs liegt. Dieser ist wegen der Bedeutung des rechtlichen Gehörs gemäß der Verhältnismäßigkeit bei §§ 231 Abs. 2, 231 a objektiv und subjektiv eng zu fassen, so daß Risiken für den Verfahrensgang, die der Angeklagte nicht erkannt hat, von ihm nicht zu verantworten sind (dazu Rz. 7 ff., § 231 a Rz. 3).

2. Vernehmung über die Anklage

5   Der Angeklagte muß vollständig zur Anklage vernommen worden sein und damit rechtliches Gehör erhalten haben. Ob er dabei schwieg oder für ein späteres Verfahrensstadium eine Stellungnahme ankündigte, ist irrelevant (*BGH* NJW 1987, 2592). Die Vorstrafen gehören nicht zur Anklage (*BGHSt* 27, 216; *Schlüchter* Rz. 445; ausführliche Begründung bei *Fezer* II 11, 115 f.). Wenn sie allerdings die Strafzumessung erheblich beeinflussen, ist die Anwesenheit des Angeklagten »erforderlich« (s. u. Rz. 16).

3. Sichentfernen, Ausbleiben

6   Diese Kriterien sind auch durch Verhandlungsunfähigkeit erfüllt (*BGHSt* 2, 300 [304]; *NStZ* 1986, 372). Auch begrenzte Verhandlungsunfähigkeit soll, wie bei § 231 a, ausreichen (*BGH* NJW 1981, 1052); dem stehen die bei § 231 a Rz. 6 dargestellten Bedenken entgegen.

4. Eigenmächtigkeit

7   Sie muß bezüglich Entfernen und Ausbleiben gegeben sein. Zu ihr gehören Pflichtwidrigkeit (*BGH* NStZ 1984, 41) und Schuld. Die dafür relevanten Regeln, insbesondere die zeitliche Grenze der Ladung und das erlaubte Risiko bezüglich der Bedingungen der Abwesenheit sind bei § 230 Rz. 13 ff. dargestellt.

8   Das Kriterium »eigenmächtig« soll den im Vergleich zur Zwangsanwendung gemäß § 230 Abs. 2 meist gewichtigeren Eingriff ins rechtliche Gehör legitimieren. Deshalb ist hier **mehr** Pflichtwidrigkeit und Verschulden vorausgesetzt. Der Verantwortungsbereich des Angeklagten ist hier enger zu fassen. Die in der Rechtsprechung gebräuchliche Formulierung, der Angeklagte müsse durch die Abwesenheit »dem Gang der Rechtspflege entgegengetreten sein« (*BGHSt* 16, 178 [183]; 19, 144 [147]; 25, 317 [319]; StV 1990, 245 NStZ 1991, 28 bei *Miebach/ Kusch*), läßt sich dahin verstehen, daß die Bedingung der Abwesenheit eindeutig in seinen Verantwortungsbereich gehören muß. Wenn z. B. das Gericht dem An-

geklagten konkludent sein Erscheinen freistellte, fallen die Folgen seiner Abwesenheit nicht in seinen Verantwortungsbereich (*RGSt* 58, 149 [153f.]; *BGH* StV 1989, 283 [284]; StV 1990, 245). Verhandlungsunfähigkeit infolge Trunkenheit in einem Termin genügt für die Anwendung des § 231 Abs. 2 (*BGH* NStZ 1986, 372). Andererseits soll bei Verhandlungsunfähigkeit infolge Suizidversuchs auch die Notwendigkeit mehrerer Unterbrechungen § 231 Abs. 2 noch nicht zur Anwendung bringen (*BGHSt* 19, 144 [147f.]; *K/M* Rz. 17). Diese Restriktion dürfte auf der Schuldebene zu erklären sein: Der Suizid erheischt oft eher Zuwendung als Zurechnung; dem kann bei kürzeren Behinderungen nachgegeben werden.

Subjektiv wird der Verantwortungsbereich des Angeklagten durch das Erfordernis des **direkten Vorsatzes** bezüglich der Behinderung der Verhandlung in seiner Anwesenheit begrenzt. Z. T. wird diesbezüglich **Absicht** verlangt (*Eb. Schmidt* II Nachtrag I Rz. 2, 3; KMR-*Paulus* Rz. 18; anders *Küper* NJW 1974, 2218). Meist sind die einschlägigen Äußerungen mehrdeutig (LR-*Gollwitzer* Rz. 14: »...verhindern will...«, Rz. 18: »...bezweckt...«, anders Rz. 20ff.; KK-*Treier* Rz. 3: »...den Versuch unternimmt, ...zu stören...«; explizit offengelassen bei *Fezer* II 11/119). Wo die Rechtsprechung Absicht forderte (z. B. *BGH* NStZ 1988, 421 [422]; *OLG Koblenz* NJW 1975, 322), war dies, soweit ersichtlich, nicht entscheidungsrelevant (vgl. *BGH* NStZ 1991, 246f.). – Die Erforderlichkeit der Absicht ist – abgesehen von Bedingungen der Abwesenheit, die vor der Ladung gesetzt wurden (§ 230 Rz. 19) – dem Gesetz nicht zu entnehmen. Der Vergleich mit § 231a spricht eher dagegen. Berücksichtigt man die allgemeinen Grenzen der Anwesenheitspflicht und die Entschuldigungsmöglichkeiten (§ 230 Rz. 13f., 25f.) sowie die Steigerung des erforderlichen Schuldgrades bei § 231 Abs. 2, infolge dessen bei fehlender Absicht häufig Entschuldigung anzunehmen ist, so erscheint es nicht unangemessen, in den verbleibenden Fällen direkten Vorsatz genügen zu lassen (*BGH* NStZ 1991, 246f.; StV 1991, 244; *Küper* NW 1974, 2218). Mangels Vorsatz liegt demnach keine Eigenmächtigkeit vor, wenn der Angeklagte den Termin verwechselt (*OLG Bremen* StV 1985, 50) oder verschläft (*BGH* NStZ 1988, 477; *BGH* StV 1991, 147f., 244). Sie kann, je nach Schuldgrad, vorliegen, wenn er bei gegebenem direktem Vorsatz der Verhandlung fernbleibt um kleinerer Unbequemlichkeiten willen (*OLG Stuttgart* NJW 1967, 944), etwa wegen Regen (*OLG Hamm* OLGSt S. 3 [4]) oder wegen kurzfristig zu ertragender Zahnschmerzen (vgl. *BGH* NStZ 1988, 421 m. Anm. *Meurer*).

Ob der Angeklagte, der einen **Suizid versucht** und infolgedessen verhandlungsunfähig wird, für die Behinderung der ordnungsgemäßen Verhandlung verantwortlich gemacht werden kann, ist umstritten (dafür *BGHSt* 16, 178 [183]; KK-*Treier* Rz. 5; *K/M* Rz. 17; unentschieden *BGHSt* 19, 144 [146]; differenzierend *OLG Koblenz* NJW 1975, 322. Dagegen: *Roxin* § 43 F II 3 a; *Rüping* S. 112; *Eb. Schmidt* Nachtr. I Rz. 8; *Hanack* JZ 1972, 81; *Küper* NJW 1974, 2218; LR-*Gollwitzer* Rz. 18; *Fezer* II 11/125; *Paeffgen* S. 94, 96). Jedenfalls kann die Verantwortlichkeit nicht auf das **Ziel** seines Tuns, den Tod, gestützt werden, auch wenn er in dessen Folge abwesend geblieben wäre, denn erstens ist **diese** Abwesenheit nicht eingetreten, zweitens wäre sie prozessual irrelevant, weil mit dem Tod zugleich der Adressat des materiellrechtlichen Vorwurfs und des Verfahrens entfallen wäre (dazu *BGHSt* 34, 184f.; *Laubenthal/Mitsch* NStZ 1988, 108ff.). Die eingetretene Abwesenheit ist Folge der auf Selbsttötung gerichteten **Handlungen**. Diese dürften ebensowenig zum erlaubten Risiko gehören wie Schädigungen Dritter durch Selbsttötungshandlungen. Die Verantwortlichkeit des Angeklagten hängt davon ab, ob er bezüglich der konkret eingetretenen Abwesenheit direkten Vorsatz hatte. Das war nicht der Fall, wenn er sich uno actu töten wollte. Hat er aber in einem langen Prozeß der Selbstschädigung (z. B. Hungerstreik) auf den Tod hingearbeitet, so mag er u. U. sicher erkannt haben, daß er zunächst in eine Phase der Verhandlungsunfähigkeit gerät und die Verhandlung in seiner Anwesenheit hindert. Die Verantwortlichkeit wird gleichwohl oft ausgeschlossen sein, wenn er dabei noch nicht zur Gewährleistung der Anwesenheit verpflichtet war (vgl. § 230 Rz. 15 ff.) oder die Schuld ausgeschlossen ist.

11 Objektive und subjektive Seite des Fernbleibens müssen dem Angeklagten im Freibeweisverfahren **nachgewiesen** werden (*BGHSt* 16, 178 [180]; *BGH* NJW 1980, 950 [951]; *BGH* bei *Pfeiffer/Maul* NStZ 1983, 355; *BGH* NStZ 1984, 41 m. Anm. *Hilger*; *OLG Frankfurt* StV 1987, 380).

5. Verhältnismäßigkeit der Rechtsfolge

12 Die Verhandlung ohne den Angeklagten ist nur zulässig, wenn das Gericht zuvor im Rahmen der Verhältnismäßigkeit versucht hat, die Anwesenheit des Angeklagten gemäß § 231 Abs. 1 S. 2 oder § 230 Abs. 2 durchzusetzen und damit die Beschränkung des rechtlichen Gehörs zu vermeiden. Daß dem Gericht diese eigenen Bemühungen nicht erspart werden sollen, zeigt auch der Terminus »dennoch« in § 231 Abs. 2 (i. E. ebenso LR-*Gollwitzer* Rz. 24; *BGH* NJW 1974, 1290 f.; *OLG Hamburg* GA 1961, 177 f.; KK-*Treier* Rz. 6; anders *K/M* Rz. 6; KMR-*Paulus* Rz. 15; *Küper* NJW 1974, 2218; die Verhältnismäßigkeit im Einzelfall soll relevant sein nach *BGH* NStZ 1990, 295 [296]). Anders wird zu entscheiden sein, wenn zur zwangsweisen Durchsetzung, als sie möglich war, kein Anlaß bestand, sowie wenn die Beschränkung rechtlichen Gehörs ausnahmsweise geringer ins Gewicht fällt (dazu für Großverfahren *Rupp*, NStZ 1990, 576 ff.).

6. Erforderlichkeit der Anwesenheit und Ermessen

13 Normalerweise ist die Anwesenheit des Angeklagten immer erforderlich. Mit dem so bezeichneten Kriterium kann in § 231 Abs. 2 also nur eine besondere Erforderlichkeit gemeint sein. Insofern sind zwei Auslegungen möglich:
Einmal kann die Erforderlichkeit orientiert werden allein an der **monologischen Wahrheitserforschung** durch das Gericht (dazu Rz. 11 vor § 226); jene ist dann nur gegeben, wenn diese ausnahmsweise ohne den Angeklagten nicht weiterführt, d. h. wenn das Gericht den Angeklagten als **Beweismittel**, z. B. für einen persönlichen Eindruck, benötigt oder wenn seine Wahrheitserforschung ohne die Stellungnahme des Angeklagten nicht möglich ist; danach ist die Erforderlichkeit nicht gegeben, wenn rechtliches Gehör als subjektives Recht, d. h. um des Angeklagten willen, zu gewähren wäre, nicht z. B., wenn zu erwarten ist, daß der Angeklagte sich dabei unkooperativ verhalten wird (vgl. KMR-*Paulus* § 231 Rz. 23 i. V. m. § 231 a Rz. 15; *Rieß* JZ 1975, 265 [271]). Bei dieser Auslegung fällt die Bedeutung der Erforderlichkeit mit der zusammen, die nach h. M. der Unerläßlichkeit in § 231 a zukommt (LR-*Gollwitzer* § 231 a Rz. 11; *Paulus* a. a. O.); dann erscheint es rätselhaft, warum 1974 bei Einführung des § 231 a ein anderes Wort als »erforderlich« gewählt wurde, um dasselbe zu bezeichnen.

15 Bei einer weiteren Fassung der Erforderlichkeit wird diese **auch auf das rechtliche Gehör** als subjektives Recht bezogen. Danach ist die Anwesenheit zwar nicht in dem Maße erforderlich, in dem normalerweise rechtliches Gehör zu gewähren ist, wohl aber bei »einer wesentlichen Änderung der Sach- oder Rechtslage« (LR-

Gollwitzer Rz. 25); in diesem Fall ist sie auch erforderlich, wenn nicht vorab Kooperation des Angeklagten zu vermuten ist. – Daß der Angeklagte, wenn er sich eigenmächtig entfernt, das subjektive Recht auf Gehör verwirkt habe (*K/M* [38. Aufl.] Rz. 5; KK-*Treier* Rz. 9; KMR-*Paulus* § 231 a Rz. 5), kann gegenüber dieser Auslegung nicht eingewandt werden, denn das Kriterium »erforderlich« fungiert nach dem Gesetz als Begrenzung der Verwirkung; im übrigen ist eine Verwirkung mit § 231 Abs. 2 generell nicht zu vereinbaren (s. o. Rz. 2 f.). Die weite Auslegung ermöglicht, was die erste verfehlt: von der Bedeutung der Erforderlichkeit die des in § 231 a verwendeten anderen Wortes »unerläßlich« sinnvoll zu unterscheiden. Dieses signalisiert mehr Dringlichkeit, soll primär den Bedürfnissen der monologischen Wahrheitsforschung durch das Gericht genügen (die in der Muß-Entscheidung gemäß § 231 a sonst nicht berücksichtigt werden könnten), nicht denen des rechtlichen Gehörs als subjektives Recht (dazu § 231 a Rz. 8).

Erforderlich ist die Anwesenheit des Angeklagten also, wenn eine **wesentliche** **16** **Änderung der Sach- oder Rechtslage eintritt** (anders *Rieß* a. a. O., S. 270 f.; dazu Rz. 19). Unterhalb dieser Schwelle liegt die Einführung von Vorstrafen, wenn sie die zu verhängende Strafe nur geringfügig beeinflussen können, ebenso Modifikationen der Beweisführung, die ansonsten das Einverständnis oder den Verzicht des Angeklagten voraussetzen (z. B. § 61 Nr. 5, § 245 Abs. 1 f. 2, § 251 Abs. 1 Nr. 4, Abs. 2). Wesentlich ist die Veränderung der Sach- oder Rechtslage zweifellos in den Fällen § 265 Abs. 1, 2, so daß der Angeklagte bei den entsprechenden Hinweisen anwesend sein muß, wenn nicht § 234 a Hs. 1 eingreift.

Da alle bei der Erforderlichkeit relevanten Gesichtspunkte auch bei der Aus- **17** übung des gemäß § 231 Abs. 2 vorgesehenen Ermessens zu berücksichtigen sind, handelt es sich um einen Koppelungsbegriff, d. h. das Gericht hat bei der Bestimmung der Erforderlichkeit Ermessen (vgl. *BGH* NJW 1981, 1052 f.; anders *Rieß* a. a. O.; dazu Rz. 19), dem jedoch die Fälle des § 265 Abs. 1, 2 entzogen sind.

7. Rückkehr des Angeklagten

Kehrt der Angeklagte in die Hauptverhandlung zurück, muß er nicht stets über **18** das in seiner Abwesenheit Verhandelte unterrichtet werden (*BGHSt* 3, 187 [189]; KK-*Treier* Rz 12; anders *Rieß* JZ 1975, 265 [271]; *Rüping* S. 112). Es muß ihm, wenn er noch vor der Urteilsverkündung kommt, das letzte Wort erteilt werden (*BGH* NStZ 1990, 291).

8. Justizgewährungspflicht und Verhältnis § 231 Abs. 2/§ 231 a

Die Verhandlung ohne den Angeklagten hat nach § 231 Abs. 2 andere Vorausset- **19** zungen als nach § 231 a. *Rieß* (JZ 1975, 265 [271]) hat Angleichungen vorgeschlagen. Bei Verhandlungsunfähigkeit soll im Fall des § 231 Abs. 2 das Gericht zur Verhandlung ohne den Angeklagten verpflichtet sein wie gemäß § 231 a; die Erforderlichkeit soll stets auf das Maß der Unerläßlichkeit eingeschränkt werden, denn es sei unsinnig, den schon vernommenen Angeklagten besser zu stellen als den noch nicht vernommenen. Andererseits soll zugunsten des Vernommenen die Belehrungspflicht der § 231 a Abs. 2, § 231 b Abs. 2 auf § 231 Abs. 2 übertragen werden, ebenso – nach *Fezer* (II 11/137) – die Regelungen § 231 a Abs. 3 S. 1, 2, Abs. 4.

Ob diese Korrekturen das Primat der Gesetzgebung wahren, ist fraglich. Es wäre bei Einführung des § 231 a leicht gewesen, die Korrekturen zu kodifizieren. Auch die de lege lata behauptete Ungleichbehandlung des vernommenen und des noch nicht vernommenen Angeklagten ist nicht zweifelsfrei, denn den Nachteilen, die dieser bezüglich der Muß-Entscheidung des Gerichts und der Unerläßlichkeit hat, steht der Vorteil gegenüber, daß nicht schon bei Verhandlungsunfähigkeit in einem Termin ohne ihn verhandelt werden kann, sowie die in § 231a Abs. 2–4 vorgesehenen Kautelen. Es ist nicht willkürlich, die Entscheidung, ob eine schon weit gediehene Verhandlung ohne den Angeklagten fortgesetzt werden soll, insgesamt flexibler und einfacher auszugestalten, als die über eine komplette Abwesenheitsverhandlung. Im übrigen würden durch die vorgeschlagenen Angleichungen neue Ungleichbehandlungen innerhalb des § 231 Abs. 2 entstehen, nämlich zwischen dem Verhandlungsunfähigen, der erst bei prognostizierter längerfristiger Behinderung der Verhandlung von dieser abgekoppelt werden soll (bei einmaliger Trunkenheit wäre § 231 Abs. 2 nicht mehr anwendbar!), und dem sich Entfernenden, dem dies schon droht, wenn nur ein Termin betroffen ist. Auch ist unklar, warum die §§ 231b, 232 von der Beseitigung des gerichtlichen Ermessens ausgenommen werden sollen.

Ein weiteres Argument gegen das Ermessen bei § 231 Abs. 2 lautet, es dürfe bei Behinderung der Hauptverhandlung nicht dem Gericht überlassen werden, ob es die Justizgewährungspflicht erfülle (*Rieß* a.a.O., S. 270; ähnlich *BGHSt* 28, 228 ff.; *BVerfGE* 41, 246 ff.). Da der Durchführung eines Verfahrens allemal Hindernisse und Ermessen entgegenstehen können, ist schwer einzusehen, warum gerade die qua Ermessen mögliche Berücksichtigung des rechtlichen Gehörs zurücktreten soll.

III. Rechtsbehelfe

20 Gegen die Maßregeln nach § 231 Abs. 1 S. 2 kann das Gericht nicht nach § 238 Abs. 2 angerufen werden. Die Beschwerde dagegen ist zulässig (§ 305), solange die Beschwer besteht (*K/M* Rz 24). Verstöße gegen § 231 Abs. 2 begründen die Revision nach § 338 Nr. 5, wenn die sachlichen Voraussetzungen tatsächlich fehlten und der Verstoß auch nicht durch Wiederholung der Verhandlung in Anwesenheit geheilt ist (dazu *BGH* bei *Holtz* MDR 1979, 989; *OLG Bremen* StV 1985, 50). Hinsichtlich der Erforderlichkeit wird nur geprüft, ob die Grenzen des Ermessens gewahrt wurden.

§ 231 a (Abwesenheit des Angeklagten wegen Herbeiführung der Verhandlungsunfähigkeit)

(1) Hat sich der Angeklagte vorsätzlich und schuldhaft in einen seine Verhandlungsfähigkeit ausschließenden Zustand versetzt und verhindert er dadurch wissentlich die ordnungsgemäße Durchführung oder Fortsetzung der Hauptverhandlung in seiner Gegenwart, wird die Hauptverhandlung, wenn er noch nicht über die Anklage vernommen war, in seiner Abwesenheit durchgeführt oder fortgesetzt, soweit das Gericht seine Anwesenheit nicht für erforderlich hält. Nach Satz 1 ist nur zu verfahren, wenn der Angeklagte nach Eröffnung des Hauptverfahrens Gelegenheit gehabt hat, sich vor dem Gericht oder einem beauftragten Richter zur Anklage zu äußern.

(2) Sobald der Angeklagte wieder verhandlungsfähig ist, hat ihn der Vorsitzende, solange mit der Verkündung des Urteils noch nicht begonnen worden ist, von dem wesentlichen Inhalt dessen zu unterrichten, was in seiner Abwesenheit verhandelt worden ist.

(3) **Die Verhandlung in Abwesenheit des Angeklagten nach Absatz 1 beschließt das Gericht nach Anhörung eines Arztes als Sachverständigen. Der Beschluß kann bereits vor Beginn der Hauptverhandlung gefaßt werden. Gegen den Beschluß ist sofortige Beschwerde zulässig; sie hat aufschiebende Wirkung. Eine bereits begonnene Hauptverhandlung ist bis zur Entscheidung über die sofortige Beschwerde zu unterbrechen; die Unterbrechung darf, auch wenn die Voraussetzungen des § 229 Abs. 2 nicht vorliegen, bis zu 30 Tagen dauern.**

(4) **Dem Angeklagten, der keinen Verteidiger hat, ist ein Verteidiger zu bestellen, sobald eine Verhandlung ohne den Angeklagten nach Absatz 1 in Betracht kommt.**

Literatur s. § 230

Inhaltsübersicht

I. Bedeutung und verfassungsrechtliche Problematik

Die Vorschrift wurde 1974 eingeführt im Zusammenhang mit Verfahren gegen **1** Angeklagte, die u. a. die Justiz prinzipiell bekämpften. § 231a erweitert die mit § 231 Abs. 2 gegebene Befugnis zur Verhandlung ohne den Angeklagten auf den Fall, daß er sich vor Abschluß der Vernehmung zur Sache schuldhaft verhandlungsunfähig gemacht hat. Die Vorschrift läßt ein vollständiges Abwesenheitsverfahren zu. Die in Abs. 1 S. 2 gewährleistete Möglichkeit der Stellungnahme zur Anklage vor der Hauptverhandlung ist kein adäquater Ersatz für rechtliches Gehör in derselben, u. a. weil bei Abs. 1 S. 2 nur Vernehmungsfähigkeit, nicht Verhandlungsfähigkeit vorausgesetzt ist (s. u. Rz. 7). § 231a schränkt also das rechtliche Gehör, das nicht verwirkbar ist (*Rüping*, Der Grundsatz des rechtlichen Gehörs, S. 146), erheblich ein. Dennoch dürfte das durch Art. 103 Abs. 1 GG garantierte Maß an rechtlichem Gehör noch gewahrt sein (*BVerfGE* 41, 246 [249]; 51, 324 [343]; *EKMR* EuGRZ 1978, 314 [323f.]; *Rüping* Kap 6 III 2 d cc; *Rieß* ZStW 90 (1978), 195 (Beiheft); *K/M* Rz. 1; KK-*Treier* Rz. 1; LR-*Gollwitzer* Rz. 1; KMR-*Paulus* § 231 Rz. 3; *Paeffgen*, Dogmatik S. 100; *Fezer* II 11/104; a. A. *Grünwald* JZ 1976, 767 [770f.]), denn es ist anzunehmen, daß Art. 103 Abs. 1 GG vor seiner Entstehung als rechtsstaatlich akzeptierte Beschränkungen des rechtlichen Gehörs nicht aufheben sollte. § 232 sah seit langem ein Abwesenheitsverfahren vor, zwar nur für Bagatelldelikte, andererseits aber unter Verzicht auch auf eine dem § 231a Abs. 1 S. 2 entsprechende ersatzweise Anhörung. Von herkömmlichen Abwesenheitsverfahren ist das nach § 231a allerdings noch insofern unterschieden, als es hier dem Angeklagten oft faktisch unmöglich ist, an der Hauptverhandlung teilzunehmen. Dafür wird ihm gemäß Abs. 4 ein Verteidiger garantiert. Ist der Angeklagte auch nicht fähig, über diesen vermittelt ein ersatzweises rechtliches Gehör in der Hauptverhandlung zu erlangen, darf das Verfahren nach § 231a nicht weitergeführt werden (s. u. Rz. 13).

2 Die Verknüpfung von vorwerfbar herbeigeführter Verhandlungsunfähigkeit mit
dem Verlust der Möglichkeit rechtlichen Gehörs in der Verhandlung wird wie bei
§ 231 Abs. 2 als Verwirkung bzw. Mißbrauchsabwehr qualifiziert (KK-*Treier*,
Rz. 11; KMR-*Paulus* Rz. 3; LR-*Gollwitzer* Rz. 1). Wie zu § 231 Rz. 2 f. gezeigt,
liegt der Regelung jedoch eher Effizienzstreben zugrunde.

II. Vorwerfbare Verhandlungsunfähigkeit

3 Die Verhandlungsunfähigkeit muß vor Abschluß der Vernehmung zur Anklage
eintreten. Sie kann z. B. durch Drogen- oder Medikamentenmißbrauch, Suizidversuch (vgl. aber § 231 Rz. 10), andere Selbstschädigungen oder Hungerstreik
bewirkt sein. »Schuldhaft« kann ihre Verursachung nur sein, wenn sie **pflichtwidrig** ist, gegen die Anwesenheitpflicht verstößt. Deshalb sind hier die Grenzen
der Pflicht zur Gewährleistung der Anwesenheit zu beachten (im einzelnen § 230
Rz. 13 ff.); insbesondere ist das Verursachen der Verhandlungsunfähigkeit **nicht
rechtswidrig, wenn es vor der Ladung geschieht**, mit der die Pflicht zur Gewährleistung der Anwesenheit erst vollständig entsteht; anders, wenn der Angeklagte vor
der Ladung bewirkte, daß er für unabsehbare Zeit verhandlungsunfähig wurde
oder mit der Absicht der Verhandlungsverhinderung handelte oder nach der Ladung unterließ, seine Verhandlungsfähigkeit wieder herzustellen (dazu § 230
Rz. 20). Die zeitliche Begrenzung der Pflicht zur Gewährleistung der Anwesenheit
wird durch § 231a auch nicht aufgehoben, denn dieser erweitert nur die Rechtsfolgen der Verletzung der Anwesenheitpflicht. Auch das erlaubte Risiko und Rechtfertigungsgründe schließen die Pflichtwidrigkeit aus, z. B. bei der Verweigerung
der Inanspruchnahme ärztlicher Versorgung (*BGHSt* 26, 228 [234]; anders
BVerfGE 51, 324 [344]; *OLG Hamm* NJW 1977, 1739; dazu § 230 Rz. 22), u. U.
auch bei Hungerstreik (vgl. *BGHSt* 26, 228 ff.). Die Verhandlungsunfähigkeit
muß mindestens bedingt vorsätzlich und schuldhaft herbeigeführt sein und aufgrund eines ärztlichen Gutachtens festgestellt werden.

III. Prognose der Folgen

4 Die Verhandlungsunfähigkeit muß die Prognose ihrer längeren Dauer und dementsprechend die Prognose, daß die künftige ordnungsgemäße Durchführung der
Hauptverhandlung verhindert wird, erlauben. Bei Behinderung der Fortsetzung
einer schon einige Zeit laufenden Hauptverhandlung ist das anzunehmen, wenn
die Behinderung voraussichtlich nicht mit den Unterbrechungsfristen des § 229
bewältigt werden kann. Hat die Hauptverhandlung noch nicht begonnen oder ist
sie noch nicht weit fortgeschritten, so müssen längere Fristen in Kauf genommen werden, bevor nach § 231a verfahren werden kann (KMR-*Paulus* Rz. 12).

5 Bezüglich der Behinderung ordnungsgemäßer Verhandlung mit dem Angeklagten
müssen direkter Vorsatz und Schuld gegeben sein.

IV. Teilweise Verhandlungsunfähigkeit

6 Nach der Rechtsprechung ist § 231a auch anwendbar bei auf drei bis vier Stunden
täglich begrenzter Verhandlungsfähigkeit, sofern dies erhebliche Verzögerungen
erzwingt und damit die ordnungsgemäße Durchführung der Verhandlung verhindert (*BGHSt* 26, 228 ff.; *BVerfGE* 41, 246 ff.; ebenso LR-*Gollwitzer* Rz. 3; KK-
Treier Rz. 2; KMR-*Paulus* Rz. 8; anders: *Rüping* S. 112; vgl. auch *ders.*, BK-GG
Art. 103 I Rz. 35, 18; *Rieß* JZ 1975, 265 [269 f.]; *Grünwald* JZ 1976, 767 [768 ff.];
Roxin § 42 II F 3b); *Fezer* II 11/128 f.; unentschieden *Warda*, Fs. für Bruns S. 415

[454]). In der Begründung wird als Kriterium für den Ausschluß der Verhandlungsfähigkeit auf die Verhinderung der ordnungsmäßigen Verhandlung abgestellt, also zwei gesetzlich unterschiedene Voraussetzungen für die Rechtsfolge unzulässig auf eine Voraussetzung reduziert. – Bei teilweiser Verhandlungsunfähigkeit der erwähnten Art liegt auch kein die analoge Anwendung des § 231a ermöglichender ähnlicher Fall vor, denn der teilweise verhandlungsfähige Angeklagte hat nicht selbst die Ausübung seines rechtlichen Gehörs unmöglich gemacht; es fehlt das für § 231 Abs. 2 und § 231a spezifische venire contra factum proprium, wenn er auf dem Anwesenheitsrecht insistiert. Allerdings wird durch teilweise Verhandlungsunfähigkeit ebenso wie durch völlige Verhandlungsunfähigkeit als tertium comparationis die Verfahrensbeschleunigung beeinträchtigt; aber das ist eine auch sonst hinzunehmende Folge aus Verteidigungsverhalten. Zu dem Hinweis des BGH auf die Funktionstüchtigkeit der Strafrechtspflege vgl. *Hassemer* StV 1982, 275f.

V. Gelegenheit zur Äußerung

Die Verhandlung ohne den Angeklagten setzt weiter voraus, daß er nach Eröff- **7** nung des Verfahrens Gelegenheit hatte, sich vor dem Gericht oder einem beauftragten Richter zur Anklage zu äußern. Ihm diese Gelegenheit zu geben, besteht praktisch meist erst Anlaß, wenn das Verfahren nach § 231a naheliegt und der Angeklagte oft schon verhandlungsunfähig ist. Dem Sinn des Gesetzes würde es deshalb widersprechen, in jedem solchen Fall anzunehmen, mangels Verhandlungsfähigkeit sei keine Äußerungsmöglichkeit gegeben. Auch die Annahme, daß der Angeklagte die Äußerungsgelegenheit des Abs. 1 S. 2 verwirkt habe, wenn er sich verhandlungsunfähig machte, bevor das Gericht ihm die Äußerungsgelegenheit geben konnte (KMR-*Paulus* Rz. 19), verfehlt das Gesetz, denn wenn man von den Einwänden gegen die Verwirkung bei § 231a absieht (§ 231 Rz. 2f.), so soll die Äußerungsgelegenheit als ersatzweise Gewährung von rechtlichem Gehör gerade die Bedingung der Verwirkungsfolge schaffen. Daß auch dies wieder soll verwirkt werden können (Verwirkung der Verwirkungsgrenzen), hebt das Gesetz überhaupt auf. Es muß daher entsprechend der h. M. (z. B. K/M Rz. 12; LR-*Gollwitzer* Rz. 14; *Rieß* JZ 1975, 265 [270]; BT-Drs. 7/2989 S. 6) die gegenüber der Verhandlungsunfähigkeit verminderte **Vernehmungsfähigkeit genügen** (dazu im einzelnen LR-*Gollwitzer* § 205 Rz. 15).

VI. Unerläßlichkeit der Anwesenheit

Aus den zu § 231 Rz. 15 dargestellten Gründen ist der Begriff der Unerläßlichkeit **8** enger zu fassen als der der Erforderlichkeit in § 231. Er umfaßt jedoch nicht nur Fälle, in denen das Gericht den Angeklagten als Beweismittel, z. B. für einen persönlichen Eindruck von ihm, benötigt, denn dafür ist Anwesenheit i. S. von Verhandlungsfähigkeit des Angeklagten nicht erforderlich. Da die Unerläßlichkeitsklausel das Bedürfnis nach einem verhandlungsfähigen Angeklagten berücksichtigt, ermöglicht sie dem Gericht, im Interesse der Sachaufklärung, die Stellungnahme des Angeklagten zu erfragen, diesem also eine Äußerungsmöglichkeit in der Hauptverhandlung zu gewähren, soweit dies **für die Sachaufklärung** ausnahmsweise unerläßlich ist. Das Interesse des Angeklagten an rechtlichem Gehör ist hier allerdings nicht relevant.

VII. Verfahren und Folgen

9 »Sobald« die Abwesenheitsverhandlung »in Betracht kommt« (d. h. zwingend vor dem diesbezüglichen Beschluß, anders LR-*Gollwitzer* Rz. 19), bestellt der Vorsitzende (§ 141 Abs. 4) dem Angeklagten gemäß § 231a Abs. 4 einen **Verteidiger**. Der Staatsanwalt soll darauf ggf. hinwirken (Nr. 122 RiStBV); § 141 Abs. 3 S. 3 gilt aber nicht. – Gemäß § 33 werden der Verteidiger, die anderen Beteiligten sowie gemäß § 231a Abs. 3 S. 1 der ärztliche Sachverständige gehört. Die Voraussetzungen des § 231a Abs. 1 werden im Wege des Freibeweises geklärt. Das Gericht hat **keinen Ermessensspielraum**; Batagellen kann es aber im Rahmen der Erheblichkeit der Verzögerung ausscheiden. Auch hat es im Rahmen der Unerläßlichkeit einen begrenzten **Beurteilungsspielraum**. Die Verhandlung ohne den Angeklagten (nicht deren Ablehnung) bedarf eines Gerichtsbeschlusses.

10 In ihr ist, was der Angeklagte bei der Anhörung gemäß Abs. 1 S. 2 geäußert hat, zu verlesen. Beweisanträge, die er dabei gestellt hat, können nicht als in der Hauptverhandlung gestellt behandelt werden (LR-*Gollwitzer* Rz. 27; KK-*Treier* Rz. 21; anders KMR-*Paulus* Rz. 29, der allerdings für die Anhörung Verhandlungsfähigkeit verlangt), denn Mitwirkungsrechte in der Hauptverhandlung setzen Verhandlungsfähigkeit voraus, d. h. – im Interesse aller Beteiligten – die Fähigkeit des Angeklagten, seine Belange »vernünftig« zu vertreten (RGSt 1, 149 [150]). Die Beweisanträge sind aber soweit zu berücksichtigen, wie § 163a Abs. 2 es vorschreibt, dort ist nur Vernehmungsfähigkeit vorausgesetzt.

11 Der verhandlungsunfähige Angeklagte darf von der Hauptverhandlung nicht ferngehalten werden; er hat jedoch aus dem zu Rz. 10 dargestellten Grund keine Mitwirkungsrechte; ihre Ausübung könnte ihn gefährden (für volle Mitwirkungsrechte *BGHSt* 28, 228 [234: »... in der Rolle als Angeklagter«); ebenso *Roxin* § 42 S. II 3 b); LR-*Gollwitzer* Rz. 37; KK-*Treier* Rz. 23; für Ausschluß: *Warda*, Fs. Bruns S. 415 [426 ff.]; *Fezer* II 11/131; KMR-*Paulus* Rz. 30).

12 Sobald der Angeklagte wieder verhandlungsfähig ist und das Gericht davon hätte erfahren müssen (KK-*Treier* Rz. 24), ist er wieder in die Hauptverhandlung einzubeziehen und gemäß Abs. 2 zu unterrichten. Wesentlich ist insofern vor allem das Beweisverfahren.

VIII. Irreparable Verhandlungsunfähigkeit

13 Dem Angeklagten ist im Verfahren nach § 231a u. U. während der gesamten Hauptverhandlung die Teilnahme unmöglich, weil seine Verhandlungsfähigkeit nicht wiederhergestellt werden kann. Auch dann ist das Abwesenheitsverfahren grundsätzlich zulässig (KK-*Treier* Rz. 3; K/M Rz. 5). In diesem Fall fungiert der zu bestellende **Verteidiger als Ersatz und Vermittler des rechtlichen Gehörs** in der Hauptverhandlung. Diese Funktion erfüllt er, wenn der Angeklagte mindestens am Ende der Hauptverhandlung mit ihm die wesentlichen Ergebnisse beraten und vermittelt durch ihn agieren kann. Ist dies unmöglich, weil auch die dafür erforderlichen Fähigkeiten des Angeklagten fehlen, vermittelt der Verteidiger nicht das rechtliche Gehör, und es fehlt eine Voraussetzung der Abwesenheitsverhandlung (*Rieß* JZ 1975, 265 [270]).

IX. Rechtsbehelfe

Der Beschluß kann nach Abs. 3 S. 3 mit sofortiger Beschwerde angefochten wer- **14** den, die abweichend von § 307 Abs. 1 aufschiebend wirkt. Bis zur Entscheidung über die Beschwerde muß die Hauptverhandlung bis zu 30 Tage unterbrochen werden.

Mit der Revision kann der Beschluß nicht gerügt werden (§ 336 S. 2), wohl aber die Weiterverhandlung in Abwesenheit des Angeklagten, wenn das Gericht dessen wiederhergestellte Verhandlungsfähigkeit hätte erkennen müssen, sowie der Verstoß gegen die Unterrichtungspflicht.

§ 231b (Abwesenheit des Angeklagten wegen ordnungswidrigen Benehmens)
(1) Wird der Angeklagte wegen ordnungswidrigen Benehmens aus dem Sitzungs-
zimmer entfernt oder zur Haft abgeführt (§ 177 des Gerichtsverfassungsgesetzes),
so kann in seiner Abwesenheit verhandelt werden, wenn das Gericht seine fernere
Anwesenheit nicht für unerläßlich hält und solange zu befürchten ist, daß die An-
wesenheit des Angeklagten den Ablauf der Hauptverhandlung in schwerwiegen-
der Weise beeinträchtigen würde. Dem Angeklagten ist in jedem Fall Gelegenheit
zu geben, sich zur Anklage zu äußern.
(2) Sobald der Angeklagte wieder vorgelassen ist, ist nach § 231a Abs. 2 zu ver-
fahren.

Literatur s. § 230

1. Bedeutung

Dem Gericht soll ermöglicht werden, die Hauptverhandlung auch dann durchzu- **1** führen, wenn der Angeklagte stört und deshalb aus ihr entfernt wird. Die Verhandlung ohne den Angeklagten beruht im Fall des § 231b nur auf dem Streben nach präventiver Sicherung: Es muß eine schwerwiegende Behinderung der Verhandlung zu befürchten sein; ob sie vom Angeklagten gewollt ist, bleibt irrelevant.

Da der Angeklagte nur um objektiver Umstände willen – auch das Anlaßverhalten **2** muß nicht schuldhaft sein (s. u. Rz. 3) – zwangsweise aus der laufenden Hauptverhandlung entfernt wird, entspricht § 231b strukturell dem § 247, der die zwangsweise Entfernung des Angeklagten zuläßt, wenn dessen Anwesenheit überwiegende Interessen der Sachaufklärung oder Dritter entgegenstehen. Ob es freilich mit der Verhältnismäßigkeit (dazu § 231 Rz. 4) zu vereinbaren ist, daß der Angeklagte nach § 231b aus prognostizierten objektiven Gründen praktisch aus der gesamten Hauptverhandlung zwangsweise entfernt werden darf, läßt sich bezweifeln (*Rüping* ZStW 91 [1979], 349 [355]). – Nach § 231b setzt die Zwangsmaßnahme ein Anlaßverhalten (2.) und eine Präventionsentscheidung (3.) voraus.

2. Anlaßverhalten

Der Angeklagte muß sich – nicht notwendig schuldhaft (*K/M* § 177 GVG Rz. 8) – **3** ordnungswidrig verhalten haben und deshalb aufgrund eines Beschlusses nach § 177 GVG entfernt oder zur Haft abgeführt worden sein.

3. Prävention und Entscheidung

4 Es müssen weitere Beeinträchtigungen zu befürchten sein, die wegen ihrer Intensität die Durchführung der Hauptverhandlung erheblich behindern würden. **Ob der Angeklagte dies will, ist irrelevant.** Die erzwungene Abwesenheitsverhandlung ist nur zulässig, solange die Befürchtung besteht. U.U. ist der Angeklagte probeweise wieder zuzulassen. Die Zwangsmaßnahme muß zu ihrem Zweck in angemessenem Verhältnis stehen. Die Anwesenheit darf nicht unerläßlich sein (dazu § 231 a Rz. 8). Das Gericht **entscheidet** um der Klarheit willen durch **Beschluß** (vgl. LR-*Gollwitzer* Rz. 16 m. w. N.).

4. Gelegenheit zur Äußerung und Unterrichtungspflicht

6 Um ein Minimum an rechtlichem Gehör zu wahren, muß dem Angeklagten ermöglicht werden, sich zur Anklage zu äußern (Abs. 1 S. 2). Eine besondere Anhörung ist dafür nur nötig, wenn der Angeklagte vor Abschluß der Vernehmung nach § 243 Abs. 4 entfernt wird. Die Anhörung muß vor dem erkennenden Gericht stattfinden (LR-*Gollwitzer* Rz. 19; KMR-*Paulus* Rz. 11; *Rieß* JZ 1975, 265 [271]). Dafür spricht der Vergleich mit § 231 a Abs. 1 S. 2, § 233 Abs. 2 S. 1. § 231 b stellt insofern strengere Anforderungen als § 231 a Abs. 1 S. 2, weil der zwangsweise entfernte Angeklagte den Verlust des normalen rechtlichen Gehörs nicht stets verschuldet hat. Zur Unterrichtungspflicht vgl. § 231 a Rz. 12.

6. Rechtsbehelfe

7 Die Beschwerde gegen den Beschluß ist gemäß § 305 ausgeschlossen. Zur Revision vgl. § 231 Rz. 14.

§ 231 c (Abwesenheit des Angeklagten während einzelner Verhandlungsteile)
Findet die Hauptverhandlung gegen mehrere Angeklagte statt, so kann durch Gerichtsbeschluß einzelnen Angeklagten, im Falle der notwendigen Verteidigung auch ihren Verteidigern, auf Antrag gestattet werden, sich während einzelner Teile der Verhandlung zu entfernen, wenn sie von diesen Verhandlungsteilen nicht betroffen sind. In dem Beschluß sind die Verhandlungsteile zu bezeichnen, für die die Erlaubnis gilt. Die Erlaubnis kann jederzeit widerrufen werden.

Literatur s. § 230

1. Bedeutung

1 Indem Mitangeklagte und ihre Verteidiger von der Anwesenheitspflicht entbunden werden, werden sie und oft auch das Gericht entlastet; es treten nun weniger Verhinderungen auf, die Unterbrechungen nötig machen. Damit ist der **Verfahrensbeschleunigung** gedient. Heikel ist die Anwendung der durch das StVÄG 1979 eingeführten Vorschrift, weil sie die Antizipation voraussetzt, daß bestimmte Verfahrensteile einen Mitangeklagten nicht betreffen.

2 § 231 c schränkt die Möglichkeit ein, vorübergehend Verfahren gegen Mitangeklagte gemäß §§ 4, 237 abzutrennen, schließt dies jedoch nicht völlig aus (vgl. § 230 Rz. 11 f.). Wenn neben § 231 c zugleich die Tatbestände §§ 231 Abs. 2, 231 a, 231 b, 232 oder 233 erfüllt sind, hat das Gericht nach Ermessen zu entscheiden, nach welchem es verfährt; es hat einerseits das Bedürfnis nach effizienter Sachaufklärung zu berücksichtigen, andererseits den Angeklagten möglichst wenig zu belasten.

2. Voraussetzungen
Außer von der Urteilsverkündung kann ein Angeklagter von allen Verfahrenstei- 3
len, auch von der Vernehmung eines Mitangeklagten und den Schlußvorträgen,
freigestellt werden (*BGHSt* 31, 323 [330]; NStZ 1983, 34), vorausgesetzt, sie betreffen ihn nicht (*BGH* bei *Miebach* NStZ 1989, 219). Das liegt nahe bei mehreren
Taten, namentlich bei Punktensachen, ist aber ausgeschlossen, wenn eine Tat in-
diziell für die andere ist (KMR-*Paulus* Rz. 8). Auch bei der Vernehmung über die
persönlichen Verhältnisse kann die Betroffenheit des Mitangeklagten fehlen
(*BGHSt* 31, 323 [324]) sowie bei der Erörterung prozessualer Fragen. Wenn eine
Zeugenaussage einen Mitangeklagten betrifft, gilt dies auch für die Frage der Verteidigung (vgl. *BGH* StV 1988, 370).

3. Verfahren
Freigestellt werden kann ein Mitangeklagter und sein notwendiger Verteidiger, 4
wenn sie dies vor oder in der Hauptverhandlung beantragen, wobei sie je eigene
Rechte wahrnehmen. Über die Freistellung entscheidet das Gericht; die Entscheidung des Vorsitzenden ist irrelevant (*BGH* StV 1985, 354 m. Anm. *Rogall*). Das
Gericht hat Ermessen und muß aufgrund der Akten antizipieren, ob in dem Ver-
handlungsteil, bezüglich dessen Freistellung begehrt wird, Umstände zur Sprache
kommen können, die mittelbar auch den Freizustellenden betreffen (LR-*Gollwitzer* Rz. 11). Das Gericht entscheidet nach Anhörung der Beteiligten (§ 33
Abs. 1) durch Beschluß (BGH a. a. O.), der die fraglichen Verhandlungsteile genau bezeichnen (S. 2) und ebenso wie der Antrag protokolliert werden muß. Die
Freistellung kann, wiederum nach Anhörung der Beteiligten, bei Veränderung
der Beurteilungsgrundlage durch Beschluß widerrufen werden (S. 3). Die Ablehnung des Antrags und der Widerruf sind gemäß § 34 zu begründen.

4. Verfahren nach Freistellung
Ungeachtet der Freistellung von der Anwesenheitspflicht können der Angeklagte 5
und sein notwendiger Verteidiger an der Verhandlung weiter teilnehmen und die
ihnen ansonsten zustehenden Verfahrensrechte ausüben. Haben sie nicht teilgenommen, müssen sie nicht wie in §§ 231 a Abs. 2, 231 b Abs. 2, 247 S. 2 vorgesehen
unterrichtet werden, wenn sie wieder anwesend sind. Betraf sie allerdings der Ver-
handlungsteil, bei dem sie erlaubtermaßen abwesend waren, wider Erwarten
auch, muß er in ihrer Anwesenheit wiederholt werden.

5. Rechtsbehelfe
Eine positive Entscheidung beschwert den Antragsteller nicht. Der Beschwerde 6
gegen eine negative Entscheidung steht § 305 entgegen. Betraf das in Abwesenheit
Verhandelte auch nur mittelbar den Angeklagten, kann er die Verletzung seines
Anwesenheitsrechts, des § 261 und meist auch des rechtlichen Gehörs mit der Re-
vision rügen.

§ **232 (Hauptverhandlung trotz Ausbleibens)**
**(1) Die Hauptverhandlung kann ohne den Angeklagten durchgeführt werden,
wenn er ordnungsgemäß geladen und in der Ladung darauf hingewiesen worden
ist, daß in seiner Abwesenheit verhandelt werden kann, und wenn nur Geldstrafe
bis zu 180 Tagessätzen, Verwarnung mit Strafvorbehalt, Fahrverbot, Verfall, Einziehung, Vernichtung oder Unbrauchbarmachung, allein oder nebeneinander, zu**

erwarten ist. Eine höhere Strafe oder eine Maßregel der Besserung und Sicherung darf in diesem Verfahren nicht verhängt werden. Die Entziehung der Fahrerlaubnis ist zulässig, wenn der Angeklagte in der Ladung auf diese Möglichkeit hingewiesen worden ist.

(2) Auf Grund einer Ladung durch öffentliche Bekanntmachung findet die Hauptverhandlung ohne den Angeklagten nicht statt.

(3) Die Niederschrift über eine richterliche Vernehmung des Angeklagten wird in der Hauptverhandlung verlesen.

(4) Das in Abwesenheit des Angeklagten ergehende Urteil muß ihm mit den Urteilsgründen durch Übergabe zugestellt werden, wenn es nicht nach § 145a Abs. 1 dem Verteidiger zugestellt wird.

Literatur

Küper Zum strafprozessualen »Versäumnisurteil« in sog. Bagatellsachen (§ 232 StPO), GA 1971, 289 ff.

Ders. Befreiungsantrag nach §§ 231–233 StPO und strafprozessuales »Versäumnisurteil«, NJW 1974, 1927 f.

Oppe Das Abwesenheitsverfahren in der Straßprozeßreform, ZRP 1972, 56 f. Weitere Hinweise bei § 230.

1. Anwendungsbereich und Bedeutung

1 Die hier geregelte Möglichkeit, die gesamte Hauptverhandlung über Bagatelldelikte ohne den Angeklagten durchzuführen, geht über §§ 231a, 231b, 233 insofern hinaus, als nicht vorausgesetzt ist, daß der Angeklagte sich zur Sache äußern konnte. § 232 ist auch im Berufungsverfahren anwendbar und bei Auslandsaufenthalt gemäß § 276; § 285 steht dem nicht entgegen, seit die §§ 277 ff. weggefallen sind.

2 Das Verfahren nach § 232 dient vor allem der reibungslosen Bearbeitung von Bagatelldelikten (wobei es allerdings oft vom Strafbefehlsverfahren verdrängt wird). Es beruht auf der gleichen Struktur wie die Verfahren nach §§ 231 Abs. 2, 231a. Aus Gründen der **Effizienz** wird das Hemmnis der fehlenden Anwesenheit des Angeklagten nicht berücksichtigt und allein aufgrund der richterlichen Wahrheitserforschung prozessiert. Voraussetzung ist, daß die Bedingung der Abwesenheit im Verantwortungsbereich des Angeklagten liegt; er muß eigenmächtig abwesend sein. Insofern trifft die verbreitete Bezeichnung »Ungehorsamsverfahren« (LR-*Gollwitzer* Rz. 2; *K/M* Rz. 1) zu. Die Verhältnismäßigkeit läßt das Abwesenheitsverfahren im Rahmen des § 232 eher zu als bei §§ 231 Abs. 2, 231a – der Angeklagte muß nicht angehört worden sein, zwangsweise Durchsetzung der Anwesenheit ist nicht vorrangig –, weil die drohende Rechtsfolge eng begrenzt ist. Verzichtet wird aber nur auf die Anwesenheit des Angeklagten, nicht auf seine Anwesenheitspflicht (*BGHSt* 25, 165 [167]). Diese hat er durch die von ihm zu verantwortende Behinderung der Anwesenheitsverhandlung verletzt.

3 Für die Gegenmeinung (KMR-*Paulus* Rz. 2; *Rieß* ZStW 90 [1978]), Beiheft, S. 175 [201]; wohl auch *Rüping* S. 111), im Fall des § 232 sei das Ausbleiben des Angeklagten als berechtigter Verzicht auf die Anwesenheit zu deuten, scheint der Vergleich mit § 233 zu sprechen, denn dort ist bei höherer Straferwartung das Ausbleiben berechtigt. Indessen hat im Fall des § 233 der Angeklagte die Gelegenheit zur Äußerung zur Sache gehabt, die im Fall des § 232 fehlt. Auf diese **Äußerungsgelegenheit** kann der Angeklagte **nicht wirksam verzichten**. Sie ist im Fall des § 232 zwar nicht für die Wahrheitserforschung relevant (andernfalls dürfte das Gericht nicht ohne den Angeklagten verhandeln); wohl aber ist sie Teil der dem Angeklagten nach dem Gesetz aufgenötigten Fürsorge (vgl. § 230 Rz. 8f.). Wäre es anders, könnte der Angeklagte nicht gegen seinen Willen dem Gericht vorgeführt werden, wenn dieses im Fall des § 232 den Hinweis versäumt hat (KMR-*Paulus* Rz. 8) und die für § 233 vorausgesetzte Äußerungsgelegenheit nicht gewährt wurde.

2. Vorwerfbares Fernbleiben

Erste Voraussetzung des § 232 ist, daß der Angeklagte bei der Hauptverhandlung **4** ausgeblieben ist oder sich aus ihr entfernt hat. Geschah letzteres nach Abschluß der Vernehmung zur Sache, ist auch § 231 Abs. 2 anwendbar.

Formale Voraussetzungen der Vorwerfbarkeit des Fernbleibens sind die ordnungsmäßige Ladung (vgl. § 217 Rz. 6), die nicht durch öffentliche Bekanntmachung erfolgen darf, sowie der Hinweis auf die Möglichkeit des Abwesenheitsverfahrens (*BGHSt* 25, 165). Daß diese generalisierte Sicherung in Einzelfällen bloße Formalität bleibt, ist kein Grund, darauf zu verzichten (anders KMR-*Paulus* Rz. 7).

Sachlich setzt die Vorwerfbarkeit eigenmächtiges, d. h. rechtswidriges und schuldhaftes Verhalten voraus (*OLG Karlsruhe* NStZ 1990, 505f.). Insofern gelten im Grundsatz die bei § 230 Rz. 13ff. dargestellten Regeln. Jedoch ist das Maß des Verschuldens dem nach § 235 i. V. m. § 44 relevanten anzupassen (*OLG Karlsruhe* a. a. O.).

Der Angeklagte kann nicht wirksam auf die Anwesenheit verzichten (*BGHSt* 25, 165 [167]). Eine dahingehende Erklärung kann aber als Antrag nach § 233 gelten.

3. Rechtsfolgeerwartung

Es dürfen nur die im Gesetz genannten Rechtsfolgen zu erwarten sein, wobei die **5** erwarteten konkreten Folgen, nicht die gesetzlich abstrakt angedrohten entscheidend sind.

4. Ermessensentscheidung

Ob die Verhandlung ohne den Angeklagten durchgeführt wird, entscheidet das **6** Gericht nach Ermessen. Dabei hat es die Zwecke des § 232 (Rz. 2f.), andererseits die Sachaufklärung und das rechtliche Gehör zu berücksichtigen. Auch wenn der Angeklagte auf letzteres keinen Wert legt, kann das Gericht es ihm gewähren. Die Abwesenheitsverhandlung gemäß § 232 ist jedoch, anders als die gemäß § 231 Abs. 2, gegenüber der Erzwingung der Anwesenheit **nicht ultima ratio**, sondern steht gleichrangig zur Wahl.

5. Hauptverhandlung ohne den Angeklagten und Urteilszustellung

Die Hauptverhandlung muß nicht förmlich beschlossen werden. **Niederschriften** **7** über richterliche Vernehmungen des Angeklagten in dieser Funktion (nicht vor anderen Stellen oder als Zeuge) werden nach § 232 Abs. 3 verlesen. Dadurch soll ein Minimum an rechtlichem Gehör gewährleistet werden. Fehlt eine entsprechende Niederschrift, ist das Abwesenheitsverfahren nicht ausgeschlossen (*OLG Köln* JMBlNRW 1959, 72); es können die vom Verteidiger gegebene Darstellung (*BayObLG* 1974, 35 [36]) oder andere Unterlagen, insbesondere polizeiliche und staatsanwaltliche Vernehmungsprotokolle, herangezogen werden, um die Stellungnahme des Angeklagten zu rekonstruieren. Zu Beweiszwecken dürfen diese Unterlagen nicht verlesen werden, anderenfalls wäre § 232 Abs. 3 überflüssig (*Eb. Schmidt* Rz. 16; LR-*Gollwitzer* Rz. 25, 29; KK-*Treier* Rz. 12; anders KMR-*Paulus* Rz. 13).

8 Bei der richterlichen Vernehmung gestellte **Beweisanträge** gelten nicht als in der Hauptverhandlung gestellt, sondern als Aufklärungsanträge, denn die Vernehmung ist nicht wie die Anhörung nach § 233 Abs. 2 notwendiges Surrogat der Vernehmung des Angeklagten in der Hauptverhandlung. Wie im Rahmen des § 231 Abs. 2 (vgl. dort Rz. 16) entfallen die Rechte des Angeklagten aus § 61 Nr. 5, § 245 Abs. 1, § 249 Abs. 2, § 251. Wenn jedoch ein Hinweis nach § 265 notwendig wird und nicht schon in der Ladung oder dem Verteidiger (§ 234 a) gegeben wurde, muß die Verhandlung ohne den Angeklagten ausgesetzt werden; ebenso wenn der durch § 232 Abs. 1 S. 1, 3 gesetzte Strafrahmen überschritten wird oder das Gericht das persönliche Erscheinen des Angeklagten anordnet (§ 236). Erscheint dieser von sich aus nachträglich in der Hauptverhandlung, so muß ihn der Vorsitzende zur Person und zur Sache vernehmen und, falls er Wiedereinsetzung beantragt (§ 235), die Verhandlung wiederholen.

9 Das in Abwesenheit ergangene Urteil wird gemäß § 232 Abs. 4 entweder dem Verteidiger nach § 145 a **zugestellt** oder durch Übergabe dem Angeklagten oder dessen Zustellungsbevollmächtigten, sofern er gemäß § 116 a Abs. 3 bestellt ist (*K/M* Rz. 24). Bei der Übergabe kann nach *BGHSt* 11, 152 (156); 22, 52 (55) anstelle des Angeklagten ein Ersatzempfänger treten (vgl. § 37 Abs. 1 S. 1 StPO i. V. m. §§ 181, 191 Nr. 4 ZPO).

6. Rechtsbehelfe

10 Der Angeklagte kann nach § 235 S. 1 i. V. m. § 44 S. 1 Wiedereinsetzung beantragen. Unabhängig davon (*OLG Bremen* JZ 1951, 523) kann er mit der Revision verfahrens- und materiellrechtliche Verstöße geltend machen, z. B. eine falsche Würdigung des »eigenmächtigen Ausbleibens«.

§ 233 (Entbindung des Angeklagten von der Pflicht zum Erscheinen)
(1) Der Angeklagte kann auf seinen Antrag von der Verpflichtung zum Erscheinen in der Hauptverhandlung entbunden werden, wenn nur Freiheitsstrafe bis zu sechs Monaten, Geldstrafe bis zu einhundertachtzig Tagessätzen, Verwarnung mit Strafvorbehalt, Fahrverbot, Verfall, Einziehung, Vernichtung oder Unbrauchbarmachung, allein oder nebeneinander, zu erwarten ist. Eine höhere Strafe oder eine Maßregel der Besserung und Sicherung darf in seiner Abwesenheit nicht verhängt werden. Die Entziehung der Fahrerlaubnis ist zulässig.
(2) Wird der Angeklagte von der Verpflichtung zum Erscheinen in der Hauptverhandlung entbunden, so muß er durch einen beauftragten oder ersuchten Richter über die Anklage vernommen werden. Dabei wird er über die bei Verhandlung in seiner Abwesenheit zulässigen Rechtsfolgen belehrt sowie befragt, ob er seinen Antrag auf Befreiung vom Erscheinen in der Hauptverhandlung aufrechterhalte.
(3) Von dem zum Zweck der Vernehmung anberaumten Termin sind die Staatsanwaltschaft und der Verteidiger zu benachrichtigen; ihrer Anwesenheit bei der Vernehmung bedarf es nicht. Das Protokoll über die Vernehmung ist in der Hauptverhandlung zu verlesen.

1. Bedeutung

In der Praxis wird, wenn nur die in § 233 genannten begrenzten Rechtsfolgen zu **1** erwarten sind, der Angeklagte vor der Ladung darauf hingewiesen, daß er sich von der Anwesenheitspflicht befreien lassen kann (Nr. 120 I RiStBV). Damit eröffnet ihm § 233, anders als § 231 Abs. 2, §§ 231a–232, die Möglichkeit, der **gesamten** Hauptverhandlung **berechtigt fernzubleiben.** § 233 stellt die ansonsten vorgeschriebene Zwangsfürsorge für das rechtliche Gehör zurück zugunsten des subjektiven Rechts auf Gehör, dessen Ausübung zur Freiheit des Angeklagten gehört. § 233 gilt auch im Berufungsverfahren.

2. Entbindung des Angeklagten von der Anwesenheitspflicht

a) Die erwartete **konkrete Rechtsfolge** muß § 233 Abs. 1 entsprechen. Der hier **2** aufgeführte Katalog ist gegenüber § 232 erweitert um die Freiheitsstrafe bis zu sechs Monaten. Im übrigen vgl. § 232 Rz. 5.

b) Der **Antrag des Angeklagten** kann – formfrei und widerruflich – schon nach **3** dem Eröffnungsbeschluß und noch in der Hauptverhandlung (*BGHSt* 28, 44 [48]), auch aus der Haft heraus gestellt werden. Legitimiert ist auch ein allgemein bevollmächtigter Verteidiger (*OLG Köln* NJW 1957, 153 [154]; *K/M* Rz. 5; KMR-*Paulus* Rz. 11; anders *RGSt* 54, 210f.; *OLG Düsseldorf* NJW 1960, 1921 [1922]), denn der Anspruch des Angeklagten auf rechtliches Gehör ist im Verfahren hinreichend gesichert durch die Vernehmung und Belehrung gemäß Abs. 2 und die Möglichkeit, den Antrag des Verteidigers zu widerrufen. Für das Berufungsverfahren muß der Antrag erneut gestellt werden (*RGSt* 66, 364f.; *BayObLGSt* 1956, 20).

c) Das Gericht **entscheidet** nach **Ermessen**, d. h. es konkretisiert die gesetzlichen **4** Zwecke. Von den im allgemeinen relevanten Zwecken der Anwesenheitspflicht des Angeklagten – Förderung der Wahrheitserforschung und ggf. aufzunötigende Gelegenheit zu rechtlichem Gehör – darf es bei der Ermessensentscheidung nach § 233 Abs. 1 jedoch den zweiten nicht berücksichtigen. Die in anderen Verfahren geltende Vermutung, daß der Angeklagte die praktische Bedeutung seines rechtlichen Gehörs nicht hinreichend überschaut, ist in Verfahren nach § 233 durch bestimmte Sicherungen entkräftet: Begrenzung der Straferwartung, Vernehmung über die Anklage, Belehrung über die Sanktionen, Frage, ob das Abwesenheitsverlangen aufrecht erhalten wird. Diese Sicherungen treten an die Stelle der Anwesenheitspflicht, soweit sie auf Fürsorge gerichtet ist. Daher ist **kein Anlaß** gegeben **für gerichtlich aufgenötigte Fürsorge zugunsten des rechtlichen Gehörs.** Das verbleibende Risiko muß der Angeklagte gemäß der Logik subjektiven Rechts, das in § 233 zur Geltung kommen soll, selbst verantworten (i. E. ebenso zu § 73 Abs. 2 OWiG: *BayObLG* JR 1983, 522 m. abl. Anm. *Göhler*; MDR 1986, 169; zu § 236: LR-*Gollwitzer* § 236 Rz. 2; KMR-*Paulus* § 236 Rz. 3; *OLG Saarbrücken* NStZ 1989, 480 m. abl. Anm. *J. Meyer* (zu § 236); anders: *K/M* § 236 Rz. 5; KK-*Treier* § 236 Rz. 3; *Göhler* a. a. O.).

Wenn das Gericht hingegen die **Wahrheitserforschung** durch die Anwesenheit des **5** Angeklagten fördern will, so ist dies mit dem konkreten Interesse des Angeklagten am Fernbleiben abzuwägen. Dabei sind auch Umstände zu berücksichtigen, die außerhalb des § 233 das Fernbleiben nicht berechtigen oder entschuldigen, z. B. beschwerliche Anreise (vgl. *BGHSt* 30, 172 [174ff.]), Vermeidung der Konfrontation mit Zeugen.

Das Gericht entscheidet durch **Beschluß**, der dem Angeklagten zuzustellen ist, bei **6**

Vertretung durch einen Verteidiger diesem (*BGHSt* 25, 281 [283 f.]), und gemäß § 305 S. 1 **nicht** mit der **Beschwerde angefochten werden** kann (*K/M* Rz. 27; *BayObLG* 1952, 116; *OLG Celle* NJW 1957, 1163; *OLG Hamburg* MDR 1968, 344 [345]).

3. Weiteres Verfahren

a) Vernehmung des Angeklagten

7   Die nach § 233 Abs. 2 S. 1 obligatorische Vernehmung gibt meist außerhalb der Hauptverhandlung Gelegenheit zu rechtlichem Gehör und zu umfassender Stellungnahme zur Anklage (in Gestalt des Eröffnungsbeschlusses). Die Möglichkeit entsteht neu, wenn Ergänzungen gewünscht werden (*BayObLGSt* 1956, 20 [21]). Der Angeklagte ist analog § 243 Abs. 4 S. 1 zu belehren, nach § 233 Abs. 2 S. 2 zusätzlich über die möglichen Rechtsfolgen, und zu befragen, ob er den Antrag auf Befreiung aufrecht erhält.

8   Das Gesetz sieht die kommissarische Vernehmung vor einem ersuchten oder beauftragten Richter vor (Abs. 2 S. 1). Die Staatsanwaltschaft und der Verteidiger sind zu benachrichtigen (Abs. 3 S. 1), nach *RGSt* 57, 271 (272) entsprechend Mitangeklagte. Sie haben nach Abs. 2 S. 1 ein Recht zur Teilnahme, nicht eine Pflicht (auch nicht ein notwendiger Verteidiger) und können z. B. entsprechend § 240 Abs. 2 Fragen stellen. Der kommissarische Richter hat in der Vernehmung die Zwangsmittel des § 230 Abs. 2, sofern der Befreiungsantrag nach Abs. 1 S. 1 gestellt, nicht nur angekündigt ist (*BGHSt* 25, 42, [43]).

b) Hauptverhandlung

9   Da der Angeklagte nur von seiner Anwesenheitspflicht entbunden ist, bleibt er zur Anwesenheit berechtigt und ist zu laden. Erscheint er nicht, wird das Protokoll der kommissarischen Vernehmung nach § 233 Abs. 3 S. 2 in der Hauptverhandlung verlesen. Frühere richterliche Vernehmungen können nur verwertet werden, wenn sie Gegenstand der kommissarischen Vernehmung waren (LR-*Gollwitzer* Rz. 31); § 254 ist nicht einschlägig, da er Anwesenheit des Angeklagten voraussetzt. Beweisanträge anläßlich der Vernehmung gelten als in der Hauptverhandlung gestellt.

10   Werden Hinweise nach § 265 Abs. 1, 2 nötig, so genügt es nicht, wenn sie gemäß § 234a dem Verteidiger gegeben werden; vielmehr muß die Vernehmung gemäß § 233 Abs. 2 wiederholt, das Erscheinen des Angeklagten angeordnet (§ 236) oder die Abwesenheitsverhandlung ausgesetzt werden (KK-*Treier* Rz. 13; KMR-*Paulus* Rz. 31; anders *Meyer-Goßner* NJW 1987, 1163 f.; LR-*Gollwitzer* ErgBd Rz. 6), denn im Verfahren nach § 233 soll die Vernehmung zur Anklage nicht nur – wie in den Verfahren nach § 231 Abs. 2, §§ 231a, 231b, 232 – das verfassungsrechtlich garantierte rechtliche Gehör gewährleisten, sondern darüber hinaus die Möglichkeit der Stellungnahme des Angeklagten in der Hauptverhandlung, soweit möglich, ersetzen. Deshalb verliert der Angeklagte im Verfahren nach § 233 auch weder die Zustimmungsrechte nach § 61 Nr. 5, § 245 Abs. 1 S. 2, § 249 Abs. 2, § 251 Abs. 1 S. 4, Abs. 2, noch die Befugnis zu neuen Beweisen Stellung zu nehmen (*RGSt* 21, 100; *OLG Hamm* VRS 19, 374 f.; *OLG Schleswig* bei *Ernesti/Lorenzen* SchlHA 1981, 89). Beides kann allerdings vom Verteidiger wahrgenommen werden.

c) Urteil
Das Gericht ist nach Abs. 1 S. 2 an den gesetzlichen Rahmen der Sanktionen in **11**
Abs. 1 S. 1 u. 3 gebunden. Im Umkehrschluß aus der Sonderbestimmung des § 232
Abs. 4 (vgl. dort Rz. 9) kann das Urteil auch an den Verteidiger zugestellt werden
(*BGHSt* 11, 152 [158]; *BayObLGSt* 1967, 101 [103]; auch *OLG Braunschweig*
OLGSt § 232 S. 1 [3]; LR-*Gollwitzer* Rz. 38; *Eb. Schmidt* Nachtr. I Rz. 19; a. A.
OLG Koblenz JZ 1956, 725 [726]).

4. Rechtsbehelfe
Wiedereinsetzung in analoger Anwendung des § 235 ist nicht möglich (§ 235 **12**
Rz. 1). Wenn das Gericht in Abwesenheit verhandelt hat, ohne daß die Voraussetzungen des § 233 gegeben waren, z. B. dessen Rechtsfolgebegrenzung überschritten hat, ist die Revision gemäß § 338 Nr. 5 zulässig. Nach § 337 sind Verletzungen
von § 233 Abs. 2, 3 zu rügen (KK-*Treier* Rz. 22, *K/M* Rz. 28).

§ **234 (Vertretung des abwesenden Angeklagten)**
**Soweit die Hauptverhandlung ohne Anwesenheit des Angeklagten stattfinden
kann, ist er befugt, sich durch einen mit schriftlicher Vollmacht versehenen Verteidiger vertreten zu lassen.**

Literatur
Schorn Verteidigung und Vertretung im Strafverfahren, JR 1966, 7ff.
Weber Der Verteidiger als Vertreter in der Hauptverhandlung, Diss. Augsburg
1982

1. Verteidigung und Vertretung
Im allgemeinen hat der Verteidiger seine über die des Beschuldigten hinausrei- **1**
chenden Befugnisse (z. B. zur Akteneinsicht) als **eigene**, weil sein Handeln nicht
mit dem Willen des Beschuldigten identifiziert wird, er also nicht als Vertreter,
sondern als selbständiges Organ der Rechtspflege und Beistand des Beschuldigten
gilt. Dabei ist unterstellt, daß der Beschuldigte stets neben dem Verteidiger selbständig seinen Willen äußern kann, in der Hauptverhandlung also anwesend ist.
Da dies fehlt in den Abwesenheitsverfahren nach § 231 Abs. 2, §§ 231 a, 231 b,
232, 233, ermöglicht hier § 234 ausnahmsweise, daß der Verteidiger zugleich als
Vertreter des Angeklagten auftritt und **dessen Befugnisse** wahrnimmt. Entsprechende Regelungen treffen die § 329 Abs. 1, § 350 Abs. 2, § 411 Abs. 2, § 434
Abs. 1 S. 1, § 444 Abs. 2 S. 2. Die Vertretung ist ausgeschlossen, wenn der Angeklagte anwesend ist.

2. Vertretungsvollmacht
Sie muß schriftlich erteilt sein, ist nicht in der allgemeinen Vollmacht zur Verteidi- **2**
gung enthalten (*BayObLGSt* 1956, 32 [34]), wohl aber in der üblichen Vollmacht
zur »Verteidigung und Vertretung« (*BGHSt* 9, 356 [357]; *OLG Köln* NJW 1957,
153 f.; *OLG Zweibrücken* StV 1981, 539). Sie kann auf bestimmte Verfahrensabschnitte und Prozeßhandlungen beschränkt werden.

3. Wirkungen

3 Kraft seiner Vertretungsvollmacht handelt der Verteidiger mit Wirkung für und gegen den Angeklagten zumindest, wenn er dessen **Verfahrensbefugnisse** wahrnimmt. Dazu gehören u. a. die Rechte aus § 61 Nr. 5, § 245 Abs. 1 S. 2, § 251 Abs. 1 Nr. 4, Abs. 2, die dem Angeklagten im Verfahren nach § 233 verbleiben. Hinweise nach § 265 Abs. 1, 2 in diesem Verfahren kann der Verteidiger allerdings nicht kraft Vertretungsvollmacht für den Angeklagten entgegennehmen (vgl. § 233 Rz. 7, 10), wohl aber in den Verfahren nach § 231 Abs. 2, §§ 231 a, 231 b, 232, und zwar gemäß § 234 a auch ohne Vertretungsvollmacht.

4 Ob der zur Vertretung bevollmächtigte Verteidiger **Erklärungen zur Sache** für den Angeklagten abgeben kann, ist umstritten (bejahend die h. M., vgl. LR-*Gollwitzer* Rz 16; *BayObLG* 1982, 156; *OLG Hamm* JMBlNRW 1964, 214; anders *Weber* S. 75 ff.; *Schorn* S. 9), weil dieser bei Sacherklärungen auch Beweismittel ist, dessen Wissen erfragt wird und dessen unmittelbare Verwertung durch die Vermittlung des Verteidigers beeinträchtigt wird. Jedoch sind Äußerungen des Angeklagten zur Sache stets auch Objektivationen seiner Subjektstellung im Prozeß und zulässigerweise von seinem Willen zur Beeinflussung des Verfahrens überlagert. Im Hinblick darauf ist auch bezüglich der Wissenserklärungen des Angeklagten die Vertretung im Willen zuzulassen. Der Mangel an Unmittelbarkeit ist bei der Beweiswürdigung zu berücksichtigen. Allerdings kann es aufgrund der Fürsorge- und Aufklärungspflicht geboten sein, den Angeklagten persönlich zu hören (*BayOBLGSt* 1970, 228 [231]). Dies ist insbesondere für die Entführung neuer Tatsachen ins Verfahren nach § 233 anerkannt (*RGSt* 12, 45 [47]; s. a. § 233 Rz. 7, 10).

4. Revision

5 Sie ist möglich bei falscher Anwendung des § 234. Hätte das Gericht den Angeklagten zwecks besserer Aufklärung persönlich vernehmen müssen, kann die Verletzung des § 244 Abs. 2 gerügt werden (LR-*Gollwitzer* Rz. 19).

§ 234a (Informations- und Zustimmungsbefugnisse des Verteidigers)

Findet die Hauptverhandlung ohne Anwesenheit des Angeklagten statt, so genügt es, wenn die nach § 265 Abs. 1 und 2 erforderlichen Hinweise dem Verteidiger gegeben werden; der Verzicht des Angeklagten nach § 61 Nr. 5 sowie sein Einverständnis nach § 245 Abs. 1 Satz 2 und nach § 251 Abs. 1 Nr. 4, Abs. 2 sind nicht erforderlich, wenn ein Verteidiger an der Hauptverhandlung teilnimmt.

1 Die Vorschrift wurde durch das StVÄG 1987 eingeführt. Sie erleichtert die Durchführung von Abwesenheitsverfahren, deren Zahl ohnehin steigt (KK-*Treier* Rz. 1). Wenn der für den ausgebliebenen Angeklagten anwesende **Verteidiger nicht gemäß § 234 zur Vertretung bevollmächtigt ist**, entfällt nach § 234 a der Angeklagte als notwendiges Subjekt bestimmter Rechte: der Entgegennahme von Hinweisen nach § 265 Abs. 1, 2 und der Erklärung nach § 61 Nr. 5, § 245 Abs. 1 S. 2, § 251 Abs. 1 Nr. 4, Abs. 2. Es genügt, daß der **Verteidiger** seine entsprechenden **eigenen** Rechte wahrnehmen kann (krit. *Kempf* StV 1987, 220). Ist der Angeklagte mit deren Ausübung nicht einverstanden, muß er selbst an der Hauptverhandlung teilnehmen (LR-*Gollwitzer* ErgBd Rz. 18), was er z. B. in Verfahren nach §§ 231 a, 231 b oft nicht kann.

2 Anwendbar ist § 234 a, wenn die Hauptverhandlung ganz (z. B. nach §§ 231 a, 232,

233) oder teilweise (nach § 231 Abs. 2, § 231 b) ohne den Angeklagten stattfindet. Nicht anwendbar ist § 234 a im Verfahren nach § 231 c, weil dabei der Angeklagte nicht betroffen ist, im Verfahren nach § 247, weil sich dabei die Abwesenheit des Angeklagten nur auf die Beweisaufnahme, nicht auf die Verhandlung erstreckt, und wenn im Verfahren nach § 233 Hinweise gemäß § 265 Abs. 1, 2 gegeben werden (vgl. § 233 Rz. 10).

Wenn dem Verteidiger gemäß § 234 a Hs. 1 Hinweise nach § 265 Abs. 1, 2 gegeben **3** werden und er darauf zusätzliche Informationen vom Angeklagten benötigt, kann er Unterbrechung oder Aussetzung nach § 265 Abs. 3, 4 beantragen.

Hinsichtlich der Rechte aus § 61 Nr. 5, § 245 Abs. 1 S 2, § 251 Abs. 1 Nr. 4, Abs. 2 **4** ist § 234 a Hs. 2 irrelevant in Verfahren nach § 231 Abs. 2, §§ 231 a, 231 b, 232, denn dort hat der Angeklagte die genannten Rechte nicht. Gegenteilige Schlüsse sind aus § 234 a Hs. 2 nicht zu entnehmen, denn sie würden der Intention – Verfahrensvereinfachung – widersprechen (KK-*Treier* Rz. 7; *K/M* Rz. 5).

§ 235 (Wiedereinsetzung in den vorigen Stand)
Hat die Hauptverhandlung gemäß § 232 ohne den Angeklagten stattgefunden, so kann er gegen das Urteil binnen einer Woche nach seiner Zustellung die Wiedereinsetzung in den vorigen Stand unter den gleichen Voraussetzungen wie gegen die Versäumung einer Frist nachsuchen; hat er von der Ladung zur Hauptverhandlung keine Kenntnis erlangt, so kann er stets Wiedereinsetzung in den vorigen Stand beanspruchen. Hierüber ist der Angeklagte bei der Zustellung des Urteils zu belehren.

1. Anwendungsbereich: Beim Verfahren nach § 232 erhält der Angeklagte u. U. **1** keinerlei rechtliches Gehör. § 235 ermöglicht ihm, dies zu korrigieren, falls er die Teilnahme an der Hauptverhandlung ohne Verschulden versäumt hat. Die Vorschrift analog anzuwenden, wenn der gemäß § 233 vom Erscheinen entbundene Angeklagte einen Verteidiger benannt hat, der nicht geladen wurde (so LR-*Gollwitzer* Rz. 3; *Eb. Schmidt* II Rz. 4; *LG Köln* DAR 1988, 429; anders KK-*Treier* Rz. 2; KMR-*Paulus* Rz. 3), besteht kein Grund, denn beim Verfahren nach § 233 ist das rechtliche Gehör durch die Vernehmung nach Abs. 2 gewahrt. Nicht anwendbar ist § 235 auch, wenn der Angeklagte gemäß § 234 vertreten war (*BayObLGSt* 1965, 4 [5 f.]).

2. Voraussetzungen: Die Wiedereinsetzung findet statt, wenn das **Ausbleiben** **2** vom Angeklagten **nicht zu vertreten** ist. Dies kann material begründet werden gemäß den in § 44 angegebenen Kriterien (dazu AK-StPO-*Lemke* § 44 Rz. 19 f.) oder formal gemäß § 235 S. 1 Hs. 2 mit fehlender Kenntnis der Ladung. Diese Begründung hat der Angeklagte verwirkt, wenn er absichtlich den Zugang der Ladung verhinderte oder sie vorsätzlich nicht zur Kenntnis nahm (*Eb. Schmidt* II Rz. 6; *K/M* Rz. 4).

3. Antrag und Entscheidung: Die Wiedereinsetzung ist eine Woche nach Zustel- **3** lung des Urteils zu beantragen. Ist der Angeklagte entgegen § 235 S. 2 nicht belehrt worden, so kann er bei Versäumung der Frist des S. 1 analog § 44 S. 2 i. V. m. § 35 a Wiedereinsetzung beantragen (LR-*Gollwitzer* Rz. 9). Im Hinblick auf diese Spezialregelung ist nicht anzunehmen, daß bei fehlender Belehrung die Frist nicht läuft (so aber *Eb. Schmidt* a. a. O. Rz. 8). Im übrigen richtet sich der Antrag nach § 45. Das Gericht entscheidet durch Beschluß gemäß §§ 45, 46. Wegen der Bedeutung des rechtlichen Gehörs darf die Wiedereinsetzung nicht von strengen Voraussetzungen abhängig gemacht werden (*BVerfGE* 25, 158 [166]; 37, 100 [102]). Der Beschuldigte braucht weder mit besonderen Vorkehrungen dafür zu sorgen, daß ihn Zustellungen erreichen (*BVerfGE* 34, 154 [156]; 40, 88 [91]), noch seine Darstellung in spezieller Weise glaubhaft zu machen (*BVerfGE* 38, 35 [39]).

4 4. **Anfechtung** der positiven Entscheidung ist analog § 46 Abs. 2 ausgeschlossen. Gegen eine ablehnende Entscheidung ist analog § 46 Abs. 3 sofortige Beschwerde zulässig.

§ 236 (Anordnung des persönlichen Erscheinens)

Das Gericht ist stets befugt, das persönliche Erscheinen des Angeklagten anzuordnen und durch einen Vorführungsbefehl oder Haftbefehl zu erzwingen.

1. Anwendungsbereich

1 Für den Angeklagten haben die Anordnung persönlichen Erscheinens und die diesbezügliche Regelung der zwangsweisen Durchsetzung **konstitutive Bedeutung nur im Verfahren nach § 233**, nicht in den Verfahren nach § 231 Abs. 2, §§ 231 a, 231 b, 232, denn dort ist der Angeklagte ohnehin zum Erscheinen verpflichtet und kann dazu, soweit möglich, gemäß § 230 Abs. 2 gezwungen werden (deshalb soll in diesen Fällen § 236 unanwendbar sein nach KMR-*Paulus* Rz. 4; anders *K/M* Rz. 1; LR-*Gollwitzer* Rz. 5). In den Verfahren nach § 231 Abs. 2, §§ 231 b, 232 kann die Anordnung persönlichen Erscheinens nur bedeuten, daß das Gericht die Anwesenheit des Angeklagten für »erforderlich« i. S. § 231 Abs. 2, bzw. »unerläßlich« i. S. §§ 231 a, 231 b hält, d. h. sich im Rahmen seines (auch bei § 232 auszuübenden) Ermessens entschließt, anstelle der Abwesenheitsverhandlung mit dem Angeklagten zu prozessieren.

2 Die Anordnung ist auch im Berufungs- und Strafbefehlsverfahren zulässig und auch nicht ausgeschlossen, wenn ein vertretungsberechtigter Verteidiger anwesend ist. Die Möglichkeit der Anordnung schließt andererseits nicht aus, Berufung bzw. Einspruch gemäß § 329 Abs. 1, § 412 zu verwerfen, wenn weder Angeklagter noch Verteidiger erschienen sind. Die Anordnung ist weiter nach § 387 Abs. 3 im Privatklageverfahren zulässig, nach § 73 Abs. 2 OWiG im Ordnungswidrigkeitenverfahren und, trotz § 350 Abs. 2, im Revisionsverfahren, wenn z. B. das Gericht selbst über die Prozeßvoraussetzungen entscheidet (vgl. *OLG Koblenz* NJW 1958, 2027 [2028]; KK-*Treier* Rz. 2; *K/M* Rz. 1; anders *Eb. Schmidt* Nachtr. I Rz. 1).

2. Ermessen

3 Ob das Erscheinen des Angeklagten angeordnet wird, entscheidet das Gericht nach Ermessen. Dabei hat es in den verschiedenen Abwesenheitsverfahren jeweils die Regeln zu beachten, die schon für die Entscheidung relevant sind, ob ohne den Angeklagten verhandelt werden kann, bei § 231 Abs. 2 also die Kriterien der Erforderlichkeit, bei §§ 231 a, 231 b die der Unerläßlichkeit. Im **Verfahren nach § 233** ist daher auch der **Wille des Angeklagten**, an der Verhandlung nicht teilzunehmen, **relevant** (Einzelheiten vgl. § 233 Rz. 4). Sofern er ernsthaft erklärt, er werde schweigen, darf sein Erscheinen nicht mit dem Ziel angeordnet werden, ihm die Gelegenheit rechtlichen Gehörs aufzunötigen, denn dieses Ziel tritt bei § 233 zurück (so i. E. *BayObLG* JR 1983, 522 m. abl. Anm. *Göhler*; MDR 1986, 169; *OLG Saarbrücken* NStZ 1989, 480 m. abl. Anm. *J. Meyer*; LR-*Gollwitzer* Rz. 2; KMR-*Paulus* Rz. 3; anders *K/M* Rz. 4; KK-*Treier* Rz. 3). Wenn das Gericht allerdings hofft, mit der Anhörung des Angeklagten eine Aufklärungslücke zu schließen, steht dessen Absicht zu schweigen der Anordnung nicht entgegen (§ 233 Rz. 5). Ferner sind im Verfahren nach § 233 auch Belastungen zu berücksichtigen, die für den Angeklagten mit der Anwesenheit verbunden sind und die in anderen Verfahren nicht oder nur ausnahmsweise ins Gewicht fallen, z. B. beschwerliche Anreise. Zu deren Vermeidung kann u. U. ein ersuchter Richter eingeschaltet werden (*BayObLGSt* 1972, 168 f.; vgl. aber *BGHSt* 30, 172 [174 ff.]).

3. Entscheidung
Sie erfolgt durch Beschluß. Der wie bei § 230 Abs. 2 mögliche Vorführungs- oder **4** Haftbefehl muß vorher angedroht und verhältnismäßig sein (§ 230 Rz. 29). Das Gericht kann nachträglich und nach vergeblichen Versuchen auf die Durchführung verzichten, wenn die Sachaufklärung es zuläßt (*OLG Hamburg* NJW 1968, 1687 [1688]).

4. Rechtsbehelfe
Gegen die Anordnung ist die Beschwerde gemäß § 305 S. 1 nicht möglich, wohl **5** aber gegen die Durchsetzung mittels Vorführungs- oder Haftbefehl (vgl. § 230 Rz. 31).

§ 237 (Verbindung mehrerer Strafsachen)
Das Gericht kann im Falle eines Zusammenhangs zwischen mehreren bei ihm anhängigen Strafsachen ihre Verbindung zum Zwecke gleichzeitiger Verhandlung anordnen, auch wenn dieser Zusammenhang nicht der in § 3 bezeichnete ist.

Literatur
Meyer/Goßner Die Verbindung verschiedener gegen denselben Angeklagten bei demselben Landgericht anhängiger Strafverfahren, NStZ 1989, 297 ff.

1. Bedeutung
Die im Interesse der Prozeßökonomie gemäß § 237 mögliche Verbindung ver- **1** schiedener Verfahren führt, da der ihr zugrunde liegende Zusammenhang locke- rer sein kann als bei Verbindungen nach §§ 3, 4, nicht zu einem einheitlichen Verfahren, sondern nur zu »gleichzeitiger Verhandlung«: Die verschiedenen Ver- fahren werden in einer Hauptverhandlung, also vorübergehend, zusammen bear- beitet, weshalb diese Verbindung auch systematisch im Zusammenhang der Hauptverhandlung geregelt ist. – Voraussetzungen:

2. Anhängigkeit beim selben Gericht
In den Verfahren muß Anklage erhoben sein beim selben Gericht. Darunter ist **2** nicht ein Spruchkörper zu verstehen, sondern eine administrativ **einheitliche Ge- richtsbehörde** (z. B. Landgericht). Es können innerhalb des Gerichts also Sachen verschiedener Spruchkörper verbunden werden. Haben diese verschiedenen Rang, wird beim höherrangigen verbunden (*BGHSt* 26, 271 [274 f.]). Jugendsa- chen werden mit Erwachsenensachen bei der Jugendgerichtsbarkeit verbunden. Erstinstanzliche Sachen können mit Berufungssachen beim selben Landgericht verbunden werden (*BGH* MDR 1955, 755; NStZ 1990, 242, 448; anders KMR- *Paulus* Rz. 5, der hier ausschließlich § 4 für anwendbar hält, was jedoch mit dem in §§ 4, 237 jeweils gegebenen Ermessen kaum zu vereinbaren ist), persönliche Straf- verfahren mit Sicherungsverfahren nach §§ 413 ff. (*BayObLGSt* 1954, 14 [15]).

Die Verbindung ist von Anklageerhebung an und noch in der Hauptverhandlung möglich.

3. Zusammenhang und Entscheidung

3 Da die Verbindung nur vorübergehend wirkt und nur beim selben Gericht anhängige Sachen erfaßt, kann der sie begründende Zusammenhang locker, **fallbezogen** und **prozeßökonomisch** bestimmt werden und z. B. bei gleichartigen Vorwürfen oder Identität der Beweismittel gegeben sein. Auch hat das über die Verbindung entscheidende Gericht, wenn die Voraussetzungen gegeben sind, einen weiten (nicht unbegrenzten, vgl. *OLG Stuttgart* NJW 1960, 2333) Ermessensspielraum. Die Entscheidung setzt eine Einigung zwischen den beteiligten Spruchkörpern voraus, weil § 4 Abs. 2 nicht gilt (*OLG Düsseldorf* MDR 1980, 1041; KMR-*Paulus* Rz. 27; *Meyer-Goßner* NStZ 1989, 297f.). Die Verbindung wird von dem Spruchkörper, der die gemeinsame Hauptverhandlung durchführt, **förmlich beschlossen**, was bekanntzumachen ist (§ 35).

4. Wirkungen

4 Die Verbindung in der Hauptverhandlung wirkt sich dahin aus, daß die in den verschiedenen Verfahren Angeklagten zu Mitangeklagten werden und nicht als Zeugen zur Aussage verpflichtet werden können. Dies ist jedoch möglich, wenn die Verfahren wieder getrennt werden. Die Trennung ist wie die Verbindung aus prozeßökonomischen Gründen aufgrund gerichtlichen Ermessens möglich. Sie darf aber nicht dazu führen, daß ein bisher Mitangeklagter nun als Zeuge zu Vorgängen aussagen muß, die das ihm vorgeworfene Geschehen berühren (*BGHSt* 24, 257 [259]). Insofern gelten die bei § 230 Rz. 11f. dargestellten Grundsätze.

5 Da die **Verbindung**, so sie besteht, nur eine **vorübergehende** ist, bleiben bei Verbindung von Berufungssachen mit erstinstanzlichen für erstere die §§ 324, 325 in Geltung. Umstritten war bisher, ob wegen der Verbindung der *Bundesgerichtshof* auch hinsichtlich der Berufungssache zur Revisionsinstanz wird (so unter Hinweis auf § 5 *BGH* NJW 1955, 1890 Nr. 5; *MDR* 1955, 755; *JR* 1988, 385 m. Anm. *Meyer*; KK-*Treier* Rz. 11; anders *KG* JR 1969, 349; *Meyer-Goßner* DRiZ 1985, 242 [245]; *Eb. Schmidt* Nachtr. I Rz. 13; differenzierend KMR-*Paulus* Rz. 37ff.). Umstritten war auch, ob bezüglich der gemäß § 237 verbundenen Sachen im Urteil eine Gesamtstrafe gebildet werden kann (bejahend *BGHSt* 29, 67; LR-*Gollwitzer* Rz. 15; KK-*Treier* Rz. 4; anders *K/M* Rz. 8; KMR-*Paulus* Rz. 36; *Meyer/Goßner* a. a. O. S. 245). Bei Verbindungen nach § 4 ist dies möglich; jedoch war bisher dessen Anwendungsbereich eingeschränkt, insofern unklar war, ob er eine Verbindung zwischen erstinstanzlichen und Berufungssachen zuläßt (bejahend *BGHSt* 4, 152 [153]; *K/M* § 4 Rz. 3; KMR-*Paulus* § 4 Rz. 8ff.; AK-StPO-*Dästner* § 4 Rz. 4; *Meyer/Goßner* a. a. O. S. 246; ders. NStZ 1989. 297f.; anders *BGHSt* 19, 177 [182]; 25, 51 [53]; KK-*Pfeiffer* § 4 Rz. 5; *Eb. Schmidt* Nachtr. I § 4 Rz. 2; SK-StPO-*Rudolphi* § 4 Rz. 7). Nunmehr hat *BGH* NStZ 1990, 242f. die Frage mit überzeugender Begründung bejaht und zugleich festgestellt, daß bei Verbindungen nach § 237 keine Gesamtstrafe im Urteil (wohl aber nachträglich gemäß § 460) gebildet werden darf (ebenso *BGH* NStZ 1990, 448). Dies entspricht in der Tat der begrenzten Wirkung der Verbindung nach § 237 (s. o. Rz. 1, 3). Daher wird von ihr auch der gesetzliche Rechtszug nicht tangiert, so daß bei der Verbindung von erstinstanzlichen mit Berufungssachen für letztere das *OLG* die Revisionsinstanz bleibt.

5. Rechtsbehelfe
Der **Beschwerde** sind Entscheidungen über die Verbindung i. d. R. gemäß § 305   **6**
S. 1 entzogen; anders wenn sie den Betroffenen selbständig beschweren, z. B. eine
Aussetzung zur Folge haben (*BayObLGSt* 1953, 86 [87]; vgl. auch *OLG Frankfurt*
StV 1983, 92), oder wenn nicht das erkennende Gericht i. S. § 305 S. 1 entschieden
hat (z. B. bei Verweisung, *OLG Schleswig* SchlHA 1954, 64). Die **Revision** kann
auf Verletzungen des Anwesenheitsrechts, des Rechts auf Gehör, der Aufklärungspflicht, des § 261 oder darauf gestützt werden, daß die Voraussetzungen des
§ 237, z. B. durch Ermessensfehler, überschritten wurden.

§ 238 (Verhandlungsleitung)
**(1) Die Leitung der Verhandlung, die Vernehmung des Angeklagten und die
Aufnahme des Beweises erfolgt durch den Vorsitzenden.**
**(2) Wird eine auf die Sachleitung bezügliche Anordnung des Vorsitzenden von
einer bei der Verhandlung beteiligten Person als unzulässig beanstandet, so entscheidet das Gericht.**

Literatur
AE-StPO-HV Alternativ-Entwurf, Novelle zur Strafprozeßordnung, Reform der
  Hauptverhandlung, hrsg. von einem Arbeitskreis deutscher und schweizeri-
  scher Strafrechtslehrer (Arbeitskreis AE, Baumann u. a.) 1985.
Amelunxen Die Stellung des Richters im künftigen Strafprozeß, DRiZ 1962, 188.
Arntzen Verhalten von Richtern gegenüber Angeklagten, DRiZ 1974, 350.
Bendix Zur Psychologie der Urteilstätigkeit des Berufsrichters und andere Schrif-
  ten 1968, S. 67.
Bönitz Die Erprobung einer alternativen Gerichtsverhandlung am Runden Tisch,
  in: Die Jugendgerichtsverhandlung am »Runden Tisch«, hrsg. v. *Schreiber/
  Schöch/Bönitz*, 1981, S. 45.
Boy/Lautmann Die forensische Kommunikationssituation – soziologische Pro-
  bleme, in *Wassermann* (Hrsg.), Menschen vor Gericht, 1979, S. 41.
Dahs Reform der Hauptverhandlung, FS H. Schorn, 1966, S. 14.
Ders. Verteidigung im Strafverfahren – heute und morgen. ZRP 1968, 17.
Dürkop Der Angeklagte. Eine sozialpsychologische Studie zum Verhalten vor
  Gericht, 1977.
Eisenberg Vernehmung und Aussage (insbes.) im Strafverfahren aus empirischer
  Sicht, JZ 1984 S. 912, 961.
Erker Das Beanstandungsrecht gem. § 238 Abs. 2 StPO, 1988.
Fuhrmann Das Beanstandungsrecht des § 238 Abs. 2 StPO – seine Bedeutung und
  seine Grenzen. GA 1963, 65.
Ders. Verwirkung des Rügerechts bei nicht beanstandeten Verfahrensverletzun-
  gen des Vorsitzenden (§ 238 Abs. 2 StPO), NJW 1963, 1230.
Greiser Störungen und Sabotageversuche in der Hauptverhandlung, JA 1983, 429.
Ders. Die gestörte Hauptverhandlung, 1985.
Grünhut Die Bedeutung englischer Verfahrensnormen für eine deutsche Strafpro-
  zeßreform. FS H. Weber, 1983, 1963.
Haberstroh Strafverfahren und Resozialisierung, 1979.
Haisch Urteilsperseveranz in simulierten Strafverfahren. MSchrKrim 1979, 157.
Hennies Rechtsprechung am runden Tisch, in Justizreform, hrsg. von *Wasser-
  mann*, 1970, 133.

Herrmann Die Reform der deutschen Hauptverhandlung nach dem Vorbild des anglo-amerikanischen Strafverfahrens, 1971.

Ders. Ein neues Hauptverhandlungsmodell, ZStW 100 (1988), 41.

Hübner Allgemeine Verfahrensgrundsätze, Fürsorgepflicht oder fair trial, 1983.

Jescheck Der Strafprozeß – Aktuelles und Zeitloses, JZ 1970, 201.

Kühne Strafverfahrensrecht als Kommunikationsproblem, 1978.

Külz Neue gerichtliche Verhandlungsformen, Recht und Politik, 1968, 111.

Laage Gerichtsbauten – Bollwerke der Einschüchterung, in: Menschen vor Gericht, hrsg. v. *Wassermann*, 1979, 169.

Lautmann Justiz – die stille Gewalt, 1972.

Maisch Vorurteilsbildung in der richterlichen Tätigkeit aus sozialpsychologischer und forensisch-psychologischer Sicht, NJW 1975, 566.

Mrozynski Einstellung und Wahrnehmung in der Strafgerichtsbarkeit, MSchrKrim 1974, 46.

Peters Fehlerquellen im Strafprozeß, Band 2, 1972.

Rieß Hauptverhandlungsreform – Reform des Strafverfahrens, FS Lackner, 1987, 965.

Rottleuthner Zur Soziologie richterlichen Handelns, KJ 1971, 60.

Roxin Die Reform der Hauptverhandlung im deutschen Strafprozeß, in Probleme der Strafprozeßreform, hrsg. v. *Lüttger*, 1975, S. 52.

Roxin Recht und soziale Wirklichkeit im Strafverfahren, KrimGegfr. 1976, 9.

Scheuerle 14 Tugenden für vorsitzende Richter, 1983.

Schild Der Richter in der Hauptverhandlung, ZStW 94 (1982), 37.

Ders. Der Strafrichter in der Hauptverhandlung, 1983.

Schmid Die »Verwirkung« von Verfahrensrügen im Strafprozeß, 1967.

Ders. Zur Anrufung des Gerichts gegen den Vorsitzenden (§ 238 StPO), in FS Mayer, 1966, 543.

Ders. Zur Heilung gerichtlicher Verfahrensfehler durch den Instanzrichter, JZ 1969, 757.

Schmidt Probleme der Struktur des Strafverfahrens unter rechtsstaatlichen Gesichtspunkten, DRiZ 1959, 16.

Ders. Anmerkungen zu BGH JZ 1952, 44.

Schöch Die Reform der Hauptverhandlung, in: Strafprozeß und Reform, hrsg. v. *Schreiber*, 1979, 52.

Ders. Neue Entwicklungen in der Stafverfahrensforschung, SchwZStr 1981, 293.

Ders. Dialogischer Verhandlungsstil – Erwartungen und Erfahrungen. Die Jugendgerichtsverhandlung am »Runden Tisch«, hrsg. von *Schreiber/Schöch/Bönitz*, 1981, 19.

Schönfelder Die erzieherische Wirksamkeit der Hauptverhandlung im Jugendgerichtsverfahren, Zeitschrift für Kinder- und Jugendpsychiatrie, Bd. 3, 1974, 128.

Schorn Der Schutz der Menschenwürde im Strafprozeß, 1963.

Schreiber Akteneinsicht für Laienrichter? FS Welzel 1974, 941.

Ders. Verfahrensrecht und Verfahrenswirklichkeit, ZStW 88 (1976), 117.

Ders. Die Hauptverhandlung nach dem Modell »Runder Tisch« – Utopie oder realisierbare Möglichkeit? In: Die Jugendgerichtsverhandlung am »Runden Tisch«, hrsg. von *Schreiber/Schöch/Bönitz*, 1981, 1.

Schreiber/Wassermann (Hrsg.), Gesamtreform des Strafverfahrens, Internationales Christian-Broda-Symposion 1986, 1987.

Schünemann Zur Reform der Hauptverhandlung im Strafprozeß, GA 1978, 161.

Ders. Experimentelle Untersuchungen zur Reform der Hauptverhandlung in Strafsachen, in: Deutsche Forschungen zur Kriminalitätsentstehung und Kriminalitätskontrolle, hrsg. v. *Kerner/Kury/Sessar*, Band 6/2, 1983, S. 1109.

Schumann/Winter Zur Analyse des Strafverfahrens, KrimJ 1971, 136.

Sessar Wege zu einer Neugestaltung der Hauptverhandlung, ZStW 92 (1980), 698.

Stock Zur Frage der Übernahme anglo-amerikanischer Strafprozeßgrundsätze in das deutsche Strafrecht. In FS Th. Rittler, 1957, 307.

Tausch/Langer Soziales Verhalten von Richtern gegenüber Angeklagten. Merkmale, Auswirkungen sowie Änderungen durch ein Selbst-Training. Zeitschrift für Entwicklungspsychologie und Pädagogische Psychologie, 1971, 283.

Tröndle Über den Umgang des Richters mit den anderen Verfahrensbeteiligten, DRiZ 1970, 213.

Wassermann Innere Justizreform – Aufgabe der Gerichtspräsidenten. DRiZ 1968, 293.

Ders. Justiz mit menschlichem Antlitz – Die Humanisierung des Gerichtsverfahrens als Verfassungsgebot, in: Menschen vor Gericht, hrsg. v. *Wassermann*, 1979, 13.

Ders. Recht und Verständigung als Element der politischen Kultur, in: Recht und Sprache, Schriftenreihe der Bundeszentrale für politische Bildung, 1983, 40.

Ders. Die Verminderung des Machtgefälles in der Strafgerichtsverhandlung als rechtspraktisches und rechtspolitisches Problem, ZRP 1986, 133–137.

Ders. Zur Verantwortung des Richters für die Kultur der Gerichtsverhandlung, DRiZ 1986, 41.

Weigend Wechselverhör in der Hauptverhandlung, ZStW 100 (1988), 733.

Weißmann Die Stellung des Vorsitzenden in der Hauptverhandlung, 1982.

Inhaltsübersicht Rn.

I. Regelungsgehalt, Zweck, Systematische Stellung

1 § 238 I vertraut die **Leitung der Verhandlung**, insbesondere die Vernehmung des Angeklagten und die Beweisaufnahme, dem Vorsitzenden an. Im Interesse eines zügigen Verfahrensablaufs soll das Gericht als Kollegialorgan nur bei besonders wichtigen Entscheidungen (vgl. etwa §§ 27 I, 51, 228 I 1, 231 II, 237, 244 IV, 251 IV, 266 StPO; §§ 172, 177 f. GVG; weitere Beispiele bei *Fezer* II/11 Rn. 54) Beschluß fassen. Dennoch bleiben alle Richter für die Justizförmigkeit des Verfahrens verantwortlich. Aus diesem Grunde ist dem Gericht das Kontrollrecht über die **Sachleitungsanordnungen** des Vorsitzenden gegeben (§ 238 Abs. 2), von dem lediglich Maßnahmen der **formellen Verhandlungsleitung** ausgenommen sind, also solche, die allein unter dem Gesichtspunkt der **Zweckmäßigkeit** beanstandet werden können (*Roxin* § 42 D I 2 a; s. u. Rn. 30 ff.).

2 Im Verhältnis zu den übrigen Verfahrensbeteiligten wird dem **Vorsitzenden**, dem neben der allgemeinen Verhandlungsleitung und der Beweisaufnahme noch die sitzungspolizeiliche Aufgabe und die Mitwirkung an der Urteilsfindung obliegt, eine beherrschende Stellung eingeräumt (kritisch hierzu *Mrozynski* S. 54; *Roxin* S. 52 ff.; *Schünemann* 1978, S. 161 ff.).

II. § 238 Abs. 1 – Stellung und Aufgaben des Vorsitzenden

1. Stellung des Vorsitzenden

3 Der Vorsitzende leitet die Verhandlung als **primus inter pares** (KMR/*Paulus* 3) für das Gericht. Er trifft seine Maßnahmen jedoch kraft eigenen Rechts und bedarf daher keiner Zustimmung der übrigen Gerichtsmitglieder (*RGSt* 44, 291, 293).

4 Die Übertragung der Verhandlungsleitung auf andere Verfahrensbeteiligte ist de lege lata unzulässig. So darf etwa einem Beisitzer nur im Rahmen des ergänzenden Fragerechts gemäß § 240 die Vernehmung gestattet werden (*RGSt* 9, 310). Dagegen dürfen rein technische Vorgänge wie das Verlesen von Urkunden vom Beisitzer oder Protokollführer vorgenommen werden (*RGSt* 27, 172, 173). Auch ist es zulässig, wenn der Vorsitzende nach Entgegennahme eines zusammenhängenden Berichts die Zeugenvernehmung zunächst dem StA und dem Verteidiger überläßt (s. u. Rn. 17).

2. Aufgaben des Vorsitzenden

a) Ablauf der Verhandlung

5 Soweit nicht das Gesetz – wie etwa in § 243 – eine Regelung trifft, kann der Vorsitzende den **Ablauf** der Verhandlung nach seinem **Ermessen** bestimmen. Er hat sich hierbei an der Wahrheitserforschungspflicht (§ 244 II), dem Grundsatz des fairen Verfahrens, der gerichtlichen Fürsorgepflicht und dem Beschleunigungsgebot zu orientieren. Der weite Spielraum gibt dem Vorsitzenden die Möglichkeit, auch ohne Gesetzesänderung alternative Verhandlungsformen zu erproben (s. u. Rn. 17, 27; § 243 Rn. 6, 60 ff.). Für den jeweils zweckmäßigen Verfahrensablauf sollte er sich im voraus einen **Verhandlungsplan** aufstellen (KK-*Treier* 2).

b) Stil der Verhandlung

Es gehört zu den Aufgaben des Vorsitzenden, durch sein eigenes Verhalten und **6** durch Unterbindung von Entgleisungen anderer Verfahrensteilnehmer für ein menschliches und kooperatives **Verhandlungsklima** zu sorgen. Die Verpflichtung zur Einhaltung eines fairen Umgangstons besteht nicht nur im Interesse der Wahrheitsermittlung, sondern ergibt sich auch aus der **Unschuldsvermutung** (Art. 6 II MRK) und dem Grundsatz der **Menschenwürde** (Art. 1 I GG) (*Schorn* S. 122; *Wassermann* 1979, 22 ff.; *Jescheck* S. 202). Moralisierende und herabsetzende Äußerungen, unangemessenes Pathos oder Burschikosität sollen unterbleiben (*Tröndle* S. 216; *Wassermann* 1968, 294). Männliche Angeklagte sind grundsätzlich mit »Herr«, weibliche mit »Frau« und jeweils dem Nachnamen anzureden (KK-*Treier* 3; *Jescheck* S. 202).

Die Verhandlung muß so geführt werden, daß alle Verfahrensbeteiligten ihr folgen **7** können (vgl. Nr. 126 RiStBV). **Verständigungsproblemen** aufgrund unterschiedlichen Sprachniveaus oder der ungewohnten Streß-Situation hat der Vorsitzende durch Anpassung seiner Ausdrucksweise, geduldige Hilfestellung und gegebenenfalls durch Hinzuziehung eines Verteidigers zu begegnen (*Roxin* 1976, S. 24; *Dürkop* S. 70; zweifelnd *Schild* 1982, S. 24; 1983, S. 104 ff.). Ein sich plump anbiedernder Jargon ist aber zu vermeiden (*Tröndle* S. 217; *Dürkop* S. 66). Im übrigen bietet die Wahrung der richterlichen Distanz und ein streng sachlicher Verhandlungsstil einen besseren Schutz vor unbedachten selbstbelastenden Aussagen als eine allzu persönliche und vertrauliche Annäherung (vgl. *Schreiber* 1976, 146; *Eisenberg* S. 917 f.; *Schild* 1983, S. 109 ff.).

Zur Kommunikation in der Hauptverhandlung siehe auch § 238 Rn. 21 ff.

c) Einzelfragen

Der Vorsitzende hat die Verhandlung zu eröffnen, erforderlichenfalls zu unterbre- **8** chen und zu schließen.

Er erteilt den Verfahrensbeteiligten das Wort, wobei er diese einerseits ausreden **9** lassen, andererseits aber **Wiederholungen** und **Abschweifungen** verhindern soll (*BGHSt* 3, 368, 369).

Bei rechtsunkundigen Angeklagten hat der Vorsitzende eine **Hinweis- und Beleh- 10 rungspflicht** bezüglich prozessualer Befugnisse (*RGSt* 57, 147, 148; 65, 246, 248). Weiter hat er auf klare Antragstellung hinzuwirken und Mißverständnisse aufzuklären.

Dem Angeklagten muß gestattet werden, sich **Aufzeichnungen** von der Hauptver- **11** handlung zu machen. Entgegen der Ansicht des *BGHSt* (1, 322, 324) entscheidet nicht der Vorsitzende, sondern der Angeklagte selbst darüber, inwieweit dies erforderlich und sinnvoll ist (LR/24/*Gollwitzer* 9; *Schmidt* JZ 1952, 44 f.).

Der Vorsitzende sorgt für die Aufrechterhaltung von Ruhe und **Ordnung in der 12 Sitzung**. Ob und wie er gegen eine Störung einschreitet, liegt in seinem durch die Grundsätze der Erforderlichkeit und Verhältnismäßigkeit begrenzten Ermessen (vgl. hierzu *Greiser* S. 429 ff.; *BVerfGE* 48, 118, 122 ff.). Gegen ein Einschreiten darf er sich nur dann entscheiden, wenn dadurch Wahrheitsermittlung und Verteidigungsmöglichkeit des Angeklagten nicht beeinträchtigt werden (*BGH* NJW 1962, 260, 261).

Sofern keine besonderen Gründe entgegenstehen (z. B. § 245 nach Anordnung **13** einer Beweiserhebung), darf der Vorsitzende seine Anordnungen wieder zurücknehmen.

3. Kritik, Rechtstatsächliche Erkenntnisse und Reformvorschläge

a) Aufgabenverteilung bei der Vernehmung

14 Die Durchführung der Vernehmung durch den Vorsitzenden wird insbesondere unter folgenden Gesichtspunkten **kritisiert** (*Herrmann* S. 361 ff., 359; *Roxin* S. 54 f.; *Schöch* S. 54):
– durch das Studium der zumeist belastenden **Akten** sei der Vorsitzende zuungunsten des Angeklagten **befangen**;
– die Vielzahl der Aufgaben (§ 238 Rn. 2) **überfordere** den Vorsitzenden und behindere seine **Wahrnehmungsfähigkeit**;
– zumindest erscheine der inquirierende Richter in den Augen des Angeklagten als **voreingenommen**.

15 **Verbesserungen** sollen durch eine Verlagerung der Vernehmungsbefugnis auf andere Verfahrensteilnehmer geschaffen werden:
– Kreuzverhör
dazu § 239 Rn. 15 ff.

16 – Vernehmung durch einen mit Aktenkenntnis ausgestatteten richterlichen **Verhandlungsleiter**, der an Beratung und Urteilsfassung nicht mitwirkt (*Grünhut* S. 351; *Stock* S. 325; *Schmidt* DRiZ 1959, 21).
Gegen dieses **Reformmodell** werden folgende **Einwände** geltend gemacht:
– der erkennende Richter kann sich von der Vollständigkeit des Beweismaterials nicht überzeugen (*Schreiber* 1974, S. 948 f. für den beisitzenden Richter ohne Aktenkenntnis)
– bereits durch die Art der Vernehmung drängt der Verhandlungsleiter die aktenunkundigen Richter in eine bestimmte Gedankenrichtung (*Dahs* 1966, S. 40)
– es entsteht ein Stellenmehrbedarf von 20 % (*Amelunxen* S. 189) – 30 % (*Schöch* 1979, S. 65; weitere Gegenargumente bei *Amelunxen* S. 189 f.; *Dahs*, S. 40; *Herrmann* S. 418; *Schild* 1983, S. 111 f.)

17 Eine konstruktive Lösung zur Überwindung der Schwierigkeiten bietet die **Vernehmung** primär **durch StA und Verteidiger (Wechselverhör)**; der Vorsitzende behält Aktenkenntnis, die Förderung einer zusammenhängenden Darstellung des Angeklagten oder Zeugen und ein ergänzendes Fragerecht (*Dahs*, S. 32 ff.; *Roxin* S. 58 ff.; *Roxin* LB § 42 G I; *AE-StPO-HV* §§ 243 Abs. 5–7, 243 a Abs. 2–4 Begr. S. 67 ff.; kritisch zur weitergehenden Realisierungsmöglichkeit im geltenden Recht vgl. *Weißmann* S. 94 ff.; weiterführende Kritik am AE-StPO-HV bei *Herrmann*, ZStW 100 [1988], 45 ff.; *Weigend*, ZStW 100 [1988], 733; vgl. auch *Rieß*, FS Lackner 1987, 973 ff.; *Dahs* ZRP 1986, 181; *Zieger* Strafvert. 1986, 412).
Erreicht wäre damit die Zurücknahme des Vorsitzenden aus der »Kampffront« und ein weites Feld eigenverantwortlicher Wirksamkeit für Verteidiger und Staatsanwalt (*Dahs* S. 20), die auch entsprechend vorbereitet in die Hauptverhandlung gehen müßten (*AE-StPO-HV* S. 69 f.). Ob das Wechselverhör neben einem möglicherweise positiven Effekt auf die Einstellung des Angeklagten weitere Vorteile bietet (kritisch *Sessar* S. 705 f., 709; Argumente pro und contra bei *Schöch* 1979, S. 66 ff.), kann nur die praktische Erprobung erweisen. Diese ist – obwohl bereits nach geltendem Recht möglich (§ 238 Rn. 4) – bislang gescheitert (*Weißmann* S. 141).

18 Hinsichtlich des Einflusses der **Aktenkenntnis** auf das Urteil liegen bisher widersprüchliche Erkenntnisse vor: Die Analyse fehlerhafter Urteile legt nahe, daß sich

der erste negative Eindruck aufgrund der Akten durch die spätere Beweisaufnahme nur schwer revidieren läßt (*Peters* S. 226 f.). Dies wird gestützt durch
Grundsätze der Informationspsychologie, wonach diejenigen Informationen verstärkt wahrgenommen werden, die mit bereits gespeicherten Erkenntnissen – hier
dem Akteninhalt – übereinstimmen (Selektions-, Redundanzprinzip; *Schünemann*
1978, S. 171). Die erste von zwei widersprüchlichen Informationen wird besser
gelernt, behalten und hat bei der Gesamtbeurteilung den größeren Einfluß (pri-
macy effect; *Maisch* S. 569). Im Rahmen eines simulierten Strafverfahrens wurde
festgestellt, daß Juristen mit Aktenkenntnis häufiger die Arbeitshypothese »Angeklagter ist schuldig« aufstellen als Laien bzw. Juristen ohne Aktenkenntnis und
hieran trotz widersprechender Beweise festhalten (perseverantes Verhalten;
Haisch S. 157 ff.; vgl. auch die Beobachtungen von *Lautmann* S. 158 f., 163; *Boy/
Lautmann* S. 59). Im übrigen können die Vorkenntnisse des Richters aus den Akten im Wege des Vernehmungsverhaltens und durch Vorhalte die Zeugenaussagen und damit das Ergebnis der Beweisaufnahme beeinflussen (*Bender* S. 127 ff.).
Bei dem Göttinger »**Passivrichterprojekt**« wurden aufgrund derselben Hauptverhandlung ein Urteil durch den verhandlungsleitenden Richter mit Aktenkenntnis
und durch einen beobachtenden Richter ohne Aktenkenntnis und Vernehmungs-
tätigkeit erstellt (*Schöch* 1979, S. 68 f.; *Weißmann* S. 142 ff.). Es ergab sich, daß
auch ohne Aktenkenntnis gleichwertige Urteile möglich waren (*Weißmann* S. 164,
228). Daß die Aktenkenntnis der richterlichen Unvoreingenommenheit geschadet
hätte, konnte allerdings nicht festgestellt werden (*Weißmann* S. 228). Dagegen
kam *Schünemann* (1983, S. 1109 ff.) im Rahmen einer Prozeßsimulation zu dem
Ergebnis, daß Richter, die stark belastende Vorinformationen erhalten hatten,
sich eher für eine Eröffnung des Hauptverfahrens bzw. eine Verurteilung ausspra-
chen als Richter mit ambivalentem Vorwissen, was sich allerdings durch eine ge-
ballte Information von entlastenden Umständen vor der Entscheidungsfällung
ausgleichen ließ (recency-Effekt); allerdings sind Laborexperimente im Bereich
richterlichen Entscheidungsverhaltens nur beschränkt aussagekräftig.

Die **Wahrnehmungsfähigkeit** des nur beobachtenden Richters bei dem Passivrich- **19**
terprojekt war weder besser noch – wie gelegentlich lerntheoretischen Erkenntnissen folgend befürchtet – schlechter (*Schünemann* S. 166; kritisch dazu *Schöch*
S. 68; *Schild* 1983, S. 112) als die des verhandlungsleitenden Richters (*Weißmann*
S. 231).

Damit ist zwar noch nicht die Notwendigkeit erwiesen, die Vernehmung stärker **20**
vom Vorsitzenden auf Staatsanwaltschaft und Verteidiger zu verlagern. Jedoch ist
die wichtigste Gegenthese ausgeräumt und die Erwartung gerechtfertigt, daß bei
der im Wechselverhör vorgesehenen Kombination von passivem Zuhören, Aktenkenntnis und ergänzendem Fragerecht mindestens gleichwertige, eher bessere
Feststellungen des Sachverhalts möglich sind und daß das Verhandlungsergebnis
vom Angeklagten eher als objektiv und unvoreingenommen akzeptiert wird
(*Schöch* 1979, 69; *AE-StPO-HV* S. 7).

b) Kommunikation in der Hauptverhandlung

Die **Kommunikationschancen** in der Hauptverhandlung sind insofern ungleich **21**
verteilt, als Rollen und Thema einseitig vorgegeben sind, der Richter sich am
Kommunikationsprozeß nicht aktiv zu beteiligen braucht, sein Fehlverhalten nur
in geringerem Maße sanktioniert werden und er letztlich seine Entscheidung
durchsetzen kann (*Rottleuthner* S. 84 ff.; *Kühne* S. 195). Die gegenwärtige Form

der Hauptverhandlung wird daher gelegentlich als ein asymmetrischer (*Wassermann* 1986, S. 133 ff.), ja pathologischer Prozeß bezeichnet (*Rottleuthner* S. 87 f.), in dem eine erzieherische Kommunikation kaum zustande kommen könne (*Schönfelder* S. 130, 138). Allerdings kann das Strafverfahren kein herrschaftsfreier Dialog mit dem alleinigen Ziel zwangloser Einigung sein (*Schreiber* 1976, S. 146). Den Interessengegensatz zwischen Angeklagtem und sanktionierendem Staat zu verschleiern, wäre nicht nur unehrlich, sondern auch unter rechtsstaatlichem Gesichtspunkt gefährlich (*Schreiber* 1981, S. 12 f.).

22 Dennoch besteht eine der wichtigsten Aufgaben des Richters darin, auf einen Kommunikationsprozeß hinzuwirken, in dem alle Beteiligten als möglichst gleichberechtigte Prozeßsubjekte agieren (*Kühne* S. 101, 107; vgl. näher *Wassermann* 1983, 40 ff.; 1986, 135 f.; sowie Referate und Diskussionsbeiträge bei *Schreiber/ Wassermann* 1987, 7 ff., 91 ff.). **Kommunikation und Kooperation** dienen nicht nur der Wahrheitsermittlung sowie dazu, »die Hauptverhandlung in Gang zu halten« (*Dürkop* S. 166), sondern erleichtern auch die Annahme des Urteils und eröffnen damit eine günstige Ausgangssituation für die **Resozialisierung** des Angeklagten (vgl. *Schumann/Winter* S. 155; *Haberstroh* S. 174 ff.).

23 Systematische Beobachtungen von Hauptverhandlungen lassen einige Aspekte der Kommunikations- und Verständnisprobleme deutlich werden: Die Einschätzung des Verhaltens von Richtern gegenüber Angeklagten in 36 öffentlichen Gerichtsverhandlungen (durch Psychologiestudenten und Strafgefangene) ergab, daß dieses häufig als erniedrigend, verletzend und geringschätzig empfunden wurde (*Tausch/Langer* S. 289, 302; zur **Einstellung der Bevölkerung zur Athmosphäre vor Gericht** und zur **Gerichtssprache** vgl. *Wassermann* 1983, 40 ff.). Trotz aller möglichen Kritik an der Anlage dieser Untersuchung (*Arntzen* S. 350) und an den weitreichenden Folgerungen (*Schöch* 1981, S. 26) ist einzuräumen, daß eine vertrauensvolle Verständigung zwischen Richter und Angeklagtem oftmals scheitert (vgl. hierzu auch die Nachweise bei *Schöch* 1981, S. 22).

24 Eine Beobachtung von 30 Hauptverhandlungen in Verkehrssachen ergab, daß autoritäre und emotionale Richter häufiger die Einbringung von Zusatzgesichtspunkten und Erörterungen verhindern, indem sie **geschlossene Fragen** und **Suggestivfragen** stellen und dem Angeklagten das Wort abschneiden (*Schumann/Winter* S. 152 f., 156). **Direktive Verhandlungsführung** und eine **geringe Beteiligung des Angeklagten** an der Hauptverhandlung konstatierten auch *Boy/Lautmann* in den von ihnen beobachteten 43 Hauptverhandlungen (S. 55, 58; vgl. auch die Beobachtungen von *Lautmann* S. 65 f.). Der erwartete Zusammenhang zwischen Umfang der Erörterungen und Konsens über den Schuldvorwurf konnte jedoch nicht festgestellt werden (*Schumann/Winter* S. 157).

25 Eine Verbesserung der Kommunikation in der Hauptverhandlung soll durch das **Modell »Runder Tisch«** erreicht werden (Vorschläge in dieser Richtung schon frühzeitig durch *Bendix* S. 140; *Külz* S. 114), das neuerdings treffender als **Konferenzmodell** bezeichnet wird (*Wassermann* 1986, S. 136). Bei dieser Verhandlungsform nehmen alle Verfahrensbeteiligten an einer Tischformation auf gleicher Ebene Platz. Durch die räumliche Nähe soll nicht nur die akkustische Verständigung und die Wahrnehmung feiner Reaktionen des Partners verbessert, sondern in erster Linie die Kommunikation und Kooperation erleichtert werden (*AE-StPO-HV* S. 51; vgl. auch *Laage* S. 178; *Külz* S. 114; *Hennies* S. 140 f.). Entscheidend ist aber nicht die Reduzierung der äußeren Förmlichkeiten – der Verhandlungstisch muß natürlich nicht rund sein und der Verzicht auf die Robe ist ebenfalls unwesentlich – sondern ein **dialogischer Verhandlungsstil** (*Schöch* 1981, 19 ff.). Er ist dadurch gekennzeichnet, daß sich alle Beteiligten um eine verständliche Sprache, die Juristen auch um Erläuterung juristischer Fragen, bemühen und daß versucht wird, den Angeklagten in das Prozeßgeschehen einzubeziehen. Ihm soll eine aktive Beteiligung an der Hauptverhandlung ermöglicht werden. Auf diese Weise sollen die Chancen für eine kooperative Konfliktlösung genutzt werden, damit auch der Angeklagte das Urteil als gerechte Entscheidung akzeptieren kann. Die Reduzierung nicht gerechtfertigter Förmlichkeiten (z. B. erhöhtes Podest für Gericht und Staatsanwaltschaft, große räumliche Distanz, häufiges Aufstehen) ist nur insoweit bedeutsam, als sie diese Ziele fördert.

Von den Gegnern des Modells »Runder Tisch« wird eingewandt, daß dieses Verfahren dem Ernst der Situation nicht gerecht werde und zu **Distanz- und Disziplinlosigkeiten** führen könne (*Tröndle* S. 218; dag. *Sessar* S. 719). Übermäßige Zuwendung bewirke allenfalls Enttäuschungen beim Angeklagten, der eine mildere Strafe erwarte (*Tröndle* S. 218; ähnliche Bedenken bei *Dürkop* S. 166). Die äußere Gestaltung des Verfahrens habe durchaus einen prozessualen Sinn (*Jescheck* S. 202). **26**

Eine Erprobung des Modells »Runder Tisch« bei 338 Jugendgerichtsverhandlungen (Verfahrensordnung bei *Schreiber/Schöch/Bönitz*, Anhang 7) ergab folgendes Bild: Zu persönlichen Distanzlosigkeiten, mangelnder Ernsthaftigkeit des Verhandlungsklimas oder Nichtbeachtung von verfahrensrechtlichen Garantien kam es nicht. Auch die Befürchtung, der Angeklagte werde sich unberechtigte Hoffnungen machen, hat sich nicht bestätigt. **27**

Die beteiligten **Richter** hielten das Verfahren in den meisten Erprobungsfällen (87,6 %) für **grundsätzlich geeignet**. Wesentliche Unterschiede zwischen herkömmlichen Verhandlungen und Verhandlungen am Runden Tisch ergaben sich nicht. Wichtiger für das Verhandlungsklima als die Wahl der Verfahrensform war die **Richterpersönlichkeit**. Vorhandene Ansätze für einen »dialogischen Verhandlungsstil« wurden jedoch durch das Modell »Runder Tisch« begünstigt (*Schöch* 1981, S. 36 ff.; *Bönitz* S. 186 ff.).

Da die **äußere Gestaltung** des Verfahrens in die **Sachleitungskompetenz** des Vorsitzenden fällt, liegt es in seiner Hand, ob er von den Möglichkeiten des »Konferenzmodells« Gebrauch machen will. Die Justizverwaltungen und die übrigen Verfahrensbeteiligten sollten ihm bei der Verwirklichung seines Vorhabens keine Erschwernisse in den Weg legen (*Hennies* S. 141; *Schöch* 1981, S. 43). **28**

Empfehlenswert ist diese Verhandlungsform nach bisherigen Erfahrungen im Bereich der leichteren und mittleren Delinquenz, insbesondere bei geständigen und jugendlichen Angeklagten, wenn der Richter selbst von der gesprächsfördernden Wirkung dieser Form überzeugt ist und es ihm gelingt, die noch verbreiteten Vorbehalte bei den Justizverwaltungen (Verhandlungsräume, Tischordnung usw.) sowie bei den sonstigen Prozeßbeteiligten abzubauen (*Schöch* 1981, S. 43). Der AE-StPO-HV schlägt deshalb für §238 Abs. 2 folgende Klarstellung vor: »Im Rahmen der Verhandlungsleitung bestimmt der Vorsitzende die Sitzordnung und den äußeren Verhandlungsablauf. In geeigneten Fällen kann die Verhandlung in einer die offene Aussprache erleichternden Form gestaltet werden; dies soll insbesondere im zweiten Verhandlungsabschnitt und im Strafverfahren mit nichtöffentlicher Hauptverhandlung gem. §§ 407 ff. AE-StPO-NÖV geschehen« (zustimmend *Herrmann* ZStW 100 (1988), 41 ff.; kritisch *Rieß*, FS Lackner 1987, 980 f.).

III. Die Anrufung des Gerichts – § 238 Abs. 2

1. Rechtliche Einordnung

29 Gegen eine Sachleitungsanordnung des Vorsitzenden kann das **Gericht** als Kollegium **angerufen** werden. Es handelt sich um einen **Zwischenrechtsbehelf**, der die Heilung von Verfahrensfehlern innerhalb der Instanz ermöglichen und damit die Einlegung von Revisionen vermeiden helfen soll (*Schmid* 1966, S. 546).

2. Begriff der Sachleitung

30 Die früher herrschende Meinung sah nur diejenigen Maßnahmen, die die Entscheidung in der Sache betrafen, als Sachleitungsanordnungen im Sinne des § 238 Abs. 2 an. Anordnungen, welche nur die **äußere Gestaltung** des Verfahrens zum Ziel hatten, waren nicht überprüfbar (*RGSt* 42, 157, 158).

Gegen diese Differenzierung spricht, daß auch Maßnahmen an sich formeller Art (z. B. die Zuteilung eines Platzes an den Angeklagten) in prozessuale Rechte (z. B. das Recht auf ausreichenden Kontakt mit dem Verteidiger, so *OLG Köln* NJW 1980, 302; hierzu *Molketin* S. 469 f.) eingreifen und damit die Entscheidung in der Sache beeinflussen können (KMR/*Paulus* 7; *Erker* S. 53). Da das Gesamtkollegium für die Justizförmigkeit des Verfahrens verantwortlich ist, muß es auch über derartige formelle Maßnahmen entscheiden dürfen.

31 Die heute herrschende Meinung stellt daher zutreffend nicht auf den Zweck, sondern auf die **Wirkung der Anordnung** ab (*Schmid* 1966, S. 552; LR/24/*Gollwitzer* 22). Dies bedeutet, daß bei Geltendmachung der Möglichkeit einer Rechtsverletzung sämtliche Anordnungen des Vorsitzenden auf ihre Rechtmäßigkeit hin überprüft werden können (*Roxin* LB § 42 D I 2 b; KK-*Treier* 6). Ob man in der »Möglichkeit der Geltendmachung einer Rechtsverletzung« den begrifflichen Unterschied zwischen den Sachleitungsanordnungen im Sinne des § 238 Abs. 2 und den sonstigen Maßnahmen der Verhandlungsleitung (so offenbar KMR/*Paulus* 10 f.; *Roxin* § 42 D I 2 a) oder nur eine zusätzliche Voraussetzung für die Zulässigkeit dieses Rechtsbehelfs sieht und einen begrifflichen Unterschied zwischen Verhandlungs- und Sachleitung leugnet (so offenbar *Schmid*, S. 548 f.; *Fuhrmann*, S. 70 f.; LR/24/*Gollwitzer* 22), ist ein Streit ohne praktische Bedeutung.

32 Die Rechtsprechung läßt seit langem eine **Überprüfung** sämtlicher Maßnahmen des Vorsitzenden auf ihre **Rechtmäßigkeit** hin zu (vgl. die Zusammenstellung bei *Schmid*, 1966, S. 553 ff.), ohne daß sich dies nachteilig auf die Verhandlungsdauer ausgewirkt hätte (KK-*Treier* 6).

Als rechtlich kontrollierbare **Sachleitungsanordnungen** wurden z. B. angesehen (vgl. KMR/*Paulus* 12 ff. m. w. N.; KK-*Treier* 8 mit Nachweisen aus unveröffentl. Entscheidungen):

– die Erteilung des Wortes an einen Verfahrensbeteiligten (*BGH* VRS 48, 18, 19);

– die Anordnung, daß ein Zeuge gemäß §§ 60, 61 unvereidigt bleibt (*BGHSt* 1, 216, 218; 7, 281, 282);

– die Untersagung des Mitschreibens in der Hauptverhandlung (*BGHSt* 1, 322, 325);

– die Ablehnung der Bestellung eines weiteren Verteidigers während der Hauptverhandlung (*OLG Karlsruhe* NStZ 1988, 287 m. Anm. *Dieblich*);

– die Untersagung des Vorlesens des schriftlich niedergelegten letzten Wortes (*BGHSt* 3, 368, 369);

- das Hinausweisen eines Zuschauers ohne sitzungspolizeilichen Grund (*BGHSt* 17, 201);
- die Anordnung der Verlesung einer Urkunde (*BGHSt* 19, 273, 280);
- die Entlassung eines vernommenen Zeugen oder Sachverständigen gegen den Willen eines Verfahrensbeteiligten (*BGH* Strafvert. 1985, 355 f.);
- die (stillschweigende) Ablehnung eines vor der Hauptverhandlung gestellten Terminsverlegungsantrages des Verteidigers (*OLG Celle* Strafvert. 1984, 503).

Als **sonstige Maßnahmen der Verhandlungsleitung**, die einer gerichtlichen Entscheidung nach Abs. 2 unzugänglich sind, wurden angesehen:
- die Anordnung der Fesselung des Angeklagten, soweit ihn dies an einer sachgerechten Verteidigung nicht hindert (*BGH* NJW 1957, 271);
- die Ablehnung der Unterbrechung der Urteilsverkündung wegen eines erst nach ihrem Beginn gestellten Beweisantrags (bei *Dallinger BGH* MDR 1975, 24);
- das Unterbleiben einer Entscheidung über die Vereidigung eines Zeugen (*BGH* Strafvert. 1984, 319);
- sitzungspolizeiliche Maßnahmen (*BGHSt* 10, 202, 207: z. B. Zulassung einer Tonbandaufnahme des Rundfunks; KK-*Mayr* § 176 GVG Rn. 7; dagegen KMR/*Paulus* 23).

3. Begriff der Anordnung

Unter den Begriff der Anordnung fallen alle Maßnahmen, mit denen der Vorsit- **33** zende auf den **Fortgang des Verfahrens** einwirkt, also auch Fragen, Vorhalte, Belehrungen u. ä. (LR/24/*Gollwitzer* 17; *Schmid* 1966, S. 511). Das **Unterlassen** einer Maßnahme kann nur dann als (konkludente) Anordnung angesehen werden, wenn es den Umständen nach – etwa auf die Anregung eines Verfahrensbeteiligten hin – erkennbar absichtlich erfolgt (KMR/*Paulus* 29; *Fuhrmann*, GA 1963, S. 68 f.; *BGH* Strafvert. 1987, 282).

4. Beanstandungsgrund

Beanstandungsgrund ist die **Unzulässigkeit**, **nicht** die mangelnde **Zweckmäßigkeit** **34** einer sachleitenden Maßnahme (*RGSt* 44, 65, 66; KMR/*Paulus* 44). Die Rechtswidrigkeit kann sich aus einem Verstoß gegen gesetzliche Vorschriften oder aus einer Überschreitung des Ermessensspielraums ergeben (LR/24/*Gollwitzer* 32; KK-*Treier* 12).

5. Beanstandungsberechtigte

Beanstandungsberechtigt sind alle an der Verhandlung beteiligten Personen, so- **35** weit sie durch die Maßnahmen des Vorsitzenden in ihrem **Rechtskreis** möglicherweise **betroffen** sind (KMR/*Paulus* 45; *Erker* S. 71 ff.). In Betracht kommen neben Angeklagtem, Verteidiger, StA, Privat- und Nebenkläger die in § 304 II genannten Zeugen und Sachverständigen sowie Zuhörer (a. A. *Greiser*, 1985, S. 36) und Richter (hierzu *Fuhrmann*, GA 1963, S. 67). Aus der gerichtlichen Fürsorgepflicht kann sich eine Verpflichtung ergeben, den rechtsunkundigen Angeklagten auf sein Beanstandungsrecht hinzuweisen (LR/24/*Gollwitzer* 30; weitere Begründungen für diese Hinweispflicht bei *Hübner*, S. 127).

6. Form der Beanstandung

36 Die Beanstandung ist an keine Form gebunden (vgl. *OLG Hamburg* NJW 1953, S. 434; *Erker* S. 78 f.).

7. Die Entscheidung des Gerichts

37 Das Gericht entscheidet über die Zulässigkeit der Anordnung durch **Beschluß**, der zu begründen ist, sofern sich der Grund nicht bereits aus dem Tenor der Entscheidung selbst ergibt (mißverständlich *BGHSt* 15, 253; vgl. aber § 34).

Zum Zeitpunkt der Entscheidung: *OLG Hamburg* NJW 1953, 434; KMR/*Paulus* 51.

Handelt es sich bei der angegriffenen Maßnahme nicht um eine Sachleitungsanordnung, wird nicht die Unzulässigkeit der Maßnahme gerügt oder ist der Antragsteller nicht beanstandungsberechtigt, so verwirft das Gericht die Beanstandung als unzulässig.

Eine unbegründete Beanstandung wird zurückgewiesen. Im Falle der Zulässigkeit und Begründetheit der Beanstandung trifft das Gericht die erforderliche und zulässige Maßnahme selbst (LR/24/*Gollwitzer* 33; KMR/*Paulus* 52).

8. Beanstandung von Anordnungen des Einzelrichters

38 Findet der Prozeß vor dem Einzelrichter statt, so sind Gericht und Vorsitzender identisch. Um die Verantwortlichkeit des Gerichts für die Justizförmigkeit des Verfahrens zu sichern, bedürfte es also keiner gerichtlichen Entscheidung. Da die Verfahrensbeteiligten jedoch nur so einen begründeten und **protokollierten Beschluß** erzwingen können, der ihnen zudem die Revisionsrüge des § 338 Nr. 8 eröffnet, ist der Antrag auf gerichtliche Entscheidung auch hier sinnvoll und zulässig (LR/24/*Gollwitzer* 37; *K/M* 18; a. A. *BayObLGSt* 1962, 267, 268; *OLG Köln* MDR 1955, 311).

9. Reformvorschläge

39 Um die Auslegungsschwierigkeiten des Begriffs der Sachleitungsanordnung zu vermeiden, wird entsprechend der oben (§ 238 Rn. 31) vertretenen Ansicht folgende **Neuformulierung** des § 238 vorgeschlagen:

Der Vorsitzende leitet die Verhandlung, insbesondere vernimmt er den Angeklagten und erhebt die Beweise. Wird die Verhandlungsleitung des Vorsitzenden von einem Verfahrensbeteiligten als unzulässig beanstandet, so entscheidet das Gericht (*Fuhrmann*, GA 1963, S. 81).

IV. Anfechtung von verhandlungsleitenden Maßnahmen

1. Beschwerde

40 Verhandlungsleitende Maßnahmen des Vorsitzenden können nur **beanstandet**, nicht aber mit der Beschwerde angegriffen werden (KK-*Treier* 15).

Gegen gerichtliche Entscheidungen gemäß § 238 Abs. 2 ist die Beschwerde nur dann statthaft, wenn die Entscheidung eine zusätzliche prozessuale Beschwer enthält (z. B. wegen Verfahrensverzögerung – KMR/*Paulus* 55; vgl. auch *Gössel* § 21 A II d 1.) oder dritte Personen (§ 305 S. 2) dadurch belastet werden (*OLG Hamm* NJW 1973, 818; LR/24/*Gollwitzer* 38).

2. Revision

Beeinträchtigt eine fehlerhafte gerichtliche Entscheidung gemäß § 238 Abs. 2 die **41** Verteidigung des Angcklagten, so liegt darin ein **absoluter Revisionsgrund** (§ 338 Nr. 8). Die Revision kann auch auf §§ 336, 337 gestützt werden.

Maßnahmen des Vorsitzenden, die nicht zu den Sachleitungsanordnungen zählen, **42** weil sie keine Rechtsverletzung bewirkt haben können (s. o. § 238 Rn. 31), begründen schon per definitionem nicht die Revision (*BGH* NJW 1957, 271; *BGHSt* 17, 201, 202 f.; *Roxin* LB § 42 D II 3).

Zweifelhaft ist, ob die Revision wegen einer fehlerhaften Sachleitungsanordnung **43** als solcher zulässig ist, wenn der Revisionsführer es **versäumt** hat, eine gerichtliche Entscheidung herbeizuführen. Die **Rechtsprechung** geht davon aus, daß der Beanstandungsberechtigte durch sein Verhalten zu erkennen gegeben habe, daß er sich nicht beschwert fühle und er daher das **Rügerecht verliere** (*BGHSt* 1, 322, 325; 3, 368, 370; 4, 364, 366; *BGH* Strafvert. 1985, 355; 1988, 325; GA 1988, 426). Dieser pauschalen Aussage kann nicht zugestimmt werden. Ein konkludenter Verzicht ist nur dann anzunehmen, wenn der Beanstandungsberechtigte in Kenntnis seines Rechts absichtlich nichts unternimmt (*Schmid*, S. 296). Eine **Verwirkung des Rügerechts** setzt voraus, daß der in seinen Rechten Beeinträchtigte arglistig nicht beanstandet, um das Urteil revisionsanfällig zu machen (*Roxin* LB § 42 D II 2; *Fezer* II/11 Rn. 71; *Schmidt*, S. 373; etwas anders *Fuhrmann*, S. 1236). Hierfür müssen im Einzelfall Anhaltspunkte vorhanden sein.

Unabhängig von einer versäumten Beanstandung kann ein Verfahrensverstoß gerügt werden (vgl. *Fezer* II/11 Rn. 72), wenn

– ihn das Gericht bei der Urteilsfindung wiederholt hat (*BGHSt* 20, 98, 99; *KK-Treier* 18);

– der Vorsitzende eine von Amts wegen gebotene unverzichtbare prozessuale Maßnahme unterlassen hat (*BGHSt* 1, 269, 273; *BGH* NStZ 1981, 71; 1984, 371 f.; Strafvert. 1987, 282; *OLG Hamm* NJW 1972, S. 1531; *OLG Hamburg* NJW 1979, S. 74).

§ 239 (Kreuzverhör)

(1) Die Vernehmung der von der Staatsanwaltschaft und dem Angeklagten benannten Zeugen und Sachverständigen ist der Staatsanwaltschaft und dem Verteidiger auf deren übereinstimmenden Antrag von dem Vorsitzenden zu überlassen. Bei den von der Staatsanwaltschaft benannten Zeugen und Sachverständigen hat diese, bei den von dem Angeklagten benannten der Verteidiger in erster Reihe das Recht zur Vernehmung.

(2) Der Vorsitzende hat auch nach dieser Vernehmung die ihm zur weiteren Aufklärung der Sache erforderlich scheinenden Fragen an die Zeugen und Sachverständigen zu richten.

Literatur

Arzt Rezension von »Herrmann: Reform der Hauptverhandlung«, MschrKrim 1972, 385.

Cotsirilos Meeting the Prosecution's Case, Tactics and Strategies of Cross-Examination, Journal of Criminology and Police Science 1971, S. 142.

Friedersdorff Das erste Kreuzverhör vor dem Schöffengericht Berlin-Mitte, DJZ 1929, Sp. 908.

Fuhrmann Kreuzverhör, NJZ 1929, Sp. 479.

Grünhut Die Bedeutung englischer Verfahrensnormen für eine deutsche Strafprozeßreform, FS v. Weber, 1963, S. 343.

Herrmann Die Reform der deutschen Hauptverhandlung nach dem Vorbild des anglo-amerikanischen Strafverfahrens, 1971.

Ders. Ein neues Hauptverhandlungsmodell, ZStW 100 (1988), 41.

Hirschberg Das amerikanische und deutsche Strafverfahren, 1963.

Jescheck Der Strafprozeß – Aktuelles und Zeitloses, JZ 1970, S. 201.

Peters Fehlerquellen im Strafprozeß, Bd. 2, 1972.

Schöch Die Reform der Hauptverhandlung, in Strafprozeß und Reform, hrsg. von *Schreiber*, 1979, S. 52.

Stock Zur Frage der Übernahme anglo-amerikanischer Strafprozeßgrundsätze in das deutsche Strafprozeßrecht, FS Rittler, 1957, S. 307.

Tackenberg Kreuzverhör und Untersuchungsgrundsatz im spanischen Strafprozeß, 1960.

Weigend Wechselverhör in der Hauptverhandlung? ZStW 100 (1988), 733.

Weißmann Die Stellung des Vorsitzenden in der Hauptverhandlung, 1982.

I. Entstehungsgeschichte

1 Die Forderung, die Beweisaufnahme den Parteien zu überlassen, wird erhoben, seit zu Anfang des 19. Jahrhunderts das Beweisaufnahmeverfahren in seiner heutigen Gestalt eingeführt wurde (*Herrmann* S. 148). Bereits in der StPO von 1877 war das Kreuzverhör vorgesehen (*Herrmann* S. 70). In der Literatur wird allerdings nur von **geringer Anwendungshäufigkeit** berichtet (*Fuhrmann* Sp. 479; *Friedersdorff* Sp. 908 ff.). Durch Art. 9 § 4 der 2. VereinfachungsVO vom 13. 8. 1942 wurde die Vorschrift beseitigt und durch Art. 3 I Nr. 107 des Vereinheitlichungsgesetzes vom 12. 9. 1950 wieder in die StPO aufgenommen, ohne daß eine Auseinandersetzung mit Reformvorschlägen erfolgte (vgl. die Begründung zum Vereinheitlichungsgesetz von 1950, BT-Drucksache 530/1950 Anlage I a Nr. 97).

II. Regelungsgehalt und Zweck der Vorschrift

2 Das Kreuzverhör ist ein aus dem **anglo-amerikanischen Rechtskreis** übernommenes Vernehmungsverfahren.

In Durchbrechung des in § 238 I festgelegten Grundsatzes erfolgt die Vernehmung von Zeugen und Sachverständigen nicht durch den Vorsitzenden, sondern durch StA und Verteidiger (§ 239 Abs. 1). Der Vorsitzende hat lediglich die Befragung zu überwachen (§ 241 I, II 1. Alt.) und Ergänzungsfragen zu stellen (§ 239 Abs. 2).

3 § 239 schafft die Möglichkeit, die Vorteile einer Beweiserhebung durch die Parteien auch im deutschen Strafprozeß zu erproben und zu nutzen. Durch den **Wechsel von Verhör und Gegenverhör** soll die Wahrheit in umfassender, übersichtlicher und lebendiger Weise ermittelt werden. Gleichzeitig soll den o.g. (§ 238 Rn. 14) Gefahren für die **Unvoreingenommenheit** und **Aufmerksamkeit** des Richters begegnet werden (*Weißmann* S. 25 ff.; *Tackenberg* S. 78 ff.; *Hirschberg* S. 37, 72, 74; *Herrmann* S. 167, 361 ff.).

III. Einzelfragen

§ 239 gilt nur für die Vernehmung von Zeugen und Sachverständigen, **nicht** für die 4
des **Angeklagten** (kritisch dazu *Herrmann* S. 439; *Friedersdorff* Sp. 909 – »unorganische Halbheit«).

Nur von StA oder Verteidiger **benannte Zeugen und Sachverständige** dürfen ins 5
Kreuzverhör genommen werden. Die Vorschrift liefe weitgehend leer, wenn man
hierher nur die Beweispersonen rechnete, die von den Parteien geladen wurden
(§§ 214 III, 220). § 239 wird deshalb auch auf solche Beweispersonen angewandt,
die das Gericht auf Antrag oder Anregung der Parteien geladen hat (KMR/*Paulus*
9; LR/24/*Gollwitzer* 2; KK-*Treier* 5; zweifelnd *Weigend*, ZStW 100 (1988), 734
Fn. 9).

§ 241a verbietet das Kreuzverhör gegenüber Zeugen unter 16 Jahren. 6

Das Kreuzverhör kann auf die Vernehmung **einzelner Beweispersonen beschränkt** 7
werden (LR/24/*Gollwitzer* 7).

Die Durchführung eines Kreuzverhörs muß von StA und Verteidiger **übereinstim-** 8
mend beantragt werden.

Es ist also nur möglich, wenn ein **Verteidiger** am Verfahren mitwirkt (vgl. hierzu 9
BVerfG NJW 1980, 1678). Gegen einen anwaltlich nicht vertretenen Mitangeklagten darf ein durch Kreuzverhör gewonnenes Beweisergebnis nicht verwertet werden (KK-*Treier* 3; KMR/*Paulus* 13).

Einem Antrag auf Durchführung des Kreuzverhörs **muß** der Vorsitzende entspre- 10
chen. Dies gilt auch dann, wenn der Angeklagte widerspricht (LR/24/*Gollwitzer*
7). Wird der Antrag gestellt, um dem Vorsitzenden das bereits begonnene Verhör
zu entziehen, so braucht ihm jedoch nicht stattgegeben zu werden (LR/24/*Gollwitzer* 8).

Die **Reihenfolge der Vernehmung** ist in § 239 Abs. 1 Satz 2 geregelt. Im übrigen 11
sind StA und Verteidiger in der Gestaltung des Verhörs frei (praktische Ratschläge zu Strategie und Taktik des Kreuzverhörs *Cotsirilos* S. 142ff.). Dem angloamerikanischen Vorbild entsprechend (*Herrmann*, S. 329f.) braucht der Beweisperson nicht Gelegenheit zu einem zusammenhängenden Bericht (§ 69 I) gegeben
zu werden (KK-*Treier* 7). Die aufrufende Partei kann aber auch zu einer umfassenden Darstellung auffordern, bevor sie zu Einzelfragen übergeht. Aus vernehmungspsychologischen Gründen ist dieses Verfahren zu empfehlen (*Tackenberg*
S. 87; *Herrmann* S. 360f.).

Der **Vorsitzende** darf nur im Falle des **Mißbrauchs** der Vernehmungsbefugnis 12
(§ 241 I; s. u. § 241 Rn. 5) und bei **ungeeigneten** oder **sachfremden Fragen** (§ 241 II
1. Alt., s. u. § 241 Rn. 6ff.) in das Kreuzverhör eingreifen. Hält der Vernommene
eine Frage für unstatthaft, so kann er eine Entscheidung des Vorsitzenden herbeiführen, gegen die Antrag auf gerichtliche Entscheidung (§ 238 II) zulässig ist (LR/
24/*Gollwitzer* 11; KMR/*Paulus* 16).

Nach Abschluß des Kreuzverhörs dürfen der Vorsitzende (§ 239 Abs. 2) sowie die 13
anderen Prozeßbeteiligten (§ 240) **ergänzende Fragen** stellen.

Die Durchführung eines Kreuzverhörs hindert das Gericht nicht daran, im Rah- 14
men der **Aufklärungspflicht** (§ 244 II) zusätzliche Zeugen und Sachverständige zu
benennen und zu vernehmen (§ 238 I).

IV. Kritik

15 Bis heute hat das Kreuzverhör **keine praktische Bedeutung** erlangt. Hierfür kann einmal die gesetzliche Ausgestaltung verantwortlich gemacht werden (vgl. *Weigend*, ZStW 100 [1988], 734):

- die erforderliche Übereinstimmung zwischen StA und Verteidiger ist selten gegeben
- der Antrag auf Durchführung eines Kreuzverhörs kann vom Vorsitzenden als Mißtrauensvotum gegen seine Verhandlungsführung angesehen werden und ihn daher verärgern
- die Verteidiger lassen es nicht darauf ankommen, daß ihnen die Vernehmungsbefugnis wieder entzogen wird (*Hirschberg* S. 71 f.; *Tackenberg* S. 11).

Außerdem sind die Parteien für die Durchführung eines Kreuzverhörs nicht ausreichend vorbereitet (*Fuhrmann* Sp. 479 f.) und ausgebildet (*Hirschberg* S. 71).

16 Die **Befürworter des Kreuzverhörs** plädieren daher dafür, dieses konsequenter als gesetzliche Regelform der Vernehmung auszugestalten (*Hirschberg* S. 37, 72 ff.; *Herrmann* S. 371 ff.; vgl. auch *Tackenberg* S. 78 ff.; *Jescheck* S. 205).

17 Dagegen erheben sich jedoch grundsätzliche Bedenken:

- in unserem vom Grundsatz der **materiellen Wahrheit** und der richterlichen Aufklärungspflicht beherrschten Strafverfahren bildet die Übernahme eines Vernehmungsmodells aus einem Parteienprozeß mit Verhandlungsmaxime einen **Fremdkörper** (*Roxin* § 42 D III 2; *Schöch* S. 64 f.; *Grünhut* S. 358; dag.: *Tackenberg* S. 74)
- die Annahme, es werde die Wahrheit herauskommen, wenn die Tatsachen zweimal je in verschiedene Richtungen »verdreht« worden sind, ist irrig (*Stock* S. 323)
- es besteht die Gefahr, daß die Zeugenvernehmung mit unnötiger **Schärfe** und unzulässiger Beeinflussung erfolgt (*Peters* § 42 V 2; KMR/*Paulus* 3)
- der StA wird in eine **Parteirolle** gedrängt, aus der heraus er sein Ermittlungspotential nicht mehr zugunsten des Angeklagten einsetzen wird (*Roxin* § 42 G I; vgl. ferner *Hirschberg* S. 37; *Arzt* S. 385 f.).

18 Das Kreuzverhör bietet daher keine wünschenswerte Alternative gegenüber der Vernehmung durch den Vorsitzenden (vgl. aber die Hinweise von *Herrmann*, ZStW 100 [1988], 48 ff., zur Objektivitätspflicht des StA und zur Verantwortung des Richters für die Wahrheitsfindung im anglo-amerikanischen Verfahren). Im Rahmen einer Gesamtreform der Hauptverhandlung sollte § 239 zugunsten des Wechselverhörs (s. o. § 238 Rn. 17) gestrichen werden.

§ 240 (Fragerecht)

(1) Der Vorsitzende hat den beisitzenden Richtern auf Verlangen zu gestatten, Fragen an den Angeklagten, die Zeugen und die Sachverständigen zu stellen.
(2) Dasselbe hat der Vorsitzende der Staatsanwaltschaft, dem Angeklagten und dem Verteidiger sowie den Schöffen zu gestatten. Die unmittelbare Befragung eines Angeklagten durch einen Mitangeklagten ist unzulässig.

Inhaltsübersicht

I. Entstehungsgeschichte

Nach der ursprünglichen Fassung der Vorschrift hatte nur der Vorsitzende das **1** Recht, den Angeklagten zu befragen. Damit sollte eine **faire, einheitliche und unvoreingenommene Vernehmung** gewährleistet werden (*Niethammer* JZ 1951, 132 ff.). Durch Art. 3 Nr. 108 VereinhG vom 12. 9. 1950 wurde diese Einschränkung des Fragerechts beseitigt. Entgegen allen Bedenken hat sich die Neuregelung in der Praxis bewährt (*Schorn*, Der Strafrichter, 1960, S. 197).

II. Regelungsgehalt und Zweck der Vorschrift

Die Vernehmung des Angeklagten und der Beweispersonen durch den Vorsitzen- **2** den (§ 238 I) wird durch die Befragung gemäß § 240 Abs. 1 ergänzt. Zweck des Fragerechts ist es, den Sachverhalt im **Interesse der Wahrheitsermittlung** auch aus der Perspektive anderer Verfahrensbeteiligter aufzuhellen. Außerdem wird hierdurch den Forderungen der MRK im Hinblick auf eine sachgerechte Verteidigung (Art. 6 I – faires Verfahren; Art. 6 III d – Recht, Fragen an die Belastungszeugen zu stellen) Rechnung getragen (LR/24/*Gollwitzer* 1). Damit gehört § 240 zu den grundlegenden **rechtsstaatlichen Verfahrensvorschriften** (KMR/*Paulus* 3).

III. Einzelfragen

1. Befragbare Personen

Gemäß § 240 dürfen befragt werden: **3**
– Zeugen über 16 Jahren (vgl. § 241 a)
– Sachverständige
– der Angeklagte (außer durch Mitangeklagte),
nicht aber andere Verfahrensbeteiligte wie das Gericht, der StA oder der Verteidiger (KMR/*Paulus* 4; LR/24/*Gollwitzer* 16).

2. Sonstige Frageberechtigte

Frageberechtigt sind außer den in § 240 Abs. 1, 2 genannten **Verfahrensbeteilig- 4 ten**:
– Sachverständige (§ 80 II)
– gesetzliche Vertreter und Erziehungsberechtigte (§§ 67 I, 109 JGG)
– Privat- und Nebenkläger sowie deren Rechtsanwalt als Beistand oder Vertreter (§§ 385 I; 378, 1; 397 I 3), dagegen nicht der Rechtsanwalt als Beistand des Verletzten gem. §§ 406 f, 406 g
– Beistände des Angeklagten, nicht aber der Zeugen (*K/M* 3)
– Ergänzungsrichter (*OLG Celle* NdsRpfl 1973, S. 110)
– Einziehungsbeteiligte (§ 433 I)
– Vertreter der geldbußbeteiligten juristischen Personen oder Personenvereinigung (§ 444 II)
– Vertreter der Finanzbehörde in Steuerstrafverfahren (§§ 407 I 4, 5 AO 1977).
Soweit dies der Wahrheitsermittlung dienlich ist, darf der Vorsitzende ausnahms- **5**

weise auch **Fragen gesetzlich nicht genannter Personen** (z. B. Zeugen) zulassen (*RG* GA 50, 274, 275; KK-*Treier* 4; LR/24/*Gollwitzer* 10). Ausgeschlossen ist nur die unmittelbare Befragung eines Angeklagten durch einen Mitangeklagten. Hat ein Angeklagter eine Frage an einen Mitangeklagten, so muß er diese durch seinen Verteidiger oder durch den Vorsitzenden stellen lassen (*K/M* 10).

3. Durchführung der Befragung

6　Im Interesse eines **geordneten Verfahrensablaufs** haben die Frageberechtigten den Vorsitzenden zunächst um die Erteilung des Wortes zu ersuchen (»auf Verlangen«; LR/24/*Gollwitzer* 5). Sie dürfen ihre Fragen dann unmittelbar an den Angeklagten oder die Beweisperson richten. Eine vorherige Mitteilung (*RGSt* 18, 365, 366) oder eine nähere Erläuterung durch Vorlage von Beweismitteln (*BGHSt* 16, 67) kann der Vorsitzende in der Regel nicht verlangen (s. u. § 241 Rn. 9). Eine nicht zu beanstandende Frage darf er nicht dadurch an sich ziehen, daß er sie selbst in einer ihm zweckmäßig erscheinenden Form stellt (*Dahs*, Handbuch der Strafverteidigung, 1977, S. 401; *K/M* 3). Das Fragerecht des Angeklagten darf nicht dadurch beschränkt werden, daß seine Ausübung nur indirekt über den Verteidiger gestattet wird (*BGH* NStZ 1985, 205). Auf Anregung eines Frageberechtigten darf der Vorsitzende eine bestimmte Frage an seiner Stelle an die Auskunftsperson richten. Er kann dies aber auch unter Hinweis auf das unmittelbare Fragerecht gemäß § 240 ablehnen (*RGSt* 29, 147, 149; KMR/*Paulus* 12).

4. Umfang der Befragung

7　Die Befragung gemäß § 240 darf **nicht** zu einer **Vernehmung** oder zu einem **Plädoyer** werden (KK-*Treier* 5). Die Fragen sind daher präzise und auf einen bestimmten Sachumfang hin zu stellen (zur zweckmäßigen Frageform vgl. *Eisenberg* JZ 1984, 915 f.; 918). Kurze Erläuterungen oder Vorhalte sind allerdings zulässig (LR/24/*Gollwitzer* 14; *K/M* 3).

5. Zeitpunkt der Befragung

8　Das Fragerecht beginnt mit dem Ende der Vernehmung durch den Vorsitzenden und endet mit der Entfernung entlassener Zeugen oder Sachverständiger bzw. mit der Urteilsverkündung (*BGHSt* 15, 161, 163; LR/24/*Gollwitzer* 11 f.). Im Hinblick auf das Erklärungsrecht gemäß § 257 Abs. 1 StPO sollte **zuerst dem Angeklagten** Gelegenheit zur Befragung gegeben werden. Die in der Praxis übliche Nachfrage des Vorsitzenden bei den anderen Verfahrensbeteiligten ist an **keine bestimmte Reihenfolge** gebunden (*BGH* NJW 1969, 437). Es verstößt aber gegen den Grundsatz der Waffengleichheit und des fairen Verfahrens, dem Verteidiger gegen dessen ausdrücklichen Antrag stets als letztem das Fragerecht zu gewähren (a. A. wohl h. M., die von freiem Ermessen des Vorsitzenden ausgeht, LR/24/*Gollwitzer* 11; KK-*Treier* 8). Soll eine bereits entlassene Person befragt werden, so ist ein Beweisantrag zu stellen, der in dem Verlangen der Befragung gesehen werden kann (*BGHSt* 15, 161, 163). Es liegt im Ermessen des Vorsitzenden, eine Zwischenfrage bereits vor Beendigung der Vernehmung zuzulassen.

6. Kommissarische Vernehmung

Das Fragerecht gilt auch während der kommissarischen Vernehmung (*BGHSt* 9
9, 24, 27).

IV. Rechtsbehelfe

Angesichts der Tatsache, daß die Verfahrensbeteiligten selbst Fragen stellen dür- 10
fen, kann die Revision in der Regel nicht darauf gestützt werden, daß das Gericht
ein Beweismittel nicht ausgeschöpft habe (*BGHSt* 17, 351, 352f.; LR/24/*Gollwitzer* 17; § 241 Rn. 33). Bei genereller Verneinung des Fragerechts oder bei rechtlich erheblicher Benachteiligung in der Reihenfolge der Befragung (s. o. Rn. 8)
kann der Betroffene gemäß § **238 Abs. 2** einen **Gerichtsbeschluß** herbeiführen.
Zur Frage der Anfechtung bei Nichtzulassung einer Frage s. u. § 241 Rn. 13 ff.;
§ 242 Rn. 2.

§ 241 (Zurückweisung von Fragen)

**(1) Dem, welcher im Falle des § 239 Abs. 1 die Befugnis der Vernehmung miß-
braucht, kann sie von dem Vorsitzenden entzogen werden.**
**(2) In den Fällen des § 239 Abs. 1 und des § 240 Abs. 2 kann der Vorsitzende
ungeeignete oder nicht zur Sache gehörende Fragen zurückweisen.**

I. Zweck der Vorschrift

Durch die Zurückweisung von Fragen und den Entzug der Vernehmungsbefugnis 1
nimmt der **Vorsitzende seine Verantwortung für die Justizförmigkeit** des Verfah-
rens wahr. Das Zurückweisungsrecht dient der Verhinderung des Mißbrauchs des
Verfahrens für verfahrensfremde Zwecke, dem Schutz von Individualrechten der
Beweispersonen und dem Schutz der Wahrheitsermittlung (LR/24/*Gollwitzer* 1;
KMR/*Paulus* 2).
Bei seiner Entscheidung hat der Vorsitzende allerdings auch zu berücksichtigen, 2
daß zu häufiges Eingreifen die Annahme des Urteils durch die Verfahrensbeteiligten erschwert und über den vermehrten Gebrauch von Rechtsmitteln zu einer
Verfahrensverzögerung führen kann (KMR/*Paulus* 18; *Koeniger*, Die Hauptver-
handlung in Strafsachen, 1966, 219).

II. Zuständigkeit des Vorsitzenden

3 Der Vorsitzende überwacht die Gesetzmäßigkeit der Befragung im Rahmen seiner **Sachleitungsaufgabe** (§ 238 Abs. 1). Wie sich aus der Nichterwähnung des § 240 Abs. 1 in § 241 ergibt, ist er nur zuständig bei Zweifeln über die Rechtmäßigkeit des Kreuzverhörs und der Fragen anderer Verfahrensbeteiligter, **nicht bei Fragen der richterlichen Beisitzer**. Bei unzulässiger Befragung durch die Berufsrichter entscheidet das Gericht als Ganzes (§ 242).

III. Umfang der Eingriffsbefugnisse

4 Die **gänzliche Entziehung** des Fragerechts ist nur zulässig bei **Mißbrauch** des Kreuzverhörs (§ 241 Abs. 1). Daraus ergibt sich, daß gegen eine unzulässige Vernehmung ansonsten nur durch **Zurückweisung einzelner Fragen** vorgegangen werden darf (§ 241 Abs. 2). In Literatur und Rechtsprechung wird z. T. vertreten, daß bei fortgesetztem erheblichem Mißbrauch als ultima ratio immer auch der Entzug des Fragerechts für bestimmte Verfahrensabschnitte in Betracht komme (*RGSt* 18, 365, 367; aufgegeben in *RGSt* 38, 57, 58; unklar *K/M* 1; Bedenken dagegen bei *Roxin* § 42 D III; LR/24/*Gollwitzer* 22). Dem kann nur dann gefolgt werden, wenn sich aus den Umständen ergibt, daß zulässige Fragen nicht mehr zu erwarten sind (*OLG Karlsruhe* NJW 1978, 436; *BGH* bei *Dallinger* MDR 1973, 371, 372, KK-*Treier* 1). Solange wenigstens auch noch zulässige Fragen gestellt werden, ist im Interesse umfassender Aufklärung und sachgemäßer Verteidigung das Fragerecht trotz Mißbrauchs entsprechend dem Gesetzeswortlaut zu gewähren (KMR/*Paulus* 20; *Miebach* DRiZ 1977, 142; *ter Veen* Strafvert. 1983, 168 f.).

IV. Die Entziehung der Befugnis zum Kreuzverhör (Abs. 1)

5 Die Befugnis zum Kreuzverhör wird demjenigen Prozeßbeteiligten entzogen, der sie mißbraucht. Ein **Mißbrauch** liegt vor, wenn durch fortgesetzte unsachgemäße Befragung die Wahrheitsfindung oder schutzwürdige Belange des Vernommenen beeinträchtigt oder sonst verfahrensfremde Zwecke verfolgt werden (LR/24/*Gollwitzer* 2; KMR/*Paulus* 5). Das Kreuzverhör kann unter den übrigen Verfahrensbeteiligten fortgeführt werden, wobei der Vorsitzende anstelle des Ausgeschiedenen ergänzende Fragen stellt (§ 239 Abs. 2; LR/24/*Gollwitzer* 4). Das Fragerecht gemäß § 240 Abs. 2 bleibt dem Betroffenen erhalten (*Wagner*, JuS 1972, 316; a. A. *RGSt* 18, 365, 367).

V. Die Zurückweisung unzulässiger Fragen (Abs. 2)

6 Der Vorsitzende darf Fragen des StA, des Angeklagten, des Verteidigers, der Schöffen und der übrigen Berechtigten gemäß § 240 Abs. 2 (s. o. § 240 Rn. 4) zurückweisen, wenn sie ungeeignet sind oder nicht zur Sache gehören (praktische Beispiele bei *Greiser*, Die gestörte Hauptverhandlung, 1985, 72 ff.).

7 1. Ungeeignete Fragen

Ungeeignet sind solche Fragen, die mit den Vorschriften der Strafprozeßordnung nicht vereinbar sind, weil sie die Wahrheitsermittlung nicht oder nicht in zulässiger Weise fördern (*BGHSt* 21, 334, 360; *Roxin* § 42 D III), nicht bereits dann, wenn sie nach Meinung des Gerichts für die Entscheidung ohne Bedeutung sind (*BGH* Strafvert. 1987, 239).

Ungeeignet sind insbesondere:
- Fragen, die durch ein **Beweisverbot** (z. B. §§ 136a, 69 III, 72; 54, 252) ausgeschlossen sind (LR/24/*Gollwitzer* 14)
- **ehrverletzende** oder den **persönlichen Lebensbereich** eines Zeugen betreffende **Fragen**, soweit sie nicht zur Wahrheitsfindung unerläßlich sind (vgl. § 68a; *RG* JW 1932, 1973; *BGHSt* 21, 334, 360; 13, 252; *BGH* NStZ 1982, 70; zur Zulässigkeit von Fragen nach der sexuellen Vergangenheit von Vergewaltigungsopfern vgl. *Helmken* Strafvert. 1983, 81ff.; auch *BGH* Strafvert. 1990, 99; 337 = NStZ 1990, 400)
- **Suggestiv- oder Fangfragen**, wenn sie nicht geeignet sind, die Glaubwürdigkeit eines Zeugen zu testen (*K/M* 15; für eine weitergehende Zulässigkeit von Suggestivfragen bei Beschränkung der Verwertung auf die sog. »Überhangantwort« *Bender* 1984, 129)
- Fragen, deren Beantwortung nicht im Rahmen der prozessualen Aufgabe des Befragten liegt, z. B. **Werturteile** bei Zeugen (*RG* GA 40, 169), **rechtliche Beurteilungen** bei Zeugen oder Sachverständigen (*RGSt* 51, 216, 217; *BGH* zit. bei *Hilger* 1983, 343), Fragen außerhalb des Sachgebiets bei Sachverständigen (*BGH* NStZ 1984, 16; aber *RGSt* 67, 180, 181)
- bereits eindeutig **beantwortete Fragen**, falls nicht Widersprüche aufgeklärt oder die Übertragbarkeit allgemeiner Antworten auf einen bestimmten Einzelfall erfragt werden sollen (*BGHSt* 2, 284, 289f; *BayObLG* GA 1964, 210, 211; *BGH* NStZ 1981, 71).

2. Nicht zur Sache gehörige Fragen   8

Eine Frage ist dann sachfremd, wenn sie sich nicht auf den **Prozeßgegenstand** bezieht oder zu prozeßfremden Zwecken gestellt wird (*BGHSt* 2, 284, 287; *Roxin* § 42 D III; KMR/*Paulus* 14ff.). Die Grenzen des Fragerechts werden auch dann überschritten, wenn der Angeklagte dadurch in einem Beleidigungsprozeß eben diejenigen Behauptungen oder Werturteile wiederholt, die den Gegenstand der Anklage bilden (*BGH* v. 20. 9. 1956, zit. bei *Greiser* S. 433).

Eine nur **mittelbare Beziehung** zum Gegenstand der Anklage ist ausreichend (KK-*Treier* 3). Zulässig sind etwa Fragen, die die Erinnerungsfähigkeit eines Zeugen betreffen (*BGH* Strafvert. 1985, 7). Darauf, ob die Frage nach Ansicht des Gerichts für die Entscheidung von Bedeutung ist, kommt es nicht an (*BGHSt* 2, 284, 286; *BayObLG* GA 1964, 210, 211; *BGH* Strafvert. 1984, 60; 1985, 4). Die Ausschöpfung präsenter Beweismittel wird gegenüber der Verfahrensbeschleunigung als vorrangig angesehen.

Ein **prozeßfremder Zweck** wird verfolgt, wenn die Frage allein darauf abzielt, Aufsehen zu erregen, für einen Geschäftsbetrieb oder eine Partei zu werben oder einen Verfahrensbeteiligten zu verunglimpfen (*BGHSt* 2, 284, 287; *RGSt* 66, 14f.).

VI. Die Entscheidung des Vorsitzenden

Zur Vorbereitung der Entscheidung über die Zulässigkeit einer Frage kann der 9 Vorsitzende nähere Erläuterungen, insbesondere zum Zweck der Frage, verlangen (*BGHSt* 16, 67, 69). Eine **vorherige Mitteilung** der Frage kann (als ein Minus gegenüber dem völligen Entzug des Fragerechts) gefordert werden, wenn der Frageberechtigte das Fragerecht bereits mißbraucht hat und ein weiterer Mißbrauch zu befürchten ist (*Wagner*, JuS 1972, 316; LR/24/*Gollwitzer* 22; *RGSt* 18, 365, 367; so auch *BGH* Strafvert. 1983, 139f.; a. A. *ter Veen* Strafvert. 1983, 168f.; vgl. auch

Miebach, DRiZ 1977, 141). Die Verfassungsbeschwerde und die Menschenrechtsbeschwerde gegen die Entscheidung des BGH blieben ohne Erfolg (vgl. *Pfeiffer/ Miebach* NStZ 1983, 209f.; EKMR EuGRZ 1982, 447). Bei Zweifeln über die Zulässigkeit hat der Vorsitzende zunächst zu versuchen, den Betroffenen zur Rücknahme oder Änderung seiner Frage zu bewegen (KMR/*Paulus* 18).

10 Die Entscheidung des Vorsitzenden erfolgt auf Antrag oder von Amts wegen durch **sachleitende Verfügung** (*K/M* 16). Obwohl § 34 nicht eingreift, ist die Entscheidung in der Regel zu begründen, damit der Fragende sein weiteres Verhalten darauf einrichten und das Revisionsgericht gegebenenfalls eine Überprüfung vornehmen kann (*BGH* bei *Dallinger* MDR 1975, 726; *OLG Hamburg* NJW 1978, 436; *BGH* Strafvert. 1990, 199f.).

11 Bis zur Entscheidung über die Zulässigkeit darf der Zeuge einer zweifelhaften Frage ausweichen. Die **zurückgewiesene Frage** braucht nicht beantwortet zu werden (LR/24/*Gollwitzer* 21). Eine dennoch erteilte Antwort ist in jeder Hinsicht (§ 261 StPO, §§ 153, 154, 163 StGB) **unverwertbar** (*BGH* bei *Dallinger* MDR 1953, 401; KMR/*Paulus* 24).

12 Das Zurückstellen der Frage bis zu einem späteren Zeitpunkt ist keine Zurückweisung (*K/M* 11).

VII. Anfechtung

1. Antrag auf gerichtliche Entscheidung
13 Gegen den Entzug der Befugnis zum Kreuzverhör oder die Zurückweisung einer Frage durch den Vorsitzenden kann gerichtliche Entscheidung (§ 238 II) beantragt werden (*RGSt* 47, 139, 141; 68, 110, 112).

2. Beschwerde
14 Lediglich Zeugen oder Sachverständigen, die durch die Zulassung einer Frage in ihren Rechten verletzt sind, steht gemäß § 305 S. 2 die Beschwerde zu (KK-*Treier* 8). Die Entscheidung des Beschwerdegerichts bindet das erkennende Gericht.

3. Revision
15 Bei fehlerhafter Entziehung des Fragerechts oder unberechtigter Zurückweisung von Fragen kann die Revision auf §§ 336, 337 gestützt werden. Die Nichtzulassung einer Frage kann die **Aufklärungsrüge** (§ 244 Abs. 2) begründen (*K/M* 7).
Wird eine gerichtliche Entscheidung (§ 238 Abs. 2) herbeigeführt, so kommt auch der **absolute Revisionsgrund des § 338 Nr. 8** in Betracht (*BGHSt* 2, 284, 286; 31, 334, 360; *BGH* Strafvert. 1983, 139). Der BGH hat es für ausgeschlossen erachtet, daß das Urteil auf einer Nichtzulassung weiterer Fragen beruht, wenn die Verteidigung in außergewöhnlichem Umfang von ihrem Fragerecht Gebrauch gemacht hatte und die offenen Fragen nur noch bedeutungslos, wenn auch nicht völlig ohne Sachzusammenhang, waren (*BGH* Strafvert. 1983, 139; kritisch hiergegen *ter Veen* S. 173). Zur Frage des **Verlusts des Rügerechts** wegen Versäumens einer gerichtlichen Entscheidung s.o. § 238 Rn. 43. Auch bei mangelnder Begründung einer an sich rechtmäßigen Entscheidung kann ein Revisionsgrund vorliegen (*BGHSt* 2, 284, 286; *K/M* 7). Schließlich kann die Revision darauf gestützt werden, daß der Vorsitzende **ermessensmißbräuchliche Fragen Nichtfrageberechtigter zugelassen** habe (KMR/*Paulus* 31).

§ 241 a (Vernehmung von Zeugen)

(1) Die Vernehmung von Zeugen unter sechzehn Jahren wird allein von dem Vorsitzenden durchgeführt.
(2) Die in § 240 Abs. 1 und Abs. 2 Satz 1 bezeichneten Personen können verlangen, daß der Vorsitzende den Zeugen weitere Fragen stellt. Der Vorsitzende kann diesen Personen eine unmittelbare Befragung der Zeugen gestatten, wenn nach pflichtgemäßem Ermessen ein Nachteil für das Wohl der Zeugen nicht zu befürchten ist.
(3) § 241 Abs. 2 gilt entsprechend.

Inhaltsübersicht

I. Entstehungsgeschichte

Schon seit dem Anfang des Jahrhunderts wurde dem Bedürfnis nach Sondervorschriften über die Vernehmung jugendlicher und kindlicher Zeugen durch Verordnungen, Erlasse und Richtlinien Rechnung getragen (Nachweise bei *Störzer*, Sittlichkeitsprozeß und junge Opfer. In: Sexualität und soziale Kontrolle, hrsg. v. *Hess/Störzer*, 1978, S. 104 ff.). Der 1974 durch das 1. StVRErgG in die StPO eingefügte § 241 a stellt eine erste gesetzliche Regelung dieser Problematik dar. **1**

II. Regelungsgehalt und Zweck der Vorschrift

§ 241 a dient zusammen mit dem gleichzeitig eingeführten § 247 Nr. 2 (Entfernung des Angeklagten) und mit § 172 Nr. 4 GVG (Ausschluß der Öffentlichkeit) dem Schutz von Kindern und Jugendlichen als Zeugen. **2**

Die Durchführung eines Kreuzverhörs (§ 239) und – vorbehaltlich einer Gestattung durch den Vorsitzenden – die unmittelbare Befragung durch andere Verfahrensbeteiligte (§ 240) ist ausgeschlossen. Weiterhin zulässig ist dagegen die Befragung des Kindes durch einen Sachverständigen gemäß § 80 II (amtliche Begründung zu § 241 a – BR-Drucksache 348/74 S. 25; *K/M* 2). **3**

Dadurch, daß der jugendliche Zeuge in der Hauptverhandlung nur mit einem Gesprächspartner konfrontiert wird, soll er vor **psychischen Spannungssituationen geschützt** werden. Ungestört durch direkte Zwischenfragen Dritter soll der Vernehmende Zugang zu ihm suchen können (*Störzer*, S. 118). Dabei soll eine aggressive und nicht kindgemäße Befragung ausgeschlossen werden. Durch Vermeidung von Beeinflussungen soll gleichzeitig die Ermittlung der Wahrheit gefördert werden (amtl. Begründung zu § 241 a BR-Drucksache 348/74 S. 25; *Becker*, ZBlJJW 1975, 517). **4**

Der Gesetzgeber hat als geeignetsten Gesprächspartner den **Vorsitzenden** angesehen, weil dieser regelmäßig über Erfahrungen im Umgang mit kindlichen und jugenlichen Zeugen verfüge (amtl. Begründung zu § 241 a – BR-Drucksache 348/74 S. 25). An dieser Begründung sind jedoch Zweifel angebracht (*Störzer*, S. 126). Der Vorsitzende bietet sich aber deshalb für diese Aufgabe an, da von ihm als dem **5**

neutralsten Verhandlungsbeteiligten eine behutsame und sachliche Vernehmung am ehesten zu erwarten ist (*K/M* 2; differenzierte Vorschläge zur Gestaltung für verschiedene Altersgruppen bei *Arntzen*, Vernehmungspsychologie, Psychologie der Zeugenvernehmung, 1978, 34 ff.).

III. Vernehmung allein durch den Vorsitzenden

6 Im Rahmen seiner **Sachleitungsaufgabe** (§ 238 I) bestimmt allein der Vorsitzende Inhalt und Form der Vernehmung von Zeugen unter 16 Jahren (vgl. Nr. 135 Satz 2, Nr. 222 Absatz 1, 2 RiStBV). Die übrigen Verfahrensbeteiligten haben lediglich einen Anspruch darauf, daß er auch die von ihnen gewünschten Fragen stellt. Dabei darf er einen **anderen** als den beantragten **Wortlaut** wählen, nicht aber **inhaltliche Abwandlungen** vornehmen (KMR/*Paulus* 7; LR/24/ *Gollwitzer* 5).

7 **Ungeeignete** oder nicht zur Sache gehörige **Fragen** weist der Vorsitzende zurück (§§ 241a III, 241 II). Eine Frage kann auch dann als ungeeignet angesehen werden, wenn der Betroffene auf einer von ihm gewünschten nicht kindgemäßen Formulierung besteht (*K/M* 6).
Über die Zulässigkeit von Fragen beisitzender Richter und bei sonstigen Zweifeln entscheidet das Gericht (§ 242).

IV. Unmittelbare Befragung durch andere Verfahrensbeteiligte

8 Der Vorsitzende darf nach pflichtgemäßem Ermessen den in § 240 Abs. 1, 2 S. 1 genannten Verfahrensbeteiligten und den ihnen gleichgestellten Frageberechtigten (LR/24/*Gollwitzer* 9; a. A. KK-*Treier* 7) die unmittelbare Befragung gestatten. Ob ein Nachteil für das Wohl des Zeugen zu befürchten ist, ist im Einzelfall unter Berücksichtigung des Gegenstands der Zeugenaussage, der zu erwartenden Fragen, der Person des Zeugen und des Fragestellers (a. A. KK-*Treier* 6) zu beurteilen (LR/24/*Gollwitzer* 6). Ein Anspruch auf Gestattung der unmittelbaren Befragung besteht in keinem Fall (KMR/*Paulus* 8). Die erteilte Erlaubnis kann jederzeit entzogen werden (*K/M* 5). Bei Anzeichen für eine Gefährdung des Zeugenwohls muß der Vorsitzende sofort einschreiten (LR/24/ *Gollwitzer* 8).

V. Anfechtung

9 Gegen die Maßnahmen des Vorsitzenden im Rahmen der Vernehmung jugendlicher Zeugen (§ 241a Abs. 1, 2 S. 1, 2) ist **Antrag auf gerichtliche Entscheidung** (§ 238 Abs. 2) zulässig, sofern ein Rechtsfehler oder Willkür gerügt wird (LR/ 24/*Gollwitzer* 12 f.; *K/M* 5; KK-*Treier* 9). Zu Revision und Beschwerde gilt das bei § 241 Ausgeführte entsprechend.

VI. Rechtstatsächliche Erkenntnisse und Kritik

10 Die vielfach vertretene Ansicht, daß kindliche und jugendliche Opfer von Straftaten in zahlreichen Fällen durch das anschließende **Strafverfahren mehr geschädigt** würden als durch die Tat selbst, hat sich bislang wissenschaftlich nicht beweisen lassen (amtliche Begründung zu § 241a – BR-Drucksache 348/74 S. 16; *Becker*, ZBlJJW 1975, 516). Es ist aber zu begrüßen, daß der Gesetzgeber sich schon durch die Möglichkeit einer Gefährdung zur Einführung einer **Schutzvorschrift** hat bewegen lassen. Da auch das Interesse der Allgemeinheit an einer effektiven Strafverfolgung und das des Angeklagten an einer wirksa-

men Verteidigung berücksichtigt werden mußten, konnte der Schutz des jungen Zeugen nicht optimal und lückenlos ausgestaltet werden. Ob die im Gesetzgebungsverfahren erwogenen alternativen Lösungen (amtliche Begründung zu § 241a – BR-Drucksache 348/74 S. 17; Einräumung eines Zeugnisverweigerungsrechts; Einführung der Zeugenaussage durch eine außergerichtlich erstellte Tonbandaufnahme; Auflockerung des Legalitätsprinzips bei Gefährdung des Zeugenwohls – hierzu *Baumann*, ZRP 1975, 38f.) einen besseren Kompromiß geboten hätten, ist zu bezweifeln. Angesichts der Tatsache, daß eine grundlegende Reform in absehbarer Zeit nicht erwartet werden kann, erscheint es wichtiger, das Augenmerk auf eine zweckmäßige Handhabung der vorhandenen Regelung zu richten. Es besteht in der Praxis die **Gefahr**, daß aus Gründen der **Verfahrensvereinfachung** und wegen unzureichender psychologischer Kompetenz des Richters zu oft von der Ausnahmevorschrift des § 241a Abs. 2 S. 2 Gebrauch gemacht und damit der Zweck der Regelung vereitelt wird. In den von *Störzer* (S. 120) beobachteten 138 Prozessen wurde eine unmittelbare Befragung durch andere Verfahrensbeteiligte in der Hälfte aller Fälle zugelassen. Lediglich in einem Sechstel der Verfahren stellte allein der Vorsitzende die Fragen. Weiter ist zu befürchten, daß die vom Gesetzgeber mißbilligten Ablenkungs- und Spannungseffekte bereits dadurch eintreten, daß die Verfahrensbeteiligten dem Vorsitzenden ihre Fragen im Beisein des Kindes laut mitteilen. Auch hier kann durch eine zweckmäßige Gestaltung des Vernehmungsablaufs Abhilfe geschaffen werden (*Störzer*, S. 119). Zur Eignung von Kindern als Zeugen und zur äußeren Gestaltung der Vernehmung vgl. auch *Arntzen*, DRiZ 1976, 20. Zur Glaubwürdigkeit von Aussagen junger Zeugen vgl. die Nachweise von *Peters*, LB § 44 III 1a, b; vgl. auch *Schellenberg*, MschrKrim 1984, 309ff. zur Glaubwürdigkeit der jugendlichen orientalischen Zeugin von Sexualdelikten.

§ 242 (Zweifel über die Zulässigkeit von Fragen)
Zweifel über die Zulässigkeit einer Frage entscheidet in allen Fällen das Gericht.

§ 242 erweitert die **gerichtliche Entscheidungsbefugnis** gemäß § 238 Abs. 2 und ist **1** damit Ausdruck der Verantwortung des Gerichts für den ordnungsgemäßen Ablauf des Verfahrens.

Weist der Vorsitzende eine Frage als unzulässig zurück (§§ 241 Abs. 2, 240 **2** Abs. 2), so ermöglicht bereits § 238 Abs. 2 die gerichtliche Entscheidung. § 242 hat damit nur in folgenden Fällen Bedeutung:
– Zweifel an der Zulässigkeit von **Fragen richterlicher Beisitzer** (die der Vorsitzende nicht zurückweisen darf)
– Zweifel anderer Verfahrensbeteiligter an der Zulässigkeit von **Fragen des Vorsitzenden**
– **Zweifel des Vorsitzenden** an der Zulässigkeit einer Frage, die er aber **nicht selbst** zurückweisen will.

Jeder Verfahrensbeteiligte – auch der Vorsitzende oder der Befragte selbst – kann **3** eine gerichtliche Entscheidung herbeiführen. Veranlaßt der Vorsitzende eine Entscheidung des Gerichts, ohne zuvor die Frage zurückzuweisen, so muß er dem Fragenden in gleicher Weise Gelegenheit zur Stellungnahme geben, wie wenn dieser gegen eine Zurückweisung der Frage gerichtliche Entscheidung beantragt hätte (*RGSt* 51, 215, 216f.; LR/24/*Gollwitzer* 3).

Gleichgültig ist, an wen die Frage gestellt wurde. **4**

5 Das Gericht entscheidet nur über die Zulässigkeit, nicht über die Zweckmäßigkeit einer Frage (KK-*Treier* 3). Wann eine Frage zulässig ist, ergibt sich aus § 241.

6 Vor Erlaß einer Entscheidung ist eine gütliche Regelung anzustreben (LR/24/ *Gollwitzer* 4). Die Entscheidung erfolgt durch zu begründenden (§ 34) Beschluß.

7 Bei Zweifeln über die Zulässigkeit einer Frage muß auch der **Strafrichter** (§ 25 GVG) einen **förmlichen Beschluß** erlassen (*K/M* 3).
Zur Anfechtbarkeit der gerichtlichen Entscheidung s. o. § 241 Rn. 14ff.

§ 243 (Gang der Hauptverhandlung)

(1) Die Hauptverhandlung beginnt mit dem Aufruf der Sache. Der Vorsitzende stellt fest, ob der Angeklagte und der Verteidiger anwesend und die Beweismittel herbeigeschafft, insbesondere die geladenen Zeugen und Sachverständigen erschienen sind.

(2) Die Zeugen verlassen den Sitzungssaal. Der Vorsitzende vernimmt den Angeklagten über seine persönlichen Verhältnisse.

(3) Darauf verliest der Staatsanwalt den Anklagesatz. Dabei legt er in den Fällen des § 207 Abs. 3 die neue Anklageschrift zugrunde. In den Fällen des § 207 Abs. 2 Nr. 3 trägt der Staatsanwalt den Anklagesatz mit der dem Eröffnungsbeschluß zugrunde liegenden rechtlichen Würdigung vor; außerdem kann er seine abweichende Rechtsauffassung äußern. In den Fällen des § 207 Abs. 2 Nr. 4 berücksichtigt er die Änderungen, die das Gericht bei der Zulassung der Anklage zur Hauptverhandlung beschlossen hat.

(4) Sodann wird der Angeklagte darauf hingewiesen, daß es ihm freistehe, sich zu der Anklage zu äußern oder nicht zur Sache auszusagen. Ist der Angeklagte zur Äußerung bereit, so wird er nach Maßgabe des § 136 Abs. 2 zur Sache vernommen. Vorstrafen des Angeklagten sollen nur insoweit festgestellt werden, als sie für die Entscheidung von Bedeutung sind. Wann sie festgestellt werden, bestimmt der Vorsitzende.

Literatur

Achenbach Zweiteilung des Strafverfahrens – Plädoyer für eine »kleine Lösung«, JR 1974, 401.

Ders. Das »Schuldinterlokut« und die justizielle Praxis, MschrKrim 1977, 242.

AE-StPO-HV Alternativ-Entwurf, Novelle zur Strafprozeßordnung, Reform der Hauptverhandlung, hrsg. von einem Arbeitskreis deutscher und schweizerischer Strafrechtslehrer (Arbeitskreis AE, Baumann u. a.) 1985.

Blau Die Teilung des Strafverfahrens in zwei Abschnitte – Schuldspruch und Strafausspruch, ZStW 1969, 31.

Dahs Fortschrittliches Strafrecht in rückständigem Strafverfahren. Zur Dringlichkeit einer Zweiteilung der Hauptverhandlung durch ein »Schuldinterlokut«, NJW 1970, 1705.

Dahs jun. Praktische Probleme des Schuldinterlokuts, GA 1971, 353.

Ders. Alternativ-Entwurf, Novelle zur Strafprozeßreform, ZRP 1986, 181.

Dallinger Präsente Beweismittel (§ 245 StPO), MDR 1966, 965.

Dencker Belehrung des Angeklagten über sein Schweigerecht und Vernehmung zur Person, Anmerkung zu BGH MDR 1974, 765, MDR 1975, 359.

Dölling, Die Zweiteilung der Hauptverhandlung. Eine Erprobung vor Einzelrichtern und Schöffengerichten, 1978.

Dose Der Sitzungsvertreter und der Wirtschaftsreferent der Staatsanwaltschaft als Zeuge in der Hauptverhandlung, NJW 1978, 349.

Fezer Anmerkung zu OLG Hamm, JR 1980, 83.

Gössel Strafverfahrensrecht, 1977.

Granderath Getilgt – aber nicht vergessen. Das Verwertungsverbot des Bundeszentralregistergesetzes, ZRP 1985, 319.

Grünhut Die Bedeutung englischer Verfahrensnormen für eine deutsche Strafprozeßreform, FS v. Weber, 1963, 343.

Grünwald Anmerkung zu *BGH* JZ 1968, 752.

Günter Die Einführung und Verwertung früherer Angaben des in der Hauptverhandlung schweigenden Angeklagten, DRiZ 1971, 379.

Haddenbrock Das Sachverständigendilemma im deutschen Strafprozeß ohne Tat- oder Schuldinterlokut, NJW 1981, 1302.

Hanack Die Rechtsprechung des Bundesgerichtshofs zum Strafverfahrensrecht, JZ 1972, 81.

Ders. Anmerkung zu BGH JR 1975, 340.

Hass Die Hauptverhandlung gemäß § 411 StPO und die Frage des Schuldinterlokuts, NJW 1972, 1223.

Heinitz Zweiteilung der Hauptverhandlung? In: Sein und Werden im Recht, FS v. Lübtow, 1970, 835.

Herrmann Die Reform der deutschen Hauptverhandlung nach dem Vorbild des anglo-amerikanischen Strafprozesses, 1971.

Ders. Ein neues Hauptverhandlungsmodell, ZStW 100 (1988), 40.

Horn Tatschuld-Interlokut und Strafzumessung, ZStW 85 (1973), 7.

Kleinknecht »Informelles Schuldinterlokut« im Strafprozeß nach geltendem Recht, FS Heinitz, 1972, 651.

Kramer Die Vernehmung von Verfahrensbeteiligten im Strafprozeß als Zeugen, Jura 1983, 113.

Maeck Der Zweiteilungsgedanke im Strafverfahren. Jur. Diss. München 1984.

Rautenberg »Angeklagter« oder »Angeschuldigter« bei Verlesung des Anklagesatzes? NStZ 1985, 256.

Rejewski Unterbliebener Hinweis auf die »Aussagefreiheit« des Beschuldigten als Revisionsgrund, NJW 1967, 1999.

Rieß Die Vernehmung des Beschuldigten im Strafprozeß, JA 1980, 293.

Ders. Hauptverhandlungsreform – Reform des Strafverfahrens? FS Lackner, 1987, 965.

Römer Das Schuldinterlokut, Ein Beitrag zur Strafprozeßreform, GA 1969, 333.

Roschmann Das Schweigerecht des Beschuldigten im Strafprozeß. Seine rechtlichen und faktischen Grenzen, Jur. Diss. Bremen 1983.

Roxin Die Reform der Hauptverhandlung im deutschen Strafprozeß. In: Probleme der Strafprozeßreform, hrsg. v. Lüttger, 1975.

Schild Der Richter in der Hauptverhandlung, ZStW 1982, 37.

Schmidt Lehrkommentar zur Strafprozeßordnung und zum Gerichtsverfassungsgesetz, Nachtragsband I, 1967.

Schöch Strafzumessung und Persönlichkeitsschutz in der Hauptverhandlung, in: Festschrift für Bruns, 1978, S. 457.

Ders. Die Reform der Hauptverhandlung. In: Strafprozeß und Reform, hrsg. v. Schreiber, 1979, 52.

Ders. Neue Entwicklungen in der Strafverfahrensforschung, SchwZStr 98 (1981), 293.

Schöch/Schreiber Ist die Zweiteilung der Hauptverhandlung praktikabel? Erfahrungen mit der Erprobung eines informellen Tatinterlokuts, ZRP 1978, 63.

Schreiber Die Zweiteilung der Hauptverhandlung, BewHi 1980, 132.

Schreiber/Wassermann Gesamtreform des Strafverfahrens, Internationales Christian-Broda-Symposion 1986, 1987.

Schunck Die Zweiteilung der Hauptverhandlung. Die Erprobung des informellen Tatinterlokuts bei Strafkammern, 1982.

Sessar Wege zu einer Neugestaltung der Hauptverhandlung, ZStW 92 (1980), 698.

Spendel Zur Vollmacht und Rechtsstellung des Strafverteidigers, JZ 1959, 737.

Tröndle Über den Umgang des Richters mit den anderen Verfahrensbeteiligten, DRiZ 1970, 213.

Vogler Die Spruchpraxis der Europäischen Kommission und des Europäischen Gerichtshofs für Menschenrechte und ihre Bedeutung für das deutsche Straf- und Strafverfahrensrecht, ZStW 82 (1970), 743.

Weber Der Verteidiger als Vertreter in der Hauptverhandlung, 1982.

Wolter Schuldinterlokut und Strafzumessung, Rechts- und Sozialstaat, Rechts- und Sozialwissenschaften im Strafprozeß, GA 1980, 81.

Zieger Alternativ-Entwurf, Novelle zur Strafprozeßreform, Strafvert. 1986, 412.

Inhaltsübersicht   Rn.

I. Entstehungsgeschichte

1 Die Neufassung des § 243 durch Art. 7 Nr. 10 StPÄG vom 23. 12. 1964 setzte die Verlesung des Anklagesatzes durch den StA an die Stelle der Verlesung des Eröffnungsbeschlusses durch den Vorsitzenden. Weiter wurde die Pflicht zum ausdrücklichen Hinweis auf das Schweigerecht (§ 243 Abs. 4 Satz 1) und die Regelung über die Feststellung der Vorstrafen (§ 243 Abs. 4 Satz 3, 4) eingeführt.

II. Ablauf der Hauptverhandlung

1. Grundstruktur und Abweichungen

§ 243 regelt den Ablauf der Hauptverhandlung bis zur Beweisaufnahme. Der Ge- **2** setzgeber ging davon aus, daß bei Einhaltung dieses Verfahrensgangs die Wahrheitsermittlung und der Schutz der Rechte aller Prozeßbeteiligten in der Regel am besten gewährleistet werden. Soweit es für die Zwecke des Verfahrens förderlich erscheint, darf (und muß möglicherweise sogar) hiervon im Einzelfall abgewichen werden (*BGHSt* 19, 93, 96). Dabei müssen jedoch die **Übersichtlichkeit des Verfahrens** und die **unverzichtbaren Rechte** der Prozeßbeteiligten – wie rechtliches Gehör (Art. 103 Abs. 1 GG) oder das Recht auf eine sachgemäße Verteidigung – erhalten bleiben (*BGHSt* 3, 384; 13, 358, 360; 19, 93, 97; NStZ 1981, 111). In § 243 vorgesehene **Verfahrensabschnitte** dürfen nicht weggelassen werden (*BGHSt* 8, 283 ff.).

Die Planung des Verhandlungsablaufs obliegt dem Vorsitzenden (§ 238 Abs. 1). **3** Abweichungen von der gesetzlichen Grundstruktur bedürfen der ausdrücklichen (KMR/*Müller* 45 vor § 226; a. A. *BGHSt* 19, 93, 97) Zustimmung der in ihren Rechten betroffenen Verfahrensbeteiligten (*BGHSt* 13, 358, 360; 19, 93, 97; *Roxin* § 42 B II). Bei umfangreichen Sachen sollte der Vorsitzende auch sonst seinen Verhandlungsplan vorher mit den Beteiligten erörtern, ohne auf sachliche Umstände einzugehen (*RGSt* 32, 318, 320; 53, 176, 177; LR/24/*Gollwitzer* 12 ff.).

Jede wesentliche Abweichung von § 243 muß in das **Sitzungsprotokoll** aufgenom- **4** men werden (*BGHSt* 10, 342). Eine nach den oben genannten Maßstäben ermessenswidrige Gestaltung der Hauptverhandlung kann die Revision begründen.

2. Punktesachen

Bei einer Mehrzahl selbständiger Einzeltaten kann die Hauptverhandlung derge- **5** stalt aufgegliedert werden, daß zunächst eine allgemeine Aussage des Angeklagten herbeigeführt und anschließend ein Tatkomplex nach dem anderen durch Vernehmung des Angeklagten und Erhebung der dazugehörigen Beweise abgehandelt wird (*BGHSt* 10, 342; 19, 93, 96; K/M 2 f.). Es können auch Zwischenplädoyers gehalten werden (LR/24/*Gollwitzer* 5). Eine Verlesung der Anklageschrift im Zusammenhang ist nicht erforderlich, da die Taten ebenso in getrennten Verfahren hätten erledigt werden können (*RGSt* 44, 312, 313; KMR/*Müller* 46 vor § 226; LR/24/*Gollwitzer* 5; a. A. KK-*Treier* 4).

Wenn innerhalb der einzelnen Anklagepunkte die in § 243 vorgeschriebene Reihenfolge eingehalten wird, handelt es sich nicht um eine zustimmungsbedürftige Abweichung vom gesetzlichen Verfahrensablauf (*BGHSt* 19, 93, 96; *Hanack*, JZ 1972, 82; KK-*Treier* 4).

3. Zweiteilung der Hauptverhandlung

Die Zweiteilung der Hauptverhandlung **in einen Abschnitt zur Tatfeststellung und** **6** **einen zur Sanktionsentscheidung ist eine zulässige Abweichung** von dem in § 243 festgelegten Verfahren. Sie wurde mit Zustimmung der Prozeßbeteiligten schon im Rahmen des geltenden Rechts praktiziert (vgl. dazu unten Rn. 60 ff., 63).

III. Aufruf der Sache – § 243 Abs. 1 Satz 1

7 Der Aufruf der Sache soll die Verfahrensbeteiligten und die Öffentlichkeit in die Lage versetzen, den Termin tatsächlich wahrzunehmen (KMR/*Paulus* 5). Er markiert den **Beginn der Hauptverhandlung**. Dieser Zeitpunkt hat u. a. Bedeutung für die Verwerfung von Berufung und Einspruch (§§ 329 Abs. 1; 412 S. 1), für den Beginn der Anwesenheitspflicht (§§ 226, 230 ff.) und für Zwangsmaßnahmen nach §§ 51 Abs. 1, 77 Abs. 1 (Ausnahme: § 214 Abs. 2).

8 Der Aufruf erfolgt durch den Vorsitzenden persönlich (§ 238 Abs. 1) oder auf seine Anordnung hin durch Protokollführer oder Gerichtswachtmeister (LR/24/ *Gollwitzer* 16; *K/M* 4). Unterbleibt er versehentlich, so gilt als Beginn der Hauptverhandlung derjenige Moment, in dem das Gericht erstmals zur Sache verhandelt (LR/24/*Gollwitzer* 17; KK-*Treier* 10).

9 Der Aufruf der Sache gehört nicht zu den wesentlichen Förmlichkeiten der Hauptverhandlung, bei denen alle Verfahrensbeteiligten zugegen sein müssen (§ 338 Nr. 5), da er ihre Anwesenheit erst herbeiführen soll (*RGSt* 58, 180 f.; KK-*Treier* 10; a. A. *Schmidt*, S. 15).

IV. Präsenzfeststellung – § 243 Abs. 1 Satz 2

10 Durch die Präsenzfeststellung soll geklärt werden, ob die Hauptverhandlung durchgeführt werden kann, ob noch Personen oder Sachen herbeigeschafft werden müssen und ob Maßnahmen gegen Ausgebliebene zu veranlassen sind (LR/ 24/*Gollwitzer* 19; KK-*Treier* 12). Beweismittel, deren Anwesenheit positiv festgestellt wurde, muß das Gericht benutzen, auch wenn kein Verfahrensbeteiligter dies verlangt (§ 245; LR/24/*Gollwitzer* 20).

11 Fehlt eine Person, ohne welche die Hauptverhandlung nicht durchgeführt werden kann, so ergibt sich für das Gericht aus dem Grundsatz des fairen Verfahrens eine **Wartepflicht**, d. h. es muß eine nach den Umständen angemessene Zeit (in der Regel 15 Minuten) warten, bevor es daraus Konsequenzen zieht (*BayObLG* NJW 1959, 2224; *OLG Hamm* GA 1974, 346; KK-*Treier* 16).

12 Die Anwesenheit der zum Beginn der Hauptverhandlung vorgeladenen Beweispersonen, des Angeklagten und seines Verteidigers muß namentlich festgestellt werden (*BGHSt* 24, 280, 282; *K/M* 5). Gemäß § 272 Nr. 2, 4 sind aber auch die Namen der übrigen Verfahrensbeteiligten wie Richter, StA, Privatkläger etc. in das Hauptverhandlungsprotokoll aufzunehmen.

13 Die Präsenz eines Beweismittels (§ 245) kann auch auf anderem Wege als mittels des Hauptverhandlungsprotokolls nachgewiesen werden (*BGHSt* 24, 280). Die Feststellung der Präsenz mit der Folge der Zusicherung, das Beweismittel ohne weiteren Hinweis zu benutzen, ist dagegen wesentliche Förmlichkeit im Sinne des § 273 (KMR/*Paulus* 5; offen gelassen in *BGHSt* 24, 280; a. A. KK-*Treier* 13; *K/M* 5).

14 Wie sich aus dem Zweck der Präsenzfeststellung ergibt, handelt es sich nicht um einen wesentlichen Teil der Hauptverhandlung gemäß § 338 Nr. 5 (*RGSt* 58, 180, 181; KK-*Treier* 13).

V. Entfernung der Zeugen aus dem Sitzungssaal – § 243 Abs. 2 Satz 1

15 Um eine Beeinflussung der Zeugen durch die Verlesung der Anklageschrift und die Vernehmung des Angeklagten zu vermeiden, müssen diese nach der Präsenzfeststellung den Sitzungssaal verlassen. Der Vorsitzende kann ihre Entfernung mittels sitzungspolizeilicher Maßnahmen (§ 176 GVG) erzwingen.

Hat ein Zeuge noch eine andere Funktion im Prozeß (zur Zulässigkeit derartiger **16** Konstellationen vgl. *Kramer*, Jura 1983, 113 ff.), so ist abzuwägen zwischen seinem Interesse an ununterbrochener Teilnahme an der Hauptverhandlung und dem der übrigen Verfahrensbeteiligten an einer unbeeinflußten Zeugenaussage (*K/M* 8; LR/24/*Gollwitzer* 28). Trotz beabsichtigter Zeugenvernehmung müssen demnach nicht abtreten:
– der Nebenkläger (*BGH* MDR 1952, 532; VRS 48, 18);
– der Sitzungsvertreter der StA (*Dose* S. 350; *BGHSt* 21, 85);
– der Wahlverteidiger des Angeklagten (*K/M* 8; *Dose*, Fn. 8; LR/24/*Gollwitzer* 28; a. A. KK-*Treier* 18; KMR/*Paulus* 11; *RGSt* 55, 219);
– der Rechtsanwalt als Beistand des nebenklageberechtigten Verletzten (§ 406g Abs. 2 S. 1);
– der gesetzliche Vertreter des Angeklagten mit Ausnahme des § 51 Abs. 2 JGG (*BGH* NJW 1956, 520).
Abtreten muß dagegen:
– der Beistand des Angeklagten (*RGSt* 59, 353, 354);
– der gesetzliche Vertreter oder Erziehungsberechtigte des kindlichen Zeugen (*K/M* 7).
Soweit es der Wahrheitsfindung dient, darf der Vorsitzende auch von § 243 Abs. 2 Satz 1 abweichen (*RGSt* 54, 297, 298).
Da es sich nur um eine **Ordnungsvorschrift** handelt, darf der Antrag auf Verneh- **17** mung eines Zeugen nicht deshalb abgelehnt werden, weil er im Sitzungssaal verblieben ist (*RGSt* 1, 366, 367; 2, 53, 54; LR/24/*Gollwitzer* 27; *K/M* 9).
Die unzulässige Anwesenheit einer Beweisperson begründet auch nicht die Revi- **18** sion (*RG* GA 67 [1920], 436, 437).

VI. Die Vernehmung des Angeklagten über seine persönlichen Verhältnisse – § 243 Abs. 2 Satz 2

Hauptzweck der Vernehmung über die persönlichen Verhältnisse ist die **Feststel-** **19** **lung**, ob der Angeklagte mit der im Eröffnungsbeschluß genannten Person **identisch** ist (vgl. aber KMR/*Paulus* 16 f.). Weiter wird etwa geprüft, ob er **verhandlungsfähig** ist und **sich selbst verteidigen kann** (*K/M* 11; KK-*Treier* 21).
Der Angeklagte hat die in § 111 Abs. 1 OwiG genannten Angaben zu machen. **20** Insofern besteht nur dann ein Schweigerecht, wenn bereits die Preisgabe der persönlichen Daten für die Schuldfrage von Bedeutung sein kann (*BayObLGSt* 1980, 79, 80; gegen ein Schweigerecht *BGHSt* 25, 13, 17; *OLG Düsseldorf* NJW 1970, 1888, 1889 m. w. N.; a. A., also für ein generelles Schweigerecht *Schmidt*, S. 19; vgl. auch *Rieß*, S. 294; *Roschmann*, S. 88 ff., 100 f. m. w. N.). Gibt der Angeklagte über seine Personalien keine Auskunft, so können die im Vorverfahren erlangten Angaben im Wege des Freibeweises verwendet werden (*K/M* 11).
Umstritten ist, ob eine darüber hinausgehende Vernehmung über **persönliche** **21** **Umstände** wie Lebenslauf, Familie, Beruf oder wirtschaftliche Verhältnisse noch unter § 243 Abs. 2 Satz 2 fällt (so wohl *BGH* bei *Dallinger*, MDR 1975, 368; *BayObLG* St 1971, 44; differenzierend *Gössel* § 23 A Abs. 1; *Schmidt*, S. 18) oder schon zur Vernehmung zur Sache (§ 243 Abs. 4 S. 1) zählt, soweit ein Bezug zur Schuld- oder Rechtsfolgenfrage besteht (*K/M* 11; *Blau*, S. 35; KK-*Treier* 22; *BGH* Strafvert. 1984, 190, 192; hierzu tendierend auch *BGHSt* 25, 325, 328; *OLG Stuttgart* NJW 1975, 704). Für die erstgenannte Ansicht sprechen Wortlaut (»persönliche Verhältnisse« statt »Person« – KK-*Treier* 22) und Entstehungsgeschichte

(*Dencker*, MDR 1975, 365) der Vorschrift. Um Redehemmungen zu beseitigen und Vertrauen zum Gericht zu schaffen, kann es sinnvoll sein, bereits an dieser Stelle mehr als nur Namen und Anschrift des Angeklagten zu erörtern (*Tröndle*, DRiZ 1970, 216; LR/24/*Gollwitzer* 37).

Dagegen ist zu bedenken, daß die **Vernehmung** über die **persönlichen Verhältnisse** vor Einführung des Anklagegegenstandes durch Verlesung des Anklagesatzes und vor **Belehrung über das Schweigerecht erfolgt.** Persönliche Lebensumstände können aber nicht nur für die Feststellung der Täterschaft, für die Beurteilung der inneren Tatseite oder für die Vorwerfbarkeit der Tat herangezogen werden, sondern sind auch für die Strafzumessung (§ 46 Abs. 2 S. 2 StGB) von Bedeutung. Es entspricht deshalb dem **Verbot des Selbstbelastungszwangs** und dem Gebot der **Verteidigungsfreiheit,** derartige Fragen erst im Zusammenhang mit der Vernehmung zur Sache zu erörtern (wie hier KK-*Treier* 22; *K/M* 11; LR/24/*Gollwitzer* 39; KMR/*Paulus* 17; *Roxin* LB, G 25 III 1 b).

22 Wird dagegen verstoßen, so kann dies die **Revision** begründen, wenn das Urteil auf dem Verfahrensfehler beruht (KK-*Treier* 53; vgl. hierzu § 243 Rn. 43).

Auf einer fehlenden oder unvollständigen Vernehmung zur Person kann das Urteil nach der hier vertretenen Ansicht nicht beruhen, da in diesem Zusammenhang ohnehin nichts für Schuld- oder Rechtsfolgenfrage Relevantes erörtert werden dürfte (*OLG Köln* NStZ 1989, 44; a. A. konsequent *BGH* NJW 1976, 2220).

Fehlt während der Vernehmung über die persönlichen Verhältnisse ein Verfahrensbeteiligter, dessen Anwesenheit das Gesetz vorschreibt, so liegt darin ein absoluter Revisionsgrund (§ 338 Nr. 5).

VII. Verlesung des Anklagesatzes – § 243 Abs. 3 Satz 1

1. Allgemeine Regelung

23 Die Verlesung des Anklagesatzes dient dazu, allen Verfahrensbeteiligten Klarheit über den **Verhandlungs- und Urteilsgegenstand** zu verschaffen, damit sie die Ergebnisse der Vernehmungen einordnen und ihre Prozeßstrategie darauf einrichten können (LR/24/*Gollwitzer* 50; *K/M* 13; *BGH* NStZ 1986, 39, 40; 374). Sie muß daher vor der Vernehmung des Angeklagten zur Sache und vor der Beweisaufnahme erfolgen (KK-*Treier* 23).

24 Zu verlesen ist der Anklagesatz (§ 200 Abs. 1 S. 1), nicht aber sonstige Bestandteile der Anklageschrift wie Angaben über Untersuchungshaft, Sicherstellung des Führerscheins u. ä. (LR/24/*Gollwitzer* 51). Da das Urteil aus dem Inbegriff der Hauptverhandlung geschöpft werden soll, darf insbesondere das wesentliche Ergebnis der Ermittlungen nicht vorgetragen werden (vgl. auch *BGHSt* 13, 73).

25 Der Eröffnungsbeschluß ist zwar eine – u. U. nachzuholende – Prozeßvoraussetzung (*BGH* JR 1957, 384; *OLG Karlsruhe* MDR 1970, 438), er braucht aber nicht verlesen zu werden. In der Regel wird sein Vorliegen nur festgestellt (KK-*Treier* 35; KMR/*Paulus* 43 f.).

26 Wird aus dem Anklagesatz allein nicht klar, was dem Angeklagten rechtlich und tatsächlich zur Last gelegt wird, so kann der StA gemäß seiner Funktion als Vertreter der Anklage nähere Erläuterungen abgeben (KK-*Treier* 33; *K/M* 16 f.). Kraft seiner Fürsorgepflicht und der Verantwortlichkeit für den Verfahrensgegenstand darf auch der Vorsitzende den **Anklagevorwurf präzisieren** (*BGH* GA 1973, 111, 112; KK-*Treier* 33).

Ergänzungen des Anklagesatzes sind nur im Zusammenwirken von StA und Gericht zulässig. Es ist aber geboten, den in der Anklageschrift verwendeten Begriff »Angeschuldigter« durch den nunmehr zutreffenden Ausdruck »Angeklagter« zu ersetzen (*Rautenberg*, NStZ 1985, 256f.).

Fehlen in der Anklage und dem Eröffnungsbeschluß Angaben dazu, welche Tatbestandsalternative eines Straftatbestandes dem Angeklagten vorgeworfen wird, so ist dies vor der Vernehmung des Angeklagten zur Sache durch einen Hinweis nachzuholen und als wesentliche Förmlichkeit zu protokollieren (*BGH* NStZ 1984, 133).

Die Verlesung des Anklagesatzes ist wesentliche Förmlichkeit des Verfahrens i.S. **27** des § 273 (*BGH* bei *Dallinger*, MDR 1974, 368). Wird der Anklagesatz nur zum Teil verlesen oder mündlich ergänzt, so muß auch dies aus dem Sitzungsprotokoll hervorgehen (*BGH* GA 1973, 111, 112; *K/M* 18; KK-*Treier* 33).

2. Sonderfälle

Nach Einspruch gegen einen **Strafbefehl** (§ 411 Abs. 1) ist der Strafbefehlsantrag **28** ohne das wesentliche Ergebnis der Ermittlungen und ohne die ursprünglich vorgesehene Rechtsfolge vorzutragen (*K/M* 14).

Im **Sicherungsverfahren** (§§ 413ff.) und im objektiven Verfahren (§§ 440, 444 **29** Abs. 3) wird der zugelassene Antrag bzw. die Antragsschrift ohne das wesentliche Ergebnis der Ermittlungen verlesen (*K/M* 14).

Wird die Anklage nur mit Änderungen zugelassen, so trägt der StA bei Erforder- **30** lichkeit eines neuen Anklagesatzes (§§ 207 Abs. 2 Nr. 1, 2; Abs. 3) diesen, andernfalls (§ 207 Abs. 2 Nr. 3) den ursprünglichen Anklagesatz unter Hinzufügung der Rechtsansicht des eröffnenden Gerichts vor (§ 243 Abs. 3 S. 2, 3). Soweit dadurch nicht Verwirrung über den Verfahrensgegenstand entsteht, darf der StA auch auf eine eigene abweichende Rechtsansicht hinweisen (§ 243 Abs. 3 S. 3: *K/M* 17; (LR/24/*Gollwitzer* 54).

Das Ausscheiden oder die Wiedereinbeziehung einer Gesetzesverletzung gemäß **31** § 154a Abs. 2, 3 hat der StA bei der Abfassung der Anklage zu berücksichtigen (§ 243 Abs. 3 S. 4 i. V. m. § 207 Abs. 2 Nr. 4).

Nach einer Verweisung verliest der StA den Verweisungsbeschluß mit dem darin **32** enthaltenen Anklagesatz (§ 270 Abs. 1) oder, falls sich insofern nichts geändert hat, den ursprünglichen Anklagesatz (*RGSt* 61, 404, 406). Entsprechend ist bei einer Vorlage gemäß § 225a zu verfahren.

Bei verbundenen Sachen werden alle Anklagesätze vorgetragen (*RGSt* 61, 404, **33** 405). Bei Verbindung mit einer Berufungssache (§ 237) ersetzt die Berichterstattung und die Verlesung des erstinstanzlichen Urteils (§ 324 Abs. 1) die Verlesung des Anklagesatzes.

Wird eine Hauptverhandlung erneut durchgeführt (§§ 328 Abs. 2; 354 Abs. 2; 370 **34** Abs. 2), so trägt der StA die Anklage noch einmal unter Hinweis auf die nunmehr zugrunde zu legenden Änderungen (Teilrechtskraft, Beschränkungen oder Erweiterungen des Anklagegegenstandes) vor. Hat das Rechtsmittelgericht nur wegen des Strafausspruchs zurückverwiesen, so ist statt des Anklagesatzes das zurückverweisende Urteil zu verlesen (LR/24/*Gollwitzer* 62).

3. Revision

35 Die **fehlende oder verspätete Verlesung des Anklagesatzes** begründet in der Regel die **Revision** (*BGHSt* 8, 283; NStZ 1986, 39f., 374; NJW 1987, 1209). Das Urteil beruht nur dann nicht auf diesem Verfahrensverstoß, wenn die Beteiligten wegen der Einfachheit der Sach- und Rechtslage oder in anderer Form als durch Verlesung des Anklagesatzes bereits ausreichend über den Anklagevorwurf informiert sind (*BGH* MDR 1970, 777; NStZ 1982, 338; 1982, 431; 1984, 521; KMR/*Paulus* 63). Die Verlesung des Anklagesatzes ist wesentlicher Teil der Hauptverhandlung i. S. d. § 338 Nr. 5 (KK-*Treier* 25).

VIII. Belehrung des Angeklagten über sein Schweigerecht – § 243 Abs. 4 Satz 1

1. Gesetzliche Regelung

36 Durch die ausdrückliche Belehrung über das Schweigerecht soll vermieden werden, daß der Angeklagte sich fälschlich für verpflichtet hält, auszusagen und damit sich selbst zu belasten (*BGHSt* 25, 325, 330; LR/24/*Gollwitzer* 65). Darüber hinaus sollen etwaige psychologische Hemmungen, von der Wahlfreiheit Gebrauch zu machen, beseitigt werden (*Hanack*, JR 1975, 342).

37 Zu belehren sind der Angeklagte selbst sowie die ihm gleichgestellten Personen (§§ 433 Abs. 1; 442 Abs. 1; 444 Abs. 2 S. 2). Ein bestimmter Wortlaut ist nicht vorgeschrieben.

38 Die Belehrung erfolgt unabhängig davon, ob der Angeklagte bereits in früheren Prozeßabschnitten auf seine Rechte hingewiesen wurde (*BGHSt* 25, 325, 330; *Dencker*, S. 361; KK-*Treier* 40).

39 Aus der **gerichtlichen Fürsorge- und Aufklärungspflicht** kann sich eine Verpflichtung des Vorsitzenden ergeben, den Angeklagten auf mögliche Nachteile seines Schweigens für die Ermittlung entlastender Umstände hinzuweisen (KMR/*Paulus* 24; *Rieß*, JA 1980, 295f.; a. A. KK-*Treier* 38: nur Hinweisbefugnis). Der Angeklagte darf aber nicht zu einer bestimmten Entscheidung gedrängt werden.

40 Der Angeklagte kann von seinem **Schweigerecht auch in modifizierter Form** Gebrauch machen, etwa indem er sich nur bereit erklärt, auf schriftlich vorgelegte Fragen schriftlich vorbereitete Antworten zu geben (*BGH* bei *Dallinger*, MDR 1980, 286); die Aufklärungspflicht gebietet jedoch nur in Ausnahmefällen, daß das Gericht hierauf eingeht, z. B. bei Sprachbehinderung. Ein Widerruf der Entscheidung zu schweigen oder auszusagen ist jederzeit möglich (*BGH* bei *Holtz*, MDR 1977, 461). Einem Angeklagten, der zunächst nicht zu einer Äußerung bereit war, muß jedenfalls dann auf Verlangen Gelegenheit zur Äußerung gegeben werden, wenn nichts für Rechtsmißbräuchlichkeit der anfänglichen Weigerung und für eine Unaufschiebbarkeit der weiteren Beweisaufnahme spricht (*BGH* NStZ 1986, 370f.).

41 Macht der Angeklagte von seinem Schweigerecht Gebrauch, so kann eine prozeßordnungsgemäß erlangte frühere Aussage durch Protokollverlesung oder Vernehmung der Verhörsperson in das Verfahren eingeführt und bei der Entscheidung verwertet werden (*BGHSt* 22, 170, 171; bei *Dallinger*, MDR 1968, 202f.; *Günter*, S. 379ff.; a. A. mit beachtlichen Gründen *Grünwald*, JZ 1968, 754). Läßt sich der Angeklagte in der Hauptverhandlung erstmals zur Sache ein, nachdem er im Ermittlungsverfahren von seinem Schweigerecht Gebrauch gemacht hat, so dürfen daraus keine nachteiligen Schlußfolgerungen gezogen werden (*BGH* NStZ 1984, 16; *OLG Stuttgart* NStZ 1986, 182f.).

Ein fehlerhafter oder unterbliebener Hinweis gemäß § 243 Abs. 4 S. 1 führt nicht **42** immer zu einem **Beweisverwertungsverbot** (*BGHSt* 22, 170). Das Verwertungsverbot des § 136a Abs. 3 S. 2 greift ein, wenn das Gericht den Angeklagten über sein Schweigerecht täuscht oder einen ersichtlichen Irrtum bewußt nicht aufklärt (KMR/*Paulus* 32; einschr. *Rejewski*, NJW 1967, 2600; vgl. auch *BGHSt* 22, 170, 175f.). Bei nur versehentlich fehlerhafter Belehrung kommt ein Verwertungsverbot dann in Betracht, wenn der Angeklagte die Entscheidung in Unkenntnis seiner Selbstbelastungs- und Verteidigungsfreiheit getroffen hat und der Schutzzweck des § 243 Abs. 4 S. 1 damit wesentlich beeinträchtigt ist (vgl. *BGHSt* 25, 325; KMR/*Paulus* 29 ff. m. w. N.; *Dencker*, S. 364; die scheinbar abweichende Ansicht in *BGHSt* 31, 395, 401 bezieht sich ausdrücklich nur auf den unterlassenen Hinweis bei der polizeilichen Vernehmung gem. § 163a Abs. 4 S. 2).

2. Revision bei unterbliebener Belehrung

Der Hinweis auf das Schweigerecht dient nicht nur der äußeren Ordnung des Pro- **43** zesses, sondern soll dem Angeklagten ein **rechtsstaatliches Verfahren** sichern (s. o. § 243 Rn. 36, 42). Unterbleibt die Belehrung, so kann darin nach heute allgemeiner Meinung ein **revisibler Gesetzesverstoß** liegen (*BGHSt* 25, 325, 331; KK-*Treier* 55; früher str., vgl. *Rejewski* NJW 1967, 2000f.). Nach der Ansicht des BGH (25, 325, 332f.) hat der Revisionsführer darzulegen, daß der Angeklagte sein Schweigerecht nicht gekannt und nur aus diesem Grunde ausgesagt habe (so auch *K/M* 39; KK-*Treier* 55). Danach ist die Rüge einer Verletzung des § 243 Abs. 4 S. 1 StPO unbegründet, wenn der Angeklagte um seine Verteidigungsmöglichkeiten weiß, weil gegen ihn in derselben Sache bereits zum dritten Mal vor einem Schwurgericht verhandelt wurde (*BGH* NStZ 1983, 210). Der Revisionsführer muß also nachweisen, daß das Urteil auf einer Verletzung des Schutzzwecks des § 243 Abs. 4 S. 1 beruht, indem er die Vermutung widerlegt, daß der Angeklagte auch ohne Belehrung über seine Rechte informiert war.

Abgesehen von der Zweifelhaftigkeit einer solchen Vermutung selbst bei verteidigten Angeklagten (KMR/*Paulus* 66; *Dencker*, S. 363; a. A. KK-*Treier* 55; *Rejewski*, NJW 1967, 2001) spricht gegen diese Ansicht, daß der Revisionsführer im allgemeinen nicht das Beruhen, sondern nur die **Möglichkeit des Beruhens darlegen muß** (KMR/*Paulus* 66; LR/24/*Gollwitzer* 109; *Hanack*, JR 1975, 342). Im übrigen beruht das Urteil auch dann auf einer Verletzung des Schutzzwecks des § 243 Abs. 4 S. 1, wenn der nicht belehrte Angeklagte zwar anderweitig informiert, aber nicht durch das Gericht in der Überzeugung gestärkt wurde, seine Rechte gefahrlos ausüben zu können (*Hanack*, JR 1975, 342). Es genügt daher, wenn der Revisionsführer unter Hinweis auf das Protokoll die Unterlassung der Belehrung rügt.

IX. Vernehmung des Angeklagten zur Sache – § 243 Abs. 4 Satz 2

Bei der Vernehmung zur Sache soll dem Angeklagten Gelegenheit gegeben wer- **44** den, das Augenmerk des Gerichts von der Anklage weg auf die ihn entlastenden Umstände zu lenken (LR/24/*Gollwitzer* 77). Sie hat daher nach Verlesung des Anklagesatzes, aber vor der Beweisaufnahme zu erfolgen (*BGH* bei *Dallinger*, MDR 1975, 368; KK-*Treier* 41). Ist aus dem Protokoll nicht ersichtlich, daß dem Angeklagten zu diesem Zeitpunkt Gelegenheit zur zusammenhängenden Äußerung zur Sache gegeben wurde, so kann dies die Revision begründen (*BGH* Strafvert. 1990, 245f.).

45 Prozessuale **Folge der Einlassung zur Sache** ist der Verlust der Befugnis, die Unzuständigkeit (§§ 6a S. 3; 16 S. 3) und die vorschriftswidrige Besetzung (§ 222b Abs. 1 S. 1) des Gerichtes zu rügen sowie einen Richter wegen Befangenheit unbeschränkt abzulehnen (§ 25 Abs. 1 S. 1).

46 **Gegenstand der Vernehmung** ist alles, was für die Schuld- und Rechtsfolgenfrage hinsichtlich des in der Anklage bezeichneten historischen Vorgangs von Bedeutung ist (*K/M* 29; vgl. z. B. *BGH* GA 1982, 85). Zu Aussagen, die nur die Rechtsfolge betreffen, sollte der Angeklagte allerdings erst dann veranlaßt werden, wenn sich im Laufe der Hauptverhandlung hinreichende Anhaltspunkte für seine Schuld ergeben haben (*K/M* 21; s. u. § 243 Rn. 61, 65). Ein Beschluß des Gerichts, eine Erklärung des Angeklagten zu seinem beruflichen und persönlichen Werdegang erst dann entgegenzunehmen, wenn der weitere Prozeßverlauf dies erforderlich macht, stellt daher keinen Verstoß gegen § 243 Abs. 4 StPO dar (vgl. *BGH* NStZ 1985, 561).

47 Über den **Ablauf der Vernehmung** entscheidet der Vorsitzende nach pflichtgemäßem Ermessen (§ 238 Abs. 1). Im Interesse der Wahrheitsermittlung und einer effektiven Verteidigung erscheint es am zweckmäßigsten, den Angeklagten entsprechend § 69 zunächst zu einem **zusammenhängenden Bericht** zu bewegen, der dann durch Zusatzfragen und Vorhalte ergänzt werden kann (*BGHSt* 13, 358, 360; KMR/*Paulus* 34f.; vgl. auch § 238 Rn. 22, 24). Aussagen von in der Hauptverhandlung noch nicht vernommenen Beweispersonen oder Mitangeklagten sollten schon deshalb nicht vorgehalten werden, weil dadurch der Eindruck richterlicher Befangenheit entstehen könnte (weitere Gegenargumente bei LR/24/*Gollwitzer* 87). Äußerungen aus einer informatorischen Befragung können dem Angeklagten vorgehalten werden, wenn er – nach ordnungsgemäßer Belehrung – zur Sache aussagt (*BGH* NStZ 1983, 86).

48 Dem allgemeinen Sprachgebrauch entsprechend besteht die Vernehmung in mündlichen Fragen und Antworten (KK-*Treier* 44). Die Verlesung schriftlicher Erklärungen ist nur bei unter einem Sprachfehler leidenden Angeklagten zulässig (*RG* GA 60 [1913], 86).

49 Der **Verteidiger** kann den Angeklagten bei der **Einlassung** zur Sache vertreten, wenn er für ihn in der Verhandlung anwesend sein darf (KK-*Treier* 45; KMR/ *Paulus* 39; *Fezer*, S. 84; a. A. *OLG Hamm*, JMBlNRW 1953, 276; *Spendel*, S. 739; ausführlich *Weber*, S. 59ff., 74ff., insbesondere wegen der Unvereinbarkeit der anwaltlichen Wahrheitspflicht mit dem Recht des Angeklagten zur sanktionslosen Lüge). Ansonsten hat der Angeklagte – will er von seinem Schweigerecht keinen Gebrauch machen – wie eine **Beweisperson höchstpersönlich** auszusagen (*Fezer*, S. 84). Bei Anwesenheit des Angeklagten kann daher nur seine Aussage, er wolle die Erklärungen des Verteidigers als eigene gelten lassen, berücksichtigt werden (KMR/*Paulus* 39; *Fezer*, S. 85; weitergehend: *OLG Hamm*, JR 1980, 82; *BayObLGSt* 1980, 111; *BayObLG* MDR 1981, 516; KK-*Treier* 45).

50 Angesichts des Fragerechts der übrigen Verfahrensbeteiligten (§ 240) kann die Revision nicht darauf gestützt werden, daß die Vernehmung des Angeklagten durch den Vorsitzenden nicht erschöpfend gewesen sei (*BayObLGSt* 1971, 44, 45; vgl. auch § 240 Rn. 10).

X. Erörterung der Vorstrafen – § 243 Abs. 4 Satz 3, 4

Die eingeschränkte Erörterung der Vorstrafen dient dem **Schutz** des Angeklagten 51
vor überflüssiger Bloßstellung sowie der Aufrechterhaltung der **Unbefangenheit
des Gerichts** (*BGHSt* 27, 216, 218; LR/24/*Gollwitzer* 91; KMR/*Paulus* 52).

Zu den Vorstrafen i. S. d. § 243 Abs. 4 S. 3, 4 zählen die im Bundeszentralregister, 52
im Erziehungsregister und im Verkehrszentralregister eingetragenen Verurteilungen und bußgeldrechtlichen Ahndungen.

Sie dürfen nur dann im Prozeß verwertet werden, wenn sie nicht (auch zu Un- 53
recht, *BGHSt* 20, 205) getilgt oder tilgungsreif (§ 51 BZRG; vgl. hierzu *Granderath*, S. 319 ff.) sind und für die Entscheidung Bedeutung haben (enge Ausnahmen
in § 52 BZRG). Für den Schuldnachweis können Vorstrafen insofern bedeutsam
sein, als die Art der damaligen Tatbegehung ein Indiz für die Begehung der neuen
Tat darstellen kann. Auch zur Feststellung des Unrechtsbewußtseins und für manche Tatbestandsmerkmale (z. B. Gewohnheitsmäßigkeit) können Vorverurteilungen herangezogen werden (*K/M* 27; *Schmidt*, S. 31). Im übrigen sind sie für die
Strafzumessung (§§ 46 ff. StGB) relevant (KMR/*Paulus* 58; KK-*Treier* 49). Eine
Erörterung der Vorstrafen wird daher nur dann unterbleiben können, wenn es zu
einem Freispruch kommt oder die Vortaten keinerlei rechtlichen oder kriminologischen Zusammenhang mit den abzuurteilenden Delikten aufweisen (LR/24/
Gollwitzer 93).

Den **Zeitpunkt** der Vorstrafenerörterung bestimmt der Vorsitzende nach pflicht- 54
gemäßem Ermessen (*BGH* VRS 34, 219). Dem Schutzzweck des § 243 Abs. 4 S. 3,
4 entsprechend hat er so spät wie möglich zu liegen (vgl. auch Nr. 134 RiStBV).
Der **früheste Zeitpunkt** ist die Vernehmung des Angeklagten zur Sache (*BGH*
VRS 34, 219; MDR 1968, 203; *OLG Stuttgart*, NJW 1973, 1941). Hiergegen wird
in der Praxis immer noch häufig verstoßen (*Schöch*, FS Bruns, S. 466). Soweit die
Erörterung der Vorstrafen nicht schon für die Schuldfrage von Bedeutung ist,
sollte sie erst erfolgen, wenn die Beweisaufnahme ergeben hat, daß eine Verurteilung nicht auszuschließen ist (*K/M* 33).

Auch ein – an sich jederzeit zulässiger – **Beweisantrag** über das Vorliegen von 55
Vorstrafen sollte erst dann vom StA gestellt bzw. vom Gericht beschieden werden, wenn dies für die Schuld- oder Rechtsfolgenfrage unerläßlich ist (KMR/
Paulus 60; *K/M* 34). Ein solches Vorgehen wird auch in Nr. 134 RiStBV empfohlen.

Räumt der Angeklagte eine für den Prozeß erhebliche Vorverurteilung nicht ein, 56
so muß – etwa durch Verlesung von Registerauszügen oder früheren Urteilen –
förmlich Beweis erhoben werden (KMR/*Paulus* 60; KK-*Treier* 50).

Mit der Unschuldsvermutung (Art. 6 Abs. 2 MRK) ist die Verwertung von Vor- 57
strafen vereinbar (*Vogler*, ZStW 1970, 774).

Unter der Voraussetzung des § 337 bildet die unzulässige Verwertung von Vor- 58
strafen einen Revisionsgrund (LR/24/*Gollwitzer* 115; *K/M* 38). Auf der verfrühten Feststellung von Vorstrafen wird das Urteil in der Regel nicht beruhen (vgl.
BayObLG MDR 1972, 626; *K/M* 38; KK-*Treier* 57).

XI. Kritik und Reformüberlegungen

Die Hinwendung zu einem eher spezialpräventiv ausgerichteten Rechtsfolgensy- 59
stem im materiellen Recht hat im Strafprozeßrecht bislang kaum Niederschlag
gefunden. Eines der wichtigsten Reformanliegen ist daher die **Entwicklung einer
Hauptverhandlungsstruktur**, die eine bessere Erforschung der **Täterpersönlichkeit**

und eine intensivere Auseinandersetzung mit den voraussichtlichen **Sanktions-wirkungen** ermöglicht, zugleich aber den **Persönlichkeitsschutz** des Angeklagten und seine **Verteidigungschancen** wahrt (*Schöch* 1979, S. 57, 59).

60 Das seit den zwanziger Jahren in Deutschland diskutierte Modell der **Zweitei-lung der Hauptverhandlung** geht auf Anregungen aus dem anglo-amerikani-schen Recht zurück (hierzu *Herrmann* S. 448ff.). Danach soll die Hauptver-handlung geteilt werden in einen ersten Abschnitt zur Feststellung der Tatbege-hung **(Tatinterlokut)** bzw. der Schuld des Angeklagten **(Schuldinterlokut)**, dem sich – falls keine Freisprechung oder Einstellung erfolgt – ein zweiter Abschnitt für die Behandlung der Rechtsfolgen anschließt. Vom überwiegenden Teil der Literatur wird dieser Reformvorschlag befürwortet, wobei jedoch hinsichtlich der Aufteilung des Verhandlungsstoffes, des Zeitpunktes der Persönlichkeiter-mittlungen, der Wirkung des Schuldspruchs und der Ausgestaltung des zweiten Verfahrensabschnitts im einzelnen Meinungsverschiedenheiten bestehen (vgl. insbesondere *Roxin*, Reform der Hauptverhandlung, S. 67ff.; *Dahs jun.*, GA 1978, 359ff.; *Achenbach*, JR 1974, 404f.; *Sessar*, ZStW 92 [1980], 716f.; Über-blick über die »Detaildiskussion um die Zweiteilung im Strafverfahren« bei *Maeck*, S. 141ff.).

61 Die **Vorteile einer Zweiteilung** werden u.a. im folgenden gesehen:
– Intensivierung der Persönlichkeitserforschung durch Einräumung eines eige-nen Verhandlungsabschnitts hierfür (*Schöch* 1979, 53)
– Schutz der Persönlichkeitssphäre des Angeklagten vor vermeidbarer und verfrühter öffentlicher Erörterung persönlicher Verhältnisse (*Roxin* 1975, S. 64; *Schöch* 1979, 53f.)
– Verhinderung von Voreingenommenheit des Gerichts infolge Kenntnis der persönlichen Verhältnisse des Angeklagten (*Roxin* 1975, 62f.; *Schöch* 1979, 53f.)
– Prozeßökonomie durch Vermeidung überflüssiger Erörterung von Strafzu-messungstatsachen (*Roxin* 1975, 63)
– Vermeidung des Verteidigerdilemmas, das dadurch entsteht, daß der Vertei-diger vorsorglich Ausführungen zur Strafzumessung macht, die die Überzeu-gungskraft seines auf Freispruch gerichteten Plädoyers beeinträchtigen kön-nen (*Roxin* 1975, 63; *Schöch* 1979, 54; vgl. auch den Überblick bei *Schöch/ Schreiber*, ZRP 1978, 63ff.; ferner *Wolter*, GA 1980, 88, 94ff.).

62 **Gegen die Zweiteilung** werden in der Literatur insbesondere folgende Beden-ken erhoben:
– Entstehung eines erheblichen personellen und zeitlichen Mehrbedarfs (*Hei-nitz*, FS v. Lübtow, S. 837; Präsidium des DRiB, zit. nach *Achenbach*, MschrKrim 1977, 244; *Tröndle*, DRiZ 1970, 216)
– Untrennbarkeit von Tat und Täter (*Heinitz*, FS v. Lübtow, S. 841ff., 844)
– Zunahme der Freisprüche wegen Wegfalls des Anreizes, zwecks Geltendma-chung von strafmildernden Umständen ein Geständnis abzulegen (dag.: *Dahs jun.*, GA 1971, 356).

63 Bereits im Rahmen des geltenden Rechts ist ein »**informelles Schuldinterlokut**« dergestalt möglich, daß der Vorsitzende kraft seiner Sachleitungskompetenz (§ 238 Abs. 1) die Verhandlung zunächst auf die Schuldfrage begrenzt. Nach Abschluß der Beweisaufnahme spricht das Gericht entweder frei oder erklärt es für gerechtfertigt, nunmehr zur Sanktionsfrage überzugehen. Beweisanträge zum Tatkomplex sind allerdings auch im 2. Verhandlungsabschnitt nicht ausgeschlossen. Mit dem Urteil zur Schuld- und Straffrage endet die Hauptverhandlung (*Kleinknecht*, FS v. Heinitz, S. 666 f.; *Dölling*, S. 23 ff., 64 ff.).

Auf der Grundlage dieser Verfahrensordnung wurde in realen Verhandlungen bei **64** niedersächsischen Gerichten die Zweiteilung der Hauptverhandlung vor Einzelrichtern, Schöffengerichten (*Dölling*, S. 98 ff.) und Strafkammern (*Schunck*, S. 43 ff.) erprobt. Die bei diesen **Verfahrensexperimenten** gewonnenen Erkenntnisse lassen sich folgendermaßen zusammenfassen (vgl. auch *Schöch/Schreiber*, ZRP 1978, 63 ff.; *Schöch*, SchwZStr 98 [1981], 304 ff.). Die Zuordnung des Verhandlungsstoffes auf einen ersten Abschnitt über die Tatfeststellung und einen zweiten Abschnitt über die Rechtsfolge war ohne praktische Probleme möglich. Die flexible Gestaltung der informellen Verfahrensordnung für ein **Tatinterlokut** gestattete jedoch bei unabweisbarer Notwendigkeit für die Tatfeststellung den Vorgriff auf persönliche Umstände, wovon insbesondere bei Teilaspekten der Schuldfähigkeit im Zusammenhang mit Alkoholeinfluß Gebrauch gemacht wurde. Eine Verlängerung der Hauptverhandlung wurde nur bei Straf- und Schöffengerichtsverhandlungen festgestellt (ca. 30 %), dagegen nicht bei der längeren Erprobung und Gewöhnung im Rahmen der Strafkammerexperimente. Sie fällt jedoch im Verhältnis zur Dauer des Gesamtverfahrens kaum ins Gewicht und beruht auch auf der wünschenswerten **Intensivierung der Rechtsfolgenverhandlung**, die in allen Verfahrenstypen festgestellt wurde. Eine **Verbesserung des Persönlichkeitsschutzes** wird insbesondere dadurch bewirkt, daß bei nachfolgenden Freisprüchen die überflüssige öffentliche Erörterung persönlicher Verhältnisse unterbleibt. Das **Antragsdilemma** der Verteidigung wird gemildert, aber nicht ganz beseitigt.

Angesichts des etwas höheren Zeitaufwandes, den die Zweiteilung der Hauptver- **65** handlung vor dem Amtsgericht bedeutet, empfiehlt sich eine Einführung dieses Reformmodells nicht für alle Strafverfahren (a. A. *Achenbach*, JR 1974, 403 f.; *Römer*, GA 1969, 343). Die Vorteile, die das Schuldinterlokut bei einigen Verfahrenskonstellationen bietet, sollten jedoch durch eine flexible »kleine« Lösung genutzt werden (Vorschläge hierzu bei *Dölling*, S. 254 ff.; *Schunck*, S. 266 ff.; *Schreiber*, BewHi 1980, 132 ff.; *Achenbach*, JR 1970, 250). Bevor sich der Gesetzgeber zu einem Einschreiten entschließt, sollte trotz der Unvollkommenheit dieser Lösung (*Blau*, S. 45 f.; *Dahs sen.*, NJW 1970, 1706 f., 1710; *Achenbach*, JR 1970, 402 f.) in geeigneten Fällen von der Möglichkeit der **informellen Zweiteilung** Gebrauch gemacht werden (*Schreiber*, BewHi 1980, 140). Die bloße Abschichtung der Beweisaufnahme zur Tatfrage von der zur Rechtsfolgenfrage (vgl. § 243 Rn. 46) erfordert keinerlei zusätzlichen Zeitaufwand (*Schöch*, FS Bruns, S. 470 f.) und sollte daher in allen Verfahren Anwendung finden (*Schunck*, S. 265).

Ein Vorschlag zur **gesetzlichen Ausgestaltung der Zweiteilung** findet sich im *AE-* **66** *StPO-HV* (§§ 239 ff.), der darüber hinaus zahlreiche weitere Vorschläge für die Neugestaltung der Hauptverhandlung und für die damit zusammenhängenden Änderungen im Vor- und Zwischenverfahren und für die Hauptverhandlung in der Berufungsinstanz enthält. In Anlehnung an das bereits erprobte Göttinger Modell (s. o. Rn. 64) hat sich der *AE-StPO-HV* für ein sog. **Tatinterlokut** entschieden, bei dem im Gegensatz zum Schuldinterlokut die Frage der Schuldfähigkeit im zweiten Verhandlungsabschnitt behandelt wird (§ 239 Abs. 1, 2 AE). Dafür sprechen die Persönlichkeitsintensität von Schuldfähigkeitsgutachten, die Untrennbarkeit von Schuldunfähigkeit und der – nur strafzumessungsrelevanten – verminderten Schuldfähigkeit und schließlich die Bereicherung der Rechtsfolgenverhandlung durch Sachverständigenbeiträge zu Prognose- und Sanktionsfragen. Der AE verzichtet auf theoretische Modellreinheit und schlägt zu den zentralen Problemen eher **pragmatische Lösungen** vor: z. B. identische Besetzung der Richterbank im 2. Abschnitt, Ausschluß der isolierten Anfechtbarkeit des Zwischenbescheids, Bindung für das Gericht und Ausschluß von Beweisanträgen zur Tatfrage im zweiten Verhandlungsabschnitt mit Ausnahme extremer Fälle evidenter Unrichtigkeit, in der Regel nur kurze Pause zwischen Tat- und Rechtsfolgenverhandlung anstelle einer längeren Unterbrechung (§§ 239–241, 243 b *AE-StPO-HV*). Zur Anwendung kommen soll dieses »allgemeine Hauptverfahren« bei Strafkammer- und Schöffengerichtsverhandlungen stets, beim Strafrichter nur bei zu erwartender Freiheitsstrafe und in Verfahren, in denen der Beschuldigte den Anklagevorwurf bestreitet (§ 170 Abs. 1 *AE-StPO-HV*). Insgesamt entspricht der Entwurf heutigen **rechts- und sozialstaatlichen Anschauungen** besser als das geltende Strafprozeßrecht (im wesentlichen zustimmend *Herrmann*, ZStW 100 [1988], 41, 74 ff.; zur weiteren Diskussion *Schreiber/Wassermann* 1987, 99 ff.; teilweise kritisch *Dahs*, ZRP 1986, 181; *Zieger*, Strafvert. 1986, 412; *Rieß*, FS Lackner, 1987, 965, 970 ff.).

§ 244 (Beweisaufnahme)

(1) Nach der Vernehmung des Angeklagten folgt die Beweisaufnahme.

(2) Das Gericht hat zur Erforschung der Wahrheit die Beweisaufnahme von Amts wegen auf alle Tatsachen und Beweismittel zu erstrecken, die für die Entscheidung von Bedeutung sind.

(3) Ein Beweisantrag ist abzulehnen, wenn die Erhebung des Beweises unzulässig ist. Im übrigen darf ein Beweisantrag nur abgelehnt werden, wenn eine Beweiserhebung wegen Offenkundigkeit überflüssig ist, wenn die Tatsache, die bewiesen werden soll, für die Entscheidung ohne Bedeutung oder schon erwiesen ist, wenn das Beweismittel völlig ungeeignet oder wenn es unerreichbar ist, wenn der Antrag zum Zweck der Prozeßverschleppung gestellt ist oder wenn eine erhebliche Behauptung, die zur Entlastung des Angeklagten bewiesen werden soll, so behandelt werden kann, als wäre die behauptete Tatsache wahr.

(4) Ein Beweisantrag auf Vernehmung eines Sachverständigen kann, soweit nichts anderes bestimmt ist, auch abgelehnt werden, wenn das Gericht selbst die erforderliche Sachkunde besitzt. Die Anhörung eines weiteren Sachverständigen kann auch dann abgelehnt werden, wenn durch das frühere Gutachten das Gegenteil der behaupteten Tatsache bereits erwiesen ist; dies gilt nicht, wenn die Sachkunde des früheren Gutachters zweifelhaft ist, wenn sein Gutachten von unzutreffenden tatsächlichen Voraussetzungen ausgeht, wenn das Gutachten Widersprüche enthält oder wenn der neue Sachverständige über Forschungsmittel verfügt, die denen eines früheren Gutachters überlegen erscheinen.

(5) Ein Beweisantrag auf Einnahme eines Augenscheins kann abgelehnt werden, wenn der Augenschein nach dem pflichtgemäßen Ermessen des Gerichts zur Erforschung der Wahrheit nicht erforderlich ist.

(6) Die Ablehnung eines Beweisantrages bedarf eines Gerichtsbeschlusses.

Literatur

Alsberg/Nüse/Meyer Der Beweisantrag im Strafprozeß, 5. Aufl. 1983.

Barton Der psychowissenschaftliche Sachverständige im Strafverfahren, 1983.

Bender/Heissler Rechtstatsachenforschung zur Reform des Strafverfahrens, ZRP 1978, 30.

Born Wahrunterstellung zwischen Aufklärungspflicht und Beweisablehnung wegen Unerheblichkeit, 1984.

Boroswky Zum Beweisantragsrecht im Ermittlungsverfahren, StV 1986, 455.

Bovensiepen Der Freibeweis im Strafprozeß, Jur. Diss. Bonn 1978.

Bringewat Grundfragen der Wahrunterstellung im Strafprozeß, MDR 1986, 353.

Bruns Neue Wege zur Lösung des strafprozessualen »V-Mann-Problems«, 1982.

Ders. »Widerspruchsvolles« Verhalten des Staates als neuartiges Strafverfolgungsverbot und Verfahrenshindernis, insbesondere beim tatprovozierenden Einsatz polizeilicher Lockspitzel, NStZ 1983, 49.

Dahs/Dahs Handbuch des Strafverteidigers, 5. Aufl. 1983.

Dencker Zur Zulässigkeit staatlich gesteuerter Deliktsbeteiligung, FS Dünnebier 1982, 447.

Engels Die Aufklärungspflicht nach § 244 Abs. 2 StPO, Jur. Diss. Bonn 1979.

Ders. Beweisantizipationsverbot und Beweisumfang im Strafprozeß, GA 1981, 21.

Fezer Zur Problematik des gerichtlichen Rechtsschutzes bei Sperrerklärungen gem. § 96 StPO, FS Kleinknecht 1985, 113.

Gollwitzer Einschränkungen des Beweisantragsrechts durch Umdeutung von Beweisanträgen in Beweisanregungen, StV 1990, 420.

Gribbohm Der Gewährsmann als Zeuge im Strafprozeß, NJW 1981, 305.

Grünwald Empfiehlt es sich, besondere strafprozessuale Vorschriften für Großverfahren einzuführen? Gutachten C zum 50. Deutschen Juristentag, 1974.

Ders. Die Wahrunterstellung im Strafprozeß, FS Honig 1970, 53.

Hanack Zur Austauschbarkeit von Beweismitteln im Strafprozeß, JZ 1970, 561.

Ders. Nochmals: Zur Austauschbarkeit von Beweismitteln im Strafprozeß, JZ 1971, 55.

Helmken Zweifelhafte Rechtstatsachenforschung zur Dauer von Strafverfahren, ZRP 1978, 133.

Herdegen Bemerkungen zum Beweisantragsrecht, NStZ 1984, 97, 200, 337.

Ders. Zum Begriff der Beweisbehauptung, StV 1990, 518.

Herrmann Das Versagen des überlieferten Strafprozeßrechts in Monstreverfahren, ZStW 85 (1973), 255.

Hilger Zum Rechtsweg gegen Sperrerklärung und Verweigern der Aussagegenehmigung in V-Mann-Prozessen, NStZ 1984, 145.

Julius Zum Verhältnis von Aufklärungspflicht und Beweisantragsrecht im Strafprozeß, NStZ 1986, 61.

Ders. Die Unerreichbarkeit von Zeugen im Strafprozeß, 1988.

Jungfer Den hochgemuten, voreiligen Griff nach der Wahrheit hemmen, JA 1986, 20.

Köhler Inquisitionsprinzip und autonome Beweisführung (§ 245 StPO), 1979.

Krehl Der Schutz von Zeugen im Strafverfahren, GA 1990, 555.

Kühl Prozeßgegenstand und Beweisthema im Strafverfahren, 1987.

Liemersdorf Beweisantragsrecht und Sachverhaltsaufklärung, StV 1987, 175.

Lüderssen Zur »Unerreichbarkeit« des V-Mannes, FS Klug, Bd. 2, 1983, 527.

Maisch Methodische Aspekte psychologisch-psychiatrischer Täterbegutachtung, MschrKrim 56 (1973), 189.

Ders. Die psychologisch-psychiatrische Begutachtung von Zeugenaussagen. Kritische Anmerkungen zur sogenannten Glaubwürdigkeitsbegutachtung, MschrKrim 57 (1974), 267.

Mayer Nochmals: Zur Austauschbarkeit von Beweismitteln im Strafprozeß, JZ 1971, 55.

Miebach Aus der Rechtsprechung des BGH in Strafsachen zum Verfahrensrecht, NStZ 1990, 24.

Müller-Luckmann Über die Glaubwürdigkeit kindlicher und jugendlicher Zeugen bei Sexualdelikten, 1963.

Rasch Forensische Psychiatrie, 1986.

Rebmann Der Zeuge vom Hörensagen im Spannungsverhältnis zwischen gerichtlicher Aufklärungspflicht, Belangen der Exekutive und Verteidigungsinteressen, NStZ 1982, 315.

Rieß Statistische Beiträge zur Wirklichkeit des Strafverfahrens, FS Sarstedt 1981, 253.

Schmidt-Hieber Der Beweisantrag im Strafprozeß, JuS 1985, 291, 458.

Scheffler Der Hilfsbeweisantrag und seine Bescheidung in der Hauptverhandlung, NStZ 1989, 158.

Schlothauer Hilfsbeweisantrag – Eventualbeweisantrag – bedingter Beweisantrag, StV 1988, 542.

Schrader Der Hilfsbeweisantrag – ein Dilemma, NStZ 1991, 224.

Schroeder Grenzen der Rationalisierung des Strafverfahrens, NJW 1983, 137.

Schulz Die prozessuale Behandlung des Beweisermittlungsantrages, GA 1981, 301.

Schweckendieck Die Ablehnung eines Beweisantrages wegen Verschleppungsabsicht – eine zu wenig genutzte Möglichkeit? NStZ 1991, 109.

Schwenn Was wird aus dem Beweisantrag? StV 1981, 631.

v. Stackelberg Zur Wahrunterstellung in der strafrechtlichen Revision, FS Sarstedt 1981, 373.

Tenckhoff Die Wahrunterstellung im Strafprozeß, Schriften zum Strafrecht, Bd. 36, 1980.

ter Veen Das unerreichbare Beweismittel und seine prozessualen Folgen, StV 1985, 295.

Többens Der Freibeweis und die Prozeßvoraussetzungen im Strafprozeß, Diss. Freiburg 1979.

Venzlaff Fehler und Irrtümer in psychiatrischen Gutachten, NStZ 1983, 199.

Ders. (Hrsg.) Psychiatrische Begutachtung, 1986.

Walter Freie Beweiswürdigung, Tübinger rechtswissenschaftliche Abhandlungen, Bd. 51, 1979.

Wessels Die Aufklärungsrüge im Strafprozeß, JuS 1969, 1.

Willms Wesen und Grenzen des Freibeweises. In: Ehrengabe für Heusinger, 1968, 393.

Ders. Zur Problematik der Wahrunterstellung, FS K. Schäfer 1980, 275.

Zierl Gegen Einschränkung des Beweisantragsrechts, DRiZ 1983, 410.

Inhaltsübersicht   Rn.

I. Entstehungsgeschichte und Zweck der Vorschrift

Die Entstehungsgeschichte des § 244 ist ein eindrucksvolles Beispiel für die **geset-** **1**
zesgestaltende Kraft der Rechtsprechung. In seiner Geschichte wird aber auch die
Abhängigkeit des Beweisantragsrechts von der allgemeinen politischen Verfassung deutlich.

Die ursprüngliche Fassung des § 244 (bis 1924 als § 243) enthielt im wesentlichen
nur die heutigen Absätze 1 u. 6 sowie die pauschale Ermächtigung für das Gericht,
auf Antrag oder von Amts wegen die Ladung von Zeugen und Sachverständigen
sowie die Herbeischaffung anderer Beweismittel anzuordnen (Einzelheiten bei
ANM S. 1 ff.; *LR/Gollwitzer* vor 1; Dokumentation bei *Engels*, Anhang). Auf
dieser Grundlage entwickelte das Reichsgericht seit 1880 (*RGSt* 1, 189) – fast ausschließlich für den **Zeugenbeweis** – Einschränkungen des tatrichterlichen Ermessens. Die Prozeßbeteiligten erhielten dadurch die Möglichkeit, mittels Beweisanträgen auf den Umfang der Beweisaufnahme Einfluß zu nehmen.

In der sog. Emminger-Verordnung von 1924 (RGBl. I, 15) gab es Ansätze, diese **2**

Rechtsprechung auf Schwurgerichtsverfahren zu beschränken. Bereits Ende 1925 wurde aber die allgemeine Gültigkeit des von der Rspr. entwickelten Beweisantragsrechts wieder anerkannt; lediglich für Übertretungen und Privatklageverfahren schloß das Gesetz vom 22. 12. 1925 (RGBl. I, 475) die Bindung an Beweisanträge aus. 1926 folgte die ausdrückliche gesetzliche Verpflichtung, die Beweisaufnahme auf die vorgeladenen Zeugen und andere herbeigeschaffte Beweismittel zu erstrecken (Ges. v. 27. 12. 1926, RGBl. I, 529, 531). Die allgemeine wirtschaftliche Not führte dazu, daß durch AusnahmeVO vom 14. 6. 1932 (RGBl. I, 285, 286) die Ermessensfreiheit des Tatrichters bei den Amts-, Schöffen- und Berufungsgerichten wiederhergestellt wurde. Diese Lockerung wurde im Gesetz vom 28. 6. 1935 (RGBl. I, 844) beibehalten, zugleich enthielt es aber – beschränkt auf erstinstanzliche Strafkammer- und Schwurgerichtssachen – erstmalig eine detaillierte **gesetzliche Regelung** für die Ablehnung von Beweisanträgen nach Maßgabe der bis dahin entwickelten Rechtsprechung. Die damalige Fassung des § 245 Abs. 2 war fast wortgleich mit dem heutigen § 244 Abs. 3.

3   Einen völligen **Niedergang** erlebte das Beweisantragsrecht mit der VereinfVO vom 1. 9. 1939 (RGBl. I, 1658, 1660). Sie ermöglichte in § 24 dem Gericht die Ablehnung eines Beweisantrags, wenn es nach seinem freien Ermessen die Erhebung des Beweises zur Erforschung der Wahrheit nicht für erforderlich hielt. Das VereinhG vom 12. 9. 1950 (*BGBl.* 1950, 455, 491; Anlage 3, 629, 655) knüpfte an die frühere Rechtslage an und nahm im wesentlichen die von der Rspr. entwickelten Grundsätze als **für alle Gerichte** verpflichtend in § 244 Abs. 2–5 StPO auf. Erstmalig wurde in Abs. 4 auch das Verfahren für **Sachverständige** ausdrücklich geregelt.

4   In seiner heutigen Fassung hat § 244 zwei Schwerpunkte. Die in § 244 Abs. 2 geregelte **Amtsaufklärungspflicht** des Gerichts ist die hauptverhandlungsspezifische Ausprägung des allgemeinen **Ermittlungsgrundsatzes**, der das Gericht auch schon vor der Hauptverhandlung verpflichtet, selbständig und ohne Bindung an Anträge oder Erklärungen der Prozeßbeteiligten den Sachverhalt aufzuklären (§ 155 Abs. 2; andere Bezeichnungen »Inquisitions-«, »Instruktionsmaxime« bzw. »Untersuchungsgrundsatz«). Daneben statuiert § 244 eine **Beweiserhebungspflicht aufgrund von Beweisanträgen** (*Fezer* 12/88) mit relativ eng begrenzten **Ablehnungsgründen**. Für den Angeklagten oder seinen Verteidiger ist das Beweisantragsrecht die schärfste und wirkungsvollste Möglichkeit, auf den Verfahrensablauf und das Beweisergebnis Einfluß zu nehmen, jedenfalls wenn er sich mit seinen Anregungen vorher nicht durchsetzen konnte.

II. Beweisaufnahme (Abs. 1)

1. Bedeutung

5   Die Beweisaufnahme in der Hauptverhandlung dient dazu, den **Sachverhalt aufzuklären**, und zwar so, daß das Gericht seine Überzeugung ausschließlich aus dem Inbegriff der Hauptverhandlung – nicht aus den Akten – bilden kann (§ 261, vgl. *Roxin* § 43). Sie erstreckt sich auf alle **Tatsachen**, die für die Schuldfrage, die Rechtsfolgen der Tat und die Prozeßvoraussetzungen erheblich sind und nicht zu den offenkundigen Tatsachen oder allgemeinen Erfahrungssätzen gehören. Sie ist **entbehrlich**, wenn der Angeklagte in der Hauptverhandlung ein glaubhaftes Geständnis ablegt und auch der Rechtsfolgenausspruch keine Beweisaufnahme erfordert (*K/M* 3; *KK-Herdegen* 1; vgl. auch u. Rn. 24 sowie § 245 Rn. 17; bei präsenten Beweismitteln eindeutiger Verzicht erforderlich *KK-Herdegen* § 245 Rn. 10).

2. Stellung im Ablauf der Hauptverhandlung
In den §§ 243 und 244 I wird der Gang der Hauptverhandlung in ihrem äußerlichen **6**
Ablauf festgelegt. Abs. 1 bestimmt, daß die Beweisaufnahme erst beginnen darf,
wenn der Angeklagte vernommen ist. Der **zeitliche Vorrang der Vernehmung des
Angeklagten** soll gewährleisten, daß dieser sich vorweg im Zusammenhang äußern kann und daß seine Einlassung bei der nachfolgenden Beweisaufnahme Berücksichtigung findet (*BGHSt* 19, 93, 97). Die Vernehmung des Angeklagten zur
Sache umfaßt auch die Äußerung über sein Verhältnis zu den Mitangeklagten und
muß auch deshalb vor Eintritt in die Beweisaufnahme erfolgen (vgl. *BGHSt* 3,
384, 385). Von der gesetzlichen Reihenfolge des Ganges der Hauptverhandlung
darf nur in Ausnahmefällen und nicht gegen den Widerspruch des Angeklagten
oder seines Verteidigers abgewichen werden (*BGH* StV 1982, 457; 1991, 148).
Keine Abweichung in diesem Sinne ist eine Aufteilung des Verhandlungsstoffes
nach dem Modell des (informellen) **Tat- oder Schuldinterlokuts**, weil innerhalb
der beiden Verhandlungsabschnitte der Beschuldigte jeweils zuerst vernommen
wird und im übrigen die Aufteilung seinem Verteidigungsinteresse eher entgegen-
kommt (s. o. § 243 Rn. 6, 63 sowie *Kleinknecht* bis zur 35. Aufl., Rn. 20 ff.; a. A.
KK-Herdegen § 243 Rn. 5; *Fezer* 11/39: nicht gegen Widerspruch der Beteiligten
zulässig). Im Interesse des Angeklagten kann nach seiner allgemeinen Äußerung
auch eine Gliederung in Teilkomplexe bei mehreren selbständigen Taten geboten
sein (sog. Punktesachen, vgl. *BGHSt* 19, 93, 96).

3. Strengbeweisverfahren und Freibeweisverfahren
Die förmliche Beweisaufnahme, die Abs. 1 meint, ist das sog. **Strengbeweisverfah- 7
ren.** Hier dürfen nur die gesetzlich vorgesehenen Beweismittel (Zeugen, Sachverständige, Urkunden, Augenschein) und die Einlassung des Angeklagten nach den
in den §§ 244–257 festgelegten Regeln verwendet werden. Es gilt in der Hauptverhandlung für alle Tatsachen, die für die Schuld- und Straffrage bedeutsam sind
(*Roxin* § 24 B I), darüber hinaus entgegen der h. M. auch für die tatsächlichen
Grundlagen elementarer Verfahrensverstöße i. S. des § 136 a StPO (s. u. Rn. 13).
Alle anderen Tatsachen kann das Gericht im sog. **Freibeweisverfahren** feststellen, **8**
das sich ohne ausdrückliche gesetzliche Regelung in der Praxis für alle Beweiserhebungen **außerhalb der Hauptverhandlung** und für **prozessuale Fragen** durchgesetzt hat (*K/M* 7; *KK-Herdegen* 6, 10; *LR/Gollwitzer* 3). Danach steht es dem
Gericht im Rahmen des durch die Aufklärungspflicht begrenzten Ermessens frei,
wie es sich die Überzeugung von den relevanten Tatsachen verschafft. Die Gebote
der Mündlichkeit und Unmittelbarkeit sowie die gesetzliche Beschränkung der
Beweismittel gelten nicht. Neben oder anstelle der förmlichen Beweiserhebung
kommen z. B. in Betracht: telefonische und schriftliche Auskünfte von Zeugen,
beigezogene Akten ohne Verlesung, schriftliche Gutachten auch außerhalb des
§ 256, dienstliche Äußerungen von Richtern und Beamten. Zu beachten sind jedoch wesentliche **rechtsstaatliche Verfahrensprinzipien** wie das Gebot rechtlichen
Gehörs (Art. 103 Abs. 1 GG) und des fairen Verfahrens und die damit zusammenhängenden konkreten Verfahrensnormen wie die §§ 52–55, 60, 63, 136 Abs. 1 S. 2,
136 a. Obwohl Anträge der Beteiligten im Freibeweisverfahren nur als Beweisanregungen für das Gericht gewertet werden können (*BGHSt* 16, 164, 166), sollten
sie doch analog §§ 34, 35 Abs. 1 ausdrücklich unter Angabe der maßgeblichen
Gründe beschieden werden (*KK-Herdegen* 11; *RGSt* 6, 161, 166; a. A. *ANM* S. 90,
148; *BGHSt* 16, 164, 166).

9 In der **Hauptverhandlung** ist das **Freibeweisverfahren** die Ausnahme. Es kommt zur Anwendung bei den tatsächlichen Grundlagen der **Prozeßvoraussetzungen** (z. B. Verhandlungsfähigkeit, Strafantrag, Verjährung, Strafklageverbrauch), außerdem bei allen Feststellungen bezüglich **sonstiger prozessualer Fragen**, z. B. Voraussetzungen für den Öffentlichkeitsausschluß gem. §§ 171 b, 172 GVG, besondere Umstände für die Kosten- und Auslagenentscheidung (§§ 465 Abs. 2, 467 Abs. 2, 3) und die Entschädigung des Angeklagten (§§ 5, 6 StrEG; kritisch zur Unterscheidung zwischen materiell- und prozeßrechtlichen Fragen *Volk* S. 73 ff.). Auch bei der Beurteilung von **Beweisanträgen** spielt der Freibeweis eine Rolle, soweit es um deren Tatsachengrundlagen geht, z. B. bei der völligen Ungeeignetheit eines Beweismittels und hinreichenden Anknüpfungstatsachen für einen Sachverständigen (*BGH* NJW 1983, 404), bei der Verschleppungsabsicht des Antragstellers (*BGHSt* 21, 118) oder der Sachkunde eines in Aussicht genommenen Sachverständigen (Einzelheiten bei *KK-Herdegen* 6ff.; *LK/Gollwitzer* 3; *ANM* S. 117ff.; teilweise streitig).

10 In der **Revisionsinstanz** kommt unstreitig ohnehin nur das **Freibeweisverfahren** in Betracht, weil das Revisionsgericht eigene tatsächliche Feststellungen zur Tat und zur Schuldfrage nicht treffen kann (a. A. *Bovensiepen* S. 175 f.: Freibeweis schließe ein dem Strengbeweis entsprechendes Verfahren mit ein). Soweit es um prozessual erhebliche Tatsachen geht, die von Amts wegen zu prüfen oder Gegenstand einer Verfahrensrüge sind, ist das Revisionsgericht zur Nachprüfung im Wege des Freibeweises berechtigt und verpflichtet (*KK-Herdegen* 6).

11 Bei **doppelrelevanten Tatsachen**, die sowohl für die Schuld- und Straffrage als auch prozessual erheblich sind (z. B. Schuldunfähigkeit – Verhandlungsunfähigkeit; Glaubwürdigkeit eines Zeugen – Tatbeteiligung i. S. von § 60 Nr. 2), gilt das **Strengbeweisverfahren** (*BGH* StV 1982, 101: Alter des Angeklagten relevant für materielles Jugendstrafrecht und für Gerichtszuständigkeit). Die hier getroffenen Feststellungen bleiben auch für das Revisionsgericht verbindlich (Ausnahme nach *BGHSt* 22, 90 bei Irrelevanz für den Schuldspruch, z. B. bei Tatzeit; a. A. *ANM* S. 158). Nur soweit noch keine Feststellungen zur Schuld- und Straffrage vorliegen, kann die prozessuale Frage vorläufig im Freibeweisverfahren geklärt werden (z. B. dringender Tatverdacht gem. § 112; Haft- oder Vernehmungsfähigkeit; ausführlich dazu *KK-Herdegen* 8f.). Entscheidend ist dann aber das Ergebnis im Strengbeweisverfahren.

12 Die im neueren Schrifttum zunehmende **Kritik am Freibeweisverfahren** und seinem breiten Anwendungsbereich betrifft die unzureichende theoretische Rechtfertigung und rechtliche Durchdringung (vgl. *Roxin* § 24 B II; *Volk* S. 7; *Többens* S. 25; *Bovensiepen* S. 88ff.). Praktikabilitätsgesichtspunkte rechtfertigen den weitgehenden Verzicht auf förmliche Beweisregeln nicht hinreichend, zumal es bei den Prozeßvoraussetzungen um die Durchführbarkeit des Prozesses überhaupt geht. Es hängt von historischen Zufällen ab, ob ein Merkmal wie Verjährung oder Strafantrag Prozeßvoraussetzung oder objektive Bedingung der Strafbarkeit ist (*Roxin* § 21 C; *Fezer* 12/11). Letztlich beruht die h. M. auf der normativen Kraft des Faktischen und der These, daß das Freibeweisverfahren für alle Feststellungen gilt, die auch außerhalb der Hauptverhandlung getroffen werden können, während das Strengbeweisverfahren als Ausnahme nur für die Schuld- und Straffrage in der Hauptverhandlung ausdrücklich vorgeschrieben sei (*ANM* S. 109ff., 115 f.; *Willms*, Heusinger-EG S. 396f.). Solange es der Wissenschaft nicht gelingt, eine geschlossene Gegenkonzeption zu entwickeln, wird man hiervon ausgehen müssen und vor allem auf die **rechtsstaatliche Gestaltung des Freibeweisverfahrens** zu achten haben (s. o. Rn. 8).

Entgegen der h. M. gilt jedoch beim Beweis grundrechtsverletzender **Verfahrens- 13 verstöße i. S. des § 136a** schon jetzt das **Strengbeweisverfahren**. Wird z. B. von einem Angeklagten oder Zeugen behauptet, er sei bei einer früheren Vernehmung mißhandelt, durch unzulässige Drohungen oder andere verbotene Vernehmungsmethoden i. S. des § 136a StPO beeinflußt worden, so betrifft dies zwar die prozessuale Frage, **wie** die Aussage zustande kam, aber nicht ihren Inhalt (insoweit zutr. *BGHSt* 16, 164, 166). Dieser Verfahrensverstoß ist aber so elementar, daß entsprechende Beweisanträge nicht ohne Bescheidung übergangen und ernsthafte Zweifel nicht einfach im Freibeweisverfahren ausgeräumt werden können (wie hier *Hanack* JZ 1971, 170f.; *Peters* § 41 II 4 d bb; *Schlüchter* Rn. 474; *Fezer* 12/ 8). Maßgebend dafür ist nicht die (nicht hinreichend differenzierbare) Nähe zur materiellen Entscheidung (so der Einwand der h. M.; vgl. *ANM* S. 121; *KK-Herdegen* 7 m. w. N.), sondern die ethische und verfassungsrechtliche Dimension des Strafverfahrens (zutr. *Peters* § 41 II 4 d bb). Diese wird bei solch schweren Verfahrensverstößen in gleicher Weise erschüttert wie durch ein Fehlurteil. Die Berufung der h. M. auf *BGHSt* 16, 164, 166 ist problematisch, weil in dieser Entscheidung – zutreffend – nur entschieden wurde, daß das Revisionsgericht an die tatsächlichen Feststellungen des Tatrichters nicht gebunden sei und im Wege des Freibeweises entsprechende Verfahrensfehler selbst prüfen könne (s. o. Rn. 10). Die darüber hinausgehenden und mißverständlichen Ausführungen zur allgemeinen Geltung des Freibeweisverfahrens bei den Voraussetzungen des § 136a auch in der Tatsacheninstanz sind obiter dicta, da der Angeklagte einen entsprechenden Beweisantrag, über den nach der hier vertretenen Auffassung gem. § 244 Abs. 6 ein Beschluß der Strafkammer erforderlich gewesen wäre, offenbar nicht gestellt hatte.

4. Beweisgegenstand: Tatsachen, Erfahrungssätze

Gegenstand des Beweises können **Tatsachen oder Erfahrungssätze** sein. Das sind 14 konkrete Ereignisse und Zustände der äußeren Welt und des Seelenlebens (Tatsachen) oder allgemeine Zusammenhänge zwischen mindestens zwei Merkmalen (Erfahrungssätze; ähnlich *KK-Herdegen* 3). Damit scheiden aus Prophetien, Wertungen (*BGHSt* 6, 357) oder Interpretationen des geltenden inländischen Rechts (*BGH* NJW 1966, 1364; 1968, 1293), während **ausländisches Recht** und regionales **Gewohnheitsrecht** als soziale Fakten mit Hilfe eines Sachverständigengutachtens oder einer Auskunftsperson dem Beweis zugänglich sind (*RGSt* 42, 54, 56; *LR/ Gollwitzer* 2 m. w. N., Freibeweis ausreichend). Auch Rechtsbegriffe sind dem Beweis nicht zugänglich (vgl. *OLG Celle* JR 1980, 256 m. Anm. Naucke zur »Verteidigung der Rechtsordnung«; zu empirisch feststellbaren Teilaspekten dieses Begriffs s. aber *Schöch*, FS Jescheck 1985, 1083f.; u. Rn. 79).

Bei den **Beweistatsachen** wird unterschieden zwischen Haupttatsachen (unmittel- 15 bar erheblichen Tatsachen), Indizien (mittelbaren Tatsachen) und Hilfstatsachen des Beweises (*Roxin* § 24 C I; *Schlüchter* 471.2; *Fezer* 12/12–20).

Haupttatsachen sind die zur Konkretisierung der abstrakten Merkmale des anzu- 16 wendenden Rechtssatzes erforderlichen Tatsachen. Es geht also um die unmittelbar zur Subsumtion unter die Merkmale des Tatbestandes, der Rechtfertigungs-, Schuldausschließungs- oder Strafaufhebungsgründe erforderlichen tatsächlichen Feststellungen (*ANM* S. 576ff.; *KK-Herdegen* 4).

17 Indizien sind mittelbar relevante Tatsachen, die direkt oder mit Hilfe weiterer Zwischenglieder positive oder negative Schlüsse auf Haupttatsachen zulassen (*ANM* S. 578; *KK-Herdegen* 4). Eine Form des Indizienbeweises ist insbesondere der **Alibibeweis**, bei dem es um eine mittelbare Entlastungstatsache geht (z. B. anderer Aufenthaltsort zur Tatzeit). Nach *BGHSt* 25, 285 f. soll der Grundsatz »in dubio pro reo« beim Alibibeweis grundsätzlich nicht gelten. Das ist jedoch zu undifferenziert; die nicht widerlegbare Alibibehauptung steht der erwiesenen gleich, freilich ist es denkbar, daß auch ein bewiesenes Alibi die Täterschaft nicht völlig ausschließt und sich damit bei der Gesamtwürdigung des Beweisstoffes nicht zugunsten des Angeklagten auswirkt (wie hier *KK-Herdegen* 4; *LR/Gollwitzer* § 261 Rn. 124; *Hanack* JR 1974, 383; *Tenckhoff* JR 1978, 348 f.; vgl. jetzt auch *BGH* NStZ 1983, 422 m. Anm. *Volk*).

18 Hilfstatsachen des Beweises sind Tatsachen, von denen die Bewertung eines Beweismittels abhängt, z. B. Vorstrafenbelastung für die Glaubwürdigkeit eines Zeugen (vgl. *ANM* S. 579; nach *Fezer* 12/19 f. »Beweismitteltatsachen«). Auch für Hilfstatsachen gilt § 244 Abs. 3, 4 (*KK-Herdegen* 4).

19 Erfahrungssätze spielen bei der Beweisaufnahme dann eine Rolle, wenn die für die Subsumtion erforderliche Tatsache nicht unmittelbarer sinnlicher Wahrnehmung zugänglich ist, sondern aus allgemeinen Regeln gefolgert werden muß (z. B. Schuldunfähigkeit bei endogenen Psychosen oder Fahrzeuggeschwindigkeit anhand von Bremsspuren und Fahrbahnverhältnissen). Offenkundige Erfahrungssätze bedürfen keines Beweises (z. B. längerer Bremsweg bei glatter Fahrbahn). Soweit das Gericht noch keine eigene Sachkunde (erworben) hat (Abs. 4), werden Erfahrungssätze durch **Sachverständige** vermittelt. Bei naturwissenschaftlichen und technischen Sachverständigen geht es meist um allgemeingültige oder **deterministische Erfahrungssätze**, bei Psychiatern, Psychologen oder Kriminologen eher um Wahrscheinlichkeitsaussagen oder **statistische (stochastische) Erfahrungssätze** (vgl. *KK-Herdegen* 5). Berücksichtigen muß der Richter beide Typen (mißverständlich *KK-Herdegen* 5), jedoch sind zwingende, jeden Gegenbeweis ausschließende Schlüsse nur bei den deterministischen Erfahrungssätzen möglich (*BGHSt* 10, 208, 211).

5. Beweismittel

20 Im Strengbeweisverfahren ist nur die Verwendung der **gesetzlichen Beweismittel** nach den Regeln der §§ 244–257 gestattet. Gesetzliche Beweismittel sind: Zeugen (§§ 48 ff.), Sachverständige (§§ 72 ff.), Augenschein (§§ 86 ff.) und Urkunden (§§ 249 ff.). Ihre abschließende Regelung stützt die Justizförmigkeit der Beweisaufnahme. Andere »Beweisbehelfe« sind wegen des im Gesetz unterschiedlich geregelten Gebrauchs der einzelnen Beweismittel nicht zulässig (*KK-Herdegen* 12; *KMR/Paulus* 49 ff.; *LR/Gollwitzer* 9 ff.; *Kühne* 460 ff., 504 ff., 518 ff., 521 f.; *Roxin* § 24 B I; *Schlüchter* 476 ff.). Ein Beweismittel »Auskunftsperson« ist der Strafprozeßordnung fremd (*BGHSt* 33, 217, 221; wegen der dort nicht gezogenen Konsequenzen kritisch hierzu *Danckert* NStZ 1985, 468); es handelt sich um einen bei einem Augenschein beigezogenen Zeugen.

21 Bei einigen typischen Beweismethoden können sich **Zuordnungsprobleme** ergeben (eingehend dazu *KK-Herdegen* 13 ff.; *LR/Gollwitzer* 15 ff.). Als **Augenscheinsbeweise** gelten neben den typischen Augenscheinsobjekten Tatort und Tatwerkzeug u. a. auch Tonbandaufnahmen (*BGHSt* 14, 339, 341 mit problematischer Doppelfunktion als Zeugenbeweis; kritisch hierzu *KK-Herdegen* 13), Lichtbilder (*BGH* NStZ 1981, 310), Filme (*RGSt* 65, 304, 307), Fernsehaufzeichnungen (*LR/Gollwitzer* Rn. 328), Radarfotos (*OLG Hamm* VRS 44, 117), Straßenkarten (*BGHSt* 27, 347), Modelle, Skizzen oder Fotografien (*BGH* NStZ 1981, 310), Zeichnungen (*RGSt* 47, 100, 106), Tatort- und Unfallskizzen (*BGH* VRS 27, 120; 27, 192).

Die **Gegenüberstellung** eines Zeugen mit dem Angeklagten oder mehreren Zeu- **22** gen ist nur eine besondere (experimentähnliche) Form der Zeugenvernehmung zur Überprüfung der Wahrnehmungs- und Erinnerungsfähigkeit und Glaubwürdigkeit (*BGH* NJW 1960, 2156f.; *ANM* S. 93; *KK-Herdegen* 14).

Experimente können Teil eines Sachverständigenbeweises sein (z. B. im Rahmen **23** psychologischer Testverfahren) oder einen Augenschein ergänzen (z. B. Rekonstruktion am Tatort). Sie kommen aber auch bei der Zeugenvernehmung vor (z. B. Wahlgegenüberstellung) und gehören zur Zeugenpflicht, soweit es sich um einfache Versuche handelt; eine Untersuchung des Zeugen ist jedoch nur im Rahmen des § 81 c oder mit **Einwilligung** zulässig. Nur auf diesem Weg kommt auch eine psychiatrische oder psychologische **Untersuchung der Glaubwürdigkeit** eines Zeugen in Betracht (*BGHSt* 14, 21, 23), während eine Glaubwürdigkeitsbegutachtung ohne Untersuchung (z. B. aufgrund Teilnahme des Sachverständigen an der Hauptverhandlung) auch ohne Einwilligung möglich ist (*BGHSt* 23, 1f.).

Die **Einlassung** des Beschuldigten ist kein Beweismittel im technischen Sinn **24** (*Roxin* § 25 I); sie gehört nach Abs. 1 auch formell nicht zur Beweisaufnahme (s. o. Rn. 5). Gleichwohl ist ein **Geständnis** oft die zentrale Weichenstellung im Verfahren und kann – wenn es glaubhaft ist – die weitere Beweisaufnahme entbehrlich machen. Nach dem Grundsatz der freien Beweiswürdigung (§ 261) ist es zulässig, eine Verurteilung des Angeklagten allein auf sein Geständnis zu stützen (*LR/Gollwitzer* 33). Deshalb kann man von einem Beweismittel i. w. S. sprechen (vgl. *ANM* S. 167 m. w. N.; *BGHSt* 2, 269, 270). Im Sinne des Beweisantragsrechts ist die Einlassung des Angeklagten kein Beweismittel, das ein Prozeßbeteiligter benennen könnte. Da Geständnisse nicht ganz selten falsch sind (vgl. *Peters* § 44 III 4 a aa; mit Beispielen *ders.*, Fehlerquellen Bd. 2, S. 13 ff.), gebietet die Amtsaufklärungspflicht eine kritische Prüfung des Beweiswertes durch das Gericht (*LR/Gollwitzer* 33), notfalls eine zumindest teilweise Durchführung der Beweisaufnahme. Ein nur außerhalb der Hauptverhandlung gemachtes Geständnis hat nur die Bedeutung einer belastenden Tatsache, die bewiesen werden muß, wenn sie die Sachentscheidung mittragen soll (*BGHSt* 14, 310, 311; *KK-Herdegen* 1). Der Einsatz eines Polygraphen (»Lügendetektors«) bleibt auch mit Einwilligung des Beschuldigten unzulässig (*BGHSt* 5, 333; *BVerfG* NStZ 1982, 38 m. krit. Anm. *Amelung*; *K/M* § 136 a Rn. 24; kritisch auch *LR/Hanack* § 136 a Rn. 56).

III. Amtsaufklärungspflicht (Abs. 2)

1. Ermittlungsgrundsatz, Amtsaufklärung, richterliche Überzeugung

Das in Abs. 2 normierte Ziel der Beweisaufnahme ist die »Erforschung der Wahr- **25** heit«. Das Gericht hat hierfür von Amts wegen die Beweisaufnahme auf alle materiell- und verfahrensrechtlich erheblichen Tatsachen zu erstrecken. Der damit konkretisierte **Ermittlungsgrundsatz** (s. o. Rn. 4) bedeutet auch, daß das Gericht innerhalb der durch die Klage gezogenen Grenzen zu einer selbständigen Tätigkeit berechtigt und verpflichtet ist (§ 155 Abs. 2). Auch ohne Antrag des Angeklagten oder des Staatsanwalts muß es entlastende oder belastende Beweismög-

lichkeiten ausschöpfen, selbst wenn beide widersprechen (*KK-Herdegen* 19
m. w. N.; anders bei dem im Zivilprozeß geltenden Verhandlungsgrundsatz, vgl.
Roxin § 15 A I). Mit der Aufklärungsrüge (s. u. Rn. 152 ff.) kann die Verletzung
der Aufklärungspflicht auch dann beanstandet werden, wenn der Beschwerdeführer in der Hauptverhandlung die Unterlassung nicht beanstandet hat (*KK-Herdegen* 19), ja sogar wenn er auf die Beweiserhebung verzichtet hat (*BGH* StV 1981,
164 f.).

26 Die Ermittlung der **materiellen Wahrheit** von Amts wegen ist ein zentrales Anliegen des deutschen Strafprozeßrechts, das auch im **Rechtsstaatsprinzip** verankert
ist (*BVerfGE* 33, 367, 383; 57, 250, 275; 63, 45, 61; *KMR/Paulus* 110). Ein rechtsstaatlich geordnetes Strafverfahren setzt die Ermittlung des wahren Sachverhalts –
im Rahmen der prozessualen Vorschriften – als notwendige Grundlage eines gerechten Urteils voraus. Diese Verpflichtung des Gerichts umfaßt auch die Kontrolle der Vollständigkeit der Akten (*BVerfG* StV 1983, 177, 179: Spurenakten).

27 Da über die Wahrheit oder Unwahrheit einer Tatsache im Strafprozeß letztlich die
Überzeugung des Richters entscheidet (§ 261), soll die Amtsaufklärungspflicht sicherstellen, daß diese Überzeugungsbildung auf der Ausschöpfung aller erreichbaren Erkenntnismittel beruht (*KK-Herdegen* 17). Die Beweisaufnahme muß sich
auf alle entscheidungsrelevanten tauglichen und erlaubten Beweismittel erstrekken (*BGHSt* 1, 94, 96; 32, 115, 124 GS; *K/M* 11), bis das Gericht davon überzeugt
ist, den wahren Sachverhalt ermittelt zu haben. Aufklärungspflicht und richterliche Überzeugung sind eigentlich quantifizierbare Prinzipien, die in einem
Komplementärverhältnis stehen (vgl. *KK-Herdegen* 25: Spannungsverhältnis,
Wechselspiel): Je fester die Überzeugung des Gerichts ist, desto eher kann es auf
weitere Beweiserhebung verzichten, je größer die verbleibenden Zweifel, desto
mehr muß sich das Gericht um die Ausschöpfung aller Beweismittel bemühen.
Die freie Beweiswürdigung des § 261 kann erst dort beginnen, wo der Aufklärungspflicht aus § 244 Abs. 2 genügt worden ist (*LR/Gollwitzer* 45 m. w. N.; zur
Entwicklung der Rechtsprechung *ANM* S. 22 f.). Das Gericht muß selbst bei geringen Zweifeln Beweismittel auch dann erschöpfen, wenn nur die entfernte Möglichkeit besteht, daß sie die sich anbahnende Überzeugung von der Schuld des
Angeklagten erschüttern könnten (im Erg. ebenso, aber ohne Akzentverschie-
bung zugunsten des Angeklagten *BGHSt* 23, 176, 188; *StV* 1981, 164 f.; *K/M* 12).
Die Anwendung des Grundsatzes »in dubio pro reo« setzt höchstmögliche Aufklärung des Sachverhalts schon voraus (*BGH* NJW 1978, 114; *Fezer* 12/183). Bei dem
Zusammenspiel ist auf die »verständige Würdigung« des lebenserfahrenen, gewis-
senhaften Richters abzustellen (*BGHSt* 30, 131, 142; *NStZ* 1985, 324 f.; *LR/Goll-
witzer* 46), der nur »vernünftigen«, wenn auch geringen Zweifeln nachgeht
(*BGHSt* 10, 208, 210; 25, 365, 367; *NStZ* 1984, 180), während ihm »unvernünf-
tige«, »überspannte« Zweifel verwehrt sind (*BGH* NJW 1967, 359; *NStZ* 1984,
180; 1984, 376; zum Ganzen *KK-Herdegen* 20, 25).

2. Verhältnis zum Beweisantragsrecht

28 Die Orientierung der Aufklärungspflicht an der Wahrheitserforschung zur richterlichen Überzeugungsbildung bedeutet, daß die in Abs. 2 geregelte **Aufklärungspflicht nicht deckungsgleich mit der Beweiserhebungspflicht** ist, wie sie sich aus
Abs. 3 und 4 bei der Stellung von Beweisanträgen ergeben kann (a. A. *Wessels* JuS
1969, 1, 4; *Engels* GA 1981, 21; *Gössel* § 29 B II; *Fezer* 12/186; *Wenskat* S. 277).
Die Aufklärungspflicht erfordert nicht, alle Beweise zu erheben, bei denen kein

Ablehnungsgrund nach Abs. 3 oder 4 vorliegen würde (h. M.; vgl. *BGHSt* 21, 118, 124; *LR/Gollwitzer* 59 m. w. N.; *KK-Herdegen* 21; *Roxin* § 43 A 4; *Sarstedt/Hamm* 252; *Julius* NStZ 1986, 61, 62 f.; *Liemersdorf* StV 1987, 175 f.). So ist z. B. der Amtsaufklärung Genüge getan, wenn das Gericht, nachdem es zu einem Ergebnis 5 von 100 möglichen Zeugen gehört hat, zu der Überzeugung gelangt, das bisherige Beweisergebnis reiche zu einer Verurteilung aus und weitere Zeugenvernehmungen ließen keine Änderung erwarten. Durch Beweisanträge des Angeklagten könnte aber theoretisch die Vernehmung nahezu aller 95 weiteren Zeugen erzwungen werden, wenn der Angeklagte entlastende Umstände behauptet (vgl. *Roxin* § 43 A 4; ähnliche Differenzierungsansätze bei der Beurteilung der Unerreichbarkeit von Auslandszeugen bei *BGHSt* 32, 68, 73; dazu *Julius* NStZ 1986, 61; s. u. Rn. 99 f.). Umgekehrt kann in Ausnahmefällen aber auch die Aufklärungspflicht nach § 244 Abs. 2 eine Beweiserhebung verlangen, die bei einem entsprechenden Beweisantrag nach dem Wortlaut der Abs. 4 und 5 hätte abgelehnt werden können (*BGHSt* 10, 116, 118 f.; 23, 176, 187 f.; *Roxin* § 43 A 4; *Fezer* 12/ 188 ff.; vgl. u. Rn. 131).

Während im Beweisantragsrecht grundsätzlich ein **Beweisantizipationsverbot** gilt **29** (s. u. Rn. 75), ist im Bereich des Amtsaufklärungsgebotes die Einbeziehung des bisherigen Beweisergebnisses in die Entscheidung über Notwendigkeit und Umfang noch zu erhebender Beweise unverzichtbar (*Julius* NStZ 1986, 63), weil ohne **Beweisprognose und -selektion** durch das Gericht viele Verfahren wegen einer Überfülle von überflüssigen Informationen ersticken oder viel zu lange dauern würden (vgl. auch *KK-Herdegen* 20, 21, 25).

3. Umfang der Aufklärungspflicht

Die Aufklärungspflicht bezieht sich auf alle materiell- und verfahrensrechtlich er- **30** heblichen Tatsachen im Rahmen der von der Anklage bezeichneten Teile i. S. des § 264 (*KK-Herdegen* 18). Relevant sind alle in Betracht kommenden Tatbestandsvoraussetzungen, Rechtfertigungs-, Schuld- und Strafausschließungsgründe, be- und entlastende Umstände sowie die oft vernachlässigten Strafzumessungstatsachen (vgl. § 160 Abs. 2, 3), ferner Verfahrenshindernisse oder sonstige prozeßerhebliche Tatsachen. Das Gericht muß auch entfernte Möglichkeiten einer Änderung seiner vorläufigen Überzeugung in Betracht ziehen (*BGHSt* 30, 131, 143; *BGH* NStZ 1990, 384; vgl. jedoch o. Rn. 27).

Das Aufklärungsgebot verlangt die bestmögliche Erforschung des Sachverhalts. **31** Dazu gehört, daß in der Regel das **sachnähere Beweismittel** und die **höherwertige Beweisstufe** den Vorrang hat (vgl. *BGHSt* 17, 382; *KK-Herdegen* 24), also z. B. die Vernehmung des unmittelbaren vor dem mittelbaren Zeugen oder die Beweisaufnahme in der Hauptverhandlung anstelle einer kommissarischen Vernehmung. **Mittelbare Beweiserhebungen** sind nicht ausgeschlossen (*K/M* 11; z. B. die Vernehmung eines Zeugen vom Hörensagen wegen Unerreichbarkeit des unmittelbaren Zeugen oder zum Schutz des kindlichen Zeugen; zur Sonderproblematik der sog. V-Männer vgl. u. Rn. 37, 102 ff.; § 251 Rn. 14 und *KK-Herdegen* 24; kritisch *Roxin* § 44 B IV). In solchen Fällen müssen aber bei der Beweiswürdigung die besonderen Gefahren der geringeren Beweisqualität für die Wahrheitsfindung berücksichtigt werden (*BVerfGE* 57, 250, 293; *KK-Herdegen* 24). Die **eingeschränkte Beweiskraft des mittelbaren Beweises** reicht in der Regel zum Nachweis einer Tatsache nur aus, wenn andere wichtige Beweisanzeichen für deren Richtigkeit sprechen (*BGHSt* 33, 178, 181).

32 Bei der Beurteilung der Anforderungen an die Aufklärungspflicht ist die jeweilige Prozeßlage in der Hauptverhandlung zu berücksichtigen (*LR/Gollwitzer* 47; *BGHR* StPO § 251 Abs. 2 Unerreichbarkeit 3). Zu vermeiden ist eine **überschießende Aufklärung**, z.B. um die Unschuld des Angeklagten zu beweisen, obwohl bereits feststeht, daß er freigesprochen werden muß (*K/M* 13).

33 Die Aufklärungspflicht wird durch **Schätzungsbefugnisse** nach materiellem Recht **eingeschränkt** (§§ 40 Abs. 3, 73b, 74c Abs. 3 StGB, 8 Abs. 3 WiStG; vgl. *K/M* 14f.; *KK-Herdegen* 33), aber nicht völlig aufgehoben. So darf das Gericht z.B. bei der Ermittlung der Grundlagen für die Tagessatzhöhe der Geldstrafe die Einkünfte und das Vermögen des Täters schätzen (§ 40 Abs. 3 StGB), jedoch nicht auf jede Beweiserhebung verzichten, wenn diese ohne Schwierigkeiten und Verfahrensverzögerung möglich wäre (z.B. in den Akten vorhandene Urkunden). Dadurch wird die Aufklärungspflicht auf ein **verhältnismäßiges Ausmaß** reduziert (vgl. *D/T* § 40 Rn. 26). Bei kleinen Geldstrafen (etwa bis zu 60 Tagessätzen) genügen hinreichend konkrete Anhaltspunkte, die nach der Lebenserfahrung eine Schätzung ermöglichen (*OLG Celle* NStZ 1983, 315 m. Anm. *Schöch*); dagegen steigen die Anforderungen an die Aufklärung und Begründung der Schätzungsgrundlagen mit zunehmender Bedeutung des Falles und mit der Zahl der Tagessätze (zum Einfluß der Schätzungsbefugnis auf das Beweisantragsrecht s.u. Rn. 73).

4. Verletzung der Aufklärungspflicht

34 Eine Verletzung der Aufklärungspflicht, die mit der sog. Aufklärungsrüge geltend zu machen ist (Einzelheiten *KK-Herdegen* §§ 35–40; u. Rn. 152ff.), kann auf **unvollständiger Sachverhaltsaufklärung** (Nichtberücksichtigung weiterer Beweismittel mit Aufklärungschancen, an die das Gericht nicht gedacht hat) oder **fehlerhafter Beweisantizipation** (voreilige Überzeugungsbildung wegen bewußter Ausschaltung von Beweisalternativen) beruhen (vgl. *LR/Gollwitzer* 62).

35 Die Aufklärungsrüge wird oft erhoben und ist selten erfolgreich. Deshalb ist es sinnvoll, sich an typischen **Beispielen** zu orientieren, in denen die Rechtsprechung eine Verletzung der Aufklärungspflicht angenommen hat:

36 – Zur Rechtsstellung des **Angeklagten**:
Unterlassene Information über die Abweichung von einer zugesagten Wahrunterstellung (*BGHSt* 21, 38; bei Beschluß nach Beweisantrag greift bereits § 244 Abs. 3 oder 4 ein) oder über die Veränderung wesentlicher tatsächlicher Gesichtspunkte (*BGHSt* 28, 196); Nichtüberprüfung der Verhandlungsfähigkeit (*OLG Köln* NJW 1982, 2617).

37 – Zum **Zeugenbeweis**:
Nichtvernehmung des möglicherweise einzigen Tatzeugen, der in Italien lebt und aus gesundheitlichen Gründen zeitweise unerreichbar ist (*BGH* NStZ 1982, 341); ungenügende Bemühungen um einen im Ausland lebenden Zeugen (*BGHSt* 22, 118; vgl. aber auch *BGH* NStZ 1991, 143); Nichtvernehmung des früheren Mitangeklagten als Zeuge (*BayObLG* StV 1989, 522) oder einer polizeilichen Verhörsperson bei Bestreiten in der Hauptverhandlung (*BGH* StV 1989, 467); unterlassene Gegenüberstellung von Zeugen, insbesondere bei wechselnden Aussagen (*BGH* StV 1987, 91; NStZ 1988, 420); Verzicht auf andere Aufklärungsmöglichkeiten bei Zeugnis eines Mitgefangenen über ein Geständnis des Angeklagten; Verlesung der Niederschrift über eine frühere richterliche Vernehmung im Einverständnis der Beteiligten (§ 251 Abs. 1 Nr. 4) statt gebotener persönlicher Ver-

nehmung (*BGH* NStZ 1988, 37; *OLG Celle* StV 1991, 294); ungenügende Bemühungen um einen **V-Mann** (*BGH* StV 1988, 45f.; 1989, 518f.), bei unzureichend begründeter Sperrerklärung (*BGH* NStZ 1989, 282; zur Ablehnung eines Beweisantrags wegen Unerreichbarkeit s. Rn. 102ff.); unterlassene Vernehmung der Verhörsperson bei gesperrtem Informanten (*BGH* NStZ 1989, 380).

– Speziell zur **Zeugenvernehmung**: **38**
Unterlassene Beseitigung möglicher Fehlvorstellungen zeugnisverweigerungsberechtigter Zeugen (*BGHSt* 21, 12); beschränkte Belehrung über ein Zeugnisverweigerungsrecht nach § 52 ohne die (in der Regel) gleichzeitig gebotene Belehrung über ein eventuelles Auskunftsverweigerungsrecht gem. § 55 (*BGH* StV 1988, 509); Vernehmung eines sachferneren anstelle eines sachnäheren Zeugen (*BGH* StV 1988, 91f.).

– Zum **Sachverständigen**: **39**
Unterlassene Zuziehung eines Sachverständigen, insbesondere wenn Anhaltspunkte für eine **Beeinträchtigung der Schuldfähigkeit** vorliegen, z.B. bei Heroinabhängigkeit (*BGH* StV 1983, 414f.), hohem Blutalkoholgehalt (*OLG Düsseldorf* NJW 1989, 1557: bei 2,86 Promille), Hirnverletzung (*BGH* NJW 1969, 1578; NStZ 1987, 16 [Pf/M]) oder schwerer Kopfverletzung (*BGH* StV 1986, 285; 1988, 52), cerebralem Krampfleiden (*BGH* StV 1986, 285; 1991, 245), möglichem Altersabbau (*BGH* NJW 1964, 2213; NStZ 1983, 34), und zwar trotz Heranziehung eines Alkoholsachverständigen (*BGH* StV 1989, 102 bei 72jährigem Angeklagten), bei sich progressiv entwickelnder Triebanomalie (*BGH* StV 1984, 507; *BGHR* § 21 StGB Sachverständiger 7). Ob bei nicht krankhaften Zuständen zur Beurteilung der Schuldfähigkeit ein Psychiater oder Psychologe hinzugezogen wird, liegt grundsätzlich im pflichtgemäßen Ermessen des Tatrichters (*BGHSt* 34, 355, 357; *BGH* NStZ 1990, 400f.; vgl. auch *BGH* NStZ 1991, 80f.; u. Rn. 127).

Andere Sachverständige können geboten sein bei der Rückrechnung der Blutalko- **40** holkonzentration auf den Tatzeitpunkt in nicht ganz einfachen Fällen (*OLG Koblenz* NZV 1988, 69) oder für die wörtliche Übersetzung eines aufgezeichneten Telefongesprächs in fremder Sprache (*BGH* NStZ 1985, 466). Ähnliches gilt bei Unterlassung förmlicher Ladung der trotz Information nicht erschienenen **Jugendgerichtshilfe**, wenn konkrete Anhaltspunkte für die Rechtsfolgenrelevanz eines JGH-Berichtes vorliegen (*BGHSt* 27, 250, 252) oder nach Ausfall des ursprünglich anwesenden Jugendgerichtshelfers wegen Krankheit (*BGH* StV 1989, 308).

Für die **Glaubwürdigkeitsbeurteilung eines Zeugen** hat grundsätzlich der Tatrich- **41** ter die erforderliche eigene Sachkunde (*BGHSt* 3, 52; *BGH* NStZ 1985, 420). Dies gilt auch bei Jugendlichen und Kindern (*KK-Herdegen* 30), selbst wenn das Gericht zu einer vom Sachverständigen abweichenden Würdigung der Befundtatsachen für die Aussagetüchtigkeit und Glaubwürdigkeit eines Jugendlichen gelangt (*BGHSt* 21, 62). Nur in **seltenen Ausnahmefällen**, wenn die Eigenart des Falles eine besondere Sachkunde erfordert (*BGHSt* 8, 130; *BGH* NJW 1961, 1636; NStZ 1987, 182), kann die Zuziehung eines Psychiaters oder Psychologen geboten sein (zur Auswahl *BGHSt* 23, 8, 12ff.). Solche Ausnahmefälle liegen am ehesten bei **Kindern und Jugendlichen** vor (*BGHSt* 2, 163, 165; 23, 8; *BGH* StV 1990, 533), doch gebietet auch bei ihnen die Aufklärungspflicht keine Begutachtung, wenn nachgewiesene Tatsachen deutlich für die Richtigkeit der Aussage sprechen (*BGHSt* 3, 27; 7, 82, 85). Ist ausnahmsweise eine Glaubwürdigkeitsbegutachtung geboten, so kann das Gericht bei Weigerung des Zeugen (vgl. *BGHSt* 14, 21) einen Sachverständigen zur Zeugenvernehmung in der Hauptverhandlung zuziehen (*BGHSt* 23, 1); auch die Zurverfügungstellung bereits vorhandener Behandlungsunterlagen an den Sachverständigen kommt in Betracht (*BGH* StV 1990, 246f.; NStZ 1991, 47).

42 – **Sonstige Verstöße gegen die Aufklärungspflicht** wurden z. B. angenommen bei unzulänglichem Hinweis nach § 265 Abs. 1 (*BGHSt* 13, 320), Unterlassen einer kommissarischen Vernehmung (*BGHSt* 22, 118, 121) oder bei unzureichend begründeter Zurückweisung einer Frage des Verteidigers (*BGHSt* 2, 284, 290), Nichtuntersuchung eines am Tatort vorgefundenen Kamms mit Körperspuren (*BGHR* StPO § 244 Abs. 2 Sachverständiger 6).

IV. Beweisantragsrecht (Abs. 3–6)

43 Das Beweisantragsrecht soll die Amtsaufklärungspflicht ergänzen (s. o. Rn. 28f.), um mögliche Fehler oder Lücken bei der Erforschung der materiellen Wahrheit auszugleichen, die u. U. bei einseitiger Verfolgung von Strafverfolgungs- oder Verteidigungsinteressen besser erkannt und korrigiert werden können (*Schulz* StV 1985, 312f.). Während das Gericht im Rahmen der Amtsaufklärung ohne besondere Begründung von einer (weiteren) Beweisaufnahme absehen kann, wenn es eine solche aufgrund der Einlassung des Angeklagten oder der bereits erhobenen Beweise für überflüssig hält, gelten im Beweisantragsrecht zwei zentrale Abweichungen (*KK-Herdegen* 41): erhebliche **Beschränkung vorweggenommener Beweiswürdigung** (sog. Beweisantizipationsverbot) und **Begründungszwang bei Ablehnung eines Beweisantrages** (§ 244 Abs. 6).

1. Beweisantrag

44 Beweisantrag ist das Verlangen eines Prozeßbeteiligten, über eine **bestimmte Tatsache** durch ein nach der Prozeßordnung zulässiges **bestimmtes Beweismittel** Beweis zu erheben (*BGHSt* 1, 29, 31; 6, 128f.; *ANM* S. 36 m. w. N.). Ein Antrag auf Gegenüberstellung eines Zeugen mit dem Angeklagten oder mehrerer Zeugen untereinander ist kein Beweisantrag, sondern nur eine Anregung zur Art der Benutzung des Zeugenbeweises (*BGH* StV 1988, 469, 471).

a) Beweistatsache

45 Der Antragsteller braucht von der **behaupteten Tatsache** nicht überzeugt zu sein; es genügt, wenn er sie nur vermutet oder für möglich hält (*BGHSt* 21, 118, 125; *BGH* NStZ 1988, 324), sofern die eigene Erwartung der Erfolglosigkeit nicht sicher erkennbar ist (*RG* JW 1933, 450; *KG* StV 1983, 95; *Gollwitzer* StV 1990, 420, 423f.).

46 Für die Beweisbehauptung braucht der Antragsteller **keine Begründung** zu geben, und er muß auch keine Informationsquellen für seine Vermutung nennen (*BGH* NJW 1983, 126f.). Daher ist es verfehlt, wenn ein Beweisantrag zum Beweisermittlungsantrag herabgestuft wird, weil der Antragsteller keine plausiblen Gründe für seine Vermutung angibt (so *BGH* StV 1985, 311 m. krit. Anm. *Schulz*; *K/M* 20; *ANM* S. 43; a. A. *BGH* NStZ 1987, 181 m. zust. Anm. *Welp* JR 1988, 387; *Gollwitzer* StV 1990, 420; wie hier *KK-Herdegen* 43; *Roxin* § 43 B I 2; *Herdegen* StV 1990, 518ff.). Die Stringenz des Beweisantragsrechts wird ausgehöhlt, wenn vom Antragsteller verlangt wird, er müsse Anhaltspunkte oder Indizien für seine Behauptung angeben (überzeugende Kritik *KK-Herdegen* 43).

47 Die behauptete Tatsache muß auf einer **konkreten Wahrnehmung** beruhen; subjektive Bewertungen und Schlußfolgerungen sind keine geeigneten Beweistatsachen. Schlagwortartige (normative) Verkürzungen (z. B. betrunken, süchtig, unglaubwürdig oder Kauf, Miete, Anstiftung) sind möglich (*BGHSt* 1, 137; *K/M* 20); in diesen Fällen muß aber durch Hinweis auf die Wahrnehmungsgrundlage ein hinreichender Tatsachenbezug erkennbar sein (*BGHSt* 37, 162, 164ff.; *KK-Herdegen* 45; auf letzteres verzichtend *ANM* S. 200f.; z. T. die Rspr. d. RG, z. B. *RGSt* 37, 371, 372; 39, 363, 364).

Ist die Beweisbehauptung unklar oder lückenhaft, so muß das Gericht durch **Be-** 48 **fragung** des Antragstellers auf Klarstellung oder **Vervollständigung** hinwirken (*BGHSt* 1, 137f.; 22, 118, 122; *LR/Gollwitzer* 112 m. w. N.; *K/M* 35: Fürsorgepflicht des Gerichts aus § 244 Abs. 2). Bleibt dies erfolglos, so ist der Beweisantrag **auszulegen**, wobei Sinn und Zweck der Beweisbehauptung wichtiger sind als ihr Wortlaut (*BGH* StV 1981, 603; 1982, 55). Bei mehreren Interpretationsalternativen muß versucht werden, der Behauptung einen konstruktiven Sinn zu geben (*BGH* NStZ 1984, 564f.; *KK-Herdegen* 46; *ANM* S. 751).

b) Beweismittel

Die Angabe eines **bestimmten Beweismittels** ist stets erforderlich, jedoch dürfen 49 auch hier die Anforderungen an die Präzision nicht überspannt werden. Beim **Zeugen** genügen notfalls individualisierende Angaben, die es dem Gericht ermöglichen, Namen und Anschrift zu ermitteln, ohne daß der Zeuge erst aus einem Personenkreis herausgefunden werden muß (*BGH* NStZ 1981, 309; *KK-Herdegen* 47; *K/M* 21; *ANM* S. 95). Beim **Sachverständigen** braucht im Hinblick auf die richterliche Auswahlkompetenz (§ 73 Abs. 1) kein bestimmter Sachverständiger bezeichnet zu werden (*OLG Hamm* MDR 1976, 338; *K/M* 21; *KMR-Paulus* 389). Bei **Urkunden**, die der Antragsteller nicht selbst vorlegen kann, reichen Angaben, die dem Gericht die Herbeischaffung ermöglichen (Urkundeninhaber, Verwahrungsort, vgl. *KK-Herdegen* 47). Nur eine einzelne – evtl. zusammengesetzte – Urkunde ist geeignetes Beweismittel, nicht Akten oder Geschäftsunterlagen (*RGSt* 13, 158f.; *BGHSt* 6, 128f.; *BGH* NStZ 1982, 296; *ANM* S. 53; *LR/Gollwitzer* 109). Der Antrag auf Aktenbeiziehung ist also kein Beweisantrag (*KK-Herdegen* 47), sondern eine Beweisanregung, die vom Gericht nur eine Prüfung nach § 244 Abs. 2 verlangt (vgl. Rn. 59).

Das gilt auch für die beantragte **Wiederholung einer Beweisaufnahme** (z. B. er- 50 neute Befragung des Zeugen oder Sachverständigen; *BGH* NStZ 1983, 375; *LR/ Gollwitzer* 133), es sei denn, daß derselbe Zeuge oder Sachverständige zu einer neuen Beweistatsache vernommen werden soll.

c) Form, Zeit, Antragsberechtigung

Das Mündlichkeitsprinzip verlangt **mündliche Antragstellung in der Hauptver-** 51 **handlung**. Außerhalb oder vor der Hauptverhandlung (z. B. in Schriftsätzen) gestellte Anträge werden erst durch den mündlichen Vortrag in der Hauptverhandlung zu förmlichen Beweisanträgen (*KK-Herdegen* 48 m. w. N. zur Hinweis- und Informationspflicht des Gerichts).

Letztmöglicher Zeitpunkt für die Stellung von Beweisanträgen ist der **Beginn der** 52 **Urteilsverkündung** (*BGHSt* 16, 389, 391; 21, 118, 123; *BGH* NStZ 1981, 311; *KG* StV 1991, 59). Ein Antrag, der nach Beginn der Urteilsverkündung bis zum Schluß der mündlichen Begründung gestellt wird (*BGHSt* 25, 333), ist kein förmlicher Beweisantrag; das Gericht kann aber im Rahmen seines Aufklärungsermessens nach § 244 Abs. 2 auf einen solchen Antrag eingehen, ohne eine Ablehnung begründen zu müssen (*BGH* NStZ 1986, 182; *K/M* 33).

53 Antragsberechtigt sind der StA, der Angeklagte und sein Verteidiger sowie der Privatkläger (vgl. aber § 384 Abs. 3). Die Befugnis des Nebenklägers (§ 397 Abs. 1) ist beschränkt auf Tatsachen, die sich auf den Tatkomplex des Nebenklagedelikts beziehen (*KK-Herdegen* 50). Im Adhäsionsverfahren kann der Verletzte Beweisanträge bezüglich der Tatsachen stellen, die für den Schadensersatzanspruch relevant sind (§ 404 Abs. 1 S. 2). Im Jugendstrafverfahren sind neben dem Angeklagten antragsberechtigt: der Erziehungsberechtigte und der gesetzliche Vertreter (§ 67 Abs. 1 JGG) sowie der nach § 69 JGG bestellte Beistand. Die Beweisbehauptungen des Verteidigers brauchen sich nicht mit der Einlassung des Angeklagten zu decken (*BGHSt* 21, 118, 124). Nicht berechtigt ist der nach § 149 StPO zugelassene Beistand des Angeklagten und die nach § 406f Abs. 3 zugelassene Vertrauensperson des Verletzten. Zum gemeinschaftlichen Beweisantrag ohne ausdrückliche Erklärung durch Interessenverbundenheit *BGHSt* 32, 10, 12; *KK-Herdegen* 51.

2. Hilfsbeweisantrag

54 Der Hilfsbeweisantrag ist die am häufigsten vorkommende Form eines **bedingten Beweisantrages**, mit dem der Antragsteller seinen Antrag von dem Ergebnis der Urteilsberatung abhängig macht (enger *Michalke* StV 1990, 184, 186). Meist wird die Verurteilung oder Freisprechung des Angeklagten als Bedingung formuliert, es kann aber z. B. auch die Bejahung der Schuldfähigkeit oder die Nichtanwendung des Jugendstrafrechts sein, außerdem etwa die Verurteilung wegen eines qualifizierten Deliktes oder die Versagung der Strafaussetzung zur Bewährung. **Sonstige bedingte Beweisanträge**, bei denen der Antrag von einer Zwischenentscheidung (z. B. Vereidigung eines Zeugen) oder einer anderen Bedingung (z. B. Ergebnis der Zeugenaussage) abhängig gemacht wird, sind seltener und werfen keine besonderen Probleme auf, weil über sie nach Eintritt der Bedingung wie über einen unbedingten Beweisantrag in der Hauptverhandlung durch Beschluß entschieden werden muß (*KK-Herdegen* 49).

55 Demgegenüber braucht das Gericht einen **Hilfsbeweisantrag**, der im Zweifel bei Verbindung mit dem Schlußvortrag anzunehmen ist, grundsätzlich erst in den Urteilsgründen abzulehnen, falls es ihm nicht vorher durch Wiedereintritt in die Beweisaufnahme stattgibt (vgl. Rn. 68 a. E.; zur Zulässigkeit des Hilfsbeweisantrages *BGHSt* 22, 124; 29, 396; *K/M* 22; *ANM* S. 58ff.) oder ihn noch in der Hauptverhandlung ablehnt (*BGHSt* 32, 10, 13). Für den Antragsteller hat dies den Nachteil, daß er auf die Ablehnung nicht mehr mit evtl. gebotenen weiteren Beweisanträgen reagieren kann (*Roxin* § 43 D). Andererseits bringt er das Gericht mit dem Hilfsbeweisantrag in ein Entscheidungsdilemma zwischen Vermeidung des Eintritts der Bedingung, erneuter Beweisaufnahme und Ablehnung. Unter dem Zeitdruck, der am Ende einer Hauptverhandlung oft empfunden wird, kann das Gericht dann zu der scheinbar einfacheren Ablehnung des Beweisantrages verführt werden mit der Folge, daß in den Urteilsgründen fehlerhafte Ablehnungsbegründungen auftauchen oder daß für die Beweiswürdigung durch erzwungene Anpassung an den Ablehnungsgrund nur noch begrenzter Spielraum bleibt (*Schulz* GA 1981, 301, 308). In beiden Fällen steigen die Chancen für eine erfolgreiche Revision des Angeklagten oder der StA (zum Ganzen *KK-Herdegen* 49; aus Sicht der richterlichen Praxis krit. zur Handhabung des Hilfsbeweisantrags durch die Verteidigung *Schrader* NStZ 1991, 224ff.; aus Sicht der Verteidigung *Schlothauer* StV 1988, 542ff.).

3. Beweisermittlungsantrag
Ein Beweisermittlungsantrag liegt vor,»wenn die Beweistatsachen oder das Be-   **56**
weismittel erst gesucht werden« (*BGHSt* 30, 131, 142 m.w.N.). Durch diese Of-
fenheit unterscheidet er sich vom **Beweisantrag**, zu dessen **Vorbereitung** er eingesetzt werden kann (*K/M* 25), aber nicht muß; denn die meisten Beweisermittlungsanträge finden ihre Erledigung in einer sachverhaltsaufklärenden Tätigkeit
des Gerichts oder durch Vorklärungen im Wege des Freibeweises (*KK-Herdegen*
52 m.w.N.; zum Beweisermittlungsantrag als Vorstufe eines Beweisantrages
Michalke, Anm. zu *OLG Frankfurt* StV 1988, 244f.).
Von der bloßen **Beweisanregung**, die gelegentlich unzutreffend als Oberbegriff
herangezogen wird (z.B. *BGHSt* 6, 128f.; differenzierend *K/M* 23, 26, 27) unterscheidet sich der Beweisermittlungsantrag durch die **Förmlichkeit der Antragstellung** und die damit verbundene **Entscheidungspflicht** für das Gericht (*KK-Herdegen* 52–55; *LR/Gollwitzer* 115). Der Antragsteller macht mit dem Beweisermittlungsantrag einen Anspruch auf Erfüllung des Aufklärungsgebotes (§ 244 Abs. 2)
geltend, dessen Verletzung er notfalls mit der Aufklärungsrüge beanstanden kann
(*KK-Herdegen* 52; *Schulz* GA 1981, 301, 314).
Es ist nach § **244 Abs. 2** zu prüfen und zu entscheiden, ob weitere **Aufklärung** von   **57**
Amts wegen geboten ist (*BGHSt* 6, 128f.; 30, 131, 142). In der Regel rechtfertigen
die Ablehnungsgründe der Absätze 3–6 auch die Ablehnung des Beweisermitt-
lungsantrags (*ANM* S. 87). Greift keiner der Ablehnungsgründe ein, so ist das
Gericht beim Beweisermittlungsantrag freier in der Enscheidung als beim Beweis-
antrag; es wäre aber fehlerhaft, den Antrag einfach als unzulässigen Beweisantrag
zurückzuweisen, ohne die Notwendigkeit des beantragten Beweises sorgfältig zu
prüfen (*KK-Herdegen* 54:»Beweisantragsnähe«; für Gleichstellung *Engels* 1979,
S. 147).
Der Beweisermittlungsantrag ist als prozessualer Antrag zu **protokollieren** (§ 273   **58**
Abs. 1). Gegen eine – zu begründende – ablehnende Entscheidung des Vorsitzenden kann nach § **238 Abs. 2** das Gericht angerufen werden (*LR/Gollwitzer* 121;
a.A. *Gössel* § 29 C IIa 2, der den Beweisermittlungsantrag als unzulässigen Beweisantrag qualifiziert und deshalb nach § 244 Abs. 6 von vornherein einen ablehnenden Gerichtsbeschluß verlangt). Lehnt auch das Gericht die Beweiserhebung
ab, so müssen die Gründe hierfür im ablehnenden **Gerichtsbeschluß** deutlich gemacht werden (*KK-Herdegen* 54 m.w.N. zur uneinheitlichen Rspr. bezüglich der
Bescheidung). Wird der Beweisermittlungsantrag in Form eines Beweisantrages
gestellt, so muß das Gericht ohnehin nach Abs. 6 durch Beschluß entscheiden
(*LR/Gollwitzer* 121).

4. Beweisanregung
Anders als beim Beweisermittlungsantrag wird bei der Beweisanregung keine Be-   **59**
weiserhebung durch das Gericht verlangt, sondern nur auf die **Möglichkeit zu Er-
mittlungshandlungen** hingewiesen, die dem Ermessen des Gerichts überlassen
bleiben (*KK-Herdegen* 55). Ein förmlicher Bescheid ist auch bei Ablehnung nicht
erforderlich (*LR/Gollwitzer* 126). Selbst bei exakter Angabe einer Beweistatsache
und eines Beweismittels kann es sich um eine Beweisanregung handeln, wenn die
Beweiserhebung in das Ermessen des Gerichts gestellt wird (*KK-Herdegen* 55). In
diesem Fall ist aber genau zu prüfen, ob es sich nicht um einen lediglich unge-
schickt formulierten Beweis(ermittlungs-)antrag handelt (zum Beweiserbieten
Liemersdorf StV 1987, 175, 177).

V. Stellung eines Beweisantrages

60 Ein Beweisantrag muß in der Hauptverhandlung **mündlich** gestellt werden (zu Form, Zeitpunkt und Antragsberechtigung s. o. Rn. 51–53). Fast ausnahmslos ist es heute üblich, daß der Antragsteller eine **schriftliche Fassung** des Beweisantrags verliest und das Schriftstück dann als Protokollanlage zu den Akten gibt. Dies dient der Klarstellung und wird bei bloß mündlicher Antragstellung in der Regel auch vom Vorsitzenden angeregt. Zur schriftlichen Niederlegung ist der Antragsteller aber nicht verpflichtet (*BayObLG* bei *Rüth* DAR 1979, 240; *ANM* S. 382; *KK-Herdegen* 48).

61 Da der Antrag in das **Sitzungsprotokoll** aufzunehmen ist (§ 273 Abs. 1), ordnet bei Fehlen einer schriftlichen Fassung der Vorsitzende die Protokollierung an. Der Antragsteller selbst hat keinen Anspruch darauf, seinen Antrag ins Protokoll zu diktieren (*ANM* S. 400 m. w. N.). Zu protokollieren ist nur der Beweisantrag oder der Hilfsantrag, nicht eine zusätzliche mündliche Begründung (*OLG Nürnberg* MDR 1984, 74). Bei Überreichung eines Schriftsatzes genügt die Bezugnahme auf das als Anlage zum Protokoll genommene Schriftstück (Einzelheiten u. Rn. 144).

VI. Entscheidung über den Beweisantrag

62 Vor jeder Entscheidung ist den Beteiligten Gelegenheit zur Stellungnahme zu geben (§ 33 Abs. 1). Die **Ablehnung** des Beweisantrages darf nach § 244 Abs. 6 nur durch **Gerichtsbeschluß** mit Begründung erfolgen, während die **Anordnung** der Beweisaufnahme allein durch den **Vorsitzenden** im Rahmen seiner Sachleitungsbefugnis (§ 238 Abs. 1) ohne Begründung erfolgen kann (*BGH* NStZ 1982, 432). Der Vorsitzende darf das Kollegium entscheiden lassen und muß dies, wenn seine Beweisanordnung nach § 238 Abs. 2 beanstandet wird. Der dann erforderliche **Gerichtsbeschluß nach § 238 Abs. 2** muß in jedem Fall **begründet** werden (vgl. § 238 Rn. 37; *KK-Herdegen* 56; *ANM* S. 774 m. w. N.).

63 Der **Gerichtsbeschluß** nach § 244 Abs. 6 ist **mit Gründen bekanntzumachen** (§§ 34, 35 Abs. 1) und zu **protokollieren** (§ 273 Abs. 1). Der Vorsitzende darf nicht allein entscheiden, auch nicht im Einverständnis mit den Prozeßbeteiligten (*RGSt* 75, 165, 168; *BGH* NStZ 1983, 422; *K/M* 41). Zu empfehlen ist die schriftliche Abfassung, die dann nach dem Vermerk über die Bekanntmachung als Anlage zum Protokoll genommen wird.

64 Die **Begründung** des Ablehnungsbeschlusses soll den Antragsteller über die Beurteilung des Beweisthemas durch das Gericht informieren und ihm Gelegenheit geben, sich in seiner weiteren Verhandlungsführung darauf einzustellen (*BGHSt* 19, 24, 26; *BGH* NStZ 1983, 568). Sie muß dem Revisionsgericht die Nachprüfung der Gesetzmäßigkeit der Ablehnung ermöglichen (*BGHSt* 1, 29, 32; 2, 284, 286f.; *KK-Herdegen* 57).

65 Eine **formelhafte Begründung**, die sich auf die bloße Wiedergabe des Gesetzeswortlautes eines Ablehnungsgrundes beschränkt, genügt nicht (*BGHSt* 13, 252, 257), sofern nicht ausnahmsweise die tragende Erwägung des Gerichts auf der Hand liegt (*BGH* StV 1981, 4; *OLG Düsseldorf* MDR 1980, 868; *K/M* 41; *KK-Herdegen* 57 mit Vorbehalten gegen die Komplettierung aus dem Zusammenhang der Hauptverhandlung in *BGHSt* 1, 29, 32). Die Begründung muß jeden in Betracht kommenden Gesichtspunkt erfassen und die rechtlichen und tatsächlichen Gründe für die Ablehnung nennen (*K/M* 42f.), also z. B. bei der Unerreichbarkeit eines Beweismittels die hierfür maßgebenden Tatsachen und die Ermittlungsversuche zur Herbeischaffung des Beweismittels (*BGH* StV 1983, 185; NStZ 1987,

218f. [Pf./M.]). Ein Antrag kann aus mehreren Gründen abgelehnt werden (*BGH NJW* 1953, 1314; *K/M* 42). Bei mehreren Anträgen oder Beweismitteln müssen die Ablehnungsgründe für jeden Antrag (*BGHSt* 21, 118; 22, 124, 126) und für jedes Beweismittel (*BGH StV* 1987, 236; *OLG Düsseldorf StV* 1991, 295) dargelegt werden.

Der Ablehnungsbeschluß ist verbindlich und läßt **keine Korrektur durch die Ur-** 66 **teilsgründe** zu (*BGHSt* 19, 24, 26; 29, 149, 152; NStZ 1984, 565), ebensowenig die Nachholung eines unterbliebenen Beschlusses (*BGH* NStZ 1984, 17 [Pf./M.]). Eine nachgeschobene »richtige« Begründung kann Mängel des Ablehnungsbeschlusses nicht heilen, weil sich der Antragsteller dann nicht mehr auf die jetzt erkannten Gründe einstellen kann, die ihm bei rechtzeitiger Kenntnis in der Hauptverhandlung möglicherweise neue Antrags- und Argumentationsmöglichkeiten eröffnet hätten (*BGHSt* 29, 149, 152; *KK-Herdegen* 58). Nur in seltenen Ausnahmefällen scheiden solche Möglichkeiten von vornherein aus mit der Folge, daß das Urteil dann nicht auf dem fehlerhaften Ablehnungsbeschluß beruht (*ANM* S. 759 Fn. 47; etwas zu weitgehend *KK-Herdegen* 58).

Umgekehrt sind **Fehler**, die dem Gericht bei der Behandlung des Antrags in den 67 **Urteilsgründen** unterlaufen, nicht bedeutungslos, selbst wenn der in der Verhandlung verkündete Beschluß rechtsfehlerfrei war (*BGHSt* 19, 24, 26), denn im Urteil kommt die in der Urteilsberatung ausschlaggebende, u. U. vom Beschluß abweichende Stellungnahme des Gerichts zum Beweisantrag zum Ausdruck, auf deren Fehlerhaftigkeit das Urteil beruhen kann (*BGHSt* 19, 24, 27; *KK-Herdegen* 58; *ANM* S. 759, 894f.).

Die **Bekanntmachung** des Beschlusses und der Ablehnungsgründe (§ 35 Abs. 1) 68 muß spätestens vor Schluß der Beweisaufnahme (§ 258 Abs. 1) erfolgen (*BGHSt* 19, 24, 26), darf also nicht mit der Urteilsverkündung zusammengefaßt werden. Das gilt auch bei der Wahrunterstellung, weil sie ebenso wie andere Ablehnungsgründe die Prozeßstrategie des Antragstellers beeinflussen kann (*KK-Herdegen* 59). Bei einem **Hilfsbeweisantrag** bringt der Antragsteller zum Ausdruck, daß er – soweit er nicht einen entsprechenden Antrag stellt (*KG StV* 1988, 518; *K/M* 44; einschränkend *BGH* NStZ 1991, 47 m. krit. Anm. *Scheffler* NStZ 1991, 348 m. w. N.) – auf eine der Urteilsverkündung vorausgehende Entscheidung verzichtet, während das Gericht nicht gezwungen ist, seine Entscheidung bis dahin aufzuschieben (*BGHSt* 32, 10, 13). Wenn der Hilfsbeweisantrag aber wegen Prozeßverschleppung abgelehnt werden soll, muß dies schon in der Hauptverhandlung mitgeteilt werden, damit der Antragsteller den Vorwurf entkräften kann (*BGH* NStZ 1986, 372; StV 1990, 394; *K/M* 44; s. u. Rn. 113).

Eine **Änderung des Ablehnungsbeschlusses** kann sich bis zur Urteilsberatung als 69 notwendig erweisen, etwa wenn eine ursprünglich als bedeutungslos abgelehnte Beweistatsache doch noch relevant wird. Über Änderungen oder Ergänzungen der Ablehnungsgründe müssen die Prozeßbeteiligten vor Schluß der Beweisaufnahme unterrichtet werden (*BGHSt* 19, 24, 26; *Schlothauer StV* 1986, 213, 227f.), notfalls nach Wiedereröffnung einer bereits geschlossenen Verhandlung, damit sie sich in ihrer Prozeßstrategie auf den neuen Ablehnungsgrund einstellen können. Das gilt nicht, wenn in der Urteilsberatung eine als wahr unterstellte Tatsache sich nunmehr als bedeutungslos erweist, da nur eine »erhebliche Behauptung« als wahr unterstellt werden kann und die Relevanz in der Regel erst nach der Urteilsberatung feststeht, es sei denn, es liegt nahe, daß es der Angeklagte wegen der zugesagten Wahrunterstellung unterlassen hat, weitere Beweisanträge zu diesem Beweisthema zu stellen (str., so *BGHSt* 30, 383, 385; vgl. dazu m.w.N. u. Rn. 118; zu den Voraussetzungen der Wahrunterstellung insgesamt u. Rn. 114 ff.). Das mögliche Entfallen der Mitteilungspflicht gilt aber nicht in anderen Fällen der späteren Bedeutungslosigkeit (a.A. *BGH* StV 1987, 46 m. Anm. *Schlüchter*), da nur zwischen »potentieller Erheblichkeit« der Wahrunterstellung und Bedeutungslosigkeit eine gesetzlich typisierte Auffangposition anzunehmen ist (ähnlich *KK-Herdegen* 61).

70 Die Notwendigkeit einer Änderungsmitteilung durch einen **Gerichtsbeschluß** mit Gründen folgt aus § 244 Abs. 6 (s. o. Rn. 62 f.). Der Grundsatz des fairen Verfahrens (so *BGHSt* 32, 44, 47) braucht hierfür nicht herangezogen zu werden (ebenso *KK-Herdegen* 61), da der Vertrauensschutzgedanke bereits in § 244 Abs. 3 und 6 angelegt ist. Das Unterlassen der Information über einen anderen Ablehnungsgrund steht der ungerechtfertigten Ablehnung des Antrags gleich (*K/M* 45; *RGSt* 57, 165, 167). Ein förmlicher Beschluß ist auch dann erforderlich, wenn von einer antragsgemäß beschlossenen Beweisaufnahme (z. B. wegen Unerreichbarkeit des Zeugen) später abgesehen werden soll (*BGHSt* 32, 10, 12; *BGH* StV 1985, 488; *K/M* 45).

71 Führt die Änderung – etwa aufgrund der Amtsaufklärungspflicht – zu einer **Vornahme der abgelehnten Beweiserhebung**, so bedarf es keiner förmlichen Aufhebung des Ablehnungsbeschlusses und keiner besonderen Begründung. Die Entscheidung über die Durchführung der Beweiserhebung kann aber jetzt nicht mehr der Vorsitzende allein, sondern nur das Gericht treffen (*ANM* S. 774 f.).

72 Die Rechtsprechung geht von der **Austauschbarkeit von Beweismitteln** aus. Das Gericht soll – auch gegen den Willen des Antragstellers – einen Austausch vornehmen können, falls das Beweismittel, das an die Stelle des benannten tritt, »zweifelsfrei (mindestens) gleichwertig« ist und der Beweiswert nicht von qualitativen Besonderheiten der Beweismittel geprägt ist, insbesondere von »persönlichen Eigenschaften, Fähigkeiten und Einstellungen von Zeugen« (*BGH* NStZ 1983, 86 f. = NJW 1983, 126 f.; vgl. auch *BGHSt* 22, 347, 349; 27, 135, 137; *K/M* 47; *LR/Gollwitzer* 157 ff.; kritisch *KK-Herdegen* 62; *Roxin* § 43 C II 1 d cc; *Schulz* StV 1983, 341 ff.). Unproblematisch ist dies wegen der gerichtlichen Auswahlbefugnis bei der Person des Sachverständigen (§ 73 Abs. 1 S. 1; s. o. Rn. 39, 41; u. Rn. 122 ff.) und wegen des gerichtlichen Ermessens beim Augenschein (*BGHSt* 22, 347, 350; hier war die Tatsache im übrigen offenkundig). Gerechtfertigt ist der Austausch auch bei einer eindeutig besseren »Präsentation des Beweisstoffes« (*KK-Herdegen* 62: z. B. Vernehmung eines Zeugen statt Verlesung einer Vernehmungsniederschrift; u. U. auch umgekehrt bei der Verlesung der Niederschrift über eine nach § 100 a gewonnene Tonbandaufzeichnung im Wege des Urkundenbeweises anstelle der Vernehmung des übertragenden Beamten, soweit es um den Beweis über den Inhalt der Gespräche und nicht die Echtheit der Aufzeichnung geht, vgl. *BGHSt* 27, 135, 138 f.). Hierzu ist das Gericht ohnehin wegen des Grundsatzes der Amtsaufklärung verpflichtet (*LR/Gollwitzer* 159), und oft ist dann die Beweistatsache bereits erwiesen (nicht bei gegenteiliger Behauptung). Im übrigen ist beim Urkundenbeweis kaum eine gleichwertige Auswechslung denkbar. **Ausgeschlossen** ist sie jedenfalls beim **Zeugenbeweis** (z. B. Zeuge B statt Zeuge A über die Wahrnehmung desselben Vorganges), weil bereits nach den von der Rechtsprechung aufgestellten Kriterien der Zeuge stets über seine eigene, nicht durch andere ersetzbare

Wahrnehmung berichten soll (zu weitgehend daher *BGH* NStZ 1983, 86 f.; *K/M* 47; dagegen zutreffend *KK-Herdegen* 62; *Schulz* StV 1983, 341; wohl auch *LR/ Gollwitzer* 158).

VII. Ablehnungsgründe (Abs. 3)

1. Prinzipien, typische Fehler

Die Gründe, aus denen ein Beweisantrag abgelehnt werden darf, sind in § 244   **73** Abs. 3 und 4 **abschließend** geregelt (*BGHSt* 29, 149, 151). Für den **Zeugen- und Urkundenbeweis** gelten ausschließlich die Ablehnungsgründe des Abs. 3. Beim Antrag auf Vernehmung eines (weiteren) **Sachverständigen** fügt Abs. 4 weitere Gründe hinzu. Den **Augenscheinsbeweis** nimmt Abs. 5 aus der Strenge des Beweisantragsrechts heraus und stellt ihn in das pflichtgemäße Ermessen des Gerichts, das sich an der Amtsaufklärungspflicht nach Abs. 2 zu orientieren hat. **Schätzungsbefugnisse** nach materiellem Strafrecht (z. B. § 40 Abs. 3 StGB) schränken nicht nur die gerichtliche Aufklärungspflicht ein (s. o. Rn. 33), sondern rechtfertigen auch die Ablehnung eines einschlägigen Beweisantrages mit der Begründung, das Gericht habe bereits hinreichend konkrete Anhaltspunkte für eine Schätzung gewonnen, weshalb weitere Ermittlungen zu unangemessenem Aufwand führten (*KK-Herdegen* 63; a. A. *D/T* § 40 Rn. 26; *LK-Tröndle* § 40 Rn. 63).

Die insgesamt acht Ablehnungsgründe des Abs. 3 lassen sich in vier Gruppen **zu-**   **74** **sammenfassen** (vgl. *Roxin* § 43 C II 1; etwas abweichend *LR/Gollwitzer* 178):
– Unzulässigkeit der Beweiserhebung;
– Überflüssigkeit (die Beweistatsache ist offenkundig, bedeutungslos, schon bewiesen oder kann als wahr unterstellt werden);
– Unbrauchbarkeit des Beweismittels (völlig ungeeignet oder unerreichbar);
– Verschleppungsabsicht.

Wichtigstes ungeschriebenes Prinzip des in Abs. 3 geregelten Beweisantrags-   **75** rechts ist das **Verbot der Beweisantizipation**, d. h. die Unzulässigkeit der Vorwegnahme des Ergebnisses der beantragten Beweisaufnahme zum Nachteil des Antragstellers (*LR/Gollwitzer* 182 ff. mit zutreffendem Hinweis auf minimale Einschränkungen bei der völligen Ungeeignetheit und der Verschleppungsabsicht; *KK-Herdegen* 64; *K/M* 46). Seine Nichtbeachtung führt zu **typischen Fehlern** bei der Ablehnung von Beweisanträgen, z. B. mit folgenden Begründungen:
– das Gegenteil der Beweistatsache sei schon erwiesen, insbesondere beim Zeugenbeweis (vgl. *RGSt* 47, 100, 105; 63, 329, 331; *BGH* NStZ 1984, 42 f.; StV 1986, 418 f.), aber auch sonst (*BGHSt* 8, 177, 181);
– die Beweiserhebung verspreche keinen Erfolg (*BGH* NJW 1983, 404; StV 1986, 418 f.);
– das Beweismittel habe keinen oder nur geringen Beweiswert (*BGH* NJW 1966, 1524; NStZ 1984, 42 f.), außer in den Fällen völliger Ungeeignetheit (s. u. Rn. 90 ff.);
– die Beweistatsache sei nicht beweisbar oder durch die bisherige Beweisaufnahme schon widerlegt (*BGH* DAR 1981, 199 [Sp]; MDR 1974, 16 [D]; VRS 39, 95);
– ein Sachverständigengutachten mache die Zeugenaussage entbehrlich (*BGH* MDR 1970, 778; NStZ 1985, 376);
– die Beweisbehauptung widerspreche der Aussage des benannten Zeugen in

einem anderen Verfahren (*BGH* StV 1984, 450) oder der eigenen Einlassung des Angeklagten (*BGH* MDR 1977, 461 [H]).

76 Außer der hiervon abweichenden Regelung des Sachverständigenbeweises in Abs. 4, bei der das Gesetz die prognostische Fiktion zuläßt, daß die eigene Sachkunde des Gerichts oder ein bereits erstattetes Gutachten ein (weiteres) Sachverständigengutachten entbehrlich mache, enthält auch Abs. 3 einige geringfügige Einschränkungen des o. g. Prinzips, die man als **zulässige »antizipierende Wertungen«** bezeichnen kann (*KK-Herdegen* 65; ähnlich *LR/Gollwitzer* 182 ff.). Solche sind aus logischen Gründen geboten bei der Annahme der völligen Ungeeignetheit eines Beweismittels, bei der Offenkundigkeit (des Gegenteils der behaupteten Tatsache, h. M., *BGHSt* 6, 292, 296; *KK-Herdegen* 65; *LR/Gollwitzer* 227; insoweit a. A. *Grünwald* 1974, S. 74; *Engels* GA 1981, 21, 29), in gewissem Umfang auch bei der Prozeßverschleppung (vgl. *BGHSt* 21, 118, 122) und bei der Unerreichbarkeit eines Beweismittels (s. u. Rn. 95 ff.).

2. Unzulässigkeit der Beweiserhebung

77 Abs. 3 S. 1 verpflichtet das Gericht zur Ablehnung eines Beweisantrages, wenn die Erhebung des Beweises unzulässig ist (»ist abzulehnen«), während alle anderen Ablehnungsgründe nicht obligatorisch sind (»darf abgelehnt werden«). Unzulässig ist eine Beweiserhebung, die **aus Rechtsgründen verboten** ist. Es muß also ein **Beweiserhebungsverbot** vorliegen (Beweisthema-, Beweismittel- oder Beweismethodenverbot; vgl. *K/M* 49, Einl. 51 ff.; *Fezer* 12/110 ff.), während die schwierige Frage, ob hieraus auch ein Beweisverwertungsverbot hinsichtlich eines dennoch erhobenen Beweises folgt, erst bei der Beweiswürdigung und Urteilsfindung bzw. bei der Revision (§ 337) zu entscheiden ist (*K/M* Einl. 55; *ANM* S. 476 ff.). Grundsätzlich zu unterscheiden ist auch zwischen – etwa vom Nichtberechtigten (zur Antragsberechtigung s. o. Rn. 53) gestelltem – unzulässigem Beweisantrag und Unzulässigkeit der beantragten Beweiserhebung selbst (*ANM* S. 425; *K/M* 48). Letztere liegt nicht schon bei Unvollkommenheit des Beweisantrags vor, zumal dieser oft als Beweisermittlungsantrag weiter zu verfolgen ist (*KK-Herdegen* 66). Die Stellung eines unzulässigen Beweisantrags ist auch etwas anderes als rechtsmißbräuchliche Antragstellung, die es zwar geben mag, die aber wegen der **Gefahren einer Mißbrauchsklausel** für die Aushöhlung des Beweisantragsrechts nach der gesetzlichen Konzeption hingenommen werden muß, sofern kein anderer gesetzlicher Ablehnungsgrund eingreift (vgl. *BGHSt* 29, 149, 151; *BGH* NStZ 1986, 371; *KK-Herdegen* 66; *Roxin* § 43 C II 1 d dd; etwas weitergehend *LR/Gollwitzer* 206; *Gössel* § 29 C III b 3; *Rüping* Kap. 7 III 3 a, b).

78 Eine Gleichstellung der rechtsmißbräuchlichen Antragstellung mit der Unzulässigkeit hat die Rspr. bisher nur angenommen, wenn offenkundig **verfahrensfremde Zwecke** verfolgt werden, die nur dazu dienen können, »das Gericht ohne sachlichen Grund an der Ausübung seines Amtes zu hindern und eine geordnete Rechtspflege unmöglich zu machen« (*BGHSt* 7, 330, 331; ebenso *BGH* StV 1991, 99 f.). Auch diese Ausnahme erscheint methodisch nicht unproblematisch (*Fezer* 12/112), im konkreten Fall jedoch im Ergebnis sachgerecht. Der Antragsteller hatte die drei Berufsrichter einer Strafkammer als Zeugen für seine Behauptung benannt und diesen Antrag auch aufrechterhalten, nachdem die Richter die dienstliche Erklärung abgegeben hatten, daß ihnen über die Beweistatsache nichts bekannt sei. Bei einer solchen Fallkonstellation können die Voraussetzungen der Verschleppungsabsicht erfüllt sein (von *BGHSt* 7, 330, 331 offengelassen; vgl.

aber *ANM* S. 426, 636 f.; *K/M* 67, die »Scheinbeweisanträge« grundsätzlich nicht als unzulässig, sondern als unbegründet wegen Verschleppungsabsicht nach Abs. 3 S. 2 ablehnen wollen). Die strengen Voraussetzungen dieses Ablehnungsgrundes (s. u. Rn. 107, 113) sind besser geeignet, die voreilige Annahme verfahrensfremder Zwecke zu unterbinden (strenger als *BGHSt* 7, 330 auch *BGH* JZ 1980, 150 f.).

Ein **generelles Beweisthemenverbot** gilt für die **Wahrnehmungen in der laufenden** 79 **Hauptverhandlung,** die der abschließenden Bewertung in den Schlußvorträgen des StA und des Verteidigers und der Beweiswürdigung und Urteilsberatung der Richter vorbehalten sind (ähnlich *KK-Herdegen* 66), außerdem für **überwiegend normative Fragen,** z. B. Strafzumessung anderer Gerichte (*BGHSt* 25, 207 f. m. krit. Anm. *Schroeder* JR 1974, 340) oder Umfrage zur Verteidigung der Rechtsordnung i. S. des § 56 Abs. 3 StGB (*OLG Celle* JR 1980, 256 m. krit. Anm. *Naucke*: Bei Rechtsfragen liege schon gar kein Beweisantrag vor). Dies gilt **nicht** bei **Prognosen,** z. B. zu den Voraussetzungen des § 56 Abs. 1 StGB, die dem Beweis (z. B. durch Prognosegutachten) zugänglich sind (vgl. *LG Frankfurt* StV 1984, 120; *OLG Celle* JR 1985, 32 m. Anm. *J. Meyer*; *K/M* 49; *ANM* S. 430). Das ergibt sich auch aus der gesetzlich vorgeschriebenen Begutachtung bei den Maßregelentscheidungen gem. §§ 63–66 StGB (§ 246 a). In der Regel kann das Gericht über solche Prognosen aber kraft eigener Sachkunde entscheiden (vgl. Abs. 4).

Sonstige Beispiele für unzulässige Beweiserhebung: Beweismethodenverbot bei 80 der Vernehmung des Beschuldigten und Zeugen (§§ 136 a, 69 Abs. 3); aus der Verfassung abgeleitete Beweisverbote, z. B. wegen Eingriffs in den durch Art. 2 Abs. 1 i. V. m. Art. 1 Abs. 1 GG geschützten unantastbaren Bereich privater Lebensgestaltung bei privaten Tonbandaufnahmen oder Aufzeichnungen des Angeklagten oder eines Zeugen (*BVerfGE* 34, 238, 245 = JZ 1973, 504 m. Anm. *Arzt*; *BGHSt* 19, 325 ff.) außer in Fällen schwerster Kriminalität (*BGHSt* 34, 397, 401 = NStZ 1987, 569 m. Anm. *Plagemann*; vgl. *LR/Gollwitzer* 201 ff.); gesetzliche **Geheimhaltungspflichten** (z. B. Steuergeheimnis nach § 30 AO, Sozialgeheimnis nach § 35 SGB X, sofern keine besondere Offenbarungsbefugnis eingreift (z. B. § 30 Abs. 4, 5 AO, §§ 67–77 SGB X), dagegen nicht bei einfachen Verwaltungsgeheimnissen wie § 30 VwVfG, § 5 BDSG, § 5 MRRG oder bei dem für die Strafverfolgung irrelevanten Bankgeheimnis (vgl. *ANM* S. 473, 476); Vernehmung eines **Beamten ohne Aussagegenehmigung** gem. § 54 (*BGHSt* 30, 34); **Protokollverlesung** anstelle einer persönlichen Vernehmung (§ 250 S. 2), ohne daß eine der Ausnahmen gem. §§ 251–256 eingreift; Verlesung einer beschlagnahmten Urkunde bei Verletzung eines **Beschlagnahmungsverbotes** (§ 97); Verlesung einer richterlichen Vernehmungsniederschrift, die unter Verletzung der **Benachrichtigungspflicht** (§§ 168 c Abs. 5, 224) zustandegekommen ist, falls Angeklagter und Verteidiger nicht damit einverstanden sind (*BGHSt* 9, 24, 27 f.); Vernehmung eines **Beschuldigten** oder **Mitbeschuldigten als Zeuge,** dagegen nicht bei einem früheren Mitbeschuldigten, dessen Verfahren rechtskräftig abgeschlossen (*BGHSt* 10, 186) oder aus sachlich gerechtfertigten Gründen abgetrennt worden ist (str.; vgl. *BGHSt* 10, 8, 11; 27, 139, 141; *BGH* JR 1969, 148 m. Anm. *von Gerlach*; einschränkend *BGHSt* 24, 257; *BGH* StV 1982, 507; 1984, 186; *LG Frankfurt* StV 1986, 470; kritisch zur sog. Rollenvertauschung *Roxin* § 26 A III 1 b m. w. N.); **spezielle Beweisthemenverbote,** z. B. in bezug auf das Beratungsgeheimnis (§ 43 DRiG), getilgte oder tilgungsreife Vorverurteilungen (§ 51 BZRG) oder Tatsachen, für die im Verfahren eine Bindungswirkung eingetreten ist (§§ 327, 353); **spezielle Be-**

weismittelverbote, z. B. bei Zeugen, die von ihrem Zeugnisverweigerungsrecht Gebrauch gemacht haben (§ 52), auch bezüglich Vernehmungsniederschriften (§ 252) oder in den Fällen der §§ 81 c, 96 (weitere Beispiele bei *ANM* S. 430 ff.; *LR/Gollwitzer* 192 ff.).

3. Offenkundigkeit

81 Eine »wegen Offenkundigkeit überflüssige Beweiserhebung« ist bei allgemeinkundigen oder gerichtskundigen Tatsachen anzunehmen (krit. zu dieser Differenzierung *Keller* ZStW 101 [1989], 381, 405 ff.). Offenkundig kann die **behauptete Tatsache oder ihr Gegenteil** sein (*BGHSt* 6, 292, 296; *Keller*; a. a. O. S. 384 ff. m. w. N.; a. A. hinsichtlich des Gegenteils der unter Beweis gestellten Tatsache *Grünwald* 1974, 74; *Engels* GA 1981, 29; *Born* S. 113). Über offenkundige Tatsachen braucht kein Beweis erhoben zu werden, sie müssen aber zum **Gegenstand der Verhandlung** gemacht werden und die Verfahrensbeteiligten müssen Gelegenheit zur Stellungnahme erhalten (*BGHSt* 6, 292, 296), sofern sie nicht völlig selbstverständlich sind und deshalb keiner Hervorhebung bedürfen (*Roxin* § 24 C II 3). Bei **Kollegialgerichten** genügt es für die Allgemeinkundigkeit, wenn die Mehrheit der Mitglieder eines Spruchkörpers die erforderliche Kenntnis hat und die Minderheit sich aus allgemein zugänglichen Quellen informieren könnte (*KK-Herdegen* 70). Gerichtskundigkeit setzt dagegen die Kenntninis aller Mitglieder eines Spruchkörpers voraus, also auch der Laienrichter (str., wie hier noch *BGHSt* 6, 292, 297; *Roxin* § 24 C II 2; *KK-Herdegen* 70); dagegen will der *BGH* neuerdings die Kenntnis der berufsrichterlichen Mitglieder ausreichen lassen (*BGHSt* 34, 209 f.; ebenso *K/M* 53; *LR/Gollwitzer* 233; *ANM* S. 566).

82 **Allgemeinkundig** sind Tatsachen und Erfahrungssätze, von denen verständige Menschen regelmäßig Kenntnis haben oder über die sie sich aus zuverlässigen Quellen ohne besondere Fachkunde sicher unterrichten können (*BGHSt* 6, 292, 293; vgl. auch *BVerfGE* 10, 177, 183). Die Allgemeinkundigkeit kann örtlich, zeitlich oder personell beschränkt sein (*K/M* 51), z. B. hinsichtlich der besonderen Verkehrsverhältnisse einer Gemeinde (*BGHSt* 6, 292, 293). Allgemeinkundig ist z. B., was in Lexika, Stadtplänen, Straßenkarten, Kursbüchern oder Geschichtsbüchern nachgelesen werden kann oder worüber in den Medien regelmäßig und einheitlich berichtet wird (*OLG Düsseldorf* MDR 1980, 868 f.), dagegen nicht notwendig der Inhalt kontroverser Medienberichterstattung (*KK-Herdegen* 67).

83 Allgemeinkundige **Erfahrungssätze** können ihre Grundlage in der Lebenserfahrung oder in allgemein zugänglichen Erkenntnissen der Forschung haben, die verständige Menschen kennen oder die sie sich mittels allgemein zugänglicher Erkenntnismittel unschwer verschaffen können (*KK-Herdegen* 68), z. B. Sonnenuntergangszeiten, Folgen der Übermüdung, längere Bremswege bei nasser oder gefrorener Fahrbahn. In Betracht kommen **allgemeingültige Erfahrungssätze**, die zwingende Schlußfolgerungen enthalten, denen auch der Richter folgen muß (*BGHSt* 31, 86, 89), z. B. Gesetze der Schwerkraft, Regeln über Bremsverzögerungen und Bremswege anhand von Bremsweg und Bremszeittabellen. Anerkannt sind aber auch **nicht allgemeingültige Erfahrungssätze** (Wahrscheinlichkeitsregeln, statistische Erfahrungssätze), bei denen der Richter erst anhand weiterer Beweisanzeichen prüfen muß, ob sie im konkreten Fall zur Gewißheit werden (*BGHSt* 31, 86, 89: Zuverlässigkeit eines Abstandsmeßverfahrens; ferner z. B. kriminalprognostische Beurteilung anhand von Prognosekriterien in der kriminologischen Literatur, vgl. auch Rn. 79). Wegen der kontinuierlichen **Weiterentwick-**

lung wissenschaftlicher Erkenntnisse muß bei begründeten Zweifeln an der Allgemeinkundigkeit einem entsprechenden Beweisantrag nachgegangen werden (*ANM* S. 568).

Gerichtskundig sind Tatsachen und Erfahrungssätze, die »der Richter im Zusam- **84** menhang mit seiner amtlichen Tätigkeit zuverlässig in Erfahrung gebracht hat« (*BGHSt* 6, 292, 293; vgl. auch *BVerfGE* 10, 177, 183). Damit scheidet privates Wissen des Richters aus (h. M., a. A. *Walter* 1979, S. 283), z. B. was der Richter als Verkehrsteilnehmer über die örtlichen Beleuchtungsverhältnisse weiß (*ANM* S. 546). Gleichgültig ist, ob die Kenntnisse aus dem anhängigen Verfahren oder einem anderen Verfahren stammen. Auch gleichbleibende Feststellungen anderer Richter, mit denen sich das Gericht regelmäßig amtlich zu befassen hat, können gerichtskundig machen (*LR/Gollwitzer* 230; *KK-Herdegen* 69; krit. *Peters* S. 308 f.), jedoch muß es sich um mehr als bloße Aktenkundigkeit handeln (*ANM* S. 546; vgl. auch *BGHSt* 6, 292, 294, 296). Wegen der damit verbundenen Gefahren für die Mündlichkeit und Unmittelbarkeit der Hauptverhandlung ist eine **restriktive Handhabung** geboten. Gerichtskundigkeit kommt nur bei sog. **Hintergrundtatsachen** (z. B. geheimbündlerische Tätigkeit einer politischen Bewegung, *BGHSt* 6, 292, 295 f.; Rechtskenntnisse des Angeklagten als Rechtsanwalt, *RGSt* 14, 364, 376; Kenntnis der Unfallstelle aus anderen Verfahren, *ANM* S. 550) oder prozessual erheblichen Tatsachen (z. B. Rechtshängigkeit einer anderen Sache) in Betracht, dagegen **nicht bei unmittelbar beweiserheblichen Tatsachen** (*ANM* S. 548 ff.), auch nicht bei wesentlichen **Indizien** für den Tat- und Schuldnachweis (*KK-Herdegen* 69, etwas weiter *ANM* S. 550).

4. Bedeutungslosigkeit der Beweistatsache

Die Ablehnung eines Beweisantrages wegen Bedeutungslosigkeit ist dann möglich, **85** wenn die Beweistatsache **keine Beziehung zum Prozeßgegenstand** hat oder wenn sie trotz dieser Beziehung im Falle ihrer Bestätigung **keinen Einfluß auf die richterliche Überzeugung** vom entscheidungserheblichen Sachverhalt haben könnte (*BGH* NStZ 1982, 126; 1985, 516; *K/M* 54; *LR/Gollwitzer* 219). Die Beziehung zum Prozeßgegenstand ergibt sich aus der Relevanz einer behaupteten Tatsache für die gesetzlichen Strafbarkeitsvoraussetzungen und Rechtsfolgen (unmittelbar erhebliche Tatsachen, s. o. Rn. 15 f.) oder für Schlüsse auf unmittelbar erhebliche Tatsachen (Indiztatsachen, Hilfstatsachen, mittelbar erhebliche Tatsachen; vgl. o. Rn. 17 f.; *KK-Herdegen* 67; *Fezer* 12/114). Schwieriger ist die Beurteilung einer Indiztatsache. Bevor sie als bedeutungslos behandelt wird, empfiehlt sich eine klärende Nachfrage über die Zielrichtung des Indizschlusses. Die Bedeutungslosigkeit kann sich aus rechtlichen oder tatsächlichen Gründen ergeben.

Rechtliche Bedeutungslosigkeit liegt vor, wenn die Behauptung keine Haupttatsa- **86** che betrifft, die sich unter die gesetzlichen Strafbarkeitsvoraussetzungen oder Rechtsfolgenbestimmungen subsumieren läßt (vgl. *KK-Herdegen* 72). Sie kann sich aber auch daraus ergeben, daß eine Verurteilung aus anderen (bereits erwiesenen) Gründen nicht möglich ist (*K/M* 55), z. B. wegen Vorliegens von Prozeßhindernissen. Beweistatsachen zur Strafzumessung sollen nach Auffassung der Rspr. schon dann bedeutungslos sein, wenn sie die Entscheidung nur geringfügig beeinflussen könnten (*ANM* S. 586 f.; *K/M* 55). Da es im Bereich der Strafrechtsfolgen kaum »Geringfügiges« gibt, handelt es sich um eine problematische Ausweitung dieses Ablehnungsgrundes, an den jedenfalls im Bereich der in § 46 Abs. 2 StGB aufgezählten Strafzumessungsgründe sehr strenge Maßstäbe angelegt werden müssen.

87 **Bedeutungslosigkeit aus tatsächlichen Gründen** liegt vor, wenn der Schluß von der behaupteten Indiztatsache (s. o. Rn. 17) auf eine relevante Haupttatsache oder von der behaupteten Hilfstatsache auf den Wert oder Unwert eines Beweismittels vom Gericht mangels Sachzusammenhanges nicht gezogen werden kann oder in freier Würdigung (§ 261) der gesamten Sach- und Beweislage trotz entsprechender Möglichkeit nicht gezogen wird (vgl. *KK-Herdegen* 72, *K/M* 56; *ANM* S. 587). Dabei muß das **Beweisantizipationsverbot unangetastet** bleiben. Das Gericht darf nicht die Beweisbarkeit der Beweistatsache verneinen, sondern nur ihre Beweiserheblichkeit (*ANM* S. 589). Die Indiztatsache braucht auch keine zwingenden Schlüsse auf die Haupttatsache zuzulassen (*KG* StV 1988, 380 f.). Entscheidend ist, daß der an sich ausreichende Möglichkeits- oder Wahrscheinlichkeitsschluß (*BGH* NStZ 1984, 42 f.) vom Gericht verneint wird, weil das Gericht anderen indiziellen Tatsachen die besseren Beweisgründe entnimmt (*KK-Herdegen* 72; vgl. auch *BGH* NStZ 1981, 309). Zur Beurteilung der faktischen Bedeutungslosigkeit muß das Gericht die Beweistatsache hypothetisch als erwiesen betrachten, ihre Auswirkungen auf das bisherige Beweisgefüge beurteilen und dabei zu dem Ergebnis kommen, daß die Entscheidung sich dadurch nicht ändert (vgl. *BGH* NStZ 1984, 42, 43; NJW 1988, 501, 502; *ANM* S. 589). Wird dieses hypothetische Erwiesensein nicht ernst genommen, so besteht die Gefahr, daß die Beweiserheblichkeit mit der fehlerhaften Begründung verneint wird, das Gegenteil sei bereits erwiesen (vgl. *K/M* 56).

88 Der Ablehnungsbeschluß muß eine **konkrete Begründung zur rechtlichen oder tatsächlichen Bedeutungslosigkeit** enthalten (*BGH* StV 1984, 451; 1990, 340; NStZ 1991, 47; *LR/Gollwitzer* 224), da die Bedeutungslosigkeit praktisch nie »auf der Hand liegt« (problematisch daher *BGH* NStZ 1982, 170, 171). Dies ist erforderlich, damit die Verfahrensbeteiligten in der Hauptverhandlung ihre Prozeßstrategie darauf einrichten können (*BGH* StV 1990, 246). Außerdem muß das Revisionsgericht überprüfen können, ob die Ablehnung rechtsfehlerfrei war (dazu *BGHSt* 2, 284, 286; *BGH* NStZ 1981, 309 f.; StV 1984, 451; *KK-Herdegen* 73). In den Urteilsgründen darf sich das Gericht nicht in Widerspruch zu der Ablehnungsbegründung setzen (*BGH* NStZ 1988, 38; Beispiele bei *KK-Herdegen* 73; krit. zum Verhältnis von Bedeutungslosigkeit aus tatsächlichen Gründen und Wahrunterstellung *ANM* S. 590 ff. m. w. N.).

5. Erwiesensein der Beweistatsache

89 Tatsachen, von deren **Vorliegen** das Gericht bereits **überzeugt** ist, bedürfen keines Beweises mehr. Dieser Ablehnungsgrund gestattet also eine vorweggenommene Beweiswürdigung i. S. der Beweisbehauptung des Antragstellers (*ANM* S. 597). Davon zu unterscheiden ist die **unzulässige Ablehnung wegen Erwiesenseins des Gegenteils** der behaupteten Tatsache (*RGSt* 47, 100, 105; *KK-Herdegen* 74). »Schon erwiesen« sein können belastende und entlastende Tatsachen, während die Wahrunterstellung nur zugunsten des Angeklagten in Betracht kommt (*ANM* S. 599). Die Gefahr, daß das Gericht bei der Urteilsbegründung in einen Widerspruch zu den als erwiesen bezeichneten Tatsachen gerät, ist nicht ganz gering.

6. Völlige Ungeeignetheit des Beweismittels

Das Gericht kann von einer Beweiserhebung absehen, von der **keine Sachaufklä-** 90
rung zu erwarten und von deren **völliger Nutzlosigkeit** es überzeugt ist (*BGHSt* 14,
339, 342). Völlig ungeeignet ist ein Beweismittel dann, wenn ohne Rücksicht auf
die bisherige Beweisaufnahme feststeht, daß sich mit dem bezeichneten Beweismittel das im Beweisantrag in Aussicht gestellte Ergebnis nach sicherer Lebenserfahrung nicht erzielen läßt (*BGH* StV 1981, 397; 1984, 231f.; NStZ 1981, 32; *K/M*
58; *LR/Gollwitzer* 278; *KK-Herdegen* 75). Die »relative« Ungeeignetheit des Beweismittels genügt nicht; auch nur mögliche, nicht zwingende Schlußfolgerungen
können für die richterliche Überzeugungsbildung von Bedeutung sein (*BGH* NJW
1983, 404; NStZ 1990, 506; *K/M* 58). Die Feststellungen über die Eignung (z. B.
ob die Anknüpfungstatsachen für ein Sachverständigengutachten ausreichen,
BGH NJW 1983, 404f.; StV 1990, 246f.) können im Freibeweisverfahren erfolgen
(*LR/Gollwitzer* 277).

Mit der völligen Ungeeignetheit konstatiert das Gericht die »**präsumtive Wertlo-** 91
sigkeit des Beweismittels« (*KK-Herdegen* 78) und weist damit den Versuch eines
Verfahrensbeteiligten zurück, das bisherige Beweisergebnis durch einen Gegenbeweis zu erschüttern (*RG* HRR 1932, 79). Die damit verbundene Gefahr einer
vorweggenommenen Beweiswürdigung muß begrenzt werden, indem man sich bewußt macht, daß dieser Ablehnungsgrund nur in »**seltenen Ausnahmefällen ob-**
jektiver Evidenz« (*Roxin* § 43 C II caa) in Betracht kommt (vgl. auch *LR/Goll-*
witzer 278; *KK-Herdegen* 76). Die Ungeeignetheit darf nicht aus der bisherigen
Beweisaufnahme abgeleitet werden, sondern muß sich **aus dem Beweismittel**
selbst ergeben (*BGH* NStZ 1984, 564; *KK-Herdegen* 76; *Schlüchter* 550).

Die Unterscheidung zwischen **objektiver Unmöglichkeit**, bei der ein Gelingen des 92
Beweises völlig ausgeschlossen ist, und (subjektivem) **Unvermögen** (vgl. *KK-Her-*
degen 75) ist hilfreich, weil sie anhand der seltenen und eindeutigen Fälle der
objektiven Unmöglichkeit das Prinzip hervorhebt. Daraus lassen sich Leitlinien
für die häufigeren Grenzfälle entwickeln, in denen es nur um Zweifel an der subjektiven Eignung des Zeugen oder Sachverständigen geht. **Beispiele** für objektive
Unmöglichkeit: blinder Zeuge für visuelle Wahrnehmungen (allg. zu körperlichen
und geistigen Gebrechen *LR/Gollwitzer* 281); Sachverständiger ohne die erforderlichen Anknüpfungstatsachen (*BGHSt* 14, 339, 342; *BGH* NStZ 1985, 14 [Pf./
M.]), Hellseher und parapsychologisches Sachverständigengutachten (*BGH* NJW
1978, 1207); Urkundenbeweis anhand völlig ungeordneter Geschäftsbücher, die
keinerlei Schlüsse zulassen (*RG* JW 1925, 371; *ANM* S. 609); Augenscheinseinnahme bei völlig verändertem Wahrnehmungsobjekt oder nicht rekonstruierbaren
Tatzeitverhältnissen (*ANM* S. 609 m. w. N.).

Die meisten Problemfälle finden sich im Bereich des **Unvermögens von Zeugen.** 93
Lange Zeiträume zwischen Tat und Aussage machen einen Zeugen nicht ungeeignet, wenn der Vorgang für ihn bedeutsam war oder wenn er sich auf Erinnerungs-
hilfen stützen kann (*BGH* StV 1982, 339, 340f.: 75jährige Zeugin über ein 18
Jahre zurückliegendes Ereignis; vgl. auch *BGH* StV 1981, 167; *Schlüchter* 550;
KK-Herdegen 75). Allerdings lassen die Rspr. und ein Teil der Literatur eine Ablehnung des Zeugenbeweises auch dann zu, wenn es nach der Lebenserfahrung
unter Berücksichtigung der Umstände des Einzelfalles (Bedeutung des Vorgangs,
Länge der Zeit, Persönlichkeit des Zeugen) unmöglich, nicht nur unwahrschein-
lich erscheint, daß der Zeuge sich noch an den Vorgang erinnert (*BGH* StV 1982,
339, 341; *LR/Gollwitzer* 282; *K/M* 60; vgl. auch *BGH* GA 1956, 384).

94 **Besondere persönliche Verhältnisse** machen den Zeugen nicht zu einem völlig ungeeigneten Beweismittel (*K/M* 61), z. B. verwandtschaftliche Beziehungen (*BGH* DAR 1977, 174 [Sp]; problematische Einschränkung in *BGHSt* 21, 12 bei definitiver Mitteilung über beabsichtigte Zeugnisverweigerung), Auskunftsverweigerungsberechtigung (problematisch *BGH* NStZ 1986, 181: Ungeeignetheit bei Erstreckung auf den gesamten Inhalt der Aussage und entsprechender Mitteilung an das Gericht, vgl. dagegen *RG* JW 1931, 3560; *BGH* MDR 1978, 281 [H]), Mittäterschaft oder Teilnahme, Abhängigkeit vom Angeklagten (*RG* JW 1932, 404 f.) oder Vorstrafen (*KK-Herdegen* 76), auch nicht Vorstrafen nach den §§ 153 ff. StGB (*RG* JW 1928, 2255; *KG* JR 1983, 479; *K/M* 61). Ein in einem anderen Verfahren angeklagter Zeuge ist auch dann kein ungeeignetes Beweismittel, wenn er über die Glaubwürdigkeit dessen aussagen soll, von dem er selbst auch (in seinem Verfahren) beschuldigt wird (vgl. *Jungfer* JA 1986, 20 ff.).

7. Unerreichbarkeit des Beweismittels

95 Dieser Ablehnungsgrund betrifft hauptsächlich den **Zeugenbeweis**; er kommt aber auch beim Urkunden- und Augenscheinsbeweis in Betracht (z. B. bei Zerstörung des Beweisgegenstandes), dagegen kaum beim Sachverständigenbeweis, weil der Sachverständige auswechselbar ist (*LR/Gollwitzer* 261). **Unerreichbar** ist ein Beweismittel, wenn alle – seiner Bedeutung und seinem Wert entsprechenden – Bemühungen des Gerichts, es beizubringen erfolglos geblieben sind und keine begründete Aussicht besteht, es in absehbarer Zeit herbeizuschaffen (*K/M* 62; *BGH* NStZ 1982, 78; 1985, 375; StV 1986, 418 f.).

96 Die Entscheidung über die Unerreichbarkeit erfordert eine **Abwägung** der Wichtigkeit der Zeugenaussage für die Wahrheitsfindung einerseits gegen das Interesse an einer reibungslosen und beschleunigten Durchführung des Verfahrens andererseits unter Berücksichtigung der Pflicht zur erschöpfenden Sachaufklärung (*BGHSt* 22, 118, 120; *BGH* NStZ 1991, 143; *Schlüchter* Rn. 551.3; *KK-Herdegen* 79). Die Maßstäbe, welche die höchstrichterliche Rechtsprechung hierbei anlegt, sind bei einem Beweisantrag strenger als im Rahmen der Amtsaufklärungspflicht oder bei der Entscheidung über die Verlesbarkeit eines richterlichen Protokolls nach § 251 Abs. 1 Nr. 2 (vgl. *BGHSt* 32, 68, 73). Dies ist grundsätzlich sachgerecht, kann jedoch bei **Zeugen im Ausland** unangemessene Erschwernisse der Prozeßführung mit sich bringen, die angesichts der zunehmenden Zahl von Ausländern mit kurzer Aufenthaltsdauer durch eher weitere Auslegung des Begriffs der Unerreichbarkeit vermieden werden müssen (s. u. Rn. 99; zur Strenge vgl. *Roxin* § 43 C II 1 c bb). Die gelegentlich erwogene Ablehnungsmöglichkeit nach pflichtgemäßem Ermessen (analog Abs. 5) ginge jedoch zu weit. In die richtige Richtung gehen Vorschläge zur Erweiterung der objektiven Antragsvoraussetzungen durch die Einführung einer besonderen Substantiierungslast (*Julius* S. 245 ff.).

97 Ein **Zeuge unbekannten Aufenthaltes** ist nicht schon dann unerreichbar, wenn er unbekannt verzogen (*OLG Frankfurt* StV 1984, 147; *OLG Koblenz* GA 1974, 120) oder auf Ladung nicht erschienen ist, wenn er nicht ohne weiteres aufgefunden wurde (*BGH* NStZ 1982, 78; StV 1984, 5; *K/M* 62) oder nur vorübergehend nicht verfügbar ist (*OLG Celle* NJW 1961, 1490 f.). In solchen Fällen sind Nachforschungen geboten, z. B. bei Melde- oder Ausländerbehörden, Arbeitgebern, Verwandten und Bekannten (*BGH* StV 1983, 319; 1986, 468), solange ein Erfolg wahrscheinlich ist (*LR/Gollwitzer* 263). Der Umfang der erforderlichen Nachforschungen (dazu *Julius* S. 123 ff.) richtet sich nach der Bedeutung des Beweismittels für die Wahrheitsfindung (*BGH* NStZ 1982, 127; StV 1983, 7), nach der Schwere des Tatvorwurfs (*BGH* StV 1981, 602f.; *KG* StV 1983, 95; NStZ 1984, 337, 338) und nach den bisherigen Bemühungen um Sachverhaltsaufklärung (*K/M* 62; *ANM* S. 622f. m.w.N.).

Bei einem **Zeugen mit bekanntem Aufenthalt** kann Unerreichbarkeit vorliegen, **98** wenn seiner Vernehmung in absehbarer Zeit nicht zu beseitigende Hindernisse entgegenstehen (*KK-Herdegen* 80 m.w.N.), z.B. wenn ein Zeuge wegen schwerer Erkrankung nicht vernehmungsfähig ist oder im Ausland jegliche Aussage ablehnt (Rn. 99), dagegen nicht bei nur zeitweiliger Unerreichbarkeit (*BGH* NStZ 1982, 341; 1983, 180).

Zeugen im Ausland sind nicht ohne weiteres unerreichbar (*LR/Gollwitzer* 266). **99** Zunächst muß versucht werden, sie förmlich zu laden, wenn die Ladung nicht von vornherein als zwecklos erscheint (*BGH* NJW 1983, 527; StV 1984, 408; NStZ 1985, 281f.; 1991, 143; *KK-Herdegen* 80 m.w.N.). Bleibt eine einmalige Ladung, die in geeigneten Fällen mit der Zusicherung freien Geleits nach § 12 EuRHÜbk zu verbinden ist (*BGHSt* 32, 68, 74), erfolglos, so ist der Auslandszeuge noch nicht notwendig unerreichbar; in diesem Fall muß das Gericht in der Regel versuchen, darüber hinaus die grundsätzliche Bereitschaft zur Vernehmung vor dem erkennenden Gericht zu klären (*BGH* NStZ 1984, 375, 376: z.B. durch Zustellung der Ladung in einem Rechtshilfeersuchen gem. § 10 EuRHÜbk mit Rückantwort durch den ersuchten Staat; grds. ist Rechtshilfeverkehr auch mit Ländern ohne Rechtshilfeabkommen möglich, *BGH* NStZ 1983, 276, 277; bei *Miebach* NStZ 1990, 27). Eine unmittelbare telegraphische Ladung genügt nicht, da der Zeuge sie nicht zu beachten braucht (*BGH* StV 1985, 48). Art. 11 Abs. 1 EuRHÜbk gestattet die Überstellung eines in ausländischer Haft befindlichen Zeugen; verweigert dieser seine Zustimmung, so ist auch eine Gegenüberstellung im ersuchten Staat zulässig (*BGH* NStZ 1981, 146).

Unerreichbarkeit für die Vernehmung in der Hauptverhandlung kann überwun- **100** den werden durch **kommissarische Zeugenvernehmung** gem. § 223, sofern nicht allein die Vernehmung vor dem erkennenden Gericht das Beweisergebnis zu beeinflussen vermag (*BGHSt* 13, 300; 22, 118, 122; *BGH* NStZ 1985, 375f.; 1991, 143; NJW 1991, 186; *LR/Gollwitzer* 268; *K/M* 65). Diese letztere Ausnahme von der prinzipiellen Ersetzbarkeit läßt sich nicht allein mit der Begründung rechtfertigen, daß die kommissarische Vernehmung grundsätzlich geringeren Beweiswert als die Einvernahme vor dem erkennenden Gericht hat (*LR/Gollwitzer* 268; vgl. auch *BGH* JR 1984, 129 m. Anm. Meyer). Eine Ablehnung der kommissarischen Vernehmung ist vielmehr nur bei Kombination zweier Gründe gerechtfertigt: Unerreichbarkeit des Zeugen für die Hauptverhandlung und völlige Ungeeignetheit der Vernehmung durch den beauftragten oder ersuchten Richter (*KK-Herdegen* 81; zur Überlagerung mit dem Ablehnungsgrund der völligen Ungeeignetheit vgl. *LR/Gollwitzer* 268, Fn. 804 m.w.N.). Ist die Ablehnung einer kommissarischen Vernehmung überzeugend begründet, so schließt dies die Verlesung von Niederschriften über frühere richterliche, staatsanwaltschaftliche oder polizeiliche Vernehmungen nicht unbedingt aus, da diese eigenständigen Beweiswert haben, der nicht stets geringer ist als der einer kommissarischen Vernehmung (a. A. *KK-Herdegen* 81; *Herdegen* NStZ 1984, 337, 340; *LR/Gollwitzer* 268); dies dürfte freilich nur bei nachträglich eingetretener Nichteignung der kommissarischen Vernehmung praktisch werden (vgl. § 251 Rn. 26, 34, 42).

Unerreichbarkeit aus Rechtsgründen ist nur selten anzuerkennen. Ein Zeuge, der **101**

ein Zeugnis- oder Auskunftsverweigerungsrecht hat (§§ 52, 55) oder der einer Aussagegenehmigung (§ 54) bedarf, ist nicht unerreichbar, doch wird seine Vernehmung unzulässig, sobald er sich auf seine Rechte beruft; dies gilt grundsätzlich auch dann, wenn schon zuvor endgültig feststeht, daß der Zeuge berechtigt die Aussage verweigern wird (str.; wie hier *K/M* 66; *LR/Gollwitzer* 270, 290 m. w. N.).

102 Spezielle Probleme ergeben sich bei der **Sperrung von V-Personen** der Polizei oder der Nachrichtendienste durch die zuständige Behörde. Hält sie aus nicht offensichtlich fehlerhaften oder willkürlichen Gründen (s. u. Rn. 103) Name und Anschrift des Zeugen zurück oder verweigert sie einem anderen Zeugen die Genehmigung zur Aussage über Personalien des Gesuchten, so ist dieser aus rechtlichen Gründen unerreichbar (*BGHSt* 32, 115, 126 – GS –). Seinem Erscheinen in der Hauptverhandlung stehen dann »andere nicht zu beseitigende Hindernisse« entgegen (§ 223), die es zulässig machen, den Zeugen durch einen beauftragten oder ersuchten Richter vernehmen zu lassen (nicht unter Ausschluß des Angeklagten und des Verteidigers; *BGHSt* 32, 115, 129 – GS –) und dann das Vernehmungsprotokoll gemäß § 251 Abs. 1 in der Hauptverhandlung zu verlesen (*BGHSt* 29, 390, 391; 32, 115, 126f. – GS –; s. auch *BVerfGE* 57, 250, 282). Wie in anderen Fällen der Unerreichbarkeit kann aber auch die Niederschrift über eine frühere richterliche, staatsanwaltschaftliche oder polizeiliche Vernehmung des benannten Zeugen oder eine von ihm stammende schriftliche Äußerung verlesen oder ein Zeuge vom Hörensagen vernommen werden (*BGHSt* 33, 70, 75; 33, 83, 86ff.; 33, 178ff.; *KK-Herdegen* 82; kritisch *Bruns* NStZ 1983, 49; *Dencker* FS Dünnebier 1982, 447; *Lüderssen* FS Klug 1983, 527; *Grünwald* StV 1984, 56; *Tiedemann/Sieber* NJW 1984, 753). In den Fällen der Lebensgefährdung kann sich aus der Fürsorgepflicht des Gerichtes sogar die Notwendigkeit ergeben, auf die Vernehmung eines erschienenen Zeugen zu verzichten (*BGHSt* 33, 70, 74; vgl. auch *BVerfGE* 57, 250, 284f.).

103 Das Ausweichen auf Beweissurrogate wegen Unerreichbarkeit des V-Mannes ist aber nur bei **ermessensfehlerfreier Sperrerklärung** zulässig. Wird sie nicht einleuchtend begründet oder fühlt sich die Behörde an eine uneingeschränkte Vertraulichkeitszusage gebunden (vgl. *BGHSt* 35, 82, 85; *OLG Stuttgart* MDR 1986, 690), und kann das Gericht trotz aller zumutbarer Bemühungen eine richterliche Vernehmung des Zeugen nicht erreichen, so darf dieses Beweismittel auch nicht durch eine sachfernere Beweiserhebung ersetzt werden (*BGHSt* 33, 83, 91 f.; 35, 82, 85; *Roxin* § 43 C II 1 c bb). Ermessensfehlerfrei ist eine Sperrerklärung, wenn sie zum Schutz des Zeugen vor konkreter Leibes- und Lebensgefahr (*BGHSt* 33, 70, 74; 83, 90) oder sonst zur Vermeidung von Nachteilen für das Wohl des Bundes oder eines deutschen Landes (§ 96 analog) geboten ist (*BGHSt* 35, 82, 85; *OLG Celle* NStZ 1991, 145; *Roxin* § 43 C II 1 c bb). Das Gericht muß augrund seiner Pflicht zur Sachaufklärung (§ 244 Abs. 2) die Gründe für die Verweigerung der Aussagegenehmigung bzw. die Preisgabe der Personalien **überprüfen** (*BVerfGE* 57, 250, 288), bei zweifelhafter Begründung von der Verwaltungsbehörde eine Überprüfung verlangen (*BGHSt* 29, 109, 112; 31, 148, 155) und auf die Vernehmung des V-Mannes in öffentlicher Verhandlung hinwirken (*BGHSt* 32, 115, 125f. – GS –; *Roxin* a. a. O.). Dabei kann auch der Ausschluß der Öffentlichkeit, die Vernehmung in Abwesenheit des Angeklagten (§ 247) oder die Verlegung der Hauptverhandlung an einen anderen Ort (*BGHSt* 22, 311, 313) angeboten werden (*K/M* 66); solche nicht in der StPO vorgesehenen Maßnahmen sind zulässig (*BGHSt* 32, 115, 124f. – GS – m. w. N.; a. A. noch *Rebmann* NStZ 1982, 315, 318f.).

104 Die Verwaltungsbehörde hat sich bei ihrer Entscheidung am **Gebot der rechtsstaat-**

lichen Verfahrensgestaltung zu orientieren und muß bei der gebotenen Amtshilfe (Art. 35 GG) in Anerkennung des Gewaltenteilungsgrundsatzes auch den Erfordernissen gerichtlicher Wahrheitsfindung genügendes Gewicht beimessen (*BVerfGE* 57, 250, 283 ff.; *BGHSt* 32, 115, 124 – GS –). Das Gericht darf sich nicht mit der Erklärung der Staatsanwaltschaft oder einer nachgeordneten Polizeibehörde zufrieden geben, sondern muß eine Entscheidung der **obersten Dienstbehörde** (§ 96 analog), also des Innenministers bei polizeilicher und des Justizministers bei staatsanwaltschaftlicher Sperrerklärung, herbeiführen (*BGHSt* 30, 36; 35, 82, 85; *BGH* NStZ 1987, 518 f.; StV 1988, 45).

Die **Anfechtung** einer Versagung der Aussagegenehmigung ist vor den Verwal-　**105** tungsgerichten, die Anfechtung einer Verweigerung der Personalien des Zeugen ist vor den Oberlandesgerichten (nach § 23 EGGVG) geltend zu machen (*Roxin* § 43 C II 1 c bb; *Hilger* NStZ 1984, 145; *OLG Celle* NStZ 1991, 145; a. A. *LR/G. Schäfer* § 96 Rn. 64 f.; *G. Schäfer* NStZ 1990, 46; *K/M* § 96 Rn. 14: immer Verwaltungsrechtsweg; jeweils m. w. N.). Gegen die Sperrung von Akten durch eine Behörde ist der Verwaltungsrechtsweg eröffnet (*BVerwG* StV 1986, 523, 524; a. A. *OLG Hamm* NStZ 1990, 44, 45 m. krit. Anm. *G. Schäfer*; wohl auch *OLG Celle* NStZ 1991, 145). Zur Aussetzung der Hauptverhandlung wegen einer vom Angeklagten beabsichtigten gerichtlichen Anfechtung der Sperrerklärung ist das Gericht nicht verpflichtet, wenn es die Begründung des Innenministers zutreffend für ermessensfehlerfrei hält (*BGH* NStZ 1985, 466, 468). Bei einem Antrag, der darauf abzielt, Teile der Tatsachendarstellung aus der Sperrerklärung des Innenministers zu widerlegen, handelt es sich nicht um einen Beweisantrag i. S. d. § 244 Abs. 3 (*BGH* NStZ 1985, 466, 468), sondern um verfahrensrelevante Beweisanregungen für eine Überprüfung im Freibeweisverfahren (*KK-Herdegen* 82).

8. Verschleppungsabsicht

Dieser Ablehnungsgrund dient dazu, Beweiserhebungen zu verhindern, die nicht　**106** die Wahrheitsfindung fördern, sondern ausschließlich die **Verzögerung des Verfahrens** auf unbestimmte Zeit bezwecken (*BGH* JR 1983, 35 f. m. Anm. *Meyer; Fezer* 12/137). Die Rechtsprechung stellt **strenge Anforderungen** an diesen Ablehnungsgrund, um sicherzustellen, daß »nicht durch den unterstellten Schein der Verschleppung die ernstlich gemeinte Verteidigung zu Schaden komme« (*RGRspr.* 7, 550, 551). Deshalb ist dieser Ablehnungsgrund praktisch fast nie anwendbar. Seine Hauptbedeutung dürfte darin liegen, Urteile wegen unzulänglicher Begründung des Ablehnungsbeschlusses zu Fall zu bringen (*KK-Herdegen* 83).

Eine Antragsablehnung ist nur unter folgenden **Voraussetzungen** zulässig (vgl.　**107** *BGHSt* 21, 118, 121; 29, 149, 151; *BGH* NStZ 1984, 230; *K/M* 67 f.; *KK-Herdegen* 83; *LR/Gollwitzer* 211 f.):

– die verlangte Beweiserhebung ist geeignet, das Verfahren beträchtlich zu verzögern (objektives Moment);

– der Antragsteller ist sich der Unmöglichkeit bewußt, durch die begehrte Beweiserhebung eine für ihn günstige Wendung des Verfahrens herbeiführen zu können und bezweckt ausschließlich die Verzögerung des Verfahrens (subjektives Moment);

– die beantragte Beweiserhebung kann nach Überzeugung des Gerichts nichts Sachdienliches erbringen (gerichtliche Prognose);

– in der Begründung des Ablehnungsbeschlusses muß stets zu allen drei Voraussetzungen Stellung genommen werden (Begründungsschwelle).

108 Als objektives Moment wird eine **erhebliche Verfahrensverzögerung** verlangt (*LR/Gollwitzer* 212 m. w. N.; »auf unbestimmte Zeit« nach *BGHSt* 21, 118, 121; 29, 149, 151). Einfache Verfahrensverzögerung genügt im Gegensatz zu § 245 Abs. 2 S. 3, wo es um die Verschleppung des Hauptverhandlungsabschlusses durch präsente Beweismittel geht, nicht (a. A. *KK-Herdegen* 84; dagegen zutreffend *LR/Gollwitzer* 212; *ANM* S. 641; *Dünnebier*, Anm. zu. *OLG Köln* NStZ 1983, 90). Erheblich ist ein durch weitere Beweisaufnahme entstehender Zeitverlust insbesondere dann, wenn eine Fortsetzung der Hauptverhandlung innerhalb der Unterbrechungsfristen des § 229 Abs. 1 oder Abs. 2 nicht möglich wäre (*LR/Gollwitzer* 212). Kürzere Unterbrechungen können nur ausnahmsweise als verfahrensverzögernd gelten, z. B. in knapp terminierten Verfahren, in denen sich in den nächsten Tagen kein verfahrensabschließender Fortsetzungstermin ermöglichen läßt (etwas weiter *K/M* 67). Deshalb ist bei ortsansässigen Zeugen oder solchen, die durch reguläre Ladung, Telefonanruf oder polizeiliche Vermittlung sofort oder an den folgenden Tagen herbeigeholt werden können, regelmäßig keine erhebliche Verfahrensverzögerung anzunehmen (*BGH* NStZ 1985, 494 [Pf/M]; *LR/ Gollwitzer* 212; *K/M* 67).

109 Die subjektive Komponente ergibt sich aus der gesetzlichen Formulierung, daß der Antrag »zum Zweck der Prozeßverschleppung« gestellt sein muß. **Verschleppungsabsicht** liegt nur vor, wenn der Antragsteller **ausschließlich die Verzögerung** des Prozesses auf unbestimmte Zeit bezweckt und selbst weiß oder als sicher annimmt, daß von der beantragten Beweisaufnahme keinerlei Ergebnis zu seinen Gunsten zu erwarten ist (*BGHSt* 21, 118, 121; 29, 149, 151; *LR/Gollwitzer* 213 m. w. N.). Das Gericht kann die Verschleppungsabsicht nur nach Art eines **Indizienbeweises** feststellen (*K/M* 68; *KK-Herdegen* 86). Bedeutsam ist das gesamte Prozeßverhalten des Antragstellers (*BGH* NStZ 1986, 519 f.; *LR/Gollwitzer* 214 m. w. N.), z. B. unter bestimmten Umständen die Wiederholung eines zurückgenommenen Antrags (*BGH* JR 1983, 25), ein sonst nicht erklärbarer Wechsel des Verteidigungsvorbringens (*K/M* 68; *OLG Karlsruhe* Justiz 1976, 440) oder Beweisantritt im Widerspruch zu früher mißlungenem Entlastungsbeweis (*BGH* NJW 1953, 1314), nach *BGH* (NStZ 1990, 350 m. Anm. *Wendisch* = StV 1990, 39 m. krit. Anm. *Strate*) u. U. die Benennung von Auslandszeugen erst in der Hauptverhandlung, wenn dem in Haft befindlichen Angeklagten, der sich zur Sache eingelassen hatte, die erdrückende Beweislage gegen ihn sehr lange zuvor bekannt war.

110 Der **späte Zeitpunkt** der Antragstellung ist für sich allein (vgl. § 246) kein ausreichendes Indiz für Verschleppungsabsicht (*BGHSt* 21, 118, 123; *BGH* NStZ 1984, 230; *LR/Gollwitzer* 213 m. w. N.; problematisch daher *BGH* NStZ 1990, 350, s. o. Rn. 109). Der Antragsteller ist auch nicht zur Darlegung der Verspätungsgründe verpflichtet (*BGH* NStZ 1986, 371; *K/M* 68), jedoch kann sehr späte Antragstellung in Verbindung mit sonst unschlüssigem Prozeßverhalten indizielle Bedeutung erlangen (*BGH* NStZ 1986, 519, 520). Gegen Verschleppungsabsicht kann z. B. sprechen, daß der Antragsteller denselben Beweisantrag schon vor der Hauptverhandlung oder in einer früheren Verhandlung gestellt hatte (*BGH* NJW 1958, 1789 f.; *LR/Gollwitzer* 213 m. w. N.). Auch die Beantragung einer Gen-Analyse (dazu *BGHSt* 37, 157; *LG Heilbronn* NJW 1990, 784) zur Entlastung bei im übrigen nicht völlig gesicherter Beweislage rechtfertigt allein nicht die Annahme von Verschleppungsabsicht (*BGH* NJW 1990, 2328).

111 Maßgebend ist die **Absicht des Antragstellers**, also i. d. R. die des Verteidigers, wenn dieser den Antrag gestellt hat (*BGHSt* 21, 118, 121; *BGH* NStZ 1984, 230). Auf die Vorstellung des Angeklagten kommt es nur dann an, wenn dieser den Beweisantrag selbst gestellt hat, wenn der Verteidiger die eigene Verantwortung für den von ihm formulierten Antrag ablehnt (*BGH* GA 1968, 19; *OLG Karlsruhe* Justiz 1976, 440) oder wenn er sich vom Angeklagten ersichtlich als bloßes Werkzeug mißbrauchen läßt (*BGH* NJW 1969, 281 f.; NStZ 1984; 466; *K/M* 69).

Die **gerichtliche Prognose** setzt voraus, daß das Gericht zweifelsfrei davon über- **112** zeugt ist, daß die beantragte Beweiserhebung nichts Sachdienliches erbringen kann. Selbst wenn der Antragsteller den Beweisantrag ausschließlich zum Zweck der Prozeßverschleppung gestellt hat, gebietet die Amtsaufklärungspflicht, dem Antrag stattzugeben, wenn das Gericht nicht selbst von der Aussichtslosigkeit der beantragten Beweiserhebung überzeugt ist (*BGHSt* 21, 118, 121 f.; 29, 149, 151; *LR/Gollwitzer* 211 m.w.N.; *Fezer* 12/139). Insofern ist das Beweisantizipationsverbot durchbrochen; das Gericht kann die eigene Überzeugung und die Indizien für die Verschleppungsabsicht des Antragstellers nur aus einer **Vorauswürdigung des Beweisergebnisses** gewinnen, die zu der völligen Unwahrscheinlichkeit der Beweistatsache nach dem bisherigen Beweisergebnis gelangt (*BGHSt* 21, 118, 121; *OLG Hamburg* JR 1980, 32 ff. m. Anm. *Gollwitzer*; *KK-Herdegen* 85; *LR/Gollwitzer* 211).

Der **Gerichtsbeschluß** (Abs. 6), mit dem ein Beweisantrag abgelehnt wird, muß **113** auf alle für die Verschleppungsabsicht maßgebenden Gesichtspunkte eingehen, damit der Antragsteller Gelegenheit hat, die Ansicht des Gerichts zu entkräften und seine weitere Prozeßstrategie darauf einzurichten. Deshalb darf ein **Hilfsbeweisantrag** – ausnahmsweise bei Verschleppungsabsicht – nicht erst in den Urteilsgründen abgelehnt werden (*BGHSt* 22, 124 f.; *BGH* NStZ 1986, 372; StV 1990, 394; *KK-Herdegen* 87; vgl. o. Rn. 68 a. E.). Die Begründung soll auch eine spätere **revisionsgerichtliche Überprüfung** ermöglichen (*BGHSt* 1, 29 ff.; 21, 118, 122 ff.; *Fezer* 12/140; zum Streitstand über die Überprüfung der tatsächlichen Grundlagen vgl. *LR/Gollwitzer* 216 Fn. 577). Fehlerhaft ist es, auch unter dem Gesichtspunkt der Prozeßverschleppung, Beweisanträge ohne inhaltliche Prüfung als rechtsmißbräuchlich abzulehnen (*BGHSt* 29, 149; *Fezer* 12/140; vgl. dazu auch o. Rn. 78).

9. Wahrunterstellung
Eine Beweisbehauptung kann unter folgenden Voraussetzungen so behandelt **114** werden ,»als wäre die behauptete Tatsache wahr« (§ 244 Abs. 3 S. 2 a. E.):
– Die Beweistatsache muß **erheblich** sein (Rn. 118);
– die Behauptung soll zur **Entlastung** des Angeklagten bewiesen werden (Rn. 117);
– eine weitere **Sachaufklärung ist** voraussichtlich **ausgeschlossen** (Rn. 116).
Diese im Prinzip unstreitigen Voraussetzungen (vgl. *K/M* 70; *LR/Gollwitzer* 238 f.; *Schlüchter* Rn. 553.1) würden bei strikter Anwendung kaum Raum für einen eigenen Anwendungsbereich des Ablehnungsgrundes der Wahrunterstellung lassen (*Fezer* 12/122 f.; kritisch insbesondere *Grünwald* S. 53 ff.). Denn logisch gehen die Ablehnungsgründe »Bedeutungslosigkeit« oder »Erwiesensein der Beweistatsache« vor, und der Vorrang der Amtsaufklärungspflicht (*K/M* 70; *LK-Herdegen* 94) würde – streng genommen – in den meisten Fällen den Versuch einer weiteren Sachaufklärung gebieten.

Tatsächlich wird aber von der Wahrunterstellung in der Praxis sehr häufig Ge- **115** brauch gemacht, weil sie zunächst als der einfachste Weg erscheint, einen Beweisantrag abzulehnen (*Herdegen* NStZ 1984, 337, 340). Wegen der strengen Anforderungen für die weitere verfahrensrechtliche Behandlung der als wahr unterstellten Beweistatsache kommt es jedoch oft auch zu Fehlern und erfolgreichen Revisionsrügen (*Fezer* 12/130; vgl. bereits *Alsberg* JW 1930, 3325).

116 Die auch von der obergerichtlichen Rechtsprechung weitgehend tolerierte Großzügigkeit der Tatgerichte bei der Wahrunterstellung (*Fezer* 12/130) beruht letztlich wohl darauf, daß der **Vorrang der Sachaufklärung** einschränkend interpretiert wird. Da nur Tatsachen zugunsten des Angeklagten in Betracht kommen, wird aus prozeßökonomischen Gründen auf die Beweiserhebung verzichtet, wenn sich voraussehen läßt, daß die Beweisbehauptung nicht widerlegt werden kann (*KK-Herdegen* 88). Diese partielle Durchbrechung des Beweisantizipationsverbotes ist deshalb gerechtfertigt, weil die Wahrunterstellung eine **vorweggenommene Anwendung des Grundsatzes »in dubio pro reo«** darstellt (*Roxin* § 43 C II 1 b dd; *Tenckhoff* S. 115 ff.; *Schlüchter* Rn. 553.3). Es ist aber sorgfältig darauf zu achten, daß der Ablehnungsgrund der tatsächlichen Bedeutungslosigkeit (Rn. 87) vorgeht (zur Hinweispflicht bei sich nachträglich herausstellender Bedeutungslosigkeit s. Rn. 118). Soweit es sich nicht um prozeßentscheidende, sondern um sonstige erhebliche Tatsachen handelt, kann – ähnlich wie bei der Relativierung des Aufklärungsgebotes in den §§ 154, 154 a – auf eine Beweisaufnahme auch dann verzichtet werden, wenn sie unverhältnismäßigen Aufwand erfordern oder zu einer beträchtlichen Verzögerung führen würde (*Herdegen* NStZ 1984, 337, 340 f.; *KK-Herdegen* 88). Diese Einschränkung kommt vor allem bei **Strafzumessungstatsachen** zugunsten des Angeklagten in Betracht (vgl. *BGHSt* 1, 51, 53; *BGH* NJW 1976, 1950 m. Anm. *Tenckhoff*; *Schlüchter* Rn. 553.4; enger *Fezer* 12/128 f.; *Grünwald* S. 68; *Born* S. 201 ff., 254 ff.).

117 Die Wahrunterstellung bindet das Gericht hinsichtlich der **Beweistatsache.** Diese ist mit dem behaupteten Inhalt ohne Einschränkung ihres Sinngehaltes (*BGH* NStZ 1984, 564) als erwiesen zu behandeln (*BGHSt* 1, 137, 139; *BGH* StV 1982, 155 m. Anm. *Jungfer*; 1990, 293, 294; *BGHR* StPO § 244 Abs. 3 S. 2 Wahrunterstellung 21; *K/M* 71; *Fezer* 12/131). Hierbei handelt es sich um eine Fiktion (*Tenckhoff* S. 116; *ANM* S. 651), die ausschließlich **zugunsten des Angeklagten** möglich ist (so auch *BGH* NStZ 1984, 564). Das Gericht ist aber nicht verpflichtet, aus der als wahr unterstellten Tatsache die vom Angeklagten gewünschten günstigen Schlüsse zu ziehen (*Fezer* 12/131; *Tenckhoff* S. 43 f.). Über die Bewertung von Indizien entscheidet das Gericht unter Berücksichtigung des gesamten Beweisstoffes nach dem Grundsatz der freien Beweiswürdigung (*BGH* NStZ 1982, 213; *K/M* 71), darf aber von der Lebenserfahrung abweichende oder dem Angeklagten ungünstige Schlußfolgerungen nur aufgrund weiterer, objektiv feststehender Tatsachen ziehen (*KK-Herdegen* 90). Obwohl bei Indiztatsachen, die als wahr unterstellt werden, die Gleichstellung mit erwiesenen Tatsachen in der Beweiswürdigung besonders schwierig ist, läßt die h. M. auch bei ihnen die Wahrunterstellung ohne Einschränkungen zu (*BGH* NStZ 1982, 213; 1983, 376; *LR/Gollwitzer* 239 f. m. w. N.; *ANM* S. 664; a. A. *Grünwald* S. 53; *Engels* GA 1981, 30; *Born* S. 180 ff.). Dies ist gerechtfertigt, weil bei korrekter Handhabung dieses Ablehnungsgrundes die Verteidigungsinteressen des Angeklagten nicht beeinträchtigt, sondern eher begünstigt werden (vgl. *KK-Herdegen* 90). Wenn aber bei einer als wahr unterstellten Indiztatsache das Gericht schon zum Zeitpunkt der Entscheidung über den Beweisantrag den gewünschten Schluß nicht ziehen will, ist der Beweisantrag schon wegen Bedeutungslosigkeit aus tatsächlichen Gründen abzulehnen (s. o.

Rn. 87; vgl. *Born* S. 193 ff., 241; vgl. auch *BGHR* StPO § 244 Abs. 3 S. 2 Wahrunterstellung 22).

Die Bejahung der **Beweiserheblichkeit**, die mit der Wahrunterstellung verbunden **118** ist, bindet das Gericht nicht an diese Einschätzung, da sich diese immer nur vorläufig nach dem Erkenntnisstand zum Zeitpunkt der Entscheidung über den Beweisantrag beurteilen läßt (*K/M* 70; *KK-Herdegen* 89; *Roxin* § 43 C II 1 b dd; vgl. auch *RGSt* 65, 322; *BGH* GA 1972, 272; a. A. *Willms* S. 275). Jedoch muß der Angeklagte über einen **Bewertungswandel unterrichtet** werden, wenn sich in der weiteren Verhandlung herausstellt, daß die als wahr unterstellte Tatsache doch unerheblich ist und es naheliegt, daß der Angeklagte wegen der Wahrunterstellung davon abgesehen hat, weitere Beweisanträge zu möglicherweise erheblichen Tatsachen im Zusammenhang mit dem Beweisthema zu stellen (str.; wie hier *BGHSt* 30, 383, 385; *OLG Hamm* NStZ 1983, 522; *LR/Gollwitzer* 255; *Roxin* § 43 C II 1 b dd; *Tenckhoff* S. 133 ff.; *Schlüchter* Rn. 553.4; *Fezer* 12/132; a. A. *BGHSt* 1, 51, 53; *BGH* NJW 1961, 2069; GA 1972, 272 f.; *K/M* 70; *KK-Herdegen* 89; *ANM* S. 659; einschränkend *OLG Celle* NStZ 1986, 91: keine Hinweispflicht bei nicht prozeßentscheidenden Indizien). Diese Hinweispflicht, die ggfls. eine Wiedereröffnung der Hauptverhandlung erforderlich macht, wird teilweise aus der gerichtlichen Fürsorgepflicht unter analoger Anwendung des § 265 (*Roxin* § 43 C II 1 b dd), teilweise aus dem Gebot des fairen Verfahrens abgeleitet (so wohl *LR/Gollwitzer* 255).

Die **Urteilsgründe** dürfen der zugesagten Wahrunterstellung nicht widersprechen **119** (*BGHSt* 32, 44 ff.; *BGH* StV 1988, 91). Hält das Gericht sie nach dem Ergebnis der Beweisaufnahme nicht mehr für gerechtfertigt, so kann es mit einem ausdrücklichen Hinweis die **Wahrunterstellung widerrufen**. Dann ist entweder der beantragte Beweis zu erheben oder der Antrag – soweit er auf entsprechende Nachfrage noch aufrechterhalten wird – mit einer anderen, jetzt für zulässig erachteten Begründung abzulehnen (*ANM* S. 687; vgl. *LR/Gollwitzer* 247; vgl. o. Rn. 69; zur nachträglichen Bedeutungslosigkeit s. o. Rn. 118). Unterbleibt dies, so liegt, falls sich das Gericht im Urteil nicht an die Wahrunterstellung hält, eine mit der Verfahrensrüge geltend zu machende Verletzung des § 244 Abs. 3 S. 2 vor (*BGHSt* 21, 38 f.; *KK-Herdegen* 92), nach *BGHSt* 32, 44 ff. außerdem ein Verstoß gegen das Gebot des fairen Verfahrens, der unter erleichterten Begründungserfordernissen gerügt werden kann (kritisch *Herdegen* NStZ 1984, 337, 343; *Meyer* JR 1984, 173).

Bei der **Beweiswürdigung in den Urteilsgründen** muß sich das Gericht jedenfalls **120** dann mit den als wahr unterstellten Tatsachen auseinandersetzen, wenn sonst nicht ersichtlich ist, wie Beweiswürdigung und Wahrunterstellung in Einklang gebracht werden können oder wenn ohne Erörterung der als wahr unterstellten Tatsache die Beweiswürdigung lückenhaft bleibt (*BGHSt* 28, 310, 311; *BGH* NJW 1961, 2069; StV 1984, 142; 1988, 91; *LR/Gollwitzer* 256). Wegen der zugesagten Erheblichkeit der als wahr unterstellten Tatsachen geht diese Begründungspflicht weiter als bei anderen in der Beweisaufnahme festgestellten Tatsachen (a. A. *K/M* 71; *ANM* S. 686). Teilweise wird die neuere Rechtsprechung sogar dahingehend interpretiert, daß das Gericht grundsätzlich verpflichtet sei, bei der Beweiswürdigung auf die als wahr unterstellten Tatsachen einzugehen (*Fezer* 12/132), jedenfalls dann, wenn ihre Bedeutungslosigkeit nicht klar zutage tritt (*Herdegen* NStZ 1984, 327, 342 f.; *Willms* S. 281 f.; *KK-Herdegen* 93), soweit in diesen Fällen nicht ohnehin schon vor Urteilsverkündung eine entsprechende Mitteilung erfolgt ist (s. o. Rn. 118).

10. Typische Fehler

121 Durch Umkehrschluß aus § 244 Abs. 3 Satz 2 folgt, daß die Ablehnung eines Beweisantrages auf Zeugenvernehmung und Urkundenbeiziehung – über die bereits erwähnten Fälle unzulässiger Beweisantizipation hinaus (s. o. Rn. 75) – in folgenden Fällen unzulässig ist (*Roxin* § 43 C II 1 d), die auf typisch fehlerhafte Begründungen hinweisen:

- das Beweismittel oder die zu beweisende Tatsache seien zu spät vorgebracht (dagegen ausdrücklich § 246 Abs. 1; *BGH* NStZ 1981, 311: Urteilsverkündungstermin ausreichend; vgl. auch Rn. 110 zur Verschleppungsabsicht);
- ein anderes Beweismittel sei ebenso zuverlässig wie das beantragte (problematisch insoweit *BGHSt* 22, 347: Landkartenbesichtigung anstelle beantragter Zeugenvernehmung; kritisch *Roxin* § 43 C II 1 d cc; problematisch auch *BGH* NStZ 1983, 86 f.; kritisch zur »Austauschbarkeit« von Beweismitteln auch oben Rn. 72);
- der Antrag auf Beweiserhebung sei rechtsmißbräuchlich gestellt (*BGH* JZ 1980, 150; vgl. aber auch Rn. 78);
- ein Beweismittel sei »völlig ungeeignet«, weil die Beweisführung die Sachaufklärung »nicht wesentlich« fördere (*KG* StV 1988, 380 f.).

VIII. Beweisantrag auf Vernehmung eines Sachverständigen (Absatz 4)

1. Allgemeines

122 § 244 Abs. 4 enthält **zusätzliche Ablehnungsgründe für den Sachverständigenbeweis**, die zu den allgemeinen Gründen gemäß § 244 Abs. 3 hinzukommen. Da sie die Ablehnung eines Beweisantrags erleichtern, spielen sie in der Praxis beim Sachverständigenbeweis eine weitaus größere Rolle (*Fezer* 12/142). § 244 Abs. 4 ist jedoch nicht anwendbar, wenn sachverständige Personen als **sachverständige Zeugen** i. S. d. § 85 über vergangene Tatsachen vernommen werden sollen (*BGH* StV 1985, 314; 1990, 438; *LR/Gollwitzer* 296).

2. Eigene Sachkunde des Gerichts

123 Soweit nicht gesetzlich die Vernehmung eines Sachverständigen vorgeschrieben ist (z. B. in §§ 80 a, 81, 246 a StPO, § 73 JGG), kann ein entsprechender Beweisantrag wegen **eigener Sachkunde des Gerichts** abgelehnt werden (§ 244 Abs. 4 Satz 1). Dies setzt voraus, daß das Gericht nach gewissenhafter Prüfung zu der Überzeugung gelangt (vgl. *BGHSt* 23, 8, 12), daß es die für die Beantwortung einer bestimmten Beweisfrage erforderlichen Erfahrungssätze so sicher zu erkennen und anzuwenden vermag, daß das Urteil auf sicherer Grundlage aufbaut (*LR/Gollwitzer* 300; *KK-Herdegen* 26). Eine Überschätzung des Wertes der eigenen Sachkunde, die zu fehlerhafter Ablehnung führt, kommt insbesondere dann in Betracht, wenn es sich um Spezialwissen handelt, das nicht allein durch Studium von Fachliteratur erschließbar ist, sondern auch durch praktische Ausbildung und Erfahrung vermittelt wird (*KK-Herdegen* 26; *ANM* S. 698; *BGH* NStZ 1984, 211 [Pf./M.]).

124 Die **Quellen der eigenen Sachkunde** können vielfältig sein. Neben der außerberuflichen Bildung und Schulung spielen vor allem Kenntnisse eine Rolle, die das Gericht in früheren Verfahren – auch durch andere Gutachten – erworben hat (*K/M* 73). Es genügt sogar die Sachkunde, die sich das Gericht erst während des Prozesses durch die Vernehmung eines Sachverständigen oder eines sachverständigen Zeugen angeeignet hat (*BGH* NStZ 1983, 325), selbst wenn es sich dem Gutachten nicht anschließt (*BGH* NStZ 1984, 467 m. Anm. *Brunner*; ebenso *K/M* 73; *KK-Herdegen* 26). Bei eincm Kollegialgericht genügt es, wenn ein Mitglied des Spruchkörpers (Richter oder Schöffe) seine Sachkunde den übrigen Mitgliedern vermittelt (*BGHSt* 12, 18 f.; *BGH* NStZ 1983, 325; a. A. *Peters* § 38 IV 1 i; *Gössel* § 29 C III c 9). Eine unzulässige Umgehung des beantragten Sachverständigenbeweises liegt dagegen vor, wenn sich das Gericht durch Befragung eines Sachverständigen außerhalb der Hauptverhandlung sachkundig macht (*Roxin* § 43 C II 2 a; *KK-Herdegen* 26; *K/M* 73; a. A. *OLG Hamm* NJW 1978, 1210).

Einen **Nachweis der eigenen Sachkunde** braucht das Gericht zunächst weder im **125** Ablehnungsbeschluß noch sonst in der Hauptverhandlung zu erbringen. In den **Urteilsgründen** muß aber zum Ausdruck kommen, daß das Gericht eigene Sachkunde zu Recht für sich in Anspruch genommen hat (*BGHSt* 12, 18, 20; *BGH* NStZ 1983, 325; 1984, 211; *K/M* 73; *LR/Gollwitzer* 303; *KK-Herdegen* 27). Die Anforderungen, die an diesen Nachweis im Urteil zu stellen sind, richten sich nach dem Maß der Schwierigkeit der Beweisfrage (*BGHSt* 12, 18, 20). Unzulängliche Dokumentation rechtfertigt die Annahme, daß dem Gericht die von ihm in Anspruch genommene Sachkunde gefehlt hat (*BGH* StV 1982, 55, 56; *ANM* S. 905; *KK-Herdegen* 27).

Die **Grenzen der eigenen Sachkunde** verlaufen etwa dort, wo das Gericht bereits **126** aufgrund seiner Aufklärungspflicht einen Sachverständigen hinzuziehen müßte (Einzelheiten s. o. Rn. 39–41). Sie sind also bei der **Schuldfähigkeitsbegutachtung** erheblich enger als bei der Beurteilung der **Glaubwürdigkeit eines Zeugen**. Im Normalfall, d. h. wenn keine Anzeichen für ein Abweichen des Angeklagten von der als normal vorausgesetzten Einsichts- und Steuerungsfähigkeit vorliegen, kann das Gericht die Schuldfähigkeit durch die Beobachtung in der Hauptverhandlung aufgrund seiner humanwissenschaftlichen Allgemeinbildung in Verbindung mit den Vergleichsmaßstäben aus der Gerichtspraxis allein beurteilen (*K/M* 74). Ergeben sich aber aus der Lebensgeschichte des Angeklagten oder den Begleitumständen der Tat Anhaltspunkte für eine erhebliche Beeinträchtigung der Schuldfähigkeit, so darf sich das Gericht die erforderlichen Fachkenntnisse in der Regel nicht selbst zutrauen (*BGH* NJW 1964, 2213; VRS 34, 273; *OLG Düsseldorf* StV 1984, 236; *KK-Herdegen* 28; *K/M* 74). Bei der Glaubwürdigkeitsbeurteilung eines Zeugen hat das Gericht dagegen grundsätzlich ausreichende eigene Sachkunde, auch bei kindlichen und jugendlichen Zeugen (*BGHSt* 3, 52 ff.; NStZ 1985, 420). Hier gibt es nur Ausnahmen bei selten vorliegenden außergewöhnlichen Umständen (*BGH* NStZ 1982, 42; 1985, 229 f.; 1987, 182; StV 1985, 398; s. u. Rn. 128).

Beispielsfälle, in denen eine **Schuldfähigkeitsbegutachtung geboten** ist, finden sich **127** oben Rn. 39. Ergänzend ist darauf hinzuweisen, daß insbesondere bei Bewußtseinsstörungen ohne krankhafte Zustände der Persönlichkeit (z. B. Affekt) sowohl die Anhörung eines **Psychiaters** als auch die eines **Psychologen** notwendig sein kann (*BGH* NJW 1959, 2315). Über die o. g. Fälle hinaus werden in neuerer Zeit zunehmend Alkoholiker mit manifesten psychischen und sozialen Folgeerscheinungen bedeutsam (vgl. *BGH* GA 1977, 275; *OLG Celle* BA 1990, 239 f.), außerdem Drogenabhängige mit schweren Persönlichkeitsveränderungen (*BGH* MDR 1980, 104 [H]; *OLG Düsseldorf* StV 1984, 236; *KK-Herdegen* 28).

Bei der **Glaubwürdigkeitsbeurteilung** kann auf die ausnahmsweise gebotene Be- **128** gutachtung (s. o. Rn. 41) verzichtet werden, wenn die Bekundungen des problematischen Zeugen wenigstens teilweise durch die Aussagen anderer glaubwürdiger Zeugen gestützt werden (*BGHSt* 3, 27, 30; *BGHR* StPO § 244 Abs. 4 S. 1 Sachkunde 4). Das Ausreichen eigener Sachkunde hat die obergerichtliche Rechtsprechung z. B. in folgenden Fällen verneint: Zweifel am Erinnerungsvermögen eines Kindes oder Jugendlichen (*RG* JW 1936, 1976 Nr. 44; *BGH* StV 1990, 533), Klassensuggestion bei Schulmädchen (*RG* HRR 1939, 603), Aussagen pubertierender Mädchen (*BGHSt* 2, 163, 165; 3, 27, 29; *BGH* NJW 1961, 1636; vgl. auch *Müller-Luckmann* 1963), Abweichungen vom normalen Erscheinungsbild eines Jugendlichen (*BGHSt* 3, 52, 54; *BGH* NStZ 1981, 400), Aussagen über affektgeladene Tatumstände (*BGH* MDR 1980, 274 [H]).

Ein eindeutiges Kriterium für Fallbesonderheiten, bei denen richterliche Menschenkenntnis und Erfahrung nicht mehr ausreichen, gibt es nicht (*BGH* NJW 1961, 1636; *KK-Herdegen* 30 m. w. N.). Sie kommen fast nur bei kindlichen und jugendlichen Zeugen in Betracht (vgl. *BGHSt* 2, 163, 165; 3, 27, 29). Grundsätzlich sind Psychiater und Psychologen mit Erfahrungen in der Glaubwürdigkeitsbegutachtung in gleicher Weise als Sachverständige geeignet; der besonderen Sachkunde gerade eines Psychiaters bedarf es aber, wenn die Glaubwürdigkeit eines jugendlichen Zeugen dadurch in Frage gestellt ist, daß er an einer geistigen Erkrankung leidet (*BGHSt* 23, 8, 12 f.).

129 Sonstige **Grenzfälle richterlicher Sachkunde** tauchen auf bei der Ermittlung von **Brandursachen** (*BGH* StV 1981, 394 f.) oder bei **Schriftvergleichen** (vgl. *BGHSt* 10, 116, 118; *OLG Celle* StV 1981, 608). Hier sind in der Regel spezielle Sachverständigengutachten angezeigt.

3. Anhörung eines weiteren Sachverständigen

130 § 244 Abs. 4 Satz 2 Hs. 1 stellt das Gericht bei der Ablehnung eines weiteren Sachverständigen freier als bei dem Antrag auf Vernehmung des ersten Sachverständigen. Das Gesetz geht davon aus, daß ein einziger Sachverständiger zu einem Beweisthema grundsätzlich ausreicht, um die erforderlichen Fachkenntnisse zu vermitteln. Deshalb läßt es die Ablehnung eines Beweisantrags auf Anhörung eines weiteren Sachverständigen auch dann zu, wenn durch das frühere Gutachten das **Gegenteil** der behaupteten Tatsache **bereits erwiesen ist**. Dieser sonst unzulässige Ablehnungsgrund gilt neben den Gründen des Absatzes 3 (hier insbesondere »Erwiesensein« der Beweistatsache) und neben der eigenen Sachkunde (Abs. 4 Satz 1); diese kann auch erst durch das frühere Gutachten vermittelt sein und muß nicht notwendig zum Gegenteil der Beweisbehauptung führen (vgl. *BGH* MDR 1972, 925; 1975, 24 [D]; *K/M* 75; *ANM* S. 723 f. m. w. N.; o. Rn. 124). **Eigene Sachkunde**, die durch das frühere Gutachten vermittelt ist, reicht zur Ablehnung eines weiteren Sachverständigengutachtens selbst dann aus, wenn das Gericht dem früheren Sachverständigen im Ergebnis nicht folgen will (*BGHSt* 21, 62; *BGH* NStZ 1984, 210 [Pf./M.]). An die dafür erforderliche Sachkunde und ihre Darlegung in den Urteilsgründen ist jedoch ein strenger Maßstab anzulegen (*BGH* StV 1984, 241; *LR/Gollwitzer* 308 m. w. N.).

131 Der in manchen Beweisanträgen auftauchende Begriff des »Obergutachtens«, den die Strafprozeßordnung nicht kennt, sollte wegen des abwertenden Gehaltes für die früheren Sachverständigen vermieden werden (vgl. *LR/Gollwitzer* 307 Fn. 925). Gemeint ist damit ein **weiterer Sachverständiger**, der je nach Verfahrenslage zu einem anderen hinzukommt, zu widerstreitenden Gutachten Stellung nimmt oder eine besondere Qualifikation (z. B. *BGHSt* 23, 176, 183 ff.: Sexualwissenschaftler) aufweist (vgl. *LR/Gollwitzer* 307). Ausnahmsweise gilt auch der Angehörige einer anderen Fachrichtung als weiterer Sachverständiger (mit der erleichterten Ablehnungsmöglichkeit gem. Abs. 4 S. 2), wenn sich die Kompetenz von Sachverständigen verschiedener Fachrichtungen zur Beurteilung eines Sachverhaltes überschneidet (*BGHSt* 34, 355, 356: Psychiater und Psychologe). Ist die Begutachtung **besonders schwierig** oder mit einem **hohen Fehlerrisiko** behaftet, so kann die **Aufklärungspflicht** gebieten, einen weiteren Sachverständigen anzuhören, auch wenn ein dahingehender Beweisantrag nach § 244 Abs. 4 S. 2 ohne Rechtsfehler abgelehnt werden könnte (*BGHSt* 10, 116, 118 f.; 23, 176, 187 ff.; s. o. Rn. 28). Die Tatsache allein, daß sich zwei Gutachten widersprechen, nötigt nicht schon zur Zuziehung eines dritten Sachverständigen, da sich das Gericht aufgrund der gewonnenen Sachkunde einem der Gutachten anschließen kann (*LR/Gollwitzer* 309 m. w. N.). In den Urteilsgründen muß das Gericht dann aber die wesentlichen Anknüpfungstatsachen und Folgerungen der Gutachten nennen und seinen Standpunkt in Auseinandersetzung mit der abgelehnten Ansicht begründen (*BGH* NStZ 1981, 488; *KK-Herdegen* 31; vgl. auch *BGH* MDR 1980, 662).

Der vom Gesetz vermutete volle **Beweiswert des ersten Gutachtens** kann nach **132** § **244 Abs. 4 Satz 2 HS 2** aus folgenden vier Gründen so weit **beeinträchtigt** sein, daß ein neues Gutachten nicht schon deshalb abgelehnt werden kann, weil das frühere Gutachten das Gegenteil der behaupteten Tatsache bereits erwiesen habe:
– Zweifel an der Sachkunde des früheren Gutachters,
– unzutreffende tatsächliche Voraussetzungen des Gutachtens,
– Widersprüche des Gutachtens,
– überlegene Forschungsmittel des neuen Sachverständigen.

Zweifel an der Sachkunde des ersten Gutachters sind in der Praxis selten, weil **133** dieser ja im Hinblick auf seine Sachkunde ausgewählt wurde (*Fezer* 12/149). Sie kommen z. B. in folgenden Fällen in Betracht (vgl. *LR/Gollwitzer* 310 ff.; *KK-Herdegen* 97): Unbegründeter Meinungswechsel, mangelnde Überprüfbarkeit des Gutachtens bei unzureichender Offenlegung der Methoden, risikobehaftetes Beweisthema (z. B. Schriftvergleichsgutachten; vgl. *BGHSt* 10, 116, 118), problematische Reichweite fachlicher Kompetenz (z. B. *BGHSt* 23, 8, 12 ff.: Psychologe bei Glaubwürdigkeitsbegutachtung eines geistig erkrankten Jugendlichen), dagegen nicht schon deshalb, weil der Sachverständige bestimmte Untersuchungsmethoden nicht angewendet hat (*BGH* GA 1961, 241) oder weil er bei der Auslegung der BGH-Rechtsprechung zum »juristischen Krankheitsbegriff« (*BGHSt* 14, 30 ff.) »Schwierigkeiten« hatte (*BGHSt* 23, 176, 185).

Unzutreffende tatsächliche Voraussetzungen, also dem Gutachten zugrunde lie- **134** gende fehlerhafte »Anknüpfungstatsachen«, zwingen nicht stets dazu, einen weiteren Sachverständigen anzuhören. Es kann genügen, wenn der Sachverständige sein Gutachten nach einem entsprechenden Hinweis des Gerichts auf die vom Gericht für erwiesen erachteten Tatsachen umstellt (*ANM* S. 732; *LR/Gollwitzer* 315). Das gilt regelmäßig für sog. **Zusatztatsachen**, zu deren Wahrnehmung und Verständnis es keiner besonderen Sachkunde bedarf und die erst durch Beweisaufnahme in der Hauptverhandlung endgültig festgestellt werden können (*BGHSt* 18, 107, 108; 22, 268, 271). Hier muß dem Sachverständigen Gelegenheit gegeben werden, sich mit den vom Gericht festgestellten Zusatztatsachen auseinanderzusetzen und sie in seine Beurteilung aufzunehmen (vgl. *BGH* NStZ 1985, 421). Anders ist es bei sog. **Befundtatsachen**, die der Sachverständige nur kraft seiner

Sachkunde wahrnehmen und beurteilen kann (*BGHSt* 9, 292, 293; 18, 107, 108). Einen Beweisantrag, der auf die Korrektur von Befundtatsachen abzielt, darf das Gericht nicht ablehnen, wenn es nicht aus eigener Sachkunde beurteilen kann, ob der Sachverständige von zutreffenden Befundtatsachen ausgegangen ist (*KK-Herdegen* 98; *BGH* NJW 1951, 412).

135 **Widersprüche im Gutachten,** die nicht auf Nachfrage in zweifelsfreier Weise behoben werden können, zwingen bereits aufgrund der Aufklärungspflicht, erst recht auf einen Beweisantrag hin, zur Zuziehung eines weiteren Sachverständigen (*LR/ Gollwitzer* 314). Gemeint sind nur Widersprüche, die das in der Hauptverhandlung erstattete mündliche Gutachten des Sachverständigen enthält, da Abweichungen von dem nur vorbereitenden schriftlichen Gutachten auf veränderten Anknüpfungstatsachen in der Hauptverhandlung beruhen und insoweit sogar geboten sein können (*BGHSt* 8, 113, 116; 23, 176, 185; *ANM* S. 733).

136 **Überlegene Forschungsmittel des neuen Sachverständigen** sind nur dann relevant, wenn sie für die konkrete Beweisfrage bessere Aufklärung versprechen. Neue Verfahren müssen wissenschaftlich anerkannt sein und zuverlässige Ergebnisse erwarten lassen. Forschungsmittel sind Hilfsmittel und Verfahren, deren sich der Sachverständige für seine wissenschaftlichen Untersuchungen bedient (*BGHSt* 23, 176, 186; *BGH* NStZ 1988, 373), nicht persönliche Kenntnisse, wissenschaftliches Ansehen, Berufserfahrung, Lebensalter, Beobachtungsmöglichkeit nach § 81 StPO als solche, Zahl einschlägiger wissenschaftlicher Veröffentlichungen oder Umfang des zur Verfügung stehenden Beobachtungsmaterials (*BGHSt* 23, 176, 186; 34, 355, 358; *K/M* 76; *LR/Gollwitzer* 319; teilweise kritisch *KK-Herdegen* 98; *Eb. Schmidt* Nachtr. I Rn. 27).

137 Der ablehnende **Beschluß** ist zu begründen. Die Wiederholung des Gesetzestextes reicht nicht aus (*KK-Herdegen* 111; *LR/Gollwitzer* 321). Mit der Behauptung, der neue Sachverständige verfüge über überlegene Forschungsmittel, muß sich das Gericht auseinandersetzen und nachvollziehbar darlegen, warum es dies verneint hat (*BGHSt* 10, 116, 118).

IX. Antrag auf Einnahme des Augenscheins (Abs. 5)

138 Der Antrag auf Einnahme des Augenscheins kann nach pflichtgemäßem Ermessen des Gerichts abgelehnt werden. Letztlich bestimmt also die **Aufklärungspflicht** gem. Abs. 2 Umfang und Grenzen der Augenscheinseinnahme (*LR/Gollwitzer* 324, 327). Das Gericht darf dabei auch berücksichtigen, ob ihr Aufklärungseffekt im Verhältnis zur bisherigen Beweisaufnahme ins Gewicht fällt (*KK-Herdegen* 101).

139 Der Antrag auf Einnahme des Augenscheins muß alle Elemente des Beweisantrags enthalten, wenn eine bestimmte Tatsache durch die Augenscheinseinnahme bewiesen werden soll. Sollen durch den Antrag nur die **örtlichen Verhältnisse überhaupt** berücksichtigt werden, so handelt es sich um einen **Beweisermittlungsantrag** (*KK-Herdegen* 101; *LR/Gollwitzer* 325; *KMR-Paulus* 480).

140 Ein Antrag auf Besichtigung eines **präsenten Beweisgegenstandes** kann nicht nach pflichtgemäßem Ermessen, sondern ausschließlich nach § 245 abgelehnt werden; der beantragte Augenschein kann auch nicht durch andere Beweismittel (s. u. Rn. 141) ersetzt werden (*LR/Gollwitzer* 326; *Wenskat* S. 315).

141 Grundsätzlich ist anerkannt, daß an Stelle der Besichtigung der Örtlichkeit selbst die Besichtigung von Ersatzobjekten genügen kann, wenn dadurch die notwendigen Feststellungen zuverlässig getroffen werden können (*BGH* NStZ 1984, 565,

z. B. durch Lichtbild, Film, Stadtplan, Straßenkarte; *KK-Herdegen* 101; str. für Unfallskizze, vgl. § 86 Rn. 9; *LR/Gollwitzer* 328 m. w. N.). Ob der Augenschein auf die eine oder andere Art vorzunehmen ist, obliegt dem Ermessen des Tatrichters. Ein Ermessensfehlgebrauch und damit eine Verletzung des § 244 Abs. 5 liegt nur dann vor, wenn es sich aufdrängt, daß eine Besichtigung der Örtlichkeit selbst zu Ergebnissen führen würde, die über das hinausgehen, was aus Modellen, Skizzen oder Fotografien zu entnehmen ist (*BGH* NStZ 1981, 310; vgl. *Fezer* 12/153; *LR/Gollwitzer* 327). Das Gericht kann auch das Augenscheins-Protokoll eines beauftragten oder ersuchten Richters verlesen (vgl. §§ 86, 225, 249 Abs. 1 S. 2) und Zeugen oder Sachverständige als Augenscheinsgehilfen über ihre Wahrnehmungen berichten lassen (*KK-Herdegen* 101; i. e. *ANM* S. 225 ff.).

Die Grundsätze des Beweises durch Augenscheinseinnahme sind auch auf Tonträ- **142** ger und Bildträger anzuwenden (*LR/Gollwitzer* 333; *Roxin* § 28 C).

Das Verbot der Beweisantizipation gilt für den Antrag auf Augenscheinsein- **143** nahme nicht; er kann auch mit der Begründung abgelehnt werden, daß die Beschaffenheit des Augenscheinsgegenstandes schon aufgrund der bisher erhobenen Beweise feststehe (*BGHSt* 8, 177, 180; *K/M* 78) oder daß durch eine Augenscheinseinnahme keine weitere Sachaufklärung über Lichtbilder und Zeugenaussagen hinaus erwartet werden könne (*BGH* NStZ 1988, 88). Wird der Antrag auf Augenscheinseinnahme aber gestellt, um die Unglaubwürdigkeit eines Zeugen darzutun, so kann der Beweisantrag nicht mit der Begründung abgelehnt werden, die belastende Aussage sei glaubhaft (*BGHSt* 8, 177, 181); dies gilt auch dann, wenn das Gegenteil der zu beweisenden Tatsache bereits von mehreren in der Hauptverhandlung vernommenen Zeugen bekundet worden ist, diese aber nicht unabhängig voneinander, sondern als Glieder eines wesentlich gleichen Erlebnis- und Interessenkreises ausgesagt haben (*BGH* NJW 1961, 280; *K/M* 78; *KK-Herdegen* 102; *KMR-Paulus* 482; *LR/Gollwitzer* 331).

X. Protokollierung

Nach § 273 Abs. 1 müssen alle in der Verhandlung gestellten Anträge protokolliert **144** werden, also neben Beweisanträgen auch Hilfsbeweisanträge (*BGH* MDR 1975, 368 [D]), Beweisermittlungsanträge und Beweisanregungen, die die Art und Weise der Verwendung eines Beweismittels betreffen, ebenso eine in der Hauptverhandlung verkündete Ablehnungsentscheidung mit Begründung (*KMR-Paulus* 402, 412; vgl. o. Rn. 61). Strittig ist, ob (praktisch seltene, s. Rn. 59) Beweiserbieten, die sich nicht auf die Benutzung eines Beweismittels beziehen, der Protokollierungspflicht jedenfalls des § 273 Abs. 3 unterfallen (*LR/Gollwitzer* 127 m. w. N.). Nicht protokollierungsbedürftig ist die Begründung des Antragstellers (*K/M* 36). Die Bezugnahme auf die als Anlage zum Protokoll genommenen Schriftstücke reicht bezüglich Antrag und Ablehnungsbegründung aus, während der Tenor des Ablehnungsbeschlusses wörtlich zu protokollieren ist (*LR/Gollwitzer* 175 m. w. N.). Schweigt das Protokoll, so gilt ein Antrag als nicht gestellt, ein Beschluß als nicht verkündet (*LR/Gollwitzer* 177; zu Einschränkungen dieser negativen Beweiskraft s. Erl. zu § 274).

XI. Revision

1. Mögliche Revisionsgründe und Begründungserfordernisse

145 Die Einhaltung der Verfahrensvorschriften über den Umfang der Beweisaufnahme unterliegt einer relativ strengen **revisionsgerichtlichen Kontrolle**. Mit der Revision kann einmal die mangelnde Aufklärung durch das Gericht, also die Verletzung der Aufklärungspflicht gem. § 244 Abs. 2 gerügt werden, auch wenn ein entsprechender Beweisantrag nicht gestellt worden ist (sog. **Aufklärungsrüge**). Nach berechtigter Ablehnung eines Beweisantrages kommt eine Aufklärungsrüge nur in den seltenen Ausnahmefällen in Betracht, in denen § 244 Abs. 2 eine weitergehende Aufklärung gebietet (s. o. Rn. 28, 131; *Fezer* 12/192). Zum anderen kann die **gesetzwidrige Behandlung von Beweisanträgen** gerügt werden, also eine Verletzung der Absätze 3 bis 6 des § 244, z. B. durch fehlerhafte Ablehnung oder unterlassene Bescheidung eines Beweisantrags (vgl. *Liemersdorf* StV 1987, 175, 178f.).

146 Beide **Verfahrensrügen** sind bei richtiger Begründung (§ 344 Abs. 2 S. 1 u. 2) in der Regel nach § 337 erfolgreich, weil nicht ausgeschlossen werden kann, daß das Urteil auf dem Fehler beruht (zu Ausnahmen bei fehlerhafter Beweisantragsablehnung s. *KK-Herdegen* Rn. 60; s. auch Rn. 151 a. E.). Der **Angeklagte** und sein **Verteidiger** können daneben den absoluten Revisionsgrund nach § 338 Nr. 8 geltend machen, weil der fehlerhafte Ablehnungsbeschluß die Verteidigung in einem für die Entscheidung wesentlichen Punkt beschränkt (*Roxin* § 43 E; *LR/Gollwitzer* 351). Zwar ist dies seit der gesetzlichen Regelung des Beweisantragsrechts fast immer überflüssig (kritisch daher *K/M* 83; *ANM* S. 867), aber unschädlich und jedenfalls in den Fällen notwendig, in denen der Tatrichter sich weigert, überhaupt Beweisanträge entgegenzunehmen (*ANM* S. 868) oder in denen er sie ohne inhaltliche Prüfung als rechtsmißbräuchlich ablehnt (*BGHSt* 29, 149, 151f.).

147 In Ausnahmefällen kann die fehlerhafte Behandlung von Beweisanträgen im Rahmen einer **Sachrüge** beachtlich sein, wenn durch den Fehler die Urteilsgründe widersprüchlich oder lückenhaft werden. Das kann z. B. vorkommen, wenn eine als wahr unterstellte Tatsache im Rahmen der Beweiswürdigung nicht erörtert wird, obwohl ihre Bedeutungslosigkeit nicht klar zutage tritt (s. o. Rn. 120).

2. Rüge fehlerhafter Beweisantragsablehnung

148 Eine Verletzung der Verfahrensnormen des § 244 Abs. 3 bis 6 kann vorliegen, wenn ein Beweisantrag überhaupt nicht, nicht rechtzeitig oder unzulänglich beschieden worden ist, wenn eine beschlossene Beweiserhebung nicht ausgeführt worden ist oder wenn ein Widerspruch zwischen Urteilsbegründung und Ablehnungsbeschluß vorliegt (vgl. *BGHSt* 19, 24, 26f.; zum Ganzen *K/M* 83; *KK-Herdegen* 103). Bei nicht eingehaltener Wahrunterstellung liegt außerdem ein Verstoß gegen das Gebot des fairen Verfahrens vor (*BGHSt* 32, 44, 47; a. A. *K/M* 83), weshalb es in diesem Fall auch gleichgültig ist, ob das Beweisbegehren als Beweisantrag oder als Beweisermittlungsantrag zu qualifizieren ist (*BGH* NStZ 1985, 14 [Pf./M.]). Das **Rügerecht** kann neben dem Antragsteller auch ein anderer Prozeßbeteiligter haben, wenn er beschwert ist (*BGH* NStZ 1984, 372; StV 1987, 189; *K/M* 84).

149 In der **Revisionsbegründung** müssen nach § 344 Abs. 2 S. 2 »die den Mangel enthaltenden Tatsachen angegeben werden«. Bei der in der Praxis häufigsten **Rüge fehlerhafter Begründung** eines Ablehnungsbeschlusses muß der Beschwerdeführer den **Beweisantrag** und den **Ablehnungsbeschluß wörtlich** wiedergeben und darüber hinaus **fehlerbegründende Tatsachen** anführen, aus denen sich ergibt, weshalb die Entscheidung falsch ist (*BGHSt* 3, 213, 214; *BGH* NStZ 1984, 329f.; 1987, 36; *KK-Herdegen* 103; *LR/Gollwitzer* 348; *KMR-Paulus* 604; nicht unbedingt wörtlich nach *BGH* NStZ 1986, 519; *K/M* 85). Eine Bezugnahme auf das Protokoll genügt nicht (*LR/Gollwitzer* 348; *KMR-Paulus* 604). Wenn gleichzeitig eine Sachrüge erhoben ist, genügt bei einem in den Urteilsgründen abgelehnten Hilfsbeweisantrag eine Bezugnahme hierauf (*BGH* StV 1982, 55; *K/M* 85). Zur Frage des »Beruhens« braucht der Beschwerdeführer sich nicht zu äußern, doch kann dies sinnvoll sein, wenn er darlegt, inwiefern er durch die fehlerhafte Entscheidung in seiner Prozeßführung beeinträchtigt worden ist (*KK-Herdegen* 103).

Bei der **Rüge der Nichtbescheidung** eines Beweisantrages muß der Beschwerde- **150** führer angeben, in welcher Form und mit welchem Inhalt der Antrag dem Gericht unterbreitet worden ist, weil nur so geprüft werden kann, ob es sich um einen Beweisantrag handelt, der nur durch einen Gerichtsbeschluß abgelehnt werden durfte (*OLG Stuttgart* NJW 1968, 1732; *K/M* 85; *Krause* StV 1984, 487; a. A. *OLG Hamburg* JR 1963, 473; *Sarstedt/Hamm* 289).

Das **Revisionsgericht** darf grundsätzlich nur im Rahmen des Rügevorbringens **151** nachprüfen, ob die Behauptungen des Revisionsführers zutreffen (*LR/Gollwitzer* 358). Soweit es ausnahmsweise auf die tatsächlichen Umstände bei einem Ablehnungsbeschluß ankommt (z. B. bei der Verschleppungsabsicht [*BGHSt* 21, 118, 123], bei der »Unerreichbarkeit« oder bei den »überlegenen Forschungsmitteln«; im einzelnen str., vgl. *ANM* S. 896ff.), werden diese im Wege des Freibeweises festgestellt (*Fezer* 12/195). Das Revisionsgericht darf in der Regel **keine Auswechselung der Ablehnungsgründe** vornehmen (*BGH* NJW 1953, 35; VRS 36, 213, 215; *KG* VRS 48, 432), auch nicht bei der Wahrunterstellung (vgl. *KK-Herdegen* 58; insoweit a. A. *K/M* 86). Wenn allerdings ein Hilfsbeweisantrag erst in den Urteilsgründen beschieden wird, kann die Ursächlichkeit eines Verstoßes gegen § 244 Abs. 3, 4 für das Urteil mit der Begründung verneint werden, daß der Tatrichter den Antrag mit anderer Begründung hätte ablehnen können (*ANM* S. 911; *K/M* 86).

3. Aufklärungsrüge

Die in der Praxis sehr häufig erhobene Rüge der Verletzung des § 244 Abs. 2 **152** scheitert oft an den **Zulässigkeitserfordernissen** gemäß § 344 Abs. 2 Satz 2 (*Fezer* 12/198). Die Rechtsprechung hat hierfür strenge Maßstäbe aufgestellt (vgl. *BGHSt* 2, 168f.; 6, 128; 27, 250, 252; *BGH* StV 1984, 498). Der Revisionsführer muß in der Revisionsbegründungsschrift auf folgende Fragen eingehen (vgl. *LR/ Gollwitzer* 345; *LR/Hanack* § 344 Rn. 92ff.; *K/M* 81; *KK-Herdegen* 36; *Fezer* 12/ 198f.; *Dahs/Dahs* 370ff.):

– Welche **konkreten Tatsachen** hätten vom Gericht aufgeklärt werden müssen?
– Welche **konkreten Beweismittel** hätte das Gericht zur weiteren Aufklärung verwenden können?
– Welche (aus den Akten oder dem Verfahrensverlauf erkennbaren) Umstände hätten das Gericht **zu weiteren Ermittlungen drängen müssen**?
– Hätte die unterlassene Aufklärung für den Beschwerdeführer zu einem **günstigeren Ergebnis** geführt? (entbehrlich nach *KK-Herdegen* 38; vgl. aber *Fezer* 12/ 199; *K/M* 81; *LR/Gollwitzer* 345; *Sarstedt/Hamm* 260; *Dahs/Dahs* 377; *BGH* 13. 1. 1976, 1StR 278/75; 2. 11. 1982, 5 StR 123/82).

Im Hinblick auf die erforderliche Beschwer des Revisionsführers kann auf den hypothetischen Ergebnisvergleich nicht verzichtet werden. Er ist nicht identisch mit der Beruhensfrage, auf die der Revisionsführer auch hier nicht notwendig eingehen muß (s. o. Rn. 149; *Dahs/Dahs* 377; *KK-Herdegen* 38).

153 Die Aufklärungsrüge ermöglicht zwar **keine Überprüfung der Beweiswürdigung** durch das Revisionsgericht, kann aber eventuelle **Lücken der Beweisgrundlagen** anhand des Akteninhaltes offenbaren und damit zur Aufhebung des Urteils führen (vgl. *LR/Gollwitzer* 341; *Dahs/Dahs* 370; *Wessels* JuS 1969, 1 ff.). Wenn es um Lücken bei den »für erwiesen erachteten Tatsachen« im Hinblick auf »die gesetzlichen Merkmale der Straftat« (§ 267 Abs. 1) geht, führt nur die allgemeine Sachrüge` wegen materiell-rechtlicher Fehler zum Erfolg (*Dahs/Dahs* 370). Als **unzulässig** ist die Aufklärungsrüge von der Rspr. z. B. in folgenden Fällen angesehen worden: Widersprüche zwischen Urteilsfeststellungen und Sitzungsniederschrift (*BGH* MDR 1974, 369 [D]; *KG* JR 1968, 195); unzureichende Ausschöpfung eines Beweismittels, z. B. unterlassene Fragen oder Vorhalte an einen Zeugen (*BGHSt* 4, 125 f.; 17, 351; *BGH* NStZ 1985, 13 f. [Pf./M.]); keine erneute Vernehmung eines bereits vernommenen Zeugen (*BGH* GA 1961, 315; MDR 1978, 626 [H]; zu Ausnahmen *LR/Gollwitzer* 343). Zu **Beispielen erfolgreicher Aufklärungsrügen** s. o. Rn. 36 ff.

154 Weitere Zulässigkeitsvoraussetzung ist die **Beweisbarkeit** des behaupteten Verstoßes gegen die Aufklärungspflicht (*KMR-Paulus* 272; *Fezer* 12/200). Soweit relevante Vorgänge in der Hauptverhandlung nicht nach § 273 protokolliert werden müssen (z. B. Inhalt der Aussagen, Hinweise der Verfahrensbeteiligten, Fragen und Vorhalte an den Angeklagten und an Zeugen), können sich hier Schwierigkeiten ergeben, die nur teilweise durch Herbeiführung eines protokollpflichtigen Gerichtsbeschlusses nach § 238 Abs. 2 aufzufangen sind. Die Aufklärungsrüge ist aber dann erfolgreich, wenn sich die unterlassene Aufklärung aus den **Urteilsgründen** selbst ergibt (*BGHSt* 4, 125, 126; 17, 351, 352 f.; 29, 18, 21).

155 Wird die **Nichterhebung beantragter Beweise** beanstandet, so kommt die **Aufklärungsrüge** – auch ohne ausdrückliche Erwähnung – neben der Rüge gesetzwidriger Behandlung von Beweisanträgen in Betracht, wenn alle dafür erforderlichen Tatsachen vorgetragen worden sind (*BGH* NStZ 1984, 329, 330; *LR/Gollwitzer* 354).

XII. Rechtspolitische Überlegungen

156 In zahlreichen Reformvorschlägen der vergangenen Jahrzehnte, die sich mit der Entlastung der Strafrechtspflege und der Vereinfachung und Beschleunigung von Strafverfahren befassen, wurden Beschränkungen des Beweisantragsrechts diskutiert. Meist ging es dabei um **erweiterte Zurückweisungsmöglichkeiten** von Beweisanträgen bei einzelnen Ablehnungsgründen, insbesondere bei der Verschleppungsabsicht oder bei der Unerreichbarkeit von Zeugen. Teilweise wird auch die Einführung einer allgemeinen **Mißbrauchsklausel** gefordert (vgl. dazu *Rebmann* NStZ 1984, 241, 246; *Körner* NJW 1982, 673, 676). Erörtert werden ferner zeitliche Grenzen für die Anwendung des formellen Beweisantragsrechts (z. B. nur bis zum Ende der Beweisaufnahme statt bis zum Beginn der Urteilsverkündung, s. o. Rn. 52). Schließlich wird immer wieder vorgeschlagen, das strenge Beweisantragsrecht – jedenfalls in Verfahren vor den **Amtsgerichten** – aufzugeben und den Umfang der Sachaufklärung in das Ermessen des Gerichts nach Maßgabe der **Amtsaufklärungspflicht** zu stellen.

157 Diese und ähnliche Vorschläge, die in gewissen Zeitintervallen wiederholt werden, sind bisher ohne Erfolg geblieben, vor allem wegen des fast einhelligen Widerstandes der Anwaltschaft und großer Teile der Strafprozeßrechtswissenschaft. Es mag sachlich nur ein kleiner Bereich sein, in dem die Beweiserhebungspflicht nach § 244 Abs. 3 nicht zugleich durch die Amtsaufklärungspflicht abgedeckt wird. Jede Einschränkung des Beweisantragsrechts an dieser wichtigen Nahtstelle würde aber die ohnehin nur schwer herzustellende **»Waffengleichheit«** zwischen Staatsanwaltschaft und Verteidigung gefährden und eine wirkungsvolle Verteidigung erschweren. Das Beweisantragsrecht ist die schärfste Waffe der Verteidigung, die gerade bei unterschiedlichen Auffassungen über den Umfang der erforderlichen Sachaufklärung relevant wird.

Es ist im übrigen bisher nicht erwiesen, daß die sehr langen Verfahren beträchtlich zunehmen (*Rieß*, FS Sarstedt S. 253 f., 271) und daß speziell das Beweisantragsrecht zu einer erheblichen Verlängerung von Strafverfahren führt, selbst wenn dies in einigen wenigen »Monstre-Verfahren« zutreffen mag. Andererseits trägt gerade der vom Beweisantragsrecht ausgehende Druck dazu bei, **verfahrensvereinfachende Absprachen** zu ermöglichen (s. Vor § 151 Rn. 10 ff.). Lediglich beim Ablehnungsgrund der **»Unerreichbarkeit«** erscheint im Hinblick auf die zunehmende Internationalität unseres Rechtslebens und den hohen Anteil nur vorübergehend hier lebender Ausländer eine gewisse Einschränkung der sehr strengen Rechtsprechung zum **Auslandszeugen** vertretbar (s. o. Rn. 99). Im übrigen sind aber Beschränkungen des Beweisantragsrechts **weder gerechtfertigt noch sonderlich geeignet**, um einer überlangen Verfahrensdauer entgegenzuwirken. **158**

§ 245 (Umfang der Beweisaufnahme)

(1) Die Beweisaufnahme ist auf alle vom Gericht vorgeladenen und auch erschienenen Zeugen und Sachverständigen sowie auf die sonstigen nach § 214 Abs. 4 vom Gericht oder der Staatsanwaltschaft herbeigeschafften Beweismittel zu erstrecken, es sei denn, daß die Beweiserhebung unzulässig ist. Von der Erhebung einzelner Beweise kann abgesehen werden, wenn die Staatsanwaltschaft, der Verteidiger und der Angeklagte damit einverstanden sind.

(2) Zu einer Erstreckung der Beweisaufnahme auf die vom Angeklagten oder der Staatsanwaltschaft vorgeladenen und auch erschienenen Zeugen und Sachverständigen sowie auf die sonstigen herbeigeschafften Beweismittel ist das Gericht nur verpflichtet, wenn ein Beweisantrag gestellt wird. Der Antrag ist abzulehnen, wenn die Beweiserhebung unzulässig ist. Im übrigen darf er nur abgelehnt werden, wenn die Tatsache, die bewiesen werden soll, schon erwiesen oder offenkundig ist, wenn zwischen ihr und dem Gegenstand der Urteilsfindung kein Zusammenhang besteht, wenn das Beweismittel völlig ungeeignet ist oder wenn der Antrag zum Zwecke der Prozeßverschleppung gestellt ist.

Literatur: siehe § 244

I. Entstehungsgeschichte

1 Die Geschichte des § 245 ist eng mit der des § 244 verbunden (s. § 244 Rn. 1 ff.). Bis 1924 enthielt Abs. 1 Satz 1 der bis dahin als § 244 bezeichneten Norm den Grundsatz, daß die Beweisaufnahme auf alle präsenten Beweismittel zu erstrekken sei (zur älteren Geschichte des Regelungsgehaltes *Köhler* S. 14 ff.). Satz 2 des Abs. 1 sah die Möglichkeit des Verzichts auf die Beweiserhebung vor. Abs. 2 schränkte diesen Grundsatz nur für einige besondere Fälle ein, in denen das Gericht den Umfang der Beweisaufnahme bestimmen konnte. Durch das Gesetz zur Abänderung der StPO vom 22. 12. 1925 (RGBl. I, 475) wurde Abs. 2 geändert und der Kreis der Verfahren, in denen das Gericht den Umfang der Beweisaufnahme bestimmen konnte, nicht unerheblich erweitert. Durch das Gesetz zur Abänderung der StPO vom 27. 12. 1926 (RGBl. I, 529, 531) wurde Abs. 1 geändert und der Ablehnungsgrund der Prozeßverschleppung in § 245 eingeführt.

2 Aufgrund der wirtschaftlichen Notlage beseitigte die Ausnahmeverordnung vom 14. 6. 1932 (RGBl. I, 285, 286) die strengen Regeln über die Ablehnung von Beweisanträgen und die Pflicht zur Erhebung präsenter Beweise weitgehend; das Gesetz vom 28. 6. 1935 (RGBl. I, 844) regelte das so eingeschränkte Beweisantragsrecht erstmals eingehender. Dem Amtsrichter, dem Schöffengericht und dem Landgericht in der Berufungsinstanz wurde erlaubt, einen Beweisantrag abzulehnen, wenn sie nach ihrem freien Ermessen die Erhebung des Beweises zur Erforschung der Wahrheit nicht für erforderlich hielten. Eine Bindung an Ablehnungsgründe bestand nur noch für Verfahren, in denen eine Berufung gesetzlich ausgeschlossen war. Zur vollständigen Beseitigung dieses rechtsstaatlich bedeutsamen Instruments zur Einflußnahme auf die Beweisaufnahme kam es durch die Verordnung über Maßnahmen auf dem Gebiet der Gerichtsverfassung und der Rechtspflege vom 1. 9. 1939 (RGBl. I, 1658 ff.), in der es nunmehr bezüglich aller Gerichte hieß: »Das Gericht kann einen Beweisantrag ablehnen, wenn es nach seinem freien Ermessen die Erhebung des Beweises zur Erforschung der Wahrheit nicht für erforderlich hält.«

3 Das Gesetz zur Wiederherstellung der Rechtseinheit auf dem Gebiet des GVG, der bürgerlichen Rechtspflege, des Strafverfahrens und des Kostenrechts vom 12. 9. 1950 (BGBl. I, 455, 629) kehrte im wesentlichen zur früheren Rechtslage zurück. § 245 erhielt nur noch einen Absatz, in dessen Satz 1 der ursprüngliche Grundsatz der Beweiserhebungspflicht bei präsenten Beweismitteln wiederaufgenommen wurde, eingeschränkt nur bei Unzulässigkeit und Prozeßverschleppung. Satz 2 erstreckte die Regelung auch auf die Fälle, in denen Ladung und Erscheinen bzw. Herbeischaffen von Zeugen, Sachverständigen und anderen Beweismit-

teln erst während der Hauptverhandlung erfolgte. Satz 3 enthielt die alte Verzichtsklausel.
Die jetzige Fassung geht auf das Strafverfahrensänderungsgesetz 1979 vom 5. 10. 1978 (BGBl. I, 1645) zurück. Sie hat zwar § 245 stärker an die Systematik des § 244 herangeführt, zugleich aber den »traditionell uneingeschränkten Anspruch auf Verwendung präsenter Beweismittel« (*Rieß* NJW 1978, 2265, 2270) in problematischer Weise vor allem zum Nachteil des Angeklagten und des Verteidigers eingeschränkt (skeptisch auch *KK-Herdegen* 2).

II. Sinn und Zweck

Hauptintention der jüngsten Gesetzgebung war es, die Möglichkeit der Beweiser- **4** hebung durch präsente Beweismittel einzuschränken (vgl. *Köhler* NJW 1979, 348 ff.). Dadurch wird das ursprüngliche Ziel dieser Vorschrift, das Gericht äußerstenfalls durch die Staatsanwaltschaft oder die Verteidigung zu einer Beweiserhebung zu zwingen, nur noch in begrenztem Umfang verwirklicht (eingehende Kritik bei *Köhler* S. 77 ff.). Durch die Regelung des Abs. 2 ist ein Ungleichgewicht zwischen den Rechten der Staatsanwaltschaft und denen des Angeklagten und seines Verteidigers entstanden (s. u. Rn. 5, 18). Mit *Köhler* (NJW 1979, 348 f.) muß man daher feststellen, daß die Neufassung zu einer Beschränkung von Verteidigungsmöglichkeiten geführt hat.

III. Beweiserhebungspflicht nach Absatz 1

1. Allgemeines

Absatz 1 bezieht sich schwerpunktmäßig auf die **vom Gericht** geladenen Zeugen **5** und Sachverständigen, während **Absatz 2** die Verwendungspflicht von Beweismitteln regelt, die durch die **übrigen Prozeßbeteiligten** beigebracht worden sind (vgl. *Rieß* NJW 1978, 2265, 2270). Durch die in Abs. 1 hinzugefügte Pflicht, auch die nach § 214 Abs. 4 durch die Staatsanwaltschaft oder das Gericht herbeigeschafften Beweismittel, d. h. Augenscheinsobjekte und Urkunden, zu verwenden, wird der Staatsanwaltschaft allerdings eine etwas leichtere Möglichkeit der Präsentation von Beweismitteln eingeräumt als dem Angeklagten und dem Verteidiger, die nach Abs. 2 zur Einbringung ihrer präsenten Beweismittel einen Beweisantrag stellen müssen, der u. U. abgelehnt werden kann.
Den in Abs. 1 aufgeführten Beweismitteln stehen die erst in der Hauptverhandlung präsent gemachten Beweismittel gleich, denn bei dieser Präsentierung handelt es sich nur um nachgezogene Vorbereitungen (*KK-Herdegen* 3; *LR/Gollwitzer* 11; *Rieß* NJW 1978, 2265, 2270). Für von der Staatsanwaltschaft erst nach Beginn der Hauptverhandlung vorgelegte Beweisgegenstände gilt nach *ANM* S. 790; *K/M* 4 nur Abs. 2; dies erscheint unter dem Aspekt einer möglichst weitgehenden Waffengleichheit plausibel (vgl. zur Entstehungsgeschichte *ANM* S. 790 Fn. 65).

2. Beweismittel (Absatz 1 Satz 1)

Alle vom Gericht geladenen und auch erschienenen, i. S. d. § 245 präsenten **Zeu- 6 gen und Sachverständigen** müssen grundsätzlich von Amts wegen vernommen werden (*K/M* 3); dies gilt auch dann, wenn der Angeklagte die Zeugen nicht von ihrer Verschwiegenheitspflicht entbunden hat (*BGHSt* 15, 200 f.; *OLG Frankfurt* StV 1982, 414; zweifelnd *LR/Gollwitzer* 19).

7 **Erschienen** sind Zeugen und Sachverständige, wenn sie als anwesende Personen erkennbar und als solche verwendbar sind (*BGHSt* 24, 280, 282; *KK-Herdegen* 4; *LR/Gollwitzer* 13; *KMR/Paulus* 8, 9), wenn sie noch nicht entlassen worden sind oder sich sonst entfernt haben (*OLG Düsseldorf* MDR 1981, 161; *BGH* NStZ 1986, 207 [Pf/M]). Nicht verwendbar ist ein Zeuge, der sich berechtigt auf ein Aussageverweigerungsrecht (§§ 52 ff.) beruft; allerdings ist § 245 verletzt, wenn die Weigerung auf falscher Belehrung durch das Gericht beruht (*BGH* MDR 1974, 16 [D]). Als nicht erschienen gilt auch, wer wegen Alkohol- oder Drogeneinflusses nicht vernehmungsfähig ist (*RGSt* 35, 398; *OLG Düsseldorf* MDR 1981, 161). Kein bereitstehendes Beweismittel i. S. des § 245 ist auch ein Sachverständiger, der sich erst nach weiterer Vorbereitung zu den in der Hauptverhandlung anstehenden Fragen äußern kann (*BGHSt* 6, 289, 291), während eine themenüberschreitende Vernehmung des auskunftsbereiten Sachverständigen zulässig ist (*BGH* a. a. O.; *KK-Herdegen* 4).

8 Durch den etwas mißverständlichen Verweis auf § 214 Abs. 4 wird die **Herbeischaffung** »der als Beweismittel dienenden Gegenstände«, also der **Urkunden und Augenscheinsobjekte**, in die Beweiserhebungspflicht nach Abs. 1 einbezogen. Gemeint sind aber auch solche Beweisgegenstände, die nach § 199 Abs. 2 Satz 2 bereits mit den Akten vorgelegt wurden (*K/M* 4; *ANM* S. 789 f.).

9 **Herbeigeschafft** ist nicht alles, was greifbar vorhanden ist; es muß vielmehr die Beweismittelqualität vor Gericht konstatiert werden. Dies kann dadurch erfolgen, daß durch das Gericht die Präsenz des Beweismittels festgestellt wird (§ 243 Abs. 1 Satz 2) oder dadurch, daß von einem Prozeßbeteiligten die Verwendung verlangt wird und daß das Gericht das Vorhandensein sowie die Gebrauchsfähigkeit feststellt und den Willen bekundet, das konkrete Beweismittel zu benutzen (*BGHSt* 37, 168, 171 f.; *KK-Herdegen* 5; *KMR/Paulus* 10; wohl noch weitergehend *LR/Gollwitzer* 25, 27). Beigezogene **Akten** werden erst dadurch präsente Beweismittel, daß ein Prozeßbeteiligter die Verlesung bestimmter Aktenteile beantragt (*KMR/Paulus* 11). Auf **beschlagnahmte Gegenstände** muß sich ein Prozeßbeteiligter berufen (*KMR/Paulus* 12; *LR/Gollwitzer* 27; nach *BGHSt* 37, 168, 171 f. muß auch hier das Gericht selbst den Benutzungswillen kundgeben). **Protokolle** über richterliche Vernehmung oder Augenscheinseinnahmen sind stets präsente Beweismittel, wenn das Gericht die Beweiserhebung früher einmal angeordnet hat (*KMR/Paulus* 14; *KK-Herdegen* 5; *LR/Gollwitzer* 26).

3. Entfallen der Pflicht bei Unzulässigkeit der Beweiserhebung (Absatz 1 Satz 1)

10 Die Einführung präsenter Beweismittel in die Hauptverhandlung ist nach der Neufassung nur dann nicht möglich, wenn sie unzulässig wäre. Die frühere Möglichkeit, die Beweiserhebung wegen Prozeßverschleppung abzulehnen, ist weggefallen (krit. dazu *Köhler* NJW 1979, 348, 352). Dies kann dazu führen, daß mit präsenten Beweismitteln Beweiserhebungen verlangt werden, die nach dem Prozeßverlauf nicht mehr notwendig sind (vgl. *KG* NJW 1980, 953: gegen Verlesung des gesamten Berliner Adreßbuches, das nach § 214 Abs. 4 wegen einer einzigen Eintragung herbeigeschafft worden war; es ist jedoch fraglich, ob das gesamte Adreßbuch i. S. d. § 245 Abs. 1 herbeigeschafft worden war, vgl. o. Rn. 9 zur Verlesung von Akten). In derartigen Fällen (z. B. auch die vorsorglich geladenen Zeugen oder herbeigeschafften Geschäftsbücher) scheint das Gesetz ein Absehen von der Beweiserhebungspflicht nicht mehr zuzulassen, sofern einer der Beteiligten darauf besteht und nicht in allseitigem Einverständnis darauf verzichtet wird. Die

Streichung der Prozeßverschleppung in § 245 Abs. 1 beruht nach überwiegender Ansicht in der Literatur auf einer Fehleinschätzung der denkbaren Fallkonstellationen durch den Gesetzgeber (*KK-Herdegen* 8; *K/M* 7; *KMR/Paulus* 18; *ANM* S. 801; *Köhler* NJW 1979, 348, 351; vgl. aber *Rieß* NJW 1978, 2265, 2270; *BT-Drucks.* 8/976, S. 52). Zur Korrektur wird für § 245 Abs. 1 Satz 1 teils ein **weiter Unzulässigkeitsbegriff** vorgeschlagen, der in Anlehnung an die frühere Rspr. auch die Verfolgung ausschließlich sachfremder Zwecke umfaßt (*KK-Herdegen* 8; *KMR/Paulus* 18; *KG* NJW 1980, 953; vgl. z.B. *RGSt* 65, 304, 305; *BGHSt* 2, 284, 287; 17, 28, 30; 17, 337, 345), teils wird der allgemeine Gedanke des **Rechtsmißbrauchs** herangezogen, um sinnlose Beweiserhebungen zu vermeiden (*ANM* S. 801; *K/M* 7). Der zuerst genannten Ansicht ist wegen der größeren Unbestimmtheit des Mißbrauchsbegriffs der Vorzug zu geben (kritisch auch *Marx* NJW 1981, 1415, 1420; vgl. auch § 244 Rn. 78, 113 a.E. zum Mißbrauch des Beweisantragsrechts), auch wenn einzuräumen ist, daß diese – aus teleologischen Gründen wohl unvermeidliche – Auslegung des Begriffs »unzulässig« die Wortinterpretation über Gebühr strapaziert (krit. auch *Köhler* S. 67 f.). Mit der engen Interpretation des Begriffs des »herbeigeschafften« Beweismittels (s. o. Rn. 9) dürfte der Anwendungsbereich dieser – auch systematisch im Verhältnis zu §§ 244 Abs. 3 Satz 1, 245 Abs. 2 Satz 2 problematischen – Konstruktion jedoch ohnehin nicht allzu groß sein (vgl. *BGHSt* 37, 168, 172).

Die Entscheidung des Vorsitzenden, ein Beweismittel nicht zu verwenden oder es **11** entgegen einem Beweisverbot zu benutzen, kann nach § 238 Abs. 2 beanstandet werden, so daß ein Gerichtsbeschluß ergehen muß (*K/M* 7; *KMR/Paulus* 44).

4. Entfallen der Beweiserhebung bei allseitigem Verzicht (Absatz 1 Satz 2)

Auf die Erhebung eines Beweises kann das Gericht nicht von sich aus verzichten. **12** Es bedarf dazu der eindeutigen **Erklärung aller Beteiligter**. Der Verzicht des Nebenklägers ist nach der abschließenden Regelung seiner Rechte in § 397 Abs. 1 durch das Opferschutzgesetz vom 18. 12. 1986 (BGBl. I, 2496, 2497) nicht mehr erforderlich (*K/M* 9; *KK-Pelchen* § 397 Rn. 7; vgl. *Rieß/Hilger* NStZ 1987, 145, 154; anders noch *BGHSt* 28, 272, 274), er soll aber weiterhin gehört werden. Durch die Neufassung wird das Einverständnis des Verteidigers eindeutig neben dem Einverständnis des Angeklagten gefordert. Schweigt ein Verteidiger zu der Verzichtserklärung seines Mandanten, so drückt er damit auch seine eigene Verzichtserklärung aus (*ANM* S. 806; *K/M* 11; *KK-Herdegen* 9; *LR/Gollwitzer* 34).

Das **Einverständnis des Angeklagten** ist neben dem Einverständnis des Verteidi **13** gers notwendig. Die Rechtsprechung hat angenommen, daß ein Angeklagter, der zu der Verzichtserklärung seines Verteidigers schweigt, dadurch seine eigene Verzichtserklärung zum Ausdruck bringt (*BayObLG* NJW 1978, 1817, 1818; ebenso *KK-Herdegen* 9; im Zweifel empfiehlt sich hier eine ausdrückliche Nachfrage, vgl. *LR/Gollwitzer* 36).

Auch bei einem **abwesenden Angeklagten**, der gem. § 233 vom Erscheinen in der Hauptverhandlung entbunden ist, kann auf Zustimmung nicht verzichtet werden. Nimmt ein Verteidiger an der Abwesenheitsverhandlung teil, so genügt dessen Verzicht, § 234a (*K/M* 10; *KK-Herdegen* 9; *Rieß/Hilger* NStZ 1987, 145, 151). Bei eigenmächtigem Fernbleiben des Angeklagten (§§ 231 Abs. 2, 231a Abs. 1, § 329 Abs. 2) und im Fall des § 231b Abs. 1 erübrigt sich die Verzichtserklärung des Angeklagten, da er sein Mitwirkungsrecht verwirkt hat (*K/M* 10; *ANM* S. 805; *LR/Gollwitzer* 35). Die Zustimmung des nach § 247 entfernten Angeklagten ist dagegen erforderlich (*BGH* MDR 1983, 282 [H]; *KK-Herdegen* 9). Für **mehrere Angeklagte** gilt folgendes: Bei Einheitlichkeit der Tat müssen alle Mitangeklagten den Verzicht erklären; fehlt es an der Einheitlichkeit, so muß nur derjenige die Verzichtserklärung abgeben, der an der Tat, auf die sich die Beweistatsache bezieht, beteiligt gewesen sein soll (*KK-Herdegen* 9; *K/M* 9; differenzierend *LR/Gollwitzer* 33).

14 Wenn es um Beweisfragen geht, die sich auf den Gegenstand ihrer Beteiligung beziehen, ist auch eine Verzichtserklärung des **Einziehungs- oder Verfallsberechtigten**, einer juristischen Person oder Personenvereinigung, denen als Nebenfolge der Tat des Beschuldigten eine Geldbuße droht, erforderlich (vgl. §§ 433 Abs. 1, 442 Abs. 1, 444 Abs. 2; *K/M* 9; *KK-Herdegen* 9; *LR/Gollwitzer* 32; *KMR/Paulus* 20).

15 Im **Jugendstrafverfahren** ist die Verzichtserklärung des Erziehungsberechtigten bzw. des gesetzlichen Vertreters des Beschuldigten nicht erforderlich; sie sind aber zu hören (§ 67 Abs. 1 JGG). Ein bestellter Beistand muß dagegen seine Verzichtserklärung zu Protokoll geben (§ 69 Abs. 3 Satz 2 JGG; vgl. *K/M* 9; *KK-Herdegen* 9; *KMR/Paulus* 19).

16 Im **Privatklageverfahren** gilt § 245 wegen § 384 Abs. 3 nicht (*K/M* 1).

17 Eine besondere **Form des Einverständnisses** ist nicht vorgeschrieben; es genügt die Erklärung durch konkludentes Handeln (*BGH* GA 1976, 115; NJW 1978, 1815), auch für den Angeklagten (*K/M* 11; *KK-Herdegen* 10; *KMR/Paulus* 24; *LR/Gollwitzer* 34; vgl. o. Rn. 13). Die Verzichtserklärung ist **bedingungsfeindlich** (*K/M* 30; einschränkend *LR/Gollwitzer* 40; *ANM* S. 811). Sie kann sowohl für eine Mehrzahl von Beweismitteln gleichzeitig als auch nur für einen Teil des Beweismittels erteilt werden (*K/M* 12; *LR/Gollwitzer* 38).
Von der Beweiserhebung kann i. S. des Abs. 1 Satz 3 nur dann abgesehen werden, wenn die Verzichtserklärung endgültig und vorbehaltlos erfolgt. Der endgültige Verzicht ist dann insoweit auch **unwiderruflich**. Der Verzicht umfaßt auch einen bereits gestellten Beweisantrag nach § 244 Abs. 3 (*K/M* 14; *ANM* S. 812); er schließt im übrigen einen späteren entsprechenden Beweisantrag, der ggf. im Widerruf des Verzichts liegen kann (vgl. *K/M* 14; *LR/Gollwitzer* 41), nicht aus (*OLG Oldenburg* Nds. RPfl. 1979, 110; *KK-Herdegen* 10; *ANM* S. 812). Die gerichtliche Aufklärungspflicht bleibt von dem Verzicht unberührt (*BGH* NStZ 1984, 211 [Pf/M]); der Verzicht wirkt nur für die jeweilige Instanz (*ANM* S. 812; *K/M* 14; *LR/Gollwitzer* 42).

IV. Die nach Absatz 2 beigebrachten Beweismittel

1. Unmittelbar geladene Zeugen und Sachverständige (Absatz 2 Satz 1)

18 Von Abs. 2 Satz 1 werden nur »**geladene**« Zeugen und Sachverständige erfaßt. Das bedeutet, daß der Angeklagte über § 245 nur dann Zeugen und Sachverständige in die Hauptverhandlung einführen kann, wenn er sie ordnungsgemäß nach §§ 220, 38 geladen hat und dies nachweisen kann. Die Vernehmung der nicht auf diesem Wege geladenen Zeugen und Sachverständigen – der sog. »**gestellten**« Beweispersonen – richtet sich nicht nach § 245, sondern nach § 244 Abs. 2 bis 4 (*BGH* NStZ 1981, 401). Das bedeutet, daß zur Verhinderung der Vernehmung »sistierter« Zeugen und Sachverständiger (*LR/Gollwitzer* 47) der weitere Ablehnungskatalog des § 244 zur Verfügung steht. Die Staatsanwaltschaft ist dagegen bei ihrer Ladung an keine Form gebunden (*KK-Herdegen* 11; *KMR/Paulus* 29; *K/M* 16;

LR/Gollwitzer 47). Diese Ungleichbehandlung kann sich nachteilig auf die Verteidigungsmöglichkeiten des Angeklagten auswirken. Das Unterlassen der rechtzeitigen Namhaftmachung nach § 222 Abs. 1 Satz 2, Abs. 2 schließt die Rechte nach § 245 Abs. 2 nicht aus, kann aber einen Aussetzungsantrag nach § 246 Abs. 2 zur Folge haben (*LR/Gollwitzer* 48; *ANM* S. 817; *K/M* 16).

Abs. 2 findet Anwendung auf die vom **Nebenkläger** gem. §§ 220, 222 Abs. 2 gela- **19** denen Zeugen und Sachverständigen (vgl. § 397 Abs. 1; *K/M* § 397 Rn. 10). Auch **Einziehungs- und Verfallsbeteiligte**, juristische Personen und Personenvereinigungen (§§ 433 Abs. 1, 442, 444) haben das gleiche Ladungsrecht wie der Angeklagte (s. o. Rn. 14 f., 18; *KK-Herdegen* 11).

Der **Privatkläger** kann gem. § 386 Abs. 2 Zeugen unmittelbar laden. Jedoch gilt **20** § 245 wegen der Sonderregelung des § 384 Abs. 3 nicht (s. o. Rn. 16; *K/M* 1, 16).

2. Sonstige herbeigeschaffte Beweismittel (Absatz 2 Satz 1)

Dies sind wie bei Abs. 1 die Augenscheinsobjekte und Urkunden (*BGH* NStZ **21** 1981, 401). Für die Herbeischaffung gibt es keine gesetzlichen Vorschriften. Die Vorlegung erfolgt formlos. Die Beweisgegenstände müssen nur in der Hauptverhandlung präsent und verwendungsfähig sein (*KK-Herdegen* 12).

3. Beweisantrag

Zur Einführung der präsenten Zeugen, Sachverständigen oder der Beweisgegen- **22** stände ist ein Beweisantrag notwendig. Dies führt dazu, daß keine überraschende Präsentation von Beweismitteln mehr möglich ist. Die Staatsanwaltschaft kann sogar nach dem Antrag auf Zeugenvernehmung durch den Angeklagten oder seinen Verteidiger zunächst selbst Zugriff nehmen (vgl. § 246 Abs. 2) und ihre Strategie entsprechend ausrichten. Außerdem ist bei dem Beweisantrag, für den dieselben Voraussetzungen wie in § 244 gelten (s. § 244 Rn. 44 ff.), die Angabe eines bestimmten Beweisthemas erforderlich, das wegen seiner gebotenen Kürze häufig nicht das relevante Wissen eines Zeugen umfassen kann (krit. *KK-Herdegen* 13; *Köhler* NJW 1979, 348, 350). Auch durch diese aus dem StVÄG 1979 stammende Änderung kann die Verteidigungsstrategie des Angeklagten beeinträchtigt werden.

Normalerweise wird ein Beweisantrag nach § 245 erst gestellt, wenn die geladene **23** Person präsent ist. Im Interesse einer ökonomischen Verfahrensgestaltung muß es aber genügen, wenn bis zum Zeitpunkt der Antragstellung die Ladung veranlaßt ist und das Gericht auf das zu erwartende Erscheinen der Beweisperson hingewiesen wird (*LR/Gollwitzer* 50). Der Beweisantrag muß nicht notwendig von demjenigen Beteiligten gestellt werden, der die Präsenz des Beweismittels bewirkt hat (*ANM* S. 821; *LR/Gollwitzer* 56; *K/M* 19); er kann wie bei § 244 als Hilfsantrag gestellt werden (*K/M* 20; *ANM* S. 821; vgl. § 244 Rn. 54 f.). Ebenso wie die Ablehnung wegen mangelnder Präsenz des Beweismittels verhindert auch die Ablehnung eines gleichlautenden Beweisantrags nach § 244 nicht die erneute Antragstellung nach § 245 Abs. 2 bei nunmehr präsentem Beweismittel (*LR/Gollwitzer* 58; *ANM* S. 821, 824).

4. Entscheidung über den Beweisantrag

24 Die **positive Entscheidung** über den Beweisantrag kann der Vorsitzende allein treffen; ist ein entsprechender Beschluß des Gerichts ergangen, so ist er allerdings daran gebunden (*LR/Gollwitzer* 81). Das Gericht muß den präsenten Zeugen oder Sachverständigen hören; das Fragerecht der Verfahrensbeteiligten nach § 240 Abs. 2 ermöglicht die gezielte Ausschöpfung seines Wissens (*LR/Gollwitzer* 82; *K/M* 29).

25 Die **Ablehnung des Beweisantrages** wegen Unzulässigkeit oder aus einem der in Absatz 2 Satz 3 genannten Gründe erfolgt durch Gerichtsbeschluß, der in der Hauptverhandlung vor Schluß der Beweisaufnahme bekanntzumachen ist (*K/M* 28). Die Ausführungen zu § 244 Abs. 6 gelten entsprechend (s. § 244 Rn. 62 ff.).

5. Ablehnungsgründe (Absatz 2 Satz 2 und 3)

26 Der **engere Katalog des § 245** enthält nicht die in der Praxis häufigsten Ablehnungsgründe des § 244 Abs. 3 (Unerreichbarkeit, Wahrunterstellung) und des § 244 Abs. 4 (eigene Sachkunde des Gerichts). Hinsichtlich der identischen Ablehnungsgründe (Unzulässigkeit, völlige Ungeeignetheit, Prozeßverschleppung) kann auf die Ausführungen zu § 244 verwiesen werden (s. § 244 Rn. 77 ff., 90 ff., 106 ff.; zu Abweichungen u. Rn. 30, 31). Darüber hinaus gibt es folgende **Unterschiede** zu § 244 Abs. 3 bis 5 (vgl. *KK-Herdegen* 14; *K/M* 22 ff.; *LR/Gollwitzer* 65 ff.):

27 § 245 Abs. 2 Satz 3 läßt die Ablehnung u. a. bei Offenkundigkeit der behaupteten Tatsache zu, aber nicht bei **Offenkundigkeit des Gegenteils der Beweisbehauptung.** Es soll also dem Antragsteller Gelegenheit gegeben werden, das Gegenteil der vom Gericht für offenkundig gehaltenen Tatsachen oder Erfahrungssätze zu beweisen (*BT-Drucks.* 8/976 S. 53).

28 Anders als in § 244 Abs. 4 Satz 2 gibt es beim **Sachverständigenbeweis keine Ablehnung wegen Erwiesenseins des Gegenteils** der Beweisbehauptung aufgrund eines erstatteten Gutachtens. Beim präsenten Sachverständigen wird also das Beweisantizipationsverbot nicht eingeschränkt (*Roxin* § 43 C I 2; *Engels* GA 1981, 21, 36); es entfällt auch das Auswahlrecht des Gerichts nach § 73 (*LR/Gollwitzer* 65; *ANM* S. 825; vgl. *RGSt* 54, 257, 258).

29 Der Ablehnungsgrund des **fehlenden Zusammenhanges** zwischen Beweistatsache und Gegenstand der Urteilsfindung bedeutet eine **Einschränkung der Bedeutungslosigkeit** i. S. d. § 244 Abs. 3 Satz 2. Bloße Unerheblichkeit aus rechtlichen oder tatsächlichen Gründen genügt nicht (*LR/Gollwitzer* 72). Es muß sich um völlig sachfremde Umstände handeln (*ANM* S. 827), die in gar keiner Beziehung zum Urteilsgegenstand stehen und Indizien für verfahrensfremde Intentionen des Antragstellers sind (*KK-Herdegen* 15; vgl. auch die Kriterien zu § 241 Abs. 2 und *BGHSt* 2, 284, 287).

30 Die **völlige Ungeeignetheit** eines Beweismittels kommt, anders als bei § 244 Abs. 3 Satz 2 (vgl. § 244 Rn. 93 f.), kaum je bei Zeugen, deren Eignung sofort festgestellt werden kann, sondern allenfalls bei einem Sachverständigen in Betracht, dem jegliche Anknüpfungstatsachen fehlen und auch nicht zugänglich gemacht werden können oder dem ohne Zweifel die erforderliche Sachkunde fehlt (*ANM* S. 828 f.; *LR/Gollwitzer* 75; *K/M* 26; krit. zu diesem Ablehnungsgrund bei § 245 generell *Marx* NJW 1981, 1415, 1416 m. w. N.).

31 Auch **Verschleppungsabsicht** kommt bei präsenten Beweismitteln nur in Ausnahmefällen in Betracht, so u. U. bei der Präsentation eines Massenaufgebots von

Zeugen oder tausender zu verlesender Urkunden (*K/M* 27; *ANM* S. 829; *LR/ Gollwitzer* 76, vgl. i. ü. § 244 Rn. 106 ff.). Zur möglichen Unzulässigkeit durch Mißbrauch des Antragsrechts vgl. o. Rn. 10; § 244 Rn. 78.

V. Revision

Die Nichtverwendung eines gemäß **Absatz 1** präsenten Beweismittels kann die **32** Revision begründen, wobei darzulegen ist, daß das Beweismittel präsent war und ggf. auch, daß es entgegen einem zum Ausdruck gebrachten Willen des Revisionsführers nicht benutzt worden ist (*KK-Herdegen* 17; *LR/Gollwitzer* 89, 25). Grundsätzlich nicht erforderlich ist die Angabe, was mit dem Beweismittel bewiesen werden sollte (*LR/Gollwitzer* 89).

Bei einer Rüge wegen Verletzung des **Absatz 2** gilt gleiches wie für den Beweisan- **33** trag nach § 244 (vgl. § 244 Rn. 145 ff.). Weiter muß aber dargetan werden, daß das Beweismittel präsent war, also Beweispersonen ordnungsgemäß geladen und erschienen waren oder der Beweisgegenstand verwendbar war (*LR/Gollwitzer* 90). Ein **Beruhen** des Urteils auf dem Verfahrensmangel kann nur dann ausgeschlossen werden, wenn **mit Sicherheit auszuschließen** ist (*K/M* 30; *KK-Herdegen* 17), daß die unterlassene Beweiserhebung die Entscheidung beeinflußt hätte (*BGH* GA 1985, 566; MDR 1975, 369 [D]) oder wenn feststeht, daß die Verwendung des präsenten Beweismittels nicht in Betracht gekommen wäre, z. B. weil der Zeuge von seinem Aussageverweigerungsrecht Gebrauch gemacht hätte (*BGH* MDR 1978, 459 [H]).

§ 246 (Verspätete Beweisanträge)

(1) Eine Beweiserhebung darf nicht deshalb abgelehnt werden, weil das Beweismittel oder die zu beweisende Tatsache zu spät vorgebracht worden sei.

(2) Ist jedoch ein zu vernehmender Zeuge oder Sachverständiger dem Gegner des Antragstellers so spät namhaft gemacht oder eine zu beweisende Tatsache so spät vorgebracht worden, daß es dem Gegner an der zur Einziehung von Erkundigungen erforderlichen Zeit gefehlt hat, so kann er bis zum Schluß der Beweisaufnahme die Aussetzung der Hauptverhandlung zum Zweck der Erkundigung beantragen.

(3) Dieselbe Befugnis haben die Staatsanwaltschaft und der Angeklagte bei den auf Anordnung des Vorsitzenden oder des Gerichts geladenen Zeugen oder Sachverständigen.

(4) Über die Anträge entscheidet das Gericht nach freiem Ermessen.

1. Die Vorschrift regelt in ihrem Kern (zum weiteren Regelungsgehalt vgl. unten **1** Rn. 3) den **Umgang mit den verspäteten Beweisanträgen** und stellt insofern eine Ergänzung zu den §§ 244, 245 dar. Anders als im Zivilprozeß (§ 296 ZPO) können verspätete Beweisanträge im Strafprozeß nicht allein deshalb zurückgewiesen werden, weil sie verspätet sind (Abs. 1), sondern nur aus den allgemeinen Gründen (§§ 244 III bis V, 245). Dem Grundsatz der umfassenden Aufklärung des Sachverhalts wird damit der Vorrang vor dem Grundsatz der Verfahrensbeschleunigung eingeräumt (*LR-Gollwitzer*, Rn. 1). Um die sich hieraus ergebende Gefahr zu vermeiden, daß die Verfahrensbeteiligten durch verspätete Beweisanträge überrumpelt werden und zur Einholung der erforderlichen Erkundigungen nicht genügend Zeit haben, wird die generelle Zulassung verspäteter Beweisanträge durch eine Regelung über die Aussetzung der Hauptverhandlung ergänzt (Abs. 2 bis 4).

2 2. Der **Ausschluß der Möglichkeit, einen Beweisantrag als verspätet zurückzuweisen (Abs. 1)**, hat zur Konsequenz, daß Beweisanträge in der Hauptverhandlung bis zum Schluß der Beweisaufnahme (§ 258 I) und sogar noch darüber hinaus bis zum Beginn der Urteilsverkündung (§ 268 II 1) gestellt werden dürfen. Der Antragsteller hat einen Anspruch darauf, daß erforderlichenfalls in die Beweisaufnahme wiedereingetreten und über den Beweisantrag entschieden wird (RGSt 59, 420; 68, 88; *BGH* NJW 1967, 2019; NStZ 1981, 311; *KK-Hürxthal*, § 258 Rn. 27). Gewisse Korrekturen können über den Ablehnungsgrund der »Verschleppungsabsicht« (§§ 244 III 2, 245 II 3) erfolgen. Die Verschleppungsabsicht darf jedoch nicht damit begründet werden, daß der Beweisantrag früher hätte gestellt werden können; dies würde gegen § 246 I verstoßen (*BGHSt* 21, 118 [123 f.]; *BGH* StV 1982, 58; NStZ 1982, 291 [292]; 1986, 371). Nach Beginn der Urteilsverkündung steht die Entgegennahme eines Beweisantrags und die Entscheidung über den Wiedereintritt in die Verhandlung im freien Ermessen des Vorsitzenden (RGSt 57, 142; *BGH* b. *Dall.* MDR 1975, 24; *KK-Herdegen*, Rn. 1; *ANM*, 387 f.).

3 3. Die in den **Abs. 2 bis 4** geregelte **Befugnis zur Aussetzung der Hauptverhandlung** knüpft nur zum Teil an die verspätete Stellung eines Beweisantrags an (Abs. 2). Gleichgestellt ist der Fall, daß der Name und die Adresse eines vom Vorsitzenden oder dem Gericht geladenen Zeugen oder Sachverständigen den übrigen Verfahrensbeteiligten verspätet bekannt gegeben werden (Abs. 3). In beiden Fällen wird vorausgesetzt, daß die **Namhaftmachung des Beweismittels** (vgl. §§ 68, 72) bzw. das **Vorbringen der zu beweisenden Tatsache so spät** erfolgt, daß die übrigen Verfahrensbeteiligten keine ausreichende Zeit mehr haben, um über das Beweismittel bzw. die Tatsachenbehauptung Erkundigungen einzuziehen. Welcher Zeitpunkt dies ist, läßt sich nur im Einzelfall beurteilen (*LR-Gollwitzer*, § 222 Rn. 14). Der Blick auf § 222 hilft in diesem Zusammenhang nicht weiter, da der Zeitpunkt für die Benennung der Beweispersonen dort ebenfalls nicht konkretisiert ist (»rechtzeitig«). Bei der Bestimmung des Zeitpunkts ist zu berücksichtigen, daß § 246 der umfassenden Aufklärung des Sachverhalts grundsätzlich den Vorrang vor der zügigen Abwicklung des Verfahrens einräumt (oben Rn. 1); den Verfahrensbeteiligten soll durch die Aussetzung Gelegenheit gegeben werden, sich mit den neuen Beweisen kritisch auseinanderzusetzen, über den Wert oder Unwert des Beweismittels Erkundigungen einzuziehen und ggf. Gegenbeweise anzubieten (*LR-Gollwitzer*, Rn. 3, 9; *KMR-Paulus*, Rn. 3, 8; *K/M*, Rn. 2). Die Abs. 2 bis 4 regeln im übrigen nicht nur die prozessualen Konsequenzen einer Verletzung des § 222, der sich nur auf die Namhaftmachung von Beweismitteln bezieht, sondern gehen insofern darüber hinaus, als § 246 II die Möglichkeit der Aussetzung auch für den Fall eröffnet, daß eine zu beweisende Tatsache verspätet vorgebracht wird (*LR-Gollwitzer*, Rn. 4; *KK-Herdegen*, Rn. 2).

4 Als Rechtsfolge der in den Abs. 2 und 3 genannten Voraussetzungen sieht das Gesetz die Befugnis vor, einen Antrag auf Aussetzung zu stellen. **Antragsberechtigt** ist im Fall eines verspätet gestellten Beweisantrags (Abs. 2) der Gegner des Antragstellers. »Gegner« sind entweder der Angeklagte oder der Staatsanwalt, nicht aber Mitangeklagte im Verhältnis zueinander (*KMR-Paulus*, Rn. 5; *LR-Gollwitzer*, Rn. 10) oder der Nebenkläger (§ 397 I 3; *K/M*, Rn. 4). Im Fall des vom Gericht verspätet namhaft gemachten Beweismittels (Abs. 3) sind antragsberechtigt die Staatsanwaltschaft und der Angeklagte. Der Aussetzungsantrag muß nicht sofort nach Bekanntwerden des neuen Beweismittels bzw. der neuen Tatsache, sondern kann auch erst später bis zum Schluß der Beweisaufnahme gestellt werden; der Antragsberechtigte hat die Möglichkeit, die Erforderlichkeit der Aussetzung vor dem Hintergrund sämtlicher in der Hauptverhandlung erhobenen Beweise zu prüfen (*KK-Herdegen*, Rn. 2; *LR-Gollwitzer*, Rn. 11). Das Gericht kann die Aussetzung unabhängig von einem Antrag auch **von Amts wegen** jederzeit anordnen (*LG Nürnberg-Fürth* JZ 1982, 260; *LR-Gollwitzer*, Rn. 19f.; *KK-Herdegen*, Rn. 4).

Die **Entscheidung** über die Aussetzung steht im pflichtgemäßen Ermessen des Ge- **5** richts (Abs. 4; *KK-Herdegen*, Rn. 3). Bei der Abwägung sind die Ernstlichkeit des Willens des Antragstellers zur Einziehung von Erkundigungen, der Schutz des von den Nachforschungen betroffenen Zeugen oder Sachverständigen, die Bedeutung des Beweismittels für die Aufklärung des Falles und das Gebot zügiger Durchführung der Hauptverhandlung zu berücksichtigen (*BGHSt* 37, 1 [3ff.]; vgl. auch BGH b. *Holtz* MDR 1984, 278; *BGH* StV 1990, 196 und 197 m. Anm. *Odenthal*; *LR-Gollwitzer*, Rn. 16). Neben der Aussetzung (§§ 228 I 1, 229 IV) kommt als milderes Mittel auch die Unterbrechung der Verhandlung (§ 228 I 2) in Betracht (*K/M*, Rn. 6). Sind außer den Voraussetzungen des § 246 II oder III zugleich die Voraussetzungen des § 265 III oder IV erfüllt, ist für eine Ermessensentscheidung kein Raum; die Hauptverhandlung muß auf jeden Fall ausgesetzt werden (*LR-Gollwitzer*, Rn. 15).

4. Die **Revision** kommt vor allem dann in Betracht, wenn das Gericht einen Be- **6** weisantrag entgegen Abs. 1 als verspätet abgelehnt oder einen Aussetzungsantrag entgegen Abs. 2 oder 3 abschlägig beschieden hat. Darüber hinaus kommt die Revision dann in Betracht, wenn der Vorsitzende einen rechtsunkundigen und unverteidigten Angeklagten nicht auf die Möglichkeit, die Aussetzung zu beantragen, hingewiesen hat (*OLG Köln*, OLGSt, S. 1; *KK-Herdegen*, Rn. 5). Obwohl der Vorsitzende zu einer solchen Belehrung grundsätzlich nicht verpflichtet ist, ergibt sich aus der Fürsorgepflicht des Gerichts, daß in dieser besonderen Fallgruppe ein entsprechender Hinweis zu erfolgen hat (*LR-Gollwitzer*, Rn. 12, 25; *K/M*, Rn. 3; *KMR-Paulus*, Rn. 5).

§ 246a (Ärztlicher Sachverständiger)

Ist damit zu rechnen, daß die Unterbringung des Angeklagten in einem psychiatrischen Krankenhaus, einer Entziehungsanstalt oder in der Sicherungsverwahrung angeordnet werden wird, so ist in der Hauptverhandlung ein Sachverständiger über den Zustand des Angeklagten und die Behandlungsaussichten zu vernehmen. Hat der Sachverständige den Angeklagten nicht schon früher untersucht, so soll ihm dazu vor der Hauptverhandlung Gelegenheit gegeben werden.

1. Die Vorschrift konkretisiert die Aufklärungspflicht des Gerichts (§ 244 II) für **1** die Fälle, in denen die Anordnung einer freiheitsentziehenden Maßregel nach §§ 63, 64 oder 66 StGB in Betracht kommt. Im Hinblick auf die erheblichen Belastungen, die in diesen Fällen für den Angeklagten mit der Maßregelverhängung verbunden sind, ordnet das Gesetz zwingend die sachkundige Beratung des Gerichts sowohl bei der Schuldfrage als auch bei der Auswahl und der Bemessung der zu verhängenden Rechtsfolgen an. Der **Sinn und Zweck** dieser Regelung ist es, die gravierenden Folgen freiheitsentziehender Maßregeln davon abhängig zu machen, daß zuvor eine erschöpfende Würdigung der Persönlichkeit des Angeklagten stattgefunden hat (vgl. *BGHSt* 27, 166 [167]; *BGHR* § 246a Satz 1, Sicherungsverwahrung 2; *KMR-Paulus*, Rn. 2). Die Pflicht zur Vernehmung des Sachverständigen

(S. 1) wird ergänzt durch die Pflicht des Sachverständigen zur vorherigen Untersuchung des Angeklagten (S. 2). Im Sicherungsverfahren gilt die inhaltsgleiche Regelung des § 415 V.

2 2. Voraussetzung für die Pflicht des Gerichts zur **Vernehmung** des **Sachverständigen** in der Hauptverhandlung **(S. 1)** ist die Erwartung, daß im Urteil eine freiheitsentziehende Maßregel angeordnet werden wird. Die Anordnung der Maßregel muß nicht sicher sein; die bloße Möglichkeit genügt (*LR-Gollwitzer*, Rn. 5; *KK-Herdegen*, Rn. 2). Welcher Sachverständige vom Gericht heranzuziehen ist, bestimmt sich nach den materiellen Voraussetzungen für die Maßregelanordnung. Im Fall der Unterbringung nach § 63 StGB wird in der Regel ein psychiatrischer Sachverständiger heranzuziehen sein (BGH b. *Dall.* MDR 1976, 17; *Müller-Dietz*, NStZ 1983, 204); in Betracht kommen aber auch nichtmedizinische, etwa kriminologische Sachverständige (*LR-Gollwitzer*, Rn. 2). Aus der Aufklärungspflicht des Gerichts kann sich ggf. die Pflicht zur Heranziehung weiterer Sachverständiger ergeben (*BGHSt* 18, 374). Der Sachverständige muß bei der Erstattung seines Gutachtens den gesamten den Zustand des Angeklagten und die Behandlungsaussichten betreffenden Sachverhalt, den das Gericht seiner Entscheidung zugrundelegen will, kennen und würdigen können (*BGHSt* 27, 166 [167]). Hierfür ist es nicht erforderlich, daß der Sachverständige während der ganzen Hauptverhandlung anwesend ist. Ihm müssen jedoch die während seiner Abwesenheit zutage getretenen entscheidungserheblichen Umstände vom Gericht mitgeteilt werden, und er muß die Möglichkeit erhalten, zu diesen Umständen erforderlichenfalls in einem Ergänzungsgutachten Stellung zu nehmen (*LR-Gollwitzer*, Rn. 8; *KK-Herdegen*, Rn. 2; *KMR-Paulus*, Rn. 5). Zur Möglichkeit des Ausschlusses des Angeklagten während der Vernehmung des Sachverständigen vgl. § 247 S. 3.

3 3. Aus dem Sinn und Zweck der obligatorischen Vernehmung eines Sachverständigen in der Hauptverhandlung folgt für den Gutachter die Pflicht zur vorherigen **Untersuchung des Angeklagten (S. 2).** Entgegen dem Wortlaut des Gesetzes (»soll«) steht die Untersuchung weder im Ermessen des Gerichts noch im Ermessen des Gutachters (*RGSt* 68, 198; 327; *BGHSt* 9, 1 [3]; *LR-Gollwitzer*, Rn. 9). In vielen Fällen wird dem Sachverständigen die Gelegenheit zur Untersuchung des Beschuldigten bereits im Ermittlungsverfahren eingeräumt worden sein (§ 80a). Ist dies jedoch nicht geschehen (ein Anspruch des Angeklagten hierauf besteht nicht; vgl. *BGH* NStZ 1984, 134), muß dem Sachverständigen spätestens vor der Hauptverhandlung die Gelegenheit zur Untersuchung gegeben werden. Die Untersuchung muß vom Sachverständigen unter dem Gesichtspunkt der vom Gericht erwogenen Maßregelanordnung vorgenommen werden (*RGSt* 68, 327 [329]; *KK-Herdegen*, Rn. 3); sie darf sich weder mit einer bloßen Befragung des Beschuldigten über seinen Gesundheitszustand (*RGSt* 68, 198 [200f.]) noch mit der bloßen Auswertung eines von einem anderen Sachverständigen erstellten Gutachtens begnügen (*BGHSt* 9, 1). Verweigert der Beschuldigte die Mitwirkung, kann die Untersuchung auch gegen seinen Willen vom Gericht angeordnet werden (§§ 81, 81a; *BGH* NJW 1972, 348).

4 4. Die **Revision** ist begründet, wenn das Gericht in der Hauptverhandlung entweder keinen Sachverständigen vernommen oder den Sachverständigen nicht ausreichend über den entscheidungserheblichen Sachverhalt unterrichtet hat (*K/M*, Rn. 4). Hat der Sachverständige den Angeklagten vor der Gutachtenerstattung nicht oder nicht ausreichend untersucht, kommt neben der Rüge der Verletzung des § 246a (*LR-Gollwitzer*, Rn. 12) auch die Aufklärungsrüge (§ 244 II) in Betracht (*BGH* NJW 1968, 2298). Die Aufklärungsrüge ist darüber hinaus begründet, wenn es das Gericht unterlassen hat, weitere Sachverständige hinzuzuziehen, obwohl sich etwa im Hinblick auf eine Verhaltensänderung des Angeklagten die Notwendigkeit hierzu hätte aufdrängen müssen (*BGHSt* 18, 374, [376]).

§ 247 (Entfernung des Angeklagten)

Das Gericht kann anordnen, daß sich der Angeklagte während einer Vernehmung aus dem Sitzungszimmer entfernt, wenn zu befürchten ist, ein Mitangeklagter oder ein Zeuge werde bei seiner Vernehmung in Gegenwart des Angeklagten die Wahrheit nicht sagen. Das gleiche gilt, wenn bei der Vernehmung einer Person unter sechzehn Jahren als Zeuge in Gegenwart des Angeklagten ein erheblicher Nachteil für das Wohl des Zeugen zu befürchten ist oder wenn bei einer Vernehmung einer anderen Person als Zeuge in Gegenwart des Angeklagten die dringende Gefahr eines schwerwiegenden Nachteils für ihre Gesundheit besteht. Die Entfernung des Angeklagten kann für die Dauer von Erörterungen über den Zustand des Angeklagten und die Behandlungsaussichten angeordnet werden, wenn ein erheblicher Nachteil für seine Gesundheit zu befürchten ist. Der Vorsitzende hat den Angeklagten, sobald dieser wieder anwesend ist, von dem wesentlichen Inhalt dessen zu unterrichten, was während seiner Abwesenheit ausgesagt oder sonst verhandelt worden ist.

Literatur

Hassemer, W. Gefährliche Nähe: Die Entfernung des Angeklagten aus der Hauptverhandlung (§ 247 StPO), JuS 1986, 25–29.

Rieß, P. Die Durchführung der Hauptverhandlung ohne Angeklagten, JZ 1975, 265–272.

Strate, G. Zur zeitweiligen Ausschließung des Angeklagten von der Hauptverhandlung, NJW 1979, 909–910.

Tzschaschel, W. Die Information des Beschuldigten über das psychiatrisch-psychologische Gutachten, NJW 1990, 749–751.

Verrel, T. Gerichtliche Verwertung von Schuldfähigkeitsgutachten bei Tötungsdelikten, jur. Diss., Göttingen, 1992.

1 1. Der **Sinn und Zweck** der Vorschrift ist die Einschränkung des Grundsatzes der Anwesenheit des Angeklagten in der Hauptverhandlung (§ 230 I) in drei Fällen: zur Erlangung einer wahrheitsgemäßen Aussage von einem Mitangeklagten oder Zeugen (S. 1), zur Vermeidung von Nachteilen für das Wohl eines Zeugen (S. 2) und zum eigenen Schutz des Angeklagten vor Gefahren für seine Gesundheit (S. 3). Da der Anwesenheitsgrundsatz Ausfluß des verfassungsrechtlichen Anspruchs auf rechtliches Gehör (Art. 103 I GG) ist (vgl. *Rieß*, JZ 1975, 267; *Hassemer*, JuS 1986, 28), sind die Gründe, die zu seiner Einschränkung führen können, eng begrenzt. Sie ergeben sich zum einen aus der umfassenden Aufgabe des Strafverfahrens zur Wahrheitsermittlung, die sich in Abwesenheit des Angeklagten unter Umständen besser verwirklichen läßt als in seiner Anwesenheit, und zum anderen aus der in Art. 1 und 2 GG wurzelnden Fürsorgepflicht des Gerichts gegenüber den Zeugen, aber auch gegenüber dem Angeklagten selbst. Dem Anspruch auf rechtliches Gehör wird in den genannten Fällen dadurch Rechnung getragen, daß der Angeklagte nach seiner Wiederzulassung zur Hauptverhandlung über den wesentlichen Inhalt des in seiner Abwesenheit Verhandelten zu unterrichten ist (S. 4).

2 Als Ausnahmebestimmung zum Anwesenheitsprinzip ist § 247 **eng auszulegen** (*KK-Mayr*, Rn. 2; *LR-Gollwitzer*, Rn. 4). Unzulässig ist daher die Entfernung des Angeklagten, wenn sie nicht zur Erhöhung der Aussagebereitschaft eines Mitangeklagten oder eines Zeugen erfolgt (S. 1), sondern weil zu befürchten ist, daß der Angeklagte seine Aussage an die Einlassung eines Mitangeklagten anpaßt (*BGHSt* 15, 194). Ebenfalls unzulässig ist es, wenn sich die Entfernung des Angeklagten nicht auf die Vernehmung eines Mitangeklagten oder Zeugen beschränkt (S. 1), sondern wenn während der Abwesenheit auch eine Urkunde verlesen wird (*BGHSt* 21, 332). Unterschiedlich wird in der Rechtsprechung die Frage beurteilt, ob die Entfernung über die Vernehmung hinaus (S. 1) auch für die Dauer der Vereidigung eines Zeugen angeordnet werden darf. Nachdem der BGH zunächst auch in dieser Frage eine restriktive Position vertrat und die Entfernung während der Vereidigung für unzulässig hielt (*BGHSt* 26, 218), billigte er 1984 in analoger Anwendung des § 247 S. 1 den Ausschluß des Angeklagten während der Vereidigung eines V-Mannes (*BGH* NJW 1985, 1478; krit. hierzu *Hassemer*, JuS 1986, 25 ff.). Diese erweiternde Auslegung des § 247 mag rechtspolitisch insofern akzeptabel erscheinen, als sie für die Problematik der Einführung getarnter oder gefährdeter Zeugen in die Hauptverhandlung eine prozessuale Lösung schafft, die gegenüber der kommissarischen Vernehmung des V-Mannes sicherlich das »kleinere Übel« (*BGHSt* 32, 32 [36]) darstellt. Es kann jedoch nicht übersehen werden, daß die Gerichte, indem sie eine Aufgabe übernehmen, die an sich vom Gesetzgeber zu leisten wäre, den Ausnahmecharakter des § 247 zugunsten einer allgemeinen Interessenabwägung verwischen (vgl. *Hassemer*, JuS 1986, 27) und dadurch einer Erosion der prozessualen Rechte des Angeklagten Vorschub leisten. Ungeachtet der Einwände hat der BGH seine Linie in jüngster Zeit jedoch fortgeführt und in analoger Anwendung des § 247 S. 2 den Ausschluß des Angeklagten während der Vereidigung einer schwer herzkranken Zeugin gebilligt (*BGHSt* 37, 48 [49 f.]).

3 2. a) Zu den **allgemeinen Voraussetzungen** der Entfernung des Angeklagten gehört zunächst die **Befürchtung**, daß die Fortsetzung der Verhandlung in Gegenwart des Angeklagten bestimmte Konsequenzen haben werde. Diese Befürchtung muß sich auf konkrete Tatsachen stützen, nicht nur auf allgemeine Erwägungen (*BGHR*, StPO § 247 Satz 1, Begründungserfordernis 1 und 2; *OLG Düsseldorf*,

StV 1989, 472; *LR-Gollwitzer*, Rn. 15; *Hanack*, JR 1989, 255). Da der Befürchtung stets eine Prognose des Gerichts zugrundeliegt, sind für die Entscheidung die Tatsachen maßgeblich, die dem Gericht im Zeitpunkt seiner Entscheidung bekannt sind (*LR-Gollwitzer*, Rn. 36). Ändern sich diese Tatsachen nachträglich (stellt sich etwa nach der Wiederzulassung des Angeklagten heraus, daß der Zeuge auch in Gegenwart des Angeklagten die Wahrheit gesagt hätte), wird die Entscheidung des Gerichts hierdurch nicht fehlerhaft; die Beweisaufnahme braucht deshalb grundsätzlich nicht in Anwesenheit des Angeklagten wiederholt zu werden (*KK-Mayr*, Rn. 5; *K/M*, Rn. 3; a. A. *OLG Hamburg*, NJW 1975, 1573 m. abl. Anm. *Fischer*, NJW 1975, 2034). Allerdings kann sich im Einzelfall aus dem Grundsatz des »fair trial« sowie aus der Aufklärungspflicht des Gerichts (§ 244 II) eine Pflicht zur Wiederholung der wesentlichen Teile der Vernehmung ergeben (*LR-Gollwitzer*, Rn. 37).

Die Entscheidung über die Entfernung des Angeklagten ist auch dann, wenn die **4** tatbestandlichen Voraussetzungen eines Ausschlußgrundes erfüllt sind, eine **Ermessensentscheidung** des Gerichts, bei der die für den Ausschluß sprechenden Umstände gegen das Anwesenheitsrecht des Angeklagten und seine Verteidigungsinteressen abzuwägen sind. Liegt einer der in § 247 genannten Ausschlußgründe vor, dürfte die Entfernung in der Regel anzuordnen sein (*K/M*, Rn. 1; *KMR-Paulus*, Rn. 2), es sei denn, es sprechen gewichtige Gesichtspunkte, wie etwa eine Zustimmung des betroffenen Zeugen zur fortdauernden Anwesenheit des Angeklagten, gegen eine Entfernung (vgl. *LR-Gollwitzer*, EB, Rn. 7).

Die in § 247 geregelten Einschränkungen des Anwesenheitsgrundsatzes gelten für **5** **alle Vorgänge in der Hauptverhandlung** einschließlich der Beweiserhebungen, die freibeweislich erfolgen (*LR-Gollwitzer*, Rn. 12; einschränkend *Eb. Schmidt*, Lehrkomm. II, Rn. 23). Auf **kommissarische Beweiserhebungen** (§§ 223 bis 225) ist § 247 entsprechend anwendbar, da die den Ausschluß aus der Hauptverhandlung rechtfertigenden Gründe auch außerhalb der Hauptverhandlung vorliegen können und der Angeklagte in der kommissarischen Beweisaufnahme nicht mehr Rechte haben kann als in der Hauptverhandlung. Einer Unterrichtung des Angeklagten nach Wiederzulassung (S. 4) bedarf es bei der kommissarischen Beweiserhebung nicht (*BGH GA 1967, 371; LR-Gollwitzer*, Rn. 11). Zur Anwendbarkeit des § 247 in Verfahren vor der Strafvollstreckungskammer vgl. *OLG Hamm*, NStZ 1989, 448. Im Jugendstrafverfahren wird § 247 StPO durch § 51 JGG ergänzt.

b) Der **Ausschluß** des Angeklagten **im Interesse der Wahrheitsermittlung (S. 1)** **6** setzt die begründete Besorgnis (oben Rn. 3) voraus, ein Mitangeklagter oder ein Zeuge werde in Gegenwart des Angeklagten nicht die Wahrheit sagen, also keine richtige und vollständige Aussage machen. Dieses Erfordernis ist auch dann erfüllt, wenn zu befürchten ist, daß der Mitangeklagte oder Zeuge in Gegenwart des Angeklagten überhaupt keine Aussage macht, sei es, daß ihm ein Nervenzusammenbruch droht (*RGSt* 73, 355; *BGHSt* 22, 289 [295 ff.]; *OLG Hamburg*, NJW 1975, 1573), sei es, daß er erklärt, er werde bei fortbestehender Anwesenheit des Angeklagten von seinem Aussage- (§ 244 IV 1) oder seinem Zeugnisverweigerungsrecht (§ 52) Gebrauch machen (*BGHSt* 22, 18), oder sei es, daß die vorgesetzte Dienstbehörde des Zeugen die Aussagegenehmigung aus den in § 96 bzw. § 54 StPO i. V. m. § 39 III 1 BRRG (§ 62 I BBG) anerkannten Gründen vom Ausschluß des Angeklagten aus der Hauptverhandlung abhängig gemacht hat (*BGHSt* 32, 32 [35 ff.]; *KK-Pelchen*, Vor § 48 Rn. 72).

c) Beim **Ausschluß** des Angeklagten **zum Schutz von Zeugen (S. 2)** ist danach zu **7** unterscheiden, ob der Zeuge jünger oder älter als sechzehn Jahre ist. Bei Zeugen **unter sechzehn Jahren** kann der Angeklagte ausgeschlossen werden, wenn die begründete Besorgnis (oben Rn. 3) besteht, daß von der Anwesenheit des Angeklagten in der Vernehmung ein erheblicher Nachteil für das Wohl des Kindes oder Jugendlichen ausgeht. Die dem Zeugen drohenden Nachteile können sowohl in der Belastung liegen, die im Einzelfall mit der Begegnung mit dem Angeklagten in der Hauptverhandlung verbunden sein kann, als auch in Belastungen, denen der Zeuge nach Abschluß der Vernehmung von seiten des Angeklagten ausgesetzt ist. Für die Beurteilung sind das Alter und die Reife des jungen Zeugen, seine Belastbarkeit, sein Verhältnis zum Angeklagten, die Art und Schwere der dem Angeklagten vorgeworfenen Tat sowie die Betroffenheit des Zeugen durch die Tat wesentlich. Anders als bei erwachsenen Zeugen genügt es, wenn der zu befürchtende Nachteil »erheblich« ist. Überspannte Anforderungen dürfen an diese Voraussetzung nicht gestellt werden; in der Regel genügt die Feststellung, daß der Nachteil über die Vernehmung hinaus noch eine gewisse Zeit fortwirkt (*LR-Gollwitzer*, Rn. 24; *K/M*, Rn. 11). Zum Ausschluß der Öffentlichkeit bei der Vernehmung junger Zeugen vgl. § 172 Nr. 4 GVG. Zu den Rechten und Pflichten junger Zeugen in der Hauptverhandlung allgemein vgl. *Meier*, JZ 1991, 638 ff.

8   Werden Zeugen vernommen, die **sechzehn Jahre oder älter** sind, ist der Ausschluß des Angeklagten nur dann möglich, wenn bei einer in Gegenwart des Angeklagten durchgeführten Vernehmung die dringende Gefahr eines schwerwiegenden Nachteils für die Gesundheit des Zeugen besteht. Gegenüber dem Ausschluß bei Vernehmung jüngerer Zeugen sind die Voraussetzungen in dreierlei Hinsicht verschärft. Anstelle der begründeten Besorgnis muß die »dringende Gefahr« gegeben sein, daß der bezeichnete Nachteil eintritt. Erforderlich ist die durch konkrete Tatsachen belegte hohe Wahrscheinlichkeit des Eintritts, wobei es auch hier auf die Tatsachen ankommt, die dem Gericht zum Zeitpunkt seiner Entscheidung bekannt sind (*LR-Gollwitzer*, EB, Rn. 6). Der Ausschluß ist ferner nur bei der Gefahr eines Nachteils für die »Gesundheit« des Zeugen zulässig, während bei Vernehmung jüngerer Personen schon jeder Nachteil für das Wohl des Zeugen genügt. Der Begriff der Gesundheit ist allerdings nicht auf die körperliche Gesundheit beschränkt; auch Gefahren für die psychische Gesundheit wie etwa besonders gravierende Angstzustände können berücksichtigt werden (*LR-Gollwitzer*, EB, Rn. 4; *KK-Mayr*, Rn. 11; *Böttcher*, JR 1987, 140). Die drohende Gesundheitsschädigung muß schließlich »schwerwiegend« sein. Im Hinblick auf den Grundsatz der Anwesenheit des Angeklagten sind vom erwachsenen Zeugen Beeinträchtigungen seines Wohlbefindens also auch dann noch hinzunehmen, wenn sie erheblich sind (vgl. *K/M*, Rn. 12). Zum Ausschluß der Öffentlichkeit in diesen Fällen vgl. § 171 b GVG.

9   d) Der **Ausschluß zum eigenen Schutz des Angeklagten (S. 3)** kann erfolgen, wenn zu befürchten ist, daß die Anwesenheit des Angeklagten bei Erörterungen über seinen Zustand und die Behandlungsaussichten erhebliche Nachteile für seine Gesundheit mit sich bringt. Die Anwendung der Vorschrift ist mit einer starken Bevormundung des Angeklagten verbunden, da die ausschließlich ihn selbst betreffende Frage, ob seinen Verteidigungs- oder seinen Gesundheitsinteressen der Vorrang einzuräumen ist, ohne sein Zutun (vgl. aber § 33 I) vom Gericht für ihn entschieden wird. Vom Ausschluß nach § 247 S. 3 sollte deshalb mit Fingerspitzengefühl und Zurückhaltung Gebrauch gemacht werden (*Tzschaschel*, NJW 1990, 750); stets sollte geprüft werden, ob die Erörterungen über den Zustand und

die Behandlungsaussichten nicht auf eine Weise geführt werden können, die beim Angeklagten keine tiefgreifenden Erschütterungen hervorruft. Die forensische Praxis verfährt mit dem Ausschluß des Angeklagten nach § 247 S. 3 restriktiv; eine auf der Auswertung von 214 wegen vorsätzlichen Tötungsdelikten durchgeführten Verfahren beruhende empirische Untersuchung zeigte, daß von der Vorschrift nur in einem einzigen Fall Gebrauch gemacht wurde (*Verrel*, 1992).

Der Ausschluß zur Schonung der Gesundheit des Angeklagten setzt die durch **10** konkrete Tatsachen begründete Besorgnis (oben Rn. 3) einer drohenden Schädigung des Angeklagten voraus. Hierfür genügt es, wenn ein Sachverständiger den Ausschluß für erforderlich hält und seine Auffassung dann in Abwesenheit des Angeklagten näher begründet (*KK-Mayr*, Rn. 12). Teilt das Gericht die Auffassung des Sachverständigen nicht, ist der Angeklagte unverzüglich wieder zuzulassen. Die Besorgnis muß sich darauf beziehen, daß dem Angeklagten infolge seiner Anwesenheit bei der Erörterung der ihn betreffenden Umstände ein erheblicher Nachteil für seine physische oder psychische Gesundheit droht. Dies ist dann der Fall, wenn die Gefahr besteht, daß sich sein Wohlbefinden infolge der Kenntnis von den erörterten Umständen nach Ausmaß und Dauer mehr als nur geringfügig verschlechtert (*LR-Gollwitzer*, Rn. 26). Zum Ausschluß der Öffentlichkeit vgl. §§ 171 a f. GVG.

3. Die **Anordnung**, daß sich der Angeklagte aus dem Sitzungszimmer zu entfer- **11** nen habe, trifft das Gericht von Amts wegen durch Beschluß (*RGSt* 20, 273; *BGHSt* 1, 346 [350]; 4, 364). Ein Antrag ist nicht erforderlich (*LR-Gollwitzer*, EB, Rn. 7). Vor der Entscheidung sind die Beteiligten, insbesondere der Angeklagte, zu hören (§ 33 I). Die Entscheidung ist zu begründen (§ 34) und zu verkünden (§ 35 I). Eine Begründung wird nicht dadurch überflüssig, daß sämtliche Beteiligten mit der Anordnung einverstanden sind, da der Angeklagte in der Hauptverhandlung grundsätzlich zur Anwesenheit verpflichtet ist und deshalb auf sein Anwesenheitsrecht nicht wirksam verzichten kann (*BGHSt* 22, 18 [20]; *KK-Mayr*, Rn. 3, 13; *KMR-Paulus*, Rn. 2, 4). Zur Möglichkeit der Revision bei Fehlen einer Begründung vgl. unten Rn. 19.

Im Hinblick auf den **Umfang und** die **Grenzen** der Entfernung gilt der Grundsatz, **12** daß der Ausschluß nicht länger dauern darf als es der Zweck der den Ausschluß rechtfertigenden Gründe erfordert. Dabei ist zu berücksichtigen, daß die Entfernung nach § 247 S. 1 und 2 auf die Dauer der **Vernehmung** des Mitangeklagten oder Zeugen beschränkt ist. Zur »Vernehmung« gehören die Anhörung zur Person und zur Sache sowie sämtliche unmittelbar damit zusammenhängenden Verfahrensvorgänge, die keine selbständige verfahrensrechtliche Bedeutung haben, wie Belehrungen, Fragen oder Vorhalte (*LR-Gollwitzer*, Rn. 19; *K/M*, Rn. 6; i. Erg. ebenso *Strate*, NJW 1979, 910; z. T. weitergehend [alle Verfahrensvorgänge, die sich aus der Vernehmung entwickeln] *BGH* NJW 1979, 276 m. krit. Anm. *Gollwitzer*, JR 1979, 435). Die Vereidigung des Zeugen sowie die Verhandlung hierüber sind genausowenig ein Teil der Vernehmung (*RGSt* 39, 356; *BGHSt* 26, 218 m. Anm. *Gollwitzer*, JR 1976, 341; *BGH* NJW 1976, 1108; *NStZ* 1987, 519; *LR-Gollwitzer*, Rn. 20; *KK-Mayr*, Rn. 7) wie die Verhandlung über den Ausschluß der Öffentlichkeit während der Zeugenvernehmung (*RGSt* 18, 138; *Strate*, NJW 1979, 910; a. A. *BGH* NJW 1979, 276) oder die Erhebung weiterer Beweise, etwa die Verlesung einer Urkunde zu Beweiszwecken (*RGSt* 29, 30; 38, 432; *BGHSt* 21, 332) oder die Einnahme des Augenscheins (*BGH* StV 1981, 57 m. Anm. *Strate*; NJW 1988, 429; JR 1989, 254 m. krit. Anm. *Hanack*). Der Angeklagte muß daher zu diesen anderen Verfahrensvorgängen wieder zugelassen werden, auch wenn sie im Rahmen der Vernehmung erfolgen, für die er ausgeschlossen wurde; erforderlichenfalls ist der betreffende Teil der Hauptverhandlung in Gegenwart des Angeklagten zu wiederholen (*BGH* StV 1989, 192; *LR-Gollwitzer*, Rn. 34f.; *KK-Mayr*, Rn. 8, 17). Zu der Ausnahme, die die Rechtsprechung insoweit für die Vereidigung eines V-Mannes macht, vgl. oben Rn. 2. Der Ausschluß des Angeklagten kann auf einen Teil der Vernehmung beschränkt werden, wenn dies zur Erlangung einer wahrheitsgemäßen Aussage oder zum Schutz des Zeugen genügt (*LR-Gollwitzer*, Rn. 22).

13 Die Entfernung nach § 247 S. 3 ist auf die Dauer der **Erörterungen** über den Zustand des Angeklagten und die Behandlungsaussichten beschränkt. Hierzu zählen alle Vorgänge während der Hauptverhandlung (Beweiserhebungen, Erklärungen, Schlußvorträge), bei denen es zur Schonung der Gesundheit des Angeklagten erforderlich ist, diesen in seinem eigenen Interesse auszuschließen. Anders als in den Fällen des § 247 S. 1 und 2 wird die Grenze für den Ausschluß hier nicht durch einen konkreten Verfahrensvorgang (Vernehmung), sondern durch das Thema der jeweiligen Erörterung bestimmt (*LR-Gollwitzer*, Rn. 33).

14 4. a) Die Anordnung der Entfernung des Angeklagten hat zur Folge, daß die **Verhandlung in** seiner **Abwesenheit** fortgesetzt werden darf. Durch die Anordnung wird lediglich das Anwesenheitsrecht eingeschränkt; die sonstigen Verfahrensrechte des Angeklagten bleiben unberührt (*LR-Gollwitzer*, Rn. 3). In Abwesenheit des Angeklagten dürfen deshalb nur die den Ausschluß rechtfertigenden Vernehmungen oder Erörterungen durchgeführt werden. Andere Verfahrensvorgänge müssen bis zur Wiederzulassung des Angeklagten aufgeschoben oder nach seiner Wiederzulassung wiederholt werden (oben Rn. 12). Zur Notwendigkeit der Beiordnung eines Verteidigers vgl. *OLG Zweibrücken*, NStZ 1987, 89 m. Anm. *Molketin*.

15 b) Nach der Wiederzulassung muß der Angeklagte unverzüglich vom wesentlichen Inhalt dessen **unterrichtet** werden, was während seiner Abwesenheit ausgesagt oder sonst verhandelt worden ist **(S. 4)**. Zweck dieser Unterrichtung ist es, den Anspruch des Angeklagten auf rechtliches Gehör (Art. 103 I GG) zu sichern und ihm eine sachgerechte Verteidigung zu ermöglichen (*LR-Gollwitzer*, Rn. 2); der Angeklagte soll in die Lage versetzt werden, an den Zeugen Fragen stellen (§ 240 II; unten Rn. 17) und Erklärungen abgeben zu können (§ 257 I). Die Unterrichtung muß sofort nach der Wiederzulassung vor jeder weiteren Verfahrenshandlung erfolgen; nachdem der Zweck des Ausschlusses erreicht ist, muß der Angeklagte so gestellt werden, wie er ohne Zwangsentfernung gestanden hätte (*BGHSt* 3, 384 [386]; *BGH* NJW 1953, 1112; *LR-Gollwitzer*, Rn. 41f.; *KK-Mayr*, Rn. 14).

16 Form und Inhalt der Unterrichtung des Angeklagten bestimmt der Vorsitzende im Rahmen seiner Sachleitungsbefugnis (§ 238 I) nach freiem Ermessen. Die Unterrichtung muß dem Angeklagten sämtliche Informationen liefern, deren Kenntnis für eine sachgerechte Verteidigung erforderlich ist (*LR-Gollwitzer*, Rn. 39; *K/M*, Rn. 16). Der Zweck der den Ausschluß rechtfertigenden Gründe darf dabei allerdings nicht vereitelt werden. Ist der Angeklagte für die Dauer von Erörterungen über seinen Zustand und die Behandlungsaussichten ausgeschlossen worden (S. 3), muß auch die Unterrichtung in einer Weise erfolgen, die seine Gesundheit schont (*KMR-Paulus*, Rn. 24). Ist der Angeklagte während der Vernehmung eines V-Mannes ausgeschlossen worden (oben Rn. 2), dürfen ihm auch in der Unterrichtung die Personalien des V-Mannes nicht bekannt gegeben werden (*KK-Mayr*, Rn. 15). Werden dem Angeklagten ohne sachlichen Grund wesentliche Informationen vorenthalten, kann gegen die vom Vorsitzenden ausdrücklich erklärte Ablehnung der Unterrichtung das Gericht angerufen werden (§ 238 II); zur Möglichkeit der Revision vgl. unten Rn. 19.

c) Im Anschluß an die Unterrichtung nach § 247 S. 4 kann der Angeklagte sein **17** **Fragerecht** (§§ 240 II, 241 a II) ausüben. Da die Befragung des Zeugen ein Bestandteil der Vernehmung zur Sache ist, ergibt sich aus § 247 S. 1 und 2, daß der Angeklagte keinen Anspruch auf eine unmittelbare persönliche Befragung des Zeugen hat; nachdem der Angeklagte seine Fragen formuliert hat, kann er für die Dauer der Beantwortung der Fragen wieder aus dem Sitzungszimmer entfernt werden, wenn dies zur Erlangung einer wahrheitsgemäßen Aussage oder zur Vermeidung von Nachteilen für das Wohl des Zeugen erforderlich ist. Der Gesichtspunkt des Zeugenschutzes kann es dabei nahelegen, dem Zeugen für die Dauer der Anwesenheit des Angeklagten im Sitzungszimmer die Entfernung zu gestatten (*BGHSt* 22, 289 [296 f.]; *BGH* NJW 1985, 1478 [1479]; *LR-Gollwitzer*, Rn. 44; *K/M*, Rn. 18; *Hanack*, JR 1989, 256).

d) Der Beschluß, daß der Angeklagte aus der Hauptverhandlung ausgeschlossen **18** wird, die Bekanntgabe des Beschlusses, seine maßgeblichen Gründe, die Entfernung des Angeklagten und ihre Dauer sowie die Unterrichtung des Angeklagten nach seiner Wiederzulassung müssen im **Hauptverhandlungsprotokoll** vermerkt werden (§ 273 I; *BGH* StV 1984, 102 [103]; *OLG Hamburg*, NJW 1965, 1342 [1343]; *LR-Gollwitzer*, Rn. 45; *KMR-Paulus*, Rn. 28).

e) Da der Angeklagte grundsätzlich zur Anwesenheit in der Hauptverhandlung **19** verpflichtet ist, liegt ein absoluter **Revisionsgrund** nach § 338 Nr. 5 vor, wenn der Angeklagte aus dem Sitzungszimmer entfernt wurde, ohne daß die sachlichen Voraussetzungen für einen Ausschluß nach § 247 S. 1 bis 3 erfüllt waren (*KK-Mayr*, Rn. 16). Dasselbe gilt in den Fällen, in denen der Angeklagte über die Dauer der Vernehmung hinaus (oben Rn. 12) von der Teilnahme an der Verhandlung ausgeschlossen war (*BGHSt* 26, 218; *BGH* NJW 1986, 267; NStZ 1987, 519; *OLG Düsseldorf*, StV 1989, 472; *LR-Gollwitzer*, Rn. 47). Die Revision kann ferner dann auf § 338 Nr. 5 gestützt werden, wenn der Ausschluß zwar in der Sache aus einem der in § 247 S. 1 bis 3 genannten Gründe gerechtfertigt war, die Entfernung aber nicht durch einen verkündeten Gerichtsbeschluß angeordnet wurde (*BGHSt* 4, 364; *BGH* GA 1968, 281; NJW 1976, 1108). Das Fehlen einer ausreichenden Begründung stellt demgegenüber keinen absoluten Revisionsgrund nach § 338 Nr. 5 dar, wenn zweifelsfrei feststeht, daß die sachlichen Voraussetzungen für einen Ausschluß nach § 247 S. 1 bis 3 erfüllt waren (*BGHSt* 15, 194; 22, 18; *BGH* NStZ 1987, 84). Wurde der Angeklagte nach seiner Wiederzulassung nicht oder nicht ausreichend nach § 247 S. 4 unterrichtet, liegt nur ein relativer Revisionsgrund (§ 337) vor (*BGHSt* 1, 346 [349 ff.]; *LR-Gollwitzer*, Rn. 49; *KK-Mayr*, Rn. 16.)

§ 248 (Entlassung der Zeugen und Sachverständigen)
Die vernommenen Zeugen und Sachverständigen dürfen sich nur mit Genehmigung oder auf Anweisung des Vorsitzenden von der Gerichtsstelle entfernen. Die Staatsanwaltschaft und der Angeklagte sind vorher zu hören.

1 1. **Sinn und Zweck** der Vorschrift ist es, im Interesse einer zügigen und unnötige Kosten vermeidenden Abwicklung des Verfahrens zu verhindern, daß sich Zeugen und Sachverständige nach ihrer Vernehmung in der Hauptverhandlung zu früh von der Gerichtsstelle entfernen. Die Vorschrift ergänzt die Regelungen über die Rechte und Pflichten von Zeugen und Sachverständigen (§§ 48 ff., 72 ff.), indem sie klarstellt, daß nach Abschluß der Vernehmung eine Pflicht zum Verbleiben an der Gerichtsstelle besteht, die entweder bis zum Ende der Hauptverhandlung oder bis zur Entlassung durch den Vorsitzenden andauert. Hierdurch soll sichergestellt werden, daß die Vernehmung jederzeit ohne größeren Aufwand wiederaufgenommen und fortgesetzt werden kann.

2 2. Die **Entlassung nach Abschluß der Vernehmung (S. 1)** wird vom Vorsitzenden im Rahmen seiner Sachleitungsbefugnis angeordnet. Gegen die Entscheidung kann das Gericht angerufen werden (§ 238 II; *KK-Mayr*, Rn. 2). Ist der Zeuge oder der Sachverständige noch nicht entlassen, muß er auch nach einer Unterbrechung der Hauptverhandlung wieder an der Gerichtsstelle erscheinen (*LR-Gollwitzer*, Rn. 4). Entfernt er sich vor seiner Entlassung oder kehrt er nach einer Unterbrechung nicht zurück, können gegen ihn die Zwangsmittel der §§ 51, 77 verhängt werden (*K/M*, § 51 Rn. 4). Nach der Entlassung kann die Beweisperson an der weiteren Verhandlung grundsätzlich als Zuhörer teilnehmen. Zur Möglichkeit der Verweisung aus dem Sitzungssaal vgl. *RGSt* 48, 211; *LR-Gollwitzer*, § 243 Rn. 32.

3 3. Die vor der Anordnung der Entlassung obligatorische **Anhörung der Beteiligten (S. 2)** dient der Klärung der Frage, ob die Beteiligten im weiteren Verlauf des Verfahrens auf das Beweismittel noch einmal zurückgreifen wollen (*LR-Gollwitzer*, Rn. 2, 6). Die Anhörung erübrigt sich daher, wenn der Zeuge von seinem Zeugnisverweigerungsrecht Gebrauch macht (*RGSt* 41, 32). Die Befragung des Angeklagten nach § 257 I schließt die Anhörung nach § 248 S. 2 in der Regel nicht mit ein (*LR-Gollwitzer*, Rn. 7; *KK-Mayr*, Rn. 4; a. A. *KMR-Paulus*, Rn. 6). Zur Frage, ob der Zeuge oder Sachverständige entlassen werden kann, müssen nicht nur die Staatsanwaltschaft und der Angeklagte, sondern auch Verteidiger (*KK-Mayr*, Rn. 5; a. A. *KMR-Paulus*, Rn. 6), der Nebenkläger, der von dem Beweismittel betroffene Nebenbeteiligte (§§ 433 I 1, 442 I, II 1, 444 II 2) sowie in Jugendstrafverfahren der Erziehungsberechtigte und der gesetzliche Vertreter (§ 67 JGG) gehört werden.

4 4. Eine **Revision** wegen Verletzung des § 248 kommt nur in engen Grenzen in Betracht (*LR-Gollwitzer*, Rn. 14 f.; *KK-Mayr*, Rn. 6; grundsätzlich ablehnend, da § 248 nur eine Ordnungsvorschrift enthalte, demgegenüber *K/M*, Rn. 4). Sie scheidet aus, wenn der Revisionsführer im Rahmen seiner Anhörung (§ 248 S. 2) der Entlassung zugestimmt hat (*LR-Gollwitzer*, Rn. 15) oder wenn er es unterlassen hat, bei einer Entscheidung des Vorsitzenden gegen seinen Widerspruch das Gericht anzurufen (§ 238 II; *BGH* StV 1985, 355).

§ 249 (Verlesung von Schriftstücken)

(1) Urkunden und andere als Beweismittel dienende Schriftstücke werden in der Hauptverhandlung verlesen. Dies gilt insbesondere von früher ergangenen Strafurteilen, von Straflisten und von Auszügen aus Kirchenbüchern und Personenstandsregistern und findet auch Anwendung auf Protokolle über die Einnahme des richterlichen Augenscheins.

(2) Von der Verlesung kann, außer in den Fällen der §§ 251, 253, 254 und 256,

abgesehen werden, wenn die Richter und Schöffen vom Wortlaut der Urkunde oder des Schriftstücks Kenntnis genommen haben und die übrigen Beteiligten hierzu Gelegenheit hatten. Widerspricht der Staatsanwalt, der Angeklagte oder der Verteidiger unverzüglich der Anordnung des Vorsitzenden, nach Satz 1 zu verfahren, so entscheidet das Gericht. Die Anordnung des Vorsitzenden, die Feststellungen über die Kenntnisnahme und die Gelegenheit hierzu und der Widerspruch sind in das Protokoll aufzunehmen.

Literatur

Bender R. Die »lebendige Erinnerung« und der »gewordene Sachverhalt« in der Zeugenaussage, StV 1984, 127–132.

Fezer G. Grundfälle zum Verlesungs- und Verwertungsverbot im Strafprozeß, JuS 1977, 234–236.

Geerds F. Über Vorhalt und Urkundenbeweis mit Vernehmungsprotokollen, in: *H.-D. Schwind u. a. (Hrsg.)*, Festschrift für *Günter Blau*, 1985, 67–96.

Hanack E.-W. Die Rechtsprechung des Bundesgerichtshofs zum Strafverfahrensrecht, JZ 1972, 274–276.

Ders. Protokollverlesungen und -vorhalte als Vernehmungsbehelf, in: *R. Hamm, W. Matzke (Hrsg.)*, Festschrift für *Erich Schmidt-Leichner*, 1977, 83–97.

Heuer H. Beweiswert von Mikrokopien bei vernichteten Originalunterlagen, NJW 1982, 1505–1506.

Kempf E. Opferschutzgesetz und Strafverfahrensänderungsgesetz 1987 – Gegenreform durch Teilgesetze, StV 1987, 215–223.

Krause F.-W. Zum Urkundenbeweis im Strafprozeß, 1966.

Kuckuck B. Zur Zulässigkeit von Vorhalten aus Schriftstücken in der Hauptverhandlung des Strafverfahrens, 1977.

Paulus R. Rechtsdogmatische Bemerkungen zum Urkundenbeweis in der Hauptverhandlung des Strafverfahrens, JuS 1988, 873–879.

Schmidt Eb. Der Stand der Rechtsprechung zur Frage der Verwendbarkeit von Tonbandaufnahmen im Strafprozeß, JZ 1964, 537–542.

Schmitt Rud. Tonbänder im Strafprozeß, JuS 1967, 19–25.

Schneidewin Der Urkundenbeweis in der Hauptverhandlung, JR 1951, 481–489.

Schroth H.-J. Der Vorhalt eigener protokollierter Aussagen an den Angeklagten, ZStW 87 (1975), 103–131.

Wömpner H.-B. Zum Urkundenbeweis mit Fotokopien und anderen Reproduktionen, MDR 1980, 889–892.

Ders. Zur Verlesung früherer Urteile, NStZ 1984, 481–487.

1   1. a) Der **Sinn und Zweck** der Vorschrift besteht in der Regelung der **Form**, in der der **Urkundenbeweis** in der Hauptverhandlung zu erheben ist und zur Beweisgrundlage gemacht werden kann. Die Vorschrift regelt **nicht** die **Zulässigkeit** des Urkundenbeweises. Insoweit gilt der Grundsatz der »Freiheit des Urkundenbeweises« (*Fezer*, JuS 1977, 235), d. h. die Beweiserhebung ist im Rahmen der Aufklärungspflicht des Gerichts (§§ 244, 245) grundsätzlich zulässig, es sei denn, sie wird durch die nachfolgenden Vorschriften (§§ 250 bis 254, 256) oder durch verfahrens- oder verfassungsrechtliche Beweisverbote ausgeschlossen (*BGHSt* 20, 160 [162]; *LR-Gollwitzer* Rn. 1, 3; *KK-Mayer* Rn. 5 ff.; *Schneidewin*, JR 1951, 481).

2   b) Der **Urkundenbeweis** besteht in der Ermittlung und Verwertung des gedanklichen Inhalts eines Schriftstücks (*ANM*, 241). Er wird erhoben durch Verlesung in der Hauptverhandlung (Abs. 1) oder durch einen Verlesungsersatz, das sog. Selbstleseverfahren (Abs. 2). In dieser besonderen Form der Beweiserhebung liegt das entscheidende Abgrenzungsmerkmal zu den anderen Beweismitteln.

3   Der **Augenscheinsbeweis** wird nicht durch Verlesung, sondern durch sinnliche Wahrnehmung in das Verfahren eingeführt. Ein Schriftstück kann daher auch Gegenstand des Augenscheinsbeweises sein, was etwa für die Behandlung von Beweisanträgen (§ 244 III bzw. V) oder die Beurteilung der Zulässigkeit der Beweiserhebung (§§ 250 bis 254, 256) von Bedeutung ist. Mit der Einnahme des Augenscheins kann jedoch in der Regel nur über die äußere Erscheinung des Schriftstücks (Form, Beschaffenheit, Erhaltungszustand, Echtheit, etc.), nicht über seinen Inhalt Beweis erhoben werden (*BGH* NStZ 1986, 519 [520]; *LR-Gollwitzer*, Rn. 8, 30; *ANM*, 234, 244; *Paulus*, JuS 1988, 875).

4   Beim **Zeugenbeweis** werden die persönlichen Wahrnehmungen des Zeugen zur Beweisgrundlage gemacht und durch Vernehmung in das Verfahren eingeführt. Da sich die Wahrnehmungen des Zeugen auf dieselben Vorgänge beziehen können, auf die sich auch der gedankliche Inhalt eines Schriftstücks bezieht, sind zwischen Urkunden- und Zeugenbeweis vielfältige Überschneidungen möglich. Der Unmittelbarkeitsgrundsatz (§ 250) ordnet für diese Fälle den Vorrang des Personalbeweises vor dem Urkundenbeweis an. Sind die Wahrnehmungen des Zeugen vor der Hauptverhandlung bereits zum Gegenstand eines Protokolls oder einer schriftlichen Erklärung gemacht worden, dürfen die Schriftstücke nicht anstelle, sondern nur ergänzend zur Zeugenaussage urkundenbeweislich verlesen werden (*LR-Gollwitzer*, §250 Rn.1, 3ff., 17ff.; *ANM*, 459ff.). Die Unterschiede zwischen Urkundenbeweis und Zeugenbeweis verschwimmen bei dem in der Praxis nicht seltenen Vorhalt durch wörtliches Verlesen des Protokolls über eine frühere Vernehmung (*Paulus*, JuS 1988, 875). Hier wird allein die auf den Vorhalt hin erfolgende Reaktion des Zeugen zur Beweisgrundlage. Zum Vorhalt im einzelnen unten Rn.36ff.

Beim **Sachverständigenbeweis** ist Beweisgrundlage die besondere Sachkunde des **5** Gutachters, der im Auftrag der Strafverfolgungsbehörde tätig geworden ist. Eingeführt wird die Sachkunde ebenso wie beim Zeugenbeweis durch Vernehmung. Überschneidungen mit dem Urkundenbeweis, die nicht zuletzt wieder im Hinblick auf die unterschiedliche Behandlung von Beweisanträgen (§244 III bzw. IV) bedeutsam sind, sind in zweierlei Hinsicht möglich. Das vom Sachverständigen meist in schriftlicher Form erstattete **Gutachten** ist ein Schriftstück, das urkundenbeweislich nur unter den in §§251, 253 und 256 genannten Voraussetzungen verlesen werden darf; grundsätzlich gilt auch beim Sachverständigen der Vorrang des Personalbeweises vor dem Urkundenbeweis (*LR-Gollwitzer*, §250 Rn.29; *ANM*, 463). Wird das Gutachten in der Hauptverhandlung vom Sachverständigen selbst verlesen, ist dies kein Urkundenbeweis, sondern Teil des Sachverständigenbeweises (*OLG Stuttgart* NJW 1979, 559 [560]; *KK-Mayer*, Rn.7). Nimmt der Sachverständige in seinem Gutachten auf **Schriftstücke** Bezug, kommt es darauf an, ob es sich bei diesen Schriftstücken um Befund- oder um Zusatztatsachen handelt (zur Abgrenzung vgl. oben vor §72 Rn.25ff.). Befundtatsachen, wie etwa die von einem Buchsachverständigen ausgewerteten Abrechnungsstreifen oder der von einem Übersetzer zugrundegelegte fremdsprachige Text, werden durch das Sachverständigengutachten in das Verfahren eingeführt; ihre urkundenbeweisliche Verlesung ist nicht erforderlich. Anders ist es demgegenüber bei Zusatztatsachen; sie können in der Hauptverhandlung nur nach §249 zur Beweisgrundlage gemacht werden (*LR-Gollwitzer*, Rn.31).

c) Die in §249 festgelegte Form, in der der Urkundenbeweis zu erheben ist, gilt **6** nur für den **Strengbeweis**, also für die Feststellung der Umstände, die für die Schuld- und die Rechtsfolgenfrage von Bedeutung sind (*LR-Gollwitzer*, Rn.4). Alle übrigen Umstände können im Wege des Freibeweises ermittelt werden. Freibeweislich können Schriftstücke unabhängig von den in §§250 bis 254, 256 normierten Voraussetzungen verlesen werden (vgl. §251 III); ihr Inhalt kann den Beteiligten aber auch auf andere Weise zur Kenntnis gebracht werden.

d) Nach seiner ursprünglichen Konzeption ist §249 Ausfluß des **Mündlichkeits-** **7** **prinzips**, wonach nur der mündlich vorgetragene und erörterte Prozeßstoff dem Urteil zugrundegelegt werden darf (*Fezer*, JuS 1977, 234). Durch das erst 1979 eingeführte (Art.1 Nr.21 StVÄG 1979) und 1987 (Art.1 Nr.16 StVÄG 1987) erheblich umgestaltete Selbstleseverfahren, dessen Zweck die Straffung und Entlastung der Hauptverhandlung ist (*BT-Drucks.* 10/1313, S.28) wird das Mündlichkeitsprinzip durchbrochen. Seit der Novellierung ist es möglich, daß der zu Beweiszwecken erhobene Inhalt eines Schriftstücks in der Hauptverhandlung nicht einmal mehr andeutungsweise zur Sprache kommt (*LR-Gollwitzer*, EB, Rn.3; *K/M*, Rn.17). Diese Änderung ist vielfach kritisiert worden (*Peters*, §39 III 6; *Kempf*, StV 1987, 221f.; a.A. etwa *KMR-Paulus*, Rn.22). Problematisch erscheint vor allem der mit dem Selbstleseverfahren verbundene Verlust an Transparenz für die Öffentlichkeit und die Verfahrensbeteiligten. Zwar müssen die

Schriftstücke, von deren Verlesung in der Hauptverhandlung abgesehen werden soll, vom Vorsitzenden genau bezeichnet werden. Mit der Zahl und dem Umfang der Schriften, die über § 249 II in das Verfahren eingeführt werden, verliert die Pflicht zur genauen Bezeichnung jedoch ihre Schutzfunktion für die Beteiligten. Möglich ist es nunmehr, daß nicht nur einzelne Urkunden, sondern ganze Beweismittelordner den Verfahrensbeteiligten zur eigenen Lektüre aufgegeben werden, ohne daß in der Hauptverhandlung die Zielrichtung der Beweiserhebung deutlich wird. Zur Vermeidung derartiger Unzuträglichkeiten erscheint es deshalb insbesondere in umfangreichen Verfahren sachgerecht, wenn der Vorsitzende im Rahmen seiner Sachleitungskompetenz (§ 238 I) die übrigen Verfahrensbeteiligten an der Planung und Gestaltung des Verfahrensablaufs angemessen beteiligt (vgl. *LR-Gollwitzer*, § 243 Rn. 12 f.; zur zurückhaltenden Anwendung raten auch *KK-Mayr*, Rn. 33; *K/M*, Rn. 18; *KMR-Paulus*, Rn. 24).

8 2. a) aa) **Voraussetzung** für die Erhebung des Urkundenbeweises durch Verlesung in der Hauptverhandlung (Abs. 1) ebenso wie für die Durchführung des Selbstleseverfahrens (Abs. 2) ist, daß »**Urkunden**« oder »**andere als Beweismittel dienende Schriftstücke**« zum Gegenstand der Beweiserhebung gemacht werden. Wie sich bereits aus der Formulierung des Gesetzes ergibt, sind die Urkunden als ein Unterfall der als Beweismittel dienenden Schriftstücke zu verstehen. Hat der Begriff der Urkunde dem Beweismittel auch seinen Namen gegeben, so kommt ihm eine eigenständige Bedeutung doch nicht zu; die Begriffe »Urkunde« und »Schriftstück« werden in der StPO synonym verwandt (*ANM*, 243; *Krause*, S. 112 f.). In § 273 I ist dementsprechend auch nur von »verlesenen Schriftstücken« die Rede.

9 Für die Auslegung des Urkundenbegriffes ergibt sich hieraus, daß sie sich ganz an der Funktion des Urkundenbeweises (oben Rn. 2) orientieren kann. Eine Urkunde i. S. des § 249 ist demnach jedes Schriftstück, das dem Urkundenbeweis zugänglich ist. Es muß einen in einer natürlichen Sprache ausgedrückten, aus sich selbst heraus verständlichen Gedankeninhalt haben, der als Beweismittel dienen und in der Hauptverhandlung durch Verlesung zur Beweisgrundlage gemacht werden kann (*KK-Mayr*, Rn. 8; *KMR-Paulus*, Rn. 7; *Krause*, S. 113 ff.). Dem strafprozessualen Urkundenbegriff unterfallen Absichtsurkunden ebenso wie Zufallsurkunden, Konstitutivurkunden ebenso wie Berichtsurkunden (*LR-Gollwitzer*, Rn. 9 ff.; *ANM*, 243 f.).

10 bb) Der strafprozessuale Urkundenbegriff unterscheidet sich damit vom materiellrechtlichen Urkundenbegriff (§ 267 StGB) in zweifacher Weise. Er ist insofern weiter als der materiellrechtliche Urkundenbegriff, als die Erkennbarkeit des Ausstellers der Gedankenerklärung keine notwendige Voraussetzung für die Verlesung des Schriftstücks in der Hauptverhandlung ist; auch anonyme und unechte Urkunden können verlesen werden. Zugleich ist er aber auch enger als der materiellrechtliche Urkundenbegriff, da Gedankenerklärungen, die keinen sprachlichen Ausdruck gefunden haben (sog. Beweiszeichen; vgl. *Cramer*, in: *Schönke/Schröder*, § 267 Rn. 20 ff.), nicht verlesen werden können; sie können lediglich Gegenstand des Augenscheins sein (*KK-Mayr*, Rn. 9; *K/M*, Rn. 3; *ANM*, 242 f.; *Roxin*, § 28 B 1; *Krause*, S. 104 ff.; *Paulus*, JuS 1988, 875).

11 cc) Besondere Probleme bereitet die verfahrensrechtliche Behandlung von zwei Arten von Schriftstücken: von Urkunden, deren **sprachliche Ausdrucksform** für die Verfahrensbeteiligten **nicht verständlich** ist, und von sprachlichen Darstellungen, die optisch-visuell nicht wahrnehmbar sind, so daß ihr gedanklicher Inhalt in der Hauptverhandlung **nicht verlesbar** ist. Zu der ersten Gruppe gehören die in Geheim- oder Kurzschrift abgefaßten Urkunden sowie insbesondere die fremdsprachigen Urkunden, zu der zweiten Gruppe Tonträgeraufnahmen, aber auch Quasi-Urkunden i. S. des § 269 StGB.

(1) Auf welche Weise der gedankliche Inhalt eines **in einer fremden Sprache ab-** **12** **gefaßten Schriftstücks** in die Hauptverhandlung eingeführt werden kann, ist angesichts des Fehlens ausdrücklicher Vorschriften weithin unklar. Einigkeit besteht lediglich darüber, daß das fremdsprachige Schriftstück selbst allenfalls als Augenscheinsobjekt (vgl. etwa *BGH* NStZ 1986, 519) und nicht als Urkunde zur Beweisgrundlage gemacht werden kann (*Krause*, S. 118f.; krit. hierzu *ANM*, 246). Seine Verlesung nach § 249 I oder die Durchführung des Selbstleseverfahrens nach § 249 II sind unzulässig, da die Hauptverhandlung und somit auch die Beweisaufnahme nach § 184 GVG grundsätzlich in deutscher Sprache durchzuführen sind. Etwas anderes gilt nur dann, wenn alle an der Verhandlung beteiligten Personen der fremden Sprache mächtig sind (vgl. § 185 II GVG); in diesem Fall kann für die Erhebung des Beweises auf die Anfertigung einer Übersetzung der Urkunde verzichtet werden (*LR-Gollwitzer*, Rn. 32; *KMR-Paulus*, Rn. 10; a. A. *K/M*, Rn. 5; *ANM*, 246; *Krause*, S. 117).

Entsprechendes gilt für Urkunden, die **in einer Geheim- oder Kurzschrift abgefaßt** **13** sind, sowie für **Computerausdrucke.** Sie können ebenfalls nur als Augenscheinsobjekte in die Verhandlung eingeführt werden, es sei denn, die im Schriftstück verwendete Darstellungsform ist gebräuchlich und allen Beteiligten verständlich (*LR-Gollwitzer*, Rn. 38).

Muß, was der Regelfall sein dürfte, von der Urkunde eine Übersetzung angefer- **14** tigt werden, ist strittig, auf welche Weise die (schriftlich abgefaßte) **Übersetzung** in die Hauptverhandlung eingeführt werden kann. Nach Auffassung der Rechtsprechung darf die Übersetzung gem. § 249 verlesen werden, ohne daß der Übersetzer vernommen werden muß (*BGHSt* 27, 135 [137] m. Anm. *Gollwitzer*, JR 1978, 119; *KK-Mayr*, Rn. 15). Obwohl Entscheidungen hierzu noch nicht ergangen sind, dürfte damit auch das Selbstleseverfahren nach § 249 II zulässig sein, da die (schriftliche) Übersetzung ersichtlich nach den Regeln des Urkundenbeweises behandelt werden soll. Nach der vorwiegend im Schrifttum vertretenen Gegenmeinung soll die Übersetzung dagegen nach den Regeln des Sachverständigenbeweises zu behandeln sein (*K/M*, Rn. 5; *ANM*, 246f.; *Eb. Schmidt*, Lehrkomm. II, Rn. 21; *Krause*, S. 118f.). Die Übersetzung stellt danach, sofern sie von einem Dritten und nicht von einem sprachkundigen Mitglied des Gerichts vorgenommen wird (§ 244 IV 1; vgl. *BGHSt* 12, 18), ein Sachverständigengutachten über den Inhalt der fremdsprachigen Urkunde dar, dessen Verlesung der Unmittelbarkeitsgrundsatz (§ 250) entgegensteht. Eine Verlesung des Gutachtens im Wege des Urkundenbeweises soll ausnahmsweise nur dann in Betracht kommen, wenn der Übersetzer am Erscheinen in der Hauptverhandlung verhindert ist (§ 251 II) oder wenn die Übersetzung von einer öffentlichen Behörde erstellt wurde (§ 256). Dies schließt nicht aus, daß der Übersetzer selbst das Gutachten im Rahmen seiner Vernehmung wörtlich verliest; hierbei handelt es sich jedoch nicht um einen Urkundenbeweis (*KK-Mayr*, Rn. 16; mißverständlich insoweit *BGHSt* 1, 4 [7]).

Die Auffassung der Rechtsprechung wirkt nur auf den ersten Blick als die prakti- **15** kablere und ökonomischere Lösung. Im Rahmen seiner Aufklärungspflicht (§ 244 II) muß sich das Gericht auch bei einer Urkundenverlesung von der Vollständigkeit und Richtigkeit der Übersetzung überzeugen. Ist das Gericht hierzu aufgrund seiner eigenen Kenntnis der fremden Sprache selbst nicht in der Lage, bleibt ihm die Vernehmung des Übersetzers daher regelmäßig nicht erspart. Hinzu kommt, daß die Übersetzung eines fremdsprachigen Textes meist keine bloße »technische Hilfstätigkeit« ist, die die Anwendbarkeit des § 250 ausschließt (so aber *KK-Mayr*, Rn. 15, § 250 Rn. 6). Dies kann zwar dann der Fall sein, wenn es sich um die Übersetzung einzelner Begriffe handelt, etwa um die Übertragung des Textes eines Scheckformulars oder eines Kontoauszugs ins Deutsche. Die Übersetzung komplexerer sprachlicher Darstellungen wie etwa einer verunglimpfenden oder einer pornographischen Schrift dürfte jedoch in der Regel eine eigene geistige Schöpfung des Übersetzers darstellen (vgl. § 3 UrhG), die den gedanklichen Inhalt des Originals in (möglicherweise entscheidungsrelevanten) Nuancen verändern kann. Richtigerweise dürfte deshalb zwischen einfachen und komplexen fremdsprachigen Schriftstücken zu differenzieren und der Auffassung der Rechtsprechung nur im ersten Fall zu folgen sein.

16 (2) Die Lösung der zweiten problematischen Fallgruppe ist damit bereits weitgehend vorgegeben. In der Frage, auf welche Weise der gedankliche Inhalt einer in einer **Tonträgeraufnahme** festgehaltenen Äußerung (etwa der Mitschnitt einer polizeilichen Vernehmung oder einer Telefonüberwachung) in die Hauptverhandlung eingeführt werden kann, ist der heute ganz herrschenden Auffassung zu folgen, daß die Tonträgeraufnahme selbst ein Gegenstand des Augenscheins ist und nur durch Abhören zur Beweisgrundlage gemacht werden kann (*BGHSt* 14, 339 [341]; *LR-Dahs*, § 86 Rn. 29 ff.; *ANM*, 231 f.; *Krause*, S. 125 f.). Die Vorschriften über den Urkundenbeweis sind auf sie mangels Verlesbarkeit nicht anwendbar. Dies bedeutet jedoch nicht, daß es zulässig wäre, prozessuale Erklärungen eines Zeugen, Sachverständigen oder Angeklagten wie Aussagen oder Geständnisse zur Beweisgrundlage zu machen, wenn hierdurch die engen Grenzen der §§ 251, 253, 254 und 256 überschritten würden; aus dem Aufbau der StPO ergibt sich, daß derartige Erklärungen nur entweder mündlich in der Hauptverhandlung oder in Schriftform abgegeben werden dürfen (*Eb. Schmidt*, JZ 1964, 542; *Roxin*, § 28 C; für eine analoge Anwendung der Vorschriften über den Urkundenbeweis demgegenüber etwa *Rud. Schmitt*, JuS 1967, 21; *Hanack*, JZ 1972, 275; *Schlüchter*, Rn. 541; vgl. auch unten § 253 Rn. 14, § 254 Rn. 10).

17 Etwas anderes gilt für die in Schriftform verfaßte **Wiedergabe der Tonträgeraufnahme**. Dieses Schriftstück darf in der Hauptverhandlung regelmäßig gem. § 249 verlesen werden. Der Unmittelbarkeitsgrundsatz (§ 250) steht dieser Form der Beweiserhebung nicht entgegen, da die Übertragung der akustisch vermittelten in eine graphische Darstellung in der Regel eine bloße »technische Hilfstätigkeit« (*BGHSt* 27, 135 [138] m. Anm. *Gollwitzer*, JR 1978, 119; *KK-Mayr*, § 250 Rn. 6) ist. Von einer den Unmittelbarkeitsgrundsatz tangierenden »Wahrnehmung« läßt sich erst dann sprechen, wenn entweder für das Abhören des Tonträgers oder für die Übertragung in Schriftform eine besondere Sachkunde erforderlich ist, etwa weil es sich um komplexere fremdsprachige Äußerungen handelt (vgl. *BGH* NStZ 1985, 466, sowie oben Rn. 15).

18 (3) Optisch-visuell nicht wahrnehmbare **Quasi-Urkunden** i.S. des § 269 StGB sind in der gleichen Weise zu behandeln wie Tonträgeraufnahmen. Urkundenbeweislich kann ihr gedanklicher Inhalt nur dann in die Hauptverhandlung eingeführt werden, wenn er in ausgedruckter Form vorliegt.

19 (4) Die verfahrensrechtliche Behandlung von **Vervielfältigungen des Originals** bereitet demgegenüber keine Probleme. Abschriften und Ablichtungen können in der gleichen Weise zum Gegenstand des Urkundenbeweises gemacht werden wie die jeweilige Urschrift. Die Verwertbarkeit im Prozeß setzt allerdings voraus, daß die Übereinstimmung der Vervielfältigung mit dem Original festgestellt werden kann. Eine Beglaubigung ist dementsprechend für die Beweiserhebung nicht erforderlich, sondern kann allenfalls im Rahmen der Beweiswürdigung von Bedeutung sein (*LG Frankfurt/M.* StV 1987, 144; *KK-Mayr*, Rn. 12; *KMR-Paulus*, Rn. 9; *Wömpner*, MDR 1980, 889ff.; *Heuer*, NJW 1982, 1505f.).

b) Im Hinblick auf die Regelung der **Form**, in der der Urkundenbeweis in der **20** Hauptverhandlung erhoben wird, hat die Aufzählung der in Abs. 1 S. 2 genannten **Strafurteile, Straflisten, Auszüge aus Kirchenbüchern und Personenstandsregistern** sowie der **Protokolle über die Einnahme des richterlichen Augenscheins** keine eigenständige Bedeutung. In sämtlichen Fällen handelt es sich um Schriftstücke, die durch Verlesung oder Verlesungsersatz zur Beweisgrundlage gemacht werden können. Die Vorschrift ist daher insoweit überflüssig; sie hat keinen abschließenden Charakter (*ANM*, 251).

Zweifelhaft ist, ob sich aus der Vorschrift Rückschlüsse auf die **Zulässigkeit** des **21** Urkundenbeweises mit den dort genannten Schriftstücken ziehen lassen. Bezüglich der Beweisführung mit Strafurteilen, Straflisten und Auszügen aus Kirchenbüchern und Personenstandsregistern wird dies in Rechtsprechung und Literatur einhellig verneint (*ANM*, 251f.). Nach dem Grundsatz der Freiheit des Urkundenbeweises dürfen diese Dokumente in der Hauptverhandlung verlesen werden, soweit nicht die nachfolgenden Vorschriften (§§ 250 bis 254, 256) oder allgemeine Beweisverbote wie § 68a II StPO, §§ 51f. BZRG entgegenstehen (vgl. oben Rn. 1). Uneinheitlich wird allerdings die Frage beantwortet, ob und inwieweit der Unmittelbarkeitsgrundsatz (§ 250) der Verlesung früherer **Strafurteile** entgegensteht. Die h. M. steht auf dem Standpunkt, die Gründe eines früher ergangenen Strafurteils seien weder ein »Protokoll« noch eine zu Beweiszwecken abgegebene »schriftliche Erklärung« des Gerichts; die Zulässigkeit der Verlesung werde deshalb durch § 250 S. 2 nicht ausgeschlossen (*BGHSt* 6, 141 [142f.]; krit. hierzu *Wömpner*, NStZ 1984, 485). Ein früheres Urteil soll daher zu Beweiszwecken auch insoweit verlesen werden dürfen, als es Wahrnehmungen von Personen wiedergibt (*BGHSt* 31, 323 [331f.]; *OLG Köln* StV 1990, 488; *KK-Mayr*, Rn. 17; *LR-Gollwitzer*, Rn. 19; *ANM*, 252ff.; einschränkend *RGSt* 8, 153, [157f.]; 60, 297; *Eb. Schmidt*, Lehrkomm. II, Rn. 11; *Wömpner*, NStZ 1984, 481ff., der in diesem Fall eine Verlesung, die zum Beweis der Richtigkeit des Inhalts erfolgt, grundsätzlich für unzulässig hält, dabei aber in analoger Anwendung der §§ 251ff. gleichwohl zu praxisbezogenen Ergebnissen gelangt).

Anders ist die Frage zu beurteilen, ob sich aus Abs. 1 S. 2 Rückschlüsse auf die **22** Zulässigkeit der Beweisführung mit **Protokollen über die Einnahme des richterlichen Augenscheins** ziehen lassen. Die durch den Unmittelbarkeitsgrundsatz (§ 250) ausgeschlossene Verlesung dieser Protokolle wird an sich durch § 256 gedeckt, da es sich bei ihnen um die ein Zeugnis enthaltende Erklärung einer öffentlichen Behörde handelt. Aus der Tatsache, daß sich Abs. 1 S. 2 auf die Benennung der »richterlichen« Augenscheinsprotokolle beschränkt, ist aber zu folgern, daß nur diese verlesbar sein sollen; eine andere Auslegung würde die vom Gesetz durchgängig getroffene Unterscheidung von »richterlichen« und »anderen« Protokollen (vgl. §§ 251 I, II, 253, 254) mißachten. Insoweit hat die Vorschrift mithin eine eigenständige Bedeutung (*Schneidewin*, JR 1951, 486; a. A. *Wömpner*, NStZ 1984, 487). Die Ergebnisse von Augenscheinseinnahmen durch die Polizei, die

Staatsanwaltschaft oder andere Behörden müssen deshalb durch Zeugenbeweis in die Hauptverhandlung eingeführt werden (*ANM*, 256). Verlesen werden dürfen die richterlichen Augenscheinprotokolle im übrigen nur dann, wenn die Einnahme des Augenscheins nicht mit wesentlichen Verfahrensmängeln (vgl. §§ 86, 168a, 168d, 225) behaftet ist, aus denen sich ein Beweisverbot ergibt (*LR-Gollwitzer*, Rn. 27; *KK-Mayr*, Rn. 20f.).

23 3. a) Die **Urkundenverlesung nach Abs. 1** wird vom Vorsitzenden kraft seiner Sachleitungsbefugnis **angeordnet**. Ein Gerichtsbeschluß ist nur in den Fällen der Protokollverlesung nach § 251 I und II erforderlich (§ 251 IV 1). Gegen die Anordnung des Vorsitzenden kann das Gericht angerufen werden (§ 238 II).

24 b) Der Urkundenbeweis wird erhoben durch **Verlesung** in der Hauptverhandlung. Anders als im Zivilprozeß (§ 420 ZPO) genügt die bloße Vorlegung der Urkunde nicht (*LR-Gollwitzer*, Rn. 40). Die Verlesung erfolgt in der Regel durch den Vorsitzenden selbst; jedoch kann mit der Verlesung auch ein anderes Mitglied des Gerichts (*RGSt* 27, 172) oder, wenn Gründe der Zweckmäßigkeit (etwa eine unleserliche Handschrift) hierfür sprechen, auch ein Verfahrensbeteiligter (der Angeklagte oder ein Zeuge) beauftragt werden (*RG* GA 56 [1909], 223; *ANM*, 314; a. A. *RGSt* 21, 69; *KMR-Paulus*, Rn. 16). Die Verlesung muß laut und deutlich erfolgen; alle Anwesenden müssen den Inhalt des Schriftstücks verstehen können (*ANM*, 313). Das Schriftstück muß wörtlich verlesen werden; ein zusammenfassender Bericht des Vorsitzenden ist nicht zulässig (unten Rn. 34). Der Umfang der Verlesung bestimmt sich nach der Aufklärungspflicht des Gerichts (§ 244 II). Die Verlesung braucht sich daher, sofern nicht ein Beteiligter die Verlesung der gesamten Urkunde verlangt (§§ 244 III, 245), nur auf diejenigen Teile des Schriftstücks zu beziehen, die entweder wegen ihres Inhalts oder wegen des Gesamtzusammenhangs für die Entscheidung erheblich sind (*RGSt* 8, 128 [129f.]; *RG* GA 46 [1898], 424; *LR-Gollwitzer*, Rn. 39; *KMR-Paulus*, Rn. 3, 19; *ANM*, 314f.). Bei inhaltlich gleichen Schriften ist die Verlesung einer repräsentativen Auswahl ausreichend (*K/M*, Rn. 15).

25 4. a) Die Durchführung des **Selbstleseverfahrens nach Abs. 2** wird ebenfalls vom Vorsitzenden kraft seiner Sachleitungsbefugnis **angeordnet**. Zulässig ist das Selbstleseverfahren grundsätzlich bei allen Schriftstücken, die in der Hauptverhandlung zur Beweisgrundlage gemacht werden dürfen. Eine Ausnahme gilt lediglich für die in den §§ 251, 253 und 254 genannten Protokolle und schriftlichen Erklärungen sowie für die in § 256 genannten Behördengutachten und ärztlichen Atteste (Abs. 2 S. 1); sie dürfen allein durch Verlesung nach § 249 I in die Hauptverhandlung eingeführt werden.

26 Die Anordnung des Selbstleseverfahrens, die nicht voraussetzt, daß alle Richter und Schöffen vom Urkundenwortlaut bereits Kenntnis genommen haben (a. A. *KMR-Paulus*, Rn. 27), ist in das **Ermessen** des Vorsitzenden gestellt. Bei der Entscheidung sind einerseits der verfahrensbeschleunigende Zweck des Verfahrens und andererseits der in der Durchbrechung des Mündlichkeitsprinzips liegende Verlust an Transparenz für die Öffentlichkeit und die Verfahrensbeteiligten zu berücksichtigen und gegeneinander abzuwägen (vgl. oben Rn. 7). Das Selbstleseverfahren bietet sich daher vor allem in den Fällen an, in denen eine Vielzahl von Schriftstücken zur Beweisgrundlage gemacht werden soll, die jeweils nur indizielle Bedeutung haben oder nur Nebenpunkte betreffen. Umgekehrt dürfte das Selbstleseverfahren unzweckmäßig sein, wenn es in der Verhandlung auf den Wortlaut einzelner, auch umfangreicher Schriftstücke ankommt (*LR-Gollwitzer*, EB,

Rn. 12; vgl. aber auch *K/M*, Rn. 19). Letzteres gilt insbesondere dann, wenn der Wortlaut der Schrift im weiteren Verfahren zur Grundlage von Vorhalten gemacht werden soll.

Es ist zulässig und kann für die Verbesserung der Transparenz der Verhandlung **27** auch zweckmäßig sein, bei einzelnen Schriftstücken das Selbstleseverfahren mit der Beweiserhebung durch Verlesung zu kombinieren (*LR-Gollwitzer*, EB, Rn. 14). Einen Anspruch haben die Verfahrensbeteiligten hierauf jedoch nicht, da das Selbstleseverfahren nach Abs. 2 und die Verlesung nach Abs. 1 gleichwertige Formen der Beweiserhebung sind. Ein nach Durchführung des Selbstleseverfahrens gestellter Antrag auf Verlesung in der Hauptverhandlung ist ein unzulässiger Antrag auf Wiederholung der Beweisaufnahme (*LR-Gollwitzer*, EB, Rn. 32).

b) Gegen die Anordnung des Vorsitzenden kann **Widerspruch** eingelegt werden **28** (Abs. 2 S. 2). Zur Einlegung des Widerspruchs berechtigt sind der Staatsanwalt, der Angeklagte und der Verteidiger, ferner Einziehungs-, Verfalls- und andere Nebenbeteiligte (§§ 433 I 1, 442 I, II 1, 444 II 2), gegen die eine Maßnahme angeordnet werden soll, sowie der Beistand des Jugendlichen im Jugendstrafverfahren (§ 69 III 2 JGG). Alle übrigen Beteiligten sind zur Einlegung des Widerspruchs nicht berechtigt, obwohl nach Abs. 2 S. 1 auch ihnen die Gelegenheit zur Kenntnisnahme vom Wortlaut des Schriftstücks zu geben ist. Dies gilt, wie sich im Umkehrschluß aus § 397 I 3 ergibt, auch für den Nebenkläger (*KK-Mayr*, Rn. 35).

Der Widerspruch muß **unverzüglich** nach der Anordnung des Vorsitzenden erho- **29** ben werden. Durch dieses Erfordernis soll vermieden werden, daß mit den Vorbereitungen zum Selbstleseverfahren bereits begonnen wird, noch ehe über seine Durchführung Klarheit besteht. Unverzüglich bedeutet auch hier »ohne schuldhaftes Zögern« (§ 121 I 1 BGB). Für die Beurteilung der Frage, ob Widerspruch erhoben werden soll, steht den Verfahrensbeteiligten eine angemessene Überlegungsfrist zu, die sehr kurz sein kann, wenn das Schriftstück bereits aus dem Ermittlungsverfahren bekannt ist, die aber auch etwas länger sein kann, wenn das Schriftstück in der Hauptverhandlung überraschend vorgelegt wird und die Verfahrensbeteiligten sich erst über seinen Inhalt informieren müssen (*LR-Gollwitzer*, EB, Rn. 21). Der Widerspruch muß in der Hauptverhandlung ausdrücklich erklärt werden. Eine Begründung ist zweckmäßig, aber nicht erforderlich.

Über den Widerspruch wird vom **Gericht** durch Beschluß entschieden. Anders als **30** bei sonstigen Beanstandungen von Sachleitungsanordnungen des Vorsitzenden (§ 238 II) entscheidet das Gericht dabei nicht nur über die Zulässigkeit der Anordnung des Vorsitzenden, sondern auch über die Zweckmäßigkeit der Wahl des Selbstleseverfahrens anstelle der Verlesung des Schriftstücks in der Hauptverhandlung (*LR-Gollwitzer*, EB, Rn. 22). Ist der Widerspruch von einem Nichtberechtigten oder von einem Berechtigten verspätet eingelegt worden, wird er in dem Beschluß als unzulässig zurückgewiesen (*KMR-Paulus*, Rn. 31).

c) Die **Durchführung** des Selbstleseverfahrens setzt zweierlei voraus: Sämtliche **31** an dem Verfahren beteiligten Richter und Schöffen müssen vom Wortlaut des Schriftstücks Kenntnis nehmen und die übrigen Beteiligten müssen hierzu die Gelegenheit erhalten (Abs. 2 S. 1). In welcher Weise diesen beiden Erfordernissen Rechnung getragen wird, ist eine Frage, die vom Vorsitzenden im Rahmen seiner Befugnis zur Verhandlungsleitung zu regeln ist (*LR-Gollwitzer*, EB, Rn. 27). In der Regel wird eine Kenntnisnahme vom Wortlaut eines Schriftstücks nur außerhalb der Hauptverhandlung in einer Sitzungspause oder an einem sitzungsfreien Tag möglich sein. Müssen umfangreichere Schriftstücke gelesen werden, sind hierfür ausreichende Zeiträume zur Verfügung zu stellen. Zur Verfahrensbeschleunigung können den Verfahrensbeteiligten Ablichtungen ausgehändigt werden. Die Beteiligten können jedoch verlangen, daß ihnen die Einsichtnahme in die bei den Akten verbleibenden Originale gewährt wird. Gegen die auf die Durchführung des Selbstleseverfahrens bezogenen Anordnungen des Vorsitzenden kann gem. § 238 II das Gericht angerufen werden (*LR-Gollwitzer*, EB, Rn. 36).

32 d) Das Selbstleseverfahren wird abgeschlossen durch die **Feststellung** des Vorsitzenden, daß die Richter und Schöffen vom Wortlaut des Schriftstücks Kenntnis genommen haben und daß die übrigen Beteiligten hierzu Gelegenheit hatten. Die Feststellung wird in der Hauptverhandlung getroffen. Sie setzt voraus, daß sich der Vorsitzende zuvor von ihrer Richtigkeit überzeugt hat (*KK-Mayr*, Rn. 39). Ist das zu lesende Schriftstück einem Beteiligten entgegen der Feststellung des Vorsitzenden nicht zugänglich gemacht worden, kann gegen die Feststellung gem. § 238 II das Gericht angerufen werden (*LR-Gollwitzer*, EB, Rn. 36). Im Anschluß an die Feststellung des Vorsitzenden können vom Angeklagten und den übrigen Verfahrensbeteiligten Erklärungen gem. § 257 abgegeben werden.

33 5. a) Nach einer in der Praxis verbreiteten Ansicht kann der Urkundenbeweis nicht nur durch wörtliches Verlesen des Schriftstücks in der Hauptverhandlung oder durch das Selbstleseverfahren nach Abs. 2 erhoben werden, sondern auch durch einen **Bericht des Vorsitzenden**, in dem der wesentliche Inhalt des Schriftstücks zusammengefaßt wird (*BGHSt* 1, 94 [96f.]; 11, 29 [30]; *K/M*, Rn. 26f.; *ANM*, 325ff.). Zulässig soll dieses Verfahren dann sein, wenn es auf den genauen Wortlaut des Schriftstücks nicht ankommt und kein Verfahrensbeteiligter die Verlesung verlangt. Sein Vorteil wird vor allem in seiner verfahrensbeschleunigenden Wirkung gesehen: Umständliche und zeitraubende Verlesungen bleiben den Verfahrensbeteiligten erspart; auf das beim Selbstleseverfahren erforderliche Zugänglichmachen des Schriftstücks und die Kenntnisnahme durch alle Richter und Schöffen kann verzichtet werden. Die Praxis hält an dieser Form der Beweiserhebung auch nach der Neueinführung des Selbstleseverfahrens fest (*BGHSt* 30, 10 m. zust. Anm. *Kurth*, NStZ 1981, 232, und abl. Anm. *Gollwitzer*, JR 1982, 83, *Wagner*, StV 1981, 219; *ANM*, 327f.).

34 Trotz der erheblichen verfahrensökonomischen Vorteile kann der Bericht des Vorsitzenden **nicht** als eine zulässige **Form des Urkundenbeweises** anerkannt werden (*LR-Gollwitzer*, Rn. 45; *KK-Mayr*, Rn. 28; *KMR-Paulus*, Rn. 20). Hiergegen spricht schon die Systematik des Gesetzes. Zur Vereinfachung der Beweisaufnahme hat der Gesetzgeber im Strafprozeß das Selbstleseverfahren geschaffen, während er bei Bußgeldsachen darüber hinaus die Bekanntgabe des wesentlichen Inhalts eines Schriftstücks durch das Gericht zugelassen hat (§ 78 I OWiG). Dies legt den Schluß nahe, daß das Selbstleseverfahren im Straßprozeß die einzige Form des Verlesungsersatzes sein soll. Darüber hinaus sprechen aber auch sachliche Gesichtspunkte gegen die Auffassung der Praxis. Die Ermittlung der Wahrheit über den angeklagten Sachverhalt, die einer der wesentlichen Zwecke des Strafverfahrens ist (*LR-Schäfer*, Bd. 1, Einl. Kap. 6, Rn. 7), setzt voraus, daß die Beweise in der Hauptverhandlung möglichst objektiv und unverfälscht erhoben werden. Gesetzlichen Niederschlag findet dieser Gedanke etwa in dem Vorrang des Personalbeweises vor dem Urkundenbeweis (§ 250). Im Anwendungsbereich des Urkundenbeweises ist eine objektive und unverfälschte Beweisaufnahme nur dann gewährleistet, wenn die Verfahrensbeteiligten vom Urkundeninhalt direkt Kenntnis nehmen können, sei es durch Zuhören beim wörtlichen Verlesen, sei es durch eigene Lektüre. Jede Wiedergabe des Urkundeninhalts durch den Vorsitzenden ist demgegenüber mit der Gefahr der (unbewußten) Verzerrung verbunden. Vor allem bei umfangreichen Urkunden dürfte es häufig unterschicdliche Auffassungen darüber geben, was ihr wesentlicher Inhalt ist; eine Überlegung, die den Gesetzgeber 1987 gerade zur Beseitigung des Berichtserfordernisses im Rahmen des Selbstleseverfahrens veranlaßt hat (*BT-Drucks.* 10/1313, S. 29).

Dies schließt nicht aus, daß der Vorsitzende in den Fällen, in denen nur die ent- **35** scheidungserheblichen Teile eines Schriftstücks verlesen werden (oben Rn. 24), die Anwesenden zur Klarstellung der Zusammenhänge über die nicht verlesenen Teile unterrichtet (*LR-Gollwitzer*, Rn. 48). Eine Beweiserhebung über den Inhalt des Schriftstücks ist hierin jedoch nicht zu sehen; der Bericht des Vorsitzenden ist kein Beweismittel eigener Art.

b) Keine Form des Urkundenbeweises, sondern ein bloßes Hilfsmittel bei der **36** Erhebung des Personalbeweises ist der **Vorhalt**. Allgemein läßt sich als Vorhalt jede Verwertung des Akteninhalts in der Vernehmung des Angeklagten, eines Zeugen oder Sachverständigen bezeichnen; die Aussageperson wird auf bestimmte, aus den Akten ersichtliche Tatsachen hingewiesen, um sie zu einer Äußerung hierüber zu veranlassen (*Kuckuck*, S. 108f., 114). Der Vorhalt kann in eine Frage oder in eine Aussage des Vernehmenden gekleidet sein; er kann sowohl in einer freien Wiedergabe des Akteninhalts durch den Vernehmenden als auch im wörtlichen Vorlesen eines Schriftstücks oder einzelner Teile daraus bestehen (*RGSt* 61, 72 [73]; 69, 88 [89]; *LR-Gollwitzer*, Rn. 88). Die größte Bedeutung haben in der Praxis Vorhalte aus Protokollen über eine frühere Vernehmung der Aussageperson.

Rechtsgrundlage für den Vorhalt ist in der Vernehmung durch den Vorsitzenden **37** die an der umfassenden Sachaufklärung orientierte Befugnis zur Verhandlungsleitung (§ 238 I), in der Vernehmung durch die anderen Verfahrensbeteiligten das Fragerecht (§ 240). Zur Beweisgrundlage wird ausschließlich die auf den Vorhalt hin erfolgende Reaktion der Aussageperson (*RGSt* 61, 72 [74f.]; *BGHSt* 3, 199 [201]; 5, 278 [279]; 11, 159 [160]; 14, 310 [311f.]; *LR-Gollwitzer*, Rn. 85; *KK-Mayr*, Rn. 42); die Tatsachen, auf die der Vorhalt Bezug nimmt, etwa der Inhalt einer früheren Aussage des jetzt Vernommenen, dürfen bei der Urteilsfindung nur dann zugrunde gelegt werden, wenn sie in der Hauptverhandlung bestätigt werden. Aus dieser Unterscheidung ergibt sich für die h.M. eine klare Möglichkeit zur **Abgrenzung des Vorhalts vom Urkundenbeweis**. Da der Vorhalt auch dann, wenn er durch wörtliches Verlesen erfolgt, ein bloßer »Vernehmungsbehelf« (*BGHSt* 14, 310 [312]; *LR-Gollwitzer*, Rn. 84; *KK-Mayr*, Rn. 41; *K/M*, Rn. 28; *Geerds*, Blau-Festschrift, S. 68) und keine Form des Urkundenbeweises ist (so aber *Kuckuck*, S. 224f. aus der Sicht der »tatsächlichen Beweiswirkung« [S. 166]), ist er nach h.M. nicht an die für die Verlesung von Urkunden geltenden einschränkenden Voraussetzungen gebunden. Zulässig ist es daher etwa, dem Angeklagten Vorhalte aus einem nichtrichterlichen Geständnisprotokoll (*RGSt* 61, 72; unten § 254 Rn. 13) oder einem Zeugen Vorhalte aus dem Protokoll über die frühere Vernehmung eines anderen Zeugen zu machen (*BGHSt* 3, 199 [201]; unten § 253 Rn. 8). Unzulässig ist es demgegenüber, den Inhalt von Schriftstücken, deren Einführung in die Hauptverhandlung ein Beweisverwertungsverbot entgegensteht, zur Grundlage von Vorhalten zu machen (*KK-Mayr*, Rn. 49). Die frühere Aussage eines Zeugen, der in der Hauptverhandlung von seinem Zeugnisverweigerungsrecht Gebrauch macht, darf daher weder dem Angeklagten noch anderen

Zeugen vorgehalten werden (*BGHSt* 7, 194 [195 f.]; unten § 252 Rn. 19). Dasselbe gilt für eine frühere Aussage, die unter Verstoß gegen die Benachrichtigungspflicht gem. § 168c V zustandegekommen ist (*BGHSt* 31, 140 [144]; einschränkend *BGHSt* 34, 231 [235]). Unzulässige Vorhalte können durch Anrufung des Gerichts (§§ 238 II, 242) gerügt werden (*BGHSt* 3, 199 [202]; *LR-Gollwitzer*, Rn. 87).

38 Die weitreichende Anerkennung von Vorhalten als zulässiges Hilfsmittel bei der Vernehmung von Angeklagten, Zeugen und Sachverständigen wird in der Literatur seit langem kritisiert (*Kuckuck*, S. 230ff.; *Roxin*, § 44 B I 3). Im Zentrum der **Kritik** steht die enge Verbindung von Vorhalten aus Schriftstücken und Urkundenbeweis (*Geerds*, Blau-Festschrift, S. 74ff.). Durch die beim Vorhalt erfolgende Bezugnahme auf den Inhalt von Schriftstücken, insbesondere von Protokollen über frühere Vernehmungen, werde diesen Schriftstücken faktisch ein erheblicher Einfluß auf den Gang der Hauptverhandlung verschafft, obwohl sie nicht in der für die Erhebung des Urkundenbeweises vorgesehenen Form (§ 249) eingeführt würden und möglicherweise auch gar nicht eingeführt werden dürften (§§ 250 bis 254, 256; ausführlich *Hanack*, Schmidt-Leichner-Festschrift, 85ff.). Es bestehe die Gefahr, daß sich die Suggestivkraft der beim Vorhalt in Bezug genommenen Protokolle in zweierlei Hinsicht auswirke: Die Aussagepersonen könnten sich in der Vernehmung auf ihre früheren, möglicherweise noch nicht einmal richtig protokollierten Aussagen festlegen und die nicht mit Aktenkenntnis ausgestatteten Verfahrensbeteiligten, insbesondere die Schöffen, könnten sich durch die angesprochenen Protokollinhalte in ihrem Entscheidungsverhalten beeinflussen lassen (*Kuckuck*, S. 201 ff.). Als Konsequenz der Kritik wird in der Literatur vereinzelt der Schluß gezogen, daß Vorhalte grundsätzlich unzulässig seien (so *Schroth*, ZStW 87 [1975], 119ff. im Hinblick auf die Aussagen des Angeklagten) bzw. daß sie nur ausnahmsweise unter den in §§ 253, 254 II genannten Voraussetzungen durch wörtliches Verlesen erfolgen dürften (*Krause*, S. 186ff., 194; *Kuckuck*, S. 230f., 240; unten § 253 Rn. 1, § 254 Rn. 1).

39 Die Kritik vermag nur teilweise zu überzeugen. Angesichts der Verankerung der Vorhaltpraxis in der richterlichen Aufklärungspflicht (§ 244 II) muß die Verwertung des Akteninhalts bei der Vernehmung in der Hauptverhandlung **grundsätzlich** als **zulässig** angesehen werden. Soll in der Hauptverhandlung die Wahrheit über den angeklagten Sachverhalt ermittelt werden, muß es bei unvollständigen oder widersprüchlichen Aussagen möglich sein, die Beweisergebnisse des Ermittlungsverfahrens zur Sprache zu bringen. Gleichwohl hat die Kritik mit ihrem Hinweis auf die Suggestionswirkung des Vorhalts auf Probleme aufmerksam gemacht, denen im Interesse der Wahrheitsermittlung Rechnung getragen werden muß. Vom Vorsitzenden sollte deshalb bei einem Vorhalt grundsätzlich zur Klarstellung darauf hingewiesen werden, daß nur die Reaktion der Aussageperson als Beweis verwertbar ist (*Schlüchter*, Rn. 537). Vorhalte durch wörtliches Verlesen sollten darüber hinaus auf wirkliche Ausnahmefälle beschränkt bleiben (*KK-Mayr*, Rn. 45; *Fezer*, Studienkurs II, Fall 13 Rn. 93). Im übrigen muß den vielfältigen Suggestionseffekten und Fehlermöglichkeiten, die mit einem Vorhalt verbunden sein können, im Rahmen der Beweiswürdigung (§ 261) Rechnung getragen werden: Die auf einen Vorhalt hin erfolgende Antwort der Aussageperson hat einen eigenständigen Beweiswert nur insoweit, als die Antwort über die im Vorhalt mitgeteilten oder suggerierten Tatsachen hinausgeht (vgl. *Bender*, StV 1984, 129; zum Beweiswert einer angeblichen Aussagekonstanz *OLG Stuttgart* StV 1990, 257).

6. a) Nach Abschluß der Verlesung (Abs. 1) bzw. des Selbstleseverfahrens **40** (Abs. 2) ist der gedankliche Inhalt des Schriftstücks in die Hauptverhandlung eingeführt und kann zur **Grundlage der richterlichen Überzeugungsbildung** (§ 261) gemacht werden. Das Gericht darf aus ihm in freier Beweiswürdigung die denkgesetzlich möglichen Schlußfolgerungen ziehen (*Schneidewin*, JR 1951, 481). Welcher Beweiswert dem Schriftstück zukommt, kann dabei nur im Einzelfall beurteilt werden (*LR-Gollwitzer*, Rn. 5, § 261 Rn. 97). Die Echtheit des Schriftstücks bzw. seine Übereinstimmung mit dem Original (oben Rn. 19), die Richtigkeit und Vollständigkeit müssen ggf. (§ 244 II) mit anderen Beweismitteln festgestellt werden. Anders als im Zivilprozeß (§§ 415 bis 418 ZPO) gibt es im Strafprozeß, von wenigen Ausnahmen abgesehen (§ 274), keine Regeln über die formelle Beweiskraft bestimmter Urkunden (*LR-Gollwitzer*, § 261 Rn. 98).

b) Die Erhebung des Urkundenbeweises ist eine wesentliche Förmlichkeit des **41** Verfahrens und muß daher in das **Protokoll** aufgenommen werden (§ 273 I). Hierbei muß die Form der Beweiserhebung angegeben werden; der Hinweis, daß eine Urkunde »zum Gegenstand der Hauptverhandlung« gemacht worden sei, ist unzureichend (*OLG Düsseldorf* StV 1990, 256). Wird das Selbstleseverfahren durchgeführt, müssen die Anordnung des Vorsitzenden, ein etwaiger Widerspruch, die Entscheidung des Gerichts über den Widerspruch (*KK-Mayr*, Rn. 50) sowie die Feststellungen des Vorsitzenden über die Kenntnisnahme und die Gelegenheit hierzu protokolliert werden (Abs. 2 S. 3). Die zum Gegenstand der Hauptverhandlung gemachten Schriftstücke müssen in jedem Fall so genau bezeichnet werden, daß sie identifizierbar sind (§ 273 I). Der Bericht des Vorsitzenden über den Inhalt eines Schriftstücks (oben Rn. 33) muß, soweit er als eine zulässige dritte Form des Urkundenbeweises anerkannt wird, ebenfalls in das Protokoll aufgenommen werden (*ANM*, 329). Der Vorhalt ist demgegenüber nicht protokollierungspflichtig (*BGHSt* 22, 26 [28]; *KK-Mayr*, Rn. 51), da es sich hierbei nicht um eine Form des Urkundenbeweises handelt (oben Rn. 36 f.).

c) Wird ein Schriftstück zur Grundlage der richterlichen Überzeugung gemacht, **42** das nicht nach § 249 I oder II in die Hauptverhandlung eingeführt worden ist, kann die **Revision** auf die Verletzung des § 261 gestützt werden (*BGHSt* 5, 278; 22, 26; *LR-Gollwitzer*, Rn. 94). Voraussetzung hierfür ist allerdings, daß der gedankliche Inhalt des Schriftstücks nicht auf andere Weise, etwa durch Zeugenbeweis (oben Rn. 4, 37), zulässig in die Hauptverhandlung eingeführt wurde (zur Begründung der Verfahrensrüge in diesen Fällen vgl. *BGH* b. *Holtz*, MDR 1987, 981; wistra 1990, 197). Die Anordnung des Vorsitzenden, daß das Selbstleseverfahren durchzuführen ist, bzw. die auf den Widerspruch hin erfolgende Entscheidung des Gerichts können, soweit es sich um Ermessensentscheidungen handelt, nicht mit der Revision angefochten werden (*KMR-Paulus*, Rn. 38). Die Revision kann jedoch auf die Verletzung des § 249 II gestützt werden, wenn die Durchführung des Selbstleseverfahrens fehlerhaft war und die den Abschluß dieses Verfahrens bildenden Feststellungen des Vorsitzenden (oben Rn. 32) nicht richtig waren (*KMR-Paulus*, Rn. 39; einschränkend *K/M*, Rn. 30). Wird vom Gericht ein Urkundenbeweis nicht erhoben, obwohl dies beantragt oder von Amts wegen geboten war, kommt eine Verletzung der richterlichen Aufklärungspflicht (§§ 244 II, III, 245) in Betracht (*LR-Gollwitzer*, Rn. 97).

§ 250 Grundsatz der persönlichen Vernehmung
Beruht der Beweis einer Tatsache auf der Wahrnehmung einer Person, ist diese in der Hauptverhandlung zu vernehmen. Die Vernehmung darf nicht durch Verlesung des über eine frühere Vernehmung aufgenommenen Protokolls oder einer schriftlichen Erklärung ersetzt werden.

Literatur

Arloth Geheimhaltung von V-Personen und Wahrheitsfindung im Strafprozeß, 1987.

Backes Abschied vom Zeugen vom Hörensagen, FS Klug, 1983, 447.

Banscherus Polizeiliche Vernehmung: Formen, Verhalten, Protokollierung, 1977.

Bruns Neue Wege zur Lösung des strafprozessualen »V-Mann-Problems«, 1982.

Ders. Der Beschluß des Großen Senats zum strafprozessualen V-Mann-Problem. Anfang oder Ende einer notwendigen Neuorientierung der Rechtsprechung? MDR 1984, 177.

Brusten/Malinowski Sozialpsychologie der polizeilichen Vernehmung, in *Lösel* (Hrsg.), Kriminalpsychologie, 1983, 147.

Dölling Verlesbarkeit schriftlicher Erklärungen und Auskunftsverweigerung nach § 55 StPO, NStZ 1988, 6.

Eisenberg Kriminologie, 3. Aufl., 1990.

Engels Konsequenzen der BGH-Rechtsprechung zur Vernehmung von V-Männern, NJW 1983, 1530.

Geerds Über Vorhalt und Urkundenbeweis mit Vernehmungsprotokollen, FS Blau, 1985, 67.

Geißer Das Anklagemonopol der Staatsanwaltschaft und die Gewährsperson als Aufklärungsmittel im Ermittlungs- und als Beweismittel im Strafverfahren, GA 1983, 385.

Geppert Der Grundsatz der Unmittelbarkeit im deutschen Strafverfahren, 1979.

Gössel Behörden und Behördenangehörige als Sachverständige vor Gericht, DRiZ 1980, 363.

Gribbohm Der Gewährsmann als Zeuge im Strafprozeß, NJW 1981, 305.

Grünwald Beweisverbote und Verwertungsverbote im Strafverfahren, JZ 1966, 489.

Ders. Der Niedergang des Prinzips der unmittelbaren Zeugenvernehmung, FS Dünnebier, 1982, 347.

Haas V-Leute im Ermittlungs- und Hauptverfahren. Neue prozessuale Aspekte, 1986.

Hanack Protokollverlesungen und Vorhalte als Vernehmungsbehelf, FS Schmidt-Leichner, 1977, 83.

Heinisch Der Einfluß der Exekutive auf die Wahrheitsfindung im Strafprozeß, MDR 1980, 898.

Joachim Der Hörensagenbeweis im Strafverfahren, 1991.

Krainz Über den Zeugen vom Hörensagen. Zur strafprozessualen Problematik im Lichte kriminalistischer Erkenntnisse, GA 1985, 402.

Krause Zum Urkundenbeweis im Strafprozeß, 1966.

Krüger Verfassungsrechtliche Grundlagen polizeilicher V-Mann-Arbeit, NJW 1982, 855.

Kuckuck Zur Zulässigkeit von Vorhalten aus Schriftstücken in der Hauptverhandlung des Strafverfahrens, 1977.

Lisken Der Ausschluß des anonymen Zeugen aus dem Strafprozeß, ZRP 1984, 192.

Löhr Der Grundsatz der Unmittelbarkeit im deutschen Strafprozeßrecht, 1972.

Lüderssen Verbrechensprophylaxe durch Verbrechensprovokation?, FS Peters, 1974, 349.

Ders. Zur Unerreichbarkeit des V-Mannes, FS Klug, 1983, 527.

Ders. (Hrsg.), V-Leute. Die Falle im Rechtsstaat, 1985.

Mehner Die Vernehmung von Verhörspersonen im deutschen Strafprozeß, 1975.

Meyer Zur prozeßrechtlichen Problematik des V-Mannes, ZStW 95 (1983), 834.

Miebach Der Ausschluß des anonymen Zeugen aus dem Strafprozeß, ZRP 1984, 81.

Neumeier V-Leute – strafrechtliche und strafprozessuale Probleme. Jur. Diss. Freiburg 1978.

Preuß Prozeßsteuerung durch Exekutive, StV 1981, 312.

Rasch/Hinz Für den Tatbestand ermitteln. Der Einfluß der gesetzlichen Mordmerkmale auf kriminalpolizeiliche Erstvernehmungen bei Tötungsdelikten. Kriminalistik 1980, 377.

Rebmann Der Zeuge vom Hörensagen im Spannungsverhältnis zwischen gerichtlicher Aufklärungspflicht, Belangen der Exekutive und Verteidigungsinteressen, NStZ 1982, 315.

Ders. Der Einsatz verdeckt ermittelnder Polizeibeamter im Bereich der Strafverfolgung, NJW 1985, 1.

Rogall Strafprozessuale Grundlagen und legislative Probleme des Einsatzes verdeckter Ermittler im Strafverfahren, JZ 1987, 847.

Röhrich Rechtsprobleme bei der Verwendung von V-Leuten im Strafprozeß. Jur. Diss. Erlangen 1974.

Rüping Der Schutz der Menschenrechte im Strafverfahren – Wesentliche Erfordernisse eines gerechten Strafverfahrens –, ZStW 91 (1979), 351.

Schäfer Das Ende des »V-Mannes«?, JR 1984, 397.

Schmitz Tatgeschehen, Zeugen und Polizei, 1978.

Schneidewin Der Urkundenbeweis in der Hauptverhandlung, JR 1951, 481.

Schoreit Die kommissarische Vernehmung des anonym bleibenden Vertrauensmanns der Polizei und dessen Verwertung als Beweismittel in der neueren Rechtsprechung, MDR 1983, 617.

Schroth Der Vorhalt eigener protokollierter Aussagen an den Angeklagten, ZStW 87 (1975), 103.

Seebode/Sydow »Hörensagen ist halb gelogen.« Das Zeugnis vom Hörensagen im Strafprozeß, JZ 1980, 506.

Seelmann Zur materiell-rechtlichen Problematik des V-Manns, ZStW 95 (1983), 797.

Ders. Der anonyme Zeuge – ein erstrebenswertes Ziel der Gesetzgebung?, StV 1984, 477.

Studer Die anonyme Gewährsperson im Strafprozeß, 1975.

Taschke Die behördliche Zurückhaltung von Beweismitteln im Strafprozeß, 1989.

Tiedemann Zeugen vom Hörensagen im Strafverfahren, JuS 1965, 15.

Tiedemann/Sieber Die Verwertung des Wissens von V-Leuten im Strafverfahren. Analysen und Konsequenzen der Entscheidung des Großen Senats des BGH, NJW 1984, 753.

Weider Zur Problematik des polizeilichen V-Mannes, StV 1981, 151.

Dölling   263

Wömpner Zur Bedeutung und zum wechselseitigen Verhältnis der §§ 250, 253, 254 StPO, NStZ 1983, 293.

Wulf Strafprozessuale und kriminalpraktische Fragen der polizeilichen Beschuldigtenvernehmung auf der Grundlage empirischer Untersuchungen, 1984.

Von Zwehl Der Einsatz von V-Leuten und die Einführung des Wissens von V-Leuten in das Strafverfahren, 1987.

I. Regelungsgehalt und Sinn der Vorschrift

1 § 250 legt den Grundsatz der **Unmittelbarkeit** der Beweisaufnahme für den Zeugen- und Sachverständigenbeweis sowie für Angaben von Mitbeschuldigten und auch des Angeklagten (*Geppert*, S. 196) fest. S. 1 **gebietet** dem Gericht, die Person, deren Wahrnehmung Grundlage für den Beweis einer Tatsache sein soll, in der Hauptverhandlung selbst **zu vernehmen**. Der ergänzende S. 2 **verbietet**, diese Vernehmung **durch Verlesung** von Vernehmungsprotokollen oder schriftlichen Erklärungen **zu ersetzen**. Verbotswidrig verlesene Schriftstücke dürfen nicht verwertet werden. Dieser Vorrang des Personalbeweises gegenüber dem Urkundenbeweis, der die sonst bestehende Freiheit des Urkundenbeweises einschränkt, dient der **zuverlässigen Sachverhaltsermittlung**. Protokolle oder schriftliche Erklärungen können das Wahrgenommene unvollständig oder fehlerhaft wiedergeben. Angaben in einer Vernehmung werden durch die Vernehmungsgestaltung beeinflußt, die dem Protokoll häufig nicht oder nur teilweise zu entnehmen ist. Protokolle enthalten vielfach keine wörtliche Wiedergabe des Ausgesagten, sondern weisen Umformulierungen, Modifikationen und Auslassungen auf (zur Rechtswirklichkeit der polizeilichen Vernehmungen vgl. *Banscherus* 1977, *Schmitz* 1978, *Rasch/Hinz* 1980; *Wulf* 1984; zusammenfassend *Eisenberg* 1990, 286ff.; kritisch zum Stand der empirischen Forschung *Brusten/Malinowski* 1983). Auch schriftliche Erklärungen geben das Wahrgenommene häufig nur teilweise oder modifiziert wieder. Die Vernehmung in der Hauptverhandlung ermöglicht dem Gericht demgegenüber, der Wahrheit durch eigene Befragung der Beweisperson auf den Grund zu gehen und einen persönlichen Eindruck von der Auskunftsperson zu gewinnen (LR/24/*Gollwitzer* 1). Außerdem wird das Fragerecht der Verfahrensbeteiligten (§ 240, Art. 6 Abs. 3 d EMRK) gesichert (KMR-*Paulus* 2). Das Unmittelbarkeitsprinzip wird allerdings nicht durch Art. 103 Abs. 1 GG gewährleistet (*BVerfGE*, 1, 418, 429). Da § 250 der Wahrheitsermittlung dient, können die Verfahrensbeteiligten auf seine Beachtung nicht verzichten, soweit nicht eine Ausnahmeregelung wie § 251 Abs. 1 Nr. 4 eingreift (LR/24/*Gollwitzer* 21).

2 Ein Grundsatz, wonach unter mehreren Beweismitteln stets das sachnächste heranzuziehen ist, läßt sich aus § 250 nicht herleiten. Die Vorschrift betrifft nur das »Wie« der Beweisaufnahme über die Wahrnehmung einer bestimmten Person, nicht die Frage, auf welche Zeugen oder Sachverständigen die Beweisaufnahme zu erstrecken ist (*RG*, JW 1925, 997; *BGHSt* 22, 268, 270; *KK-Mayr* 1; *Roxin* § 44 B. IV; a. A. *Grünwald*, JZ 1966, 493; *Peters*, § 39 II).Die Vernehmung eines **Zeugen vom Hörensagen** verstößt daher nicht gegen § 250 (*Geppert*, S. 249; *Krause*, S. 133). Ob das Gericht sich mit diesem Zeugen begnügen darf oder den unmittelbaren Zeugen zu vernehmen hat, ist eine Frage der Aufklärungspflicht (*BGHSt* 6, 209; *K/M* 4).

II. Anwendungsbereich

§ 250 gilt für die Beweisaufnahme zur Schuld- und Rechtsfolgenfrage in der **3** Hauptverhandlung **(Strengbeweis)**, auch dann, wenn der Umfang der Beweisaufnahme – wie in § 384 Abs. 3 für das Privatklageverfahren geregelt – im pflichtgemäßen Ermessen des Gerichts steht. Bei der Feststellung nur prozessual erheblicher Tatsachen greift die Vorschrift nicht ein.

Die StPO enthält zahlreiche **Ausnahmen** vom Grundsatz des § 250, vgl. §§ 49f., **4** 232f., 249 Abs. 1 S. 2, 251, 253 bis 256 und 325. Im Bußgeldverfahren läßt § 77a OWiG bei Einverständnis aller Verfahrensbeteiligten die Ersetzung von Vernehmungen durch Verlesung von Vernehmungsprotokollen und schriftlichen Erklärungen zu.

III. Einzelfragen

1. Wahrnehmung einer Person

§ 250 bezieht sich nach seinem Sinn – Vorrang des Personalbeweises vor dem Ur- **5** kundenbeweis, wenn jener grundsätzlich als das zuverlässigere Beweismittel anzusehen ist – auf die Beweisaufnahme über Tatsachen, deren zutreffende Wiedergabe nur durch eine Person möglich ist, welche die Tatsachen sinnlich wahrgenommen hat (*BGHSt* 15, 253, 254f.). Die Vorschrift gilt daher für Aufzeichnungen über von einer Person **sinnlich wahrgenommenen Vorgänge** und Zustände der Außenwelt sowie über innere Empfindungen und Gedanken, die unmittelbar durch sinnlich wahrgenommene Vorgänge ausgelöst sind (*KK-Mayr* 5). **Nicht erfaßt** werden dagegen Schriftstücke, die eigene Willenshandlungen bekunden (z. B. Mahnschreiben), Aufzeichnungen, die von unmittelbaren Wahrnehmungen gelöste Gefühle, Gedanken, Überlegungen oder Planungen enthalten, und Unterlagen, die – wie z. B. Abrechnungsstreifen oder Tonbandabschriften – durch Tätigkeiten »mechanischer Art«, die erfahrungsgemäß nicht in der Erinnerung verhaftet bleiben, erstellt werden. Insoweit ist die Urkunde das zuverlässigere Beweismittel (*BGHSt* 6, 209, 212; 15, 253, 254f.; 27, 135, 137f.). Gemäß § 249 verlesen werden dürfen auch Übersetzungen (*BGHSt* 27, 135, 137; a. A. *K/M* 10) und Schriftstücke, die – wie der beleidigende Brief – selbst den Tatbestand eines Strafgesetzes erfüllen (KMR/*Paulus* 7).

Dem § 250 unterfallen auch **Sachverständigengutachten**. Sie sind durch Verneh- **6** mung des Sachverständigen und nicht durch Verlesen des Gutachtens in die Hauptverhandlung einzuführen (*BGHSt* 1, 4, 7; 22, 268, 270). Dies gilt nicht nur für auf den konkreten Sachverhalt bezogene Wahrnehmungen des Sachverständigen, sondern auch dann, wenn sich das Gutachten auf die Vermittlung abstrakter Erfahrungssätze beschränkt (*Geppert*, S. 193ff.; *K/M* 11; a. A. *OLG Stuttgart*,

NJW 1976, 1852; *Gössel* DRiZ 1980, 370). Auch in diesem Fall muß das Fragerecht der Verfahrensbeteiligten gewährleistet sein (vgl. auch die Ausnahmeregelung des § 256).

2. Vernehmungsprotokolle und schriftliche Erklärungen

7 Das Verlesungsverbot des S. 2 erfaßt **Vernehmungsprotokolle** aller Art. Gleichgültig ist, ob sie von der Polizei, der Staatsanwaltschaft, einem Richter oder einer
sonstigen Behörde erstellt worden sind und ob dies in dem anhängigen oder einem
anderen Strafverfahren oder in einem sonstigen Verfahren geschehen ist (*BGHSt*
20, 160, 161; LR/24/*Gollwitzer* 5). Das Verlesungsverbot darf nicht dadurch unterlaufen werden, daß eine Person als Zeuge vernommen wird, die lediglich das
Protokoll gelesen hat und über dessen Inhalt berichten soll (*OLG Köln*, NStZ
1990, 557).

8 Aus dem Wortlaut des S. 2 – schriftliche »Erklärung« – und der Gleichstellung mit
Vernehmungsprotokollen folgt, daß **schriftliche Erklärungen** i. S. v. S. 2 nur solche
sind, die von vornherein zu Beweiszwecken erstellt worden sind (*BGHSt* 6, 141,
143; 20, 160, 161; *K/M* 8; KMR/*Paulus* 6; a. A. *Krause*, S. 155 ff.; *Fezer* II 14/39;
KK-*Mayr* 9). Unerheblich ist, ob dies im vorliegenden Strafverfahren erfolgte
(a. A. *BGH* 5 StR 306/62 v. 25. 9. 1962) oder ob die Urkunde überhaupt in einem
Strafverfahren erstellt wurde (a. A. *BGH* 5 StR 549/63 v. 7. 1. 1964). Unter das
Verlesungsverbot fallen z. B. Strafanzeigen, Observationsberichte (*BGH*, NStZ
1982, 79) und Antworten auf behördliche Anfragen, nicht aber Privatbriefe und
Tagebuchaufzeichnungen (LR/24/*Gollwitzer* 7 f.).

3. Verhältnis zum Augenscheinsbeweis

9 § 250 regelt den Vorrang des Personalbeweises vor dem Urkundenbeweis, nicht
vor dem Augenscheinsbeweis (LR/24/*Gollwitzer* 3; a. A. *K/M* 2) und steht daher
der Verwertung von **Lichtbildern** und **Filmen** im Wege des Augenscheinsbeweises
nicht entgegen.

10 Eine Vernehmung darf aber in entsprechender Anwendung des S. 2 nicht durch
die Betrachtung von **Skizzen** ersetzt werden, die von der Auskunftsperson z. B.
über einen Unfall- oder Tatort erstellt worden sind (*OLG Celle*, VRS 33, 43; LR/
24/*Gollwitzer* 11; a. A. KMR/*Paulus* 7). Skizzen sind zwar Augenscheinsobjekte,
als Aufzeichnungen über Wahrnehmungen sind sie jedoch schriftlichen Berichten
gleichzustellen. Die persönliche Vernehmung darf auch nicht durch Abspielen von
Tonbandaufnahmen früherer Äußerungen ersetzt werden (KK-*Mayr* 3).

4. Ergänzende Verlesung

11 Neben der Vernehmung der Auskunftsperson dürfen Protokolle über frühere Äu-
ßerungen und schriftliche Erklärungen ergänzend verlesen werden (*RGSt* 71, 10;
BGHSt 1, 4, 5 f.; 20, 160, 161 f.; *BGH* bei *Miebach/Kusch*, NStZ 1991, 121; KK-
Mayr 2; a. A. *Grünwald*, JZ 1966, 493; *Eb. Schmidt* II, 4). § 250 **verbietet** die
Ersetzung der persönlichen Vernehmung durch Urkundenverlesung, will aber die
im Interesse umfassender Sachaufklärung gebotene zusätzliche Heranziehung von
Urkunden nicht ausschließen. § 253 enthält insoweit nur besondere Vorkehrungen
für die Verwendung von Protokollen und keine abschließende Regelung für den
ergänzenden Urkundenbeweis (*BGHSt* 20, 160, 162).

12 Die ergänzende Verlesung ist nicht nur zur Beurteilung der Glaubwürdigkeit der
Beweisperson (für Beschränkung hierauf *Peters*, JZ 1965, 650; *Fezer* II 14/41),

sondern auch zur Beweisaufnahme über die Tatsachen zulässig, auf die sich Aussage und Urkunde beziehen. So unterliegt die Aussage eines Polizeibeamten, er könne sich an den von ihm angezeigten Verkehrsvorgang nicht mehr erinnern, übernehme aber die volle Verantwortung für den Inhalt der Anzeige, in Verbindung mit der verlesenen Anzeige der freien Beweiswürdigung des Tatrichters (*BGH*, NJW 1970, 1558; LR/24/*Gollwitzer* 20). Eine ergänzende Verlesung darf auch bei teilweiser Aussageverweigerung nach § 55 erfolgen (*BGH*, NStZ 1988, 36 = JR 1987, 522, mit Anm. *Meyer*; *Dölling*, NStZ 1988, 6).

5. Vorhalte und Gedächtnisstützen

Bei der Vernehmung der Auskunftsperson sind **Vorhalte** von Protokollen oder 13 schriftlichen Erklärungen zulässig (*K/M* 14). Beweisgrundlage ist dann nur die Antwort auf den Vorhalt, nicht der Inhalt des Vorhalts selbst (*BGHSt* 3, 281, 283). Diese Unterscheidung stellt zwar hohe Anforderungen an den Richter (*Roxin* § 44 B I 3), Vorhalte sind aber zur erschöpfenden Sachaufklärung unverzichtbar.

Die Beweisperson kann bei ihrer Aussage Schriftstücke als **Gedächtnisstütze** ver- 14 wenden oder als Bestandteil ihrer Aussage verlesen. So ist z. B. die Verlesung des schriftlichen Gutachtens durch den Sachverständigen zulässig (*OLG Stuttgart*, MDR 1978, 863; KMR/*Paulus* 8).

IV. Zeugen vom Hörensagen und V-Leute

§ 250 steht der Vernehmung von **Zeugen vom Hörensagen** – also Zeugen, die 15 bekunden sollen, was ihnen ein Dritter über seine Wahrnehmungen mitgeteilt hat – nicht entgegen (Rn. 2). Unerheblich ist, ob der Zeuge vom Hörensagen seine Wahrnehmungen zufällig oder im Auftrag der Polizei oder des Gerichts gemacht hat (*BGHSt* 33, 178, 181; *K/M* 4).

Ist der unmittelbare Zeuge erreichbar, gebietet die **Aufklärungspflicht** regelmä- 16 ßig, diesen zu hören. Häufig wird daneben zur bestmöglichen Sachaufklärung auch die Vernehmung des mittelbaren Zeugen geboten sein (LR/24/*Gollwitzer* 26). Bei Unerreichbarkeit des unmittelbaren Zeugen kann die Sachaufklärung nur durch Vernehmung des Zeugen vom Hörensagen erfolgen. Diese verstößt weder gegen Art. 103 Abs. 1 GG noch gegen den Anspruch des Angeklagten auf ein faires Verfahren. Dem geringeren Beweiswert des mittelbaren Zeugen (dazu *Geppert*, S. 178) ist jedoch durch eine besonders kritische Beweiswürdigung Rechnung zu tragen (*BVerfGE* 57, 250).

Auch Angaben anonym bleibender **V-Männer** oder verdeckter Ermittler dürfen 17 unter bestimmten Voraussetzungen durch Vernehmung von Beamten der Polizei oder des Verfassungsschutzes als Zeugen vom Hörensagen oder durch Verlesung von Schriftstücken in die Hauptverhandlung eingeführt werden. V-Männer sind Personen, die der Polizei nicht nur im Einzelfall Hinweise zur Verhinderung oder Aufklärung von Straftaten geben; verdeckte Ermittler sind getarnt in kriminelle Gruppierungen eindringende Polizeibeamte (KK-*Pelchen* Rn. 54 vor § 48). Auf ihren Einsatz kann zur Bekämpfung besonders gefährlicher und schwer aufklärbarer Kriminalität nicht verzichtet werden (*BVerfGE* 57, 250, 284; *BGHSt* [GSSt] 32, 115, 122).

Die **Aufklärungspflicht** gebietet es dem Gericht regelmäßig, sich um die Verneh- 18 mung der V-Person in der Hauptverhandlung zu bemühen. Die Exekutive kann den V-Mann freilich »**sperren**«, indem sie Polizeibeamten nach § 54 keine Aussagegenehmigung bezüglich der Identität des V-Mannes erteilt oder auf gerichtliche Anfrage die Auskunft über Namen und Anschrift der V-Person entsprechend § 96 verweigert. Bei der Entscheidung hierüber hat die Behörde neben ihren Geheimhaltungsinteressen den hohen Rang der gerichtlichen Wahrheitsfindung für die Sicherung der Gerechtigkeit und das Gewicht des Freiheitsanspruchs des Beschuldigten angemessen zu berücksichtigen (*BVerfGE* 57, 250, 283 f.). Eine Sperrung kommt danach bei konkreter Leibes- oder Lebensgefahr für den V-Mann in Betracht (vgl. dazu *BGHSt* 31, 290, 294; 33, 83, 91 f.), aber auch bei Besorgnis seiner Enttarnung, wenn durch die Gefährdung seines weiteren Einsatzes die wirksame Bekämpfung gefährlicher Kriminalität schwerwiegend beeinträchtigt werden würde (vgl. dazu *BGH*, NStZ 1985, 136; *OLG Hamm*, NStZ 1990, 44, mit Anm. *G. Schäfer*; *OLG Stuttgart*, NJW 1991, 1071, mit Anm. *Arloth*, NStZ 1992, 96).

19 Die Behörde muß dem Gericht die Gründe für eine Sperrerklärung so vollständig wie unter Berücksichtigung unabweisbarer Geheimhaltungsinteressen möglich darlegen. Bei Fehlen einer verständlichen Begründung hat das Gericht **Gegenvorstellungen** zu erheben und auf eine Überprüfung der Sperrerklärung hinzuwirken (*BGHSt* [GSSt] 32, 115, 126; 36, 159, 161). Hierbei hat sich das Gericht ggf. um eine Vernehmung des V-Mannes unter den nach der StPO zulässigen **Schutzvorkehrungen** (z. B. Ausschluß der Öffentlichkeit nach § 172 Nr. 1 GVG) zu bemühen, darf aber zum Schutz des Zeugen nicht von zwingenden verfahrensrechtlichen Vorschriften abweichen (z. B. nicht entgegen § 68 auf die Angabe der Personalien des Zeugen verzichten, *BGHSt* [GSSt] 32, 115).

20 An eine nach Überprüfung aufrechterhaltene Sperrung ist das Gericht gebunden. Entscheidungen der Exekutive nach §§ 54 und 96 können vom Beschuldigten, nicht aber vom Strafgericht oder von der StA vor den Verwaltungsgerichten **angefochten** werden (*BVerwGE* 66, 39; 69, 192; KK-*Pelchen*, Rn. 63 vor § 48; *K/M* § 96 Rn. 14; für Rechtsweg nach §§ 23 ff. EGGVG gegen Sperrerklärungen entsprechend § 96 *OLG Hamm*, NStZ 1990, 44 mit insoweit ablehnender Anm. *G. Schäfer*; *OLG Celle*, NJW 1991, 856; *OLG Stuttgart*, NJW 1991, 1071). Ob das Strafgericht im Falle einer verwaltungsgerichtlichen Anfechtung das Strafverfahren aussetzt, ist im Einzelfall nach der Aufklärungspflicht zu entscheiden.

21 Bei endgültiger **hinreichend begründeter Sperrung** ist der V-Mann für die Vernehmung in der Hauptverhandlung nicht erreichbar. Kann er nach § 223 kommissarisch vernommen werden, darf das Vernehmungsprotokoll gemäß § 251 Abs. 1 verlesen werden. Ist auch eine Vernehmung nach § 223 nicht möglich, ist die Vernehmung von Polizeibeamten, gegenüber denen der V-Mann Angaben gemacht hat, als **Zeugen vom Hörensagen** sowie die **Verlesung von Schriftstücken** nach § 251 Abs. 2 **zulässig** (*BVerfGE* 57, 250; *BGHSt* 33, 83; 178; *K/M* 5; a. A. *Bruns*, MDR 1984, 181 ff.; *Fezer* II 14/62 ff.). Damit wird zwar das unmittelbare Beweismittel durch ein mittelbares mit i. d. R. geringerem Beweiswert ersetzt. Steht aber das unmittelbare Beweismittel aus anerkennenswerten Gründen nicht zur Verfügung, ist nach der Aufklärungspflicht die Heranziehung wenigstens des sachferneren Beweismittels geboten, damit bei der Sachverhaltsfeststellung soweit wie möglich alle zugunsten und zu Lasten des Angeklagten sprechenden Gesichtspunkte berücksichtigt werden können. Die Benutzung des mittelbaren Beweismittels kann in einer den Grundsätzen des fairen Verfahrens entsprechenden Weise erfolgen. Sie ist auch unter Berücksichtigung des Urteils *EGMR*, StV 1990, 481, mit Art. 6 Abs. 3 d EMRK vereinbar (*BVerfG*, NJW

1992, 168; *BGH*, NJW 1991, 646). Es liegt auch kein Verstoß gegen Art. 14 Abs. 3 e IPBR vor (a. A. *Rüping*, ZStW 91 [1979], 357).

Ein Regulativ für den Ausfall des bestmöglichen Beweismittels aufgrund der Sper- **22** rung des V-Mannes bildet insbesondere der Grundsatz der freien Beweiswürdigung. Wegen der Anonymität der V-Person gilt das Gebot besonders **kritischer Beweiswürdigung** bei mittelbaren Zeugen hier in verstärktem Maße (*BVerfGE* 57, 25). Auf die von dem in der Hauptverhandlung vernommenen Beamten wiedergegebenen Angaben des V-Mannes darf eine Feststellung regelmäßig nur dann gestützt werden, wenn die Bekundungen durch andere wichtige Gesichtspunkte bestätigt werden (*BGHSt* 17, 382, 386; 33, 178, 181). Je größer die Zahl der Zwischenglieder zwischen unmittelbarem und mittelbarem Zeugen ist, desto geringer ist der Beweiswert des Zeugen vom Hörensagen (*BGHSt* 17, 382, 385; 34, 15, 17 f.). Das Gericht muß sich der Grenzen seiner Überzeugungsbildung stets bewußt sein, sie wahren und dies in den Urteilsgründen zum Ausdruck bringen (*BVerfGE*, 57, 250, 292 f.; *BGHSt* 34, 15, 17 f.).

Die gleichen strengen Maßstäbe sind an die Beweiswürdigung anzulegen, wenn **23** eine **Vernehmungsniederschrift** oder eine schriftliche Erklärung eines V-Mannes nach § 251 Abs. 2 verlesen wird (*BGHSt* 33, 83). Das Fehlen der in § 68 genannten Personalangaben in einem polizeilichen Vernehmungsprotokoll steht wegen fehlender Bezugnahme auf § 68 in § 163 a Abs. 5 der Verlesung und Verwertung der Niederschrift nicht entgegen (*BGH*, a. a. O.). Ob das Gericht statt oder neben der Protokollverlesung den vernehmenden Polizeibeamten als Zeugen zu hören hat, richtet sich nach der Aufklärungspflicht.

Wird der V-Mann durch die Exekutive willkürlich oder **offensichtlich rechtsfehler- 24 haft gesperrt**, darf das **sachfernere Beweismittel** im Strafverfahren **nicht verwendet** werden (*BVerfGE* 57, 250, 290; *BGHSt* 29, 109, 112; *Roxin* § 43 C. II. c). Es ist mit dem Grundsatz der Prozeßfairneß nicht vereinbar, aufgrund sachwidriger Weigerung der Exekutive das sachnähere Beweismittel zuungunsten des Angeklagten durch das sachfernere zu ersetzen. Eine Sperrerklärung, die zwar nach Ansicht des Strafgerichts ungerechtfertigt ist, die aber nicht willkürlich oder offensichtlich fehlerhaft ist, führt dagegen nicht zur Unzulässigkeit der Heranziehung des sachferneren Beweismittels (*BGHSt* 36, 159, 162 f.).

Wird ein V-Mann oder verdeckter Ermittler als **agent provocateur** tätig und über- **25** schreitet sein Verhalten die durch das Rechtsstaatsprinzip gezogenen Grenzen, hat dies für die Strafverfolgung gegen den provozierten Täter weder ein Verfahrenshindernis, die Verwirkung des Strafanspruchs oder einen Strafausschließungsgrund noch ein Beweisverbot (dafür *Lüderssen*, FS Peters 1974, S. 366 f.) zur Folge. Die Überschreitung der Grenzen tatprovozierenden Verhaltens ist vielmehr bei der Strafzumessung zu berücksichtigen (*BGHSt* 32, 345; KK-*Pelchen*, Rn. 78–85 vor § 48).

V. Revision

Wird als **Verstoß gegen** § **250** die Ersetzung der Vernehmung einer Person durch **26** Verlesung einer Urkunde gerügt, muß der Inhalt des Schriftstückes mitgeteilt werden, damit das Revisionsgericht prüfen kann, ob die Verlesung nicht nach §§ 249 ff. zulässig war (*BGH* bei *Holtz*, MDR 1978, 988). Die Vernehmung eines sachferneren statt des sachnäheren Zeugen kann nur als Verletzung der **Aufklärungspflicht** gerügt werden (zu den Anforderungen an die Aufklärungsrüge *BGH*, StV 1988, 91, mit abl. Anm. *Strate*). Genügt das Tatgericht den Anforderungen nicht, die bei Verwendung mittelbarer Beweismittel an die Beweiswürdigung zu stellen sind, kommt ein Verstoß gegen § **261** in Betracht (LR/24/*Gollwitzer* 38).

§ 251 Verlesung von Protokollen

(1) Die Vernehmung eines Zeugen, Sachverständigen oder Mitbeschuldigten darf durch Verlesung der Niederschrift über seine frühere richterliche Vernehmung ersetzt werden, wenn

1. der Zeuge, Sachverständige oder Mitbeschuldigte verstorben oder in Geisteskrankheit verfallen ist oder wenn sein Aufenthalt nicht zu ermitteln ist;

2. dem Erscheinen des Zeugen, Sachverständigen oder Mitbeschuldigten in der Hauptverhandlung für eine längere oder ungewisse Zeit Krankheit, Gebrechlichkeit oder andere nicht zu beseitigende Hindernisse entgegenstehen;

3. dem Zeugen oder Sachverständigen das Erscheinen in der Hauptverhandlung wegen großer Entfernung unter Berücksichtigung der Bedeutung seiner Aussage nicht zugemutet werden kann;

4. der Staatsanwalt, der Verteidiger und der Angeklagte mit der Verlesung einverstanden sind.

(2) Hat der Angeklagte einen Verteidiger, so kann die Vernehmung eines Zeugen, Sachverständigen oder Mitbeschuldigten durch die Verlesung einer Niederschrift über eine andere Vernehmung oder einer Urkunde, die eine von ihm stammende schriftliche Erklärung enthält, ersetzt werden, wenn der Staatsanwalt, der Verteidiger und der Angeklagte damit einverstanden sind. Im übrigen ist die Verlesung nur zulässig, wenn der Zeuge, Sachverständige oder Mitbeschuldigte verstorben ist oder aus einem anderen Grunde in absehbarer Zeit gerichtlich nicht vernommen werden kann.

(3) Soll die Verlesung anderen Zwecken als unmittelbar der Urteilsfindung, insbesondere zur Vorbereitung der Entscheidung darüber dienen, ob die Ladung und Vernehmung einer Person erfolgen sollen, so dürfen Vernehmungsniederschriften, Urkunden und andere als Beweismittel dienende Schriftstücke auch sonst verlesen werden.

(4) In den Fällen der Absätze 1 und 2 beschließt das Gericht, ob die Verlesung angeordnet wird. Der Grund der Verlesung wird bekanntgegeben. Wird die Niederschrift über eine richterliche Vernehmung verlesen, so wird festgestellt, ob der Vernommene vereidigt worden ist. Die Vereidigung wird nachgeholt, wenn sie dem Gericht notwendig erscheint und noch ausführbar ist.

Literatur

Vgl. die Hinweise zu § 250; außerdem *Bovensiepen*, Der Freibeweis im Strafprozeß Jur. Diss. Bonn 1978.

Foth Wie sind die Beobachtungen des beauftragten Richters zur Glaubwürdigkeit des kommissarisch vernommenen Zeugen in die Hauptverhandlung einzuführen? MDR 1983, 716.

Hanack Die Rechtsprechung des Bundesgerichtshofs zum Strafverfahrensrecht, JZ 1971, 168; 1972, 114.

Julius Die Unerreichbarkeit von Zeugen im Strafprozeß, 1988.

Krause Einzelfragen zum Anwesenheitsrecht des Verteidigers im Strafverfahren, StV 1984, 169.

Marenbach Aktuelle Probleme des NATO-Truppenstatuts, NJW 1974, 1070.

Meyer, D. Die Zulässigkeit der Ersetzung einer Aussage des nach § 55 StPO die

Aussage verweigernden Zeugen durch Verlesung eines nichtrichterlichen Protokolls gem. § 251 Abs. 2 StPO, MDR 1977, 543.

Meyer-Goßner Das Strafverfahrensänderungsgesetz 1987, NJW 1987, 1161.

Ostler Die ausgesetzte Hauptverhandlung und § 251 Abs. 1 Ziffer 4 StPO, MDR 1967, 374.

Rieß Die Folgen des Fehlens der Unterschrift des Übertragungsgehilfen nach § 168 a IV 2, 3 StPO, NStZ 1987, 444.

Rieß/Hilger Das neue Strafverfahrensrecht – Opferschutzgesetz und Strafverfahrensänderungsgesetz 1987 –, NStZ 1987, 145.

Schwenk Die strafprozessualen Bestimmungen des NATO-Truppenstatuts, des Zusatzabkommens und des Unterzeichnungsprotokolls zum Zusatzabkommen, NJW 1963, 1425.

ter Veen Das unerreichbare Beweismittel und seine prozessualen Folgen – eine Übersicht zur Rechtsprechung des BGH und anderer Obergerichte, StV 1986, 295.

Thien Zeugenvernehmung im Ausland. Zur Problematik der Verwertbarkeit im deutschen Prozeß. Jur. Diss. Köln 1979.

Többens Der Freibeweis und die Prozeßvoraussetzungen im Strafprozeß. Jur. Diss. Freiburg 1979.

Inhaltsübersicht Rn.

I. Entstehungsgeschichte

Die ursprüngliche Fassung ließ nur die Verlesung richterlicher Vernehmungsprotokolle unter den Voraussetzungen des heutigen Abs. 1 Nr. 1 bis 3 zu. Die Neufassung durch Art. 4 der Dritten Vereinfachungsverordnung vom 29.5. 1943 (RGBl. I S. 342) fügte Abs. 1 Nr. 4 ein und erlaubte bei Unerreichbarkeit der Beweisperson auch die Verlesung nichtrichterlicher Vernehmungsniederschriften und schriftlicher Erklärungen. Diese Fassung wurde durch Art. 3 Nr. 113 Vereinheitlichungsgesetz 1950 im wesentlichen beibehalten. Art. 1 Nr. 17 StVÄG **1**

1987 hat Abs. 2 neu gefaßt und bei verteidigten Angeklagten die Verlesbarkeit anderer Schriftstücke als richterlicher Vernehmungsprotokolle um den Fall des Einverständnisses der Verfahrensbeteiligten erweitert. Die Möglichkeiten der Verlesung sind somit zunehmend erweitert worden (zu historischer Entwicklung *Grünwald*, FS Dünnebier 1982, 350 ff.).

II. Regelungsgehalt

2 Die Vorschrift gestattet als **Ausnahme von § 250** zur Vermeidung von Beweisverlusten und zur Ermöglichung einer praktischen und zügigen Durchführung des Strafverfahrens unter bestimmten Voraussetzungen die Ersetzung der Vernehmung von Auskunftspersonen durch Urkundenverlesung (*BGHSt* 10, 186, 189; 26, 18, 20; *BVerfGE* 57, 250, 278 ff.; KMR/*Paulus* 2). Ob das Gericht von dieser Erlaubnis Gebrauch macht oder – sofern dies möglich ist – die Auskunftsperson statt oder neben der Urkundenverlesung vernimmt, richtet sich nach der **Aufklärungspflicht** (*BGHSt* 10, 186, 189, 191 f.; *BGH*, NStZ 1988, 37; LR/24/ *Gollwitzer* 1).

3 **Abs. 1 und 2** betreffen den Beweis von Tatsachen, die für die **Schuld- und Rechtsfolgenfrage** von Bedeutung sind. Das Gesetz bringt richterlichen Vernehmungsprotokollen höheres Vertrauen entgegen und läßt ihre Verlesung daher in Abs. 1 unter weitergehenden Voraussetzungen zu als in Abs. 2 die Verlesung sonstiger Urkunden. **Abs. 3** regelt die Urkundenverlesung im **Freibeweis, Abs. 4** hat das **Verfahren** bei der Verlesung nach Abs. 1 und 2 zum Gegenstand.

III. Anwendungsbereich

4 § 251 betrifft die Ersetzung der Vernehmung von **Zeugen, Sachverständigen und Mitbeschuldigten** durch Urkundenverlesung. Die Verlesung von Protokollen über frühere Vernehmungen des **Angeklagten** oder von Mitangeklagten richtet sich nicht nach § 251, sondern nach anderen Vorschriften (§§ 231 a, 231 b, 232 Abs. 3, 233 Abs. 2 S. 3, 254). Mitbeschuldigte i. S. v. § 251 sind daher frühere Mitbeschuldigte, deren Verfahren erledigt oder abgetrennt ist (*BGHSt* 10, 186; KK-*Mayr* 11). Für die **Zulässigkeit der Verlesung** ist nicht die Stellung der Auskunftsperson bei der früheren Vernehmung maßgebend, sondern die Rolle, die sie bei einer Vernehmung in der Hauptverhandlung einnehmen würde. Die Aussage eines früheren Mitbeschuldigten darf daher nicht verlesen werden, wenn ihm bei einer Vernehmung in der Hauptverhandlung als Zeuge ein Zeugnisverweigerungsrecht nach § 52 zustände (*BGHSt* 10, 186). Die Verlesung ist jedoch zulässig, wenn der Mitbeschuldigte entgegen den Auflagen eines Haftverschonungsbeschlusses untergetaucht und damit unauffindbar geworden ist (*BGHSt* 27, 139, 141 ff. = JR 1977, 433, mit Anm. *Hanack*). Das Auskunftsverweigerungsrecht des § 55 steht der Verlesung nicht entgegen (*BGHSt* 10, 186; K/M 2; a. A. *Eb. Schmidt* II, 15). Bei der **Würdigung der verlesenen Aussage** ist von der Stellung der Auskunftsperson im Zeitpunkt der Vernehmung auszugehen. Die verlesenen Angaben eines früheren Mitbeschuldigten sind also als diejenigen eines Mitbeschuldigten zu werten (*BGHSt* 10, 186).

5 Die Vorschrift betrifft den **Urkundenbeweis** und gilt deshalb für Tonbandaufnahmen nicht (*Krause* S. 161). Ob Art. VII Abs. 9 c **Nato-Truppenstatut**, wonach in Verfahren gegen Angehörige der Nato-Verbände der Beschuldigte ein Recht hat, den Belastungszeugen gegenübergestellt zu werden, eine Verlesung nach § 251 ausschließen kann, ist in der Rechtsprechung noch nicht abschließend geklärt (vgl.

auch *Schwenk*, NJW 1963, 1429; *Marenbach*, NJW 1974, 1071 ff.). Der 4. Strafsenat des *BGH* hat in einem Fall des § 251 Abs. 1 Nr. 3 ein Verlesungsverbot bejaht (bei *Dallinger*, MDR 1973, 729), der 2. Strafsenat hat in einem Fall des § 251 Abs. 1 Nr. 1 angenommen, daß die Vorschrift des Truppenstatuts einer Verlesung nach § 251 nicht entgegenstehe (Urteil v. 24. 4. 1974 – 2 StR 89/74 – zitiert in *BGHSt* 26, 18, 19). Wird § 251 im Zusammenhang mit der Aufklärungspflicht gesehen, wird eine danach zulässige Verlesung durch Art. VII Abs. 9 c Nato-Truppenstatut nicht ausgeschlossen. Ist der Angeklagte mit der Verlesung einverstanden, hatte er nach § 224 Gelegenheit, dem Zeugen Fragen zu stellen und sich zu dessen Aussage zu erklären (*BGHSt* 26, 18, 20f.) oder ist der Zeuge unerreichbar, ist die Verlesung zulässig (LR/24/*Gollwitzer* 4). Kommt es im Falle des § 251 Abs. 1 Nr. 3 für die Wahrheitsfindung auf die Aussage des Belastungszeugen an, gebietet die Aufklärungspflicht seine Vernehmung in der Hauptverhandlung. Nach § 77 a OWiG dürfen im **Ordnungswidrigkeitenverfahren** Vernehmungsniederschriften und schriftliche Äußerungen mit Zustimmung des Betroffenen, des Verteidigers und des Staatsanwalts verlesen werden, wobei es der Zustimmung nur bedarf, soweit diese Prozeßbeteiligten in der Hauptverhandlung anwesend sind.

Eine Verlesung ist unzulässig, wenn die Aussage einem **Verwertungsverbot** unter- **6** liegt. So darf die Aussage eines Zeugen, der entgegen §§ 52 Abs. 3, 161 a Abs. 1 S. 2, 163 a Abs. 5 nicht über sein Zeugnisverweigerungsrecht belehrt worden ist, nicht verlesen werden (*K/M* 30). Das soll nach *BGHSt* 22, 35, nicht gelten, wenn der Zeuge verstorben ist (zustimmend *Hanack* JR 1977, 436; ablehnend *Roxin*, § 24 D III. 2 a; für Verlesbarkeit auch in den sonstigen Fällen des § 251 Abs. 1 und Abs. 2 S. 2 KMR/*Paulus* 10). Ist der Zeuge über sein Verweigerungsrecht nach § 52 belehrt worden, darf die Aussage in der Hauptverhandlung verlesen werden, wenn der Aufenthalt des Zeugen nicht ermittelt werden kann. § 252 steht dem nicht entgegen, denn er betrifft nur den Fall, daß der Zeuge erreichbar ist und nach der Geltendmachung seines Zeugnisverweigerungsrechts gefragt werden kann (*BGH*, NJW 1973, 1139; in *BGHSt* 25, 176, nur teilweise abgedruckt). Wird ein Beschuldigter ohne die vorgeschriebene Belehrung über seine Aussagefreiheit vernommen, wirkt ein sich hieraus ergebendes Beweisverwertungsverbot nur zugunsten dieses Beschuldigten, schließt also eine Verlesung nach § 251 in einem Verfahren gegen eine andere Person nicht aus (KK-*Mayr* 28; a. A. *K/M* 2).

IV. Verlesung richterlicher Protokolle

Die Verlesung richterlicher Vernehmungsniederschriften läßt Abs. 1 unter folgen- **7** den Voraussetzungen zu:

1. Tod, Geisteskrankheit, nicht zu ermittelnder Aufenthalt (Nr. 1)

Das Gericht muß sich vergewissern, daß der Tod der Auskunftsperson eingetreten **8** ist. Die irrtümliche Annahme des Todes stellt einen Revisionsgrund dar. Jedoch wird in diesen Fällen häufig die Verlesung wegen nicht zu ermittelnden Aufenthalts zulässig sein (LR/24/*Gollwitzer* 32).

Die **Geisteskrankheit** muß dazu führen, daß der Zeuge auf absehbare Zeit verneh- **9** mungsunfähig ist. Unheilbar braucht sie nicht zu sein (*RGSt* 15, 409, 412). Kann der vernehmungsfähige Zeuge in der Hauptverhandlung nicht erscheinen, gilt Nr. 2. Gegebenenfalls ist eine Vernehmung nach § 223 Abs. 1 durchzuführen (KK-*Mayr* 2). Geisteskrankheit des Zeugen bereits zur Zeit der Vernehmung steht der

Protokollverlesung nicht entgegen (*RGSt* 57, 186, 188f.). Sie ist bei der Beweiswürdigung zu berücksichtigen.

10 Der **Aufenthalt** einer Person ist **nicht zu ermitteln**, wenn angemessene Bemühungen vergeblich geblieben sind und weitere Nachforschungen keinen Erfolg versprechen (*BGH*, GA 1980, 422; *OLG Frankfurt* StV 1986, 468). Welche Ermittlungen angemessen sind, entscheidet der Tatrichter nach pflichtgemäßem, am Aufklärungsgebot zu orientierenden Ermessen. Das Revisionsgericht greift ein, wenn der Tatrichter seine Ermittlungspflicht ersichtlich verkannt hat (*BGH*, MDR 1969, 234). Für die Beurteilung sind insbesondere die Schwere der dem Angeklagten vorgeworfenen Tat, die Bedeutung der Aussage für die Wahrheitsfindung und der Beschleunigungsgrundsatz von Bedeutung. An die Unmöglichkeit der Aufenthaltsermittlung sind strenge Anforderungen zu stellen. Nachforschungen von vornherein als aussichtslos zu unterlassen, kommt nur ausnahmsweise in Betracht. Daß die Ladung nicht zugestellt werden konnte, weil der derzeitige Aufenthalt des Zeugen unbekannt ist, reicht nicht aus (*BGH*, GA 1968, 19). Die Unmöglichkeit der Aufenthaltsermittlung entspricht grundsätzlich der Unerreichbarkeit i. S. d. § 244 Abs. 3 S. 2. Wegen des Vorhandenseins eines richterlichen Protokolls und des Fehlens eines Beweisantrags sind bei der Einzelfallabwägung an die gerichtliche Aufklärungspflicht jedoch eher weniger strenge Anforderungen zu stellen (*BGHSt* 32, 68, 73; LR/24/*Gollwitzer* 34 mit Fußn. 102). Hält sich eine Auskunftsperson bekanntermaßen im Ausland auf, gilt Nr. 2 (KMR/*Paulus* 33).

2. Krankheit, Gebrechlichkeit, andere nicht zu beseitigende Hindernisse (Nr. 2)

11 Die Verlesungsvoraussetzungen der Nrn. 2 und 3 stimmen mit den Voraussetzungen für eine kommissarische Vernehmung von Zeugen und Sachverständigen gemäß § 223 überein. **Krankheit** oder **Gebrechlichkeit** – eine nicht krankhafte Beeinträchtigung z. B. aufgrund Alters – brauchen das Erscheinen in der Hauptverhandlung nicht schlechthin unmöglich zu machen. Es genügt, wenn die Vernehmung in der Hauptverhandlung aller Voraussicht nach zu einer erheblichen Verschlimmerung eines ernsthaften Leidens führen würde (*BGHSt* 9, 297). Entscheidend ist stets, ob der Zustand der Auskunftsperson eine Vernehmung in der Hauptverhandlung erlaubt (LR/24/*Gollwitzer* § 223 Rn. 9).

12 Oberbegriff der Nr. 2 ist das **nicht zu beseitigende Hindernis**. Es kommen alle Umstände in Betracht, die einer Vernehmung in der Hauptverhandlung voraussichtlich entgegenstehen werden (LR/24/*Gollwitzer* § 223 Rn. 10). Bei **Auslandsaufenthalt** der Beweisperson muß das Gericht die im Einzelfall zumutbaren und angemessenen Anstrengungen unternehmen, um die Auskunftsperson zum Erscheinen in der Hauptverhandlung zu veranlassen. Bleiben diese, z. B. wegen unabänderlicher Weigerung der Beweisperson oder wegen Versagung der Reisegenehmigung, vergeblich, liegt ein nicht zu beseitigendes Hindernis vor (*BGHSt* 7, 15; 22, 118; 32, 68; *BGH* bei *Miebach*, NStZ 1990, 27). Für Art und Umfang der erforderlichen Bemühungen gilt das bei Rn. 10 zu Nr. 1 Ausgeführte entsprechend. In der Regel muß versucht werden, den Zeugen durch den Aufenthaltsstaat zu laden (*BGH*, NJW 1983, 527; NStZ 1984, 375; 1991, 143). Die Möglichkeiten der internationalen Rechtshilfe sind zu nutzen. So sind im Geltungsbereich des Europäischen Übereinkommens über die Rechtshilfe in Strafsachen Zeugen i. d. R. auf das ihnen nach Art. 12 des Übereinkommens zustehende freie Geleit hinzuweisen (*BGHSt* 32, 68, 73ff.). Des aussichtslosen Versuchs einer Ladung bedarf es jedoch nicht, wenn das Gericht aufgrund gewissenhafter Prüfung davon überzeugt ist, daß der im Ausland wohnende Zeuge nicht erscheinen werde (*BGH* NStZ 1991, 143; 1992, 141; *BGH* 2 StR 416/63 vom 11. 12. 1963 bei *K/M* 7).

Gefahr für Leib oder Leben einer Beweisperson bei Aussage in der Hauptver- **13** handlung kann ein Hindernis i. S. v. Nr. 2 sein, wenn sie nicht durch geeignete Maßnahmen wie Ausschluß der Öffentlichkeit oder Verlegung der Hauptverhandlung an einen anderen Ort beseitigt werden kann (*BGHSt* 22, 311). Auch die Gefahr, daß die Beweisperson bei wahrheitsgemäßer Aussage nach Rückkehr in ein Gebiet außerhalb der Bundesrepublik rechtsstaatswidrig verfolgt wird, kann genügen (*BGHSt* 17, 337; a. A. *Eb. Schmidt* Nachtrag I Rn. 3).

Rechtliche Hindernisse, z. B. aus §§ 49, 50, fallen ebenfalls unter Nr. 2. Sie **14** können auch durch die endgültige Sperrung eines **V-Mannes** oder verdeckten Ermittlers nach § 54 oder entsprechend § 96 begründet werden. Vernehmungsprotokolle sind in diesem Fall jedoch nur verlesbar, wenn das Gericht sich hinreichend bemüht hat, die Vernehmung in der Hauptverhandlung zu ermöglichen, und die trotz dieser Bemühungen erfolgte Weigerung der Verwaltungsbehörde nachvollziehbar begründet ist (vgl. im einzelnen Rn. 15 ff. zu § 250). Nach *OLG Saarbrücken*, NJW 1974, 1959, 1960, sind Eltern berechtigt, das Erscheinen ihres Kindes vor Gericht zu verhindern, wenn durch die Aussage Erziehungs- oder Entwicklungsschäden drohen. **Nicht** ausreichend für Nr. 2 sind in der Regel starke **berufliche oder private Inanspruchnahme** der Auskunftsperson, Wehrdienst oder Urlaub (LR/24/*Gollwitzer* § 223 Rn. 11).

Das Hindernis muß für **längere oder ungewisse Zeit** bestehen. Dies ist im Ein- **15** zelfall unter Berücksichtigung der Bedeutung der Sache, der Wichtigkeit der Aussage und des Beschleunigungsgrundsatzes zu entscheiden (*BGHSt* 22, 118, 120). Ist damit zu rechnen, daß das Hindernis bald entfällt – z. B. bevorstehende Genesung eines erkrankten Zeugen – ist für Nr. 2 grundsätzlich kein Raum. Die Hauptverhandlung ist vielmehr aufzuschieben (KMR/*Paulus* § 223 Rn. 9). Kann die Frist des § 229 nicht eingehalten werden, rechtfertigt das die Verlesung grundsätzlich nicht (*KG*, StV 1983, 95; *K/M* 8).

3. Unzumutbarkeit des Erscheinens (Nr. 3)

Über die Unzumutbarkeit ist im Einzelfall durch Abwägung der Beschwernisse **16** für die Auskunftsperson mit der Bedeutung der Sache und der Wichtigkeit der Aussage für die Wahrheitsfindung unter Berücksichtigung der Aufklärungspflicht und des Beschleunigungsgebots nach pflichtgemäßem Ermessen zu entscheiden (*BGH*, NStZ 1981, 271; *BGH* bei *Miebach*, NStZ 1990, 28). Eine Verlesung ist nur gerechtfertigt, wenn die Belastungen für die Beweisperson in keinem Verhältnis zur Bedeutung der Strafsache stehen (LR/24/*Gollwitzer* 41). Neben der Entfernung sind die Verkehrsverhältnisse und die persönlichen Verhältnisse der Auskunftsperson zu berücksichtigen (KK-*Mayr* 9). Je schwerer der Tatvorwurf und je bedeutsamer die Aussage ist, desto mehr Unbequemlichkeiten sind dem Zeugen zuzumuten (*BGH*, a. a. O.). Ist die Aussage eines Zeugen das alleinige Beweismittel zur Überführung des Angeklagten, bedarf es grundsätzlich der persönlichen Vernehmung des Zeugen in der Hauptverhandlung (*OLG Düsseldorf*, NJW 1991, 2781). Bei besonders schwerwiegendem Tatvorwurf und ausschlaggebender Bedeutung der Zeugenaussage ist auch die Anreise aus Übersee zumutbar (*BGHSt* 9, 230). Ist die Reise nur vorübergehend unzumutbar, muß das Gericht ggf. die Hauptverhandlung verlängern, unterbrechen oder aussetzen (*BGH*, StV 1983, 444; KMR/*Paulus* § 223 Rn. 15).

4. Einverständnis der Beteiligten (Nr. 4)

17 Erforderlich ist das Einverständnis des Staatsanwalts sowie des Angeklagten und seines Verteidigers. Beim verteidigten Angeklagten müssen dieser und der Verteidiger zustimmen. Bei Verhandlung in **Abwesenheit des Angeklagten** nach §§ 231 Abs. 2, 231a, 231b oder 232 bedarf es seines Einverständnisses nicht. Im Fall des § 233 ist es erforderlich, der Verteidiger kann den Angeklagten aber nach §§ 234, 234a vertreten (*K/M* 12). Auch an der Hauptverhandlung teilnehmende **Nebenbeteiligte** müssen zustimmen, wenn sie durch den Gegenstand der Vernehmung betroffen sind (§§ 433 Abs. 1 S. 1, 442, 444 Abs. 2 S. 2). Der Zustimmung des **Nebenklägers** bedarf es nach der am 1.4. 1987 in Kraft getretenen Neufassung des § 397 Abs. 1 nicht mehr (LR/24 Nachtrag/*Hilger* § 397 Rn. 1, 10; *BGHSt* 28, 272, 274, ist überholt). Erforderlich ist jedoch die Zustimmung des anstelle des Staatsanwalts das Verfahren betreibenden **Privatklägers** (*Eb. Schmidt* II, § 385 Rn. 1; a. A. *K/M* 12; KMR/*Paulus* 36).

18 Eine **stillschweigende** Einverständniserklärung ist möglich, setzt aber voraus, daß dem Verfahrensbeteiligten die Abhängigkeit der Verlesbarkeit von seiner Zustimmung ersichtlich bewußt ist und er eindeutig die Zustimmung durch schlüssiges Verhalten zum Ausdruck bringen will (*BGHSt* 9, 230, 232 f.; *BGH*, StV 1983, 319; NJW 1984, 65, 66; *BayObLG*, StV 1990, 399; *Gollwitzer*, JR 1977, 345 f.). Hierfür reicht nicht aus, daß der rechtsunkundige Angeklagte die Verlesung widerspruchslos geschehen läßt (*BayObLG*, NJW 1978, 1817, 1818; KMR/*Paulus* 37). Schweigt der Angeklagte auf eine ausdrückliche Zustimmungserklärung des Verteidigers, kann ein stillschweigendes Einverständnis nicht in der Regel (so aber *BayObLG*, NJW 1978, 1817; *K/M* 12; KMR/*Paulus* 37), sondern nur dann angenommen werden, wenn dem Angeklagten unmißverständlich neben dem Verteidiger Gelegenheit zur Stellungnahme gegeben worden ist (*OLG Hamm*, VRS 36, 51, 53; *OLG Stuttgart*, JR 1977, 343).

19 Das Einverständnis kann bereits **vor der Hauptverhandlung** erklärt werden, wird aber erst mit der Verlesung bindend (LR/24/*Gollwitzer* 47; für Erklärung nur in der Hauptverhandlung *Ostler*, MDR 1967, 374). Wer vor der Hauptverhandlung sein Einverständnis erklärt hat, muß bei Meinungsänderung der Verlesung ausdrücklich widersprechen (*BGHSt* 3, 206, 209). Der **Widerruf** des Einverständnisses ist nach der Verlesung in derselben Hauptverhandlung nicht mehr möglich (*K/M* 14). Das in erster Instanz erklärte Einverständnis kann jedoch in der Berufungsinstanz widerrufen werden (*Hans OLG Bremen*, StV 1992, 59). Wird ohne Einverständniserklärung verlesen, kann der Fehler durch nachträgliche Genehmigung **geheilt** werden (KMR/*Paulus* 36). Die Einverständniserklärungen sind nach § 273 I zu **protokollieren** (*K/M* 10).

20 Das Einverständnis führt nicht zur generellen Zulässigkeit der Verlesung, sondern ersetzt lediglich die fehlenden Voraussetzungen der Nrn. 1 bis 3. Besteht ein **Beweisverbot**, z.B. wegen Zeugnisverweigerung nach § 52 in der Hauptverhandlung, darf die Verlesung auch bei Zustimmung aller Verfahrensbeteiligten nicht erfolgen (*BGHSt* 10, 77; LR/24/*Gollwitzer* 49). Auch bei Aussageverweigerung nach § 55 in der Hauptverhandlung gestattet § 251 Abs. 1 Nr. 4 die Verlesung nicht, denn die Vorschrift greift nur ein, wenn die Auskunftsperson in der Hauptverhandlung nicht vernommen wird (*BGH*, NStZ 1982, 342; KK-*Mayr* 10; zur teilweisen Aussageverweigerung siehe § 250 Rn. 12). Trotz Einverständnisses aller Beteiligten kann die **Aufklärungspflicht** die Vernehmung der Beweisperson in der Hauptverhandlung gebieten (oben Rn. 2).

5. Nach Abs. 1 verlesbare Protokolle

Verlesbar sind grds. Protokolle über **richterliche Vernehmungen jeder Art**, also   **21** solche aus dem Ermittlungsverfahren (§§ 162, 168a, 169), dem Zwischenverfahren (§ 202), kommissarischen Vernehmungen (§ 223), aus früheren Hauptverhandlungen, letztere nicht nur bei Protokollierung nach § 273 Abs. 3, sondern auch nach § 273 Abs. 2, wobei jedoch vorsichtige Beweiswürdigung geboten ist (*BGHSt* 24, 183; KMR/*Paulus* 22). Verlesbar sind auch Niederschriften aus anderen Strafverfahren, Zivil-, Verwaltungsgerichtsprozessen und **anderen Verfahren** vor staatlichen Gerichten (*K/M* 16). Ein nach FGG ordnungsgemäßes vormundschaftsrichterliches Protokoll ist auch dann verlesbar, wenn kein Urkundsbeamter mitgewirkt hat, denn maßgeblich sind nicht die Anforderungen der StPO, sondern der jeweils einschlägigen Verfahrensordnung (*Krause*, S. 164ff.; LR/24/*Gollwitzer* 8; a. A. *RGSt* 56, 257).

Verlesen werden auch im Protokoll **in Bezug genommene** von der Auskunftsper-   **22** son nach Vorlesen genehmigte **Niederschriften** über frühere richterliche oder nichtrichterliche Vernehmungen und in dieser Weise einbezogene Schriftstücke (*BGH*, NJW 1953, 35; LR/24/*Gollwitzer* 20). Aussagen anderer Personen, auf die in der richterlichen Niederschrift verwiesen wird, sind dagegen grds. nicht verlesbar (*RGSt* 18, 24). Verlesen werden dürfen auch **Protokollvermerke** des Vernehmungsrichters über den Verfahrensgang einschließlich Vorhalte (*BGH*, NStZ 1982, 41). Beobachtungen über das Verhalten der Auskunftsperson und **Aufzeichnungen über den Eindruck**, den der Richter **von dem Vernommenen** gewonnen hat, dürfen in das Protokoll aufgenommen und durch Verlesung der Niederschrift in die Hauptverhandlung eingeführt werden (*BGHSt* 2, 1, 3; LR/24/*Gollwitzer* 19). Dagegen verstößt es gegen § 261, wenn ein beauftragter Richter nicht in das Protokoll aufgenommene Beobachtungen den anderen Richtern in der Urteilsberatung vermittelt (*BGHSt* 2, 1, 2f.; *BGH* bei *Holtz*, MDR 1977, 108). Auch wenn alle Mitglieder des erkennenden Gerichts bei der kommissarischen Vernehmung anwesend waren, dürfen ihre dort getroffenen Wahrnehmungen, namentlich ihr vom Zeugen gewonnener persönlicher Eindruck, gemäß § 261 bei der Urteilsfindung nur verwertet werden, wenn sie in verfahrensrechtlich zulässiger Weise in die Hauptverhandlung eingeführt worden sind (*BGH*, NStZ 1989, 382, mit Anm. *Itzel*). Als gangbaren Weg hierfür schlägt *Foth*, MDR 1983, 716, einen mündlichen Bericht des Richters in der Hauptverhandlung vor (zustimmend *Itzel*, a.a.O.). Eine **Abschrift** des Protokolls darf verlesen werden, wenn dem Gericht nur diese und nicht das Original vorliegt (KMR/*Paulus* 30; a. A. *RGSt* 55, 1, 3). Die Frage der Übereinstimmung mit der Urschrift entscheidet das Gericht nach § 261 (LR/24/*Gollwitzer* 21).

Nach Abs. 1 verlesbar sind nur **ordnungsgemäß errichtete Protokolle**. Wegen Ver-   **23** letzung **wesentlicher Verfahrensvorschriften** unzulässig ist daher die Verlesung u. a. bei Verstößen gegen §§ 22 (*RGSt* 30, 70), 68 (*BGHSt* 32, 115, 128; *BGH*, StV 1984, 231), 69 Abs. 1 S. 1 (*BGH*, NJW 1953, 35), Fehlen der Unterschrift des Richters oder des Protokollführers (*RGSt* 34, 396; 41, 216; 53, 106, 107; *BGHSt* 9, 297, 301), bei Mitwirkung eines Protokollführers, der weder nach § 153 V GVG mit den Aufgaben eines Urkundsbeamten der Geschäftsstelle betraut worden noch gemäß § 168 S. 3 vereidigt worden war (*BGHSt* 27, 339; *BGH*, NStZ 1984, 564), bei Hinzuziehung eines entgegen § 189 GVG unvereidigt gebliebenen Dolmetschers (*BGHSt* 22, 118), wenn der vereidigende Richter nicht auch die Vernehmung geleitet hat (*BGH*, NJW 1955, 2075), nach *OLG Stuttgart* (NStZ 1986, 41, mit insoweit zustimmender Anm. *Mitsch*, NStZ 1986, 377) auch bei Fehlen der Unterschrift und des Bestätigungsvermerks der Schreibkraft nach § 168a Abs. 4 S. 2 und 3 (a. A *Rieß*, NStZ 1987, 444; KMR/*Paulus* 30).

24 **Nicht** zu einem Verlesungshindernis führen das Fehlen des Genehmigungsvermerks nach § 168a Abs. 3 S. 2 (*Eb. Schmidt* II § 188 Rn. 16) und das Fehlen der Unterschrift der Beweisperson gemäß § 168a Abs. 3 S. 3 (*RGSt* 34, 396; *K/M* 18). Das Fehlen der Unterschrift des Richters ist ausnahmsweise unschädlich, wenn die Vernehmung durch einen beauftragten Richter erfolgt ist, der bei der Verlesung noch Mitglied des erkennenden Gerichts ist und gegen die sachliche Richtigkeit der Niederschrift keine Einwendungen erhoben hat (*BGHSt* 9, 297, 298).

25 Sind bei einer richterlichen Vernehmung die Beteiligten ohne gesetzlichen Grund nicht oder **nicht** rechtzeitig **benachrichtigt** worden (vgl. §§ 168c Abs. 5, 224), darf die Vernehmungsniederschrift in der Hauptverhandlung **nicht verlesen** werden (*BGHSt* 9, 24; 26, 332 = JR 1977, 257, mit Anm. *Meyer-Goßner*; *BGHSt* 29, 1, 2 f.). Die Verlesung ist aber trotz des Mangels zulässig, wenn die Betroffenen – auch konkludent – **einwilligen** (*Hans OLG Bremen*, StV 1992, 59; KMR/*Paulus* 29). Weiterhin ist bei unterlassenem Widerspruch gegen die Verlesung eine Verwirkung des Rechts, den Fehler mit der Revision zu rügen, möglich (*BGHSt* 1, 284; 9, 24, 28; *BGH*, NStZ 1987, 132). Das kann aber – insbesondere bei unverteidigtem Angeklagten – nicht pauschal in jedem Falle des unterbliebenen Widerspruchs angenommen werden.

26 Protokolle über richterliche Vernehmungen im **Ausland** dürfen verlesen werden, wenn die dort geltenden, rechtsstaatlichen Mindestanforderungen genügenden Zuständigkeits- und Verfahrensvorschriften eingehalten worden sind (*BGHSt* 1, 219, 221; 2, 300, 304; *BGH*, GA 1964, 176). Der deutsche Richter kann nicht erwarten, daß im Ausland deutsches Recht angewandt wird. Er hat sich aber durch Hinweise auf die deutschen Regelungen und durch Stellen der nach den einschlägigen Rechtshilfeabkommen möglichen Anträge um die Beachtung der deutschen Verfahrensvorschriften zu bemühen (LR/24/*Gollwitzer* 22), z.B. Bitte nach Art. 4 Europäisches Rechtshilfeabkommen an niederländischen Richter um so rechtzeitige Benachrichtigung vom Vernehmungstermin, daß Angeklagter und Verteidiger verständigt werden und ggf. an dem Termin teilnehmen können (*BGHSt* 35, 82). Bleibt das richtig angewandte ausländische Recht hinter dem deutschen zurück, ist das bei der Beweiswürdigung zu berücksichtigen (*BGHSt* 2, 300, 304; KK-*Mayr* 18). Die Verlesung ist jedoch unzulässig, wenn nach deutschem Recht ein Beweisverbot eingreift, z.B. nach § 52 (*OLG Bremen*, NJW 1962, 2314; KMR/*Paulus* § 223 Rn. 41; für weitergehende Einschränkungen der Verwertbarkeit ausländischer Zeugenvernehmungen *Thien* 1979). Auch ausländische Vernehmungsprotokolle der Staatsanwaltschaft, der Polizei oder einer anderen Stelle dürfen nach Abs. 1 verlesen werden, wenn die Vernehmung nach ausländischem Recht eine **vergleichbare Funktion** wie eine deutsche richterliche Vernehmung erfüllt und grundlegenden rechtsstaatlichen Erfordernissen genügt ist. Das wird bei der für die Erledigung von Rechtshilfeersuchen zuständigen Stelle in der Regel der Fall sein (*BGHSt* 7, 15; *BGH*, NStZ 1983, 181; bei *Pfeiffer/Miebach* NStZ 1983, 212; NStZ 1985, 376; LR/24/*Gollwitzer* 23 f.)

Ein **Verstoß gegen ausländisches Verfahrensrecht**, der die Vernehmung nach 27
ausländischem Recht formnichtig macht, führt zur Unverlesbarkeit des Protokolls (*BGH*, GA 1976, 218, 219f.; KMR/*Paulus* § 223 Rn. 52). Ist eine mit dem
deutschen Recht inhaltlich übereinstimmende ausländische Vorschrift verletzt
worden und knüpft das ausländische Recht daran nicht die Rechtsfolge der
Formnichtigkeit, ist über die Verlesbarkeit nach den im deutschen Recht über
die Verwertbarkeit innerstaatlicher Niederschriften entwickelten Grundsätzen zu
entscheiden (*BGH*, VRS 20, 122; *BayObLG*, JR 1985, 477, mit Anm. *Gollwitzer*). Verwertungsverbote nach deutschem Recht führen daher zur Unverlesbarkeit (KMR/*Paulus* § 223 Rn. 52). Die Verletzung ausländischer Vorschriften,
die strenger sind als die deutschen, hindert die Verlesung nicht, wenn die geringeren Anforderungen des deutschen Rechts erfüllt sind (*BGH*, NStZ 1985,
376; KK-*Mayr* 18).

Die Vernehmung durch einen deutschen **Konsularbeamten** ist innerstaatliche 28
Rechtshilfe (*BGHSt* 26, 140, 141f.). Sie steht nach § 15 Abs. 4 KonsG einer inländischen richterlichen Vernehmung gleich (*BGH*, NStZ 1984, 128). Nach § 15
Abs. 3 S. 3 KonsG kann der Konsularbeamte das Protokoll ohne Hinzuziehung
eines Protokollführers selbst führen.

Wegen **fehlerhaften Zustandekommens** nach Abs. 1 nicht verlesbare richterliche 29
Protokolle dürfen nach **Abs. 2** verlesen werden, wenn die Voraussetzungen dieser Vorschrift vorliegen (*BGHSt* 22, 118, 120; *BGH*, StV 1991, 148; *K/M* 31;
a. A. für unterlassene Benachrichtigung nach §§ 168c Abs. 5, 224 KK-*Mayr* 25;
Krause, StV 1984, 172f.).

V. Verlesung nichtrichterlicher Protokolle und schriftlicher Erklärungen (Abs. 2)

Nichtrichterliche Vernehmungsprotokolle und schriftliche Erklärungen dürfen 30
nach Abs. 2 unter folgenden Voraussetzungen verlesen werden:

1. Einverständnis der Beteiligten (S. 1)

Die Vorschrift wurde durch das StVÄG 1987 im Interesse der Vereinfachung 31
und Beschleunigung der Hauptverhandlung eingeführt (LR/24/Nachtrag/*Gollwitzer* 1). Zum Schutz des Angeklagten setzt sie voraus, daß dieser einen **Verteidiger hat** (Wahl- oder Pflichtverteidiger) und der Verteidiger in der Hauptverhandlung in dem Zeitpunkt, in dem die Einverständniserklärungen abzugeben
sind, **anwesend** ist (*K/M* 24). Ein vorab gegebenes schriftliches Einverständnis
des in der Hauptverhandlung abwesenden Verteidigers reicht nicht (vgl. dazu
LR/24/Nachtrag/*Gollwitzer* 5). Bei mehreren Verteidigern des Angeklagten
müssen alle zustimmen (*K/M* 24).

Neben dem Einverständnis des Verteidigers ist die Zustimmung des **Angeklagten** 32
erforderlich. Wird zulässig in Abwesenheit des Angeklagten verhandelt, reicht
gemäß § 234a das Einverständnis des Verteidigers. Im Falle des § 247 muß jedoch auch das Einverständnis des Angeklagten eingeholt werden (*K/M* 24). Im
Jugendstrafverfahren bedarf es der Zustimmung des Beistandes nach § 69 JGG,
nicht des gesetzlichen Vertreters und des Erziehungsberechtigten. Die Zustimmung eines Mitangeklagten und seines Verteidigers ist nur dann entbehrlich,
wenn ihn die Beweiserhebung in keiner Weise betrifft (LR/24 Nachtrag/*Gollwitzer* 8). Nimmt ein **Nebenbeteiligter** mit Angeklagtenbefugnissen (o. Rn. 17) an
der Hauptverhandlung teil, müssen er und sein Verteidiger zustimmen, wenn die

Verlesung seine Verfahrensinteressen berührt (LR/24 Nachtrag/*Gollwitzer* 6, 8). Erforderlich ist das Einverständnis des Staatsanwalts, nicht aber des **Nebenklägers**. Betreibt der **Privatkläger** das Verfahren, muß er zustimmen (o. Rn. 17).

33 Hinsichtlich einer konkludenten **Einverständniserklärung**, des Widerrufs, der Heilung und der Protokollierung gilt das bei Rn. 18 f. zu Abs. 1 Nr. 4 Ausgeführte entsprechend.

34 Ebensowenig wie die Zustimmung nach Abs. 1 Nr. 4 (o. Rn. 20) kann das Einverständnis nach Abs. 2 S. 1 zur Zulässigkeit einer Verlesung führen, der ein **Beweisverbot** entgegensteht. Besondere Bedeutung hat bei Abs. 2 S. 1 wegen des häufig eingeschränkten Beweiswerts der nach dieser Vorschrift verlesbaren Schriftstücke der Grundsatz, daß trotz Vorliegens der Voraussetzungen des § 251 die Vernehmung der erreichbaren Auskunftsperson nicht durch die Verlesung ersetzt werden darf, wenn die **Aufklärungspflicht** die Vernehmung gebietet (*BGH*, NStZ 1988, 283). Kommt es für die Entscheidung auf die Aussage an, wird sich das Gericht daher in der Regel nicht mit der Verlesung nach Abs. 2 S. 1 begnügen dürfen (*Meyer-Goßner*, NJW 1987, 1164; *Rieß/Hilger*, NStZ 1987, 151).

2. Unerreichbarkeit (S. 2)

35 Ob die Beweisperson in **absehbarer Zeit** gerichtlich nicht vernommen werden kann, ist im Einzelfall unter Abwägung der Bedeutung der Sache, der Wichtigkeit der Aussage, des Beschleunigungsgrundsatzes, der Gefahr des Verlustes anderer Beweismittel und der Aufklärungspflicht nach pflichtgemäßem Ermessen zu entscheiden (*BGHSt* 22, 118, 120; *BGH* bei *Dallinger*, MDR 1974, 369; *BGH*, StV 1981, 220; LR/24/*Gollwitzer* 53). Die Zeit ist nicht absehbar, wenn die Auskunftsperson auf Dauer oder für eine längere Zeit, um die die Hauptverhandlung bei Abwägung der Einzelfallumstände nicht aufgeschoben werden kann, nicht vernommen werden kann (*K/M* 27). Mit gerichtlicher Vernehmung ist die Vernehmung vor dem **erkennenden Gericht**, nicht eine Vernehmung nach § 223 gemeint (*BGH*, NStZ 1985, 561, 562; 1986, 469, 470; *K/M* 27; KMR/*Paulus* 45; a. A. *Eb. Schmidt* II 20; *Grünwald*, FS Dünnebier, S. 356 Fn. 29). Ob das Gericht sich im Falle der Möglichkeit einer kommissarischen Vernehmung mit der Verlesung nach Abs. 2 S. 2 begnügen darf oder eine kommissarische Vernehmung zu veranlassen hat, richtet sich nach der Aufklärungspflicht (*BGH*, NStZ 1985, 561, 562; LR/24/ *Gollwitzer* 54; vgl. auch *BGH*, NJW 1991, 186).

36 Je größer die **Bedeutung der Aussage** ist, desto intensiver muß sich das Gericht darum bemühen, die Vernehmung zu ermöglichen (*BGHSt* 22, 118, 120). Meldet sich die vom Gericht mit der Ermittlung der Anschrift der Geschädigten und einzigen Tatzeugin beauftragte Sozialarbeiterin bis zur Hauptverhandlung nicht, begründet dies noch keine Unerreichbarkeit der Zeugin (*BGH*, StV 1992, 6). Ist die unmittelbare Vernehmung für die Wahrheitsfindung unverzichtbar, müssen auch beträchtliche Schwierigkeiten bei der Herbeischaffung der Beweisperson und ein längerer Aufschub der Hauptverhandlung in Kauf genommen werden, um die Aussage in der Hauptverhandlung zu ermöglichen (KMR/*Paulus* 45). Die Erklärung eines im **Ausland** wohnenden Zeugen, er werde nicht vor dem deutschen Gericht zur Vernehmung erscheinen, darf das Gericht erst dann als unüberwindliches Hindernis ansehen, wenn es vergeblich alle zumutbaren und der Bedeutung der Sache angemessenen Anstrengungen unternommen hat, um den Zeugen zum Erscheinen zu veranlassen (*BGHSt* 22, 118; KK-*Mayr* 23). Anders als gemäß Abs. 1 Nr. 3 ist eine Verlesung wegen **Unzumutbarkeit** des Erscheinens für die

Auskunftsperson nach Abs. 2 S. 2 nicht zulässig (LR/24/*Gollwitzer* 51). Ggf. ist eine kommissarische richterliche Vernehmung zu veranlassen, die dann nach Abs. 1 Nr. 3 verlesbar ist.

Ein **V-Mann** ist nach Abs. 2 S. 2 unerreichbar, wenn ihn die oberste Dienstbe- **37** hörde trotz angemessener Bemühungen des Gerichts um die Vernehmung nach §§ 54, 96 mit nachvollziehbarer Begründung sperrt (*BGHSt* 29, 109, 111; 33, 70; *K/M* 26; KK-*Mayr* 27; a. A. *Engels*, NJW 83, 1530; *Fezer* II 14/62 ff.; siehe näher § 250 Rn. 18 ff.). In diesem Fall darf eine polizeiliche Vernehmungsniederschrift auch verlesen werden, wenn die in § 68 genannten Personalangaben fehlen. An die Beweiswürdigung sind dann jedoch strenge Anforderungen zu stellen (*BGHSt* 33, 83).

Die **Aussageverweigerung** nach §§ 52–55 in der Hauptverhandlung begründet **38** keine Unerreichbarkeit i. S. v. Abs. 2 S. 2 (*BGH*, NJW 1984, 136; KMR/*Paulus* 46; *Dölling*, NStZ 1988, 9; a. A. *D. Meyer*, MDR 1977, 543). Die Vorschrift erlaubt eine Verlesung nur, wenn die Auskunftsperson in der Hauptverhandlung nicht vernommen werden kann. Im Falle der Aussageverweigerung ist die Beweisperson jedoch in der Hauptverhandlung anwesend und findet eine Vernehmung statt (zur ergänzenden Verlesung bei Teilaussage siehe § 250 Rn. 11 f.). Soweit kein Verwertungsverbot eingreift, darf die Verhörsperson über das früher Ausgesagte vernommen werden (*BGH*, NStZ 1982, 342).

Kann die Beweisperson nicht vernommen werden, gebietet die **Aufklärungspflicht 39** in der Regel die Urkundenverlesung (*K/M* 26). Eine Niederschrift darf nach Abs. 2 S. 2 auch dann verlesen werden, wenn ein gemäß Abs. 1 verlesbares **richterliches Vernehmungsprotokoll** vorhanden ist (*BGHSt* 19, 354; 20, 139, 140; *BGH*, NStZ 1986, 469, 470). Es richtet sich nach der Aufklärungspflicht, welches Protokoll zu verlesen ist oder ob beide verlesen werden müssen (LR/24/*Gollwitzer* 54).

3. Nach Abs. 2 verlesbare Protokolle und Erklärungen

Nach Abs. 2 verlesbar sind Niederschriften über jede **nichtrichterliche Verneh- 40 mung**, gleichgültig in welchem Verfahren und von welcher Behörde (Staatsanwalt, Polizei oder andere Behörde) das Protokoll erstellt wurde (*K/M* 29). Auch Niederschriften der Behörden **fremder Staaten** dürfen verlesen werden (*BGH* bei Holtz, MDR 1978, 806; NStZ 1986, 469), es sei denn, der ausländische Staat widerspricht der Verwertung und verweigert berechtigterweise die Rechtshilfe (*BGHSt* 34, 334). **Formverstöße** bei der Aufnahme des Protokolls, z. B. Fehlen der Unterschrift des Vernehmungsbeamten oder Zeugen, hindern die Verlesung nicht. Sie sind bei der Beweiswürdigung zu berücksichtigen (*BGHSt* 5, 214; 33, 83; 88; LR/24/*Gollwitzer* 55). Verlesen werden dürfen auch Niederschriften über Aussagen anonym gebliebener Zeugen (o. Rn. 37) und von Zeugen, die falsche Personalien angegeben haben (*K/M* 30; *Fischer*, NJW 1974, 68; a. A. *OLG Frankfurt*, NJW 1973, 2074). Aktenvermerke des vernehmenden Beamten, die nicht die Aussage der Beweisperson beurkunden, sondern lediglich Auffassungen und Eindrücke des Beamten wiedergeben, sind keine nach Abs. 2 verlesbaren Protokolle (*OLG Düsseldorf*, StV 1984, 107; LR/24/*Gollwitzer* 55). **Fehlerhaft zustandegekommen** und deshalb nach Abs. 1 nicht verlesbare **richterliche Protokolle** dürfen nach Abs. 2 verlesen werden, wenn dessen Voraussetzungen gegeben sind (o. Rn. 29). Stets ist Voraussetzung für die Verlesung, daß **kein Beweisverbot** eingreift.

Schriftliche Erklärungen i. S. v. Abs. 2 sind nur die vom § 250 S. 2 erfaßten von **41**

vornherein zu Beweiszwecken erstellten Schriftstücke (siehe § 250 Rn. 8). Andere Urkunden sind nach § 249 verlesbar (*K/M* 32). Unter Abs. 2 fallen z. B. schriftliche dienstliche Äußerungen (*OLG Saarbrücken*, NJW 1971, 1904) oder Anzeigen verstorbener Polizeibeamter (*OLG Köln*, OLGSt S. 13) oder schriftliche Gutachten verstorbener Sachverständiger (RGSt 71, 10). Die Beweisperson braucht die Urkunde **nicht selbst geschrieben** zu haben; es reicht aus, wenn sie in ihrem Auftrag und mit ihrem Willen erstellt worden ist (*OLG Düsseldorf*, NJW 1970, 95; *OLG Köln*, StV 1983, 97; KMR/*Paulus* 43). Verlesbar sind auch Schriftstücke, die ihren Urheber nicht erkennen lassen (LR/24/*Gollwitzer* 57). Verlesen werden dürfen auch **vom Gericht eingeholte** schriftliche Erklärungen, z. B. eines Zeugen im Ausland bei fehlendem Rechtshilfeverkehr (*BGH*, GA 1954, 174, mit Anm. *Grützner*) oder eines zulässig (siehe § 250 Rn. 18 ff.) gesperrten V-Mannes (*BGH*, NJW 1980, 2088; 1981, 770; NStZ 1981, 270, mit Anm. *Fröhlich*; *K/M* 33; KMR/*Paulus* 44; a. A. *Bruns*, Neue Wege, S. 41 ff.; *J. Meyer*, ZStW 95 [1983], 855 ff.). Nicht unter Abs. 2 fallen **Tonbandaufzeichnungen**.

42 Der **Beweiswert** von Protokollen und schriftlichen Erklärungen nach Abs. 2, den das Gesetz als geringer einstuft als denjenigen von richterlichen Vernehmungsniederschriften, ist besonders sorgfältig zu prüfen (*BGHSt* 5, 214, 217; 19, 354; LR/24/*Gollwitzer* 60). Die ergänzende Vernehmung des Beamten, der das Protokoll aufgenommen hat, kann durch die Aufklärungspflicht geboten sein (LR/24/*Gollwitzer* 64).

VI. Zeitpunkt für die Verlesungsvoraussetzungen nach Abs. 1 und 2

43 Die Voraussetzungen für die Verlesung müssen **im Zeitpunkt der Hauptverhandlung** unmittelbar vor der beabsichtigten Verlesung vorhanden sein (*BGHSt* 1, 103; 9, 297, 300; *BGH*, NStZ 1986, 325; *K/M* 4; KMR/*Paulus* 16). Fallen sie nach der Verlesung weg, bleibt der Urkundenbeweis verwertbar, wird aber die Aufklärungspflicht häufig die zusätzliche Vernehmung der Beweisperson erfordern (KMR/*Paulus*, a. a. O.).

VII. Verlesung im Freibeweisverfahren (Abs. 3)

44 Die Urkundenverlesung ist nach Abs. 3 ohne Bindung an die Voraussetzungen von Abs. 1 und 2 zulässig, wenn sie **anderen Zwecken als unmittelbar der Urteilsfindung**, d. h. der Feststellung von Tatsachen außerhalb der Beweisaufnahme über die Schuld- und Rechtsfolgenfrage, dient (LR/24/*Gollwitzer* 65, 67). Dies gilt insbesondere für die Ermittlung von Prozeßvoraussetzungen und Verfahrenshindernissen, die Prüfung der Zulässigkeit von Prozeßhandlungen und die in Abs. 3 als Beispiel genannte Vorbereitung der Entscheidung über die Vernehmung einer Person in der Hauptverhandlung (vgl. *BGH*, NStZ 1984, 134). Dazu gehört auch die Feststellung der Voraussetzungen von Abs. 1 und 2 (*BayObLG*, NJW 1960, 687). Abs. 3 ist Ausdruck der allgemeinen Zulässigkeit des Freibeweises über verfahrensrechtliche Fragen, der nicht nur als Urkunden-, sondern auch als Personalbeweis geführt werden kann (KMR/*Paulus* 6; kritisch zum Freibeweis *Hanack*, JZ 1971; 1972, 114).

45 Verlesbar sind Vernehmungsprotokolle und Schriftstücke jeder Art (LR/24/*Gollwitzer* 70). Die Verlesung ordnet der **Vorsitzende** an (*K/M* 34). Ggf. hat der Vorsitzende durch Hinweise dafür Sorge zu tragen, daß nicht bei Verfahrensbeteiligten der Eindruck einer Beweisaufnahme über die Schuld- und Rechtsfolgenfrage entsteht (KK-*Mayr* 32).

VIII. Verfahren bei Verlesung nach Abs. 1, 2 (Abs. 4)

Die Verlesung nach Abs. 1, 2 muß gemäß Abs. 4 S. 1 durch **Gerichtsbeschluß** an- **46** geordnet werden. Hierdurch soll eine Meinungsbildung des gesamten Gerichts über die Verlesungsvoraussetzungen erreicht werden (*BGH*, NStZ 1988, 282; KMR/*Paulus* 14). Der Gerichtsbeschluß ist auch dann erforderlich, wenn alle Beteiligten mit der Verlesung einverstanden sind (*BGH*, a. a. O.; *K/M* 37). Nur für das Absehen von der Verlesung und die ergänzende Verlesung neben der persönlichen Vernehmung genügt die Anordnung des Vorsitzenden (KMR/*Paulus*, a. a. O.).

Nach S. 2 ist der Verlesungsbeschluß zu **begründen**. Hierfür reicht die bloße Wie- **47** dergabe der angewandten Gesetzesbestimmung nicht aus. Vielmehr sind die im Einzelfall maßgeblichen Tatsachen und die leitenden Erwägungen des Gerichts in revisionsrichterlich nachprüfbarer Weise darzulegen (*BGHSt* 9, 230, 231; *BGH*, StV 1984, 324; KK-*Mayr* 30; LR/24/*Gollwitzer* 73). Bei Verlesung nach Abs. 1 Nr. 4 oder Abs. 2 S. 1 genügt jedoch der Hinweis auf die Vorschrift (*K/M* 38). Die Bezugnahme auf die Gründe eines die Vernehmung nach § 223 anordnenden Beschlusses kann ausreichen, wenn sich die Sachlage inzwischen nicht verändert hat (*BGH*, NStZ 1983, 325, 326; 569). Das Einverständnis aller Beteiligten mit der Verlesung macht die Begründung nicht entbehrlich (*BGH*, NStZ 1986, 325).

Das Protokoll oder die Urkunde ist **in vollem Umfang zu verlesen**. Eine Teilverle- **48** sung ist nur mit Einverständnis der Verfahrensbeteiligten zulässig (*RGSt* 14, 1; *BGH*, NStZ 1988, 283; *K/M* 36). Inhaltsmitteilung durch den Vorsitzenden reicht nicht aus, das Verfahren nach § 249 Abs. 2 ist nicht zulässig (LR/24/*Gollwitzer* 76). Ergibt sich aus dem verlesenen Protokoll, daß dem Zeugen eine frühere polizeiliche Aussage vorgehalten wurde, kann es geboten sein, zur Feststellung des Inhalts des Vorgehaltenen die Niederschrift über die polizeiliche Vernehmung nach § 249 zu verlesen (*BGH*, NStZ 1982, 41; KMR/*Paulus* 48).

Die **Feststellung der Vereidigung** nach S. 3 hat der Vorsitzende zu treffen. Die **49** Angabe kann bis zum Schluß der Hauptverhandlung nachgeholt werden (LR/24/ *Gollwitzer* 79). Der Feststellung der Nichtvereidigung bedarf es nicht, wenn die Auskunftsperson als Beschuldigter vernommen worden ist, die Eidesunmündigkeit sich aus dem verlesenen Protokoll ergibt oder die Nichtvereidigung in der verlesenen Niederschrift vermerkt ist (*K/M* 40). Die Gründe für die frühere Vereidigung oder Nichtvereidigung brauchen nicht bekanntgegeben zu werden (*K/M*, a. a. O.).

Über die **Nachholung der Vereidigung** (S. 4) hat das Gericht grds. von Amts we- **50** gen durch förmlichen Beschluß zu entscheiden (*BGHSt* 1, 269; *BGH*, NStZ 1984, 179; LR/24/*Gollwitzer* 83f.; a. A. KK-*Mayr* 31: Entscheidung durch den Vorsitzenden). Die Entscheidung ist **nach den §§ 59ff** zu treffen. S. 4 erweitert die Ermessensfreiheit des Gerichts nicht. Es gelten vielmehr dieselben Regeln wie bei der Entscheidung über die Vereidigung einer in der Hauptverhandlung vernommenen Auskunftsperson (*BGH* und *Gollwitzer*, a. a. O.). Bei allseitigem Verzicht kann das Gericht nach § 61 Nr. 5 von der Vereidigung absehen. Hat der beauftragte oder ersuchte Richter gemäß §§ 66b, 61 von der Vereidigung abgesehen, bedarf es einer Beschlußfassung in der Hauptverhandlung nur, wenn eine an der Verhandlung beteiligte Person die Nichtvereidigung beanstandet (*RGSt* 68, 378; *BGH* bei *Miebach*, NStZ 1990, 230).

Ist die Vereidigung geboten, ist sie durch erneute kommissarische Vernehmung **51** nachzuholen, wenn sie mit einem der Bedeutung der Aussage und der Vereidigung angemessenen Aufwand noch **ausführbar** ist (*RG*, GA 57, 214; KMR/*Paulus* 53). Bei Unausführbarkeit darf die unbeeidete Aussage verlesen werden. Bei einem zur Zeit der früheren Vernehmung eidesunmündigen Zeugen, der zur Zeit der Hauptverhandlung eidesmündig ist, muß eine gebotene Vereidigung nachgeholt werden (*RG*, GA 57, 214; LR/24/*Gollwitzer* 85; a. A. KMR/*Paulus* 52). Bei grundloser Eidesverweigerung steht es im pflichtgemäßen Ermessen des Gerichts, ob es Zwangshaft nach § 70 Abs. 2 verhängt oder die unbeeidete Aussage verliest (*RG*, GA 59, 119; KMR/*Paulus* 53). Wurde der Zeuge zu Unrecht vereidigt, muß das Gericht dies feststellen und darauf hinweisen, daß die Aussage nur als uneidliche zu würdigen ist (LR/24/*Gollwitzer* 85; a. A. KMR/*Paulus* 54: soweit ausführbar, nochmalige uneidliche Vernehmung).

52 Als **wesentliche Förmlichkeiten** (§§ 273 f.) sind der Verlesungsbeschluß, die Bekanntgabe des Verlesungsgrundes, die Feststellung über die Vereidigung und die Entscheidung über ihre Nachholung in der Sitzungsniederschrift zu **protokollieren** (LR/24/*Gollwitzer* 86). Wird von der Vereidigung abgesehen, ist nach § 64 der Grund hierfür im Protokoll anzugeben.

IX. Rechtsbehelfe

53 **Beschwerde** gegen Beschlüsse des erkennenden Gerichts nach Abs. 4 ist gemäß § 305 S. 1 nicht zulässig.

54 Mit der **Revision** kann als **Verstoß gegen § 251 Abs. 1 oder 2** die rechtsfehlerhafte Bejahung oder Verneinung einer Verlesungsvoraussetzung gerügt werden (*BGH*, JR 1969, 266, mit Anm. *Peters*; GA 1980, 422; StV 1981, 220; 1983, 444; LR/24/ *Gollwitzer* 89). In der unrichtigen Bejahung einer Verlesungsvoraussetzung liegt auch eine **Verletzung des § 250**, da zu Unrecht eine Ausnahme vom grundsätzlichen Verlesungsverbot dieser Vorschrift angenommen wird (*BGH*, StV 1981, 164; LR/24/*Gollwitzer* 88).

55 Die Anwendung des § 251 Abs. 1 oder 2 ist **rechtsfehlerhaft**, wenn das Tatgericht einen Rechtsbegriff falsch auslegt oder ihm bei der Würdigung der Tatsachen oder der nach pflichtgemäßem Ermessen zu treffenden Einzelfallabwägung (vgl. Rn. 10, 12, 15, 16 und 35) Rechtsfehler, z. B. Verkennung der Verpflichtung zu ausreichenden Nachforschungen im Falle des Abs. 1 Nr. 1 3. Alternative, unterlaufen (*BGH*, GA 1980, 422; StV 1981, 220; LR/24/*Gollwitzer* 89). Einen Verstoß gegen § 251 Abs. 1 stellt auch die Verlesung eines richterlichen Protokolls dar, das wegen wesentlicher Mängel nicht nach dieser Vorschrift verlesen werden darf (KMR/*Paulus* 60).

56 Gesetzesverstöße liegen auch vor, wenn die Verlesung ohne Gerichtsbeschluß nach **§ 251 Abs. 4 S. 1** erfolgte oder der Beschluß entgegen **Abs. 4 S. 2** nicht oder nicht ordnungsgemäß begründet wurde (*BGH*, NStZ 1986, 325; 1988, 283; *K/M* 42). Es ist in diesem Fall unerheblich, daß der Angeklagte und sein Verteidiger der Verlesung nicht widersprochen haben (*BGH*, NStZ 1986, 325). Ob das Urteil auf dem **Fehlen des Gerichtsbeschlusses** beruht, wird vom *BGH* differenziert beurteilt. Konnte ein Zeuge wegen Krankheit nicht in der Hauptverhandlung erscheinen, wurde er darauf von einem beauftragten Richter vernommen und die Niederschrift dann ohne Gerichtsbeschluß verlesen und konnte für keinen Beteiligten ein Zweifel darüber bestehen, daß die Vernehmung in der Hauptverhandlung wegen Krankheit nach Abs. 1 Nr. 2 nicht möglich war, beruht das Urteil nicht auf dem Fehlen des Gerichtsbeschlusses (*BGH* bei *Herlan*, MDR 1955, 652). Das gleiche gilt, wenn das Protokoll über die Vernehmung durch einen ersuchten

Richter nach Abs. 1 Nr. 4 verlesen wird und allen Beteiligten trotz Fehlens des Gerichtsbeschlusses der Grund der Verlesung bekannt ist (*BGH*, StV 1983, 319, mit Anm. *Schlothauer*). Bei Verlesung eines Sachverständigengutachtens nach Abs. 2 S. 1 kann dagegen nach *BGH*, NStZ 1988, 283, ein Beruhen des Urteils auf dem Fehlen des Gerichtsbeschlusses nicht verneint werden, da der Beschluß eine Meinungsbildung des gesamten Gerichts sicherstellen will und bei Abs. 2 in noch weit stärkerem Maße als bei Abs. 1 eine Verständigung aller Mitglieder des Gerichts darüber voraussetzt, ob sich dieses mit der Verlesung begnügen will.

Auf dem **Fehlen oder Mängeln der Begründung** nach Abs. 4 S. 2 beruht das Urteil **57** nicht, wenn der Grund der Verlesung allen Beteiligten ohnehin zweifelsfrei bekannt war (*RGSt* 59, 299, 302 f; *BGH* bei *Dallinger*, MDR 1972, 572; *BGH*, NStZ 1986, 325; *BayObLG*, StV 1990, 399, 400). Auch kann das Revisionsgericht statt des vom Tatrichter zu Unrecht angenommenen einen anderen zweifelsfrei gegebenen Verlesungsgrund heranziehen, wenn hierdurch nicht in das tatrichterliche Ermessen eingegriffen wird (*BGH*, JR 1969, 266, mit Anm. *Peters*; LR/24/*Gollwitzer* 92). Gibt das Tatgericht die tatsächlichen Verlesungsvoraussetzungen zutreffend an, ist die Anführung einer falschen Gesetzesbestimmung grundsätzlich unschädlich (*OLG Karlsruhe*, NJW 1973, 1942; *OLG Köln*, VRS 63, 365).

Auch das Fehlen bzw. die Fehlerhaftigkeit der Feststellung nach **Abs. 4 S. 3** und **58** des Beschlusses gemäß **Abs. 4 S. 4** kann mit der Revision gerügt werden (*RGSt* 2, 236, 237; *BGH*, NStZ 1983, 325; KMR/*Paulus* 61). Auf dem Fehlen einer ausdrücklichen Entscheidung über die Beeidigung beruht das Urteil nicht, wenn sich für die Verfahrensbeteiligten zweifelsfrei ergibt, daß sich das Tatgericht die Gründe des ersuchten Richters für das Absehen von der Vereidigung zu eigen gemacht hat (*OLG Karlsruhe*, VRS 33, 288; LR/24/*Gollwitzer* 93).

Die Revision kann auf die **Verletzung der Aufklärungspflicht** gestützt werden, **59** wenn sich das Gericht mit der Verlesung begnügt hat, obwohl §244 Abs. 2 die Vernehmung in der Hauptverhandlung oder im Falle des Abs. 2 die Anordnung einer kommissarischen Vernehmung (dazu *BGH*, NStZ 1985, 561) gebot. Auch die rechtsfehlerhafte Verneinung der Verlesbarkeit kann gegen §244 Abs. 2 verstoßen (KMR/*Paulus* 58). Eine **Verletzung des §261** kann in der mangelnden Berücksichtigung des geringeren Beweiswertes verlesener Urkunden bei der Beweiswürdigung oder darin liegen, daß einer Urkunde ohne Würdigung im Einzelfall von vornherein jeder Beweiswert abgesprochen wird (LR/24/*Gollwitzer* 95).

Die **Begründung der Revisionsrüge** muß die maßgeblichen gerichtlichen Entschei- **60** dungen einschließlich der von diesen in Bezug genommenen Begründungselemente sowie alle Tatsachen, aus denen sich die geltend gemachte Gesetzesverletzung ergibt, lückenlos anführen, so daß das Revisionsgericht allein aufgrund der Revisionsrechtfertigung prüfen kann, ob ein Verfahrensfehler vorliegt, wenn die behaupteten Tatsachen zutreffen (*BGH*, NStZ 1983, 325, 326; LR/24/*Gollwitzer* 96).

§252 (Unstatthafte Protokollverlesung)
Die Aussage eines vor der Hauptverhandlung vernommenen Zeugen, der erst in der Hauptverhandlung von seinem Recht, das Zeugnis zu verweigern, Gebrauch macht, darf nicht verlesen werden.

Literatur

Eisenberg, U. Zur »besonderen Qualität« richterlicher Vernehmungen im Ermittlungsverfahren, NStZ 1988, 488–489.

Eser, A. Das Verwertungsverbot des § 252 StPO und die Vernehmung des vernehmenden Richters, NJW 1963, 234–237.

Fezer, G. Grundfälle zum Verlesungs- und Verwertungsverbot im Strafprozeß, JuS 1977, 669–673, 813–816.

Fuhrmann, H. Das Verwertungsverbot des § 252 StPO und die Aufklärungspflicht des Gerichts – BGHSt 17, 324.

Geerds, F. Zur Reichweite des Verwertungsverbots (§ 252 StPO) nach früheren Aussagen – BGHSt 36, 384, JuS 1991, 199–202.

Geppert, K. Notwendigkeit und rechtliche Grenzen der »informatorischen Befragung« im Strafverfahren, in: *R. D. Herzberg* (Hrsg.), Festschrift für D. Oehler, 1985, 232–344.

Ders. Das Beweisverbot des § 252 StPO, Jura 1988, 305–314, 363–371.

Hanack, E.-W. Die Rechtsprechung des Bundesgerichtshofs zum Strafverfahrensrecht, JZ 1972, 236–239.

Haubrich, T. Informatorische Befragung von Beschuldigten und Zeugen, NJW 1981, 803–804.

Prittwitz, C. Das Zeugnisverweigerungsrecht des Angehörigen und seine Wirkung für Mitbeschuldigte, NStZ 1986, 64–66.

Rengier, R. Grundlegende Verwertungsprobleme bei den §§ 252, 168c, 251 StPO, Jura 1981, 299–307.

I. Sinn und Zweck der Vorschrift

1 Der **Sinn und Zweck** der Vorschrift erschließt sich nicht auf den ersten Blick. Über seinen Wortlaut hinaus enthält § 252 nach heute ganz h. M. kein bloßes Verlesungsverbot für die Protokolle über die früheren Aussagen eines Zeugen, der in der Hauptverhandlung von seinem Zeugnisverweigerungsrecht Gebrauch macht, sondern unterwirft diese Aussagen einem umfassenden **Verwertungsverbot**.

Würde man in § 252 lediglich ein Verlesungsverbot sehen (so *RGSt* 5, 142; 48, 246; 70, 6; *Paulus*, JuS 1988, 877), wäre die Vorschrift im Grunde überflüssig, weil sich bereits aus dem Unmittelbarkeitsgrundsatz ergibt, daß die Zeugenvernehmung in der Hauptverhandlung nicht durch die Verlesung des über eine frühere Vernehmung aufgenommenen Protokolls ersetzt werden darf (§ 250 S. 2). § 252 ist deshalb so zu verstehen, daß mit dieser Vorschrift der besonderen Situation eines zeugnisverweigerungsberechtigten Zeugen Rechnung getragen werden soll, der erst in der Hauptverhandlung die volle Tragweite seiner Aussage erkennt: Die Ausübung des Zeugnisverweigerungsrechts in diesem vergleichsweise späten Stadium soll nicht dadurch ihrer Wirkung beraubt werden, daß der Inhalt der Aussage durch Verlesung oder auf andere Weise, etwa durch die Vernehmung der Verhörsperson aus dem Ermittlungsverfahren, zur Beweisgrundlage gemacht werden kann; der Zeuge soll bis zu seiner Vernehmung in der Hauptverhandlung frei entscheiden können, ob seine frühere, vielleicht voreilige Aussage verwertet werden können soll (*BGHSt* 2, 99 [101 ff.]; KK-*Mayr*, Rn. 1; LR-*Gollwitzer*, Rn. 3 f.; *Rengier*, Jura 1981, 300). Diese Entscheidungsfreiheit wird dem Zeugen sowohl in seinem eigenen Interesse als auch im Interesse der Wahrheitsfindung eingeräumt: Einerseits soll dem Zeugen die Belastung erspart bleiben, durch seine Aussage zur Verurteilung des Angeklagten beitragen zu müssen, andererseits soll die dem Gericht obliegende Aufklärung des Sachverhalts nicht durch Erklärungen gefährdet werden, mit denen der Zeuge in der Hauptverhandlung versucht, seine früheren Aussagen zu relativieren und zu beschönigen.

Auf die Motive, aus denen der Zeuge in der Hauptverhandlung von seinem Zeug- 2 nisverweigerungsrecht Gebrauch macht, kommt es für die Anwendbarkeit des § 252 nicht an (*BGHSt* 6, 279 [280]; die Vorschrift entscheidet den Konflikt zwischen dem staatlichen Aufklärungsinteresse und dem Geheimhaltungsinteresse des Zeugen grundsätzlich zugunsten des Zeugen. Diese an sich sehr einseitige Lösung kann zur Folge haben, daß die Strafverfolgung auch in solchen Fällen vereitelt wird, in denen den Prozeßbeteiligten eine strafrechtliche Reaktion gerade zum Schutz des (Opfer-) Zeugen angebracht erscheint. Zu denken ist hier insbesondere an die Fälle der Kindesmißhandlung und des sexuellen Mißbrauchs von Kindern, in denen die Gefahr besteht, daß das als Hauptbelastungszeuge auftretende Kind vom Angeklagten, aber auch von anderen Familienangehörigen, unter erheblichen Druck gesetzt wird. Es überrascht daher nicht, daß die Rechtsprechung gerade anhand von Sexualdelikten im Familienbereich das umfassende Verwertungsverbot des § 252 aufgelockert und die Vernehmung von richterlichen Verhörspersonen über die frühere Aussage des Zeugen zugelassen hat (*BGHSt* 2, 99; 21, 218; unten Rn. 8).

II. Voraussetzungen des Verbots

1. Vernehmung vor der Hauptverhandlung

Das in § 252 normierte Verbot knüpft an zwei **Voraussetzungen** an. Zunächst muß 3 der Zeuge vor der Hauptverhandlung vernommen worden sein und eine Aussage gemacht haben. Dem umfassenden Schutzzweck des § 252 entsprechend ist der Begriff der **Vernehmung vor der Hauptverhandlung** dabei weit auszulegen (LR-*Gollwitzer*, Rn. 10) und auf alle Situationen zu beziehen, in denen objektiv oder (wie in vernehmungsähnlichen Situationen) auch nur subjektiv aus der Sicht des Zeugen eine Pflicht zur Aussage und damit eine Interessenkollision besteht, in der

der Zeuge von seinem Recht zur Verweigerung Gebrauch machen kann. Bei der Vernehmung muß es sich daher nicht um eine förmliche Vernehmung i. S. der §§ 57f., 68ff., 161a I 2, 163a V gehandelt haben, sondern es genügt jede von einer staatlichen Stelle veranlaßte Befragung des Zeugen, auch die bei Beginn der Ermittlungen von den Polizeibeamten durchgeführte »informatorische« Befragung (*BGHSt* 29, 230 [232f.]; *BayObLG* NJW 1983, 1132; *Haubrich*, NJW 1981, 803f.; *Geppert*, Oehler-Festschrift, 332f.). Spontane Äußerungen des Zeugen im Vorfeld der Vernehmung, etwa im Zusammenhang mit einem Noruf, sind nach dem Wortlaut der Vorschrift aus dem Anwendungsbereich des § 252 ausgeschlossen (*BGH* NStZ 1986, 232 m. krit. Anm. *Kiehl*, StV 1988, 49f.; *BGH* b. *Miebach*, NStZ 1989, 15 m. krit. Anm. *Joachim*, NStZ 1990, 95; *BayObLG* NJW 1952, 517; vgl. auch *LG Frankfurt/M.* StV 1988, 337 zum Fall, daß ein zeugnisverweigerungsberechtigter V-Mann Mitteilungen macht); die Interessenlage legt hier freilich eine analoge Anwendung nahe (*Roxin*, § 44 B III 2). Ähnliches gilt für Erklärungen, die der Zeuge bei der Anzeigeerstattung abgibt (*Rengier*, Jura 1981, 301). Die h. M. nimmt demgegenüber an, daß diese Erklärungen dem Verbot des § 252 nur dann unterliegen, wenn die Anzeigeerstattung mit einer Vernehmung des Zeugen verbunden war; im übrigen sollen sie frei verwertet werden können (*RG* JW 1935, 2979; *BGH* NJW 1956, 1886; LR-*Gollwitzer*, Rn. 30; *Geppert*, Oehler-Festschrift, 334).

4   Für das Verbot des § 252 kommt es nicht darauf an, ob die Vernehmung des Zeugen in dem gerade anhängigen Strafverfahren erfolgt ist. Auch Aussagen, die der Zeuge in einem früheren Strafverfahren (*BGHSt* 20, 384), in einem Bußgeldverfahren (*OLG Stuttgart* VRS 63, 52), in einem Zivilprozeß (*BGHSt* 17, 324 [327f.] m. Anm. *Eser*, NJW 1963, 234; *Fuhrmann*, JuS 1963, 273), in einem Verfahren der freiwilligen Gerichtsbarkeit (*BGHSt* 36, 384 [387] m. Anm. *Fezer*, JZ 1990, 875; *Geerds*, JuS 1991, 199) oder in einem Verwaltungsverfahren (*LG Göttingen* StV 1989, 101) gemacht hat, dürfen nicht verlesen oder auf andere Weise zur Beweisgrundlage gemacht werden. Welche verfahrensrechtliche Stellung der Zeuge in dem anderen Verfahren innehatte, ist unerheblich; entscheidend ist allein, daß er dort (als Zeuge, Beschuldigter, Betroffener oder sonstiger Verfahrensbeteiligter) »vernommen« wurde und in der jetzigen Hauptverhandlung als Zeuge auftritt (LR-*Gollwitzer*, Rn. 9; KK-*Mayr*, Rn. 14). Ob die Vernehmung in mündlicher oder in schriftlicher Form erfolgte, ist ebenfalls unerheblich; nicht verwertet werden dürfen daher auch die Angaben, die der Zeuge auf einem polizeilichen Fragebogen in einem Bußgeldverfahren gemacht hat (*OLG Stuttgart* VRS 63, 52).

2. Zeugnisverweigerung vor der Hauptverhandlung

5   Daneben setzt § 252 die **Zeugnisverweigerung in der Hauptverhandlung** voraus. Die Frage, welche Fallgruppen der (berechtigten) Zeugnisverweigerung damit gemeint sind, wird in Rechtsprechung und Literatur nicht ganz einheitlich beantwortet. Richtigerweise dürfte nach dem Normzweck des § 252 zu differenzieren sein. Durch § 252 soll verhindert werden, daß die Ausübung des Zeugnisverweigerungsrechts durch eine andere Form der Beweiserhebung umgangen und seiner Wirkung beraubt wird (oben Rn. 1). Sinnvoll ist dieses Verbot jedoch nur dann, wenn durch das Zeugnisverweigerungsrecht die Interessen eines Verfahrensbeteiligten geschützt werden sollen. Hieraus folgt, daß § 252 jedenfalls für die Fälle der Zeugnisverweigerung aus persönlichen (**§ 52**) und beruflichen Gründen (**§§ 53f.**) gilt; in

beiden Fällen hat das Zeugnisverweigerungsrecht die Funktion, die besondere Beziehung zwischen dem Zeugen und dem Angeklagten zu schützen. Im Fall des § 52 kommt es dabei nicht darauf an, ob das Angehörigkeitsverhältnis bereits zur Zeit der früheren Vernehmung bestanden hat; entscheidend ist, daß der Zeuge jedenfalls zur Zeit der Hauptverhandlung zur Zeugnisverweigerung berechtigt ist (*BGHSt* 22, 219 [220]; 27, 231; *BayObLG* NJW 1966, 117 [118f.]; LR-*Gollwitzer*, Rn. 12). Anders soll nach h. M. im Fall des § 53 zu entscheiden sein; hier soll es darauf ankommen, ob das Zeugnisverweigerungsrecht schon bei der früheren Vernehmung bestanden hat (*BGHSt* 18, 146 [149 f.]); LR-*Gollwitzer*, Rn. 14; KK-*Mayr*, Rn. 6). Das Aussageverweigerungsrecht von Richtern und Beamten (**§ 54**) dient demgegenüber ausschließlich dem öffentlichen Interesse an der Wahrung der Amtsverschwiegenheit und scheidet deshalb aus dem Anwendungsbereich des § 252 aus (KK-*Mayr*, Rn. 8; KMR-*Paulus*, Rn. 5, 10; a. A. die h. M., *OLG Celle* MDR 1959, 414; LR-*Gollwitzer*, Rn. 1; *ANM*, 467). Das Auskunftsverweigerungsrecht bei Verfolgungsgefahr (**§ 55**) schließlich soll zwar in erster Linie das Recht des Zeugen schützen, an der eigenen Überführung nicht selbst mitwirken zu müssen; darüber hinaus soll aber auch der Angeklagte vor Aussagen geschützt werden, deren Wahrheitsgehalt wegen der Selbstbegünstigungstendenz des Zeugen zweifelhaft ist (str.; wie hier *Roxin*, § 24 D III 2c; a. A. *BGHSt* 11, 213 [215 ff.]). Auch der Fall des § 55 unterliegt deshalb dem Verwertungsverbot des § 252 (*Hanack*, JZ 1972, 238; *Rogall*, NJW 1978, 2538; *Geppert*, Jura 1988, 313; a. A. die h. M., *BGHSt* 6, 209 [211]; 17, 245 [246]; *ANM* 467).

Die Anwendbarkeit des § 252 setzt nicht voraus, daß von dem Zeugnisverweige-   6
rungsrecht erst in der Hauptverhandlung Gebrauch gemacht wird. Erklärt ein Zeuge schon vor der Hauptverhandlung, daß er nicht aussagen wolle, wäre es ein unnötiger Formalismus, wenn er die gleiche Erklärung noch einmal in der Hauptverhandlung abgeben müßte, um die Rechtsfolgen des § 252 auszulösen. Hält man mit der Rspr. die Vernehmung der richterlichen Verhörsperson über die frühere Aussage des Zeugen für zulässig (unten Rn. 8), kann es allerdings die Aufklärungspflicht des Gerichts (§ 244 II) gebieten, den Zeugen gleichwohl zu laden, ihn auf die Verwertbarkeit der früheren Aussage hinzuweisen und zu befragen, ob er bei seiner Weigerung bleibt (BGHSt 21, 12; *OLG Hamm* MDR 1973, 427; LR-*Gollwitzer*, Rn. 15 f.; KK-*Mayr*, Rn. 21). Eine einmal erklärte Weigerung muß auch nach dem Ableben des Zeugen beachtet werden (*OLG Celle* NJW 1968, 415; LR-*Gollwitzer*, Rn. 12). Gibt der Zeuge vor der Hauptverhandlung keine Erklärung über die Ausübung seines Zeugnisverweigerungsrechts ab, darf seine frühere Aussage dann, wenn er in der Hauptverhandlung nicht erscheint, vom Gericht verlesen (§ 251) oder sonst verwertet werden (*BGHSt* 25, 176; *Fezer*, Studienkurs II, Fall 15 Rn. 84 f.), vorausgesetzt der Zeuge wurde in der früheren Vernehmung über sein Zeugnisverweigerungsrecht – nicht nur über sein Schweigerecht als (Mit)Beschuldigter – belehrt (*BGHSt* 10, 186 [189 f.]; *BayObLG* NJW 1978, 387; *Rengier*, Jura 1991, 306 f.; KK-*Mayr*, Rn. 11; a. A. [Belehrung unerheblich] für den Fall des verstorbenen Zeugen *BGHSt* 22, 35).

III. Umfang und Grenzen des Verbots

1. Vernehmung nichtrichterlicher Verhörspersonen

7 Der **Umfang und** die **Grenzen** des in § 252 normierten Verbots ergeben sich aus seiner Funktion, im Fall der (berechtigten) Zeugnisverweigerung die Verwertung der früheren Aussagen zu verhindern (oben Rn. 1). Dieser Funktion entspricht es, daß nach heute ganz überwiegender Meinung die **Vernehmung nichtrichterlicher Verhörspersonen** über den Inhalt der früheren Aussage des in der Hauptverhandlung die Aussage verweigernden Zeugen unzulässig ist (*BGHSt* 21, 218; LR-*Gollwitzer*, Rn. 17; *ANM*, 472f.; a. A. *Nüse*, JR 1966, 283; *Schlüchter*, Rn. 497.3).

2. Vernehmung richterlicher Verhörspersonen

a) Ansicht des BGH

8 Umstritten ist, ob § 252 auch die **Vernehmung richterlicher Verhörspersonen** ausschließt. Der **BGH** hält ihre Vernehmung für zulässig und stützt seine Ansicht vor dem oben (Rn. 2) skizzierten kriminalpolitischen Hintergrund auf den Gedanken, daß die berechtigten Forderungen der Allgemeinheit nach wahrheitsgemäßer Aufklärung von Straftaten nicht weiter zurückzutreten bräuchten, als es die schutzwürdigen Interessen des weigerungsberechtigten Zeugen verlangten. Ein solches schutzwürdiges Interesse bestehe dann nicht, wenn der Zeuge bei einer richterlichen Vernehmung nach dem Hinweis des Richters auf sein Zeugnisverweigerungsrecht von seinem Recht freiwillig keinen Gebrauch gemacht und ausgesagt habe. Die hierdurch bedingte unterschiedliche Verwertbarkeit von Aussagen vor richterlichen und nichtrichterlichen Verhörspersonen rechtfertigt der BGH nicht nur mit der Belehrungspflicht des Richters über das Zeugnisverweigerungsrecht (§ 52 III 1) – diese Pflicht haben seit dem StPÄG v. 19. 12. 1964 auch die nichtrichterlichen Verhörspersonen (§§ 161a I 2, 163a V) –, sondern auch mit der unterschiedlichen Verlesbarkeit richterlicher und nichtrichterlicher Protokolle (§ 251 I, II); hierin komme zum Ausdruck, daß das Gesetz richterlichen Vernehmungen ein höheres Vertrauen entgegenbringe (*BGHSt* 2, 99 [105ff.]; 21, 218; 36, 384 [386] m. abl. Anm. *Fezer*, JZ 1990, 875; *Geerds*, JuS 1991, 199; ferner KK-*Mayr*, Rn. 22; *K/M*, Rn. 14; i. Erg. ebenso KMR-*Paulus*, Rn. 4).

9 Auf der Grundlage dieser Auffassung ist es für die Rechtsprechung unerheblich, welcher Richter die frühere Vernehmung geleitet hat. Verwertet werden dürfen nicht nur Aussagen, die der Zeuge in dem gerade anhängigen Strafverfahren vor dem Ermittlungsrichter (§ 162), dem beauftragten oder ersuchten Richter (§ 223) oder in der erstinstanzlichen Hauptverhandlung gemacht hat, sondern verwertet werden dürfen auch die Aussagen, die er in einem früheren Strafverfahren oder in einem Zivilprozeß gemacht hat. Vorausgesetzt wird lediglich, daß der Zeuge in der früheren Vernehmung über sein Zeugnisverweigerungsrecht belehrt wurde; eine Belehrung gem. §§ 136, 163a III, IV genügt nicht (*BGHSt* 13, 394 [396ff.]; 17, 324 [327f.]; 20, 384; a. A. KMR-*Paulus*, Rn. 23; vgl. auch *BGH* GA 1979, 144; *OLG Koblenz* NJW 1983, 2342 zum Fall, daß sowohl eine Beschuldigten- als auch eine Zeugenbelehrung erfolgt sind; *BGHSt* 32, 25 [30f.] zum Fall einer »vorsorglichen« Belehrung über das Zeugnisverweigerungsrecht; *BGHSt* 36, 384 [388] zum Fall, daß eine Belehrungspflicht nicht besteht [Verfahren der freiw. Gerichtsbarkeit]). Es soll nicht erforderlich sein, daß der Zeuge auch auf die Verwertbarkeit seiner Aussage im Fall der späteren Zeugnisverweigerung hingewiesen wurde

(*BGHSt* 32, 25 [31]). Verwertet werden darf die frühere Aussage durch die Vernehmung aller Richter, auch der Beisitzer und der Schöffen, die an der früheren Befragung teilgenommen haben (*BGHSt* 13, 394 [398]). In der Vernehmung sollen den Richtern die Protokolle über die frühere Aussage des Zeugen vorgehalten und zum Zwecke des Vorhalts auch vorgelesen werden dürfen (*BGHSt* 11, 338 [340 ff.]; 21, 149 [150]; krit. *Fezer*, JuS 1977, 672 f.).

b) Ansicht der Literatur
In der **Literatur** wird die Vernehmung richterlicher Verhörspersonen überwiegend **10** für unzulässig gehalten. Die vom BGH getroffene Unterscheidung zwischen Richtern und anderen Verhörspersonen könne weder mit den durch das StPÄG v. 19. 12. 1964 auf Staatsanwälte und Polizeibeamte ausgedehnten Belehrungspflichten des Richters noch mit dem großen Vertrauen des Gesetzes in die Qualität richterlicher Vernehmungen begründet werden; selbst wenn der richterlichen Vernehmung die größere institutionelle Zuverlässigkeit zukomme, besage dies nichts für die Frage, warum dieser Umstand die Durchbrechung des Verwertungsverbots des § 252 rechtfertigen können solle (*Fezer*, Studienkurs II, Fall 15 Rn. 68 ff.; LR-*Gollwitzer*, Rn. 7; *Eb. Schmidt*, Lehrkomm. II, Rn. 6; *Roxin*, § 44 B III 1; *Eser*, NJW 1963, 235 ff.; *Hanack*, JZ 1972, 238; *Rengier*, Jura 1981, 302 ff.; aus empirischer Sicht kritisch zur »besonderen Qualität« richterlicher Vernehmungen *Eisenberg*, NStZ 1988, 488 f.)
Die in der Literatur vertretene Auffassung erscheint vorzugswürdig. Für sie **11** spricht schon die Systematik des Gesetzes. Wenn nämlich der Einordnung der Regelung über die Wirkungen der Zeugnisverweigerung in den Zusammenhang mit den Vorschriften über den Urkundenbeweis (§§ 251 bis 256) überhaupt eine Bedeutung zukommt, muß berücksichtigt werden, daß § 252 anders als § 251 nicht zwischen richterlichen und nichtrichterlichen Protokollen differenziert. Wenn aber vom Gesetz ohne jede Differenzierung der Urkundsbeweis über die frühere Aussage ausgeschlossen wird, der im Vergleich zur Zeugenaussage der Verhörsperson meist das verläßlichere Beweismittel ist, weil sich die Verhörspersonen oft nicht an die Einzelheiten der von ihnen durchgeführten Vernehmungen erinnern können, dann muß dieser generelle Ausschluß erst recht für das weniger verläßlichere Beweismittel gelten (*Rengier*, Jura 1981, 302; krit. hierzu KMR-*Paulus*, Rn. 3). Hinzu kommt die Überlegung, daß es sich bei der vom BGH vertretenen Einschränkung des Verwertungsverbots letztlich um eine kriminalpolitische Zweckmäßigkeitsentscheidung handelt, die im Gesetz selbst keine Stütze findet (LR-*Gollwitzer*, Rn. 7). Auch wenn sich gegen die dahinterstehende Absicht der Rechtsprechung, bestimmten Gruppen von Tatopfern einen wirksameren Schutz zukommen zu lassen (oben Rn. 2), grundsätzlich keine Einwände erheben lassen, darf eine so weitgehende Umgestaltung des Beweisrechts doch nur vom Gesetzgeber getroffen werden (*Rengier*, Jura 1981, 303 f.). Berücksichtigt werden muß dabei, daß von der Einschränkung des Verwertungsverbots nicht nur der Angeklagte, sondern auch der (Opfer-) Zeuge betroffen ist, dessen Entscheidung über die Zeugnisverweigerung – mag sie auch unter zweifelhaften Umständen zustandegekommen sein – mißachtet wird. Diese Konsequenz der Rechtsprechung ist um so problematischer, als der BGH auch die Verwertung der in ganz anderen Verfahren vor einem Richter abgegebenen Erklärungen des Zeugen für zulässig hält (oben Rn. 9; *Eser*, NJW 1963, 235 f.; *Fezer*, JuS 1977, 813 f.).

3. Verwertbarkeit anderer Beweismittel

12 Im Hinblick auf die **Verwertbarkeit anderer Beweismittel** ist davon auszugehen, daß sich das Verbot des § 252 nur auf die Aussagen »vernommener« Zeugen bezieht und daß unter dem Begriff der »Vernehmung« jede von einer staatlichen Stelle veranlaßte Befragung des Zeugen zu verstehen ist (oben Rn. 3). Hieraus ergeben sich folgende Konsequenzen:

a) Angaben gegenüber einem Sachverständigen

13 Für die Frage, ob § 252 die Verwertung von **Angaben** ausschließt, die der Zeuge **gegenüber einem Sachverständigen** während der Untersuchung gemacht hat, ist danach zu unterscheiden, ob es sich hierbei um »Befund-« oder um »Zusatztatsachen« gehandelt hat (allg. zu dieser Unterscheidung oben vor § 72, Rn. 27 f.). Über **Befundtatsachen** soll der Sachverständige nach h. M. als Gutachter vernommen werden dürfen, wenn der Zeuge, der in der Hauptverhandlung von seinem Zeugnisverweigerungsrecht Gebrauch macht, vor der Untersuchung von einem Richter über seine Rechte belehrt wurde; dies folge aus der Funktion des Sachverständigen als Gehilfe des Gerichts und der Gleichstellung der vor ihm gemachten Angaben mit den Aussagen vor Gericht (*BGHSt* 11, 97 [99 f.]; krit. KK-*Mayr*, Rn. 18). Nach der hier vertretenen Auffassung (oben Rn. 11) ist die Zulässigkeit der Vernehmung des Sachverständigen demgegenüber zu verneinen: Das Verbot des § 252 bietet weder von seinem Wortlaut (auch die Befragung des Zeugen durch einen Sachverständigen ist eine von einer staatlichen Stelle veranlaßte Befragung) noch von seiner systematischen Stellung oder seinem Normzweck her einen Ansatzpunkt für eine Einschränkung. Verweigert der vom Sachverständigen vernommene Zeuge in der Hauptverhandlung die Aussage, darf das Gutachten, soweit es an die von der Zeugnisverweigerung erfaßten Befundtatsachen anknüpft, daher nicht zur Beweisgrundlage gemacht werden (ebenso *Rengier*, Jura 1981, 305).

14 Dasselbe (Unzulässigkeit der Vernehmung) gilt, soweit der Sachverständige als Zeuge über **Zusatztatsachen** vernommen werden soll. Der Sachverständige hat insoweit eine den nichtrichterlichen Verhörspersonen vergleichbare Stellung und darf daher genausowenig wie diese (oben Rn. 11) über die von ihm wahrgenommenen Tatsachen befragt werden (einhellige Meinung, *BGHSt* 13, 1 [4 f.]; 250 [251 f.]; 18, 107 [109]; 36, 384 [386]; LR-*Gollwitzer*, Rn. 32, KMR-*Paulus*, Rn. 29).

b) Angaben gegenüber der Gerichts- oder Jugendgerichtshilfe

15 **Angaben**, die der Zeuge **gegenüber** einem Beauftragten **der Gerichts- oder der Jugendgerichtshilfe** (§ 160 III 2 StPO, § 38 JGG) gemacht hat, unterliegen ebenfalls dem Verwertungsverbot des § 252, da es sich auch bei diesen Einrichtungen um Hilfsorgane der Staatanwaltschaft bzw. des Gerichts handelt (KK-*Mayr*, Rn. 19).

c) Schriftstücke

16 **Schriftstücke**, die zum Bestandteil der früheren Aussage geworden sind, dürfen nicht verwertet werden, wenn der Zeuge in der Hauptverhandlung von seinem Zeugnisverweigerungsrecht Gebrauch macht, denn es kann nicht darauf ankommen, ob der Zeuge in seiner Vernehmung Schriftstücke zu den Akten gibt oder ob er sie vorliest und so ihren Inhalt zum (unverwertbaren) Bestandteil seiner Aussage macht (*BGHSt* 22, 219 [220 f.]; KK-*Mayr*, Rn. 2).

Meier

d) Ergebnisse einer körperlichen Untersuchung
Auf die **Ergebnisse einer körperlichen Untersuchung** des Zeugen (§ 81 c) ist § 252 **17**
nicht unmittelbar anwendbar. Der in der Hauptverhandlung erklärte Widerruf
eines vor der Hauptverhandlung geäußerten Verzichts auf das Recht, die körperliche Untersuchung zu verweigern (§ 81 c III), ist nach h. M. unbeachtlich, vorausgesetzt der Zeuge wurde vor der Untersuchung von einem Richter über seine
Rechte belehrt (*BGHSt* 12, 235 [242]; LR-*Gollwitzer*, Rn. 36; oben § 81 c Rn. 18).
Die Interessenlage gebietet jedoch eine Gleichbehandlung der Untersuchungsergebnisse des Sachverständigen mit den Ergebnissen einer richterlichen oder nichtrichterlichen Vernehmung und legt eine analoge Anwendung des § 252 nahe
(*Rengier*, Jura 1981, 304; *Geppert*, Jura 1988, 365).

e) Erklärungen außerhalb der Vernehmungen
Schriftliche oder mündliche **Erklärungen,** die der Zeuge **außerhalb von Verneh-** **18**
mungen oder vernehmungsähnlichen Situationen gegenüber Dritten abgegeben
hat, werden demgegenüber vom Anwendungsbereich des § 252 nicht erfaßt
(*BGHSt* 1, 373; vgl. auch *BGH* NStZ 1986, 232 m. krit. Anm. *Kiehl*, StV 1988,
50 ff. zur Verwertbarkeit von Angaben gegenüber einer Sozialarbeiterin; sowie
OLG Celle JR 1982, 475 m. Anm. *Rengier*; *Geppert*, Jura 1988, 369 f. zur Verwertbarkeit von Schadensmeldungen an die Haftpflichtversicherung). Eine analoge
Anwendung des § 252 ist nicht geboten, da die Erklärungen nicht in Erfüllung
einer (zumindest vermeintlichen) Aussagepflicht erfolgt sind und es eines durch
§ 252 zur Geltung gebrachten Zeugnisverweigerungsrechts daher nicht bedarf.

IV. Rechtsfolgen
Die wichtigste **Rechtsfolge** des § 252 besteht nach der hier vertretenen Auffassung **19**
in dem Verbot, den Inhalt der vom Zeugnisverweigerungsrecht erfaßten früheren
Aussage zur Beweisgrundlage zu machen – sei es durch Verlesung des über die
frühere Vernehmung aufgenommenen Protokolls, sei es durch Vernehmung des
Beamten oder Richters, der die Befragung geleitet hat – und die erlangten Erkenntnisse bei der Urteilsfindung zu berücksichtigen; § 252 normiert ein **Beweiser-**
hebungs- und -verwertungsverbot. Die Protokolle über die frühere Vernehmung
des Zeugen dürfen in der Hauptverhandlung auch nicht zu Zwecken des Vorhalts
verwendet werden, weder gegenüber dem Angeklagten noch gegenüber anderen
Zeugen (*BGHSt* 7, 194 [195 f.]; *BGH* NJW 1956, 1886). Bei der früheren Vernehmung erstellte Tonbandaufnahmen dürfen in der Hauptverhandlung ebenfalls
nicht abgespielt werden (LR-*Gollwitzer*, Rn. 25). Nicht erfaßt vom Verwertungsverbot des § 252 wird es dagegen, wenn die Aussage dazu herangezogen wird, um
das Vorhandensein einer vom Zeugen begangenen Haupttat (eines Aussagede-
likts) festzustellen (*OLG Hamm* NJW 1981, 1682; *Geppert*, Jura 1988, 368).
Das Verbot des § 252 wirkt **auch zugunsten von Mitangeklagten**, zu denen der **20**
Zeuge nicht in einem Angehörigkeitsverhältnis i. S. des § 52 steht, wenn und soweit gegen alle Angeklagten ein sachlich nicht trennbarer Vorwurf erhoben und
das Verfahren in irgendeinem Abschnitt gegen die mehreren Beschuldigten gemeinsam geführt wurde, da über den Vorwurf nur einheitlich entschieden werden
kann (*BGHSt* 7, 194 [196]; *BGH* NJW 1974, 758; LR-*Gollwitzer*, Rn. 13; einschränkend *Prittwitz*, NStZ 1986, 64 ff.).
Wegen Verletzung des § 252 kommt eine **Revision** vor allem dann in Betracht, **21**
wenn in der Hauptverhandlung entgegen § 252 ein über die frühere Vernehmung

aufgenommenes Protokoll verlesen oder (außerhalb der von der Rechtsprechung gezogenen Grenzen, oben Rz. 9; *K/M*, Rn. 17) die Verhörsperson vernommen wurde. Unterläßt das Gericht in Verkennung der Tragweite des § 252 die Erhebung von Beweisen, kommt eine Revision auch wegen Verletzung der Aufklärungspflicht (§ 244 II) in Betracht (LR-*Gollwitzer*, Rn. 42 ff.).

§ 253 (Protokollverlesung zur Gedächtnisunterstützung)

(1) Erklärt ein Zeuge oder Sachverständiger, daß er sich einer Tatsache nicht mehr erinnere, so kann der hierauf bezügliche Teil des Protokolls über seine frühere Vernehmung zur Unterstützung seines Gedächtnisses verlesen werden.

(2) Dasselbe kann geschehen, wenn ein in der Vernehmung hervortretender Widerspruch mit der früheren Aussage nicht auf andere Weise ohne Unterbrechung der Hauptverhandlung festgestellt oder behoben werden kann.

Literatur zu den §§ 253 bis 255

Eisenberg, U. Vernehmung und Aussage (insbesondere) im Strafverfahren aus empirischer Sicht, JZ 1984, 912–918.

Fezer, G. Grundfälle zum Verlesungs- und Verwertungsverbot im Strafprozeß, JuS 1977, 234–236, 382–385, 520–524.

Hanack, E.-W. Die Rechtsprechung des Bundesgerichtshofs zum Strafverfahrensrecht, JZ 1972, 274–276;

Ders. Protokollverlesungen und -vorbehalte als Vernehmungsbehelf, in: *R. Hamm, W. Matzke* (Hrsg.), Festschrift für E. Schmidt-Leichner, 1977, 83–97.

Löhr, H.-E. Der Grundsatz der Unmittelbarkeit im deutschen Strafprozeßrecht, 1972.

Schneidewin Der Urkundenbeweis in der Hauptverhandlung, JR 1951, 481–489.

Schroth, H.-J. Der Vorhalt eigener protokollierter Aussagen an den Angeklagten, ZStW 87 (1975), 103–131.

Wömpner, H.-B. Ergänzender Urkundenbeweis neben §§ 253, 254 StPO?, NStZ 1983, 293–299.

I. Sinn und Zweck der Vorschrift

1 Über den **Sinn und Zweck** der Vorschrift besteht Streit. Nach h. M. regelt § 253 ebenso wie die §§ 251, 254 und 256 eine Durchbrechung des Unmittelbarkeitsgrundsatzes (§ 250), indem für die Fälle des Erinnerungsverlustes des Zeugen oder Sachverständigen (Abs. 1) und des Hervortretens von Widersprüchen (Abs. 2) der Urkundenbeweis für zulässig erklärt wird. Anders als beim Vorhalt, bei dem nur die Antwort des Befragten, nicht aber der Inhalt des Vorhalts zur Beweisgrundlage wird, soll es § 253 gestatten, auch das Vorhandensein und den Inhalt der früheren Aussage durch Verlesen des Protokolls zum Gegenstand der freien Beweiswürdigung zu machen (*RGSt* 59, 144; LR-*Gollwitzer*, Rn. 1, 3f.; *Roxin*, § 44 B I 2 d; *Schneidewin*, JR 1951, 484 f.; *Wömper*, NStZ 1983, 296). Nach Auffassung der Gegenmeinung gestattet § 253 nicht den Urkundenbeweis, sondern lediglich eine besondere Form des Vorhalts, nämlich den (nach dieser Auffassung an sich unzulässigen) Vorhalt durch wörtliches Verlesen von Teilen des Protokolls. Beweisgrundlage soll dementsprechend nur die auf den Vorhalt hin erfolgende Aussage des Zeugen oder Sachverständigen sein (*Eb. Schmidt*, Lehrkomm. II, Rn. 3 ff., Nachtragsbd. I, Rn. 1; *Löhr*, Der Grundsatz der Unmittelbarkeit, 143 ff.; *Hanack*, Schmidt-Leichner-Festschrift, 87 ff.).

Für die **Gegenmeinung** sprechen im wesentlichen zwei Argumente. Zum einen 2 vermeidet sie es, daß die in den Protokollen niedergelegten Ergebnisse des Vorverfahrens, entgegen dem Grundgedanken des § 250, bei der Urteilsfindung eine direkte Bedeutung erlangen können. Die von der h. M. hingenommene Durchbrechung des Unmittelbarkeitsprinzips wird durch eine in sich schlüssige Auslegung der §§ 250, 253 umgangen. Zum anderen kann sich die Gegenmeinung aber auch auf den in § 253 genannten Zweck der Verlesung berufen: Während die Verlesung nach § 253 lediglich »zur Unterstützung seines Gedächtnisses« erfolgen soll, kann sie nach § 254 »zum Zweck der Beweisaufnahme« erfolgen; wenn dieser sprachlichen Unterscheidung eine rechtliche Bedeutung beigemessen werden kann, kann sie nur dahin gehen, daß im zweiten Fall zwar der Urkundenbeweis, im ersten Fall aber allein der Vorhalt zulässig sein soll.

Gleichwohl erscheint die h. M. vorzugswürdig. Dem zuletzt genannten Wortlaut- 3 argument der Gegenmeinung kann kein allzu großes Gewicht zukommen, denn es erlaubt keine schlüssige Erklärung der §§ 253 bis 255. Bereits die Tatsache, daß § 255 sowohl für § 253 als auch für § 254 die Protokollierung der Verlesung und ihres Grundes vorsieht, spricht dafür, an die sprachliche Unterscheidung keine unterschiedlichen Rechtsfolgen anzuknüpfen. Hinzu kommt, daß weder bei § 253 noch bei § 254 in Abs. 2 ein eigenständiger Verlesungszweck genannt wird; die Gegenmeinung kann daher entweder nur in beiden Fällen dem Abs. 2 trotz identischen Wortlauts eine unterschiedliche Bedeutung geben oder in § 254 unter Mißachtung des Wortlauts (»Dasselbe kann geschehen...«) Abs. 2 eine andere Bedeutung geben als Abs. 1. Im Ergebnis scheint daher die schon vom RG vertretene Auffassung richtig, daß der Gesetzgeber in § 253 lediglich »auf den nächstliegenden Zweck der Verlesung« hingewiesen habe (*RGSt* 20, 220; a. A. *Eb. Schmidt*, Lehrkomm. II, Rn. 8).

Damit stellt sich die Frage, welches Gewicht bei der Auslegung dem **Unmittelbar- 4 keitsgrundsatz** beizumessen ist. Der Unmittelbarkeitsgrundsatz beruht auf dem Gedanken, daß der Zeugenbeweis (gleiches gilt für den Sachverständigenbeweis) im Vergleich zum Urkundenbeweis grundsätzlich als das verläßlichere Beweismittel anzusehen ist (*BGHSt* 15, 253 [254]). Der Zeugenbeweis gerät jedoch an seine Grenzen, wenn sich der Zeuge nicht mehr erinnern kann oder widersprüchliche Aussagen macht und vom Gericht zur weiteren Aufklärung des Sachverhalts derjenige Beamte vernommen werden muß, der die frühere Vernehmung des Zeugen geleitet hatte. In diesen Fällen dürfte meist der Urkundenbeweis das verläßlichere Beweismittel sein, da sich die Beamten, die eine Vielzahl von Vernehmungen durchführen, häufig nicht mehr an die Einzelheiten einer bestimmten Vernehmung erinnern können (*BGHSt* 22, 372 [375]). Die von der h. M. notgedrungen in Kauf zu nehmende Durchbrechung des Unmittelbarkeitsprinzips kann für die Wahrheitsermittlung, und damit für die Verwirklichung eines der wesentlichen

Zwecke des Strafverfahrens (LR-*Schäfer*, Bd. 1, Einl. Kap. 6, Rn. 7), deshalb durchaus funktional sein. Als Ausnahme vom Unmittelbarkeitsprinzip ist § 253 freilich eng auszulegen (*OLG Koblenz* GA 1974, 222; *OLG Saarbrücken* JR 1972, 472 m. zust. Anm. *Fuhrmann*; LR-*Gollwitzer*, Rn. 5); insoweit gilt der Grundsatz der Subsidiarität des Urkundenbeweises.

5   Die Anerkennung der Befugnis zum Urkundenbeweis besagt freilich nichts über den Beweiswert der Protokollverlesung. Berücksichtigt werden müssen vor allem die Fehlerquellen, die den Inhalt des Protokolls beeinflußt haben können, etwa Vorurteile oder ein gewisser Erwartungsdruck seitens des Vernehmenden, unterschiedliche Sprachkompetenz von Aussage- und Verhörsperson, Modifikationen in der Aussage des Vernommenen und Auslassungen bei der Anfertigung des Protokolls (vgl. *Eisenberg*, JZ 1984, 913 ff.; sowie oben vor § 48 Rn. 43 ff.). Besonderer Aufmerksamkeit bedürfen unter diesem Gesichtspunkt dabei die Protokolle über die Vernehmung von Kindern sowie von Zeugen, die der deutschen Sprache nicht mächtig sind (§ 185 GVG). Vor allem in den Fällen, in denen der Zeuge oder Sachverständige nach der Verlesung seine frühere Aussage nicht bestätigt, wird deshalb unter dem Gesichtspunkt der **Aufklärungspflicht** des Gerichts (§ 244 II) die Befragung desjenigen Beamten, der die frühere Vernehmung geleitet hatte, regelmäßig nicht zu umgehen sein (LR-*Gollwitzer*, Rn. 2; KK-*Mayr*, Rn. 6). Dies gilt um so mehr, als § 253 anders als § 254 auch die Verlesung von nichtrichterlichen Protokollen zuläßt, also von Protokollen, deren Richtigkeit und Vollständigkeit vom Gesetz in wesentlich geringerem Maß gewährleistet wird als die von richterlichen Protokollen (§ 168c II, V StPO, §§ 153 f. StGB; vgl. hierzu auch *Fezer*, JuS 1977, 382 ff.). Der Beweiswert der Protokollverlesung darf nach alledem nicht allzu hoch veranschlagt werden; die Bedeutung des Urkundenbeweises nach § 253 ist begrenzt auf die Ergänzung des Zeugen- und Sachverständigenbeweises in den Fällen, in denen der Personalbeweis versagt.

II. Voraussetzungen der Protokollverlesung

1. Allgemeine Voraussetzungen

6   Aus der Funktion des § 253 als Ausnahmebestimmung zum Unmittelbarkeitsgrundsatz ergeben sich die wesentlichen **Voraussetzungen** für die Zulässigkeit der Protokollverlesung zu Beweiszwecken. In formeller Hinsicht ist zunächst festzustellen, daß der Urkundenbeweis nach § 253 nur **innerhalb der Hauptverhandlung** zulässig ist (KK-*Mayr*, Rn. 7). Die Vorschrift gilt also nicht für die kommissarische Vernehmung (so aber *RGSt* 50, 129; KMR-*Paulus*, Rn. 14). Dies ergibt sich nicht nur aus der systematischen Stellung des § 253 innerhalb der Vorschriften über die Hauptverhandlung, sondern auch aus dem Zweck der kommissarischen Beweisaufnahme, der allein in der Sicherung bestimmter Beweismittel, aber nicht in der Vorwegnahme der Hauptverhandlung liegt (insoweit mißverständlich *BGHSt* 9, 24 [27]). Der beauftragte oder ersuchte Richter darf Erinnerungsmängel oder Widersprüche daher nur mit dem Vernehmungsbehelf des Vorhalts aufzuklären versuchen.

7   Verlesen werden dürfen nur Protokolle über die frühere Vernehmung von Personen, die in der Hauptverhandlung als **Zeugen oder Sachverständige** aussagen. Frühere Erklärungen des Angeklagten sind daher nicht nach § 253, sondern nach § 254 zu verlesen. Andererseits dürfen Aussagen von Zeugen oder Sachverständigen, die vor der Hauptverhandlung als Beschuldigte vernommen wurden, nach

§ 253 verlesen werden, da es nur auf die prozessuale Stellung in der Hauptverhandlung ankommt (*RGSt* 12, 118; 55, 223; *BGHSt* 27, 13 [17]; LR-*Gollwitzer*, Rn. 15; *Eb. Schmidt*, Lehrkomm. II, Rn. 14 f.; ANM, 279 f.).

Die Befugnis zur Protokollverlesung ist beschränkt auf die **eigenen** und früheren **8** **Aussagen** des Zeugen oder Sachverständigen; eine entsprechende Anwendung des § 253 auf die früheren Aussagen anderer Personen ist wegen des Ausnahmecharakters der Vorschrift nicht zulässig (*BGH* b. *Holtz* MDR 1983, 624; LR-*Gollwitzer*, Rn. 9, 16). Wird der Beamte vernommen, der die frühere Vernehmung geleitet hatte, darf das von ihm aufgenommene Protokoll deshalb nicht zu Beweiszwecken nach § 253 verlesen werden; vielmehr kommt im Zusammenhang mit der Vernehmung des Beamten nur der Vorhalt aus dem Protokoll in Betracht (*BGHSt* 1, 4 [8]; 3, 281 [282 ff.]; *BGH* b. *Holtz* MDR 1983, 624; KK-*Mayr*, Rn. 3).

Aus dem Grundsatz der Subsidiarität des Urkundenbeweises (oben Rn. 4), aber **9** auch aus den allgemeinen Grundsätzen über die Vernehmung von Zeugen und Sachverständigen (§§ 69, 72) ergibt sich, daß die Protokollverlesung nach § 253 erst dann erfolgen darf, wenn das Gericht den Zeugen oder Sachverständigen **vollständig vernommen** hat und eine weitere Aufklärung des Sachverhals von ihm nicht mehr zu erwarten ist (*BGHSt* 20, 160 [162]; *BGH* NJW 1986, 2063; LR-*Gollwitzer*, Rn. 6). Dies schließt ein, daß dem Befragten das Protokoll über seine frühere Vernehmung vorgehalten wird, um auf diesem Weg Erinnerungslücken oder Widersprüche zu klären (*RGSt* 59, 144, [145 f.]; LR-*Gollwitzer* Rn. 7; *ANM*, 280 f.).

Andererseits ergibt sich aus der Aufklärungspflicht des Gerichts (oben Rn. 5), daß **10** die Vernehmung des Zeugen oder Sachverständigen noch nicht abgeschlossen sein darf; die Protokollverlesung muß vielmehr **in Anwesenheit** des Befragten **und im Zusammenhang mit seiner Vernehmung** erfolgen, damit der Befragte die Möglichkeit hat, sich zum Protokollinhalt zu äußern und ihn in seine Aussage einzubeziehen (*BGH* b. *Dall.* MDR 1970, 198; *OLG Saarbrücken* JR 1973, 472 m. Anm. *Fuhrmann*; KK-*Mayr*, Rn. 7; *K/M*, Rn. 3; einschränkend LR-*Gollwitzer*, Rn. 21).

2. Besondere Voraussetzungen des Abs. 1

Die Protokollverlesung nach Abs. 1 setzt darüber hinaus die **Erklärung** des Zeu- **11** gen oder Sachverständigen voraus, **daß er sich einer Tatsache nicht mehr erinnere**. Für die Zulässigkeit des Urkundenbeweises genügt die entsprechende Erklärung; das Gericht ist nicht verpflichtet, das Vorbringen des Befragten auf seine Richtigkeit hin zu überprüfen oder Zwangsmaßnahmen nach §§ 70, 77 anzuwenden (*RGSt* 59, 248; LR-*Gollwitzer*, Rn. 10). Die Erklärung braucht nicht ausdrücklich abgegeben zu werden; es genügt, wenn sich die mangelnde Erinnerung aus dem Verlauf der Vernehmung ergibt (*BGHSt* 1, 337 [340]; 3, 281 [285]).

3. Besondere Voraussetzungen des Abs. 2

Die Protokollverlesung nach Abs. 2 setzt voraus, daß in der Vernehmung ein **Wi- 12** **derspruch mit der frühreren Aussage** hervortritt. Dies ist in der Regel dann der Fall, wenn der Zeuge oder Sachverständige auf Vorhalt hin (oben Rn. 9) bestreitet, die frühere Aussage gemacht zu haben. Aus dem Grundsatz der Subsidiarität des Urkundenbeweises (oben Rn. 4) folgt dabei, daß die Protokollverlesung nach § 253 nur dann zulässig ist, wenn der Widerspruch »nicht auf andere Weise ohne Unterbrechung der Hauptverhandlung festgestellt oder behoben werden kann«. Dies bedeutet zunächst, daß der Widerspruch erst bei der Vernehmung in der

Hauptverhandlung hervorgetreten sein darf; Widersprüche, die schon vor der Hauptverhandlung erkennbar sind, müssen also auf anderem Weg als durch Protokollverlesung, insbesondere durch die Ladung und Vernehmung der Verhörsperson aufgeklärt werden (LR-*Gollwitzer*, Rn. 12; KK-*Mayr*, Rn. 6). Aber auch dann, wenn der Widerspruch erst in der Hauptverhandlung erkennbar wird, ist die Vernehmung der Verhörsperson vorrangig, wenn die Verhörsperson anwesend ist, so daß sie ohne Unterbrechung oder Aussetzung der Hauptverhandlung vernommen werden kann (*K/M*, Rn. 6; *ANM*, 279).

III. Anordnung, Umfang und Grenzen der Protokollverlesung

13 Die **Anordnung** der Verlesung trifft der Vorsitzende (§ 238 I). Gegen seine Entscheidung kann ein Gerichtsbeschluß herbeigeführt werden (§ 238 II).

14 Im Hinblick auf den **Umfang und die Grenzen** des Urkundenbeweises enthält § 253 zwei Einschränkungen. Zum einen bezieht sich die Befugnis zur Verlesung nur auf **Vernehmungsprotokolle**. Für andere als Beweismittel dienende Schriftstücke bestimmt sich die Zulässigkeit der Verlesung nach §§ 249, 250. Schriftliche Erklärungen eines Zeugen oder Sachverständigen, auf die in der Aussage Bezug genommen wird, wie etwa die von einem Polizeibeamten erstattete Anzeige oder ein schriftliches Gutachten, dürfen daher unabhängig von den Voraussetzungen des § 253 verlesen werden, wenn der Personalbeweis hierdurch nicht ersetzt, sondern lediglich ergänzt wird (§ 250 S. 2; *BGHSt* 1, 4 [8]; 20, 160 [161 ff.]; 23, 213 [220]; *Roxin*, § 44 B I 2 e; *ANM*, 280; KK-*Mayr*, Rn. 4). Für das Abspielen von Tonbandaufnahmen über die frühere Vernehmung gilt § 253 ebenfalls nicht, da Tonbänder keine Urkunden, sondern Gegenstände des Augenscheins sind (*BGHSt* 14, 339 [341]; 27, 135; LR-*Gollwitzer*, Rn. 18; KK-*Mayr*, Rn. 10; zur Beweismittelqualität von Tonbandaufnahmen allgemein *Roxin*, § 28 C). Vernehmungsprotokolle können demgegenüber zu Beweiszwecken verlesen werden, ohne daß es darauf ankommt, von welcher Stelle sie aufgenommen wurden. Es kann sich also um eine (richterliche oder nichtrichterliche) Niederschrift aus demselben oder einem anderen Strafverfahren, aus einem Zivilrechtsstreit oder sogar aus einem Verwaltungsverfahren handeln; entscheidend ist lediglich, daß die Niederschrift von einer amtlichen Stelle aufgenommen wurde (*RGSt* 1, 409 [413], 10, 358; LR-*Gollwitzer*, Rn. 15 f.; *ANM*, 279).

15 Zum zweiten ist die Befugnis zur Verlesung beschränkt auf denjenigen Teil des Protokolls, auf den sich die Erinnerungslücke des Befragten oder der Widerspruch bezieht (*Hanack*, Schmidt-Leichner-Festschrift, 86). Das Protokoll darf dabei in dem Umfang verlesen werden, in dem es zum Verständnis seines Inhalts erforderlich ist. Bei vollständigem Erinnerungsverlust oder bei gänzlich widersprüchlichen Aussagen kann auch das gesamte Protokoll verlesen werden (*RGSt* 1, 409 [413]; 57, 377; *OLG Koblenz* GA 1974, 222; LR-*Gollwitzer*, Rn. 20; *ANM*, 280).

IV. Rechtsfolgen

16 Die wichtigste **Rechtsfolge** der Protokollverlesung nach § 253 besteht nach der hier vertretenen Auffassung (oben Rn. 3) darin, daß das Vorhandensein und der Inhalt der früheren Aussage mit dem **Urkundenbeweis** in die Hauptverhandlung eingeführt und damit vom Gericht zum Gegenstand der freien Beweiswürdigung (§ 261) gemacht werden können (*RGSt* 59, 144; LR-*Gollwitzer*, Rn. 24 f.; *Wömper*, NStZ 1983, 296 f.). Der Beweiswert der Aussage darf dabei nicht allzu hoch veranschlagt werden (oben Rn. 5); insbesondere zur Behebung von Widersprüchen (Abs. 2) kann dieses Beweismittel meist nur insofern etwas beitragen, als es Rückschlüsse auf die Glaubwürdigkeit des Befragten zuläßt (LR-*Gollwitzer*, Rn. 1).

Die zu Beweiszwecken erfolgende Verlesung des Protokolls über die frühere Ver- **17** nehmung muß im **Hauptverhandlungsprotokoll** vermerkt werden (§ 273 I; *BGH* NJW 1986, 2063; *OLG Köln* NJW 1965, 830; LR-*Gollwitzer*, Rn. 23). Wird nur ein Teil des Protokolls verlesen, ist dieser genau zu bezeichnen. Auf Antrag der Staatsanwaltschaft oder des Angeklagten muß auch der Grund der Verlesung (Erinnerungsverlust bzw. Hervortreten von Widersprüchen) im Protokoll erwähnt werden (§ 255).

Die **Revision** kann vor allem darauf gestützt werden, daß die Voraussetzungen für **18** die Protokollverlesung nach § 253 nicht vorlagen und die Durchbrechung des Unmittelbarkeitsgrundsatzes daher nicht gerechtfertigt war. Möglich ist aber auch ein Verstoß gegen die Aufklärungspflicht (§ 244 II), wenn das Gericht von der Protokollverlesung abgesehen hat, obwohl die Voraussetzungen des § 253 erfüllt waren (LR-*Gollwitzer*, Rn. 26 f.).

§ **254 (Verlesung von Geständnissen und bei Widersprüchen)**
(1) Erklärungen des Angeklagten, die in einem richterlichen Protokoll enthalten sind, können zum Zweck der Beweisaufnahme über ein Geständnis verlesen werden.
(2) Dasselbe kann geschehen, wenn ein in der Vernehmung hervortretender Widerspruch mit der früheren Aussage nicht auf andere Weise ohne Unterbrechung der Hauptverhandlung festgestellt oder behoben werden kann.

I. Sinn und Zweck der Vorschrift

Die Vorschrift hat im Hinblick auf die früheren Erklärungen des Angeklagten **1** denselben **Sinn und Zweck** wie § 253 im Hinblick auf die früheren Aussagen von Zeugen und Sachverständigen. Sie erlaubt in Durchbrechung des Unmittelbarkeitsgrundsatzes (§ 250) die Verlesung der in einem richterlichen Vernehmungsprotokoll enthaltenen früheren Aussagen des Angeklagten, wenn dies zur Beweisaufnahme über ein Geständnis (Abs. 1) oder zur Feststellung oder Behebung von Widersprüchen (Abs. 2) erforderlich ist. Ebenso wie § 253 (dort Rn. 3) erklärt auch § 254 den **Urkundenbeweis** für zulässig und ermöglicht es damit, die früheren Aussagen direkt zur Beweisgrundlage zu machen. Dies gilt nicht nur für die Protokollverlesung nach Abs. 1, sondern auch für die nach Abs. 2 (*RGSt* 61, 72 [74];

LR-*Gollwitzer*, Rn. 1 f.; KK-*Mayr*, Rn. 2; *Roxin*, § 44 B I 2 d; *Schneidewin*, JR 1951, 485 f.; *Schroth*, ZStW 87 [1975], 107 ff., 117 ff.). Die Gegenmeinung, die zur Feststellung und Behebung von Widersprüchen (Abs. 2) nicht den Urkundenbeweis, sondern lediglich den Vorhalt durch wörtliches Verlesen des Protokolls für zulässig hält (*Eb. Schmidt*, Lehrkomm. II, Rn. 1, 10; *Löhr*, Der Grundsatz der Unmittelbarkeit, 148 f.), vermag nicht zu überzeugen (oben § 253 Rn. 3). Als Ausnahmebestimmung zum Unmittelbarkeitsprinzip ist § 254 eng auszulegen; es gilt der Grundsatz der Subsidiarität des Urkundenbeweises.

2 Die Zulässigkeit des Urkundenbeweises durch Protokollverlesung nach § 254 besagt nichts über den Wert dieses Beweismittels. Außer den allgemeinen Fehlerquellen, die den Inhalt des Protokolls beeinflußt haben können (oben § 253 Rn. 5), ist im Zusammenhang mit der Beweisaufnahme über ein früheres Geständnis des Angeklagten (Abs. 1) stets auch die Gefahr zu berücksichtigen, daß das protokollierte Geständnis falsch ist. Die Gründe für ein falsches Geständnis können vielfältig sein; Schuldgefühle des Beschuldigten und Angst vor dem Verfahren können genauso eine Rolle spielen wie (etwa bei Straßenverkehrsdelikten) der Wille, den wirklichen Täter zu decken (*Peters*, § 44 III 4 a aa; *ders.*, Fehlerquellen im Strafprozeß, Bd. 2, 1972, 13 ff.; *Roxin*, § 15 C II 1 b bb). Im Hinblick auf die **Aufklärungspflicht** des Gerichts (§ 244 II) wird es deshalb häufig erforderlich sein, zur Ermittlung des Beweiswerts der früheren Aussage weitere Beweise zu erheben. Dies gilt insbesondere in den Fällen, in denen der Angeklagte die Richtigkeit des Protokolls bestreitet; hier dürfte regelmäßig die Befragung des früheren Vernehmungsrichters erforderlich sein (*K/M*, Rn. 1; KMR-*Paulus*, Rn. 2; *ANM*, 282).

II. Voraussetzungen der Protokollverlesung

1. Allgemeine Voraussetzungen

3 Die **allgemeinen Voraussetzungen** des § 254 entsprechen zum Teil denen des § 253. Die Protokollverlesung nach § 254 ist nur **innerhalb der Hauptverhandlung** zulässig (oben § 253 Rn. 6). Bei Vernehmungen außerhalb der Hauptverhandlung (§ 233 II) dürfen die früheren Erklärungen dem Angeklagten lediglich vorgehalten werden.

4 Die Verlesung ist zulässig, soweit es um frühere Erklärungen des **Angeklagten** zu der ihm vorgeworfenen Tat geht. Hierfür kommt es nicht darauf an, ob der Angeklagte die früheren Aussagen als Beschuldigter oder als Zeuge (oder Sachverständiger) gemacht hat (*RGSt* 9, 174; 55, 223; LR-*Gollwitzer*, Rn. 13; KMR-*Paulus*, Rn. 4; *ANM*, 284). Die Gegenmeinung, die die früheren Aussagen eines Zeugen aus dem Anwendungsbereich des § 254 ausschließen will, begründet dies hiermit, daß der Beschuldigte nicht zur Aussage verpflichtet sei und über sein Recht ausdrücklich belehrt werden müsse (§ 136 I 2; KK-*Mayr*, Rn. 3). Auch der Zeuge ist jedoch nicht zur Aussage verpflichtet, wenn für ihn die Gefahr der Strafverfolgung besteht, und auch er muß über sein Auskunftsverweigerungsrecht belehrt werden (§ 55 II), so daß für die von der Gegenmeinung vertretene Einschränkung des § 254 ein sachlicher Grund nicht besteht. § 254 gilt im übrigen nicht nur für frühere Erklärungen von Angeklagten, sondern entsprechend auch für Einziehungs-, Verfalls- und andere Nebenbeteiligte (§ 433 I 1, 442 I, II 1, 444 II 2), gegen die eine Maßnahme angeordnet werden soll (*K/M*, Rn. 1).

5 Macht der Angeklagte von seinem Schweigerecht (§ 243 IV 1) keinen Gebrauch, so ergibt sich aus dem Grundsatz der Subsidiarität des Urkundenbeweises (oben Rn. 1) sowie aus den allgemeinen Grundsätzen über die Vernehmung des Angeklagten (*Roxin*, § 25 III 1 d), daß die Protokollverlesung nach § 254 erst **im Anschluß an den Bericht des Angeklagten** erfolgen darf (KMR-*Paulus*, Rn. 3). Bloße Vorbehalte aus dem richterlichen Protokoll, bei denen nicht der Inhalt des Protokolls, sondern nur die Antwort des Angeklagten zur Beweisgrundlage gemacht wird, sind unabhängig von den Voraussetzungen des § 254 jederzeit zulässig (LR-*Gollwitzer*, Rn. 24; krit. hierzu *Schroth*, ZStW 87 [1975], 119 ff.).

2. Besondere Voraussetzungen des Abs. 1

Die Protokollverlesung nach Abs. 1 setzt (anders als die nach § 253 I) keine ir- **6** gendwie gearteten Erklärungen des Angeklagten in der Hauptverhandlung voraus. Die frühere Aussage darf daher sowohl dann verlesen werden, wenn der Angeklagte in der Hauptverhandlung sein früheres Geständnis wiederholt, als auch dann, wenn er es widerruft (LR-*Gollwitzer*, Rn. 15; KMR-*Paulus*, Rn. 5; *ANM*, 283 f.; a. A. für den Fall des Widerrufs *Eb. Schmidt*, Lehrkomm. II, Rn. 3). Macht der Angeklagte von seinem Schweigerecht (§ 243 IV 1) Gebrauch, besteht die Befugnis zur Protokollverlesung ebenfalls (KMR-*Paulus*, Rn. 3). Sogar bei Durchführung der Hauptverhandlung in Abwesenheit des Angeklagten (zu den einzelnen Fallgruppen vgl. *Roxin*, § 42 F) ist der Urkundenbeweis nach § 254 zulässig (LR-*Gollwitzer*, Rn. 17; KMR-*Paulus*, Rn. 5). Erforderlich ist in allen Fällen lediglich, daß die Verlesung **»zum Zweck der Beweisaufnahme über ein Geständnis«** erfolgt. Hierfür ist es unerheblich, ob mit der früheren Aussage der Beweis über das Vorhandensein und den Inhalt des früheren Geständnisses geführt werden soll, oder ob die frühere Aussage dazu herangezogen wird, die Glaubhaftigkeit der vom Angeklagten in der Hauptverhandlung abgegebenen Erklärungen zu beweisen oder zu widerlegen. Das Protokoll darf nach h. M. sogar zum Beweis dafür verlesen werden, daß der Angeklagte in seiner früheren Vernehmung ein Geständnis nicht abgelegt oder daß er es widerrufen hat (RGSt 45, 196; 54, 126 [128]; LR-*Gollwitzer*, Rn. 11; *K/M*, Rn. 2; *ANM*, 283).

Obwohl § 254 als Ausnahmebestimmung zum Unmittelbarkeitsprinzip eng auszu- **7** legen ist (oben Rn. 1), beschränkt die h. M. den Begriff des **»Geständnisses«** nicht auf Schuldbekenntnisse, sondern versteht hierunter jede Erklärung des Angeklagten, durch die eine Tatsache eingeräumt wird, die für den Schuldspruch oder die Rechtsfolgenentscheidung unmittelbar oder mittelbar erheblich ist. Es soll auch nicht darauf ankommen, ob die Tatsache den Angeklagten be- oder entlastet (RGSt 45, 196 [197]; 54, 126 [127]; LR-*Gollwitzer*, Rn. 12; KK-*Mayr*, Rn. 3; *K/M* Rn. 2; *ANM*, 283). Einzige Bedingung ist, daß sich die Erklärung auf denselben Vorgang bezieht, der dem anhängigen Verfahren zugrundeliegt (RGSt 54, 126 [127]). Es liegt auf der Hand, daß die im Gesetz genannte Beschränkung des Verlesungszweckes auf die **»Beweisaufnahme über ein Geständnis«** mit dieser Auslegung entwertet wird (vgl. *Eb. Schmidt*, Lehrkomm. II, Rdn. 2).

3. Besondere Voraussetzungen des Abs. 2

Für die Protokollverlesung nach Abs. 2 gelten die gleichen Voraussetzungen wie **8** für die Verlesung nach § 253 II (dort Rn. 12).

III. Anordnung, Umfang und Grenzen der Protokollverlesung

1. Anordnungsbefugnis

9 Für die **Anordnung** der Verlesung gilt ebenfalls das gleiche wie bei § 253 (dort Rn. 13).

2. Beschränkung auf Vernehmungsprotokolle

10 Der **Umfang und** die **Grenzen** der Verlesung werden durch drei Einschränkungen bestimmt. Zum einen dürfen nach § 254 nur solche Erklärungen des Angeklagten verlesen werden, die in einem **Vernehmungsprotokoll** enthalten sind. Für andere als Beweismittel dienende Schriftstücke bestimmt sich die Zulässigkeit der Verlesung nach §§ 249, 250. Schriftliche Erklärungen des Angeklagten, die ein Schuldbekenntnis enthalten (etwa gem. §§ 136 I 4, 163 a I 2 StPO, § 55 I OWiG), dürfen daher unbeschränkt verlesen werden (*RGSt* 18, 23; 35, 234; *OLG Düsseldorf* JMBl. NRW 1979, 247; *OLG Zweibrücken* b. *Göhler*, NStZ 1982, 12; KMR-*Paulus*, Rn. 11; *ANM*, 310); Niederschriften, die eine Privatperson über Äußerungen des Angeklagten gefertigt hat, dürfen verlesen werden, wenn der Personalbeweis hierdurch nicht ersetzt, sondern lediglich ergänzt wird (§ 250 S. 2; LR-*Gollwitzer*, Rn. 8). Für das Abspielen von Tonbandaufnahmen gilt § 254 ebenfalls nicht; die Aufnahmen dürfen im Wege des Augenscheinsbeweises in den Prozeß eingeführt werden (LR-*Gollwitzer*, Rn. 10; KMR-*Paulus*, Rn. 12; a. A. [analoge Anwendung des § 254] *Hanack*, JZ 1972, 275; krit. auch *Eb. Schmidt*, JZ 1964, 541 f.). Ist die Erklärung des Angeklagten demgegenüber in einem (richterlichen) Vernehmungsprotokoll enthalten, kommt es für die Verlesbarkeit nach § 254 nicht darauf an, in welchem Verfahren die Niederschrift aufgenommen wurde. Verlesen werden dürfen also Protokolle aus demselben oder einem anderen Strafverfahren, aus einem Zivilrechtsstreit oder einem Verwaltungsgerichtsverfahren (*RGSt* 9, 174; 56, 257; LR-*Gollwitzer*, Rn. 5 *K/M*, Rn. 4). Die Verlesbarkeit setzt dabei zum Schutz des Angeklagten stets voraus, daß das Protokoll unter Beachtung der für das jeweilige Verfahren vorgeschriebenen wesentlichen Förmlichkeiten (für Strafverfahren etwa der §§ 136 I, 168, 168 a 168 c) aufgenommen wurde (*BGHSt* 27, 339; *BGH* StV 1985, 314; LR-*Gollwitzer*, Rn. 6; KK-*Mayr*, Rn. 5 ff.).

3. Beschränkung auf richterliche Protokolle

11 Zum zweiten dürften nach § 254 Erklärungen des Angeklagten nur aus **richterlichen** Vernehmungsprotokollen verlesen werden (*RGSt* 14, 258; KK-*Mayr*, Rn. 4). Protokolle, die nicht die gleiche Gewähr der Richtigkeit und Vollständigkeit bieten wie richterliche Niederschriften (vgl. §§ 168 c II, V StPO, §§ 153 f. StGB; ferner *Fezer*, JuS 1977, 382 ff., 524; *Schroth*, ZStW 87 [1975], 114 ff.), sollen angesichts der erheblichen Bedeutung des Geständnisses für die Urteilsfindung aus dem Anwendungsbereich des Urkundenbeweises ausgeschlossen bleiben.

12 Die Beschränkung des Urkundenbeweises nach § 254 auf richterliche Protokolle hat im Hinblick auf die **Verwertbarkeit anderer** von amtlichen Stellen (insbesondere der Staatsanwaltschaft und der Polizei) aufgenommenen **Niederschriften** verschiedene Konsequenzen. Verlesen werden dürfen nichtrichterliche Protokolle nur dann, wenn sie ein Bestandteil des richterlichen Protokolls geworden sind (zu weiteren Ausnahmen *ANM*, 285 f.). Dies setzt neben der Wiedergabe des wesentlichen Inhalts der Aussage voraus, daß der vernehmende Richter das frühere Protokoll vollständig vorgelesen und der Angeklagte klar kundgetan hat, daß er die früheren Angaben als Bestandteil seiner Erklärungen vor dem Richter betrachtet wissen will (*BGHSt* 6, 279 [281]; 7, 73, [74f.]; *BGH* NJW 1952, 1027; *BGH* NStE Nr. 1, 3 zu § 254 StPO; LR-*Gollwitzer*, Rn. 23; KK-*Mayr*, Rn. 5; *ANM*, 285). Die Einhaltung dieser beiden Bedingungen muß sich zweifelsfrei aus dem richterlichen Vernehmungsprotokoll ergeben.

Der **Vorhalt** der nichtrichterlichen Protokolle **gegenüber dem Angeklagten** ist **13** grundsätzlich zulässig (LR-*Gollwitzer*, R. 24; *K/M*, Rn. 7; *ANM*, 286; einschränkend *Hanack*, Schmidt-Leichner-Festschrift, 95, *Roxin*, § 44 B 13; ablehnend *Schroth*, ZStW 87 [1975], 125 ff.). Grundlage der Beweiswürdigung ist bei diesem Vorgehen jedoch nur die auf den Vorhalt hin erfolgende Erklärung des Angeklagten (*Fezer*, JuS 1977, 521).

Umstritten ist, ob § 254 die **Vernehmung** der nichtrichterlichen Verhörsperson **als 14 Zeuge** über die früheren Erklärungen des Angeklagten ausschließt. Von der h. M. wird die Zulässigkeit der Zeugenvernehmung mit der Begründung bejaht, § 254 enthalte für die vor nichtrichterlichen Verhörspersonen abgegebenen Erklärungen lediglich ein Verlesungs- und kein Verwertungsverbot (*RGSt* 61, 72 [74f.]; *BGHSt* 1, 337 [339]; 3, 149 [150]; 14, 310 [311f.]; LR-*Gollwitzer*, Rn. 9, 25, 27; KK-*Mayr*, Rn. 1f.; *ANM*, 286). Die Gegenmeinung bestreitet dies vor allem mit dem Hinweis auf § 243 IV 1: Die Befugnis zur Einführung der früheren Erklärungen des Angeklagten in die Hauptverhandlung sei im Hinblick auf das Schweigerecht des Angeklagten restriktiv auszulegen (*Grünwald*, JZ 1968, 754; *Hanack*, JZ 1972, 274). Darüber hinaus läßt sich für die Gegenmeinung aber auch die Parallele zu § 252 anführen: Wenn die frühere Aussage eines Zeugen im Fall der nachträglichen Zeugnisverweigerung nicht durch die Vernehmung der nichtrichterlichen Verhörsperson verwertet werden darf (*Roxin*, § 44 B III; oben § 252 Rn. 7), muß dies an sich auch für die früheren Erklärungen des Angeklagten gelten (*Schroth*, ZStW 87 [1975], 128 ff.; a. A. *BGHSt* 1, 337). Sinn und Zweck des § 254 sprechen ebenfalls für die Gegenmeinung: Wenn die Durchbrechung des Unmittelbarkeitsgrundsatzes ihre Rechtfertigung gerade daraus bezieht, daß der Urkundenbeweis gegenüber der Zeugenaussage der Verhörsperson meist das verläßlichere Beweismittel ist (oben § 253 Rn. 4), kann aus der Beschränkung des § 254 auf richterliche Protokolle nur der Schluß gezogen werden, daß damit erst recht die (weniger verläßlichen) Zeugenaussagen der nichtrichterlichen Verhörspersonen ausgeschlossen sein sollen.

Für die h. M., die die Vernehmung der nichtrichterlichen Verhörsperson in der **15** Hauptverhandlung gleichwohl für zulässig hält, ergibt sich die Notwendigkeit des Rückgriffs auf dieses Beweismittel unter Aufklärungsgesichtspunkten (§ 244 II) insbesondere in den Fällen, in denen er die Richtigkeit des Protokolls bestreitet oder behauptet, zum Geständnis gezwungen worden zu sein (*RGSt* 61, 72 [74]; *BGHSt* 1, 337 [339]; 14, 310 [312]; LR-*Gollwitzer*, Rn. 9, 25, 27; *ANM*, 286). In der Vernehmung soll der Vorhalt des Protokolls gegenüber der Verhörsperson zulässig sein (*K/M*, Rn. 8; krit. hierzu *Fezer*, JuS 1977, 524; *Hanack*, Schmidt-Leichner-Festschrift, 96). Auch nach h. M. soll es jedoch nicht gestattet sein, das Protokoll in Ergänzung der Zeugenaussage zu verlesen und damit zur Grundlage der Beiswürdigung zu machen, wenn sich die Verhörsperson in der Hauptverhandlung trotz Vorhalts an den Inhalt der Aussage des Angeklagten nicht mehr erinnern kann (*BGHSt* 14, 310 [312f.]; 23, 213 [220]; LR-*Gollwitzer*, Rn. 9; *ANM*, 286f.; a. A. *Wömpner*, NStZ 1983, 298f.; zu den einzelenen Fallgruppen vgl. *Fezer*, JuS 1977, 522).

4. Beschränkung auf Teile des Protokolls

16 Die dritte Einschränkung ergibt sich aus dem Grundsatz der Subsidiarität des Urkundenbeweises (oben Rn. 1). Verlesen werden darf das Protokoll nur insoweit, als dies für die Beweisaufnahme über das Geständnis oder für die Feststellung und Behebung der Widersprüche erforderlich ist. Die Befugnis zum Urkundenbeweis bezieht sich deshalb häufig nur auf **Teile des Protokolls**, kann allerdings, etwa wenn der Angeklagte nicht zur Sache aussagt, auch das gesamte Protokoll erfassen.

IV. Rechtsfolgen

17 Die wichtigste **Rechtsfolge** der Protokollverlesung besteht nach der hier vertretenen Auffassung (oben Rn. 1) darin, daß das Vorhandensein und der Inhalt der früheren Erklärungen des Angeklagten mit dem **Urkundenbeweis** durch Verlesen (§ 249) in die Hauptverhandlung eingeführt und damit vom Gericht zum Gegenstand der freien Beweiswürdigung (§ 261) gemacht werden können (*RGSt* 61, 72 [74]; *Wömpner*, NStZ 1983, 296f.). Der Wert dieses Beweismittels darf jedoch, insbesondere soweit es sich auf ein früheres Geständnis des Angeklagten bezieht (Abs. 1), nicht allzu hoch veranschlagt werden. Schweigt der Angeklagte in der Hauptverhandlung oder bestreitet er die Richtigkeit des Protokolls, wird die Verurteilung meist die Erhebung weiterer Beweise erforderlich machen (oben Rn. 2).

18 Wird gegen **mehrere Mitangeklagte** verhandelt, dürfen die nach § 254 verlesenen früheren Erklärungen eines Angeklagten auch gegenüber dem Mitangeklagten verwertet werden, wenn sie tatsächliche Vorgänge betreffen, die auch für den gegen den Mitangeklagten erhobenen Anklagevorwurf von Bedeutung sind (*BGHSt* 22, 372; LR-*Gollwitzer*, Rn. 18; KK-*Mayr*, Rn. 8; *K/M*, Rn. 5; a. A. *Roxin*, § 44 B I 2 d). Der Grund hierfür liegt darin, daß der durch Verlesung in die Hauptverhandlung eingeführte Prozeßstoff vom Gericht nur einheitlich gewürdigt werden kann (*Fezer*, JuS 1977, 322f.).

19 Im Hinblick auf die **Protokollierung** der Verlesung und die **Revision** gelten die gleichen Grundsätze wie bei § 253 (dort Rn. 17f.; LR-*Gollwitzer*, Rn. 28ff.; *K/M*, Rn. 9; KMR-*Paulus*, Rn. 18).

§ 255 (Protokollierung der Verlesung)

In den Fällen der §§ 253 und 254 ist die Verlesung und ihr Grund auf Antrag der Staatsanwaltschaft oder Angeklagten im Protokoll zu erwähnen.

1 Die im Zusammenhang mit den Protokollverlesungen nach §§ 253 und 254 stehende Vorschrift verfolgt den **Zweck**, dem Revisionsführer die Begründung der Verfahrensrüge (§ 344 II 2) zu erleichtern (*Schneidewin*, JR 1951, 487; LR-*Gollwitzer*, Rn. 1). Dieser Zweck wird jedoch nicht erreicht. Da die Protokollverlesung in den Fällen der §§ 253 und 254 nach der hier vertretenen Auffassung (oben § 253 Rn. 3, § 254 Rn. 1) eine Form des Urkundenbeweises ist, muß sie als eine wesentliche Förmlichkeit des Verhandlungsablaufs ohnehin von Amts wegen protokolliert werden (§ 273 I; *BGH* NJW 1986, 2063; *OLG Köln* NJW 1965, 830). Die gesonderte Erwähnung der »**Verlesung**« in § 255 hat daher keine eigenständige Bedeutung (*Schneidewin*, JR 1951, 488). Der Regelungsgehalt des § 255 beschränkt sich vielmehr darauf, daß auf Antrag auch der **Grund der Verlesung** in das Protokoll aufgenommen werden muß (LR-*Gollwitzer*, Rn. 3). Dieser Grund wird jedoch von der formellen Beweiskraft des Sitzungsprotokolls (§ 274) nicht erfaßt, sondern unterliegt der freibeweislichen Feststellung durch das Revisionsgericht (*Schneidewin*, JR 1951, 489).

Antragsberechtigt sind neben dem Staatsanwalt und dem Angeklagten auch der 2 Verteidiger (*BGHSt* 12, 367 [371]) sowie in den Grenzen ihrer Beteiligungsbefugnis die sonstigen Nebenbeteiligten (oben § 254 Rn. 4; *K/M*, Rn. 2). Wird der Grund der Verlesung trotz des Antrags nicht im Protokoll erwähnt, kann die **Revision** hierauf nicht gestützt werden, da das Urteil auf diesem Fehler nicht beruhen kann (*K/M*, § 344 Rn. 26).

§ 256 (Verlesung von Behörden- und Ärzteerklärungen)
(1) Die ein Zeugnis oder ein Gutachten enthaltenden Erklärungen öffentlicher Behörden sowie der Ärzte eines gerichtsärztlichen Dienstes mit Ausschluß von Leumundszeugnissen sowie ärztliche Atteste über Körperverletzungen, die nicht zu den schweren gehören, können verlesen werden. Dasselbe gilt für Gutachten über die Auswertung eines Fahrtschreibers, die Bestimmung der Blutgruppe oder des Blutalkoholgehalts einschließlich seiner Rückrechnung sowie für ärztliche Berichte zur Entnahme von Blutproben.
(2) Ist das Gutachten einer kollegialen Fachbehörde eingeholt worden, so kann das Gericht die Behörde ersuchen, eines ihrer Mitglieder mit der Vertretung des Gutachtens in der Hauptverhandlung zu beauftragen und dem Gericht zu bezeichnen.

Literatur
Ahlf Zur Ablehnung des Vertreters von Behördengutachten durch den Beschuldigten im Strafverfahren, MDR 1978, 981 ff.
Eisenberg Anmerkung zu BGH NStZ 1984, 467, NStZ 1985, 84 ff.
Gössel Behörden und Behördenangehörige als Sachverständige vor Gericht, DRiZ 1980, 363 ff.
Hanack Zum Problem der persönlichen Gutachterpflicht, insbesondere in Kliniken, NJW 1961, 2041 ff.
Jessnitzer Der gerichtliche Sachverständige, 9. Aufl. 1988.
Rieß Der Hauptinhalt des Ersten Gesetzes zur Reform des Strafverfahrensrechts (1. StVRG), NJW 1975, 81 ff.
Schnellbach Sachverständigengutachten kollegialer Fachbehörden im Prozeß, Diss. Marburg 1964.
Seyler Das Behördengutachten im Strafprozeß, GA 1989, 546 ff.
Stern Persönliche Gutachterpflicht eines Klinikleiters, NJW 1969, 2259 ff., 2304.
Wömpner Zur Verlesung früherer Urteile, NStZ 1984, 481 ff.

I. Zweck und Reichweite
Die Bestimmung durchbricht den Grundsatz des § 250 mit Rücksicht auf den amt- 1 lichen Ursprung bestimmter Erklärungen und auf die Prozeßökonomie, weil die persönliche Vertretung eines Gutachtens in den genannten Fällen den Sachverständigen unnötig belasten, das Verfahren nicht wesentlich fördern würde und in der Regel nur geringen Erkenntniswert hätte (kritisch zur Annahme höherer Objektivität *Seyler*, GA 1989, 560). Erklärungen bestimmter Gutachter (I1) und bestimmten Inhalts (I2) können daher als Durchbrechung der Mündlichkeit und Unmittelbarkeit verlesen werden, sofern nicht die Aufklärungspflicht eine persönliche Vernehmung des Sachverständigen fordert. Unter den gesetzlichen, nicht ana-

logiefähigen Voraussetzungen ermöglicht die Bestimmung einen Beweis durch Urkunden (entgegen *Schnellbach* S. 68 nicht durch Sachverständige).

2 II erleichtert, ohne unmittelbaren Zusammenhang mit I, die Vertretung des Gutachtens einer kollegial organisierten Fachbehörde.

II. Die Verwertung einzelner Erklärungen und Befunde

1. Gegenstand

a) Bestimmte Verfasser

3 Urheber muß nach I1 zunächst eine öffentliche Behörde sein. Sie ist gekennzeichnet durch ihre Errichtung, ihren Zweck (dazu § 1 IV VwVfG) und ihr Verhältnis zu den Angehörigen: ein von einem Träger öffentlicher Gewalt bestelltes Organ (unabhängig vom Organisationsakt und der Rechtsform), das mit Außenzuständigkeit öffentliche Aufgaben (gleich welcher Art) erfüllt und in seinem Bestand von den für das Organ Handelnden nicht abhängt (ohne Rücksicht auf die innere Organisation): *RGSt* (VS) 18, 246, 250, *BGHZ* 25, 183, 189, *OLG Karlsruhe*, NJW 1973, 1426.

4 Diese Voraussetzungen erfüllen (Zusammenstellung bei LR-*Gollwitzer* Rn. 11, *Schnellbach* S. 36 f.) Bundes-, Landes- und Kommunalbehörden, Post-, Zoll- und Bundesbankstellen, öffentlich-rechtliche Versicherungsanstalten, Krankenanstalten der öffentlichen Hand, amtliche Berufsvertretungen und Körperschaften (Rechtsanwalts- und Handelskammern), Untersuchungsausschüsse, staatliche Untersuchungsstellen (Kriminalämter), wissenschaftliche Anstalten, insbesondere gerichtsmedizinische Institute der Universität: *BGH* bei *Dallinger* MDR 1956, 651, 652. Nicht erfaßt werden dagegen z.B. Notare, die (Jugend-)Gerichtshilfe, die AOK, KfZ-Überwachungsvereine (*BayObLGSt* 1955, 89, 90, *OLG Koblenz*, MDR 1980, 336) oder eine städtische Krankenhaus-GmbH (*BGH*, U. v. 3.6.1987 – 2 StR 180/87 – BGHR § 256).

5 Den Behörden sind in Abs. 1 S. 1 gleichgestellt Ärzte eines gerichtsärztlichen Dienstes (vgl. z.B. für den Gerichtsärztlichen Ausschuß in NRW GVOBl 1961, 325 Anl. I). Sie gutachten im Rahmen der behördlichen Aufgaben, jedoch nicht namens der Behörde. Sachverständige im öffentlichen Dienst, die im eigenen Namen handeln, werden nicht erfaßt.

b) Bestimmter Inhalt

6 Die nach Abs. 1 verlesbaren Erklärungen müssen einen bestimmten Inhalt haben.

aa) Zeugnisse und Gutachten

7 Erklärungen öffentlicher Behörden und des gerichtsärztlichen Dienstes können nur verlesen werden, wenn sie Zeugnisse und Gutachten enthalten, jedoch keine Leumundszeugnisse.

8 Zeugnisse geben Auskunft aus amtlichen Unterlagen und bescheinigen amtlich festgestellte Tatsachen (*RGSt* 9, 88, 92), auch wenn diese nicht unmittelbar aus amtlichen Unterlagen folgen (zu eng *OLG Frankfurt*, NJW 1952, 757; dagegen *Schnellbach* S. 69 ff.). Gutachten fassen die auf besonderer Sachkunde beruhenden Untersuchungen eines Sachverständigen (außer über Rechtsfragen) zusammen; eine reine Forschungsstudie (im Fall von *BGHSt* 36, 1, 4 über Aids) genügt nicht. Dagegen sind auch frühere Urteile verlesbar (*Wömpner* NStZ 1984, 487),

im Gegensatz zu nur fernmündlich eingeholten behördlichen Auskünften (*OLG Karlsruhe*, MDR 1976, 247).

Zeugnisse und Gutachten können nach Abs. 1 S. 1 nur verlesen werden, wenn sie **9** bestimmte formale und inhaltliche Kriterien erfüllen.

In der Form müssen die Behörde und der für sie Handelnde allgemein zuständig **10** sein und letzterer die Behörde vertreten wollen, *BGH* VRS 48, 209, 210, *BayObLGSt* 1964, 36, 41. Interne Stellungnahmen (vgl. *RGSt* 2, 301; 26, 138, 140) und private Gutachten scheiden aus. Doch bleibt eine Erklärung z. B. amtlich, wenn sie auf Delegation durch den Behörden- bzw. Klinikleiter beruht (*BVerwG* NJW 1969, 1591, *Hanack* NJW 1961, 2043; abw. *Stern* NJW 1969, 2260), vom zuständigen Facharzt eines Krankenhauses abgegeben wird (*OLG Karlsruhe*, NJW 1973, 1426) oder amtliche Zusätze trägt (vgl. *OLG Frankfurt*, VRS 44, 37, 39, *OLG Hamburg*, NJW 1969, 571 f.). Ob ein Gutachten amtlichen oder privaten Charakter trägt, entscheidet das Gericht im Freibeweisverfahren (*OLG Düsseldorf*, StrVert 1983, 273).

Was den Inhalt angeht, darf eine Erklärung zunächst nach allgemeinen Grundsät- **11** zen nicht verlesen werden, wenn der Gutachter nur unter dem persönlichen Eindruck in der Hauptverhandlung urteilen kann (vgl. RiLStBV Nr. 111 III 2) oder wenn Zeugnisse und Gutachten eines Strafverfolgungsorgans das anhängige Verfahren betreffen. Das gilt z. B. für Polizeiberichte über Observationen (*BGH* NStZ 1982, 79) und Kontrollpunkte als Grundlage der Sachentscheidung (*BGH*, U. v. 19. 5. 1988 – 2 StR 22/88 – BGHR § 256 = StrVert 1988, 469), dagegen nicht für Auskünfte einer Behörde über einen V-Mann, wenn sie nicht in der entsprechenden Sache gewonnene Ermittlungsergebnisse betrifft (*BGH*, U. v. 24. 3. 1987 – 5 StR 680/86 – BGHR § 256).

Weiter nimmt Abs. 1 S. 1 ausdrücklich Leumundszeugnisse aus, weil ihre subjekti- **12** ven Wertungen generell als wenig zuverlässig erscheinen und leicht für verfahrensfremde Zwecke mißbraucht werden können. Leumundszeugnisse betreffen nicht notwendig den guten Ruf, sondern liegen in jeder Wertung der Persönlichkeit (für Behördenzeugnisse über den Charakter *OLG Hamburg*, StrVert 1985, 496, für Berichte der Jugendgerichtshilfe *Eisenberg*, NStZ 1985, 85), dagegen nicht in Schulzeugnissen über die bloße »geistige Kapazität« (*RGSt* 1, 234 f.), in psychologischen Gutachten über die Glaubwürdigkeit (*K/M* Rn. 11) oder in privaten Beurteilungen.

bb) Ärztliche Atteste über Körperverletzungen

Ohne daß es sich um eine behördliche Erklärung handeln müßte, können nach **13** Abs. 1 S. 1 weiter ärztliche Atteste über einfache Körperverletzungen verlesen werden. Mit Rücksicht auf die große Zahl entsprechender Verfahren sollen die Ärzte nicht durch eine persönliche Vernehmung belastet werden.

Das Attest stellt einen eigenen, aufgrund beruflicher Kenntnis ermittelten Befund **14** fest. Enthält es gleichzeitig andere Gegenstände und gibt etwa Zeugenaussagen wieder, können diese Teile verlesen werden (*BGHSt* 4, 155, 156, *BGH* StrVert 1984, 142). Nicht schwer im Sinne des Gesetzes sind Körperverletzungen nach §§ 223, 223 a, 223 b, 230 StGB, auch wenn sie gemäß § 340 qualifiziert sind (*OLG Oldenburg*, MDR 1990, 1135), anders solche nach §§ 224–226 StGB. Über die Einordnung entscheidet die juristische Wertung im Anklagevorwurf, nicht die medizinische im Attest.

Die Körperverletzung muß selbständig (auch bei Realkonkurrenz) das Verfahren **15** gegen den Angeklagten betreffen, bei Idealkonkurrenz der entscheidende gravierende Vorwurf bleiben. Anderes gilt daher für die häufige Idealkonkurrenz mit Sexualdelikten (*BGHSt* 4, 155, 156, *BGH* bei *Dallinger* MDR 1967, 175, NJW 1980, 651, StrVert 1983, 496), aber auch etwa mit § 125 StGB (*BGH*, B. v. 6. 10. 1988 – 1 StR 569/88 – BGHR § 256).

16 Trotz anderer, auch tateinheitlich konkurrierender Straftaten als Verfahrensgegenstand soll jedoch eine Verlesung zulässig sein, wenn diese ausschließlich dem Nachweis einer Körperverletzung oder des sie betreffenden Schuldumfangs dient (zw. *BGHSt* 33, 389, 393, *BGH*, B. v. 7. 7. 1987 – 4 StR 304/87 – BGHR § 256, *BGH* StrVert 1991, 64) oder eine vom Angeklagten selbst erlittene Körperverletzung betrifft (*BGH* StrVert 1983, 273, *OLG Hamm* v. 31. 1. 1980 – 2 Ss 2129/79 – JURIS).

cc) Routinegutachten

17 Die Verlesung der in Abs. 1 S. 1 abschließend aufgeführten Routinegutachten soll das Verfahren beschleunigen und entlasten (Begründung in BT, Drucks. 7/551 S. 81, zur Neufassung durch das 1. StVRG *Rieß*, NJW 1975, 86f.). Über die Verlesbarkeit entscheidet der Inhalt; eine besondere Stelle wie in I1 ist nicht vorausgesetzt.

18 Einzelfragen bestimmen sich nach Anlaß und Zweck der Vorschrift. Deshalb gilt die im Gesetz erwähnte »Auswertung eines Fahrtenschreibers« nicht mehr für Fragen seiner Funktionsweise (*OLG Celle*, JR 1978, 122, 123 mit Anm. *Puppe*), andererseits brauchen für die Bestimmung der Blutalkoholkonzentration nur die Mittelwerte der Analyse, nicht die Einzelwerte angegeben zu werden (*BGHSt* 28, 235 ff., *OLG Schleswig*, NJW 1978, 1209 f.; zur notwendigen Erkennbarkeit der ausstellenden Behörde *BayObLGSt* 1988, 89, 91).

2. Verwertung

19 Die genannten Erklärungen werden im Urkundenbeweis durch Verlesung verwertet, was entgegen der Praxis (*BGHSt* 1, 94, 96, *OLG Hamm*, NJW 1969, 572, 573) in der Regel zu wörtlicher Verlesung (durch Gericht oder Zeugen: *OLG Koblenz*, OLGSt § 256 S. 19, 23) zwingt und eine Zusammenfassung des Inhalts nicht genügen läßt: LR-*Gollwitzer* Rn. 51, *Eb. Schmidt*, Lehrkommentar Rn. 2. Auch die bloße Erörterung genügt nicht (*OLG Schleswig*, OLGSt § 256 S. 1 f.).

20 Für andere Erklärungen darf das Verlesungs- und Verwertungsverbot des § 256 weder durch Mitteilungen aus den Akten umgangen werden (*RGSt* 59, 374, 375, *RG* GA Bd. 61, 130, 131) noch durch Vorhalt (anders *RG* HRR 1940 Nr. 844) oder durch Vernehmung des Verfassers als Zeugen (*RGSt* 14, 4, 6f.).

21 Sind dagegen Erklärungen im Sinne des Gesetzes verlesbar, kann die Aufklärungspflicht zusätzlich die Vernehmung des Verfassers gebieten. Dieses Verfahren ist zwingend, soweit die Erklärungen den Leumund oder Zusatztatsachen im Gutachten betreffen, vgl. *BGHSt* 22, 268, 271.

22 Die Behörde kann nicht als Sachverständige wegen Besorgnis der Befangenheit abgelehnt werden, weil nur natürliche Personen in ihrer Objektivität als gefährdet erscheinen können (für die h. L. *Gössel* S. 375 f., *Ahlf*, MDR 1978, 982; anders *Seyler*, GA 1989, 566). Erstattet ein Behördenvertreter das Gutachten mündlich, tritt er mangels ausdrücklicher Ladung als Sachverständiger nicht als solcher auf und kann deshalb ebenfalls nicht abgelehnt werden (*Ahlf*, MDR 1978, 982; anders *K/M* § 83 Rn. 5).

3. Revision

Verstöße gegen Abs. 1, unabhängig davon gegen die Aufklärungspflicht (wenn **23** z. B. gemäß Rn. 21 die Vernehmung des Verfassers nötig gewesen wäre) begründen die Revision; zur Erstreckung auf § 251 II 1 *BGH* StrVert 1990, 345.

III. Gutachten kollegialer Fachbehörden

Hat das Gericht das Gutachten einer kollegial organisierten Fachbehörde einge- **24** holt (vgl. § 83 Abs. 3), genügt nach Abs. 2 die Vertretung durch ein Mitglied. Sie bleibt der einzig praktikable Weg, die Stellungnahme eines Kollegiums einzuführen und beläßt diesem gleichzeitig die Auswahl des Vertreters, um die Beauftragung eines als Minderheit Unterlegenen zu vermeiden.

Die Behörde muß kollegial organisiert und zur Gutachtenerstattung verpflichtet **25** sein (z. B. der Gerichtsärztliche Ausschuß, eine Rechtsanwalts- oder Handelskammer: *Schnellbach* S. 126 f.). Das Gericht kann sie nach Abs. 2 nur entsprechend ersuchen und ist an ihre Entscheidung gebunden. Benennt die Behörde keinen Vertreter (wozu sie auch im Fall des § 75 I nicht gezwungen werden kann), muß das Gericht das Gutachten verlesen.

Der Vertreter erläutert das Gutachten der Behörde bzw. der Mehrheit und kann **26** als Sachverständiger gemäß § 74 wegen Besorgnis der Befangenheit abgelehnt werden (*K/M* § 74 Rn. 1). Seine Vereidigung setzt voraus, daß er sich das Gutachten persönlich zu eigen macht (LR-*Gollwitzer* Rn. 60; unzutreffend halten *Jessnitzer* S. 41 und *Schnellbach* S. 76 ff. einen Eid für ausgeschlossen).

§ **257** (Befragung des Angeklagten, des Staatsanwalts und des Verteidigers)
(1) Nach der Vernehmung eines jeden Mitangeklagten und nach jeder einzelnen Beweiserhebung soll der Angeklagte befragt werden, ob er dazu etwas zu erklären habe.
(2) Auf Verlangen ist auch dem Staatsanwalt und dem Verteidiger nach der Vernehmung des Angeklagten und nach jeder einzelnen Beweiserhebung Gelegenheit zu geben, sich dazu zu erklären.
(3) Die Erklärungen dürfen den Schlußvortrag nicht vorwegnehmen.

Literatur

Gollwitzer Das Fragerecht des Angeklagten, GedSchr K. H. Meyer, 1990, S. 147 ff.

1

Die Vorschrift ist zuletzt geändert durch Art. 1 Nr. 18 StVÄG 1987. I entspricht nunmehr im Wortlaut der bis dahin herrschenden Auslegung (vgl. Rn. 6).

I. Konkretisierung des rechtlichen Gehörs **2**

Die Bestimmung konkretisiert den verfassungsrechtlich in Art. 103 I GG gesicherten, in § 33 I für die Hauptverhandlung wiederholten Grundsatz des rechtlichen Gehörs. Sie schafft eine inhaltlich bestimmte Gelegenheit zur Äußerung, die zeitlich zwischen der Beteiligung an einzelnen Beweiserhebungen (§ 240 II 1) und den Schlußausführungen (§ 258 I) steht.

II. Voraussetzungen

1. Berechtigte

3 Berechtigt sind der Angeklagte (Abs. 1), der Staatsanwalt und der Verteidiger (Abs. 2). Da das Gesetz letzteren selbständig erwähnt, gilt I für den Angeklagten persönlich: *RGSt* 44, 284, 285. Entsprechende Befugnisse haben der Beistand (§ 149 I 1), Nebenkläger (§ 397 I 3), Nebenbeteiligte (vgl. §§ 433, 422 II, 444 II 2), in Jugendsachen der Erziehungsberechtigte und der gesetzliche Vertreter (§ 67 I JGG).

2. Gelegenheit zur Stellungnahme

4 Eine sinnvolle Mitwirkung im Sinne des rechtlichen Gehörs setzt allgemein voraus, daß die Gelegenheit für den Berechtigten erkennbar ist, notfalls durch ausdrückliche Hinweise: *BGH*, JZ 1955, 386, NJW 1963, 598, 599. Für den Angeklagten ohne Verteidiger kann sich die Hinweispflicht aus dem Verfassungssatz des fairen Verfahrens (vgl. *BVerfG* 64, 135, 145; kritisch *Schmidt-Aßmann* in Maunz/Dürig, Art. 103 I GG Rn. 9) ergeben (während *Gollwitzer*, GedSchr K. H. Meyer S. 154 nur auf die Fürsorgepflicht abstellt).

5 Für die Äußerung zu einzelnen Beweiserhebungen überläßt Abs. 2 Staatsanwalt und Verteidiger selbst die Initiative, während Abs. 1 das Gericht verpflichtet, dem Angeklagten die Gelegenheit ausdrücklich kenntlich zu machen. Die Äußerungen müssen in den Urteilsgründen wiederkehren (*OLG Bremen*, StV 1987, 429). Der Wortlaut enthält nicht mehr als eine Sollvorschrift, doch gebietet eine verfassungskonforme Interpretation, die der Bedeutung des Art. 103 I GG Rechnung trägt, die Annahme zwingenden Rechts.

3. Sachliche Schranken

6 § 257 verwirklicht einen sachlich begrenzten Teilaspekt des umfassenden Rechts auf Gehör. Abs. 1 und Abs. 2 beziehen die Erklärungen bewußt auf die vorangegangene Beweiserhebung, Abs. 3 verbietet ausdrücklich, den Schlußvortrag vorwegzunehmen. Die Neufassung des Abs. 1 verlangt die Möglichkeit zu Erklärungen nach jeder Beweiserhebung, damit auch nach einem gerichtlichen Augenschein.

7 In diesem Rahmen kann der Berechtigte zu den fraglichen Tatsachen, ihrer rechtlichen Wertung und ihrem Beweiswert Stellung nehmen oder, wie stets als Ausfluß des rechtlichen Gehörs (*BayVerfGH*, Rpfl 1963, 151; anders *BGH*, NJW 1966, 549), Anträge stellen. Mit der Gelegenheit zur Stellungnahme ist § 257 Genüge getan.

8 Überschreitet der Berechtigte den gesetzlichen Rahmen, wird ihn der Vorsitzende zunächst ermahnen; er kann die Redezeit beschränken und schließlich bei Mißbrauch das Wort entziehen (dazu *Gollwitzer*, GedSchr K. H. Meyer S. 168). Über Maßnahmen der Sachleitung entscheidet im Konfliktsfall das Gericht (§ 238 II).

III. Revision

9 Verstöße können das Recht auf Gehör verletzen (dagegen will LR-*Gollwitzer* Rn. 30 nur auf die Gelegenheit zu Schlußanträgen abstellen). Der verfassungsrechtliche Hintergrund der Vorschrift und ihre entsprechende verfassungskonforme Interpretation lassen nicht mehr zu, sie als irrevisible Ordnungsvorschrift anzusehen (*Rüping* in Bonner Kommentar, Art. 103 I GG, Zweitbearb. Rn. 20);

anders noch *BayVerfGH*, BayVBl 1975, 585, 586, *RGSt* 42, 168, 169, *BGH*, VRS 34, 344, 346, bei *Dallinger*, MDR 1967, 175. Eine andere Frage ist, wie weit das Urteil selbständig auf einem Verstoß beruht und ein Verstoß durch Nachholung des rechtlichen Gehörs prozessual überholt sein kann (vgl. *OLG Schleswig*, SchlHA 1975, 190).

§ 258 Schlußvorträge

(1) Nach dem Schluß der Beweisaufnahme erhalten der Staatsanwalt und sodann der Angeklagte zu ihren Ausführungen und Anträgen das Wort.
(2) Dem Staatsanwalt steht das Recht der Erwiderung zu; dem Angeklagten gebührt das letzte Wort.
(3) Der Angeklagte ist, auch wenn ein Verteidiger für ihn gesprochen hat, zu befragen, ob er selbst noch etwas zu seiner Verteidigung anzuführen habe.

Literatur
Alsberg Das Plädoyer, AnwBl. 1978, 1 ff.
Berger/Luckmann Die gesellschaftliche Konstruktion der Wirklichkeit, 1970.
Boy/Lautmann Die forensische Kommunikationssituation – soziologische Probleme, in: *Wassermann*, (Hrsg.), Menschen vor Gericht, 1979, S. 41 ff.
Dästner Schlußvortrag und letztes Wort im Strafverfahren, RuP 1982, 180 ff.
Dahs Das rechtliche Gehör im Strafprozeß, 1965.
Dürkop Der Angeklagte, 1977.
Eikenberg Voraussetzungen und Schwierigkeiten der empirischen Erforschung richterlicher Entscheidungsgrundlagen, in: Jb Rechtssoziologie und Rechtstheorie 1970, 361 ff.
Haft Praktische Erfahrungen mit juristischer Rhetorik, MDR 1980, 976 ff.
Ders. Juristische Rhetorik, 1978.
Marx, Michael Aufgaben der Staatsanwaltschaft in der strafrechtlichen Hauptverhandlung, GA 1978, 365 ff.
Meyer, Jürgen Dialektik im Strafprozeß, 1965.
Rüping Der Grundsatz des rechtlichen Gehörs und seine Bedeutung im Strafverfahren, 1976.
Schöch Die Reform der Hauptverhandlung, in: *Schreiber* (Hrsg.), Strafprozeß und Reform, 1979, S. 52 ff.
Schünemann Zur Reform der Hauptverhandlung im Strafprozeß, GA 1978, 161 ff.
Schumann/Winter Zur Analyse der Hauptverhandlung im Strafprozeß, in: *Friedrichs*, Teilnehmende Beobachtung abweichenden Verhaltens, 1973, S. 174 ff.

I. Bedeutung der Erklärungsrechte

1 Die Vorschrift des § 258 sichert den Verfahrensbeteiligten das Recht, nach Beendigung der Beweisaufnahme und vor der endgültigen Entscheidung des Gerichts zum gesamten Sachverhalt und zu allen Rechtsfragen des Verfahrens Stellung zu nehmen. Sie dient damit unmittelbar der Gewährleistung des durch Art. 103 I GG garantierten Anspruchs auf **rechtliches Gehör** (*BVerfG* JMBl NW 1981, 55).

2 In keinem anderen Stadium wird die **Verfahrensherrschaft** so deutlich von dem sachleitenden Vorsitzenden auf die übrigen Beteiligten verlagert (zu den Grenzen unten Rn. 26 bis 28). Das ist nicht nur vom Standpunkt des in der soziologischen Diskussion vertretenen interpretativen Paradigmas von Bedeutung. Nach diesem ist die streitbefangene Vergangenheit weder in sprachlicher Gestalt noch überhaupt in objektiv-eindeutiger Form gegeben (*Boy/Lautmann* S. 45). Den Verfahrensbeteiligten muß deshalb Gelegenheit gegeben werden, den Sachverhalt in der von ihnen erlebten, selektiv bewahrten und unter ihren Interessenstandpunkten gedeuteten »Wirklichkeit« in den dialektischen Prozeß der forensischen Kommunikation einzubringen. Auch wenn man dieses Verständnis mit Vorbehalten versieht, so ist jedenfalls richtig, daß den Verfahrensbeteiligten nicht lediglich eine Hilfsfunktion in dem Sinne zugewiesen ist, daß sie das Gericht in den Schlußvorträgen bei der Suche nach der Wahrheit zu unterstützen hätten. Der Grundsatz des rechtlichen Gehörs zwingt das Gericht vielmehr dazu, den Betroffenen wie den Ankläger in den Vorgang der Erkenntnisfindung einzubeziehen und sich auf die Spannungen des Prozesses einzulassen (*Meyer* S. 59; sehr weitgehend *Kühne* S. 95 ff.).

3 Der Beitrag der Verfahrensbeteiligten im Plädoyer erfolgt zwar lediglich in der Form verbaler Äußerungen, jedoch versteht die neuere Sprachphilosophie auch das Sprechen als eine Form des Handelns *(Wittgenstein)*, so daß in der forensischen Kommunikation durchaus Wirklichkeit gestaltet wird. Die ethische Grundhaltung, auf der die gesetzliche Regelung beruht, ist mit *Meyer* (S. 93) in dem Eingeständnis der Grenzen der eigenen Erkenntnisfähigkeit zu sehen, die zur Einbeziehung gegensätzlicher Auffassungen und Argumente in den eigenen Denkvorgang zwingt. Wird dem dialektischen Prozeß damit in erster Linie die Funktion zuerkannt, **Erkenntnisfortschritte** zu erbringen, so dient das rechtliche Gehör doch zugleich dem Prinzip der **Selbstbehauptung** des einzelnen (*Rüping* S. 135) und seiner Beteiligung an der »Konstruktion der Wirklichkeit« (*P. L. Berger*; vgl. ferner *Alsberg*, AnwBl. 1978, 1 f.).

4 Mit dem Gesetz nicht zu vereinbaren ist andererseits eine Dialektik, die darauf ausgeht, nach der Art der Sophisten der schwächeren Seite zum Siege zu verhelfen und die Wahrheitsfindung zu verhindern (*Meyer* S. 34; unten Rn. 27). Denn es geht davon aus, daß das Gericht sich »nach seiner freien, aus dem Inbegriff der Verhandlung geschöpften Überzeugung« (§ 261) ein Bild von dem empirischen Sachverhalt verschafft. Damit ist nicht gemeint, daß es auf das Gericht nur als den zuständigen Machtträger ankommt, der letztlich nur die staatliche **Deutung** des Sachverhalts durchsetzt; vielmehr setzt das Gesetz die prinzipielle Möglichkeit intersubjektiver Erkenntnis – der **Wahrheitsfindung** – voraus; es steht damit dem sog. ätiologischen (normativen) Paradigma in der soziologischen Diskussion näher (vgl. *Boy/Lautmann* S. 43). Das schließt nicht aus, den Prozeß der Wahrheitsfindung als gesellschaftlich vermittelt und von Wertungen abhängig zu verstehen.

Die **Wirkung**, die die Schlußvorträge auf die Entscheidungsfindung ausüben, ist 5 empirisch nur schwer zu erfassen. Bei ihrer Ermittlung kommt der Urteilsbegründung nur ein beschränkter Erkenntniswert zu, da diese nicht ein Spiegelbild richterlicher Überzeugungs**bildung** entwirft, sondern eine gedrängte und zusammenfassende Schilderung der Entscheidungs**gründe** vermittelt (*Eikenberg* S. 365; vgl. Anm. zu §267). Immerhin gibt es Anhaltspunkte dafür, daß die Strafe geringer ausfällt, je aktiver der Angeklagte in der Hauptverhandlung wird (*Schumann/ Winter* S. 191). Es entspricht daher der gerichtlichen Fürsorgepflicht, durch **kompensatorischen Ausgleich** – Hilfestellung bei der Formulierung von Anträgen und letztem Wort – die fehlende Prozeßkompetenz des Angeklagten mit geringer Ausdrucksfähigkeit zu mildern und ihn in die gerichtliche Interaktion einzubeziehen. Jedoch vermag das nicht darüber hinwegzutäuschen, daß die Stellung des Angeklagten ohne Verteidiger oft recht schwach ist (empirische Daten bei *Meyer* S. 102 ff.).

Bei alledem darf die Wirkung des Plädoyers für die Entscheidungsfindung nicht 6 überschätzt werden. Das Gesetz bietet den Beteiligten an anderer Stelle, vor allem im Beweisrecht, weitergehende Möglichkeiten zur Beeinflussung des Verfahrensganges. Unterlassungen bei der Mitwirkung an der Beweisaufnahme können allein im Plädoyer nicht ausgeglichen werden (zutr. *Dahs* Rn. 397, 602). Zudem zeigt die lebhafte Diskussion über die »Verständigung im Strafprozeß«, daß das Ergebnis in hohem Maße von informellen Kommunikationsformen während des Verfahrens selbst abhängen kann. Die Schlußvorträge entfalten ihre Wirkung demgegenüber eher bei einer auf offene Kommunikation angelegten Verfahrensgestaltung.

II. Zeitpunkt

Die Plädoyers und das letzte Wort werden nach dem Abschluß der gesamten, die 7 Schuld- und Rechtsfolgenfrage umfassenden Beweisaufnahme vorgetragen. Üblicherweise gibt der Vorsitzende einen Hinweis auf den Schluß der Beweisaufnahme, jedoch sind weder dieser noch ein förmlicher Gerichtsbeschluß erforderlich. Der Schluß der Beweisaufnahme hat auch nur vorläufigen Charakter. Wird später erneut in die Beweisaufnahme eingetreten – und sei es auch nur durch Ablehnung eines Vertagungsantrages (*KG* JR 1950, 633), den Beschluß über die Aufrechterhaltung des Haftbefehls (*BGH* NStZ 1984, 376), oder einen Hinweis nach §265 (*BGHSt* 19, 156; 22, 278; vgl. weiter *BGH* StV 1984, 233; NStZ 1985, 464; 1987, 423) –, so ist erneut Gelegenheit zu Schlußvorträgen zu geben, die jedoch auch in einer Bezugnahme auf die früheren bestehen können (vgl. *BGHSt* 20, 273, 275). Entsprechendes gilt für das letzte Wort. Demgegenüber zwingt ein nach Beginn der Urteilsverkündung gestellter Beweisantrag dann nicht zur Neuerteilung des letzten Wortes, wenn nicht wieder in die Hauptverhandlung eingetreten wird (*BGH* NStZ 1986, 182 = StV 1986, 286). Staatsanwalt und Verteidiger können eine angemessene Pause zur Vorbereitung ihrer Vorträge verlangen (*KG* NStZ 1984, 523).

Im Einverständnis mit den Verfahrensbeteiligten ist es auch zulässig, nach dem 8 Modell des sog. **Schuld-** oder **Tatinterlokuts** gesonderte Plädoyers zur Schuld- und Rechtsfolgenfrage nach Abschluß der jeweiligen Abschnitte der Beweisaufnahme zu halten (*K/M* Rn. 17; *Dölling* S. 60 ff.; vgl. Anm. zu §243). Hierdurch soll u. a. das Verteidigungsdilemma gemildert werden, das darin bestehen kann, daß der Antrag auf Freispruch mit einem Hilfsplädoyer auf eine milde Strafe verbunden werden muß. Allerdings dürfte dieses Dilemma – wie die Untersuchung von *Schreiber* u.a. ergeben hat – in rund 70% der herkömmlichen Verhandlungen nicht bestehen (Einzelheiten bei *Dölling* S. 171 ff.). Auch ist die Überzeugungskraft der Verteidigervorträge bei einer solchen Verfahrensgestaltung kaum höher einzuschätzen, zumal das Dilemma auch dadurch weiterbestehen kann, daß im zweiten Plädoyer – durchaus zulässig – erneut in erster Linie auf Freispruch angetragen wird (in der Göttinger Erprobung geschah das in ca. 50% der in Betracht kommenden Fälle, *Dölling* S. 173). Da die Zweiteilung des Verfahrens zu einer nicht unerheblichen – und jedenfalls nicht generell wünschbaren – Verlängerung der Plädoyers zur Tat- und Sanktionsfrage führt (*Dölling* S. 226; *Schöch* in: *Schreiber*, S. 62), spricht vieles dafür, die aus Gründen des Persönlichkeitsschutzes (bei möglichem Freispruch) durchaus sinnvolle Zweiteilung der Hauptverhandlung mit gesonderten Plädoyers auf die wirklich »streitigen« Fälle zu beschränken.

III. Worterteilung

9   Der Vorsitzende erteilt den Berechtigten das Wort zu den Schlußvorträgen von Amts wegen. Daß dies – und zwar auch bei erneuten Plädoyers nach Wiedereintritt in die Beweisaufnahme – unmißverständlich geschehen muß, ist angesichts des Ranges des rechtlichen Gehörs selbstverständlich (vgl. *RGSt* 61, 317; *BGHSt* 20, 273). Ohne Antrag braucht dem Staatsanwalt das Wort nach dem Schlußvortrag des Verteidigers nicht erneut erteilt zu werden, auch wenn das Gericht einem Einstellungsantrag nicht folgen will (*BGH* NStZ 1984, 468).

10 Zu Schlußvorträgen **berechtigt** sind neben den in Abs. 1 Genannten (Staatsanwalt und Angeklagter) auch der Nebenkläger, der Einziehungsberechtigte (§ 433 I), der Vertreter einer jur. Person im Falle des § 444; in Verfahren gegen Jugendliche und Heranwachsende ferner der Erziehungsberechtigte und der gesetzliche Vertreter (§§ 67, 104 I Nr. 9, 109 I JGG, vgl. dazu *BGH* NStZ 1985, 230). Auch der in Abs. 1 nicht genannte Verteidiger hat das Recht des Schlußvortrages, wie aus Abs. 3 deutlich wird. An die Weisung des Angeklagten, es nicht auszuüben, ist er hierbei nicht gebunden; dies folgt aus seiner Stellung als eigenständiges Organ der Rechtspflege (wohl nicht mehr unstr.).

11 Die **Reihenfolge** der Plädoyers ist nicht zwingend vorgeschrieben. Jedoch kann von der im Gesetz vorgesehenen Folge zur Vermeidung einer Einschränkung des materiellen Gehalts des rechtlichen Gehörs nur im Einverständnis mit dem Angeklagten und seinem Verteidiger abgewichen werden (abw. *RGSt* 64, 133; KK-*Hürxthal* Rn. 6). Mehrere Staatsanwälte und Verteidiger können ihre jeweiligen Plädoyers untereinander aufteilen. Über die Reihenfolge ihrer Vorträge entscheidet – auch bei mehreren Angeklagten – der Vorsitzende nur im Streitfall (a.M. LR-*Gollwitzer* Rn. 14 unter Berufung auf *RGSt* 57, 265; dem liegt eine veraltete Prozeßauffassung zugrunde).

12 Eine Verpflichtung zu Plädoyers begründet § 258 nicht. Jedoch ergibt sie sich für den Staatsanwalt aus seiner Stellung im Offizialverfahren (*OLG Düsseldorf* NJW 1963, 1167; *BGH* NStZ 1984, 468; *OLG Zweibrücken* StV 1986, 51). Der Angeklagte und sein Verteidiger brauchen sich nicht zu äußern; das gilt auch für den Pflichtverteidiger (*BGH* bei *Holtz* MDR 1980, 274; a.A. *Schlüchter* Rn. 561.3).

IV. Inhalt und Form

Über den Inhalt der Schlußvorträge äußert das Gesetz sich nicht. Den Grundsät- **13** zen der Unmittelbarkeit und Mündlichkeit des Verfahrens entspricht es aber, daß nur solche Tatsachen behandelt werden dürfen, die auf zulässige Weise in die Hauptverhandlung eingeführt worden sind und Verfahrensgegenstand waren. Unzulässig ist daher das bloße Verlesen der Anklageschrift oder die Bezugnahme auf nicht eingeführte Urkunden. Der Verteidiger kann sich nicht einfach auf den Inhalt einer dem Gericht unterbreiteten Schutzschrift beziehen; diese wird damit nicht Verfahrensgegenstand. Die Benutzung eines schriftlichen Konzepts ist aber zulässig (*BGHSt* 3, 368).

Trotz der in diesem Stadium kontradiktorischen Verfahrensgestaltung gilt für den **14** Staatsanwalt auch hier das **Gebot der Objektivität.** Er darf nicht der psychologisch naheliegenden Gefahr erliegen, sich an die Anklage gebunden zu fühlen und diese bedingungslos zu rechtfertigen. Das zwingt allerdings nicht zum Verzicht auf eine funktional verstandene Rhetorik, d.h. eine der Sache angemessene sprachliche Gestaltung des Schlußvortrags. Diese kann vielmehr die Kommunikation mit den anderen Verfahrensbeteiligten fördern, solange sie nicht in Polemik abgleitet (*Haft*, MDR 1980, 976; oben Rn. 4; zahlr. Literaturnachw. bei *Dahs* Rn. 398). Grundsätzlich ist es dabei sinnvoll, wenn der Staatsanwalt die auch vom Gericht in seinem Urteil zu erörternden Gesichtspunkte nach dem hierfür üblichen Aufbau behandelt (vgl. dazu die Erläuterungen zu § 267). Jedoch kann im Einzelfall ein Abweichen von diesem Schema und die schwerpunktmäßige Hervorhebung besonders bedeutsamer Gesichtspunkte prägnanter und zweckmäßiger sein. Weitere Hinweise bei *Schlüchter* Rn. 561.1.

Das Gebot der Objektivität gilt auch für die Höhe der **Strafanträge.** In der Verfah- **15** renswirklichkeit liegen diese häufig über dem Maß der verhängten Strafen (*Marx*, GA 1978, 368). Unter Staatsanwälten scheint es gelegentlich als Kunstfehler betrachtet zu werden, vom Gericht im Strafausspruch deutlich überboten zu werden. Der Vorschlag, der StA im Plädoyer in erster Linie die Vertretung des öffentlichen Strafbedürfnisses zuzuweisen (*Marx* S. 369), der diese Praxis legitimieren würde, sollte jedoch nicht aufgegriffen werden. Die Rolle des nüchternen, zur Objektivität verpflichteten Staatsanwalts mag in der Praxis nur selten idealtypisch durchzuhalten sein und eine psychologische Überforderung beinhalten. Dieser Nachteil ist jedoch geringer zu veranschlagen als die Gefahren, die ein verstärkt kontradiktorisch ausgestalteter Prozeß für die Wahrheitsfindung mit sich bringen würde. Zur Frage der Weisungsgebundenheit des Staatsanwalts vgl. die Kommentierungen zu § 146 GVG.

Der **Verteidiger** erfüllt mit dem Schlußvortrag eine eigene Aufgabe und ist an **16** Weisungen des Angeklagten nicht gebunden (ohne Rn. 2 bis 4; Einzelheiten bei § 137). Andererseits ist es seine Aufgabe, die Interessen des Angeklagten zu vertreten. Er braucht deshalb Gesichtspunkte, die zu dessen Lasten gehen, nicht hervorzuheben. Auch dann darf er Freispruch beantragen, wenn er die Schuld seines Mandanten kennt (str.). Adressat des Plädoyers ist das Gericht, auf dessen Meinungsbildung es ankommt. Jedoch erliegen Verteidiger gelegentlich der Gefahr, ihren Vortrag vornehmlich auf den Angeklagten oder das Publikum auszurichten. Das ist aus psychologischer Sicht dann nicht ungefährlich, wenn das Gericht dies als ungebührlichen Druck auf seine Entscheidungsfreiheit verstehen kann (zutr. *Dahs* Rn. 603).

Einen **Antrag** braucht der Verteidiger nicht zu stellen; das gilt auch für den **17**

Pflichtverteidiger (*BGH* bei *Holtz* MDR 1980, 274; a. A. *Schlüchter* Rn. 561.3). In der Praxis wird das aber meist getan. In den von *Meyer* untersuchten Fällen unterblieb ein Antrag der Angeklagtenseite nur in 19,2 % der Verfahren; es handelte sich ausnahmslos um unverteidigte Angeklagte (S. 103). Auf »ein mildes Urteil« wurde in 10 % der Verfahren mit Verteidiger, jedoch in 35,1 % der Verfahren ohne Verteidiger plädiert (S. 104). Zur Bedeutung des Hauptantrages auf Freispruch in Verbindung mit einem Hilfsplädoyer s. oben Rn. 8 und *Dölling* S. 171 ff.

18 Davon zu unterscheiden ist das Recht des Verteidigers (wie der StA), sein Plädoyer mit **Hilfsbeweisanträgen** zu verbinden. Geschickt eingesetzt, handelt es sich hierbei um ein wirksames Mittel, am Rande liegende, den Angeklagten sonst belastende Tatsachen zu eliminieren (vgl. Erläuterungen zu § 244). Der Verteidiger kann sich einen Hilfsbeweisantrag durchaus gezielt aufbewahren (ebenso *Dahs* Rn. 607). Jedoch wird er die Nachteile zu erwägen haben, die sich aus einer Verfahrensverzögerung und evtl. notwendigen Vertagung für seinen Mandanten ergeben können, wenn das Gericht den Beweis wider Erwarten erheben will.

V. Recht der Erwiderung

19 Abs. 2 gewährleistet ein Mindestmaß an dialektischer Auseinandersetzung zwischen StA und Verteidigung. Jene und der Angeklagte haben das Recht zur Erwiderung bereits im Rahmen des letzten Wortes. Auch die mehrmalige Erwiderung ist zulässig (mißverständlich KK-*Hürxthal* Rn. 13) und kann nur bei Mißbrauch (unten Rn. 26–28) unterbunden werden.

VI. Das letzte Wort

20 steht immer dem Angeklagten zu (Abs. II 2. Halbsatz, Abs. III). Ihm wird damit die Gelegenheit eingeräumt, am Schluß des Verfahrens noch einmal persönlich Einfluß auf die Überzeugungsbildung des Gerichts zu nehmen. Das ist unverzichtbar, weil die Einschaltung eines Dritten, der für ihn spricht, doch immer einen Verlust an Wirklichkeitsnähe mit sich bringt, und dem Angeklagten jedenfalls die Möglichkeit erhalten bleiben muß, sein Erleben des Geschehens unverfälscht zur Geltung zu bringen. Deshalb ist ihm das letzte Wort auch dann erneut zu erteilen, wenn nach ihm weitere Personen für ihn gesprochen haben (*BGHSt* 18, 84; 20, 273; *OLG Celle*, StV 1985, 7; *K/M* Rn. 21; offenbar noch str.). Zu § 231 b s. dort und Rn. 28.

21 Dem Angeklagten ist freigestellt, was er im letzten Wort ausführen will. Wenn in der Praxis das Schlußwort nicht selten darin besteht, daß der Angeklagte sich den Ausführungen seines Verteidigers anschließt (*Meyer* S. 96), so läßt sich das nicht allein dahin deuten, daß das Wesentliche meist bereits gesagt ist. Vielmehr drückt sich darin auch die verfahrensintegrierende Funktion des Verteidigers aus. Zugleich macht dieser Sachverhalt die geringe eigene Kompetenz vieler Angeklagter deutlich, das Verfahrensgeschehen selbst aktiv zu gestalten; in ihrer eigenen wie in der Einschätzung ihrer Verteidiger ist ihr Schweigen vielfach sinnvoller.

22 Die Gewährung des letzten Wortes hängt nicht davon ab, daß der Angeklagte die Wahrheit sagt. Deshalb darf ihm nicht angedroht werden, das Wort werde ihm entzogen, wenn er die Unwahrheit sage (*BGH* JR 1965, 348). Auch das Eingehen auf dem Gericht nebensächlich erscheinende Gesichtspunkte ist zulässig und führt nicht zum Verlust des letzten Wortes (vgl. auch *BGH* StV 1985, 355); s. aber Rn. 26 ff.

23 Die Ausführungen des Angeklagten im letzten Wort sind ebenso wie seine sonstige Einlassung Gegenstand der Hauptverhandlung und vom Gericht zu würdigen (§ 261). Auch der bis dahin schweigende Angeklagte macht sich mit dem letzten Wort selbst zum Beweismittel.

Der Angeklagte muß in unmißverständlicher Form darauf hingewiesen werden, **24** daß es ihm freistehe, sich nochmals umfassend zum ganzen Verfahren zu äußern. In der Praxis wird hiergegen nicht selten verstoßen, wenn in durchaus suggestiver Weise nahegelegt wird, der Angeklagte werde sich (doch wohl) den Ausführungen seines Verteidigers anschließen wollen. Abs. 2 macht demgegenüber deutlich, daß die Identität der Sichtweise von Verteidigung und Angeklagtem nicht vermutet wird (dazu *BGHSt* 20, 273).

Bei mehreren Angeklagten bestimmen diese, im Nichteinigungsfall ihre Verteidi- **25** ger und erst bei Streit unter diesen der Vorsitzende die Reihenfolge der Schlußworte (anders die h. M., vgl. *RGSt* 57, 265: immer der Vorsitzende). Ein Bedürfnis für eine weitergehende Reglementierung der Äußerungsrechte der Angeklagten kann nicht als legitim anerkannt werden. Der Verpflichtung zur Erteilung des letzten Wortes ist andererseits auch dann genügt, wenn danach noch ein anderer Mitangeklagter (nicht aber dessen Verteidiger) zu Wort kommt. Auf ausdrückliches Verlangen muß auch dem Verteidiger das letzte Wort für den Angeklagten erteilt werden (*OLG Koblenz* NJW 1978, 2257).

VII. Grenzen der Gestaltungsfreiheit

Trotz der weitgehenden Verlagerung der Verfahrensgestaltung auf die Prozeßbe- **26** teiligten ist ihr Rederecht nicht einschränkungslos garantiert. Allerdings gebietet es der hohe Rang des Anspruchs auf rechtliches Gehör, die Schranken nicht eng zu ziehen und die Verfahrensbeteiligten nicht auf das zu beschränken, was dem Gericht als sachdienlich erscheint (zu eng *Hamann* AnwBl. 1958, 147). Der Angeklagte ist auch mit Ausführungen zu hören, die sich auf unbedeutende Nebenpunkte beziehen, solange ein Zusammenhang mit dem Prozeßstoff überhaupt noch gegeben ist. Es reicht aus, daß die Ausführungen jedenfalls möglicherweise für die Entscheidung erheblich sein können (*BVerfGE* 7, 275, 280).

Andererseits dürfen auch Schlußvorträge und letztes Wort nicht zu verfahrens- **27** fremden oder -widrigen Zwecken mißbraucht werden (vgl. zu diesem Grundsatz *KG* JR 1971, 338 m. zust. Anm. *Peters*). Jedoch ist vor einer weiten Mißbrauchsklausel etwa in dem Sinne zu warnen, daß Erklärungen auszuschließen wären, die zu einer »durch die Sache nicht gebotenen Verzögerung der Hauptverhandlung« führen könnten. Unzulässig sind aber Erklärungen zu Tatsachen, die nicht Gegenstand des Verfahrens waren (Rn. 13), ständige Abschweifungen und unbegründete Wiederholungen. Auch Ehrkränkungen anderer Verfahrensbeteiligter sowie Dritter sind zu unterbinden (unten Rn. 31). Die Abgrenzung im Einzelfall verlangt Fingerspitzengefühl. Auch eine gesetzliche Regelung dieses Komplexes könnte den Richter aber nicht von der Aufgabe entbinden, die entsprechenden Wertungen zu vollziehen.

Einem Angeklagten, der gemäß § 231 b aus dem Sitzungssaal entfernt worden ist, **28** muß gleichwohl Gelegenheit zum letzten Wort gegeben werden. Nur bei offensichtlicher Aussichtslosigkeit darf das Gericht von dem Versuch absehen, dem Angeklagten eine letzte Möglichkeit zur Äußerung einzuräumen. (*BGHSt* 9, 77). Entsprechendes gilt für den Angeklagten, der nach eigenmächtiger Abwesenheit vor der Urteilsverkündung in die Hauptverhandlung zurückkehrt (*BGH* StV 1986, 285).

VIII. Aufgaben des Vorsitzenden und des Gerichts

29 Art. 103 I GG verpflichtet das Gericht, die Schlußvorträge und das letzte Wort aufmerksam und ohne abschließend gefaßte Meinung anzuhören. Auch das Ergebnis der Zwischenberatungen darf es nicht daran hindern, das Gehörte in tatsächlicher und in rechtlicher Hinsicht ernsthaft in Erwägung zu ziehen (oben Rn. 2). Hiermit nicht zu vereinbaren ist die allzu praxisfreundliche Rechtsprechung (*BGHSt* 11, 74), nach der es nicht gegen § 258 verstoßen soll, wenn der Strafrichter beim Amtsgericht die Urteilsformel schon während der Schlußvorträge niederschreibt, wenn diese nur als Entwurf gelten soll (zutr. *OLG Köln*, NJW 1955, 1291; *Rüping* S. 179; *Hanack*, JZ 1972, 314). Die Rspr. hält ferner die Verwendung einer bereits vor der Hauptverhandlung vorgeschriebenen Urteilsformel ohne Strafhöhe (*OLG Karlsruhe*, Justiz 1972, 41) und eines vom Berichterstatter vorbereiteten Urteilsentwurfs (*BVerfGE* 9, 215) für nicht zu beanstanden. Grundsätzlich vermieden werden sollte die sog. »abgekürzte Beratung« im Gerichtssaal, die häufig nach einem Wiederantritt in die Beweisaufnahme, erneuten Plädoyers und letztem Wort vorkommt (*BGHSt* 19, 156; 24, 171).

30 Das Gebot des rechtlichen Gehörs verpflichtet den Vorsitzenden, bei neben der Sache liegenden Ausführungen, die offensichtlich auf einer Verkennung der entscheidungserheblichen Umstände beruhen, so daß eine Überraschunsentscheidung zu besorgen ist, einen entsprechenden **Hinweis** zu geben (*Dahs*, Das rechtliche Gehör, S. 29). Zwar sind die Schlußvorträge meist nicht der Ort, ein umfassendes Rechtsgespräch (*Arndt*, NJW 1959, 8, 1297; 1962, 27) zu führen. Auch entspricht die Vorstellung vom »herrschaftsfreien Dialog« nicht den Regelungen der StPO. Jedoch gebietet es der Grundsatz des »fair trial«, den Verfahrensbeteiligten Hilfestellungen zur sinnvollen Wahrnehmung ihrer Mitwirkungsrechte zu geben (vgl. Rn. 2, 5). Ein Wiedereintritt in die Verhandlung (mit der Folge neuer Plädoyers) liegt darin grundsätzlich nicht. Abzulehnen ist demgegenüber der rechtspolitische Vorschlag von *Schünemann* (GA 1978, 183), das Gericht solle künftig die Beteiligten durch Beschluß auf die »wesentlichen qualitativen Gesichtspunkte« der Beweiswürdigung hinweisen; das ist gänzlich unpraktikabel und fördert nur vorzeitige Festlegungen des Gerichts.

31 Im Rahmen seiner **Sachleitung** (§ 238) hat der Vorsitzende einem Mißbrauch der Redefreiheit (vgl. Rn. 3, 14, 26, 27) zunächst durch Abmahnungen zu begegnen. Bei wiederholtem Verstoß kann er sowohl dem Angeklagten als auch dem Verteidiger, dem Staatsanwalt und den anderen Erklärungsberechtigten das Wort entziehen (*RGSt* 64, 57; *BGH* bei *Dallinger* MDR 1953, 598). In diesem Fall empfiehlt sich eine genaue Protokollierung der Hinweise, Abmahnungen und beanstandeten Äußerungen. Das Recht, Beweisanträge zu stellen, bleibt immer erhalten. Die Einhaltung einer bestimmten **Redezeit** darf nicht verlangt werden, solange die Ausführungen inhaltlich zulässig sind. Gegen die Entscheidung des Vorsitzenden kann das Gericht angerufen werden (§ 238 II).

IX. Sitzungsniederschrift

32 Die Erteilung des Worts zu Schlußanträgen und letzten Ausführungen des Angeklagten gehört zu den wesentlichen Förmlichkeiten, deren Einhaltung nach § 274 nur durch das Protokoll bewiesen werden kann (*BGHSt* 22, 278). Der Protokollvermerk ist auslegungsfähig (*BGHSt* 13, 59), muß aber wenigstens die Möglichkeit offenlassen, daß das rechtliche Gehör in der vorgeschriebenen Weise gewährt worden ist; erst dann können dienstliche Äußerungen ergänzend herangezogen

werden. Der Protokollvermerk, daß der Angeklagte das letzte Wort hatte, beweist auch, daß es dem Verteidiger gewährt worden ist (*BGH* NJW 1979, 1668). Zu weiteren Einzelheiten LR-*Gollwitzer* Rn. 53.

X. Revision

Die Verkürzung des rechtlichen Gehörs durch unzulässige Beschränkung der **33** Schlußvorträge und Nichtgewährung des letzten Worts begründet die Revision (§ 337), weil nur im Ausnahmefall ausgeschlossen werden kann, daß das Urteil auf dem Verfahrensverstoß beruht (*BGHSt* 21, 288, 290; 22, 278, 281; NStZ 1983, 357). Der vorherigen Anrufung des Gerichts gegen die fehlerhafte Maßnahme des Vorsitzenden gemäß § 238 II bedarf es nicht (h. M., *BGHSt* 21, 290). Auch sonstige Beschränkungen der Rechte aus § 258 begründen die Revision, z. B. die Versagung einer angemessenen Pause zur Vorbereitung des Plädoyers (oben Rn. 7); die Einschränkung des Rechts des Angeklagten und der Verteidigung, die Reihenfolge ihrer Erklärungen selbst zu bestimmen, wenn die Verteidigung dadurch ernsthaft beeinträchtigt worden ist (a.M. die Rspr.: bloße »Ordnungsvorschrift«, oben Rn. 11, 25); das Abschneiden zulässiger Ausführungen (oben Rn. 21, 22, 26, 27); der Verstoß gegen das Gebot des Zuhörens (Rn. 29). Auch mehrere für sich genommen geringfügig erscheinende Eingriffe oder Verstöße gegen den Grundsatz des »fair trial« können im Lichte der Bedeutung des Anspruchs auf rechtliches Gehör zusammen ein solches Gewicht erhalten, daß das Beruhen des Urteils auf dem Verfahrensfehler nicht ausgeschlossen werden kann. Andererseits muß aber der Verteidiger darauf hinwirken, daß ihm rechtliches Gehör gewährt wird; ohne ernsthaften Versuch in diese Richtung wird man ein »Beruhen« im Sinne von § 337 kaum feststellen können (zutr. *Dahs*, Das rechtliche Gehör S. 104). In der Begründung der Revisionsrüge braucht nicht angeführt zu werden, was der in seinem Erklärungsrecht Verletzte vorbringen wollte (*BGHSt* 21, 288), jedoch kann das vor allem bei Nichtoffensichtlichkeit zweckmäßig sein (vgl. *BGHSt* 22, 281).

§ 259 Dolmetscher

(1) Einem der Gerichtssprache nicht mächtigen Angeklagten müssen aus den Schlußvorträgen mindestens die Anträge des Staatsanwalts und des Verteidigers durch den Dolmetscher bekanntgemacht werden.

(2) Dasselbe gilt von einem tauben Angeklagten, sofern nicht eine schriftliche Verständigung erfolgt.

Nach § 184 GVG ist die Gerichtssprache deutsch. Jedoch ist ein Dolmetscher zuzuziehen, wenn unter Beteiligung von Personen verhandelt wird, die der deutschen Sprache nicht mächtig sind (§ 185 GVG; für taube Angeklagte enthält § 186 GVG eine entsprechende Regelung). Hinsichtlich der Schlußvorträge beschränkt § 259 die Pflicht zur Übersetzung auf die Anträge. Der Grund dafür liegt in der Schwierigkeit einer vollständigen Übersetzung (LR-*Gollwitzer* Rn. 1). **1**

Ob das Gesetz damit den sich aus Art. 6 III e MRK ergebenden Anforderungen **2** gerecht wird, erscheint zweifelhaft. Vor dem Hintergrund des in Art. 6 MRK gleichfalls gewährleisteten Anspruchs auf ein faires Verfahren bedeutet sein Abs. III e, daß der Angeklagte, der die Verhandlungssprache des Gerichts nicht beherrscht und sich darin nicht ausdrücken kann, einen Anspruch auf unentgeltlichen Beistand eines Dolmetschers hat, damit ihm **sämtliche** Schriftstücke und mündlichen Erklärungen in dem gegen ihn geführten Verfahren übersetzt werden, auf deren Verständnis er angewiesen ist, um ein faires Verfahren zu erhalten (*EGMR* NJW 1979, 1091; NJW 1985, 1273). Das gilt allerdings nur für den auf Veranlassung des Gerichts zugezogenen Dolmetscher; hat der Wahlverteidiger von sich aus für seine Besprechungen mit dem ausländischen Angeklagten einen Dolmetscher in Anspruch genommen, so besteht ein Erstattungsanspruch gegen die Staatskasse nur, wenn dieser in der Kostenentscheidung die notwendigen Auslagen des Angeklagten auferlegt worden sind (*OLG Düsseldorf* NStZ 1986, 128; vgl. ferner *OLG Düsseldorf* NJW 1980, 2655; *OLG Frankfurt* NJW 1981, 533; *KG* GA 1977, 278; *OLG Zweibrücken* NJW 1980, 2143).

3 Nach der h.M. soll es im Ermessen des Gerichts stehen, ob es den Dolmetscher beauftragt, dem Angeklagten auch den Inhalt der Schlußvorträge durch eine wörtliche Übersetzung oder durch eine gedrängte Inhaltsangabe verständlich zu machen (LR-*Gollwitzer* Rn. 2; *Kabbani* StV 1987, 411; vgl. auch *BVerfGE* 64, 135, 148). Weder zu dem einen noch zu dem anderen soll es jedoch verpflichtet sein, und zwar auch nicht bei umfangreichen Verfahren (*BGH* GA 1963, 148). Diese Auffassung ist von einem überholten Verständnis des Anspruchs auf rechtliches Gehör geprägt und daher abzulehnen. Durch eine solche Verfahrensweise wird insbesondere die Bedeutung des letzten Wortes entwertet, in dem der Angeklagte nur auf das erwidern kann, was er verstanden hat. Die gedrängte Inhaltsangabe der Schlußvorträge durch den Dolmetscher ist daher immer geboten; Verstöße hiergegen begründen in aller Regel die Revision, weil nicht auszuschließen ist, daß das Urteil auf dem Verfahrensfehler beruht.

4 Die Beachtung der §§ 185, 186 GVG, 259 StPO und Art. 6 MRK braucht nach der herrschenden Auffassung nicht protokolliert zu werden; auch das erscheint zweifelhaft. Vgl. im übrigen § 272 Nr. 2.

§ 260 (Urteil)

(1) Die Hauptverhandlung schließt mit der auf die Beratung folgenden Verkündung des Urteils.

(2) Wird ein Berufsverbot angeordnet, so ist im Urteil der Beruf, der Berufszweig, das Gewerbe oder der Gewerbezweig, dessen Ausübung verboten wird, genau zu bezeichnen.

(3) Die Einstellung des Verfahrens ist im Urteil auszusprechen, wenn ein Verfahrenshindernis besteht.

(4) Die Urteilsformel gibt die rechtliche Bezeichnung der Tat an, deren der Angeklagte schuldig gesprochen wird. Hat ein Straftatbestand eine gesetzliche Überschrift, so soll diese zur rechtlichen Bezeichnung der Tat verwendet werden. Wird eine Geldstrafe verhängt, so sind Zahl und Höhe der Tagessätze in die Urteilsformel aufzunehmen. Wird die Strafe oder Maßregel der Besserung und Sicherung zur Bewährung ausgesetzt, der Angeklagte mit Strafvorbehalt verwarnt oder von Strafe abgesehen, so ist dies in der Urteilsformel zum Ausdruck zu bringen. Im übrigen unterliegt die Fassung der Urteilsformel dem Ermessen des Gerichts.

(5) Nach der Urteilsformel werden die angewendeten Vorschriften nach Paragraph, Absatz, Nummer, Buchstabe und mit der Bezeichnung des Gesetzes aufgeführt. Ist bei einer Verurteilung, durch die auf Freiheitsstrafe oder Gesamtfreiheitsstrafe von nicht mehr als zwei Jahren erkannt wird, die Tat oder der ihrer Bedeutung nach überwiegende Teil der Taten auf Grund einer Betäubungsmittelabhängigkeit begangen worden, so ist außerdem § 17 Abs. 2 des Bundeszentralregistergesetzes anzuführen.

Literatur

Alexy Theorie der juristischen Argumentation, 1978.
Bendix Zur Psychologie der Urteilstätigkeit des Beruftrichters und andere Schriften, Hrsg. von M. Weiss, 1968.
Bibler Rechtsgefühl, System und Wertung, 1979.
Bohne Zur Psychologie der richterlichen Überzeugungsbildung, 1948.
Döhring Die gesellschaftlichen Grundlagen der juristischen Entscheidung, 1977.
Esser Vorverständnis und Methodenwahl in der Rechtsfindung, 2. Aufl. 1972 (Esser).
Fikentscher Methoden des Rechts in vergleichender Darstellung Band III Mitteleuropäischer Rechtskreis, 1976.
Frank, J. Law and the Modern Mind. 6. ed. 1949. (J. Frank).
Fürtner Das Urteil im Strafprozeß, 1970.
Horak Zur rechtstheoretischen Problematik der juristischen Begründung von Entscheidungen. In: *Sprung/König* Die Entscheidungsbegründung, 1974, S. 1 ff. (*Horak*).
Isay, H. Rechtsnorm und Entscheidung, 1929.
Kriele Die Theorie der Rechtsgewinnung, 2. Aufl. 1976.
Kroschel/Meyer-Goßner Die Abfassung der Urteile in Strafsachen, 24. Aufl. 1984.
Larenz Methodenlehre der Rechtswissenschaft, 3. Aufl. 1975 (Larenz).
Lautmann Justiz – die stille Gewalt, 1972.
Rasehorn Recht und Klassen, 1974.
Richter, W. Zur Bedeutung der Herkunft des Richters für die Entscheidungsbildung, 1973.
Riezler Das Rechtsgefühl, 3. Aufl. 1969.
Schäfer Die Praxis des Strafverfahrens, 3. Aufl. 1983.
Schubert (Hrsg.) Judicial Decision Making, Volume 4, International Yearbook of Political Behavioral Research, 1963.
Venzlaff Über die Schlüsselstellung des Rechtsgefühls bei der Gesetzesanwendung, 1973.
Wassermann Die richterliche Gewalt (Kap. V: Die Persönlichkeit des Richters und die Rechtsfindung), 1985 (Wassermann Richterliche Gewalt).
Ders. Macht ohne Verantwortung? Zur Richterethik in der pluralitären Gesellschaft, DRiZ 1986, 201 ff.
Weimar, R. Psychologische Strukturen richterlicher Entscheidung, 1969.
Weinberger Intersubjektive Kommunikation, Normenlogik und Normendynamik, Rechtstheorie 1977 S. 19–40.
Weiß Die Theorie der richterlichen Entscheidungstätigkeit in den Vereinigten Staaten von Amerika, 1971.

Das **richterliche Urteil** steht – als verbindlicher Machtspruch des staatlichen Gerichts – am Schluß der Hauptverhandlung. Es ist ein Willensakt des Gerichts als des verfassungsrechtlich (Art. 92 GG; s. dazu *AK-GG-Wassermann* Art. 92 Rn. 33 ff.) dazu legitimierten Organs der Rechtsprechung. Das Urteil wird existent mit der Verkündung, die mit ihrem Hauptteil, der Urteilsformel, zwingend vorgeschriebener und wesentlicher Teil der Hauptverhandlung ist. Zur Verkündung s. § 268.   **1**
Der Verkündung geht die Urteilsfindung voraus, die sich in der geheimen **Bera-**   **2**

tung und Abstimmung (vgl. §§ 192–197 GVG, § 263) vollzieht. Der Strafrichter, der allein entscheidet, braucht sich zur Urteilsfindung und zum Niederschreiben der Urteilsformel nicht in das Beratungszimmer zurückzuziehen. Es schadet auch nicht, wenn vor den Schlußvorträgen und -worten das Ergebnis im entscheidenden Kollegium bereits vorbereitend besprochen wird (*BGHSt* 17.337). Grundsätzlich muß jedoch im Interesse glaubwürdiger Rechtsfindung darauf bestanden werden, daß die Mitwirkung der Verfahrensbeteiligten in dem kommunikativen Prozeß der Wahrheits- und Rechtsfindung nicht durch Vorberatungen entwertet wird. Keineswegs darf sich das Gericht während der Beratung oder zwischen Beratungsteilen an den Tatort begeben; die Einnahme richterlichen Augenscheins könnte sonst beim Gericht Eindrücke hervorrufen, die zuvor bei der Augenscheinseinnahme in Anwesenheit der Verfahrensbeteiligten ausgeblieben sind (*OLG Hamm* NJW 1959, 1192; *K/M* Rn. 3).

3   Für die **Urteilsfindung** gilt, daß sie sich in einer Mischung von rationalen, empirischen (Ähnlichkeit zu Präzedentien, »Alltagstheorien«, Arbeitsbedingungen, Routine), emotionalen und ethischen Elementen (»Rechtsgefühl«) vollzieht. Dem Verlangen nach Berechenbarkeit (»Rechtssicherheit«), das für die neuzeitliche gesellschaftliche Entwicklung kennzeichnend ist, entspricht die Kultur rationaler Entscheidungsfindung mit streng formalen Rechtsbegriffen und syllogistischen Methodenlehren, wie sie in der Juristenausbildung vermittelt wird. Die darin gelehrte schlichte Subsumtion als streng ableitendes Verfahren ist angemessen, wo der Gesetzestext eindeutig und unbezweifelbar ist. Jenseits dieses Bereichs ist die kognitive Tätigkeit des Richters, die dem Akt der Entscheidung vorausgeht, jedoch kein eindeutiger Ableitungsvorgang, sondern ein Zusammenspiel verschiedener Faktoren, bei dem auch außerrechtliche Einflüsse eine Rolle spielen. Annäherungen an das Ideal rationaler, objektiver Rechtsfindung sind nur möglich, wenn sich der Richter die außerrechtlichen Bedingtheiten seiner Rechtsfindung bewußt macht und das realistische Verständnis seiner Tätigkeit, das er auf diese Weise erlangt, mit dem Bewußtsein seiner persönlichen Verantwortung und der Fähigkeit zur Selbstkorrektur verbindet. Diese Aufgabe ist um so bedeutsamer, als mit der Auflösung einheitlicher Wertüberzeugungen in der Richterschaft, die sich seit Jahrzehnten vollzieht, der intersubjektive Konsens ab- und die Gefahr unkontrollierbarer Subjektivität in der Rechtsprechung zunimmt.

4   Das Anerkenntnis dezisionistischer Elemente und außerrechtlicher Einflüsse auf die Urteilsfindung nimmt dem **rationalen Entscheidungsmodell der Methodenlehre** nicht seinen Wert, zwingt aber dazu, seine Schwächen genauer in den Blick zu nehmen. Geht man von den in der Praxis am meisten vorkommenden Fällen aus, die weder so einfach sind, daß eine schlichte Subsumtion möglich ist, noch so wertdurchtränkt, daß die Subsumtion praktisch ausfällt, so ergeben sich die folgenden Einsichten (dazu *Horak* S. 11 ff.): Der mehr oder weniger komplexe Sachverhalt, der mannigfach gefiltert an den Richter gelangt ist, besteht aus einem Bündel von Tatsachen (Merkmalen und Eigenschaften). Wenn der Richter daraus die erheblichen Tatsachen heraussuchen soll, befindet er sich in einem »hermeneutischen Zirkel«: es müssen ihm bereits Tatbestände vor Augen stehen, die für eine mögliche Subsumtion in Betracht kommen. Für diese Entscheidung ist der Richter auf »gesättigte Rechtskenntnis« (insbesondere der Straftatbestände und ihrer Auslegung durch Rechtsprechung und Rechtswissenschaft – s. dazu Einl. III) angewiesen. Das juristische Denken geht von der Norm zum Sachverhalt und zurück (»Pendelblick«, vgl. *Larenz*, Methodenlehre der Rechtswissenschaft,

3. Aufl., S. 262ff.). Das Verstehen von Norm und Sachverhalt ist aber nicht ohne vom Richter mitgebrachte (»antizipierte«) Werthorizonte, Erwartungshaltungen und Wirklichkeitsperspektiven (*Esser*: »Vorverständnisse«) möglich. Die Probleme, die sich dabei in bezug auf die Interpretation der Rechtsnormen ergeben, sind seit dem Auftreten der **Freirechtsschule** immer wieder diskutiert und durch rechtstheoretische, rechtssoziologische und psychologische Arbeiten vertieft worden, die dem Richter die erkenntnistheoretische Unschuld genommen und dargetan haben, daß die Persönlichkeit des Richters trotz ihrer Bindung an das Gesetz in gewisser Weise in der Lage ist, ihre Zwecke und Werte dem Gesetz aufzudrücken. Zudem enthalten die Gesetze offene Normen (»Blankettnormen«), die erst der Richter ausfüllen und in eigener Verantwortung konkretisieren muß, ferner – wie bei der Rechtsfolgenbestimmung – lediglich Rahmenregelungen, innerhalb deren der Richter das gerechte Maß zu bestimmen hat.

Wenn es der Rechtspraxis trotz anhaltender Problematisierung des Entschei- 5 dungsvorgangs vielfach noch schwerfällt, sich das **Willenselement** in der richterlichen Entscheidung einzugestehen, so handelt es sich um eine Folgewirkung der historischen Stilisierung der Richterrolle zum »Mund des Gesetzes« *(Montesquieu)*, wonach die richterliche Gewalt keinen eigenen Willen hat und in der Entrücktheit kognitiver Gewißheit nur den »Willen des Rechts« verlautbart. Daß Richter als Menschen über Menschen entscheiden und ein guter Teil ihrer Entscheidung auch anders hätte ausfallen können, ist freilich eine Erkenntnis, die mitzuvollziehen auch dem gesellschaftlichen Bewußtsein nicht leicht fällt. Diese Situation berechtigt indessen nicht, die »vertrauenserhaltende« Fiktion aufrechtzuerhalten, wonach richterliche Entscheidungen auf eindeutiger Ableitung aus vorgegebenen Rechtssätzen beruhen. Der Gesellschaft muß vielmehr ein Lernprozeß zugemutet werden, an dessen Ende die Einsicht steht, daß die richterliche Urteilsfindung kein bloßer Gesetzesvollzug ist, sondern auf einer Kooperation zwischen Gesetz und Richteramt *(Oskar Bülow)* beruht, bei der das »Verantwortungsbewußtsein lauterer und gut ausgebildeter Richter« *(J. Frank)* eine entscheidende Rolle spielt.

Mit der Frage, welche **Faktoren außerrechtlicher Art** durch die Persönlichkeit des 6 Richters die Urteilsfindung beeinflussen, befassen sich die Soziologie und die Psychologie der richterlichen Rechtsfindung. Herrschte Anfang der 60er Jahre noch die Neigung vor, die außerrechtlichen Einwirkungen entweder aus der Psyche des Richters oder aus seiner Funktion zu erfassen, so hat sich seither die Erkenntnis durchgesetzt, daß die Vielschichtigkeit des Gegenstandes »Richterliche Urteilstätigkeit« keine eindimensionale Betrachtungsweise erlaubt. Diese Einsicht steht den ausschließlich an der Psyche des Richters orientierten Forschungsansätzen entgegen. So hat sich der behavioristische Glaube, ein Zugang zur richterlichen Urteilsfindung ließe sich durch Berücksichtigung einiger weniger Variablen in einem Reiz-Reaktions-Schema gewinnen, als illusorisch erwiesen. Ebensowenig vermochten Versuche, psychologische Strukturen richterlicher Entscheidungsabläufe herauszuarbeiten, dem Erkenntnisanliegen gerecht zu werden, weil sie lediglich eine Idealtypologie psychischer Abläufe als Komponenten richterlichen Denkens bei dem Vorgang der Urteilsfindung liefern können. Wenn man die Umweltbedingungen, unter denen der Richter tätig ist, also die Bedingungen der realgesellschaftlichen Situation, nicht in die Betrachtung einbezieht, können gerade solche Zwänge nicht sichtbar werden, die in der Realität z.B. die Wahrnehmung von Freiräumen wie die Alternativenwahl durch den Richter beschränken. Auf der anderen Seite müssen auch Einwendungen gegenüber Sichtweisen erhoben werden, die das richterliche Verhalten lediglich als Funktion des politisch-gesellschaftlichen Prozesses zu bestimmen oder den gesellschaftlichen Status des Richters und die diesen konstituierenden Momente zu erfassen suchen. Allein durch den Rückgriff auf das Sozialprofil und die Herkunft der Richter lassen sich deren Entscheidungen nicht erklären; das mindeste wäre, das Weltbild zu dem gesamten Sozialisationsprozeß, den der Richter durchläuft, und zur institutionellen Verankerung der Persönlichkeit des Richters im Rechtssystem und zu den Bedingungen seiner Arbeit (den Zeitdruck eingeschlossen) in Beziehung zu setzen. Letztlich ist in jedem Fall die Einsicht in die Multidimensionalität richterlicher Urteilstätigkeit unvermeidbar. Das persönlichkeitsbezogene Verständnis richterlicher Urteilsbildung muß sich mit der Erkenntnis der gesellschaftlichen Bedingtheit des Richterverhaltens verbinden. Zu den gesellschaftlichen wie zu den psychischen Determinanten der Urteilsfindung im einzelnen s. *Wassermann*, Die richterliche Gewalt, S. 127 ff., 138 ff., 148 ff. m. Nachw.

7 **Arten der Urteile:** Es ist zu unterscheiden zwischen Sachurteilen, die materiellrechtliche Entscheidungen treffen, also sachlich zum Anklagevorwurf Stellung nehmen (Freispruch, Verurteilung, Anordnung einer Maßregel der Besserung und Sicherung oder einer sonstigen Rechtsfolge), und bloßen Prozeßurteilen, die das Verfahren aus prozessualen Gründen ohne Sachentscheidung beenden (Einstellung des Verfahrens). Nicht durch Urteil, sondern durch Beschluß stellt das Gericht das Verfahren in den Fällen der §§ 153 Abs. 2 und 153a Abs. 2 ein. Auf einzelne Streitpunkte beschränkte Teil- und Zwischenurteile (wie nach §§ 301, 303 ZPO) kannte die StPO bis vor kurzem nicht; seit der Gesetzesänderung von 1986 ist jedoch im Adhäsionsverfahren gemäß § 406 Abs. 1 S. 2 ein Grund- oder Teilurteil zulässig.

8 Das **freisprechende Urteil** bestätigt die Unschuldsvermutung des Art. 6 Abs. 2 EMRK (*K/M* Rn. 17); es gibt keinen Freispruch erster oder zweiter Klasse. Die freisprechende Urteilsformel darf daher keine Zusätze wie »mangels Beweises«, »wegen erwiesener Unschuld« oder »aus rechtlichen Gründen« enthalten. Weshalb freigesprochen ist, legt das Gericht in den Urteilsgründen dar. Im allgemeinen braucht die Urteilsformel – im Gegensatz zur Verurteilung, Abs. 4 S. 1 – auch die rechtliche Bezeichnung der Tat nicht anzugeben, deretwegen Anklage erhoben war. Bei teilweisem Freispruch wird die Formel: »Im übrigen wird der Angeklagte freigesprochen« verwendet. Beim Freispruch fallen die Kosten des Verfahrens und der notwendigen Auslagen des Angeschuldigten der Staatskasse zur Last (§ 467 Abs. 1). Das Gericht entscheidet im Urteil auch über die Entschädigung des Freigesprochenen (§ 8 Abs. 1 StrEG). Nach Maßgabe der §§ 71, 76a StGB ist die Anordnung einer Maßnahme neben dem Freispruch zulässig. Zugleich mit dem Freispruch sind ggf. Beschlüsse zur Aufhebung eines Haft- oder Unterbringungsbefehls (§§ 114, 120 Abs. 1, 126a, 268b), der vorläufigen Entziehung der Fahrerlaubnis (§ 111a Abs. 2) oder des vorläufigen Berufsverbots (§ 132a Abs. 2) zu erlassen.

9 Bei der **Verurteilung** enthält die Urteilsformel a) den Schuldspruch, b) den Ausspruch der Rechtsfolgen (Strafe, Nebenstrafe, Maßregeln der Besserung und Sicherung, Nebenfolgen, Strafaussetzung zur Bewährung), c) den Ausspruch über die Kosten und Auslagen des Verfahrens, d) ggf. auch den Ausspruch über die Entschädigung (§ 8 StrEG). Die Fassung der Urteilsformel unterliegt dem Ermessen des Gerichts, soweit § 260 keine Anweisungen gibt (Abs. 4 S. 6).

Für den **Schuldspruch** schreibt **Abs. 4 S. 1** vor, daß die Tat rechtlich – also nicht **10** historisch (§ 264) – zu bezeichnen ist. Im Interesse leichterer Verständlichkeit (s. a. § 268 Rn. 8) soll die gesetzliche Überschrift, mit der eine Straftat bezeichnet ist, verwendet werden. Davon ist abzuweichen, wenn die Überschrift nicht paßt, etwa die Straftat nicht zum Ausdruck bringt. Fehlt – wie im Nebenstrafrecht – eine gesetzliche Überschrift oder paßt diese nicht auf die Tat, so ist bei der vom Gericht nach seinem Ermessen vorzunehmenden Bezeichnung auf Anschaulichkeit und Verständlichkeit Bedacht zu nehmen. Die Angabe von Paragraphen ist auch in diesem Fall möglichst zu vermeiden. Bei § 323 a StGB ist die Rauschtat nicht in die Urteilsformel aufzunehmen (*RGSt* 69, 187). Nicht erwähnt wird auch die infolge Subsidiarität zurücktretende Straftat (*Hartung*, NJW 1954, 587), auch wenn sie bei der Rechtsfolgenbestimmung eine Rolle spielt (*Dünnebier*, GA 54, 274). Bei Straftaten, die vorsätzlich oder fahrlässig begangen werden können, ist dann, wenn die Überschrift darüber nichts ergibt (wie z. B. bei § 316 StGB), vom Gericht klarzustellen, auf welche Schuldform sich die Verurteilung bezieht (*Schalscha*, DRiZ 1958, 193). Ebenso sind als qualifizierende Bezeichnungen in die Urteilsformel aufzunehmen: Versuch, Anstiftung, Beihilfe, Gewerbsmäßigkeit (*BGHSt* NStZ 1982, 29). Tateinheit und Tatmehrheit (§§ 52, 53 StGB) sind anzugeben; jedoch nicht, ob tateinheitlich begangene Gesetzesverletzungen rechtlich oder tatsächlich zusammentreffen (*BGH* 4 Str 447/85 EzSt StPO § 260 Nr. 3 StPO, ebensowenig Modalitäten der Tat wie gemeinschaftlich, fortgesetzt, im Rückfall oder in verminderter Schuldfähigkeit begangen sowie die Kennzeichnung als besonders schwerer oder minder schwerer Fall (*BGHSt* 23, 254; 27, 287, 289; *Willms*, DRiZ 1976, 82). Die Klassifizierung der Taten, ob Verbrechen oder Vergehen, ist überflüssig (*BGH* 4 Str 44/84 EzStPO Nr. 3). Auch zwischen Allein- und Mittäterschaft braucht in der Urteilsformel nicht unterschieden zu werden (*Willms*, DRiZ 1976, 82). Bei Verurteilung auf wahldeutiger Tatsachengrundlage (*S/S/Eser* § 1 Rn. 61 ff) ist die gleichartige Wahlfeststellung (Tatsachenalternativität) in der Urteilsformel nicht zu erwähnen (*K/M* § 260 Rn. 27).

Beim **Ausspruch der Rechtsfolgen** ist **nach Abs. 4** zu beachten: Bei der **Geldstrafe** **11** sind nur die Zahl und die Höhe der Tagessätze in die Urteilsformel aufzunehmen **(Abs. 4 S. 3)**, nicht die Gesamtsumme (Geldstrafenendsumme), weil diese mit der Größe der Schuld nichts zu tun hat (*K/M* Rn. 34; *Zipf*, JuS 1974, 139; a. M. *Naucke*, NJW 1978, 407). Die **Aussetzung** der Strafe oder Maßregel **zur Bewährung** gehört in die Urteilsformel **(Abs. 4 S. 4)**, auch wenn die einzelnen Anordnungen dazu durch Beschluß ergehen. Wird der Angeklagte mit **Strafvorbehalt verwarnt** oder **von Strafe abgesehen**, so ist dies ebenfalls in der Urteilsformel zum Ausdruck zu bringen **(Abs. 4 S. 4)**. Ist eine **Gesamtstrafe** zu bilden, so ist nur diese in die Urteilsformel aufzunehmen; die Einzelstrafen werden in den Urteilsgründen festgesetzt (*OLG Hamm* JR 1979, 75). Bei **Verfall** und **Einziehung** sind die Gegenstände in der Urteilsformel genau zu bezeichnen und aufzuzählen, notfalls in einer besonderen Anlage (*BGHSt* 9, 89). Die Bezugnahme auf die Anklageschrift reicht nicht aus (*BGH* NJW 1962, 2019; StV 1981, 396; *K/M* Rn. 39). Es kommt darauf an, daß die Vollstreckung ohne weiteres möglich ist. Bei der Einziehung einer Druckschrift genügt die Angabe des Titels und des Impressums (*BGH* NJW 1962, 2019). **Rechtsfolgen** der Tat, die neben anderen verwirkten **nicht vollstreckt** werden können, sind gleichwohl in die Urteilsformel aufzunehmen. Die dies untersagende Vorschrift Abs. 4 S. 5 a. F. ist 1986 aufgehoben worden. Wenn neben der lebenslänglichen eine zeitige Freiheitsstrafe zu verhängen ist, ist nach § 54 Abs. 1 S. 1 StGB i. d. F. des Art. 1 Nr. 4 des 23. StrÄndG nunmehr eine lebenslange Gesamtstrafe zu bilden. Ist neben der lebenslangen Freiheitsstrafe als Gesamtstrafe die Sicherungsverwahrung anzuordnen (vgl. *BGH* 34, 138), so ist auch die Sicherungsmaßregel in das Urteil aufzunehmen (*K/M* Rn. 30).

12 Die **Anrechnung von Untersuchungshaft** oder einer gleichzustellenden Freiheitsentziehung gehört **nicht** in die Urteilsformel; sie wird nach § 51 StGB von der Vollstreckungsbehörde vorgenommen, ohne daß es dazu des gerichtlichen Ausspruchs bedarf (*BGHSt* 28, 29). Wird sie vom Gericht im Urteil ausgesprochen, so hat dies nur deklaratorische Bedeutung; sie kann im Berichtigungswege gestrichen werden (*BGHSt* 27, 287 f.). Erforderlich ist der Ausspruch in der Urteilsformel, wenn das Gericht nach §§ 51 Abs. 1 S. 2 StGB, 52 a Abs. 1 S. 2 JGG anordnet, daß die Anrechnung ganz oder zum Teil unterbleibt, oder wenn es die Entscheidungen nach § 52 JGG (Berücksichtigung von Untersuchungshaft bei Jugendarrest) oder § 52 a Abs. 2 S. 2 JGG (Anrechnung bei Jugendstrafe von unbestimmter Dauer) zu treffen hat. Der Ausspruch kann ausnahmsweise auch zur Vermeidung von Zweifeln über die Art der Anordnung geboten sein, etwa wenn zweifelhaft ist, worauf sie z. B. beim Nebeneinander von Freiheits- und Geldstrafe anzurechnen ist (*BGHSt* 24, 29 f.); s. a. § 458.

13 Gehört zu den Rechtsfolgen die **öffentliche Bekanntmachung der Verurteilung** (vgl. §§ 165, 200 StGB, § 23 UWG, § 30 Abs. 2 WZG), so ist diese in der Urteilsformel auszusprechen, und zwar so konkret, daß die Vollstreckung ohne weiteres betrieben werden kann (*BGHSt* 3, 377). Anzugeben sind stets der Name des Verletzten (RiStBV 231 Abs. 1) und die Zeitung oder Zeitschrift, in der die Veröffentlichung erfolgen soll. Für die Vollstreckung ist § 463 c maßgebend.

14 **Notwendig** ist der Ausspruch darüber, wer die **Kosten und die notwendigen Auslagen** zu tragen hat (§ 464 Abs. 1, 2).

15 **Zugleich** mit dem Urteil sind möglicherweise **Beschlüsse** zu erlassen über die folgenden Gegenstände: Fortdauer der Untersuchungshaft (§ 268 b), Weisungen und Auflagen bei der Aussetzung zur Bewährung und bei der Verwarnung mit Strafvorbehalt (§ 268 a), Aufhebung einer Beschlagnahme, Aufrechterhaltung einer Beschlagnahme mit anderer Begründung (vgl. *K/M* Rn. 37), Aufhebung einer vorläufigen Entziehung der Fahrerlaubnis (§ 111 a), Aufhebung eines vorläufigen Berufsverbots (§ 132 a), Aufschub des Berufsverbots (§ 456 c), dinglicher Arrest (§ 111 d).

16 Nach **Abs. 3** ist die **Einstellung des Verfahrens im Urteil** auszusprechen, wenn ein (nicht nur vorübergehendes) Verfahrenshindernis besteht, also eine Prozeßvoraussetzung fehlt oder ein anderes Verfahrenshindernis vorhanden ist. Darunter fällt die Verneinung des zunächst bejahten öffentlichen Interesses an der Strafverfolgung, etwa beim Diebstahl geringwertiger Sachen (§ 248 a StGB) oder bei der Körperverletzung (§ 232 Abs. 1 Halbs. 2 StGB); vgl. *BGHSt* 19, 377, 380. Schwierigkeiten und Unübersichtlichkeit des Verfahrens, die an seiner Durchführbarkeit zweifeln lassen, geben kein Verfahrenshindernis (*BGH* Strafvert. 1985, 133), ebensowenig der Versuch von Polizeibeamten, eine Verurteilung des Angeklagten »um jeden Preis« herbeizuführen (*BGH* 5 StR 166/85 EzSt StPO § 260 Nr. 2). Zu den Folgen willkürlicher und schwerwiegender Verletzungen des Beschleunigungsgebots durch Verzögerung der Aktenversendung *BGH* NJW 1988, 2188. Zur Frage, ob der – weiteren – Strafverfolgung ein Verfahrenshindernis entgegensteht, wenn von einem ausländischen Staat die unverzügliche Rückführung eines

Angeklagten gefordert wird, der durch einen V-Mann der deutschen Polizei unter Verletzung der Gebietshoheit dieses Staates zur Einreise in die Bundesrepublik Deutschland verlockt worden war, vgl. *BGH* 2 StR 588/86 EzSt § 260 StPO Nr. 4. Das Verfahren wird auch dann eingestellt, wenn das Urteil bereits teilweise rechtskräftig ist (BGHSt 8, 269). Als reines Prozeßurteil nimmt das Einstellungsurteil – auch in den Gründen – zur Schuldfrage nicht Stellung. Ergibt sich auf Grund neuer Tatsachen oder Beweismittel später, daß das Verfahrenshindernis nicht besteht, so ist nach dem Legalitätsprinzip neue Anklage zu erheben (*Kleinknecht* FS Bruns S. 480). Die Verurteilung zur Höchstjugendstrafe ist kein Hindernis für die Verfolgung von Straftaten, die der Täter als Erwachsener vor diesem Urteil begangen hat (*BGH* NJW 1990, 920). Die Wiederaufnahme des Verfahrens ist nur gegen ein Sachurteil zulässig, mithin nicht gegen das Einstellungsurteil.

Ausnahmsweise kann bei Vorliegen eines Verfahrenshindernisses eine **Sachent- 17 scheidung** ergehen, wenn das Verfahren so weit gediehen ist, daß ein Freispruch ergehen muß (*RGSt* 70, 193; *BGHSt* 13, 168; 20, 333; *OLG Oldenburg* NJW 1982, 1186; vgl. *K/M* Rn. 44: Vorrang des Freispruchs). Bei Tateinheit (§ 52 StGB) ist zu bedenken, daß wegen des einen rechtlichen Gesichtspunktes keine andere Entscheidung ergehen kann als wegen des anderen. Treffen zwei Vergehen oder zwei Verbrechen zusammen und müßte wegen des einen freigesprochen, wegen des anderen aber das Verfahren wegen eines Verfahrenshindernisses eingestellt werden, so bestimmt die nach der gesetzlichen Strafandrohung schwerer wiegende Rechtsverletzung den Urteilsspruch (*OLG Düsseldorf* NJW 1982, 2883f.; *OLG Frankfurt* NJW 1980, 2824); bei Gleichwertigkeit ist einzustellen (LR/*Gollwitzer* Rn. 104). Bei Tateinheit zwischen Verbrechen und Vergehen hat der Freispruch von dem Vorwurf des Verbrechens für das Urteil den Vorrang (*BGHSt* 7, 256, 261). Bei Tatmehrheit (§ 53 StGB) ist jeder Teil selbständig abzuurteilen; es kann somit wegen eines Teils ein Einstellungsurteil ergehen.

Nach Abs. 5 ist der Urteilsformel eine **Liste der angewendeten Vorschriften** anzufü- 18 gen. Die Liste gehört weder zur Urteilsformel (sie wird bei der Verkündung auch nicht verlesen, § 268 Rn. 5) noch zu den Urteilsgründen (braucht also bei der Eröffnung der Urteilsgründe nicht mitgeteilt zu werden, wenngleich sich die Erwähnung an geeigneter Stelle empfiehlt). Die Liste dient der Entlastung der Urteilsformel im Interesse leichterer Verständlichkeit. Für jeden einzelnen Angeklagten muß sie gesondert aufgestellt werden, es sei denn, daß volle Identität besteht (*K/M* Rn. 55). Bei **Verurteilung** werden die Straftatbestände, die den Schuldspruch qualifizierenden Bestimmungen und auch etwaige Milderungs- und Schärfungsgründe angegeben, soweit diese nicht schon bei der Qualifizierung des Schuldspruchs aufgeführt sind. Falls angewendet, sind ferner die §§ 41, 42, 44, 45, 56, 73 ff. StGB zu benennen. Bei der Freiheitsstrafe kann auf die §§ 46, 47, 49, bei Geldstrafe auf den § 40 StGB verzichtet werden. Die Vorschriften über Verfahrenskosten und Entschädigung gehören nicht in die Liste. Beim **Freispruch** sind die Normen, auf denen die Anklage beruhte, gerade nicht angewendet worden. In der Liste sind allerdings, wenn angewendet, der § 20 StGB (Schuldunfähigkeit) und die Vorschriften anzugeben, auf Grund deren neben dem Freispruch eine Maßregel der Besserung und Sicherung, Verfall oder Einziehung angeordnet worden sind (§§ 71 Abs. 1, 2, 76a StGB). Wird das Verfahren durch Urteil (nicht durch Beschluß) eingestellt, so gilt Abs. 5 ebenfalls (obwohl die Mitteilung an das Bundeszentralregister hier nicht vorgesehen ist). Z. B. ist bei Einstellung wegen Verjährung der § 78 StGB anzugeben.

19 Wegen der **Berichtigung der Urteilsformel** s. § 268 Rn. 12 ff.

§ 261 (Freie Beweiswürdigung)
Über das Ergebnis der Beweisaufnahme entscheidet das Gericht nach seiner freien, aus dem Inbegriff der Verhandlung geschöpften Überzeugung.

I. Bedeutung der Vorschrift
1 Die **Bedeutung der Vorschrift** ist eine zweifache. Einmal beantwortet sie die Frage, welches Tatsachenmaterial der Richter seiner Entscheidung zugrundelegen darf. Mit der Formulierung »aus dem Inbegriff der Verhandlung geschöpften Überzeugung« stellt sie insofern klar, daß die Entscheidung nur, aber auch alles das zu berücksichtigen hat, was in der Hauptverhandlung in prozeßordnungsmäßiger Weise in das Verfahren eingeführt worden ist, soweit es für die Entscheidung relevant ist. Die zweite Bedeutung liegt in der Freistellung des Richters von jedweder Beweisregel: Er hat sich seine »**freie**« Überzeugung über das Ergebnis der Beweisaufnahme zu bilden; d. h. er bekommt durch das Gesetz keine Anleitung hierzu.

II. Historischer Hintergrund
2 **Historisch** erklärt sich diese zweifache Regelung insbesondere durch ihre Stoßrichtung gegen bestimmende Strukturen des Inquisitionsprozesses. Dessen vielfältige Mißstände wurden zunächst in der Aufklärungsphilosophie Frankreichs (Voltaire, Montesquieu) und Italiens (Beccaria) angeprangert. Dabei ging es auch um die in den Gesetzen jener Zeit verankerten Beweisregeln, die den Richter etwa zwangen, bestimmte Umstände als zur Verurteilung führend zu behandeln, außerdem um die Heimlichkeit des Verfahrens, die dazu führte, daß der urteilende Richter den vom Inquirenten zusammengetragenen Prozeßstoff den Akten entnahm. Hinzu kamen die Bestrebungen, Geschworene, also Laienrichter, an der Rechtsprechung zu beteiligen, was bei Bestehen eines komplizierten gesetzlichen Beweissystems nicht möglich gewesen wäre, und das Vertrauen in den »Wahrheitsinstinkt« der Geschworenen, der nach der Auffassung der Zeit der Perzeption des gelehrten Richters überlegen sein sollte. In Deutschland wurde in dieser letzteren zum Irrationalen tendierenden Zeitströmung insbesondere von Feuerbach die Gefahr richterlicher Willkür sehr deutlich gesehen; und erst als sich der Gedanke durchsetzte, daß freie richterliche Beweiswürdigung nicht gleichbedeutend sein könne mit einer orakelhaften gefühlsmäßigen Überzeugung, fand auch hier die **Freiheit** des Richters von gesetzlichen Beweisvorschriften um die Mitte des 19. Jahrhunderts als Grundsatz in den Prozeßgesetzen Eingang. (Näher zur Geschichte *Maiwald*, Kausalität und Strafrecht. Studien zum Verhältnis von Naturwissenschaft und Jurisprudenz, 1980, S. 95 ff.; *Küper*, Die Richteridee der Strafprozeßordnung und ihre geschichtlichen Grundlagen, 1967, 214 ff.; *Nobili*, Il libero convincimento del giudice 1974, S. 150 ff.; *Meurer*, *Oehler-Fschr.*, 1985, S. 357 ff.).

III. Inbegriff der Verhandlung

1. Grundlage der Überzeugungsbildung

Nur aus dem **Inbegriff der Verhandlung** darf der Richter seine Überzeugung von **3** dem zu beurteilenden tatsächlichen Geschehen bilden; freilich hat dieser Grundsatz eine noch zu erörternde Ausnahme (unten Rn. 8). Praktisch bedeutet das Erfordernis des Schöpfens aus dem Inbegriff der Verhandlung vor allem, daß nicht auf Erkenntnisse zurückgegriffen werden darf, die außerhalb der Hauptverhandlung erworben wurden, z. B. nicht auf privates Wissen oder auf Feststellungen, die erst vom Beratungszimmer aus getroffen werden, und nicht auf den Akteninhalt. Dies gilt allerdings nur für die festzustellenden Daten des **konkreten** Tathergangs. Es gilt nicht für abstrakte »Erkenntnisse«, mit denen diese Daten gedanklich zu einem sinnvollen Ganzen verbunden werden. Wendet also der Richter für die Rekonstruktion des Tatgeschehens den aus der Logik stammenden Satz vom ausgeschlossenen Dritten an, so braucht dieser Satz nicht erst formell in die Hauptverhandlung eingeführt worden zu sein. Zu den Erkenntnissen der Spezialwissenschaften unten 14. Die grundsätzliche Beschränkung der richterlichen Überzeugungsbildung auf den Inbegriff der Verhandlung hilft den Zweck der Prinzipien der Mündlichkeit, Unmittelbarkeit und Öffentlichkeit sichern. Denn der Richter wird durch die Beschränkung gehindert, solche Erkenntnisse zu berücksichtigen, die nicht Gegenstand der nach diesen Prinzipien ablaufenden Hauptverhandlung gewesen sind.

Daß die Überzeugung aus dem Inbegriff der Verhandlung zu bilden ist, bedeutet **4** **im einzelnen**: Die Mitwirkung eines **tauben** Richters bildet einen Verfahrensfehler (*BGH* 4, 193), da dieser Richter der mündlich ablaufenden Verhandlung nicht folgen kann. Für den **blinden** Richter als Beisitzer hat der *BGH* dies zunächst nur dann angenommen, wenn es im Verfahren zur Einnahme eines Augenscheins kommt (*BGH* 4, 194; 5, 354; 18, 55; zust. *Hanack*, JZ 1972, 315; dagegen *Wimmer*, JZ 1953, 671; *Eb. Schmidt*, JZ 1970; 337, 339f.). Inzwischen neigt der *BGH*, wie er in einem obiter dictum zum Ausdruck bringt, zu der Auffassung, daß in der Tatsacheninstanz ein blinder Richter nicht mitwirken dürfe (*BGH* 34, 236); für die Person des Vorsitzenden hat der *BGH* dies verbindlich entschieden (*BGH* 35, 164). Schläft ein Richter während der Verhandlung ein, so ist ein Gesetzesverstoß gegeben, wenn der Schlaf während eines »nicht unerheblichen Zeitraums« andauert (*BGH* 2, 14; 11, 77). Bedenklich ist die Auffassung des *BGH*, daß das Niederschreiben der Urteilsformel schon während der Schlußvorträge noch rechtens sei (*BGH* 11, 74; dagegen mit Recht *Eb. Schmidt*, JZ 1970, 340; *Hanack*, JZ 1972, 315).

a) Heranziehung des Akteninhalts

Praktisch sehr wichtig ist das aus § 261 folgende Verbot, den Akteninhalt zur **5** Überzeugungsbildung heranzuziehen, soweit er nicht in zulässiger Weise in den Prozeß eingeführt worden ist (*BGH* 17, 112; 22, 26; *BGH* StrafVert 1985, 401; *KK-Hürxthal* Rn. 8). Die Kenntnis des Akteninhalts sieht die Rspr. nur für die Berufsrichter als zulässig an, Laienrichter dürfen auch nicht in die Anklageschrift Einblick nehmen (*BGH* 13, 73; dagegen überzeugend *Schreiber, Welzel-Fschr.*, 1974, 941; *Hanack*, JZ 1972, 314; *Kemmer*, Befangenheit von Schöffen durch Aktenkenntnis?, 1989, S. 212). *Privates* oder dienstlich *erlangtes* Wissen, soweit es sich nicht um offenkundige oder gerichtskundige Tatsachen handelt, kann der

Richter entweder im Wege des Vorhalts einführen, dann ist aber nur das aufgrund des Vorhalts Gesagte Urteilsgrundlage (*OLG Hamburg* NJW 1952, 1271); oder aber er muß als Zeuge auftreten, wodurch er jedoch zugleich gem. § 22 Nr. 5 als Richter ausgeschlossen ist. Geht es um die eigene Sachkunde des Gerichts im Hinblick auf § 244 Abs. 4 S. 1, so genügt es nicht, daß einer oder einige der zum Spruchkörper gehörenden Richter sachkundig sind und ihre Kenntnisse den nicht sachkundigen Richtern – womöglich außerhalb der Verhandlung – vermitteln (so aber *BGH* 2, 165; 12, 18; *BGH* NStZ 1983, 325; *LR/Gollwitzer* § 244, 250; *K/M* § 244 Rn. 73). Denn es wird so die Möglichkeit von StA und Verteidigung, ihrerseits durch Fragen und Anträge auf die Kenntnisvermittlung Einfluß zu nehmen, unzulässig umgangen. Vielmehr ist in einem solchen Fall die Zuziehung eines Sachverständigen und die Erörterung seines Gutachtens in der mündlichen Verhandlung erforderlich (ebenso *Hanack*, JZ 1972, 116; *Peters* S. 292, 344; nach *KMR/Paulus* § 244 Rn. 466 genügt hier die Kenntnisvermittlung durch den sachkundigen Richter **in** der HV).

b) Zulässigkeit formloser Vorhalte

6 Nach wie vor problematisch ist die **Zulässigkeit eines formlosen Vorhalts** von früheren, **außerhalb der Hauptverhandlung gemachten Aussagen** eines Zeugen oder des Angeklagten. Die Rspr. sieht einen Vorhalt aus in den Akten befindlichen Urkunden als zulässig an; Urteilsgrundlage werde dann allerdings allein die Reaktion des Zeugen oder Angeklagten auf den Vorhalt hin (*BGH* 3, 281; 5, 278; 11, 151; 14, 312; 21, 286; 22, 26, 170; ebenso *LR/Gollwitzer* § 254 Rn. 24; *K/M* § 249 Rn. 28). Demgegenüber wird im Schrifttum teilweise die Ansicht vertreten, ein Vorhalt aus dem Akteninhalt sei ein **faktischer** Urkundenbeweis und demgemäß schlechthin unzulässig, soweit nicht die Verlesung der betreffenden Urkunde ausnahmsweise gem. §§ 253, 254 statthaft sei (*Kuckuck*, Zur Zulässigkeit von Vorhalten aus Schriftstücken in der Hauptverhandlung des Strafverfahrens, 1977, 224 ff., 241 ff.); teilweise wird es für unzulässig erklärt, daß der Vorhalt im Wege der **wörtlichen** Protokollverlesung erfolge – wiederum mit Ausnahme der in §§ 253, 254 geregelten Fälle –, immerhin sei aber ein Vorhalt über diese Fälle hinaus im Wege einer »**formlosen** Mitteilung« möglich (*Eb. Schmidt* II, § 250, 7; *Krause*, Zum Urkundenbeweis im Strafprozeß, 1966, 190 ff.; *Roxin*, S. 286). Die letztere Unterscheidung zwischen formloser Mitteilung und Verlesung ist indessen nicht befriedigend; vom Zweck des § 261 her wird man vielmehr darauf abstellen müssen, ob durch den Vorhalt eines Protokollinhalts – geschehe dieser durch ein wörtliches Zitat oder durch sinngemäße Wiedergabe – der Anschein geschaffen wird, als sei das Protokoll, und nicht die Reaktion der vernommenen Person die Urteilsgrundlage (ebenso *LR/Gollwitzer*, § 254, 24; *BGH* 11, 159). Wird dieser Anschein nicht geschaffen, so ist ein Vorhalt zulässig.

c) Eigene Kenntnis des Richters – Einführung von Sachverständigenwissen

7 Daß § 261 die Erhebung von Beweisen vom Beratungszimmer aus verbietet, sollte eigentlich selbstverständlich sein, doch wird in der Praxis leider auch dagegen gelegentlich verstoßen. So rügt *OLG Koblenz* MDR 1980, 689 mit Recht, daß der Vorsitzende des Instanzgerichts, der als beauftragter Richter einen Zeugen vernommen hatte, seine Kenntnis über dessen Aussageverhalten allein im Beratungszimmer, aber nicht durch Verlesung des Protokolls gem. § 251 in der HV zur Geltung gebracht hat. (Ein weiteres Beispiel: *BGH* bei *Dallinger* MDR 1952, 532.)

Für eine konsularische Vernehmung im Ausland, bei der Mitglieder des erkennenden Gerichts anwesend waren und Wahrnehmungen über das Aussageverhalten gemacht hatten, gilt dies entsprechend (*BGH* NJW 1989, 2205). Schriftstücke sind im Wege des Urkundenbeweises in der Hauptverhandlung in den Prozeß einzuführen (vgl. *OLG Düsseldorf* VRS 73, 1987, S. 465; *OLG Koblenz* VRS 65, 1983, 379 im Zusammenhang mit einem Bußgeldverfahren). Auch die Beratung des Gerichts am Tatort, damit der Eindruck eines früher eingenommenen Augenscheins erhalten bleibt, ist unzulässig (*RG* 66, 28). **Fahrerfotos** im Rahmen von Radarkontrollen müssen vom Richter selbst in der Hauptverhandlung zur Identifizierung herangezogen werden (*OLG Frankfurt* DAR 1988, 139); dasselbe gilt für Schriftproben (*OLG Hamm* StrafVert 1984, 457). Doch dürfen Tonbandaufnahmen, die in der Hauptverhandlung mit Zustimmung der Betroffenen zu justizinternen Zwecken hergestellt worden sind, in der Beratung als Gedächtnisstütze abgespielt werden (*BGH* 19, 193). Berichtet ein Sachverständiger in der Hauptverhandlung über die von ihm bei der gutachtlichen Tätigkeit gewonnenen Ergebnisse, z. B. im Rahmen eines Glaubwürdigkeitsgutachtens, so stellt sich die Frage nach der Verwertbarkeit solcher außerhalb der Verhandlung ermittelten »Anknüpfungstatsachen«. Hier sind zwei Fallgruppen zu unterscheiden. Verwertbar sind die sog. Befundtatsachen, d. h. Tatsachen, die der Sachverständige nur aufgrund seiner Sachkunde erkennen konnte, etwa naturwissenschaftliche Wahrnehmungen am Körper und am Verhalten einer Person. Dagegen dürfen sog. Zusatztatsachen nicht schon aufgrund der Angaben des Sachverständigen verwertet werden; dabei handelt es sich um Tatsachen, zu deren Feststellung es keiner besonderen Sachkunde bedarf, insbesondere Erkenntnisse über das Tatgeschehen. Diese Zusatztatsachen sind nur dann verwertbar, wenn der Gutachter (oder eine andere Person) darüber als Zeuge vernommen wird oder ein sonstiges zulässiges Beweismittel sie belegt (*BGH* 9, 292; 13, 1, 150; 18, 107).

d) Offenkundige Tatsachen

Offenkundige Tatsachen, d. h. solche, die entweder allgemeinkundig oder **8** gerichtskundig sind, braucht der Richter für seine Überzeugungsbildung nicht dem Inbegriff der Verhandlung zu entnehmen, da sie, wie sich aus § 244 Abs. 3 Satz 2 ergibt, nicht des Beweises bedürfen. Der Grundsatz des rechtlichen Gehörs ebenso wie die gerichtliche Fürsorgepflicht erfordern aber, daß solche Tatsachen in der Verhandlung zur Sprache gebracht werden, bevor sie der Richter im Urteil verwertet (*LR/Gollwitzer* 27; *K/M* § 244 Rn. 3; *KK-Hürxthal* Rn. 11; *BGH* 6, 296; *OLG Hamm* StrafVert 1985, 225). Zu den offenkundigen Tatsachen näher zu § 244; aus der Literatur: *Hiegert*, Die Sphäre der Offenkundigkeit in der Strafprozeßordnung, 1988; *Keller*, ZStW 101, 1989, S. 381 ff.

IV. Freie richterliche Überzeugung:

1. Bedeutung: Grundsatz und Ausnahmen

Daß der Richter in seiner Überzeugungsbildung frei ist, kann nur als **Grundsatz** **9** festgehalten werden, der **Ausnahmen** aufweist. Solche Ausnahmen ergeben sich einmal aus einigen **gesetzlichen Vorschriften**. So ist gem. § 190 StGB der Wahrheitsbeweis als erbracht anzusehen, wenn der Beleidigte wegen der ihm nachgesagten Tat rechtskräftig verurteilt wurde; es »gilt« gem. § 274 StPO der Inhalt des Sitzungsprotokolls für die verfahrensrechtliche (nicht eine materiellrechtliche) Beurteilung als richtig, solange seine **Fälschung** nicht nachgewiesen ist; § 49 Abs. 1 BZRG verbietet die **Heranziehung** tilgungsreifer Vorverurteilungen als Beweis zu Lasten des Beschuldigten (dazu *BVerfGE* 36, 174). Diese letztere Ausnahme hat die Rspr. aber ihrerseits wieder eingeschränkt: Die Verwertung auch tilgungsreifer Vorverurteilungen sei wegen § 49 Abs. 2 BZRG dann zulässig, wenn die Verwertung für die Rechte des Verletzten bedeutsam ist (*BGH* 25, 24; *BGH* GA 1975, 236). Ausnahmen im Sinne einer allgemeinen **Grenze** für die Freiheit der Überzeugungsbildung bestehen ferner insbesondere durch das von Rspr. und Lehre einhellig aufgestellte Erfordernis, daß der Richter die sog. **Denkgesetze** und die Sätze der **Erfahrung** einzuhalten habe und die **anerkannten wissenschaftlichen Erkenntnisse** beachten müsse (*BGH* 5, 34; 6, 70; 10, 208; 21, 157; *Eb. Schmidt* II, 19 ff.; *Henkel* S. 348; *Maiwald*, Kausalität und Strafrecht, Studien zum Verhältnis von Naturwissenschaft und Jurisprudenz, 1980, S. 100 m. w. Nachw.; *Meurer, Ernst Wolf-Fschr.*, 1985, S. 483 ff.). Zweck dieser Begrenzung ist der Ausschluß von Willkür und die Ermöglichung **intersubjektiver** Nachprüfbarkeit, Voraussetzungen, die vorhanden sein müssen, damit das Strafverfahren die (auch) mit ihm verbundene Befriedungsfunktion erfüllen kann (*Maiwald*, a. a. O., S. 101 f.).

a) Persönliche Überzeugung als psychisches Faktum

10 Nach dem Gesetzeswortlaut hat sich die Freiheit der Überzeugungsbildung so auszuwirken, daß es auf das **persönliche Überzeugtsein des Richters** (oder Kollegiums) ankommt – nicht darauf, ob der Richter – nach welchem Maßstab auch immer – Zweifel haben **soll**. Dementsprechend hat *BGH* 10, 208 ausdrücklich festgehalten, daß es für eine Verurteilung nicht ausreiche, wenn der Tatrichter persönlich an der Schuld des Angeklagten zweifle, möge auch für andere der Schluß auf dessen Schuld noch so zwingend erscheinen. Das Revisionsgericht müsse solche Zweifel respektieren und dürfe seine eigene Überzeugung nicht an die Stelle der Überzeugung des Tatrichters setzen. Diesen – zutreffenden – Grundsatz hat jedoch die Rspr. von zwei Seiten her de facto selbst in Frage gestellt. Einmal durch die Anforderungen an die **Darstellungspflicht**: Nur eine solche Überzeugung ist für das Revisionsgericht bindend, deren Grundlagen »erschöpfend und lückenlos« im Urteil des Tatrichters dargelegt sind (näher unten Rn. 17). Zum anderen durch Urteilsaufhebungen mit der Begründung, eine »Ausnahme« von der Bindung an die Überzeugung des Tatrichters sei dort zu machen, wo – nach Ansicht des Revisionsgerichts – dessen Schlußfolgerungen **bloße Vermutungen** seien (*BGH* StrafVert 1982, 256; StrafVert 1987, 423). Jedoch ist der Eingriff in die Überzeugungsfreiheit des Tatrichters mit Hilfe der Annahme, dessen Schlußfolgerungen seien bloße Vermutungen, abzulehnen. Denn auf diese Weise maßt sich das Revisionsgericht eine Stellung an, die ihm nach der StPO nicht zukommt. Entscheidend kann immer nur sein, ob das Urteil des Tatrichters (erkennbar) vom psychischen Faktum des Überzeugtseins geprägt ist.

11 Die Rspr. hat andererseits stets mit Recht betont, daß abstrakte, nur **theoretische Zweifel** bei der Überzeugungsbildung des Tatrichters außer Betracht zu bleiben haben, Zweifel, die nur auf der allgemeinen Unzulänglichkeit menschlicher Erkenntnisse beruhen (*BGH* NJW 51, 83; ausführlich dazu *Meurer*, Tröndle-Fschr., 1989, S. 533 ff.). Erheblich sind nur Zweifel, die sich aus der konkreten Sachlage ergeben, und andererseits reicht eine persönliche Gewißheit aus, auch wenn sie keine mathematische, jede theoretische Möglichkeit des Gegenteils ausschlie-

ßende Sicherheit bedeutet (*BGH* a.a.O.; *BGH* GA 1954, 152; *OLG Celle* NJW 76, 2030; *Eb. Schmidt* II 11 mit I 308 ff.; *LR/Gollwitzer* Rn. 7; *K/M* Rn. 2; *KMR/ Paulus* Rn. 14; *KK-Hürxthal* Rn. 4).

b) Psychologie der Erkenntnisgewinnung
Mit dem Abstellen auf die persönliche Gewißheit kommt freilich in die richterli-   **12**
che Überzeugungsbildung ein **gefühlsmäßiges Element** hinein (*Mösl*, DRiZ 1970, 11; *H. Mayer, Mezger-Fschr.*, 1954, S. 458; *LR/Gollwitzer* Rn. 7). So ist es nur folgerichtig, daß sich Psychologie und Soziologie darum bemühen, den Vorgang der Überzeugungsbildung und der Überwindung von Zweifeln erfahrungswissenschaftlich aufzuklären. Mag es dabei auch überwiegend um die Aufhellung des Subsumierens unter Rechtsbegriffe gehen, so betreffen solche Untersuchungen doch häufig auch die Überzeugungsbildung bei der Tatsachenaufklärung. Wenn allerdings als **psychologische** Erkenntnis dargestellt wird, daß die Beweisaufnahme durch die Lösung der (im Verfahrensgang) später zu entscheidenden Rechtsfrage vorbestimmt werde (*Berkemann*, JZ 1971, 538), so ist das zwar richtig, aber vom juristischen Standpunkt aus eine Binsenweisheit. Denn es ist ja gerade die **Pflicht** des Richters, die entscheidungserheblichen Tatsachen – und nur sie – aufzuklären, und was entscheidungserheblich ist, ergibt sich aus der Auslegung der für die Entscheidung heranzuziehenden Norm. Davon abgesehen, ist es jedoch wertvoll, daß neuere Untersuchungen dem Juristen bewußt machen, daß bei Kollegialgerichten die Überzeugungsbildung auch durch Elemente der Gruppendynamik und damit unter Umständen durch sachfremde Gesichtspunkte beeinflußt wird (*Weimar*, Psychologische Strukturen der richterlichen Entscheidung, 1969, 193 ff.). Soweit von soziologischer Seite das »Richterverhalten« aufgrund der sozialen Herkunft der Richter untersucht und erklärt wird, ihre Entscheidungen seien durch die Normen der Mittelschicht bestimmt, der die Richter zu 90 % angehörten (*Lautmann*, Soziologie vor den Toren der Jurisprudenz, 1971, S. 72 ff.; *Opp*, Soziologie im Recht, 1973, S. 122 ff.), so wird durch solche Untersuchungen der Jurist insofern im Stich gelassen, als ihm nicht mitgeteilt wird, ob die Entscheidungen der Richter – nach welchem Maßstab auch immer – als »falsch« anzusehen sind; ob also beispielsweise ein so wichtiges Einfallstor für solche Wertungen wie die Formulierung »Treu und Glauben« in § 242 BGB die Rechtsprechung zu einer großen Zahl nicht akzeptabler Entscheidungen veranlaßt habe.

Literatur zur Psychologie des Strafverfahrens
Bender/Röder/Nack Tatsachenfeststellung vor Gericht, Bd. 1, 1981, S. 210.
Bendix Zur Psychologie der Urteilstätigkeit des Berufsrichters, 1968.
Berger/Luckmann Die gesellschaftliche Konstruktion der Wirklichkeit, 1969, S. 139.
Bohne Zur Psychologie der richterlichen Überzeugungsbildung, 1948.
Döhring Die Erforschung des Sachverhalts im Prozeß, 1964.
Geerds Psychologie des Strafverfahrens, in: Handbuch der Kriminalistik Bd. II, 1978, S. 205.
Psychologie des Strafverfahrens, in: Kindlers Psychologie des 20. Jahrhunderts, Bd. II, 1981, S. 159.
Graßberger Psychologie des Strafverfahrens, 2. Aufl. 1968.
Hetzer Wahrheitsfindung im Strafrecht, Berlin 1982.
Krauss Richter und Sachverständiger im Strafverfahren, ZStW 85 (1973), S. 320.

Peters Fehlerquellen im Strafprozeß, Bd. 1–3, 1970, 1972, 1974.
Schneider Zur Psychologie des Strafrichters, in: Grundlagen der Kriminalistik IV, S. 133.
Seelig/Bellavic Lehrbuch der Kriminologie, 3. Aufl. 1963, S. 338.
Weimar Psychologische Strukturen der richterlichen Entscheidung, 1969, S. 193.
Zwingmann Zur Soziologie der Richter in der Bundesrepublik Deutschland, 1966.

2. Grenzen der freien richterlichen Beweiswürdigung

a) Sätze der Logik

13 Ungeachtet eines möglichen gefühlsmäßigen Einschlags muß der Tatrichter bei der Beweiswürdigung **die Denkgesetze beachten**. Mit den »Denkgesetzen« (*BGH* 6, 72; 10, 211) sind die Sätze der Logik gemeint (*KK-Hürxthal* Rn. 47). Obwohl die Philosophie verschiedenartige logische Systeme kennt, kann die Rspr. doch nur die »klassische« Logik als unsere »Alltagslogik« anwenden, die u. a. auf dem Satz vom ausgeschlossenen Dritten aufbaut.

14 Verstöße gegen die Denkgesetze scheinen im Zusammenhang mit der Würdigung der **Einlassung des Angeklagten** häufig zu sein. Wiederholt mußten die Revisionsgerichte darauf hinweisen, daß es fehlerhaft ist, einerseits die Einlassung des Angeklagten als widerlegt anzusehen, andererseits aber die Urteilsfeststellungen in Einzelpunkten auf Teile der Einlassung zu stützen (*BGH* StrafVert 1986, 369; *BGH* StrafVert 1987, 378; *OLG Köln* StrafVert 1986, 192).

b) Erfahrungssätze

15 Zu beachten sind auch die **Erfahrungssätze**. Dabei geht es um Wissen, das durch die Sinnesorgane, nicht durch reines Denken, vermittelt wird (*Schweling*, ZStW 83, 1971, 436). Der Übergang zu den wissenschaftlichen Erkenntnissen ist fließend. Das Walten der Gesetze der Schwerkraft zum Beispiel ist einerseits ein Stück Alltagserfahrung, andererseits Teil der physikalischen Lehre von der Mechanik der Körper. Erfahrungssätze können allgemeingültig sein in dem Sinne, daß die Aufeinanderfolge bestimmter Ereignisse als praktisch sicher eintretend angesehen wird (»ein Stein fällt zu Boden, wenn man ihn losläßt«); Erfahrungssätze können aber auch als bloße Wahrscheinlichkeitsregeln auftreten – besonders im Hinblick auf menschliches Verhalten (»es ist wahrscheinlich, daß ein Zeuge sich durch seine Aussage nicht selbst belasten will«). Dann kann der Richter, der aus solchen Regeln Schlußfolgerungen für den konkreten Fall ziehen möchte, zwar annehmen, daß im konkreten Fall das Unwahrscheinliche passiert ist, muß jedoch für die revisionsrichterliche Nachprüfung die Gründe dafür darlegen, die ihn zu dieser Annahme veranlaßt haben (*LR/Gollwitzer* Rn. 47).

16 In den Bereich der Anwendung von Erfahrungssätzen gehört der **Indizienbeweis** (vgl. auch unten Rn. 26). Wenn beispielsweise an der Kleidung oder am Körper eines Verdächtigen Blut von der Blutgruppe des Ermordeten festgestellt wird, und wenn dies – vielleicht zusammen mit anderen Indizien – als ein Indiz für seine Täterschaft angesehen wird, so beruht dies auf der Erfahrung, daß nicht alle Menschen dieselbe Blutgruppe aufweisen, daß Blutspritzer eine Nähe zum Opfer voraussetzen usw. Daß Vorsicht bei der Annahme von Erfahrungssätzen geboten ist, zeigt z. B. *OLG Oldenburg* StrafVert 1987, 523, wo zutreffend ein Erfahrungssatz dahingehend verneint wird, Strafverteidiger stellten täglich »unfaßbare Beweisanträge«; zutreffend auch *OLG Köln* StrafVert 1986, 192, wo es abgelehnt wird, ein

Indiz für die Täterschaft des Angeklagten darin zu sehen, daß er seine Entlastungszeugen erst im Verlauf des Verfahrens benennt (vgl. auch *BGH* StrafVert
1988, 286; *BGH* JR 1983, 83). Der Sache nach beruft sich auf einen Erfahrungssatz auch *BayOblG* NJW 1988, 1039, wenn das Gericht erklärt, grundsätzlich
könne »davon ausgegangen werden«, daß in Bayern Geschwindigkeitsmeßgeräte
mit noch nicht abgelaufener Gültigkeitsdauer verwendet würden. Verschiedene
Indizien werden – wiederum nach der Erfahrung – in einer »Gesamtschau« gewürdigt (dazu *Nack*, MDR 1986, 366).

c) Gesicherte wissenschaftliche Erkenntnisse

Von **gesicherten wissenschaftlichen Erkenntnissen** darf sich der Richter ebenfalls **17**
nicht entfernen. Dieser Grundsatz der Rspr. (*BGH* 5, 34; 6, 70; 10, 211; 17, 385;
21, 159) steht allerdings in Widerspruch zu einem anderen von ihr aufgestellten
Grundsatz, nämlich dem, daß der Richter die Gutachten von Sachverständigen
stets nur zur **Grundlage** der eigenen Überzeugungsbildung werden lassen dürfe;
niemals dürfe der Tatrichter den Sachverständigen gleichsam blindlings folgen, er
müsse deren Ausführungen vielmehr auf ihre Überzeugungskraft prüfen. (*BGH* 7,
238; 8, 118; zur Widersprüchlichkeit *Spendel*, JuS 1964, 469f.; *Maiwald*, Kausalität und Strafrecht, Studien zum Verhältnis von Naturwissenschaft und Jurisprudenz, 1980, S. 103). Richtigerweise wird man diesem letzteren Grundsatz nur insoweit folgen können, als der Richter sich vergewissern muß, **ob** ein Sachverständiger ihm gesicherte fachwissenschaftliche Erkenntnisse unterbreitet (die im wesentlichen übereinstimmende Meinung der Fachwissenschaftler). Darüber hinaus wird
man dem Grundsatz nicht zustimmen können. Jedenfalls soweit es um das Bestehen naturwissenschaftlicher Gesetzmäßigkeiten geht, wie beispielsweise um das
Bestehen eines Kausalzusammenhangs, muß das Auftreten von Meinungsverschiedenheiten unter den Fachwissenschaftlern zur Anwendung des Satzes »in dubio pro reo« führen (*Armin Kaufmann*, JZ 1971, 572ff.; *Horn*, Konkrete Gefähr-
dungsdelikte, 1973, 141f.; *Maiwald*, a.a.O., S. 109; *Roxin* S. 73; a.A. *LG Aachen*
JZ 1971, 510) mit der Konsequenz, daß diejenige Ansicht zugrundezulegen ist, die
für den Beschuldigten am günstigsten ist. Umgekehrt kann es dem Richter nicht
gestattet sein, sich von der übereinstimmenden Meinung der Sachverständigen der
jeweiligen Fachdisziplin zu entfernen. Andernfalls ginge die Befriedungsfunktion
des zu fällenden Urteils verloren, da das Urteil als willkürlich erscheinen müßte
und in der Allgemeinheit nicht akzeptiert würde. Die Erkenntnisse der Parapsy-
chologie sind mangels intersubjektiver Überprüfbarkeit nicht als wissenschaftliche
Erkenntnisse anzusehen (*BGH* bei Holtz MDR 1978, 627).

d) Erschöpfende Beweiswürdigung

Eine **praktische** wichtige Einschränkung der Freiheit der tatrichterlichen Beweis- **18**
würdigung ist die Forderung der Revisionsgerichte, daß die Beweise nicht nur
erschöpfend zu würdigen seien, sondern daß in den Urteilsgründen die Beweiswürdigung auch erschöpfend und lückenlos und damit die Nachprüfung ermögli-
chend wiederzugeben sei (*BGH* NJW 64, 1851; 67, 891; *BGH* 12, 314; *BGH* 25,
367; *Schmidt*, ZStW 85, 1973, 374f., mit zahlr. Nachweisen; *Fezer*, Die erweiterte
Revision – Legitimation der Rechtswirklichkeit?, 1974, S. 53; *Rieß*, GA 1978,
257). Da nach dieser Rspr. »naheliegende« Möglichkeiten der Sachverhaltsgestal-
tung im Urteil nicht unerörtert bleiben dürfen, andererseits das Revisionsgericht
darüber entscheidet, was noch naheliegend oder schon nicht mehr naheliegend ist,

entsteht so im praktischen Ergebnis häufig die Möglichkeit, die tatrichterliche Überzeugung zu »korrigieren«. Soweit eine erschöpfende Beweiswürdigung erfolgt, hat der Tatrichter allerdings die Freiheit, auch solche Schlüsse zu ziehen, die zwar denkgesetzlich möglich, aber nicht zwingend sind (*BGH* NJW 1951, 325; *BGH* GA 1974, 61): Auch dabei muß er allerdings – im Sinne einer Darstellungspflicht – in den Urteilsgründen erkennen lassen, daß er sich der anderen, ebenfalls möglichen Schlüsse wenigstens bewußt ist (vgl. *OLG Düsseldorf* GA 1984, 25; *OLG Celle* StrafVert 1987, 429; *BGH* StrafVert 1987, 428; *BGH* StrafVert 1988, 8; *KK-Hürxthal* Rn. 49). Kommen mehrere Möglichkeiten in Betracht, so müssen für die vom Tatgericht angenommene Möglichkeit die Gründe mitgeteilt werden, die es gestatten, ihr den Vorzug zu geben (*BGH* StrafVert 1982, 59).

19 Bei der **Interpretation von Abbildungen oder eines Urkundeninhalts** findet sich das Revisionsgericht gelegentlich in der Situation, daß die den Akten beigefügten Dokumente oder Bilder einen anderen Eindruck vermitteln, als ihn der Tatrichter im Urteil verbal umschreibt. Für solche Situationen hat die Rspr. den Grundsatz entwickelt, daß ein Verstoß gegen § 261 vorliege, wenn der Tatrichter die anerkannten Auslegungsregeln nicht eingehalten habe. Daher ist § 261 verletzt, wenn die Abbildungsbeschreibung gegenüber der bildlichen Darstellung nicht nachvollziehbar ist (*OLG Frankfurt* NJW 1984, 1128), oder wenn eine Urkunde gegenüber der Wiedergabe in den Urteilsgründen einen eindeutig anderen Inhalt hat (*BayObLG* GA 1985, 569).

V. Einzelne Beweissituationen:

1. Umfang der Beweiswürdigung

20 Der **Umfang** dessen, was der Richter als Beweis überhaupt **würdigen darf**, wird u. a. durch die Beweisverwertungsverbote bestimmt (dazu § 244 Rn. 5 ff.). Das führt in Einzelfällen zu der psychologisch schwierigen Situation, daß er bestimmte Kenntnisse bei der Urteilsfindung »ausblenden« muß. So darf der Richter eine Zeugenaussage nicht verwerten, wenn der Zeuge als Angehöriger des Angeklagten über sein Zeugnisverweigerungsrecht nicht belehrt worden ist (*BGH* 11, 216). Die Rspr. setzt in den Richter das Vertrauen, daß ihm das Ausblenden in der Regel gelingen wird (*RG* 72, 273). Doch besteht kein Zweifel, daß so erlangtes Wissen den Richter bis zur Befangenheit belasten kann. Auch stellt sich die Frage, ob der Richter unverwertbares Wissen, das ihm jedoch Kenntnis über andere – verwertbare – Beweismittel verschafft, dazu ausnutzen darf, diese letzteren heranzuziehen (Problem der Fernwirkung von Beweisverboten; vgl. *Roxin* S. 126; *LR/ K. Schäfer*, Einleitung Kap. 14, 38 ff.; *Gössel* S. 183; *Kühne* [1988] Rn. 541; *Schlüchter* Rn. 352.3). Das Ausblenden unverwertbarer Kenntnisse muß sich nicht notwendig in Anwendung des Satzes in dubio pro reo zugunsten des Angeklagten auswirken. Denkbar ist, daß gerade solches Wissen dem Richter erst Zweifel an der Stichhaltigkeit der übrigen zuungunsten des Angeklagten sprechenden Beweise zu vermitteln in der Lage ist. Mit Recht weist daher *Arzt* (*Peters-Fschr.*, 1974, S. 231 ff.) darauf hin, daß die Beweiswürdigung nicht von der Zulässigkeit der Heranziehung eines Beweismittels isoliert gesehen werden kann: Der Richter muß sich nämlich schlüssig werden darüber, welchen Einfluß auf die verbleibenden Beweismittel es hat, wenn er vor einem bestimmten anderen Beweismittel von Gesetzes wegen die Augen verschließen muß. (Dazu im einzelnen *Arzt*, a. a. O.).

2. Schweigen des Angeklagten

Das Schweigen des Angeklagten darf der Richter bei der Beweiswürdigung nicht **21** zu dessen Ungunsten werten. Dies gilt jedoch nur für das **totale Schweigen** auf den Anklagevorwurf (*BGH* 20, 281; *LR/Gollwitzer* Rn. 75; *K/M* Rn. 16; *Eser*, Beiheft zur ZStW 86, 1974, S. 159 ff. m. Nachw.; a. A., nämlich für eine Verwertbarkeit auch in diesem Fall, *Ostermeyer*, NJW 1969, 1187; *Stümpfler*, DAR 1973, 7). **Teilweises Schweigen** des Angeklagten berechtigt den Richter dagegen dazu, daraus auch Schlüsse zuungunsten des Angeklagten zu ziehen (*BGH* 20, 298; *LR/Gollwitzer* Rn. 78; *K/M* Rn. 17; *Eser*, a. a. O.; *KK-Hürxthal* Rn. 41). Diese letztere Ansicht ist freilich nicht unproblematisch. Denn entschließt sich der Angeklagte zu völligem Schweigen, um für sich nachteilige Schlüsse zu vermeiden, so begibt er sich dadurch jeder Möglichkeit, etwaige Beweise, die gegen ihn sprechen, zu erschüttern; schweigt er nur partiell, um diese Möglichkeit wahrzunehmen, so läuft er Gefahr, daß die partielle Nichteinlassung als Schuldindiz angesehen wird. Deshalb bleibt das Schweigerecht des Angeklagten unter dem Blickwinkel einer möglichen Verteidigungsstrategie ein »privilegium odiosum« (*Eser*, a. a. O., S. 161; ablehnend gegenüber der Verwertbarkeit des teilweisen Schweigens daher *Rogall*, Der Beschuldigte als Beweismittel gegen sich selbst, 1976, S. 250 ff.). Werden dem Angeklagten mehrere Taten i. S. d. § 264 zur Last gelegt und äußert er sich nur zu einer oder einigen von ihnen, so ist dies nicht als partielles Schweigen (bezogen auf die jeweilige Tat) zu werten, da es häufig vom Zufall abhängt, ob mehrere Taten in einem Verfahren abgeurteilt werden und dieser Zufall nicht die Verteidigungsmöglichkeiten einschränken sollte (ebenso *K/M* Rn. 17). Daß diese Verpflichtung, sich möglicherweise aufdrängende Schlußfolgerungen für bestimmte Taten desselben Verfahrens außer Betracht zu lassen, für den Richter gelegentlich ein schwieriges psychologisches Kunststück sein mag, ist allerdings zuzugeben (dazu oben). Das Verbot, aus dem Schweigen des Angeklagten für diesen negative Schlüsse zu ziehen, besteht auch, wenn der Angeklagte sich in einem früheren Verfahrensstadium geäußert hat (*BGH* bei Dallinger MDR 1971, 18), hindert den Richter aber nicht daran, in diesem Fall diese frühere Erklärung durch ein anderes zulässiges Beweismittel in den Prozeß einzuführen (*BGH* a. a. O.; *OLG Hamm* NJW 1971, 1880; *KMR/Paulus* Rn. 21).

Partiell schweigen kann ein Beschuldigter auch in dem Sinne, daß er zunächst von **22** seinem Schweigerecht Gebrauch macht, jedoch später doch noch zur Sache aussagt. In diesem Fall dürfen aus dem anfänglichen Schweigen keine belastenden Schlüsse gezogen werden (*OLG Düsseldorf* StrafVert 1983, 449; *BGH* StrafVert 1985, 401; *BGH* StrafVert 1987, 377; *BGH* StrafVert 1988, 239; *BGH* NStZ 1989, 281). Anders ist die Lage, wenn im Verfahren durch zulässige Beweismittel aufgeklärt wird, daß der Beschuldigte sich außerhalb des Prozesses in einem Gespräch mit privaten Dritten bei Erörterung des Prozeßstoffs schweigend verhalten hat. Dieses Schweigen kann im Zusammenhang mit dem Gesamtverhalten des Beschuldigten auch zu dessen Nachteil verwertet werden (*OLG Karlsruhe* NStZ 1989, 287 m. Anm. *Rogall*); denn das Schweigerecht ist ein prozessuales Recht gegenüber den Strafverfolgungsbehörden und kann nur insoweit seine Schutzwirkung zugunsten des Beschuldigten entfalten. Schweigt der Beschuldigte, der lediglich angegeben hat, nicht er, sondern ein Verwandter habe sein Fahrzeug gelenkt, auf die Frage, warum er den Lenker nicht angeben wolle, so kann daraus noch nicht ohne weiteres der Schluß gezogen werden, der Beschuldigte sei selbst gefahren (*OLG Stuttgart* VRS 69, 1985, 295). Das Schweigen des Angeklagten zu einer

früheren Tat darf nicht gegen den Angeklagten gewertet werden, wenn er sich im späteren Verfahren zur Sache einläßt, selbst wenn die frühere Tat von indizieller Bedeutung für die Tat sein kann, zu der er sich geäußert hat (*BGH* NJW 1984, 1829).

3. Zeugenbeweis

a) Feststellung der Glaubwürdigkeit

23 **Beim Zeugenbeweis** stellt sich mit besonderer Dringlichkeit die Frage der **Glaubwürdigkeit** des Zeugen. Dieses Problems hat sich etwa seit der Jahrhundertwende die **Aussagepsychologie** angenommen. Doch stellt sich für den Richter die Frage, ob er deren fachwissenschaftliche Erkenntnisse in Gestalt eines Gutachters im Prozeß nutzbar zu machen hat, oder ob gerade die Anwendung der Menschenkunde zur ureigenen Domäne des Richters gehört, so daß er sich einer wichtigen richterlichen Aufgabe begeben würde, wenn er die Glaubwürdigkeitsbeurteilung auf den Sachverständigen »abschieben« würde. Der *BGH* hat in dieser Frage betont, daß die Glaubwürdigkeit eines Zeugen zwar »letztlich« vom Tatrichter »in eigener Verantwortung zu entscheiden« sei, daß aber in den Fällen, in denen dies »besondere Sachkunde« voraussetze, ein Sachverständiger heranzuziehen sei. Solange der Richter auch nur geringe Zweifel daran habe, ob seine Sachkunde zur Entscheidung ausreiche, dürfe er sich nicht mit ihr begnügen, und in Grenzfällen werde er daher eher ein Zuviel als ein Zuwenig tun müssen (*BGH* 23, 12; vgl. auch *BGH* NStZ 1982, 432). Dem ist zuzustimmen. (Zurückhaltend gegenüber dem Sachverständigen bei der Beurteilung von Zeugenaussagen dagegen *Bockelmann*, GA 1955, 321; *Peters*, Untersuchungen zum Fehlurteil im Strafprozeß, 1967, S. 23). Der Jurist stößt aber hier auf einen **Kompetenzkonflikt** zwischen den für die Aufgabe in Frage kommenden Sachverständigen, nämlich zwischen **Psychiatern** und **Psychologen** (vgl. etwa *Müller-Luckmann*, in: Lehrbuch der gerichtlichen Medizin, hrsg. von *Ponsold*, 3. Aufl. 1967, S. 109 einerseits und *Leferenz*, Handbuch der forensischen Psychiatrie II, hrsg. von *Göppinger* und *Witter*, 1972, S. 1316 andererseits). Dabei geht es vor allem um die Frage, ob die Psychologie in der Lage ist, den Bereich zu erkennen, in dem die Zurückführung eines Verhaltens auf Krankheit **in Frage kommt**. Der *BGH* erklärt dazu, daß die Heranziehung eines Psychiaters als zusätzlichen Sachverständigen nur dann entbehrlich sei, wenn ein sog. **klinischer Psychologe** – ein Psychologe mit Erfahrungen in einer psychiatrischen Klinik – das Vorliegen krankhafter Erlebnis- und Verhaltensformen ausschließt (*BGH* 23, 15). Demgegenüber weist *Leferenz*, (a. a. O. S. 1322) darauf hin, daß jedenfalls bei der Beurteilung jugendlicher Zeugen angesichts des Naheliegens psychopathologischer Phänomene nur der jugendpsychiatrisch qualifizierte Arzt die Gewähr dafür biete, daß solchen Phänomenen bei der Gesamtbeurteilung der richtige Stellenwert beigemessen werde.

24 Die Frage der Glaubwürdigkeit von Zeugenaussagen gestaltet sich häufig besonders schwierig in Strafverfahren wegen Sexualdelikten, insbesondere bei jugendlichen Zeugen (zahlreiche Beispiele bei *Leferenz* S. 1318ff.). Grundsätzlich ist zu unterscheiden zwischen der **allgemeinen** und der **speziellen Glaubwürdigkeit** eines Zeugen. Während die letztere die Frage der Glaubwürdigkeit im Hinblick auf die Aussage im jeweiligen Verfahren betrifft, betrifft die allgemeine Glaubwürdigkeit die Frage, ob man dem Zeugen außerhalb der Verfahrenssituation grundsätzlich Glauben schenken kann. Die Klärung der allgemeinen Glaubwürdigkeit erlaubt

aber nur beschränkt Rückschlüsse auf die spezielle Glaubwürdigkeit, etwa dann, wenn festgestellt wird, daß eine Zeugin zu hysterischen Reaktionen neigt oder in der Vorgeschichte pseudologische Tendenzen erkennbar sind (zum Vorstehenden *Leferenz*, a. a. O., S. 1317 ff., 1341 f.). Zur Psychologie der Zeugenaussage überhaupt ist inzwischen eine recht umfangreiche Literatur entstanden; vgl. dazu die Angaben bei § 48 Rn. 46.

b) Schweigen des Zeugen
Das Schweigen eines Zeugen unterliegt der freien richterlichen Beweiswürdigung, **25** soweit der Zeuge **unberechtigt** schweigt (*BGH* NJW 1966, 211 m. Anm. *Schmidt-Leichner*, NJW 1966, 189, 190 f.). Der Richter muß nicht zuvor versuchen, den Zeugen gem. § 70 zu einer Aussage zu veranlassen (*LR/Gollwitzer* Rn. 86; *K/M* Rn. 19). Bei **berechtigter** Zeugnisverweigerung eines Angehörigen ist es nach *BGH* 22, 113 unzulässig, das Schweigen des Zeugen als für den Angeklagten belastend zu deuten (anders noch *BGH* 2, 351), da andernfalls die Entscheidungsfreiheit des Zeugen unangemessen beeinträchtigt sei; das gelte auch dann, wenn der Angehörige später doch noch entlastend aussage und diese Aussage auf ihre Glaubwürdigkeit hin zu prüfen sei (*BGH* NJW 1980, 794). Das ist zu billigen (ebenso *KK-Hürxthal* Rn. 42; *LR/Gollwitzer* Rn. 94), wenn auch im **Einzelfall** der Angehörige seine Entscheidung, ob er aussagen will, sehr wohl von Erwägungen abhängig machen mag, die mit Rücksichtnahme auf den Angeklagten nichts zu tun haben; hier muß die **typische** Schutzrichtung des § 52 maßgebend sein. Daher besteht das Verbot, das berechtigte Schweigen des Zeugen zu Lasten des Angeklagten auszudeuten, auch bei einer Zeugnisverweigerung gem. §§ 53, 53 a, nicht aber in den Fällen der §§ 54 und 55 (*LR/Gollwitzer* Rn. 88; *K/M* Rn. 20; *KK-Hürxthal* Rn. 43). Die **äußere Erscheinung** eines berechtigtermaßen das Zeugnis verweigernden Zeugen darf im Wege des Augenscheinsbeweises für die Zwecke des Urteils verwertet werden (*BGH* GA 1965, 108: Reifegrad einer jugendlichen Zeugin nach dem äußeren Bild; Schlußfolgerungen daraus für die Frage, ob der Angeklagte sie für eine Person im Alter von über 14 Jahren gehalten hat). Zu den »unwillkürlichen Ausdruckserscheinungen« bei Zeugen und Beschuldigten und deren Verwertbarkeit überhaupt vgl. *Undeutsch*, ZStW 87, 1975, 650 ff. und *Peters*, ebendort, 663 ff. Zur Beeinflussung der Aussage durch eigene Interessen des Zeugen und zur Würdigung der Aussage vgl. *BGH* StrafVert 1983, 496; *BGH* MDR 1986, 950; *KG* StrafVert 1986, 469; zum Beweiswert einer vorschriftswidrigen Einzelgegenüberstellung *BGH* NStZ 1982, 342.

VI. Indizienbeweis – Alibi-Beweis
Für den sog. **Indizienbeweis** gelten gegenüber sonstigen Beweisformen keine Be- **26** sonderheiten. Die Indizien, z. B. Fingerabdrücke, Fußspuren, Blutreste, gehören zu den »für erwiesen erachteten Tatsachen« i. S. d. § 267 und müssen also, um zur Überführung des Angeklagten dienen zu können, zweifelsfrei feststehen (*BGH* NJW 1974, 654 m. Anm. *Peters*, JR 1975, 34). Ausführlich zum Indizienbeweis *Grünwald, Honig-Fschr.*, 1970, 57 ff.; *Tenckhoff*, Die Wahrunterstellung im Strafprozeß, 1980, S. 136 ff. Der Schluß von den Indizien auf die Täterschaft des Angeklagten muß nicht zwingend sein; es genügt, daß er denkgesetzlich möglich ist, wenn nur der Tatrichter die Überzeugung erlangt hat, daß der Angeklagte die Tat begangen hat (*BGH* bei Dallinger MDR 1970, 198). Hinsichtlich des sog. **Alibi-Beweises** enthält *BGH* 25, 285 den Leitsatz: »Der Grundsatz ›Im Zweifel für den

Angeklagten‹ gilt für den Alibibeweis nicht.« Das ist in dieser Form unrichtig. Vielmehr hat der Richter wie bei allen anderen Beweisen auch zu prüfen, ob sich **diese** erhobenen Beweise dahin auswirken, daß sie allein oder in Verbindung mit anderen Zweifel an der Täterschaft des Angeklagten wecken. Bleibt offen, ob der Angeklagte ein Alibi für die Tatzeit hat, so muß der Richter dieses Beweisergebnis mit den anderen Beweisergebnissen koordinieren und sich darüber klar werden, ob die Betrachtung des **gesamten** Beweismaterials noch Zweifel an der Täterschaft des Angeklagten hinterläßt (ebenso *Stree*, JZ 1974, 298; *Hanack*, JR 1974, 383; *Volk*, JuS 1975, 25; *KK-Hürxthal* Rn. 66). Derselbe Einwand ist auch zu erheben gegen *BGH* JR 1978, 348 (mit abl. Anm. von *Tenckhoff*).

VII. Der Grundsatz in dubio pro reo

1. Keine Geltung für Rechtsfragen

27 Der Grundsatz **in dubio pro reo** bestimmt das Vorgehen des Richters, der bei der Beweiswürdigung nicht die Überzeugung erlangt, daß der Angeklagte die ihm vorgeworfene Tat begangen habe. Damit ist zugleich klargestellt, daß der Satz für **Rechtsfragen nicht gilt** (*BGH* 14, 73; *KK-Hürxthal* Rn. 61). Die Anwendung des Satzes führt dazu, daß der Angeklagte entweder freigesprochen wird – dies dann, wenn bei Zugrundelegung der dem Angeklagten günstigsten Möglichkeit gar kein Straftatbestand erfüllt ist –, oder daß er aus einem milderen Tatbestand bestraft wird, letzteres dann, wenn die günstigste Möglichkeit zu dem Schluß führt, der Angeklagte habe ein Weniger an Unrecht oder Schuld verwirklicht, das einem milderen Tatbestand entspricht.

2. Historischer Hintergrund

28 **Historisch** ist umstritten, oder der Satz in dubio pro reo schon im römischen Strafrecht und im Strafrecht der Rezeption galt (vgl. *Holtappels*, Die Entwicklungsgeschichte des Grundsatzes »in dubio pro reo«, 1965; *Sax, Stock-Fschr.*, 1966, 143 ff.). Im Gemeinen Recht hatte er jedenfalls keine Geltung, vielmehr sehen wir in dieser Zeit das Institut der Verdachtsstrafe sowie die bloße absolutio ab instantia. Mit dem sog. reformierten Strafprozeß des 19. Jahrhunderts setzte sich der Grundsatz in Deutschland durch. Heute stützt sich seine Geltung auf Art. 6 Abs. 2 MRK sowie auf § 261, der die »Überzeugung« des Gerichts zur Voraussetzung der Verurteilung macht, so daß Zweifel, die diese Überzeugung erschüttern, zugunsten des Angeklagten wirken müssen; auch ist er gewohnheitsrechtlich anerkannt. Verfassungsrechtlich wird er aus dem Rechtsstaatsprinzip hergeleitet (*Gössel* S. 184; *LR/Gollwitzer* Rn. 103; *Kühne* [1988], Rn. 571.1; *BayVerfGH* BayVBl. 1982, 400; offengelassen von *BVerfG* NJW 1988, 471; grundlegend *Montenbruck*, In dubio pro reo aus normtheoretischer, straf- und strafverfahrensrechtlicher Sicht, 1985).

3. Stufenverhältnis von Tatbeständen

29 Soweit es um die Frage geht, ob der Satz in dubio pro reo zur Anwendung eines milderen Strafgesetzes führt, ist jeweils zu klären, ob die in Frage kommenden Tatbestände in einem **Stufenverhältnis** zueinander stehen. Ein solches Stufenverhältnis ist unproblematisch zu bejahen bei Tatbeständen, deren einer die **Qualifizierung** oder **Privilegierung** eines anderen – des Grundtatbestandes – ist. So etwa im Verhältnis zwischen versuchter Gewaltunzucht und versuchter Notzucht (*BGH*

11, 100), Meineid und uneidlicher Falschaussage (*BGH* bei *Dallinger* MDR 1957, 396), nicht aber – entgegen *BGH* 22, 154 – zwischen Vergewaltigung (§ 177 StGB) und Verführung (§ 182 StGB).

4. In dubio pro reo und Allg. Teil des StGB

Der Satz in dubio pro reo kann aber auch im Hinblick auf dogmatische Kategorien **30** des **Allgemeinen Teils des StGB** Anwendung finden, beispielsweise für die Frage der geminderten oder ausgeschlossenen **Schuld** gem. §§ 20, 21 StGB (*BGH* 88, 124), des Bestehens von **Fortsetzungszusammenhang oder Realkonkurrenz** (a. A. *BGH* 23, 35; wie hier *Jescheck*, Lehrbuch AT, 4. Aufl. 1988, S. 129), des Tatbestands- (*RG* 64, 26) und Verbotsirrtums (*BayObLG* NJW 1954, 811), jeweils, soweit es um die tatsächlichen Voraussetzungen dieser Kategorien geht. In welchem Umfang auch im **Allgemeinen Teil des StGB von Stufenverhältnissen** gesprochen werden kann, ist umstritten. Die Literatur stellt insoweit auf das Bestehen **wertmäßiger Abstufungen** ab, sieht also das oben Rn. 28 gekennzeichnete **logische Stufenverhältnis** nicht als entscheidend an (*Hruschka*, JZ 1970, 642; *Otto*, *Peters-Fschr.*, 1974, 377; *Jescheck*, Lehrbuch AT, 4. Aufl. 1988, S. 130), während die Rspr. in solchen Fällen mit dem Begriff des »**Auffangtatbestandes**« oder mit der Figur der Wahlfeststellung operiert. So im Verhältnis zwischen Vorsatz und Fahrlässigkeit (*BGH* 4, 340: Wahlfeststellung; *BGH* 17, 210: fahrlässige Körperverletzung als Auffangtatbestand); im Verhältnis zwischen Täterschaft und Anstiftung (*BGH* 1, 127 und *OLG Düsseldorf* NJW 1976, 579: Wahlfeststellung); zwischen Täterschaft und Beihilfe (*BGH* 23, 203: nur »entsprechende Anwendung« des Satzes in dubio pro reo). Zu folgen ist der Ansicht der Literatur. Denn es geht in den genannten Fällen um Modalitäten der **Zurechnung des Tatgeschehens**, die dem Gedanken des Zweifels zugunsten des Angeklagten durchaus zugänglich sind. Zur Anwendung des Satzes in dubio pro reo auf **Strafzumessungstatsachen** eingehend *Bruns*, Strafzumessungsrecht, 2. Aufl. 1974, S. 172 ff.

5. Prognoseentscheidungen

Prognoseentscheidungen sind schon per definitionem insofern mit einem Zweifel **31** behaftet, als ihre Aussage stets den Zweifel enthält, ob die zukünftigen Ergebnisse eintreten werden. Der Grundsatz in dubio pro reo kann daher für sie nur insofern relevant werden, als die Tatsachen in Frage stehen, auf die sich die Prognose stützt. Vor allem für das Stellen einer Sozialprognose bei Ausgestaltung von oder Verzicht auf Maßregeln oder Strafen – z. B. Strafaussetzung zur Bewährung, Aussetzung des Strafrestes, Sicherungsverwahrung – wird die Frage bedeutsam, ob die erwähnten die Prognose stützenden Tatsachen im Zweifel zugunsten des Angeklagten angenommen werden müssen. Die Fragestellung zeigt in aller Deutlichkeit, daß der Satz in dubio pro reo seine Entstehung der Auffassung verdankt, daß der Strafe die vergeltende Übelszufügung immanent ist, die ihren Sinn aus der Reaktion auf das in der Vergangenheit liegende Delikt empfängt. Rückt die Strafrechtsfolge in den Bereich sozialfürsorgerischer Tätigkeit (im weitesten Sinne) und wird sie so zu einem Instrument, in das auch Zweckmäßigkeitsgesichtspunkte einfließen, muß die Geltung des Satzes fraglich werden, da jetzt der Gedanke der Wirksamkeit der Strafrechtsfolge die dominierende Rolle spielt. Es ist deshalb an sich konsequent, wenn die h. L. den Satz in dubio pro reo auf derartige zukunftsgerichtete Faktoren nicht anwendet und erklärt, **Zweifel über Tatsachen, die eine günstige Sozialprognose begründen können**, gingen im Gegenteil **zu Lasten des**

Täters (*Stree*, In dubio pro reo, 1962, 109 ff.; *LR/K. Schäfer*, Einleitung Kap. 13/
54; *K/M* Rn. 27; *Bruns*, Strafzumessungsrecht, 2. Aufl. 1974, 173 f.). Dies soll
allerdings nur solche Prognosen betreffen, die zur Milderung oder zum Verzicht
auf eine an sich dem Schuldgehalt der Tat nach verdienten Strafe führen können,
z. B. bei der Strafaussetzung zur Bewährung. (Zur Begründung vgl. *Stree*,
a. a. O.). Hingegen soll sich der Zweifel bei solchen Tatsachen zugunsten des Täters auswirken, die als Eingriffsvoraussetzung für die Anordnung einer Maßregel
der Besserung und Sicherung maßgebend sind, also etwa bei der Gefährlichkeit
des Täters für die Sicherungsverwahrung (*LR/K. Schäfer*, 23. Aufl., Einl.
Kap. 13/52; a. A. *K/M* Rn. 27). Hier ist vieles ungeklärt. Insbesondere leuchtet
nicht ein, daß das Erfordernis einer positiven Sozialprognose zu dem Schluß führen soll, daß bei der Strafaussetzung zur Bewährung die zur Prognose berechtigen-
den Tatsachen positiv feststehen müssen (so aber *LR/K. Schäfer*, Einl. Kap. 13/
54; *Dreher/Tröndle*, StGB 44. Aufl. 1988, § 56 Rn. 5 m. Nachw. aus der Rspr.).
Denn der Eingriffscharakter der Sanktion ist bei einer Entscheidung, die Strafe zu
vollstrecken, anstatt sie zur Bewährung auszusetzen, nicht anders gegeben als bei
der Entscheidung, die Sicherungsverwahrung bei einem Täter anzuordnen, bei
dem die Anordnungsvoraussetzungen nicht zweifelsfrei feststehen. Betrachtet
man auch spezialpräventiv ausgerichtete Strafrechtsfolgen trotz ihres oben erwähnten sozialfürsorglichen Charakters unter dem Blickwinkel der **Eingriffsinten-
sität** und damit auch unter dem Gesichtspunkt des verfassungsrechtlichen Verhält-
nismäßigkeitsgrundsatzes, so ist zu fordern, den Grundsatz in dubio pro reo auch
für die eine günstige Sozialprognose begründenden Umstände heranzuziehen
(a. A. *SK [Horn]* § 56 12); bei § 57 StGB ist die Sachlage wegen des Wortlauts der
Vorschrift ohnedies anders (*LR/K. Schäfer*, Einl. Kap. 13/54).

6. Prozessual erhebliche Tatsachen

32 Ob der Satz **in dubio pro reo** auch für **prozessual erhebliche Tatsachen** gilt, war
lange Zeit höchst umstritten. Eine gewisse Klärung hat inzwischen *BGH* 18, 274
gebracht. Diese Entscheidung stellt klar, daß bei Unsicherheit über die Frage, ob
eine Tat verjährt ist, der Satz in dubio pro reo anzuwenden sei. Da sie es zugleich
dahingestellt sein läßt, ob die **Verjährung** ein Institut des materiellen Rechts oder
ein Verfahrenshindernis ist (a. a. O. S. 277), ist damit gesagt, daß der Satz in dubio
pro reo grundsätzlich auch für prozessual erhebliche Tatsachen gelten **kann**. (Der
BGH spricht S. 279 davon, die Verjährung sei ein gesetzliches Hindernis des Verfahrens, verläßt also an dieser Stelle sogar seine »Neutralität« in bezug auf die
Einordnung). Insofern sind sich Rspr. und Lit. heute einig (vgl. die ausführliche
Darst. bei *LR/K. Schäfer*, Einl. Kap. 11, 38 ff.; *K/M* Rn. 33 ff.; *KMR/Paulus*
§ 244, 294 ff.; *Peters*, Strafprozeß, 4. Aufl. 1985, S. 289). Streitig ist jedoch weiterhin, ob bei Zweifeln über das Vorliegen einer prozessual erheblichen Tatsache
stets der Satz in dubio pro reo anzuwenden ist, oder ob dies nur für einen Teil
derartiger Tatsachen gilt. Abgesehen von der Verjährung wird die **Anwendbarkeit
des Satzes** nunmehr von *BGH* 22, 90 für das **Vorliegen eines wirksamen Strafantrags**, von *BayObLG* NJW 1969, 2118 für den **Verbrauch der Strafklage** und von
BGH NStZ 1984, 519 **für den Einsatz eines ein Verfahrenshindernis begründenden Lockspitzels bejaht.** Andererseits soll in dubio pro reo **nicht** gelten für die
Frage der **Verhandlungsunfähigkeit des Angeklagten** (*BGH* bei *Dallinger* MDR
1973, 902); für die Frage, ob die **Voraussetzungen eines Straffreiheitsgesetzes** vorliegen (*BGH* DRiZ 1951, 186), es sei denn, zweifelhaft seien Umstände, die die

Straffreiheit ihrerseits einschränken, wie z. B. Vorstrafen, Gewinnsucht, gemeine Gesinnung (*BGH* JR 1954, 355 m. Anm. *Nüse*); für die Frage, ob ein **Rechtsmittel des Angeklagten** rechtzeitig eingelegt ist (*BGH* NJW 1960, 2202), oder ob die Ermächtigung zur Rücknahme eines Rechtsmittels gem. § 302 Abs. 2 gegenüber dem Verteidiger **vor** der Rücknahme widerrufen worden ist (*BGH* 10, 245 m. abl. Anm. *Sax*, JZ 58, 179).

Ein **Ausschluß** der Anwendung des Satzes in dubio pro reo für die soeben erwähn- **33** ten Fälle ist jedoch **abzulehnen**. Soweit – wie bei der Amnestie und der Verhand- lungsunfähigkeit – mit dem Ausnahmecharakter solcher Umstände argumentiert wird, wird übersehen, daß ein Regel-Ausnahme-Verhältnis für sich genommen niemals etwas über die Anwendbarkeit des Satzes in dubio pro reo aussagt; das ist für den – statistischen – Ausnahmefall der Schuldunfähigkeit gem. § 20 StGB denn auch einhellig anerkannt. Soweit im Zusammenhang mit der Rechtsmitteleinle- gung Gedanken auftauchen, die einen »Nachweis« derjenigen Umstände fordern, unter denen ein Rechtsmittel verworfen werden darf (*BGH* NJW 1960, 2202), ist dies eine petitio principii. Denn wenn §§ 319, 322, 346, 349 die Verwerfung des Rechtsmittels dann ermöglichen bzw. vorschreiben, wenn das Gericht die formel- len Voraussetzungen nicht für vorliegend erachtet, so ist zwar zum Ausdruck ge- bracht, daß keine Verwerfung stattfinden darf, wenn das Gericht diese Vorausset- zung als gegeben ansieht, nicht aber ist gesagt, was zu geschehen hat, wenn hier ein non liquet besteht. (Ebenso – »nicht zwingend« – *LR/K. Schäfer*, Einl. Kap. 11, 48). Letzteres könnte nur dann zum Ausschluß der Verwerfung führen, wenn man die Vorschriften so liest, als enthielten sie die Formulierung: **Nur** dann kann (muß) das Rechtsmittel verworfen werden, wenn ... **Ob** sie so zu lesen sind, muß sich aber aus einer **Wertentscheidung** ergeben, in der **auch** das Prinzip in dubio pro reo eine Rolle spielt. Entscheidend muß für eine solche Wertabwägung der vom *BGH* 18, 274 (278) mit Recht herausgestellte Umstand sein, daß ein Verdacht ungesetzlichen Strafens dem Vertrauen in die Rechtsstaatlichkeit der Strafrechtspflege mehr schadet, als die Gerechtigkeit befriedigt sein wird, wenn sich das Gericht über derartige Zweifel hinwegsetzen würde. Daher muß **auch für prozessual erhebliche Tatsachen** der Satz **in dubio pro reo uneingeschränkt** gelten. Für die Konstellation der Rechtsmitteleinlegung führt das zu der Konsequenz, daß bei Zweifeln über die Beachtung von Frist und Form immer dann von einer un- wirksamen Einlegung des Rechtsmittels auszugehen ist, wenn das Verbot der re- formatio in peius nicht gilt, insbesondere also bei einem Rechtsmittel der StA zuungunsten des Angeklagten. (Ebenso *LR/K. Schäfer*, Einleitung Kap. 11/51; *Roxin* S. 84; *Gössel* S. 132; *Kühne* [1988] Rn. 574.1; *Sulanke*, Die Entscheidung bei Zweifeln über das Vorhandensein von Prozeßvoraussetzungen und Prozeßhin- dernissen im Strafverfahren, 1974, S. 126; *OLG Hamburg* NJW 1975, 1750 m. zust. Anm. *Foth*, JR 1976, 254; zweifelnd *Koffka*, ZStW 84, 1972, 668f.). Soweit für einen Rechtsbehelf des Angeklagten das Verbot der Schlechterstellung nicht besteht (§§ 411 Abs. 4 StPO, 71 OWiG), wird man allerdings dessen Wunsch nach gerichtlicher Überprüfung der vorangegangenen Entscheidung als das maßgebli- che Kriterium ansehen und aus diesem Grund bei nicht behebbaren Zweifeln zu seinen Gunsten die Frist- und Formwahrung annehmen müssen (wie hier *LR/K. Schäfer*, Einleitung Kap. 11/51).

VIII. Wahlfeststellung:

1. Anwendungsbereich

34 Führt die Beweiswürdigung zu dem Ergebnis, daß der Angeklagte den einen **oder** den anderen Tatbestand erfüllt hat, ohne daß auf das Verhältnis der in Betracht kommenden Tatbestände zueinander die Anwendung des Satzes in dubio pro reo in Frage käme, so kommt eine **Verurteilung aufgrund einer Wahlfeststellung** in Betracht. Voraussetzung für sie ist, daß der Richter mit Sicherheit ausschließen kann, der Angeklagte habe sich überhaupt nicht strafbar gemacht, und daß er alle Beweismöglichkeiten erschöpft hat (*BGH* 12, 386; 15, 63). Eine weitere, durch die Rspr. aufgestellte Einschränkung für eine Wahlfeststellung ist die, daß die wahlweisen Tatvorwürfe »**rechtsethisch und psychologisch vergleichbar**« sind (*BGH* 9, 390, 11, 26; 16, 184; 20, 100; 21, 152; 22, 154; 25, 182). Der **Grund** für diese Einschränkung liegt darin, daß der Voraussetzung nach für jedes der wahlweise vorgeworfenen Delikte **für sich genommen** die Möglichkeit besteht, daß der Täter sich seiner nicht schuldig gemacht hat, und daß es deshalb unbillig wäre, ihn mit der Verurteilung wegen einer Straftat – wenn auch nur wahlweise – zu belasten, die auch nur möglicherweise zu Unrecht erfolgt, wenn nicht wenigstens eine gewisse »Verwandtschaft« des Vorwurfs besteht.

35 Diesem Grundgedanken wird jedoch besser Rechnung getragen, wenn man die Zulässigkeit der Wahlfeststellung nicht an die rechtsethische und psychologische Vergleichbarkeit der Tatvorwürfe, sondern, mit einer im Vordringen begriffenen Meinung in der Lit., in der **Identität des Unrechtskerns** dieser Vorwürfe sieht (so z. B. *Jescheck*, Lehrbuch AT, 4. Aufl. 1988, S. 133; SK *[Rudolphi]* Anh. 38 ff. zu § 55; *Montenbruck*, Wahlfeststellung und Werttypus, 1976, S. 384, jeweils mit zahlr. Nachw.). In sich weist diese Lehre noch **weitere Nuancierungen** auf. Ihr Vorzug besteht darin, daß sie die Kriterien dafür angibt, unter welchen Voraussetzungen die »rechtsethische und psychologische Vergleichbarkeit« anzunehmen ist (krit. zu ihrer Leistungsfähigkeit aber *Schönke/Schröder/Eser*, StGB 23. Aufl. 1988, § 1 Rn. 80).

2. Beispiele

36 **Beispiele** für die Annahme einer Wahlfeststellung aus der Rspr.: Diebstahl und Hehlerei (*BGH* 1, 304; 15, 63); Raub und Erpressung (*BGH* 5, 280); Unterschlagung und Hehlerei (*BGH* 16, 184); schwerer Diebstahl und sachliche Begünstigung (*BGH* 23, 360 m. zust. Anm. *Schröder*, JZ 1971, 141 und abl. Anm. *Hruschka*, NJW 1971, 1392); bei der wahlweisen Annahme von schwerem Raub und Unterschlagung hat nach *BGH* 25, 182 die Verurteilung wegen Diebstahls oder Unterschlagung zu erfolgen, da sich der Raub aus Nötigung und Diebstahl zusammensetzt und somit in einem Teilbereich dieses Delikts die Vergleichbarkeit mit der Unterschlagung gegeben sei (abl. *Hruschka*, NJW 1973, 1804). Im übrigen vgl. die Kommentierungen zum materiellen Strafrecht, sowie *Wolter*, Wahlfeststellung und in dubio pro reo, 1987.

3. Fassung des Schuldspruchs

37 **Verfahrensrechtlich** stellt sich die Frage, wie bei einer **Wahlfeststellung** der **Schuldspruch zu fassen** ist. Denkbar ist eine alternative Formulierung, denkbar ist aber auch, im Tenor nur das mildeste Gesetz zu erwähnen, denn die StPO (§ 260 Abs. 4) enthält darüber keine ausdrückliche Regelung. *BGH* 1, 302 kommt zu

dem Ergebnis, das Gericht sei in dieser Hinsicht nicht gebunden und habe den in § 260 Abs. 4 Satz 6 erwähnten Ermessensspielraum. Richtig ist demgegenüber, daß die Wahlfeststellung im Sinne einer **alternativen Formulierung** zum Ausdruck zu bringen ist. Dies deshalb, weil nur dadurch die den Angeklagten belastenden Folgen dem sachlichen Gehalt der Verurteilung angepaßt werden können. Das gilt (auch nach Wegfall des § 48 StGB) einmal für die Feststellung der **Rückfallvoraussetzungen**, für die beide wahlweise festgestellten Taten maßgeblich sind, zum andern etwa für spätere Amnestien, die u. U. nur die eine Kategorie von Delikten ergreifen. Schließlich ist zu bedenken, daß nur die Alternativfassung des Schuldspruchs auch von den Gründen zutreffend gestützt wird. (Wie hier *LR/Gollwitzer* Rn. 181; SK *[Rudolphi]*, Anh. zu § 55 Rn. 45; *Dreher/Tröndle*, StGB, 44. Aufl. 1988, § 1 Rn. 20; für die Aufnahme nur des mildesten Gesetzes *BGH* 4, 343; *BGH* NJW 1953, 1443; LK *[Tröndle]*, 10. Aufl. 1978, § 1 Rn. 115).

4. Strafe
Bei Wahlfeststellung ist die **Strafe** dem **mildesten Gesetz** zu entnehmen (*BGH* 25, **38** 186). Jedes andere Vorgehen würde die Möglichkeit in sich bergen, daß gegen den Angeklagten eine Rechtsfolge verhängt wird, die ihn zu Unrecht trifft. Die Strafe ist dabei jeweils nach der **konkret** für den Angeklagten günstigeren Möglichkeit zu ermitteln (*LR/Gollwitzer* Rn. 165; SK *[Rudolphi]* Anh. zu § 55 Rn. 46).
Eine **ausführliche Darstellung** und eingehende **Literaturhinweise** zum Problem **39** der Wahlfeststellung finden sich in den Lehrbüchern und Kommentaren zum materiellen Strafrecht.

§ 262 Vorfragen aus anderen Rechtsgebieten
(1) Hängt die Strafbarkeit einer Handlung von der Beurteilung eines bürgerlichen Rechtsverhältnisses ab, so entscheidet das Strafgericht auch über dieses nach den für das Verfahren und den Beweis in Strafsachen geltenden Vorschriften.
(2) Das Gericht ist jedoch befugt, die Untersuchung auszusetzen und einem der Beteiligten zur Erhebung der Zivilklage eine Frist zu bestimmen oder das Urteil des Zivilgerichts abzuwarten.

Abs. 1 ergänzt § 261: Die für das Verfahren und den Beweis in Strafsachen maß- **1** geblichen Bestimmungen gelten grundsätzlich auch Entscheidungen des Strafrichters über bürgerliche Rechtsverhältnisse, von denen die Strafbarkeit einer Handlung abhängt, und über zivilrechtliche Verfahren. Insbesondere wird aber auch insoweit nach dem Grundsatz der freien richterlichen Beweiswürdigung entschieden. § 262 befreit »den Strafrichter von der Herrschaft aller seine freie Überzeugung einengenden Beweisregeln ›und überträgt ihm die selbständige und unabhängige Prüfung aller Voraussetzungen der Strafbarkeit..., mögen sie auch einem anderen als dem strafrechtlichen Gebiet angehören« (*RG* 43, 373, 377; vgl. auch *Prot. Hahn* S. 202 u. LR-*Gollwitzer* Rn. 3).
§ 262 ist deshalb auch – entsprechend – anwendbar auf **verwaltungs-, finanz-,** **2** **arbeits- und sozialrechtliche** Vorfragen (vgl. § 154 d sowie schon *RG* 12, 1, 3; 17, 21, 26; 32, 106, 110; 39, 62, 64; 43, 373, 377 und *BayObLGSt* 1960, 94, 95 = NJW 1960, 1534, 1535; LR-*Gollwitzer* Rn. 1; KK-*Hürxthal* Rn. 2; KMR-*Paulus* Rn. 3; *K/M* Rn. 5; *Roxin* § 15 C II 3; *Kaiser* NJW 1963, 1190).
Die Bestimmung gilt auch im Bußgeldverfahren (§§ 46 I, 71 I OWiG) und im **3** gerichtlichen Verfahren nach dem Strafvollzugsgesetz (§ 120 I StVollzG).

4 Daß der Strafrichter auch die **Rechtmäßigkeit staatlicher Hoheitsakte** (vgl. z. B. §§ 113, 352, 353 StGB) nachprüfen darf und muß, ist selbstverständlich (vgl. dazu *Schenke* JR 1970, 449, 450; *Lorenz* DVBl 1971, 165, 172). Zur Nachprüfung der Wirksamkeit solcher Akte vgl. unten Rn. 33.

5 Auch über die **Verfassungswidrigkeit vorkonstitioneller Bundes- und Landesgesetze** (Ausnahme Rn. 12) sowie **von Verordnungen, Satzungen** usw. entscheidet der Strafrichter selbst (vgl. *BVerfG* NJW 1952, 497), sofern die Länderverfassungen nichts anderes vorsehen (vgl. z. B. Art. 92 BayVerf). Sind die Voraussetzungen für ein **landesrechtliches** (abstraktes) **Normenkontrollverfahren** nach § 47 VwGO gegeben, braucht der Strafrichter nach ganz überwiegender Ansicht nicht auszusetzen (*BayVGH* BayVBl 1972, 327 ff.; dazu krit. *von Mutius* VerwA 1973, 95 ff.; *VGH Mannheim* DVBl. 1963, 399 ff.; *VGH Kassel* DÖV 1967, 420 ff.; LR-*Gollwitzer* Rn. 69 m. w. N.; a. A. *Menger* VerwA 1963, 393, 402).

6 **An** ein **rechtskräftiges Zivilgerichtsurteil**, das über die Vorfrage schon entschieden hat, ist der Strafrichter grundsätzlich nicht gebunden. Es steht in seinem Ermessen, ob er das Urteil seiner Entscheidung zugrundelegen will (*OLG Oldenburg* NJW 1952, 118; LR-*Gollwitzer* Rn. 3; KK-*Hürxthal* Rn. 3). Die Dispositionsmaxime des Zivilprozesses läßt nämlich nur eine »formelle« Wahrheit zu; der Strafrichter aber ist gehalten, die materielle Wahrheit zu erforschen (Inquisitionsmaxime). In einem Verfahren wegen Verletzung der Unterhaltspflicht bindet ihn deshalb die rechtswidrige Verurteilung des Angeklagten zur Zahlung von Unterhalt oder eine rechtskräftige Abweisung des Unterhaltsanspruchs nicht, auch wenn das Zivilgerichtsurteil schon vor Begehung der Tat ergangen ist (*BGH* 5, 106, 109 ff. = NJW 1954, 81, 82; *OLG Celle* NJW 1955, 563, 564; *OLG Bremen* NJW 1964, 1286; LR-*Gollwitzer* Rn. 11).

7 Auch **rechtskräftige Urteile aus einem anderen Strafverfahren** binden den Strafrichter nicht, es sei denn, das Gesetz (wie z. B. § 190 StGB) bestimmt ausdrücklich etwas anderes (vgl. LR-*Gollwitzer* Rn. 12). – Dasselbe gilt grundsätzlich für Urteile anderer Gerichtszweige, insbesondere der Verwaltungs- und Finanzgerichte, auch dann, wenn über die Rechtmäßigkeit eines Verwaltungsakts oder Steueranspruchs entschieden worden ist (*BayObLGSt* 1961, 253, 256; *OLG Hamm* NJW 1978, 283, 284; LR-*Gollwitzer* Rn. 13, der zutreffend darauf hinweist, daß die z. B. bei *Eyermann/Fröhler*, VwGO, 9. Aufl., Rn. 4 ff. zu § 121 für eine Bindungswirkung solcher Entscheidungen angeführten Erwägungen nicht ohne weiteres auf den Strafprozeß übertragbar sind).

8 Entscheidet der Strafrichter über Vorfragen aus anderen Rechtsgebieten, für die andere Gerichte ausschließlich zuständig sind, so wird das Recht des Angeklagten auf den gesetzlichen Richter (Art. 101 I 2 GG) nicht verletzt (st. Rspr. des *BVerfG*; vgl. *BVerfGE* 9, 215; 13, 143; 18, 447; 23, 319; vgl. auch *BayVerfGH* GA 1963, 375, 377).

9 Gebunden ist der Strafrichter aber **an eine Entscheidung des Zivilgerichts nach § 1600 a BGB, 640 ff. ZPO** (Feststellung der unehelichen Vaterschaft), die für und gegen alle wirkt (heute einh. Meinung, vgl. *BGH* 26, 111, 115 = NJW 1975, 1232, 1234; *BGH* 5, 106 wird – insoweit? – als überholt bezeichnet; *OLG Stuttgart* NJW 1973, 2305, 2306; *OLG Hamm* JMBl NW 1974, 19; LR-*Gollwitzer* Rn. 11; *Kaiser* NJW 1972, 1847 f.). Eine Bindung besteht auch bei **rechtsgestalteten Zivilurteilen** und Entscheidungen anderer Gerichte sowie **bei rechtsgestaltenden Verwaltungsakten** (*BayObLGSt* 1961, 253, 256). In diesen Fällen muß der Strafrichter ein rechtskräftiges Urteil oder einen bestandskräftigen oder für sofort vollziehbar erklärten Verwaltungsakt hinnehmen (vgl. *BayVerfGH* GA 1963, 375 ff.; *OLG Stuttgart* NJW 1967, 122; *OLG Celle* NJW 1967, 743 f. u. 1623 f.; *OLG Karlsruhe* NJW 1967, 1625; *OLG Hamm* VRS 30, 478 ff.; *OLG Hamburg* JZ 1970, 586; a. A. *Mohrbotter* JZ 1971, 213 ff.). Betrifft die rechtsgestaltende Wirkung ein Tatbestandsmerkmal, so muß sie vor der Tat eingetreten sein (*BayObLGSt* 1961, 253, 257 f.; LR-*Gollwitzer* Rn. 15 f.; KMR-*Paulus* Rn. 11 f.).

Gebunden ist der Strafrichter also z. B. an **10**
– ein Ehescheidungsurteil (LR-*Gollwitzer* Rn. 15),
– die rechtskräftige Abweisung einer Ehelichkeitsanfechtungsklage (*BayObLGSt* 1961, 110, 111 = JZ 1961, 671 m. Anm. *Dünnebier*; a. A. *OLG Saarbrücken*, FamRZ 1959, 35 – durch *BGH* 12, 166 ff. überholt –),
– Entscheidungen des Patentamts über Erteilung, Nichtigkeit oder Zurücknahme eines Patents (*RG* 14, 261, 262) und die Eintragung eines Warenzeichens in die Zeichenrolle (*RG* 48, 389, 391; LR-*Gollwitzer* Rn. 15; *K/M* Rn. 4), nicht aber die Eintragung eines Gebrauchsmusters (*RG* 46, 92, 93, weil das Patentamt hier keine Prüfung vornehme und die Entscheidung keine »begründende Wirkung« habe),
– die Verleihung der Beamteneigenschaft oder der Staatsangehörigkeit (LR-*Gollwitzer* Rn. 15; KMR-*Paulus* Rn. 12; *Peters* § 5 VII) und
– die Entscheidung des Bundesamts für die Anerkennung ausländischer Flüchtlinge im Asylverfahren (§ 18 AsylVerfG; *BayObLG* NStZ 1985, 321, 322).

In den Fällen des Art. 100 I GG (vgl. a. §§ 13 Nr. 11, 80–82 BVerfGG) ist der **11** Strafrichter zur Aussetzung und Vorlage beim BVerfG verpflichtet. Es besteht ein zwingendes Verfahrenshindernis besonderer Art. Nur die Entscheidung, daß ein Gesetz mit dem GG vereinbar ist kann der Strafrichter selbst treffen (vgl. *BVerfGE* 34, 320, 321 = NJW 1973, 1319, 1320 m. Anm. *Bethge* NJW 1973, 2100 f.; *BVerfGE* 48, 40, 45; *BVerfG* NJW 1987, 179). Zur Vorlage genügt aber nicht, daß das Gericht durch verfassungskonforme Auslegung behebbare oder sonst nicht durchgreifende Zweifel an der Verfassungsmäßigkeit hat (*BVerfGE*, 1, 184, 189 = NJW 1952, 497; *BVerfGE* 40, 45 f.; *BVerfGE* 68, 352, 359 = JMBlNW 1985, 106, 107) oder daß es sich darüber im Unklaren ist, welche Gesetzesauslegung verfassungsmäßig ist (*BVerfGE* 22, 373 = NJW 1968, 99). Ist es der Auffassung, eine Norm, über deren Auslegung Streit besteht, sei nur bei einer bestimmten Auslegung mit der Verfassung vereinbar, so muß es diese Auslegung seiner Entscheidung zugrundelegen (*BVerfG* NJW 1988, 1902). In den Fällen, in denen die Vorlage zwingend ist, darf das Gericht nicht nur aussetzen, ohne gleichzeitig vorzulegen, etwa, weil eine Entscheidung des BVerfG über die Frage ohnehin bereits aussteht (*BGH* 24, 6, 8 ff.).

Die Vorlagepflicht besteht auch **nur für nachkonstitutionelle**, also nach dem **12** 24. 5. 1949 verkündete **Bundes- und Landesgesetze** (*BVerfGE* 2, 124, 128 ff. = NJW 1953, 497 f.; *BVerfGE* 32, 296, 290 f. = NJW 1972, 571) oder **bei vorkonstitutionellen Gesetzen**, wenn bei einer späteren Änderung oder Ergänzung der »konkrete Bestätigungswille« des Gesetzgebers erkennbar geworden ist (vgl. *BVerfGE* 11, 126, 129 ff. = NJW 1960, 1563 f.; *BVerfGE* 32, 296, 299 f. = NJW 1972, 571; *BVerfGE* 52, 1, 17; *BVerfGE* 60, 135, 149; *BVerfGE* 63, 181, 187 ff. = NJW 1983, 1968), also auch bei der StPO (*BVerfGE* 33, 367, 374 = JZ 1973, 780).

Kommt es auf die Gültigkeit dieser Gesetze für die Entscheidung (*BVerfGE* 48, **13**

40, 45 ff. = NJW 1976, 1446) nicht nur für die Begründung (*BVerfGE* 13, 97, 103 ff.; 44, 297, 300) an, so **muß** vorgelegt werden. – Unerheblich ist, ob ein Urteil oder ein Beschluß (*BVerfGE* 4, 45, 48) zu erlassen ist.

14 Die Vorlage ist schon im Verfahren des Ermittlungsrichters (*BVerfGE* 33, 367, 373 = NJW 1972, 2214) und vor Erlaß des Eröffnungsbeschlusses (*BVerfGE* 4, 352, 355 = NJW 1956, 99) zulässig.

15 Ergeht der **Vorlagebeschluß** in der Hauptverhandlung, so wirken die Schöffen mit (§§ 30, 77 GVG; *BVerfGE* 1, 80 = NJW 1952, 60; 16, 305 = NJW 1963, 1915; *BVerfGE* 19, 71, 72 = MDR 1965, 722; *BVerfGE* 21, 148, 149; *BVerfGE* 29, 178, 179). Unterschrieben wird er nur von den Berufsrichtern (*BVerfGE* 34, 257, 260 = NJW 1973, 843).

16 In dem Beschluß muß das Gericht den **Sachverhalt**, soweit er für die rechtliche Beurteilung wesentlich ist, und die **rechtlichen Erwägungen** erschöpfend darlegen (*BVerfGE* 37, 328, 333 f.; 47, 109, 114; *BVerfGE* 48, 396, 400 = NJW 1978, 2023; *BVerfGE* 51, 401, 403 = NJW 1980, 38; *BVerfGE* 68, 311, 316 = NJW 1985, 1691; *BVerfGE* 70, 219, 228). In Straf- und Bußgeldverfahren gehört dazu auch die Frage, ob der Angeklagte bzw. der Betroffene die ihm zur Last gelegte Tat schuldhaft begangen hat (*BVerfGE* 35, 303, 306; 51, 401, 403 = NJW 1980, 38).

17 Ferner muß dargelegt werden, weshalb die Entscheidung von der Gültigkeit der betr. Vorschriften abhängt (*BVerfG* NJW 1961, 115; 1967, 1604; 1973, 843; *BVerfGE* 64, 251, 254 = wistra 1983, 251; *BVerfGE* 69, 185, 187 = MDR 1985, 644; *BVerfGE* 72, 91, 102) und daß das Gericht bei Gültigkeit des Gesetzes zu einem anderen Ergebnis käme als bei seiner Ungültigkeit, und wie es dieses Ergebnis begründen würde (*BVerfGE* 37, 328, 334 m. w. N.; *BVerfGE* 51, 401, 403 = NJW 1980, 38; *BVerfGE* 68, 311, 316 = NJW 1985, 1691; *BVerfGE* 72, 91, 102). Das Revisionsgericht braucht insoweit aber nur auszuführen, daß es das angefochtene Urteils ggfls. aufheben und die Sache zur weiteren Aufklärung an den Tatrichter zurückverweisen würde (*BVerfGE* 24, 119, 133 = NJW 1968, 2233).

18 Schließlich ist zu begründen, weshalb das Gericht die zur Prüfung gestellte Norm für verfassungswidrig hält, mit welcher übergeordneten Bestimmung sie nach seiner Auffassung unvereinbar ist (*BVerfGE* 64, 175, 178 = NJW 1983, 2812; *BVerfGE* 64, 251, 254 = wistra 1983, 251) und weshalb sie nicht verfassungskonform ausgelegt werden kann (*BVerfGE* 48, 40, 45). – Hat das BVerfG das Gesetz bereits früher für verfassungswidrig erklärt, so ist eine erneute Vorlage nur zulässig, wenn dargelegt wird, welche inzwischen eingetretenen Veränderungen eine nochmalige verfassungsrechtliche Prüfung veranlassen (*BVerfGE* 65, 179, 181 = NJW 1984, 970; *BVerfGE* 70, 242, 249 = NJW 1986, 422).

19 Der Vorlagebeschluß **muß aus sich heraus verständlich sein**; Bezugnahmen sind unzulässig (*BVerfGE* 22, 175, 177 = NJW 1967, 1604 f.; *BVerfGE* 26, 302, 307; *BVerfGE* 34, 257, 259 = NJW 1973, 843; *BVerfGE* 69, 185, 187 = MDR 1985, 644; *BVerfGE* 70, 219, 228). Er wird dem BVerfG mit den Akten unmittelbar übersandt (§ 80 II 2 BVerfGG; vgl. a. Nr. 190 RiStBV).

20 Der Beschluß ist nicht anfechtbar (*OLG Bremen* NJW 1956, 387). Auch die Ablehnung eines Antrags auf Vorlage unterliegt nicht der Beschwerde (*OLG Bremen* a. a. O.; *OLG Karlsruhe* FamRZ 1979, 845; *OLG Köln*, MDR 1970, 852). Der Beschluß kann aber zurückgenommen werden, wenn seine Grundlagen nachträglich entfallen, z. B. wenn das BVerfG das in Frage stehende Gesetz inzwischen für verfassungswidrig erklärt hat, oder wenn die Frage der Verfassungsmäßigkeit des Gesetzes nicht mehr entscheidungserheblich ist (*BVerfG* NJW 1968, 503).

Sieht das Landesrecht bei der Prüfung vor- oder nachkonstitutioneller Bestim- **21**
mungen eine Vorlage beim (Landes-)Verfassungsgericht vor, so ist entsprechend
zu verfahren (vgl. LR-*Gollwitzer* Rn. 50; zu weiteren Einzelheiten auch *Schäfer*
NJW 1954, 1 ff.).

Gegenstand einer Vorlage nach Art. 100 Abs. 2 GG, §§ 13 Nr. 12, 83, 84 **22**
BVerfGG ist nach h. M. nicht, ob innerstaatliches Recht mit einer Regel des Völkerrechts übereinstimmt (vgl. *Leibholz/Rupprecht* Rn. 1 vor § 83 BVerfGG; s. a.
Münch JZ 1964, 163 ff.). Bestehen aber objektiv ernste Zweifel daran, ob die Regel des Völkerrechts Bestandteil des Bundesrechts ist (vgl. *BVerfGE* 23, 288,
317 ff.; 46, 342, 358 ff.; 64, 1, 14), oder ob sie unmittelbare Rechte und Pflichten
für den einzelnen erzeugt (Art. 25 GG), so muß die Sache dem BVerfG auch dann
vorgelegt werden, wenn nur die Tragweite der Völkerrechtsregel zweifelhaft ist
(*BVerfGE* 15, 25, 31 ff.; 16, 27, 32), oder wenn sie sich nur an die Staaten und ihre
Organe wendet (*BVerfGE* 15, 25, 31 ff.; 16, 27, 33; 64, 1, 14). Auch hier müssen
die aufgetauchten Zweifel oder Fragen aber entscheidungserheblich sein
(*BVerfGE* 15, 25, 30; *BVerfGE* 46, 342, 358 = NJW 1978, 485 f.).

Auch die Entscheidung darüber, ob Recht als Bundesrecht fortgilt, ist dem **23**
BVerfG vorbehalten (Art. 126 GG, §§ 13 Nr. 14, 86 II BVerfGG). Auch hier genügen – anders als bei Vorlagen nach Art. 100 I GG – schon Zweifel des Strafrichters. Rein wissenschaftliche Meinungsverschiedenheiten können solche Zweifel
allerdings nicht begründen (*BVerfGE* 4, 358, 369). Der Strafrichter muß aber vorlegen, wenn er sich sonst mit einer beachtlichen Auffassung im Schrifttum oder
mit der Rechtsprechung (eines oberen Bundesgerichts oder eines Verfassungsge-
richts) in Widerspruch setzen würde (*BVerfGE* 7, 18, 23; 23, 113, 122).

Verpflichtet zur Vorlage beim Europ. Gerichtshof ist jeder Strafrichter in den **24**
Fällen des Art. 41 Montanunionsvertrag und die Strafgerichte letzter Instanz in
denen des Art. 177 EWG-Vertrag und des Art. 150 Euratomvertrag. Auch hier ist
aber jeder andere Strafrichter zur Vorlage berechtigt (LR-*Gollwitzer* Rnrn. 64 ff.;
Knopp JZ 1961, 305 ff.).

Das Bundespatentamt muß entscheiden, wenn es um die Nichtigkeit oder Zurück- **25**
nahme eines Patents oder die Eintragung von Warenzeichen (nicht Gebrauchsmu-
stern, *RG* 46, 92, 93) in die Zeichenrolle geht (*RG* 28, 275, 277; 48, 389, 391).

Auch die ausschließliche Zuständigkeit der Kartellgerichte nach § 96 GWB muß **26**
der Strafrichter beachten.

Die Entscheidungen der Verfassungsgerichte (§ 31 BVerfGG), des Europ. Ge- **27**
richtshofs (vgl. dazu *Herdegen* MDR 1985, 542, 543), der Verwaltungsgerichte
nach § 47 VwGO usw. sind für den Strafrichter bindend (LR-*Gollwitzer* Rn. 14).

Nach Abs. 2 **kann** der Strafrichter die Untersuchung aber auch aussetzen, wenn **28**
Vorfragen aus anderen Rechtsgebieten, über die er nach Abs. 1 in sich mitent-
scheiden darf, zu klären sind. Die Vorschrift soll der Prozeßökonomie dienen.
Durch die Aussetzung können Versuche Beteiligter abgewendet werden, Aufgaben anderer Gerichtsbarkeiten (z. B. Feststellung komplizierter Eigentums-, Ge-
sellschafts- oder Familienrechtsverhältnisse, verwaltungs- und steuerrechtlicher
Fragen) durch die Strafgerichte lösen zu lassen (Prot. *Hahn* S. 202). Außerdem
lassen sich doppelte Beweiserhebungen und einander widersprechende Entscheidungen vermeiden. Die Bedeutung der Vorschrift für die Praxis ist allerdings gering. Fälle, in denen es um echte Vorfragen geht, sind selten.

Ausgesetzt werden darf **schon im Zwischenverfahren** vor Erlaß des Eröffnungsbe- **29**
schlusses (LR-*Gollwitzer* Rn. 27) sowie im Hauptverfahren (auch vor der Haupt-

verhandlung) und noch in der Berufungsinstanz (§ 332). **Nicht** anwendbar ist Abs. 2 **in der Revisionsinstanz** (*RG* 3, 251, 255; *KG* VRS 41, 288, 290; LR-*Gollwitzer* Rn. 27; KMR-*Paulus* Rn. 3; *K/M* Rn. 9). Eine entsprechende Anwendung im Beschwerdeverfahren ist möglich (*OLG Schleswig* bei *Ernesti/Lorenzen* SchlHA 1984, 97, 105).

30 **Das bloße Interesse an dem Ausgang des anderen Verfahrens,** der Umstand, daß dort eine Beweisaufnahme stattfindet, aus der sich Anregungen und Aufschlüsse ergeben können (LR-*Gollwitzer* Rn. 30; KK-*Hürxthal* Rn. 7; KMR-*Paulus* Rn. 14), oder daß in dem anderen Urteil über die Glaubwürdigkeit von Zeugen zu befinden ist, genügen nicht, um nach Abs. 2 zu verfahren. Schließlich ist auch ein Aussetzungsbeschluß unzulässig, wenn nur die Klärung einer einschlägigen Rechtsfrage durch eine höchstrichterliche Entscheidung abgewartet werden soll (*OLG Hamm* HESt 2, 102 f.; LR-*Gollwitzer* Rn. 33; KK-*Hürxthal* Rn. 7; für eine Aussetzungsbefugnis bei schwebender Normenkontrolle *Skouris* NJW 1975, 713 ff. – zu § 148 ZPO; vgl. aber dazu oben Rn. 11).

31 In den Fällen, in denen die Aussetzung zulässig ist, muß die Strafbarkeit der Handlung von der Vorfrage abhängen (LR-*Gollwitzer* Rn. 26; KK-*Hürxthal* Rn. 7).

32 Die Anwendung des Abs. 2 **liegt im pflichtgemäßen Ermessen** des Gerichts (*RG* 49, 309, 310; *BayVerfGH* GA 1963, 375 f.), das sich an dem Sinn der Vorschrift, der Bedeutung der Vorfrage für die Sache, der Schwierigkeit der Vorfrage und dem Beschleunigungsgebot zu orientieren hat (LR-*Gollwitzer* Rn. 34). Zweckmäßigkeitserwägungen sind zulässig (*BGH* 4. 4. 1951 – 1 StR 92/51 – zit. bei KK-*Hürxthal* Rn. 8). Gleichgültig ist, ob ein Verfahren vor einem anderen Gericht schon anhängig ist oder nicht.

33 Eine **Pflicht zur Aussetzung** besteht in den Fällen des Abs. 2 grundsätzlich nicht, auch z. B. dann nicht, wenn ein (vollziehbarer) Verwaltungsakt bereits angefochten ist. Die Strafbarkeit hängt nämlich nicht von der Rechtmäßigkeit, sondern vom Bestand des Verwaltungsakts, d. h. von seiner Vollziehbarkeit, ab (*BGH* 23, 86, 88 ff.; vgl. a. *BayObLG* VRS 35, 195 ff.; *OLG Karlsruhe* Justiz 1977, 354 f.; KMR-*Paulus* Rn. 16). Eine spätere – auch rückwirkende Aufhebung des Verwaltungsakts (durch ein verwaltungsgerichtliches Urteil) kann die vollendete Verwirklichung des Straftatbestandes und die Strafbarkeit der Zuwiderhandlung nachträglich nicht beseitigen (*BGH* a. a. O., der zutreffend darauf hinweist, daß die mit rückwirkender Kraft festgestellte Nichtigkeit nur ausnahmsweise bei der strafrichterlichen Beurteilung zu beachten ist, nämlich dann, wenn das *BVerfG* gem. § 78 BVerfGG die Nichtigkeit einer Strafnorm insgesamt festgestellt hat; a. A. *OLG Frankfurt* NJW 1967, 262; *Schreven* NJW 1970, 155). Deswegen besteht auch in Fällen, in denen die Nichtigkeit eines rechtsgestaltenden staatlichen Hoheitsakts geltend gemacht wird, keine Pflicht (und auch kein Anlaß) zur Aussetzung nach Abs. 2 (a. A. LR-*Gollwitzer* Rn. 32). Ausgesetzt werden muß nur, wenn das erstrebte (Gestaltungs-)Urteil eines anderen Gerichts Rückwirkung hat und die entscheidungserhebliche Vorfrage kein Tatbestandsmerkmal betrifft (vgl. oben Rn. 9 f. u. LR-*Gollwitzer* Rn. 36).

34 Auch **im gerichtlichen Verfahren nach dem StVollzG** (dort sind nach § 120 I StVollzG die Vorschriften der StPO sinngemäß anzuwenden, falls sich aus dem Gesetz nichts anderes ergibt) besteht keine Verpflichtung zur Aussetzung z. B. bei nicht rechtskräftigen, im Streit befangenen zivilrechtlichen Forderungen der Vollzugsbehörden, wenn diese im Strafvollzugsverfahren zur Aufrechnung gestellt werden (*OLG München* NStZ 1987, 45 ff. m. Anm. *Seebode* = ZfStrVo 1986, 254 ff.; a. A. *OLG Hamm* NStZ 1987, 190, 191).

Die zu § 396 I AO vertretene Ansicht, das **Aussetzungsermessen des Strafrichters** **35** könne sich in Ausnahmefällen praktisch »auf null reduzieren« (vgl. dazu *OLG Hamm* NJW 1978, 283, 284; *OLG Karlsruhe* JR 1985, 387 ff.; *Schlüchter* JR 1985, 360 ff.) ist wegen der zwischen § 262 und § 396 AO nach Zielsetzung und Ausgestaltung bestehenden Unterschiede auf § 262 nicht übertragbar.

Eine Sondervorschrift zu Abs. 2 findet sich außer in § 396 I AO auch in § 154 e II. **36**

Ausgesetzt werden kann **nur, wenn ein Beteiligter** (der Angeklagte, der Anzeige- **37** erstatter, der Privat- oder Nebenkläger) **bereit** und in der Lage **ist, die Klage zu erheben** und das voraussichtlich auch tun wird (LR-*Gollwitzer* Rn. 38; KK-*Hürxthal* Rn. 10). Ggfls. ist die Aussetzungsfrage auch von Amts wegen zu prüfen (*BVerfG* NStZ 1985, 366 zu § 396 I AO).

Der Beschluß betr. die Aussetzung des Verfahrens ergeht nach Anhörung der **38** Beteiligten (§ 33 I). Er braucht nicht begründet zu werden. Dagegen bedarf die Ablehnung des Aussetzungsantrags der Begründung (§ 34; LR-*Gollwitzer* Rn. 42; KK-*Hürxthal* Rn. 9; KMR-*Paulus* Rn. 18; a. A. K/M Rn. 13), insbesondere die Ausübung des Ermessens muß nachprüfbar begründet werden.

Der **Aussetzungsbeschluß** braucht nur bekanntgegeben (§ 35 I, II 2), nicht förm- **39** lich zugestellt zu werden, auch dann nicht, wenn die Frist nach Tagen, Wochen oder Monaten bezeichnet wird, weil ein Recht des Beteiligten, der das neue Verfahren betreiben soll, nicht berührt wird, er ist nicht verpflichtet, die Klage zu erheben (LR-*Gollwitzer* Rn. 43; KMR-*Paulus* Rn. 18).

Die Frist wird zweckmäßigerweise mit Datum bezeichnet und gilt für die Einlei- **40** tung des neuen Verfahrens. Sie kann deshalb relativ kurz bemessen werden (*Eb. Schmidt* Rn. 14; LR-*Gollwitzer* Rn. 39; KK-*Hürxthal* Rn. 10). Bei verwaltungsgerichtlichen Klagen muß aber berücksichtigt werden, daß u. U. erst noch ein Vorverfahren (§§ 68 ff. VwGO) durchzuführen ist.

Die Fristsetzung nach Abs. 2 verpflichtet nicht zur Klageerhebung. Wird die Klage **41** innerhalb der Frist nicht erhoben, so wird das Strafverfahren fortgesetzt (LR-*Gollwitzer* Rn. 40). Der Strafrichter ist jetzt gezwungen, nach Abs. 1 zu entscheiden. Er darf das Rechtsverhältnis aber nicht einfach verneinen (vgl. die andere Regelung in § 154 d S. 3). Der Umstand, daß die Klage nicht erhoben wurde, kann aber bei der Beweiswürdigung verwertet werden. – Der Strafrichter sollte seine Aussetzungsentscheidung jedoch nicht mit einer entsprechenden Warnung verbinden, weil er in jedem Fall zur Aufklärung verpflichtet ist (vgl. LR-*Gollwitzer* Rn. 40; KK-*Hürxthal* Rn. 10).

Das Gericht kann den Aussetzungsbeschluß jederzeit wieder aufheben und das **42** Verfahren fortsetzen, ohne die Entscheidung über die Vorfrage abzuwarten (LR-*Gollwitzer* Rn. 44; KK-*Hürxthal* Rn. 10; KMR-*Paulus* Rn. 19).

Die Aussetzung nach Abs. 2 hat nicht zur Folge, daß die **Verfolgungsverjährung** **43** ruht. Ruhen der Verfolgungsverjährung (§ 78 b I StGB) kann nur eintreten, wenn eine Aussetzungspflicht besteht (vgl. dazu oben Rnrn. 11 ff.; *BVerfGE* 7, 36; *BGH* 24, 6, 10 = NJW 1971, 202 f. – betr. Vorlage nach Art. 100 I GG –; vgl. auch § 154 e III u. § 396 III AO).

Auch wenn das Verfahren nach Abs. 2 ausgesetzt worden ist, ist der Strafrichter **44** grundsätzlich weder an die Entscheidung des anderen Gerichts noch an die ihr zugrundeliegenden Tatsachenfeststellungen gebunden. Er muß sie in eigener Verantwortung würdigen und darf sie seiner Entscheidung nur dann zugrundelegen, wenn er von ihrer Richtigkeit überzeugt ist (*BGH* 5, 106 ff.; *BayObLGSt* 1952, 224 f.; *OLG Oldenburg* NJW 1952, 118; *OLG Celle* NJW 1955, 563 f.). Bindend ist z. b. ein Zivilgerichtsurteil nur, wenn es rechtsgestaltend wirkt (vgl. oben Rn. 9; *BayVerfGH* GA 1963, 375 f.).

45 Der Beschluß über die Aussetzung des Verfahrens ist wegen § 305 nur in beschränktem Umfang (mit der Beschwerde) anfechtbar. Das ist der Fall, wenn die Entscheidung in ihrer Bedeutung über die Vorbereitung des Urteils hinausgeht und eine selbständige prozessuale Beschwer enthält, oder wenn sie ohne rechtlichen Grund nur das Verfahren hemmt und das Urteil verzögert, etwa weil die Aussetzung ein völlig ungeeignetes Mittel zu dem angestrebten Verfahrenszweck ist (*OLG Frankfurt* NJW 1966, 992 f.; KK-*Engelhardt* Rn. 9 zu § 305; [*K/M* Rn. 15 f.]). Auch wenn danach eine Nachprüfung des Aussetzungsbeschlusses in Betracht kommt, ist eine Nachprüfung der für die Aussetzung maßgeblichen Erwägungen des Gerichts und der in seinem pflichtgemäßen Ermessen liegenden Beurteilung der Zweckmäßigkeit einer Aussetzung im Beschwerdeverfahren ausgeschlossen (*OLG Karlsruhe* NStZ 1985, 227 f. zu § 396 AO; vgl. a. LR-*Gollwitzer* Rn. 70). Wenn das *OLG Köln* (JMB1NW 1956, 116, 117) den die Aussetzung des Verfahrens anordnenden Beschluß uneingeschränkt für anfechtbar hält, weil Aussetzungsentscheidungen die Urteilsfällung nicht förderten, sondern verzögerten und *Roxin* (§ 54 B II 2 c) sich für die umfassende Anfechtbarkeit ausspricht, weil die StA sonst gegen eine verkappte Verfahrenseinstellung nichts unternehmen könne, so wird übersehen, daß Aussetzungsentscheidungen nach ihrer vom Gesetzgeber vorausgesetzten grundsätzlichen Zielrichtung zur Vorbereitung des Urteils bestimmt sind. In dem Rahmen, in dem sie hier für anfechtbar gehalten weren, ist für den Angeklagten und die StA hinreichender Schutz vor einer mißbräuchlichen Anwendung gewährleistet.

46 Durch die Aufforderung zur Klageerhebung wird kein Verfahrensbeteiligter beschwert; sie kann deshalb nicht mit der Beschwerde angefochten werden (vgl. LR-*Gollwitzer* Rn. 71; KMR-*Paulus* Rn. 22).

47 Auch der die Aussetzung ablehnende Beschluß des erkennenden Gerichts unterliegt keiner Anfechtung (§ 305 S. 1; *OLG Hamm* NJW 1978, 283 f. – zu § 396 AO –; LR-*Gollwitzer* Rn. 70; KK-*Hürxthal* Rn. 9; KMR-*Paulus* a. a. O.).

48 Die **Revision** kann i. d. R. nicht darauf gestützt werden, daß von der Aussetzungsbefugnis nach Abs. 2 kein Gebrauch gemacht wurde (*OLG Schleswig* bei *Ernesti/Jürgensen*, SchlHA 1973, 180, 187; vgl. a. *BGH* NStZ 1985, 126 – zu § 396 AO). Mit ihr kann auch nicht geltend gemacht werden, daß der Strafrichter über einen Aussetzungsantrag nicht entschieden habe (KK-*Hürxthal* Rn. 13). Gerügt werden kann aber, daß das Gericht z. B. eine Vorlagepflicht nicht beachtet, die Aufklärungspflicht verletzt oder gegen § 261 verstoßen hat, weil es eine Bindungswirkung der Vorentscheidung zu Unrecht angenommen oder sich darüber hinweggesetzt hat (vgl. LR-*Gollwitzer* Rn. 72; KK-*Hürxthal* Rn. 13; KMR-*Paulus* Rn. 23; *K/M* Rn. 17).

§ 263 Abstimmung

(1) Zu jeder dem Angeklagten nachteiligen Entscheidung über die Schuldfrage und die Rechtsfolgen der Tat ist eine Mehrheit von zwei Dritteln der Stimmen erforderlich.

(2) Die Schuldfrage umfaßt auch solche vom Strafgesetz besonders vorgesehene Umstände, welche die Strafbarkeit ausschließen, vermindern oder erhöhen.

(3) Die Schuldfrage umfaßt nicht die Voraussetzungen der Verjährung.

Über Beratung und Abstimmung vgl. zunächst die §§ 192–197 GVG. **1**
§ 263 ergänzt § 196 I GVG. Danach entscheidet das Gericht, soweit das Gesetz **2**
nichts anderes bestimmt, mit der **einfachen Mehrheit** der Stimmen. Das gilt z.B.
für prozessuale Fragen, wie das Vorliegen von Verfahrensvoraussetzungen (LR-
Gollwitzer Rn. 14, KK-*Hürxthal* Rn. 8), für sonstige Verfahrensfragen, § 238 II
(KMR-*Paulus* Rn. 3) oder für objektive Bedingungen der Strafbarkeit (str. vgl.
Roxin § 47c III 1b andererseits –). Es gilt auch, wenn darüber abgestimmt wird,
auf welches Beweismittel oder Indiz die Entscheidung gestützt werden soll (KK-
Hürxthal Rn. 8; *K/M* Rn. 2) und bei der Abstimmung über Kostenfragen, für die
im Rahmen der §§ 403 ff. zu treffenden Entscheidungen und für solche nach dem
StREG (KK-*Hürxthal* Rn. 8; KMR-*Paulus* Rn. 3). – Einfache Stimmenmehrheit
genügt auch beim Revisionsgericht, es sei denn, es ginge um eine eigene Sachentscheidung zu ungunsten des Angeklagten (§ 354 Abs. 1), auf die § 263 anzuwenden
ist (*K/M* Rn. 7 zu § 351; *Roxin* § 54 J IV). Bei Entscheidungen nach § 349 II u. IV
ist Einstimmigkeit erforderlich.
Allerdings sind einfache und Zweidrittelmehrheit (2 Stimmen) bei den Revisions- **3**
strafsenaten der OLGe, ebenso wie beim Schöffengericht (§ 29 I 1 GVG) und der
kleinen Strafkammer (§ 76 II 1. Halbs. GVG) identisch.
Jede für den Angeklagten nachteilige Entscheidung betr. die Schuldfrage und die **4**
Rechtsfolgen bedarf der **Zweidrittelmehrheit.** Sie bedeutet drei Stimmen beim
erweiterten Schöffengericht (§ 29a II 1 GVG) und bei den großen Strafkammern
(Schwurgericht), vier Stimmen beim erstinstanzlichen Strafsenat des OLG (§ 122
II GVG) und beim Strafsenat des BGH, sofern er in der Besetzung mit fünf Mitgliedern entscheidet.
Über die **Schuldfrage** wird für jede einzelne Handlung i. S. d. § 52 StGB und für **5**
jeden Einzelakt einer fortgesetzten Handlung gesondert, aber nur im ganzen abgestimmt, also darüber, ob der Angeklagte Täter oder Teilnehmer der ihm zur Last
gelegten konkreten tatbestandsmäßigen, rechtswidrigen und schuldhaft begangenen Handlung ist (zu § 20 StGB vgl. *BayObLG* NJW 1968, 2299 ff.; im übrigen
LR-*Gollwitzer* Rn. 5; KK-*Hürxthal* Rn. 3; KMR-*Paulus* Rn. 7). Abs. 2 hat deshalb
nur klarstellende Bedeutung.
Der Angeklagte muß einer bestimmten Straftat für schuldig befunden werden. **6**
Bewerten drei Richter einer großen Strafkammer eine Tat als Untreue, die anderen sie als Unterschlagung, so muß freigesprochen werden (vgl. dazu auch *OLG
Hamm* JMBlNW 1964, 7; im übrigen *Beling* ZStW 37, 365 ff.; 42, 599 ff.). Bei
Wahlfeststellung muß zunächst über die einzelnen in Betracht kommenden Bestimmungen und dann über die wahlweise Verurteilung abgestimmt werden (LR-
Gollwitzer Rn. 5; KK-*Hürxthal* Rn. 3; *Peters* § 53 I 2 b bb). Sehen in einem Fall, in
dem Verurteilung wegen Diebstahls oder Hehlerei in Betracht kommt, vier Richter der großen Strafkammer den Angeklagten zwar als schuldig an, bejahen jedoch
drei von ihnen Diebstahl unter Verneinung der Möglichkeit einer Hehlerei, während der vierte Richter für Wahlfeststellung stimmt, so ist der Angeklagte freizusprechen (*OLG Hamm* a. a. O.).
Zum **Rechtsfolgenausspruch** gehören die Strafart und -höhe, auch die Strafausset- **7**
zung zur Bewährung und die Aussetzung einer Maßregel der Besserung und Sicherung. Für ihre Ablehnung ist eine Zweidrittelmehrheit erforderlich, ebenso für die
Verhängung einer Nebenstrafe oder -folge (LR-*Gollwitzer* Rn. 12; KK-*Hürxthal*

Rn. 7; KMR-*Paulus* Rn. 10; *K/M* Rn. 3). Dasselbe gilt auch für die Ablehnung der Anwendung des § 21 StGB (KMR-*Paulus* Rn. 10).

8 Eine **Zweidrittelmehrheit** ist ferner erforderlich, wenn es um die Frage geht, ob Jugend- oder Erwachsenenstrafrecht angewendet (§ 105 JGG; *Potrykus* NJW 1954, 821 f.; vgl. a. *BGH* 5, 207, 209 = NJW 1954, 360), ob ein besonders schwerer Fall bejaht (*BGH* NJW 1977, 1830) oder ein minderschwerer Fall verneint (KK-*Hürxthal* Rn. 5 ff.), Untersuchungshaft nicht angerechnet (§ 51 I 2 StGB) oder eine Freiheitsstrafe unter sechs Monaten (§ 47 StGB) verhängt werden soll.

9 Zu den vom Strafgesetz besonders vorgesehenen **Umständen, welche die Strafbarkeit ausschließen,** gehören die Rechtfertigungsgründe, einschließlich solcher, die nicht »im Strafgesetz vorgesehen« sind, z. B. die §§ 228, 904 BGB, § 127 StPO, § 758 ZPO (KK-*Hürxthal* Rn. 4; *K/M* Rn. 4) und die Schuldausschließungsgründe, wie Schuldunfähigkeit, Irrtum, Überschreitung der Notwehr, Notstand und schließlich die Strafausschließungs- (z. B. §§ 173 III, 258 VI StGB) und -aufhebungsgründe (z. B. §§ 24, 31, 98 II, 139 III, IV, 163 II, 310, 311 c III StGB).

10 **Umstände, die die Strafbarkeit vermindern,** sind alle im Gesetz tatbestandsmäßig umschriebenen Privilegierungen, die die mildere Beurteilung eines Grundtatbestandes zulassen (z. B. §§ 158, 213 1. Altern. – vgl. dazu *BayObLGSt* 1949/51, 110 –; und die §§ 216, 217, 248 a, 263 IV, 313 II StGB. Zu § 157 StGB vgl. *OLG Braunschweig* Nds. Rpfl. 1953, 166 f.; *OLG Hamm* MDR 1954, 631 f. einerseits u. *BGH* 2, 379 f. andererseits.

11 **Umstände, die die Strafbarkeit erhöhen,** sind die »benannten« Strafschärfungsgründe (vgl. *BGH* NJW 1959, 996; 1977, 1830; *BayObLGSt* NJW 1961, 569; *K/M* Rn. 2). Dazu gehören auch die durch den Erfolg qualifizierten Deliktstatbestände sowie die auf die Person bezogenen Strafschärfungsgründe (z. B. §§ 180 a, 181 a II, 260, 292 III, 293 III, 302 d, e StGB – Gewerbs- oder Gewohnheitsmäßigkeit – auch § 348 StGB – Amtsträger –; vgl. *BGH* NJW 1955, 720; *Eb. Schmidt* Rn. 6; LR-*Gollwitzer* Rn. 9; KK-*Hürxthal* Rn. 6).

12 Bei Einstellung wegen Verjährung wird keine Sachentscheidung über die Schuldfrage getroffen. Eine Zweidrittelmehrheit ist deshalb nicht erforderlich.

13 § 263 gilt auch in der Berufungsinstanz, (§ 332; KMR-*Paulus* Rn. 4).

14 Ein Verstoß gegen § 263 kann mit der **Revision** gerügt werden. Allerdings wird die erforderliche Verfahrensrüge nur ordnungsgemäß ausgeführt werden können, wenn die an der Beratung beteiligten Richter sich aus höherwertigen Interessen dafür entscheiden, das Beratungsergebnis preiszugeben (vgl. *RG* 60, 295, 296 f.; LR-*Gollwitzer* Rn. 19), oder wenn das Abstimmungsergebnis z. B. durch Indiskretion bekannt wird (vgl. dazu *OLG Celle* MDR 1958, 182; *Eb. Schmidt* Rn. 15; KMR-*Paulus* Rn. 12). Zur Preisgabe gezwungen werden kann der Tatrichter nicht (*RG* 26, 202 ff.).

15 In dem vom *OLG Hamm* (JMBlNW 1964, 7) entschiedenen Fall war das Abstimmungsergebnis (zur Begründung eines Freispruchs) in den Urteilsgründen wiedergegeben worden, obwohl grundsätzlich weder in den Gründen noch in sonstiger Weise erkennbar gemacht werden darf, ob Meinungsverschiedenheiten bestanden haben, welcher Art sie gegebenenfalls waren und mit welcher Stimmenmehrheit entschieden worden ist (*BGH* bei *Holtz* MDR 1976, 986, 989). Allerdings kann die Wiedergabe dann geboten sein, wenn der Tatrichter den Abstimmungsfehler selbst erkennt, oder wenn gerade die Art der Abstimmung Gegenstand von Meinungsverschiedenheiten war (*RG* 60, 295, 296; *BGH* a. a. O.; *Eb. Schmidt* Rn. 15; LR-*Gollwitzer* Rn. 19; KK-*Hürxthal* Rn. 9; KMR-*Paulus* Rn. 12).

§ **264 (Gegenstand des Urteils)**
(1) Gegenstand der Urteilsfindung ist die in der Anklage bezeichnete Tat, wie sie sich nach dem Ergebnis der Verhandlung darstellt.
(2) Das Gericht ist an die Beurteilung der Tat, die dem Beschluß über die Eröffnung des Hauptverfahrens zugrunde liegt, nicht gebunden.

I. **Zweck der Vorschrift**
Die Vorschrift behandelt das Verhältnis des Urteils zur (zugelassenen) Anklage. 1
In Verbindung mit § 155 I, II wird klargestellt, daß das Recht und die Pflicht des Gerichts zur Untersuchung und Urteilsfindung **(Kognitionsrecht, -pflicht)** durch die **Anklage** auf die in der Anklageschrift bezeichnete Tat **begrenzt** ist (vgl. § 200 Rn. 1). Im Rahmen dieser Tat aber ist das Gericht zur Ausschöpfung aller tatsächlichen und rechtlichen Momente, die eine Strafbarkeit begründen können, **berechtigt und verpflichtet**; Abs. 2 stellt klar, daß insoweit auch durch den Eröffnungsbeschluß keine Bindung eintritt (Ergänzung zu § 155 II).
Der die Reichweite der Vorschrift festlegende Begriff der Tat **(Prozeßgegenstand** 2 **i.w.S.)** wird mit der h.M. (vgl. Anhang Rn. 27) **einheitlich** für den Gegenstand der **Rechtshängigkeit** (vgl. Erl. zu § 155 und § 203 Rn. 2; damit auch für die anderweitige Rechtshängigkeit, KK-*Hürxthal* Rn. 2), und daraus folgend (insofern rechtlich wohl auch nicht anders *Peters* § 36 II) den Gegenstand der **Kognition** **(= Prozeßgegenstand i.e.S.)** einerseits, den **Strafklageverbrauch** als wichtigstes Element der materiellen Rechtskraft andererseits bestimmt. Zum Begriff der Tat Anhang Rn. 26ff.

II. **Die in der Anklage bezeichnete Tat**
Daß die Tat Gegenstand der Anklage ist, ist **Prozeßvoraussetzung** für das weitere 3
Verfahren (§ 206a Anhang Rn. 13) und damit Voraussetzung der Urteilsfindung; der Eröffnungsbeschluß kann als Zulassung der Anklage den Prozeßgegenstand nicht verändern (§ 207 I; vgl. aber Rn. 4), insbesondere nicht erweitern (*K/M* Rn. 7). Sind in der Anklageschrift mehrere Taten (im prozessualen Sinn) angesprochen, so sind grundsätzlich nur die Taten angeklagt, auf die sich der **Verfolgungswille der StA** erstreckt. Der Verfolgungswille läßt sich nicht ohne Berücksichtigung des materiell-rechtlichen Ansatzes der StA feststellen. Grundlage für die Ermittlung des Verfolgungswillens der StA ist in erster Linie der im Anklagesatz erfaßte Sachverhaltskomplex. Es ist aber auch nicht ausgeschlossen, das wesentliche Ergebnis der Ermittlungen (§ 200 II 1) zur Auslegung des Verfolgungswillens der StA heranzuziehen (vgl. aber § 200 Rn. 7); nur beiläufig im Ermittlungsergebnis erwähnte weitere Taten sind aber nicht angeklagt (*BGHSt* 16, 200, 202; 32, 146, 147; vgl. auch *BGH* NJW 1959, 898; unrichtig *BayObLG* NJW 1989, 2828; dort handelte es sich wegen Alternativität der Handlungsvorgänge, die nicht zur Tatidentität führt [vgl. Anhang Rn. 43, 61], um zwei Taten, und der Verfolgungswille der StA erstreckte sich eindeutig nur auf die Agententätigkeit; aus demselben Grunde anfechtbar *BGHSt* 35, 172, 174f.). Liegt dagegen lediglich eine Tat im prozessualen Sinne vor, kommt es auf den konkreten Verfolgungswillen der StA grundsätzlich (vgl. Rn. 4) nicht an (*BGHSt* 16, 200, 202; 23, 270, 275; *BGH* StV 1981, 127, 128; sog. **Unteilbarkeit der Tat** bzw. des Verfolgungswillens, KK-*Hürxthal* Rn. 9; *K/M* Rn. 7).
Gegenstand der Urteilsfindung kann die Tat aber nur sein, soweit nicht hinsicht- 4
lich einzelner Elemente rechtliche **Beschränkungen** vorliegen. Solche können sich

z. B. ergeben durch Beschränkung des Strafantrags (vgl. Erl. zu § 158) oder aufgrund sonstiger Verfahrenshindernisse, die sich nur auf einen Teil der Tat beziehen (*K/M* Rn. 5; vgl. KK-*Hürxthal* Rn. 13). Zu Beschränkungen aus § 154 a vgl. die dortigen Erl.; eine Pflicht zur Wiedereinbeziehung von Amts wegen besteht, wenn ansonsten freizusprechen ist (*BGHSt* 22, 105, 106 f.; 29, 315 ff.; 32, 84, 85 f.; *BGH* NJW 1989, 2481).

III. Umgestaltung der Strafklage und erschöpfende Aburteilung

5 Entsprechend der Kognitionspflicht (Rn. 1) muß das Gericht die Tat, soweit sie zu seiner Entscheidung steht (Rn. 3, 4), umfassend nach allen tatsächlichen und rechtlichen Gesichtspunkten untersuchen; gegebenenfalls ist nach § 265 (vgl. Erl. dort) vorzugehen. Die umfassende Kognitionspflicht gilt bis zur letzten Tatsachenentscheidung über den Schuldspruch (*BGHSt* 9, 324, 326 ff. m. Nachw.; KK-*Hürxthal* Rn. 12), also für das Berufungsgericht ebenso wie für das Tatgericht, an das das Verfahren nach erfolgreicher Revision zurückverwiesen worden ist (*BGHSt* a. a. O.). Eine Einschränkung gilt aber, soweit durch horizontale Teilrechtskraft keine Entscheidungsbefugnis mehr besteht (KK-*Hürxthal* Rn. 12 m. Nachw. sowie Erl. zu §§ 318, 344).

6 **In tatsächlicher Hinsicht** sind auch erst in der Hauptverhandlung hervortretende Umstände abzuurteilen (vgl. § 265 Rn. 1). Bei **fortgesetzten Taten** (zur umfassenden Kognitionspflicht vgl. *BGH* MDR 1978, 460 *[Holtz]*; *BGH* NStZ 1982, 128; 213 f.; 519) sind, wenn man sie mit der überwiegenden Meinung zu einer prozessualen Tat zusammenfaßt (vgl. aber Anhang Rn. 53 f.), auch die Teilakte, die nach dem Eröffnungsbeschluß (vgl. *BGHSt* 17, 5, 7 f.) oder nach dem angefochtenen Urteil bis zum Schluß der letzten Tatsachenverhandlung (vgl. Rn. 5) begangen worden sind, in die Untersuchung und Aburteilung einzubeziehen (*BGHSt* 9, 324, 326 ff.). Das gilt auch dann, wenn nur ein Teilakt Gegenstand der Anklage war (*BGHSt* 27, 115, 116; *BGH* MDR 1985, 448 *[Holtz]*; *BayObLG* NJW 1983, 969). Da aber nur eine bereits (zumindest teilweise) begangene Tat Gegenstand der Anklage sein kann, ist erforderlich, daß mindestens ein Teilakt, der in der Anklage bezeichnet ist, im Urteil als erwiesen angesehen wird (*BGHSt* 27, 115, 116 f.). Für die Dauerdelikte sind die vorgenannten Grundsätze entsprechend anwendbar (vgl. aber auch Anhang Rn. 56 ff.).

7 **In rechtlicher Hinsicht** ist das Gericht auch nicht gebunden (Abs. 2), wenn die Tat im Eröffnungsbeschluß nach § 207 II Nr. 3 abweichend gewürdigt geworden ist.

8 Das Urteil muß die Tat tatsächlich und rechtlich **erschöpfend würdigen**. Im Rahmen der einheitlichen Tat muß daher eine **einheitliche Entscheidung** ergehen; Teilurteile sind unzulässig (KMR-*Paulus* Rn. 32). Sind weitere Aufklärungen nötig, um die Tat erschöpfend zu würdigen, ist gegebenenfalls zu unterbrechen oder auszusetzen (KK-*Hürxthal* Rn. 11). Unzulässig ist auch, teilweise freizusprechen und im übrigen eine weitere Entscheidung vorzubehalten; wird irrigerweise so vorgegangen, tritt Strafklageverbrauch für die gesamte Tat ein (*BGHSt* 18, 381, 385 f.; mindestens mißverständlich hierzu KMR-*Paulus* Rn. 32). Entsprechendes gilt für eine Teilverurteilung (vgl. auch *RGSt* 61, 225 f.; *BGH* StV 1987, 52 f.).

9 **Bei mehreren Taten** i. S. des § 264 (vgl. Anhang Rn. 26 ff.) ist, wenn nur teilweise Entscheidungsreife besteht, gegebenenfalls abzutrennen und gesondert zu entscheiden (vgl. Erl. zu § 260). Noch klärungsbedürftig ist die Behandlung der Konstellation, daß versehentlich eine von mehreren prozessualen Taten nicht abgeurteilt wurde.

Ob es zulässig ist, zu Zwecken der Schuldfeststellung oder der Strafzumessung auf **10** nicht angeklagte Taten zurückzugreifen (vgl. *K/M* Rn. 11 m. Nachw. zu »überschießenden Feststellungen«), ist nach Grundsätzen zu entscheiden, die sich nicht aus §264 ergeben (z.B. §261, Art. 6 II MRK).

IV. Anfechtbarkeit

Im Rechtsmittelverfahren ist von Amts wegen zu prüfen, ob das Gericht die durch **11** die (zugelassene) Anklage bestimmte Aburteilungsbefugnis (Rn. 1, 3) eingehalten hat. Bei Überschreitung des Kognitionsrechts ist wegen Fehlens einer Prozeßvoraussetzung einzustellen.

Mit der **Revision** kann die StA rügen, daß das Urteil die Tat nicht erschöpfend **12** (Rn. 5 ff.; vgl. auch § 154 a III 1, 2 m. Erl. und LR-*Gollwitzer* Rn. 74) behandelt hat (KK-*Hürxthal* Rn. 25 m. Nachw.); das soll auch durch die allgemeine Sachrüge geschehen können (*BGH* StV 1981, 127, 128 m. Nachw.). Ausnahmsweise (regelmäßig keine Beschwer; vgl. *BayObLGSt* 1986, 100, 102) kann auch der Angeklagte eine nicht erschöpfende Aburteilung rügen, wenn nur ein einziger Teilakt einer fortgesetzten Tat abgeurteilt ist, weil er dann nach der Strafklageverbrauchslösung der Praxis (Anhang Rn. 52) ein weiteres Strafverfahren wegen der übrigen Teilakte befürchten muß und insofern beschwert ist (*BayObLGSt* 1982, 92, 93; LR-*Gollwitzer* Rn. 74).

§264 Anhang: Rechtskraft von Urteilen im Strafprozeß

Literatur:

Achenbach Strafprozessuale Ergänzungsklage und materielle Rechtskraft, ZStW 87 (1975), 74.

Bertel Die Identität der Tat, 1970.

Grünwald Die Teilrechtskraft im Strafverfahren, 1964.

Ders. Die materielle Rechtskraft im Strafverfahren der Bundesrepublik Deutschland, ZStW-Beiheft 86 (1974), 94 (Strafrechtl. Landesreferate, Teheran).

Ders. Der Verbrauch der Strafklage bei Verurteilungen nach §§ 129, 129 a StGB, in Fs. f. Bockelmann, 1979, S. 737.

Krauth Zum Umfang der Rechtskraftwirkung bei Verurteilung von Mitgliedern krimineller und terroristischer Vereinigungen, in Fs. f. Kleinknecht, 1985, S. 215.

Liu Der Begriff der Identität der Tat im geltenden deutschen Strafprozeßrecht, 1927.

Loos Probleme der beschränkten Sperrwirkung strafprozessualer Entscheidungen, JZ 1978, 592.

Neuhaus Der strafverfahrensrechtliche Tatbegriff – »ne bis in idem«, 1985.

Oehler Die Identität der Tat, in Fs. f. Rosenfeld, 1949, S. 139.

Roxin Anm. zum Urteil des BGH vom 21. 12. 1983 2 StR 578/83 (BGHSt 32, 215), JR 1984, 346.

Wolter Tatidentität und Tatumgestaltung im Strafprozeß, GA 1986, 143.

Inhaltsübersicht

I. Zweck der Rechtskraft

1 Rechtsstreitigkeiten können nicht endlos fortgesetzt werden, ohne daß materielle Rechte (im Strafprozeß der »Strafanspruch« des Staates einerseits, das Recht des Bürgers, als nicht straffällig anerkannt zu sein, andererseits) und Rechtsfrieden Schaden leiden würden. Daher müssen gerichtliche Entscheidungen rechtsbeständig werden und bleiben (vgl. *Achenbach* a. a. O., S. 85 ff.; *Bertel* a. a. O. S. 116 ff.; *Grünwald*, 1974, S. 103 ff.). Soweit es darum geht, daß ein anhängiges Verfahren nicht mehr fortgesetzt und die abschließende Entscheidung vollstreckt werden kann, spricht man von formeller Rechtskraft, die materielle Rechtskraft regelt die – im einzelnen näher zu bestimmende – Verbindlichkeit einer gerichtlichen Entscheidung für weitere Verfahren.

II. Formelle Rechtskraft

2 Eine gerichtliche Entscheidung, insbesondere auch ein Urteil, ist (absolut, vgl. Rn. 8) **formell rechtskräftig**, wenn sie von keinem der am Verfahren Beteiligten mehr mit einem ordentlichen Rechtsmittel angegriffen werden kann **(Unanfechtbarkeit)**. Mit dem Eintritt der formellen Rechtskraft darf die Entscheidung in diesem Prozeß nicht mehr abgeändert werden **(Unabänderbarkeit)**.

Urteile im Strafprozeß, gegen die es kein statthaftes Rechtsmittel mehr gibt, wer- 3
den mit Abschluß ihrer Verkündung formell rechtskräftig. Das ist der Fall bei den
Revisionsurteilen des OLG und des BGH (§§ 121, 135 GVG), durch welche die
Revision verworfen wird oder die in der Sache selbst entscheiden (§ 354 I); vgl.
Rn. 5.

Andere Urteile erwachsen in formelle Rechtskraft, sobald die Anfechtungsbe- 4
rechtigten die Rechtsmittelfrist verstreichen lassen (§§ 319 I, 322 I, 349 I). Bereits
vor Ablauf der Rechtsmittelfrist kann formelle Rechtskraft eintreten bei wirksam
erklärtem Rechtsmittelverzicht oder bei Rücknahme des zunächst eingelegten
Rechtsmittels (§ 302 I 1).

Der formellen Rechtskraft kommt **Beendigungswirkung** zu, da weitere Prozeß- 5
handlungen in demselben Verfahren unzulässig sind. Mit Eintritt der formellen
Rechtskraft **endet** die **Rechtshängigkeit** der Sache (*K/M* Einl. Rn. 165; *Schlüchter*
Rn. 597; vgl. aber auch *Gössel* § 33 E II a 3).

Soweit das Urteil einen vollstreckungsfähigen Inhalt – insbesondere bei Verurtei- 6
lung zu Strafe – hat, kann vom Zeitpunkt der formellen Rechtskraft an vollstreckt
werden (**Vollstreckungswirkung** [§ 449]; vgl. *Roxin* § 50 A IV 1; *Schlüchter*
Rn. 597; s. aber auch *Gössel* § 33 E II a 3). Auch die Eintragungen in das Bundeszentralregister (§ 4 BZRG) und das Verkehrszentralregister (§ 28 StVG) sind an
den Eintritt der formellen Rechtskraft geknüpft.

Schließlich ist die formelle Rechtskraft **Voraussetzung der materiellen** Rechtskraft 7
(*Roxin* § 50 A IV 3; *Schlüchter* Rn. 597).

Die Rechtskraftwirkungen (Rn. 5–7) setzen die absolute formelle Rechtskraft, 8
d. h. die Unanfechtbarkeit durch alle Verfahrensbeteiligten voraus. Kann nur der
Angeklagte das Urteil nicht mehr angreifen (ein Fall der subjektiven relativen
formellen Rechtskraft), gilt § 450 I. Zur Teilrechtskraft vgl. Erl. zu § 318.

In Ausnahmefällen kann die Urteilen zukommende formelle **Rechtskraft durch-** 9
brochen werden. Das ist der Fall bei schuldloser Versäumung einer Rechsmittel-
frist durch den Rechtsbehelf der Wiedereinsetzung in den vorigen Stand
(§§ 44 ff.), bei erfolgreicher Verfassungsbeschwerde (vgl. Erl. zu § 359), bei Wiederaufnahme des Verfahrens (§§ 359 ff. StGB) und bei der Revisionserstreckung
auf Mitverurteilte (§ 357).

III. Materielle Rechtskraft

1. Strafklageverbrauch (ne bis in idem)

Der **Strafklageverbrauch (Sperrwirkung)** ist die praktisch wichtigste Wirkung der 10
materiellen Rechtskraft. Die rechtskräftige Aburteilung, also auch der Freispruch, führt für die abgeurteilte Tat zu einem **Verfahrenshindernis** (vgl. Anhang
zu § 206 a), das bereits der Einleitung eines neuen Strafverfahrens wegen derselben Tat (Rn. 26 ff.) entgegensteht *(allg. M.)*. In der vorstehend beschriebenen
Form ist der Grundsatz ne bis in idem durch Art. 103 III GG als prozessuales
Grundrecht verfassungsrechtlich so weit verankert (*BVerfGE* 23, 191, 202), als er
den Abgeurteilten vor einem neuen Verfahren schützt (*Grünwald*, 1974, S. 96 f.;
zur Auslegung von Art. 103 III GG, die im Bereich der Urteilsrechtskraft für die
Bestimmung des Tatbegriffs entscheidend ist, vgl. Rn. 30 f., 46; zur Frage der verfassungsrechtlichen Legitimation von § 362 vgl. Erl. Vor § 359). Dagegen ist ne bis

in idem bei den Regeln über das Wiederaufnahmeverfahren auch insofern vorausgesetzt, als über § 359 hinaus eine Korrektur einer Verurteilung zugunsten des Angeklagten nicht möglich ist (*Grünwald*, 1974, S. 96; vgl. Erl. Vor § 359 und §§ 359, 363).

11 Sperrwirkung tritt nach allgemeiner Ansicht bei allen verfahrensbeendenden strafgerichtlichen **Sachurteilen** (vgl. § 260 Rn. 7) ein. Bei **Einstellungsurteilen** nach § 260 III ist die Wirkung die gleiche, wenn sie wegen eines endgültigen auf die Tat bezogenen Verfahrenshindernisses (vgl. § 206 a Anhang), z. B. wegen Verjährung, ergehen (*Roxin* § 50 B III 1 a; KMR-*Sax* Einl. XIII Rn. 12; LR-*Schäfer* Kap. 12 Rn. 38; wohl nur terminologisch abweichend *BGHSt* 18, 1, 5 f.; 32, 209, 210; KK-*Pfeiffer* Einl. Rn. 170; *K/M* Einl. Rn. 172). Wegen der Maßgeblichkeit der rechtlichen Aburteilungsmöglichkeit (Rn. 27 a. E., 33) soll keine Sperrwirkung eintreten, wenn das Gericht wegen eines Verfahrenshindernisses an der vollständigen Aburteilung der angeklagten Tat gehindert war (*BGHSt* 15, 259 f.; *K/M* Rn. 173, jeweils m. Nachw.; beachtliche Bedenken dagegen bei *Grünwald*, 1974, S. 116 m. Fn. 77).

12 Grundsätzlich (vgl. Rn. 13) kommt nur **Urteilen inländischer Gerichte** Sperrwirkung zu (vorausgesetzt in § 51 III, IV StGB, § 153 c I Nr. 3; *BVerfGE* 12, 62, 66; *BGHSt* 24, 54, 57 m. Nachw.; *BGH* NStZ 1986, 557, 558; *BGH* StV 1986, 292; 1988, 18 f.; vgl. auch *OLG Frankfurt* NJW 1979, 1111 zu einer unter den Weltrechtsgrundsatz [§ 6 StGB] fallenden Straftat). Zur Berücksichtigung einer vorhergehenden ausländischen Verurteilung und Vollstreckung vgl. § 51 III, IV StGB, § 153 c I Nr. 3 sowie *BGH* StV 1986, 292; 1988, 18 f. Durch völkerrechtliche Verträge kann angeordnet werden, daß ausländische Strafurteile Sperrwirkung entfalten (dazu *Grützner*, NJW 1969, 345). Zum Verhältnis zu Entscheidungen des EuGH vgl. *BGHSt* 24, 54, 57 ff.

13 Zum Strafklageverbrauch durch **DDR-Strafurteile** §§ 3, 11 RHG (zu einem Sonderfall vgl. *KG* NJW 1989, 1372, 1374), durch Strafurteile von **NATO-Militärgerichten** vgl. Art. VII Abs. 8 NATO-Truppen-Statut, zu beiden KMR-*Sax* Einl. XIII Rn. 14.

14 Ist wegen einer Tat, in der eine Straftat und eine berufliche bzw. dienstliche Verfehlung zusammentreffen – sei es durch dasselbe oder unterschiedliche Verhaltenselemente in der Tat –, bereits eine **Disziplinarmaßnahme** ergangen, so ist damit nach h. M. eine Strafverfolgung nicht gehindert (*BVerfGE* 21, 378, 383 f.; 391, 400 ff.; 27, 180, 184 f.; *KG* StV 1987, 519 m. Anm. *Frister*; KK-*Pfeiffer* Einl. Rn. 170; *K/M* Einl. Rn. 178; KMR-*Sax* Einl. XIII Rn. 62 ff., insbes. 65); Art. 103 III GG verbiete – schon nach seinem Wortlaut – nur die (erneute) Strafverfolgung, wenn die Tat bereits als Straftat abgeurteilt ist.

15 Dieser Auffassung ist wegen des Vorrangs des alle Bürger betreffenden Kriminalstrafrechts, vor allem aber wegen des Vorrangs der ordentlichen Gerichte im Interesse der Gleichberechtigung aller Staatsbürger zuzustimmen; dieser Gesichtspunkt erscheint tragfähiger als die jedenfalls für viele Disziplinarmaßnahmen problematische Annahme einer anderen Zweckrichtung als bei Kriminalstrafen (insofern beachtlich *Rupp*, NJW 1967, 1651 gegen *BVerfGE* 21, 378; vgl. auch *Fliedner*, AöR 1974, 242, 248 ff.; *Frister*, StV 1987, 520 ff.).

16 Eine Lösung kann daher nur über eine Anrechnung von verbüßter und nicht wieder rückgängig zu machender Disziplinarmaßnahme (insbesondere beim militärischen Disziplinararrest, *BVerfGE* 21, 378, 388 ff.) oder durch Aufhebung noch nicht vollzogener oder rückgängig zu machender Disziplinarmaßnahmen (vgl.

§ 123 I BDO, § 39 WDO) erfolgen. Das gilt bei allen sog. sühnenden Maßnahmen, so daß im Ergebnis nur die sog. reinigenden Maßnahmen neben der Strafsanktion selbständige Bedeutung behalten (so KMR-*Sax* Einl. XIII Rn. 62 ff., insbes. 63, 65 f. m. Nachw.). Als nicht anrechnungsfähige »reinigende Maßnahmen« kommen nur unmittelbar die dienstliche oder berufliche Tätigkeit betreffende in Betracht (z. B. Entfernung aus dem Dienst, Degradierung oder Beförderungssperre bzw. Ausschließung aus dem Beruf oder Beschränkung der beruflichen Tätigkeit), nicht aber – neben der Freiheitsentziehung – alle Maßnahmen, die sich nur finanziell auswirken (anders *BVerfGE* 21, 391, insbes. 406 f.).

Eine indirekte Anrechnung einer Disziplinarmaßnahme ist bei der Einstellung des **17** Strafverfahrens nach §§ 153, 153 a durch Berücksichtigung bei der Beurteilung des öffentlichen Interesses möglich (*K/M* Einl. Rn. 179).

Eine strafrechtliche Verurteilung schließt umgekehrt eine anschließende diszipli- **18** narische Ahndung nicht aus (*BVerfGE* 21, 391, 400 ff.; 27, 180, 184 ff.). Auch hier ist die Frage, ob ein »disziplinärer Überhang« besteht, materiellrechtlich zu lösen; sie ist bei »reinigenden Maßnahmen« zu bejahen (vgl. aber auch §§ 45, 70 StGB), bei »sühnenden« dürfte grundsätzlich eine Anrechnung geboten sein (sehr viel enger *BVerfGE* 27, 180, 190 ff.; dazu kritisch KMR-*Sax* Einl. XIII Rn. 66).

Eine Bindung im nachfolgenden Disziplinarverfahren kraft ausdrücklicher gesetz- **19** licher Regelungen (vgl. im einzelnen *K/M* Einl. Rn. 178), die auch gegebenenfalls analogiefähig sind, besteht bei Freispruch im Strafverfahren. Soweit der Straftatbestand und der Disziplinarartatbestand identisch sind, ist eine disziplinarische Ahndung ausgeschlossen. Besteht ein disziplinarischer Überhang, ist jedenfalls eine Bindung an die Tatsachenfeststellung des Strafgerichts anzunehmen (zum ehrengerichtlichen Verfahren der Rechtsanwälte *Feuerich*, NJW 1988, 181, 183 ff.; vgl. auch *K/M* Rn. 178).

Strafklageverbrauch soll nach überwiegender Meinung (*Roxin* § 50 C II, KMR- **20** *Sax* Einl. X Rn. 9 ff.; LR-*Schäfer* Einl. Kap. 16 Rn. 3 ff.) bei »**nichtigen Urteilen**« nicht eintreten, da diese überhaupt keine Wirkungen (insbesondere auch keine Vollstreckbarkeit, Rn. 6) entfalteten. Nichtigkeit soll vorliegen, wenn der weitere Bestand des Urteils für die Rechtsgemeinschaft unerträglich wäre (*Peters* § 55 I; *Roxin* § 50 C II); beispielhaft werden das Fehlen der deutschen Strafgerichtsbarkeit, der Ausspruch einer dem deutschen Strafrecht unbekannten Strafe (z. B. Todesstrafe), die Bestrafung aufgrund einer (so) nicht bestehenden Vorschrift, das Ergehen eines Urteils gegen eine andere als die vor Gericht erschienene Person (vgl. auch Rn. 26) und die Nichtberücksichtigung einer rechtskräftigen Aburteilung genannt.

Das Problem dürfte kaum praktische Bedeutung haben (vgl. *Grünwald*, 1974, **21** S. 124, 126 der darauf hinweist, daß Gerichtsentscheidungen nicht zu einer Bejahung der Nichtigkeit geführt haben; die Nichtigkeit wird im anstehenden Fall neuerdings z. B. abgelehnt von *BVerfG* NJW 1985, 125 f.; *BGHSt* 33, 126, 127). Richtig dürfte es sein, auf die Kategorie der Nichtigkeit zu verzichten und die – trotz angeblicher Evidenz – häufig schwierigen Fragen, ob die Voraussetzungen der angeblichen Nichtigkeit gegeben sind, nicht der Entscheidung der Vollstreckungsbehörde zu überlassen (*Grünwald*, 1974, S. 125 ff.; *Geppert*, GA 1972, 165). Die Entscheidung über die Mängel sollte daher den in Betracht kommenden (gerichtlichen) Rechtsmitteln und Rechtsbehelfen überlassen bleiben (vgl. auch Erl. Vor § 359).

2. Bindungswirkung

22 Bei der **außerprozessualen Bindungswirkung** (d. h. für andere Strafverfahren) des Strafurteils ist zwischen der Tatbestandswirkung und der Feststellungswirkung zu unterscheiden.

23 Eine **Tatbestandswirkung** enthält § 258 II (vgl. auch § 258a I 3. Var.) StGB insofern, als Tatbestandsmerkmal eine Verurteilung zu Strafe oder Maßnahme ist, wobei es nur auf die Verurteilung als solche ankommt, ohne daß die faktische und rechtliche Richtigkeit des Urteils im Verfahren gegen den Vollstreckungsvereitler zu überprüfen wäre (*allg. M.*; Schönke/Schröder-*Stree* § 258 StGB Rn. 26 m. Nachw.; zur Begründung vgl. *Grünwald*, 1974, S. 119).

24 Bei der **Feststellungswirkung** geht es darum, ob Feststellungen, möglicherweise auch rechtliche Festlegungen, in einem Strafurteil für ein späteres Strafverfahren gegen den Abgeurteilten (wegen einer anderen Tat; vgl. Rn. 26 ff.) oder eine dritte Person verbindlich sind. Weder der Schuldspruch noch die ihn tragenden Gründe binden das Gericht in der **Schuldfrage** in einem weiteren Verfahren (so wegen der sonst zu befürchtenden Fortwirkung von Fehlern überzeugend *Grünwald*, 1964, S. 37 ff.; *ders.*, 1974, S. 120 ff. m. Nachw.; vgl. auch LR-*Gollwitzer* § 262 Rn. 12; *Roxin* § 50 B II 1). Insbesondere ist bei der Verfolgungsvereitelung (§ 258 I StGB) das Gericht weder an eine vorgängige Verurteilung noch an eine Freisprechung des Vortäters gebunden (*allg. M.*; LK-*Ruß* § 258 StGB Rn. 9 m. Nachw.; teilweise anders bei Freisprechung des Vortäters *Zaczyk*, GA 1988, 356, 362 ff., 369 f., 371).

25 Dagegen ist bei der **Straffrage** eine Bindung an die Feststellungen in früheren Urteilen geboten (*Grünwald*, 1964, S. 43 ff.; *ders.*, 1974, S. 122 f. m. Nachw.).

IV. Die Identität der Tat (prozessualer Tatbegriff)

26 1. Die **Identität der Tat**, welche Kognitionspflicht (vgl. § 264 Rn. 1) und Strafklageverbrauch in gleicher Weise (vgl. Rn. 27) bestimmt, hat eine **persönliche und eine sachliche Dimension** (vgl. *Roxin* § 20 B I). Kognitionsrecht bzw. -pflicht beziehen sich nur auf die durch die Anklage bezeichnete Person; nur bezüglich der verurteilten Person tritt auch der Strafklageverbrauch ein. Ist eine andere als die angeklagte Person vor Gericht erschienen, so ist wohl trotz falscher Bezeichnung im Urteil und fehlender Prozeßvoraussetzungen (zugelassene Anklage) der Erschienene als abgeurteilt anzusehen (vgl. Rn. 20, 21; anders aber *Roxin* § 50 C II 2 c m. Nachw.). **Umstritten** ist die **sachliche Dimension**, der Verhaltenskomplex (Identität der Tat im engeren, sachlichen Sinne).

2. Interessen bei der Bestimmung des Tatbegriffs und Einheitlichkeit für Kognition und Strafklageverbrauch

27 Die Tat wird für **Kognitionsrecht und -pflicht** einerseits, den **Strafklageverbrauch** andererseits von der überwiegenden Meinung (*RGSt* 72, 105; *BGHSt* 6, 92, 95; 32, 146, 150; 35, 318, 323; *K/M* Einl. Rn. 175, § 264 Rn. 1; LR-*Gollwitzer* § 264 Rn. 2; *Schlüchter* Rn. 604.1 – alle m. Nachw.) zu Recht mindestens grundsätzlich (vgl. Rn. 41) einheitlich bestimmt. Das versteht sich angesichts der jeweils unterschiedlichen Interessen und Bewertungsgrundsätze nicht von selbst. Bei der Kognitionsmöglichkeit sind die Sicherung des Anklagegrundsatzes (dazu *Bertel* a. a. O., S. 76 ff. und passim) sowie die Gewährleistung einer sachgerechten Verteidigung (vgl. § 200 Rn. 1) einerseits, der Beschleunigungsgrundsatz in einem weiten Sinne, dessen Einhaltung auch im Interesse des Angeklagten liegt, andererseits zu berücksichtigen. Beim Strafklageverbrauch liegen die durch das Legalitätsprinzip gesicherte Verwirklichung des materiellen Strafrechts, d. h. seine Präventionszwecke (*Loos* a. a. O., S. 593 m. Nachw.) und das durch Art. 103 III GG herausgehobene Individualinteresse, nicht erneut mit einem Strafverfahren mit seinen Belastungen überzogen zu werden (*BVerfGE* 56, 22, 31 f.; *BGHSt* 28, 119, 121; 29, 288, 292; *Grünwald*, 1974, S. 103 f.; insoweit kann man von »Vertrauensschutz« sprechen, solange man nicht ein psychisch-reales Vertrauen des Abgeurteilten voraussetzt) miteinander in Konflikt; die Formel »Gerechtigkeit versus Rechtssicherheit« kann und muß entsprechend konkretisiert werden. Die Gleichbestimmung für Kognition und Strafklageverbrauch ergibt sich gleichwohl daraus, daß zum einen, wenn die Kognitionsmöglichkeit enger gezogen wird als die Sperrwirkung, die Verwirklichung des materiellen Strafrechts ohne einleuchtenden Grund inhibiert würde (für einen zwingenden Zusammenhang *Grünwald*, 1964, S. 53; dazu *Bertel* a. a. O., S. 13); die Sicherung der Verteidigung des Angeklagten muß über § 265 erfolgen (vgl. Erl. zu § 265; ähnlich wie hier *Krauth* a. a. O., S. 233). Zum anderen erscheint es im Hinblick auf Art. 103 III GG billig zu sein, in dem Umfang, in dem sich der Angeklagte im ersten Verfahren hätte verantworten müssen, ihn auch vor den Belastungen eines zweiten Verfahrens zu schützen (so grundsätzlich *Oehler* a. a. O., S. 140 ff.; anders aber offenbar *KMR-Sax* Einl. XIII Rn. 31; zumindest zweifelnd *Marxen* StV 1985, 472, 475 ff.). Es kommt hinzu, daß die für eine engere Bestimmung des Rechtskraftumfangs vorgetragenen Argumente **entweder** nicht schlüssig sind (die auf Verengung des Gegenstandes gerichtete »Dynamik des Prozesses«, auf die sich *Peters* § 36 I, II, § 54 II 3 pr. beruft, beschreibt ein faktisches Moment – für die hier anstehende Problematik, ob neue [nach formeller Rechtskraft des Urteils] auftauchende Tatsachen ein neues Verfahren erlauben, keineswegs plausibel –, ohne auf die oben genannten Wertgesichtspunkte Rücksicht zu nehmen) **oder**, wie das Abstellen auf die faktische – nicht rechtliche – Kognitionsmöglichkeit des Gerichts (*Henkel*, S. 387, 389 f.; *Vogler*, Die Rechtskraft des Strafbefehls, 1959, S. 90 ff.) zu Aufklärungsschwierigkeiten im Zweitverfahren führen, die der gebotenen schnellen Abklärung, ob ein Wiederholungsverbot besteht, im Wege stehen.

Bei der Bestimmung des prozessualen Tatbegriffs steht in der deutschen Rechtsprechung und Lehre der Aspekt des **Strafklageverbrauchs im Vordergrund** schon wegen der umfassenden verfassungsrechtlichen Positivierung, was den Schutz des Verurteilten angeht, obwohl die Verteidigungsinteressen ebenfalls, aber nur teilweise, durch Art. 103 I GG (vgl. § 265 Rn. 2), verfassungsrechtlich berücksichtigt sind (vgl. aber auch *BGHSt* 32, 146, 150, wo davor gewarnt wird, die Bedeutung des Schutzes des Anklageprinzips abzuwerten); in die gleiche Richtung weist die Absicherung durch die begrenzte Wiederaufnahmemöglichkeit nach § 362 (anders bei einer anderen verfassungs- und strafprozeßrechtlichen Ausgangslage *Bertel* a. a. O., S. 76 ff. und passim für das österreichische Recht). Insofern spricht für einen weiten Umfang des Tatbegriffs im Individualinteresse des Angeklagten, daß insbesondere im Zeitpunkt der Einleitung eines zweiten Verfahrens nicht feststeht, ob das neue Verfahren zu einer besseren Verwirklichung des materiellen Strafrechts führt oder nicht (*Grünwald*, 1974, S. 104 ff.); das gilt jedenfalls, soweit im Urteilsverfahren qualitativ gleichwertige Erkenntnisquellen zur Verfügung stehen (vgl. *Loos* a. a. O., S. 593 im Anschluß an *Grünwald* a. a. O.). **28**

Diese Erwägung kann freilich nur einen Trend zu einer weiten Bestimmung des Umfangs der Tat begründen, gibt aber keine Abgrenzungskriterien an (vgl. **29**

Struensee, Das strafprozessuale Wiederholungsverbot bei der Konkurrenz von Straftaten, Ms 1978). Diese können viclmehr nur aus den den Prozeßgegenstand i. e. S. und die Rechtskraft betreffenden strafprozessualen (insbes. §§ 154, 154a, 200, 207, 264, 359 ff., 373a; vgl. auch § 84f. OWiG) und verfassungsrechtlichen (Art. 103 III GG) Vorschriften entwickelt werden (vgl. *Achenbach* a. a. O., S. 82 ff.; *Wolter,* GA 1986, 157 f. und passim).

30 Dabei steht natürlich die vorrangige Bestimmung des Art. 103 III GG im Vordergrund. Ihre Auslegung bereitet aber Schwierigkeiten, und zwar auch dann, wenn man sie subjektiv-historisch interpretiert (dafür *BVerfGE* 3, 248, 252 f., wenn auch nicht zur Frage des Tatbegriffs) in der Weise, daß der bei Erlaß des Grundgesetzes bestehende Rechtszustand verfassungsrechtlich festgeschrieben sei (in der Sache erheblich modifizierend *BVerfGE* 56, 22, 34 f.; 65, 377, 383 f.). Denn die einfachgesetzlichen Regeln der StPO ließen Auslegungsspielräume, und die konkretisierende Gerichtspraxis entwertete angebliche zugrundegelegte Prinzipien durch Zulassung von Ausnahmen (vgl. Rn. 49 ff.; dazu auch *Struensee* a. a. O.), vor allem aber statuierte sie teilweise gegenläufige Prinzipien (vgl. Rn. 39, 53). So wird man die Bestimmung des Umfangs des Strafklageverbrauchs bei Alternativität und Realkonkurrenz zum durch Art. 103 III GG nicht eindeutig determinierten Randbereich des strafprozessualen Tatbegriffs zu rechnen haben, der sowohl für unterschiedliche gesetzgeberische als auch für differierende richterrechtliche Lösungen offen ist. Das gilt gegen den vehementen Widerspruch von *Grünwald* (1974, S. 111 ff.; weitere Nachw. unten) auch für das Kriterium der einheitlichen materiellrechtlichen Entscheidung (dazu Rn. 40).

31 Im von Art. 103 III GG erfaßten Bereich (dazu Rn. 46) gilt uneingeschränkt, daß eine Abwägung zwischen dem Individualinteresse des (abgeurteilten) Angeklagten und der Verwirklichung des materiellen Strafrechts auch bei krassesten Fällen nicht mehr in Betracht kommt, weil durch Art. 103 III GG eine Entscheidung zugunsten der ersteren getroffen ist (so grundsätzlich zutreffend *Grünwald,* 1979, S. 757 f.). Im Randbereich wird eine typisierende Abwägung unvermeidlich, wobei auch der Verhältnismäßigkeitsgrundsatz (vgl. Einl. III Rn. 26 f.) zu berücksichtigen ist. Andere Gesichtspunkte können höchstens nachrangig sein. Wenn *Sax* (KMR Einl. XIII Rn. 34) und *Wolter* (a. a. O., S. 150 f.) den allgemeinen Rechtsfrieden für entscheidend erklären, übergehen sie den Grundrechtscharakter von Art. 103 III GG (vgl. aber auch Rn. 10 und Erl. Vor § 359 und zu §§ 359, 363). Eine Sanktionierung unsorgfältiger Strafverfolgung (*Achenbach* a. a. O., S. 87 ff.; zustimmend *Roxin* § 50 B I 2; vgl. auch *Krauth* a. a. O., S. 228 f.) kommt auch als nachrangiger Gesichtspunkt nicht in Betracht, wenn Ermittlungsfehler – wie auch von den genannten Autoren angenommen – kein Hindernis des Strafklageverbrauchs sind (Rn. 27 a. E., 33; vgl. auch *Loos* a. a. O., S. 593 Fn. 9).

3. Die allgemeinen Lehren zur Bestimmung des prozessualen Tatbegriffs

32 a) Unbestritten ist, daß ein Wiederholungsverbot besteht, wenn der im Ersturteil abgeurteilte Sachverhaltskomplex zur Begründung oder Erhöhung der Strafbarkeit nach dem im ersten Urteil herangezogenen Tatbestand wieder verwendet werden soll. Weder darf – bei Freispruch – aufgrund neuer Beweismittel oder einer abweichenden Beweiswürdigung oder einer abweichenden rechtlichen Beurteilung (im Rahmen desselben Tatbestandes) eine Verurteilung oder – bei Erstverurteilung – aufgrund neuer Strafzumessungstatsachen eine höhere Strafe durch ein neues Strafverfahren angestrebt werden.

b) Andererseits scheint die Lehre, statt auf die rechtliche auf die faktische Kogni- 33
tionsmöglichkeit des Gerichts abzustellen, den Strafklageverbrauch also bei sorgfältiger Ermittlung weiter zu ziehen als bei unsorgfältiger, gegenwärtig keine Ge-
folgschaft zu finden (Rn. 27 a. E. m. Nachw. und Kritik; vgl. auch Rn. 30). Sie
würde auch gegenüber der tradierten weiteren Ausdehnung der Sperrwirkung
eine inakzeptable Einschränkung des Grundrechts aus Art. 103 III GG darstellen
(vgl. Rn. 30, 34 und *Roxin* § 50 B II 4 a).

c) Die Rechtsprechung des Reichsgerichts (Nachweise bei KMR-*Paulus* Rn. 6; 34
zur Entwicklung der reichsgerichtlichen Rechtsprechung vgl. *BGHSt* 13, 21, 25)
und des Bundesgerichtshofs (*BGHSt* 6, 92, 95; 13, 21, 23, 25 f.; 23, 141, 145; 32,
215, 216; 35, 60, 61; 35, 80, 81; 35, 318, 323; vgl. auch *BVerfGE* 23, 191, 202)
bestimmt den Tatbegriff grundsätzlich (vgl. Rn. 41, 57) übereinstimmend für Kognition und Strafklageverbrauch (vgl. Rn. 27) als **einheitlichen geschichtlichen
Vorgang**. Die Einheitlichkeit wird (zumindest auch) durch den **zeitlichen und örtlichen Zusammenhang** konstituiert (*BGHSt* 35, 60, 63 f.; 35, 80, 82; 35, 318, 323);
zu anderen Identitätskriterien vgl. a. E. Damit wird der **Begriff der prozessualen
Tat** im begrifflichen Ansatz **vom materiellrechtlichen Begriff der Handlungseinheit** (§ 52 StGB) **gelöst** (*BVerfGE* 56, 22, 27 ff., 30 ff.; anders das obiter dictum
BVerfGE 45, 343, 345; vgl. im einzelnen dazu Rn. 39 ff.). Ein solcher »faktischer«
Tatbegriff erscheint an sich plausibel, weil er den Prozeßgegenstand von im konkreten Fall noch ungeklärten materiellrechtlichen Vorfragen, die u. U. erst nach
Abschluß der Sachverhaltsaufklärung beantwortet werden können (vgl. *Mitsch*,
MDR 1988, 1005, 1011 f.), entlastet und eine Anbindung an die typische Ermittlungsrichtung von StA und Gericht erlaubt (vgl. *Achenbach* a. a. O., S. 83, 91 f.).
Der der Tendenz nach weite Umfang dieses Tatbegriffs, der auch Fälle der Handlungsmehrheit (§ 53 StGB) und der Alternativität (vgl. Rn. 43) einbeziehen kann,
sichert zudem Art. 103 III GG einen weiten Anwendungsbereich. Bei der Handlungsmehrheit hat die Rechtsprechung des Bundesgerichtshofs aber durch das Kriterium der »notwendigen inneren Verknüpfung der mehreren Beschuldigungen«,
die sich »aus den Handlungen und Ereignissen unter Berücksichtigung ihrer strafrechtlichen Bedeutung ergibt« (*BGHSt* 13, 21, 26; 23, 141, 145 ff.; 23, 270, 273),
eine erhebliche und nicht unbedenkliche Beschränkung des Umfangs der Rechtskraft statuiert; dazu vgl. Rn. 45, 62. – Zur begrifflichen Klarstellung sei hinzuge-
fügt, daß Gegenstand der Untersuchung im Erstverfahren (vgl. § 264 Rn. 1, 2) und
Gegenstand eines möglichen Zweitverfahrens immer nur ein hypothetischer Vorgang sein kann; Entsprechendes gilt auch für andere Tatbegriffe.

Der Mangel des Tatbegriffs der Rspr. liegt in seiner **Vagheit**, die auch den konsti- 35
tuierenden Merkmalen (Rn. 34) anhaftet (typisch dafür die Formulierungen von
Achenbach a. a. O., S. 91); er läßt sich auch dadurch nicht verharmlosen, daß
schon die Motive das Fehlen einer begrifflichen Klärung zugestanden hatten
(*Hahn*, Materialien I, 1880, S. 205 ff., insbes. S. 206). Die eigentliche Abgren-
zungsschwierigkeit folgt dabei nicht aus der erkenntnistheoretischen Trivialität,
daß die Einheit des Untersuchungsgegenstandes durch Wertbeziehung konstituiert wird und demnach der Umfang je nach dem vorausgesetzten Wert (natürlich
nicht erkenntnistheoretisch notwendig ein dem materiellen Recht entstammender;
insoweit auch *Hruschka* JZ 1966, 700, 703) oder Interesse variiert (vgl. *Liu*
a. a. O., S. 17 f.; *Bertel* S. 21 f., 35 f.), sondern daraus, daß die Anbindung an die
typische Ermittlungsrichtung der Strafverfolgungsorgane (vgl. Rn. 34 a. E.) entweder zu einer zirkulären Argumentation (KMR-*Paulus* § 264 Rn. 6) oder –

schlimmer – entgegen der eigentlichen Tendenz (vgl. Rn. 34) zu einer Annäherung an die unannehmbare (vgl. Rn. 33) Abgrenzung nach der faktischen Aufklärungsmöglichkeit führen kann (nicht unbedenklich insoweit die Begründung in *BGH* NJW 1989, 726, 727).

36 **d)** Die **Strafprozeßrechtslehre** ist daher bemüht, den prozessualen Tatbegriff zu präzisieren. Vorgeschlagen wird dabei – alternativ oder auch kumulativ – das Abstellen auf die einheitliche Rechtsgutsverletzung bzw. den einheitlichen Unrechtsgehalt, der Anschluß an die materiellrechtliche Konkurrenzlehre, insbesondere den Begriff der Handlungseinheit (§ 52 StGB) und die Einbeziehung (exklusiv) alternativer Vorgänge.

37 **e)** **Mit dem geltenden Strafprozeßrecht nicht vereinbar** ist die **ausschließliche Bestimmung** des Tatbegriffs **durch** die einheitliche Rechtsgutsverletzung oder die **Identität des Unrechtsgehalts** (*h. M.*; *BVerfGE* 45, 434, 436; *BGHSt* 8, 92, 94 f.; 13, 21, 23; *BGH* NStZ 1984, 135; *Roxin* § 50 B II 4 a; *Schlüchter* Rn. 604.1, 2; *K/M* Rn. 2; LR-*Schäfer* Einl. Kap. 12 Rn. 30, 36, 39 – alle m. Nachw.; anders aber, wenn auch einige Autoren nur für den Strafklageverbrauch, nicht für die Kognitionsmöglichkeit [vgl. Rn. 27] *Barthel*, Diss. Saarbrücken, 1972 S. 93 ff.; *Bertel* a. a. O., S. 134 ff., 184 ff. und passim; *Hruschka*, JZ 1966, 700 ff., der Sache nach auch *Peters* § 54 II 3 a, b, aber wohl nicht KMR-*Sax* Einl. XIII Rn. 31 ff.; vgl. auch *Gössel* § 33 A II; *Otto*, JR 1988, 27, 29 f.). Entscheidend ist, daß vom Reichsgericht in Fällen der Tateinheit ein Strafklageverbrauch auch hinsichtlich der nicht berücksichtigten rechtlichen Gesichtspunkte angenommen worden ist (vgl. *RGSt* 49, 272, 274; 51; 241, 242 f.; 72, 99, 105); insbesondere die Rechtsprechung des RG zur eingeschränkten Rechtskraft des Strafbefehls, die erneute Strafverfolgung unter einem anderen rechtlichen Gesichtspunkt zuläßt, geht von einer entsprechend weiteren Wirkung der Urteilsrechtskraft aus (z. B. *RGSt* 4, 243, 245; 9, 321, 322 f.; 56, 251, 253; 76, 250, 251; vgl. auch *RGSt* 65, 291, 292 ff.). Ein Eingriff in diesen bei Erlaß des GG gesicherten rechtlichen Bestand würde die Substanz des Art. 103 III GG verletzen (vgl. Rn. 30). In §§ 154 a I (vgl. auch § 154 I), 207 II Nr. 3, 373 a, §§ 84 f. OWiG wird vorausgesetzt, daß in ein und derselben Tat unterschiedliche Unrechtsdimensionen erfaßt werden; eine Harmonisierung mit der Rechtsgutsverletzungslehre (vgl. *Bertel* a. a. O., S. 199 ff.) ist nach der Entstehungsgeschichte von § 154 a ausgeschlossen (vgl. BT-Drucksache IV/78 S. 35 f.; BT-Drucksache 8/976 S. 40). Zudem würde die Regelung des § 362, die eine Wiederaufnahme zuungunsten des Verurteilten nicht nur wegen abweichender rechtlicher Beurteilung, sondern auch bei Auftauchen neuer Tatsachen – mit Ausnahme des Geständnisses – ausschließt, unterlaufen werden (*Roxin* § 50 B II 4 a a. E. m. Nachw.).

38 **f)** Demgegenüber ist im Grundsatz eine Anknüpfung an den Begriff der **einheitlichen Handlung i. S. des § 52 StGB** als hinreichende, wenn auch nicht notwendige Voraussetzung der einheitlichen prozessualen Tat zutreffend (enger, auch die Notwendigkeit bejahend *Oehler* a. a. O., S. 148 ff.; *ders.*, Gedächtnisschrift für Schröder, 1978, 439, 444 ff.; *Herzberg*, JuS 1972, 113, 117 ff.; wie hier im Ansatz z. B. *BGHSt* 13, 21, 23; *Grünwald*, 1974, 108 und neuerdings vor allem *Roxin*, JR 1984, 346, 348; JZ 1988, 260; *Wolter* a. a. O., S. 164 ff.). Danach führt auch Teilidentität mit dem abgeurteilten Sachverhaltskomplex (genauer: mit den Haupttatsachen), die auch für Idealkonkurrenz nach § 52 StGB ausreicht (*allg. M.*, vgl. Schönke/Schröder-*Stree* § 52 StGB Rn. 9 m. Nachw.), wegen des Wiederverwendungsverbots (vgl. Rn. 32 und *Neuhaus*, wistra 1988, 57, 58) zum Strafklagever-

brauch (KK-*Hürxthal* § 264 Rn. 4; *K/M* § 264 Rn. 6; LR-*Schäfer* Einl. Kap. 12 Rn. 30).
Diese in Praxis und Lehre überwiegende Ansicht (vgl. KK-*Hürxthal* § 264 Rn. 4; **39** *K/M* § 264 Rn. 6; LR-*Schäfer* Einl. Kap. 12 Rn. 30, alle m. Nachw.) kann aber nicht bedeuten – und das ist die Konsequenz der prinzipiellen Lösung des prozessualen Tatbegriffs vom Handlungsbegriff des materiellen Rechts (Rn. 34) –, daß damit auch die **materiellrechtlichen »Kunstprodukte«** (*Gössel*, JZ 1986, 45, 48 zum Fortsetzungszusammenhang) einer Handlungseinheit zur Annahme einer einheitlichen prozessualen Tat führen müssen. Das ist bei der Figur des **Fortsetzungszusammenhangs** besonders deutlich, durch die zeitlich und örtlich abgegrenzte Vorgänge aus Gründen der Prozeßökonomie zur materiellrechtlichen Handlungseinheit verbunden werden. Eine solche materiellrechtliche Verknüpfung (zu ihrer Anfechtbarkeit vgl. Rn. 49, 53 f.) hat aber mit der ratio des Strafklageverbrauchs, den Angeklagten vor einer Strafverfolgung wegen der bereits abgeurteilten Vorgänge, die durch Anklage und Urteil konkret zu beschreiben waren, nichts zu tun (im Grundgedanken ähnlich *BVerfGE* 56, 22, 29 ff.; *BGHSt* 29, 288, 296; *Rieß*, NStZ 1981, 74, 74; *Krauth* a. a. O., S. 229 ff.; *Kröpil*, DRiZ 1986, 448; vgl. auch *Gössel*, JZ 1986, 45, 48, 49). Aus dieser Erwägung folgt auch, daß, schon weil der faktische Tatbegriff auch der späteren Rspr. des Reichsgerichts auf einem von materiellrechtlichen Grundsätzen abweichenden Bestimmungsprinzip für den prozessualen Tatbegriff beruht, eine Festlegung auf einen bei Erlaß des Grundgesetzes bestehenden gesicherten Rechtszustand (vgl. Rn. 30) nicht angenommen werden kann (deswegen kann auch BT-Drucksache IV/178 S. 36 und BT-Drucksache 8/976 S. 40 hier keine entscheidende Bedeutung zukommen; vgl. Einl. III Rn. 8). Dieses Ergebnis kann dadurch abgesichert werden, daß in den hier angesprochenen Fällen der Aufdeckung von weiteren Einzelakten einer Fortsetzungstat, die nicht Untersuchungsgegenstand des Erstverfahrens waren, das von *Grünwald* (vgl. Rn. 28) für einen weiten Umfang des Strafklageverbrauchs angeführte Argument der Fragwürdigkeit einer besseren Aufklärung (desselben Geschehens!) im Zweitverfahren ersichtlich nicht greift.

Einzuräumen ist, daß die Annahme zweier (oder mehrerer) prozessualer Taten **40** bei Annahme materiellrechtlicher Handlungseinheit in Spannung steht mit der materiellrechtlichen Notwendigkeit, eine einheitliche Strafe auszusprechen, sei es wegen der (materiellrechtlichen) Annahme eines – wegen Fortsetzungszusammenhangs – einheitlichen Delikts, sei es wegen § 52 StGB bei Teilidentität mit einer anderen Straftat (*Grünwald*, 1974, S. 107; *ders.*, StV 1981, 326, 327; *ders.*, StV 1986, 243; insoweit zustimmend *Puppe*, JR 1986, 205 f.). Daß insoweit eine verfassungsrechtliche Festschreibung durch Art. 103 III GG bestehe, ist schon deswegen zu bestreiten, weil die materiellrechtlichen Voraussetzungen der einheitlichen Entscheidung entfallen könnten, sei es durch gesetzliche »Aufhebung« des Fortsetzungszusammenhangs, sei es durch eine Änderung des § 52 StGB (die Kritik von *Grünwald*, 1979, S. 747 ff. an materiellrechtlichen Änderungen zum Zweck der Begrenzung des Strafklageverbrauchs dürfte diese Erwägung nicht treffen). Auch der Grundsatz der materiellrechtlichen einheitlichen Entscheidung als solcher kann nicht Gegenstand des Schutzzwecks von Art. 103 III GG sein (vgl. schon *RGSt* 49, 272, 274); ebensowenig lassen sich kompensatorische Bedürfnisse für eine weite Ausdehnung des Strafklageverbrauchs wegen der weiten Ausdehnung der materiellrechtlichen Handlungseinheit beim Fortsetzungszusammenhang erkennen. Aber auch für das einfachgesetzliche Strafprozeßrecht ist es näherlie-

gend, das prozeßrechtliche Institut der Tateinheit aus seinem eigenen Funktions-
zusammenhang zu begreifen und Spannungen mit materiellrechtlichen Instituten
durch entsprechende Berücksichtigung der materiellen Regeln im Zweitverfahren
zu lösen (in diesem Sinne schon *RGSt* 49, 272, 274), statt das prozessuale Institut
funktionswidrig vom materiellen Recht her zu interpretieren. Danach kann im
Zweitverfahren bei neuerlicher Schuldigsprechung eine einheitliche Strafe ausgesprochen werden, wobei die erste Strafe entfällt (*Krauth* a. a. O., S. 234 ff.; unklar
in der Begründung *OLG Hamm* NStZ 1986, 203, 205 f.).

41 Dagegen braucht die Gleichbestimmung des Tatbegriffs für Kognition und Sperrwirkung (vgl. Rn. 27) nicht aufgegeben zu werden. Wenn wegen der »materiellrechtlichen Verzahnung« das Nebeneinanderlaufen von zwei Verfahren (bei Verweigerung der Zustimmung nach § 266 I durch den Angeklagten) dem Grundsatz
des fair trial widerspricht (*BGHSt* 29, 288, 297), muß die Lösung nicht durch
Preisgabe der Einheitlichkeit des Tatbegriffs (so aber wohl *Krauth* a. a. O.,
S. 232 ff. im Anschluß an die wohl nicht ganz eindeutigen Ausführungen in *BGHSt*
29, 297; *BVerfGE* 56, 22, 35 f. attestiert nur die verfassungsrechtliche Unbedenk-
lichkeit unterschiedlicher Tatbegriffe), sondern könnte auch durch Verbindung
gegebenenfalls i. V. m. Aussetzung erfolgen (vgl. *BGHSt* 32, 146, 151).

42 Zu den entsprechenden Fragen bei Dauerdelikten (einschließlich der Organisationsdelikte) vgl. Rn. 56 ff.

43 **g)** Als zur (»normalen«) materiellrechtlichen Handlungseinheit hinzutretendes
(zweites) Moment der Tatidentität ist die **Alternativität der Handlungsvorgänge**
von *Schöneborn* (MDR 1974, 529, 531 ff.) und *Grünwald* (1974, S. 108 f.) vorgeschlagen worden. Dieses Kriterium schien sich auf die Rechtsprechung des
Reichsgerichts stützen zu können (vgl. *RGSt* 5, 249; 8, 135, 137 ff.; 15, 133; 21, 78;
vgl. auch *BGH* MDR 1954, 17 *[Dallinger]*; *BayObLG* NJW 1965, 2211; *OLG
Celle* NJW 1968, 2390; NJW 1979, 228). **Die neuere Rechtsprechung** des BGH hat
aber im Grundsatz **zu Recht dieses Kriterium** abgelehnt (*BGHSt* 32, 146, 150 f.;
32, 215, 216 ff. [m. Anm. *Jung* JZ 1984, 535; *Roxin* JR 1984, 346; vgl. auch *Marxen*
StV 1985, 472]; *BGHSt* 35, 60, 62 ff.; 35, 80, 81 f. = JZ 1988, 260 m. Anm. *Roxin*
= JR 1988, 25 m. Anm. *Otto*; vgl. auch *BGH* NJW 1988, 921; *OLG Celle* NJW
1988, 1225; *OLG Frankfurt*, MDR 1988, 340); das führt dazu, daß insbesondere
bei Alternativität zwischen zwei Aussagen (§§ 153, 154 StGB) kontradiktorischen
Inhalts, zwischen Diebstahl und Hehlerei oder Begünstigung, oder auch zwischen
einem Verbrechen (oder gegebenenfalls Vergehen) und seiner Nichtanzeige oder
seiner Strafvereitelung nach der Rspr. nur unter den allgemeinen Vorausetzun-
gen des einheitlichen historischen Vorgangs (vgl. *BGHSt* 35, 64; im Ergebnis wohl
nicht abweichend *OLG Köln* NStZ 1990, 203, da dort die Begünstigungshandlung
zu einem Zeitpunkt erfolgte, zu dem noch Beihilfe zum Diebstahl hätte erfolgen
können; in diesem Zusammenhang wenig ergiebig *BGHSt* 35, 172, 174 f.) eine
einheitliche Tat gegeben ist. Einmal ist der Begriff der Alternativität der Handlungsvorgänge noch nicht präzise abgegrenzt, denn faktische Exklusivität kann
offenbar nicht reichen (z. B. bei zwei Vorwürfen je eines Diebstahls zur gleichen
Zeit in Hamburg und in München). Zum anderen wird der Ausgangspunkt des
zumindest auch nach Zeit und Ort einheitlichen Vorgangs (vgl. Rn. 34) bei weit
auseinanderliegenden Sachverhalten gesprengt (*BGHSt* 35, 64). – Die Möglichkeit der Ablehnung einer einheitlichen Tat bei Alternativität führt wiederum zu
Problemen, wenn eine Nachtragsanklage am Fehlen der Zustimmung des Angeklagten scheitert (zu freilich nicht erschöpfenden Lösungsmöglichkeiten vgl.

BGHSt 32, 151). Bei widersprechender Erstverurteilung ist hier der Weg über § 359 gangbar, der freilich – wie allerdings auch beim oben gebildeten Beispielsfall der Annahme von zwei Diebstählen unter Verstoß gegen den Grundsatz der Unmöglichkeit der Bilokation –, jedenfalls theoretisch scheitern kann.

h) Ein neuester Vorschlag zur Präzisierung des Tatbegriffs will die Kriterien der **44** Handlungseinheit (Rn. 38) und Identität des Unrechtsgehalts (vgl. Rn. 37) bei Verknüpfung auch im Faktischen zu einem sog. **faktisch-normativen Tatbegriff** kumulieren (*Roxin* § 20 B I 2 a; *ders.*, JR 1984, 346; *ders.*, JZ 1988, 260; *Wolter*, GA 1986, 143, 164 ff. und passim; ähnlich wohl auch *Marxen* StV 1985, 472, 475 ff.). Ob die für eine solche Kombinationstheorie von *Roxin* vorsichtig in Anspruch genommene Rechtsprechung (*BGHSt* 32, 215; 35, 60 und 80) eine derartige Tendenz erkennen läßt, erscheint allerdings zweifelhaft.

Danach sind einmal, was im Ergebnis meist nicht streitig war, die Fälle der **Geset- 45 zeskonkurrenz bei Handlungsmehrheit** der identischen Tat zuzuschlagen, wobei hier am ehesten auch eine Auflockerung der faktischen Einheitlichkeit tolerierbar erscheint (vgl. Rn. 59 ff.). Zum anderen wird bei den **Alternativitätsfällen** eine Tat anzunehmen sein, wenn bei faktischer Einheitlichkeit unter Anschluß an die Vergleichbarkeitskriterien der Wahlfeststellung ein einheitlicher Unrechtsgehalt gegeben ist (vgl. *Wolter* a. a. O., S. 162 f., 170 f.). Offen bleibt, ob und gegebenenfalls unter welchen Voraussetzungen auch bei **Realkonkurrenz** eine einheitliche Tat angenommen werden kann (ganz restriktiv zur »Straftatvermehrung« *Wolter* a. a. O., S. 172; vgl. auch Rn. 62).

i) Auf der hier dargelegten Grundlage (Rn. 37, 38, 44, 45) dürfte sich auch eine **46** befriedigende **Abgrenzung des Schutzbereichs von Art. 103 III GG** ergeben, die auch mit dem gesicherten Rechtszustand, wie er sich nach der Rechtsprechung des Reichsgerichts darstellte (vgl. Rn. 30), übereinstimmt. Dabei ist allerdings der Bereich der einheitlichen Handlung (Rn. 38) sicherer abgesteckt als die darüber hinausgehenden Bereiche (Rn. 44, 45). Abzulehnen ist danach (Rn. 38) mit dem *BVerfG* (E 65, 377, 381 ff. m. Anm. *Schnarr*, NStZ 1984, 325; *Neumann* NJW 1984, 779; *Kühne* JZ 1984, 376; *Groth*, MDR 1985, 716) die Möglichkeit einer **Ergänzungsklage**, und zwar nicht nur (zur Terminologie vgl. *Achenbach* a. a. O., S. 77 f.) der Berichtigungs-, sondern auch der Vervollständigungsklage (zur letzteren a. A. LR-*Schäfer* Einl. Kap. 12 Rn. 32; *Roxin* § 50 B II 4 b; beide m. Nachw. zum Meinungsstand; vgl. auch § 373 a und Erl.).

k) Von der Bestimmung des (abstrakten) Begriffs der Tat zu unterscheiden ist die **47** Frage, ob **Veränderungen des (konkreten) Sachverhalts**, z. B. im Hinblick auf Zeit, Ort und Tatobjekt, sich bei identischem rechtlichen Vorwurf (vgl. *Bertel* a. a. O., S. 16 ff.) noch im Rahmen der Umgestaltung der Strafklage bewegen (§ 264 Rn. 5 f.) oder aber dazu führen, daß es sich um eine andere Tat handelt. Die Abgrenzung kann nur im Einzelfall danach beurteilt werden, ob die verbleibenden Merkmale des Sachverhalts eine Verwechslungsgefahr ausschließen (*BGHSt* 32, 215, 218 f.; *Jakobs*, GA 1971, 257, 258; *Puppe*, NStZ 1982, 230, 234 und passim). Dabei wird in der Regel bei Veränderungen von Ort und Zeit, wenn das Tatobjekt identisch bleibt, die Verwechslungsgefahr bei aus dem Alltagsgeschehen deutlich herausgehobenen Verletzungstaten geringer sein als etwa bei abstrakten Gefährdungsdelikten im Straßenverkehr. Zur umfänglichen Kasuistik vgl. KK-*Hürxthal* § 264 Rn. 16, 17; LR-*Gollwitzer* § 264 Rn. 26, 27.

4. Einzelfragen

48 **a)** Die Handlungseinheit (Rn. 38) um die mehrere Einzelakte umfassende **natürliche Handlungseinheit** zu ergänzen (natürliche Handlungseinheit und deswegen eine Tat im prozessualen Sinne wird bei den sog. Polizeifluchtfällen von *BGHSt* 22, 67, 76 angenommen; dazu KK-*Hürxthal* § 264 Rn. 4 m. Nachw.; vgl. auch *BGHSt* 4, 219) erscheint problematisch, weil auch in der Rspr. der (materiellrechtliche) Begriff sehr unterschiedlich gefaßt wird (vgl. Schönke/Schröder-*Stree* vor § 52 StGB Rn. 22 ff.). Bei engem zeitlichen und örtlichen Zusammenhang ist aber vom Ausgangspunkt der Rechtsprechung (Rn. 34) die Annahme einer einheitlichen Tat geboten (vgl. auch Rn. 62; nur unter engeren Voraussetzungen *Wolter* a. a. O., S. 176, *ders.* StV 1986, 315, 320 f.). – Für die tatbestandliche Handlungseinheit (Schönke/Schröder-*Stree* vor § 52 StGB Rn. 12 ff.) wird eine einheitliche prozessuale Tat in aller Regel zu bejahen sein (*BGH* MDR 1969, 904 *[Dallinger]*; hierher gehörig wohl auch *BGHSt* 36, 105, 115 f. vgl. KMR-*Paulus* § 264 Rn. 14 und *Wolter* a. a. O., S. 173 – beide m. Nachw. –; zu den mehraktigen Delikten vgl. Rn. 55).

49 **b)** Die Annahme einer einheitlichen prozessualen Tat bei (materiellrechtlichem) **Fortsetzungszusammenhang** durch die Rechtsprechung steht nicht nur im Grundsatz in Widerspruch zum Ausgangspunkt des einheitlichen historischen Vorgangs (vgl. Rn. 34, 39), sondern hat auch zu unplausiblen, inkonsistenten Differenzierungen geführt.

50 Reichsgericht und Bundesgerichtshof haben in ständiger Rechtsprechung **grundsätzlich bei Fortsetzungszusammenhang eine einheitliche Tat** und damit Kognitionsmöglichkeit auch hinsichtlich der Einzelakte, die erst nach der (zugelassenen) Anklage aufgedeckt worden sind, sowie Strafklageverbrauch auch der unbekannt gebliebenen Einzelakte bejaht (z. B. *RGSt* 51, 523; 66, 45; *BGHSt* 6, 122, 124; 9, 324, 330 f.; 27, 115, 116; weitere Nachweise bei LR-*Gollwitzer* § 264 Rn. 32 m. Fn. 104, 105).

51 Von diesem Grundsatz hat die Rechtsprechung aber wesentliche Ausnahmen gemacht. Selbstverständlich ist allerdings, daß **Einzelakte nach Rechtskraft des Urteils** nicht vom Strafklageverbrauch erfaßt werden (*allg. M.*; *BGHSt* 9, 324, 326; LR-*Gollwitzer* § 264 Rn. 33 m. Nachw.), weil die Verurteilung nicht ein Freibrief für weiteres strafbares Verhalten sein kann (*Grünwald*, 1974, S. 117). Demgegenüber ist schon zweifelhaft, ob die Annahme, die Freisprechung von einem oder mehreren Einzelakten oder vom Vorwurf einer Fortsetzungstat, der nur einen Teil der (hypothetischen) Einzelakte umfaßte, führe nur zum Strafklageverbrauch für die im ersten Verfahren behandelten Fälle (Nachweise zur Rspr. des *RG* bei LR-*Gollwitzer* § 264 Rn. 36 m. Fn. 118; *BGH* bei KK-*Hürxthal* § 264 Rn. 19 a. E.; *OLG Düsseldorf* StV 1987, 241 f.) mit dem Ausgangsgrundsatz vereinbar ist; eine Rechtfertigung kann nur in einer Bindungswirkung der ersten Urteils gefunden werden (vgl. LR-*Gollwitzer* § 264 Rn. 36, 37), die aber zweifelhaft ist (vgl. dazu Rn. 24) und für die Voraussetzungen des Fortsetzungszusammenhangs gerade nicht angenommen wird (vgl. Rn. 52).

52 Nicht einhellig ist die Beurteilung durch die Rechtsprechung, wenn es zu einer **Verurteilung wegen Einzelakten** gekommen ist. Ist (erstens) wegen eines Einzelaktes verurteilt worden, wird allerdings einhellig Strafklageverbrauch verneint (*BGH* JZ 1986, 43 f. m. Nachw.). Ist dagegen (zweitens) wegen mehrerer Einzelakte verurteilt worden, und zwar entweder wegen Bejahung oder aber aufgrund (ausdrücklicher) Verneinung des Fortsetzungszusammenhangs, so soll insoweit

keine Bindung an die Erstentscheidung bestehen; das Zweitgericht soll also nach seiner Erkenntnis den Fortsetzungszusammenhang verneinen und damit wegen der neu aufgetauchten Fälle verurteilen (*BGHSt* 15, 268, 270f.) oder aber den Fortsetzungszusammenhang bejahen und Strafklageverbrauch annehmen können (*BGHSt* 33, 122, 123ff.; *BGH* MDR 1989, 474f.). Damit wird die Bindungswirkung in den beiden Konstellationen unterschiedlich beurteilt (vgl. *Gössel* JZ 1986, 45, 47, der – bedenklich – für eine Bindungswirkung plädiert; vgl. Rn. 24).

Die wenig plausiblen Differenzierungen (insoweit kritisch *Grünwald*, 1974, **53** S. 115f.), vor allem aber der Grundwiderspruch zur Bestimmung des prozessualen Tatbegriffs (Rn. 39) legen nahe, die Bedeutung des Fortsetzungszusammenhangs mindestens für den prozessualen Tatbegriff – und zwar gleichermaßen für Kognition wie Strafklageverbrauch – in Frage zu stellen (vgl. dazu Rn. 39ff.; s. a. LR-*Gollwitzer* § 264 Rn. 8). Das Unbehagen der Rspr. am weiten Strafklageverbrauch wird daran ersichtlich, daß sie bis zu *BGHSt* 33, 122 das ihr zur Verfügung stehende Instrumentarium, vor allem bei den Unschärfen des Gesamtvorsatzes (vgl. Schönke/Schröder-*Stree* vor § 52 Rn. 47ff. m. Nachw.) im wesentlichen dazu genutzt hat, den Strafklageverbrauch bei Fortsetzungszusammenhang zu verneinen (vgl. *Stratenwerth*, JuS 1962, 220, 223f.). Auf der allgemeinen Linie liegt es auch, wenn nach *BGHSt* 35, 318, 323ff. bei Zweifeln am Gesamtvorsatz hinsichtlich Gruppen von Einzelakten eine einheitliche Tat nicht anzunehmen ist (zur Abgrenzung des Anwendungsbereiches des Zweifelsgrundsatzes fragwürdig; vgl. a. a. O., S. 324f. und *BGH* MDR 1989, 474) und *BGHSt* 36, 109ff., vor allem 113f. die Anwendung des Fortsetzungszusammenhangs bei sich über einen längeren Zeitraum erstreckenden Steuerhinterziehung stark einschränkt.

Vorzugswürdig wäre freilich die Radikallösung, schon das **materiellrechtliche In-** **54** **stitut**, das zu vielfältigen Friktionen und – bei korrekter Anwendung – nur zu geringen Entlastungseffekten führt, aufzugeben (in diesem Sinne *Schmidhäuser*, Strafrecht, 2. Aufl. 1975, 18/20; *Gössel*, JZ 1986, 48). Damit entfielen auch die Probleme der **Verklammerung** (vgl. Rn. 55ff.) durch eine (angeblich) materiellrechtlich einheitliche Fortsetzungstat (vgl. *BGHSt* 3, 165ff.; 6, 92ff.; KK-*Hürxthal* § 264 Rn. 8 m. Nachw.).

c) Bei der **Verklammerung** von zwei Außendelikten durch ein mehraktiges Delikt **55** (z. B. Raub) wird idR zwischen den Akten ein so enger zeitlicher und örtlicher Zusammenhang bestehen, daß eine Aburteilung wegen eines Delikts die Sperrwirkung auslösen sollte. Fehlt es an diesem Zusammenhang, z. B. zwischen (qualifizierter) Nötigung und Wegnahme, ohne daß Raub aus materiellrechtlichen Gründen entfällt, kann bei Aburteilung wegen Diebstahls nicht mehr wegen Raubes, wohl aber wegen einer mit der Nötigung teilidentischen Körperverletzung die Strafverfolgung betrieben werden. Das folgt nicht etwa aus dem materiellrechtlichen Prinzip des § 52 StGB (dagegen grundsätzlich Rn. 39), so daß es auf die Frage der relativen Schwere des verklammernden und der verklammerten Delikte und die daraus für die Idealkonkurrenz gezogenen Konsequenzen (zu den unterschiedlichen Lösungen *BGHSt* 3, 165ff.; 29, 288, 291f.; 31, 29ff.) nicht ankommt; entscheidend ist vielmehr der prozessuale Gesichtspunkt des Wiederverwendungsverbots der schon abgeurteilten Tatsachen (*Struensee* a. a. O. Rn. 29; im methodischen Ausgangspunkt ähnlich, möglicherweise aber nicht in allen hier vorgeschlagenen Ergebnissen *Fezer* 18/47ff., insbes. 56 m. Nachw.).

d) Die schwierigsten Probleme für den Strafklageverbrauch bestehen bei den **56** **Dauerdelikten** unter Einschluß der **Organisationsdelikte**, wenn mit ihren Einzelakten (gegebenenfalls auch Einzelunterlassungen) andere Delikte (teil-)identisch sind. Praktisch geworden sind die Fragen bei Zusammentreffen einer folgenlosen Trunkenheitsfahrt (§ 316 StGB) mit der Herbeiführung eines Unfalls (etwa § 222 StGB) oder einer konkreten Gefährdung (§ 315 c StGB) (*BGHSt* 23, 141, 147 ff.), eines Organisationsdelikts nach §§ 129, 129 a StGB mit einem Mord(versuch) (*BGHSt* 29, 288) oder einer Strafbarkeit nach § 53 WaffenG mit Tötung oder Tötungsversuch (*BGHSt* 36, 151 = JR 1990, 161 m. Anm. *Mitsch* = StV 1990, 341 m. Anm. Neuhaus; *OLG Hamm* NStZ 1986, 278; *OLG Zweibrücken* NJW 1986, 2841 f. m. Anm. *Mitsch* NStZ 1987, 457 f.), wenn im Erstverfahren der Tatteil des Dauerdelikts, der mit der schwereren Tat teilidentisch war, unbekannt geblieben ist (vgl. auch *BGH* wistra 1989, 109 f.).

57 Eine materiellrechtliche Radikallösung, wie sie *Puppe* (JR 1986, 205; zustimmend *Mitsch*, MDR 1988, 1005, 1011) und *Werle* (NJW 1980, 2671; vgl. auch *ders.*, JR 1979, 93, 95 ff.) – beide mit Verweisungen auf ihre früheren Untersuchungen – vorgeschlagen haben, nämlich die mit der Verwirklichung schwerer Tatbestände (teil-)identischen Teile ganz aus der Bewertungseinheit Dauerdelikt herauszunehmen, vermeidet zwar die Schwierigkeit, die aus der materiellrechtlich durch § 52 StGB notwendigen einheitlichen Entscheidung folgt, gibt aber noch keinen Grund dafür an, daß prozeßrechtlich keine einheitliche Tat vorliegt. Ebenso wenig kann es darauf ankommen, ob zwischen den »Außendelikten«, wenn im Erstverfahren neben dem Dauerdelikt ein ideell konkurrierendes Zustandsdelikt abgeurteilt worden ist, nach den Grundsätzen von »Verklammerung« oder »Entklammerung« Tateinheit oder Tatmehrheit besteht (Rn. 55; mit der Tatmehrheit zwischen den Außendelikten argumentiert aber der *BGH* in E 23, 141, 149 f. und 29, 288, 291 f.; dagegen *Grünwald*, 1979, S. 743 f.).

58 Vom Standpunkt einer grundsätzlich faktisch orientierten Bestimmung des prozessualen Tatbegriffs (Rn. 34 m. Nachw.) erscheint es zulässig, mit der Rechtsprechung (*BVerfGE* 56, 22, 29 ff.; *BGHSt* 23, 241, 247 ff. m. abl. Anm. *Grünwald* JZ 1970, 330 f.; 29, 288, insbes. 293 m. abl. Anm. *Grünwald* StV 1981, 326; *OLG Hamm* NStZ 1986, m. abl. Anm. *Grünwald* StV 1986, 243) ein mit den im Erstverfahren beurteilten Ereignissen tatsächlich unverbundenes Verhalten unabhängig von der Beurteilung der materiellrechtlichen Konkurrenz einer erneuten Strafverfolgung zu unterwerfen (ähnlich *Neuhaus* NStZ 1987, 138 ff.). Das wird insbesondere dann anzunehmen sein, wenn die Dauerdelikte in Wahrheit nicht in Kontinuität stehende Verhaltensweisen zusammenfassen wie die Vergehen des Waffenbesitzes nach § 53 Abs. 1 Nr. 3 a. a) und Abs. 3 Nr. 1 a WaffenG (dazu *Grünwald* StV 1981, 245) oder die Organisationsdelikte nach §§ 129, 129 a StGB. Hier erscheint es auch inakzeptabel, den Angeklagten vor einer (ausweitenden) Veränderung des gegen ihn erhobenen Vorwurfs nur nach § 265 und nicht nach § 266 zu schützen (vgl. Rn. 41). Im Zweitverfahren ist das nach § 52 StGB gebotene materiellrechtliche Ergebnis herzustellen (vgl. Rn. 41; zu Einzelheiten vgl. *Krauth* a. a. O., S. 234 ff. im Anschluß an *BGHSt* 29, 288, 297). Daß gerade die »diskontinuierlichen Dauerdelikte« rechtspolitisch erheblichen Einwänden ausgesetzt sind, stellt ein materiellrechtliches Problem dar, das nicht prozeßrechtlich (über)kompensiert werden kann. – Noch ungeklärt ist die Frage, ob der Strafklageverbrauch auch dann ausgeschlossen sein kann, wenn sich später erheblich gravierendere Verhaltensweisen im Rahmen des Dauerdelikts herausstellen. Auch vom hier vertretenen Standpunkt verbietet sich aber nach dem Verhältnismäßigkeitsgrundsatz (vgl. Rn. 31) eine weitere Strafverfolgung, die nur bei einer schwereren *anderen* bisher nicht erkannten Straftat zulässig sein kann.

e) Von den Fällen der **Gesetzeskonkurrenz bei Handlungsmehrheit** (vgl. **59** Rn. 45) wird man verschiedene **Beteiligungsformen** der einheitlichen Tat zuschlagen können (vgl. KMR-*Paulus* § 264 Rn. 13 m. Nachw.). Die Sperrwirkung greift für die vorrangige Beteiligungsform ein, wenn die nachrangige abgeurteilt ist, für die nachrangige insbesondere auch dann, wenn hinsichtlich der vorrangigen Freispruch ergangen ist. Von der Notwendigkeit eines engen zeitlichen und örtlichen Zusammenhangs wird man absehen können (wohl enger *BGH* NJW 1986, 1820f.).

Dagegen wird zwischen **Begehungsdelikt und subsidiärem** unechtem **Unterlas- 60 sungsdelikt** (insbesondere bei Ingerenz) und § 323c StGB (z. B. nach Körperverletzung) eine einheitliche Tat nur bei engem zeitlichen und örtlichen Zusammenhang anzunehmen sein (*BGHSt* 16, 200, 202ff.; *BGH* StV 1984, 191; *OLG Celle* NJW 1961, 1080; vgl. auch *Wolter* a. a. O., S. 173). Die Sperrwirkung besteht dann auch hier wechselseitig.

f) Bei (exklusiv) **alternativen Handlungsvorgängen** (vgl. Rn. 43, 45) kann auf **61** das Erfordernis der engen faktischen Verknüpfung nicht deswegen verzichtet werden, weil bei der vorrangigen Aburteilung wegen täterschaftlicher Hehlerei die »Negativfeststellung« erforderlich ist, daß die Vortat von einem anderen verübt wurde (so aber *Gillmeister*, NStZ 1989, 1, 3f.). Denn diese schon wegen des Bezugs auf ein Negativum besondere Art der Feststellung verlangt im Erstverfahren wegen der Möglichkeit des Zwischenerwerbs durch einen nicht die Prüfung, ob ein bestimmter Zueignungsakt vom Beschuldigten vorgenommen worden ist (vgl. auch *BGHSt* 35, 60, 63). Innerhalb der Gruppe der alternativen Handlungsvorgänge schlägt *Bauer* (wistra 1990, 218ff.) für die Postpendenzfälle grundsätzlich die Annahme von Tatidentität vor; *BGHSt* 35, 172, 174f. verwendet die Postpendenz allerdings nicht zur Begründung von Tatidentität.

g) In den Fällen von Handlungsmehrheit und **Realkonkurrenz** ist die Recht- **62** sprechung mit der Annahme einer einheitlichen Tat sehr zurückhaltend gewesen (Nachweis bei KK-*Hürxthal* § 264 Rn. 5, 6). Allgemein anerkannt ist lediglich, daß die **Herbeiführung eines Unfalls** (z. B. §§ 230, 315c StGB) und die anschließende Unfallflucht eine prozessuale Tat bilden (*BGHSt* 23, 141, 144ff.; 23, 270, 273f.; 24, 185, 186; enger *Wolter* a. a. O. 158, 165, 172); dafür spricht die tatbestandliche Verknüpfung (vgl. dazu *Gillmeister*, NStZ 1989, 1, 3ff.), die zwar nur einseitig die Unfallflucht wegen des Merkmals der Unfallbeteiligung (§ 142 I i. V. m. IV) mit der Unfallherbeiführung verklammert, aber auch die umgekehrte Sperrung nahelegt. Im übrigen wird bei Realkonkurrenz trotz engen zeitlichen und örtlichen Zusammenhangs der Tatbegriff von der Rechtsprechung des Bundesgerichtshofs (unter Verwendung der Rn. 34 genannten zusätzlichen Identitätskriterien *BGHSt* 13, 21, 26f.; *BGH* NJW 1981, 997f. m. Nachw.; *BGH* NJW 1989, 726f. betrifft wohl einen Fall von Tateinheit) unter Billigung der Lehre (z. B. *Fezer* 18/73ff.; *Wolter* a. a. O., S. 172; vgl. auch *Grünwald*, 1974, S. 109, 115) problematisch restriktiv bestimmt. Vom Ausgangspunkt des faktischen Vorgangs (Rn. 34) her sollten diese Konstellationen unter dem Aspekt des Vertrauensschutzes (dazu Rn. 27) neu überdacht werden (ganz bedenklich die Verneinung der einheitlichen Tat bei Identität von Rechtsgut und Tatobjekt bei engstem räumlichen und zeitlichen Zusammenhang *BGHSt* 13, 21, 26 f.); zur Sicherung der Verteidigung im Ausgangsverfahren vgl. Rn. 27.

63 **h)** Im übrigen führt **weder** eine **Sammelstraftat** (Verbindung nur durch Gewerbs- oder Gewohnheitsmäßigkeit) zu einer einheitlichen Tat (LR-*Gollwitzer* Rn. 39 m. Nachw.), **noch** reicht die **einheitliche Planung** bei realkonkurrierenden Taten für die Tatidentität aus (*BGHSt* 13, 21, 25 f.; 26, 284, 287; *BGH* JR 1988, 25 m. krit. Anm. *Otto*; vgl. aber auch *OLG Düsseldorf* NStZ 1987, 375).

64 **i)** Trotz eines zwischenzeitlichen Urteils liegt bei mehrfacher Zivildienstverweigerung (§ 53 ZDG) Tatidentität vor, weil die zu erbringende Leistung durch das zugrundeliegende Gebot nur einmal geschuldet ist (*BVerfGE* 23, 191, 205; grundsätzlich klärend *Struensee*, JZ 1984, 645 ff.; vgl. auch *ders.* StV 1990, 443 ff.); a. A. für Fahnenflucht *OLG Celle*, JZ 1985, 954 m. zutreffend abl. Anm. *Struensee*.

65 **k)** Die Aburteilung wegen einer einheitlichen (prozessualen) Tat führt auch zum Strafklageverbrauch hinsichtlich der nach § 154 a ausgeschiedenen Tatteile und Gesetzesverletzungen (vgl. *BGH* MDR 1989, 474 f.; LR-*Rieß* § 154 a Rn. 43 mit Einschränkungen in Rn. 45 sowie Erl. zu § 154 a).

§ 265 (Veränderung des rechtlichen Gesichtspunktes)

(1) Der Angeklagte darf nicht auf Grund eines anderen als des in der gerichtlich zugelassenen Anklage angeführten Strafgesetzes verurteilt werden, ohne daß er zuvor auf die Veränderung des rechtlichen Gesichtspunktes besonders hingewiesen und ihm Gelegenheit zur Verteidigung gegeben worden ist.

(2) Ebenso ist zu verfahren, wenn sich erst in der Verhandlung vom Strafgesetz besonders vorgesehene Umstände ergeben, welche die Strafbarkeit erhöhen oder die Anordnung einer Maßregel der Besserung und Sicherung rechtfertigen.

(3) Bestreitet der Angeklagte unter der Behauptung, auf die Verteidigung genügend vorbereitet zu sein, neu hervorgetretene Umstände, welche die Anwendung eines schwereren Strafgesetzes gegen den Angeklagten zulassen als des in der gerichtlich zugelassenen Anklage angeführten oder die zu den im zweiten Absatz bezeichneten gehören, so ist auf seinen Antrag die Hauptverhandlung auszusetzen.

(4) Auch sonst hat das Gericht auf Antrag oder von Amts wegen die Hauptverhandlung auszusetzen, falls dies infolge der veränderten Sachlage zur genügenden Vorbereitung der Anklage oder der Verteidigung angemessen erscheint.

Literatur

Niemöller Die Hinweispflicht des Strafrichters bei Abweichungen vom Tatbild der Anklage, 1988.

Schlothauer Gerichtliche Hinweispflichten in der Hauptverhandlung, StV 1986, 213.

I. Zweck der Vorschrift

Zweck der Abs. 1, 2 (Hinweispflichten des Gerichts) ist die Information des Ange- **1** klagten zur Ermöglichung einer **sachgerechten Verteidigung**. Diese Funktion hat schon die Anklageschrift (vgl. § 200 Rn. 1 ff.) mit den Modifikationen durch den Eröffnungsbeschluß nach § 207 II Nr. 3 (vgl. § 207 Rn. 7 ff.). Wegen der umfassenden Kognitionspflicht des Gerichts (§ 264 Rn. 1 ff.) im Rahmen der angeklagten Tat im prozessualen Sinne (vgl. § 264 Anhang Rn. 27 ff.) können sich in der Hauptverhandlung sowohl tatsächliche als auch rechtliche Gesichtspunkte als für die Verurteilung erheblich herausstellen, die in der zugelassenen Anklage noch nicht erwähnt waren; der Schließung der Informationslücke dienen Abs. 1, 2 des § 265. Grundsätzlich sind daher die Gegenstände der Informationspflicht nach § 200 und nach § 265 I, II gleich (vgl. *BGHSt* 16, 47, 48; 29, 274, 276 f.).

Die Zuordnung der Hinweispflichten zu den »prozessualen Zwischenbegriffen« **2** (Einleitung III Rn. 23) der »gerichtlichen Fürsorgepflicht« (z. B. KK-*Hürxthal* Rn. 1; LR-*Gollwitzer* Rn. 2; *Roxin* § 42 D V 1, 2) oder des »fair trial« (vgl. LR-*Gollwitzer* Rn. 2) ist wegen der Vagheit dieser Begriffe für Auslegung und gegebenenfalls analoge Anwendung der Bestimmung wenig ergiebig (vgl. Einl. III Rn. 28 ff.; zurückhaltend auch *Schlothauer* a. a. O., S. 215; vgl. aber auch *BGHSt* 36, 305, 308 ff.). Dagegen läßt sich der Umfang der Informationspflicht eher präzisieren, wenn man die Information als **Voraussetzung eines effektiven rechtlichen Gehörs** versteht (*Wassermann*, AK-GG Art. 103 Rn. 24 ff.; vgl. auch *Schlüchter* Rn. 366.1; Kritik bei *Niemöller* a. a. O., S. 43 ff. aufgrund einer zu engen Auffassung des rechtlichen Gehörs); weniger genau kann man auch von einer Konkretisierung des rechtlichen Gehörs sprechen (*BGH* NJW 1988, 501; *Roxin* § 42 D V 1, 2; *Schlothauer* a. a. O., S. 215 f.). Dabei ist es für das Verfassungsrecht wichtig, ob Art. 103 I GG den ganzen Umfang der strafprozessualen Hinweispflichten abdeckt. Aus der Funktion für das rechtliche Gehör folgt, daß es nicht um einen Schutz des Angeklagten vor Überraschungen durch das Urteil schlechthin geht; vielmehr sind nur solche Informationen zu vermitteln, die zu einer Ergänzung oder Änderung der Verteidigung – ex ante gesehen – führen können (*BGHSt* 2, 250; 23, 95, 97 – in den Entscheidungen wird richtig wohl schon die Hinweispflicht als solche als begrenzt angesehen, nicht aber erst die Revisibilität verneint [beim Beruhen nach § 337] [so aber wohl *K/M* Rn. 48 und dezidiert *Niemöller* a. a. O.,

S. 59ff., 81f.]). Abgesehen von der eben genannten Begrenzung, führt die Auslegung vom Telos der möglichen Relevanz für die Verteidigung her (für diese Auslegung z. B. *BGHSt* 29, 274, 278; KMR-*Paulus* Rn. 3; *Küpper* NStZ 1986, 249f.; *Schlothauer* a. a. O., S. 215f. und passim) zu einer weiten Anwendung; in jedem Fall ist Art. 103 I GG im Wege der verfassungskonformen Auslegung zu berücksichtigen (Einl. III Rn. 18). Eine solche Ausweitung der Pflicht der Tatsachengerichte zu Hinweisen dürfte nur praktikabel sein, wenn demgegenüber die Revisibilität umgrenzt wird, ohne daß allerdings deren Präventivwirkung verlorengehen darf (Rn. 50).

3 Faktisch dient die Hinweispflicht auch der Erfüllung der gerichtlichen **Aufklärungspflicht** nach § 244 II (vgl. *BGHSt* 28, 196, 198; *RGSt* 76, 82; *K/M* Rn. 4 m. Nachw.), da die Einlassung des Angeklagten eine wichtige Erkenntnisquelle ist. Diese Nebenfunktion der Vorschrift darf aber nicht zu einer Einschränkung der Informationspflicht führen; so darf auch dem Angeklagten, mit dessen Schweigen sicher zu rechnen ist, die Information als Ermöglichung des rechtlichen Gehörs nicht verkürzt werden.

4 **Die Aussetzungsregelungen der Abs. 3, 4** sollen den Verfahrensbeteiligten eine **hinreichende Vorbereitung** auf die Verhandlung ermöglichen (vgl. Rn. 33, 40). Sie dienen daher, soweit sie Private, insbesondere den Angeklagten (vgl. dessen Aussetzungsanspruch nach Abs. 3) schützen, ebenfalls der Verwirklichung des rechtlichen Gehörs.

5 Die **Abgrenzung zwischen** den Anwendungsbereichen von **§ 265 und § 266** bestimmt sich nach dem prozessualen Tatbegriff (vgl. Rn. 1): Weitere Taten können nur über eine Nachtragsanklage in das Verfahren einbezogen werden (vgl. § 266 Rn. 2).

II. Allgemeine Voraussetzungen der Hinweispflichten nach Abs. 1, 2

6 Soweit an die Stelle der zugelassenen Anklage der Strafbefehl (vgl. §§ 408, 411, 433 I 2 und die Erläuterungen zum Strafbefehlsverfahren), die Anklage im beschleunigten Verfahren (§ 212a Rn. 5) und Nachtragsanklage und Einbeziehungsbeschluß (§ 266 Rn. 1; vgl. auch Rn. 6, 16, 17) treten, kommt es auf die Veränderung der Sach- und Rechtslage ihnen gegenüber an. Das gleiche gilt für den Verweisungsbeschluß nach § 270 (vgl. *BGHSt* 22, 29, 31); will das Gericht von der rechtlichen Beurteilung im Verweisungsbeschluß abweichen und zu der der zugelassenen Anklage zugrundeliegenden Auffassung zurückkehren, ist ein Hinweis nach § 265 ebenso geboten (*RGSt* 65, 363; LR-*Gollwitzer* Rn. 10 m. Nachw.) wie bei einer Rückkehr zu der Rechtsauffassung in der Anklageschrift nach einer Änderung nach § 207 II Nr. 3 (LR-*Gollwitzer* Rn. 7). Die Hinweispflicht besteht auch dann, wenn außer dem Verweisungsbeschluß fälschlich die (ursprünglich) zugelassene Anklageschrift mitverlesen wurde (*RGSt* 15, 289; LR-*Gollwitzer* Rn. 10 m. Nachw.).

7 Eine **Veränderung der Sachlage** i. S. der Abs. 1, 2 setzt nicht voraus, daß erst in der Hauptverhandlung neue Tatsachen bekannt werden. Vielmehr genügt es sogar, daß in der zugelassenen Anklage schon erwähnte Umstände wegen einer veränderten rechtlichen Beurteilung in der Hauptverhandlung als Voraussetzung einer Rechtsfolge angesehen werden. Das ist insbesondere für Abs. 2, der anders als Abs. 1 (vgl. Rn. 10) auch eine Veränderung im Tatsächlichen voraussetzt (Rn. 16), wichtig. Die in der Rechtsprechung insoweit vorgenommene Differenzierung, für die Maßregeln der Besserung und Sicherung (2. Alt.) die Neuheit wie

oben zu bestimmen (*BGHSt* 2, 85, 87; 18, 282, 289), für die straferhöhenden Umstände (1. Alt.) aber ihr erstmaliges Hervortreten in der Hauptverhandlung zu verlangen (*BGHSt* 29, 274, 279), ist unberechtigt (*Schlothauer* a.a.O., S. 222; vgl. schon *Eb. Schmidt II* Rn. 12). Der weite Neuheitsbegriff kann auch bei (entsprechender Anwendung des) Abs. 1 erheblich sein, wenn ein in der zugelassenen Anklage bereits angeführtes Strafgesetz in der Hauptverhandlung auf Sachverhaltsumstände angewendet werden soll, die damals (nur) anders subsumiert waren (vgl. Rn. 22).

Erforderlich ist der Hinweis nach Abs. 1, 2 **nur bei** einer **Verurteilung**, nicht aber **8** bei Freispruch oder – zu Abs. 2 – Nichtverurteilung nach dem höheren Strafrahmen bzw. bei Unterlassen der Anordnung einer Maßregel. Die Einstellung des Verfahrens steht dem Freispruch gleich (*K/M* Rn. 7 m. Nachw.). Zu Sonderfällen vgl. *BGH* NJW 1952, 1346 f. und *OLG Karlsruhe* NJW 1956, 1773.

In der **Berufungsinstanz** und im **Wiederaufnahmeverfahren** gilt § 265 entspre- **9** chend (vgl. § 332). Maßstab für die Veränderung ist im Berufungsverfahren das erstinstanzliche Urteil (vgl. aber auch LR-*Gollwitzer* Rn. 13), im Wiederaufnahmeverfahren das rechtskräftige Urteil (vgl. aber auch LR-*Gollwitzer* Rn. 15; KMR-*Paulus* Rn. 6). – Zur Anwendbarkeit des § 265 in der Revisionsinstanz vgl. Erl. zu § 354.

III. Hinweispflicht nach Abs. 1 (»anderes Strafgesetz«)

Um eine Verurteilung nach einem anderen Strafgesetz handelt es sich, wenn sie **10** auf einen Tatbestand gestützt wird, der an die Stelle oder neben den in der zugelassenen Anklage genannten Straftatbestand tritt (Veränderung des Schuldspruchs; vgl. aber auch Rn. 7 a. E.). Unerheblich ist es, ob das abweichende rechtliche Ergebnis nur aufgrund einer anderen juristischen Bewertung oder (auch) aufgrund einer veränderten Tatsachengrundlage (im Rahmen der angeklagten Tat, Rn. 5) zustandekommt (*K/M* Rn. 8 m. Nachw.). Als Kriterium kann dienen, ob eine Veränderung der Anklageschrift erforderlich gewesen wäre, wenn die StA schon im Zeitpunkt der Anklageerhebung von der nunmehr angenommenen Sach- und Rechtslage ausgegangen wäre (*BGHSt* 22, 336, 338; 29, 124, 126 f.; KK-*Hürxthal* Rn. 6).

Aus der **Kasuistik** ist hervorzuheben:
1. Eines Hinweises nach § 265 bedarf es bei **Vorschriften des Allgemeinen Teils** **11** beim Wechsel von Versuch zur Vollendung und umgekehrt (*BGHSt* 2, 250; vgl. auch Rn. 13); beim Wechsel von der Fahrlässigkeit zum Vorsatz und umgekehrt (*RGSt* 6, 349; *BGH* DRiZ 1975, 283; VRS 49, 184), und zwar auch dann, wenn beide Zurechnungsformen in demselben Tatbestand zusammengefaßt sind (KK-*Hürxthal* Rn. 22); beim Wechsel von einer Beteiligungsform zu einer anderen (z. B. *BGHSt* 11, 18, 19; *BGH* NJW 1985, 248; StV 1986, 467); auch beim Wechsel von Mittäterschaft zu Alleintäterschaft, selbst wenn diese wahlweise angenommen werden sollen (*BGH* NStZ 1990, 449); beim Wechsel der Konkurrenzform (*RGSt* 56, 58); beim Übergang von Fortsetzungszusammenhang zu Einzelhandlungen und umgekehrt (*BGH* MDR 1974, 369 *[Dallinger]*; *BGH* StV 1984, 26). Vgl. insgesamt zu Änderungen im Bereich des Allg. Teils des StGB *Schlothauer* a.a.O., S. 216 f. m. Nachweisen.

Besondere Schwierigkeiten bereitet die Frage, wann ein Hinweis bei einem **Wech-** **12** **sel von einer Begehungsform zu einer anderen,** die **in demselben Strafgesetz** geregelt ist, erforderlich ist. Die Rechtsprechung will danach abgrenzen, ob es sich um wesensverschiedene Straftatbestände oder wesensgleiche Erscheinungsformen derselben Straftat handelt (*BGHSt* 23, 95, 96 f. m. Nachw.; 25, 288 f.; vgl. auch KK-*Hürxthal* Rn. 7 m. Nachw.; methodisch ähnlich letztlich wohl auch *Küpper*, NStZ 1986, 249, 250). Sinnvoller scheint es, statt derartiger begriffsjuristischer Erwägungen danach abzugrenzen, ob der Hinweis im **konkreten Fall** zu einer sachgerechten Verteidigung **erforderlich** ist (*Schlothauer* a. a. O., S. 217), wozu allerdings die in der Rechtsprechung erarbeiteten Gesichtspunkte beitragen können; im Zweifel sollte ein Hinweis erfolgen (vgl. Rn. 2). Rechtsprechungsnachweise bei *K/M* Rn. 12; LR-*Gollwitzer* Rn. 39, 40; zur Kasuistik vgl. auch *Küpper* a. a. O., S. 250 ff.

13 **2.** Grundsätzlich ist auch das **mildere Gesetz** (gleichgültig, ob sich die Milderung aus den Strafdrohungen des Allgemeinen Teils oder der besonderen Tatbestände ergibt) ein anderes Strafgesetz, da eine andere Verteidigung notwendig werden kann (z. B. *BGHSt* 2, 250; *BGH* MDR 52, 532 *[Dallinger]*; NStZ 1983, 424). Etwas anderes kann aber in Betracht kommen, wenn bei Spezialität des schwereren Gesetzes nur das die differentia specifica ausmachende Merkmal wegfällt (*BGH* NJW 1970, 904 f., *RGSt* 53, 100 f.; weitere Nachweise bei *K/M* Rn. 9); erst recht besteht keine Hinweispflicht, wenn nur ein ideell konkurrierendes Gesetz wegfällt (*RGSt* 37, 102, 104; KK-*Hürxthal* Rn. 12). Wenn auch der Hinweis auf die Möglichkeit einer Bestrafung nach einem milderen Gesetz keinen Vertrauenstatbestand schafft, sollte das Gericht deutlich machen, daß auch die Bestrafung nach dem schärferen Gesetz nicht ausgeschlossen ist, wenn dieses weiter in Betracht kommt. Ein Vertrauenstatbestand wird auch nicht dadurch geschaffen, daß im Anklagesatz die fakultative Milderung nach § 21 StGB angeführt ist (*BGH* NJW 1988, 501 = NStZ 1988 S. 191 m. Anm. *Hilgendorf-Schmidt*). Keines Hinweises bedürfen auch die Vorschriften, die wie § 18 StGB allgemein bestimmte Straftatbestände zugunsten des Straftäters inhaltlich ändern, aber auch allgemeine Vorschriften wie §§ 11, 28, 29 StGB sowie mildernde Strafzumessungsregeln wie §§ 157, 213 StGB (LR-*Gollwitzer* Rn. 52).

14 **3.** Wenn eine **wahldeutige Verurteilung** erfolgen soll, ist nicht nur auf das hinzutretende Strafgesetz *(allg. M.)*, sondern auch auf die Möglichkeit einer Verurteilung auf wahldeutiger Grundlage hinzuweisen (a. A. *BGH* MDR 1974, 369 *[Dallinger]*; LR-*Gollwitzer* Rn. 22 m. Nachw.; unklar differenzierend *K/M* Rn. 10; LK-*Tröndle* § 1 StGB Rn. 113). Vorausgesetzt ist immer, daß es sich um dieselbe Tat handelt (vgl. Rn. 5 und § 264 Anhang Rn. 27 ff.).

15 **4.** Den vorstehenden qualitativen Veränderungen sollen **quantitative Veränderungen** gleichzustellen sein, wenn sich die Zahl der Verstöße gegen dasselbe Gesetz erhöht (*K/M* Rn. 8 und KMR-*Paulus* Rn. 17 mit Verweis auf *BGH* MDR 1977, 461 *[Holtz]* und *BGH* NStZ 1985, 563). In Betracht kommen kann das wohl nur bei Erhöhung der in gleichartiger Idealkonkurrenz oder in Tatmehrheit (bei einheitlicher prozessualer Tat) stehenden Verstöße; beim Hervortreten neuer Einzelakte im Fortsetzungszusammenhang liegt nach h. M. (vgl. § 264 Rn. 6) nur eine Veränderung der Sachlage vor (vgl. *BGH* NStZ 1985, 325 u. Rn. 21).

IV. Hinweispflicht bei straferhöhenden Umständen und Maßregeln der Besserung und Sicherung (Abs. 2)

16 Anders als Abs. 1 (vgl. Rn. 10) erfordert Abs. 2, daß eine Veränderung (auch) im Tatsächlichen (*BGHSt* 29, 274, 279) zu einer Strafbarkeitserhöhung oder der Anordnung einer Maßregel der Besserung oder Sicherung führt (zum Kriterium für die Neuheit vgl. Rn. 7). Zum Fortfall straferhöhender Merkmale vgl. Rn. 13.

1. Strafbarkeitserhöhende gesetzliche Umstände sind unproblematisch bei be- **17** nannten Strafschärfungsgründen anzunehmen, auch wenn sie – wie z. B. in § 129 IV StGB – nur eine Teilvertatbestandlichung des besonders schweren Falles sind (*Schlothauer* a. a. O., S. 221). Bei den Regelbeispielen für den besonders schweren Fall neigt die Rechtsprechung zunehmend zur Gleichstellung, soweit es um die Erfüllung eines Regelbeispiels geht (gegen *BGH* NJW 1977, 1830 *BGH* NJW 1988, 501; eindeutiger *Roxin* § 42 D V 2 c; LR-*Gollwitzer* Rn. 44 m. Nachw.). Gute Gründe sprechen dafür, *gegen die h. M.* (vgl. *BGHSt* 29, 274, 279; LR-*Gollwitzer* Rn. 43, 44 m. Nachw.; *K/M* Rn. 19 a. E.) auch **außerhalb der Regelvertypungen** eine Hinweispflicht in analoger Anwendung der Bestimmung dann anzunehmen, wenn die Annahme des besonders schweren Falles mit einer **richterlichen Regelbildung** (vgl. auch Rn. 21 a. E.) begründet wird (insoweit ähnlich wohl *Schlothauer* a. a. O., S. 221); daß muß dann aber auch gelten, wenn der **besonders schwere Fall nicht durch Regelbeispiele** erläutert wird (anders insoweit auch *Schlothauer* a. a. O.; dagegen noch weitergehend als hier *Furtner* JR 69, 11, 13; vgl. auch § 200 Rn. 11).

Bloße Strafzumessungsgründe innerhalb des ordentlichen Strafrahmens fallen **18** nicht unter die Vorschriften *(allg. M.)*.

2. Bei der Anordnung von **Maßregeln der Besserung und Sicherung** ist das hier **19** allgemein vertretene Kriterium für die Neuheit einer Tatsache (Rn. 7) allgemein anerkannt (*BGHSt* 2, 85, 87; 18, 288, 289). Die Maßregeln sind die in § 61 StGB aufgeführten. Auch wenn eine weitere oder eine andere Maßregel angeordnet werden soll, ist der Hinweis geboten (*BGHSt* 29, 274, 279, *K/M* Rn. 20 a. E.; LR-*Gollwitzer* Rn. 49).

3. Ob eine Hinweispflicht bei **Nebenstrafen und Nebenfolgen**, die in der Haupt- **20** verhandlung neu in Betracht gezogen werden, besteht, ist sehr streitig. Die Rechtsprechung verneint eine Hinweispflicht, wobei auf die Informationslast des Angeklagten hingewiesen wird (*BGHSt* 2, 85, 88; 16, 47, 48; 18, 66, 67 ff.; 22, 336, 337 ff.; 29, 274, 277; *RGSt* 33, 398, 399; *K/M* Rn. 24; *Meyer* JR 1971, 518 f.). Eine Ausnahme wird anerkannt, wenn Nebenfolgen/Nebenstrafen an eine **zusätzliche tatbestandliche Voraussetzung** gebunden sind (*BGHSt* 29, 274, 280 f.; zustimmend *K/M* Rn. 24; vgl. auch LR-*Gollwitzer* Rn. 35, 36 m. Nachw. in Fn. 96); das führt dazu, daß beim Fahrverbot nach § 25 StVG ein Hinweis zu erfolgen hat, nicht aber beim Fahrverbot nach § 44 StGB (Rechtsprechungsnachweise, auch zu den übrigen Nebenstrafen/Nebenfolgen bei *K/M* Rn. 25). Demgegenüber wird vor allem in der Literatur eine Hinweispflicht bejaht, wenn die Anordnung der Nebenfolge/Nebenstrafe fakultativ ist (im Anschluß an *OLG Hamm* MDR 1971, 776; KMR-*Paulus* Rn. 30; LR-*Gollwitzer* Rn. 35; *Hanack*, JZ 1972, 433). Unabhängig von der kontroversen methodischen Frage, ob bei Bejahung der Anwendbarkeit auf Abs. 1 oder Abs. 2 direkt oder Abs. 1, 2 analog zu rekurrieren ist, sollte auch hier erwogen werden, ob auch bei fakultativer Anordnung nur bei richterlicher Regelbildung ein Hinweis geboten ist (vgl. Rn. 17). Denn abgesehen von den besonders eingreifenden Maßregeln nach § 61 StGB verlangen Abs. 1, 2 auf der Voraussetzungsseite eine Vertatbestandlichung, was auch für den Hinweis, der bei »Berücksichtigung aller Umstände des Einzelfalles« diffus bleiben müßte, sinnvoll ist.

V. Analoge Anwendung der Abs. 1, 2?

21 **1.** Die **bloß tatsächliche Veränderung** innerhalb des von der Anklage erfaßten Sachverhalts (Rn. 5) führt nicht zur direkten Anwendbarkeit von Abs. 1 (vgl. Rn. 10). Der 5. Strafsenat des BGH (*BGHSt* 19, 88; zustimmend *Roxin* § 42 D V 2 a) hat eine förmliche Hinweispflicht in analoger Anwendung des Abs. 1 angenommen, in einem obiter dictum einer neueren Entscheidung (NJW 1988, 571; vgl. auch *BGH* StV 1988, 329 f.) dasselbe Ergebnis mit § 243 Abs. 4 S. 1, 2 begründet. Generell scheint die neuere Rechtsprechung dahin zu tendieren, daß bei einer Veränderung der Sachlage eine Überraschung des Angeklagten nicht nur »durch den Gang der Hauptverhandlung«, also die Erörterung der neuen Sachlage durch irgendeinen Verfahrensbeteiligten, vermieden werden muß (*BGHSt* 11, 88, 91; 19, 141, 143), sondern eine Klarstellung durch das Gericht selbst erforderlich ist (deutlicher als *BGHSt* 11, 141, 143 f. *BGHSt* 28, 196, 198; *BGH* NStZ 1985, 325; vgl. auch *BGH* StV 1988, 9; *BGH* NJW 1988, 571); überzeugend insoweit die Begründung durch *Meyer*, GA 1965, 257, 260 ff., wonach eine erneute Vernehmung des Angeklagten zur Sache gem. §§ 243 IV i. V. m. 136 II geboten ist (zustimmend *Schlothauer* a. a. O., S. 224; vgl. auch *K/M* Rn. 23 m. Nachw.; LR-*Gollwitzer* Rn. 80 ff.). Als Streitpunkt verbleibt dann nur die Protokollierungspflicht nach § 273 (bei § 265 I analog wäre sie gegeben, Rn. 31; bei § 243 IV verneinend *Meyer*, GA 1965, 268 [vgl. auch *BGH* StV 1988, 329 f.], bejahend *Schlothauer* a. a. O., S. 223. Richtig wohl gegen *Schlothauer* LR-*Gollwitzer* Rn. 85 Fn. 227, daß der Gegenstand der Frage nicht protokollierungspflichtig ist; gleichwohl wäre auch insoweit zur Klarstellung eine Protokollierung zu empfehlen, die auch, wenn sie nicht die Rechtsfolge nach § 274 auslöst, für den Freibeweis faktisch ausschlaggebend wäre). – Bei der vorstehenden befürworteten Behandlung ist die dogmatisch nicht haltbare Bildung einer besonderen Fallgruppe der »Änderung der gesamten Tatrichtung« überflüssig, in der ein Hinweis § 265 I entsprechend geboten sein soll (*K/M* Rn. 22 m. Nachw.). Auch hier ist, soweit nicht schon die prozessuale Tat überschritten ist (vgl. Rn. 5), nach § 243 IV vorzugehen, wobei die Klarstellung durch das Gericht besonders deutlich zu sein hat (vgl. auch Rn. 28).

22 Freilich deckt die Pflicht zur Vernehmung zur Sache bei Sachverhaltswechsel nicht das **Bedürfnis nach rechtlicher Information** ab, das daraus resultieren kann, daß unter alle oder einzelne Tatbestandsmerkmale des identisch gebliebenen 1. Obersatzes nunmehr ein anderer (vgl. Rn. 7 a. E.) Sachverhaltskomplex oder doch einzelne Sachverhaltsumstände subsumiert werden (vgl. zu einem Teil der Konstellationen schon *Arndt*, NJW 1958, 6, 7; im Ansatz ähnlich *Niemöller* a. a. O., S. 47 ff.). Auch wenn man generell die strafgerichtliche Praxis billigt, daß über Abs. 1, 2 hinaus der Angeklagte vor Überraschungen nicht durch Erläuterung der (möglichen) Rechtsansichten des Gerichts zu schützen sei (*BGHSt* 13, 320, 324; 22, 336, 339 f. [m. Nachw.]; *BGH* MDR 1971, 18 *[Dallinger]*; KK-*Hürxthal* Rn. 17; KMR-*Paulus* Rn. 44; LR-*Gollwitzer* Rn. 58) wegen der mit der Institutionalisierung des »Rechtsgesprächs« verbundenen Schwierigkeiten, ist bei den genannten Veränderungen des Subsumtionsschlusses doch eine **entsprechende Anwendung der Abs. 1, 2 zu erwägen** (vgl. auch § 200 Rn. 8); denn die Klarstellung des Subsumtionsschlusses kann für die Verteidigung Anlaß sein, über den Sachverhalt hinaus, zu dem das Gericht den Angeklagten vernimmt (vgl. Rn. 21), entlastende Umstände vorzutragen. Demgegenüber glaubt *Niemöller* (a. a. O., S. 51 ff. und passim) eine entsprechende Hinweispflicht direkt aus Art. 6 III a MRK ableiten zu können, womit der konkrete Regelungsgehalt der Vorschrift aber überschätzt werden dürfte (vgl. auch die bisherige zurückhaltendere Deutung, von *Niemöller* selbst a. a. O., S. 52–54 referiert).

Generell sollte eine Pflicht zu Rechtsinformationen auch über die im Subsum- **23** tionsschluß der Anklage gebotenen Angaben hinaus erwogen werden, wenn das Gericht Anlaß zu der Vermutung hat, daß eine solche Information die Verteidigung zu weiterem tatsächlichen Vorbringen veranlassen kann.

2. Der weiteren Klärung bedarf auch, ob unter ähnlichen Voraussetzungen **24** (Rn. 22, 23) auch eine **Vorwegbekanntgabe** von (möglichen) **Beweiswürdigungsergebnissen** geboten sein kann. In der Regel besteht dazu keine Pflicht (*BGH* NJW 1988, 501). Anders kann es liegen, wenn das Gericht eine bestimmte Beweiswürdigung hat erkennen lassen und an dieser nicht festhalten will (*BGH* StV 1988, 9 f.; vgl. auch *BGHSt* 32, 44, 46 ff.). Eine Mitteilungspflicht kann auch in Betracht kommen, wenn während, aber außerhalb der Hauptverhandlung durchgeführte verfahrensbezogene Ermittlungen (Telefonüberwachung) zu einem möglicherweise für die Verteidigung erheblichen Ergebnis geführt haben (*BGHSt* 36, 305, unter Berufung auf den Grundsatz des fair trial).

Zur Frage der Verpflichtung zu Hinweisen auf die **Verfahrenslage** vgl. *Schlothauer* **25** a. a. O., S. 225 ff.. Eine Hinweispflicht kann bestehen, wenn vom Gericht geweckte Erwartungen, die das prozessuale Verhalten des Angeklagten beeinflußt haben, nicht eingehalten werden (können); dieser konkretisierungsbedürftige Gesichtspunkt führt zu einer Hinweispflicht, wenn der Vorsitzende eine Zusicherung über die Höhe des Strafmaßes gemacht hat, an die sich das Kollegium nicht halten will, wobei es auf die Zulässigkeit der Zusicherung nicht ankommt (*BGHSt* 36, 210 m. Anm. *Strate* NStZ 1989, 439; *Greeven* StV 1990, 53; *Hassemer* JuS 1989, 890; *Schünemann* JZ 1989, 984; vgl. auch *BGH* NJW 1990, 1921 f.). Ebenso kann das Gericht verpflichtet sein, den Angeklagten über eine außerhalb der Hauptverhandlung zwischen dem Gericht und Mitangeklagten getroffene Verständigung zu informieren; unterbleibt eine derartige Unterrichtung, vermag dies die Besorgnis der Befangenheit der an der Absprache beteiligten Richter zu begründen (*BGH* NJW 1990, 3030). Vgl. zu Absprachen im Strafprozeß Vor § 151 Rn. 6 ff.; insbes. Rn. 18.

VI. Der Hinweis durch das Gericht

Den Hinweis erteilt der **Vorsitzende** für das Gericht. Wenn er den Hinweis ab- **26** lehnt, gilt § 238 II. Der Hinweis erfordert eine **förmliche Erklärung**, die grundsätzlich dem **Angeklagten persönlich** zu geben ist. Soweit die Hauptverhandlung ohne den Angeklagten durchgeführt wird, gilt § 234 a (vgl. die dortigen Erl.). Im übrigen vgl. KK-*Hürxthal* Rn. 19.

Der förmliche gerichtliche Hinweis gegenüber dem Angeklagten wird nicht da- **27** durch entbehrlich, daß sein Gegenstand von den Verfahrensbeteiligten (einschließlich auch des Angeklagten, auch unter Beteiligung des Gerichts) in der Hauptverhandlung erörtert worden ist (*allg. M.*; vgl. *BGHSt* 22, 29, 31, LR-*Gollwitzer* Rn. 53 m. Nachw.). Auch Rechtsausführungen in Zwischen- und Nebenentscheidungen machen den Hinweis nicht überflüssig (*BGHSt* 22, 29, 30 f.; *allg. M.*, z. B. LR-*Gollwitzer* Rn. 54 m. Nachw.).

Der **Inhalt** des **Hinweises**, der in § 265 nicht näher beschrieben ist, muß dem Rege- **28** lungszweck der Bestimmung (vgl. Rn. 1) entsprechen, also den Angeklagten und gegebenenfalls seinen Verteidiger in die Lage versetzen, die Verteidigung auf die veränderte Sach- und Rechtslage einzurichten. Demnach ist der Inhalt an den aus der Informationsfunktion der Anklageschrift folgenden Regeln des § 200 I zu orientieren (vgl. *BGHSt* 13, 320, 324). Insbesondere muß daher hinreichend sicher erkennbar sein, welches (neue) Strafgesetz nach Ansicht des Gerichts in Betracht kommt und durch welche Tatsachen das Gericht die gesetzlichen Merkmale als möglicherweise erfüllt ansieht (*BGHSt* 13, 320, 323 ff. = JZ 1980, 227 m. Anm. *Eb. Schmidt,* KK-*Hürxthal* Rn. 17; *K/M* Rn. 31, beide m. Nachw.); dabei muß auch die in Betracht gezogene Begehungsform (vgl. Rn. 12) deutlich werden (*BGHSt* 25, 287, 288 ff.). Die Orientierung an § 200 I verlangt aber nicht eine dem Anklagesatz entsprechende Formulierung. Es kann u. U. auch hinreichen, wenn im Zusammenhang mit der zugelassenen Anklage Zweifel ausgeschlossen sind, so bei gleichbleibendem Sachverhalt der Verweis auf einen Paragraphen (*BGHSt* 18, 56, 57 f.). Dagegen ist bei Sachverhaltsveränderungen eine diese betreffende ausführliche Klarstellung regelmäßig erforderlich (*BGH* MDR 1970, 198 f. *[Dallinger]*). Das gilt besonders, wenn der Grenzbereich des nach § 264 I erfaßten Sachverhalts erreicht wird, sog. Veränderung der »Richtung des Vorwurfs« (*BGHSt* 2, 371, 374; vgl. auch Rn. 21 a. E. und § 264 Anhang Rn. 47). Bei einem unverteidigten Angeklagten wird der Hinweis ausführlicher sein müssen; der Verweis auf einen Paragraphen wird in diesem Fall nicht ausreichen, die Aufzählung der einzelnen Tatbestandsmerkmale häufig weniger hilfreich sein als die alltagssprachliche Bezeichnung, während die Nennung des Paragraphen als kaum förderlich auch nicht erforderlich ist (vgl. LR-*Gollwitzer* Rn. 56, 57).

29 Hat das Gericht Anlaß zu der Erwartung, daß das Vorbringen von Tatsachenmaterial durch die Verteidigung von der Kenntnis der (möglichen) Subsumtionsschlüsse des Gerichts zu einzelnen Tatbestandsmerkmalen abhängt, so ist auch die mögliche Rechtsauffassung zu einzelnen Tatbestandsmerkmalen und die Zuordnung der Sachverhaltsumstände zu ihnen zu erläutern (mindestens zurückhaltender *BGHSt* 13, 320, 324; 22, 336, 339; *BGH* MDR 1971, 18 *[Dallinger]*; KK-*Hürxthal* Rn. 17; KMR-*Paulus* Rn. 44; LR-*Gollwitzer* Rn. 58). Vgl. dazu auch Rn. 22 und § 200 Rn. 8.

30 Der Hinweis muß, um dem Angeklagten alsbald die Möglichkeit zu einer angepaßten Verteidigung zu geben, so frühzeitig wie möglich gegeben werden (*allg. M.*; vgl. KK-*Hürxthal* Rn. 18 m. Nachw.). Er kann auch schon vor der Hauptverhandlung gegeben werden, z. B., wenn die Veränderung nicht zu einer Umgestaltung der Anklage nach § 207 II Nr. 3 führt (vgl. § 207 Rn. 7 ff.), im Eröffnungsbeschluß (*BGHSt* 23, 304, 306) oder zusammen mit seiner Mitteilung. In der Hauptverhandlung kann der Hinweis bis zur Verkündung des Urteils gegeben werden (vgl. dazu auch Rn. 33).

31 Der Hinweis ist eine wesentliche Förmlichkeit der Hauptverhandlung i. S. des § 273 (*BGHSt* 2, 371, 373; 19, 141; 23, 95, 96; *BGH* NStZ 1985, 325; *allg. M.*). Wenn er in der Hauptverhandlung erfolgt, ist auch der wesentliche Inhalt des Hinweises zu protokollieren (*BGHSt* 2, 371, 373; *BGH* MDR 1970, 198 *[Dallinger]*; vgl. LR-*Gollwitzer* Rn. 77, 78). Bei Unvollständigkeit der Protokollierung kann das Revisionsgericht trotz § 274 den Inhalt im Freibeweis feststellen (*K/M* Rn. 33; LR-*Gollwitzer* Rn. 78).

32 Der Hinweis wirkt für die ganze Instanz; eine nicht förmliche Wiederholung kann aber geboten sein, wenn der unverteidigte Angeklagte ihn etwa nach einer Aussetzung offenbar vergessen hat (vgl. KK-*Hürxthal* Rn. 20 m. Nachw.). Zur Rechtslage bei mehreren Instanzen vgl. Rn. 9. In aller Regel müssen Angeklagter und Verteidiger auch davon ausgehen, daß eine Verurteilung gemäß der in der zuge-

lassenen Anklage zugrundegelegten Auffassung von der Sach- und Rechtslage möglich bleibt; vgl. aber *BGH* MDR 1972, 925 *[Dallinger]*.

VII. Aussetzung bei veränderter Sach- und Rechtslage (Abs. 3)
Das Gericht hat dem Angeklagten nach dem förmlichen Hinweis stets ausreichend 33 Gelegenheit zur Verteidigung zu geben. Die Bereitschaft, Anträge und Erklärungen des Angeklagten entgegenzunehmen, sollte vor allem dann deutlich zum Ausdruck gebracht werden, wenn der Hinweis erst spät erfolgt, z. B. bei Wiedereintritt in die Verhandlung nach der Abschlußberatung (KK-*Hürxthal* Rn. 22; LR-*Gollwitzer* Rn. 65).

Darüber hinaus hat der Angeklagte unter den Voraussetzungen des Abs. 3 einen 34 Anspruch auf Aussetzung der Verhandlung vgl. Erl. zu § 228; vgl. aber Rn. 39) im Offizialverfahren (im Privatklageverfahren § 384 IV). Dieser Anspruch besteht unabhängig davon, ob das Gericht einen Hinweis nach Abs. 1 oder 2 gegeben hat (*Eb. Schmidt* II Rn. 22 a. A.); fehlt der Hinweis noch, hat er zusammen mit der Bescheidung des Antrags auf Aussetzung zu ergehen.

1. Voraussetzungen des Anspruchs
Es muß eine **Änderung der Sachlage** eingetreten sein; ob die Tatsachen neu sind, 35 bemißt sich nach den gleichen Gesichtspunkten wie bei Abs. 1, 2 (Rn. 1, 7, 8). Neue Beweismittel reichen nicht (*RGSt* 52, 249, 251); vgl. aber Rn. 43.

Die neuen Tatsachen müssen entweder zu einer **Rechtsfolgenänderung wie in** 36 **Abs. 2** führen können (vgl. Rn. 17–19, bei Nebenstrafen bzw. Nebenfolgen gilt auch hier Rn. 20) oder – aus den Konstellationen des Abs. 1 – zur (möglichen) **Anwendbarkeit eines abstrakt** (KK-*Hürxthal* Rn. 26; *K/M* Rn. 36; LR-*Gollwitzer* Rn. 89) **höheren Strafrahmens** aus einem Tatbestand führen, der an die Stelle oder neben den in der zugelassenen Anklage genannten Straftatbestand tritt (vgl. Rn. 10 ff.). Ob aus den neuen Tatsachen eine relevante Rechtsänderung folgt, bestimmt sich allein nach der Rechtsansicht des Gerichts. Nur wenn die neuen Tatsachen im Urteil dem Angeklagten zur Last gelegt werden sollen, begründen sie den Aussetzungsanspruch (LR-*Gollwitzer* Rn. 93).

Der Angeklagte muß die **neuen Tatsachen bestreiten**. Darüber hinaus muß er 37 **behaupten, wegen der neuen Tatsachen auf die Verteidigung nicht genügend vorbereitet** zu sein. Ob das letztere zutrifft, hat das Gericht nicht zu prüfen (*allg. M.*, *K/M* Rn. 36 m. Nachw.).

Abs. 3 nennt als Voraussetzung der Aussetzung **einen Antrag des Angeklagten**. 38 Über sein Antragsrecht und den Anspruch auf Aussetzung ist jedenfalls der **unverteidigte Angeklagte zu belehren** (*RGSt* 65, 246; in der Sache wohl auch so *Eb. Schmidt II* Rn. 22 a. E., etwas enger KMR-*Paulus* Rn. 52; *a. A. h. M.*, z. B. *K/M* Rn. 35). Aber auch unabhängig von einem Antrag hat das Gericht von Amts (vgl. Abs. 4) wegen zu prüfen, ob eine Aussetzung zur Ermöglichung einer sachgerechten Verteidigung erforderlich ist (*Eb. Schmidt* II Rn. 22; LR-*Gollwitzer* Rn. 86).

2. Die **Entscheidung über die Aussetzung** ergeht durch Beschluß. Über die Dauer 39 der Aussetzung bestimmt das Gericht, wobei eine angemessene Vorbereitungszeit zu gewähren ist (KK-*Hürxthal* m. Nachw.). Nach *K/M* Rn. 37 und LR-*Gollwitzer* Rn. 108 (KK-*Hürxthal* Rn. 30 bezieht sich nur auf Abs. 4) soll es zulässig sein, auch bei Abs. 3 eine bloße **Unterbrechung** der Verhandlung (§ 228 i. V. m. § 229) anzuordnen. Das mag zwar sachgerecht sein, ist aber im Falle eines Aussetzungsantrags wegen des Wortlauts und der Entstehungsgeschichte der Vorschrift

(*Hahn*, Materialien I [1881], S. 878 ff.) bedenklich. Die Entscheidung kann bis zum Ende der Beweisaufnahme zurückgestellt werden (vgl. Rn. 36 a. E. und LR-*Gollwitzer* Rn. 94), muß aber noch in der Hauptverhandlung ergehen (zur Begründungspflicht vgl. § 34). Nach einer Ablehnung des Antrags ist dem Angeklagten Gelegenheit zur Stellungnahme und zu weiteren Anträgen zu geben (*K/M* Rn. 37 m. Nachw.).

VIII. Aussetzung bei Veränderung der Sachlage (Abs. 4)

40 Eine **bloße Veränderung der materiellrechtlich relevanten Sachlage** gibt zwar dem Angeklagten keinen Aussetzungsanspruch, das Gericht kann aber auf Antrag eines Verfahrensbeteiligten (nicht des Nebenklägers, § 397 I 3 e contrario und Erl. dort) oder von Amts wegen zur **genügenden Vorbereitung der Anklage und der Verteidigung** die Verhandlung **aussetzen**; zur eigenen Vorbereitung des Gerichts ist im allgemeinen nur eine Unterbrechung zulässig (LR-*Gollwitzer* Rn. 95); anders aber, wenn die Aufklärungspflicht (§ 244 II) eine Aussetzung gebietet (vgl. *LG-Nürnberg-Fürth* JZ 1987, 260 f.).

41 Die Vorschrift wird zu Recht **weit** in dem Sinne **interpretiert**, daß über den Fall der Veränderung der materiellrechtlich erheblichen Sachlage hinaus den Verfahrensbeteiligten, insbesondere der Verteidigung, eine genügende Vorbereitungszeit zur Wahrnehmung ihrer verfahrensmäßigen Rechte zu gewähren ist (vgl. *RGSt* 71, 353, 354; *BGH* NJW 1958, 1736, 1737; KK-*Hürxthal* Rn. 29; *K/M* Rn. 39 m. weiteren Nachw.). Daher ist Abs. 4 auch bei **Änderungen der Verfahrenslage** entsprechend anzuwenden (*allg. M.*; vgl. KK-*Hürxthal* Rn. 31; *K/M* Rn. 42 ff. – beide m. Nachw.), dabei ist auch hinsichtlich des Erfordernisses der Veränderung Großzügigkeit geboten (vgl. *BGH* NJW 1958, 1737). Zu anderen Zwecken als zur Verfahrensvorbereitung kann Abs. 4 aber nicht analog angewendet werden, also z. B. nicht, um dem Angeklagten Gelegenheit zu geben, sich zu bewähren (*OLG Karlsruhe* Justiz 1974, 97).

42 Eine Veränderung der **Sachlage** ist bei Auftreten neuer (vgl. Rn. 1, 6, 7) Tatsachen gegeben, die für den Schuldspruch und die Anordnung der Rechtsfolgen erheblich sind. Über Abs. 1–3 hinaus sind daher auch nur für die **Strafzumessung relevante Tatsachen** einbezogen (*K/M* Rn. 41, LR-*Gollwitzer* Rn. 99. Zu Einzelfällen vgl. *BGHSt* 8, 92, 96 f.; *BGH* MDR 1977, 108 [*Holtz*]; *BayObLGSt* 1971, 91 und LR-*Gollwitzer* Rn. 100).

43 Eine Aussetzung wegen **Veränderung der Verfahrenslage** kommt einmal in Betracht, wenn **neue Beweismittel** in der Hauptverhandlung auftauchen, auf welche die Verfahrensbeteiligten nicht vorbereitet sind (*K/M* Rn. 42; LR-*Gollwitzer* Rn. 101). Dabei ist es weder erforderlich, daß der das neue Beweismittel einführende Verfahrensbeteiligte zögerlich gehandelt hat, noch spricht gegen die Aussetzung, daß die Gegenseite sich auf das Beweismittel hätte einstellen können, wenn sie es nur nicht getan hat. Daß die Verteidigung nicht hinreichend vorbereitet ist, ist insbesondere anzunehmen, wenn dem Verteidiger keine (ausreichende) Akteneinsicht gewährt wurde (*BGH* StV 1985, 4) oder der Angeklagte die Anklageschrift nicht erhalten hat (BGH MDR 1978, 111 f. [*Holtz*]). Zu Einzelfällen vgl. *BayObLGSt* 1981, 14; *LG Nürnberg-Fürth* JZ 1982, 260 f..

44 Zum anderen kann eine Aussetzung geboten sein, wenn der Angeklagte unvorhergesehenerweise in seinem Recht auf Beistand durch einen Verteidiger beeinträchtigt wird; § 145 III ist keine abschließende Regelung (LR-*Gollwitzer* Rn. 103). Zur Kasuistik vgl. KK-*Hürxthal* Rn. 31; *K/M* Rn. 43, 44; LR-*Gollwitzer*

Rn. 102. Anders als beim neuen Beweismittel (vgl. Rn. 43) ist es vertretbar, das – nachgewiesene – Verschulden des Angeklagten als Gegengrund zu berücksichtigen (vgl. LR-*Gollwitzer* Rn. 102), da es um die Sphäre des Angeklagten geht; das Verschulden seines Verteidigers dürfte er aber, wie auch sonst im Strafprozeß, nicht zu vertreten haben.

Das Gericht entscheidet nach pflichtgemäßem **Ermessen** über die Aussetzung und **45** ihre Dauer; anstelle einer Aussetzung kann **auch** eine **Unterbrechung** hinreichend, aber auch erforderlich sein (LR-*Gollwitzer* Rn. 108; vgl. *BGH* NStZ 1983, 281). Bei der Abwägung sind die Bedeutung der Sache, die durch die Veränderung der Sach- oder Verfahrenslage verursachte Schwierigkeit der Sach- und Rechtslage sowie bei der Frage, ob dem Angeklagten eine Durchführung der Hauptverhandlung ohne oder mit einem nur ungenügend vorbereiteten Verteidiger zuzumuten ist, das Ausmaß seiner Fähigkeit, sich selbst zu verteidigen, zu berücksichtigen; Gegengesichtspunkt ist der Grundsatz der Verfahrensbeschleunigung (KMR-*Paulus* Rn. 55). Im einzelnen wird in der Regel keine Aussetzung und auch keine längere Unterbrechung erforderlich sein, wenn sich nur die Beute als umfangreicher darstellt (vgl. LR-*Gollwitzer* Rn. 100 m. Nachw.) oder die neu eingeführten Sachbeweismittel dem Angeklagten bekannt und den schon eingeführten ähnlich sind (*LG Bochum* NJW 1988, 1833 f.; vgl. aber *LG Duisburg* StV 1984, 19 f.); dagegen wird, auch wenn man den Einzelakt einer fortgesetzten Tat nicht als selbständige Tat i. S. des § 264 (vgl. aber § 264 Anhang Rn. 49 ff.) ansieht, die Einbeziehung eines solchen Akts regelmäßig eine Vorbereitungsfrist verlangen.

Ein **Aussetzungsantrag** ist spätestens vor der Urteilsverkündung in der Hauptver- **46** handlung zu bescheiden (LR-*Gollwitzer* Rn. 107; vgl. Rn. 39).

IX. Anfechtbarkeit

1. Die Vornahme oder das Unterlassen eines Hinweises sowie die Anordnung **47** einer Aussetzung oder Unterbrechung sind jedenfalls wegen § 305 S. 1 **nicht mit** der **Beschwerde anfechtbar** (vgl. LR-*Gollwitzer* Rn. 109).

2. Die **Revision** kann nach § 337 auf Verletzungen von Abs. 1–4 gestützt werden, **48** die unrechtmäßige Ablehnung eines Aussetzungsantrages nach Abs. 3, 4 auch auf § 338 Nr. 8 (*BGH* StV 1985, 4; *Eb. Schmidt* II Rn. 28). Da § 265 den Angeklagten schützt, können Verstöße gegen die Bestimmung nicht von StA, Privatkläger oder Nebenkläger zuungunsten des Angeklagten geltend gemacht werden (§ 339 m. Erl.).

Zur **Begründung der Revision** wegen eines Verstoßes gegen Abs. 1, 2 muß der **49** Revisionsführer den Inhalt der zugelassenen Anklage, die Verurteilung aus einem anderen tatsächlichen oder rechtlichen Gesichtspunkt und das Unterlassen des Hinweises (zum Nachweis nach §§ 273, 274 vgl. Rn. 31) anführen (vgl. *BGH* MDR 1977, 461 [Holtz]). Die Rüge der Verletzung von Abs. 3, 4 durch Ablehnung eines Aussetzungsantrags erfordert die Angabe des Antrags und des wesentlichen Inhalts des Ablehnungsbeschlusses.

Das Urteil muß auf dem Verfahrensverstoß **beruhen** (§ 337 und § 338 Nr. 8 m. **50** Erl.). Das ist bei Verstößen gegen Abs. 1, 2 **nicht der Fall**, wenn **ex post**, d. h. aus der Sicht des Revisionsgerichts (vgl. Rn. 2) **ausgeschlossen** werden kann, daß sich der Angeklagte anders und **erfolgreicher** verteidigt hätte (vgl. *BGH* StV 1988, 9 f.; LR-*Gollwitzer* Rn. 114; *Schlüchter* Rn. 366.1). Die Rechtsprechung stellt strenge Anforderungen an den Nachweis des Ausschlusses (die Möglichkeit einer anderen, erfolgreicheren Verteidigung braucht nicht nahezuliegen: *BGH* MDR 1974, 548 *[Holtz]*, BGH NJW 1985, 2488; vgl. auch *Roxin* § 42 D V 2 h), diese sollten aber auch nicht überspannt werden, um die erfreuliche Ausweitung der Hinweispflichten nicht zu gefährden (vgl. Rn. 2). **Auch bei den Pflichten nach §§ 243 IV, 136 II** (vgl. Rn. 21) muß das Revisionsgericht ausschließen können, daß sich der Angeklagte bei korrekter Befragung anders und besser hätte verteidigen können (*BGH* NStZ 1985, 325; a. A. *BGHSt* 19, 141, 143; LR-*Gollwitzer* Rn. 111).

51 Das Beruhen kann ausnahmsweise verneint werden, wenn die Verteidigung auf den veränderten tatsächlichen oder rechtlichen Gesichtspunkt eingegangen ist (*OLG Köln* NJW 1947/48, S. 148 f.), nicht aber, wenn nur andere Verfahrensbeteiligte ihn erörtert haben (mindestens mißverständlich LR-*Gollwitzer* Rn. 114; *Schlüchter* Rn. 406.1), weil dem die Verteidigung, solange das Gericht keinen Hinweis erteilt, kein Gewicht beimessen muß (vgl. *BGHSt* 22, 29, 31). In Betracht kommt das Fehlen des Beruhens aber auch, wenn bei unveränderter Tatsachengrundlage aus Rechtsgründen Beihilfe statt Mittäterschaft (vgl. aber auch *BGH* NStZ 1983, 358 Nr. 34 *[Pfeiffer/Miebach]*), u. U. auch wenn Mittäterschaft statt Alleintäterschaft angenommen und das Urteil davon ausgeht, daß der Angeklagte alle Tatbestandsmerkmale in eigener Person erfüllt hat (*BGH* NJW 1952, 385; zum umgekehrten Fall *BGH* NStZ 1983, 358 Nr. 33 *[Pfeiffer/Miebach]*); zum Übergang auf die mildere lex generalis vgl. Rn. 13. Zu anderen Fallkonstellationen vgl. *BGHSt* 2, 250 f.; *BGH* MDR 1952, 532 *[Dallinger]* und die Nachweise bei LR-*Gollwitzer* Rn. 114.

52 Ist die **Aussetzung nach Abs. 3, 4** zu Unrecht abgelehnt worden, wird das Beruhen des Urteils auf diesem Verstoß nicht zu verneinen sein. Bei Abs. 4 ist die Ermessensausübung (vgl. Rn. 45) voll überprüfbar (KMR-*Paulus* Rn. 62).

§ 265a (Auflagen oder Weisungen)

Kommen Auflagen oder Weisungen (§§ 56b, 56c, 59a Abs. 2 des Strafgesetzbuches) in Betracht, so ist der Angeklagte in geeigneten Fällen zu befragen, ob er sich zu Leistungen erbietet, die der Genugtuung für das begangene Unrecht dienen, oder Zusagen für seine künftige Lebensführung macht. Kommt die Weisung in Betracht, sich einer Heilbehandlung oder einer Entziehungskur zu unterziehen oder in einem geeigneten Heim oder einer geeigneten Anstalt Aufenthalt zu nehmen, so ist er zu befragen, ob er hierzu seine Einwilligung gibt.

1 I. Der **Zweck** von **S. 1** liegt vorrangig in der Information **des Angeklagten** darüber, daß er gerichtliche Auflagen und Weisungen nach §§ 56b, 56c, 59a Abs. 2 und 3 StGB (analoge Anwendung von S. 1 auf letzteren Fall; LR-*Gollwitzer* Fn. 1 a) vermeiden kann, wenn er sich selbst zu angemessenen Leistungen erbietet (§ 56b III StGB) bzw. Zusagen für seine künftige Lebensführung macht (§ 56c IV StGB). Insoweit wird sowohl die Autonomie des Angeklagten respektiert als auch die Erfolgschance einer Sozialisierung durch Aktivierung der Eigeninitiative verbessert. Daneben wird auch die **Aufklärung** für geeignete gerichtliche Maßnahmen gefördert (vgl. KMR-*Paulus* Rn. 1).

2 Die Frage nach S. 2 ist erforderlich, weil die Weisungen nach §§ 56c III, 59a III (vgl. Rn. 1) die Einwilligung des Angeklagten voraussetzen.

3 Für die Zulässigkeit von Absprachen im Strafverfahren (vgl. *Dahs*, NJW 1988, 154) gibt die Bestimmung wegen ihrer speziellen Zweckrichtung wenig her, abgesehen von dem Nebenpunkt der Zulässigkeit von Zwischenberatungen über das (vorläufige) Verfahrensergebnis (*Schmidt-Hieber*, NJW 1982, 1020).

II. Die Befragung ist nach § 238 I Aufgabe des Vorsitzenden. Im Falle von **S. 1** muß **4** aber mit den Mitgliedern des Gerichts abgeklärt sein (vgl. Rn. 3), daß Auflagen und Weisungen in Betracht kommen und daß ein **geeigneter Fall** gegeben ist. Ein solcher wird regelmäßig nicht vorliegen, wenn der Angeklagte um seinen Freispruch kämpft und sich daher mit einem Erbieten in Widerspruch zu seiner Verteidigung setzen würde, zumal dann auch das Erkennenlassen der Neigung des Gerichts zu einer Verurteilung problematisch ist (*Wulf*, JZ 1970, 160 f.; vgl. auch Rn. 6). Die Befragung sollte zu einer Erörterung der in Betracht kommenden Möglichkeiten unter Einschluß von Vorschlägen des Gerichts (*K/M* Rn. 2) führen.

Im Falle des **S. 2** ist die Befragung **obligatorisch** (vgl. Rn. 2). **5**

III. Der **Zeitpunkt der Befragung** kann erst nach Abschluß der Beweisaufnahme **6** (für Ausnahmen aber LR-*Gollwitzer* Rn. 9) – und vor dem letzten Wort des Angeklagten (§ 258 II 2. Halbsatz) – liegen, um die Gefahr des Eindrucks einer Vorverurteilung zu verringern; dem ist auch durch die Formulierung der Frage Rechnung zu tragen. Durch die Zweiteilung der Hauptverhandlung und die Einordnung der Befragung in dem zweiten Teil der Hauptverhandlung (vgl. die Verfahrensordnung von *Dölling*, Die Zweiteilung der Hauptverhandlung, 1978, S. 26 f.) können auch hier die Probleme entschärft werden.

IV. Dem **Angeklagten** steht es frei, die an ihn gerichtete Frage **zu beantworten** **7** oder nicht (im letzteren Fall vgl. Rn. 2). Bei Abwesenheit des Angeklagten kann der berechtigte Verteidiger befragt werden und antworten. Die Befragung und ihr Ergebnis sind als wesentliche Förmlichkeiten zu protokollieren (LR-*Gollwitzer* Rn. 15).

Zur **Nachholung der Befragung** vor der Verkündung des Urteils und nach der **8** Verkündung des Urteils, aber vor Verkündung des Beschlusses nach § 268 a und die analoge Anwendung von § 265 a auf ein Vorgehen nach § 56 e StGB, § 453 vgl. *K/M* Rn. 5–7.

V. Die **Beschwerde** gegen den Beschluß nach § 268 a setzt nach § 305 a I 2 eine **9** Gesetzwidrigkeit der Auflage oder Weisung voraus. Danach kann sie nur darauf gestützt werden, daß die erforderliche Einwilligung nach §§ 56 c III, 59 a III StGB fehlt, nicht aber auf die Unterlassung der Befragung.

Die **Revision** kommt grundsätzlich (vgl. aber LR-*Gollwitzer* Rn. 17) nicht in Be- **10** tracht, weil Verstöße gegen beide Sätze nicht das Urteil, sondern nur den Beschluß nach § 268 a beeinträchtigen können (BGH bei KK-*Hürxthal* Rn. 4). Sind irrigerweise Auflagen oder Weisungen im Urteil angeordnet, bleibt es bei der Beschwerdemöglichkeit (vgl. Rn. 9); eine etwa eingelegte Revision ist als Beschwerde zu behandeln (*K/M* Rn. 9).

§ 266 (Nachtragsanklage)

(1) Erstreckt der Staatsanwalt in der Hauptverhandlung die Anklage auf weitere Straftaten des Angeklagten, so kann das Gericht sie durch Beschluß in das Verfahren einbeziehen, wenn es für sie zuständig ist und der Angeklagte zustimmt.

(2) Die Nachtragsanklage kann mündlich erhoben werden. Ihr Inhalt entspricht dem § 200 Abs. 1. Sie wird in die Sitzungsniederschrift aufgenommen. Der Vorsitzende gibt dem Angeklagten Gelegenheit, sich zu verteidigen.

(3) Die Verhandlung wird unterbrochen, wenn es der Vorsitzende für erforderlich hält oder wenn der Angeklagte es beantragt und sein Antrag nicht offenbar mutwillig oder nur zur Verzögerung des Verfahrens gestellt ist. Auf das Recht, die Unterbrechung zu beantragen, wird der Angeklagte hingewiesen.

1 I. Zweck der Vorschrift ist die vereinfachte und beschleunigte Einbeziehung weiterer Straftaten eines Angeklagten in ein bereits in das Stadium der Hauptverhandlung gelangtes Strafverfahren. Das kann nicht nur prozeßökonomisch sinnvoll sein, sondern auch im Interesse des Angeklagten liegen, dem ein weiteres Strafverfahren erspart wird (*Gollwitzer* JR 1985, 126). – Nachtragsanklage und Einbeziehungsbeschluß ersetzen als **Prozeßvoraussetzungen** die Klage durch Einreichung einer Anklageschrift (§ 170 I) und den Eröffnungsbeschluß nach § 207.

II. Voraussetzungen der Nachtragsanklage

2 Die Erhebung der Nachtragsanklage kommt nur in Betracht, wenn hinreichender Tatverdacht bezüglich mindestens einer **weiteren Straftat** i. S. des § 264 (vgl. dazu § 264 Anhang Rn. 26 ff.) des Angeklagten besteht (vgl. z. B. *BGH* NJW 1970, 904; *BGH* NStZ 1982, 128). Denn innerhalb der von Anklage und Eröffnungsbeschluß erfaßten Tat muß das Gericht seine Untersuchung ohnehin auf alle tatsächlichen und rechtlichen Gesichtspunkte erstrecken (§ 264 Rn. 1 ff.); gegebenenfalls ist § 265 zu beachten. Insoweit ist eine Nachtragsanklage überflüssig (*BGH* NJW 1970, 904; *OLG Saarbrücken* NJW 1974, 375 f.), z. B. nach h. M. bei einem größeren Umfang der angeklagten Fortsetzungstat (*BGH* bei KK-*Hürxthal* Rn. 2). Eine gleichwohl erhobene Nachtragsanklage ist wegen bestehender Rechtshängigkeit als unzulässig zu verwerfen (*Kleinknecht*, JZ 1971, 106; vgl. auch LR-*Gollwitzer* Rn. 23); die gerichtliche Fürsorgepflicht kann gebieten, über § 265 hinausgehend den Angeklagten über die Verfahrenslage zu informieren (vgl. KK-*Hürxthal* Rn. 2; vgl. auch LR-*Gollwitzer* Rn. 23).

3 Die weitere Straftat muß mit der bereits angeklagten Tat in keinerlei sachlichem Zusammenhang stehen (*allg. M.*; z. B. *K/M* Rn. 2). Gleichgültig ist auch, ob wegen der bereits angeklagten Tat verurteilt oder freigesprochen wird (LR-*Gollwitzer* Rn. 4; zu einer besonderen Konstellation vgl. *BGHSt* 27, 115 ff.). – Zur notwendigen Zuständigkeit des Gerichts vgl. Rn. 13.

4 Wie bei jeder öffentlichen Klage muß ein genügender Anlaß zu ihrer Erhebung (§ 170 I), also ein **hinreichender Tatverdacht** (vgl. § 203 Rn. 3 f.) für die weitere Straftat bestehen (*allg. M.*; vgl. LR-*Gollwitzer* Rn. 6; vgl. aber auch Rn. 14). Ob der StA den Weg der Nachtragsanklage – statt einer neuen selbständigen Anklage – wählt, steht in seinem Ermessen, wobei er die in Rn. 1 genannten Zwecke, aber auch das Risiko einer Verhandlungsunterbrechung (Abs. 3 S. 1) berücksichtigen wird.

III. Inhalt, Form und Zeitpunkt der Nachtragsanklage

5 Notwendiger **Inhalt** der Nachtragsanklage sind der Anklagesatz und die Angabe der Beweismittel (Abs. 2 S. 2 i. V. m. § 200 I; die weiteren Angaben nach § 200 I 2 sind entbehrlich); vgl. dazu § 200 Rn. 5 ff.; in Sonderheit insoweit zu § 266 *BGH* GA 1980, 468; *BGH* NStZ 1986, 207 Nr. 5, 276; *BayObLG* NJW 53, 674; *OLG Koblenz* VRS 49, 43. Das wesentliche Ergebnis der Ermittlungen braucht nicht vorgetragen zu werden (auf § 200 II 1 ist nicht verwiesen).

6 Die Nachtragsanklage wird **mündlich in der Hauptverhandlung** erhoben; entgegen dem insoweit mißverständlichen Wortlaut des Abs. 2 S. 1 (vgl. auch § 243 III 1) ist bei Vorlage einer vorbereiteten schriftlichen Anklage diese zu verlesen (*allg. M.*; vgl. *K/M* Rn. 5 m. Nachw.). Die Erhebung der Nachtragsanklage, insbesondere auch der mündliche Vortrag einer überreichten schriftlichen Anklage durch den StA sowie der Inhalt der Anklage (Abs. 2 S. 3) stellen **wesentliche Förmlichkeiten**

i. S. d. §§ 273, 274 dar, die in die Sitzungsniederschrift aufzunehmen und nur durch diese beweisbar sind (*allg. M.*; z. B. KK-*Hürxthal* Rn. 3 m. Nachw.). Eine überreichte schriftliche Nachtragsanklage kann als Anlage, auf deren Inhalt Bezug genommen wird, dem Sitzungsprotokoll beigefügt werden (*BayObLG* DAR 1985, 245 *[Rüth]*; *allg. M.*).

Die Nachtragsanklage kann **bis zum Beginn der Urteilsverkündung** erhoben werden (*h. M.*; Nachweise bei *K/M* Rn. 4; vgl. aber auch LR-*Gollwitzer* Rn. 9). Wird die Nachtragsanklage erst im Schlußvortrag der StA erhoben, muß wieder in Verhandlung und gegebenenfalls (*BGH* JR 1985, 125) Beweisaufnahme eingetreten werden (vgl. Abs. 2 S. 4). **7**

In der **Berufungsverhandlung** bestehen gegen die Möglichkeit, noch Nachtragsanklage zu erheben, Bedenken (generell dagegen *RGSt* 42, 91, 92; 62, 130, 132). Bezieht sich das Verfahren nur auf eine prozessuale Tat, ist eine Heilung des Fehlens der Prozeßvoraussetzungen Anklage und Eröffnungsbeschluß über § 266 schon deswegen ausgeschlossen, weil es nicht um die Anklage einer **weiteren** Tat geht (*BGHSt* 33, 167, 168; jetzt *h. M.*; vgl. *K/M* Rn. 10 a. E. m. Nachw.). Aber auch wenn das Akzessorietätserfordernis gegeben ist, sollten wesentliche Prozeßvoraussetzungen nicht mehr in der Berufungsinstanz nachgeschoben werden können (vgl. *Naucke*, JR 1986, 120 f.; a. A. *Palder*, JR 1986, 94, 96). Geht es um eine weitere Straftat, mag man den Verlust einer Instanz wegen des Erfordernisses der Zustimmung des Angeklagten hinnehmen können (so z. B. LR-*Gollwitzer* Rn. 11). Die Argumentation, die Möglichkeit einer Verbindung nach § 237 erlaube auch den einfacheren Weg über § 266 (so grundsätzlich KK-*Hürxthal* Rn. 5; *K/M* Rn. 7; KMR-*Paulus* Rn. 3; LR-*Gollwitzer* Rn. 11), kommt jedenfalls nicht in Betracht, wenn Berufungsgericht die Kleine Strafkammer ist oder wenn die weitere Tat nicht zur erstinstanzlichen Zuständigkeit der Großen Strafkammer gehört; eine Manipulation der Zuständigkeit zum Zwecke der Verbindung verbietet sich bei § 237 und verhindert dann auch eine Nachtragsanklage (*Meyer-Goßner*, JR 1985, 452, 455; a. a. O., S. 456 auch zur Lösung verbleibender Konstellationen). **8**

IV. Zustimmung des Angeklagten

Der Angeklagte muß der Einbeziehung in das Verfahren **persönlich zustimmen**; die Zustimmung des Verteidigers, auch bei Abwesenheit des Angeklagten, ist ebenso unerheblich (*h. M.*; LR-*Gollwitzer* Rn. 16 m. Nachw. in Fn. 33) wie sein Widerspruch unschädlich (*h. M.*; LR-*Gollwitzer* Rn. 16 m. Nachw. in Fn. 35). Eine Zustimmung des Angeklagten anzunehmen, wenn er zu der in seiner Gegenwart abgegebenen Zustimmung des Verteidigers schweigt (dazu widersprüchlich LR-*Gollwitzer* Rn. 16), ist schon wegen der notwendigen Ausdrücklichkeit und der zu beachtenden Förmlichkeiten (vgl. Rn. 10, 11) nicht angängig. Der Widerspruch des Verteidigers und seine Gründe sollten bei der Ermessensausübung des Gerichts über die Frage der Einbeziehung (vgl. Rn. 15) berücksichtigt werden. In jedem Falle sollte der Verteidiger vor der Abgabe der Zustimmungserklärung Gelegenheit zur Beratung seines Mandanten haben. Den unverteidigten Angeklagten auf sein Recht, die Einbeziehung weiterer Straftaten zu verhindern, hinzuweisen, ist mindestens ein nobile officium des Gerichts. **9**

Die Zustimmung des Angeklagten muß **ausdrücklich** und unzweideutig erfolgen (*BGH* JR 1985, 125 m. Anm. *Gollwitzer*; *BayObLGSt* 1953, 674; KK-*Hürxthal* Rn. 7 m. Nachw.), die nachträgliche Einlassung auf den neuen Vorwurf oder das **10**

Unterlassen von Einwendungen genügen nicht (*BayObLG* a. a. O.). Aber auch durch nachträgliche ausdrückliche Zustimmung nach dem Einbeziehungsbeschluß tritt keine Heilung ein (*LG München I* MDR 1978, 161; a. A. KMR-*Paulus* Rn. 12; vgl. Rn. 12). – Der Widerruf der Zustimmung soll unwirksam sein, weil diese eine »prozessuale Bewirkungshandlung« ist (so. z. B. KMR-*Paulus* Rn. 12); der Widerruf wird aber im Rahmen des Ermessens, welches das Gericht hinsichtlich der Einbeziehung hat, bedacht werden müssen (vgl. Rn. 15).

11 Auch die Zustimmungserklärung gehört zu den **wesentlichen Förmlichkeiten** des Verfahrens, die in das Sitzungsprotokoll aufzunehmen und nur durch dieses zu beweisen sind (§§ 273, 274; *BGH* MDR 1977, 984 *[Holtz]*). Für die Ausdrücklichkeit (Rn. 10) müssen der Protokollierung wenigstens sichere Anhaltspunkte zu entnehmen sein (*BGH* JR 1985, 125 m. Anm. *Gollwitzer*).

12 Das Fehlen der Zustimmung ist nach h. M. (*K/M* Rn. 14 m. Nachw.) weder selbst eine von Amts wegen zu berücksichtigende Prozeßvoraussetzung noch führt es zur Unwirksamkeit der Prozeßvoraussetzung Einbeziehungsbeschluß. Jedenfalls in der Rechtsfolge, nämlich Einstellung des Verfahrens durch das Rechtsmittelgericht auf Verfahrensrüge hin, wird aber eine Gleichstellung mit dem Fehlen einer Prozeßvoraussetzung vorgenommen (*BGH* MDR 1977, 984 *[Holtz]*; a. A. aber *BGH* NJW 1970, 904 f.). Dann ist auch zu erwägen, ob das Fehlen der Zustimmung nicht gegen die h. M. auch von Amts wegen zu berücksichtigen ist (so *LG München I* MDR 1978, 161).

V. Der Einbeziehungsbeschluß

13 Voraussetzung für den Einbeziehungsbeschluß ist, daß das Gericht für die Aburteilung der weiteren Tat **zuständig** ist. Die örtliche Zuständigkeit ist nach § 13 immer gegeben. Die sachliche Zuständigkeit eines niederen Gerichts steht der Einbeziehung nicht im Wege (§ 269); dagegen darf das Gericht wegen einer Straftat, die seine Zuständigkeit übersteigt, auch nicht zu dem Zweck einbeziehen, sie allein oder zusammen mit den bereits rechtshängigen Sachen gem. § 270 an das Gericht höherer Ordnung zu verweisen (*allg. M.*; *K/M* Rn. 9 m. Nachw.).

14 Die Entscheidung über die Einbeziehung trifft das Gericht. Dabei hat es zunächst zu prüfen, ob wegen der weiteren Straftat ein **hinreichender Tatverdacht** besteht (vgl. Rn. 2; h. M.; *K/M* Rn. 16 m. Nachw.). Die abw. Meinung von *Fezer* 9/39 (im Anschluß an eine vorsichtigere Formulierung von *Meyer-Goßner*, JR 1984, 53) übersieht, daß die Zustimmung des Angeklagten zwar als Verzicht auf die Förmlichkeit des Zwischenverfahrens, nicht aber auf das materielle Erfordernis des hinreichenden Tatverdachts verstanden werden sollte; zudem können die Zwecke des § 266 (vgl. Rn. 1, 15) kaum erreicht werden, wenn im Zeitpunkt der Einbeziehung der hinreichende Tatverdacht nicht bejaht werden kann. Verneint das Gericht den hinreichenden Tatverdacht und lehnt die Einbeziehung ab, so ist dieser Beschluß für die StA nicht mit der sofortigen Beschwerde gemäß § 210 II anfechtbar und führt auch nicht zum Strafklageverbrauch nach § 211 (so aber *Hilger*, JR 1983, 441), weil damit der Beschleunigungseffekt des § 266 konterkariert würde (so überzeugend *Meyer-Goßner*, JR 1984, 53).

15 Auch bei Bejahung des hinreichenden Tatverdachts hat das Gericht nach pflichtgemäßem **Ermessen** darüber zu befinden, ob die Einbeziehung im Hinblick auf die prozeßökonomischen Zwecke (vgl. Rn. 1) sinnvoll ist (vgl. auch Rn. 9). Dabei ist insbesondere auch der Anspruch des Angeklagten auf Unterbrechung (Abs. 3) zu bedenken (vgl. LR-*Gollwitzer* Rn. 20). Als Ermessensentscheidung, die nicht selbständig anfechtbar ist (vgl. Rn. 14 a. E., 23), braucht auch der ablehnende Beschluß nicht begründet zu werden (LR-*Gollwitzer* Rn. 24).

Der Einbeziehungsbeschluß ist in der Hauptverhandlung grundsätzlich zu verkün- **16** den (§ 35 I) und kann nicht stillschweigend erlassen werden (*K/M* Rn. 15 m. Nachw. gegen *OLG Oldenburg* JR 1963, 109; vgl. aber auch Rn. 16a). Auch wenn er nicht den strengen Anforderungen des § 207, auf den im Gegensatz zu § 200 I in § 266 nicht verwiesen ist, genügen muß (insoweit zutreffend *OLG Oldenburg* MDR 1970, 946) und eine Bezugnahme auf die Nachtragsanklage (vgl. Rn. 6) zulässig ist (LR-*Gollwitzer* Rn. 18), muß sich eindeutig entnehmen lassen, welche Handlungen dem Angeklagten zur Last gelegt werden und unter welche Straftatbestände sie subsumierbar sein sollen (*BayObLG* NJW 1953, 674).

Entspricht der Einbeziehungsbeschluß den genannten Anforderungen (vgl. **16a** Rn. 16) nicht oder fehlt er ganz, so liegt darin ein von Amts wegen in jeder Lage des Verfahrens zu beachtendes Prozeßhindernis (*BGH* NJW 1970, 904; *BayObLG* NJW 1953, 674). Ausnahmsweise soll (*BGH* NStZ 1990, 137) das Fehlen eines ausdrücklich verkündeten Einbeziehungsbeschlusses nicht zu einem Verfahrenshindernis führen, wenn der Angeklagte auch ohne einen solchen Beschluß erkannt hat, welche Vorwürfe das Gericht nunmehr zum Gegenstand der Verurteilung machen will und er seine Verteidigung hierauf eingestellt hat.

Mit der Verkündung des Einbeziehungsbeschlusses, die grundsätzlich als wesentli- **17** che Förmlichkeit i. S. der §§ 273, 274 zu protokollieren ist, wird die nachträglich angeklagte Straftat rechtshängig (vgl. § 156). Der Einbeziehungsbeschluß ersetzt den Eröffnungsbeschluß als Prozeßvoraussetzung (vgl. *BGHSt* 9, 243, 245; Rn. 16a). Unter den in Rn. 16a genannten Voraussetzungen folgt aus der zwangsläufig fehlenden Protokollierung eines (konkludenten) Einbeziehungsbeschlusses kein Verfahrenshindernis (*BGH* NStZ 1990, 137).

VI. Verfahren nach der Einbeziehung

Gemäß Abs. 2 S. 4 ist dem Angeklagten Gelegenheit zur Verteidigung zu geben. **18** Das ist dahingehend zu verstehen, daß er in jedem Falle (also auch, wenn er vor dem Einbeziehungsbeschluß bereits zum weiteren Vorwurf Stellung genommen hatte, vgl. *BGH* NJW 1956, 1367) gemäß § 243 IV zur Sache zu vernehmen ist (*BGHSt* 9, 243, 245; *allg. M.*, vgl. *K/M* Rn. 21 m. Nachw.), wobei eine erneute Belehrung nach § 243 IV 1 zwar nicht rechtlich notwendig (vgl. *K/M* Rn. 21 m. Nachw.), aber zur Klarstellung anzuraten ist (weitergehend KMR-*Paulus* Rn. 17). Im übrigen ist eine Einhaltung des regelmäßigen Verfahrens nach §§ 243, 244 beim fortgeschrittenen Verfahrensstand regelmäßig nicht mehr möglich. Soweit die Beweisaufnahme vor dem Einbeziehungsbeschluß bereits die weiteren Straftaten betraf, bedarf es einer Wiederholung nicht (*BGH* JR 1985, 125; *K/M* Rn. 21).

VII. Unterbrechung der Hauptverhandlung

Im Unterschied zu § 265 III und IV läßt Abs. 3 nur die Unterbrechung der Haupt- **19** verhandlung mit der in § 229 festgelegten Höchstdauer zu, eine Aussetzung mit Neubeginn der Hauptverhandlung nach § 228 liefe dem Beschleunigungszweck (vgl. Rn. 1) zuwider (zur fehlenden Sanktion, wenn gleichwohl ausgesetzt wird, vgl. KMR-*Paulus* Rn. 20); für den Schutz des Angeklagten sorgt das Zustimmungserfordernis nach Abs. 1 (vgl. auch Rn. 9 a. E.). Die Aussetzung aus einem anderen verfahrensrechtlichen Gesichtspunkt (z. B. § 265 IV) wird aber nicht ausgeschlossen (LR-*Gollwitzer* Rn. 28).

20 **Von Amts wegen** (Abs. 3 S. 1 1. Alt.) können der Vorsitzende (§ 228 I 2) und bei
    längerer Dauer das Gericht (§ 228 I 1) die Hauptverhandlung unterbrechen, wenn
    sie das nach pflichtgemäßem Ermessen zur Vorbereitung des weiteren Verfahrens
    (z. B. zum Herbeischaffen von Beweismitteln) für notwendig halten.

21 Der **Angeklagte** hat einen **Anspruch auf Unterbrechung**, den er durch seinen An-
    trag ausübt (Abs. 3 S. 1 2. Alt.). Die Belehrung über das Antragsrecht (Abs. 3
    S. 2) wäre unvollständig, wenn sie nicht auch den **Anspruch klarstellte**. Sie kann
    bereits mit der Befragung über die Zustimmung nach Abs. 1 verbunden werden
    (vgl. KMR-*Paulus* Rn. 13), muß aber spätestens im unmittelbaren Anschluß an
    den Einbeziehungsbeschluß erfolgen (nicht so eindeutig LR-*Gollwitzer* Rn. 26).

22 Der Angeklagte **mißbraucht** sein Recht auf Unterbrechung, wenn er den Antrag
    nach Abs. 3 S. 1 2. Alt. zum Zwecke der Verzögerung des Verfahrens oder mut-
    willig stellt. Während die Verzögerungsabsicht ein zielgerichtetes Vorgehen ver-
    langt (vgl. § 244 Rn. 106), bedeutet »mutwillig« das Fehlen eines nachvollziehba-
    ren Grundes (vgl. LR-*Gollwitzer* Rn. 30).

VIII. Anfechtbarkeit

23 Weder der Einbeziehungsbeschluß noch die Entscheidungen über die Unterbre-
    chung (für Entscheidungen des Vorsitzenden gilt § 238 II) sind wegen § 305 mit
    der **Beschwerde** anfechtbar. Als Ermessensentscheidung ist auch die Ablehnung
    der Einbeziehung nicht anfechtbar (LR-*Gollwitzer* Rn. 35 m. Nachw.; *K/M*
    Rn. 24; vgl. auch Rn. 14 a. E., 15).

24 Fehlen bzw. Mängel der Nachtragsanklage und/oder des Einbeziehungsbeschlus-
    ses führen bei zulässiger **Revision** als Prozeßhindernisse grundsätzlich zur Einstel-
    lung nach Prüfung von Amts wegen (vgl. auch § 207 Rn. 27ff., 38). Eine Zurück-
    verweisung statt der Einstellung kann nur in Betracht kommen, wenn wegen einer
    anderen selbständigen Tat (etwa der ursprünglichen oder einer wirksam einbezo-
    genen) i. S. des § 264 ohnehin an ein erstinstanzliches Gericht, bei dem eine Er-
    neuerung des Nachtragsanklageverfahrens möglich wäre, zurückverwiesen wird
    (Fall des *OLG Koblenz* VRS 63, 372; weitergehend wohl *BGH* JR 1985, 125;
    BayObLGSt 1963, 115 sowie KK-*Hürxthal* Rn. 11 und LR-*Gollwitzer* Rn. 36). –
    Zur Revision wegen des Fehlens einer wirksamen Zustimmung vgl. Rn. 12.

§ 267 (Urteilsgründe)

**(1) Wird der Angeklagte verurteilt, so müssen die Urteilsgründe die für erwiesen
erachteten Tatsachen angeben, in denen die gesetzlichen Merkmale der Straftat
gefunden werden. Soweit der Beweis aus anderen Tatsachen gefolgert wird, sollen
auch diese Tatsachen angegeben werden. Auf Abbildungen, die sich bei den Akten befinden, kann hierbei wegen der Einzelheiten verwiesen werden.
(2) Waren in der Verhandlung vom Strafgesetz besonders vorgesehene Umstände
behauptet worden, welche die Strafbarkeit ausschließen, vermindern oder erhöhen, so müssen die Urteilsgründe sich darüber aussprechen, ob diese Umstände
für festgestellt oder für nicht festgestellt erachtet werden.
(3) Die Gründe des Strafurteils müssen ferner das zur Anwendung gebrachte
Strafgesetz bezeichnen und die Umstände anführen, die für die Zumessung der
Strafe bestimmend gewesen sind. Macht das Strafgesetz Milderungen von dem
Vorliegen minder schwerer Fälle abhängig, so müssen die Urteilsgründe ergeben,
weshalb diese Umstände angenommen oder einem in der Verhandlung gestellten
Antrag entgegen verneint werden; dies gilt entsprechend für die Verhängung einer**

Freiheitsstrafe in den Fällen des § 47 des Strafgesetzbuches. Die Urteilsgründe müssen auch ergeben, weshalb ein besonders schwerer Fall nicht angenommen wird, wenn die Voraussetzungen erfüllt sind, unter denen nach dem Strafgesetz in der Regel ein solcher Fall vorliegt; liegen diese Voraussetzungen nicht vor, wird aber gleichwohl ein besonders schwerer Fall angenommen, so gilt Satz 2 entsprechend. Die Urteilsgründe müssen ferner ergeben, weshalb die Strafe zur Bewährung ausgesetzt oder einem in der Verhandlung gestellten Antrag entgegen nicht ausgesetzt worden ist; dies gilt entsprechend für die Verwarnung mit Strafvorbehalt und Absehen von Strafe.

(4) Verzichten alle zur Anfechtung Berechtigten auf Rechtsmittel oder wird innerhalb der Frist kein Rechtsmittel eingelegt, so müssen die erwiesenen Tatsachen, in denen die gesetzlichen Merkmale der Straftat gefunden werden, und das angewendete Strafgesetz angegeben werden; bei Urteilen, die nur auf Geldstrafe lauten oder neben einer Geldstrafe ein Fahrverbot oder die Entziehung der Fahrerlaubnis und damit zusammen die Einziehung des Führerscheins anordnen, kann hierbei auf den zugelassenen Anklagesatz, auf die Anklage gemäß § 212a Abs. 2 Satz 2 oder den Strafbefehl sowie den Strafbefehlsantrag verwiesen werden. Den weiteren Inhalt der Urteilsgründe bestimmt das Gericht unter Berücksichtigung der Umstände des Einzelfalls nach seinem Ermessen. Die Urteilsgründe können innerhalb der in § 275 Abs. 1 Satz 2 vorgesehenen Frist ergänzt werden, wenn gegen die Versäumung der Frist zur Einlegung des Rechtsmittels Wiedereinsetzung in den vorigen Stand gewährt wird.

(5) Wird der Angeklagte freigesprochen, so müssen die Urteilsgründe ergeben, ob der Angeklagte für nicht überführt oder ob und aus welchen Gründen die für erwiesen angenommene Tat für nicht strafbar erachtet worden ist. Verzichten alle zur Anfechtung Berechtigten auf Rechtsmittel oder wird innerhalb der Frist kein Rechtsmittel eingelegt, so braucht nur angegeben zu werden, ob die dem Angeklagten zur Last gelegte Straftat aus tatsächlichen oder rechtlichen Gründen nicht festgestellt worden ist. Absatz 4 Satz 3 ist anzuwenden.

(6) Die Urteilsgründe müssen auch ergeben, weshalb eine Maßregel der Besserung und Sicherung angeordnet oder einem in der Verhandlung gestellten Antrag entgegen nicht angeordnet worden ist. Ist die Fahrerlaubnis nicht entzogen oder eine Sperre nach § 69a Abs. 1 Satz 3 des Strafgesetzbuches nicht angeordnet worden, obwohl dies nach der Art der Straftat in Betracht kam, so müssen die Urteilsgründe stets ergeben, weshalb die Maßregel nicht angeordnet worden ist.

Literatur

Alexy Theorie der juristischen Argumentation, 1978.

Baldus Versäumte Gelegenheiten; zur Auslegung des § 338 Nr. 8 und des § 267 Abs. 1 Satz 2 StPO, Ehrengabe für Bruno Heusinger, 1968, S. 373 ff. (Heusinger-EG).

Blunk Beweiswürdigung und rechtliche Würdigung im Strafurteil, MDR 1970, 470 ff.

Brüggemann Die richterliche Begründungspflicht, 1971.

Brünger Noch einmal: Das abgekürzte Strafurteil, DRiZ 1974, 230.

Bruns Das Recht der Strafzumessung, 2. neubearb. und erweit. Auflage 1985.

Ders. Strafzumessungsrecht, 2. Aufl. 1974.

Ders. Zum Revisionsgrund der – ohne sonstige Rechtsfehler – »ungerecht« bemessenen Strafe. FS Engisch, 1969, S. 709 ff.

Ders. Zum Verbot der Doppelbewertung von Tatbestandsmerkmalen oder straf-
rahmenbildenden Umständen, FS Mayer, 196 6 S. 353ff.

Dahm Das freisprechende Urteil, 1936.

Der öffentliche Sprachgebrauch Deutsche Akademie für Sprache und Dichtung
(Hrsg.), Bd. 2: Die Sprache des Rechts und der Verwaltung, 1981.

Dölle Vom Stil der Rechtssprache, 1949.

Doller Störanfälligkeiten im amtsgerichtlichen Bußgeldverfahren, DRiZ 1981,
201, 208ff.

Dreher Über die gerechte Strafe, 1947.

Duve Juristisch eindeutig und trotzdem allgemeinverständlich – ein unlösbares
Problem? in: 21. Deutscher Notartag Berlin 1981, Sonderheft der Deutschen
Notarzeitschrift, 1981 (Duve).

Exner Studien über Strafzumessungspraxis der deutschen Gerichte, 1931.

Foth Die Aufzählung der Beweismittel im Strafurteil, DRiZ 1974, 23f.

Frisch Revisionsrechtliche Probleme der Strafzumessung, 1971.

Fuhrmann Ist die Bezugnahme auf ein früheres Urteil in den Urteilsgründen zulässig?, JR 1962, 81ff.

Furtner Das Urteil im Strafprozeß, 1970.

Ders. Feststellung und Beweiswürdigung im Strafurteil, JuS 1969, 419ff.

Ders. Die »schweren«, »besonders schweren« und »milderschweren« Fälle im
Strafrecht, JR 1969, 11ff.

Graßberger Die Strafzumessung, 1932.

Großfeld Sprache, Recht, Demokratie, NJW 1985, 1576ff.

Hassemer Die Formalisierung der Strafzumessungsentscheidung, ZStW 90 (1978),
64ff.

Horak Zur rechtstheoretischen Problematik der juristischen Begründung von Entscheidungen. In: Sprung/König (Hrsg.), Die Entscheidungsbegründung, 1974,
S. 1ff. (Horak).

Hülle Die Begründung der Urteile in Strafsachen, DRiZ 1952, 92ff.

Ders. Entwicklungsstufen unserer Gerichtssprache, JuS 1990, 526ff.

Kallmeyer Form und Begründung gerichtlicher Entscheidungen. Zur Gestaltung
von juristischen Texten. In: Wassermann/Petersen (Hrsg.), Recht und Sprache,
1983, S. 192ff. (Kallmeyer).

Koch/Rüssmann, Juristische Begründungslehre, 1982.

Köndgen Ehrverletzung durch Gerichtsentscheid und Spruchrichterprivileg, JZ
1979, 246ff.

Kniffka (Hrsg.), Texte zu Theorie und Praxis forensischer Linguistik, 1990.

Krehl Die Ermittlung der Tatsachengrundlage zur Bemessung der Tagessatzhöhe
bei der Geldstrafe, 1985.

Kroschel/Meyer-Goßner Die Urteile in Strafsachen, 25. Aufl., 1988.

Meves Das Urteil im deutschen Strafverfahren, GA 36 (1888), 102ff.

Ladnar/v. Plottnitz Fachsprache der Justiz, 1976.

Mösl Zum Strafzumessungsrecht, NStZ 1981, 131, 425; 1982, 483; 1983, 160; 1984,
492.

Müller-Dietz Probleme der Strafzumessung, 1982.

Paeffgen Ermessen und Kontrolle, FS K. Peters 1984, S. 61ff.

Peters Die Aufgaben des Gerichts bei der Anwendung der Strafen, ZStW 81
(1969), 63ff.

Ders. Die Persönlichkeitserforschung im Strafverfahren, Gedächtnisschrift für Horst Schröder, 1978, S. 425 ff.

Sachs, Beweiswürdigung und Strafzumessung, 1932.

Schäfer G. Die Praxis des Strafverfahrens, 3. Aufl., 1983.

Ders. Praxis der Strafzumessung, 1990.

Schönherr Sprache und Recht, 1985.

Schwind Kriminologie in der Praxis, 1986.

Seebald Ausgeglichene Strafzumessung und tatrichterliche Selbstkontrolle, GA 1974, 193 ff.

Seibert C., Fehler bei Strafurteilen, DRiZ 1955, 32 ff.

Seibert Th.-M. Aktenanalysen, Zur Schriftform juristischer Deutungen, 1981.

Spendel Das richterliche Beratungsgeheimnis und seine Grenzen im Strafprozeß, ZStrW 65, 403 ff.

Ders. Zur Lehre vom Strafmaß, 1954.

Sprache und Recht Sommerakademie vom 27. bis 31. 7. 1980, herausgegeben von K. Ermert, Loccumer Protokolle 31/1980.

Sprung/König (Hrsg.), Die Entscheidungsbegründung in europäischen Verfahrensrechten und im Verfahren vor internationalen Gerichten, 1974.

Theune Grundsätze und Einzelfragen der Strafzumessung aus der Rechtsprechung des Bundesgerichtshofs, StV 1985, 162, 205 ff.

Tröndle Die Aufgabe des Gerichts bei der Anwendung der Strafen, ZStW 81 (1969), 84 ff.

Vogler Die strafschärfende Verwertung strafbarer Vor- und Nachtaten bei der Strafzumessung und die Unschuldsvermutung (Art. 6 Abs. 2 EMRK), FS Kleinknecht, 1985, S. 429 ff.

Wassermann Die rechtsprechende Gewalt (Kap. V: Die Persönlichkeit des Richters und die Rechtsfindung), 1985.

Ders. Fachsprachlichkeit in gerichtlichen Texten, in: Kniffka (Hrsg.), Texte zu Theorie und Praxis forensischer Linguistik, 1990, S. 59 ff.

Ders. Präventive Kriminalpolitik im Strafverfahren in: Ders., Vorsorge für Gerechtigkeit 1985, S. 198 ff.

Ders. Recht und Verständigung als Element der politischen Kultur, DRiZ 1983, 3 ff.

Ders. Sprachliche Probleme in der Praxis von Rechtspolitik und Rechtsverwirklichung, ZRP 1981, 257 ff.

Wassermann/Petersen (Hrsg.) Recht und Sprache, 1983.

Wenzel Das Fehlen der Beweisgründe im Strafurteil als Revisionsgrund, NJW 1966, 577 ff.

Werner Das abgekürzte Strafurteil, DRiZ 1974, 125 ff.

Wolf Das Wesen des gerichtlichen Urteils, Gedächtnisschrift für Rudolf Bruns, 1980, S. 221 ff.

Zillmer Lückenhafte Beweiswürdigung im Strafprozeß als Revisionsgrund, NJW 1961, 720 f.

Zipf Die Strafzumessung, 1977.

Zweigert Empfiehlt es sich, die Bekanntgabe der abweichenden Meinung des überstimmten Richters (Dissenting opinion) in den deutschen Verfahrensordnungen zuzulassen?, Verhandlungen des 47. Deutschen Juristentages, 1968, Bd. I, D 1–59 *(Zweigert)*.

1 Eine § 313 ZPO entsprechende Vorschrift über die **Abfassung des Urteils** enthält die StPO nicht. Während sich § 260 mit dem Urteilsspruch befaßt, betrifft § 267 die Urteilsgründe. Den Eingang des Urteils (»Urteilskopf«) und die Unterschriften der Richter regelt § 275 Abs. 3. Da die gesetzlichen Vorschriften nicht erschöpfend sind, werden sie durch den Gerichtsgebrauch ergänzt. Danach besteht die Urteilsurkunde aus a) dem Urteilseingang (Urteilskopf), b) der Urteilsformel (§ 260 Abs. 4), c) der Strafliste (§ 260 Abs. 5), d) den Urteilsgründen (§ 267) und e) den Unterschriften der Richter (§ 275 Abs. 2). Die in der Ausbildung gebräuchlichen Anleitungsbücher, deren bekanntestes *Kroschel/Meyer-Goßner*, Die Urteile in Strafsachen, 25. Aufl. 1988, ist, fassen die gesetzlichen und habituellen Regeln für die Abfassung der Strafurteile zusammen, um sie den jungen Juristen zu vermitteln; sie sind anerkannte, wenn auch nicht verbindliche Hilfsmittel für die Einarbeitung in die Praxis.

2 Die **Pflicht zur Begründung** der Urteile (wie der gerichtlichen Entscheidungen überhaupt) wird heute – über das Gesetz hinausgehend – aus dem GG hergeleitet, was für die Zulässigkeit der Verfassungsbeschwerde wichtig ist. Sie ergibt sich allerdings nicht aus dem Rechtsstaatsprinzip (Art. 20 Abs. 3 GG) oder der Bindung des Richters an das Gesetz (Art. 97 Abs. 1 GG), sondern aus dem Prozeßgrundrecht auf rechtliches Gehör gemäß Art. 103 Abs. 1 GG (*BK/Rüping* Art. 103 Rn. 55; AK-GG-*Wassermann* Art. 103 Rn. 33) sowie aus der Gewährleistung umfassenden und effektiven Rechtsschutzes in Art. 19 Abs. 4 GG. Da bei fehlender Begründung weder der Bürger weiß, weshalb ihn der Staat verurteilt oder freispricht und mit welchen Argumenten er sich bei der Anrufung der weiteren Instanz auseinandersetzen muß, noch die übergeordnete Instanz, worauf die Entscheidung beruht, wäre ohne Begründung eine Überprüfung der Entscheidung nicht möglich (AK-GG-*Wassermann* Art. 19 Abs. 4 Rn. 57).

3 **Aufgabe und Bedeutung der Urteilsbegründung** gehen freilich über den rechtlichen Ansatz hinaus. Begründen heißt nicht nur die Wahrheit oder Wahrscheinlichkeit von Behauptungen dartun, sondern auch diese »erklären« und »rechtfertigen«. Einsicht und Kontrolle stehen daher als Zweck der Begründung im Vordergrund, daneben dient die Begründung auch der Selbstprüfung des Richters. Geschichtlich betrachtet, dominiert das Bedürfnis nach Kontrolle gegenüber dem Wunsch nach Einsicht in die Gründe einer Entscheidung, der sich jemand unterwerfen soll. In den frühen Rechtsordnungen erübrigte die Öffentlichkeit von Verhandlung, Beratung und Urteilsfällung eine gesonderte Begründung der gefällten Entscheidung. Als in Deutschland die erstarkende Fürstenmacht und der Einfluß römischen und kanonischen Rechtsdenkens die Öffentlichkeit und Mündlichkeit des Verfahrens verdrängten und Rechtsprechung zum arcanum imperii machten, ließen Selbstherrlichkeit und Prestigeerwägungen keinen Raum für den mit ihnen nicht zu vereinbarenden Begründungszwang; man fürchtete, daß die Verlautbarung von Gründen die Autorität des Urteilsspruchs schwächen könnte. Je mehr sich der Staat den Gedanken der Kontrolle und Transparenz öffnet (oder öffnen muß), um so weiter geht die Forderung nach Offenlegung der Entscheidungsgründe im Interesse erhöhter Diskutier- und Kontrollierbarkeit. In der Instruktion des Königs von Bayern an die Gerichte vom 5. 5. 1813 (RegBl Sp. 562) heißt es: »§ 1. Durch die Entscheidungs-Gründe soll die Rechtsverwaltung Publizität erhalten; durch sie hören die Aussprüche des Richters auf, geheime und verborgene zu sein; in dem die Entscheidungsgründe den Richter in seiner vornehmsten Funktion öffentlich vor dem Publikum hinstellen, sollen sie ihn auf sich selbst, auf seine

Ehre und sein Ansehen aufmerksam machen; durch sie soll ein verdientes Zutrauen der streitenden Teile, der peinlich Untersuchten, der ganzen Nation zu den Gerichtshöfen begründet und erhalten werden.« Heute ist die Rechtfertigung des gerichtlichen Urteils durch umfassende Begründung selbstverständlicher Bestandteil demokratischer Justizkultur.

Die Urteilsgründe sollen das **Ergebnis der Beratung** so wiedergeben, wie es von **4** der Mehrheit der Richter oder der nach § 263 maßgebenden Minderheit beschlossen worden ist. Sie müssen mithin mit dem Beratungsergebnis übereinstimmen (KK-*Hürxthal* Rn. 1; LR/*Gollwitzer* Rn. 8). Es ist deswegen unzulässig, Erwägungen in die schriftlichen Urteilsgründe hineinzuarbeiten, die in der Beratung nicht angestellt wurden (*RG* JW 1928, 2270), oder andere Gründe anzugeben als die, auf die sich die Mehrheit gestützt hat. Das gilt auch dann, wenn nur auf diese Weise das Urteil vor der Aufhebung in der weiteren Instanz bewahrt werden kann (LR/*Gollwitzer* Rn. 8; *Seibert* MDR 1957, 597) oder wenn die Absicherung des Urteils durch weitere Gründe angezeigt erscheint (KK/*Hürxthal* Rn. 1). Ob sich die das Urteil abfassenden und unterschreibenden Richter an dieses Gebot gehalten haben, ist jedoch kaum nachprüfbar (KK/*Hürxthal* Rn. 1). Bestehen Meinungsverschiedenheiten über die Fassung der Urteilsgründe, so entscheiden die Berufsrichter mit der Mehrheit der Stimmen (*BGHSt* 26, 92).

Auch der bei der Beschlußfassung **überstimmte Richter** muß, wenn er Berichter- **5** statter ist, die Urteilsgründe abfassen, es sei denn, daß das Kollegium etwas anderes beschließt (was sich vielfach empfiehlt). Aus der Verpflichtung des Richters zur Wahrung des Beratungsgeheimnisses (§ 43 DRiG) wird die Unzulässigkeit der Veröffentlichung der abweichenden Meinung **(dissenting oder concurring opinion)** des überstimmten Richters gefolgert (statt vieler s. *Schmidt-Räntsch*, DRiG, 3. Aufl., § 43 Rn. 6). Wegen der die Nachteile überwiegenden Vorzüge, zu denen insbesondere die Stärkung des richterlichen Verantwortungsgefühls und der fördernde Einfluß auf die Intensität der Beratung, auf die Stimmabgabe und auf die Qualität der Entscheidung gehören (vgl. *Zweigert* D 39), hat sich der 47. Deutsche Juristentag 1968 dafür ausgesprochen, daß die Richter bei den Verfassungsgerichten, bei den obersten Gerichtshöfen des Bundes und bei solchen Spruchkörpern, die nur über Rechts- oder Verfahrensfragen zu entscheiden haben (Strafsenate der Oberlandesgerichte), sofort die Befugnis erhalten sollen, ihre abweichende Meinung schriftlich niederzulegen und die Aufnahme dieser abweichenden Meinung in die Entscheidung zu verlangen (Verh. 47. DJT R 144). Der Gesetzgeber hat die Einführung der dissenting opinion 1970 jedoch nur für das Bundesverfassungsgericht beschlossen. Will der überstimmte Richter sicherstellen, daß seine abweichende Auffassung und Abstimmung beweisbar bleiben, hat er daher nur die Möglichkeit, ein **internes Separatvotum** abzugeben, das entweder zu den Prozeßakten (in einem verschlossenen Umschlag) oder, was *Schmidt-Räntsch* a.a.O. empfiehlt, zu den Senatsakten genommen wird. Zur Verweigerung der Unterschrift durch einen dissentierenden Richter s. § 275 Rn. 10.

Für den **Inhalt der Urteilsgründe** enthält § 267 Mindestvorschriften. Es handelt **6** sich um Erfordernisse für die Darstellung der Gründe des in der Beratung gefundenen Urteils, die nachprüfbar erkennen lassen sollen, weshalb das Gericht so und nicht anders entschieden hat. Das Verstehen des Urteils (wie eines jeden Textes) wird nach linguistischen und psychologischen Untersuchungen (vgl. *Kallmeyer* S. 193 f.) maßgeblich davon beeinflußt, ob die Urteilsgründe gut gegliedert, die Funktion ihrer Teile schnell erfaßbar und die Anordnung der Teile einer leicht

erkennbaren Logik entspricht. Die Urteilspraxis (s. dazu auch *G. Schäfer*
S. 418 ff.) gliedert demgemäß die Urteilsgründe regelmäßig in die folgenden Teile:
a) **Feststellung des zu beurteilenden Sachverhalts** (§ 267 Abs. 1), b) **Angabe der
Beweistatsachen** (Abs. 1 S. 2), c) **Beweiswürdigung**, d) **rechtliche Begründung des
Urteils** (Abs. 3) aa) zum **Schuldspruch**, bb) zum **Ausspruch über die Rechtsfolgen**,
cc) zu den **Nebenentscheidungen**. Die **Feststellung zur Person** des Angeklagten
(persönliche Verhältnisse, Werdegang, Lebensführung, Lebensumstände, Um-
welteinflüsse) werden vorzugsweise zu Beginn der Urteilsgründe, also am Anfang
der Feststellungen zum Sachverhalt, getroffen, aber nur insoweit, als sie für die
Beurteilung der Tat, für das Maß der Schuld und für die Strafzumessung erheblich
sind. Es kann allerdings unter Umständen zweckmäßig sein, sie erst im Zusammenhang mit der Begründung des Ausspruchs über die Rechtsfolgen – etwa bei
der Strafzumessung – zu bringen. Verfahrensvorgänge sind grundsätzlich nicht zu
erörtern (*K/M* Rn. 1), es sei denn, daß im Urteil über Anträge, die in der Hauptverhandlung gestellt wurden (u. B. Hilfsbeweisanträge), entschieden wird (LR/
Gollwitzer Rn. 5). Prozeßvoraussetzungen können trotz der Verpflichtung, deren
Vorhandensein in jeder Lage des Verfahrens von Amts wegen zu prüfen ist, im
Urteil erörtert werden, wenn Zweifel bestehen (LR/*Gollwitzer* Rn. 6).

7   Die Urteilsgründe, die nach der Rn. 3 erwähnten Instruktion von 1813 (§ 4) das
»Produkt reifer und gesunder Beurteilung, der höchsten Unparteilichkeit und der
strengsten Gesetzlichkeit« darstellen sollen, müssen **vollständig** sein, damit sich
die Richtigkeit der Urteilsformel allein anhand der Gründe überprüfen läßt, ferner **klar, eindeutig** und **widerspruchsfrei** sowie grundsätzlich **aus sich heraus verständlich** (*BGHSt* 30, 225, 227; 33, 59 f.) sein. Es darf kein Verstoß gegen Denkgesetze und Erfahrungssätze vorliegen. **Bezugnahmen** und **Verweisungen** auf Aktenbestandteile (Anklageschrift, Sitzungsprotokoll, Urteile) sind – im Gegensatz
zum Zivilprozeß – grundsätzlich unzulässig (*RGSt* 4, 137; 41, 22; *RG* Rspr. 1, 558;
BGH VRS 5, 393; *BGH* NStZ 1987, 374). Die Bezugnahme auf andere Urteile ist
auch dann unzulässig, wenn diese gegen den Angeklagten und in der gleichen
Sache ergangen sind (*BGHSt* 24, 274; *BGH* JR 1956, 307). Ausnahmsweise dürfen
Berufungsurteile auf das Urteil der ersten Instanz Bezug nehmen, a) wenn genau
und zweifelsfrei angegeben wird, in welchem Umfang das Urteil dessen tatsächliche und rechtliche Ausführungen übernimmt, und b) wenn dadurch die Gesamt-
darstellung nicht unklar wird (*BGHSt* 33, 59; *OLG Hamm* JMBl NW 1980, 71;
OLG Koblenz GA 77, 248; *OLG Stuttgart* GA 79, 471). In diesem Fall sind die
Gegenstände der Bezugnahme genau zu beschreiben oder die Seiten anzugeben
(*K/M* Rn. 2). Stets unzulässig ist die Bezugnahme bei Änderung des Schuldspruchs (*OLG Köln* MDR 1979, 865) oder der Beweiswürdigung (*OLG Oldenburg* Nds. Rpfl. 1954, 35). Auf die Strafzumessungserwägungen der ersten Instanz
darf grundsätzlich nicht Bezug genommen werden (*BGH* NJW 1951, 413; *OLG
Köln* MDR 1979, 865), ebensowenig auf Feststellungen in einem vom Revisionsgericht aufgehobenen Urteil (*K/M* Rn. 2). Der durch den Ausschluß der Bezugnahme bewirkte Zwang zur wörtlichen Wiedergabe ist problematisch, wo der
Straftatbestand durch die Gesamtheit oder durch wesentliche Teile eines umfangreichen Schriftwerks verwirklicht wird. Die mühsame Schreibarbeit kann vielfach
dadurch vermieden werden, daß das Werk dem Urteil beigeheftet wird (vgl.
BGHSt 23, 40). Zu Recht wird in der Reformdiskussion gefordert, die Bezugnahme auf allgemein zugängliche Druckwerke und Tonträger zu gestatten, sofern
ein Stück davon bei den Akten verwahrt wird (LR/*Gollwitzer* Rn. 14).

Ausnahmsweise ist die **Verweisung** auf in den Akten befindliche **Abbildungen** 8
nach **Abs. 1 S. 3** bei der Darstellung des Sachverhalts zulässig, und zwar sofern sie
sich auf Einzelheiten bezieht. Die Schilderung des Aussagegehalts der Abbildung
darf nicht entfallen (*OLG Düsseldorf* VRS 74, 449, 451; *K/M* Rn. 10). Dazu, daß
durch die ergänzende Verweisung die Abbildung als Ganzes Bestandteil der Urteilsgründe wird, s. *Rieß* NJW 1978, 2270. **Abbildung** ist eine unmittelbar durch
den Gesichts- oder Tastsinn wahrnehmbare Wiedergabe der Außenwelt (*K/M*
Rn. 9), vor allem also Fotos und Abzüge von anderen Bildträgern sowie Zeichnungen, z. B. Tatort- und Unfallskizzen. Das Urteil muß die Bezugnahme deutlich
und zweifelsfrei zum Ausdruck bringen (*OLG Celle* OLGSt Nr. 7).

Feststellung des Sachverhalts: Der erste Teil der Urteilsgründe befaßt sich aus- 9
schließlich mit Tatsachen. Es ist eine geschlossene **Schilderung (Geschichtserzäh-
lung) des für erwiesen erachteten Tatgeschehens** (Abs. 1) aus der Sicht des unpar-
teiischen Beobachters zu geben. Da aus der Fülle der Fakten eine Auswahl unter
dem Gesichtspunkt der Erheblichkeit für die rechtliche Würdigung (dazu *BGHSt*
22. 90. 92) zu treffen ist, handelt es sich um eine Selektionsaufgabe, die durch das
Ergebnis gesteuert wird, zu dem das Gericht in der Beratung gelangt ist. Die Darlegung der Gründe, wieso das Gericht zu der Überzeugung gekommen ist, der
Tathergang habe sich so, wie dargelegt, ereignet, ist Sache der Beweiswürdigung
(Rn. 9 f.). Darzulegen sind sowohl die Tatsachen, die den objektiven (äußeren)
Tatbestand, als auch diejenigen, die den subjektiven (inneren) Tatbestand betreffen, ohne Weitschweifigkeit, aber so vollständig, daß in den konkreten Tatsachen
der abstrakte gesetzliche Tatbestand zu erkennen ist (*RGSt* 71, 25). Bei der Schilderung darf nie der Gesetzeswortlaut verwendet werden; Zeit und Ort der Tat
sind so genau anzugeben, daß unzweifelhaft ist, welche Straftat gemeint ist (s.
dazu *G. Schäfer* S. 420 f.). Rechtsbegriffe dürfen nur gebraucht werden, wenn sie
in die Umgangssprache eingegangen und allgemein verständlich sind (z. B. Kauf).
Bei fortgesetzter Handlung muß jede einzelne Tat geschildert werden (*BGH* NStZ
1982, 128), ebenso bei einer sonstigen rechtlich einheitlichen Tat, damit Zweifel
über den Umfang der Rechtskraft vermieden werden. Zur Zusammenfassung und
dazu, daß auf die Feststellung der Mindestzahl in der Regel nicht verzichtet werden kann, s. *BGH* GA 59, 371; MDR 1971, 545; NStZ 1983, 326; MDR 1978,
803). Bei der Wahlfeststellung bei Tatsachenalternativität sind die möglichen Fallgestaltungen darzustellen und andere Fallgestaltungen sicher auszuschließen
(*BGH* NStZ 1981, 33). Die Tatsachen für den subjektiven (inneren) Tatbestand
sind zweckmäßigerweise bei den einzelnen Punkten des äußeren Sachverhalts anzuführen. Oft ergeben sie sich schon aus der Schilderung der äußeren Tatsachen.
Wenn bedingter Vorsatz und Fahrlässigkeit in Betracht kommen, kann jedoch auf
die sorgfältige Darstellung nicht verzichtet werden, ebensowenig bei Tatbeständen, die vorsätzlich und fahrlässig begangen werden können (vgl. *G. Schäfer*
S. 423). Kommt das Fehlen des Unrechtsbewußtseins in Frage, so sind die dafür
relevanten Tatsachen auch dann anzuführen, wenn sich der Angeklagte darauf
nicht berufen hatte (*OLG Braunschweig* NJW 1957, 639 f.).

Beweistatsachen: Auch **Indizien** sollen nach **Abs. 1 S. 2** bei der Feststellung des 10
Sachverhalts angegeben werden. Indizien sind **Beweisanzeichen**. Aus der Fassung
der Vorschrift ließe sich herleiten, daß Abs. 2 S. 1 nur eine Sollvorschrift ist, deren
Mißachtung keine Gesetzesverletzung im Sinne des § 337 ist (*BGHSt* 12, 315).
Dies widerspräche jedoch dem ständigen Gerichtsgebrauch, wonach die Gerichte
sich für verpflichtet halten, nicht nur anzugeben, daß sie eine bestimmte Überzeu-

gung erlangt haben, sondern auch, auf der Grundlage welchen Sachverhalts sie zu dieser Überzeugung gelangt sind. Diese Übung entspricht rechtsstaatlich-demokratischer Justizkultur (s. o. Rn. 3); die Gerichte würden die dem Bürger geschuldete Transparenz der Urteilsgründe unterlaufen, wenn sie es unterließen, dem Angeklagten darzulegen, auf welchen Tatsachen und Anzeichen (»Indizien«) ihr Urteilsspruch beruht. Die Urteilsgründe enthielten sonst überall dort, wo Indizien eine Rolle spielen, nur Behauptungen, aber keine Begründung (*Eb. Schmidt*; dazu s. eingehend LR/*Gollwitzer* Rn. 32, vermittelnd *Baldus*, Heusinger-EG, S. 383 ff.).

11 **Die Verpflichtung zur Wiedergabe der nach § 261 vorzunehmenden Beweiswürdigung** ist in § 267 nicht normiert, steht aber im Strafprozeß des demokratischen Rechtsstaats außer Frage. Von der Revisionsrechtsprechung ist sie in Anlehnung an § 261 stets bejaht worden, da nur so die Nachprüfung der richtigen Anwendung des materiellen Rechts sowie der Beachtung der Denkgesetze und der Erfahrungssätze möglich ist (*BGH* NJW 1961, 2069; LR/*Gollwitzer* Rn. 35). Auch nach dem Verfassungsgrundsatz des rechtlichen Gehörs (Art. 103 Abs. 1 GG) hat sich die rechtliche Würdigung der festgestellten Tatsachen auf alle entscheidungserheblichen Punkte zu erstrecken. Zur Verpflichtung erschöpfender Würdigung s. a. *BGH* NJW 1980, 2423. Es müssen nicht nur naheliegendes Vorbringen und sich aufdrängende Beweisumstände erörtert werden, sondern auch alle ernsthaft in Betracht kommenden Fallgestaltungen (*BGH* NStZ 1984, 212), auch bei Schweigen des Angeklagten (*BGH* MDR 1980, 108). Hat der Angeklagte substantiiert Bedenken gegen einen Beweis oder gegen ein Beweismittel geäußert, so hat das Gericht sich damit auseinanderzusetzen (*BGH* NJW 1961, 2069). So muß dargetan werden, warum ggf. der Zeuge und nicht der Angeklagte glaubwürdig ist (*OLG Düsseldorf* VRS 1966, 36) und warum einem Zeugen nicht oder nur teilweise geglaubt wird (*BGH* MDR 1978, 988; NJW 1980, 2423; NStZ 1983, 227).

12 Die **Beweiswürdigung** beginnt in der Regel mit der Einlassung des Angeklagten zur Sache, die anschließend zu widerlegen ist. Der Sachverhalt muß Punkt für Punkt gewürdigt, also bewertet werden. Der Tatrichter darf sich mangels hinreichender Sachkunde auch dem **Gutachten eines Sachverständigen** nicht einfach anschließen (*BGHSt* 7, 238; 8, 113, 118). Will er im Vertrauen auf die Sachkunde des Gutachters zu dem Gutachten keine eigenen Erwägungen beisteuern, so muß er in der Urteilsbegründung jedenfalls die wesentlichen Tatsachen, an die die Schlußfolgerungen des Gutachtens anknüpfen, und die Darlegungen des Sachverständigen wiedergeben (*BGHSt* 12, 312, 314; NStZ 1984, 17). Nur bei allgemein anerkannten, häufig angewendeten Untersuchungsverfahren kann darauf verzichtet werden; z.B. genügt bei der Feststellung der Blutalkoholkonzentration im Gutachten und im Urteil die Angabe des Mittelwerts (*BGHSt* 28, 235). Folgt das Gericht dem Sachverständigen nicht, so muß es die Ausführungen des Gutachtens in nachprüfbarer Weise wiedergeben, sich mit ihnen auseinandersetzen und seine abweichenden Auffassungen begründen (*BGHSt* 1983, 377; *K/M* Rn. 13). Sind zwei Gutachten erstattet, so braucht das Gericht kein Obergutachten einzuholen, wenn es dies sachlich nicht für erforderlich hält; es kann sich für das eine entscheiden, sofern es die Gründe dafür angibt (*BGH* STV 1983, 8). Im Fall des § 244 Abs. 4 S. 1 muß es in schwierigen Fällen auch die Grundlagen der eigenen Sachkunde dartun (*BGHSt* 12, 18, 20; MDR 1977, 810).

13 Werden in der Hauptverhandlung **Umstände, die die Strafbarkeit ausschließen, vermindern oder erhöhen**, behauptet oder entgegen der Anklage für nicht erwiesen erachtet (LR/*Gollwitzer* Rn. 52; KR/*Hürxthal* Rn. 20), so hat das Gericht nach **Abs. 2** in den Urteilsgründen zu erörtern, ob sie vorliegen oder weshalb sie entfallen. Gemeint sind wie in § 263 Abs. 2 die tatbestandsmäßig umschriebenen sog. **benannten** Rechtsfolgenänderungsgründe (Rechtfertigungs-, Schuld-, Strafausschließungsgründe, Strafmilderungs- und -erhöhungsgründe). Unter Abs. 2 fallen somit z.B. § 21 StGB (*OLG Hamm* NJW 1972, 1149), §§ 23 Abs. 2, 24 Abs. 1, 41 StGB, auch die Straftatbestände, die auf § 49 StGB verweisen, z.B. § 233 StGB (LR/*Gollwitzer* Rn. 50), ferner z.B. § 223a StGB (*K/M* Rn. 15) und die durch Regelbeispiele tatbestandsmäßig ausgefüllten »besonders schweren Fälle« (KK/ *Hürxthal* Rn. 19). Wird in der Hauptverhandlung die Anwendung von Jugendstrafrecht beantragt, so gilt Abs. 2 entsprechend (*BGH* GA 196, 347). Für die »unbenannten« Rechtsfolgenänderungsgründe gilt dagegen Abs. 3. Ob der Angeklagte in der Hauptverhandlung die besonderen Umstände im Sinne des Abs. 2 behauptet hat, soll das Revisionsgericht nach BGH St 31, 139 nicht durch eigene Beweiserhebungen prüfen; dagegen mit Recht *Fezer*, NStZ 1983, 278 (Anm. zu *BGH* St 31, 139); *Sieg*, NJW 1983, 2014; *K/M* Rn. 15). Eine wesentliche Förmlichkeit im Sinne des § 273 ist das Aufstellen der Behauptung nicht (*OLG Hamm* NJW 1972, 1149); der Nachweis kann also auch auf andere Weise als durch das Protokoll geführt werden, etwa durch den Gang der Verhandlung (*BayObLG* JR 1961, 151) oder aus der Vernehmung des Sachverständigen (*RG* JW 1930, 1601). Die Urteilsgründe müssen den behaupteten Umstand sowohl in sachlicher als auch in rechtlicher Hinsicht erschöpfend behandeln; floskelhafte Wendungen genügen nicht (*BGH* MDR 1972, 199).

Die dem Rechtsstaatsprinzip Rechnung tragende strenge **Gesetzesbestimmtheit** 14 der Strafbarkeit (Art. 10 Abs. 2 GG; s. dazu AK-GG-*Wassermann* Rn. 44ff.) erfordert die in **Abs. 3 S. 1** vorgeschriebene **Bezeichnung des angewendeten Strafgesetzes** in den Urteilsgründen. Da der Grundsatz der Gesetzesbindung sowohl für die Strafbarkeit als auch für die Folgen der Straftat gilt (AK-GG-*Wassermann* Art. 103 Rn. 46), muß in einer jeden Zweifel ausschließenden Weise (*OGHSt* 1, 54; *KG* VSR 16, 44) zum Ausdruck gebracht werden, welche Straftatbestände das Gericht für gegeben angesehen hat (auch Versuch und Art der Teilnahme, *RGSt* 19, 213; 25, 418; 32, 351; Konkurrenzen) und welche Rechtsnormen für den Ausspruch der Rechtsfolgen (einschließlich der Nebenentscheidungen) bestimmend gewesen sind (*KG* DAR 1962, 20). Die Strafliste des § 260 Abs. 5 entbehrt dieser Verpflichtung nicht. Schulmäßig ist eine saubere Subsumtion unter Angabe der Paragraphen erforderlich; die Praxis verfährt großzügiger und läßt den Verzicht auf die Angabe der Paragraphenziffer zu, wenn das angewendete Gesetz etwa durch Wiedergabe seines Wortlauts (*RGSt* 51, 33) oder auch aus dem Zusammenhang (*OGHSt* 1, 53; *OLG Karlsruhe* DAR 1959, 217) zweifelsfrei zu ersehen ist. Abs. 3 S. 1 normiert nur das rechtsstaatliche Minimum. Liegt die Anwendbarkeit einer Vorschrift nahe, so ist es geboten, darauf einzugehen und darzulegen, weshalb diese verneint worden ist; das Revisionsgericht kann sonst nicht erkennen, daß das Problem nicht übersehen worden ist (vgl. *K/M* Rn. 17; LR/*Gollwitzer* Rn. 61; KK/*Hürxthal* Rn. 22).

Über die Begründungspflichten hinausgehende rechtliche Erwägungen sind angezeigt, wenn sie zum richtigen Verständnis der Entscheidung beitragen. Die Praxis 15 hält sich damit zurück (vgl. *Blunk*, MDR 1970, 473), beschränkt sich auf das Notwendige unter Vermeidung des Überflüssigen. Zu berücksichtigen ist jedoch, daß das Urteil nicht bloß der richterlichen Selbstprüfung dienen und die Kontrolle durch obere Gerichte ermöglichen soll; es wendet sich auch und – nicht zuletzt unter dem Aspekt moderner, bürgernaher Rechtspflege – besonders an den Angeklagten, der das Urteil nicht – wie im autoritären Staat – bloß hinnehmen (so aber *Meyke*, DRiZ 1990, 58, 61), sondern vielmehr von dessen Richtigkeit überzeugt werden soll (vgl. Rn. 3). Zu Recht wird daher darauf hingewiesen, daß sich Rechtsausführungen nicht nur bei unbestrittenen Tatbeständen oder Tatbestandsmerkmalen empfehlen, sondern auch bei den im subjektiven Tatbestand schwierigen Delikten wie Betrug und Untreue, ferner bei der Verkehrsgefährdung und der Unfallflucht (*G. Schäfer* S. 427). Urteilsbegründungen, die über den Kopf des Angeklagten hinweggehen, verfehlen auch die Prävention, die zu den bestimmenden Zwecken der modernen Strafrechtspflege gehört.

16 Die Bedeutung, die der **Begründung des Rechtsfolgenausspruchs** im Urteil zukommt, ergibt sich sowohl aus den kriminalpolitischen Zwecken der Strafrechtspflege als auch daraus, daß sich das »persönliche Schicksal des Angeklagten seit jeher hauptsächlich bei der Festsetzung der Rechtsfolgen der Tat entscheidet« (*Zipf* S. 2). Ursprünglich galt die gerechte Strafzumessung weitgehend als Sache richterlichen Ermessens, in das sich der Gesetzgeber möglichst wenig einzumischen hatte. Die Tendenz zur zunehmenden Rationalität in der Strafrechtspflege hat jedoch zur Aufstellung von Regeln für die Strafzumessung sowohl durch Rechtsprechung (*RGSt* 58, 109 »Vereinigungstheorie«; *BGHSt* 3, 179; 7, 28 »Spielraumtheorie«) und Wissenschaft (*Dreher* 1947; *Spendel* 1954; *Bruns* 1974/ 1985, *Zipf* 1977; krit. *Müller-Dietz* 1982) als auch durch den Gesetzgeber (§ 46 ff. StGB) geführt, so daß sich nach heutiger Erkenntnis die Strafzumessung als eine Kooperation von Gesetzgeber, Richter und auch Wissenschaft darstellt (vgl. *Zipf* S. 4 ff.). Dabei gibt der Gesetzgeber insbesondere die Leitlinien für die richterliche Strafbemessung und das Einordnungsschema für die konkrete Tatverwirklichung an; dem Richter fällt jedoch schon auf Grund der weiten Strafrahmen im Recht der Bundesrepublik eine Verantwortung zu, die über die vorgestellte Aufgabe, nach der Einordnung in den gesetzlich festgelegten Strafrahmen die konkrete Straffestsetzung innerhalb der Grenzen der Schuldangemessenheit nach den im konkreten Fall zu verwirklichenden Präventionszielen zu treffen, weit hinausgeht. Da die Strafzumessung nach wie vor das Einfallstor für irrationale Einflüsse oder für außerrechtliche und von den Wertvorstellungen der Verfassung nicht gedeckte Erwägungen sein kann, besteht stets Anlaß, den Strafrichter gerade hier zu Selbstprüfung und Verantwortungsbewußtsein anzuhalten.

17 **Abs. 3 S. 1 Halbs. 1** beschränkt sich darauf, die Anführung der **Umstände** zu fordern, die **für die Strafzumessung bestimmend** gewesen sind. Da das materielle Recht (§§ 46 ff. StGB) regelt, welche Umstände bei dem Weg zum richtigen Strafmaß (»vom richtig ermittelten Strafrahmen über die konkrete Schuldwertung zur schuldadäquaten Präventionsentscheidung«, *Zipf* S. 7) zu berücksichtigen sind, bestimmt sich danach auch, was in den Urteilsgründen zu erörtern ist. Dem Wortlaut nach ist keine erschöpfende Aufzählung verlangt (*BGHSt* 3, 179; 24, 268). Es genügt aber nicht, allein die Zumessungstatsachen anzuführen; auch die Erwägungen, die zu der Rechtsfolgenentscheidung geführt haben, sind anzugeben (*BGH* NJW 1976, 220). Wenngleich die Strafbemessung Sache des Tatrichters ist und dessen sachgemäß ausgeübtes Ermessen das Revisionsgericht bindet (*OGHSt* 2, 202 f.; *Seibert*, MDR 1952, 257), muß die Begründung so abgefaßt sein, daß dem Revisionsgericht die Nachprüfung auf Rechtsfehler möglich ist (*BGHSt* 24, 268; KK-*Hürxthal* Rn. 25); dabei hängt der Umfang der Begründungspflicht von der materiell-rechtlichen Nachprüfbarkeit ab (*Hanack*, JZ 1973, 728); sie muß um so eingehender sein, je mehr sich die Rechtsfolge der oberen oder unteren Grenze des zulässigen Rahmens nähert (*OLG Karlsruhe* NJW 1980, 134; *Hanack* a. a. O.). Bei Bagatellsachen sind die Anforderungen geringer (*OLG Celle* Nds. Rpfl. 1972, 122). Weicht die Strafe von denen anderer Gerichte in vergleichbaren Fällen ab, so ist das an den Besonderheiten des Falles verständlich zu machen (*BGHSt* 20, 264, 266f.; MDR 1967, 898; GA 74, 78; *OLG Karlsruhe* NJW 1980, 133; *K/M* Rn. 18f.). Genügen die Urteilsgründe den Anforderungen nicht, so ist dies kein Verfahrensfehler, sondern mit der Sachbeschwerde zu rügen (KK-*Hürxthal* Rn. 25).

Aus der Praxis: Die Strafzumessung muß selbständig vorgenommen werden und **18** stets von dem konkreten Sachverhalt ausgehen, also z. B. von der versuchten Tat; innerhalb dieses Rahmens ist auf diejenige Strafe zu erkennen, die der versuchten Tat entspricht (*BGHSt* 1, 115, 117). An Strafzumessungserwägungen in einem anderen Urteil (*BGH* NJW 1951, 143), an Empfehlungen amtlicher oder privater Natur (z. B. Verkehrsgerichtstag), an Richtsätze oder Bußgeldkataloge der Verwaltung darf sich das Gericht nicht gebunden fühlen (LR/*Gollwitzer* Rn. 72f.; KK-*Hürxthal* Rn. 25). Hilfserwägungen darüber, daß das Gericht dieselbe Strafe auch verhängt hätte, wenn ein abweichender Sachverhalt vorgelegen hätte, verletzen Abs. 3, gefährden aber den Strafausspruch nur, wenn das Revisionsgericht im Gegensatz zum Tatrichter gerade den Sachverhalt für gegeben hält, auf den sich die Hilfserwägungen beziehen (*BGHSt* 7, 359). Der bloße Hinweis auf die Zahl der Vorstrafen rechtfertigt in der Regel noch keine Straferhöhung (*BGH* MDR 1954, 18); es müssen selbst dann, wenn es nicht um Rückfall geht, die für die Strafbemessung erheblichen Umstände (Art und Schwere der früheren Taten, die verhängten Strafen und die Wirkungen des Strafvollzugs) mitgeteilt werden (*BGH* VSR 20, 126; 28, 420; 33, 375). Alle Tatsachen, die im Rahmen der Strafzumessung verwertet werden, müssen nachgewiesen sein (*BGHSt* 1, 52); etwas nur Mögliches oder der bloße Verdacht darf nicht berücksichtigt werden (KK-*Hürxthal* Rn. 26). Die persönlichen Verhältnisse des Angeklagten sind darzulegen, wenn sie für die Strafzumessung Bedeutung haben (*BGH* NJW 1976, 2220; *BGH* NStZ 1981, 389). Eine negative Persönlichkeitsbeurteilung ist nur dann verwertbar, wenn sie von Tatsachen getragen wird, die zur Überzeugung des Gerichts erwiesen sind (*OLG Köln* VSR 35, 104). Besonders bei Verkehrsunfällen ist von einem (bereits nicht auszuschließenden) Mitverschulden eines Beteiligten auszugehen; dessen Einfluß auf die eigene Schuld des Angeklagten und die Strafe ist zu erörtern (*BGH* VSR 29, 277f.; 36, 273 und 362; KK-*Hürxthal* Rn. 25). Bei der Anwendung von Jugendstrafrecht muß die Begründung den zusätzlichen Anforderungen des § 54 JGG genügen. Bei einer Jugendstrafe ist der Erziehungszweck als bestimmender Umstand in Betracht zu ziehen (*BGHSt* 15, 224). Wird die Anwendung des Jugendstrafrechts abgelehnt, so kann das nicht lediglich mit dem Hinweis auf § 105 JGG begründet werden (*BGH* JR 1954, 427). Bei Geldstrafen bedürfen die Zahl der Tagessätze und die Höhe des einzelnen Tagessatzes der Begründung, eventuell sind die Tatsachen, auf die sich die Schätzung nach § 40 Abs. 3 StGB gründet, im Urteil offenzulegen (LR/*Gollwitzer* Rn. 74). Bei Tatmehrheit (§ 54 StGB) sind auch die Einzelstrafen zu begründen. Es dürfen jedoch die allen Straftaten eigenen, für die Strafzumessung wichtigen Umstände zusammenfassend geschildert und die Tatsachen, die nur für einige von ihnen kennzeichnend sind, gesondert angegeben werden (LR/*Gollwitzer* Rn. 75). Eingehender muß die Begründung der Gesamtstrafe ausfallen, wenn eine Einsatzstrafe nur unerheblich überschritten oder die Summe aller Einzelstrafen nahezu erreicht wird (*BGHSt* 8, 205; 24, 268).

19 Mit den **minder schweren und besonders schweren Fällen** erfaßt **Abs. 3 S. 2, 3** die **unbenannten** Strafänderungen (zu den benannten s. Rn. 11). Begründet werden müssen jeweils die Abweichungen von der Regel, also die Annahme eines minder schweren und die Verneinung eines besonders schweren Falls, wenn die jeweiligen Voraussetzungen vorliegen. Außerdem ist eine Begründung notwendig, wenn ein besonders schwerer Fall trotz Vorliegens der Regelvoraussetzung verneint wird (*BayObLG* NJW 1973, 1808) oder wenn das Gericht mit seiner Entscheidung einen in der Hauptverhandlung gestellten Antrag ablehnt. Dieser zu protokollierende Antrag ist eine wesentliche Förmlichkeit (*RGSt* 29, 276 f.), braucht aber nicht ausdrücklich auf die Anwendung des besonderen Milderungs- oder Schärfungsgrundes zu lauten. Es genügt, wenn die »mildeste Strafe« (aber nicht bloß »eine milde«, vgl. *BGH* MDR 1953, 149) oder eine nur bei Annahme eines minder schweren Falles zulässige Strafe beantragt wird (LR/*Gollwitzer* Rn. 82).

20 **Strafaussetzung zur Bewährung: Abs. 3 S. 4 Halbs. 1** schreiben eine Begründung nur dann vor, wenn das Gericht die Vollstreckung zur Bewährung aussetzt oder trotz eines dahingehenden Antrages nicht aussetzt. Da das materielle Strafrecht die Voraussetzungen regelt, ist jedoch nach den allgemein für die Urteilsbegründung geltenden Grundsätzen die Nichtaussetzung auch dann zu begründen, wenn ein Antrag nicht gestellt ist, aber die Umstände des Falles die Aussetzung nahelegen (*BGH* LM § 23 StGB Nr. 27; VSR 1966, 443; NStZ 1986, 374; *KG* JR 1964, 107). Die Revisionsrechtsprechung verlangt, daß die Urteilsgründe in den Zweifelsfällen erkennen lassen, daß sich das Gericht der Möglichkeiten des § 56 StGB bewußt gewesen ist (*BGHSt* 6, 167, 172); die bloße Wiederholung des Gesetzeswortlauts genügt regelmäßig nicht (*KG* GA 55, 219). Zudem braucht der Antrag nicht ausdrücklich gestellt zu sein. Bei der Gewährung der Aussetzung muß aus den Gründen hervorgehen, daß das Gericht maßgebliche rechtliche Gesichtspunkte (z. B. § 56 Abs. 3 StGB) nicht übersehen hat (*BGH* JR 1955, 186 f.). Versagt das Gericht die Strafaussetzung mit Rücksicht auf § 56 Abs. 3 StGB, so ist dies eingehend zu begründen (*BGH* NJW 1955, 996; *OLG Hamm* 1967, 1332). Es ist zulässig, die Versagung kumulativ, also mit mehreren Gründen, zu begründen (*K/M* Rn. 23); Hilfsbegründungen sind dagegen unzulässig (*BGHSt* 7, 359).

21 Für die **Verwarnung mit Strafvorbehalt** und das **Absehen von Strafe** gilt nach **Abs. 3 S. 4 Halbs. 2** das Gleiche wie bei der Strafaussetzung zur Bewährung (Rn. 18). Die Begründung nach materiellrechtlichen Grundsätzen ist erforderlich (LR/*Gollwitzer* Rn. 93; KK-*Hürxthal* Rn. 34).

22 Bei **Maßregeln der Besserung und Sicherung** ist die Begründung, weshalb eine Maßregel angeordnet oder entgegen einem in der Hauptverhandlung gestellten Antrag abgelehnt worden ist, verfahrensrechtliche Pflicht (**Abs. 6 S. 1**; KK-*Hürxthal* Rn. 35). Ein Gleiches gilt, wenn die **Fahrerlaubnis** nicht entzogen oder eine Sperre nach § 69 a Abs. 1 S. 3 StGB nicht angeordnet worden ist, obwohl dies nach der Art der Straftat in Betracht kam (**Abs. 6 S. 2**). Daß die sonst sich aus materiellrechtlichen Gründen ergebende Begründungspflicht hier als Verfahrensvorschrift gestaltet ist, soll dem Strafverfahren den Vorrang gegenüber dem Entziehungsverfahren der Verwaltungsbehörden sichern (*OLG Hamm* DAR 1972, 131 f.; *K/M* Rn. 37; KK-*Hürxthal* Rn. 35; *Lackner*, JZ 1965, 125). Für den Umfang der Darlegungen sind wiederum die materiellrechtlichen Erfordernisse maßgebend (KK-

Hürxthal Rn. 35). Die Anforderungen wachsen mit der Dauer der Sperre: bei einer längeren Sperre wird in der Regel eine eingehende Begründung verlangt, bei einer kurzen genügt es, wenn sie sich aus der Sachverhaltsschilderung ergibt (*BGH* VSR 16, 350; *OLG Zweibrücken*, MDR 1965, 506; KK-*Hürxthal* Rn. 35).

Mit den **anderen Nebenentscheidungen** wie Verfall, Einziehung, Unbrauchbarma- **23** chung, Befugnis zur Bekanntmachung, Geldbuße, Kostentragung, Entschädigungsausspruch befaßt sich § 267 nicht. Eine entsprechende Anwendung kommt nicht in Betracht. Diese Entscheidungen sind vielmehr nach den materiellrechtlichen Erfordernissen zu begründen (LR/*Gollwitzer* Rn. 101 f.).

Ein **abgekürztes Urteil** ist **nach Abs. 4** bei **Verurteilungen** (bei Freisprüchen gilt **24** Abs. 5 S. 2 und 3) zulässig, wenn im Zeitpunkt der Abfassung der Gründe feststeht, daß das Urteil im Schuld- und im Rechtsfolgenausspruch (SchlHA 1983, 112) unanfechtbar geworden ist: alle, die das Urteil in einem Punkt anfechten können (*BGH* MDR 1971, 898), müssen also auf Rechtsmittel verzichtet oder innerhalb der Anfechtungsfristen kein Rechtsmittel eingelegt oder dieses zurückgenommen haben (LR/*Gollwitzer* Rn. 103). Eine Beschwerde wegen der Kosten oder der Entschädigung oder gegen einen gleichzeitig mit dem Urteil erlassenen Beschluß steht der Abkürzung nicht entgegen (*K/M* Rn. 24). Für Urteile, die mit der Verkündung rechtskräftig werden, gilt Abs. 4 nicht. Wird ein Urteil, das mehrere Angeklagte betrifft, nur gegen einen Angeklagten unanfechtbar, so ist die Abkürzung nur hinsichtlich solcher Taten möglich, an denen die Mitangeklagten nicht beteiligt waren (*BGH* MDR 1971, 898). Bei mehreren Taten im Sinne des § 264 kann die Abkürzung für die eine Tat zulässsig sein, für die andere nicht (LR/ *Gollwitzer* Rn. 105). Ob das Gericht von der Abkürzungsmöglichkeit Gebrauch macht, liegt in seinem Ermessen; es kann sich infolgedessen so verhalten, wie es ihm am zweckmäßigsten erscheint (*Rieß*, NJW 1975, 87; *Brünger*, DRiZ 1974, 230; *Werner*, DRiZ 1974, 215). Entschließt sich das Gericht zur abgekürzten Fassung, so wird diese üblicherweise kenntlich gemacht durch den Vermerk »abgekürzt nach § 267 Abs. 4 StPO«, der nach dem Wort »Gründe« in Klammern eingefügt wird (*K/M* Rn. 24).

Als **Mindestinhalt für die abgekürzte Begründung** schreibt **Abs. 4** S. 1 die Angabe **25** der für erwiesen erachteten Tatsachen, in denen das Gericht die gesetzlichen Merkmale der Straftat gefunden hat, sowie das angewendete Strafgesetz vor. Außerdem sind die Rechtsfolgen und die sie tragenden Bestimmungen sowie im Rahmen des Ermessens entsprechend dem Zweck der Urteilsbegründung solche Ausführungen über die Persönlichkeit des Täters und über die bei der Sanktionsbestimmung angestellten Erwägungen aufzunehmen, die für den Strafvollzug, den etwaigen Widerruf der Strafaussetzung, die bedingte Entlassung oder für spätere Verfahren relevant sien können (*Rieß*, NJW 1985, 87; *Werner*, DRiZ 1974, 125; *Franke*, DRiZ 1977, 244; a. A. *Feldmann*, DRiZ 1974, 125).

Bei **Urteilen**, die nur auf **Geldstrafe** lauten oder neben einer Geldstrafe ein **Fahr- 26 verbot** oder die **Entziehung der Fahrerlaubnis** und damit zusammenhängend die Einziehung des Führerscheins anordnen, kann gemäß **Abs. 4 S. 1 Halbs. 2** auf den zugelassenen Anklagesatz, auf die Anklage im beschleunigten Verfahren gemäß § 212a Abs. 2 S. 2 oder den Strafbefehl (bei Einspruch) sowie den Strafbefehlsantrag (wenn der Richter gemäß § 508 Abs. 2 Hauptverhandlung anberaumt hat) verwiesen werden. Wenn der Schuldspruch der Anklageschrift entspricht, kann es bei Ausschöpfung dieser Möglichkeiten praktisch zum Verzicht auf die gesonderte Abfassung der Urteilsgründe kommen (*Rieß* NJW 1978, 2271; *K/M* Rn. 26).

Durch die Vereinfachungsvorschriften, deren Gebrauch im richterlichen Ermessen steht, ist der Grundsatz, daß Urteile für den Adressaten aus sich heraus verständlich sein müssen, bewußt zugunsten der gerichtlichen Arbeitsersparnis preisgegeben worden. Hat der Empfänger der abgekürzten Urteilsausfertigung die in Bezug genommenen Schriftstücke nicht im Besitz, so sind diese der Ausfertigung beizufügen; sonst ist das Urteil schlechthin unverständlich.

27 Eine **Ergänzung des abgekürzten Urteils** sieht **Abs. 4 S. 3** für den Fall der Wiedereinsetzung in den vorigen Stand wegen Versäumung der Rechtsmittelfristen vor, damit in diesem Fall das Urteil nachträglich so begründet werden kann, daß es den Anforderungen an die revisionsrechtliche Nachprüfbarkeit gerecht wird. Die Frist zur Begründung beginnt nicht mit der Urteilsverkündung, sondern erst mit dem Erlaß des die Wiedereinsetzung gewährenden Beschlusses (*BayObLG St* 1977, 77; *BayObLG* MDR 1980, 336; LR/*Gollwitzer* Rn. 111). Nach § 275 Abs. 1 S. 2 richtet sich nicht der Beginn, sondern nur die Dauer der Frist; eine Überschreitung ist unzulässig (*OLG Hamburg* MDR 1978, 247). Hat das Gericht irrtümlich angenommen, das Urteil sei unanfechtbar, so kommt eine Urteilsergänzung in entsprechender Anwendung des Abs. 4 S. 3 nach der Rechtsprechung nicht in Betracht (*BayObLG* NJW 1981, 2589; *OLG Köln* VRS 1956, 146; 67, 45; *OLG Stuttgart* MDR 1984, 74); anders jedoch *Rieß*, NStZ 1982, 445 und LR/*Gollwitzer* Rn. 111 a. E.

28 Vom **freisprechenden Urteil** fordert **Abs. 5 S. 1** das klare Auseinanderhalten der tatsächlichen und rechtlichen Gesichtspunkte, die deutliche Bezeichnung der Tatsachen, die das Gericht nicht als erwiesen erachtet, und die Hervorhebung des Rechtsgrundes, der für die Entscheidung bestimmend gewesen ist (*RGSt* 3, 147; 5, 225; 13, 34; 15, 217; 41, 19; *OLG Hamm* MDR 1964, 853; s. a. *Wimmer*, ZStW 80, 379; LR/*Gollwitzer* Rn. 112). Die Urteilsgründe haben die dem Angeklagten zur Last gelegte Tat erschöpfend zu würdigen; Mängel werden durch den Hinweis auf die Anklageschrift (*RGSt* 4, 137) ebensowenig ersetzt wie durch die Bezugnahme auf die Gründe eines anderen Urteils (*RGSt* 30, 145). Gegen seinen Freispruch kann der Angeklagte kein Rechtsmittel einlegen, auch wenn er »nur« aus Mangel an Beweisen freigesprochen ist (*BGHSt* 16, 374).

29 Erfolgt der **Freispruch aus tatsächlichen Gründen**, so beginnen die Urteilsgründe – wie bei der Verurteilung – mit der Darlegung des Sachverhalts, um sodann (*BGH* NJW 1980, 2423) die Beweise zu würdigen. Nur wenn die entscheidenden Punkte der Beweiswürdigung mitgeteilt werden (*BGH* MDR 1978, 806), ist das Revisionsgericht imstande, die Entscheidung rechtlich nachzuprüfen (*RGSt* 41, 19, 22; *BGH* NJW 1959, 780). Alle Umstände brauchen nicht lückenlos angeführt zu werden (*BGH* MDR 1978, 281). Auf die Feststellung des äußeren Tatbestandes kann unter Umständen verzichtet werden, wenn der Rechtsstandpunkt erkennbar wird (*BGH* GA 1974, 61; *BGH* NJW 1980, 2423). Regelmäßig lassen sich jedoch Feststellungen zum subjektiven Tatbestand nur treffen, wenn zuvor der äußere Tathergang ermittelt worden ist (*BGH* NJW 1962, 549; 1980, 2423), so besonders beim Freispruch wegen Schuldunfähigkeit (*BGH* MDR 1956, 272). Auf keinen Fall kann bei Freispruch von der Anklage wegen Beleidigung auf Grund des § 193 StGB auf die Feststellung des Tatbestandes verzichtet werden; der Schutz des Beleidigten erfordert zwingend die Feststellung, daß der Angeklagte den Tatbestand der Beleidigung erfüllt hat (*BGHSt* 11, 273).

30 Wird der Angeklagte **aus Rechtsgründen freigesprochen**, so muß die Tat dargelegt und ausgeführt werden, aus welchen rechtlichen Gründen die Tat nicht strafbar

ist. Eine Beweiswürdigung ist nicht erforderlich (*K/M* Rn. 34). Das Urteil muß alle in Betracht kommenden rechtlichen Gesichtspunkte erörtern (*BGH* GA 74, 61).

Eine **abgekürzte Urteilsbegründung** beim Freispruch ist nach **Abs. 5 S. 2** an die **31** gleichen Voraussetzungen geknüpft wie nach Abs. 4 bei der Verurteilung. Die Urteilsgründe können sich mit der Angabe begnügen, ob der Angeklagte aus tatsächlichen oder aus rechtlichen Gründen freigesprochen ist. Feststellungen zum Sachverhalt sind nicht erforderlich. Der Anklagesatz, aus dem sich die dem Angeklagten zur Last gelegte Tat ergibt, sollte jedoch wiedergegeben oder – in amtsgerichtlichen Urteilen – durch Verweisung ersetzt werden, damit klar ist, um welche Straftat es geht (*K/M* Rn. 36; KK-*Hürxthal* Rn. 44).

Über den Inhalt des **einstellenden Urteils** gibt § 267 keine Vorschriften. Auch **32** dieses Urteil ist jedoch in revisionsrechtlich nachprüfbarer Weise zu begründen (*RGSt* 69, 159), so daß darzulegen ist, welches Verfahrenshindernis besteht.

Die **Verständlichkeit der Strafurteile** leidet darunter, daß die Tradition des obrig- **33** keitlichen Urteilsstils noch nicht voll überwunden ist und der Jargon der Bürokratie sich auch in der Justiz ausgebreitet hat. Die Urteilsbegründung wendet sich nach Terminologie und Diktion primär an den Fachjuristen, dem die juristische Fachsprache vertraut ist. Das Urteil dient aber nicht nur der intersubjektiven Verständigung unter Rechtskundigen. Adressat ist auch und gerade der juristisch nicht vorgebildete Angeklagte, der große Schwierigkeiten hat, die Urteilssprache zu verstehen. Zudem ist die unkritische Verwendung der Juristensprache unter dem Aspekt der verfassungsrechtlichen Grundentscheidungen für Demokratie und Sozialstaatlichkeit, an denen sich der Richter im gesamten Strafverfahren orientieren muß, keineswegs unbedenklich. Die Aufgabe, die Entscheidung juristisch korrekt (»revisionssicher«) und zugleich für den Bürger verständlich zu begründen (*Wassermann*, ZRP 1981, 261; *Duve* S. 26) darf gleichwohl nicht als unlösbar betrachtet werden. Bei der Suche nach einem »optimalen Kompromiß« *(Duve)* wird von der Sprachwissenschaft (vgl. *Kallmeyer* S. 195) empfohlen, (1) juristische Ausdrücke, die nicht zum wirklich notwendigen fachsprachlichen Bestand gehören, durch gemeinsprachliche Ausdrücke zu ersetzen, (2) unverzichtbare fachsprachliche Ausdrücke zu paraphrasieren oder zu erläutern (entweder durch Verwendung eines allgemeinsprachlichen Ausdrucks und Hinzufügen des Fachausdrucks in Klammern oder durch Verwendung des Fachausdrucks mit einer folgenden Erläuterung, (3) wichtige Rechtsnormen zu zitieren oder zu paraphrasieren, (4) Verweise auf Entscheidungen und Normen so transparent zu machen, daß diese im Zweifelsfall schnell aufgefunden werden können, (5) Abkürzungen aufzulösen oder bei der ersten Verwendung zu erklären.

Verständnishemmend sind ferner solche Ausdrucksweisen, die nicht geläufig **34** (z. B. »einlassen«), schwerfällig oder unnötig kompliziert sind. Mit der Forderung nach Entrümpelung des Fachjargons (vgl. *Wassermann* Fachsprachlichkeit S. 62 ff.) wird insbesondere die Kritik an folgenden Schwächen der Urteilssprache verbunden: Nominalstil, aufgeblähte Wortzusammensetzungen, Funktionsverbgefüge (z. B. »unter Beweis stellen«), übermäßige Verwendung des Passivs, Genitivkonstruktionen, ausufernde und damit undurchsichtige Satzstrukturen, erstarrte, altertümliche Redewendungen (*Kallmeyer* S. 196). Wie der Staat mit seinen Bürgern spricht, so geht er auch mit ihnen um. Es ist notwendig, sich bei der Abfassung von Urteilen selbstkritisch bewußt zu machen, wie stark neben bürokratischer Gespreiztheit und Umständlichkeit noch das Bedürfnis nach vermeintlich prestigefördernder Mystifizierung und auch obrigkeitliche Sprachnormen wie Selbstherrlichkeit, Distanz, Unpersönlichkeit die Schriftsprache der Justiz bestimmen, und daraus die Konsequenzen zu ziehen. Zur schriftlichen Kommunikation und zur Gestaltung von juristischen Texten s. die Beiträge bei *Wassermann/Petersen* S. 40 ff., 98 ff., 115 ff., 188 ff.; zur Sprache des Rechts und der Justiz als Ausdruck politischer Kultur s. a. *Wassermann* DRiZ 1983, 3 ff. Werden die Urteilsgründe nicht in Prosa, sondern in Reimform – z. B. in Knittelversen – abgefaßt, so kommt es darauf an, ob sie bei verständiger Auslegung nicht unverständlich sind. Setzen sich die Verse sachlich mit den der Urteilsfindung zugrundeliegenden Tatsachen und Erwägungen auseinander, so verstößt die Abfassung nicht gegen die Grundprinzipien der verfassungsmäßigen Ordnung (*OLG Kalrsruhe* NJW 1990, 2009; *Beaumont* NJW 1990, 1970 f.). Anders, wenn die in Reimen abgefaßten Urteilsgründe überhaupt nicht als ernstgemeinte Begründung der gerichtlichen Entscheidung aufgefaßt werden können (*OLG Karlsruhe* NJW 199, 2010; *Eb. Schmidt* Nr. 189, 210 a).

35 **Revision:** Schriftliche Urteilsgründe, die dem Revisionsgericht nicht die materiellrechtliche Nachprüfung der Entscheidung auf deren Richtigkeit ermöglichen, verletzen das materielle Recht. Das Urteil ist daher auf die allgemeine Sachrüge aufzuheben, wenn nicht ausgeschlossen werden kann, daß es auf dem Begründungsmangel beruht (KK-*Hürxthal* Rn. 46). Daneben ist die Verfahrensrüge wegen eines Verstoßes gegen § 267 möglich, aber praktisch ohne Bedeutung. Mit ihr könnte nur gerügt werden, daß wegen des Verfahrensverstoßes die Rechtsanwendung durch den Tatrichter nicht nachprüfbar sei (LR/*Gollwitzer* Rn. 124). Die fehlende Übereinstimmung der schriftlichen Urteilsgründe mit den mündlich verkündeten kann mit der Revision nicht geltend gemacht werden; für das Revisionsgericht sind allein die schriftlichen Urteilsgründe maßgebend (*BGHSt* 7, 363, 370; 15, 263 ff.). Fehlen die Urteilsgründe überhaupt, so liegt der absolute Revisionsgrund des § 338 Nr. 7 vor. S. a. LR/*Gollwitzer* Rn. 125 ff.; *K/M* Rn. 40 ff.; KK-*Hürxthal* Rn. 47.

36 Wegen der **Berichtigung der schriftlichen Urteilsgründe** s. § 268 Rn. 12 ff.

§ 268 (Urteilsverkündung)

(1) Das Urteil ergeht im Namen des Volkes.

(2) ¹Das Urteil wird durch Verlesung der Urteilsformel und Eröffnung der Urteilsgründe verkündet. ²Die Eröffnung der Urteilsgründe geschieht durch Verlesung oder durch mündliche Mitteilung ihres wesentlichen Inhalts. ³Die Verlesung der Urteilsformel hat in jedem Falle der Mitteilung der Urteilsgründe voranzugehen.

(3) ¹Das Urteil soll am Schluß der Verhandlung verkündet werden. Es muß spätestens am elften Tage danach verkündet werden, andernfalls mit der Hauptverhandlung von neuem zu beginnen ist. ²§ 229 Abs. 3 Satz 2 gilt entsprechend.

(4) War die Verkündung des Urteils ausgesetzt, so sind die Urteilsgründe tunlichst vorher schriftlich festzustellen.

Literatur

Batereau Die Schuldspruchberichtigung, 1971.

Molketin Die Anwesenheit des Verteidigers während der Urteilsverkündung im Strafverfahren, AnwBl. 1983, 254 ff.

Perels Zum Verhältnis von Wiederaufnahmeantrag und Urteilsberichtigung und seinen kostenrechtlichen Folgen, NStZ 1985, 538 ff.

Poppe, Urteilsverkündung in Abwesenheit notwendiger Prozeßbeteiligter, NJW 1954, 1914 ff.

Ders. Urteilsverkündung unter Ausschluß der Öffentlichkeit, NJW 1955, 6 ff.

Schmid W. Zur Heilung gerichtlicher Verfahrensfehler durch den Instanzrichter, JZ 1969, 757 ff.

Schönfelder Die Urteilsberichtigung im Strafverfahren, JR 1962, 368 ff.

Seibert Berichtigung des Urteilsspruchs in Strafsachen, NJW 1964, 239 f.

Thier Aussetzung der Urteilsverkündung im Strafprozeß, NJW 1958, 1477 f.

Werner Mündliche und schriftliche Urteilsbegründung im Strafprozeß, JZ 1951, 779 ff.

Wiedemann Die Korrektur strafprozessualer Entscheidungen außerhalb des Rechtsmittelverfahrens, 1981.

Das Urteil als verbindlicher Machtspruch des staatlichen Gerichts, durch den das **1** Strafverfahren nach einer Hauptverhandlung beendet wird, wird in bestimmter Form **verkündet**. In dieser – oft zur Routine verkümmerten – Heraushebung aus dem Prozeßgeschehen kommt die Dignität zum Ausdruck, die dem gerichtlichen Urteil in allen Rechtsordnungen zugemessen wird. Die Art und Weise, wie das Urteil verkündet (d. h. unter Anwesenden bekanntgegeben) wird, korrespondiert der Staatsauffassung und der politischen Kultur der jeweiligen Gesellschaft.

Die Formel für den **Vorspruch des Urteils (Abs. 1)** drückt die Stellung der rich- **2** terlichen Gewalt und deren Legitimation im demokratischen Verfassungsverständnis aus. Die Geschichte des Vorspruchs (s. *Müller-Graff*, ZZP 1975, 442) führt zurück auf die würdevollen Eröffnungsformeln Ausgang des Mittelalters, mit denen der Herrscher seine Urheberschaft und Gerichtshoheit kennzeichnete und die Richter, die an seiner Stelle die Gerichtsbarkeit ausübten, ihre vom Gerichtsherren abgeleitete Autorität betonten. Die Kritik Friedrich II. im Müller-Arnold-Prozeß, daß Gerichte in seinem Namen anders urteilten, als er es wollte (»meinen Namen cruel gemißbraucht«), führte dazu, daß in Preußen in allen nicht letztinstanzlichen Urteilen der Bezug auf den Herrscher fortgelassen wurde. Die Verfassungen des 19. Jahrhunderts legten wieder Wert auf die Betonung der Jurisdiktionshoheit und legten ausdrücklich fest, daß alle Urteile im Namen des jeweiligen Landesherrn zu ergehen hatten (zuerst in § 92 der Verfassung für Württemberg), wobei der Anruf des ideellen Trägers der Gerichtshoheit abgesondert über den Urteilstenor gesetzt wurde. Die Urteile des 1879 gebildeten Reichsgerichts trugen die Präambel »Im Namen des Reichs«, die auch nach der Umwälzung von 1918 in Kraft blieb. Die Formeln für die Gerichte der deutschen Länder wurden nach 1918 entweder aufgehoben (so Bayern) oder durch neue Formeln ersetzt. Preußen entschied sich in Art. 8 Abs. 2 seiner Verfassung für die Formel »Im Namen des Volkes«, um zu betonen, daß nunmehr dem Volk als neuem Träger staatlicher Gewalt auch die Gerichtshoheit zustand. Nach der Verreichlichung der Justiz im Jahre 1934 lautete die Präambel für alle Gerichte (das Reichsgericht eingeschlossen) »Im Namen des Deutschen Volkes«. Die jetzige Regelung wurde durch das Vereinheitlichungsgesetz von 1950 (BGBl. S. 455) eingeführt.

3 Nach Art. 20 Abs. 2 geht alle Staatsgewalt vom Volke aus, auch die rechtsprechende Gewalt, die Art. 92 GG den Richtern anvertraut hat. Indem § 311 Abs. 1 feststellt, daß die Urteile **im Namen des Volkes** ergehen, wird zum Ausdruck gebracht, daß die Rechtsprechung im Auftrage des Volkes ausgeübt und unbeschadet der verfassungskräftig (Art. 97 GG) garantierten Unabhängigkeit unter der Kontrolle des demokratischen Souveräns steht (vgl. das Institut der Richteranklage in Art. 98 Abs. 2, 5 GG und die entsprechenden Regelungen in den Ländern außer Bayern und dem Saarland; dazu AK-GG-*Wassermann* Art. 98 Rn. 7 f., 35–50). Der Richter spricht weder aus eigener Machtvollkommenheit noch als Rechtspriester oder als bloßer Organverwalter Recht, sondern als »Stellvertreter in der vom Volk ausgehenden Souveränität, die ihn unmittelbar legitimiert« (*Zinn*, Verh. d. 37. DJT, 1950, S. 57; Ak-GG-*Wassermann* Art. 92 Rn. 36 ff.). Diese politische Legitimierung des Richteramts in der Demokratie, in der das Leitbild des gesellschaftsverbundenen, mitmenschlichen Richters an das eines Statthalters der Obrigkeit getreten ist, erfordert die Solidarität des Richters mit der geschichtlich wirklichen und politisch wirksamen Gesellschaft, in deren Namen er richtet, also eine »Solidarität mit jedermann, der vor ihn tritt« (*A. Arndt*, Das Bild des Richters, 1957, S. 18). Von dieser Solidarität im Verhältnis zwischen Gericht und Bürger muß das gesamte Wirken des Richters im Prozeß bestimmt sein, was insbesondere auch zu einer Vermenschlichung des starken Bürokratisierungstendenzen ausgesetzten Gerichtsverfahrens führt. Die Evokation »Im Namen des Volkes« erinnert den unabhängigen Richter an diese Abhängigkeit und ist deshalb mehr als Ornament oder Imponiergehabe.

4 Trotz seiner Bedeutung ist **Abs. 1** lediglich eine **Sollvorschrift**; es ist unschädlich, wenn er nicht beachtet wird. Von einer politisch motivierten Ablehnung, den Vorspruch zu gebrauchen, berichtet *Beradt*, Der Deutsche Richter, 2. Aufl. 1930, S. 61, 214 aus der Weimarer Republik, wo ein Richter »Im Namen des Pöbels« geschrieben hatte. Nach heutigem Recht wäre eine solche Formulierung nicht nur disziplinarisch zu ahnden; sie müßte die Richteranklage nach Art. 98 Abs. 2, 4 GG nach sich ziehen.

5 Als **Form** für die Urteilsverkündung schreibt **Abs. 2 S. 1** das Verlesen der Urteilsformel (§ 260 Rn. 8 ff.) und die Eröffnung der Urteilsgründe (§ 267 Rn. 6 ff.) vor. Die Urteilsformel muß schriftlich abgefaßt, braucht noch nicht unterschrieben zu sein. Die anschließende (Abs. 2 S. 3) Bekanntgabe der Urteilsgründe kann nach **Abs. 2 S. 2** entweder durch Verlesung der bereits schriftlich abgefaßten Gründe oder durch mündliche Mitteilung ihres wesentlichen Inhalts geschehen. Die Urteilsverkündung ist öffentlich (§ 173 GVG; Ausnahme: § 48 Abs. 1 JGG) und Sache des Vorsitzenden (§ 268; *BGH* bei *Dallinger* MDR 1975, 24). Die Anführung der angewendeten Vorschriften (§ 260 Abs. 5) in Gestalt der sog. Liste ist nicht erforderlich. Bei der Eröffnung der Urteilsgründe ist es jedoch angezeigt, an geeigneter Stelle anzugeben, welche Vorschriften das Gericht angewendet hat.

6 **Zeitpunkt** der Urteilsverkündung ist regelmäßig der Schluß der Hauptverhandlung (**Abs. 3 S. 1**). Die Verkündung darf aber auch ausgesetzt und zu einem späteren Termin vorgenommen werden, spätestens jedoch am elften Tage nach der Hauptverhandlung (**Abs. 3 Satz 2**); andernfalls ist mit der Hauptverhandlung erneut zu beginnen. Für die Berechnung der Frist gilt § 229 Abs. 3 entsprechend.

Eine Verlängerung der Frist des Abs. 3 S. 2 ist ausgeschlossen (*BGH* VRS 1962, 53).

In dem die Hauptverhandlung kennzeichnenden **kommunikativen Austausch** zwi- 7 schen den Verfahrensbeteiligten (zum Strafprozeß als Kommunikationssystem s. Einl. II) setzt die Urteilsverkündung den Schlußpunkt, in dem zugleich die Macht des Richters ihren Kulminationspunkt als Verkörperung staatlicher Hoheit erreicht. Übertrieben zeremonielles Verhalten und Autoritätsstrapazierungen liegen nahe. Selbst Richter, die während der gesamten Hauptverhandlung den dialogischen Verhandlungsstil (vgl. Einl. II Rn. 24 f.) praktizieren, fallen bei der Verkündung des Urteils leicht in autoritäre Attitüden und juristisch-technische Sprachformen zurück und vergeben auf diese Weise die Chance, das Ergebnis der Hauptverhandlung dadurch präventiv zu nutzen, daß sie auf die innere Umkehr des Täters und seine Einordnung in die Gesellschaft hinwirken. Degradierende Äußerungen sind auch bei der Urteilsverkündung strikt zu vermeiden (Art. 1 Abs. 1 GG). Der Vorsitzende soll vielmehr die mitmenschliche Solidarität deutlich machen, die bei aller Betroffenheit über das Verhalten des Verurteilten auch zwischen dem Richter und dem Gerichteten besteht. Nur ausnahmsweise – bei umfangreichen Urteilen oder stimmlichen Schwierigkeiten – darf der Vorsitzende die Verkündung ganz oder teilweise auf ein Mitglied des Gerichts übertragen (*K/M* Rn. 3), keineswegs auf einen Referendar (*OLG Oldenburg* NJW 1952, 1310). Auf Klarheit und eine dem Angeklagten **verständliche Sprache** (dazu § 267 Rn. 32 f.) ist bei der Urteilsverkündung besonderer Wert zu legen. Die Kluft, die in der sprachlichen Kompetenz zwischen den Richtern und den oft aus der Unterschicht stammenden Angeklagten besteht, tritt hier besonders deutlich zutage. Aber auch Angehörige aus den mittleren und oberen Gesellschaftsschichten haben unter Umständen Schwierigkeiten, die Sprache des Richters zu verstehen. Deshalb gilt auch hier die Forderung an den Vorsitzenden, auf den Empfängerhorizont Rücksicht zu nehmen. Eine sich anbiedernde (»kumpelhafte«) Ausdrucksweise ist allerdings unangebracht; sie macht auch auf den Verurteilten keinen Eindruck. Verständnishemmend sind nicht nur fachsprachliche Ausdrücke, sondern auch nicht geläufige, schwerfällige oder komplizierte Ausdrucksweisen, aufgeblähte Wortzusammensetzungen, ausufernde Satzstrukturen. Zur Frage, ob der Richter nach der Urteilsverkündung auf den Wunsch des Verurteilten nach einer persönlichen Unterredung eingehen soll, vgl. *Ackermann*, DRiZ 1958, S. 330, 333).

Das Urteil wird mit seiner Verkündung **existent**; bis dahin ist es ein unbeachtlicher 9 Entwurf. Die bloß niedergeschriebene, aber noch nicht verkündete Urteilsformel kann daher ohne weiteres geändert oder ergänzt werden (LR/*Gollwitzer* Rn. 44). Zur Wirksamkeit genügt die Verlesung der Urteilsformel als des wesentlichen Teils der Urteilsverkündung (*K/M* Rn. 5). Fehlt sie, so liegt kein Urteil im Rechtssinne vor (*BGH* St 8, 41; 15, 263 f.). Erkrankt oder stirbt der Vorsitzende vor der Eröffnung der Gründe, so ist das Urteil dennoch wirksam (*BGHSt* 8, 40; 15, 263).

Wiedereintritt in die mündliche Verhandlung ist bis zum Abschluß der Urteilsver- 10 kündung zulässig (*BGHSt* 25, 333, 335). Der Vorsitzende entscheidet darüber; er kann sich jedoch mit den Beisitzern darüber beraten (*BGH* bei *Dallinger* MDR 1975, 24), ob das Verfahren – wegen Verletzung der Aufklärungspflicht (§ 244 Abs. 1) – wieder zu eröffnen ist.

Mit der Beendigung der Verkündung (also nach dem letzten Satz, mit dem die 11

Bekanntgabe der Urteilsgründe erkennbar abgeschlossen wurde; vgl. LR/*Gollwitzer* Rn. 45) ist das Urteil für das Gericht, das es erlassen hat, **bindend**. Stehen die Verkündung des Beschlusses nach § 268 a und § 268 b oder die Rechtsmittelbelehrung gemäß § 35 a noch aus, so ist das unerheblich; denn diese sind zwar Teil der Hauptverhandlung, aber nicht der Verkündung (*K/M* Rn. 8). Verfahrensfehler bei der Verkündung können durch Wiederholung der bereits abgeschlossenen Verkündung innerhalb der Frist des Abs. 3 nicht geheilt werden (*Schmidt* JZ 1969, 762 ff.).

12 **Berichtigung:** Die innerprozessuale Bindung, wonach das Gericht das von ihm erlassene Urteil weder aufheben noch abändern darf, ist nur sinnvoll, wenn das Ausgesprochene mit dem Gewollten übereinstimmt. Die **Diskrepanz zwischen dem Ausgesprochenen und dem Gewollten** ermöglicht, soweit zulässig, die Anfechtung durch Rechtsmittel. In der Praxis der Gerichte besteht das Bedürfnis, in einem einfachen und billigen Verfahren die Unrichtigkeit selbst zu beseitigen. Eine Vorschrift wie § 319 ZPO ist in der StPO nicht vorhanden. Von der Rechtsprechung wird jedoch die Berichtigung in Analogie zu §§ 319 ff. ZPO, 118 f. VwGO, 138 f. SGG, 107 f. FGO als Richterrecht für zulässig gehalten (*BGHSt* 12, 376). Die Gefahr des Mißbrauchs zwingt allerdings, darauf zu achten, daß die von Rechtsprechung und Literatur zu diesen Bestimmungen herausgearbeiteten Grenze für die Berichtigung strikt eingehalten werden. Berichtigungsfähig sind die Urteilsformel und die schriftlichen Urteilsgründe. Eine Berichtigung der mündlichen Urteilsbegründung kommt nicht in Betracht (*Schönfelder* JR 1962, 330).

13 **Voraussetzung für die Berichtigung** ist zunächst die **Unrichtigkeit** des Urteils, also die **Unstimmigkeit von Willen und Erklärung**: Das im Urteil Ausgesprochene muß von dem, was bei der Urteilsfällung gewollt war, abweichen. Eine solche Abweichung liegt auch bei unvollständigen Verlautbarungen des Gerichts vor. Fehler bei der Urteilsfindung (Willensbildung), sei es Rechts- oder Tatsachenirrtümer, können jedoch keineswegs im Berichtigungswege behoben werden. Entdeckt das Gericht später, daß es das Recht falsch angewendet oder ausgelegt, Rechtsnormen übersehen oder Beweise falsch gewürdigt hat, so ist eine Korrektur durch Berichtigung ausgeschlossen. Die Anlegung eines strengen Maßstabes ist nötig, um zu verhindern, daß sich hinter der Berichtigung eine unzulässige Abänderung verbirgt (*BGH* NJW 1954, 730; *Schönfelder*, JR 1962, 368; *Hanack*, JZ 1972, 489; s. a. *KG* NJW 1975, 2107 f.; *OLG Hamm* MDR 1975, 764 f.; s. a. *Pruskowski*, NJW 1979, 931 f. m. w. N.). Stets muß es sich um versehentliche Abweichungen der Willenserklärung von der Willensbildung, um ein Auseinanderfallen von Wille und Ausdruck handeln. Die teilweise vertretene Auffassung, daß auch Unrichtigkeiten der richterlichen Willensbildung bei Evidenz im Berichtigungswege korrigierbar seien (*BGHSt* 3, 245; *BGH* GA 1969, 119; *LG Neustadt* JR 1958, 352 m. abl. Anm. *von Sarstedt*; RGZ 90, 232), ist abzulehnen (*BGHSt* 12, 376; LR/*Gollwitzer* Rn. 51; weitergehend *Wiedemann*, Die Korrektur strafprozessualer Entscheidungen außerhalb des Rechtsmittelverfahrens, 1981, S. 67 ff.).

14 Weitere Voraussetzung für die Berichtigung ist die **Evidenz** der Unrichtigkeit. Die Unrichtigkeit ist dann **offenbar**, wenn sie sich für den Außenstehenden aus dem Zusammenhang des Urteils oder aus Vorgängen bei Erlaß und Verkündung ohne weiteres ergibt (*BGHSt* 12, 376; *RGZ* 129, 161; *BGHZ* 20, 192; 78, 22; zu eng *OLG Düsseldorf* NJW 1973, 1132). Daß der Fehler für die Verfahrensbeteiligten (*K/M* Rn. 10) oder einen Rechtskundigen erkennbar war (*OLG Düsseldorf* BB 1977, 472), genügt im allgemeinen nicht (so *Runge*, BB 1977, 472); es ist Erkennbarkeit für jedermann (und damit auch für den Verurteilten) zu fordern. Die Praxis sieht Unrichtigkeiten im **Rubrum des Urteils** (falsche Bezeichnung der Verfahrensbeteiligten) allerdings bereits dann als offenbar an, wenn sie dies für die beteiligten Richter sind (vgl. *BGHZ* 18, 350 = LM Nr. 3 mit Anm. *Fischer*). Darüber hinaus wird verlangt, daß das Urteil, das das Gericht in Wirklichkeit beschlossen hat, nicht nur aus den schriftlichen Urteilsgründen, sondern auch aus der mündlichen Urteilsbegründung erkennbar ist; der Verdacht, das Gericht wolle sein Urteil nachträglich ändern (insbesondere Irrtümer bei der Beratung korrigieren), soll auf diese Weise ausgeschlossen werden (*BGH* bei *Pfeiffer/Miebach*, NStZ 1983, 212; LR/*Gollwitzer* Rn. 50). Die nachträglich gefertigte schriftliche Urteilsbegründung reicht also für sich allein nicht, um das wirklich Beratene und Beschlossene aufzuzeigen (*OGHSt* 3.93; *OLG Düsseldorf* MDR 1981, 606; *OLG Hamm* JMBl NW 1958, 32; 1976, 105; LR/*Gollwitzer* Rn. 51).

Aus der Praxis: Die Berichtigung ist zulässig, wenn es sich um einen offenbaren **15** Mangel des Ausdrucks für das erkennbar Gewollte handelt, so bei offenbaren Schreib- und Fassungsversehen (*BGHSt* 5, 5; 12, 374, 376; GA 69, 119), bei Rechen- und Zählfehlern. Schreibfehler sind versehentliche Falschangaben (falsa demonstratio). Unterschriftsfehler wie die versehentliche Unterzeichnung eines Urteils durch einen Richter, der nicht mitgewirkt hat, können berichtigt werden (*BGHZ* 18, 350), ebenso ein unvollständiger Schriftzug (*OLG Frankfurt* NJW 1983, 2395 f.). Ein Rechenfehler liegt auch vor, wenn die Gesamtzahl der Taten, deretwegen der Angeklagte verurteilt wurde, falsch addiert ist, sofern die richtige Zahl aus den in der mündlichen Urteilsbegründung erörterten Einzelfällen zweifelsfrei hervorgeht (*OGHSt* 3, 93; *Seibert*, NJW 1964, 239). Enthält ein Berichtigungsbeschluß eine **sachliche** Ergänzung des beratenen und beschlossenen Urteils in einem nicht unwesentlichen Punkt, so ist dieser Beschluß unwirksam. Unzulässig ist daher die Verkündung eines »Nachtragsurteils« über einen versehentlich nicht mitverkündeten Urteilsteil (*BGH* NStZ 84, 279), die Ergänzung des Urteils durch Nebenentscheidungen (*BGH* NJW 1953, 155), etwa durch die Kostenentscheidung (*LG Dortmund* AnwBl 1975, 367), die Ergänzung eines Berufsverbots, das ohne Angabe der Zeitdauer verkündet war (*BGH* 12. 12. 1958 2 StR 400/58; KK/*Hürxthal* Rn. 13), das Auswechseln der in der Urteilsformel angeführten Strafgesetze (*BGHSt* 3.245; *BGH* NStZ 1983, 212). Keine Rolle spielt es für die Zulässigkeit der Berichtigung, ob sich die Berichtigung zu Gunsten oder zu Ungunsten des Angeklagten auswirkt (*RGSt* 61, 388, 392), ob sie einer Rechtsmittelrüge den Boden entzieht (*BGH* NJW 1954, 730), ob das Urteil rechtskräftig ist oder nicht (so zutr. *Schönfelder*, JR 1962, 370; a. A. *Sarstedt*, JR 1958, 352). Die Urteilsformel kann unter Umständen sogar in ihr Gegenteil verkehrt werden, etwa wenn die Formel einen anderen Straftatbestand anführt, als er in den Gründen festgestellt wurde (*OLG Saarbrücken* JMBl Saar 1962, 59; *OLG Hamburg* NJW 1968, 215; *OLG Saarbrücken* MDR 1975, 334).

Berichtigungsverfahren: Die Berichtigung geschieht von Amts wegen oder auf **16** Anregung eines Beteiligten durch Beschluß in der für Entscheidungen außerhalb der Hauptverhandlung zuständigen Besetzung. Unbedenklich ist, daß durch Beschluß ohne mündliche Verhandlung entschieden wird (*BVerfGE* 9, 235) und daß der Beschluß in einer anderen Besetzung als in der Hauptverhandlung gefaßt wird (*RGSt* 61, 392); denn es handelt sich um Unrichtigkeiten, die für jedermann (und nicht nur für Beteiligte) erkennbar sein müssen (Rn. 14). Auf die Identität der Richter kann es deshalb hier nicht ankommen (wie hier *BGHSt* 7, 75; LR/*Gollwit-*

zer Rn. 53; *Schönfelder*, JR 1962, 370 sowie die h. M. zu § 319 ZPO, § 118 VwGO; § 138 SGG). Die Gegenmeinung, wonach nur die Richter mitwirken dürfen, die an der Urteilsfällung teilgenommen und das Urteil unterschrieben haben (so *BGH* 22. 1. 1981 4 StR 97/80 bei KK-*Engelhardt* Rn. 46), verkennt die Bedeutung des Evidenzerfordernisses und bleibt eine überzeugende Begründung dafür schuldig, weshalb beim Strafurteil in dieser Beziehung etwas anderes gelten soll als bei den Urteilen aller anderen Gerichte (s. dazu auch LR/*Gollwitzer* Rn. 53). Der Grundsatz des rechtlichen Gehörs erfordert grundsätzlich die Anhörung des Beteiligten; diese ist jedoch entbehrlich, wenn lediglich Schreib- oder Rechenfehler berichtigt werden, in die Rechte des Beteiligten nicht eingegriffen oder er nicht schlechter gestellt wird (*BVerfGE* 34, 7). Der Berichtigungsbeschluß ist den Verfahrensbeteiligten zuzustellen; auf ihn ist durch einen auf die Urteilsurkunde zu setzenden Vermerk hinzuweisen (*RG* HRR 1927 Nr. 443). Ein zulässiger Berichtigungsbeschluß setzt die Frist zur Begründung der Revision erst mit seiner Zustellung in Lauf (*BGHSt* 12, 375; dazu *Hanack*, JZ 1972, 489). Hinsichtlich der Verjährung ist zu unterscheiden, ob ein für die Vollstreckung wesentlicher Punkt berichtigt worden ist: Beseitigt der Berichtigungsbeschluß nur Schreibfehler oder ähnliche Unrichtigkeiten, so soll er nach *KG* VRS 13, 128 die Verjährung nicht unterbrechen, wohl aber dann, wenn die Berichtigung die Urteilsformel in einem für die Vollstreckung wesentlichen Punkt richtigstellt (*KG* JR 1962, 69). Der sachliche Gehalt des Urteils wird von der Berichtigung in der Regel nicht berührt. Dies gilt uneingeschränkt jedoch nur bei ergänzender Berichtigung (LR/*Gollwitzer* Rn. 61). Wird zulässigerweise die Urteilsformel korrigiert, so kann dies auch den Inhalt des Urteils beeinflussen, etwa die Urteilsgründe lückenhaft werden lassen, und auf Sachrüge hin zur Aufhebung des Urteils führen (*BGH* NJW 1955, 510; *OLG Celle* MDR 1973, 951).

17 Die Möglichkeit, den **Berichtigungsbeschluß** zusammen mit der Sachentscheidung **anzufechten**, schließt die gesonderte Anfechtung durch einfache **Beschwerde** nach § 304 nicht aus. Um einander widersprechende Entscheidungen zu vermeiden, hält *OLG Stuttgart* Die Justiz 1974, 270 die Beschwerde für unzulässig, solange das Urteil selbst noch angefochten werden kann. Dabei wird jedoch übersehen, daß für Rechtsmittel des Strafverfahrens ein besonderes Rechtsschutzbedürfnis nicht erforderlich ist (LR/*Gollwitzer* Rn. 64). Ist das berichtigte Urteil unanfechtbar geworden, so ist die Anfechtung durch Beschwerde auch nach *OLG Stuttgart* a. a. O. zulässig (a. A. *OLG Hamm* MDR 1957, 501; s. dazu LR/*Gollwitzer* Rn. 66).

18 Das **Revisionsgericht** kann die Urteilsformel berichtigen, wenn sich aus den schriftlichen Gründen die versehentliche Unrichtigkeit der Urteilsformel ergibt (*BGH* 8. 5. 1951 1 StR 168/51 bei KK-*Hürxthal* Rn. 14). Liegt keine offenbare Unrichtigkeit vor, so führt der Widerspruch zwischen verkündeter Formel und schriftlichen Gründen auf die Sachbeschwerde zur Urteilsaufhebung, z. B. des Strafausspruchs bei der Diskrepanz zwischen Formel und (schriftlicher) Begründung in bezug auf die Höhe der Strafe (*RGSt* 46, 326; *BGH* JZ 1952, 282).

§ 268a (Strafaussetzung oder Aussetzung von Maßregeln zur Bewährung)
(1) Wird in dem Urteil die Strafe zur Bewährung ausgesetzt oder der Angeklagte mit Strafvorbehalt verwarnt, so trifft das Gericht die in den §§ 56a bis 56d und 59a des Strafgesetzbuches bezeichneten Entscheidungen durch Beschluß; dieser ist mit dem Urteil zu verkünden.
(2) Absatz 1 gilt entsprechend, wenn in dem Urteil eine Maßregel der Besserung

und Sicherung zur Bewährung ausgesetzt oder neben der Strafe Führungsaufsicht angeordnet wird und das Gericht Entscheidungen nach den §§ 68a bis 68c des Strafgesetzbuches trifft.

(3) Der Vorsitzende belehrt den Angeklagten über die Bedeutung der Aussetzung der Strafe oder Maßregel zur Bewährung, der Verwarnung mit Strafvorbehalt oder der Führungsaufsicht, über die Dauer der Bewährungszeit oder der Führungsaufsicht, über die Auflagen und Weisungen sowie über die Möglichkeit des Widerrufs der Aussetzung oder der Verurteilung zu der vorbehaltenen Strafe (§ 56f. Abs. 1, §§ 59b, 67g Abs. 1 des Strafgesetzbuches). Erteilt das Gericht dem Angeklagten Weisungen nach § 68b Abs. 1 des Strafgesetzbuches, so belehrt der Vorsitzende ihn auch über die Möglichkeit einer Bestrafung nach § 145a des Strafgesetzbuches. Die Belehrung ist in der Regel im Anschluß an die Verkündung des Beschlusses nach den Absätzen 1 oder 2 zu erteilen. Wird die Unterbringung in einem psychiatrischen Krankenhaus zur Bewährung ausgesetzt, so kann der Vorsitzende von der Belehrung über die Möglichkeit des Widerrufs der Aussetzung absehen.

Literatur

Koch Verfahrensfehler beim Bewährungsbeschluß und Widerruf der Strafaussetzung zur Bewährung, NJW 1977, 419 ff.

Die Vorschrift betrifft die **Anordnungen**, die die im Urteil ausgesprochene **Aussetzung einer Strafe**, die **Verwarnung unter Strafvorbehalt**, die **Aussetzung einer Maßregel** der Besserung und Sicherung sowie die **Anordnung der Führungsaufsicht** nach §§ 56a–56d, 59, 68a–68c StGB erfordern oder zulassen. Daß diese Anordnungen nicht im Urteil, sondern durch einen **besonderen Beschluß** zu treffen sind, entlastet das Urteil und trägt dem Umstand Rechnung, daß die Anordnungen und Weisungen nachträglich geändert werden können. **1**

Bei der Fassung der **Beschlußformel** ist auf eine möglichst eindeutige und konkrete Festlegung Bedacht zu nehmen. Der Bestimmtheitsgrundsatz des Art. 103 Abs. 2 GG (dazu AK-GG-*Wassermann* Art. 103 Rn. 52 ff.) erfordert bei den Weisungen während der Dauer der Führungsaufsicht nach § 68b Abs. 1 S. 2 StGB die Präzisierung der einzelnen Gebote und Verbote nach Zeit, Ort und Gegenstand; sie ist unerläßlich, weil die Zuwiderhandlung gegen die Weisungen nach § 68b Abs. 1 StGB durch § 145a StGB unter Strafe gestellt ist (LR/*Gollwitzer* Rn. 4). Wird ein Bewährungshelfer bestellt (§ 56d Abs. 1), ohne daß eine bestimmte Person genannt wird, so ist derjenige Bewährungshelfer berufen, der nach der Geschäftsverteilung der Bewährungshelfer zuständig ist. **2**

Nach Abs. 1 Halbs. 2 ist der Beschluß mit dem Urteil zu **verkünden**, und zwar entweder nach der Verlesung der Urteilsformel oder nach der Bekanntgabe der Urteilsgründe (*BGHSt* 25, 333, 337). Das letzte ist zweckmäßig, weil sich die Belehrung nach Abs. 3 anschließen kann. Wenngleich kein Teil des Urteils, so steht der Beschluß doch mit dem Urteil in so engem sachlichen Zusammenhang, daß sein Bestand von dem des ihm zugeordneten Urteils abhängig ist. Dem bei der Verkündung nicht anwesenden Angeklagten ist der Beschluß zuzustellen (§ 35 Abs. 2). **3**

Der Beschluß, an dem die Schöffen mitwirken (LR/*Gollwitzer* Rn. 5; KK-*Engelhardt* Rn. 7; *K/M* Rn. 6), ist zu **begründen** (LR/*Gollwitzer* Rn. 5; KK-*Engelhardt* Rn. 8; a. A. *K/M* Rn. 7; *Pentz*, NJW 1954, 141). Auch dort, wo lediglich Ermessen **4** ausgeübt wird, kann auf eine kurze, auf das Wesentliche beschränkte Darlegung der Gründe nicht verzichtet werden; das ergibt sich schon aus verfassungsrechtlichen Erwägungen (dazu AK-GG-*Wassermann* Art. 103 Rn. 33f.). Wegen des Vorrangs der freiwilligen Übernahme von Leistungen, die der Genugtuung für das begangene Unrecht dienen (§ 56b Abs. 3 StGB), und der Zusagen des Verurteilten für seine künftige Lebensführung (§ 56c Abs. 4 StGB) ist der Angeklagte in geeigneten Fällen vor der Urteilsverkündung nach § 265a zu befragen, ob er sich zu den Leistungen erbietet oder Zusagen für seine künftige Lebensführung macht. Geht das Gericht auf das Anerbieten und die Zusagen nicht ein, so ist näher zu begründen, weshalb es diese nicht für angemessen erachtet oder meint, daß eine Erfüllung des Anerbietens oder der Zusagen nicht zu erwarten ist. Ist die Befragung unterblieben, bietet aber der Angeklagte nachträglich Leistungen an (oder macht er Zusagen), so kann die Entscheidung geändert werden (§ 56e StGB), und zwar durch Beschluß nach § 453.

5   Die **Belehrung** nach Abs. 3 ist für das Erreichen des mit den Anordnungen verfolgten Präventionsziels wesentlich und deshalb zwingend vorgeschrieben. Nur bei der Aussetzung der Unterbringung in einem psychiatrischen Krankenhaus kann der Vorsitzende von der Belehrung über die Möglichkeit des Widerrufs nach Abs. 3 Satz 4 absehen. Auch in diesem Fall ist der Angeklagte jedoch über die Dauer der Bewährungszeit und über etwa ausgesprochene Weisungen nach § 68b StGB zu belehren. Maßgeblich für den Inhalt der Belehrung sind die Mindesterfordernisse des Abs. 3 S. 1, 2 und die Erfordernisse des jeweiligen Einzelfalls. Die Belehrung ist **persönlich** zu halten, weil nur dies der kriminalpolitischen Zielsetzung entspricht; auf das Aufnahme-Verständnisvermögen des Angeklagten ist Bedacht zu nehmen, damit dieser sich der Bedeutung der ausgesetzten Strafe oder Maßregel und der Möglichkeit des Widerrufs bewußt wird. Lediglich unterstützend darf sich der Vorsitzende bei der Belehrung eines Merkblatts bedienen (*K/M* Rn. 9). Nur im Strafbefehlsverfahren ersetzt das Merkblatt die dort praktisch nicht mögliche Belehrung. Ist die Belehrung versehentlich oder wegen der Abwesenheit des Angeklagten (§§ 231 Abs. 2ff.) unterblieben, so ist sie nach § 453a nachzuholen. Bis zur Heilung gilt zunächst die Mindestbewährungszeit ohne Auflagen und Weisungen (*LG Kempten* NJW 1978, 839; *K/M* Rn. 10). Hat das AG die Belehrung unterlassen, so kann das Berufungsgericht sie nachholen (*OLG Koblenz* MDR 1981, 423). Die Revision kann auf das Fehlen des Beschlusses nicht gestützt werden (*OLG Koblenz* MDR 1981, 423).

6   Dem **Verschlechterungsverbot** unterliegen die gemäß § 268a angeordneten Rechtsfolgen nach dem Wortlaut des § 331 Abs. 1 StPO nicht, weil sie nicht Teil des Urteils sind (*OLG Hamburg* NJW 1981 m. krit. Anm. von *Loos*, NStZ 1981, 363). Es fragt sich jedoch, ob eine Ausdehnung im Wege der Auslegung nicht wegen des engen sachlichen Zusammenhangs zwischen dem Urteil und dem Beschluß gemäß § 268a angezeigt ist. *BGH* NJW 1982, 1544 mit zust. Anm. von *K. Meyer*, JR 1982, 338 läßt eine Abänderung zuungunsten des Beschwerdeführers durch das Rechtsmittelgericht unter der Voraussetzung zu, daß das zunächst mit der Sache befaßte Gericht eine Entscheidung gleichen Inhalts in Abänderung seiner ursprünglichen Entscheidung hätte treffen können (s. a. *Gollwitzer*, JR 1977, 346f.; *Horn*, MDR 1981, 13, 15).

7   Sowohl der Beschluß nach Abs. 1, 2 als auch die Belehrung nach Abs. 3 sind in das **Protokoll** aufzunehmen; die letztere ist eine »wesentliche Förmlichkeit« (LR/ *Gollwitzer* Rn. 18; KK-*Engelhardt* Rn. 15). Die Ansicht, daß die Belehrung nur

eine Ordnungsvorschrift sei und deshalb nicht in das Protokoll aufgenommen zu werden brauche (so *K/M* Rn. 9 bis zur 37. Aufl.), verkennt die Bedeutung, die das Gesetz im Rahmen seiner kriminalpolitischen Zielsetzung der Belehrung zumißt. **Rechtsmittel:** Zulässig ist die unbefristete Beschwerde nach §305a. Von der Beru- **8** fung und der Revision wird der Beschluß mittelbar gefaßt (KK-*Engelhardt* Rn. 16), weil sein Bestand von dem Bestand des Urteils abhängig ist (oben Rn. 3).

§268b (Fortdauer der Untersuchungshaft)
Bei der Urteilsfällung ist zugleich von Amts wegen über die Fortdauer der Untersuchungshaft oder einstweiligen Unterbringung zu entscheiden. Der Beschluß ist mit dem Urteil zu verkünden.

Bei Angeklagten, die sich in der Untersuchungshaft oder in der einstweiligen Un- **1** terbringung befinden, hat das Gericht **während der gesamten Hauptverhandlung zu prüfen**, ob die **Fortdauer der Untersuchungs- oder Unterbringungshaft** notwendig ist. Sobald die Voraussetzungen des Haftbefehls nicht mehr vorliegen oder sich aus dem Verlauf der Hauptverhandlung ergibt, daß die weitere Haft zur Bedeutung der Sache oder zu der zu erwartenden Strafe oder Maßregel außer Verhältnis stehen würde (§120 Abs. 1 S. 1), ist der Haft- oder Unterbringungsbefehl aufzuheben. Dies gilt auch dann, wenn die allgemeine Haftprüfung nach §122 Abs. 2 S. 2 dem OLG obliegt. Das Gericht darf mit der Aufhebung nicht bis zur Urteilsverkündung oder der vorgeschriebenen Entscheidung warten, es sei denn, daß diese Entscheidungen noch am selben Tag ergehen (LR/*Gollwitzer* Rn. 1; *K/M* Rn. 1).

§268b greift ein, wenn **im Zeitpunkt der Urteilsfällung** noch ein Haft- oder Unter- **2** bringungsbefehl besteht. Unerheblich ist, ob das Urteil alsbald rechtskräftig wird. Ebensowenig kommt es auf den Inhalt des Urteils (Freispruch oder Verurteilung oder darauf an, ob der Vollzug des Haftbefehls nach §116 ausgesetzt ist (LR/*Gollwitzer* Rn. 2).

Zuständig für den Beschluß ist das Gericht in voller Besetzung, also einschließlich **3** der Schöffen. Der Beschluß ist im Zusammenhang mit der Urteilsverkündung zu verkünden (S. 2) und zu begründen (§34). Die Reihenfolge ist nicht vorgeschrieben. Zweckmäßigerweise wird zunächst die Urteilsformel verlesen, dann das Urteil begründet und danach der Beschluß nach §268b verkündet. Gegebenenfalls schließt sich die Verkündung des Beschlusses nach §268a mit der Belehrung nach §268a Abs. 3 an. Zum Schluß erfolgen die Belehrung über das gegen das Urteil zulässige Rechtsmittel und die möglicherweise (etwa nach 268c) erforderlichen Belehrungen (s. a. LR/*Gollwitzer* Rn. 9).

Inhalt der Entscheidung: Ob das Gericht den Haftbefehl aufrechterhält, aufhebt **4** oder den Vollzug aussetzt, ist nach materiellem Haftrecht (§§112f., 116, 120) zu prüfen und zu entscheiden, und zwar auf Grund der in der Hauptverhandlung gewonnenen Erkenntnisse. Verdunkelungsgefahr dürfte meist nicht mehr vorliegen. Der Haftbefehl kann jedoch u. Umst. auf Fluchtgefahr gestützt werden; dann ist der Haftbefehl der neuen Rechtslage anzupassen (LR/*Gollwitzer* Rn. 4).

Unterläßt das Gericht es versehentlich, über die Fortdauer der Haft oder der Un- **5** terbringung zu beschließen, so kann es den Beschluß bis zur Rechtskraft des Urteils jederzeit nachholen. Ist nur die Verkündung unterblieben, so muß der Beschluß zugestellt werden (LR/*Gollwitzer* Rn. 8). Die Zustellung ist auch dann notwendig, wenn die Hauptverhandlung schon geschlossen war, bevor das Versäumnis entdeckt wurde. In eiligen Fällen kann der Vorsitzende nach § 124 Abs. 2 und 3 im Einvernehmen mit der Staatsanwaltschaft allein handeln, so etwa, wenn beim Freispruch der Haftbefehl versehentlich nicht aufgehoben worden ist (LR/*Goll- witzer* Rn. 8).

§ 268c (Belehrung über Beginn des Fahrverbots)
Wird in dem Urteil ein Fahrverbot angeordnet, so belehrt der Vorsitzende den Angeklagten über den Beginn der Verbotsfrist (§ 44 Abs. 4 Satz 1 des Strafgesetzbuches). Die Belehrung wird im Anschluß an die Urteilsverkündung erteilt. Ergeht das Urteil in Abwesenheit des Angeklagten, so ist er schriftlich zu belehren.

1 Die Norm schreibt die **Belehrung** des Angeklagten, gegen den **ein Fahrverbot** (§ 44 StGB) ausgesprochen ist, über den **Beginn der Verbotsfrist** (§ 44 Abs. 4 StGB) vor, um dem Angeklagten einen Rechtsnachteil zu ersparen. Das Fahrverbot wird nach § 44 Abs. 3 S. 1 StGB mit der Rechtskraft des Urteils wirksam. Die Verbotsfrist beginnt jedoch nur dann bereits von diesem Tage an zu laufen, wenn der Täter keine Fahrerlaubnis hat oder sein Führerschein sich auf Grund einer Sicherstellung oder Beschlagnahme nach §§ 94, 111a bereits im amtlichen Gewahrsam befindet. Ist das nicht der Fall, so läuft die Frist erst von dem Tage an, an dem ein inländischer Führerschein in amtliche Verwahrung genommen oder in einem ausländischen Führerschein das Fahrverbot vermerkt ist (§ 44 Abs. 3 S. 2, 3, Abs. 4 S. 1 StGB). Es liegt daher im Interesse des Angeklagten, den Führerschein unverzüglich in amtliche Verwaltung zu geben.

2 Die **Pflicht zur Belehrung** beschränkt sich auf den Beginn der Frist des Fahrverbots. Über deren Berechnung braucht nicht belehrt zu werden (LR/*Gollwitzer* Rn. 6). Die konkret zu formulierende Belehrung sollte durch den Hinweis ergänzt werden, wo der Führerschein in Gewahrsam zu geben ist (*K/M* Rn. 3). Darüber hinaus empfiehlt es sich, den Angeklagten darauf aufmerksam zu machen, daß er schon von der Rechtskraft des Urteils an ein Kraftfahrzeug nicht mehr führen darf (*OLG Celle* NdsRpfl. 1977, 235; KK-*Engelhardt* Rn. 3).

3 Der Vorsitzende belehrt nach S. 2 im **Anschluß an die Verkündung** des Urteils und der etwa gemeinsam mit dem Urteil ergehenden Beschlüsse, und zwar vor der Rechtsmittelbelehrung (LR/*Gollwitzer* Rn. 7; *K/M* Rn. 3). Er darf nicht auf ein Merkblatt verweisen, kann sich dessen aber unterstützend bedienen (*K/M* Rn. 3). Im **Sitzungsprotokoll** ist die Belehrung zu vermerken. Bei **Abwesenheit** ist der Angeklagte nach S. 3 schriftlich zu belehren, ebenso wie im Strafbefehl.

4 **Unterbleibt** die Belehrung, so hat dies keine prozessualen Folgen (KK-*Engelhardt* Rn. 6). Eine Nachholung durch den Richter ist nicht vorgeschrieben. Es bleibt der Vollstreckungsbehörde überlassen, bei der Anforderung des Führerscheins nach § 59a Abs. 4 S. 1 StVollstrO den Verurteilten entsprechend zu belehren (LR/*Goll- witzer* Rn. 9).

§ 269 (Sachliche Unzuständigkeit)
Das Gericht darf sich nicht für unzuständig erklären, weil die Sache vor ein Gericht niederer Ordnung gehöre.

Literatur

Grünwald Die sachliche Zuständigkeit der Strafgerichte und die Garantie des gesetzlichen Richters, JuS 1968, 452 ff.

Rieß Die Bestimmung und Prüfung der sachlichen Zuständigkeit und verwandter Erscheinungen im Strafverfahren, GA 1976, 1 ff.

Die Vorschrift, die die **sachliche Zuständigkeit** betrifft, enthält aus prozeßöko- **1** nomischen Gründen den § 6 abwandelnden Rechtsgrundsatz, wonach die größere sachliche Zuständigkeit die geringere einschließt (LR/*Gollwitzer* Rn. 4) und ein Gericht höherer Ordnung eine rechtshängige Strafsache nicht wegen sachlicher Unzuständigkeit an ein Gericht niederer Ordnung verweisen darf. Zweck der Norm ist es, Verweisungen zu vermeiden, die nicht durch mangelnde Strafkompetenz erfordert werden (KK-*Engelhardt* Rn. 1). Für den Angeklagten gilt es nicht als Nachteil, wenn die Strafsache vor dem höheren Gericht verhandelt wird, weil dieses als Gericht mit höherer Rechtsgarantie betrachtet wird (LR/*Gollwitzer* § 270 Rn. 7). Der Abgabe zwischen gleichrangigen Spruchkörpern steht § 269 nicht entgegen; dies gilt auch dann, wenn zwischen ihnen – wie durch § 74e GVG – eine Rangfolge festgelegt ist (LR/*Gollwitzer* Rn. 3).

Das **Verweisungsverbot** des § 269 erstreckt sich auf das gesamte Hauptverfah- **2** ren (KK-*Engelhardt* Rn. 2), aber nicht auf die Eröffnung des Hauptverfahrens, für die § 209 gilt, wonach das Gericht höherer Ordnung das Hauptverfahren vor dem zuständigen Gericht niederer Ordnung eröffnen darf. Dem § 269 soll wegen seiner Zweckbestimmung eine »weite Ausdehnung« gegeben werden (LR/*Gollwitzer* Rn. 9); er ist auch anzuwenden, wenn die Sache an das Gericht höherer Ordnung auf Grund eines sachlich zu Unrecht erlassenen Verweisungsbeschlusses nach § 270 gelangt ist (*RGSt* 62, 271), vorausgesetzt allerdings, daß dieser rechtlich bindend ist. Eine rechtlich unwirksame Verweisung beläßt die Rechtshängigkeit bei dem Gericht niederer Ordnung, so daß das höhere Gericht die Sache zurückzugeben hat. Bei der Vorlage vor Beginn der Hauptverhandlung gemäß § 225a ist die Verweisung an ein Gericht niederen Ranges erst dann ausgeschlossen, wenn das Gericht, dem die Sache vorgelegt ist, durch Beschluß die Sache übernommen hat (LR/*Gollwitzer* Rn. 9). Das Verbot mehrfacher Rechtshängigkeit geht allerdings der Regelung des § 269 vor. Ist eine Sache schon vor einem Gericht niederer Ordnung anhängig, so muß das Gericht höherer Ordnung sein Verfahren einstellen, sobald es davon Kenntnis erhält (*BGHSt* 22, 232, 235).

Das **Ordnungsverhältnis zwischen den Gerichten** richtet sich nach der Beset- **3** zung der Spruchkörper (*Rieß* GA 1976, 1 f.). Gericht niederer Ordnung ist der Strafrichter im Verhältnis zum Schöffengericht, die Kleine Strafkammer im Verhältnis zur Großen Strafkammer. Schöffengericht und erweitertes Schöffengericht sind gleichrangig, ebenso die Großen Strafkammern in bezug auf die Anwendung von § 269 (vgl. *BGHSt* 27, 90, 102), obwohl § 74e GVG zwischen den besonderen Strafkammern die Reihenfolge 1. Schwurgericht, 2. Wirtschaftsstrafkammer, 3. Staatsschutzkammer aufstellt (*K/M* Rn. 6). Im Verhältnis der Jugendgerichte untereinander gilt die Regelung des § 47 JGG. Der Jugendrichter ist gegenüber dem Jugendschöffengericht ein Gericht niederer Ordnung (*BGHSt* 18, 173, 176), beide gegenüber der Jugendkammer.

Nach der **Trennung** verbundener Sachen (§§ 4, 237) gilt § 269 ebenfalls. Das **4**

Gericht niederer Ordnung wird daher nicht ohne weiteres für die abgetrennte Sache zuständig, wenn seine Strafgewalt ausreicht (*OLG Hamburg* MDR 70, 523; *K/M* Rn. 7).

5 Mit der **Revision** kann grundsätzlich nicht gerügt werden, daß ein Gericht niederer Ordnung sachlich zuständig gewesen wäre. Anders ausnahmsweise, wenn die willkürliche Entziehung des verfassungsrechtlich gewährleisteten gesetzlichen Richters gerügt wird (*BGH* GA 1970, 25; *OLG Hamburg* MDR 1070, 523; LR/ *Gollwitzer* Rn. 12; KK-*Engelhardt* Rn. 9, 10; *K/M* Rn. 8).

§ 270 (Verweisung an ein höheres zuständiges Gericht)

(1) Hält ein Gericht nach Beginn einer Hauptverhandlung die sachliche Zuständigkeit eines Gerichts höherer Ordnung für begründet, so verweist es die Sache durch Beschluß an das zuständige Gericht; § 209a Nr. 2 Buchstabe a gilt entsprechend. Ebenso ist zu verfahren, wenn das Gericht einen rechtzeitig geltend gemachten Einwand des Angeklagten nach § 6a für begründet hält.
(2) In dem Beschluß bezeichnet das Gericht den Angeklagten und die Tat gemäß § 200 Abs. 1 Satz 1.
(3) Der Beschluß hat die Wirkung eines des Hauptverfahrens eröffnenden Beschlusses. Seine Anfechtbarkeit bestimmt sich nach § 210.
(4) Ist der Verweisungsbeschluß von einem Strafrichter oder einem Schöffengericht ergangen, so kann der Angeklagte innerhalb einer bei der Bekanntmachung des Beschlusses zu bestimmenden Frist die Vornahme einzelner Beweiserhebungen vor der Hauptverhandlung beantragen. Über den Antrag entscheidet der Vorsitzende des Gerichts, an das die Sache verwiesen worden ist.

Literatur
Brause Die Zuständigkeit der allgemeinen und besonderen Strafkammern nach dem Verfahrensänderungsgesetz, NJW 1979, 802.
Behl Verweisungsbeschluß gemäß § 270 StPO und fehlende örtliche Zuständigkeit des höheren Gerichts, DRiZ 1980, 182.
Deisberg/Hohendorf Verweisung an erweitertes Schöffengericht, DRiZ 1984, 261 ff.
Meyer-Goßner, Die Prüfung der funktionellen Zuständigkeit im Strafverfahren, insbesondere beim Landgericht, JR 1977, 353 ff.
Ders. Die Behandlung von Zuständigkeitsstreitigkeiten zwischen allgemeiner und Spezialstrafkammer beim Landgericht, NStZ 1981, 161 ff.
Müller Zum negativen Kompetenzkonflikt zwischen zwei Gerichtsabteilungen, DRiZ 1978, 14 ff.
Rieß Die Bestimmung und Prüfung der sachlichen Zuständigkeit und verwandter Erscheinungen im Strafverfahren, GA 1976, 1 ff.
Ders. Zur Zuständigkeit der allgemeinen und besonderen Strafkammern, NJW 1979, 1536.

1 Wie §§ 225a, 269 bringt auch § 270 den Gedanken der **Prozeßökonomie** zur Geltung. Da nach § 6 das Gericht seine sachliche Zuständigkeit in jeder Lage des Verfahrens zu prüfen hat, müßte das Verfahren nach § 260 Abs. 3 eingestellt und eine neue Anklage erhoben werden, wenn sich während der Hauptverhandlung herausstellt, daß die sachliche Zuständigkeit eines Gerichts höherer Ordnung begründet ist. § 270 vermeidet diese umständliche Behandlung durch die Anord-

nung, daß in diesem Fall das Gericht durch Beschluß die Sache an das Gericht der höheren Ordnung verweist.

Anwendungsbereich: Die Vorschrift betrifft allein die **sachliche Zuständigkeit** 2 (nicht die örtliche oder die funktionelle Zuständigkeit) und bezieht sich **nur auf die Hauptverhandlung** (nicht – wie § 269 – auf das gesamte Hauptverfahren). Im Hauptverfahren außerhalb der Hauptverhandlung gilt § 225a, im Eröffnungsverfahren § 209 Abs. 2. § 270 ist auch während der Unterbrechung der Hauptverhandlung (§ 229) anzuwenden. Ist dagegen eine neue Hauptverhandlung durchzuführen, etwa wegen nicht rechtzeitiger Fortsetzung nach der Unterbrechung (§ 229 Abs. 3), so ist bis zum Beginn der Hauptverhandlung nach der Vorschrift des § 225a zu verfahren (KK-*Engelhardt* Rn. 3; *K/M* Rn. 7). Im Berufungsverfahren hat die Sonderregelung in § 328 Abs. 3 Vorrang vor der Anwendung des § 270 (LR/*Gollwitzer* Rn. 6). Bei einem Streit über die funktionelle Zuständigkeit im Berufungsverfahren zwischen Wirtschaftsstrafkammer und allgemeiner Strafkammer sind die Kompetenzregelungen der §§ 209a, 225a Abs. 4, 270 Abs. 1 S. 2 und die zeitlichen Begrenzungen der Prüfungsbefugnis nach § 6a StPO entsprechend anzuwenden (*OLG Düsseldorf* JR 1982, 514 m. Anm. von *Rieß* gegen *OLG München* JR 1980, 77). Eine entsprechende Anwendung des § 270 auf die geschäftsplanmäßige Zuständigkeit kommt nicht in Betracht; es genügt die formlose Abgabe (*BGHSt* 27, 99, 102).

Nach Beginn der Hauptverhandlung (§ 243 Abs. 1 S. 1): Die Verweisung setzt weder die Durchführung der Hauptverhandlung noch eine Sacherörterung oder Beweisaufnahme voraus. Ist die Korrektur einer rechtsirrigen Beurteilung im Eröffnungsbeschluß der Anlaß der Verweisung (sog. korrigierende Verweisung), so ist alsbald ohne Anhörung des Angeklagten zu verweisen (KK-*Engelhardt* Rn. 10; LR/*Gollwitzer* Rn. 9).

Als **Verweisungsgrund** kommen in Betracht: a) die **Korrektur einer rechtsirrigen** 4 **Beurteilung** im Eröffnungsbeschluß (sog. **korrigierende Verweisung,** bei der sich die Zuständigkeit des höheren Gerichts schon aus der anderen Würdigung des angeklagten Sachverhalts ergibt), b) die **Änderung des Tatverdachts** (durch neue Feststellungen im Verlaufe der Hauptverhandlung, die den Verdacht einer Straftat ergeben, die in die Zuständigkeit eines Gerichts höherer Ordnung fällt), und c) die **unzureichende Rechtsfolgenkompetenz** (das an sich zuständige Gericht hält eine Rechtsfolge für angemessen, die es nicht verhängen darf). Der **hinreichende Tatverdacht,** den die Verweisung ebenso wie der Eröffnungsbeschluß voraussetzt (*BGHSt* 29, 216, 219 ff.; 341, 344; *BGH* NStZ 1988, 236), muß sich so **verfestigt** haben, daß im Falle des Weiterverhandelns ein Wegfall nicht mehr zu erwarten ist; erst jenseits dieser Schwelle tritt die Verweisungsreife ein (a. a. LR/*Gollwitzer* Rn. 11–15). Die nicht ausreichende Rechtsfolgenkompetenz (»Strafgewalt«) als Verweisungsgrund erfordert die gefestigte Wahrscheinlichkeit, daß die eigene Kompetenz nicht ausreicht. Die Hauptverhandlung ist daher so lange weiterzuführen, bis das Gericht die Überzeugung erlangt hat, daß der Angeklagte schuldig und eine die Kompetenz des Gerichts übersteigende Sanktion angebracht ist (*Rieß,* GA 1976, 17; LR/*Gollwitzer* Rn. 10; *K/M* Rn. 10). Normative Zuständigkeitsmerkmale wie die besondere Bedeutung des Falles (§§ 24 Abs. 1 Nr. 3, 74 Abs. 1 S. 2 GVG) haben nur für das Eröffnungsverfahren Bedeutung, nicht für die Verweisung (*Rieß,* NJW 1978, 2268).

Wegen des **Rangverhältnisses** zwischen Gerichten höherer und niederer Ordnung 5 s. § 269 Rn. 3. Stellt sich in der Hauptverhandlung die **Zuständigkeit des Jugend-**

gerichts heraus, so kann an dieses nicht nur dann verwiesen werden, wenn es ein Gericht höherer Ordnung ist, sondern auch dann, wenn es zur gleichen Ordnung gehört wie das verweisende Gericht. Da nach dem in Bezug genommenen § 209 a Nr. 2 a der Jugendrichter dem Strafrichter gegenüber einem Gericht höherer Ordnung gleichsteht, kann der Strafrichter auch an den Jugendrichter verweisen (und nicht nur an das Jugendschöffengericht und an die Jugendkammer). Vgl. KK-*Engelhardt* Rn. 14; LR/*Gollwitzer* Rn. 20. Bei Jugendschutzsachen ist eine Verweisung an die gleichrangige Jugendschutzkammer unzulässig (*K/M* Rn. 9; LR/ *Gollwitzer* Rn. 20; KK-*Engelhardt* Rn. 14).

6 Eine **Verweisung an eine besondere Strafkammer** (§§ 74 Abs. 2, 74 a, 74 c GVG) ist in der Hauptverhandlung nicht von Amts wegen, sondern nur bei **rechtzeitigem** Einwand des Angeklagten möglich, also vor seiner Vernehmung zur Sache (§ 6 a S. 3). Ist der Einwand rechtzeitig erhoben, so ist ohne Rücksicht auf die Rangordnung der Strafkammern (*Meyer-Goßner*, NStZ 1981, 168, 171), die Verweisung auszusprechen, sofern das Gericht den Einwand für begründet hält (LR/ *Gollwitzer* Rn. 21 f.; KK-*Engelhardt* Rn. 16). Der Angeklagte ist nicht darauf beschränkt, die Zuständigkeit einer vorrangigen Strafkammer geltend zu machen; er kann ihn auch darauf stützen, daß die allgemeine Strafkammer zuständig sei, und damit die Verweisung von der besonderen an die allgemeine Strafkammer erreichen (*Rieß*, NJW 1979, 1536).

7 Die Verweisung **beschließt** das Gericht von Amts wegen in der für die Hauptverhandlung vorgeschriebenen Besetzung – also unter Mitwirkung der Schöffen (*BGHSt* 6, 109, 112) – nach Anhörung der Verfahrensbeteiligten. Auch wenn die Verweisung während der Unterbrechung der Hauptverhandlung beschlossen wird (Rn. 2), müssen die ehrenamtlichen Richter mitwirken (KK-*Engelhardt* Rn. 17). In der **Beschlußformel** ist das Gericht, an das verwiesen wird, zu bezeichnen und nach Abs. 2 der Angeklagte und die ihm zur Last gelegte Tat so zu beschreiben, wie dies § 200 Abs. 1 S. 1 für den Anklagesatz erfordert, jedoch mit den Veränderungen, aus denen sich die Zuständigkeit des Gerichts, an das verwiesen wird, ergibt (*K/M* Rn. 15). Von der Aufnahme des Anklagesatzes in den Verweisungsbeschluß kann abgesehen werden, wenn sich an dem Anklagesatz nichts ändert, etwa weil die Rechtsfolgenkompetenz des verweisenden Gerichts nicht ausreicht (*BGH* MDR 1966, 894) oder lediglich die Zuständigkeitsentscheidung des Eröffnungsbeschlusses korrigiert wird (LR/*Gollwitzer* Rn. 25; *K/M* Rn. 15); es genügt dann die Bezugnahme auf den zugelassenen Anklagesatz (*BGH* MDR 1966, 894). Die Verweisung muß die **gesamte Tat** im Sinne des § 264 umfassen. Da über diese nicht durch Teilurteile, sondern nur durch ein einheitliches Urteil entschieden werden darf, ist eine Teilverweisung nicht möglich (*RGSt* 61, 225; *BGHSt* 10, 396 f.; KK-*Engelhardt* Rn. 19). Eine Begründung über die in der Beschlußformel erforderlichen Inhaltsangaben hinaus ist nicht notwendig (*K/M* Rn. 16). Wird jedoch der Einwand nach § 6 a abgelehnt, so ist dies nach § 34 zu begründen. **Bekanntgegeben** wird der Beschluß durch Verkündung in der Hauptverhandlung, bei Abwesenheit des Angeklagten schon wegen der **Fristsetzung** nach **Abs. 4** durch Zustellung (§ 35 Abs. 2 S. 2). Die Fristbestimmung kann in den Verweisungsbeschluß aufgenommen werden; ist das nicht geschehen, so obliegt sie dem Vorsitzenden (§ 238 Abs. 2; KK-*Engelhardt* Rn. 20).

8 **Wirkung der Verweisung:** Mit dem Erlaß des Verweisungsbeschlusses geht das gesamte Verfahren in der Lage, in der es sich befindet, auf das Gericht über, an das verwiesen ist (*OLG Karlsruhe* Die Justiz 1984, 429; MDR 1980, 599; KK-

Engelhardt Rn. 21; *K/M* Rn. 18; nach LR/*Gollwitzer* Rn. 33 erst mit dem Eingang der Akten bei dem anderen Gericht). Das Gericht, an das verwiesen ist, ist an den Beschluß gebunden (*BGHSt* 27, 99, 103; 29, 216; *BGH* NStZ 1988, 236), auch wenn dieser fehlerhaft oder sachlich falsch ist (*BGHSt* 27, 99, 130; 29, 216; *OLG Stuttgart* Die Justiz 1983, 164; *OLG Karlsruhe* MDR 1980, 559). Die **Bindung** entfällt nur dann, wenn der Beschluß deswegen nichtig ist, weil er mit den Grundprinzipien der rechtsstaatlichen Ordnung offenkundig im Widerspruch steht, wobei auf die Sicht eines verständigen Betrachters abzustellen ist (vgl. KK-*Engelhardt* Rn. 26; *K/M* Rn. 20; LR/*Gollwitzer* Rn. 37). Das ist vor allem der Fall, wenn die Verweisung auf Willkür beruht (*BGHSt* 29, 216, 219), nicht mehr verständlich ist und offensichtlich unhaltbar erscheint (*BVerfGE* 29, 45, 49; *OLG Schleswig* NStZ 1981, 491; *OLG Stuttgart* Die Justiz 1983, 164). Diese Auslegung beruht auf der Erwägung, daß Zuständigkeitsstreitigkeiten möglichst ausgeschlossen sein sollen. Der Hinweis von KK-*Engelhardt* Rn. 26, das Interesse an der Unbezweifelbarkeit des Verweisungsbeschlusses sei nicht so stark wie das am Urteil und die Nichtigkeitsfolge sei infolge der Unanfechtbarkeit des Verweisungsbeschlusses oft die einzige Korrekturmöglichkeit, rechtfertigt es nicht, die Grenzen der ausnahmsweise eintretenden Unwirksamkeit weiter zu ziehen. Eine Weiterverweisung ist zulässig, wenn das Gericht, an das verwiesen ist, feststellt, daß ein Gericht noch höherer Ordnung zuständig ist (*BGHSt* 21, 268, 270; *RGSt* 59, 241). Mit der Verweisung ist die Zuständigkeit des verweisenden Gerichts voll entfallen, auch für Haftentscheidungen (*K/M* Rn. 21). Eine entsprechende Anwendung von § 207 Abs. 4 ist ausgeschlossen. Hält das verweisende Gericht eine Entscheidung über die Anordnung oder Fortdauer der Untersuchungshaft für angezeigt, so muß es sie vor der Verkündung des Verweisungsbeschlusses treffen (KK-*Engelhardt* Rn. 21).

Einzelne Beweiserhebungen, die der Angeklagte für nötig hält, weil der Sachverhalt noch nicht genügend aufgeklärt ist, können nach **Abs. 4 S. 1** erhoben werden, wenn der Strafrichter oder das Schöffengericht die Sache verwiesen hat. Voraussetzung ist, daß der Angeklagte die Beweisanträge innerhalb der ihm bei der Bekanntgabe des Verweisungsbeschlusses gesetzten Frist stellt. Die Frist kann verlängert werden (LR/*Gollwitzer* Rn. 41). Über die Anträge entscheidet der **Vorsitzende** des Gerichts, an das die Sache verwiesen ist **(Abs. 4 S. 2)**. Die Entscheidung ist unanfechtbar (§ 305). **9**

Anfechtbarkeit des Verweisungsbeschlusses: Nach **Abs. 3 S. 2** ist § 210 anzuwenden. Der Angeklagte ist daher in keinem Fall anfechtungsberechtigt (§ 210 Abs. 1). Die Staatsanwaltschaft kann den Verweisungsbeschluß nur dann anfechten, wenn sie die Verweisung beantragt hat und an ein Gericht verwiesen worden ist, das gegenüber dem in ihrem Antrag bezeichneten ein solches niederer Ordnung ist (Abs. 3 S. 2 in Verbindung mit § 210 Abs. 1, 2; KK-*Engelhardt* Rn. 25; *K/M* Rn. 22). Die Ablehnung des Verweisungsantrags ist nach § 305 S. 1 unanfechtbar (*OLG Braunschweig* NJW 1958, 1550), ebenso die der Einwendungen nach § 6a (*K/M* Rn. 22). **10**

Mit der **Revision** kann die Verletzung des § 270 gerügt werden, wenn das Gericht eine nach § 270 gebotene Verweisung unterlassen hat; der Mangel ist jedoch auch ohne Rüge von Amts wegen zu berücksichtigen als Verfahrenshindernis der sachlichen Unzuständigkeit (*BGHSt* 10, 74, 76; *BGH* MDR 1972, 18). Gerügt werden kann ferner nach § 338 Nr. 4, daß ein rechtzeitig erhobener Einwand nach § 6a zu Unrecht abgelehnt worden oder die Verweisung vom Erwachsenen- zum Jugend- **11** gericht unterblieben ist (*K/M* Rn. 27; LR/*Gollwitzer* Rn. 54). Ist die Fristsetzung nach Abs. 4 unterblieben, so kann sich ein Revisionsgrund aus der Verletzung des § 265 Abs. 4 ergeben (*K/M* Rn. 27; näher dazu LR/*Gollwitzer* Rn. 55). Grundsätzlich ist bei der Rüge fehlerhafter Verweisung zu unterscheiden, ob der Beschluß wegen besonders schwerwiegenden Verstoßes unwirksam (nichtig) oder zwar mangelhaft, aber wirksam ist (s. o. Rn. 8). Im ersten Fall fehlt es an einer Prozeßvoraussetzung für das Tätigwerden des Gerichts, an das verwiesen ist; das Revisionsgericht hat diesen Mangel von Amts wegen zu berücksichtigen. Im zweiten Fall greift die Bindungswirkung Platz. Die Verfahrensvoraussetzungen sind vorhanden, der Angeklagte ist nicht beschwert (s. a. LR/*Gollwitzer* Rn. 50 ff.; KK-*Engelhardt* Rn. 32 f.).

§ 271 (Sitzungsprotokoll)

(1) Über die Hauptverhandlung ist ein Protokoll aufzunehmen und von dem Vorsitzenden und dem Urkundsbeamten der Geschäftsstelle zu unterschreiben. Der Tag der Fertigstellung ist darin anzugeben.

(2) Ist der Vorsitzende verhindert, so unterschreibt für ihn der älteste beisitzende Richter. Ist der Vorsitzende das einzige richterliche Mitglied des Gerichts, so genügt bei seiner Verhinderung die Unterschrift des Urkundsbeamten der Geschäftsstelle.

1 Das Protokoll schafft die einzige in etwa zuverlässige Grundlage für die Feststellung, ob die Hauptverhandlung in ihren wesentlichen Teilen den gesetzlichen Vorschriften entsprochen hat (KK-*Engelhardt* Rn. 1). Es beurkundet den Verlauf der Hauptverhandlung mit Beweiskraft (§ 274), sofern die zuständigen Urkundspersonen mit ihrer Unterschrift die Verantwortung übernommen haben (LR-*Gollwitzer* Rn. 1). Demnach sind Aufzeichnungen auf Tonträger nach herrschender Auffassung kein Protokoll, sondern ein Hilfsmittel bei der Fertigung des Protokolls (*BGHSt* 19, 193, 194; *BGH* NStZ 1982, 204; *Schmidt*, JZ 1956, 206; *Röhl*, JZ 1956, 591 für das Magnettonband; die insbesondere von Röhl genannten technischen Probleme bestehen bis heute). Die Gesamtheit der stenographischen Aufzeichnung des Protokollführers ergibt auch nicht schon das Protokoll, sondern erst ihre Übertragung in Langschrift (*RGSt* 65, 435, 436).

2 Gegenstand des Protokolls ist die Hauptverhandlung. Hat sie mehrere Tage gedauert, so ist das Protokoll auch dann als Einheit anzusehen, wenn für jeden Verhandlungstag ein besonderes Protokoll aufgenommen und von den Urkundspersonen jeweils unterschrieben worden ist. Ob das Protokoll in dieser Form oder in einer einzigen alle Verhandlungstage umfassenden Schrift geführt wird, ist im Hinblick auf die Beweiswirkung ohne Bedeutung, weil das Sitzungsprotokoll jedenfalls eine einheitliche Urkunde darstellt (*RGSt* 30, 205, 206; *BGHSt* 16, 306, 307; 29, 394, 395; LR-*Gollwitzer* Rn. 9). Jedoch kann es problematisch sein, bei einer längere Zeit andauernden Verhandlung das Protokoll erst nach der Urteilsverkündung zu erstellen, denn es können sich einerseits Fehler und Auslassungen aufgrund des Zeitablaufs und der zunehmenden Materialfülle ergeben und andererseits kann dadurch die Verteidigung behindert sein, weil ihre Möglichkeit, Anträge als Reaktion auf Vorgänge in der sich entwickelnden Hauptverhandlung zu stellen, faktisch eingeschränkt wird. Wenn auch ein Anspruch des Verteidigers auf Einsicht in das Protokoll nach § 147 erst mit der Fertigstellung des Gesamtprotokolls entsteht (*BGH* bei *Dallinger* MDR 1975, 725), ist der Vorsitzende nicht ge-

hindert, dem Verteidiger im Interesse einer konfliktärmeren Verhandlung Einsicht in die Protokollteile zu gewähren. Wird die Hauptverhandlung unterbrochen, so braucht das Protokoll nicht jeweils förmlich abgeschlossen zu werden. Angaben über Grund und Dauer der Unterbrechung empfehlen sich, auch wenn diese Angaben in der Regel nicht zu den wesentlichen Förmlichkeiten gehören, die nur durch das Protokoll beweisbar sind (*BGH* JZ 1967, 185; LR-*Gollwitzer* Rn. 11).

Das Protokoll wird vom Urkundsbeamten aufgenommen. Er braucht nicht Beam- **3** ter im beamtenrechtlichen Sinn zu sein; aus § 153 Satz 2 GVG folgt, daß auch Justizangestellte zu Urkundsbeamten der Geschäftsstelle bestellt werden können (*OLG Celle* NJW 1968, 2072; KK-*Engelhardt* Rn. 5). Unter den in § 153 Abs. 5 GVG genannten Voraussetzungen können auch Referendare mit den Aufgaben eines Urkundsbeamten der Geschäftsstelle beauftragt werden, und zwar unter Beachtung landesrechtlicher Bestimmungen. So kann in Rheinland-Pfalz der Strafrichter (*OLG Koblenz* OLGSt GVG § 153 Nr. 2), in Niedersachsen dagegen nur der Behördenleiter (*BGH* EzSt GVG § 153 Nr. 1) Referendare zu Urkundsbeamten bestellen.

Urkundsbeamte der Geschäftsstelle sind bei der Aufnahme des Protokolls unab- **4** hängig, jedoch überprüft der Vorsitzende als die andere Urkundsperson (*K/M* Rn. 2) den Protokollentwurf des Urkundsbeamten (KK-*Engelhardt* Rn. 6) und berichtigt oder ergänzt ihn (*BGH* GA 1954, 119), ohne daß es sich dabei zwar um nachträgliche Berichtigung des Protokolls handeln würde, weil das Protokoll bis zur Unterschrift der Urkundspersonen noch nicht erstellt ist. Dementsprechend ist die Ergänzung oder Verbesserung des Protokollentwurfs auch dann noch zulässig, wenn bereits ein Rechtsmittel eingelegt und auf Angaben in dem Protokollentwurf gestützt ist, es sei denn, einer bereits erhobenen Verfahrensrüge wird dadurch nachträglich der Boden entzogen (*BGHSt* 10, 145, 147; *BGH* Strafverteidiger 1985, 135; *BGH* EzSt StPO § 268 Nr. 1) oder sonst erkennbar mit dem Protokoll manipuliert.

Die Unabhängigkeit des Urkundsbeamten in der Formulierung des Protokolls ist **5** durch § 273 Abs. 3 begrenzt. Meinungsverschiedenheiten zwischen beiden Urkundspersonen müssen, wenn sie nicht ausgeräumt werden konnten, im Protokoll zum Ausdruck gebracht werden (LR-*Gollwitzer* Rn. 18; KMR-*Paulus* Rn. 13; *K/M* Rn. 3); sie nehmen dem Protokoll hinsichtlich der sie betreffenden Stelle die Beweiskraft nach § 274. Der Vorsitzende kann den Urkundsbeamten nicht anweisen, die vom Vorsitzenden für zutreffend gehaltene Darstellung aufzunehmen (LR-*Gollwitzer* Rn. 17). Andererseits gewinnt das Protokoll nicht dadurch an förmlicher Beweiskraft, daß der Urkundsbeamte im voraus seine Einwilligung in die vom Vorsitzenden später für wünschenswert gehaltenen Änderungen erklärt (*RG* DRiZ 1931 Nr. 366; LR-*Gollwitzer* Rn. 16; *K/M* Rn. 3).

Das Protokoll ist fertiggestellt mit dem Vollzug der erforderlichen Unterschriften. **6** Die Unterzeichnung erfordert die eigenhändige Unterschrift des Vorsitzenden und des Urkundsbeamten. Auch bei mehrtägigen Verhandlungen bedarf es grundsätzlich nur der Unterschriften unter das Gesamtprotokoll. Werden jedoch Abschnittsprotokolle erstellt, so decken die abschließenden Unterschriften auch zuvor versehentlich nicht unterschriebene Protokollteile mit ab (*BGH* bei KK-*Engelhardt* Rn. 9). Bei Wechsel des Urkundsbeamten unterschreibt jeder von ihnen den von ihm verantworteten Teil des Protokolls. Durchstreichungen, Rasuren, das Unterpunktieren einer bereits durchgestrichenen Stelle im Sitzungsprotokoll sind trotz Unterschriften beider Urkundspersonen geeignet, die Beweiskraft des Protokolls zu bccinträchtigen (*RGSt* 27, 169, 170; *K/M* Rn. 5); sie sollten deshalb unterlassen werden. Sind Randnotizen oder Anlagen zum Protokoll unabdingbar, so sind sie durch gesonderte Unterschrift beider Urkundspersonen zum Bestandteil des Protokolls zu machen (*K/M* Rn. 5).

7 Ist das Urteil mit Gründen vollständig in das Protokoll aufgenommen worden (§ 275 Abs. 1 Satz 1), so genügt es nicht, wenn der Urkundsbeamte nur die Urteilsformel, Vorsitzender und Beisitzer die dann folgenden Urteilsgründe unterschreiben (*RGSt* 64, 215). Allerdings dürfte die Unterschrift des Vorsitzenden am Schluß des Protokolls auch den sonstigen Protokollinhalt mit abdecken (LR-*Gollwitzer* Rn. 22; KMR-*Paulus* Rn. 14; a. A. *K/M* Rn. 5).

8 Nach Abs. 1 Satz 2 ist im Protokoll der Tag seiner Fertigstellung anzugeben. Die Vorschrift erleichtert die Nachprüfung, ob § 273 Abs. 4 eingehalten worden ist. Tag der Fertigstellung ist der Tag, an dem das Protokoll mit der letzten Unterschrift der Urkundspersonen abgeschlossen wird (*BGHSt* 23, 115, 117; 27, 80, 81; *OLG Düsseldorf* OLGSt BZRG § 51 Nr. 1; *Börtzler*, MDR 1972, 185, 186), und zwar auch dann, wenn der Tag der Fertigstellung nicht im Protokoll angegeben ist (*BGHSt* 23, 115, 117). Der Vermerk wird am Ende der Protokollurkunde angebracht, von den zuletzt Unterzeichnenden mit Datum versehen und unterschrieben. Er ist jedoch nicht Bestandteil des Protokolls »über die Hauptverhandlung«, sondern ein besonderer Vermerk zum Protokoll (*Börtzler*, a. a. O.).

9 Absatz 2 regelt Verhinderungsfälle. Bei Verhinderung des Vorsitzenden unterschreibt für ihn der dienstälteste, ersatzweise der lebensälteste Beisitzer (LR-*Gollwitzer* Rn. 23, h. M.). Ist der verhinderte Vorsitzende einziger Berufsrichter, so genügt die Unterschrift des Urkundsbeamten. Ist der Urkundsbeamte verhindert, so unterschreibt der Vorsitzende allein. Voraussetzung dazu ist aber, daß das Protokoll aus zumindest rudimentär vorhandenen Notizen erstellbar ist. Sonst muß das Protokoll insgesamt fehlen (*OLG Düsseldorf* OLGSt § 274 StPO S. 5). Ein Hindernis i. S. von Absatz 2 liegt vor, wenn den betroffenen Urkundspersonen die Unterschrift aus rechtlichen oder tatsächlichen Gründen dauernd oder für eine im Interesse der zügigen Abwicklung des Verfahrens unvertretbar lange Zeit nicht möglich ist. Dabei ist jeder Grund gleichwertig; längerer Urlaub oder längere Erkrankung, Tod, sein Ausscheiden aus dem Justizdienst (LR-*Gollwitzer* Rn. 24), nicht jedoch das Ausscheiden des Vorsitzenden allein aus dem Spruchkörper (*Busch*, JZ 1964, 746, 748) oder seine Überlastung mit Arbeit (a. A. KMR-*Paulus* Rn. 16) und auch nicht das Ausscheiden des Urkundsbeamten der Geschäftsstelle aus dieser Funktion. Scheidet jedoch der Referendar zwischenzeitlich aus der entsprechenden Stationsausbildung aus, so unterschreibt der Vorsitzende allein, sofern ein Protokoll erstellbar ist.

10 Ist das Protokoll verlorengegangen, so kann es wiederhergestellt werden, sofern Vorsitzender und Urkundsbeamter dazu mit hinreichender Sicherheit in der Lage sind (LR/*Gollwitzer* Rn. 64 – h. M. vgl. auch die Verordnung vom 18. Juni 1942 – Reichsgesetzblatt I S. 395). Die Urkundspersonen können sich hierzu ggf. auch auf Aufzeichnungen und Bekundungen Dritter stützen. Allerdings wird erforderlich sein, im Ersatzprotokoll zu vermerken, daß es an die Stelle eines verlorengegangenen Protokolls tritt, denn die neue Niederschrift hat zwar, soweit dem nicht die gewöhnlichen Vorbehalte (oben Rn. 5, 6) entgegenstehen, die Beweiskraft des § 274 (*RGSt* 60, 270; LR-*Gollwitzer* Rn. 64). Sie

bleibt aber eine zumeist aus dem Gedächtnis rekonstruierte Zweitfassung des Protokolls, verbunden mit allen Unzulänglichkeiten, die sich hieraus ergeben.

Nach Fertigstellung des Protokolls können Änderungen und Ergänzungen durch **11** einfaches Zusammenwirken der Urkundspersonen nicht mehr vorgenommen werden, vielmehr bedarf es eines Berichtigungsverfahrens. Zweckmäßig im Interesse der Verfahrensbeschleunigung ist allerdings die Möglichkeit, einfache Versehen bei der Formulierung der Niederschrift bei Angaben, die an der Beweiskraft des § 274 nicht teilhaben, zu verbessern, ohne daß es einer Berichtigung im eigentlichen Sinne bedarf (*Hanack* JZ 1972, 490; LR-*Gollwitzer* Rn. 62; *K/M* Rn. 9). Hier ist jedoch Zurückhaltung geboten, damit sich aus der Beseitigung eines offenkundigen Versehens keine sachlichen Änderungen ergeben (*OLG Karlsruhe* Justiz 1980, 155: »Aussagerecht« statt »Aussageverweigerungsrecht«; KK-*Engelhardt* Rn. 15).

Die nachträgliche Ergänzung oder Berichtigung des Protokolls erfolgt auf Antrag **12** eines Prozeßbeteiligten oder – sofern die Unrichtigkeit sogleich den Urkundspersonen aufgefallen ist – von Amts wegen (KK-*Engelhardt* Rn. 16; KMR-*Paulus* Rn. 20). Hält eine Urkundsperson das Protokoll für zutreffend oder kann sich der Urkundsbeamte an den im Berichtigungsantrag gegenüber der Niederschrift anders dargestellten Vorgang nicht mehr erinnern, so ist der Antrag abzulehnen (*OLG Saarbrücken* OLGSt § 271 StPO S. 5; *OLG Nürnberg* MDR 1984, 74, 75), nachdem der Vorsitzende erfolglos versucht hat, der Erinnerung des Urkundsbeamten durch Erhebungen aufzuhelfen (*OLG Nürnberg* a. a. O. m. w. N.), und zwar auch dann nicht, wenn glaubhafte Zeugenaussagen vorliegen (*OLG Saarbrücken, OLG Nürnberg,* a. a. O.). Kann eine Übereinstimmung der beiden Urkundspersonen nicht erzielt werden, so hält diejenige, die die betreffende Protokollstelle für unzutreffend hält, ihre Auffassung in einem Aktenvermerk fest, durch den die Beweiskraft des alten Protokolls insoweit beseitigt wird (*BGHSt* 4, 364; *BGH* NJW 1969, 281; *BayObLGSt* 1978, 98). Besteht zwischen den Urkundspersonen Übereinstimmung darüber, daß die Berichtigung vorzunehmen ist, so wird ein Berichtigungsvermerk in Form einer vom Vorsitzenden und vom Urkundsbeamten eigens unterzeichneten Niederschrift (*RGSt* 57, 394, 396) gefertigt.

Halten beide Urkundspersonen den Berichtigungsantrag für unbegründet, so be- **13** scheidet der Vorsitzende, nachdem der Urkundsbeamte seine übereinstimmende Auffassung aktenkundig gemacht hat (LR-*Gollwitzer* Rn. 53), den Antragsteller ablehnend. Das geschieht auch, wenn die Berichtigung mangels Übereinstimmung der beiden Urkundspersonen nicht erfolgen kann. Diese Entscheidung kann, sofern der Beteiligte beschwert ist (*OLG Hamburg* JR 1951, 218 und NJW 1971, 1326; *OLG Schleswig* NJW 1959, 162; *OLG Saarbrücken* OLGSt § 271 StPO S. 3) mit der Beschwerde nach § 304 angefochten werden. Allerdings kann mit der Beschwerde keine inhaltliche Änderung des Protokolls verlangt werden, weil das Beschwerdegericht keine Möglichkeit zur Inhaltskontrolle hat (*OLG Schleswig* NJW 1959, 162; *KG* JR 1960, 28; *OLG Karlsruhe* Justiz 1977, 387; *K/M* Rn. 10 – h. M.). Deshalb kann die Beschwerde nicht das Ziel haben, daß das Beschwerdegericht das Protokoll selbst berichtigt, oder gar die Urkundspersonen in einer bestimmten Richtung anweist (*OLG Düsseldorf* Strafverteidiger 1985, 359; LR-*Gollwitzer* Rn. 68 m. w. N.). Soweit mit der Beschwerde ein derartiges Ziel angestrebt wird, ist sie unzulässig (*OLG Düsseldorf* Strafverteidiger 1985, 359).

Die Beschwerde kann nur auf Rechtsgründe gestützt werden (*KG* JR 1960, 28 m. **14** Anm. *Dünnebier*). So kann geltend gemacht werden, daß Berichtigung oder Ablehnung nicht im vorgeschriebenen Verfahren zustande gekommen seien (LR-*Gollwitzer* Rn. 66), insbesondere, daß die Beteiligung des Urkundsbeamten unterblieben sei (*OLG Hamburg* NJW 1971, 1326, 1327), aber auch, daß die Berichtigung oder ihre Ablehnung auf rechtlich fehlerhaften Erwägungen beruhe, etwa wenn aufgrund der unstreitig gegebenen Tatsachen die Hauptverhandlung zu Unrecht als öffentliche bezeichnet worden ist (LR-*Gollwitzer* Rn. 67; *Dünnebier*, JR 1960, 28; a. A. *KG* JR 1960, 28), oder, der Vorsitzende habe den Antrag ohne Prüfung abgelehnt, weil es sich seiner Meinung nach nicht um eine zu beurkundende Förmlichkeit nach § 273 gehandelt habe (*OLG Schleswig* NJW 1959, 162).

15 Die ordnungsgemäße und nicht angefochtene Protokollberichtigung bewirkt, daß sich die Beweiskraft des Protokolls nach § 274 auf die berichtigte Fassung bezieht (*RGSt* 21, 323; LR-*Gollwitzer* Rn. 54; KMR-*Paulus* Rn. 29). Jedoch ist eine, wenn auch formell wirksame, Berichtigung für das Revisionsgericht unbeachtlich, wenn sie einer bereits erhobenen Verfahrensrüge nachträglich den Boden entziehen würde (*BGH* in ständiger Rechtsprechung, zuletzt EzSt StPO § 268 Nr. 1; LR-*Gollwitzer* Rn. 55 ff.; KK-*Engelhardt* Rn. 26; KMR-*Paulus* Rn. 30 jeweils m. w. N. teils auch zur Rechtsprechung des Reichsgerichts und der Oberlandesgerichte sowie zum umfänglichen weiteren Schrifttum). Entscheidender und heute weitergeltender Gesichtspunkt ist der Gedanke des Schutzes des Beschwerdeführers. Nach § 274 ist dem Verhandlungsprotokoll eine sehr weitgehende Beweiskraft zugeschrieben. Es liefert den vollen und unwiderleglichen Beweis für die Beachtung der für die Hauptverhandlung vorgeschriebenen Förmlichkeiten. Nicht einmal das Urteil ist geeignet, das Protokoll zu widerlegen oder zu ergänzen. Der in der Niederschrift beurkundete Sachverhalt bildet nach dem Gesetz ohne Rücksicht auf wirkliche Vorkommnisse in der Hauptverhandlung die Grundlage des Verfahrens, aber auch des Revisionsverfahrens. Die Verfahrensbeteiligten haben zudem gegenüber den Urkundspersonen, sofern diese sich einig sind, eine sehr schwache Position, die nicht noch weiter dadurch geschwächt werden darf, daß ihre allein auf das Protokoll stützbaren Verfahrensrügen durch Protokollberichtigung vereitelt werden (Unzulässigkeit der Rügeverkümmerung – LR-*Gollwitzer* Rn. 55). Dabei dürfte der Hauptgrund für diese Auffassung nicht einmal die abhängig vom zeitlichen Abstand zur Hauptverhandlung zunehmende Unzuverlässigkeit des Gedächtnisses der Urkundspersonen sein (*BGHSt* 2, 125, 127), weil der zeitliche Abstand vom Ende der Hauptverhandlung wegen der Vorschriften der §§ 341, 345 begrenzt ist, sondern in erster Linie der Gedanke des Schutzes des Revisionsführers (KK-*Engelhardt* Rn. 26).

16 Unbeachtlich für das Revisionsrecht ist die eine Revisionsrüge vereitelnde Berichtigung dann, wenn sie vorgenommen wird, nachdem die Revisionsbegründung bei Gericht eingegangen ist, unabhängig von der Kenntnisnahme der Urkundspersonen (LR-*Gollwitzer* Rn. 56 f.). Haben mehrere Verfahrensbeteiligte Revision eingelegt, so gilt jeweils der Zeitpunkt des Eingangs ihrer Revision (LR-*Gollwitzer* Rn. 59).

17 Kann sich jedoch die Protokollberichtigung nur zugunsten des Revisionsführers auswirken, bleibt sie für das Revisionsgericht auch dann wirksam, wenn sie nach Eingang der Revisionsbegründung erfolgt ist (*RGSt* 21, 323; LR-*Gollwitzer* Rn. 60; KMR-*Paulus* Rn. 31). Das ergibt sich ebenfalls aus dem Gedanken des Schutzes des Revisionsführers.

18 Die Revision selbst kann auf Mängel des Protokolls nicht gestützt werden (*BGHSt* 7, 162: »Protokollrügen«; *BGH* bei KK-*Engelhardt* Rn. 27; LR-*Gollwitzer* Rn. 71

m. w. N.). Fehlt es an einem ordnungsgemäß abgeschlossenen Protokoll und kann es auch nachträglich nicht hergestellt oder rekonstruiert werden, so entfällt die Beweiskraft des § 274 mit der Folge, daß der Verfahrensverstoß mit jedem beliebigen Beweismittel bewiesen werden kann. Insoweit gilt danach die freie Beweiswürdigung (*BGHSt* 7, 162, 164).

§ 272 (Inhalt des Protokolls)
Das Protokoll über die Hauptverhandlung enthält
1. **den Ort und den Tag der Verhandlung;**
2. **die Namen der Richter und Schöffen, des Beamten der Staatsanwaltschaft, des Urkundsbeamten der Geschäftsstelle und des zugezogenen Dolmetschers;**
3. **die Bezeichnung der Straftat nach der Anklage;**
4. **die Namen der Angeklagten, ihrer Verteidiger, der Privatkläger, Nebenkläger, Verletzten, die Ansprüche aus der Straftat geltend machen, der sonstigen Nebenbeteiligten, gesetzlichen Vertreter, Bevollmächtigten und Beistände;**
5. **die Angabe, daß öffentlich verhandelt oder die Öffentlichkeit ausgeschlossen ist.**

Die Vorschrift legt die äußeren Formalien des Hauptverhandlungsprotokolls fest. 1
Sie werden als »Kopf« der Niederschrift aufgenommen, um die Hauptverhandlung, deren Verlauf protokolliert ist, identifizieren zu können (LR-*Gollwitzer* Rn. 1).

Nr. 1: Ort und Tag der Verhandlung
Ort der Verhandlung ist der genau bezeichnete Platz, an dem verhandelt wird, 2 soweit nicht an Gerichtsstelle selbst verhandelt wird, nicht jedoch die politische Gemeinde oder ein Ortsteil (LR-*Gollwitzer* Rn. 4; KK-*Engelhardt* Rn. 1). Findet die Hauptverhandlung in einer Privatwohnung statt, so enthält das Protokoll die Angabe, daß in der Wohnung des ..., Straße ..., Hausnummer ..., Gemeinde ... verhandelt wird. Wird in einem Raum eines Krankenhauses verhandelt, ist auch die Zimmernummer anzugeben. Nimmt das Gericht einen Ortswechsel vor, so enthält das Protokoll genaue Angaben darüber, wann bis welchen Teil der Hauptverhandlung wo verhandelt worden ist.
Der Tag der Hauptverhandlung ist mit seinem Kalenderdatum anzugeben. Bei 3 mehrtägigen Verhandlungen muß schon wegen § 275 Abs. 1 Satz 3 aus dem Protokoll beweiskräftig ersichtlich sein, welche Verfahrenshandlungen in welcher Reihenfolge an welchen Kalendertagen vorgenommen worden sind. Bei Verhandlungsunterbrechungen empfiehlt es sich, Stunde und Minute der Unterbrechung und des Wiederbeginns zu vermerken.

Nr. 2: Namen der Richter u. a.
Hierzu zählen auch die etwa hinzugezogenen Ergänzungsrichter (§ 192 GVG). Bei 4 den Richtern ist wegen § 222a die Dienstbezeichnung und die Funktion, ggf. der akademische Grad anzugeben. Bei den Schöffen empfehlen sich Angaben über Vornamen, Beruf und Wohnort (LR-*Gollwitzer* Rn. 9). Der Hinweis auf ihre Vereidigung ist keine Förmlichkeit der betreffenden Hauptverhandlung (*BGH* bei *Dallinger* MDR 1973, 372).
Nehmen mehrere Staatsanwälte gemeinsam an der Hauptverhandlung teil, so sind 5 sie nebeneinander anzuführen. Lösen sie sich ab, so wird der Wechsel an der

zeitlich zutreffenden Protokollstelle vermerkt. Entscheidend ist, daß dem Protokoll eindeutig zu entnehmen ist, welcher Staatsanwalt wann mitgewirkt hat und wer die Anträge gestellt hat.

6 Wechselt der Urkundsbeamte der Geschäftsstelle, so ist der Wechsel zeitlich zutreffend kenntlich zu machen. Der ausscheidende Urkundsbeamte schließt den von ihm verantworteten Teil der Niederschrift ab.

7 Hinsichtlich des Dolmetschers gilt § 184 GVG. Gemeint ist nur der zur Hauptverhandlung zugezogene Übersetzer von in der Hauptverhandlung abgegebenen Erklärungen, nicht auch der Sprachkundige, der zur Übersetzung außerhalb des Verfahrens abgegebener fremdsprachiger Äußerungen zugezogen wird. Er ist Sachverständiger (*BGHSt* 1, 4, 6). Ist der Dolmetscher nicht für seine Tätigkeit vor dem betreffenden Gericht allgemein vereidigt, so muß er zu Beginn der Verhandlung vereidigt werden. Die Vereidigung oder die Berufung auf den allgemein geleisteten Eid sind in das Protokoll aufzunehmen (*BGHSt* 31, 39).

Nr. 3: Bezeichnung der Straftat

8 Die rechtliche Bezeichnung der Straftat richtet sich nach dem in der zugelassenen Anklage erhobenen Vorwurf, über den verhandelt wird. Der zugelassenen Anklage stehen der Strafbefehl oder der Verweisungsbeschluß nach § 270 gleich. Im beschleunigten Verfahren gilt die mündlich erhobene Anklage (LR-*Gollwitzer* Rn. 13). Umfaßt die Anklage eine Mehrzahl von Straftaten, so wird die Schwerpunkttat – ggf. der schwerste Vorwurf – genannt und mit dem Zusatz »u. a.« versehen.

Nr. 4: Namen der Angeklagten u. a.

9 Nach Nr. 4 sind die Namen der Angeklagten, Verteidiger und sonstigen Verfahrensbeteiligten anzugeben, auch wenn sie nicht erschienen sind (KK-*Engelhardt* Rn. 7). Die Feststellung der Anwesenheit wird gesondert protokolliert. Die Angaben zu den Personalien umfassen Vor- und Familienname, ggf. Geburtsnamen und akademische Grade. Die Bezeichnung »Professor« ist nicht allein eine Amtsbezeichnung. Sie ist beim Namen mit aufzunehmen. Ebenso Bestandteile des Namens, die aus Adelstiteln herrühren, nicht jedoch Amtsbezeichnungen, Geburtsdatum usw. (LR-*Gollwitzer* Rn. 16). Sind mehrere Angeklagte aufzuführen, so empfiehlt sich die Übernahme der Reihenfolge aus der Anklageschrift, die teils alphabetisch sein wird, teils auch einen Schwerpunkttäter zuerst nennt.

10 Sonstige Verfahrensbeteiligte sind der Beistand (§ 149), der Nebenkläger und die Nebenbeteiligten, die im allgemeinen Interesse oder zur Abwehr eigener Rechtsnachteile am Verfahren teilnehmen, sowie ihre Verfahrensbevollmächtigten, und zwar auch Einziehungsbeteiligte nach § 431 Abs. 1, Verfallbeteiligte nach § 442 sowie bestimmte Behörden, die Vertreter entsenden (z. B. § 407 AO, § 13 Abs. 2 WiStG).

Nr. 5: Öffentlichkeit der Verhandlung

11 Das Protokoll muß angeben, ob öffentlich verhandelt worden ist. Fehlt die Angabe, so ist das Protokoll insoweit in der Regel lückenhaft und der Auslegung zugänglich, sofern es Rückschlüsse auf eine fortgesetzte öffentliche Verhandlung zuläßt. Zumindest beweist das Protokoll dann nicht, daß die Verhandlung nicht öffentlich gewesen ist (*BGH* bei KK-*Engelhardt* Rn. 8). Wird die Öffentlichkeit ausgeschlossen, so muß das Protokoll erkennen lassen, ob über den Ausschluß

öffentlich oder nicht öffentlich verhandelt worden ist und ob der Beschluß öffentlich verkündet worden ist (§ 174 Abs. 1 Satz 2 GVG; *BGH Holtz* MDR 1977, 810). Das gilt ebenso für die Maßnahmen, mit denen die Öffentlichkeit wiederhergestellt wird. Auch insoweit führen Lücken im Protokoll zum Verlust seiner Beweiskraft nach § 274, soweit die Lücken reichen. Das Revisionsgericht darf andere Erkenntnisquellen heranziehen und seiner Beurteilung den Sachverhalt zugrunde legen, den es auf diese Weise zu seiner Überzeugung ermittelt (*BGHSt* 17, 220, 222).

§ 273 (Beurkundung der Hauptverhandlung)

(1) Das Protokoll muß den Gang und die Ergebnisse der Hauptverhandlung im wesentlich wiedergeben und die Beobachtung aller wesentlichen Förmlichkeiten ersichtlich machen, auch die Bezeichnung der verlesenen Schriftstücke oder derjenigen, von deren Verlesung nach § 249 Abs. 2 abgesehen worden ist, sowie die im Laufe der Verhandlung gestellten Anträge, die ergangenen Entscheidungen und die Urteilsformel enthalten.

(2) Aus der Hauptverhandlung vor dem Strafrichter und dem Schöffengericht sind außerdem die wesentlichen Ergebnisse der Vernehmungen in das Protokoll aufzunehmen.

(3) Kommt es auf die Feststellung eines Vorgangs in der Hauptverhandlung oder des Wortlauts einer Aussage oder einer Äußerung an, so hat der Vorsitzende von Amts wegen oder auf Antrag einer an der Hauptverhandlung beteiligten Person die vollständige Niederschreibung und Verlesung anzuordnen. Lehnt der Vorsitzende die Anordnung ab, so entscheidet auf Antrag einer an der Verhandlung beteiligten Person das Gericht. In dem Protokoll ist zu vermerken, daß die Verlesung geschehen und die Genehmigung erfolgt ist oder welche Einwendungen erhoben worden sind.

(4) Bevor das Protokoll fertiggestellt ist, darf das Urteil nicht zugestellt werden.

Während § 271 die Aufnahme des Protokolls über die Hauptverhandlung und **1** § 272 die notwendigsten Äußerlichkeiten und festgelegten Mindestinhalte des Protokolls vorschreiben, regelt § 273 in den Absätzen 1 bis 3 den materiellen Inhalt der Sitzungsniederschrift, der durch § 274 mit besonderer Beweiskraft ausgestattet ist. § 273 Abs. 4 bindet die Urteilszustellung an die Fertigstellung des Protokolls. Die §§ 272, 273 werden durch Sondervorschriften ergänzt (§§ 64, 255; §§ 174 Abs. 3 Satz 2, 182, 183, 185 Abs. 1 Satz 2 und Satz 3 GVG). Vorgänge außerhalb der Hauptverhandlung werden gemäß §§ 168 bis 168b protokolliert; für die mündliche Haftprüfung und für die Verhandlung über die Ausschließung des Verteidigers gelten die §§ 271 bis 273 (§§ 118a Abs. 3 Satz 3, 138d Abs. 4 Satz 3).

1. Gang und Ergebnisse der Hauptverhandlung

2   Der Gang der Hauptverhandlung ist in den §§ 243, 244, 257, 258, 260 geregelt. Das Protokoll muß den Ablauf, d. h. die zeitliche Reihenfolge der einzelnen Verfahrensabschitte und alle weiteren wesentlichen Vorgänge erkennen lassen. Abweichungen vom normalen Verfahrensgang müssen eindeutig erkennbar sein (LR-*Gollwitzer* Rn. 3; KK-*Engelhardt* Rn. 2). Die Beschränkung der Protokollierungspflicht auf wesentliche Gesichtspunkte zeigt zugleich die Zielsetzung der Protokollierung: es soll den Rechtsmittelinstanzen ermöglichen, den gesetzmäßigen Ablauf der Hauptverhandlung in seinem für den Bestand des Urteils unumgänglichen Ausmaß zu überprüfen (KMR-*Paulus* Rn. 2). Ein Wortprotokoll über die Vernehmung von Zeugen und Sachverständigen ist dafür nicht erforderlich, so befremdlich auch Protokolle, in denen anstelle der Zeugenaussage allein der Hinweis, daß der Zeuge zur Sache ausgesagt habe, wirken mögen (für ein Wortprotokoll in einem veränderten Rechtsmittelsystem *Klefisch* NJW 1951, 330, 332).

3   Ergebnisse der Hauptverhandlung i. S. von Absatz 1 Satz 1 sind nicht Beweisergebnisse, für die die Absätze 2 und 3 gelten, sondern Entscheidungen, die in der Hauptverhandlung ergehen, einschließlich der Urteilsformel und der verkündeten Beschlüsse. Hierzu zählen auch Anträge, weil ihre Kenntnis Voraussetzung für die Überprüfung der Entscheidung ist. Bei einem Hauptbeweisantrag sind Beweistatsache und Beweismittel zu bezeichnen, jedoch bedarf es der Protokollierung der Antragsgründe nicht (*RGSt* 32, 239, 241). Hilfsbeweisanträge müssen jedoch protokolliert werden, sonst gelten sie als nicht gestellt (*BGH* bei *Dallinger* MDR 1975, 368). Die Rücknahme eines protokollierten Antrags ist ebenfalls zu protokollieren. Werden die Urteilsgründe nicht vollständig in die Niederschrift aufgenommen, so ist jedenfalls die mündliche Bekanntgabe ihres wesentlichen Inhalts im Protokoll zu vermerken. Die Urteilsberatung gehört ebenfalls nicht zu den Ergebnissen der Hauptverhandlung (LR-*Gollwitzer* Rn. 5).

2. Beobachtung der wesentlichen Förmlichkeiten

4   Wesentliche Förmlichkeiten sind alle Prozeßhandlungen, die für die Gesetzmäßigkeit des Verfahrens von Bedeutung sind und deren Mißachtung möglicherweise den Bestand des Urteils gefährden können (h. M.: LR-*Gollwitzer* Rn. 6; KK-*Engelhardt* Rn. 3; KMR-*Paulus* Rn. 7; *K/M* Rn. 3). Ob eine Verfahrensregel zu den vermeintlichen Förmlichkeiten zählt, ist jeweils bei ihr erörtert. Jedenfalls empfiehlt es sich im Zweifel, zu protokollieren, um den Bestand des Urteils nicht unnötig zu gefährden. Allerdings ist nicht jeder notwendige Schritt, den das Gericht einhalten muß, um Verfahrensgrundsätze einzuhalten, zugleich wesentliche Förmlichkeit in diesem Sinne. So ist zwar das Verfassungsgebot der Wahrung des rechtlichen Gehörs von wesentlicher Bedeutung für die Gesetzmäßigkeit des Verfahrens. Es ist aber nur dann wesentliche Förmlichkeit, wenn zu seiner Wahrung besondere förmliche Hinweise erforderlich sind (*BayObLG* DAR 1962, 216), weil ihm im Regelfall in der Hauptverhandlung in unterschiedlicher Weise Geltung verschafft werden kann, und zwar selbst durch Vorhalte, die nicht zu den wesentlichen Förmlichkeiten zählen (*BGHSt* 22, 26, 28).

5   Zu den wesentlichen Förmlichkeiten, die sich aus dem Gesetz ergeben, zählen: der Aufruf der Sache (§ 243 Abs. 1 Satz 1); die Anwesenheit von Personen, deren ununterbrochene Gegenwart in der Hauptverhandlung erforderlich ist (§ 226); die Öffentlichkeit der Verhandlung (§ 169 Satz 1 GVG); die Zuziehung eines Dolmetschers (§§ 185, 186 GVG); Belehrungen nach den §§ 52 Abs. 3 Satz 1, 55 Abs. 2,

57, 63, 72; die Begründung für die Nichtvereidigung von Zeugen (§ 64); Anträge nach § 267 Abs. 3 Sätze 2 und 4.

Hinzuzurechnen sind als Ergebnis einer detailreichen Rechtsprechung ferner: die **6** Verhandlung über den Ausschluß der Öffentlichkeit (*RGSt* 20, 21), ihr Ausschluß selbst und ihre Wiederherstellung (*BGHSt* 4, 279, 280); die Anwesenheit des notwendigen Verteidigers (*BGHSt* 24, 280, 281); die zeitweilige – auch eigenmächtige – Entfernung des oder mehrerer Angeklagter (*BGH GA* 1963, 19; *BayObLGSt* 1973, 160); die Vereidigung oder die Berufung des Dolmetschers auf den früher geleisteten Eid (*BGH* bei KK-*Engelhardt* Rn. 4); die Vernehmung des Angeklagten zur Person (*BayObLGSt* 1953, 130, 131); die Verlesung des Anklagesatzes (*BGH* NStZ 1986, 39) und die Vernehmung des Angeklagten zur Sache (*BGHSt* 2, 300, 304), und zwar in dieser Reihenfolge (LR-*Gollwitzer* Rn. 11; KK-*Engelhardt* Rn. 4), die wesentliche Förmlichkeiten des Verfahrensgangs festlegt; die besonders erforderliche Zustimmung des Angeklagten nach § 266 Abs. 1 und des Gegners nach § 303 (*BGH* bei KK-*Engelhardt* Rn. 4); die Vereidigung von Zeugen nach § 59 (*BGH* bei *Dallinger* MDR 1956, 398); die Unterrichtung des abgetretenen Angeklagten (§ 247 Abs. 1: *BGHSt* 1, 346, 350); Einverständnisse nach § 245 Abs. 1 (*BayObLGSt* 1949/51, 601), nach § 249 Abs. 3 Satz 3 (*BGHSt* 30, 10, 11) und nach § 251 Abs. 1 Nr. 5 sowie der Widerspruch hiergegen (*BGHSt* 1, 284, 286); Beanstandungen von Anordnungen des Vorsitzenden nach § 238 Abs. 2 (*BGHSt* 3, 199, 202); die Einnahme des Augenscheins (*OLG Hamm* NJW 1953, 839; *OLG Köln* NJW 1955, 843); der förmliche rechtliche Hinweis nach § 265 Abs. 1 Abs. 2 (*BGH* Strafverteidiger 1985, 134); die Verlesung des Protokolls über eine frühere Vernehmung eines Zeugen zum Zwecke des Urkundenbeweises (*BGH* Strafverteidiger 1986, 92).

Wesentliche Förmlichkeiten sind außerdem: die Tatsache und die Reihenfolge der **7** Vernehmung von Zeugen und Sachverständigen (*Eberhard Schmidt* Rn. 11), die Befragung des Angeklagten nach § 257 Abs. 1 (*Eberhard Schmidt* Rn. 11), die Gewährung des letzten Wortes nach § 258 (LR-*Gollwitzer* Rn. 11; KK-*Engelhardt* Rn. 4).

Nicht zu den wesentlichen Förmlichkeiten werden im allgemeinen gerechnet: die **8** Anwesenheit von Zeugen oder des Wahlverteidigers (*BGHSt* 24, 280, 281); der Inhalt der Bekundungen von Zeugen und Sachverständigen (*BGH* Strafverteidiger 1985, 49); die Übersetzung einzelner Äußerungen durch den zugezogenen Dolmetscher (*RGSt* 43, 441, 443); die Benutzung von Hörhilfen durch den schwerhörigen Angeklagten (*OLG Freiburg* JZ 1951, 23 – fraglich, weil das rechtliche Gehör berührt wird); der Rechtsmittelverzicht im Anschluß an die Urteilsverkündung (*BGHSt* 18, 257, 258); Erörterungen über die Allgemeinkundigkeit von Tatsachen (*RGSt* 28, 171; LR-*Gollwitzer* Rn. 17; fraglich, weil das Recht auf Gehör verletzt sein kann, vgl. aber oben Rn. 4); die Vereidigung der Schöffen (*BGH* bei *Dallinger* MDR 1973, 372); Ordnungsvorschriften (*RGSt* 56, 67; LR-*Gollwitzer* Rn. 18 – fraglich, weil nicht stets sicher ist, was lediglich Ordnungsvorschrift ist); Maßnahmen der Sitzungspolizei (LR-*Gollwitzer* Rn. 20).

3. Beurkundung

In der Hauptverhandlung verlesene Schriftstücke müssen allein aufgrund der Pro- **9** tokollierung identifizierbar sein. Nicht erwähnt werden muß, daß es als Vorhalt verlesen worden ist. Die Protokollierung des Vorhalts ist gleichwohl zweckmäßig, denn das Schweigen des Protokolls schließt sonst nicht aus, daß die Beteiligten zu diesem Zweck über den Inhalt des Schriftstücks unterrichtet worden sind (*BGH* bei KK-*Engelhardt* Rn. 7).

10 Alle Anträge müssen beurkundet werden, und zwar auch unzulässige, unvollständige, fehlerhafte (*OLG Nürnberg* MDR 1984, 74) oder nur hilfsweise gestellte Anträge, jedoch kann die Protokollierung dadurch erleichtert werden, daß ein schriftlich gestellter Antrag als Anlage zum Protokoll genommen und im Protokoll auf die Anlage verwiesen wird (LR-*Gollwitzer* Rn. 23). Nicht beurkundet werden dagegen die Begründungen der Anträge (*RGSt* 32, 239, 241; KK-*Engelhardt* Rn. 10):

11 Entscheidungen, d. h. Beschlüsse des Gerichtes oder Anordnungen des Vorsitzenden, sind mit ihrem vollen Wortlaut und, soweit sie einer Begründung bedürfen (§ 34) mit der Begründung zu beurkunden (*BGHSt* 1, 216, 217; *RGSt* 25, 248, 250). Ist die Entscheidung bereits abgesetzt und mit schriftlichen Gründen versehen, so kann der Beschluß insgesamt als Anlage zum Protokoll genommen werden. Im Protokoll ist dann auf diese Anlage ausdrücklich Bezug zu nehmen (*RGSt* 25, 248, 250; 25, 334, 335). Die Urteilsformel wird wörtlich beurkundet, ohne daß ein Verstoß hiergegen allein schon zur Aufhebung des Urteils führen könnte (*RGSt* 58, 142, 143). Differieren die im Protokoll beurkundete und die in der Urteilsurkunde enthaltene Urteilsformel, so gilt das Protokoll (*RG* HRR 1939 Nr. 215) zumindest dann, wenn der Gerichtsvorsitzende bestätigt, daß es sich bei der Urteilsurkunde um ein Versehen handelt. Dann kann das Revisionsgericht selbst die Formel berichtigen (*RG* a. a. O.). Die Urteilsgründe sind nicht zu protokollieren, jedoch muß das Protokoll ergeben, daß sie im Sinne von § 268 Abs. 2 Satz 1 »eröffnet« worden sind und daß dem Angeklagten die in dem Gesetz vorgesehenen Belehrungen erteilt worden sind.

4. Inhaltsprotokoll, Absatz 2

12 Die Vorschrift verlangt die Erstellung eines Inhaltsprotokolls über die wesentlichen Ergebnisse der Vernehmungen aus der Hauptverhandlung vor dem Strafrichter und dem Schöffengericht. Zweck des Inhaltsprotokolls ist, dem Berufungsgericht die Beweisaufnahme zu erleichtern (*Ulsenheimer* NJW 1980, 2273). Es gilt § 325 (LR-*Gollwitzer* Rn. 31; KK-*Engelhardt* Rn. 16). Absatz 2 gilt nur bei Vernehmungen des Angeklagten, der Zeugen und der Sachverständigen, nicht bei sonstigen Beweiserhebungen.

13 Das Inhaltsprotokoll dokumentiert nur den wesentlichen Inhalt der Aussagen, nicht ihren Wortlaut. Was als wesentlich in das Protokoll aufzunehmen ist, entscheiden der Vorsitzende und der Urkundsbeamte. Der Vorsitzende hat ein Anweisungsrecht. Er kann, falls erforderlich, den wesentlichen Inhalt der Aussagen in das Protokoll diktieren (kritisch LR-*Gollwitzer* Rn. 34; K/M Rn. 14). Die übrigen Verfahrensbeteiligten können Anregungen geben; ein Antragsrecht haben sie nur im Hinblick auf Absatz 3 Satz 1.

14 Die Niederschrift nach Absatz 2 hat Alleinbeweise für spätere Hauptverhandlungen in der Tatsacheninstanz, nicht für das Revisionsgericht (*RGSt* 43, 437, 438; 58, 58, 59; *BGH* bei *Dallinger* MDR 1973, 557). Es prüft nicht, ob die Feststellungen im Urteil mit den Angaben des Inhaltsprotokolls nach Absatz 1 übereinstimmen (*BGH* NJW 1966, 63). Weil allerdings der Sachverständigeneid alle Beurkundungen der Sachverständigen über Wahrnehmungen, die zur Begründung seines Gutachtens erforderlich sind, umfaßt, kann das Revisionsgericht anhand des Sitzungsprotokolls Beweis über den Inhalt seiner Bekundungen erheben, sofern die Ver-

fahrensrüge erhoben ist, der Sachverständigeneid sei zu Unrecht unterlassen worden (*RGSt* 43, 437, 439; KK-*Engelhardt* Rn. 19).

De lege ferenda dürfte die Abschaffung des Inhaltsprotokolls einem Bedürfnis der **15** Praxis entsprechen. Seine Aussagekraft und sein Beweiswert sind begrenzt. Es kann die erneute Beweisaufnahme in der Berufungsinstanz nicht ersetzen, strukturiert sie jedoch durch Vorhalte, die die Zeugen möglicherweise in eine bestimmte Richtung drängen, in einer vom Gesetzgeber durchaus nicht gewollten Weise. Zudem drückt die Verpflichtung allein des Strafrichters oder des Vorsitzenden des Schöffengerichts durch nichts gerechtfertigtes Mißtrauen in seine Beweiserhebung und Beweiswürdigung aus. Die Regelung des Absatzes 3 dürfte einem erweiterten Dokumentationsbedürfnis ausreichend entsprechen.

5. Erweiterte Protokollierung

Absatz 3 regelt die erweiterte Protokollierung in Fällen, in denen es auf die Fest- **16** stellung eines Vorgangs in der Hauptverhandlung oder des Wortlauts einer Aussage oder Äußerung ankommt. Betroffen sind nur Vorgänge in der Hauptverhandlung, nicht auch – zeitlich – vor ihrem Beginn oder während der Sitzungspause oder auch – räumlich – außerhalb des Sitzungssaales (LR-*Gollwitzer* Rn. 39).

Auf die Feststellung eines Vorgangs kommt es an, wenn ein rechtliches Interesse **17** an ihm besteht. Ein solches rechtliches Interesse kann aus den verschiedensten Gründen bestehen und ist nicht auf bestimmte Zielsetzungen, Entscheidungen, Verfahrensabschnitte, Problemstellungen und Rechtsfolgen (*Ulsenheimer* S. 2276) beschränkt. So kann Wortprotokollierung genauso den Nachweis eines Verfahrensfehlers für die Revisionsinstanz wie der Festschreibung bestimmter erheblicher Beweisergebnisse für die Entscheidung des befaßten Gerichts, des Berufungsgerichts oder auch für andere Rechtssachen (z. B. für die familienrechtliche Frage, ob unterhaltsrelevantes Fehlverhalten gegeben ist, in einem Verfahren nach § 170b StGB), oder auch der Vorbereitung weiterer prozessualer Schritte dienen (LR-*Gollwitzer* Rn. 40, 41; KK-*Engelhardt* Rn. 23; KMR-*Paulus* Rn. 15; *K/M* Rn. 17).

Aussagen werden von Zeugen gemacht, Äußerungen, die auch in der Hauptver- **18** handlung abgegeben sein müssen, von allen anderen Personen (KK-*Engelhardt* Rn. 22).

Das Verfahren nach Absatz 3 erfolgt von Amts wegen oder auf Antrag einer an **19** der Verhandlung beteiligten Person. Die Protokollierung ist vom Vorsitzenden von Amts wegen anzuordnen, wenn er nach seinem pflichtgemäßen Ermessen ihre Voraussetzungen für gegeben erachtet. Antragsberechtigt sind alle Verfahrensbeteiligten einschließlich der Nebenbeteiligten und Nebenkläger (*BGHSt* 28, 274) sowie die beisitzenden Berufs- und Laienrichter (LR-*Gollwitzer* Rn. 48). Zeugen und Sachverständige dürften jedoch nicht zu den Antragsberechtigten gehören (LR-*Gollwitzer* Rn. 48; KMR-*Paulus* Rn. 17; *K/M* Rn. 22; a. A. *Ulsenheimer* S. 2275). Nach dem jeweiligen Ziel des rechtlichen Interesses richtet sich die Frage, wer den Antrag im Einzelfall stellen kann (*K/M* Rn. 22 mit Beispielen). Dem Verteidiger bleibt im übrigen unbenommen, durch eine Angestellte Aufzeichnungen über Vorgänge der Hauptverhandlung machen zu lassen (*BGHSt* 18, 179, 181). Dadurch kann eine Wortlautprotokollierung in vielen Fällen entbehrlich werden.

Wer befugt ist, den Protokollierungsantrag zu stellen, hat, wenn die gesetzlichen **20**

Voraussetzungen vorliegen, auch den Anspruch auf Protokollierung. Die Frage, ob es auf die Protokollierung ankommt oder nicht, wird allerdings immer zunächst vom Vorsitzenden beurteilt. Bejaht er das rechtliche Interesse, so kann er nicht zugleich die Protokollierung ablehnen (LR-*Gollwitzer* Rn. 49; KK-*Engelhardt* Rn. 25; KMR-*Paulus* Rn. 18; *Ulsenheimer* S. 2274; *Krekeler*, AnwBl 1984, 417, 418; *OLG Bremen* JR 1982, 252 m. Anm. *Foth*; *OLG Bremen* NStZ 1986, 183; *OLG Schleswig* SchlHA 1976, 172; a. A. *BGH* JR 1966, 305 m. Anm. *Lackner*; *K/M* Rn. 23; *Sieß*, NJW 1982, 1625), denn der Tatrichter kann hier, wie auch sonst, bei Ausfüllung unbestimmter Rechtsbegriffe nicht nur die tatrichterliche Würdigung vornehmen und dabei frei schalten und walten (*Lackner*, JR 1966, 306).

21 Lehnt der Vorsitzende den Protokollierungsantrag – mit Begründung: § 34 – ab, weil er die erweiterte Niederschrift nicht für erforderlich hält, weil der Antrag einen sachlich unzutreffenden Inhalt hat oder das Protokollierungsverlangen überhaupt unsubstantiiert ist (*OLG Bremen* NStZ 1986, 183), so kann jeder, auch der von der Ablehnung nicht unmittelbar betroffene Verhandlungsbeteiligte, die Entscheidung des Gerichts herbeiführen.

22 Das Gericht entscheidet durch Beschluß, der im Falle der endgültigen Ablehnung des Antrags auch zu begründen ist, alsbald in der Hauptverhandlung darüber, ob ein Vorgang oder der Wortlaut zu protokollieren sind. An die Entscheidung sind der Vorsitzende und der Urkundsbeamte gebunden. Bestätigt das Gericht die ablehnende Auffassung des Vorsitzenden, so kann er gleichwohl später seine Meinung ändern und Protokollierung anordnen (KK-*Engelhardt* Rn. 27; offen LR-*Gollwitzer* Rn. 53 m. w. N.), denn gegen die Anordnung der Protokollierung kann das Gericht nicht angerufen werden. Es würde das Recht und die Pflicht des Vorsitzenden, von Amts wegen, d. h. bei anderweitiger Beurteilung der Frage, ob es auf den Vorgang oder Wortlaut ankommt, oder auf – erneuten – Antrag hin eine Protokollierung anzuordnen, einschränken, wenn ihn die frühere ablehnende Entscheidung des Gerichts binden könnte.

23 Die Protokollierung wird in inhaltlicher Abstimmung des Vorsitzenden und des Urkundsbeamten – ggf. in einer Verhandlungspause (KK-*Engelhardt* Rn. 28), und als Anlage zur Sitzungsniederschrift im Falle eines außerhalb des vorliegenden Verfahrens gegebenen Zwecks, falls erforderlich auch in fremder Sprache (LR-*Gollwitzer* Rn. 44) – vorgenommen. Das Protokoll wird sodann verlesen und ggf. von den Verfahrensbeteiligten genehmigt. Verlesung und Genehmigung werden protokolliert. Ergeben sich Einwände gegen die Richtigkeit der Protokollierung, so kann der Vorsitzende abhelfen. Geschieht dies nicht, so werden die Einwände in das Protokoll aufgenommen (LR-*Gollwitzer* Rn. 47; KK-*Engelhardt* Rn. 31; *K/M* Rn. 25).

6. Fertigstellung und Urteilszustellung

24 Absatz 4 will sicherstellen, daß das Urteil nicht vor Fertigstellung des Protokolls zugestellt wird, damit der Angeklagte und der Verteidiger die durch die Urteilszustellung in Gang gesetzten Fristen unter Heranziehung des Protokolls nutzen können (LR-*Gollwitzer* Rn. 55). Zur Frage, wann das Protokoll fertiggestellt ist: § 271 Rn. 8.

25 § 273 Abs. 4 ist zwingende Verfahrensvorschrift, nicht etwa nur Ordnungsvorschrift (*BGHSt* 27, 80; *Börtzler*, MDR 1972, 185). Die Zustellung des Urteils vor der des Protokolls ist unwirksam und setzt Fristen nicht in Lauf. Sie muß nach Fertigstellung des Protokolls wiederholt werden.

7. Revision

Die Revision kann nicht auf den Mangel des Protokolls als solchen gestützt wer- **26** den (§ 271 Rn. 18). Auf der Ablehnung der vollständigen Niederschreibung kann das angefochtene Urteil selbst nicht beruhen (KK-*Engelhardt* Rn. 35; *K/M* Rn. 27; a. A. *Ulsenheimer* S. 2277). Das gilt jedenfalls für Fälle, in denen der Vorgang oder der Wortlaut von Situationen festgehalten werden sollte, die außerhalb des Verfahrens liegen. Soll die Protokollierung dem Nachweis eines Verfahrensfehlers für die Revisionsinstanz dienen, so beruht das Urteil nach allgemeiner Auffassung auf dem Verfahrensfehler, nicht jedoch auf der unterbliebenen Protokollierung (LR-*Gollwitzer* Rn. 59 m. w. N.). Ist die Protokollierung nur wegen Unerheblichkeit abgelehnt worden, so wird dem Revisionsgericht zumindest die Möglichkeit, das Vorliegen eines Verfahrensfehlers im Wege des Freibeweises nachzuprüfen, durch die Protokollierung des Antrags und des Ablehnungsbeschlusses eröffnet (LR-*Gollwitzer* Rn. 59; KK-*Engelhardt* Rn. 35). Folgerichtig ist jedoch aufgrund der Bejahung eines Anspruchs auf Protokollierung nach Absatz 3 zumindest hinsichtlich der das Verfahren selbst betreffenden Vorgänge, Aussagen und Äußerungen die unrechtmäßig unterbliebene Protokollierung selbst revisibel, weil sie im Hinblick auf die Vorteile der wortgetreuen Niederschrift für den Angeklagten eine nicht zu billigende Beschneidung der Verteidigungsrechte in einem für die Schuld- und die Straffrage wesentlichen Punkt darstellen können (*Ulsenheimer* S. 2277; a. A. *Foth* zu *OLG Bremen* JR 1972, 252; *Sieß*, NJW 1982, 1625, 1626 – vom Standpunkt aus, wonach ein Anspruch auf wortgetreue Protokollierung nicht bestehe, folgerichtig; vgl. auch LR-*Gollwitzer* Rn. 59; KK-*Engelhardt* Rn. 35; KMR-*Paulus* Rn. 26, 27; *K/M* Rn. 27).

Bestehen Widersprüche zwischen Protokoll und Urteil, so kann nach überwiegen- **27** der Auffassung die Revision nicht darauf gestützt werden, daß im Protokoll die Einlassung des Angeklagten oder die Aussage eines Zeugen anders wiedergegeben worden ist als im Urteil (*RGSt* 5, 352, 353; *BGH* NJW 1966, 63). Handelt es sich um Förmlichkeiten der Hauptverhandlung, etwa, ob ein bestimmter Zeuge vernommen und vereidigt worden ist, so kann, wenn Urteil und Protokoll in Widerspruch zueinander stehen, die Verfahrensrüge zur Aufhebung des gesamten Urteils führen (*BGH* NJW 1953, 155; LR-*Gollwitzer* Rn. 61). Etwas anderes soll jedoch gelten, wenn es sich um Erwägungen in der Beratung handelt, die durch das Urteil bewiesen werden (LR-*Gollwitzer* Rn. 61).

§ 274 (Beweiskraft des Protokolls)
Die Beobachtung der für die Hauptverhandlung vorgeschriebenen Förmlichkeiten kann nur durch das Protokoll bewiesen werden. Gegen den diese Förmlichkeiten betreffenden Inhalt des Protokolls ist nur der Nachweis der Fälschung zulässig.

Weil das Protokoll über die Hauptverhandlung keine mit öffentlichem Glauben **1** für und gegen jedermann versehene öffentliche Urkunde ist (*OLG Hamm* NJW 1977, 592, 593; h. M.), ist ihm durch § 274 eine besondere formelle Beweiskraft beigelegt, die es den Prozeßbeteiligten erleichtert, im anhängigen Strafverfahren für das Gericht höherer Instanz (*BGHSt* 26, 281, 282) den Beweis für Geschehensabläufe oder Mängel zu führen, die einen Verfahrensfehler darstellen und deshalb für den Bestand des Urteils von Bedeutung sein können. Andererseits bedarf das Revisionsgericht gegenüber prozessualen Revisionsrügen einer einfachen und sicheren Feststellungsmöglichkeit, die hinsichtlich der in der Hauptverhandlung zu beachtenden Förmlichkeiten ohne sonst sehr schwierige oder zeitraubende Untersuchungen nur durch das Protokoll gewährleistet ist (*BGHSt* 26, 281, 283).

2 Die Vorschrift gilt für Protokolle aus dem Vorverfahren oder des beauftragten Richters nicht (*BGHSt* 26, 281, 282; KK-*Engelhardt* Rn. 3), auch nicht analog. Sie ist auf das anhängige Verfahren beschränkt, jedoch ist das Revisionsgericht in allen Fällen, in denen die Revision eine Verletzung des Artikels 103 Abs. 1 GG in der Form des § 344 Abs. 2 Satz 2 StPO schlüssig behauptet, verpflichtet, auch wenn das Strafverfahrensrecht als solches eine Beweiserhebung nicht vorsieht, selbst den von der Revision erhobenen Vorwurf zu prüfen (*BGHSt* 22, 26, 29; LR-*Gollwitzer* Rn. 9 m. w. N.).

3 Die formelle Beweiskraft erstreckt sich nach Satz 1 auf die Beobachtung der für die Hauptverhandlung vorgeschriebenen Förmlichkeiten. Darunter werden üblicherweise nicht nur die in § 273 genannten »wesentlichen Förmlichkeiten« verstanden (LR-*Gollwitzer* Rn. 10; KK-*Engelhardt* Rn. 4; KMR-*Paulus* Rn. 3; a. A. *K/M* Rn. 1), sondern auch die Angaben, die § 272 vorschreibt (*BGHSt* 16, 306, 307; KK-*Engelhardt* Rn. 4), also etwa die Angabe, welche Personen an der Hauptverhandlung teilgenommen haben (*RGSt* 64, 309, 310; *OLG Bremen* OLGSt § 274 StPO S. 13), insbesondere auch, welcher Richter an welchem Verhandlungstag beigesessen hat (*BGHSt* 21, 306, 307), ebenso Ort und Tag der Verhandlung (KK-*Engelhardt* Rn. 4), nicht jedoch die Bezeichnung der Straftat nach § 272 Nr. 3 oder die Richtigkeit der Angabe der Personalien im einzelnen (LR-*Gollwitzer* Rn. 10).

4 Die Beweiskraft des § 274 erstreckt sich nicht auf die Ausführungen des Inhaltsprotokolls nach § 273 Abs. 2 (h. M.; LR-*Gollwitzer* Rn. 11; KK-*Engelhardt* Rn. 5; KMR-*Paulus* Rn. 3; *K/M* Rn. 1; *OLG Hamm* NJW 1970, 69, 70; *OLG Bremen* NJW 1975, 1793), nach hier vertretener Auffassung jedoch wohl auch auf die erweiterte Protokollierung nach § 273 Abs. 3 (*RGSt* 42, 157, 160; 43, 437, 438; 58, 58, 60; KK-*Engelhardt* Rn. 5; a. A. LR-*Gollwitzer* Rn. 11; KMR-*Paulus* Rn. 3; *K/M* Rn. 1; *Lackner* zu *BGH* JR 1966, 305 jeweils m. w. N.; vgl. jedoch *BGHSt* 18, 257, 258); denn § 273 Abs. 3 sieht besondere Maßnahmen zur Sicherung einer unbedingt zuverlässigen Beurkundung vor (*RGSt* 58, 58, 60), die der erweiterten Niederschrift nicht nur einen hohen Beweiswert, sondern auch absolute Beweiskraft verschaffen sollen. Dabei vermag das Argument, diese Auffassung sei systemfremd (LR-*Gollwitzer* Rn. 11), nicht zu überzeugen. Ist ein Zeuge jedoch mehrfach vernommen worden, so beweist ein die Aussagen nur zum Teil betreffendes Wortprotokoll nur den protokollierten Aussageteil (KK-*Engelhardt* Rn. 5).

5 Über die bei § 273 (dort Rn. 4 f.) genannten wesentlichen Förmlichkeiten hinaus gilt hinsichtlich der Reichweite der Beweiskraft des Protokolls im einzelnen:

Verfahrensbeteiligte:

6 Die Angaben des Sachverständigen (*RGSt* 43, 437, 439), die Tatsache seiner Anwesenheit (*BGH* Strafverteidiger 1985, 49 – Leitsatz –) und die Tätigkeit des Dolmetschers (*RGSt* 43, 441, 442) werden nicht von der Beweiskraft erfaßt, wohl aber beweist Schweigen des Protokolls, daß der Dolmetscher nicht vereidigt wurde oder sich nicht auf seinen Eid berufen hat (*BGH* NStZ 1982, 517). Das Erscheinen der Zeugen für sich ist keine wesentliche Förmlichkeit (*BGHSt* 24, 280, 281). Enthält das Protokoll den Passus »Die Zeugen werden beeidigt«, so soll das beweisen, daß sie nicht beeidigt worden sind (*BGH* bei *Dallinger* MDR 1956, 398 – zu eng). Die Vereidigung der Schöffen wird jedoch nicht von der Beweiskraft erfaßt (*BGH* bei *Dallinger* MDR 1973, 372). Fehlt die Angabe des Sitzungsvertre-

ters der Staatsanwaltschaft im Protokoll, so beweist das, daß keiner anwesend war (*OLG Bremen* NJW 1975, 1793); die Nennung des Sitzungsvertreters der Staatsanwaltschaft im Protokoll eines späteren Tages gibt keinen Beweis für seine Anwesenheit an früheren Verhandlungstagen (*OLG Bremen* OLGSt § 274 StPO S. 13). Die Tatsache der Vernehmung des Angeklagten zur Person und zur Sache wird von der Beweiskraft erfaßt (*BGHSt* 2, 300, 304; 10, 342, 343; *BayObLG* 1953, 130; *OLG Hamburg* OLGSt § 274 StPO S. 7), nicht jedoch der Inhalt seiner Angaben (*BGH* Strafverteidiger 1981, 56 m. Anm. *Schlothauer*; vgl. aber oben Rn. 4). Die Beweiskraft entfällt auch, wenn nicht angegeben ist, daß an einem Verhandlungstag ein anderer Richter als sonst Beisitzer war (*BGHSt* 16, 306, 308).

Erklärungen, Verlesungen:
Die Verlesung des Anklagesatzes (*BGH* NStZ 1986, 39) und des Protokolls über 7
eine frühere Zeugenvernehmung (*BGH* Strafverteidiger 1986, 92) werden von der Beweiskraft erfaßt. Ergibt das Protokoll nicht, daß anstelle von wörtlicher Verlesung eines verlesbaren Schriftstücks nur dessen Inhalt bekanntgegeben wurde, so beweist Schweigen das Fehlen der Verlesung (*OLG Hamm* OLGSt § 274 StPO S. 3). Vor (*OLG Hamburg* NJW 1955, 1201) und nach (*RGSt* 66, 417, 418) der Hauptverhandlung abgegebene Rechtsmittelerklärungen des Angeklagten werden von der Beweiskraft nicht erfaßt, wenn sie nicht nach § 273 Abs. 3 beurkundet worden sind (*BGHSt* 18, 257; *OLG Düsseldorf* Strafverteidiger 1984, 108). Rechtsmittelerklärungen in der Hauptverhandlung sind von der Beweiskraft erfaßt (*OLG Köln* OLGSt § 274 StPO S. 1).

Inhalt des Protokolls:
Die Beweiskraft entfällt, wenn ein ausgestrichener Satz durch Unterpunktieren 8
wiederhergestellt werden soll (*RGSt* 27, 169, 170); ebenso, wenn mindestens eine Urkundsperson aus Rechtsirrtum eine wesentliche Förmlichkeit als unwesentlich angesehen hat (*RGSt* 64, 309, 310). Unerledigte Meinungsverschiedenheiten zwischen Vorsitzendem und Urkundsbeamten oder die Erklärung des Urkundsbeamten, er widerrufe oder sei von der Richtigkeit des Protokolls nicht mehr überzeugt, heben die Beweiskraft auf (*RGSt* 57, 394, 396; *BGHSt* 4, 364, 365; *BGH* GA 1963, 19; *BayObLG* OLGSt § 274 StPO S. 9; ebenso die selbständige Änderung eines Beweisbeschlusses durch den Vorsitzenden, sofern die Verfahrensrüge vor der Genehmigung des Protokollführers eintrifft (*RGSt* 68, 244, 245). Überhaupt haben Nachträge und Berichtigungen nach Eingang der Revisionsbegründung nicht die Beweiskraft des § 274 (*BGHSt* 2, 125, 128; 10, 145, 148; *BGH* JZ 1952, 280 und 281; bei *Dallinger* MDR 1953, 273; *BGH* EzSt StPO § 268 Nr. 1) es sei denn, sie ändern sachlich nichts (*BGHSt* 12, 270, 271) oder die Verfahrensrügen sind verfrüht zugegangen, dann aber auch für den Fall, daß den verfrühten Verfahrensrügen durch die Änderung der Boden entzogen ist (*OLG Karlsruhe* MDR 1980, 251 mit zustimmenden Anm. *Gollwitzer* JR 1980, 518). Enthält das Protokoll offenkundig also solche erkennbaren Lücken und Fehler, so entfällt insoweit die Beweiskraft (*BGHSt* 16, 306, 308; 17, 220, 222; bei *Dallinger*, MDR 1952, 659; GA 1962, 305; JR 1961, 508; *BayObLG* NJW 1953, 1524, *OLG Saarbrücken* OLGSt § 274 StPO S. 9).

Im übrigen gilt:

9 Nur die endgültige Fassung des Protokolls hat die Beweiskraft (*RGSt* 60, 270), jedoch kann der Fertigstellungsvermerk fehlen (*BGHSt* 23, 115, 118). Protokolle über richterliche Untersuchungshandlungen außerhalb der Hauptverhandlung werden von der Beweiskraft nicht erfaßt (*BGHSt* 26, 281, 283). Das Protokoll ist nicht widerlegt durch die Urteilsfeststellungen (*RG* Rspr. 9, 379; *BGH* NJW 1976, 977, 978), jedoch darf es nicht mehrere Möglichkeiten offenlassen (*BGH* NJW 1976, 977, 978). Die Einhaltung von Mittagspausen ist nicht wesentlich i.S. von § 274 (*BGH* JZ 1967, 185).

10 Soweit die formelle Beweiskraft des Protokolls reicht, schließt sie die freie Beweiswürdigung aus: Eine weitere Beweiserhebung ist nicht zulässig. Daraus folgt, daß im Protokoll vermerkte Vorgänge als geschehen, nicht vermerkte als nicht geschehen anzusehen sind (LR-*Gollwitzer* Rn. 8; KK-*Engelhardt* Rn. 7; KMR-*Paulus* Rn. 4; *K/M* Rn. 6). Das gilt jedoch nicht in den Fällen, in denen Schweigen Einverständnis bedeuten kann (z.B. § 251 Nr. 5; *BGHSt* 1, 284, 285). Vorgänge in der Hauptverhandlung, auf die sich die Beweiskraft des Protokolls nicht erstreckt oder für die sie die Beweiskraft aus den vorstehend genannten Gründen eingebüßt hat, können Gegenstand des Freibeweises sein, jedoch wiederum nicht der Inhalt von Zeugenaussagen in der Hauptverhandlung (*BGHSt* 17, 351, 352; 21, 149, 151; bei KK-*Engelhardt* Rn. 13). Geht es allerdings um die Frage, ob einem Beweisantrag entsprochen worden ist, ob dem Angeklagten das im Urteil verwertete Protokoll seiner polizeilichen Vernehmung vorenthalten worden ist, ob einem Zeugen Vorhalte aus früheren Aussagen gemacht worden sind oder ob gegen ihn verwertete Bekundungen eines Mitangeklagten während der Hauptverhandlung gemacht worden sind, die sich nach Verbindung der Verfahren auch gegen den Angeklagten richten (Beispiele *BGHSt* 22, 26, 27; *BGH* bei KK-*Engelhardt* Rn. 13), so gilt wegen möglicher Verfassungsverstöße jedenfalls das Freibeweisverfahren. Zu seiner Durchführung vgl. die Erläuterungen zu diesem Stichwort sowie KK-*Engelhardt* Rn. 13.

11 Der Einwand der nachgewiesenen Fälschung (Satz 2) hebt die Beweiskraft auf. Voraussetzung ist der Beweis, daß das Protokoll ganz oder teilweise von einem Unbefugten oder einer der Urkundspersonen oder auch von beiden vorsätzlich mit falschem Inhalt hergestellt oder unrechtmäßig verändert worden ist (*OLG Düsseldorf* Strafverteidiger 1984, 108). Gemeint sind nicht nur fahrlässig, irrtümlich oder versehentlich entstandene Unrichtigkeiten (LR-*Gollwitzer* Rn. 28 m.w.N.; KMR-*Paulus* Rn. 15; *K/M* Rn. 8). Der Nachweis der Fälschung ist von dem Verfahrensbeteiligten, der sie behauptet, im Freibeweisverfahren zu führen (LR-*Gollwitzer* Rn. 29). Jedoch ist für das Revisionsgericht der Nachweis der Fälschung nur von Bedeutung, wenn das Urteil auf diesem Mangel beruht (*RGSt* 7, 388, 391; LR-*Gollwitzer* Rn. 29; *K/M* Rn. 8).

§ 275 (Frist und Form der Urteilsniederschrift; Ausfertigungen)
(1) Ist das Urteil mit den Gründen nicht bereits vollständig in das Protokoll aufgenommen worden, so ist es unverzüglich zu den Akten zu bringen. Dies muß spätestens fünf Wochen nach der Verkündung geschehen; diese Frist verlängert sich, wenn die Hauptverhandlung länger als drei Tage gedauert hat, um zwei Wochen, und wenn die Hauptverhandlung länger als zehn Tage gedauert hat, für jeden begonnenen Abschnitt von zehn Hauptverhandlungstagen um weitere zwei Wochen. Nach Ablauf der Frist dürfen die Urteilsgründe nicht mehr geändert wer-

den. **Die Frist darf nur überschritten werden, wenn und solange das Gericht durch einen im Einzelfall nicht voraussehbaren unabwendbaren Umstand an ihrer Einhaltung gehindert worden ist.** Der Zeitpunkt des Eingangs und einer Änderung der Gründe ist von der Geschäftsstelle zu vermerken.
(2) Das Urteil ist von den Richtern, die bei der Entscheidung mitgewirkt haben, zu unterschreiben. Ist ein Richter verhindert, seine Unterschrift beizufügen, so wird dies unter der Angabe des Verhinderungsgrundes von dem Vorsitzenden und bei dessen Verhinderung von dem ältesten beisitzenden Richter unter dem Urteil vermerkt. Der Unterschrift der Schöffen bedarf es nicht.
(3) Die Bezeichnung des Tages der Sitzung sowie die Namen der Richter, der Schöffen, des Beamten der Staatsanwaltschaft, des Verteidigers und des Urkundsbeamten der Geschäftsstelle, die an der Sitzung teilgenommen haben, sind in das Urteil aufzunehmen.
(4) Die Ausfertigungen und Auszüge der Urteile sind von dem Urkundsbeamten der Geschäftsstelle zu unterschreiben und mit dem Gerichtssiegel zu versehen.

Literatur
Furtner Das Urteil im Strafprozeß, 1970.
Habscheid Verspätete Absetzung von Strafurteilen, NJW 1964, 629 ff., 1842 ff.
Hahn Die Fristversäumung der Urteilsniederschrift als absoluten Revisionsgrund, ZRP 1976, 63 f.
Kohlhaas Das Ärgernis des § 275 StPO, GA 1974, 142 ff.
Kroschel/Meyer-Goßner Die Urteile in Strafsachen, 25. Aufl. 1988.
Meves Das Urteil im deutschen Strafverfahren, GA 36 (1888), 102 ff.
Peters Die verspätete Absetzung des Strafurteils im Strafverfahren, FS für Hellmuth von Weber, 1964, S. 374 ff.
Rieß Die Urteilsabsetzungsfrist (§ 275 I StPO), NStZ 1982, 441 ff.
Sarstedt Verspätete Absetzung von Strafurteilen, JZ 1965, 238 ff.
Schäfer Die Praxis des Strafverfahrens, 3. Aufl. 1983.
Seibert Verspätete Absetzung von Strafurteilen, MDR 1955, 148 f.

Die Vorschrift ergänzt die Normen der §§ 260 (Urteilsformel) und 267 (Urteils- **1** gründe), indem sie Bestimmungen über die äußere **Form** (Urteilseingang, Rubrum) und die **Unterzeichnung** des Urteils, über die **Frist** für dessen Fertigstellung sowie über die **Ausfertigung** der Urteilsurkunde trifft. Auf Berufungsurteile ist die Vorschrift gemäß § 332 anwendbar. Die Vorschriften des Abs. 2 S. 1, 2 und des Abs. 3 gelten auch für Revisionsurteile (KK-*Engelhardt* Rn. 1).
Das Urteil wird **mit seiner Verkündung** (§ 268) **wirksam** (vgl. § 268 Rn. 9). Ob die **2** Gründe des Urteils niedergeschrieben sind, also eine Urteilsurkunde vorliegt, ist dafür ohne Belang. Wenn es wegen des Todes des Strafrichters oder des Vorsitzenden der Kleinen Strafkammer nicht mehr möglich ist, das schriftliche Urteil zu erstellen, so hat das auf die Wirksamkeit des Urteils und dessen Vollstreckbarkeit bei Eintritt der Rechtskraft keinen Einfluß.
Dem Ermessen des Vorsitzenden ist überlassen, ob die **Urteilsgründe in das Pro- 3 tokoll aufgenommen werden** (was sich insbesondere zur Beschleunigung bei einfachen Sachen sowie beim abgekürzten Urteil bei Bezugnahme auf den Anklagesatz – § 267 Abs. 4 S. 1, Halbs. 2 – empfiehlt) oder ob das Urteil mit den Gründen als besondere Urkunde zu den Akten gebracht wird. Wird das Urteil in das Protokoll aufgenommen, so kann der Eingang des Urteils (Urteilskopf) – Abs. 3 – ent-

fallen, sofern die dafür erforderlichen Angaben im Kopf des Protokolls enthalten sind (Nr. 141 Abs. 1 RiStBV). Erforderlich sind die Unterschriften aller Berufsrichter, die an dem Urteil mitgewirkt haben. Die Unterschrift des Vorsitzenden deckt zugleich das Protokoll, das außerdem der Protokollführer zu unterschreiben hat (*RGSt* 64, 215). Das Protokoll mit dem Urteil ist unverzüglich fertigzustellen (LR-*Gollwitzer* Rn. 22) sonst verliert die Aufnahme des Urteils in das Protokoll ihren Sinn.

4 Für den **Urteilseingang (Rubrum, Urteilskopf)**, der der Identifizierung der Sache dient, schreibt **Abs. 3** zwingend die folgenden **Mindestangaben** vor:

a) **Tag der Sitzung.** Die Angabe des Verkündungstages, der für den Lauf der Fristen entscheidend ist, ist unerläßlich. Üblicherweise werden darüber hinausgehend alle Tage der Hauptverhandlung, bei vieltägigen der Zeitraum angegeben (*OLG Koblenz* Rpfleger 1973, 219). Eine unrichtige Datierung stellt die Wirksamkeit des Urteils nicht in Frage (*OLG Koblenz* VRS 45, 190).

b) **Namen der Richter,** die am Urteil mitgewirkt haben, auch der ehrenamtlichen. Vom Gesetz vorgeschrieben ist nur der Name. Die Angabe, ob der Richter als Berufsrichter oder als Schöffe teilgenommen hat, ist üblich, ebenso die Hinzufügung der Amtsbezeichnungen der Berufsrichter und der Berufe der Schöffen sowie die Kennzeichnung des Vorsitzenden. Haben Ergänzungsrichter und Ergänzungsschöffen am Urteil mitgewirkt, so treten ihre Namen an die Stelle derjenigen, für die sie eingetreten sind (LR/*Gollwitzer* Rn. 25; KK-*Engelhardt* Rn. 9); sonst brauchen sie nicht aufgeführt zu werden.

c) **Beamte der Staatsanwaltschaft.** Haben mehrere Beamte teilgenommen, so sind alle anzugeben, gleichviel, ob sie neben- oder nacheinander teilgenommen haben (*OLG Koblenz* Rpfleger 1973, 219; *K/M* Rn. 26). Verfehlt ist es, wenn nur der bei der Verkündung anwesende Beamte angeführt wird (so aber *Kroschel/Meyer-Goßner* S. 8); es soll mitgeteilt werden, wer am Zustandekommen des Urteils mitgewirkt hat, nicht nur, wer bei der Verkündung zugegen war (LR/*Gollwitzer* Rn. 27). Die Angabe der Dienstbezeichnung ist wie bei den Richtern üblich.

d) **Verteidiger.** Bei mehreren Verteidigern, die teilgenommen haben, sind alle anzugeben (*OLG Koblenz* Rpfleger 1973, 219), gleichviel ob Wahl- oder Pflichtverteidiger oder ob der Verteidiger auch bei der Verkündung anwesend war (KK-*Engelhardt* Rn. 11). Ein Beistand (§ 149) ist kein Verteidiger und daher nicht anzugeben.

e) **Urkundsbeamte der Geschäftsstelle.** Hat dieser gewechselt, so genügt die Angabe desjenigen, der an der Verkündung teilgenommen hat. Die unterschiedliche Behandlung gegenüber den anderen Personen rechtfertigt sich daraus, daß jeder Protokollführer nur für den von ihm aufgenommenen Teil des Protokolls verantwortlich ist (LR/*Gollwitzer* Rn. 30).

5 Über die gesetzliche Vorschrift hinaus ist es unerläßlich, im Urteilskopf das **Gericht** und den **Angeklagten** zu bezeichnen. Die Bezeichnung des Gerichts muß erkennen lassen, welches Gericht und welcher Spruchkörper dieses Gerichts das Urteil erlassen hat (LR/*Gollwitzer* Rn. 26). Der Angeklagte ist so genau zu bezeichnen, daß seine Identität jederzeit ohne weiteres festgestellt werden kann, also mit Vor- und Familiennamen (eventuell auch mit dem Geburtsnamen), mit dem Geburtstag und -ort sowie mit dem Wohnort oder dem ständigen Aufenthaltsort (mit Straße und Hausnummer). Die Bezeichnung im Urteilskopf entlastet die oft ohnehin schwer verständliche Urteilsformel. Die vielfach üblichen Angaben über Beruf, Familienstand und Staatsangehörigkeit sind in der Regel entbehrlich (so auch KK-*Engelhardt* Rn. 13; a. A. LR/*Gollwitzer* Rn. 31). Auf keinen Fall gehören in den Urteilskopf die Religionszugehörigkeit oder Hinweise darauf, ob und welche Vorstrafen der Angeklagte hat und ob er sich in Haft befindet (KK-*Engelhardt* Rn. 15; *Furtner* S. 17; für die Angabe der Haft jedoch LR/*Gollwitzer* Rn. 31).

Auch der **Privatkläger** ist trotz Nichterwähnung in Abs. 3 im Urteilskopf aufzufüh- **6** ren, und zwar unabhängig davon, ob er an der Hauptverhandlung teilgenommen hat (KK-*Engelhardt* Rn. 17). Die Bezeichnung des **Nebenklägers** ist angezeigt, wenn er an der Hauptverhandlung teilgenommen hat. Die **Einziehungsbeteiligten** (§ 431) sind Verfahrensbeteiligte und auch dann, wenn sie an der Hauptverhandlung nicht teilgenommen haben, mit denselben Angaben wie der Angeklagte im Urteilskopf anzuführen (LR/*Gollwitzer* Rn. 34; KK-*Engelhardt* Rn. 19).

Mit der **Unterzeichnung** übernehmen die unterzeichnenden Richter die Verant- **7** wortung dafür, daß die Urteilsgründe nach der Überzeugung der Mehrheit mit den Ergebnissen der Beratung übereinstimmen (*BGHSt* 26, 92f.; *BGH* 1 StR 757/ 82 StPO § 275 Nr. 1; *RG* JW 1930, 559). Nach Abs. 2 S. 1 haben alle Berufsrichter, die bei der Entscheidung mitgewirkt haben, das Urteil zu unterschreiben (*BGHSt* 26, 92). Der Unterschrift der Schöffen bedarf es nach S. 3 nicht. Ist ein Ergänzungsrichter eingesprungen, so unterschreibt er anstelle des ausgefallenen. Solange nicht sämtliche Berufsrichter den endgültigen Text unterschrieben haben, liegt kein vollständiges schriftliches Urteil vor (*BGH* NStZ 1984, 378). Die Unterschrift, die mit voll ausgeschriebenem Familiennamen zu vollziehen ist, braucht nicht leserlich zu sein; Individualisierbarkeit genügt (LR/*Gollwitzer* Rn. 38; KK-*Engelhardt* Rn. 25). Paraphen (Handzeichen) oder eine geschlängelte Linie sind keine Unterschrift (*OLG Düsseldorf* 1956, 923). Wirksam unterschreiben kann nur, wer im Zeitpunkt der Unterzeichnung Richter ist; hat ein früherer Richter unterschrieben, der zwischen Urteilsfällung und Unterzeichnung zum Beamten ernannt worden ist, so unterliegt das Urteil der Revision (*BayObLG* NJW 1967, 1578; *Busch* JZ 1964, 746, 748f.). Das folgt daraus, daß die rechtsprechende Gewalt gemäß Art. 92 GG nur von Richtern ausgeübt werden kann. Anders verhält es sich, wenn der Richter lediglich einem anderen Spruchkörper zugeteilt oder an ein anderes Gericht versetzt worden ist. Da er in diesen Fällen Richter bleibt, ist er verpflichtet und befugt, durch seine Unterschrift unter dem Urteil das Beratungsergebnis zu beurkunden (so auch LR/*Gollwitzer* Rn. 9; *Busch*, JZ 1964, 746, 749).

Auch der **überstimmte Richter** ist verpflichtet, das Urteil zu unterschreiben. Ver- **8** merkt er dabei, daß er mit der Mehrheit nicht übereinstimmt, so macht dies seine Unterschrift nicht unwirksam (*BGHSt* 26, 92f.).

Ist ein Richter an der Leistung der Unterschrift **verhindert**, so hat dies nach **Abs. 2** **9** **S. 2** der Vorsitzende (oder sein Vertreter) unter **Angabe des Verhinderungsgrundes** unter dem Urteil zu **vermerken.** Für die Angabe des Verhinderungsgrundes genügt ein kurzer, allgemein gehaltener (*BGH* 1 StR 757/82 EzSt § 275 StPO Nr. 1) Vermerk (z. B. »Richter X ist wegen Erkrankung an der Unterzeichnung verhindert«). Es sind jedoch unbedingt die Tatsache der Verhinderung und deren Grund anzugeben (*BGHSt* 31, 212, 214). Üblich, aber falsch ist es, »für den verhinderten Richter X« zu unterschreiben. Anerkannte Verhinderungsgründe sind Krankheit, Urlaub, andere Dienstgeschäfte, Ortsabwesenheit, Teilnahme an einem Betriebsausflug (*BGHSt* 31, 214). Nichterreichbarkeit am letzten Tage der Frist (*BGHSt* 28, 194) oder die Übernahme einer anderen Aufgabe in einem anderen Spruchkörper des Gerichts sind dagegen keine Verhinderungsgründe (*BGHSt* 27, 334f.; *BayObLG* JR 1983, 261 m. Anm. von *Foth*). Anders verhält es sich, wenn der Richter aus dem Gericht ausscheidet. In diesem Fall ist er verhindert, kann aber die Unterzeichnung noch vornehmen, wenn er dazu bereit ist (*BHG* NStZ 1982, 476). Wegen des Ausscheidens aus dem Richterverhältnis s. Rn. 7. Für Kollegialgerichte folgt aus alledem, daß die Unterschrift eines der Richter, die am Urteil mitgewirkt haben, genügt, wenn für die Verhinderung der anderen durchgreifende Gründe vorliegen und angegeben werden (*BGHSt* 26, 247f.; 31, 212, 214). Ist der Verhinderungsgrund von einem anderen Richter als dem Vorsitzenden oder seinem Vertreter vermerkt worden, so stellt dies die Wirksamkeit des Verhinderungsvermerks nicht in Frage (*BGH* MDR 1980, 456; *K/M* Rn. 20). Ist jedoch der einzige Berufsrichter verhindert, das Urteil zu unterschreiben, so fehlen dem Urteil die Entscheidungsgründe (*BayObLG* GA 67, 282).

10 Daß die **Weigerung** eines Richters, das Urteil zu unterschreiben, einen Verhinderungsgrund darstellt, ist mit der h.M. zu bejahen (LR/*Gollwitzer* Rn. 47; KK-*Engelhardt* Rn. 33; a.A. *Sax* KMR Anm. 3). Die Unterzeichnung ist richterliche Amtspflicht. Lehnt ein Richter die Unterzeichnung ab, so begeht er eine Amtspflichtverletzung. Streng genommen fällt dieser Fall nicht unter Abs. 2 S. 2, weil eine Verhinderung nur vorliegt, wenn der Richter unterschreiben **will**, aber dies aus bestimmten Gründen nicht **kann**. Zu Recht wird jedoch die unberechtigte Weigerung der Verhinderung gleichgestellt; sonst hätte der Richter die Möglichkeit, nach Belieben einen absoluten Revisionsgrund nach § 337 Nr. 7 zu schaffen, um ihm mißliebige Mehrheitsentscheidungen zu Fall zu bringen (s.a. KK-*Engelhardt* Rn. 33; *Pelchen* LM § 275 StPO 1975 Nr. 1; *BGHSt* 26, 93 läßt die Frage offen).

11 Das von den mitwirkenden Richtern unterschriebene Urteil kann **nachträglich nicht von einem Richter allein geändert werden**. Nimmt der Vorsitzende in dem vom Berichterstatter unterzeichneten Urteil sachliche Änderungen vor, so muß er dem Berichterstatter Gelegenheit geben, die geänderte Fassung zur Kenntnis und dazu Stellung zu nehmen. Sollte dies aus einem nicht voraussehbaren unabwendbaren Grund nicht möglich sein, so hat der Vorsitzende die Verhinderung des Berichterstatters nach Abs. 2 S. 2 zu vermerken (*BGHSt* 27, 334, 336). Bezieht sich die Unterschrift des Berichterstatters nicht auf die endgültige Urteilsfassung, sondern nur auf den von ihm gefertigten Entwurf, so sind die Urteilsgründe nicht zu den Akten gebracht (*BGH* 2 StR 490/83 EzSt § 275 StPO Nr. 4). Dies gilt nicht, wenn der Vorsitzende nachträglich nur Schreibversehen verbessert, stilistische Korrekturen anbringt oder Hinweise auf Entscheidungen oder Literatur einfügt (*BGHSt* 27, 334). Nobile officium sollte es aber auch in solchen Fällen die Unterrichtung des Urteilsverfassers sein. Mit dem Charakter des Urteils als einer von allen mitwirkenden Richtern zu verantwortenden Gemeinschaftsarbeit wie mit dem Geist der Kollegialität ist es unvereinbar, wenn auch nur stilistische Änderungen gleichsam hinter dem Rücken, zumindest aber in Unkenntnis der Kollegen, der das Urteil abgefaßt hat, vorgenommen werden.

12 Vom **Revisionsgericht** wird nicht nachgeprüft, ob der festgestellte Verhinderungsgrund vorgelegen hat, wenn der angegebene Verhinderungsgrund allgemein geeignet ist, den Richter von der Leistung der Unterschrift abzuhalten (*BGHSt* 28, 194f.; *BGH* NJW 1961, 782; s.a. *Foth*, NJW 1979, 1310). Wird mit der Revision jedoch substantiiert vorgetragen, daß die Verhinderung auf willkürlichen, sachfremden Erwägungen beruht, so erfolgt die Prüfung (*BGHSt* 31, 212). Fehlt die

Feststellung des Verhinderungsgrundes, so muß das Revisionsgericht auch in tatsächlicher Hinsicht prüfen, ob der Richter, der nicht unterschrieben hat, verhindert gewesen ist (*BGHSt* 28, 194f.; krit. dazu *Foth* NJW 1979, 1310).

Unabänderlich sind die Urteilsgründe, sobald die in Abs. 1 bestimmte Frist, in der **13** das fertiggestellte Urteil zu den Akten gebracht werden muß, abgelaufen ist (Abs. 1 S. 3). Das gilt auch, wenn das Urteil noch nicht nach außen bekannt gemacht worden ist. Gleichwohl vorgenommene Änderungen oder Ergänzungen haben keine rechtliche Wirkung (*Rieß*, NStZ 1982, 444). Anders, solange die Frist nicht abgelaufen und das Urteil nicht zugestellt ist; dann darf es geändert werden. **Berichtigungen** wegen evidenter Unrichtigkeit (Unstimmigkeit von Willen und Erklärung) sind auch später noch zulässig (*Rieß*, NStZ 1982, 444). Zu den Voraussetzungen und zu dem Verfahren der Berichtigung s. § 268 Nr. 12 ff.

Die **Begrenzung der Zeit,** in der das schriftliche Urteil zu den Akten zu bringen **14** ist, hat **große praktische Bedeutung.** Der gesetzgeberische Grund, den Richter bei der Abfassung der Urteilsgründe unter Zeitdruck zu setzen, ist zweifach: einmal soll gesichert werden, daß die Vorgänge in der Hauptverhandlung und insbesondere das Ergebnis der Beratung den Richtern noch in frischer Erinnerung sind, wenn das Urteil abgefaßt und unterschrieben wird (*BayObLG* NJW 1976, 2273), zum anderen soll der Verzögerung entgegengewirkt werden, die seit jeher und überall die Crux der Rechtspflege ist. Die oft erschreckend lange Dauer der Strafprozesse ist auf eine Vielfalt von Gründen zurückzuführen (s. dazu *K. Peters*, Beschleunigung des Strafverfahrens und die Grenzen der Verfahrensbeschleunigung, in: *H.-L. Schreiber* ([Hrsg.]), Strafprozeß und Reform 1979, S. 82 ff.). Die Regelung in Abs. 1 nimmt sich einer keineswegs seltenen **justizinternen** Ursache an, der mit den üblichen Mitteln der Dienstaufsicht (zum Verhältnis der Dienstaufsicht zur richterlichen Unabhängigkeit s. AK-GG-*Wassermann* Art. 97 Rn. 25 ff.) nicht wirksam genug begegnet werden konnte. Die Einhaltung der Gebote des Abs. 1 gehört zur »Art der Ausführung des Amtsgeschäfts« im Sinne des § 26 Abs. 2 DRiG (*Wassermann*, Die rechtsprechende Gewalt, 1985, S. 74; LR/ *Gollwitzer* Rn. 9) und damit zum Bereich der äußeren Ordnung, der der Dienstaufsicht durch die Dienstvorgesetzten des Richters unterliegt (vgl. *BGHZ* 42, 163, 169f.; 70, 1, 4), während der Inhalt der Urteilsbegründung in den Kernbereich richterlicher Tätigkeit fällt, in dem Maßnahmen der Dienstaufsicht unzulässig sind (s. dazu *Schmidt-Räntsch*, DRiG, 3. Aufl. 1983, S. 288). Dazu, daß die Urteilsabfassung um lange Monate oder Jahre hinausgeschoben wurde, vgl. etwa *BGHSt* 21, 4; *BGH* GA 76, 25; *Meyer*, JR 1976, 342.

Das **Unverzüglichkeitsgebot in Abs. 1 S. 1** verlangt, daß jede sachlich vermeidbare **15** Verzögerung der Urteilsabsetzung zu unterbleiben hat (LR/*Gollwitzer* Rn. 9). Zu den Akten gebracht ist das Urteil, wenn es vollständig (einschließlich Urteilskopf und Urteilsformel, vgl. *OLG Köln* VSR 1964, 282) mit allen erforderlichen Unterschriften »auf den Weg zur Geschäftsstelle gebracht ist« (*BGHSt* 29, 43, 45; KK-*Engelhardt* Rn. 39). Dazu genügt es, wenn die Akten mit dem Urteil im Dienstzimmer des Richters an der dafür vorgesehenen Stelle zum Abtrag bereit liegen (*BGHSt* 29, 43; *K/M* Rn. 7); sie sind damit in den tatsächlichen Machtbereich der Geschäftsstelle gelangt, auf den *Rieß*, NStZ 1982, 443 abstellt. Der Zeitpunkt des Abtragens und des Verbringens der Akten fällt nicht in die richterliche Verantwortung. Die Geschäftsstelle hat den Zeitpunkt des Eingangs nach Abs. 1 S. 5 zu vermerken. Ist unsicher, ob die Geschäftsstelle den Eingangsvermerk fristgerecht anbringt, so empfiehlt es sich, wie KK-*Engelhardt* Rn. 40 vorschlägt, daß der

Richter, der das Urteil zuletzt unterschreibt, einen Vermerk darüber macht, wann
er das Urteil mit den Akten in das Ablegefach seines Dienstzimmers gelegt hat.
Der Eingangsvermerk der Geschäftsstelle, der meist auf der Urschrift des Urteils
angebracht wird, aber auch auf ein besonderes Blatt geschrieben werden darf
(LR/*Gollwitzer* Rn. 55), weist regelmäßig den Eingang nach, hat aber – im Gegensatz zum Protokoll der Hauptverhandlung (§ 274) keine absolute Beweiskraft
(*OLG Karlsruhe*, Die Justiz 1977, 28). Ist nicht festzustellen, ob das Urteil rechtzeitig zu den Akten gebracht ist, so ist von der Versäumung der Frist auszugehen
(*OLG Koblenz* MDR 1970, 950; *OLG Stuttgart* Strafverteid. 1986, 144).

16 Die **Höchstfristen**, die Abs. 1 S. 2 normiert, sind nach der Dauer der Hauptverhandlung gestaffelt. Der Wortlaut ist dahin zu verstehen, daß sich die Grundfrist
von fünf Wochen nach einer Hauptverhandlung, die länger als drei Tage gedauert
hat, um zwei Wochen verlängert und dann, wenn die Hauptverhandlung länger als
zehn Tage gedauert hat, um weitere zwei Wochen für den folgenden und jeden
weiteren begonnenen Abschnitt von zehn Hauptverhandlungstagen (*BGH* 5 StR
94/88 EzSt StPO § 275 Nr. 7). Mithin betragen die Höchstfristen mindestens fünf
Wochen, bei vier- bis zehntägiger Hauptverhandlung sieben Wochen, bei 11–10tä-
giger Hauptverhandlung 9 Wochen (*BGHSt* 35, 259), bei 21–30tägiger Hauptverhandlung 11 Wochen usw. Die – abstrakt zu berechnende (*BGH* NStZ 1984,
466) – Zahl der Hauptverhandlungstage, die für die Fristen maßgeblich sind, wird
unter Einschluß des Tages der Urteilsverkündung ermittelt. Es zählt auch ein Tag,
an dem die Sache nur aufgerufen (§ 243 Abs. 1), aber nicht verhandelt worden ist
(*BGH* MDR 1980, 631; *K/M* Rn. 9) oder an dem unter Verstoß gegen § 231
Abs. 2 zur Sache verhandelt worden ist (*BGH* NStZ 1984, 466). Nicht mitzuzählen
sind die Tage, an denen die Sache nur beraten worden ist (KK-*Engelhardt* Rn. 45;
LR/*Gollwitzer* Rn. 11; *K/M* Rn. 9). Bei mehreren Angeklagten kommt es nicht
darauf an, ob gegen einen Angeklagten an einzelnen Tagen nicht verhandelt worden ist (*BGH* MDR 1980, 631); für ein Urteil gibt es nur eine einheitliche Höchst-
frist (*K/M* Rn. 10). Wird indessen gegen einen anderen Angeklagten das Urteil
früher erlassen als gegen die anderen, so beginnt die Frist mit diesem Zeitpunkt zu
laufen (*Rieß* NStZ 1982, 442; *K/M* Rn. 20). Die irrtümliche Berechnung der Frist
rechtfertigt die Überschreitung nicht (*BGH* Strafverteidiger 1984, 143). Beim Ablauf der Frist braucht das Urteil noch nicht in Reinschrift in den Machtbereich der
Geschäftsstelle gelangt sein; es muß nur lesbar sein und vollständig mit den Unterschriften vorliegen (*K/M* Rn. 6). Ist das Urteil etwa wegen fehlender Unterschrift
nicht vollständig, so kann die Unterschrift nicht nachgeholt werden (*BGHSt* 27,
334 f.; 28, 194, 196; *BGH* 5 StR 227/84 EzSt StPO § 275 Nr. 6; KK-*Engelhardt*
Rn. 47; a. A. LR-*Gollwitzer* Rn. 37).

17 Die **Überschreitung der Fristen des Abs. 1 S. 2** ist nach **Abs. 1 S. 4** nur **zulässig**,
wenn das Gericht durch einen **unabwendbaren und nicht vorhersehbaren** Um-
stand daran gehindert worden ist, das Urteil fristgerecht zu den Akten zu bringen.
Diese Voraussetzung liegt vor, wenn das Gericht nach dem zu erwartenden Verlauf nicht mit dem Umstand zu rechnen brauchte und deshalb nicht gehalten war,
Vorkehrungen zur Vermeidung der Fristüberschreitung zu treffen (LR-*Gollwitzer*
Rn. 15; KK-*Engelhardt* Rn. 48). Faustregel für die Anwendung der Notfallklausel
(s. dazu *Rieß*, NStZ 1982, 444) ist, daß justizinternen Schwierigkeiten in der Regel
durch Vorkehrungen begegnet werden kann (*OLG Hamm* NJW 1977, 1303).
Nicht ausreichend sind daher die allgemeine Geschäftsbelastung des Richters
(*BayObLG* MDR 1983, 340), erhebliche Rückstände im Dezernat (*OLG Koblenz*

GA 76, 251; *Rieß*, NJW 1975, 181), Überbeanspruchung wegen gesundheitlicher Mängel (*OLG Hamm* MDR 1977, 1039), Durchführung einer anderen Hauptverhandlung (*OLG Koblenz* GA 1976, 251), Schwierigkeiten, die durch die Abordnung eines Richters entstehen (*OLG Hamm* NJW 1977, 1303), Überlastung der Kanzlei (*OLG Köln* MDR 1978, 854; *Meyer*, JR 1976, 343), zeitweiliges Außerkontrollegeraten der Akten (*OLG Celle* NJW 1982, 397). Von der Justizverwaltung muß in solchen Fällen verlangt werden, daß sie Abhilfe schafft, insbesondere durch organisatorische Maßnahmen (so auch KK-*Engelhardt* Rn. 50; *Meyer*, JR 1976, 343). Die Anwendung der Notfallklausel kommt allenfalls dann in Betracht, wenn die vertretungsweise übernommenen zusätzlichen Arbeiten eilbedürftig waren (Haftsachen!) oder wenn diese wegen ihrer Bedeutung gegenüber der Urteilsabfassung nicht zurückgestellt werden konnten (LR/*Gollwitzer* Nr. 16). Geht das noch nicht zu den Akten gebrachte Urteil vor dem Ablauf der Frist verloren, so kann darin ein Umstand liegen, der die Fristüberschreitung rechtfertigt (*BGH* NJW 1980, 1007; KK-*Engelhardt* Rn. 51).

Für die **Fristüberschreitung wegen Erkrankung** hat die Rechtsprechung Grund- 18 sätze herausgearbeitet, die zwischen den Kollegialgerichten und solchen Gerichten unterscheiden, die mit einem einzigen Berufsrichter besetzt sind: Erkrankt der Strafrichter, der Vorsitzende des Schöffengerichts oder der Vorsitzende der kleinen Strafkammer nach der Hauptverhandlung, so ist die Fristüberschreitung grundsätzlich gerechtfertigt (*OLG Koblenz* GA 1976, 252; *K/M* Rn. 13). Dies kann jedoch auch bei den mit nur einem Berufsrichter besetzten Gerichten nicht für den Fall gelten, daß der Ausfall, wie etwa bei dem Antritt einer bereits länger festgelegten Kur (LR/*Gollwitzer* Rn. 15), voraussehbar war. Bei Kollegialgerichten ist die Erkrankung eines Richters in der Regel kein unabwendbarer Umstand, weil die Abfassung der Urteilsgründe von einem anderen Mitglied des Gerichts übernommen werden kann. Nur ausnahmsweise ist hier die Heranziehung der Notfallklausel gerechtfertigt, nämlich dann, wenn die anderen Mitglieder des Gerichts die Abfassung des Urteils nicht übernehmen können, weil sie selbst mit eigenen unaufschiebbaren Verpflichtungen belastet sind (*BGHSt* 26, 247, 249), weil ihnen keine ausreichenden Notizen zur Verfügung stehen, um das Ergebnis der Beratung in den Urteilsgründen wiedergeben zu können (*K/M* Rn. 15; KK-*Engelhardt* Rn. 49), oder weil die Beratung über die schriftlichen Urteilsgründe wegen der Erkrankung des Berichterstatters unmöglich war (*BGHSt* 26, 247, 249). Die Anforderungen dürfen hier nicht überspannt werden. Wenn etwa der Berichterstatter zunächst nur vorübergehend erkrankt zu sein scheint, so daß mit der Absetzung des Urteils innerhalb der durch Abs. 1 S. 2 gesetzten Frist gerechnet werden kann, braucht die Abfassung nicht etwa vorsorglich einem anderen Richter übertragen zu werden. Dauert die Krankheit dann jedoch länger als angenommen, so kommt es darauf an, ob die Übernahme der Abfassung durch den Vorsitzenden oder den anderen Beisitzer noch geeignet ist, die Frist zu wahren (*BGH* NStZ 1982, 70) oder deren Überschreitung wesentlich zu verkürzen. Nach dem Wegfall des Hindernisses muß das Urteil mit größtmöglicher Beschleunigung zu den Akten gebracht werden (*BGH* NStZ 1982, 519).

Rechtsfolgen: Die Verletzung des **Abs. 1 S. 2 und 4** durch **ungerechtfertigte Frist-** 19 **überschreitung** ist ein **zwingender Revisionsgrund** (§ 338 Nr. 7; *BGHSt* 26, 247, 249). Für die Revisionsrüge ist ausreichend, daß der Tag der Urteilsverkündung und der Tag angegeben werden, an dem das Urteil zu den Akten gebracht worden ist (*BGHSt* 29, 43 f.; 29, 203). Über den Zeitpunkt, wann das Urteil zu den Akten gelangt ist, kann das Revisionsgericht Feststellungen im Wege des Freibeweises treffen (KK-*Engelhardt* Rn. 74; s. a. *BGHSt* 29, 43, 47). Ein Vermerk des Richters darüber, welcher Hinderungsgrund der rechtzeitigen Absetzung des Urteils entgegenstand, ist gesetzlich nicht vorgeschrieben, aber zu empfehlen (LR/*Gollwitzer* Rn. 17; KK-*Engelhardt* Rn. 52; *K/M* Rn. 17; *Rieß* NStZ 1982, 444). Ebenso ist ein Vermerk angebracht, wann der Richter das Urteil in die Akten eingelegt und zum Abtrag gegeben hat.

20 Die **Ausfertigung der Urteile** ist Sache des Urkundsbeamten. Zuständig dafür ist jeder Urkundsbeamte des erkennenden Gerichts, auch wenn dieser nicht in der Hauptverhandlung tätig gewesen ist. Die zugestellte Abschrift muß vom Urkundsbeamten handschriftlich beglaubigt sein; ein Namensfaksimile genügt nicht (ebenso KK-*Engelhardt* Rn. 61; a. M. *K/M* Rn. 27; LR/*Gollwitzer* Rn. 69). Ist die Urschrift verlorengegangen, so kann eine neue vollwertige Urschrift hergestellt werden, wenn die Richter, die an dem Urteil mitgewirkt hatten, deren Übereinstimmung mit der verlorengegangenen bescheinigen (*BGH* NJW 1980, 1007).

Sachregister

Die Ziffern hinter den **halbfett** gedruckten Paragraphen
bezeichnen die Randziffern